马术俱乐部

主楼大堂吧

中餐厅——乾隆厅

THE WESTIN

WUHAN WUCHANG

武汉万达威斯汀酒店

武汉万达威斯汀酒店

来到这座放松身心、焕发活力的都市绿洲，远离尘世喧嚣，提升您的感觉，感受中华民族的热情好客，而近在咫尺的公司办事处和历史文化名胜也将为您带来无与伦比的便利享受与精彩体验。我们将以事无巨细的服务精神为您奉上滋养身心的休闲享受。魅力客房、创意餐饮和诸如覆盖整个酒店的无线互联网等额外服务，营造出专属于您的体验。

服务品质保证

我们的305间时尚典雅的客房与套房让您放松身心，达到最佳状态。房内配备威斯汀天梦之床（Westin Heavenly Bed™），带给您一夜酣眠；高速互联网接入、宽敞的办公区、符合人体工程学的座椅、纯平液晶电视以及天梦之浴（Heavenly Bath®），提供您旅行所需的一切，让您焕然一新，轻松享受休闲时光。

健康和闲暇时间

来到我们的水疗中心体验各式健康护理，滋养肌体，唤醒您的感观。亦可在室内恒温泳池中尽情畅游，振奋精神。威斯汀健身馆（WestinWORKOUT® gym）则配备了多种健身器材，如自由调节重量器械和有氧训练器材等，满足健身的一切所需，让您为健康充电。

贴心的额外服务

酒店更有卓越不凡的服务，如礼宾服务、旅游咨询台、商务中心、礼品店和自助停车，为您提供全面的关爱体验。

无微不至的细腻心思

如果您在为下一次商务会议、研讨会、婚礼或社交聚会寻找灵感，武汉万达威斯汀酒店将是您睿智的选择。我们拥有超过2800平方米的会议空间，包括威斯汀大宴会厅及8个多功能会议室，为您提供先进的会议设施以及无线互联网接入，定将重新定义您的活动标准。此外，专业的宴会团队还将提供卓越优质的服务，确保您的活动充满创意并圆满成功。

健康饮食

我们的餐饮娱乐世界期待您的探索。

知味全天候餐厅采用明快的色调，并有清新而又极具鉴赏力的装饰品点缀其中，尽显生机与活力。餐厅供应自助餐与零点菜单美食，其开放式厨房更是令人耳目一新。

中国元素中餐厅主推纯正地道的粤菜及本地特色菜系，另有独立的包厢为您提供更加私密的用餐环境。

威斯汀扒房不只是一间牛排餐厅，更是享用商业午餐或特别家庭晚宴的理想之地。餐厅供应上等牛排和顶级红酒佳酿，氛围典雅而舒适，并为宾客奉上个性化的卓越服务。

大堂吧让您放松身心，提升感觉，畅饮冰爽的鸡尾酒或现磨的香浓咖啡，度过悠闲时光。到了夜晚，您还可以进入红酒雪茄吧品味清冽的红酒及全球享誉盛名的雪茄，舒缓身心。若您欲享用甜品、小食或咖啡，供应新鲜美食的思悦兹饼屋亦是不错的选择。

另外，酒店还提供24小时房内用餐服务。

武汉万达威斯汀酒店荣幸地在诸多美味中为宾客奉上的活力食品（SuperFoodRX™），经证实对肌体有滋养和补充作用。

优越的地理位置

武汉万达威斯汀酒店享有得天独厚的地理位置，位于临江大道，可俯瞰长江的壮丽美景，并能轻松到达中央商业区和武汉机场。酒店隶属于万达中心建筑群，距高档购物区仅几步之遥，是商务和休闲旅客愉悦新旅程的佳选。

咨询详情或预订，欢迎浏览网站*westin.com/wuhanwuchang*
或致电*027.8816.8888*

spg 俱乐部 Starwood Preferred Guest

LE MERIDIEN 艾美 | aloft 雅乐轩 | THE LUXURY COLLECTION 豪华精选 | WESTIN 威斯汀 | FOUR POINTS 福朋

element 源宿 | Sheraton 喜来登 | ST REGIS 瑞吉 | W HOTELS W酒店

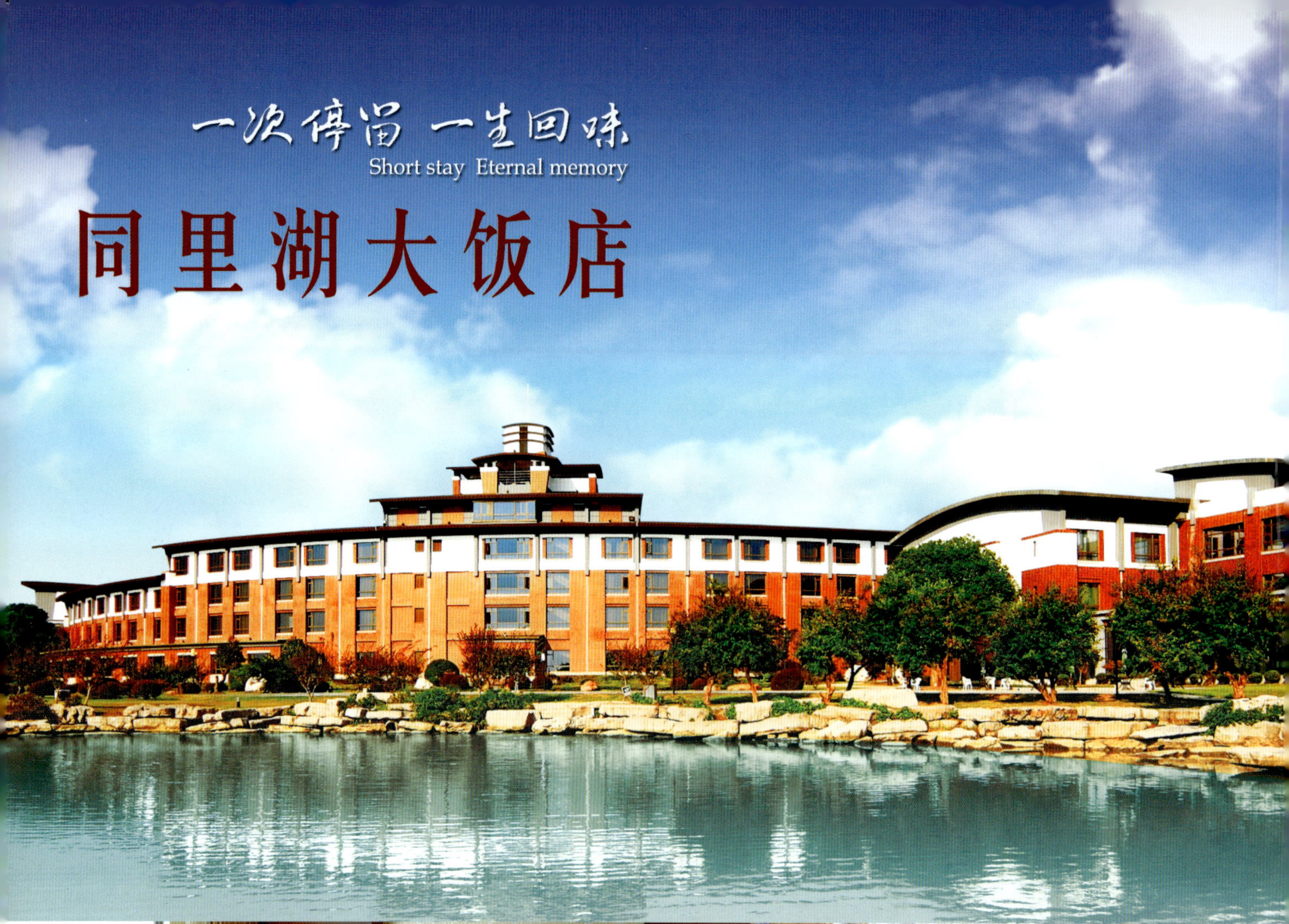

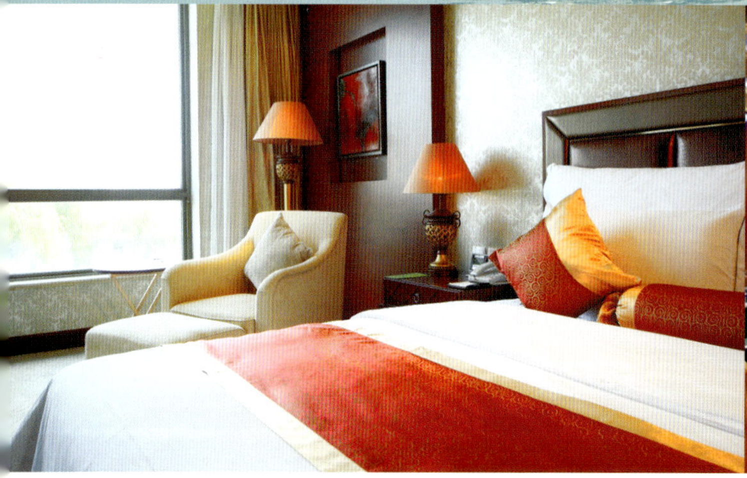

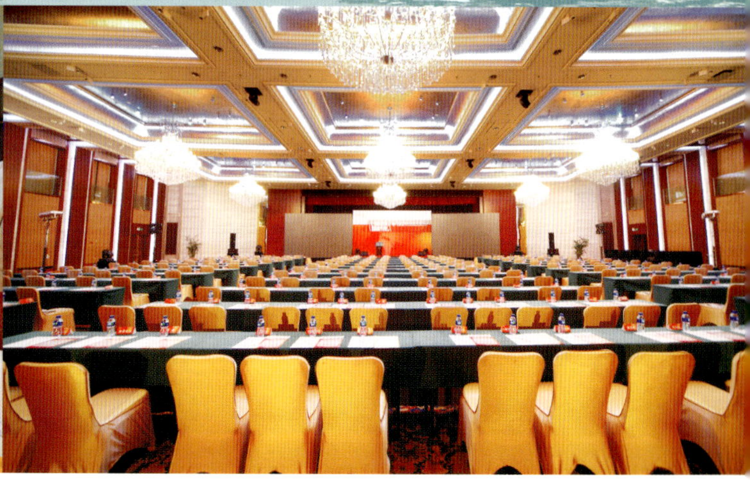

同里湖大饭店为苏州五星级的金叶绿色旅游饭店，位于苏、沪、杭地区的黄金交会点上。备有500间豪华客房、各种规格会议室、可容纳千人的宴会厅。4间不同风格大型餐厅、室内泳池、休闲会馆与精致的古式庭园。占地达八万平米，依傍绝美的同里湖畔。建筑形如玉玦，收藏展示奇石文物，如一座可居可游的博物馆。距上海虹桥机场80公里，上海浦东机场125公里，吴江10公里，可轻易到达世界文化遗产的苏州园林、太湖风景区。其他邻近知名景区如周庄、无锡、杭州西湖，均可一日来回。交通皆十分便捷。

G50沪渝高速 G50HuYu Highway → 往吴江同里方向 To Wujiang Tongli → 往吴江同里方向 To Wujiang Tongli → 同里湖大饭店 Tonglilakeviewhotel

上海 Shanghai → 黎里（77出口） Lili(Exit77) → 苏同黎公路 Sutongli Rd. → 迎燕东路 Yingyan East Rd → 同里古镇 Tongli Town

同里湖大飯店
TONGLI LAKEVIEW HOTEL
SUZHOU CHINA
★★★★★

苏州市吴江区同里镇九里湖路8号 电话/Tel:86-512-63337888
传真/Fax:86-512-63322900
上海办事处:电话/Tel:86-21-33680711 传真/Fax:86-21-33680776
订房热线/Reservation:86-512-63322800
网址/Web：www.tonglilakeviewhotel.com

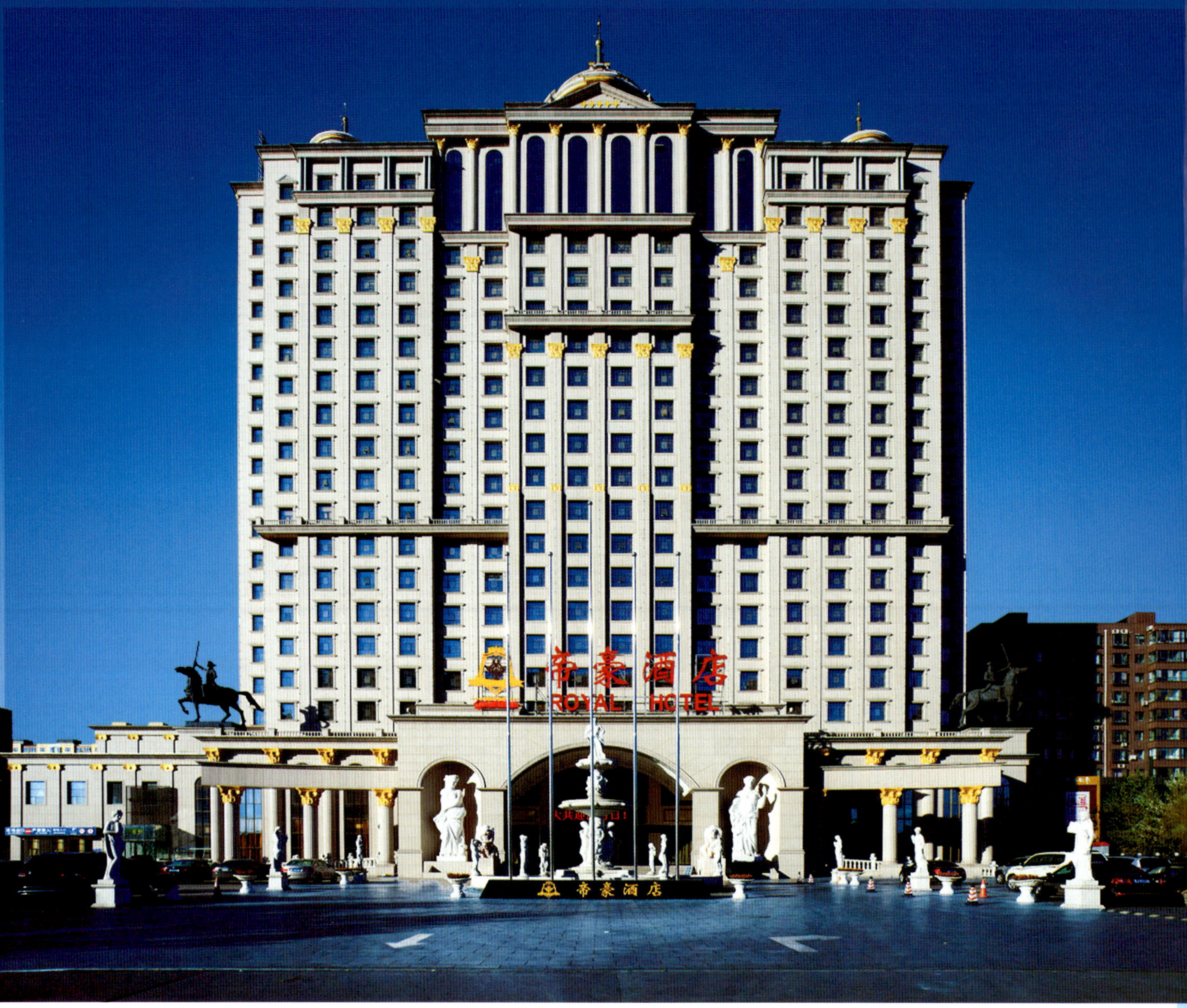

ROYAL HOTEL

帝豪酒店

地址：中国 山西省孝义市崇文大街181号
邮编：032300
电话：+86 0358 7839999
传真：+86 0358 7833799
网址：sxdhhotel.com
邮箱：sxdh@sxdhhotel.com

帝豪酒店是吕梁地区首家以全欧式风格、按国际五星级标准兴建的，融客房、餐饮、娱乐、桑拿、健身、休闲、会议等多功能为一体的现代化商务酒店。酒店位于山西孝义市商业和文化中心崇文大街，紧邻大型国际连锁品牌超市“沃尔玛超市”，交通便利。

酒店有总统套房、部长套房、豪华高级客房等共383间/（套），会议中心有可容纳500人的大型多功能厅和中小型会议室，餐饮部设有中、西餐厅，有33间格调高雅的皇家包房和可容纳700人就餐的大型宴会厅，KTV有29间豪华包房，康乐中心融游泳、桑拿、水疗、健身、保龄球等为一体，各种设施应有尽有。

酒店由具有丰富酒店管理经验的管理人员管理，完善的服务设施，时尚高雅的欧式艺术设计风格，更有训练有素、举止优雅、亲切有礼的职员为您提供尽善尽美的服务。2011年，酒店圆满完成了国家领导人和美、韩、泰等多国大使领事“山西行考察团”等重要政府接待和省市多次重要会议的接待工作，受到了各级政府领导和宾客的一致好评。2012年酒店荣获当地首家5A级“中国绿色饭店”、山西省“五一劳动奖状先进集体”、吕梁市“十佳先进集体”、孝义市“青年文明号”等荣誉称号。帝豪酒店从众多行业中脱颖而出，成为当地酒店服务的龙头企业。

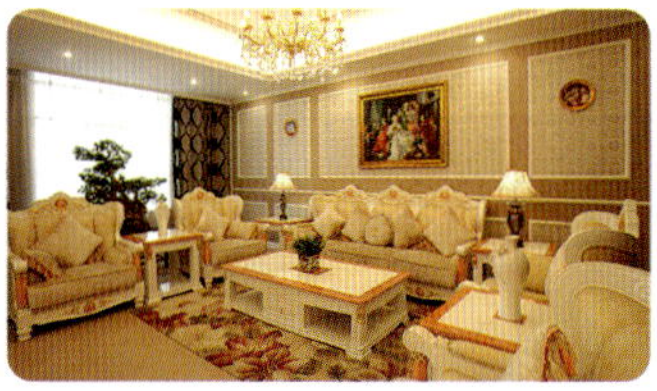

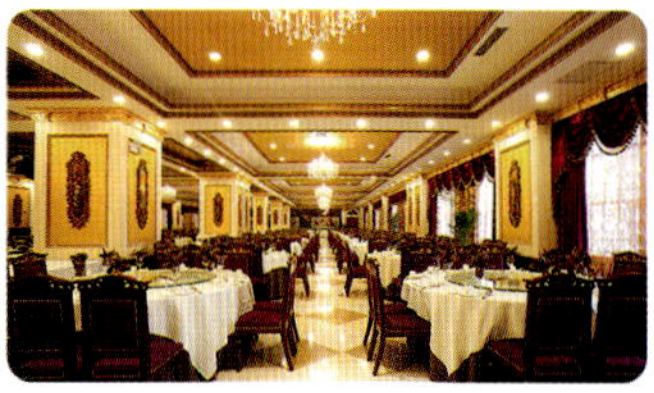

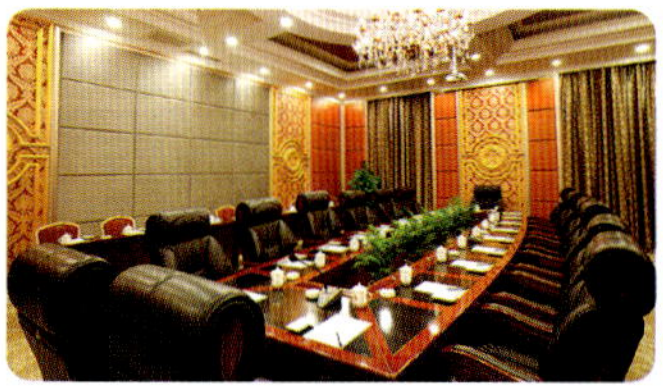

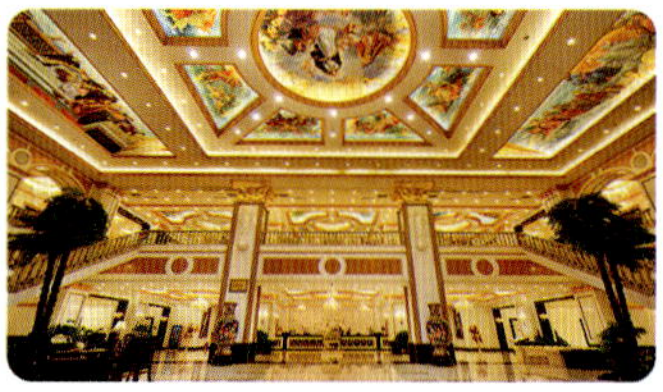

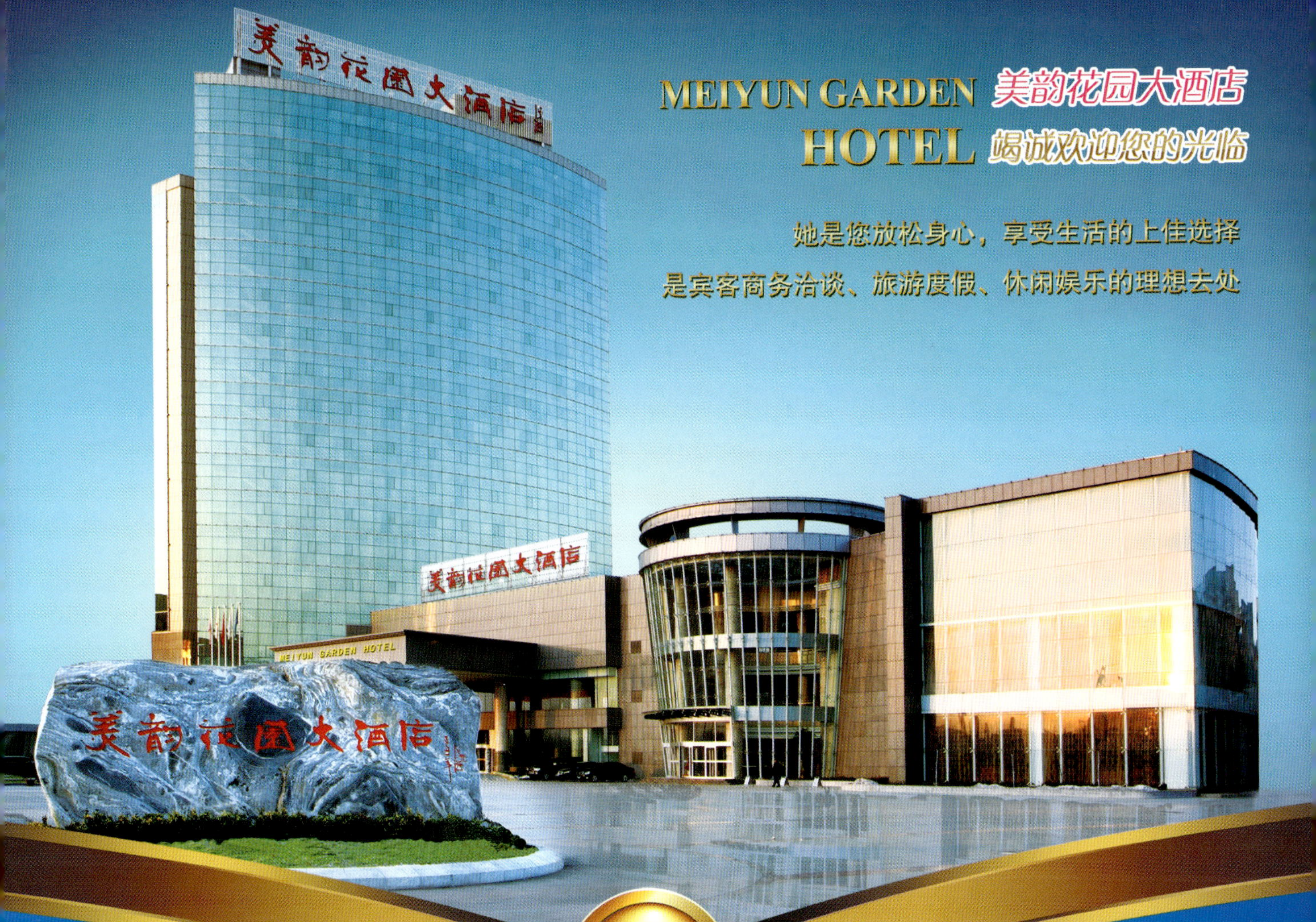

山西省阳城县美韵花园大酒店

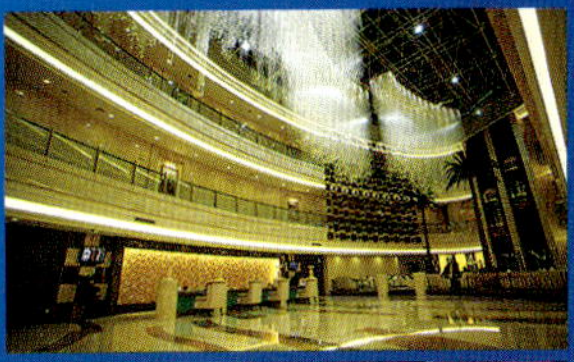

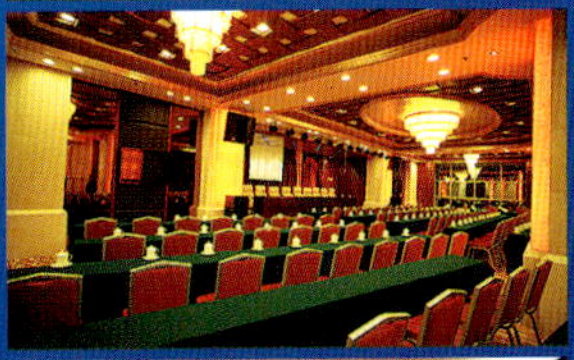

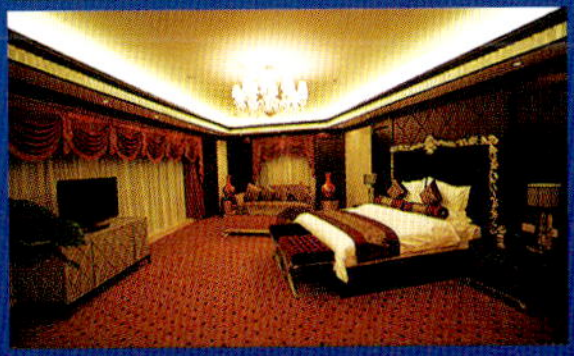

美韵花园大酒店是由山西煤炭运销集团晋城阳城有限公司按照五星级标准投资兴建的生态园林式酒店，地处风景秀丽、文化底蕴深厚的阳城县城，位于新阳西街与析城大道交会处，总建筑面积2.8万平方米，总投资3亿元人民币。

美韵花园大酒店具有现代建筑风格又融合了天然生态园林精髓与人文理念，格调高雅，设施一流，拥有五星级酒店全部配置，是宾客旅游休闲的理想选择。

酒店主楼高19层。中餐厅和36个豪华包厢，能容纳600人同时用餐，为宾客奉献各式佳肴，让客人居一地之便，尝世界美味。西餐厅可容纳110人用餐，主要经营自助、零点、日本料理、欧日情怀、寿司系列等。最具特色的是酒店的会议室，一个多功能厅和四个不同规格的会议室，拥有最新科技的会议设备，能满足高档会议的一切所需。酒店共有120间舒适惬意、高贵典雅的客房，并设有行政楼层和总统套房。康乐休闲中心，环境高雅，为顾客提供干蒸、湿蒸、洗浴、按摩等服务。另外酒店17层为KTV包间、3D影院和空中酒吧。

酒店背依美韵森林公园，绿树成荫，鸟语花香，环境优雅，迷人的景观一步一移，让来客徜徉其中，流连忘返。

美韵花园大酒店自2009年9月26日正式开业以来，为阳城当地旅游兴县，促进招商引资，提升城市品位，推动地方经济发展等发挥了重要作用，得到了各方宾客的高度认可，并取得了良好的社会效益。

美韵花园大酒店竭诚欢迎您的光临，她是您放松身心，享受生活的上佳选择，是宾客商务洽谈、旅游度假、休闲娱乐的理想去处。

地址：山西省晋城市阳城县新阳西街 | 电话：0356-4888888 | 传真：0356-4888889 | 网址：www.mygardenhotel.com

上海半岛酒店

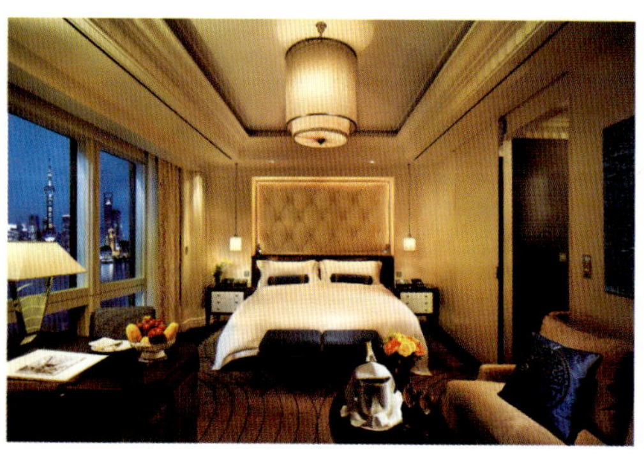

上海半岛酒店荣获国际旅行旅游业顶尖权威杂志美国Travel + Leisure《旅游与休闲》“全球至佳商务酒店”奖，并荣登榜首；同时，更获得了福布斯旅游指南五星评级，被誉为全球至佳酒店。半岛水疗中心亦获这一全球知名奢华旅行刊物五星级水疗中心殊荣。

坐落于洋溢着老上海迷人风情的外滩黄金地段，紧邻黄浦江畔，上海半岛酒店不但拥有上海城区绝佳的地理位置以及精致的花园，更呈献奢华、舒适、高水平的餐饮选择，以及半岛酒店声名远扬的贴心服务，为贵宾缔造独特而难忘的盛宴。

酒店设有235间豪华客房（包括44间套间），设计优雅、艺术装饰风格的内饰将半岛酒店传统的舒适标准及先进科技与中国元素完美糅合，为宾客带来极致奢华的舒适感受。同时，拥有五间风格迥异的餐厅和酒吧，为您带来多种特色美食与情调享受，包括大堂茶座、逸龙阁中餐厅、艾利爵士顶层餐厅、酒吧和露台、以航海为主题的引航酒吧和玲珑酒廊，以及各类会议厅、主题场所和大宴会厅玫瑰厅。半岛酒店水疗中心将为宾客提供一流的水疗按摩和养身理疗服务。半岛精品廊目前拥有25家国际奢侈品牌店，半岛精品店则推出各种半岛品牌商品和精致小食供宾客选择。糅合20世纪二三十年代的欧美典雅和中国传统元素相结合的装饰风格，经典又不失现代风范，向被誉为“东方巴黎”的上海致以浪漫的敬意。

上海半岛酒店
地址：中国上海外滩中山东一路32号
邮政编码：200002
电话：(86-21) 2327 2888
电子邮件：psh@peninsula.com
网页：peninsula.com

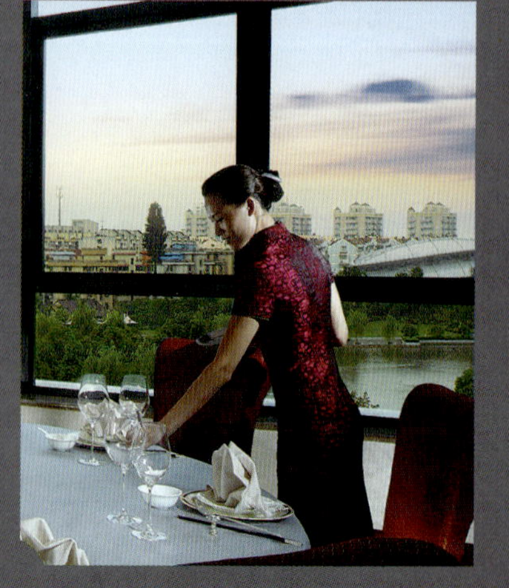

会议场所 Meeting Room	位置 Location	建筑面积 Area(m^2)	尺寸 Size	客容量（人） Capability				
				宴会式 Banquet Type	课桌式 Classroom Type	剧院式 Theater Type	鱼骨式 Fishbone Type	口字型 SquareType
三立厅 Sanli Hall	2F	930	34.2x24.5x7	600	500	900	—	—
开元厅（可分隔） New Century Room	4F	560	28.6x16.3x5	420	315	600	—	—
立人厅 Liren Meeting Room	4F	320	16.7x16	200	145	290	185	—
立德厅 Lide Meeting Room	4F	210	13.9x12.7	120	90	200	115	—
立意厅（可分隔） Liyi Meeting Room	4F	145	16.6x8	100	70	145	90	—
立业厅 Liye Meeting Room	4F	120	贵宾接待室VIP Room	—	—	—	—	18
立行厅 Lixing Meeting Room	4F	95	董事会固定桌型	—	—	—	—	18

浙江三立开元名都大酒店位于杭州城北核心地段，环境优美、交通便利。酒店拥有极其完善和现代化的会议场地及设施。1个930平米豪华无柱式宴会厅，1个国际会议厅，2个接见厅，以及8个不同规格的会议室，先进完善的设备，专业的会务团队，满足高档宴会、会议所需。其中三立厅为大型多功能宴会厅，拥有杭州最大的室内LED显示屏，超强视听震撼，尽显非凡气度，是举行隆重宴会及各类商务会议之首选理想场所。

电话：0571-85099999

网址：www.kaiyuanhotels.com

上海国際會議中心

Shanghai International Convention Center

地址：中国上海浦东滨江大道2727号 邮编：200120
Address: 2727 Riverside Avenue Pudong, Shanghai 200120,China
电话 / Tel:（86-21）50370000 传真 / Fax:（86-21）50370999
http:// www.shicc.net E-mail: hotel@shicc.net

上海国际会议中心地处陆家嘴金融贸易中心，毗邻东方明珠电视塔，与外滩万国建筑群隔江相望，浦江游艇码头近在咫尺，交通设施方便快捷，地理位置得天独厚，于1999年8月落成并正式对外营业，2001年10月被评定为五星级酒店。

上海国际会议中心以举办大型和特大型国际国内会议、商务论坛而蜚声海内外。

酒店设施先进、舒适，拥有273间临江景观豪华客房和30个大小不等、风格迥异的多功能会议厅，其中包括一次可容纳3000多人的无柱型多功能宴会厅，并有配备齐全的先进高科技影音系统及多达10余种语言的同声传译设备，会议场馆与专业化的会务服务都将展示您每次跨越成功的风采。国家级高技主理、资深员工完美服务的国宴和配套完善的婚宴享誉沪上，东南亚和小南国餐厅等多菜系美食共绘浦江美丽风光。

上海国际会议中心出色地完成了，99"财富"全球论坛年会、2001年APEC亚太经合组织领导人峰会及系列会议、2002年中俄总理第七次会晤、2006年上海合作组织成员国元首理事会会议及中国2010年上海世界博览会欢迎宴会等国内外重要会议及政要接待任务，倍受各方赞誉。2012年4月蝉联中国旅游饭店业协会颁发中国饭店金星奖。

酒店简介

榕江大酒店是揭阳市唯一一所豪华五星级涉外酒店，位于广东省揭阳市新城区——榕城区。榕江大酒店于2005年10月开业，2007年年底经国家旅游局审评荣膺五星级酒店殊荣，并于12月正式五星挂牌；2009年10月加入世界金钥匙酒店联盟。

榕江大酒店坐落于揭阳市中心城区的黄金位置，依风景名胜黄岐山傍榕江水，毗邻揭阳市政府、正对宽广的城市广场花园和榕江北岸文化长廊，距火车站3公里，离机场20公里，离汕头市约1小时车程。占地面积13350平方米，总建筑面积为48800平方米，共28层，楼高98.8米，总投资3.68亿元。酒店按照超五星级标准设计和建设。

榕江大酒店开业前期由中国三大酒店管理公司之一的东方酒店管理有限公司管理。酒店将秉承东方嘉柏“五星、国际、商务”的经营管理理念及“悠悠榕江水·滴滴见真情”的服务理念，为宾客提供卓越的服务。

客房共有488间，包括各种标准及豪华房型、套房及数码行政楼层、总统套间等。酒店拥有完善的宴会和会议设施，其中大宴会厅可同时容纳800多人的豪华盛大宴会。中餐厅以顶级潮菜为主，辅以粤、京等菜系。拥有豪华包厢19间，超豪华VIP包厢1间。幽优雅的全天候式塞纳西餐厅，给客人不同的主题和本地最纯正的西式烹调。至尊会所是揭阳的顶级娱乐场所（外包管理），设计融合东方的富丽堂皇和西方的现代感。康乐桑拿、棋牌设施完备，全面满足宾客的所需所求。酒店大堂配套商务中心、医务室、商场、花店等，大型地下停车场，配备完善的保安系统，为宾客提供专业周到的酒店服务。

地址：广东省揭阳市东山区岐山大道（市政府西侧）
电话:(Tel):+86(663)8222888
传真:(Fax):+86(663)8222318　邮编:(P.C.):522000
网址:(Web):www.rongjianghotel.com
电邮:(E-mail):sales-mktg@rongjianghotel.com
新浪微博：http://t.cn/ZTD135M

抚顺友谊宾馆 FRIENDSHIP HOTEL FUSHUN

友谊宾馆是抚顺市首家五星级旅游饭店，始建于1955年，1957年10月1日正式营业，宾馆占地面积40000平方米，建筑面积29000平方米，由A、B座两栋楼组成。宾馆拥有各类客房179间。设有行政楼层、无烟楼层等。位于B座3层的行政酒廊，设有商务中心、洽谈室、网吧等。

餐厅位于宾馆二层。拥有中餐厅、自助餐厅、日式餐厅及各类宴会厅19间，可提供辽菜、粤菜、川菜、日式料理、西餐以及特色满族美食等。

方中圆餐厅和多功能厅，可分别容纳300人就餐。谊香园餐厅可容纳120人就餐。稻菊日式料理，设有散台及铁板烧，可容纳70人就餐。

宾馆共有宴会厅14个，分别以天体、四季、花卉命名。极具满族特色的满庭芳餐厅雕梁画栋，古韵尤存。在B座顶层行政贵宾房内，设有国宴分餐服务，充分彰显您显赫、尊贵的身份地位。

谊澜轩大堂吧温馨雅致。举杯小酌各色美酒，欣赏古琴绕梁之音。这里是商旅会晤、休闲小憩的绝佳之所。

私人桑拿会所，设有桑拿、汗蒸、SPA、理疗、保健按摩、足疗美发等服务项目以及红酒吧、棋牌室、贵宾休息房等休闲设施。

康乐会所位于宾馆B座1层，设有室内游泳馆、台球室、健身房、瑜伽会馆等。

紫兰汇私人会所位于B座负1层，设有15间豪华包房，是您娱乐聚会的理想之所。

购物中心位于一层大堂，设有天韵翡翠珠宝店、精品服装店、日用百货店等。

设在宾馆二层的商务中心备有传真、打字、复印等多种办公设备。9间大、中、小型会议室，提供全方位的会议服务。宾馆还附设邮电、民航铁路售票、浆洗、花卉租摆、汽车出租等服务项目。友谊旅行社既可办理国内旅游，又可带您去领略抚顺的自然风光、名胜古迹等。

抚顺友谊宾馆这颗浑河明珠，将以**服务在我手中，宾客在我心中**的服务理念热诚欢迎海内外朋友的光临。

地址：辽宁省抚顺市新抚区永宁街4号　总机：024-56838888　订房：024-56839999　订餐：024-56836666　传真：024-56830000
网站：www.FSYYBG.com　www.FUSHUNFH.com　电子邮箱：web@fsyybg.com

酒店外景

游泳馆

会议室

国宴餐厅

客房

图片均为酒店实景照片

生活周而复始，总会让人感到厌倦
这里
一份精致的餐点，一幅惊艳的画作，一曲精彩的剧演，一个美丽的梦眠

心意常留你我之间

扫描可获
更多信息
或
拨打电话
0316－6089999

艾力枫社 GOLDEN ELEPHANT HOTEL | 新绎贵宾楼 OVATION HOTEL

Add.:中国河北省廊坊经济技术开发区友谊路Friendship Road,Langfang Economic and Technological Development Zone, Hebei, China 065001　Tel.：0316-6089999　Fax.：0316-6080111　Web.:Http://www.elehotels.com

河北卓正国际酒店位于河北省保定市七一东路2358号，紧邻京港澳高速路引线。保定市距离北京、天津、石家庄三大都市圈的车程均在1.5小时左右，区位优势十分显著。酒店由河北卓正实业集团投资兴建，总投资2.38亿元，集住宿、餐饮、会议、温泉养生、娱乐、购物于一身，2007年5月19日开业，2009年3月12日荣膺五星级旅游饭店。酒店占地4.2万平方米，总建筑面积2.8万平方米，地上17层，地下1层，被评为保定市标志性建筑。

酒店会议设施包括多功能厅、贵宾厅及大、中、小会议室，可同时容纳500人开会。康体设施包括室内游泳池、健身房、KTV、棋牌室、水疗养生会馆。其中水疗养生馆是以温泉泡汤、药浴理疗、SPA等为特色，它是保定市同星级酒店中营业面积最大的浴场，所使用温泉水采自卓正集团自主开发的温泉井，经国家地质研究院勘察属优质硫黄泉质，由温泉专用水车直接运至酒店。

酒店秉承“快捷、周到、上乘、典雅”的服务理念，金钥匙和专职管家已形成了“满意+惊喜”的个性化服务链，实行24小时餐饮服务、24小时商务服务、24小时客房服务、24小时洗衣服务、主题宴会服务。2008年3月酒店荣获“第九届河北省消费者信得过单位”，2008年5月12日荣膺中国饭店协会、全国绿色饭店评定委员会授予的“5A级绿色饭店”称号，是保定市首家5A级“绿色饭店”，引导了保定酒店安全、健康、环保的潮流。

酒店拥有客房145间（套），设有养生楼层、商务楼层、无烟楼层和行政楼层。备有商务标准间、商务套房、养生套房、行政标准间、行政套房、家庭豪华套房、卓正套房、无障碍房、女士房、主题婚房。客房内均设有国际国内直拨电话、双10M宽带上网、卫星电视、迷你吧、保险箱、电子门锁。酒店前厅可以提供车票、机票预订以及商务秘书服务。

酒店设有中餐厅、凯悦自助餐厅、多功能厅、咖啡厅、茶吧、拿多利大堂吧等餐饮服务，可容纳900人同时就餐。中餐厅主要经营粤菜、特色地方菜、湘菜、白洋淀菜等，特聘广东、湖南等地厨师主理。

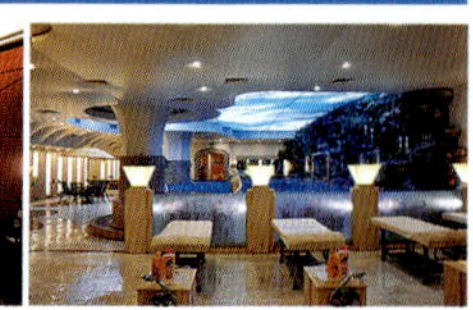

总机：0312-3358888　传真：0312-3358998
网址：www.zhuozhenghotel.com

Howard Johnson
JINDI PLAZA DATONG
大同金地豪生大酒店

大同金地豪生大酒店

大同市金地豪生大酒店由山西省金地矿业集团公司下属子公司大同市中小企业信用担保有限责任公司按照五星级旅游饭店标准建造，位于大同市平城街88号，地理位置优越，交通便利。酒店始建于2007年3月，2010年3月31日正式营业，由豪生国际酒店集团（中国）管理。酒店主楼地上25层，地下2层，主体高度99米，建筑面积48900平方米，使用面积40750平方米，总投资3.96亿元人民币。

酒店设计秉承豪生国际酒店集团（中国）的一贯风格，融合了现代时尚设计理念。酒店共有283间（套）宽敞舒适的客房，分别为豪华楼层和行政楼层，其中豪华楼层位于酒店12～24层，共230间客房，行政楼层位于酒店25～27层，共52间客房，残疾人房1间，位于12层。酒店总计床位382张。

酒店拥有四个风格迥异的餐厅和12个豪华包间，分别是金粤轩中餐厅、e咖啡厅、怡景咖啡餐厅、禾田日韩餐厅，总计餐位944个，各餐厅提供中式风味、美式风味、法式风味、日本料理、韩国铁板烧等，中外美食应有尽有。流连其中，意犹未尽，欢享朵颐之趣。

完善惬意的住宿环境、舒适现代的先进设备、热情好客的接待之道、真诚细致的体贴服务，完美契合，带来金地豪生大酒店的奢华之旅。宾客可轻松享受到众多悉心服务，包括健身中心、室内游泳池、乒乓球室、台球室、茶艺、棋牌室、KTV、桑拿浴、SPA等驻店康乐休闲设施，以及精品店购物。

5个面积不同的会议室总计420平方米，各会议室及多功能厅配备先进的音响、灯光和无线网络等现代化会务设施，适宜举办各类会议与宴会，并可提供多款宴会菜肴，专业的服务团队提供一切会议之需，令您的商务活动深感便利、舒适和轻松。

酒店功能布局合理，服务项目齐全，配套设施完善，设备档次较高，规章制度健全，是您商务旅行或是休闲度假，体验奢华享受的绝佳选择。

地址：中国山西省大同市平城街88号　邮编：037044
No.88 Pingcheng Street,Datong,Shanxi,037044 P.R.China
电话(Tel)：(86)352 6039999　传真(Fax)：(86)352 6038888

金城粤海国际酒店
Jin Cheng Guang Dong International Hotel

Jing Cheng Guang Dong International Hotle

餐饮 Catering	客房 Guest room	康乐 Recreation	宴会 Banquet	网球 Tennis

关于酒店 About the hotel

金城粤海国际酒店是由铁岭金城房地产开发有限公司投资，由粤海（国际）酒店管理有限公司全权委托管理，共同打造的辽北地区首家按五星级标准兴建的涉外酒店。

营业面积40000平方米，共26层。有四部客用电梯，可直达26层，一部员工电梯，两部观光电梯；拥有200余车位的地下停车场；二层为高档SPA，有24小时健身设备；四层拥有大中小型宴会厅3间，可同时容纳1000人同时就餐，大中餐饮包厢30间，中小型会议室3间，亦可容纳400余人同时参会；五层有西餐厅和室外网球场、斯诺克活动室等休闲娱乐项目。酒店共有客房235间，其中9～23层为标准客房，24～25层为行政客房，26层为总统套房。

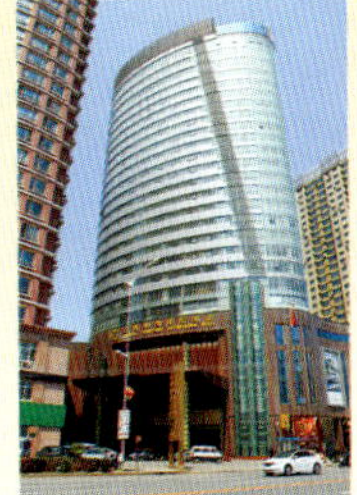

路线及周边 Route and the surrounding

酒店地处铁岭市中央商业区域，毗邻大商新玛特及银州区政府，距火车站、客运站1公里，地理位置优越，交通极为便利。

地址：辽宁省铁岭市银州区广裕街28号　电话：+86 24 74299999　邮编：112000
Address:No. 28 Guangyu Street, Yinzhou District, Tieling City, Liaoning　Tel:+86 24 74299999　Post Code:112000
网址：http://www.jinchenggd-hotel.com　欢迎进入官网或第三方网站预订

天通国际酒店
TIMTON INTERNATIONAL HOTEL
绚丽天通　度假巅峰
Wonderful Timton Hotel
The Best Paradise For Vocation
天通国际酒店位于美丽而宁静的三亚湾。358间（套）豪华典雅，恬静舒适的海景客房，包括9间独具特色复式套房，46间宽敞明亮的一线豪华海景套房，天通套房尽享君临尊位，无敌海景。全部房间设计角度均可以饱览三亚湾椰梦长廊秀美海景。
Timton International Hotell is located in the beautiful and charming Sanya bay.358 rooms and suites of luxury and elegance,tranquil and comfortable guest rooms which including 9 unique loft suites,46 spacious and bright first class deluxe sea view suites,the timton suite can make you fully enjoy regnant and respected status,as well as the invincible sea view.Design view of all the rooms can completely enjoy the graceful seascape of coconut dream corridor in sanya bay.
www.timtonhotel.cn
中国·海南·三亚·三亚湾路199号　邮编：572000
199# Sanya Bay Resort District,Sanya 572000,Hainan Province P.R. China
电话(Tel)：86 898 8829 9999　传真(Fax)：86 898 8836 9999

厦门华侨大厦（大酒店）系福建中旅集团旗下企业，历来在海内外侨胞中具有广泛的影响，素有“华侨之家”之称，并于2000年被评为四星级酒店，住、食、行、娱以及商务、会议设施成龙配套，是来厦门进行商贸活动、探亲访友、度假旅游的理想下榻场所。

酒店位于厦门经济特区繁华闹市中心，闹中取静，交通便捷。酒店距机场仅15分钟车程，中山路步行街近在咫尺，不仅可以欣赏古老的骑楼风貌，还可尽情享受轻松购物的乐趣。酒店拥有各种客房303间（套），房间宽敞舒适、温馨典雅、配置齐全，窗外尽览鹭岛市区风姿。园林式的中庭阳光椰影，环境幽雅，独具风格；大、中、小型配备齐全的会议场地，特别是附五楼国际会议厅是市中心位置理想的会议举办场所，也是举办婚庆、宴会的上佳选择。附三楼万寿宫中餐厅店主营闽、粤菜系，曾荣获“中华餐饮名店”的美称，一楼自助餐菜肴丰富、品种齐全，价格实惠，可尽享饕餮大餐。

酒店不仅荣获“中国饭店业优秀民族品牌”称号，还是厦门市认定的首批“十大知名酒店品牌暨最具华侨历史的商务酒店”、国际金钥匙组织成员单位、厦门市“文明星级饭店”、厦门市“诚信示范企业”、第五届中国会议经济与会议酒店发展大会2012年度优秀会议酒店（福建省仅4家入选）。酒店秉承“温馨、贴心、舒心”的服务理念，恭候宾客的光临，使每位到来的宾客都充分享受到酒店温馨舒适的氛围和细心周到的贴心服务。

地址：厦门市新华路70-74号　邮编：361003　电话：0592-2660888　传真：0592-2660999
电子邮箱 /E-mail: ochotel@public.xm.fj.cn　网址: http://www.xmhqhotel.com

---

桃花岭饭店地处湖北省宜昌市中心，院内古木参天，春季更有桃花盛开，香气四溢，具有浓郁巴楚文化特色和园林式庭院风格

饭店始建于1957年，2009年按五星标准改造升级，是宜昌市重要的政务接待场所，是中外宾客商务、旅游及举行会议的理想场所。饭店有各类客房262间（套）。装修典雅的中西餐厅30余间。拥有1个大型多功能厅，可同时容纳500多人开会、展览、演出、宴会，实装有大型LED屏，还有10个大小功能各异的会议室。商务中心、商场、酒吧、KTV、桑拿、棋牌室、健身房、停车场一应俱全。

饭店交通十分便利。距三峡大坝、三峡机场仅30分钟车程，轮船码头、火车站、客运站均近在咫尺。

Located in the downtown of Yichang City, Hubei province, Taohualing Hotel is a garden-style hotel with rich culture of Bachu, in which there are tall ancient trees and fragrant flowers.

The hotel was founded in 1957 and was upgraded based on the standard of the five-star hotels in 2009, Its is the ideal place for high-rank executives, business, tourists and meeting guests. There are 262 guests rooms. Over 30 Chinese & Western deluxe rooms can provide food service for more than 1500 people. It is the best choice for catering conference, business meetings & conferences, medium and high grade reception, etc. In the convention center, a multifunctional hall can accommodate 500 people, It is installed with large-scale LED screen. and 19 conference rooms have different sizes and functions, Business center, lobby shop, pub, KTV, Sauna room, Card and Chess room, Gym and Parking lots are all available here.

With convenient transportation, it only takes 30-minutes' to drive from the hotel to Three Gorges Dam and the airport, a few minutes to wharf, railway station and bus station.

大厅 Lobby

豪华房间 Deluxe room

桃花饭庄餐厅 Restaurant

桃花岭多功能厅 Multifunctional hall

地址：湖北省宜昌市云集路29号　ADD:29 Yunji Road, Yichang City, Hubei, China.
邮编/ZIP：443000　网址/WEB：www.taohualing-hotel.com
电话/TEL：0717-6236666　传真/FAX：0717-6238888

月是故乡明　家是桃花岭
The Brightest Moon Is In Home Town　The Warmest Home Is Taohualing Hotel

功成 · 旅就
Traveling For Success

宜昌万达皇冠假日酒店地处沿江大道，毗邻融商业、购物、娱乐为一体的万达广场，俯瞰长江，山色江景一览无遗。地理位置优越，交通便利，距离宜昌火车站仅2.5公里；驱车35分钟即可到达三峡机场；世界闻名遐迩的三峡大坝、葛洲坝及清江画廊风景区亦近在咫尺。无论您是繁忙的商务人士，抑或是休闲的度假旅客，这里都将是您理想的居停之所。

Crowne Plaza Yichang is located at the bank of the Yangtze River where you may enjoy the fantastic mountain and river view. Only 35 minutes drive away from Yichang airport, 2.5 km from the Railway Station and 38 km from the well-known Three Gorges Dam, Ge Zhouba and Qingjiang scenic spot are near at hand. Standing at the heart of the Wanda Plaza, the cities commercial, shopping and entertainment center, Crowne Plaza Yichang can doubtlessly offer you plenty of options no matter you are on business trip or leisure purposes.

详情查询请拨打/For more information please call (86) 717 6588 888

北京 BEIJING　上海 SHANGHAI　悉尼 SYDNEY　东京 TOKYO　伦敦 LONDON　香港 HONGKONG　纽约 NEWYORK　环球380余家 OVER 380 LOCATIONS WORLDWIDE

功成•旅就

襄阳万达皇冠假日酒店，是襄阳首家拥有302间客房的国际品牌五星级酒店，酒店坐落在襄阳市商业中心繁华的长虹北路上，附近高档购物中心、步行街和各类餐饮场所林立。这里有舒适高雅的环境、高端的会议设施及专业细致的服务，是您理想的会聚之所。

襄阳万达皇冠假日酒店交通便利，距离襄阳市刘集机场仅30分钟车程，驱车仅8分钟即可到达襄阳火车站轻松往来武汉等各大城市；极大的便利使襄阳万达皇冠假日酒店成为商务、会议和休闲的佳选。

电话：(86)710 3288 866　传真：(86)710 3288 899　邮箱：info@crowneplazaxf.com　网址：www.crowneplaza.cn　地址：中国湖北省襄阳市长虹北路11号

北京　香港　伦敦　纽约　上海　悉尼　东京　环球380余家

東湖國際大酒店
EAST LAKE INTERNATIONAL HOTEL
★★★★★

五楼花园平台

大门

餐厅

嘉峪关广场假日酒店

瓜州融金洲海大酒店

天亮请关灯

熄灭灯光点亮地球

《中华人民共和国旅游法》

保障旅游业持续健康发展

INFORMATION OF CHINA TOURIST HOTEL

中国旅游饭店资讯通览

2013~2014

中国旅游出版社
CHINA TRAVEL & TOURISM PRESS

《中国旅游饭店资讯通览 2013～2014》

目　录

特　载

旅游饭店发展概况

旅游饭店基本资讯

彩色宣传版目录

特　载

Special Documents

中华人民共和国主席令

第三号

《中华人民共和国旅游法》已由中华人民共和国第十二届全国人民代表大会常务委员会第二次会议于2013年4月25日通过，现予公布，自2013年10月1日起施行。

中华人民共和国主席　习近平

2013年4月25日

中华人民共和国旅游法

（2013年4月25日第十二届全国人民代表大会常务委员会第二次会议通过）

第一章　总　则

第一条　为保障旅游者和旅游经营者的合法权益，规范旅游市场秩序，保护和合理利用旅游资源，促进旅游业持续健康发展，制定本法。

第二条　在中华人民共和国境内的和在中华人民共和国境内组织到境外的游览、度假、休闲等形式的旅游活动以及为旅游活动提供相关服务的经营活动，适用本法。

第三条　国家发展旅游事业，完善旅游公共服务，依法保护旅游者在旅游活动中的权利。

第四条　旅游业发展应当遵循社会效益、经济效益和生态效益相统一的原则。国家鼓励各类市场主体在有效保护旅游资源的前提下，依法合理利用旅游资源。利用公共资源建设的游览场所应当体现公益性质。

第五条　国家倡导健康、文明、环保的旅游方式，支持和鼓励各类社会机构开展旅游公益宣传，对促进旅游业发展做出突出贡献的单位和个人给予奖励。

第六条　国家建立健全旅游服务标准和市场规则，禁止行业垄断和地区垄断。旅游经营者应当诚信经营，公平竞争，承担社会责任，为旅游者提供安全、健康、卫生、方便的旅游服务。

第七条　国务院建立健全旅游综合协调机制，对旅游业发展进行综合协调。

县级以上地方人民政府应当加强对旅游工作的组织和领导，明确相关部门或者机构，对本行政区域的旅游业发展和监督管理进行统筹协调。

第八条　依法成立的旅游行业组织，实行自律管理。

第二章　旅游者

第九条　旅游者有权自主选择旅游产品和服务，有权拒绝旅游经营者的强制交易行为。

旅游者有权知悉其购买的旅游产品和服务的真

实情况。

旅游者有权要求旅游经营者按照约定提供产品和服务。

第十条 旅游者的人格尊严、民族风俗习惯和宗教信仰应当得到尊重。

第十一条 残疾人、老年人、未成年人等旅游者在旅游活动中依照法律、法规和有关规定享受便利和优惠。

第十二条 旅游者在人身、财产安全遇有危险时，有请求救助和保护的权利。

旅游者人身、财产受到侵害的，有依法获得赔偿的权利。

第十三条 旅游者在旅游活动中应当遵守社会公共秩序和社会公德，尊重当地的风俗习惯、文化传统和宗教信仰，爱护旅游资源，保护生态环境，遵守旅游文明行为规范。

第十四条 旅游者在旅游活动中或者在解决纠纷时，不得损害当地居民的合法权益，不得干扰他人的旅游活动，不得损害旅游经营者和旅游从业人员的合法权益。

第十五条 旅游者购买、接受旅游服务时，应当向旅游经营者如实告知与旅游活动相关的个人健康信息，遵守旅游活动中的安全警示规定。

旅游者对国家应对重大突发事件暂时限制旅游活动的措施以及有关部门、机构或者旅游经营者采取的安全防范和应急处置措施，应当予以配合。

旅游者违反安全警示规定，或者对国家应对重大突发事件暂时限制旅游活动的措施、安全防范和应急处置措施不予配合的，依法承担相应责任。

第十六条 出境旅游者不得在境外非法滞留，随团出境的旅游者不得擅自分团、脱团。

入境旅游者不得在境内非法滞留，随团入境的旅游者不得擅自分团、脱团。

第三章 旅游规划和促进

第十七条 国务院和县级以上地方人民政府应当将旅游业发展纳入国民经济和社会发展规划。

国务院和省、自治区、直辖市人民政府以及旅游资源丰富的设区的市和县级人民政府，应当按照国民经济和社会发展规划的要求，组织编制旅游发展规划。对跨行政区域且适宜进行整体利用的旅游资源进行利用时，应当由上级人民政府组织编制或者由相关地方人民政府协商编制统一的旅游发展规划。

第十八条 旅游发展规划应当包括旅游业发展的总体要求和发展目标，旅游资源保护和利用的要求和措施，以及旅游产品开发、旅游服务质量提升、旅游文化建设、旅游形象推广、旅游基础设施和公共服务设施建设的要求和促进措施等内容。

根据旅游发展规划，县级以上地方人民政府可以编制重点旅游资源开发利用的专项规划，对特定区域内的旅游项目、设施和服务功能配套提出专门要求。

第十九条 旅游发展规划应当与土地利用总体规划、城乡规划、环境保护规划以及其他自然资源和文物等人文资源的保护和利用规划相衔接。

第二十条 各级人民政府编制土地利用总体规划、城乡规划，应当充分考虑相关旅游项目、设施的空间布局和建设用地要求。规划和建设交通、通信、供水、供电、环保等基础设施和公共服务设施，应当兼顾旅游业发展的需要。

第二十一条 对自然资源和文物等人文资源进行旅游利用，必须严格遵守有关法律、法规的规定，符合资源、生态保护和文物安全的要求，尊重和维护当地传统文化和习俗，维护资源的区域整体性、文化代表性和地域特殊性，并考虑军事设施保护的需要。有关主管部门应当加强对资源保护和旅游利用状况的监督检查。

第二十二条 各级人民政府应当组织对本级政府编制的旅游发展规划的执行情况进行评估，并向社会公布。

第二十三条 国务院和县级以上地方人民政府应当制定并组织实施有利于旅游业持续健康发展的产业政策，推进旅游休闲体系建设，采取措施推动区域旅游合作，鼓励跨区域旅游线路和产品开发，促进旅游与工业、农业、商业、文化、卫生、体育、科教等领域的融合，扶持少数民族地区、革命老区、边远地区和贫困地区旅游业发展。

第二十四条 国务院和县级以上地方人民政府应当根据实际情况安排资金，加强旅游基础设施建设、旅游公共服务和旅游形象推广。

第二十五条 国家制定并实施旅游形象推广战略。国务院旅游主管部门统筹组织国家旅游形象的境外推广工作，建立旅游形象推广机构和网络，开展旅游国际合作与交流。

县级以上地方人民政府统筹组织本地的旅游形象推广工作。

第二十六条 国务院旅游主管部门和县级以上地方人民政府应当根据需要建立旅游公共信息和咨询平台，无偿向旅游者提供旅游景区、线路、交通、气象、住宿、安全、医疗急救等必要信息和咨询服务。设区的市和县级人民政府有关部门应当根据需要在交通枢纽、商业中心和旅游者集中场所设置旅游咨询中心，在景区和通往主要景区的道路设置旅游指示标识。

旅游资源丰富的设区的市和县级人民政府可以根据本地的实际情况，建立旅游客运专线或者游客中转站，为旅游者在城市及周边旅游提供服务。

第二十七条 国家鼓励和支持发展旅游职业教育和培训，提高旅游从业人员素质。

第四章 旅游经营

第二十八条 设立旅行社，招徕、组织、接待旅游者，为其提供旅游服务，应当具备下列条件，取得旅游主管部门的许可，依法办理工商登记：

（一）有固定的经营场所；

（二）有必要的营业设施；

（三）有符合规定的注册资本；

（四）有必要的经营管理人员和导游；

（五）法律、行政法规规定的其他条件。

第二十九条 旅行社可以经营下列业务：

（一）境内旅游；

（二）出境旅游；

（三）边境旅游；

（四）入境旅游；

（五）其他旅游业务。

旅行社经营前款第二项和第三项业务，应当取得相应的业务经营许可，具体条件由国务院规定。

第三十条 旅行社不得出租、出借旅行社业务经营许可证，或者以其他形式非法转让旅行社业务经营许可。

第三十一条 旅行社应当按照规定交纳旅游服务质量保证金，用于旅游者权益损害赔偿和垫付旅游者人身安全遇有危险时紧急救助的费用。

第三十二条 旅行社为招徕、组织旅游者发布信息，必须真实、准确，不得进行虚假宣传，误导旅游者。

第三十三条 旅行社及其从业人员组织、接待旅游者，不得安排参观或者参与违反我国法律、法规和社会公德的项目或者活动。

第三十四条 旅行社组织旅游活动应当向合格的供应商订购产品和服务。

第三十五条 旅行社不得以不合理的低价组织旅游活动，诱骗旅游者，并通过安排购物或者另行付费旅游项目获取回扣等不正当利益。

旅行社组织、接待旅游者，不得指定具体购物场所，不得安排另行付费旅游项目。但是，经双方协商一致或者旅游者要求，且不影响其他旅游者行程安排的除外。

发生违反前两款规定情形的，旅游者有权在旅游行程结束后三十日内，要求旅行社为其办理退货并先行垫付退货货款，或者退还另行付费旅游项目的费用。

第三十六条 旅行社组织团队出境旅游或者组织、接待团队入境旅游，应当按照规定安排领队或者导游全程陪同。

第三十七条 参加导游资格考试成绩合格，与旅行社订立劳动合同或者在相关旅游行业组织注册的人员，可以申请取得导游证。

第三十八条 旅行社应当与其聘用的导游依法订立劳动合同，支付劳动报酬，缴纳社会保险费用。

旅行社临时聘用导游为旅游者提供服务的，应当全额向导游支付本法第六十条第三款规定的导游服务费用。

旅行社安排导游为团队旅游提供服务的，不得要求导游垫付或者向导游收取任何费用。

第三十九条 取得导游证，具有相应的学历、语言能力和旅游从业经历，并与旅行社订立劳动合同的人员，可以申请取得领队证。

第四十条 导游和领队为旅游者提供服务必须接受旅行社委派，不得私自承揽导游和领队业务。

第四十一条 导游和领队从事业务活动，应当佩戴导游证、领队证，遵守职业道德，尊重旅游者的风俗习惯和宗教信仰，应当向旅游者告知和解释旅游文明行为规范，引导旅游者健康、文明旅游，劝阻旅游者违反社会公德的行为。

导游和领队应当严格执行旅游行程安排，不得擅自变更旅游行程或者中止服务活动，不得向旅游者索取小费，不得诱导、欺骗、强迫或者变相强迫旅游者购物或者参加另行付费旅游项目。

第四十二条 景区开放应当具备下列条件，并听取旅游主管部门的意见：

（一）有必要的旅游配套服务和辅助设施；

（二）有必要的安全设施及制度，经过安全风险评估，满足安全条件；

（三）有必要的环境保护设施和生态保护措施；

（四）法律、行政法规规定的其他条件。

第四十三条 利用公共资源建设的景区的门票以及景区内的游览场所、交通工具等另行收费项目，实行政府定价或者政府指导价，严格控制价格上涨。拟收费或者提高价格的，应当举行听证会，征求旅游者、经营者和有关方面的意见，论证其必要性、可行性。

利用公共资源建设的景区，不得通过增加另行收费项目等方式变相涨价；另行收费项目已收回投资成本的，应当相应降低价格或者取消收费。

公益性的城市公园、博物馆、纪念馆等，除重点文物保护单位和珍贵文物收藏单位外，应当逐步免费开放。

第四十四条 景区应当在醒目位置公示门票价格、另行收费项目的价格及团体收费价格。景区提高门票价格应当提前六个月公布。

将不同景区的门票或者同一景区内不同游览场所的门票合并出售的，合并后的价格不得高于各单项门票的价格之和，且旅游者有权选择购买其中的单项票。

景区内的核心游览项目因故暂停向旅游者开放或者停止提供服务的，应当公示并相应减少收费。

第四十五条 景区接待旅游者不得超过景区主管部门核定的最大承载量。景区应当公布景区主管部门核定的最大承载量，制定和实施旅游者流量控制方案，并可以采取门票预约等方式，对景区接待旅游者的数量进行控制。

旅游者数量可能达到最大承载量时，景区应当提前公告并同时向当地人民政府报告，景区和当地人民政府应当及时采取疏导、分流等措施。

第四十六条 城镇和乡村居民利用自有住宅或者其他条件依法从事旅游经营，其管理办法由省、自治区、直辖市制定。

第四十七条 经营高空、高速、水上、潜水、探险等高风险旅游项目，应当按照国家有关规定取得经营许可。

第四十八条 通过网络经营旅行社业务的，应当依法取得旅行社业务经营许可，并在其网站主页的显著位置标明其业务经营许可证信息。

发布旅游经营信息的网站，应当保证其信息真实、准确。

第四十九条 为旅游者提供交通、住宿、餐饮、娱乐等服务的经营者，应当符合法律、法规规定的要求，按照合同约定履行义务。

第五十条 旅游经营者应当保证其提供的商品和服务符合保障人身、财产安全的要求。

旅游经营者取得相关质量标准等级的，其设施和服务不得低于相应标准；未取得质量标准等级的，不得使用相关质量等级的称谓和标识。

第五十一条 旅游经营者销售、购买商品或者服务，不得给予或者收受贿赂。

第五十二条 旅游经营者对其在经营活动中知悉的旅游者个人信息，应当予以保密。

第五十三条 从事道路旅游客运的经营者应当遵守道路客运安全管理的各项制度，并在车辆显著位置明示道路旅游客运专用标识，在车厢内显著位置公示经营者和驾驶人信息、道路运输管理机构监督电话等事项。

第五十四条 景区、住宿经营者将其部分经营项目或者场地交由他人从事住宿、餐饮、购物、游览、娱乐、旅游交通等经营的，应当对实际经营者的经营行为给旅游者造成的损害承担连带责任。

第五十五条 旅游经营者组织、接待出入境旅游，发现旅游者从事违法活动或者有违反本法第十六条规定情形的，应当及时向公安机关、旅游主管部门或者我国驻外机构报告。

第五十六条 国家根据旅游活动的风险程度，对旅行社、住宿、旅游交通以及本法第四十七条规定的高风险旅游项目等经营者实施责任保险制度。

第五章 旅游服务合同

第五十七条 旅行社组织和安排旅游活动，应当与旅游者订立合同。

第五十八条　包价旅游合同应当采用书面形式，包括下列内容：

（一）旅行社、旅游者的基本信息；

（二）旅游行程安排；

（三）旅游团成团的最低人数；

（四）交通、住宿、餐饮等旅游服务安排和标准；

（五）游览、娱乐等项目的具体内容和时间；

（六）自由活动时间安排；

（七）旅游费用及其交纳的期限和方式；

（八）违约责任和解决纠纷的方式；

（九）法律、法规规定和双方约定的其他事项。

订立包价旅游合同时，旅行社应当向旅游者详细说明前款第二项至第八项所载内容。

第五十九条　旅行社应当在旅游行程开始前向旅游者提供旅游行程单。旅游行程单是包价旅游合同的组成部分。

第六十条　旅行社委托其他旅行社代理销售包价旅游产品并与旅游者订立包价旅游合同的，应当在包价旅游合同中载明委托社和代理社的基本信息。

旅行社依照本法规定将包价旅游合同中的接待业务委托给地接社履行的，应当在包价旅游合同中载明地接社的基本信息。

安排导游为旅游者提供服务的，应当在包价旅游合同中载明导游服务费用。

第六十一条　旅行社应当提示参加团队旅游的旅游者按照规定投保人身意外伤害保险。

第六十二条　订立包价旅游合同时，旅行社应当向旅游者告知下列事项：

（一）旅游者不适合参加旅游活动的情形；

（二）旅游活动中的安全注意事项；

（三）旅行社依法可以减免责任的信息；

（四）旅游者应当注意的旅游目的地相关法律、法规和风俗习惯、宗教禁忌，依照中国法律不宜参加的活动等；

（五）法律、法规规定的其他应当告知的事项。

在包价旅游合同履行中，遇有前款规定事项的，旅行社也应当告知旅游者。

第六十三条　旅行社招徕旅游者组团旅游，因未达到约定人数不能出团的，组团社可以解除合同。但是，境内旅游应当至少提前七日通知旅游者，出境旅游应当至少提前三十日通知旅游者。

因未达到约定人数不能出团的，组团社经征得旅游者书面同意，可以委托其他旅行社履行合同。组团社对旅游者承担责任，受委托的旅行社对组团社承担责任。旅游者不同意的，可以解除合同。

因未达到约定的成团人数解除合同的，组团社应当向旅游者退还已收取的全部费用。

第六十四条　旅游行程开始前，旅游者可以将包价旅游合同中自身的权利义务转让给第三人，旅行社没有正当理由的不得拒绝，因此增加的费用由旅游者和第三人承担。

第六十五条　旅游行程结束前，旅游者解除合同的，组团社应当在扣除必要的费用后，将余款退还旅游者。

第六十六条　旅游者有下列情形之一的，旅行社可以解除合同：

（一）患有传染病等疾病，可能危害其他旅游者健康和安全的；

（二）携带危害公共安全的物品且不同意交有关部门处理的；

（三）从事违法或者违反社会公德的活动的；

（四）从事严重影响其他旅游者权益的活动，且不听劝阻、不能制止的；

（五）法律规定的其他情形。

因前款规定情形解除合同的，组团社应当在扣除必要的费用后，将余款退还旅游者；给旅行社造成损失的，旅游者应当依法承担赔偿责任。

第六十七条　因不可抗力或者旅行社、履行辅助人已尽合理注意义务仍不能避免的事件，影响旅游行程的，按照下列情形处理：

（一）合同不能继续履行的，旅行社和旅游者均可以解除合同。合同不能完全履行的，旅行社经向旅游者作出说明，可以在合理范围内变更合同；旅游者不同意变更的，可以解除合同。

（二）合同解除的，组团社应当在扣除已向地接社或者履行辅助人支付且不可退还的费用后，将余款退还旅游者；合同变更的，因此增加的费用由旅游者承担，减少的费用退还旅游者。

（三）危及旅游者人身、财产安全的，旅行社应当采取相应的安全措施，因此支出的费用，由旅行社与旅游者分担。

（四）造成旅游者滞留的，旅行社应当采取相应的安置措施。因此增加的食宿费用，由旅游者承担；增加的返程费用，由旅行社与旅游者分担。

第六十八条 旅游行程中解除合同的，旅行社应当协助旅游者返回出发地或者旅游者指定的合理地点。由于旅行社或者履行辅助人的原因导致合同解除的，返程费用由旅行社承担。

第六十九条 旅行社应当按照包价旅游合同的约定履行义务，不得擅自变更旅游行程安排。

经旅游者同意，旅行社将包价旅游合同中的接待业务委托给其他具有相应资质的地接社履行的，应当与地接社订立书面委托合同，约定双方的权利和义务，向地接社提供与旅游者订立的包价旅游合同的副本，并向地接社支付不低于接待和服务成本的费用。地接社应当按照包价旅游合同和委托合同提供服务。

第七十条 旅行社不履行包价旅游合同义务或者履行合同义务不符合约定的，应当依法承担继续履行、采取补救措施或者赔偿损失等违约责任；造成旅游者人身损害、财产损失的，应当依法承担赔偿责任。旅行社具备履行条件，经旅游者要求仍拒绝履行合同，造成旅游者人身损害、滞留等严重后果的，旅游者还可以要求旅行社支付旅游费用一倍以上三倍以下的赔偿金。

由于旅游者自身原因导致包价旅游合同不能履行或者不能按照约定履行，或者造成旅游者人身损害、财产损失的，旅行社不承担责任。

在旅游者自行安排活动期间，旅行社未尽到安全提示、救助义务的，应当对旅游者的人身损害、财产损失承担相应责任。

第七十一条 由于地接社、履行辅助人的原因导致违约的，由组团社承担责任；组团社承担责任后可以向地接社、履行辅助人追偿。

由于地接社、履行辅助人的原因造成旅游者人身损害、财产损失的，旅游者可以要求地接社、履行辅助人承担赔偿责任，也可以要求组团社承担赔偿责任；组团社承担责任后可以向地接社、履行辅助人追偿。但是，由于公共交通经营者的原因造成旅游者人身损害、财产损失的，由公共交通经营者依法承担赔偿责任，旅行社应当协助旅游者向公共交通经营者索赔。

第七十二条 旅游者在旅游活动中或者在解决纠纷时，损害旅行社、履行辅助人、旅游从业人员或者其他旅游者的合法权益的，依法承担赔偿责任。

第七十三条 旅行社根据旅游者的具体要求安排旅游行程，与旅游者订立包价旅游合同的，旅游者请求变更旅游行程安排，因此增加的费用由旅游者承担，减少的费用退还旅游者。

第七十四条 旅行社接受旅游者的委托，为其代订交通、住宿、餐饮、游览、娱乐等旅游服务，收取代办费用的，应当亲自处理委托事务。因旅行社的过错给旅游者造成损失的，旅行社应当承担赔偿责任。

旅行社接受旅游者的委托，为其提供旅游行程设计、旅游信息咨询等服务的，应当保证设计合理、可行，信息及时、准确。

第七十五条 住宿经营者应当按照旅游服务合同的约定为团队旅游者提供住宿服务。住宿经营者未能按照旅游服务合同提供服务的，应当为旅游者提供不低于原定标准的住宿服务，因此增加的费用由住宿经营者承担；但由于不可抗力、政府因公共利益需要采取措施造成不能提供服务的，住宿经营者应当协助安排旅游者住宿。

第六章 旅游安全

第七十六条 县级以上人民政府统一负责旅游安全工作。县级以上人民政府有关部门依照法律、法规履行旅游安全监管职责。

第七十七条 国家建立旅游目的地安全风险提示制度。旅游目的地安全风险提示的级别划分和实施程序，由国务院旅游主管部门会同有关部门制定。

县级以上人民政府及其有关部门应当将旅游安全作为突发事件监测和评估的重要内容。

第七十八条 县级以上人民政府应当依法将旅游应急管理纳入政府应急管理体系，制定应急预案，建立旅游突发事件应对机制。

突发事件发生后，当地人民政府及其有关部门和机构应当采取措施开展救援，并协助旅游者返回出发地或者旅游者指定的合理地点。

第七十九条 旅游经营者应当严格执行安全生产管理和消防安全管理的法律、法规和国家标准、行业标准，具备相应的安全生产条件，制定旅游者安全保护制度和应急预案。

旅游经营者应当对直接为旅游者提供服务的从业人员开展经常性应急救助技能培训，对提供的产品和服务进行安全检验、监测和评估，采取必要措施防止危害发生。

旅游经营者组织、接待老年人、未成年人、残疾人等旅游者，应当采取相应的安全保障措施。

第八十条　旅游经营者应当就旅游活动中的下列事项，以明示的方式事先向旅游者作出说明或者警示：

（一）正确使用相关设施、设备的方法；

（二）必要的安全防范和应急措施；

（三）未向旅游者开放的经营、服务场所和设施、设备；

（四）不适宜参加相关活动的群体；

（五）可能危及旅游者人身、财产安全的其他情形。

第八十一条　突发事件或者旅游安全事故发生后，旅游经营者应当立即采取必要的救助和处置措施，依法履行报告义务，并对旅游者作出妥善安排。

第八十二条　旅游者在人身、财产安全遇有危险时，有权请求旅游经营者、当地政府和相关机构进行及时救助。

中国出境旅游者在境外陷于困境时，有权请求我国驻当地机构在其职责范围内给予协助和保护。

旅游者接受相关组织或者机构的救助后，应当支付应由个人承担的费用。

第七章　旅游监督管理

第八十三条　县级以上人民政府旅游主管部门和有关部门依照本法和有关法律、法规的规定，在各自职责范围内对旅游市场实施监督管理。

县级以上人民政府应当组织旅游主管部门、有关主管部门和工商行政管理、产品质量监督、交通等执法部门对相关旅游经营行为实施监督检查。

第八十四条　旅游主管部门履行监督管理职责，不得违反法律、行政法规的规定向监督管理对象收取费用。

旅游主管部门及其工作人员不得参与任何形式的旅游经营活动。

第八十五条　县级以上人民政府旅游主管部门有权对下列事项实施监督检查：

（一）经营旅行社业务以及从事导游、领队服务是否取得经营、执业许可；

（二）旅行社的经营行为；

（三）导游和领队等旅游从业人员的服务行为；

（四）法律、法规规定的其他事项。

旅游主管部门依照前款规定实施监督检查，可以对涉嫌违法的合同、票据、账簿以及其他资料进行查阅、复制。

第八十六条　旅游主管部门和有关部门依法实施监督检查，其监督检查人员不得少于二人，并应当出示合法证件。监督检查人员少于二人或者未出示合法证件的，被检查单位和个人有权拒绝。

监督检查人员对在监督检查中知悉的被检查单位的商业秘密和个人信息应当依法保密。

第八十七条　对依法实施的监督检查，有关单位和个人应当配合，如实说明情况并提供文件、资料，不得拒绝、阻碍和隐瞒。

第八十八条　县级以上人民政府旅游主管部门和有关部门，在履行监督检查职责中或者在处理举报、投诉时，发现违反本法规定行为的，应当依法及时作出处理；对不属于本部门职责范围的事项，应当及时书面通知并移交有关部门查处。

第八十九条　县级以上地方人民政府建立旅游违法行为查处信息的共享机制，对需要跨部门、跨地区联合查处的违法行为，应当进行督办。

旅游主管部门和有关部门应当按照各自职责，及时向社会公布监督检查的情况。

第九十条　依法成立的旅游行业组织依照法律、行政法规和章程的规定，制定行业经营规范和服务标准，对其会员的经营行为和服务质量进行自律管理，组织开展职业道德教育和业务培训，提高从业人员素质。

第八章　旅游纠纷处理

第九十一条　县级以上人民政府应当指定或者设立统一的旅游投诉受理机构。受理机构接到投诉，应当及时进行处理或者移交有关部门处理，并告知投诉者。

第九十二条　旅游者与旅游经营者发生纠纷，

可以通过下列途径解决：

（一）双方协商；

（二）向消费者协会、旅游投诉受理机构或者有关调解组织申请调解；

（三）根据与旅游经营者达成的仲裁协议提请仲裁机构仲裁；

（四）向人民法院提起诉讼。

第九十三条 消费者协会、旅游投诉受理机构和有关调解组织在双方自愿的基础上，依法对旅游者与旅游经营者之间的纠纷进行调解。

第九十四条 旅游者与旅游经营者发生纠纷，旅游者一方人数众多并有共同请求的，可以推选代表人参加协商、调解、仲裁、诉讼活动。

第九章 法律责任

第九十五条 违反本法规定，未经许可经营旅行社业务的，由旅游主管部门或者工商行政管理部门责令改正，没收违法所得，并处一万元以上十万元以下罚款；违法所得十万元以上的，并处违法所得一倍以上五倍以下罚款；对有关责任人员，处二千元以上二万元以下罚款。

旅行社违反本法规定，未经许可经营本法第二十九条第一款第二项、第三项业务，或者出租、出借旅行社业务经营许可证，或者以其他方式非法转让旅行社业务经营许可的，除依照前款规定处罚外，并责令停业整顿；情节严重的，吊销旅行社业务经营许可证；对直接负责的主管人员，处二千元以上二万元以下罚款。

第九十六条 旅行社违反本法规定，有下列行为之一的，由旅游主管部门责令改正，没收违法所得，并处五千元以上五万元以下罚款；情节严重的，责令停业整顿或者吊销旅行社业务经营许可证；对直接负责的主管人员和其他直接责任人员，处二千元以上二万元以下罚款：

（一）未按照规定为出境或者入境团队旅游安排领队或者导游全程陪同的；

（二）安排未取得导游证或者领队证的人员提供导游或者领队服务的；

（三）未向临时聘用的导游支付导游服务费用的；

（四）要求导游垫付或者向导游收取费用的。

第九十七条 旅行社违反本法规定，有下列行为之一的，由旅游主管部门或者有关部门责令改正，没收违法所得，并处五千元以上五万元以下罚款；违法所得五万元以上的，并处违法所得一倍以上五倍以下罚款；情节严重的，责令停业整顿或者吊销旅行社业务经营许可证；对直接负责的主管人员和其他直接责任人员，处二千元以上二万元以下罚款：

（一）进行虚假宣传，误导旅游者的；

（二）向不合格的供应商订购产品和服务的；

（三）未按照规定投保旅行社责任保险的。

第九十八条 旅行社违反本法第三十五条规定的，由旅游主管部门责令改正，没收违法所得，责令停业整顿，并处三万元以上三十万元以下罚款；违法所得三十万元以上的，并处违法所得一倍以上五倍以下罚款；情节严重的，吊销旅行社业务经营许可证；对直接负责的主管人员和其他直接责任人员，没收违法所得，处二千元以上二万元以下罚款，并暂扣或者吊销导游证、领队证。

第九十九条 旅行社未履行本法第五十五条规定的报告义务的，由旅游主管部门处五千元以上五万元以下罚款；情节严重的，责令停业整顿或者吊销旅行社业务经营许可证；对直接负责的主管人员和其他直接责任人员，处二千元以上二万元以下罚款，并暂扣或者吊销导游证、领队证。

第一百条 旅行社违反本法规定，有下列行为之一的，由旅游主管部门责令改正，处三万元以上三十万元以下罚款，并责令停业整顿；造成旅游者滞留等严重后果的，吊销旅行社业务经营许可证；对直接负责的主管人员和其他直接责任人员，处二千元以上二万元以下罚款，并暂扣或者吊销导游证、领队证：

（一）在旅游行程中擅自变更旅游行程安排，严重损害旅游者权益的；

（二）拒绝履行合同的；

（三）未征得旅游者书面同意，委托其他旅行社履行包价旅游合同的。

第一百零一条 旅行社违反本法规定，安排旅游者参观或者参与违反我国法律、法规和社会公德的项目或者活动的，由旅游主管部门责令改正，没收违法所得，责令停业整顿，并处二万元以上二十万元以下罚款；情节严重的，吊销旅行社业务经营许可证；对直接负责的主管人员和其他直接责任人员，处二千元以上二万元以下罚款，并暂扣或者吊销导游证、领队证。

第一百零二条　违反本法规定，未取得导游证或者领队证从事导游、领队活动的，由旅游主管部门责令改正，没收违法所得，并处一千元以上一万元以下罚款，予以公告。

导游、领队违反本法规定，私自承揽业务的，由旅游主管部门责令改正，没收违法所得，处一千元以上一万元以下罚款，并暂扣或者吊销导游证、领队证。

导游、领队违反本法规定，向旅游者索取小费的，由旅游主管部门责令退还，处一千元以上一万元以下罚款；情节严重的，并暂扣或者吊销导游证、领队证。

第一百零三条　违反本法规定被吊销导游证、领队证的导游、领队和受到吊销旅行社业务经营许可证处罚的旅行社的有关管理人员，自处罚之日起未逾三年的，不得重新申请导游证、领队证或者从事旅行社业务。

第一百零四条　旅游经营者违反本法规定，给予或者收受贿赂的，由工商行政管理部门依照有关法律、法规的规定处罚；情节严重的，并由旅游主管部门吊销旅行社业务经营许可证。

第一百零五条　景区不符合本法规定的开放条件而接待旅游者的，由景区主管部门责令停业整顿直至符合开放条件，并处二万元以上二十万元以下罚款。

景区在旅游者数量可能达到最大承载量时，未依照本法规定公告或者未向当地人民政府报告，未及时采取疏导、分流等措施，或者超过最大承载量接待旅游者的，由景区主管部门责令改正，情节严重的，责令停业整顿一个月至六个月。

第一百零六条　景区违反本法规定，擅自提高门票或者另行收费项目的价格，或者有其他价格违法行为的，由有关主管部门依照有关法律、法规的规定处罚。

第一百零七条　旅游经营者违反有关安全生产管理和消防安全管理的法律、法规或者国家标准、行业标准的，由有关主管部门依照有关法律、法规的规定处罚。

第一百零八条　对违反本法规定的旅游经营者及其从业人员，旅游主管部门和有关部门应当记入信用档案，向社会公布。

第一百零九条　旅游主管部门和有关部门的工作人员在履行监督管理职责中，滥用职权、玩忽职守、徇私舞弊，尚不构成犯罪的，依法给予处分。

第一百一十条　违反本法规定，构成犯罪的，依法追究刑事责任。

第十章　附　则

第一百一十一条　本法下列用语的含义：

（一）旅游经营者，是指旅行社、景区以及为旅游者提供交通、住宿、餐饮、购物、娱乐等服务的经营者。

（二）景区，是指为旅游者提供游览服务、有明确的管理界限的场所或者区域。

（三）包价旅游合同，是指旅行社预先安排行程，提供或者通过履行辅助人提供交通、住宿、餐饮、游览、导游或者领队等两项以上旅游服务，旅游者以总价支付旅游费用的合同。

（四）组团社，是指与旅游者订立包价旅游合同的旅行社。

（五）地接社，是指接受组团社委托，在目的地接待旅游者的旅行社。

（六）履行辅助人，是指与旅行社存在合同关系，协助其履行包价旅游合同义务，实际提供相关服务的法人或者自然人。

第一百一十二条　本法自2013年10月1日起施行。

国务院办公厅关于印发国民旅游休闲纲要（2013—2020 年）的通知

国办发〔2013〕10 号

各省、自治区、直辖市人民政府，国务院各部委、各直属机构：

《国民旅游休闲纲要（2013—2020 年）》已经国务院同意，现印发给你们，请认真贯彻执行。

国务院办公厅
2013 年 2 月 2 日

国民旅游休闲纲要

（2013—2020 年）

为满足人民群众日益增长的旅游休闲需求，促进旅游休闲产业健康发展，推进具有中国特色的国民旅游休闲体系建设，根据《国务院关于加快发展旅游业的意见》（国发〔2009〕41 号），制定本纲要。

一、指导思想和发展目标

（一）指导思想

以邓小平理论、“三个代表”重要思想、科学发展观为指导，按照全面建成小康社会目标的总体要求，以满足人民群众日益增长的旅游休闲需求为出发点和落脚点，坚持以人为本、服务民生、安全第一、绿色消费，大力推广健康、文明、环保的旅游休闲理念，积极创造开展旅游休闲活动的便利条件，不断促进国民旅游休闲的规模扩大和品质提升，促进社会和谐，提高国民生活质量。

（二）发展目标

到 2020 年，职工带薪年休假制度基本得到落实，城乡居民旅游休闲消费水平大幅增长，健康、文明、环保的旅游休闲理念成为全社会的共识，国民旅游休闲质量显著提高，与小康社会相适应的现代国民旅游休闲体系基本建成。

二、主要任务和措施

（三）保障国民旅游休闲时间

落实《职工带薪年休假条例》，鼓励机关、团体、企事业单位引导职工灵活安排全年休假时间，完善针对民办非企业单位、有雇工的个体工商户等单位的职工的休假保障措施。加强带薪年休假落实情况的监督检查，加强职工休息权益方面的法律援助。在放假时间总量不变的情况下，高等学校可结合实际调整寒、暑假时间，地方政府可以探索安排中小学放春假或秋假。

（四）改善国民旅游休闲环境

稳步推进公共博物馆、纪念馆和爱国主义教育示范基地免费开放。城市休闲公园应限时免费开放。稳定城市休闲公园等游览景区、景点门票价格，并逐步实行低票价。落实对未成年人、高校学生、教师、老年人、现役军人、残疾人等群体实行减免门票等优惠政策。鼓励设立公众免费开放日。逐步推行中小学生研学旅行。各地要将游客运输纳入当地公共交通系统，提高旅游客运质量。鼓励企业将安排职工旅游休闲作为奖励和福利措施，鼓励旅游企业采取灵活多样的方式给予旅游者优惠。

（五）推进国民旅游休闲基础设施建设

加强城市休闲公园、休闲街区、环城市游憩带、特色旅游村镇建设，营造居民休闲空间。发展家庭旅馆和面向老年人和青年学生的经济型酒店，支持汽车旅馆、自驾车房车营地、邮轮游艇码头等旅游休闲基础设施建设。加强公园绿地等公共休闲场所保护，对挤占公共旅游休闲资源的应限期整改。加快公共场所无障碍设施建设，逐步完善街区、景区等场所语音提示、盲文提示等无障碍信息服务。

（六）加强国民旅游休闲产品开发与活动组织

鼓励开展城市周边乡村度假，积极发展自行车旅游、自驾车旅游、体育健身旅游、医疗养生旅游、温泉冰雪旅游、邮轮游艇旅游等旅游休闲产品，弘扬优秀传统文化。大力发展红色旅游，提高红色旅游经典景区和精品线路的吸引力和影响力。开发适合老年人、妇女、儿童、残疾人等不同人群需要的旅游休闲产品，开发农村居民喜闻乐见的都市休闲、城市观光、文化演艺、科普教育等旅游休闲项目，开发旅游演艺、康体健身、休闲购物等旅游休闲消费产品，满足广大群众个性化旅游需求。鼓励学校组织学生进行寓教于游的课外实践活动，健全学校旅游责任保险制度。加强旅游休闲的基础理论、产品开发和产业发展等方面的研究，加大旅游设施设备的研发力度，提升旅游休闲产品科技含量。

（七）完善国民旅游休闲公共服务

加强旅游休闲服务信息披露和旅游休闲目的地安全风险信息提示，加强旅游咨询公共网站建设，推进机场、火车站、汽车站、码头、高速公路服务区、商业集中区等公共场所旅游咨询中心建设，完善旅游服务热线功能，逐步形成方便实用的旅游信息服务体系。完善道路标识系统，健全铁路、公路、水路、民航等的旅游交通服务功能，提升旅游交通服务保障水平。加强旅游休闲的安全、卫生等保障工作，加强突发事件应急处置能力建设，健全旅游安全救援体系。加强培训，提高景区等场所工作人员、服务人员和志愿者无障碍服务技能。创新人才培养模式，提高旅游休闲高等教育、职业教育质量，加快旅游休闲各类紧缺人才培养。

（八）提升国民旅游休闲服务质量

制定旅游休闲服务规范和质量标准，健全旅游休闲活动的安全、秩序和质量的监管体系，完善国民旅游休闲质量保障体系。倡导诚信旅游经营，加强行业自律。加强跨行业、跨地区、多渠道的沟通和协调，打击欺客宰客、价格欺诈等严重侵害消费者权益的违法行为。发挥社会监督和舆论监督作用，畅通旅游休闲投诉渠道，建立公正、高效的投诉处理机制。依法维护经营者和消费者的合法权益，维护公平竞争的旅游休闲市场环境。

三、组织实施

（九）加强组织领导

发展改革和旅游部门负责实施本纲要的组织协调和督促检查。各相关部门要将旅游休闲纳入工作范畴，发挥工会、共青团、妇联等人民团体以及相关行业协会的作用，共同推动国民旅游休闲活动发展。

（十）加强规划指导

要把国民旅游休闲纳入各级国民经济和社会发

展规划，以及相关行业和部门的发展规划。加强对各地旅游休闲发展的分类指导，鼓励有条件的地方编制适合本地区旅游休闲发展专项规划。城乡规划要统筹考虑旅游休闲场地和设施用地，优化布局。

（十一）加大政策扶持力度

逐步增加旅游休闲公共服务设施建设的资金投入。鼓励社会力量投资建设旅游休闲设施，开发特色旅游休闲线路和优质旅游休闲产品。鼓励和支持私人博物馆、书画院、展览馆、体育健身场所、音乐室、手工技艺等民间休闲设施和业态发展。落实国家关于中小企业、小微企业的扶持政策。

（十二）加强监督管理

地方各级人民政府要按照本纲要的要求，加强旅游市场管理，强化综合执法，确保旅游休闲的相关法律法规和标准规范得到有效实施。

国家旅游局关于印发《旅游质量发展纲要（2013—2020年）》的通知

旅发〔2013〕64号

各省、自治区、直辖市旅游局（委）：

为深入贯彻落实国务院《质量发展纲要（2011－2020年）》和《国务院关于加快发展旅游业的意见》（国发〔2009〕41号），促进旅游发展方式转变，提高我国旅游质量总体水平，把旅游业培育成国民经济的战略性支柱产业和人民群众更加满意的现代服务业，我局组织编制了《旅游质量发展纲要（2013－2020年）》（以下简称《纲要》）。现印发给你们，请结合本地区实际，认真贯彻执行。

新世纪的第二个十年，是我国建设世界旅游强国的关键时期，是全面深化旅游业改革开放、加快转变旅游发展方式的攻坚时期。面对新形势、新机遇和新挑战，坚持质量强旅、建设旅游质量强国，是保障人民群众的切身利益、改善民生与提高人民生活品质的迫切需要，是转变旅游发展方式、走规模增长与质量效益并重发展道路的内在要求，是实现旅游业科学发展、增强我国旅游国际竞争力的战略选择，是全面贯彻落实国家战略决策、将旅游业培育成国民经济的战略性支柱产业和人民群众更加满意的现代服务业的必由之路。

各级旅游行政管理部门要充分认识旅游质量对促进旅游业发展的重要意义，根据《纲要》确定的工作方针和发展目标，抓紧制定具体工作方案。要结合本地区、本单位的实际情况，将旅游质量工作纳入到本地区旅游发展规划，积极争取地方政府及相关部门的支持，有针对性地解决重点旅游质量问题。要发挥好《纲要》的指导作用，进一步夯实旅游质量基础，加强贯彻实施力度和检查考核，确保《纲要》目标的实现，推动旅游质量强国建设，促进旅游业又好又快发展。

国家旅游局

2013年3月18日

旅游质量发展纲要

（2013—2020年）

为贯彻落实国务院《质量发展纲要（2011－2020年）》和《国务院关于加快发展旅游业的意见》（国发〔2009〕41号），促进旅游发展方式转变，提高旅游质量水平，把旅游业培育成国民经济的战略性支柱产业和人民群众更加满意的现代服务业，制定本纲要。

一、旅游质量基础与发展环境

质量是国家综合实力和国家文明程度的体现。旅游质量发展是建设旅游强国根本之策，是我国旅游业发展的重要战略问题，关系到广大游客的切身利益，关系到旅游业可持续发展，关系到旅游业整体形象。

改革开放以来，在国家经济社会发展和宏观政策措施推动下，我国旅游产业规模不断壮大，产业体系初步建立，旅游质量管理体系逐步完善。特别是国务院颁布实施《质量振兴纲要（1996年－2010年）》以来，我国质量发展的社会环境得到很大改善。2009年，国家旅游局颁布实施了《旅游服务质量提升纲要（2009－2015）》，在全行业开展了旅游质量年主题活动、旅游品牌创建、旅游标准化试点、旅游人才培养、旅游服务质量评价、旅游信息化和导游服务质量提升等七项提升工程，全行业质量意识不断增强，旅游产业整体素质不断提升，企业质量管理能力不断加强，旅游设施、旅游产品和旅游服务质量明显改善，主要旅游城市游客满意度稳步提升，覆盖旅游各要素各领域的标准体系基本建立。旅游业成为国民经济的重要产业，我国正由世界旅游大国向世界旅游强国迈进。

但是，我国旅游质量发展基础还很薄弱，旅游质量水平仍然滞后于旅游经济发展，追求发展速度和规模，忽视发展质量和产业素质的现象普遍存在，旅游质量管理体制机制不够健全，旅游诚信体系基础薄弱，恶性低价竞争比较普遍，旅游投诉渠道不够畅通，旅游监管力量相对不足，旅游从业人员素质有待提高，旅游市场秩序没有根本好转。

新世纪的第二个十年，是我国建设世界旅游强国的关键时期，是全面深化旅游业改革开放、加快转变发展方式的攻坚时期。我国旅游业既面临着全面建成小康社会、深化改革开放、经济转型升级、社会文化繁荣的历史性发展机遇，又面临着世界经济复苏的不确定性和国际旅游市场竞争激烈的挑战。同时，随着大众旅游消费需求激增和多元化，旅游业发展结构性矛盾日益突出，旅游质量问题更加重要，提高旅游发展质量和游客满意度水平成为新时期旅游业发展的迫切要求。面对新形势、新机遇和新挑战，实施质量强旅战略、建设旅游质量强国，是保障广大游客切身利益、改善民生与提高人民生活品质的迫切需要，是转变旅游业发展方式、走规模增长与质量效益并重发展道路的内在要求，是实现旅游业科学发展、增强我国旅游业国际竞争力的战略选择。通过制定并实施《旅游质量发展纲要(2013－2020年)》，全面提升我国旅游业发展质量，是贯彻落实国务院《质量发展纲要（2011－2020年)》，将旅游业培育成为国民经济的战略性支柱产业和人民群众更加满意的现代服务业的战略决策。

二、指导思想、工作方针与发展目标

（一）指导思想

以邓小平理论、“三个代表”重要思想和科学发展观为指导，高举中国特色社会主义伟大旗帜，以“让人民群众更加满意”为目标，以“实施质量强旅，打造中国服务”为主题，围绕“五位一体”的总体布局，立足当前，着眼长远，突出重点，整体推进，落实责任，综合协调，大力实施旅游质量提升工程，全面提高旅游质量水平，促进旅游业又好又快发展。

（二）工作方针

1. 坚持以人为本，把人民群众更加满意作为旅游质量发展的价值导向。努力提高旅游设施、产品、服务、管理的人性化、科学化水平，更好地满足人民群众日益增长的旅游消费需要，促进游客满意度继续稳步提升。

2. 坚持诚信守法，把诚信旅游作为旅游质量发展的重要基石。倡导旅游企业诚实守信、合法经营，完善旅游诚信体系，规范旅游市场秩序，形成激励守信、惩戒失信的旅游质量信用监督机制。

3. 坚持以质取胜，把“质量强旅”作为旅游质量发展的核心理念。构建各级政府部门监管、企业主体、行业自律、社会参与的旅游质量工作格局，推动旅游业做实基础、做精产品、做优服务、做大品牌、做强产业，依靠旅游质量创造竞争优势，增强我国旅游业的核心竞争力。

4. 坚持安全发展，把安全旅游作为旅游质量发展的基本要求。强化旅游安全意识，落实旅游安全责任，严格旅游安全监管，加强旅游安全风险管理，提高旅游安全保障能力，妥善处置旅游突发事件，切实保障广大游客的生命财产安全。

5. 坚持夯实基础，把基础建设作为旅游质量发展的保障条件。深化理论研究，加强旅游法治建设，加强旅游人才培养，推进旅游标准化和旅游公共服务体系建设，不断完善有利于旅游质量发展的体制机制。

6. 坚持创新驱动，把质量创新作为旅游质量发展的强大动力。充分运用现代科技提升旅游产业发展素质，推进旅游质量管理体制机制创新，推动旅游产品和旅游业态创新，增强旅游创新能力和旅游发展活力。

（三）发展目标

1. 总体发展目标

到2020年，旅游质量基础进一步坚实，旅游市场秩序明显改善，旅游服务水平显著提升，旅游质量体系更加完善，游客满意度居服务业前列，在国际上树立“美丽中国之旅”品牌，旅游业为全面建成小康社会作出更大贡献。

2. 具体质量目标

（1）环境与设施质量：到2020年，全国旅游业发展环境显著改善，旅游服务设施质量显著提升，旅游质量管理与旅游安全保障体系健全，旅游市场规范有序，旅游软实力显著增强，旅游业对生态文明建设的推动作用更加显著，游客对旅游环境与设施质量的满意度稳步提高。

到2015年，旅游环境与设施质量发展的具体目标如下：

——旅游环境质量明显改善。旅游质量意识进一步增强，旅游质量发展观念广泛认同。旅游市场秩序明显好转，旅游质量监管与旅游安全保障体系基本建立。旅游业绿色发展、循环发展、低碳发展取得明显成效，旅游业成为建设“美丽中国”的重要载体和推动力量。

——旅游设施质量明显提升。旅游基础设施与公共服务设施质量明显改善，旅游目的地交通畅通，旅游标识系统完善，旅游咨询、服务信息系统进一步完善，旅游公共服务基本满足游客需求。

（2）旅游产品质量：到2020年，旅游产品结构更趋合理，产品质量体系更加完善，产品创新能力和品牌市场竞争力明显增强，旅游产品质量能更好地满足人民群众日益增长的旅游需求，达到或接近国际先进水平。

到2015年，旅游产品质量发展的具体目标如下：

——旅游产品质量不断提高。在继续丰富旅游产品、满足人民群众多样化旅游需求的同时，进一步提升产品品质，形成一批具有国际竞争力的优质旅游目的地、精品旅游线路和精品旅游景区。

——旅游品牌价值明显提升。培育一批国际知名的自主旅游品牌，创建一批旅游目的地品牌、旅游企业品牌、旅游服务产品品牌，旅游品牌价值和效益明显提升。

——产业发展能力明显增强。现代科技在旅游业推广应用更加广泛，创新能力进一步增强，产业素质不断提升，智慧旅游发展水平明显提高。培育并形成一批拥有国际知名品牌和核心竞争力的旅游企业和集团。

（3）旅游服务质量：到2020年，全面实现旅游服务的标准化、规范化和品牌化，旅游诚信体系更加完善，形成一批国家级旅游服务质量标杆单位，游客满意度得到明显提升，旅游服务质量水平达到或接近国际先进水平。

到2015年，旅游服务质量发展的具体目标如下：

——旅游标准化水平明显提高。旅游质量标准与国际先进水平接轨，推动建立1-2项由我国主导的旅游国际标准，旅游标准覆盖面大幅提升，健全和完善旅游标准化运行机制，逐步建立健全旅游质量认证认可制度，创建一批全国旅游标准化示范单位。

——特色旅游服务精品基本形成。实现旅游服务的特色化和精细化，培育形成一批特色旅游服务项目和品牌，基本形成专业化、品牌化、网络化经营模式。

——游客满意度稳步提高。旅游行业自律能力和诚信意识明显增强，主要旅游城市平均游客满意度指数达到80以上，满意度位居全国服务业顾客满意度前列。

三、旅游质量发展的主要任务和措施

（一）强化企业质量主体作用

1. 明确旅游企业质量主体责任

建立企业质量主体责任制，明确企业法定代表人或主要负责人对旅游质量负首要责任，企业质量主管人员负直接责任。严格实施旅游企业岗位质量规范与质量考核制度，严格执行重大旅游质量事故报告及应急处理制度，切实履行质量担保责任与法定义务，依法承担旅游质量损害赔偿责任。

2. 提高旅游企业质量管理水平

推动旅游企业建立健全质量管理体系，完善产品与服务质量标准，加强全员、全过程、全方位的质量管理，严格按标准经营和提供服务，严格进行质量检查与控制。提高旅游企业质量技术创新能力，加强现代科技成果的转化和应用，加强质量管理专业培训，增强旅游企业质量提升的技术和人才支撑能力。

3. 发挥优秀旅游企业引领作用

推动旅游骨干企业将质量管理的成功经验和先进方法向全行业延伸推广，参与国家标准、行业标准和地方标准的制修订，引领新产品开发和品牌创建，带动中小旅游企业实施技术改造升级和管理与服务创新，增强旅游企业核心竞争力，带动旅游企业质量水平的整体提升。

4. 推动旅游企业履行社会责任

强化旅游企业社会责任理念，建立健全履行社会责任机制，将履行社会责任融入旅游企业经营管理决策。鼓励旅游企业为社会提供更多的就业机会，通过对贫困地区的旅游投资带动当地脱贫致富。鼓励旅游企业积极实施旅游惠民行动和参与慈善等社会公益活动，树立对社会负责的良好形象。推动旅游企业加强生态环境和文化遗产保护，为城乡景观环境提升和文化繁荣发展做出更大贡献。推动旅游企业切实保障游客、企业员工、合作方和有关方面的合法权益。

5. 加强导游队伍建设

以提高导游服务水平为核心，综合提升导游队伍整体素质。积极探索建立体现导游人员业务技能、职业贡献、从业年限等综合因素的职业评价和晋升机制，建立导游执业、信用档案的信息化平台，借助社会监督，规范导游服务。充分利用各种形式的在岗培训，不断提高导游服务技能水平。加强对导游先进人物和典型事迹宣传，形成理解导游、爱护导游、激励导游、监督导游的社会氛围。

（二）加强旅游质量监督管理

1. 加快旅游法治建设

牢固树立法治观念，坚持运用法律手段解决旅游质量发展中的突出矛盾和问题。认真贯彻实施《旅游法》及相关法律法规和规章规范。严格依法行政，加强旅游执法队伍建设，规范执法行为。充分发挥地方政府的作用，整合多部门力量，形成综合协调、部门联动、分工协作、统一行动的旅游综合执法机制。

2. 加强旅游质量监管

建立和完善标准宣贯、执法监管、投诉处理、诚信建设、质量评价等旅游质量监管制度。加强旅游质量监管机构建设，强化各级旅游部门的质量监督管理职能。完善旅游质量监督机制，建立行业监督、社会监督和舆论监督相结合，专职质监员和兼职质监员相结合的旅游质量监管网络。制定旅游质监执法机构考核评价办法，健全和完善旅游投诉、举报处理和信息发布制度。

3. 实施旅游风险管理

完善旅游安全风险管理工作机制，提升风险防范和应急处置能力。加强对重点旅游目的地和高风险旅游产品旅游安全风险监测和评估，加强风险信息资源共享，建立和完善旅游风险预警预报制度，对重大旅游安全隐患及时提出处置措施。建立旅游企业重大事故报告制度，健全旅游安全风险应急预案。

4. 加强旅游质量统计分析

建立健全包括旅游标准化覆盖率、游客满意度等内容的旅游质量评价指标体系，推动将旅游质量指标纳入到旅游统计指标体系。建立和完善旅游质量分析报告制度，定期评估分析旅游质量状况及质量竞争力水平。

5. 提升旅游行业自律水平

强化各级各类行业协会的自律功能，完善行规行约，规范企业经营行为，维护旅游市场正常秩序，保护游客、旅游企业、从业人员的合法权益。

（三）优化旅游质量发展环境

1. 营造良好的旅游市场环境

坚持“标本兼治、疏堵结合”的方针，进一步规范旅游市场秩序，建立旅游市场综合治理机制，形成公平有序、优胜劣汰、诚实守信的旅游市场环境。建立健全社会监督员制度，完善质量投诉信息平台，畅通旅游投诉和消费维权渠道，有效调解和处理旅游质量纠纷。

2. 营造诚信的消费环境

进一步拓展旅游服务功能，提高旅游消费的便利化程度，充分发挥中介机构在旅游咨询服务及相关的质量调查、检查评定、信用评价等方面的重要作用，推动旅游质量服务评价的市场化进程。培育游客的质量意识，引导游客品质旅游、理性消费。

3. 营造健康的社会舆论环境

坚持正确的舆论导向，充分发挥新闻媒体宣传的作用，大力宣传和普及旅游质量基础知识，宣传质量管理先进典型，组织开展形式多样、内容丰富的群众性旅游服务质量促进活动，加大对忽视旅游服务质量和违法违规经营行为的曝光力度，加强旅游质量舆论监督。

4. 营造浓厚的质量文化环境

倡导树立“质量是旅游企业的生命”的理念，实施以质取胜的经营战略，将诚实守信、持续改进、创新发展、追求卓越的质量精神转化为旅游行业、旅游企业及广大员工的行为准则，自觉抵制违法旅游经营行为，努力形成重视质量、追求质量、崇尚质量的良好氛围。

（四）夯实旅游质量发展基础

1. 推进旅游标准化建设

全面实施标准化引领战略，进一步发挥旅游标准在旅游业发展中的规范、引导和促进作用。加大旅游标准制修订工作力度，推动旅游行业标准领域自主创新，不断提升标准的先进性、有效性和适用性，加快旅游标准体系建设，扩大旅游标准覆盖范围。加大旅游标准宣贯力度，促使更多旅游企业、科研院校、社会机构等主动参与各项标准的制定。创新旅游标准化管理体制、工作机制和运行机制，充分发挥各方面的积极性，形成旅游行政管理部门、行业协会、中介组织和旅游企业协调配合、共同推进的工作格局。增强实质性参与国际旅游标准化活动的能力，推动我国优势旅游标准成为国际标准。

2. 优化旅游公共服务体系

以满足游客需求为导向，全面落实《国民旅游休闲纲要（2013－2020年）》，进一步完善旅游公共服务体系，丰富服务内容，提高服务水平和质量。推进旅游公共信息服务体系建设，以整合完善“12301”旅游咨询中心为重点，建立健全覆盖全国的旅游咨询和旅游投诉网络、线上线下旅游信息服务集群和旅游信息声讯服务系统。健全旅游安全保障法制、体制、机制，强化旅游安全风险防范，提升旅游紧急救援和保险保障体系。加快旅游交通便捷服务体系建设，完善公共交通的旅游服务功能，加快集散中心体系、旅游交通引导标识系统和自驾游服务体系的建设。加快旅游惠民便民服务体系建设，推出更多优惠和便民措施，完善城镇旅游功能和便民设施，优化旅游休憩环境。

3. 健全旅游质量评价体系

建立健全以游客满意度为核心，以环境质量、旅游设施质量、产品质量、服务质量等为主要指标的旅游质量评价体系。完善游客满意度测评体系和评价制度，继续发布季度和年度游客满意度调查报告，促进调查成果向旅游监管手段转化。逐步开展旅游目的地居民满意度、旅游从业人员满意度调查与评价工作，促进旅游综合满意度的提升。

4. 健全旅游质量认证认可体系

积极探索并逐步健全适应旅游业发展的旅游质量认证认可体系，积极推进旅游质量、环境、服务、知名旅游品牌和旅游职业资格认证工作，加强对认证认可工作的监督管理，提升旅游认证认可管理水平与服务能力。

5. 推进旅游质量信息化建设

加快旅游质量信息网络建设，建立统一的旅游质量信息服务平台。运用互联网、物联网等信息化手段，加强旅游质量信息的采集、追踪、分析、处理和发布，实现旅游服务质量信息共享、快速传递、及时更新。继续深化智慧旅游试点城市工作，形成国家智慧旅游建设与运营规范，推进国家层面智慧旅游公共服务平台建设。加强各级旅游部门信息化建设，继续推进智慧旅游景区、智慧旅游企业建设。提高旅游质量控制和质量管理的信息化水平，提升旅游质量安全动态监管、质量风险预警、突发事件应对、质量信用管理的效能。完善旅游质量信息发布制度，为公众提供准确、可靠、及时的质量信息。

（五）推动旅游质量发展创新

1. 完善质量工作运行机制

构建政府监管、企业主体、行业自律、社会参与的旅游质量工作机制，充分运用法律、经济、行政等手段维护旅游质量安全，充分发挥市场和企业在促进旅游质量发展中的能动作用，实现旅游质量长效管理。加大政府部门旅游质量综合管理和旅游质量安全保障能力投入，强化旅游质量工作基础建设，提升旅游质量监管部门的履职能力。

2. 健全质量评价考核机制

建立健全科学规范的旅游质量工作绩效考核评价体系。在全国质量工作部际联席会议制度框架下，完善旅游行业质量工作评价指标和考核制度，将旅游质量工作纳入地方各级人民政府质量工作绩效考核评价内容。加强考核结果的反馈，强化考核结果运用。

3. 强化质量准入退出机制

发挥质量监管功能作用，建立制度化、规范化、公开化的旅游质量准入和退出机制，制定具体实施办法，严格质量标准准入条件，对不能满足准入条件、不能保证旅游质量和整改后仍然达不到要求的旅游经营服务者，予以取消等级、强制退出或依法取缔。

4. 创新质量发展激励机制

建立对旅游质量管理先进、成绩显著的组织和个人的奖励机制，激励广大企业和全行业重质量、讲诚信、树品牌。发挥品牌引领作用，建立旅游品牌培育激励机制，鼓励各级政府对成功创建国际及中国知名品牌的旅游单位与个人给予表彰奖励。

四、旅游质量提升重点工程

（一）标准化试点示范工程

深化旅游标准化试点工作，发挥旅游标准化示范效应，进一步扩大旅游标准化试点范围。通过深入开展旅游标准化试点示范工作，不断扩大我国旅游标准覆盖领域和范围，强化旅游业标准的实施效果，完善旅游标准化运行机制，全面提升旅游服务质量。

专栏1　旅游标准化示范工程

01 目标	扩大旅游标准实施范围和影响力，发挥旅游标准化示范效应，提升旅游产业素质和旅游服务质量。
02 任务	加强标准宣贯；创新工作机制；推动标准试点；增强示范效果。
03 措施	①建立"政府引导、市场主导、企业主体、行业（中介与技术机构）推动与支撑"的旅游标准化运行机制。②建设一批国家级和省级旅游标准化示范单位。③建立健全国家旅游技术标准资源服务平台。④制定旅游企业标准化工作指南。⑤鼓励旅游企业制定完善旅游产品和服务质量的企业标准，编制质量手册，强化产品特色，完善服务流程，提供差异化、定制化和个性化服务。⑥建立旅游标准实施评价与认证体系，对旅游标准化实施效果进行评价。⑦充分利用各种媒体并通过多种形式开展旅游标准化的宣传工作。

（二）安全旅游建设工程

坚持"安全第一、预防为主、综合治理"的方针，以保障游客生命财产安全为出发点，大力实施安全旅游工程，加强旅游安全宣传培训教育，加大旅游安全监督管理力度，深化旅游安全综合治理，完善旅游安全保障体系。

专栏2　安全旅游建设工程

01 目标	保障游客旅游安全，树立"中国是安全的旅游目的地"形象。
02 任务	加强旅游安全监督；深化旅游安全综合治理；完善旅游安全保障体系。
03 措施	①健全旅游安全法规，研究出台《旅游安全管理办法》，明确安全职责，强化企业主体责任。②推进旅游安全标准建设，加快制定实施《旅游紧急救援服务规范》、《旅行社安全规范》等相关标准。③完善旅游应急预案体系，加强预案演练。④加强旅游安全风险的监测、评估和预警，加强旅游安全风险源、风险点的普查登记、分级分类、动态监测和信息披露等制度建设，建立完善重大危险源动态数据库，完善旅游目的地安全风险提示制度，提高旅游监测预警能力。⑤强化旅游安全综合治理和安全隐患排查，加强旅游交通、旅游餐饮、高风险旅游项目、大型活动等重点环节和重点部位以及旅游黄金周、高峰时段和突发事件等的联合安全监管和安全保障。⑥加强旅游容量预报与控制，确保景区生态环境安全和旅游活动相对舒适。⑦建立旅游紧急救援体系，加强各相关旅游接待单位的紧急救援设施、设备和队伍建设，依托大型旅游景区建立一批国家级、省级、市级旅游紧急救援队伍及救援基地，加强部门间、地区间和国家间的旅游应急协调联动，全面加强旅游紧急救援能力建设。⑧开展旅游安全知识宣传，强化旅游安全培训，提高旅游者和从业人员的安全知识水平和应急能力。⑨深化"旅保合作"，继续推动实施旅行社责任保险统保示范项目，完善旅游保险体系，进一步发挥旅游保险在转移风险、救援善后等方面的作用。

（三）旅游品牌建设工程

大力实施旅游名牌发展战略，发挥品牌引领作用，把旅游品牌建设作为提升旅游服务质量和旅游核心竞争力的关键，制定并实施培育旅游品牌发展的制度措施，开展旅游品牌创建工作，着力塑造"美丽中国"的国家旅游品牌形象，打造一批具有国际竞争力和区域影响力的知名旅游品牌。鼓励各地和旅游企业开展品牌宣传推广活动，支持旅游企业实施品牌经营和市场多元化战略，提升旅游品牌效应。

专栏3　旅游品牌建设工程

01 目标	创建旅游品牌，提升品牌价值，打造中国服务。
02 任务	建立旅游品牌建设标准体系；推动旅游目的地品牌建设；开展知名旅游品牌创建工作；完善旅游品牌管理机制；提升旅游品牌效应。
03 措施	①制定并实施旅游品牌建设系列标准，构建旅游目的地品牌、旅游产品品牌、旅游企业品牌等多元化的旅游品牌体系。②培育和打造一批具有国际竞争力的旅游目的地或旅游城市群，开展中国最佳或优秀旅游目的地（城市、乡村）、特色旅游村镇和旅游度假区、生态旅游示范区、森林旅游示范区、乡村旅游示范县（示范点）等建设工作。③重点整合提升和规划建设"长江三峡"、"丝绸之路"、"香格里拉"、"青藏铁路"等精品旅游线路，打造具有国际影响力的国家旅游品牌。④着力培育品牌旅游企业，培育大型品牌旅游集团，着力扶持和培育一批民族品牌旅游企业（集团），精心打造一批中国旅游驰名商标和旅游名牌企业；鼓励和支持旅游企业开展品牌连锁经营，拓展品牌旅游产品；鼓励知名旅游企业以品牌为纽带，跨出国门参与国际竞争，开拓海外市场，扩大旅游品牌效应，提高中国旅游品牌国际化水平。⑤继续推进旅游企业质量提升、等级评定与品牌创建工作。⑥开展旅游服务质量标杆单位创建和旅游服务质量对比提升活动。⑦制定并实施培育旅游品牌发展的制度措施，加大旅游品牌的保护与管理；建立和完善旅游品牌价值评价制度与评价体系，组织开展品牌价值评价，发布评价结果，提升旅游品牌知名度和影响力。⑧大力开展旅游品牌宣传推广活动。

（四）旅游诚信建设工程

加强旅游诚信宣传教育，引导旅游企业注重质量、品牌和形象声誉，使诚信成为旅游企业和旅游从业人员经营服务的理念和自觉行为。加强旅游诚信体系和制度建设，建立旅游质量信用信息收集、信息发布、失信惩戒等制度。完善旅游企业和旅游从业人员服务质量信用档案，健全旅游质量信用评价体系，完善诚信旅游管理系统。

专栏4　旅游诚信建设工程

01 目标	完善诚信旅游体系，提升行业道德素养，营造放心消费环境。
02 任务	加强旅游诚信宣传教育；建立诚信旅游制度规范；推进旅游企业诚信经营；完善诚信旅游管理系统。
03 措施	①开展诚信旅游主题宣传活动，形成全社会、全行业提倡诚信的氛围，重点加强旅游企业诚信教育，引导旅游企业诚实守信、合法经营。②建立旅游质量信用信息收集与发布，完善旅游企业质量信用档案和旅游产品质量信用信息记录，健全包括旅游企业、从业人员诚信记录在内的旅游资源基本信息库。③引导旅游企业建立相应的诚信管理与监督机制，制定旅游质量诚信体系建设指导意见和旅游从业人员诚信服务准则，规范旅游经营行为。④促进旅游企业加强内部管理，建立规范化的诚信经营管理和服务体系。⑤利用国家质量信用信息平台，实现行业质量信用信息的多部门互通共享。⑥鼓励发展旅游质量信用服务机构，发展质量信用服务市场。⑦推动“全国旅游团队服务管理系统”的全面应用，研究开发“全国旅游景区动态监测与游客评价系统”，实施出境旅游优质供应商计划。⑧建立旅游经营服务失信名单，充分利用电视、广播、报刊、网络等各种媒体，发布旅游服务质量信息，进行舆论监督。曝光违法失信的旅游企业及从业人员，加大对失信行为的惩戒力度。

（五）文明旅游推进工程

加强文明旅游宣传教育，积极倡导文明旅游、健康旅游方式。全面提高国民旅游文明素质，深化群众性精神文明创建活动，引导国民增强旅游质量消费意识、理性消费意识和勤俭节约意识，建立健全提升公民旅游文明素质的长效机制。进一步加强行业精神文明建设，提升旅游行业文明程度。

专栏5　文明旅游推进工程

01 目标	提高旅游文明程度，提升国民文明素质。
02 任务	倡导文明旅游方式；提升国民旅游素质；建设文明旅游行业
03 措施	①贯彻实施《国民旅游休闲纲要（2013－2020年）》和《提升中国公民旅游文明素质行动计划》，引导广大旅游者自觉遵守《中国公民国内旅游文明行为公约》、《中国公民出境旅游文明行为指南》。②通过各种方式普及旅游常识和法规知识，引导游客进一步明确旅游消费的权利和义务，促进旅游者的理性消费和合理维权，引导国民树立“优质优价”和“厉行勤俭节约、反对铺张浪费”的消费观念。③完善导游领队全程文明教育责任制，使导游和领队更好地承担起引导游客文明旅游的职责。④在各类风景旅游区和旅游服务场所通过发布公益广告、设立文明监督岗、评选文明游客等方式，教育和引导游客文明游览。⑤开展文明旅游形象大使、文明导游、文明旅游企业、文明游客评选等系列活动，创建全国文明旅游单位。⑥创建中小学质量教育社会实践基地，推荐质量管理水平高、质量信誉好的旅游企业成为国家级中小学质量教育社会实践基地。

（六）旅游人才培养工程

实施“人才强旅，科教兴旅”战略，以旅游业发展需求为导向，加强旅游人才培养，扩大旅游人才规模，优化旅游人才结构，提升旅游人才素质，改善人才发展环境，稳定旅游人才队伍，提高人才使用效能，为旅游质量发展提供充分的人力资源保障。

专栏6　旅游人才培养工程

01 目标	提升旅游从业人员素质，为旅游质量发展提供人力资源保障。
02 任务	完善旅游人才机制；实施重点人才培养工程；加强旅游质量教育。
03 措施	①建立和完善旅游职业资格和职称制度，健全职业技能鉴定体系，培育职业经理人市场。②完善旅游从业人员的薪酬机制和激励机制，改善旅游人才发展环境。③支持旅游院校加强应用型、复合型、技能型人才培养，引导旅游院校充分利用旅游教育资源，创造条件开设旅游质量管理、旅游标准化等课程，培养高层次旅游质量管理人才。④积极开展多层次多类别旅游质量培训，包括标准化、质量管理和服务技能培训等。⑤扩大旅游质量教育和人才开发的国际合作与交流，加大旅游质量科研投入，提高旅游质量理论研究和人才培养水平。

五、组织实施

（一）加强组织领导

旅游行政管理部门要在地方各级人民政府的统筹领导下，推动建立旅游质量发展工作制度，研究解决和协调处理重大旅游质量问题，督促检查本纲要贯彻实施情况。国家旅游局会同质检总局研究建立两部门推进旅游服务质量提升的长效合作机制，联合部署相关工作及年度性专项活动。各级地方旅游行政管理部门要按照本纲要部署和要求，把旅游质量发展目标纳入本地区旅游发展规划，加强政策引导，推动将旅游质量工作列入重要议事日程和各级政府质量绩效考核体系，制定落实本纲要的阶段性或专项性旅游质量提升行动计划或实施方案，明确目标责任，加强部门合作，认真组织实施，定期组织召开旅游质量工作会议，研究部署旅游质量提升工作，切实提高旅游质量发展的组织保障水平。

（二）完善配套政策

地方各级旅游行政管理部门要围绕旅游质量发展目标，实施促进旅游质量发展的相关配套政策和措施，加大对旅游质量提升、旅游公共服务、旅游品牌建设、旅游科技应用等方面的政策和财政支持力度。推动建立各级政府质量奖励制度，对旅游服务质量创优、旅游技术标准创新、旅游品牌创建、旅游诚信建设等方面取得突出成绩的单位和个人给予奖励。

（三）狠抓工作落实

各级旅游行政管理部门要联合相关部门充分发挥职能优势，加强协调配合，将落实旅游质量发展的中长期规划同解决当前突出质量问题相结合，有针对性地解决重点旅游质量问题。要结合本地区的实际，层层分解和落实本纲要确定的发展目标和重点任务，夯实旅游质量基础，推进旅游质量工程，加强旅游质量保障，提高旅游质量水平。

（四）强化检查考核

各级旅游行政管理部门要建立落实本纲要的工作责任制，对纲要的实施情况进行严格检查考核，务求取得实效，确保旅游质量各项工作目标的完成，对纲要实施过程中取得突出成绩的单位和个人予以表彰奖励。国家旅游局将适时检查考核本纲要的贯彻实施情况。

中国旅游饭店资讯通览

INFORMATION OF CHINA TOURIST HOTEL

2013~2014

旅游饭店发展概况

Development Situation of Tourist Hotel

中国饭店产业发展现状与未来走势

中国旅游研究院　杨宏浩

一、饭店投资规模持续增长

饭店业投资大，回报期长，多年来行业整体盈利能力始终不高，但近十年间，中国饭店市场的投资规模在迅速地扩张，高端饭店项目纷纷上马。据统计，2011 年中国饭店业的投资规模达到 2910 亿元人民币，增长率超过 30%。预计未来几年，中国饭店业的投资总量仍将保持持续上升，但投资增速将逐步放缓，“创新”将是主导 PE 等投资机构选择在饭店业进行投资的重要驱动因素。随着中国中产阶层的逐步兴起，消费力在中端市场呈现爆发性增长态势，中端连锁饭店市场对投资机构将更具吸引力。

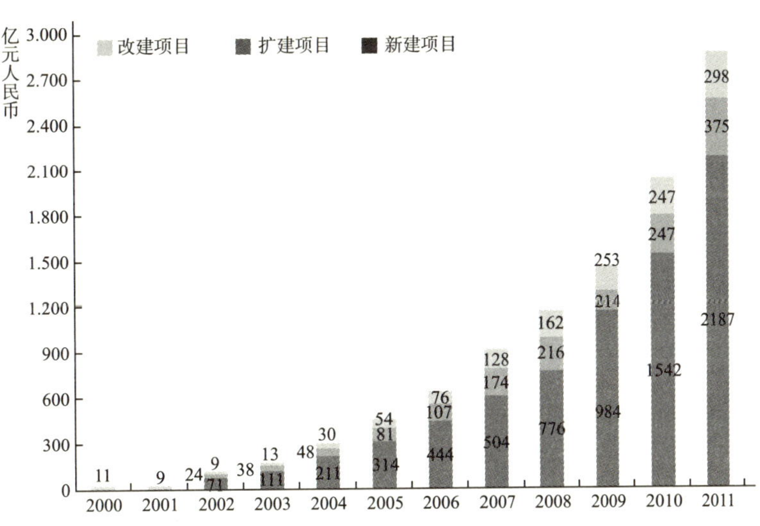

图 1　2000—2011 年住宿业投资规模（1）

饭店业的投资按照项目类型可分为三类：新建项目、扩建项目和改建项目。根据 2000 至 2011 年中国住宿业投资规模统计，新建项目的投资规模增长速度最快，2011 年同比增长了 41.82%，扩建和改建项目的投资规模增速非常缓慢，以上表明我国每年有大量新的饭店项目上马。从项目的个数来看，每年新增加施工的项目，2009 年以前一直保持直线上升趋势，但近两年增速放缓并有下降的趋势，表明单体项目的体量和投资规模在增加。

按饭店投资的主体进行结构划分，私人投资自 2006 年开始高速增长，当前私人投资的比重已占绝对主体地位。根据国家的相关政策规定，国有资本应该逐步从竞争性领域退出，也就是说国有资本应该逐步退出饭店市场，但目前仍然有大量的国有资本在进行饭店项目投资。还有一类的主体需要关注——风险投资。2007 年和 2008 年间曾是风险投资进入饭店行业的高潮期，投资对象主要是经济型饭店，经过几年的沉寂，2012 年饭店行业又迎来了风险投资的高潮。除布丁饭店、99 旅馆等经济型饭店外，一些新型的饭店业态，例如中档饭店、度假

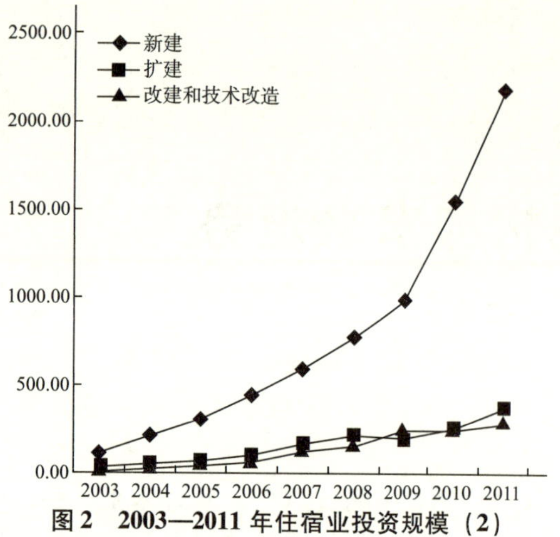

图 2　2003—2011 年住宿业投资规模（2）

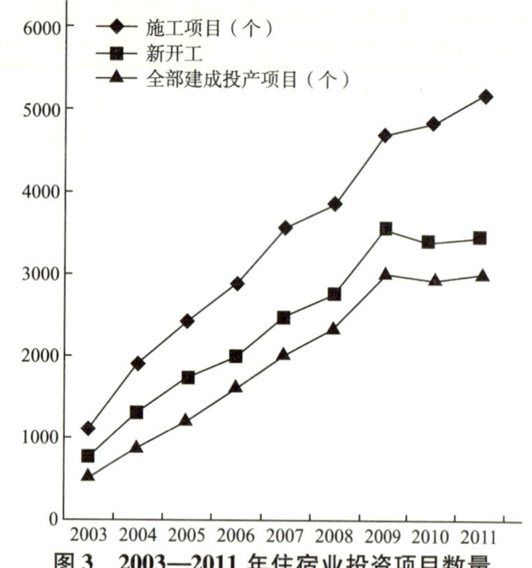

图 3　2003—2011 年住宿业投资项目数量

租赁等也成为风险投资的关注对象。从风险投资者投资的方向大致能判断饭店发展的方向。资本进入饭店市场，在带来资金的同时，在对饭店市场进行结构的分化和洗牌，最终促进市场结构的调整和不断优化。

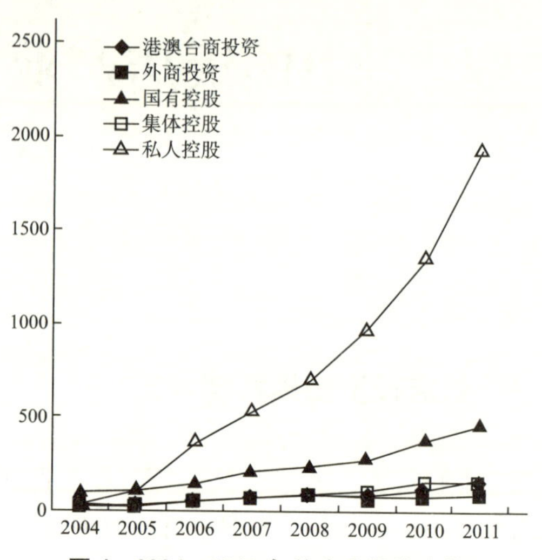

图 4　2004—2011 年住宿业投资主体

现今的市场趋势是，饭店建设的体量在不断地增大，而且绝大部分是高档的饭店。截至 2012 年年底，市场上共有 11706 家星级饭店，其中包括 654 家五星级饭店和 2201 家四星级饭店、5545 家三星级饭店，提供约 150 万间客房。从饭店档次看，五星饭店高速增长，三、四星级饭店增速缓慢，一、二星级饭店逐步萎缩。在地方政府、投资者和开发商的共同推动下，五星级饭店供应量在过去 10 年中经历了前所未有的增长，以上海、江苏、广东和海南为主的富饶东部和南部地区拥有五星级饭店数量最多，而以黑龙江、吉林、辽宁、甘肃、

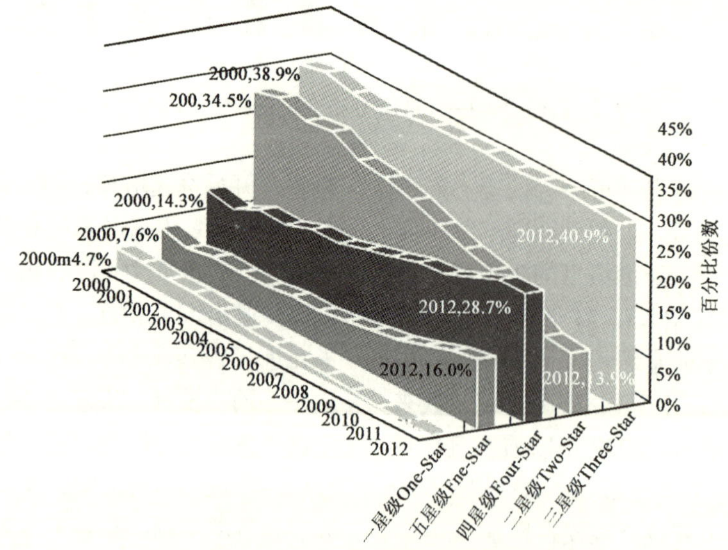

图 5　2000—2012 年星级饭店数量与比例

宁夏和青海为主的东北部和西北部地区的五星级饭店供应量相对较低，主要是由这些地区的旅游和经济发展阶段所致。另据统计，截至2012年年底，经济型连锁饭店数量约为1万家，仍然有着巨大的发展空间，产品将会逐步细分化；有限服务型的中档商务连锁饭店有400家左右，市场规模还是偏小的，未来将会迎来一个较好的发展时期。

二、国民休闲纲要破解旅游休闲必要条件

最新发布的国民旅游休闲纲要提出，到2020年，国民旅游休闲意识普遍提高，旅游休闲公共服务更加完善，产品更加丰富，支付能力增强，职工带薪休假制度得到较好落实，人们进行旅游休闲活动更为便利，旅游休闲满意度更高，全面建成与小康社会相适应的现代国民旅游休闲体系。国民旅游休闲纲要的出台，为旅游业指明了新的方向，将给民众以希望，“有钱、有闲和有旅游意愿”三个旅游休闲的必要条件有望得到有效破解，将促进更多国民外出旅游休闲，旅游业将从大众旅游时代逐步进入大众旅游休闲度假时代。

让国民“有钱”去旅游休闲。提升国民旅游休闲支付能力有三条路径：一是提高国民的可支配收入，进而提升消费者的支付能力。十八大提出的国民收入倍增计划将能实现这一目标，并对国民旅游消费能力形成强大支撑。二是降低国民的旅游休闲成本。国家鼓励旅游企业采取灵活多样的方式给予旅游者以优惠。特别是旅游景区，门票等费用高昂一直是抑制人们休闲旅游的障碍之一，纲要提出将对不同人群和不同景区（点），分类实行免费、限时免费、优惠票价、稳定票价和逐步降低票价的政策，让更多人的旅游休闲消费的成本得以下降。三是以福利旅游和社会旅游的方式来实现。一方面，国家鼓励企业将休闲旅游作为职工的奖励和福利；另一方面是对低收入群体，相信未来随着国力的增强，针对这一群体的社会旅游也将会提上议事日程。未来旅游休闲将不再限于富裕阶层，各种教育水平和收入水平的人都能平等参与和享受到旅游休闲。

让国民“有闲”去旅游休闲。纲要最最核心的问题之一是落实带薪休假制度，让国民旅游休闲的时间得到保障。允许灵活安排带薪假期非常关键，可以让民众根据自己的偏好选择出行时间，整个国民旅游休闲的时间分布会更为均衡。带薪假期可以避免旅游者都挤在黄金周期间出游，从而可以缓解黄金周期间目的地和景区的接待压力，也可提高旅游休闲品质；旅游设施的容量设计也可据此适当降低，以减少在淡季时的闲置率。

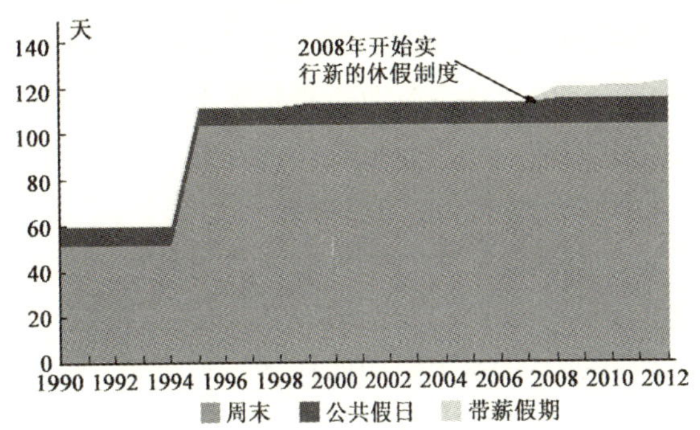

图6 中国休假时间变动情况

纲要多次提及学生和老年人这两个群体的旅游休闲时间和产品问题。对于学生群体，传统上基本是利用寒暑假进行旅游。但事实上，寒暑假是一年中气候比较极端、不太适宜旅游的时段。因此现在国家鼓励高校根据实际调整寒、暑假时间，中小学探索放春假或秋假，以便让学生群体能在适宜旅游的时段或季节进行旅游休闲和研学旅行。我国已逐渐进入老龄化社会，对于老年人群，他们拥有更多闲暇时间，更多可自由支配收入，比其他成年人群更有能力在淡季时段外出旅行，旅行时间也可以更长。因此有必要引导老年人更为合理地安排旅游休闲时间。

让国民“愿意”去旅游休闲。有钱有闲了，民众也不一定会去旅游休闲。在中国的传统观念中，休闲理念很淡薄，旅游休闲一直是让位于工作的。纲要的最大贡献是将促进国民休闲观念的转变，即旅游休闲是一种权利，是一种自我发展的需要；工作不是目的，工作是为了更好地生活；旅游休闲应该是一种必需品，而非奢侈品。进而让更多国民把旅游休闲作为放松身心、休养康复、缓解工作和生活压力的一种健康和积极的生活方式加以关注，将旅游休闲作为一种生活质量加以追求。未来需要引导国民像制订工作目标和计划一样，制订自己和家庭的旅游休闲目标和计划，并进一步加强国民健康、文明、环保的旅游休闲理念的倡导。

特别是对于老年人群体，由于这一代人旅游休

闲观念尚未建立，再加上部分旅行社甚至对这一人群组团旅游加以歧视，因此未来需针对他们进行更多的宣传，让其转变休闲观念。老年人休闲态度的变化很可能会对旅游休闲产业产生巨大的影响，包括出游时间、预订方式、产品设计、促销渠道等方方面面。

解决国民旅游休闲的三个必要条件只是纲要的任务之一，纲要还敦促政府提供便利旅行的基础设施和公共服务，促进企业提供高品质的旅游休闲产品，但对民众而言最关注的还是对政策的落实力度。鉴于纲要是一个纲领性的文件，其中涉及多方利益，是一个多部门相互博弈和妥协的结果，真正落实还需进一步对纲要中的任务进行分解分工，需要包括发改委、旅游部门在内的几十个部门、团体和协会协同推进。

三、构建多元化度假饭店接待体系

带薪休假制度是制约旅游休闲的主要障碍之一，该制度的落实将确保国民旅游休闲的时间更有保障，更为充分，自由度更大，旅游意愿也将得到显著提升，旅游将有望迎来真正的休闲度假时代。为满足民众多元化的休闲度假需求，我们需要构建多层次的休闲度假住宿接待体系。

其一，我们需要解决国家旅游度假区/省级旅游度假区的复兴与升级问题。20 世纪 90 年代由政府审批设立的 12 个国家级旅游度假区和 100 多个省级旅游度假区，概念上更多是按照地理划分的行政区域。这些度假区自然条件优越，早期曾大量建设各类度假村、度假饭店、疗养院等接待设施，一度做得风生水起。但因由政府操作、扶持或引导，并由政府主导招商和运营，因而市场化程度不高，行政管理色彩太浓，度假产品也较为初级，难以让旅游者深入体验并长时间逗留，目前发展并不理想。随着国民对度假旅游需求的快速增长，这类度假区必须进行升级转型，政府的职能也应作出相应转变，更多是做好度假区的整体发展规划，为度假区提供完善的基础设施和公共服务设施，为区内众多投资主体的运营提供相应的高质量服务，构建良好的旅游度假产业生态系统，把度假区真正打造成大型综合性旅游度假集聚区。

其二，企业主导的旅游度假综合体需要进行市场培育与创新。由大型企业主导建设的大型旅游度假综合体是旅游度假区发展的新形式，目前主要分布在适合休闲度假、生态环境良好的著名旅游目的地，如三亚、西双版纳、腾冲、厦门、长白山等地区，知名度较高的有万达集团等联合开发的长白山、武夷山等旅游度假区以及港中旅的海泉湾等。这些度假区多集饭店群和会议设施、高尔夫、滑雪、水上运动等运动项目、主题公园和演艺等文化娱乐项目、温泉和康疗等别墅群和酒店公寓等于一身，产品可以一价全包，也可以自由选择消费。这类度假区的发展多是借鉴国际知名度假区的运营发展模式，但由于我国民众的旅游度假理念处于萌芽期，消费习惯尚不成熟，消费水平也不高，因此需要进一步培育国民的旅游度假消费理念和习惯，开发切合市场需求的旅游度假产品和服务并提升度假区的运营管理水平。

其三，创新旅游度假业态和丰富度假产品，满足旅游度假者的多层次消费需求。当前开发的度假饭店或度假村数量上虽然已经具备一定规模，但面向的市场仍然是高端消费人群。未来应大力发展服务于中低收入者的平价度假饭店，如流行于欧美国家的“住宿＋早餐”度假旅馆。这类度假旅馆既有完善的管理，又舒适、经济、便捷、亲切、安全，非常适合于愿意体验个性化需求、经济又不是很宽裕的度假客人。对于中国这样一个发展中国家，这类度假住宿设施未来有着巨大的市场。而疗养院这类度假设施，未来仍然有其存在的必要和发展空间。国内的疗养院多为单位内部职工健康疗养和度假服务，如北戴河聚集着我国中央机关和央企的众多疗养院。部分央企在全国各地都分布有自己的疗养院，如铁道部目前有 60 多家疗养院。但由于这些传统疗养院基本是封闭式运行，市场化严重不足，经过多年运行设施设备老化严重，经营效益也较为低下，发展模式也亟需创新和升级。疗养院的服务对象未来应该考虑主要面向低收入人群。国民旅游休闲纲要告诉民众，旅游休闲是人人享有的一项权利。但对于那些没有能力支付旅游度假费用的低收入群体，未来国家有责任通过建立福利旅游或社会旅游制度，确保他们也能享受到休闲度假的权利，而疗养院将是较为合适的载体并将发挥积极的作用。

其四，要突破传统的旅游度假饭店住宿设施的概念束缚，把新的住宿形态纳入度假住宿设施体系。一类是自驾车营地和房车以及小木屋等非固定建筑类度假设施，目前在国内已经开始兴起，它为那些具有一定冒险意识、喜欢野外度假体验的自驾游散客或家庭旅游者提供了极佳的选择。另一类是内陆游船和远洋邮轮，它们本身就是一座可漂移的度假饭店，目前内陆游轮主要集中于三峡航段，远洋邮轮国内只有海航旅业及少数几家企业拥有，随着国民支付能力的增强它们将会受到更多人的欢迎。还有一类是途家网等创新的度假租赁模式，它们整合分散的、闲置的个人房产资源，集中进行租赁经营，提供线下饭店运营的延伸服务，打造性价比极高的旅游度假住宿体验，这类度假住宿发展模式未来将继续受到关注。此外，度假饭店的选址未来将从目前较常见的海滨、山地转向草原、湿地甚至沙漠等地区。

其五，作为对不同区域和时段的度假资源进行优化配置的分时度假模式，在国外有着完善的立法体系和成熟的运营模式，随着国内旅游度假的大发展和信用体系的逐步建立，未来也将在国内获得新生。

四、经济型饭店从技术和管理致胜到差异化竞争

（一）技术和管理致胜

经济型饭店要吸引投资者关注，需要依赖巨大的潜在需求、网络规模、盈利水平和信息技术应用等概念。通过引入风险资本和职业经理人，融入现代信息技术和连锁管理模式，经济型饭店迅速成长为传统新产业的代表，对传统低星级饭店形成巨大威胁并抢占其大量市场。

以7天连锁饭店为例，公司是一家能同时提供互联网络、呼叫中心、短信、手机WAP四种预订方式的饭店，拥有业界唯一一个实现企业门户网站和数据库完全对接的商务平台。公司在发展初期转变传统观念，通过扩大互联网投放，迅速占领市场扩大品牌影响力，成为其制胜的一个关键。根据enhotel的监测数据，2010年经济型饭店行业投放于网络的广告费用达4800万元，同比增长12%。在4800万市场规模中，汉庭快捷、7天连锁和宜必思饭店三家投放费用较大，占据该市场九成份额。另据enhotel搜索引擎关键词监测显示，2010年7天连锁饭店在百度搜索引擎上投放的关键词个数达40463个，在经济型饭店行业中为数最多，占比达到36.2%。

7天连锁饭店在运营管理上采取低成本战略：一是通过简洁的装修节约建造成本，分店客房数量较少，大多在100~200间，而且对客房面积有一定限制，多为15~20平方米。客房内的衣柜都是敞开式的，电视机是小型的。二是采购实用的客用品节约日常支出。三是利用服务外包节约经营成本，如联合航空公司、租车公司等，为有需要的顾客提供相应的订票、租车业务。四是统一培训标准降低人员成本，管理结构是扁平的，每个店长上面没有分区经理。五是利用连锁规模来稀释成本。借助连锁化的优势，每开一家新店都会在官网上发布信息并推荐会员入住。

（二）经济型饭店集团绩效压力渐现

经济型饭店集团在经过近十年的快速发展后，增速开始放缓，在快速发展的同时经营绩效也表现优异。以锦江集团为例，2010年度，已经开业的锦江之星等经济型连锁饭店的平均客房出租率为86.28%，比上年同期增加4.68个百分点；平均房价187.62元，比上年同期增加13.93元；每间可供客房提供的客房收入（RevPAR）161.88元，比上年同期增加20.15元。如家连锁饭店的平均房价为175元，出租率达到93.5%，每间可供客房提供的客房收入为164元。经济型饭店平均房价相当于三星级饭店，但因为出租率要远远高于三星级饭店，RevPAR也就远高于三星级饭店。

但在2010年达到顶峰后，经济型饭店绩效出现了拐点，开始呈现下滑态势。锦江之星旗下经济型饭店和如家酒店集团2011年和2012年连续两年RevPAR均出现下降。

表1　2006—2012年锦江经济型饭店开业饭店运营情况

	2006年	2007年	2008年	2009年	2010年	2011年	2012年
开业饭店家数	91	154	238	333	417	554	690
其中：直营饭店	39	62	89	120	144	171	192
加盟饭店	52	92	149	213	273	383	498

续表

	2006 年	2007 年	2008 年	2009 年	2010 年	2011 年	2012 年
直营店比重	42.9%	40.1%	37.4%	36%	34.5%	30.9%	27.8%
开业饭店客房间数	13040	21734	33833	44720	54254	68915	83860
平均出租率(%)	85.96	82.38	81.41	81.60	86.28	86.71	84.43
平均房价(元/间)	172.80	175.54	178.31	173.69	187.62	178.09	180.87
RevPAR	148.53	144.61	145.17	141.73	161.88	154.42	152.71

注："客房出租率"包括以"日住房"形式出租的客房间数。

表 2　2010 年锦江经济型连锁饭店经营情况

	全部开业饭店	开业满 18 个月的饭店	开业不满 18 个月的饭店
客房出租率(%)		86.28	88.78
其中:直营饭店	86.42	87.86	83.41
加盟饭店	86.18	89.57	82.31
平均房价(元/间)	187.62	196.85	173.28
其中:直营饭店	188.28	196.35	170.54
加盟饭店	187.17	197.27	174.60
RevPAR(元/间)	161.88	174.75	143.24
其中:直营饭店	162.72	172.52	142.25
加盟饭店	161.30	176.69	143.71

注：数据为截至 2010 年 12 月 31 日全部开业饭店，以及开业满 18 个月饭店和开业未满 18 个月饭店于 2010 年度的客房运营情况

表 3　2012 年锦江经济型连锁饭店经营情况

	全部开业饭店	开业满 18 个月的饭店	开业不满 18 个月的饭店
客房出租率(%)	84.43	87.57	71.35
其中:直营饭店	86.06	87.92	65.91
加盟饭店	83.60	87.36	72.29
平均房价(元/间)	180.87	184.58	161.93
其中:直营饭店	185.63	188.93	137.81
加盟饭店	178.38	181.87	165.71
RevPAR(元/间)	152.71	161.64	115.54
其中:直营饭店	159.75	166.1	90.83
加盟饭店	149.13	158.88	119.79

注：数据为截至 2012 年 12 月 31 日全部开业饭店，以及开业满 18 个月饭店和开业未满 18 个月饭店于 2012 年度的客房运营情况

表 4　如家连锁饭店 2008—2012 年经营情况

	2008 年	2009 年	2010 年	2011 年	2012 年
开业饭店总量	471	616	818	1426	1772
直营	326	390	454	698	803
加盟	145	226	364	728	969
直营比重(%)	69.2	63.3	55.5	50.0	45.3
房间数	55,631	71,671	93,898	176,562	214,070
所在城市	94	120	146	212	253
出租率(%)	85.0	91.5	93.5	88.8	86.1
平均房价（元）	173	160	175	172	168
RevPAR（元）	147	146	164	152	144

（三）寻求差异化竞争

经济型饭店业绩在 2010 年达到顶峰后开始逐步下行，但并不意味着 PE（私募股权投资）机构在经济型饭店方面已无作为空间。从市场空间来看，经济型饭店并未进入瓶颈期，仍然有三、四线城市尚未开拓的广泛地区，增设加盟店数量，以及寻求适合并购机会扩张将会对已有市场格局产生重大影响；同时，通过提供差异化优质服务、精细化管理运作、提升品牌软实力将成为塑造品牌持久影响力的关键。因此，这一市场仍有投资空间。现阶段国内经济类饭店市场营销、收益管理、服务水平、信息化应用、人才培训与星级饭店相比存在较大短板，急需对产业链进行整合提升，通过经营理念和经营模式的创新找到新的增长点。

不论传统的几家经济型饭店品牌，还是新兴的经济型饭店集团，都在寻求差异化的市场机会。资本在进行市场投入时也会更加青睐非标准、差异化的经济型饭店项目，比如最近获得投资的布丁、99 连锁等。

布丁饭店是平价快时尚饭店的代表。布丁饭店的英文名"Pod Inn"，原意是豆荚，后引申为精巧且温馨的空间。布丁在对欧美饭店市场进行调研时发现，西方年轻人背包出游的首选住处通常是可以和他人混住的 Hostel（青年旅舍），Hostel 提供集体宿舍和单间，价格 15~35 美元不等。在国内，Hostel 面临较大的掣肘：一方面，小旅舍难以承担大城市中心地带高昂的物业成本；另一方面，出于安全和传统消费习惯等原因，很大部分的中国游客并不愿意与陌生人同住一间。对市场的这些判断，成为布丁定位的依据，其价格类似 Hostel 却最大限

度保留中国人对“一家饭店”的基本诉求。主力消费群则是18~35岁，月平均收入在2000~6000元的年轻人。

考虑到饭店行业成本主要是三大块：物业租赁、人力和能源消耗。相较一般的经济型饭店，布丁大刀阔斧做“减法”。最明显的是压缩客房面积，大到整个饭店减去餐饮、娱乐设施，小到客房减去桌椅、衣柜，布丁的房间通常只有8~12平方米，最小的仅有5平方米；减去一点客房高度，客房中2.8米和2.5米的高度差异，意味着将节约10%的空调能耗；减去一般饭店为顾客提供的一次性免费洗漱用品六小件，包括一次性牙刷、一次性牙膏、一次性香皂、一次性浴液、一次性拖鞋、一次性梳子，倡导客人自带洗漱用品。还有一些创新的“减法”设计：比如将客户窗户改小，不仅因为墙体成本比玻璃成本小，而且能将窗帘改小，同时降低热辐射，达到节能效果。布丁饭店客房平均价格在90~150元之间，这比一般经济型饭店的价位低廉，布丁的理念与目前流行的“穷游”风尚相吻合，这让它受到了年轻旅游者的追捧。公司把平价快时尚的共性归纳为：理性消费、讲究个性和体验自由。为了迎合学生、年轻白领商务人士和个性化人群的时尚口味，在“减法”之外，布丁做了一些必要的“加法”，譬如，为了提供更好的体验，布丁饭店选取了宜家作为床的供应商，而洁具则采用了一个西班牙的品牌。布丁从软装选择到物品搭配，也都试图体现出时尚气息：饭店大堂、走廊等墙面分别用各种时尚的涂鸦、彩绘进行装饰；客房内则布置了创意十足的“神马”窗帘、色彩鲜亮的床单，简洁的桌椅。针对年轻消费者对时尚感和互动交流的需求，在大堂里配置最新款的苹果宽屏电脑、Skype全球免费电话、自动贩卖机、美国波普风格的墙绘及互动留言墙；再如，在提供免费的Wi-Fi全覆盖之外，还将最新的4G移动网络接入饭店。此外，布丁也会推出类似于“低碳护照”的活动，如不使用一次性用品、连续3天不需要饭店更换被套等，每一个环保行为都可兑换一个专属环保图章，集成一定量图章后可以换iPad等大奖，以此鼓励消费者践行低碳理念。

廉价饭店，有经营者又称之为超经济型饭店，如房价不足百元的城市连锁饭店、青年旅舍等，正如雨后春笋般快速成长，对那些小招待所、社会旅馆甚至地下旅馆也形成很大的替代性。胶囊旅馆由于受安全问题等政策制约，目前难以大规模发展。但他们的成长契合中国大基数低消费的大众化需求，符合低碳排放、经济实用、安全卫生、节约资源的发展理念。随着中低收入阶层收入水平增长和消费升级，廉价饭店住宿业态将迎来更为广阔的成长空间。

格子微饭店是廉价饭店的一个样本。格子微饭店号称“中国首家微饭店品牌”，饭店以“微”为核心，为消费者提供“空间迷你，简单精致，低碳环保，无线覆盖”的住宿环境，并以88~138元的市场定价服务客户，致力为追求简单、自由、快乐的人们提供“无微不至”的生活空间。截至2012年上半年格子微饭店连锁已在南宁核心地段开设了8家连锁分店。饭店客房的面积12~15平方米，房型有阳光大床房、榻榻米、双人上下铺和特色阁楼房供选择，每一寸空间都精心设计，袖珍中带着温馨。设施一应俱全：简单家具、独立卫浴、电脑电视、Wi-Fi覆盖，还备有电吹风，在墙上贴满温馨告示。除了空间更迷你，所配置的住宿条件都能实现；正因为其空间的压缩，价格优势很明显。对于百元的消费，获得舒适安全的住宿条件，微饭店还是具备了很大的未来发展空间。

五、中档饭店寻求突破

随着我国旅游经济从大众旅游的初级阶段逐渐向更高一级的阶段过渡，基于本土的旅游与旅行住宿需求为中档饭店业态提供了坚实的市场基础和广阔的产业创新空间。虽然我国的人均旅游消费水平还比较低，但是市场基数很是庞大，而且处于持续增长的态势。初略测算，中档饭店的市场规模每年将超过1亿人次。事实上，对具有成本意识的商务和休闲旅行人士来说，与那些提供全方位服务的高档饭店相比，中等价位的品牌饭店已成为极其诱人的替代选择。特别是中国和印度等市场的新兴中产阶级专业人士已经成为中档品牌饭店的主要推动力量。在国民旅行者和入境游客的双重推动下，市场已经对优质的中档饭店发出了极为明显的消费需求信号。

从产业供给面看，真正能够契合市场需求的有限服务型中档饭店还很少。市场上虽然积淀了一大批传统意义上的中档饭店，但因为其大多为全面服务型饭店，功能小而全，品牌定位模糊，没有创新，特别是对中端旅行者的核心住宿需求关注不够。加上这类饭店多为单体运营，管理的专业化程度相对较低，现代饭店发展所需要的专业技术人员、专业管理人员、职业经理人和投资创业团队的数量和质量更是远远未达到变革和创新的要求。

从需求积聚、供给存量、技术和人才积累，以及国际经验等多方面的因素考量，我国大力发展中档饭店的时机已经成熟。国际上，位居前列的大型饭店集团旗下大都有中档饭店品牌，而且所管理饭店数量庞大，绩效也不错。万怡、美居、诺富特、智选假日等品牌已经进入中国市场，并具有了一定的品牌知名度。越来越多的国际饭店管理集团正在将其中国市场布局的重点转向在二、三线城市开发中端饭店。国内饭店集团也同样意识到了中端饭店市场巨大的发展潜力，深圳维也纳、桔子饭店、中青旅山水饭店、时尚旅酒店、汉庭全季、首旅欣燕都、星程联盟等已率先在全国实施战略布局。

图 7　市场上主要的中档饭店品牌

桔子饭店定位于设计师饭店，饭店设计强调现代感和科技感，旨在重新定义一种“低调的张扬和充满设计感的生活方式”。桔子饭店和桔子水晶饭店两个品牌分别定位中端和中高端市场。桔子确定必须有，以及没必要有，然后确定目标客户群客人喜欢的独特个性。桔子饭店的必须有包括四星级饭店才配备的液晶电视、自备娱乐节目或国际电视频道、高速宽带上网、舒服的床具等；桔子饭店的没必要有包括大的会议室、多功能厅、游泳池、康乐设备。桔子饭店独特的地方：覆盖全饭店的无线上网、屋内灯光布置、沙发布艺的选择、独具特色的全镜子及壁画走廊、精选背景音乐，以及每家饭店都不一样的特色大堂。桔子饭店成了“创新委员会”，专门从用户的角度去开发和研究如何能够提供更加惊喜的体验。比如现在桔子水晶饭店，当进入房间时，并不是传统的插卡取电，而是将卡直接扔到被称之为“时空隧道”的槽中即可完成房间的取电。不仅如此，灯光还专门设计了情侣浪漫的“Paris”模式、“睡美人”模式、“阅读”模式等，这些操作都完全是在触控板上操作完成。据了解，桔子目前下一步计划将房间所有的操作都集中到类似“遥控器”的设备上完成，这个设备被称为“哈利·波特的魔法棒”。

最新版的国家标准，将三星级以下饭店定位为有限服务饭店，也有利于促进秉承有限服务理念的中端饭店发展。从这些动向来看，一个高端、中端和经济型业态协调发展的产业格局正在孕育和成形之中。从当前的情况来看，除了少量的新建项目外，投资者把更多的精力和资源配置到中端饭店的存量调整上来，通过市场化改革和经营层面的产品策划、服务升级和营销创新把这些转化为有效的供给。这就需要下大力气研发中端饭店的产品创新和投资运营模式，在试点的基础上，通过收购兼并、委托管理或连锁加盟等方式实现对现在存量资产的有效整合。

六、饭店业迎来新一轮风险投资高峰

风险资本参与的传统行业，大多由于种种因素进入新的增长期，具有高成长性。其中最重要的一类，就是能够为国内新兴中产阶层所接受和消费的产品。中国中产阶层的崛起，导致消费者从必须的消费品转换到一个可以有选择性的消费，有相当多的消费品都是呈现高速增长的情形。饭店行业属于传统产业，但通过“传统行业+资本力量”的运作模式，吸引了众多海内外基金进入，迅速培育了一批中端和经济型饭店连锁集团。

表6　饭店集团获风险资金列表

融资方	投资方	金　额	类　型	时　间
尚优客饭店		3000万美元		计划2013年5月
途家网	纪源资本、光速创投、鼎晖、启明创投、宽带资本	A/B两轮共4亿元人民币	VC-Series B	2013年2月
途家网	光速安振	N/A	PE-Growth	2013年1月
99旅馆连锁	海纳亚洲创投基金、高盛集团和Abaci投资联合	7500万美元	PE-Growth	2012年8月
布丁饭店	富达亚洲、君联资本、KTB、摩根凯瑞、建信投资	5500万美元	VC-Series B	2012年5月
桔子酒店	凯雷集团旗下凯雷亚洲基金	1亿美元	PE-Buyout	2012年7月
尚优客饭店	ACA和法国TWC集团	1500万美元	PE-Growth	2012年5月
途家网				2012年5月
东海观光	弘毅投资	14亿日元	PE-PIPE	2011年.7月
维也纳酒店集团	美国私募基金奇力资本基金	2000万美元		2010年8月
地中海俱乐部	复星集团	2500.00万欧元	PE-Growth	2010年5月
开元酒店集团	凯雷集团	1亿美元		2008年
山东蓝海饭店集团	私募股权公司普凯投资基金(Prax Capital)	1000万美元	投资入股	2008年6月
7天连锁饭店集团	英联投资、华平基金	6500万美元	PE-Growth	2008年10月
桔子酒店连锁	台湾福华大饭店、TD基金、中信国际资产管理公司等	2000万美元		2008年9月
汉庭酒店集团		5500万美元		2008年7月
7天连锁饭店集团	美林集团、德意志银行和华平基金	9500万美元	分为发债和股权融资两种模式	2007年9月
维也纳酒店集团	软银赛富	2000万美元	VC-Series A	2007年11月
速8饭店	Aetos投资	5000万美元	PE-Growth	2007年8月

续表

融资方	投资方	金　额	类　型	时　间
汉庭酒店集团	鼎晖创投、成为基金、IDG－Accel 中国成长基金、北极光创投和常春藤	8500 万美元 4100 万美元	VC－Series A	2007 年 7 月
桔子酒店连锁	福泰饭店集团、DT 基金等	1000 万美元	天使投资	2006 年
莫泰 168	摩根士丹利	2000 万美元		2005 年底
如家酒店连锁	海纳亚洲等机构	500 万美元	VC－Series C	2005 年 1 月
如家连锁饭店集团	IDG、美国梧桐创投	200 万美元	境外战略投资者	2003 年

2003 年至 2013 年 5 月，国内饭店行业共有 39 笔融资案例发生，累计获得融资规模达 9.33 亿美元，平均单笔融资规模为 2392 万美元，其中 2007 年为近 10 年融资规模最高值，融资案例 7 起，融资规模达 3.11 亿美元。对饭店产业的投资初期主要集中于高星级饭店，高星级饭店的密集增长导致市场竞争加剧，市场相对饱和，客房平均收益持续下滑，使得饭店投资机构将投资目光更多转向经济型饭店及中档饭店。2007 年，7 天、开元、汉庭、维也纳等均获得风险投资（VC）和私募基金（PE）注资。中投集团（ChinaVenture）统计显示，2012 年，国内有 5 家经济型饭店品牌获得多轮融资，累计规模达 2.88 亿美元，形成了资本市场对饭店业投资的又一个高峰。

相比上一轮投资而言，特色饭店、中档饭店、度假租赁等新的饭店业态在本轮投资获得了更多的关注。2012 年 6 月，富达投资、君联资本（原联想投资）、KTB、摩根凯瑞资本，以及建信资本 5 家资本集团注资布丁饭店 5500 万美元投资。此次布丁还获得了杭州银行支持发展的大额信贷资金，这意味着，布丁本次采用了“VC＋银行授信”双重资金筹集方式。以布丁为代表的、在国内刚刚兴起不久的“时尚饭店”，每平方米产出经济价值已经高出经济型饭店，正在以其特色优势异军突起，成为饭店行业细分时代的新蓝海。

2012 年 7 月，桔子酒店得到凯雷投资旗下亚洲基金逾 7500 万美元注资。桔子酒店此前已先后两次融资，分别是在 2006 年融入了 3000 万美元，2009 年融入包括挚信资本、曼图宏业以及时代华纳前任 CEO 掌管的个人基金等共 2000 万美元。桔子水晶饭店的个性化特色在一定程度上可以减少其与如家、汉庭的中高端品牌的竞争，但个性化在一定程度上也加大了桔子水晶饭店大规模开店的难度，快速扩张的背后需要雄厚的资金支撑，门店的拓展速度受到制约。在赢得凯雷投资注入的资金后，桔子水晶饭店应该会加快扩张速度，迅速提升门店的覆盖率和影响力。

途家网在 2011 年 12 月上线，5 个月后就从鼎晖创投及携程网、Homeaway 等几个公司处获得了首轮融资；2013 年 2 月 16 日宣布获得 B 轮融资，两轮融资额度合计 4 亿元人民币。B 轮融资的投资结构除了纪源资本、光速创投、鼎晖创投、启明创投和宽带资本等投资机构，还有其控股股东携程，以及与途家网商业模式相仿的全球度假公寓行业巨头 HomeAway。其中纪源资本、启明创投和宽带资本均为新面孔，而 A 轮的投资机构则全部进行了跟投。

2012 年，尚客优首笔 1600 万美元的融资显然对中国饭店业的融资有巨大的带动作用。三线城市连锁饭店加盟第一品牌尚客优集团计划 2013 年 5 月份完成第二轮 3000 万美元融资，约合人民币 1.8 亿元。同时计划 2013 年新增直营店 50 家，加盟店 300 家，分店总数达到 800 家。在国际和国内 VC 的追逐下，尚客优集团的品牌知名度提升和发展速度将进一步加快。

鉴于饭店分销领域中正出现很多变革和颠覆的情况，手机计算领域和手机平台正发生巨大的变化，旅游业正以崭新的和有趣的方式在社会媒体领域取得发展，同时与旅游相关的大量数据为收益管理和其他领域提供了很多新的机遇。两家专注于饭店科技的投资基金建立了合作关系，以参与到不断变革的饭店科技领域中。Thayer Lodging Group 投资了超过 100 家饭店；而 Quest Hospitality Ventures 则投资了 Hipmunk、Nor1 和 hotelme. com。这两家公司组建的新基金名为 Thayer Ventures，它将取代现在的 Quest Hospitality Ventures。该基金将专注于饭店业新兴技术公司、手机分销和消费者服务、大数据和分析法、社会媒体和分销、能源技术、团体分销和国际业务。青芒果融资成功并从芒果网正式分拆，投资方包括国内知名的风险投资“凯旋创投”等，投资金额达数百万美元。

七、饭店业领域法律纠纷频发

除常见的饭店业主与饭店管理公司之间的纠纷外，行业内还存在大量矛盾爆发点，如饭店集团与资本方因融资、股权控制，饭店管理公司之间或饭店管理公司与单体饭店之间因品牌、商标、知识产权保护，饭店与饭店用品供应商、外包服务企业之间因款项、服务或商品质量，单体饭店或饭店集团与旅游电商因渠道问题，分时度假饭店、产权式饭店等与消费者和投资者之间，以及饭店与消费者之间因安全等经常产生纠纷。2012年年底，美国出现多起消费者指控大型饭店集团和OTA进行价格操纵以及限制了旅行者获得饭店客房优惠价格的机会。甚至饭店与政府之间也会产生纠纷，如英国公平贸易办公室指控OTA和饭店集团违反竞争法，我国有五星级饭店因暗访后多处不达标，星评委计划取消其星级，该饭店认为评估不公正，拟向国家行政机关提起行政诉讼等。

表7　饭店领域常见纠纷列表

上诉人	被上诉人	原　因	受理时间
广州市人民政府	广州新光花园酒家	饭店建设纠纷	1993
中国银行等5家银行	奥林匹克饭店有限公司	贷款抵押协议纠纷	1998
新疆饭店商场	曹燕(新疆饭店营业员)	企业内部承包合同纠纷	1998
丝绸之路大饭店	上海荣昌贸易有限公司	租赁经营合同纠纷	1999
深圳粤源复合材料装饰有限公司	新疆中华大饭店	工程款纠纷	2000
南国(中国)饭店管理公司	云南环太饭店有限公司	饭店管理合同纠纷	2002
郑州市汝河饭店有限公司	郑州市中原区建设和环境保护局	行政处罚纠纷	2002
个人投资者	珠海市石景山旅游	利用分时度假合同诈骗	2002
乌鲁木齐市商业银行股份有限公司	新疆中华大饭店	借款合同纠纷	2002
中国光大银行重庆分行	重庆饭店有限公司	借款合同纠纷	2003
上海电饭锅厂	上海普陀岚桥饭店	租赁合同纠纷	2003
百事达(美国)企业有限公司	安徽饭店	民事侵权赔偿纠纷	2004
北京饭店	四川谭氏官府菜餐饮发展有限责任公司北京分公司	侵犯商标权及不正当竞争	2004
锦江酒店集团	锦江皇冠饭店	商标侵权与不正当竞争	2005
贝斯特韦斯(BEST WESTERN)	重庆万友康年大饭店	商标侵权	2005
公司员工	焦作亿万饭店集团有限公司	劳动争议纠纷	2005
陕西省南郑县军干所福苑饭店	陕西省汉中市卫生局	行政处罚纠纷	2005
安徽京港饭店有限公司	安徽巢湖经济开发区管理委员会	未按照合同约定履行义务导致纠纷	2006
艺术工作者	北京国际饭店	饭店餐厅装修、纹饰、宣传品侵犯原告著作权	2007
上海金稻餐饮管理有限公司	上海北国饭店	租赁合同纠纷	2007
上海汉艺包装有限公司	北京市北京饭店、北京市安华食品有限公司	饭店中物品包装引发的侵犯著作权纠纷	2007
深圳新都饭店股份有限公司	香港中汇置业有限公司、珠海市物资集团有限公司	损害公司权益纠纷	2007
渔阳饭店有限公司	北京美基机电设备有限公司	买卖合同纠纷	2008
昆明汉京商务咨询服务有限公司	昆明饭店	房屋买卖合同纠纷	2008
日本国株式会社花正	渔阳饭店有限公司	买卖合同纠纷	2008
中国音像著作权集体管理协会	北京市丽华饭店丽华虞美宫歌厅	侵犯著作权纠纷	2008

续表

上诉人	被上诉人	原　因	受理时间
中国建设第七工程局中原房地产开发公司机电安装分公司	焦作亿万饭店集团有限公司	建设工程施工合同纠纷	2008
上海黄浦丽池休闲健身有限公司	雷茨饭店有限公司(THE RITZ HOTEL,LIMITED)	侵犯商标专用权纠纷	2008
北京碧溪温泉饭店有限责任公司	北京金鹰清洁用品有限公司	买卖合同纠纷	2009
北京朝批汇隆商贸有限公司	北京华府饭店有限公司	因一方严重违约而导致的买卖合同纠纷	2009
北京大宝饭店	四达国际旅行社北京丰台经营部	旅店服务合同纠纷	2009
马里奥特环球公司(Marriott Worldwide Corporation)	连云港市明珠万豪国际饭店有限公司	商标侵权	2009
北京都市典当有限责任公司	北京海洋港国际大饭店有限公司	典当合同纠纷	2009
北京五棵松饭店有限公司	北京东方保达投资管理咨询有限公司	服务合同纠纷	2009
北京市益平盛业经营部业主	北京中宇饭店	买卖合同纠纷	2009
重庆万友康年大饭店	贝斯特韦斯特国际有限公司	商标侵权纠纷	2009
上海天泉泵业制造有限公司河南办事处	河南省焦作市亿万饭店集团有限公司	招标投标买卖合同纠纷	2009
晋江市协众机电工程有限公司	博爱县中山大饭店	工程安装合同纠纷	2009
中国东方资产管理公司北京办事处	北京树森饲料有限责任公司	借款合同纠纷	2009
弗雷德·邓希尔有限公司(Alfred Dunhill Limited)	北京西南饭店	侵犯商标专用权	2010
路易·威登公司(LV)	成都新东方千禧大饭店	销售权侵犯	2011
连云港市明珠万豪国际饭店有限公司	马里奥特环球公司(Marriott Worldwide Corporation)	侵犯商标专用权与不正当竞争纠纷	2011
7天酒店集团加盟商	7天饭店集团	对加盟运营费用收取不合理	2011
原上海某大型饭店员工	该大型饭店	员工违纪与饭店处罚之间的矛盾	2011
三亚华宇旅业有限公司	洲际酒店集团	因经营不善问题发生纠纷	2011
美国消费者	数家大型饭店集团和OTA	价格操纵、阻碍消费者得到优惠	2012
上海耀达房地产开发有限公司	洲际集团	经营不善导致解约纠纷	2012

饭店行业纠纷纷繁复杂，饭店与顾客、渠道商、供应商、管理公司、投资者、设计建筑专修公司等，甚至与政府之间，都经常爆发矛盾。而饭店业主与管理公司之间的纠纷最近尤为引人关注。

强势与弱势问题，只是一个相对问题。饭店业主与管理公司之间的关系，常见的比喻是主人与管家和男女婚姻，都有其一定道理。究其实质，管理公司与业主之间是一种委托代理关系，管理公司是饭店业主聘请的职业经理人团队，属于打工一族；业主与职业经理人团队之间是一种劳资关系，甲乙方，管理公司总体说是属于弱势一方，管理合同确实会更多地考虑到如何维护自身利益，即用条款来保护自己。国内饭店业主热衷于选择国际饭店管理公司，这个市场并非垄断市场，饭店业主与管理公司之间都有选择的自由，是一种双向选择。我们常说的国际饭店管理公司的强势，多是因为国内业主对其需求太盛，以致在一些城市部分品牌供不应求。其实国际饭店管理公司也会说国内一些业主很强势，如万达集团。

孰是孰非的问题，各打五十大板。管理公司的错，目前看更多地在于扩张过快，人才供应不上，导致业绩离期望太远。其次是品牌错配，早期甚至目前还存在中低端品牌与高配置饭店结合的现象，即拔高品牌，导致最后一些饭店因品牌问题评不上五星级饭店；目前开始出现高端品牌降低要求俯就一些不符合其标准的项目的现象，虽然有时可能是出于战略考虑，如实力强大的业主会在其他项目上给出承诺，但有时候只是为了完成集团目标而做出的短期决策，总之，都可能会为日后纠纷埋下种子。此外，诸如国际饭店管理公司在国外和国内采取双重标准，职业经理人作为代理人为自身谋取更多福利等。但饭店管理公司轻资产运营模式不应该成为受指责的原因，这是企业自身发展模式的一种选择，也是当前很多饭店管理公司的发展趋势。

饭店业主的常犯错误也不少。职能错位，不遵循专业化分工，介入饭店管理的具体事项。过于迷信国际饭店品牌的价值及其高绩效（这可能与比较样本的选择有关）。不切实际的业绩要求，例如硬性要求管理公司实现多少盈利且每年增长百分之多少。其实管理公司并没有义务确保饭店每年盈利多少，这个问题可以通过激励机制来解决。部分国内业主从一开始就没有计划让管理公司长期经营，有的业主等管理公司把饭店管理基本架构搭建起来，饭店运营基本正常后，就考虑赶走管理公司；也有开发商只是把饭店品牌作为提升地产价值的工具，在达到其房地产销售目标，饭店品牌价值利用完后，就想办法进行毁约，其实分手在一开始就已注定。

有些时候，政府搞拉郎配，如地方政府要求开发商引进国际品牌，并给与相应奖励，如拿地优惠，引进世界前十饭店集团的品牌奖励现金等，这对业主来说诱惑很大，但最终发现强扭的瓜不甜。部分律师不专业，为了表明业主的钱花得物有所值，会对管理公司的合同条款进行大幅度修改，而管理公司为了获得项目暂时容忍，但矛盾可能在以后爆发。缺乏行业引导，饭店行业协会、饭店业主联盟、咨询公司以及政府主管部门等，应引导开发商和业主了解饭店品牌谱，知晓各品牌的定位和特色，提供专业咨询，避免盲目引进。

目前看来，饭店业主与管理公司谁对谁错，很难一概而论，是一个公说公有理婆说婆有理的问题，也是一个阶段性的问题。其实，国际品牌饭店管理逐渐由国内人才主导，国际品牌饭店人才流向国内品牌饭店，国内饭店管理公司开始聘请外籍管理人才，国内开发商开始组建自己的管理公司，国内饭店管理公司的品牌谱开始立体化，国内与国际饭店集团的业绩差距有逐步缩小的趋势，国内饭店业主的选择空间更大，如果这些趋势持续下去，饭店业主与管理公司之间的纠纷将会自然消减。

八、饭店业政策及影响

（一）营业税改增值税试点的可能影响

自2012年1月1日起，上海交通运输业与部分现代服务业施行营业税改增值税试点。随后，营业税改征增值税试点范围分批扩大至北京、天津、江苏、浙江、安徽、福建、湖北、广东和厦门、深圳10个省（直辖市、计划单列市）。具体实施办法规定：在现行增值税17%标准税率和13%低税率基础上，新增11%和6%两档低税率；试点期间原归属试点地区的营业税收入，改征增值税后收入仍归属试点地区，试点行业原营业税优惠政策可以延续，并根据增值税特点调整；纳入改革试点的纳税人缴纳的增值税可按规定抵扣。

营业税改增值税对企业有如下好处：一是解决营业税重复征收问题。在我国现行税制结构中，增值税和营业税是最为重要的两个流转税税种。增值税覆盖了除建筑业之外的第二产业，第三产业的大部分行业则课征营业税。从税制原理看，营业税具有“全额征税”的特点，存在重复征税问题。而增值税则具有“环环抵扣”的特点，即对商品生产、流通、劳务服务中的“增值部分”征税，不存在重复征税问题。二是可促进现代服务业的深度分工合作。由于减少了重复征税，使市场细分和分工协作不受税制影响；有利于在一定程度上完整和延伸增值税抵扣链条，促进二、三产业融合发展；有利于建立覆盖货物和劳务领域的增值税出口退税制度，全面改善我国的出口税收环境；有利于提升企业的竞争力。

但营业税改增值税试点也可能带来部分企业增加税负、税收收入有所减少、征管难度有所提升的风险。主要原因有：增值税有可能比原有的营业税率高；没有进项税可以抵扣；难以收集到进项税的发票进行抵扣；涉及的企业相关人员不愿意改革，如财务人员可能会增加工作量，原来在产销链、供应链上的合作伙伴要调整，由此产生自己的利益损失等。

在国务院办公厅颁发《贯彻落实国务院关于加快发展旅游业意见重点工作分工方案》中提出，要降低对旅游业征收的税费，其中设计饭店的方面包括：落实宾馆饭店与一般工业企业同等的用水、用电、用气价格政策，进一步研究适当降低银行卡对宾馆饭店的收费标准。其中未提及营业税改增值税问题，但目前有必要研究若实施这一政策对饭店业的影响。

上海市旅游局对锦江国际饭店集团的一项调研发现：饭店是开展综合性经营业务的企业，其收入与成本结构具有下列特点：客房收入的毛利率很高；餐饮成本中存在很多生鲜食品暂时取不到可供抵扣的进项增值税专用发票；商场收入已经按照增值税缴纳办法在执行；租赁等其他收入几乎没有相应的成本支出，因而无进项税可以抵扣。因此，对饭店营业税改增值税影响的调查结论是：若饭店业作为现代服务业纳入试点范围，使用6%的税率还具备一定的可行性；若适用11%及以上税率，将会因为没有足够的可抵扣的进项税额而使增值税额偏高，预计存在超过现行5%营业税率所纳税额的可能性。

考虑到旅游饭店上述经营特点与营业税改增值税的下列情况：饭店业的利润率比较低，以经营管理较好的锦江国际饭店集团为例，2011年的净资产利润率仅为4.2%；营业税改增值税其本意是要降低企业税负，在饭店利润率较低的情况下，实现上述目标就更为重要。因此，对饭店营业税改增值税提出建议：为了实现降低或不增加饭店业营业税改增值税后的税负，适用6%或更低的增值税率；由于饭店建筑费用与固定资产投资比例较高，如果能允许饭店建筑费用与未抵扣过进项税的固定资产折旧额适用进项税抵扣会更好。

（二）“八项规定”的压力与动力

中央“厉行勤俭节约，反对铺张浪费”的精神传达后，高档饭店经营压力陡增。我们在听到叫苦声的同时，应该看到反浪费可能带给饭店和餐饮行业的积极作用。

倒逼高档饭店转型创新提升竞争力。对高档星级饭店1月份经营情况的调查显示，反浪费冲击的是以政务接待为主的高档饭店的餐饮，客房等方面冲击相对较小。主要是以政务接待为主的高档饭店，多为国有企业业主或为国有饭店管理公司管理，其客房价格本身并不高，一旦政务客人入住减少，都能得到商务客人或旅游客人的补充。反浪费要求以政务为主的高档饭店必须打破路径依赖，首先要把虚高的餐饮价格将降下来，针对新的客户群体设计菜品和提供相应服务，让更多的客人在饭店用餐，并进一步争取饭店餐饮社会化；其次这类饭店需要开发新的客源，把更多精力放在拓展商务、会展和旅游等市场；还可考虑创新盈利模式，如将饭店部分空间对外承包给有实力的企业，发展高档饭店会所经济。

中档饭店可能因此而受益。对三、四星级1月份经营情况的调查显示，三星级和部分价格偏低四星饭店营业收入基本持平或略增；餐饮收入持平或略增，政务接待为主的饭店高档菜品、酒水销售也锐减，餐饮包间使用率极高，多为婚宴、公司年会和政府招标会、工作会，但也有部分政府定点接待饭店遇到政府单位退订。但考虑到国家政策的突然，相当大部分高档饭店的政务接待是直接退订，未来类似消费可能是降低标准转向中档饭店。因此，反浪费的政策很可能使各档次饭店经营此消彼长，而中档饭店可能迎来良好的发展契机。

消费者福利有望因此而增加。若反浪费促使高档饭店价格回归，质价相符，将提高消费者让渡价值，让更多消费者能有机会体验到高档饭店的产品和服务。高档饭店的餐饮价格弹性较大，适当降价将会带来较大幅度的营收增加。反浪费另一个效果是促进对高档饭店投资时作出更为理性的考量。2011年五星级饭店利润率8.9%，其他各星级饭店处于微利或亏损状态。受反浪费政策的影响，部分高档饭店如不能及时转型，很有可能连本不算高的一点利润也被吞噬。反浪费也让地方政府认识到，高档饭店并非他们的“私家厨房和会客厅”。这两点对投资者的动力和地方政府的动机都会起到削弱的作用。

对餐饮行业理性消费起到积极的示范作用。全国星级饭店每天面对庞大的消费人群，2009年接待旅游者已达3.2亿人次，对消费者的消费选择和消费潮流能起到积极引导作用。2011年全国星级饭店数量1.35万家，餐饮销售收入近千亿元人民币，占到营业收入总额的40%。其中三星级以上的中高档饭店近万家，占整个星级饭店餐饮消费的94%。虽然星级饭店的餐饮收入不到全国餐饮业收入的十分之一，但属于中高端餐饮，对餐饮趋势具有较强的指向性。因此饭店业积极倡导和履行反浪费，向消费者提供更为健康、低碳、营养的餐饮产品，为餐饮和旅游相关行业树立表率，将带动整个行业的创新、绿色、可持续发展。

（三）银联卡手续费标准降低

2004年人民银行批复的《中国银联入网机构银行卡跨行交易收益分配办法》规定，对宾馆、餐饮、娱乐、珠宝金饰、工艺美术品类的商户，发卡行手续费为交易金额的1.4%，银联收0.2%。一宗刷卡消费，收费者有三方：发卡行、收单行和银联，一般按7:2:1分配，宾馆和餐饮业实际缴费为2%。饭店每1千万元的营业收入都支付20万元的刷卡手续费，单是把这笔费用降低下来，收效就很可观。

2012年11月，央行下发《中国人民银行关于切实做好银行卡刷卡手续费标准调整实施工作的通知》，2003年施行的商户刷卡手续费规定自2013年2月25日起同时废止。此次刷卡费率总体下调幅度在23%至24%，其中餐饮娱乐类下调幅度为37.5%。调整标准维持了现行刷卡手续费行业差别化定价，行业分类主要分成餐饮娱乐类、一般类、民生类以及公益类四大类。此次调整的刷卡手续费是指中国银联、商业银行向商户收取的手续费，并不直接涉及个人消费者，但以宾馆业等为例，降低刷卡手续费相当于对中小企业的减税，成本降低后，商家利润空间加大，打折空间也更大一些，希望消费者最终也能间接从中受益。

表8　银行卡刷卡手续费标准

商户类别	发卡行服务费	清算机构服务费	收单行服务基准价
餐娱类：宾馆、餐饮、娱乐、珠宝金饰、工艺美术品、房地产和汽车销售	0.9%，其中房地产和汽车销售封顶60元	0.13%，其中房地产和汽车销售封顶10元	0.22%，其中房地产和汽车销售封顶10元
一般类：百货、批发、社会培训、中介服务、旅行社及景区	0.55%，其中批发类封顶20元	0.08%，其中批发类封顶2.5元	0.15%，其中批发类封顶3.5元
民生类：超市、大卖场、水电煤气、加油、交通运输售票	0.26%	0.04%	0.08%
公益类：公立医院和公立学校	0	0	按照服务成本收取

注：1. 单店营业面积在100（含100）平方米以下的餐饮类商户按一般类商户标准执行；
2. 未在表中列出的行业按照一般类商户标准执行；
3. 收单服务费标准为基准价，实际执行中可以此为基础上下浮动10%。

2012 中国主题饭店综述

北京联合大学旅游学院　张凌云　罗东霞

主题饭店（Theme Hotel）起源于美国，在中国发展历程只有短短十年时间。主题有狭义和广义之分，广义的主题包括基于功能、宾客类型或文化方面的主题，例如商务、度假以及康复疗养为广义层面的功能性主题；狭义的主题饭店仅指基于文化的主题饭店，强调主题的文化性，其中又包括基于文化的大主题饭店和小主题饭店（亦可称为大文化主题饭店和小文化主题饭店）。那些仅在局部或一些细节中体现主题，而在饭店整体设计及氛围上未充分体现文化主题的为小文化主题饭店；从饭店外观设计、内部装饰、服务特色等方面均强烈地体现某种文化的饭店为大文化主题饭店，国际主题饭店研究会对主题饭店做的理论界定是“以饭店自身所把握的文化中最具代表性的素材为核心，形成独具特色性设计、建造、装饰、生产和提供服务的饭店”。综合国内外学者观点，本文界定主题饭店为基于文化的大主题饭店，即以某一特定的文化艺术主题为核心，在饭店建筑设计、环境设计、装饰用品设计、服务方式设计等方面表述统一的文化理念，展示统一的文化形象，传递统一的文化信念，为顾客提供文化享受和特殊消费体验的饭店。

主题饭店有别于精品饭店、商务饭店、度假/温泉饭店以及康复疗养饭店。以主题饭店和精品饭店之间的关系为例，精品饭店的特点是“规模相对较小，能提供有吸引力的服务，以较高的价格服务于特定的顾客群体”，文化主题是精品饭店提供有吸引力服务的一种手段，二者有重合的部分，那些能够在整体层面体现文化主题的精品饭店也是主题饭店，可以被界定为主题精品饭店。同理，主题饭店与商务饭店、度假饭店与温泉饭店之间相互重合的部分可以被界定为主题商务饭店、主题度假饭店或主题温泉饭店。

一、2012 年中国主题饭店发展状况

目前国内对于主题饭店的研究不多，几乎没有文献对近十年主题饭店的发展做一个综述。所以本文在回顾 2012 年中国主题饭店发展状况的同时，也将对主题饭店在国内的 10 年发展历程做评述。主题饭店在中国发展只有短短 10 年的时间，早期的主题饭店仅在细节部分体现文化主题，例如以三国文化为主题的饭店仅在其饭店大厅摆放几尊三国人物的雕像，近年兴建或改造的主题饭店越来越朝向大主题化、高端化发展，从饭店硬件及软件诸方面充分体现主题文化，高星级主题饭店增多。

（一）五星级主题饭店区域分布

截至 2012 年年底，全国共有五星级主题饭店 19 家，多分布于我国的华东、中南和西南地区（图 1），华北地区较少，东北地区和西北地区尚没有一家五星级主题饭店。华东地区的 5 家五星级主题饭店中，浙江占 3 家，其中有 2 家位于杭州；中南地区的 5 家五星级饭店中，广东省深圳市独占 3 家；西南地区的 5 星级主题饭店集中于四川省，主要分布在成都和九寨沟（表 1）。

2002 年深圳威尼斯饭店的开业标志着中国拥有了第一家真正意义上的高星级主题饭店，此后，四川、浙江等地出现了不同类型的主题饭店，仅以文化主题饭店而论，出现了以中国传统文化（道家文化、三国历史文化等）和民族文化（汉文化、藏文

化、蒙元文化等）为主题的饭店以及以外来文化（法国文化、南美玛雅文化等）为主题的饭店。2012年新增1家五星级主题饭店，山西太原万达文华饭店于2012年8月开业，将地方三晋文化融入饭店设计及服务之中。

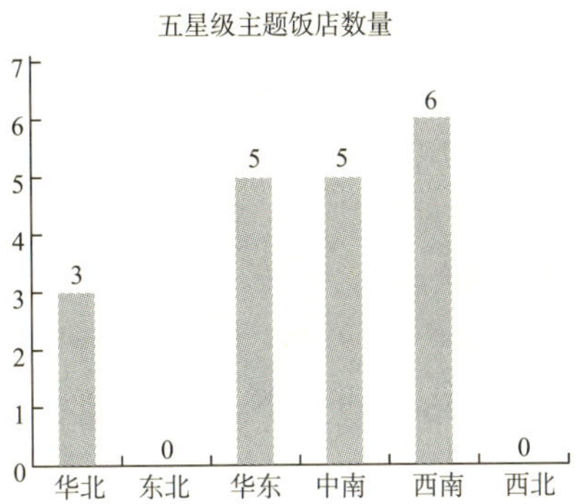

图1　2012年五星级主题饭店区域分布

表1　五星级主题饭店区域分布表

地区	省(市)	饭店名称	饭店主题
华北（3家）	北京	北京汉华国际饭店	汉文化主题
	内蒙古(呼和浩特)	内蒙古饭店	草原文化主题
	山西(太原)	万达文华饭店	三晋文化主题
华东（5家）	浙江(杭州)	白鹭湾君澜度假饭店	良渚文化主题
	浙江(杭州)	浙江天都城饭店	法国文化主题
	浙江(绍兴)	咸亨饭店	鲁迅文化主题
	福建(厦门)	艾美饭店	艺术主题
	山东(威海)	海悦建国饭店	海文化主题
中南（5家）	湖南(张家界)	青和锦江饭店	阿凡达主题
	广东(珠海)	珠海中邦艺术饭店	艺术主题
	广东(深圳)	威尼斯皇冠假日饭店	威尼斯文化主题
	广东(深圳)	华侨城洲际大饭店	西班牙文化主题
	广东(深圳)	深航国际饭店	航空文化主题
西南（6家）	重庆	重庆万达艾美饭店	艺术主题
	四川(成都)	成都索菲特万达大饭店	法国婚宴文化主题
	四川(成都)	西藏饭店	藏文化主题
	四川(九寨沟)	九寨沟洲际大饭店	羌族文化主题
	四川(九寨沟)	四川九寨沟喜来登国际大饭店	藏羌文化主题
	西藏(拉萨)	拉萨瑞吉度假饭店	藏文化主题

目前主题饭店在五星级饭店中所占比例不高。据中国旅游饭店业协会发布的数据，截至2012年年底，全国五星级饭店的数量达到721家。其中，主题饭店（19家）仅占五星级饭店总量的2.6%。

（二）主题饭店总量及区域分布

我们在一些学者（汪颖和傅广海，2011）前期研究的基础上，对2012年全国各省（市）主题饭店相关信息进行了扩充和汇总（图2）。其中，星级饭店资料源于中国旅游饭店业协会相关统计资料，非星级饭店资料源于携程、艺龙、到到等多家旅游门户网站。

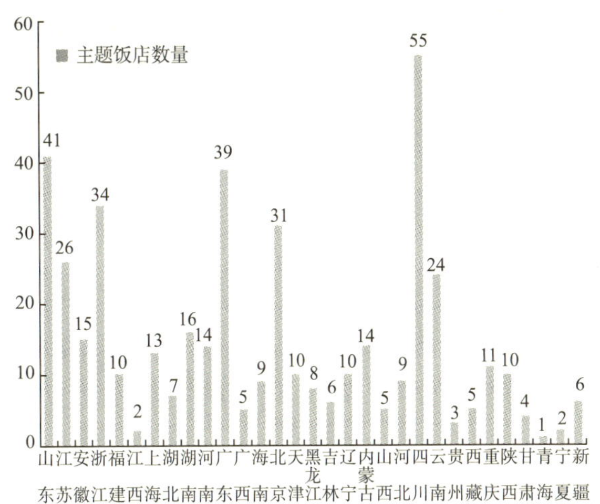

图2　2012年全国各省市主题饭店数量

2012年全国共有主题饭店445家，拥有主题饭店最多的省份为四川省（55家），其次为山东、广东、浙江以及北京，这些省（市）的主题饭店数量都超过30家；其次是江苏和云南均超过20家。青海、宁夏、贵州、甘肃、江西等省（市）的主题饭店数量较少，均不足10家。由以上统计数据可以看出，各省（市）主题饭店的发展与区域经济发展水平、旅游资源禀赋及历史文化沉淀相关。华东、华南的沿海省份以及北京等一线城市的经济发展水平较高，宾客对商旅、度假及休闲住宿有更高的期望，希望在住宿的同时得到某些精神享受，基于文化的主题饭店恰恰可以满足宾客在文化及审美等方面的需求。西部省份中，四川省主题饭店的发展尤为突出，这是由于四川省拥有丰富的旅游资源及深厚的历史文化沉淀，使得基于景区资源及巴蜀文化的主题饭店独具特色。

如果将经济发展水平相近的省市相比较，可以发现当地区经济发展水平相近时，旅游资源禀赋和历史文化沉淀对主题饭店的发展有重要的影响。以北京与上海为例，二者都是经济发达的一线城市，上海人均 GDP 略高于北京，北京是六朝古都，拥有深厚的传统文化底蕴，这为主题饭店的发展提供了深厚的文化土壤。而上海是国内最早开埠的工商城市之一，深受欧风美雨影响。精品饭店（Boutique Hotel）中的“boutique”一词本源于法语，指专卖时髦服饰的小店，后来逐渐演变成为精品、时尚、个性的代名词。上海的精品饭店主打时尚牌，但时尚不等同于文化，因为时尚会经常变化，而文化则是经过沉淀后相对固定的人类活动模式以及给予这些模式重要性的符号化结构，所以我们暂未将以时尚为主题的精品饭店列入主题饭店的统计范畴。

（三）主题饭店的主题文化分类

按主题的内容对 445 家主题饭店进行分类，可以将其分为自然资源文化类、康体养生文化类、历史文化类、宗教文化类、地方特色文化类、民族文化类、行业文化类、艺术文化类、异域风情文化类、婚姻爱情文化类等 11 类（图 3）。

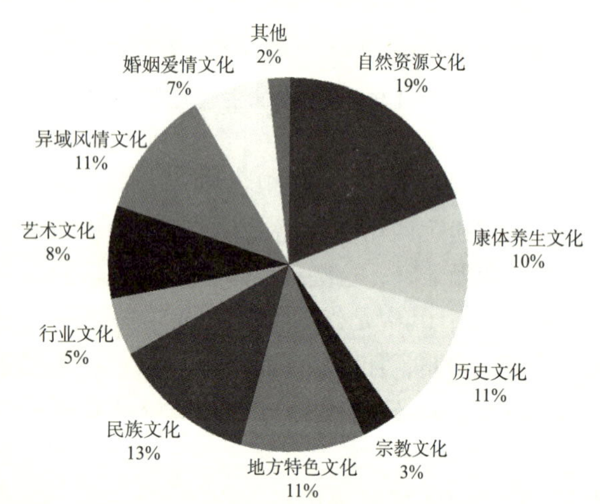

图 3　主题饭店主题文化分类

在各类主题饭店中，基于自然资源文化的主题饭店最为多见，占全部主题饭店的 19%，其中包括海洋文化、运河文化、温泉文化、生态文化等主题。目前的自然资源类主题饭店尚需对海洋、温泉、生态等自然资源进行更深入的文化提炼，形成文化符号并将其体现于饭店外观设计、内部装饰及服务内容中。其次为民族文化类主题饭店，占全部主题饭店的 13%，其中包括汉文化及少数民族文化。中国是一个多民族国家，56 个民族的文化为主题饭店的发展提供了丰富的文化资源，经济不发达地区尤其要注重运用本地区少数民族文化资源，依托当地旅游景区资源，发展具有民族特色的主题饭店。排名并列第三位的有历史文化类主题饭店、地方特色文化类主题饭店以及异域风情文化类主题饭店，三者分别占主题饭店总量的 11%。其中，历史文化包括中国历史上各朝各代文化以及由著名的历史故事、历史人物而展现出的文化；异域风情文化指中国以外其他国家和地区的文化，目前中国的异域风情文化主题饭店以欧洲文化为主。

宗教文化和行业文化所占比例较小。如图 3 所示，全国基于宗教文化的主题饭店数量仅占总量的 3%，基于行业文化的主题饭店数量仅占总量的 5%。宗教文化主题饭店主要包括佛教文化和道教文化主题饭店。尽管有四川鹤翔山庄这样著名的道教文化主题饭店，但从总体而言，宗教文化主题饭店在中国仍处于待发展状态。人们在满足了生理需求后会追求精神的皈依，宗教文化主题饭店的市场基础将不断扩大，对佛教、道教、禅意的文化诠释有助于宾客从浮躁的尘世中找到宁静致远之道。另一个有待开辟的蓝海市场是行业文化主题饭店市场，目前已有的行业文化主题饭店包括媒体文化、航空文化、铁路文化、航海文化等，未来还可以向农业、工业以及服务业中的其他行业领域拓展。

二、中国主题饭店发展的推力和阻力

（一）中国主题饭店发展的推力

1. 宾客消费需求的变化

随着国民收入的增加，人们在实现了温饱需求的满足之后开始追求更细致、更独特的消费体验。对于饭店业而言，宾客的消费需求正在发生改变，从仅仅关注住宿的实用价值转变为日益关注住宿的体验价值。如果说经济型饭店定位于满足宾客睡眠及休息的基本生理需求，那么主题饭店则定位于在满足宾客生理需求的基础上还让宾客获得独特的文化体验。附加了文化价值的主题饭店本身可以作为一种旅游吸引物而存在，宾客徜徉其中，可以得到生理及精神层面的双重享受。

游客消费需求主要有两个方面的转变：其一，追求独特的体验；其二，追求超值的服务。会所、民居等住宿新业态得到快速发展，就是由于它们满足了游客独特住宿体验的要求。住宿体验的独特性指不同细分人群所渴望的住宿体验不同，这就要求主题饭店对其利基市场做精准的定位。以新锐饭店品牌“谭阁美”为例，谭阁美饭店将其利基市场定位于“小”、“白”、“洋”人群，即以年轻、白领和时尚为特征的人群，在深入分析这一部分人群独特的住宿需求后，将其品牌定位于时尚智能饭店品牌。从谭阁美品牌定位中得到的启示是，主题饭店也应在充分研究利基市场的基础上做好品牌定位，不再奢望满足所有人群的体验需求。文化主题的确立也有助于满足宾客追求超值服务的心理期望，不论从事商务活动、参加会议或旅游度假的宾客，客观上都有一定的文化消费需求，在保证饭店服务质量的前提条件下让游客得到文化享受和超值服务的重要手段。

2. 地方政府的政策推动

主题饭店以独特的文化魅力给了消费者全新的体验，成为蓬勃发展的新兴饭店业态，为了更好地指导主题饭店的创建及运营，主题饭店发展较早及较好的省份开始制定相关政策及举办相关活动，推动本地区主题饭店的发展。2007 年，四川省起草颁布《四川省主题旅游饭店的划分与评定（试行）》，该评定标准于 2010 年正式执行，首次从行业管理和规范发展上对主题饭店的建设提出了系统的要求。2012 年浙江省质量技术监督局批准发布了《特色文化主题饭店基本要求与评定》省级地方标准（DB33/T 871－2012），山东省出台《山东文化主题饭店评定标准》。其中，DB33/T 871－2012 对主题饭店的评定要求非常详细，包括文化主题、外观特色、服务特色、产品特色、基础支撑五项评分要求，评定目标分为两个等级——金鼎级特色文化主题饭店（简称“金鼎级饭店”）和银鼎级特色文化主题饭店（简称“银鼎级饭店”），银鼎级饭店每一项均要“达标”，金鼎级饭店每一项均要“优秀”。

近两年浙江省旅游局也加大了主题饭店的建设力度，启动了对主题饭店的评定工作。自 2011 年完成对知青文化主题饭店——千岛湖 70 公社知青饭店的评定工作以后，又启动了以茶文化为主题的陆羽山庄、以棋类文化为主题的大禹天元大厦、以鲁迅文化为主题的咸亨饭店、以佛教文化为主题的安缦法云饭店等一批主题饭店的评定工作。2012 年各省旅游行政主管部门之间的学习交流活动频繁，浙江、山东联合组团赴四川考察西藏饭店、京川宾馆等主题旅游饭店，学习主题饭店运营与管理方面的成功经验，随后山东省旅游局又组织各市旅游局负责星级饭店管理的工作人员和部分省内饭店集团负责人对浙江、安徽两省的文化主题饭店建设进行了为期 7 天的考察学习。

（二）中国主题饭店发展的阻力

1. 缺乏全国性的评定标准及程序

尽管四川、浙江、山东等省份通过制定主题饭店的评定标准并组织实施主题饭店的评定工作来推动本地区主题饭店的发展，但目前仍缺乏全国性的主题饭店评定体系，这可能导致一些旅游企业出于逐利目的媚俗地运用主题饭店概念，将一些恶俗的文化包装为饭店的文化主题，给主题饭店整体品牌带来负面影响。尽管早在 2006 年 12 月，国际主题饭店研究会创立大会通过了由旅游专家魏小安主编的《主题饭店开发、运营与服务标准》，并正式授牌三国文化主题饭店、成都京川宾馆、道家文化主题饭店鹤翔山庄、盛唐文化主题饭店广东新会古兜温泉度假村、乒乓文化主题饭店济南玉泉森信大饭店等 22 家饭店“中国主题饭店”的称谓，但由于“国际主题饭店研究会”由社团组织“中国旅游文化资源开发促进会”领导，仅仅是一个民间社团组织，没有行政权力，推广力度也很有限，在市场上缺乏认知度和影响力。

2. 缺乏主题饭店研究的理论指引

目前国内对于主题饭店的研究呈现“重思辨轻实证，重微观轻宏观”的特点。研究论文总量不多，在有限的研究论文中思辨性研究占大部分，研究停留在主题饭店的概念界定、主题饭店的竞争优势探讨等初步的理论探讨层面，缺乏有质量的实证研究；研究主题饭店情感氛围营造、主题饭店体验设计等微观问题的论文较多，研究主题饭店的区域布局、规范运营、评定标准及评定程序等较为宏观层面的研究论文较为少见。总之，目前旅游学界的研究难以为国家旅游行政主管部门制定相关政策提供坚实的理论指引。

2006 年成立的国际主题饭店研究会曾试图整合学术界及企业界的资源，增强学术研究对主题饭店发展的理论指引，但由于研究会的定位不准确导致其在理论研究及实践指引两方面都没有达到预期的目标。在理论研究方面，国际主题饭店研究会的品牌学术著作缺乏，除在研究会成立之初由魏小安教授撰写的中国首部主题饭店类专著《主题饭店》在业界形成一定影响力之外，缺乏后续的、深入的、实证导向的学术研究；在实践指引方面，尽管研究会的创立大会邀请了众多饭店企业参与，并为 22 家饭店授牌，但由于缺乏国家及各省旅游行政主管部门的支持，导致研究会的主题饭店评定工作并没有在业界形成持续性的影响力。

三、结论与建议

主题饭店的建设是一项系统工程，需要旅游行政主管部门、旅游企业、旅游学界及教育界等多方参与。旅游行政主管部门要在主题饭店的区域规划、主题饭店运营规范化等方面提供政策指引，旅游企业要致力于主题饭店运营的规范化和品牌化发展，旅游学界要到旅游实践一线做深入的调查研究，有的放矢地指导主题饭店的建设和发展，旅游教育界要为主题饭店的发展培养兼具专业能力和文化素养的主题饭店服务及管理人才。

（一）主题饭店的定位与区域分布

主题饭店评定与星级饭店评定并不矛盾，主题饭店同时可以是星级饭店。目前旅游市场上的主题饭店良莠不齐，高星级主题饭店数量较少，很多无星级且经营不规范的饭店冠以“主题饭店”之名鱼目混珠。目前高星级主题饭店集中于四川、广东、浙江等省，这些省份在经济发达程度、旅游资源禀赋以及历史文化沉淀三方面或其中的某些方面具有比较优势，具有发展高星级主题饭店的基础。

主题饭店宜定位于中高端市场，致力于满足游客对住宿的文化体验需求。否则易陷入低价竞争的红海，不利于主题饭店的长远发展。在主题饭店的地理区域规划上，可以考虑目前各省（市）的经济发展程度、旅游资源以及历史文化背景，建议华东、华南沿海省份以及北京、上海、广州、深圳等一线城市以发展高端主题商务饭店（具有某种文化主题的商务型饭店）和主题精品饭店（具有某种文化主题的精品饭店）为主，四川、浙江等旅游资源丰富且主题饭店基础较好的省份以发展高端的主题休闲度假饭店（具有某种文化主题的休闲度假型饭店，其中包括主题温泉饭店）为主，云南等旅游资源丰富但经济发展水平和历史文化沉淀不具备比较优势的省份以发展中端的主题休闲度假饭店为主。只有合理定位，深入分析主题饭店面向的客源市场，有效利用主题饭店所处地区的旅游资源、历史文化和资源禀赋，主题饭店才能更好地生存和发展。

（二）主题饭店的规范化和品牌化运营

未来中国主题饭店发展应走规范化和品牌化运营之路，从品牌溢价中实现主题饭店的文化增值。主题饭店的规范化运营包括硬件设施及软件服务提供的规范化、主题文化展现的规范化两个方面。主题饭店的硬件设施及软件服务应符合业内规范，这可以参考旅游饭店星级评定的相关标准。如果主题饭店只关注主题文化的展现而忽视服务品质，会损害其利基市场，是一种舍本逐末的行为。第二个方面是主题文化展现的规范化，这也是对主题饭店认定的一个关键部分。主题饭店中的主题文化不应是内隐的，而应是外显的，应尽可能地让游客得到直观的文化体验，所以在主题饭店评定中对主题文化的可视性应做出规范性要求。规范化包括主题饭店运营的合法化，文化主题的选择应符合社会公序良俗，杜绝低俗文化玷污主题饭店品牌。

主题饭店的品牌化运营包括主题饭店的品牌建立、品牌拓展和品牌延伸。旅游企业在主题饭店的品牌建立阶段要分析中国及饭店所在区域的政治、经济、文化、社会环境，找准利基市场，精准进行品牌定位；品牌拓展阶段应处理好品牌共性和个性之间的关系；品牌延伸阶段应向旅游产业链的其他环节延伸主题饭店品牌。苏州书香文化主题连锁饭店品牌是一个主题饭店品牌建立及拓展的成功案例，该品牌针对不同游客分别构建了“书香世家会所饭店”、“书香门第商务饭店”、“书香人家青年旅舍”三大系列品牌，在品牌拓展方面充分考虑了“书香文化”的品牌共性和饭店所在地文化个性的融合。

（三）主题饭店的主题文化选择与提炼

主题饭店的主题文化选择要注重依托当地的旅游资源、历史文化资源及地方特色文化资源，民族地区主题饭店的主题文化选择要注重依托当地的民族文化资源。目前中国的主题饭店对异域风情文化的关注度偏高，对中国历史文化和地方特色文化的挖掘还不够，如在一些中国历史文化景区或民族地区附近修建的是以欧洲异域文化为主题的主题饭店，未来中国主题饭店的主题文化应更多地从民族文化、历史文化、地方特色文化、宗教文化和行业文化中寻找素材。

在选择了主题文化类型后，还要进行主题文化的提炼以及转化。在主题文化的提炼过程中，要尽可能形成唯一性的文化主题，强化宾客对于主题文化的体验。如果由于饭店的市场定位较宽泛及主题提炼有难度等方面的原因而无法形成唯一性的文化主题，也要尽可能地融合多种文化主题，并充分体现在饭店设计及服务中，形成特色。在主题文化的转化方面，要做好游客的文化体验设计，所提炼出的主题文化要形成外显的文化符号、文化故事和文化产品，在饭店的建筑外观、客房设计、内部装饰、餐饮服务、商品销售诸方面充分体现出主题文化特点。例如，四川鹤翔山庄位于中国道教圣地青城山，以道家文化为唯一性的主题文化，该饭店在餐饮方面开发了鹤翔长寿宴，在商品销售方面推出了青城道茶、道家养生月饼等，不仅在视觉也在味觉方面充分满足游客的道教文化体验。

（四）主题饭店的理论研究及人才培养

主题饭店的发展离不开理论指引，高校及旅游研究机构应多关注饭店业态的新发展，开展主题饭店的微观及宏观研究，为旅游行政主管部门制定相关政策及旅游企业建设及发展主题饭店提供理论支持。未来的理论研究可以着眼于以下方面问题的研究：①主题饭店的区域布局；②主题精品饭店、度假饭店、商务饭店的发展；③主题饭店运营的规范化（标准化）与个性化；④主题饭店品牌连锁经营和集团化等。

主题饭店有别于普通饭店，需要服务人员与管理人员具有复合型技能，既具有饭店服务与管理技能，又要具备一定的文化素养，尤其对于主题饭店所依托的主题文化有深入的了解，这就对旅游教育机构培养相关人才提出了挑战和要求。旅游教育界可以考虑与旅游企业合作，开设主题饭店服务与管理人才订单班，实现人才的定制化培养。学生在学校学习期间既要学习完整的饭店管理专业课程，还应从入学之初就学习主题文化所依托的历史文化、民族文化或地方特色文化等相关课程，奠定坚实的文化素养基础，以利于上岗后为宾客提供具有文化底蕴的特色服务。主题饭店还可设置首席文化官（CCO）及文化事业部，学生可以根据自己的专业兴趣选择不同的职业生涯通道，扩大饭店业的就业门类，实现饭店业与文化产业的融合发展。

我国精品酒店发展现状与趋势

北京第二外国语学院　张　峰

随着社会文化的变迁，无论在西方还是东方，个性化消费将成为一种新趋势。中国酒店产业目前已开始进入资本运营时代，酒店业态呈现百花齐放的繁荣景象，从最初的高端星级酒店、低端的招待所和社会旅馆逐步发展为现在的奢华酒店、星级酒店、精品酒店、设计酒店、主题酒店、乡村旅馆、青年旅舍、经济连锁酒店等多种酒店业态共存的形态。其中，精品酒店（Boutique Hotel）具有鲜明的与众不同的文化理念内涵，以提供独特、个性化的居住和服务水平作为其与大型连锁酒店的区别。精品酒店在最初出现时主要集中在大城市中，随着精品酒店的文化内涵增多，其表现形式变得趋于多元化，不仅在旅游胜地出现，而且在历史内涵厚重的区域等地发展，其更加注重于城市历史、文化等元素的结合，展现某段历史人文或思想创意的碎片。可以说，精品酒店是“后五星级酒店”的替代物，强调私密奢华的酒店体验，同时强调深层次的共鸣和持续性的吸引。

一、精品酒店概念

“精品”源于法语的“Boutique”一词，指专卖时髦服饰的小店，后将其引入酒店行业中造词为“Boutique Hotel”，现译为“精品酒店”。通过对国外文献的理解及翻译可得，精品酒店起源于北美洲的私密、豪华或离奇的酒店，提供独特、个性化的居住，通过幽雅的环境和精致的设施塑造出浓厚的文化氛围和高品位，以注重个性化服务的高端客源为主要客源，并结合当地文化特色及独特的历史氛围而建成的高档特色酒店，致力于为客人营造一种家的感觉和最接近梦中精致生活的家。《中国旅游大辞典》（邵琪伟，2012）中对“精品酒店（Boutique Hotel）”的词条编写为“指提供独特、个性化的居住和服务的，具有鲜明的与众不同的文化理念内涵的小而精致的酒店”。

精品酒店的特征包括：第一，规模小；第二，拥有特定的文化内涵，以及独特的设计理念；第三，为顾客提供独特的居住体验这些鲜明的个性特征不能轻易被模仿和被替代，构成了精品饭店的核心优势。

精品酒店的分类。第一，按设计及运营风格不同，可将精品饭店划分为：时尚饭店或微型都市型的精品饭店；“梦境型”的精品饭店；“生活方式型”的精品饭店；“设计与时尚融合型”的精品饭店。精品酒店具有明显的设计特色、环境特色和服务特色，为满足特定人群需求而建，并为客户带来独特的居住体验与精神体验。第二，在中国酒店市场中，按精品酒店运营模式划分为三种：一是单体精品酒店，其迎合人们追求独特、与众不同的个性体验需求，极富创意与个性色彩，让钟情于此的消费者津津乐道，如上海新天地 88 城市精品酒店，北京的“摩登四合院”（CtCour）、瑜舍酒店等。二是专门从事精品酒店产品开发与经营管理的酒店集团，具有代表性的是新加坡的悦榕庄度假酒店集团（Banyan Tree Hotels & Resorts）以及安曼集团（AMAN），这两家集团下的酒店在装饰设计、个性化服务以及文化内涵等方面都给予顾客最满意的入住体验。三是国际酒店集团的精品酒店子品牌，这也是大酒店集团开始关注小型精品酒店市场的产物，这些集团在投资精品酒店时，其客房数量大多超过 100 间，颠覆了以往小而精的概念，如洲际集团发展的 Indigo 酒店。

二、国内外精品酒店发展历程

（一）国外精品酒店

精品酒店的发展需要从 20 年前讲起，最早的精品酒店 Blakes 酒店于 1981 年在伦敦开业，由国际知名设计师 AnouskaHemDel 设计。在同一年，BillKimpton 推出第一个精品酒店——Bedford，酒店位于洛杉矶的联合广场。1984 年，IanSchrager 投资建造的 Morgans 精品酒店，在纽约麦迪逊大街推出；而位于纽约最好地段的 Madison Avenue 精品酒店，《名利场》杂志称其为纽约最漂亮的旅馆，当时在美国和欧洲都是以比较大型的酒店为主，这个酒店跟传统的大型酒店是不一样的。自纽约 Morgans 酒店开业以来，更多的从业者开始逐步发现市场对私密、个性化的精品酒店的现实需求，精品酒店的发展自此拉开了大幕。精品酒店在最初发展阶段，主要集中在美国的纽约，最初的 Schrager 时代精品酒店成为发展的聚焦点；新奥尔良市建设了精品酒店，其中大部分位于历史建筑或具有历史的府邸中，这些精品酒店通常以 19 世纪古董、新奥尔良主题、老式或复制的家具和装饰等来装扮整个酒店，打造一种令人怀念的有趣的历史氛围；在迈阿密和迈阿密海滩也分布多个精品酒店，这些酒店大多是沿着海滨街道和柯林斯大街，他们大多依靠装饰艺术鼎盛时期的建筑物。不久，精品酒店的概念开始传遍世界各地，包括西班牙等欧洲国家及东亚国家如泰国，远东城市包括曼谷、新加坡、马来西亚及中国香港。后来，精品酒店逐步在印度尼西亚、中国大陆、冰岛、秘鲁和土耳其发展，精品酒店已经进入全世界酒店的市场。

经过 20 多年的发展，在国外，精品酒店的影响已经渗透进了酒店行业中。在近几年的发展中，大的酒店集团已经开始关注小型精品酒店市场，并开始在这个领域进行投资，纷纷抢滩精品酒店市场，表明国际酒店集团已向精品酒店市场拓展。Schrager 联手在万豪酒店打造了 Edition，在夏威夷的 Waikiki 海滩开设其第一家酒店的 Edition 酒店代表传统连锁酒店的“精品分类”的典范，预计将开设超过 100 多个国际资产的 Edition 酒店。喜达屋集团也于 20 世纪 90 年代打造了 W 酒店，该酒店品牌的设计理念是为主流的旅客重新包装，并剥离不好的元素并使之更合理一些，预计未来在全球将有 50 多家 W 酒店。凯悦集团已成功推出 Andaz 酒店（在印度语言中意思是“个人风格”），该酒店的推出，得到了世界多数商旅人士的喜爱，凯悦集团的网站说明：“每家 Andaz 都是本地文化的万花筒，个人的，充满活力的，简单的。”洲际集团也不甘示弱，打造了 Indigo 酒店，并在全球展开了快速的业务扩张。

到目前为止，全球范围内已出现的很多成功精品酒店，无论小型单体精品酒店，还是大的国际集团连锁品牌酒店，他们的发展模式引领精品酒店行业的未来发展方向。

（二）国内精品酒店

近几年精品酒店模式已逐步进入中国酒店市场，主要集中在我国的一些经济比较发达的城市及一些旅游热点地区，从整体的市场环境来看，我国精品酒店的市场发展虽然还处于发展阶段。但是由于资本的不断投入，精品酒店如雨后春笋，出现了市场井喷现象，发展状况却良莠不齐，而对精品酒店的界定没有统一的标准。为了适应酒店业这一新业态的出现，2011 年饭店星级评定标准有所变动，规定小型豪华精品酒店可直接申请评定五星级，这也说明精品酒店已经成为酒店业一个重要的细分产品。由此可以说明，我国已经具备了发展精品酒店的条件和基础，尤其是在上海和北京的发展速度迅猛，为上海和北京的酒店市场注入了极有活力的新元素。如上海的 URBN 酒店、璞邸酒店、贝轩大公馆等，而在北京的以胡同和四合院文化为主题的北京觉品酒店、北京杜革四合院艺术精品酒店、新红资客栈等，也有北京涵珍园国际酒店等，以及瑜舍（The Opposite House）、格瑞斯精品酒店等。另外，在国家对房地产不断调控的市场下，大量资金投入旅游地产，国内大型旅游集团和房地产开发商也看重精品酒店这一特殊酒店类型，并开始投建投资小、回报期短的小型精品酒店。由此可以说明，在现在的酒店市场中精品酒店已初具规模，在未来的行业市场中，精品酒店将作为重要业态以满足特定市场需求。

三、精品酒店的发展模式

根据旅游原真性理论的解读，结合本文研究对象精品酒店的特性，本文选取其中五个维度来分析精品酒店发展模式，构建精品酒店五维发展模式，这五个维度分别为原初（Originality）、真正（Genuineness）、逼真（Verisimilitude）、虚像

(simulacra)、个体内在原真性(Intra - personal Authenticity),这五个维度分别来自旅游原真性理论中的建构主义原真性、后现代主义原真性以及存在主义原真性理论。其中,前四个维度是分析旅游客体(精品酒店)所具有的特征,个体内在原真性主要从旅游主体(顾客)的主观体验和参与角度进行分析。

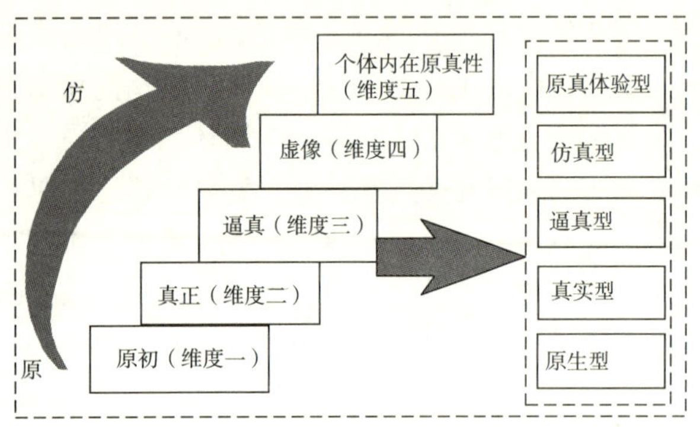

图1　精品酒店五维发展模式

(一)原生型精品酒店

原初(Originality)意味着原生形态,没有进行过任何修改,也不是伪造而来(Bruner, 1984)。根据原初性建设的酒店被称为原生型精品酒店。精品酒店最具魅力和竞争力的核心要素是文化元素。在精品酒店中,其主题文化与当地的历史文化、风俗特色、当地居民日常生活等"后台"内容相融合,通过一定方式,如酒店装修设计、客房、餐厅、员工服饰等有形展示,当作"原初"内容通过"前台"进行舞台化展示,从而使"原初"的文化再现,让顾客体会到精品酒店的精髓所在,满足顾客的真实文化体验。

例如,上海的首席公馆,该酒店大厅如同一个近代博物馆,摆放着300余件货真价实的百年历史珍藏品,包括1910年手摇留声机、原版梅兰芳唱片、20世纪30年代各类财务票据、股票、地契等一系列金融产品藏品等;又如北京春秋园宾馆,其酒店本体建筑为老北京四合院,提供的早餐是老北京小吃(如豆面糕、艾窝窝、糖卷果、姜丝排叉、面茶、焦圈、糖火烧、豌豆黄、豆馅烧饼等),展现的文化内涵是地地道道的老北京生活习俗,让顾客体验到最真实的老北京生活。

(二)真实型精品酒店

真正(Genuineness)意味着真正的、对历史精确的、完美的模仿(Bruner, 1984)。根据真正的特性建设运营的酒店被称为真实型精品酒店。精品酒店在设计过程中,在客房内模仿皇帝的卧室装修风格,摆放仿造的名贵家具、摆放仿造的皇家客用品等,以此来打造真正的主题风格。在一些文化历史厚重、建筑风格独特的地区,建设精品酒店可以通过改造历史保留下来的古迹或遗址,结合当地的民风习俗,开发符合当地文化特色,从而形成独特的文化内涵,并以此主题进行营销宣传,吸引更多的客人。但是无论何种类型的精品酒店,展现出来的都是当地真正独特的文化,顾客从未体验或接触过这样的文化主题,随着时间的流逝,这些文化主题慢慢便成为该酒店"自然而然的真实"。

例如,北京皇家驿栈酒店在设计过程中融合了中国文化,房间号是用中国历史上55位皇帝的简笔画代替,皇帝像也被画在房卡和房门上;客房的设计的独特之处在于"漂浮"设计理念,设计师将客房内所有家具连在一起,打造皇帝寝宫的样子,看起来好像墙流入床、沙发延至书桌,通过这些独特的设计,打造供顾客观赏体验的皇家文化,让顾客体验到真正的皇家文化。

(三)逼真型精品酒店

逼真(Verisimilitude),对历史逼真的表征,与原作相似,因而看起来真实可信(Bruner, 1984)。根据逼真特性建设运营的酒店被称为逼真型精品酒店。精品酒店的逼真体现在仿建的建筑、装饰、日常用品等方面。如在设计过程中,依托当地文化,打造出一个与当地文化、民俗相符的精品酒店,通过打造独特的建筑、装饰等,顾客对此文化非常认同,认为完全是当地文化的产物,而对精品酒店的文化主题等是否为仿建没有疑问,因此,随着时间的推移,该酒店的主题便会成为当地"真实"的文化。

例如,容园宾馆是仿北京四合院设计的四合院风情的精品酒店,它拥有传统的中进式三进四合院院落,庭院中有一棵大槐树,院内亭廊雕柱,完全按照老北京四合院格局打造,提供的早餐,也是享有盛名的老北京小吃,在这家酒店,顾客完全能体味到古都胡同文化的京味京韵，而其打造的老北京四合院文化也让顾客觉得特别真实可信。另外，北京多家精品酒店依托老北京文化打造文化主题，比如具有代表性的文化如京剧、长城等，都可以精品酒店的核心要素表达出来。

（四）仿真型精品酒店

虚像（Simulacra）的发展经历了伪造、复制、仿真的过程，仿真不是一种实在的真，是对实在之真的模仿或模拟，完全抹杀了真与伪的界限，它允许没有原作品，没有起源，仿真和虚像将非常真实，达到了超真实（Super - reality）的境界（Baudrillard，1983）。根据虚像特征建设运营的酒店被称为仿真型精品酒店。这类酒店在发展过程中，通过对其他文化的复制、仿真，模拟出类似的文化主题，通过经营发展过程，这些主题文化与真实体之间几乎没有区别，甚至让顾客觉得这就是“最真实”的文化，也就成了所谓的“超真实”的文化主题。

例如，北京瑜舍酒店（三里屯 Village），该酒店整体建筑以绿色为主题，并以自然光线及灯光作为重要设计元素来展现城市绿洲的平静特质，结合了现代的极简主义设计以及豪华的设施来共同打造，顾客进入酒店内，便会感觉到该酒店无尽的动感；酒店房内的装修及配套设施等共同打造简约的时尚感，该酒店的绿色环保、极简时尚概念已经深入顾客脑海中，让顾客觉得这是最真实的环保主题。

（五）原真体验型精品酒店

个体内在原真性主要是指旅游者的身体感受和自我认同，通过参加旅游目的地的活动、体验旅游目的地的风俗习惯等来实现，将旅游过程当作表现自我、塑造自我、寻求自我本真的机会（Wang，1999）。根据消费者个体内在原真性感受而建设运营的酒店可称为原真体验型精品酒店。精品酒店的个体内在原真性可以通过创造体验来帮助顾客实现其内在的对原真文化和民俗等方面的主观感受。如在装修设计过程中，通过设计独特的手法，将本酒店与周边环境融为一体，让顾客切身体验到该地方的原真性元素；另外，精品酒店在经营过程中，通过举办某些当地民俗活动，邀请顾客参与其中，让其充分体验到当地特色的“原真”文化。精品酒店员工在服务过程中，对员工的服饰打造、服务言语以及服务形式等多方面内容来映衬本酒店主题文化，让顾客深深体验到酒店主题的内涵。

例如，北京什刹海皮影文化酒店，该酒店大堂里面采用皮影装饰风格，风格现代简约，各种皮影形象映入顾客眼中，让顾客很容易联想到老北京文化中的“皮影戏”，在顾客观看酒店的皮影戏时，员工在服务过程中，穿着该场皮影戏的主角的服饰，说着戏中的语言与顾客互动，让顾客充分体验到老北京文化中原真的“皮影文化”，给与顾客高品位品质的享受。

四、我国精品酒店发展趋势

（一）文化产业将与精品酒店持续融合

文化是决定创造、塑造未来的重要力量，是城市软实力的核心要素。在国家大力倡导发展文化产业背景下，精品酒店在设计开发过程中，需要倍加重视文化的传承，无论从整体建筑设计还是内部装饰风格来说，逐步引入历史文化要素或其他新的文化要素，致力于对历史文化的传承与发展以及新文化的发扬光大，以让顾客和居民可以更好地感受到城市的文化魅力，打造风格协调的魅力建筑群和各具特色的街道和城市景观，并提升整个城市建设的文化品位。

国内外知名大都市不乏利用名人故居、旧建筑等作为酒店元素的成功案例，如巴黎的小磨坊酒店，阿根廷布宜诺斯艾利斯的法那酒店，意大利罗马的阿莱夫酒店，等等；国内有代表性的酒店包括上海的首席公馆酒店（我国首家城市历史文化遗产古典精品酒店）、壹号码头精品酒店（梦清园环保主题公园内）、北京的以长城文化为主题的长城脚下的公社，以宫廷文化为主题的北京皇家驿站等，这些精品酒店已经将酒店内外部装饰同周围建筑风格融为一体，并反映了当地的文化，带给顾客不一般的享受（谷慧敏，2011）。

（二）个性化仍是精品酒店的显著特色

精品酒店最大的特点就是原创个性化，标准化的星级酒店服务体系很难导入精品酒店，具体的星级评价标准也不适用于精品酒店，如果用硬性条件去评五星，不能彰显其酒店个性，不利于精品酒店市场的差异化发展，因此评定精品酒店仍将是世界性的难题。自新版星级评定标准实施以来，受诸多因素影响，精品酒店至今没有申评五星级酒店的先例，因此，精品酒店在未来的发展过程中，主题独特、风格各异、个性化等特征将是其发展的主要方向。

（三）精品酒店将出现新型组织联盟和潜在客源群体

借鉴国际上单体酒店通用的做法，精品酒店将通过组建自己的营销网络或者建立“精品酒店组织联盟”来进行整体营销，这种营销方式更适合精品酒店的个性化和多样化特征。随着我国经济水平的逐步提高，一批新的阶级逐渐——中产阶级逐渐形成，在国家大力倡导国民休闲旅游后，随着国民消费水平的提高，中产阶级国民开始追求更特别的住宿体验，个性化、时尚的精品酒店恰好满足其需求，同时入住精品酒店可以成为其休闲旅游方式之一，因此精品酒店在未来的发展过程中，在拓展市场时应关注日益壮大的中产阶级国民。

五、发展建议

根据上文研究，本文对于精品酒店发展模式的建议主要从政府和企业两个角度进行阐述：

（一）政府层面

第一，政府在规划中要坚持保护与开发并重原则。对于历史知名建筑的保护或知名街道的改建过程中，在政策上允许利用历史遗迹，在保护前提下进行开发，通过开设精品酒店等方式进行经营，保证开发、保护与经营相协调发展，这样不仅会对历史遗迹有更好的保护，同时会带来经营收益，这部分收益应用到历史遗迹的保护中，这也是对历史遗迹的可持续保护策略。

第二，政府在管理过程中，要注意引导服务企业，为其提供与社区参与的机会。政府在社会管理中要注意促进将社区文化活动与酒店文化产品进行衔接。考虑到精品酒店蕴含的文化价值，政府对精品酒店所经营的文化活动及其他有利于文化传承和宣扬的活动予以支持，与企业进行沟通，在政策允许范围内帮助其发展。

（二）企业层面

第一，酒店的开发中要引入原真文化元素。在开发设计精品酒店的过程中，在原真性理念（如原初、真正、逼真、虚像、个体内在原真性）指导下，充分领会当地民俗文化的内涵，将本地最真实的文化引入酒店设计装饰中，打造与当地文化息息相关的主题文化，体现中国特色、民族特色或地域特征，提升精品酒店的文化内涵与品位，尽力实现该酒店的主题文化是其他地方或酒店所不具备和模仿的。

第二，酒店服务项目中要引入原真文化活动。精品酒店在经营过程中，举办当地历史传承的特色民俗活动，邀请顾客参与其中，让其充分体验到当地特色的“原真”文化。在装修设计过程中，通过独特的设计手法，将本酒店与周边环境融为一体，让顾客切身体验到该地方的原真性元素。

第三，酒店的服务人员要体现原真文化特质。注重吸引本地居民参与到酒店运营和服务中，员工在工作时穿着本地特色服饰，提供给顾客具有当地特色的“管家式”服务，让顾客体验到地道的风土人情，给与顾客高品位和高品质的住宿体验。

第四，要注意开发中产阶级市场。随着国家大力倡导发展旅游休闲业，我国的旅游休闲产业将得到迅速发展，城乡居民旅游休闲消费水平大幅增长，中产阶级将成为主力军，因此在未来的发展中，应着重考虑对中产阶级潜在客户群体的开发。

2012年中国酒店顾客满意度综述

天津财经大学　贾伶玉　陈旭辉
北京中易和创公关顾问有限公司　曹志军

根据2012年全国旅游工作会议和全国旅游监管工作会议精神，一年来，从中央到地方、从各级政府到旅游部门对旅游服务质量和监管工作的认识水平有了新的提高，工作力度也普遍加大，特别是旅游监管工作方式有很大的变化。在完善旅游监管工作机制的基础上，辅助丰富的监管方式，创新工作手段——部分省（市）或地区通过开展游客满意度调查，发现问题，采取切实可行的措施提高服务质量。目前，“游客满意度调查”逐渐成为全社会的关注点之一。当前，国内对于游客满意度的研究方兴未艾，研究方向涉及与旅游业相关的多个方面。如旅行社的服务评估和游客满意度的关系、旅游地顾客满意度测评指标体系、旅游景区顾客满意度指数模型、旅游环境游客满意度的指数测评模型，以及酒店员工满意度对游客满意度的影响等。本文着重对旅游产业链中的中国酒店顾客满意度加以梳理，进行相关阐述。

一、酒店行业发展现状

据《2013中国酒店投资展望报告》统计，截至2012年年底，中国共有星级酒店11706家，其中五星级酒店654家，四星级酒店2201家、三星级酒店5545家，及一、二星级酒店3306家，共提供客房超过157万间，而2011年出台的酒店星评新标准使总体星级酒店数量有所下降。2012年共有134家酒店被取消星级资格，包括121家二星级和13家一星级酒店，严格的住宿评定标准反映出酒店市场整体服务质量不断提高的趋势。历年星级①酒店数量统计如图1－1所示。

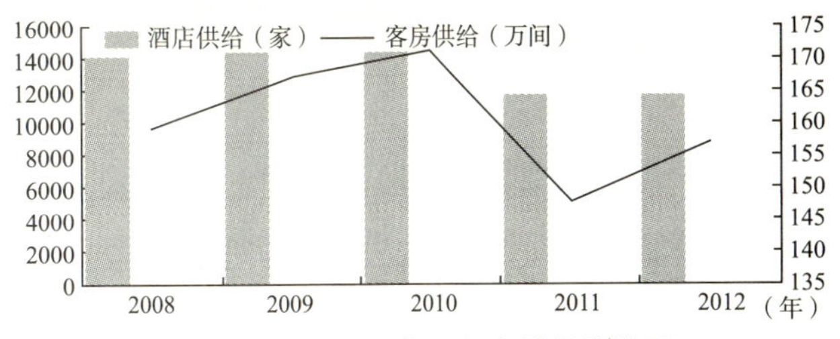

图1－1　星级酒店和客房供给趋势图

虽然2011年新出台的酒店星评标准使得星级酒店数量有所下降，而据相关资料统计，近三年五星级酒店数量的年均增长率超过15%。如图1－2、1－3所示，2012年全国三星级以上星级酒店开业数量统计图。2012年，国内开业的星级酒店（三星以上）数为214家，与2011年相比，新开业星级酒

图1－2　2012年全国星级酒店开业数统计
（三星以上，按月份）

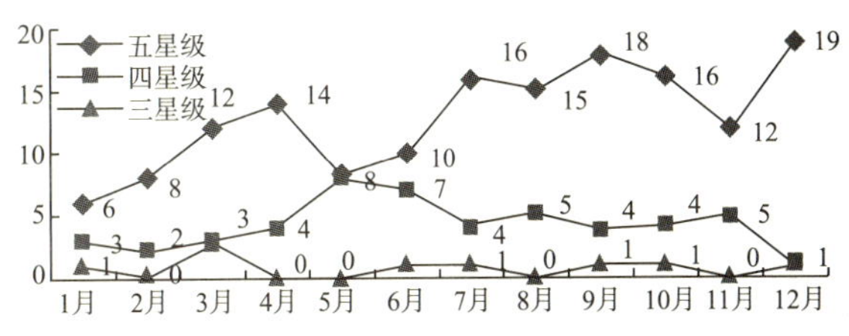

图1－3　2012年全国星级酒店开业数统计
（三星以上，按星级）

① 注：本文中所标注的“星级”是指投资方对外公布的星级建造标准。

店总数增加了 22 家，增幅为 11%。其中，酒店开业数量最多的月份是 9 月。从星级来看，五星级酒店开业数量占据主导地位，在 12 年全国开业酒店中占比近 3/4。

在区域分布上，高星级酒店项目已经从沿海一线城市向二线、三线城市拓展，从东部发达地区向西部欠发达地区延伸。如图 1－4 所示，一批中国本土和国际酒店集团在中国的大、中、小型城市急速扩张。这主要是由于一方面，从经济角度考虑，一线城市的生产成本迅速增加，造成企业生产转向二、三线城市；另一方面，中国国内的旅游业迅速崛起，无论从交通工具还是住宿餐饮的选择上，人们的需求普遍提高。

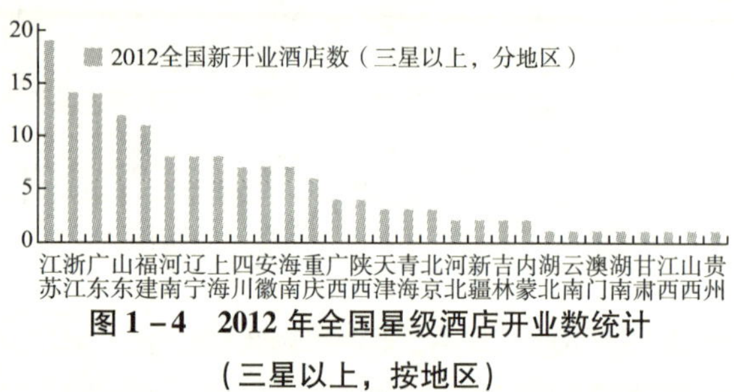

图 1－4　2012 年全国星级酒店开业数统计

（三星以上，按地区）

2012 年中国酒店行业喜忧参半，可喜的是无论外资品牌酒店还是本土酒店集团，发展速度持续增长，并相继延伸到以前一直没有国际酒店品牌的城市。为适应市场发展，经济型酒店并购潮初现，合并后的经济型酒店有几个品牌数量已经过千。除了以前千篇一律的标准化星级酒店，具有个性和特色文化的各类精品、设计酒店纷纷入市，带给顾客很多惊喜和新的体验。在线预订、无线网络、APP 应用成为酒店新的营销手段。同时，不在星评范围的有限服务型时尚酒店，因获得较高的利润率越来越受到酒店经营管理者和投资商的关注。

回顾 2012 年酒店业的发展，同样蕴含着挑战与危机。

首先，表现在人力资源的匮乏上。在 2012 年中国饭店业发展高峰论坛上，中国旅游研究院院长戴斌以“酒店产业需要更多的创业与创新人才”为题进行了主题演讲。酒店“用工荒”的问题始终困扰着广大的酒店经营管理者。其次，CPI 的不断上涨，稀释了酒店原有利润率的 3%～5%，酒店业逐渐进入微利时代。① 最后，大量新酒店的进入，无疑增加了业内竞争的激烈程度。

二、酒店顾客满意度定性研究

（一）酒店服务与酒店顾客满意度忠诚度关系研究

顾客满意度是指：顾客把对产品的感知效果与期望值相比较后，所形成的愉悦或失望的感觉状态。相关研究表明：每 100 个满意的顾客会带来 25 位新顾客；获得一位新顾客的成本是保持一位老顾客成本的 5 倍 。顾客满意度的高低已经成为衡量企业竞争力的重要“指示器”。顾客满意度是获取顾客忠诚度从而增加业务量的必要因素。更高的顾客满意度可以增加顾客的回头率，降低价格弹性，使现有的客人不被竞争对手影响，降低营销成本和提升美誉度。有研究表明顾客忠诚度每增加 5% 可以带来 25% 到 85% 的利润增长。如图 2－1 所示，酒店服务与顾客满意度忠诚度的关系研究。

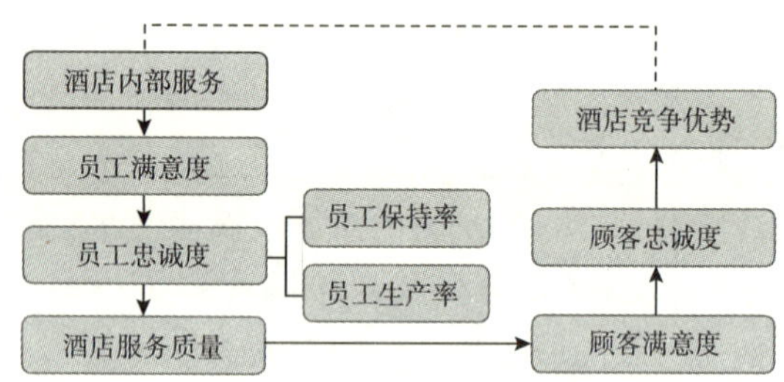

图 2－1　酒店服务与顾客满意度忠诚度的关系

如上图所示，顾客满意是顾客忠诚的前因变量。顾客的满意感知直接影响到顾客的忠诚，从而影响以后购买的行为意向。但还应注意到顾客忠诚不仅取决于满意度，还受到其他随机因素的影响。这里主要指的是企业无法控制的影响顾客感知和顾客忠诚的因素。提高顾客满意度的根本在于提高酒店服务的质量，而酒店服务质量的保证不仅在于硬件设施的完善，还取决于酒店内部软环境的优化。这里的软环境不仅指的是企业的管理机制，更以与顾客直接接触的酒店员工的满意度与忠诚度呈正向关联。

（二）酒店顾客满意度指标体系构建

基于研究的目的，对酒店服务的满意度加以宏

---

① 袁学娅．盘点 2012 年酒店业的喜与忧［J］．中国旅游报，2012.12.26，(5)．

观了解，发现酒店服务的短板，将酒店顾客满意度的接触点设计为顾客服务体验评价（包括性价比、位置、服务、客房、卫生）、顾客总体印象和顾客推荐三个方面的指标项。通过综合指数来评价酒店顾客满意度，如表2－1所示。

表2－1　酒店顾客满意度综合指标体系

一级指标	二级指标	三级指标
酒店顾客满意度综合指数	顾客服务体验评价	性价比
		位置
		服务
		客房
		卫生
	顾客总体印象	总体印象
	顾客推荐	是否推荐

通过因子分析检验后，运用主成分分析方法确定各指标权重，分别如表2－2，2－3所示。

表2－2　因子负荷矩阵及指标权重——顾客服务体验

顾客服务体验指标	因素负荷	指标权重
性价比	0.237	0.198
位置	0.203	0.169
服务	0.263	0.219
客房	0.263	0.220
卫生	0.232	0.194

Extraction Method：Principal Component Analysis.

顾客对服务体验的感知程度由顾客性价比感知、顾客对酒店位置、酒店服务、客房以及卫生条件的满意度综合而来。这五项指标在顾客服务体验中所占的比重分别为19.8%、16.9%、21.9%、22%以及19.4%。说明就酒店行业来说，顾客对客房条件还是相当敏感的，其次就是入住酒店所接受到的服务感知。

表2－3　因子负荷矩阵及指标权重——酒店顾客满意度综合指数

酒店顾客满意度综合指标	因素负荷	指标权重
顾客服务体验评价	0.684	0.634
顾客总体印象	0.354	0.328
顾客推荐	0.041	0.038

Extraction Method：Principal Component Analysis.

酒店顾客满意度综合指数由顾客的服务体验评价和顾客总体印象以及顾客向他人推荐评价三个指标构成，这三个指标对总体满意度指标的权重比例分别为63.4%、32.8%和3.8%。顾客对酒店的总体印象以及顾客向他人推荐意向都属于个体主观意向指标，受很多不可控因素的影响，比如人格特质等。顾客服务体验是顾客直接接受到服务后的感知，体验最直接，也最容易做出正当的评价。故提升酒店服务质量，提高顾客体验感知，是提高酒店顾客满意度最直接、效果最为明显的方式。

通过以上定性分析，已经构建出酒店顾客满意度指标体系，为后续展开定量调查加以铺垫。

三、酒店顾客满意度定量分析

（一）调研样本设计

酒店顾客满意度定量研究是在收集了全国31个省/市/自治区以及台湾地区共计10852家酒店信息的基础上进行的。其中，东部地区（13个省/市）酒店较多，占65.7%；中部地区（6个省/市）占18.3%；西部地区（12个省/市）占15.9%；台湾5家酒店。酒店样本在东、中、西部分配与全国酒店实际分布相一致，如图3　1所示。

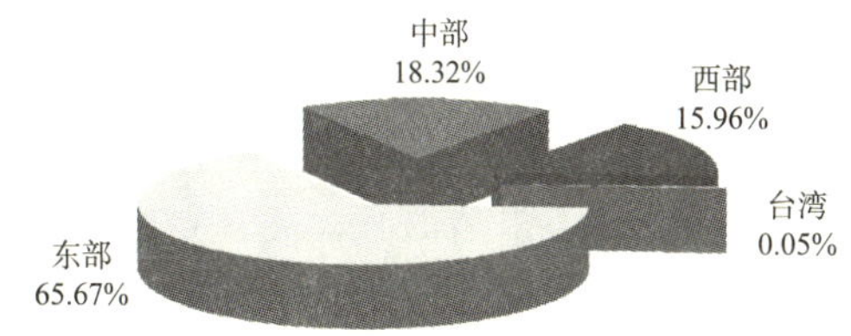

图3－1　全国酒店地域构成示意图

调研过程中依据酒店的业务特点，将酒店分为综合型和主题型，综合型酒店依据其等级分为经济型酒店（一星和二星）、三星、四星、五星及以上酒店；主题型酒店再根据客源市场和接待对象分为青年旅舍、特色客栈、招待所、公寓式酒店、其他酒店。全国酒店以综合型酒店为主，其中，经济型酒店数量优势突出，这也顺应价格敏感消费群不断扩大的需求，如图3－2所示。

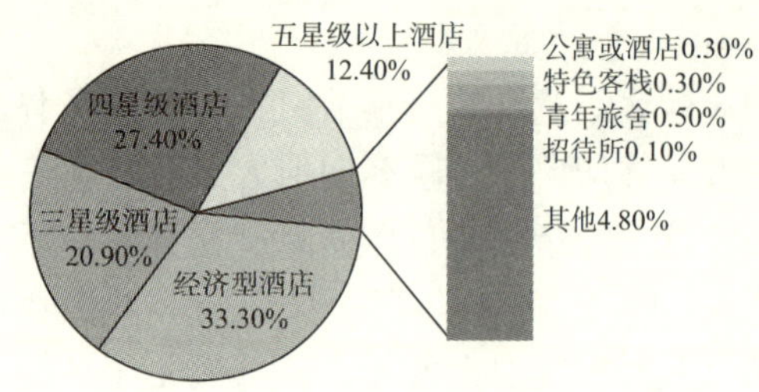

图 3－2　全国酒店类型构成示意图

（二）总体满意度表现分析

五分制下，全国酒店顾客满意度综合指数为 4 分。具体来看，顾客推荐指标表现最好，平均为 4.35 分，推荐率为 83.7%；其次，酒店体验评价表现也比较理想，卫生评价平均为 4.06 分，位置评价平均为 4.03 分，顾客总体印象评价平均为 4 分。相比来看，酒店性价比评价相对较差，平均为 3.86 分，如图 3－3 所示。

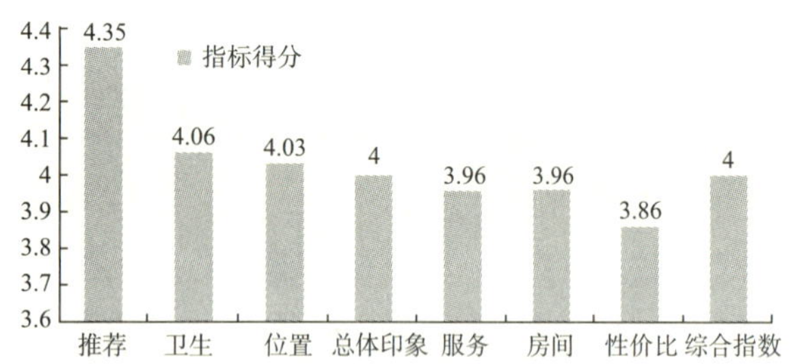

图 3－3　全国酒店满意度评估指标得分示意图

其中，细分东、中、西部区域研究，东部地区酒店在数量和满意度评价方面均优势突出。中西部地区酒店在总体印象、性价比、位置、服务、房间、卫生方面还有一定的提升空间，特别是中部地区。西部地区酒店业不管在数量还是质量方面未来发展潜力巨大。全国（除港、澳、台外）的 31 个省/市/自治区中，酒店综合满意度指数 Top5 的省/市/自治区有 2/3 位于东部地区。东、中、西部地区酒店顾客满意度综合指标得分如图 3－4 所示。

从七个细项指标来看，东部和西部地区酒店各指标评价均高于中部地区。特别是总体印象评价最为突出。西部地区经济发展水平较低，酒店业起步晚、数量少、服务质量相对落后，但口碑评价与东部地区基本持平，可能存在酒店供应不足的原因，因此，西部地区酒店业未来发展潜力巨大。

总体印象评价中，以东部海南酒店评价最高，为 4.32 分，而西部贵州评价最低，为 3.84 分；性

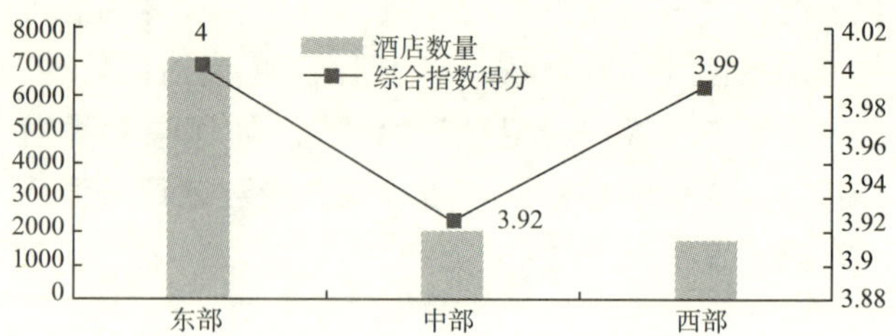

图 3－4　分区域酒店顾客满意度综合指标得分示意图

价比评价中，以东部海南酒店评价最高，为 3.94 分，而西部宁夏评价最低，为 3.75 分；位置评价中，以东部海南酒店评价最高，为 4.14 分，而中部湖北评价最低，为 3.90 分；服务评价中，以东部海南酒店评价最高，为 4.15 分，而西部宁夏评价最低，为 3.82 分；客房评价中，以东部海南酒店评价最高，为 4.14 分，而西部甘肃评价最低，为 3.83 分；卫生评价中，以东部海南酒店评价最高，为 4.22 分，而西部贵州评价最低，为 3.90 分；顾客推荐中，以东部海南酒店评价最高，为 4.58 分，而西部宁夏评价最低，为 4.20 分。具体得分情况如表 3－1 所示。

表 3－1　不同区域酒店顾客满意度评价差异一览表

评分 / 省/市/自治区	细项指标							综合指标评价
	总体印象	性价比	位置	服务	房间	卫生	推荐	
东部总	4.03	3.85	4.00	3.95	3.95	4.05	4.35	4.00
海南	4.32	3.94	4.14	4.15	4.14	4.22	4.58	4.20
山东	4.06	3.89	4.07	4.00	3.99	4.08	4.45	4.04
福建	4.06	3.87	4.05	4.00	4.00	4.08	4.36	4.03
江苏	4.05	3.88	4.02	3.96	3.95	4.05	4.36	4.01
辽宁	4.06	3.86	4.03	3.94	3.94	4.05	4.37	4.01
浙江	4.04	3.86	4.02	3.95	3.96	4.06	4.36	4.01
吉林	4.03	3.82	3.99	3.93	3.91	4.01	4.33	3.98
河北	4.01	3.84	4.02	3.93	3.92	4.00	4.41	3.98
广东	3.99	3.84	3.97	3.93	3.94	4.03	4.38	3.97
黑龙江	3.97	3.84	4.02	3.90	3.90	4.01	4.38	3.96
北京	4.01	3.80	3.96	3.91	3.90	4.01	4.24	3.96
上海	3.98	3.80	3.96	3.90	3.89	4.01	4.24	3.94
天津	3.97	3.79	3.93	3.87	3.87	3.98	4.28	3.93
中部总	3.91	3.80	3.96	3.88	3.88	3.98	4.33	3.92
山西	4.00	3.86	4.01	3.94	3.94	4.05	4.45	3.99
安徽	3.98	3.85	4.00	3.82	3.92	4.03	4.38	3.97

续表 3－1

省/市/自治区 \ 评分	细项指标							综合指标评价
	总体印象	性价比	位置	服务	房间	卫生	推荐	
河南	3.96	3.84	4.01	3.90	3.90	3.99	4.44	3.96
湖南	3.94	3.82	4.01	3.91	3.91	4.01	4.38	3.95
江西	3.93	3.81	3.99	3.88	3.89	3.99	4.36	3.93
湖北	3.85	3.76	3.90	3.83	3.83	3.93	4.26	3.86
西部总	4.01	3.84	4.01	3.93	3.94	4.04	4.37	3.98
重庆	4.08	3.88	4.01	3.98	4.00	4.08	4.41	4.04
内蒙古	4.08	3.85	4.05	3.98	3.97	4.07	4.39	4.03
云南	4.06	3.86	4.03	3.97	3.97	4.07	4.40	4.02
新疆	4.03	3.85	4.06	3.98	3.98	4.08	4.41	4.02
四川	4.04	3.85	4.02	3.96	3.96	4.06	4.36	4.00
广西	3.97	3.82	4.02	3.9	3.91	3.99	4.39	3.96
西藏	3.98	3.80	3.95	3.90	3.90	3.96	4.38	3.94
陕西	3.95	3.80	3.97	3.88	3.88	3.99	4.34	3.93
青海	3.96	3.79	3.96	3.86	3.86	3.97	4.30	3.92
甘肃	3.90	3.76	3.95	3.84	3.83	3.96	4.26	3.89
宁夏	3.90	3.75	3.95	3.82	3.85	3.96	4.20	3.89
贵州	3.84	3.78	3.95	3.84	3.84	3.90	4.38	3.87

（三）不同类型酒店顾客满意度表现分析

对比不同类型酒店顾客满意度表现，星级酒店综合满意度评分最为理想，特别是五星级酒店，其次是主题型的青年旅舍、特色客栈。经济型酒店还存在较大的提升潜力。星级酒店在总体印象、服务、房间和卫生方面表现最为突出，青年旅舍在性价比和位置方面受到顾客的一致好评。顾客们对特色客栈的推荐率最高。可见特色酒店能够给顾客带来更大的性价比满足感，而受到休闲出行旅客的青睐。

星级酒店顾客满意度综合评价最高，为 4.06 分，其次是青年旅舍和特色客栈，综合评价均 >4 分。而经济型酒店、招待所口碑综合评价不甚理想。具体如图 3－5 所示。

星级酒店中，伴随酒店档次的提高，顾客综合评价也相应提升。酒店档次每升高一级，顾客口碑综合评价提高 0.2 分。如图 3－6 所示。

星级酒店总体印象、服务、房间和卫生评价均为最高，依次为 4.11 分、4.02 分、4.02 分、4.10

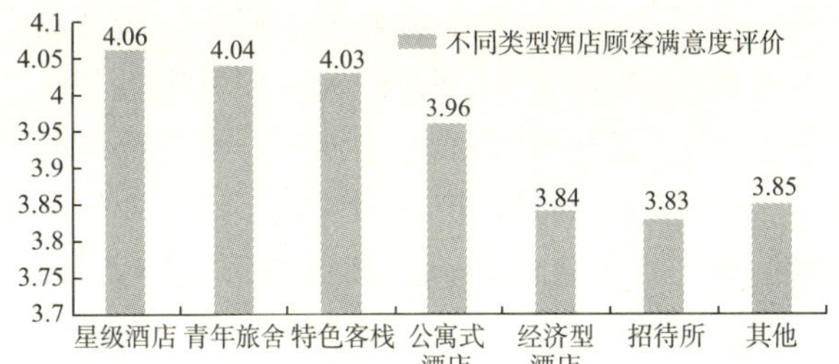

图 3－5　不同类型酒店顾客满意度评分差异示意图

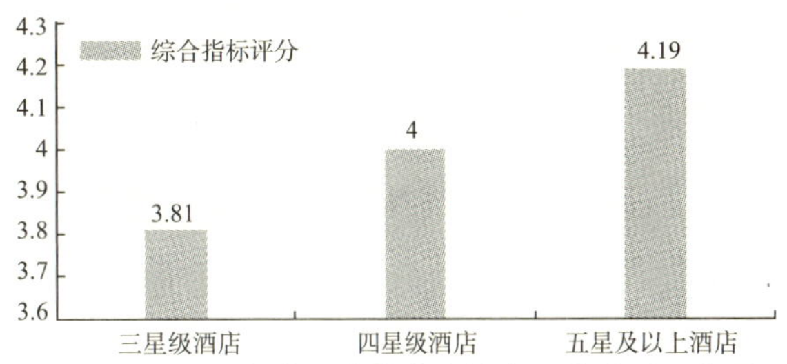

图 3－6　星级酒店顾客满意度综合评价差异示意图

分；青年旅舍性价比和位置评价均为最高，分别为 3.99 分、4.12 分；顾客对特色客栈的推荐表现最为强烈，为 4.59 分。相比来看，招待所总体印象、性价比、服务、卫生和推荐评价均不甚理想，经济型酒店在位置和房间方面也需要重点改进。具体如表 3－2 所示。

表 3－2　不同类型酒店顾客满意度综合评价差异一览表

指标 \ 酒店类型	星级酒店				经济型酒店	招待所	公寓式酒店	特色客栈	青年旅舍	其他
	三星	四星	五星及以上	星级总						
总体印象	3.79	4.03	4.29	4.11	3.82	3.81	3.99	4.06	4.07	3.84
性价比	3.71	3.83	3.95	3.87	3.78	3.75	3.85	3.91	3.99	3.77
位置	3.92	4.02	4.13	4.05	3.89	4.00	4.04	4.01	4.12	3.91
服务	3.76	3.96	4.15	4.02	3.79	3.75	3.88	3.99	3.94	3.80
房间	3.76	3.96	4.16	4.02	3.78	3.94	3.84	3.96	3.94	3.80
卫生	3.85	4.05	4.24	4.10	3.91	3.81	3.93	4.04	4.02	3.90
推荐	4.21	4.37	4.43	4.37	4.32	3.67	4.54	4.59	4.49	4.27

四、政策建议

（一）扩大范围，有序开展全国游客满意度调查

自国家旅游局开展全国游客满意度调查开始，满意度调查样本城市已经由 50 个扩充为 60 个，在定期发布游客满意度调查结果的基础上，旅游监督

工作取得很大成效。各旅游监管部门应该继续将满意度考察工作落实到常态，作为一项基础性工作持续下去，不仅开展游客满意度调研，而且要同时开展与旅游业相关的其他产业如餐饮、酒店业等的满意度调查工作。将旅游满意度调查形成链条体系，促进旅游服务质量，规范旅游市场秩序。

采用多种方式宣传旅游满意度工作的积极意义，并全面公开旅游满意度调查工作成果，循序渐进，将满意度工作作为旅游监管工作的新的抓手，意义重大。

（二）积极引导，统筹提升酒店服务质量

提升酒店服务质量是提高顾客满意度与忠诚度的根本，也是企业持续发展的必由之路。在这个大力提倡服务型社会的年代，做好服务，即能赢得顾客的青睐。首先，提高酒店内部协调性，加强沟通管理。部门合作以沟通为基础，没有沟通，人与人之间会陷入一种相互隔绝的心理状态，就不可能形成默契的配合。其次，加强员工管理，提高员工满意度。员工流失对酒店而言，损失无疑是惨重的，服务质量首当其冲。根据美国马里奥特（marriott）酒店集团曾在旗下两家酒店所进行的调研结果显示：如果员工流失率降低10%，顾客流失率就可以降低1%～3%，营业额就可增加5%～15%；此时节约的费用几乎可超过利润总额，酒店的服务质量水平也得到稳定的保证。

服务质量是酒店生存与发展的基础，酒店之间的竞争，本质上是服务质量的竞争。只有将酒店服务的三个黄金标准（凡是客人看到的必须是整洁美观的，凡是提供给客人使用的必须是安全有效的，凡是酒店员工见到客人都必须是热情礼貌的）真正做到了，做好且做出色了，才会有高的顾客满意度，酒店才能在激烈的市场竞争中占据优势。

（三）依托酒店顾客满意度调研成果，制定酒店品牌可持续发展战略

酒店的持续发展，就要以稳定的客源为基础，而客源的期望发生着动态变化；伴随酒店数量增加，行业竞争日益加剧；酒店行业人员流失相对严重，这些给酒店企业带来一定压力。因此，酒店企业应从外部和内部两个层面出发，制定品牌的可持续发展战略。

外部层面主要包括酒店区域资源配置和营销策略等。目前，东部地区酒店市场竞争最为激烈，相比来看，中西部地区竞争环境较为缓和，且在国家扶持西部地区发展政策大背景下，开发西部酒店市场、提升中部酒店口碑对于酒店资源配置的指导意义重大。行业成熟的标志之一为利润平均化，于是，在营销环节节省成本，争取价格优势必将成为行业营销的大势所趋，故酒店官网建设尤为重要。

内部层面主要包括酒店内部员工敬业度与服务可接受度。员工敬业能直接提升服务水平，从服务源头保证服务质量；同时，服务流程的标准化与服务设计的宾客化，更能规范酒店服务，提升品牌形象，促进顾客满意。

中外旅游饭店投资趋势分析

中国旅游研究院　蒋艳霞
锦江国际（集团）有限公司　孔令锋

一、中外饭店产业发展动态

（一）中国饭店业快速增长

随着经济的发展和人民生活水平的提高，旅游消费蓬勃发展，旅游业收入从2008年的1.16万亿元增加到2012年的约2.57万亿元，商旅住宿需求也随之快速增长。为了满足消费者不断增长的住宿需求，近年来我国饭店业规模持续扩大，整体水平也得到极大提升。截至2012年年底，市场上共有11706家星级饭店，其中包括654家五星级饭店、2201家四星级饭店、5545家三星级饭店，3155家二星级饭店，151家一星级饭店。以北京、上海、江苏、广东和浙江为主的富饶东部和南部地区拥有五星级饭店数量最多。而以黑龙江、吉林、辽宁、甘肃、宁夏和青海为主的东北部和西北部地区的五星级饭店供应量相对较低，主要是由这些地区的旅游和经济发展阶段所致。

目前，我国国民人均出游率从不到1次发展到超过2次，旅游消费逐渐实现国民化和大众化，引发了对中低档住宿设施的大量需求。近年来，我国经济型饭店进入高速发展期。据盈碟酒店咨询的统计，2012年我国经济型饭店总数已达到9924家，与2011年年底相比增加了2610家，增长幅度为35.68%，客房总数达到981712间，与2011年年底相比增加了234667间，增长幅度为31.41%。

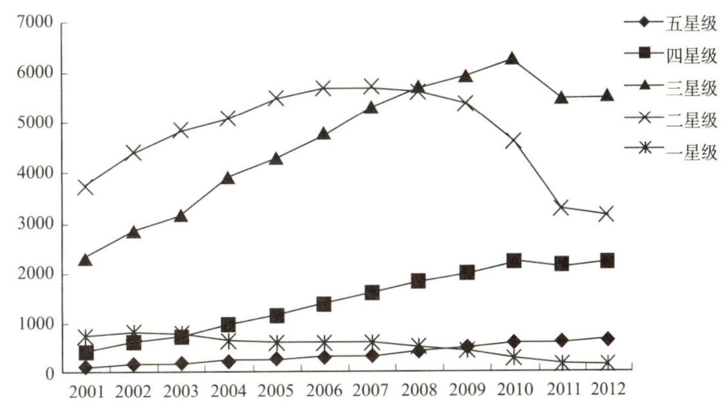

图1　2001—2012年我国星级饭店数量

（二）国际饭店业整体趋于稳定

全球知名的企业旅行服务公司豪格·罗宾逊集团（HRG）最近公布2012年饭店调查结果。2012年，全球整体饭店价格同比增长1.4%，在全球饭店价格最高的55个城市中，有32个城市房价（以当地货币计算）出现同比增长。其中，蓬勃发展的拉美经济体最能吸引国际旅客的目光，拉美地区房价增长最为迅猛。不过，疲软的汇率让大部分国际商务旅客免受里约热内卢、布宜诺斯艾利斯等地饭店客房价格迅猛上涨的冲击。同时，亚洲及美洲总体饭店房价同比均出现上涨，而欧洲（除英国外）、中东以及非洲则出现同比下降。调查显示，北京如今已成为服务较为完善成熟的商旅目的地，饭店价格继续以超平均增长率的幅度上涨。

全球最大的饭店数据服务提供机构 STR Global 的最新数据统计显示，2012 年全球四大区域（亚太、美洲、欧洲、中东/非洲）在三项关键绩效指标方面（按照欧元计算）取得了良好的表现。不过当以美元和英镑计算时，欧洲地区 2012 年的平均房价和每间可供出租客房收入降幅明显。

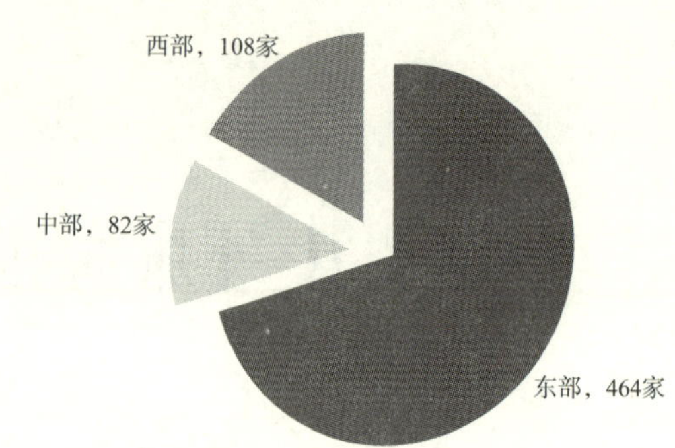

图 2　2012 年我国五星级饭店区域分布

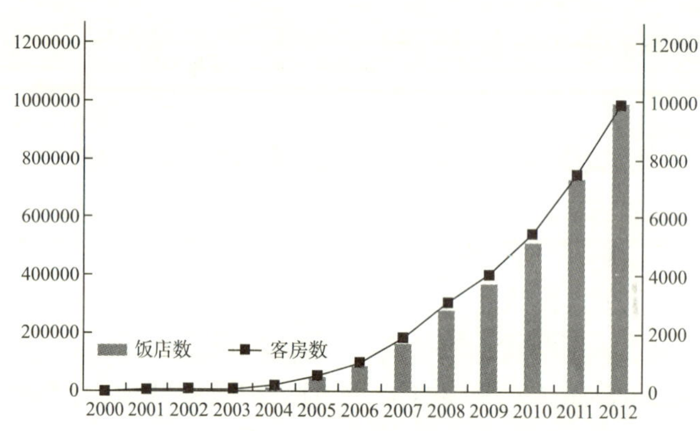

图 3　2000—2012 全国经济型连锁饭店规模增长

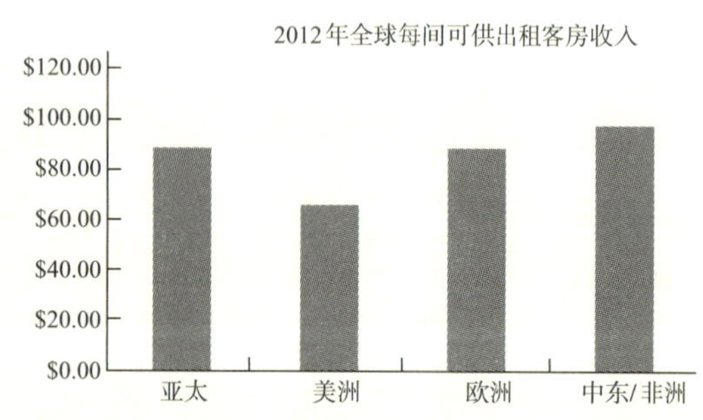

图 4　2012 年全球饭店的每间可供出租客房收入（单位：美元）

2012年入住率、平均房价、每间可供出租客房收入的变化率（同比）

图 5　2012 年全球饭店三项指标（单位：美元）

二、中国饭店投资趋势

饭店业是我国与国际接轨最早、开放步伐最快的行业之一，是中国改革开放的形象和窗口。由于国家在这一领域很长时间内没有限制，导致长期以来对饭店业的投入资金占整个旅游行业的比例较高。2011 年我国旅游饭店项目投资达到 500.99 亿元，占旅游投资总额的 24.3%，比上年增长 13.4%，仅次于景区类项目，单体项目平均投资额达到 3.35 亿元。相对于东部沿海发达地区高星级饭店仍发展很快的态势，大部分地区经济型饭店和中等规模的高端饭店已成为近年来饭店投资的方向。青年旅舍和经济型连锁饭店前景看好，经济型饭店经过多年发展，已经形成多样化投资主体群，并在市场上形成了一些有影响力的知名品牌（如家快捷、锦江之星、速 8 等），进一步促进了旅游住宿消费市场的细分化。而对于大中城市而言的高星级商务饭店、重点旅游城市的旅游饭店建设，中西部地区住宿接待设施的新建和改造，以及各类主题饭店、经济型饭店、会议饭店、度假饭店等专题饭店的建设，也都是宾馆饭店领域的重点投资方向。

（一）特色饭店

随着人群的细分和饭店行业的纵深发展，各类型饭店层出不穷，继经济型饭店后，有别于标准化的特色饭店正成为投资者的新宠。桔子饭店，是中国最早以“设计师饭店”为定位的集团型饭店之一，面向中高端客人，饭店设计强调现代感和科技感，旨在重新定义一种“低调的张扬和充满设计感的生活方式”。

精品饭店的属性决定了桔子饭店在设计上需要精雕细琢，加之每一家饭店风格均有所差异，所以目前桔子饭店仍处于初级发展阶段，主要以直营为主。饭店的属性也决定了其前期投入较大，桔子水晶饭店的每家店的投入在3000万～5000万元，因而其扩张步伐较慢。不过运营状况良好，已开业的25家桔子饭店入住率在80%～90%。由于看好其发展前景，2012年7月凯雷亚洲基金III向桔子饭店的母公司Mandarin Hotel Holdings Limited注入上亿美元，获取了49%的股权。此次融资已是桔子饭店的第三轮融资，此前桔子水晶饭店已先后两次融资，分别是在2006年融入了3000万美元，2008年融入了2000万美元，投资方包括投资周鸿祎的360的挚信资本、曼图宏业（Mandra Capital）以及时代华纳前任CEO掌管的个人基金等国内顶尖VC和基金合伙人。

（二）高级私人客栈

精品饭店连锁逐渐成为一种发展趋势。花间堂也是定位于以中产阶级休闲度假为主的精品饭店。不过，除了客房水准高以外，花间堂的服务标准也很高，类似于私房菜，为住店客人提供个性化定制服务。花间堂的定位是：分享美与欢乐的高级私人客栈，选址都在旅游风景区内——从丽江到泸沽湖，再到香格里拉，沿着旅游线路开发大量具有当地文化特色的连锁精品饭店。花间堂以经营具有当地特色的高档休闲度假式客房为主，并配有慢读书吧、影音吧、西餐厅、小型会议室、红酒吧、茶室及女子SPA会所等多种休闲度假增值服务。花间堂的产品特色体现在：花间堂的品牌文化不变，但每个院子会有自己的特色，这些特色或取材于local knowledge——院子本身的人文历史故事，或根据院子周边相结合的题材定义一个主题：目前已经包括中医世家、纳西族编织、茶、下棋等多个主题。在上海发源的花间堂，在模式基本定型以后，正迅速在云南、江苏等地扩展其连锁。

因此，花间堂的商业模式，是沿着旅游线路，在旅游休闲度假地区或城市，选择购买具有当地特色的老院子并改造设计成高级私人客栈，进而实现本地复制和异地复制，形成具有文化特色的精品连锁饭店。目前，花间堂已在丽江古城、束河古镇、周庄、香格里拉开发了9个院落，取得了不错的经营效果，也因此于2012年获得维思资本约3000万元的风险投资。

（三）低端市场

旅游业的大众消费特征给低端市场发展带来了机遇。中国低端饭店的市场非常巨大。数据显示，目前中国没有品牌的廉价旅店和家庭旅店大约有30万家，可谓低价饭店的蓝海市场。目前国内廉价旅馆虽多但良莠不齐。如果作为连锁品牌经营，市场潜力更大。易佰连锁总裁吴跃春说：“进军百元市场，整合脏乱差的廉价旅店，改变低价旅店现状，就是我们的战略定位。”

易佰连锁旅店：做中国最有价值的大众旅馆。住不起中高档饭店，又无法接受廉价旅馆的脏乱差，易佰连锁旅店盯住的正是这个“细分”需求形成的市场。不同于快捷饭店和商务饭店，易佰连锁旅店锁定的是低端饭店市场，想要解决和改善传统小型廉价旅馆“缺乏安全”和“卫生条件差”的现状。易佰房价在80～120元之间；这种微连锁便利旅店虽然短小精悍，但是基本配套并不落后，液晶电视、空调、宽带网络、独立卫浴、24小时热水，一应俱全；还实现了自助登记入住，“10秒钟入住、零秒钟退房”。易佰运用“连锁便利店模式”，专注于做廉价旅馆，满足中低消费者的需求。如今，易佰的门店已超过110家，总部及门店员工共计1400多人。

布丁连锁饭店：年轻时尚的评价饭店。布丁的品牌理念是“时尚、自助、小而精致、环保、乐活、适度消费”，其使命是“为大众提供性价比最高的饭店产品”。结合其客户群定位，其品牌的突出特色是“年轻时尚”。由于目标客户以追求时尚、对价格敏感的年轻人为主，因此布丁的价格在 90～150 元之间，相比其他经济型饭店便宜了 30 多元。但是在品牌打造上，布丁充分考虑年轻人的个性化需求，希望“布丁”不仅仅是一家饭店的名字，更是未来居住过的客户证明自己曾经是“背包客”、曾经年轻过的代名词。良好的客户体验，为布丁饭店带来了极高人气，布丁的出租率目前已超过了 90%。截至目前，布丁已经在全国 31 个城市，开了近 200 家门店，会员数量超过 500 万。准确的定位和良好的收益也吸引了风险投资的关注。在 2010 年开设第 100 家店后，布丁获得了君联资本的第一笔风险投资。2012 年 6 月，又获得了君联、富达等五家风险投资机构的 5500 万美元注资，还得到了杭州银行提供的 3 亿元的授信额度。

99 连锁旅馆：超经济型连锁饭店。“99 连锁旅馆”以全国平均房价 99 元开辟了连锁饭店的一个全新细分市场，自创立以来便以超常的速度发展，迄今已经在全国 80 多个城市运营了近 300 家门店、近 2 万间客房，拥有超过 300 万注册会员，连续 4 年稳居经济型饭店百元细分市场的第一名，已成为中国超经济型连锁饭店的领导者。由于看好其发展前景，2012 年 8 月，99 连锁完成了海纳亚洲创投基金、高盛集团和 Abaci 发起的首轮融资，总融资金额 7500 万美元，其中约 3500 万美元的首期投资款已到位。

（四）饭店式公寓与公寓式饭店

尽管饭店式公寓与公寓式饭店在外观与服务形态上均与“饭店”有关，但两者还是有本质的不同。饭店式公寓自 20 世纪 90 年代初开始在中国出现。早期主要位于北京、上海等成熟商务中心，以外企高管和驻华外籍人员作为服务对象。按照国外模式，公寓自身的硬件配置达到星级饭店水准，聘请专业饭店物业管理公司或饭店式公寓管理公司进行管理。由于住户既能够享受“拎包入住”的便捷和贴心的饭店式服务，又能享受到家庭式居住布局的氛围，租金却比传统饭店少 30% 左右，因此后来除了外籍商务人士，国内大型私企的老板、社会高层人士和意图租为商用的小型公司也逐渐成为饭店式公寓的主要租赁客户。近年来，具有国际运营经验和服务水平的饭店公寓服务商加快了在中国扩张的步伐。全球最大的饭店式公寓连锁品牌、新加坡凯德置业旗下的雅诗阁 1996 年就已进入中国市场，但近两年以年增 10 座公寓楼的速度加快扩张。新加坡星狮集团旗下的饭店式公寓管理公司——辉盛国际管理有限公司于 2005 年开始进军中国。目前辉盛国际的所有品牌均已进入中国。辉盛国际近几年来积极与一线地产商和国内饭店公寓服务商合作，大力开拓中国二线城市新兴市场。此外，泰国 ONYX 饭店集团旗下的饭店式公寓品牌——莎玛也在加大在华扩张力度。

近年来，公寓式饭店（产权饭店）在中国得到了快速发展，其发展动因主要来自房地产调控形势下的物业投资需求。在限购政策实施后，近两年来房地产商纷纷加大商业地产开发比重，公寓式饭店可通过产权分割后进行出售，不仅有利于房地产商资金回笼，也能够规避限购政策，因而成为房地产商热衷的开发业态。而对于投资者来说，无论作为投资理财的方式还是提升生活品质，公寓式饭店这类“投资与住宿”兼具的物业形式也受到了青睐。国内已经开发运营的公寓式饭店，表现出“地域特征”、“消费群体集中”、“卖点集中”和“异地代售”等特征，形成了北京、上海和深圳等一线城市发展成熟，长三角腹地、山东半岛等重点城市圈发展迅速，以南昌等为代表的三线城市后发力量强劲的局面。2010 年海南省获批成为国际旅游岛后，公寓式饭店的开发进入了快速发展轨道，以旅游度假地为主、具有饭店交换网络、与国际模式接轨的产品开始涌现。目前运营较为成功的项目包括“三亚卓达产权式饭店”、“三亚海韵度假饭店”等。今典集团和华侨城分别推出了红树林度假饭店和前海华侨城大饭店·华寓项目。

（五）在线短租

“在线短租”是指房屋承租人与房屋所有者或经营者，通过互联网线上平台达成租房交易并支付房费的交易活动。我国在线短租业务受美国 HomeAway 和 Airbnb 成功发展的启示，自 2011 年起开始成立专门平台实施专业化独立运作，加上新成立的网站，目前已有几十家上线，主要为旅游者和商旅人士提供在线短租公寓搜索、查询和交易服务，以及为业主提供闲置房产信息发布及托管服务。盈利模式，目前以收取佣金为主，开始出现了向房屋中介或代理机构提供营销服务并收取一定加盟费的趋势。

国内在线短租市场发展非常迅速。一方面，这是因为国内中高端饭店的价位仍然超出普通大众的消费能力，而经济型饭店的网络覆盖还不够全面，在旺季时一、二线城市经常出现房源紧张状况，短租房市场通过整合全国潜在的千万套闲置民房，可弥补经济型饭店在城市或景区周边供给不足的现状；另一方面，是因为国内自助游人群比例正在飞速上升，传统的饭店房设计格局已经很难满足年轻消费者越加个性化的需求，而短租房却可以提供不同户型、不同设施、不同周边环境的房间让消费者自主选择，大到一栋豪华别墅，小到一个床位，从而有效弥补了饭店市场个性化的不足。此外，对于停留时间在3天以上的消费者来说，短租房的性价比更高，更加适合度假旅游或探亲访友的游客。根据易观智库的数据，2012年中国在线短租平台预订量约250万间，在线交易规模有望达到4.9亿元。我国在线短租房市场，目前仍然集中在北京、上海等一线城市和成都、三亚等旅游城市。这主要是因为这些城市吸纳旅行人数较多，另外在前些年房产投资热潮下，这些城市也是吸引投资最多、闲置房源量最为丰富的地区。

在线短租这种全新的商业模式，体现了线上销售与线下体量的完美结合，这种全新而且在国外已获得成功的模式也更容易打动风投。投中集团发布的最新数据显示，在线短租细分行业成为2013年一季度中国创业投资市场投资的热点，除途家网之外，蚂蚁短租网、小猪短租网等从事在线短租业务的企业融资额均在千万美元级别。

三、国际饭店投资趋势

（一）全球饭店建设情况

STR全球的数据显示，2012年亚太地区新增饭店数量最多，新开饭店458家，新增客房82476间。其次是美国（新开饭店407家，新增客房43865间）和欧洲（新开饭店332家，新增客房41982间）。从在建饭店的数量来看，排在前三位的也是亚太（在建饭店1767家，在建客房数385113间）、美国（在建饭店2634家，在建客房304077间）和欧洲（在建饭店884家，在建客房141273间）。因此，全球饭店投资主要集中亚太、美国和欧洲。

从饭店投资类型来看（如表2），连锁饭店占绝对优势。在连锁饭店中，高端饭店的新增客房数量最多，如亚太、美洲中南部、加勒比/墨西哥。只有欧洲地区例外，2012年欧洲新增客房数量最多的是经济型饭店。这说明资本对高端饭店依然乐此不疲。

表1 2012年全球各地区饭店建设情况

	新开饭店数(家)	新增客房数(间)	在建饭店数(家)	在建客房数(间)
亚太	458	82 476	1 767	385 113
美洲中南部	47	6 121	232	35 686
加勒比/墨西哥	19	2 670	120	18 457
欧洲	332	41 982	884	141 273
中东/非洲	68	15 735	478	119 233
美国	407	43 865	2 634	304 077
加拿大	37	4 324	205	22 444

表2 2012年各地区新增饭店情况

			亚太	美洲中南部	加勒比/墨西哥	欧洲	中东/非洲	美国	加拿大
连锁饭店	奢华	饭店数	0	0	3	14	11	1	3
		客房数	0	0	477	2 276	3 508	233	722
	超高端	饭店数	45	3	0	0	10	9	0
		客房数	15 463	1 849	0	0	3 600	2 417	0
	高端	饭店数	79	11	7	39	16	85	7
		客房数	17 050	2 017	970	6 137	3 467	11 819	1 291
	中高端	饭店数	34	7	4	37		166	12
		客房数	7 031	907	483	8 869		15 700	1 300
	中端	饭店数	33	17	0	52	10	58	4
		客房数	7 253	601	0	5 537	1 431	3 922	284
	经济型	饭店数	156	2	0	95	2	36	8
		客房数	14 194	208	0	11 064	242	2 558	541
单体饭店		饭店数	111	7	5	95	19	52	3
		客房数	21 485	539	740	8 099	3 487	7 216	186
合　计		饭店数	458	47	19	332	68	407	37
		客房数	82 476	6 121	2 670	41 982	15 735	43 865	4 324

（二）全球饭店投资者观点调查

2012年12月，全球领先的饭店投资服务公司仲量联行酒店集团（Jones Lang LaSalle Hotels）发布了饭店投资者观点调查报告（Hotle Investor Sentiment Survey）。报告显示，买入预期增加，达到2005年以来的最高水平，这意味着很多交易可能会提前进行。仲量联行酒店集团的饭店投资者观点调查始于2000年，每半年进行一次，对全球饭店投资市场和前景做出判断。

1. 美洲和门户城市引领全球

门户城市占据了全球最优越的地理位置，饭店交易市场收益可观。不过自2012年4月份以来，美洲地区的市场交易预期显著提高，成为全球收益预期最高的地区（如图6）。美洲地区目前已经超越亚太地区，短期和中期的关注度都最高。

亚太地区的表现反差最大，短期收益下降15.3点，中期收益下降13.7点。在亚太地区各个国家的经济前景都比较乐观的情况下，亚太地区中期收益仅比EMEA（欧洲、中东和非洲）高5个点。EMEA的短期收益预期几乎没有变化，中期收益预期有些悲观。

全球门户城市的交易排名与区域调查结果一致。短期收益预期最高的前三个城市全部来自美洲——旧金山（85%）、洛杉矶（76%）和纽约（65%）。第五名芝加哥（56%）也来自美洲。在短期收益排名前五位的城市中，慕尼黑是唯一一个来自美洲以外地区的城市。慕尼黑也是中期收益预期最高的城市（78%），不过第二至第五名的城市（纽约、旧金山、洛杉矶和华盛顿）全部来自美洲地区。这五个城市远远领先于排在第六位的伦敦，伦敦的净收益为62%。

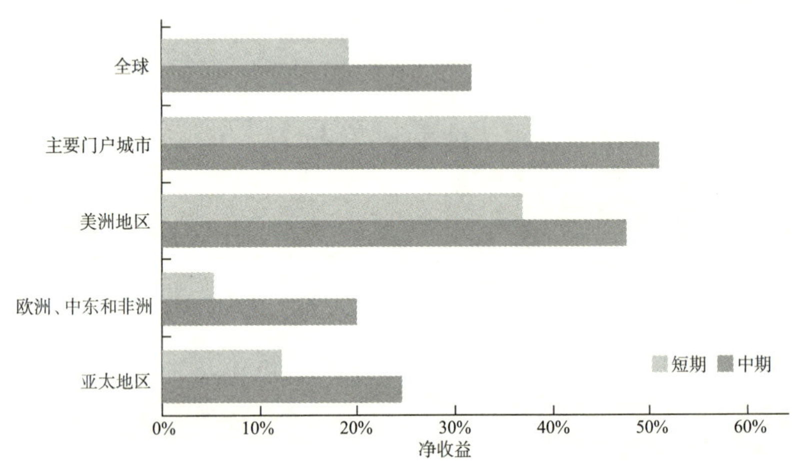

图6　全球交易收益预期

2. 买入预期上扬

投资界的买入信号增强，比上次调查提升3个百分点。过去的两年中，买入信号持续增加。美洲地区和亚太地区投资者的买入意向增强。

在本次调查中，“自建”预期略有下降，这给了那些寻求收购资产的投资者信心。“持有”预期目前位于2006年年底以来的最低点，美洲和亚太地区的“持有”预期下降幅度最大，预示着交易活动可能会增加。在欧洲、中东和非洲地区，与上次调查相比，投资者持有资产的意愿提高。

在最近几次的调查中，“自建”意愿一直保持平稳，变化很小。亚太地区投资者倾向于“自建”饭店的比例仍保持较高比例，新建饭店意愿最低的是美国。

亚太地区投资者的“卖出”倾向在所有地区中是最低的，不过与上次调查相比，其降幅最大。欧洲、中东和非洲地区的投资者也调低了他们的“卖出”预期。但在美洲地区，寻求出售资产的投资者有所增加。

不管是美洲、亚太还是EMEA地区，投资者的“买入”预期都高于“自建”、“持有”和“卖出”预期。

在本次调查中，美洲地区的投资者对未来饭店投资前景更加乐观，在“买入”预期排名前十位的城市中，有九个来自美洲，只有伊斯坦布尔来自EMEA地区。“自建”意愿比较强的城市主要分布在新兴市场和传统目的地，排名前十位的城市主要来自亚洲和美洲。在“卖出”预期的排名中，EMEA市场占据主导，前十名中只有亚特兰大来自美洲地区。

与上次调查相比，关于投资者首选资产类别的调查结果变化很小。高端物业最受投资者偏爱。在美洲地区，这种状况更为明显。在本次调查中，受访者选择高端物业的比例有所提升。服务式公寓和奢华饭店的选择比例轻微下滑。经济型饭店的受欢迎程度提高，在亚太地区，受访者选择经济型饭店的比例高达15%。

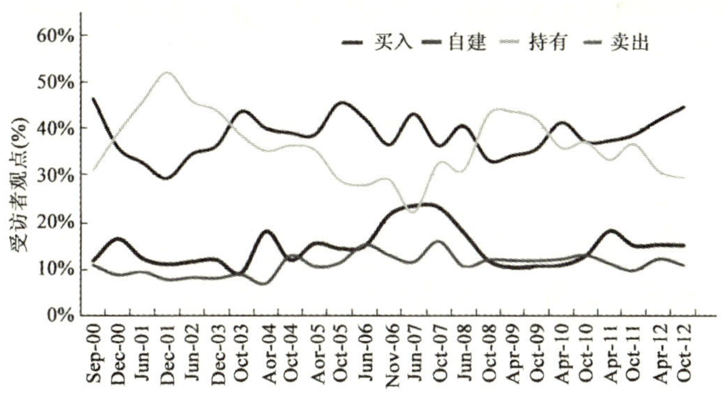

图7　2000—2012年全球短期投资意向

表3　短期投资预期全球十大市场排名

	买　入	自　建	持　有	卖　出
1	温哥华	巴厘岛	利雅得	开罗
2	西雅图	圣保罗	布达佩斯	里斯本
3	夏威夷	里约热内卢	达拉斯	西班牙旅游胜地
4	波士顿	新德里	奥兰多	伯明翰市
5	伊斯坦布尔	孟买	圣保罗	吉达
6	迈阿密	台北	里约热内卢	马拉喀什
7	洛杉矶	马尼拉	卡萨布兰卡	布鲁塞尔
8	蒙特利尔	首尔	墨尔本	亚特兰大
9	圣地亚哥	成都	斯德哥尔摩	利雅得
10	费城	班家罗尔	萨格勒布	米兰

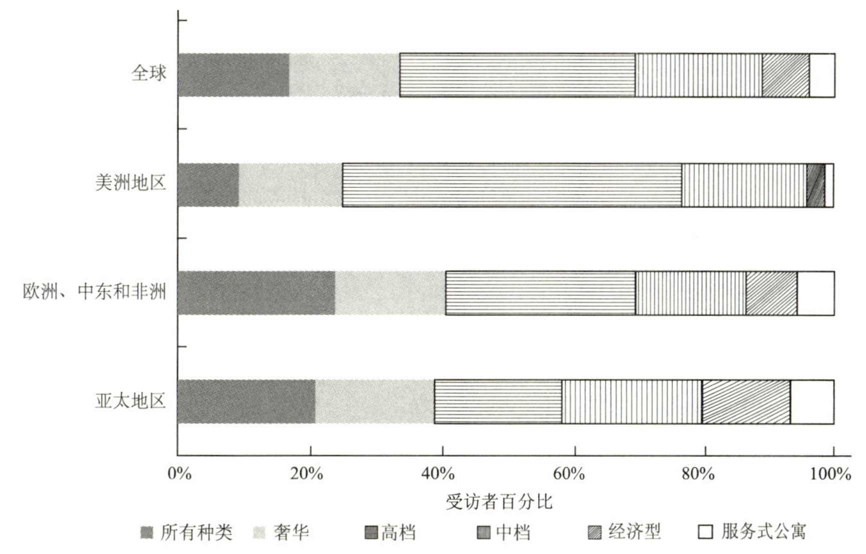

图8　投资者首选资产类别

2012 世界饭店业综述

奚晏平

2012 年，世界末日并没有在谣言中到来，世界饭店业仍然在以自己的规律和方式发展。全球经济的低迷导致饭店业的持续发展失去了推动力。特别是欧债危机对于欧洲饭店业来说正在形成行业性的现实威胁，破产、转型、并购、拓展新的生存空间等都成为业主们的选择。美国经济正在缓慢复苏，饭店业似乎看到了希望的曙光。中国正在成为众多国际酒店集团开辟战略新空间的战场，而更加惨烈的竞争正在使这个曾经辉煌的产业丧失原来的魅力和荣光。

回顾世界饭店业最近几年的发展轨迹，我们发现，全球酒店的供给总量保持增长，与此同时，饭店业的组织形态和物质形态也都在发生着深刻变化。

一、饭店业组织形态变化

全球经济一体化，资本流每天在全世界各大经济体之间快速流动，反映在饭店业发展上就是全球各类酒店的规模越来越大，品牌体系随市场需求更加细分，酒店提供的产品更具特色，各大酒店集团的公司治理结构更加清晰，酒店集团化运作不断取得进步。

1. 酒店规模逆势扩张

2012 年，虽然有着全球经济增长放缓的大背景，世界饭店业的规模却还在持续扩张，表现在两个方面。一是业已知名的全球各大酒店集团为寻求更多的经济利益持续扩张，通过合资、租赁、特许经营、管理合同等方式，以品牌为纽带，不断扩大集团旗下酒店数量和客房数量，同时通过规模效益降低经营成本，综合使用各种优势资源；二是酒店行业注资、并购风潮依旧热度不减，世界范围内更多的资本流入饭店业，资本流动的便利性也为各大集团及酒店间的竞争、并购创造条件。

根据 HOTELS 杂志对 2012 年全球酒店集团发

2011 RANK	2010 RANK	COMPANY	HEADQUARTERS	2011 ROOMS	2011 HOTELS	2010 ROOMS	2010 HOTELS
1	1	InterContinental Hotels Group	Denham, England	658,348	4,480	647,161	4,437
2	2	Marriott International Inc.	Bethesda, Maryland	643,196	3,718	618,104	3,545
3	4	Hilton Worldwide	McLean, Virginia	633,238	3,843	604,782	3,671
4	3	Wyndham Hotel Group	Parsippany, New Jersey	613,126	7,205	612,735	7,207
5	5	Accor	Paris, France	531,714	4,426	507,306	4,229
6	6	Choice Hotels International Inc.	Silver Spring, Maryland	497,205	6,178	495,145	6,142
7	7	Starwood Hotels & Resorts Worldwide Inc.	Stamford, Connecticut	321,552	1,090	308,736	1,041
8	8	Best Western International	Phoenix, Arizona	311,894	4,086	308,692	4,038
9	12	Shanghai Jin Jiang International Hotels	Shanghai, China	193,334	1,243	107,019	707
10	13	Home Inns & Hotels Management	Shanghai, China	176,824	1,426	93,898	818
11	9	Carlson Rezidor Hotel Group	Minneapolis, Minnesota	165,663	1,076	162,143	1,064
12	–	Magnuson Hotels	Spokane, Washington	140,700	1,804	139,776	1,792
13	10	Hyatt Hotels Corp.	Chicago, Illinois	132,727	483	127,507	453
14	11	Westmont Hospitality Group	Houston, Texas	98,404	659	116,913	813
15	23	7 Days Group	Guangzhou, China	94,684	944	56,410	568
16	15	Meliá Hotels International	Palma de Mallorca, Spain	90,264	354	87,000	350
17	18	Louvre Hotels Group	Paris, France	85,708	1,075	78,230	1,023
18	16	LQ Management	Irving, Texas	84,302	828	83,635	820
19	19	Extended Stay Hotels	Charlotte, North Carolina	76,225	685	77,200	683
20	25	China Lodging Group	Shanghai, China	73,600	639	50,438	438
21	24	Interstate Hotels & Resorts	Arlington, Virginia	70,119	387	50,666	242
22	21	Vantage Hospitality Group	Coral Springs, Florida	66,342	1,045	60,081	973
23	22	NH Hoteles	Madrid, Spain	59,052	397	58,687	397
24	28	Whitbread	Dunstable, England	48,725	626	44,062	593
25	27	MGM Resorts International	Las Vegas, Nevada	46,633	20	46,533	17
26	31	Toyoko Inn Co.	Tokyo, Japan	45,722	238	41,926	217
27	52	GreenTree Inns Hotel Management Group Inc.	Shanghai, China	44,725	577	21,600	240
28	34	The Walt Disney Co.	Burbank, California	42,108	50	32,536	34
29	29	Caesars Entertainment Corp.	Las Vegas, Nevada	42,000	35	42,931	33
30	26	Barceló Hotels & Resorts	Palma de Mallorca, Spain	41,565	163	46,922	182

展规模的排名统计，世界前20位酒店集团中90%的成员都实现了规模扩张，仅有2家酒店集团规模萎缩。

全球最大的酒店集团之一温德姆和全球雇主指数最高的酒店集团之一万豪在2012年都展开了收购步伐。2012年9月，温德姆酒店集团的母公司温德姆环球公司（Wyndham Worldwide）宣布，以1.02亿美元现金收购了Shell Vacations LLC及该公司旗下的19座度假村，被收购的度假村基本位于美国大部和加拿大境内；2012年6月初，美国最大的上市酒店运营商万豪国际集团宣布斥资2.10亿美元现金，收购美国领先的酒店及娱乐公司Gaylord Entertainment旗下Gaylord酒店品牌以及旗下4家酒店管理权，酒店全部位于美国本土。

国内地产商角逐酒店业，以万达、绿地为代表的国内知名商业地产也开始逐步涉足酒店业，纷纷斥资拓展新业务：大连万达集团2012年12月称，公司将在未来10年向美国投资100亿美元，目前正与美国多家知名酒店品牌商洽谈在华盛顿特区、纽约和洛杉矶的收购机会。除了正洽谈并购国外酒店品牌，至2014年年底，万达计划将旗下自有品牌管理的酒店数量扩至38家，布局北京、上海、武汉等中心城市；继早前收购悉尼一家酒店后，鹰君继续进行越洋收购，集团于2012年10月7日公布，斥资2.29亿美元（约17.86亿港元）收购美国纽约曼哈顿Setai第五大道酒店；2012年5月28日，威华达控股公告宣布，公司将进军物业投资市场，25.5亿港元收购WelsonEast及兴业股份，间接持有位于上海的静安希尔顿酒店全部权益及位于浙江省宁波市象山地块的90%权益。另外，以如家、汉庭为代表的经济型酒店巨头依然在2012年疯狂扩张，其中，如家开店350家左右，7天开店360家，汉庭开店250家。

2. 酒店集团对品牌的创立和维护竭尽全力

世界著名酒店集团之所以能够成长至今并长盛不衰，在于他们始终坚持的品牌塑造和推广意识。酒店集团通过实施品牌扩张战略力推其业务发展，常见的方式有多品牌战略和品牌延伸战略。无论采取何种方式，酒店业巨头们都对自己苦心经营的酒店品牌的创立和维护竭尽全力。2012年，各个酒店集团都在发展壮大原有品牌，同时针对变化的市场、不同的需求创造性地开发新品牌。

雅高集团采取典型的多品牌发展战略，2007年他们在全球范围内发布重新定位的14个酒店子品牌，涵盖了从奢华型到经济型各个层次的酒店细分市场，在地域上也组建了一个不同档次的酒店群落，打造极强的竞争优势。多品牌战略可以最大限度地占领市场，对消费者交叉覆盖，突出每个品牌的独立形象，降低整个企业经营风险。2012年，雅高在大中华区新增15家成员酒店，现在该集团在该地区共管辖130多家酒店，32000间客房，旗下7个品牌进入该市场。为吸引当今更为国际化、与外界保持高度紧密联系、出行更频繁的旅行者，雅高集团适时地对旗下铂尔曼品牌重新定位，充满时尚、当代艺术与设计感的商务休闲（bleisure）成为其核心品牌理念，使其在充满激烈竞争的市场中一枝独秀。

凯悦集团则是品牌延伸战略的典型代表，其一直坚持塑造高端酒店形象，在多年来确定品牌地位的基础上，将凯悦品牌运用到新的产品和服务中，从而减少新产品进入市场的风险，以更少的营销成本获取更大的市场回报。例如凯悦于2007年推出Andaz酒店新品牌，更加注重个人风格、独立性以及多功能环境打造，迎合市场。

2012年，洲际酒店集团对外宣布将开发具有中国特色的新品牌“华邑”，首家华邑酒店及度假村预计将于2014年年初开业。

3. 酒店提供更具针对性的产品和服务

服务质量始终是酒店赖以生存的法宝。外部经济环境影响，酒店竞争对手饱和，客人在满足酒店衣食住行的基本消费后更需要精神享受等，都促使当今的酒店从业者把提供个性化服务、开发更具针对性的酒店产品作为发展方向。2012年也不例外，酒店更具针对性的产品和服务层出不穷，其实这也是酒店行业最具创新性的区域，如果你用心，你的酒店每天都可以有新产品和新服务诞生。

常规的动作和措施有建立完善的客史档案，以利于服务人员有针对性地提供特殊服务，投其所好令其满意，并据此进行关系营销、联络感情，提高客人回访率；坚持员工培训工作，不断提高员工对客服务意识和技能，督促其在服务工作中，热情、主动地为顾客解决实际问题，提供体贴、周到、富有人情味的服务；加强酒店各部门的沟通协作；建立奖励机制等。现在越来越多的酒店尝试对员工适当授权，表示对员工的充分信任，通过这一改变也大大提高了顾客满意度和针对性服务价值。我们支持并鼓励服务人员根据顾客的具体要求，灵活地提供优质服务，授予服务人员偏离标准操作程序的权力，以便服务人员采取必要措施满足顾客具体的独特的要求。一方面，向我们的员工证明他是有服务天赋的，是酒店的主人；另一方面，让客人的针对性需求第一时间得到满足，一举两得。

4. 科技手段运用助推集团化运作水平

当今酒店业不断呈现集团化、国际化、细分化走势，而IT技术等科技手段也日新月异，两者结合在一起，酒店新的系统平台、新的软件功能、新的系统特点及发展方向不断涌现。酒店管理系统的发展到了一个新的时期。后台办公支持系统、会员管理系统、客房预订系统、资源整合系统合力支撑起酒店集团运行平台，体现了巨大的集团运作优势。随着手机客户端技术的发展，更多的酒店运行系统也将同步移植到更广泛的移动终端上来，极为便利。

几乎所有酒店无论大小，都已通过中央数据库集中方式或者分散数据库方式搭建了一个稳定、安全、开放的信息化平台，实现多种管理模式下的管理、控制功能。这个平台不仅能够包容各种酒店管理软件，能够适应各种管理模式，而且能够与其他多个系统进行无缝连接，如ERP系统、办公系统(酒店内网)。

集团营销及会员管理系统是建立在酒店集团跟相关客人一对一沟通关系基础上的模式，可以为酒店客人提供优质、个性化的服务，培养品牌忠诚度，挖掘潜在客户。拥有常客管理、贵宾管理、积分奖励计划、客户档案分析、客户档案整理、潜在客户分析、客户信用分析等功能。

常客积分计划不仅拥有原来的包含预订、分销、常客积分等功能，而且能通过其独特的贵宾卡会员系统，实现储值、记账、信用、积分实时自由兑换、信息实时交流等功能。完全的信息实时、超强的账务积分能力与跨行业的应用是它的新特点，比如可以同时处理来自各个酒店合作伙伴及联合体的积分兑换、资源共享等，如处理酒店、商场、旅行社等的积分统计和使用，促成酒店与航空公司、银行、供应商、旅行、商场等所有相关资源体系更紧密的合作。

以CRS订房引擎为核心，CRS可以为酒店客人提供不同的订房渠道，从而提升集团酒店预订服务的水平，达到方便客人的目的。一是集团内部客房预订，所有预订均通过该引擎与各成员酒店的接口交互实时取得；二是与GDS的系统接口，通过在系统引擎的层次上进行接口，可以保证CRS与GDS的结合更加紧密；三是Web自助服务预订业务的配合，酒店客人可以通过集团网站进行客房预订、信息查询及修改和积分查询等工作，越来越多的酒店集团提出在自有官方网站直接预订会得到最好的房价保证。

5. 酒店公司治理结构愈加清晰和成熟

越来越多的酒店集团依据现代企业制度，不断完善其公司治理结构，为酒店投资者回报设计制度保障，协调酒店各利益体关系，提高酒店抗风险能力。众多酒店上市公司在公司治理结构方面越来越完善透明和面向股东权益。他们利用官网、股东大会等各种渠道，每年每季度向酒店股票持有者即时汇报经营业绩、采取的经营策略以及股票股价变动，通告董事会、监事会以及财务智囊的组织架构和成员构成等，确保酒店的经营动态和实现利润最大限度地传递并回报给股东。

二、饭店业物理形态变化

1. 酒店形态趋于多元化

由于人们追求新奇、市场需求以及社会细分的驱动，传统意义上的酒店概念在各个维度上得到扩展，从经济型到奢华型的星级酒店区分，以及度假型、商务型酒店划分不再能涵盖当今世界的所有酒店，酒店的形态不断趋于多元化，从外观到室内装饰再到酒店规模，精品酒店、会展酒店、文化酒店、高尔夫酒店、公寓酒店、会所酒店等各具特色，从几千间客房到几间客房的社会住宿设施都可能被称为酒店。

精品酒店起源于欧美，专指提供独特的个性化居住环境和服务产品的酒店。2008年10月，喜达屋麾下的精品酒店香港 W 酒店开业，成为精品酒店进驻中国的里程碑。精品酒店具有市场定位高端、规模精小别致、服务体贴入微、设计风格独特、既时尚又有创新等自有特质。这两年迅速在中国的一线城市北京、上海、广州等落户。可以预见的是中国精品酒店的国际化发展趋势将会带动本土品牌提速诞生，随着近两年具备欣赏的人群、有消费力的顾客以及有实力及文化品位的投资者的不断培育，中国精品酒店发展空间将越来越大。2012 年有评比说，北京柏悦酒店、上海外滩华尔道夫酒店、杭州西子湖四季酒店、三亚悦榕庄、重庆柏联温泉精品酒店、香港半岛酒店等都是国内比较优秀的精品酒店。

文化主题酒店是指以酒店所在地最有影响力的地域特征、文化特质为素材，设计、建造、装饰、生产和提供服务的酒店，其最大特点是赋予酒店某种主题，并围绕这种主题建设具有全方位差异性的酒店氛围和经营体系。主题酒店的推出在国外已有 50 多年的历史。世界上最早的主题酒店兴起于 1958 年加利福尼亚的 Madonna Inn，首先推出 12 间主题客房，随后发展到 109 间，成为当时最早、最具代表性的主题酒店。发展在美国拉斯维加斯，现在该城被称为“主题酒店之都”。据统计，世界最大的 16 家主题酒店中，拉斯维加斯就有 15 家，主题酒店是拉斯维加斯酒店业的灵魂和生命。主题酒店是融独特性、文化性和体验性为一体的酒店。独特性要与众不同，是酒店的战略出发点，最终要成为酒店的核心竞争力；文化性体现了酒店对内涵的追求，文化是主题，是酒店执行的具体战术和手段，酒店要通过文化来获得竞争优势；体验性是酒店所追求的本质，酒店最后要实现给顾客独特的体验来获得高回报的利润，这是酒店的最终目标。

会所酒店就是以会员为主要服务对象的综合性高级康体娱乐服务酒店。会所酒店具备的软硬件包括康体设施如泳池、网球或羽毛球场、高尔夫练习馆、保龄球馆、健身房等，中西餐厅、酒吧、咖啡厅等餐饮与待客的社交场所，还应具有网吧、阅览室等其他服务设施。目前来看，会所酒店的投资者以具体盈利为目的的较少，他们追求的是一种品位抑或在某些方面有特别需求。

2. 酒店品牌时尚化

当今饭店业也被时尚品牌集团时尚化，Ferragamo、Armani、Versace、Moschino 等知名品牌都已经涉足酒店业并有所斩获。时尚品牌进军饭店业，将时尚元素注入这个古老的行业中，让人们对饭店业有了新的认识。近日，万豪集团宣布与瑞典家具巨头宜家联手推出一个新的经济型酒店品牌 MOXY；2012 年末，中国第二家托尼洛兰博基尼（Tonino Lamborghini）酒店于江苏昆山中茵世贸广场开业；2010 年 4 月，全球首家阿玛尼酒店（Armani Hotel）于迪拜哈利法塔开业。酒店业与其他行业的跨界合作越来越多。

除品牌外，酒店内部的跨界风早已不是新鲜事。高端酒店时常会不定期地邀请世界各地知名米其林星级厨师为客人烹饪当季美食；酒店的 SPA 与知名护肤品牌合作推出 SPA 套餐；酒店与运动品牌的合作，运动用品可供客人免费在店内使用等不胜枚举。

跨界带来一种崭新的体验，发挥不同品牌的协同效应，除了简单的功能性互补，更是以用户为中心的体验互补，这种入住新体验已成为当今酒店业提升绝对竞争力的核心要素之一。跨界带来无界限的品牌化合作，让客人纷纷投来重新审视的目光，也让酒店固有的同质化竞争模式向差异化转变。跨界带来了历史文化交融，更成为当今人们的生活态度，这种跨越品牌、概念、设计、文化甚至历史界限的结合，已经成就了全新的酒店品牌战略和用户体验，成为未来酒店的挑战和机遇。

酒店不仅是历史的，更是时尚的。有消息称，阿玛尼打算继续接手伦敦一处著名的地标性建筑——海军拱门，将其改建成一座豪华酒店，该项工程预计将耗资 1 亿英镑，据传将于 2015 年 12 月开业。

3. 科技让酒店更舒适

21 世纪是科技创新的世纪，当今酒店业越来越将科技融入酒店服务和管理之中，高科技和智能化已经成为衡量高星级酒店的一个重要标准。可以想象，不久的将来，当客人来到“智慧酒店”，打开客房，通过小小的控制面板，即可实现其对室温控制、床体弧度、水温水流、空气质量、灯光色系、安静度等一系列个性化设置；在酒店内，菜品的制作与展示、会议功能的完备、婚宴产品的流程、厨房用品的科技水平等都将达到非常智能和高科技的水平。

美国休斯敦大学希尔顿酒店和餐饮管理学院设计安装的三套“21 世纪的酒店客房”的“虚拟现实”、“生物测定”等先进技术赋予酒店客房“舒适”、“安全”等传统的标准以全新的含义。客人只需网上或者电话预约，即可享受满意的服务。如预订者来到酒店后，前台点击“预订房间”模式，即可远程调节成客人需要的场景、温度。进入房间插卡取电，智能插卡取电可进行身份识别。总电源自动打开，廊灯亮起，遮阳窗帘自动打开，空调高速变为自动，室温 25℃，开关自由调节。当客人需要和公司、客户联系的时候，只需打开网络视频，就可以连通所需要联系的人，甚至可以在酒店进行办公、召开网络会议等。如客人请求退房，触摸退房键超过 2 秒钟，背光点亮，客人要求退房的信息便会传至前台，一切都可在房间内完成。客人离开酒店，酒店管理系统会记录下客户的信息和爱好，以便下次更好地为客户服务。

三、中国饭店业的全球化

得益于中国的迅速崛起和在全球经济低迷期的坚挺表现，中国饭店业也当仁不让地成为全球中心话题，世界著名酒店集团的老板不是在中国就是在去中国的路上，中国市场早已成为所有酒店集团必须占有一席之地的战场。而惨烈的竞争使中国饭店业市场面临越来越深的困境，一方面是不可逆转的供给总量持续增加，另一方面是出租率和平均房价双双下滑。这个行业的资本流向并没有完全的市场导向，行业的信息不透明导致了当今饭店业的“围城”状态。

1. 中国饭店业发展为世界饭店增添活力

自 20 世纪 80 年代开始，中国酒店业的产业规模每五年的增长率在 50% 以上。2011 年年底，中国星级饭店已近 20000 家，是 1978 年全国饭店总数的 100 多倍。当前，全国饭店及旅游住宿单位总量超过 30 万，从业人员逾 500 万人。2009 年年底国务院颁布的《关于加快发展旅游业的意见》中明确指出，预计在 2015 年，国内旅游人数达 33 亿人次，入境过夜游客也将达到 9000 万人次。欧洲债务危机使得国际酒店品牌发展受阻，与此同时，中国饭店业市场的持续繁荣带来了巨大诱惑。中国饭店业无论规模还是行业形态的变化与创新都给世界饭店业在多层意义上带来了活力。出于对利润的追求和中国市场前景的看好，国际酒店巨头使出浑身解数抢分中国蛋糕。

喜达屋集团计划在未来三至五年大幅扩张，2013 年旗下计划开业的酒店数在 26 家左右。其中开业数量最多的品牌是喜来登，预计 2013 年该品牌还将开业 13 家，喜来登作为排头兵将继续为喜达屋保持在中国市场的主导地位发挥作用，同时喜达屋将在中国大力推广喜来登与威斯汀品牌的影响力；香格里拉集团在 2013 年度计划有 6 家旗下酒店开业，其中将会在海南开一家三亚香格里拉度假酒店。虽以“慢”著称，但香格里拉在中国显然已经做好了“持久战”的准备。近年来，其在华布局明显提速。除了一、二线城市，还积极向中国三线城市和部分此前未进入的省会城市进军；希尔顿在 2013 年计划在华新开酒店 10 家左右，集团在中国预计 2015 年之前达到 100 家酒店的市场目标。其中包括希尔顿全球旗下华尔道夫、康莱德等顶级酒店品牌。未来希尔顿计划将在全球开设 15 家康莱德酒店，分别分布于北京、苏州、广州、厦门和青岛等城市。

目前中国市场酒店扩张趋势包括：一是高端奢华酒店品牌持续发力。丽思卡尔顿酒店集团为进一步巩固其在中国奢华酒店品牌的领军地位，拟在天津、成都、澳门和西安开设 4 家新酒店，索菲特宣布 2013 年在亚太地区新开 4 家索菲特奢华酒店，包含中国区的沈阳丽都索菲特酒店和上海华敏世纪索菲特大酒店，继 2013 年 2 月广州 W 酒店开幕之后，未来在华将有四家 W 酒店开业，分别是北京长安 W 酒店、上海外滩 W 酒店、长沙 W 酒店和澳门路凼城星丽门 W 酒店；二是中国的二、三线城市成为布局重点。喜达屋旗下喜来登、福朋等品牌正向二、三线市场加速扩张，未来三至五年，洲际集团华邑品牌主要布局二、三线城市，到 2015 年，雅高旗下的“美爵”酒店数量将扩张至 65 家，遍布中国一、二、三线城市；三是中端酒店发展迎来新高潮。希尔顿集团一方面加速奢华酒店品牌在华密集布点，另一方面则开始向二、三线市场下沉，并筹划引入旗下中端品牌；华住发力中档品牌，新增 55 个项目；锦江发力中档酒店，推有限服务新品牌等。

2. 中国饭店集团规模迅速扩大

中国饭店业继续保持健康稳定的发展，2011 年利润总额 61.43 亿元、同比上升 21.55%。伴随着行业的繁荣，中国本土酒店集团也在与国际集团的竞争中不断发展壮大，截至 2012 年，已经有两家中国的酒店集团首次进入全球 10 强。从酒店类型的布局来讲，各集团展开了不同类型酒店品牌的布局和扩张，并逐渐形成了 3 大集团阵营：全品牌型酒店集团，如锦江国际、港中旅等；高端品牌型酒店集团，如首旅建国、香格里拉集团、开元集团、万达集团等；中低档酒店集团，如如家、华住、7 天、格林豪泰等；从酒店档次来看，本土酒店管理集团中，高星级酒店的发展占据主导地位，四、五星级酒店在本土酒店管理集团中所占比例高达 70%。与此同时，经济型档次酒店只有港中旅、锦江国际等极少数集团的数量有较大增幅。而与之相对的如家、格林豪泰、7 天等经济型集团快速扩张，均已进入全球酒店集团 50 强。

2012 年以来，持续的资本注入继续推动各类本土酒店集团发展。2012 年，国内共 5 家酒店获融资，累计融资 2.88 亿美元：布丁酒店获 5000 万美元资金注入及杭州银行大额信贷资金；99 旅馆连锁获高盛 1.1 亿美元融资；桔子酒店也从凯雷集团得到了 1 亿美元融资。2003 年至今，国内酒店行业共有 39 笔融资案例发生，累计获得融资规模达 9.33 亿美元，平均单笔融资规模为 2392 万美元，其中 2007 年为近 10 年融资规模最高值，融资案例 7 起，融资规模达 3.12 亿美元。

万达集团 2013 年将新开业 20 个万达广场、17 家高星级酒店，新增持有物业面积 436.6 万平方米，同时旗下有 10 家自主品牌酒店将陆续在 2013 年下半年开业。这 10 家酒店都将由万达自主投资并管理，分别隶属万达嘉华、万达文华和万达瑞华三大品牌。未来十年，中国经济型酒店将从高速发展换挡至适度发展，如家酒店集团酒店规模将达到 5000 家。7 天将继续保持每年新增约 400 家分店的高匀速增长，有望在 2014 年将分店发展至 2000 家，未来达到 6000 家的总规模。

3. 中国制造走向世界舞台

据权威机构预测，在未来 10 ~ 15 年，中国出境游人次将从 1000 万增长到 1 亿。另外，价格指数报告显示：2010 年中国游客在海外酒店平均消费已达到世界第六位。因此，中国出境旅游的需求必然越来越旺盛。另一方面，经历了这么多年的市场洗礼，中国饭店业品牌逐步被世界认可和接纳，中国饭店集团也已经拥有了足够的资本扩张实力。随着越来越多中国游客到海外，他们面临语言、生活习惯、饮食文化等方面的不便，因此，中国酒店品牌走出国门已成必然趋势。

2013 年 4 月，开元旅业集团宣布成功收购德国法兰克福市的原金郁金香饭店。开元方面以 1050 万欧元的价格，将这家莱茵河畔拥有 17 层、248 间客房的四星级商务酒店收入囊中。作为新业主，开元将再投入 2 亿元人民币对该酒店物业进行为期一年半的全面改造，打造成东方特色浓郁的五星级酒店，高品质的中餐将成为酒店特色。预计一年半后将更名为“法兰克福开元大酒店”并开业；由北京华荣建业房地产开发有限公司投资兴建的法兰克福华荣阳光酒店 4 月 12 日在德国法兰克福封顶，计划 2014 年开业；2012 年的 12 月中旬，绿地集团与西班牙 MELIA 酒店集团开展全面战略合作，将就其旗下一家位于德国法兰克福的自有产权高端商务酒店进行全权管理，并使用绿地自主酒店品牌“铂骊”，计划于 2013 年第一季度正式挂牌营业；2012 年 7 月，锦江之星管理公司与韩国 SANGWONHOUSINGCO. LTD 公司签订特许经营合同，锦江之星品牌将正式亮相韩国。这是继菲律宾、法国项目之后，锦江之星海外发展的第三站，成为进入韩国的首家中国经济型酒店品牌；2012 年 10 月 12 日，中国内地星级连锁酒店首次走出国门到发达国家开店“淘金”，巴黎华天中国城酒店的开业成为华天集团走出国门、输出品牌和管理的第一家酒店，成为向欧洲扩张的桥头堡；而在此之前，万达、锦江系等酒店集团都没止步于在国内的发展，未来将都计划大规模进军巴黎、纽约、东京等全球的重点城市。

4. 中国饭店品牌建设意识提升

尽管我们已经有两家酒店集团成功跻身世界前十，但那更多地表现其规模之大，如何真正提高其经营水平和品牌价值，是中国酒店集团的集体思考。2012 年是一个中国酒店品牌诞生之年，中国酒店集团似乎集体觉醒，明白了酒店不光是要做规模，更要做品牌。因此纷纷推出新的自主品牌，而且几乎都是高端奢华品牌。绿地国际酒店管理集团推出了奢华品牌铂瑞和商务品牌铂骊；万达集团成立了酒店及度假村管理有限公司，并一口气推出3个酒店品牌，分别是嘉华、文华、瑞华；首旅集团在诺金亮相之前，已推出了另一个奢侈品酒店品牌——安麓，锦江国际也将在上海最高大楼的顶端建一个名为“J”的全新高端酒店。传统酒店业之外的企业除了万达、绿地，已有自主品牌的还包括碧桂园、世纪金源、今典、恒大、明宇，进行中的包括富力、世茂、花样年、海航等。分析人士表示，目前，我国本土品牌酒店扩展趋势加剧，商业地产、旅游集团等纷纷进军酒店市场，并“高调”打造自主酒店品牌，本土酒店崛起道路或不遥远。

锦江、金陵、开元、君澜等尽管是本土响当当的品牌，但目前和一些国外著名品牌还是有些差距的，特别是在客源结构上和形成连锁后，与外资知名品牌比较就不那么自信了。是什么给予他们勇气和动力，高调推出自己的品牌，他们的品牌背后的核心价值又是什么？那就是中国文化。他们不约而同地选择了中国文化，这应该是可喜可贺的，因为文化是竞争的最高境界。诺金可以说是其中的典范，将中国文化发挥利用得淋漓尽致，这从它的全球启幕仪式上就可窥见一斑。诺金将中国文化融入了骨髓里，而不是停留在表面或仅仅是符号上。

5. 国际品牌面临发展瓶颈

不可否认，登陆中国市场30年，国际酒店品牌如鱼得水取得巨大成功，这从中国各大主要城市的核心建筑上挂满国际酒店品牌就可以一目了然，况且还有每年几百亿元人民币的酒店管理费流向外资管理方。但是近几年我们常常感受到，国际品牌在国内获得巨大发展的同时越来越受到空前的挑战。最近，外资酒店品牌开始走下神坛，频频遭遇“下课”。收回外资酒店品牌管理权，自己来管理，在业内似乎正在形成一种趋势。近日闹得沸沸扬扬博人眼球的上海洲际与中国业主的1.5亿元人民币赔偿金官司就是此类摩擦的小爆发。

事实上，外资酒店管理集团“下课”的消息，近些年似乎从未间断：2008年一年内，厦门海景酒店的业主新加坡丰隆集团与洲际皇冠假日品牌分手；广州天伦万怡大酒店更名为广州建国酒店，成为首旅建国在华南地区的旗舰店；2009年，厦门索菲特大酒店改变用了1年零1个月的索菲特品牌，不再续约相关管理服务；2010年，开业5年的北京棕榈泉万豪行政公寓换牌；上海龙之梦丽晶大酒店和浦东新区的兴荣豪廷大酒店，也先后与外资酒店品牌管理方提前解约，卡尔森酒店集团麾下丽晶品牌和美国豪生品牌相继撤出。2011年8月30日，营业近6年的海南亚龙湾华宇皇冠假日酒店，被业主方三亚华宇发出解约通知书，终止了与洲际集团的酒店管理合同，由业主自己接管经营，更名为亚龙湾华宇度假酒店。

由于历史的原因，以前的国际酒店管理公司在与中国业主的谈判中处于非常强势的地位，合同对于他们是旱涝保收，即无论酒店经营状况如何，其按固定比率收取管理费，实际上表明他们不愿意与业主方共担风险，这种模式的发展从长远看势必难以为继。加之现在的中国市场环境与30年前相比已经发生了巨大的变化，欧债危机导致国际品牌发展受阻；国际品牌中国布点日益完善，相互竞争激烈，在不合适的地点开业的高端酒店将受到经营状况的检验，短期的管理费收入将带来中长期品牌形象的损失；国际品牌自身的人才危机，过快的扩张导致人力跟不上，管理人才的全面匮乏带来的是管理水平的不断下降；中国业主对国际品牌的盲目崇拜成为过去时，中国酒店业主有趋向强硬的倾向；运营中的国际品牌暴露出弱点，比如对中国市场、中国人情、中国文化研究得不透彻；本土民族品牌渐渐走向成熟也给国际酒店带来了越来越大的竞争压力。

业主与管理公司的矛盾是客观存在的，随着形势的变化，双方将再次展开博弈，以后的管理方包括国际酒店集团在商业谈判阶段，将会被越来越多地要求缴纳保证金，才有资格进入业主的候选名单，从而共担经营风险，又如日本，跨国酒店管理公司往往被要求租赁经营，风险完全在跨国管理公司。双方在以后的合作中，应该提倡求大同存小异，如果无法统一也应该好聚好散。

6. 中国饭店业投资回报面临挑战

国际酒店市场受到影响，大部分酒店集团看到了中国市场迅速增长的利润，将发展中国市场作为他们走出金融危机的救命稻草。但事与愿违，高投资与高回报并不一定就能在中国画等号。对中国市场过度竞争，加之中国地方政府的误导和房地产商别有用心的商业模式的助推等，很多综合因素导致了现在中国酒店业特别是高星级市场的供求关系失衡，饭店业的投资回报受到巨大挑战。

在各大酒店集团大手笔扩张的背后，是中国星级酒店格外灰暗的市场行情。2013 年一季度中国星级饭店客房平均出租率为 52.4%，同比 2012 年一季度的 58.19% 下降 5.19%，环比 2012 年四季度的 64.07% 下降了 11.67%；4 月份全国饭店市场总体经营情况与 2013 年 3 月份相比，饭店平均出租率、饭店平均房价和单房收益基本保持一致，客房平均收入却又有大幅度下降。

据了解，目前中国一家五星级酒店能在 10～15 年内收回投资，其平均每年正常入住率应为 70%～80%，而目前二线城市的四、五星级酒店的全年平均入住率仅为 60% 多。《2012 中国酒店市场发展概况》显示，2012 年中国奢华和超高档酒店市场以及中高端酒店市场的入住率均出现下跌，降幅分别为 2.1% 和 2.4%。业内人士预测称，到 2015 年，全国每年将新建酒店 1500 家以上，总投资额近 4000 亿元，但巨大的投资热潮并未带动起相应的需求增长。面对出租率持续下跌的事实，酒店投资者要想赚钱恐怕得等待 20 年甚至更久。当前中国酒店的投资结构亟需从档次结构、区域结构上对新增投资加以引导，对于存量饭店资产的优化整合也至关重要。

7. 人力供求失衡对行业未来造成伤害

2012 年全国酒店行业新增岗位 30 万个，当年酒店专业毕业人数只有 10 万人，而这些毕业生的很大部分不会选择从事酒店业，因为酒店行业的薪酬水平已经连续 5 年在全国所有行业排列中位列倒数第二。这就是我们的酒店行业当前面临的人力供需失衡状况。所有的企业行为都是依靠人力完成的，酒店服务业更是如此，没有优秀的管理人才和员工，如何能将完美的酒店理念传递给客人，又如何能够博得客人的满意。可以预见，如果这种失衡的人力供求关系不能得到缓解甚至解决，带给酒店业的将是持续长久的伤害。

令人欣慰的是，大家已经看到这种制约行业健康前行的人才荒，并在多方面做出积极应对。早在 2006 年，洲际集团就在中国成立了“全球英才培养学院”，近日万豪基金会又宣布，未来 5 年在“万豪中国酒店教育行动”投入 4000 万元培养中国的酒店管理人才。鉴于新一代年轻人对移动通信设备的依赖，万豪酒店集团将加重对科技的运用，例如推出中文招聘移动应用程序、新版酒店工作手机游戏等，来吸引潜在员工加入万豪，发展事业。开元集团希望找到更能吸引高才生的渠道，他们推出自己的人才招聘网站，因为他们认为年轻人更熟悉网络，同时开始尝试与高校连续举办拓展人力资源与企业推介相融合的活动。布丁酒店通过建立完善的内部晋升机制和辅助培训体系，希望依靠事业和快速晋升留下人才，现在他们 60% 的门店管理层都是通过内部晋升完成的。2012 年 9 月 14 日，教育部正式将旅游管理与工商管理并列为学科门类，酒店管理被列为旅游管理类的本科专业，酒店管理高等教育的体制改革必将对酒店业的未来发展产生积极的影响，在某种程度上也将缓解饭店业人力资源日益紧张的状况。

中国旅游饭店资讯通览
INFORMATION OF CHINA TOURIST HOTEL
2013~2014

旅游饭店基本资讯

Basic Information of Tourist Hotel

北 京

BEIJING

五星级

中国大饭店（白金五星）★★★★★
地址：朝阳区建外大街1号
电话：010－65052266
邮编：100004

丽晶酒店★★★★★
地址：东城区金宝街99号
电话：010－85221888
邮编：100005

港澳中心瑞士酒店★★★★★
地址：东城区朝阳门北大街2号
电话：010－65532288
邮编：100027

华侨大厦★★★★★
地址：东城区王府井大街2号
电话：010－58169999
邮编：100006

北京东方君悦大酒店★★★★★
地址：东城区东长安街1号
电话：010－85181234
邮编：100738

天伦王朝酒店★★★★★
地址：东城区王府井大街50号
电话：010－58168888
邮编：100006

首都大酒店★★★★★
地址：东城区前门东大街3号
电话：010－58159988
邮编：100006

北京汉华国际饭店★★★★★
地址：东城区安定门外西滨河路26号
电话：010－58139988
传真：010－58139999
邮编：100011
邮箱：pr@hotelorientalbay. com
网址：www. hotelorientalbay. com

亚洲大酒店★★★★★
地址：东城区工体北路新中西街8号
电话：010－65007788
邮编：100027

国际艺苑皇冠假日酒店★★★★★
地址：东城区王府井大街48号
电话：010－59119999
邮编：100006

北京国际饭店★★★★★
地址：东城区建国门内大街9号
电话：010－65126688
邮编：100005

好苑建国酒店★★★★★
地址：东城区建国门内大街17号
电话：010－65286666
邮编：100005

北京万豪酒店★★★★★
地址：东城区建国门南大街7号
电话：010－58118888
邮编：100005

贵宾楼饭店★★★★★
地址：东城区东长安街35号
电话：010－65137788
邮编：100006

北京饭店★★★★★
地址：东城区东长安街33号
电话：010－65137766
邮编：100004

王府半岛酒店★★★★★
地址：东城区金鱼胡同8号
电话：010－85162888
邮编：100006

新闻大厦酒店★★★★★
地址：东城区建国门内大街26号
电话：010－65211188
邮编：100005

北京励骏酒店★★★★★
地址：东城区金宝街90－92号
电话：010－85113388
邮编：100005

国宾酒店★★★★★
地址：西城区阜外大街甲9号
电话：010－58585588
邮编：100037

北京金融街威斯汀大酒店★★★★★
地址：西城区金融大街乙9号
电话：010－66068866
邮编：100140

北京金融街丽思卡尔顿酒店★★★★★
地址：西城区金城坊东街1号
电话：010－66016666
邮编：100033

北京金融街洲际酒店★★★★★
地址：西城区金融街11号
电话：010－58525888
邮编：100033

北京名人国际大酒店★★★★★
地址：朝阳区安立路99号
电话：010－58651166
邮编：100101

北京伯豪瑞廷酒店★★★★★
地址：朝阳区光华路15号院3号楼
电话：010－85885588
邮编：100026

希尔顿酒店★★★★★
地址：朝阳区东三环北路东方路1号
电话：010－58655000
邮编：100027

北京万达索菲特大饭店★★★★★
地址：朝阳区建国路93号C座
电话：010－85996666
邮编：100022

兆龙饭店★★★★★
地址：朝阳区工体北路2号
电话：010－65972299
邮编：100027

长富宫饭店★★★★★
地址：朝阳区建国门外大街26号
电话：010－58775555
邮编：100022

新云南皇冠假日酒店★★★★★
地址：朝阳区东北三环七圣中街12号
电话：010－64298888
邮编：100028

嘉里大酒店★★★★★
地址：朝阳区光华路1号
电话：010－65618833
邮编：100020

北京瑞吉酒店★★★★★
地址：朝阳区建国门外大街21号
电话：010－64606688
邮编：100020

长城饭店★★★★★
地址：朝阳区东三环北路10号
电话：010－65905566
邮编：100125

北京昆泰嘉华酒店★★★★★
地址：朝阳区朝外大街乙12号
电话：010－58285588
邮编：100020

北京千禧大酒店★★★★★
地址：朝阳区东三环中路7号
电话：010－85876888
邮编：100020

北京北辰洲际酒店★★★★★
地址：朝阳区北辰西路8号院4号楼
电话：010－84371188
邮编：100105

长安大饭店★★★★★
地址：朝阳区华威里27号
电话：010－67731234
邮编：100021

凯宾斯基饭店★★★★★
地址：朝阳区亮马桥路50号
电话：010－64653388
邮编：100125

北京五洲皇冠假日酒店★★★★★
地址：朝阳区北四环中路8号
电话：010－84982288
邮编：100101

昆仑饭店★★★★★
地址：朝阳区新源南路2号
电话：010－65903388
邮编：100004

北京国航万丽酒店★★★★★
地址：朝阳区霄云路36号
电话：010－64689999
邮编：100027

北京金茂威斯汀大饭店★★★★★
地址：朝阳区东三环北路7号
电话：010－59228888
邮编：100027

北京丽景湾国际酒店★★★★★
地址：朝阳区东四环十里堡北里28号
电话：010－85858888
邮编：100025

北京中奥马哥孛罗大酒店★★★★★
地址：朝阳区安立路78号
电话：010－59636688
邮编：100101

北京国贸大酒店★★★★★
地址：朝阳区建外大街1号
电话：010－65052299
邮编：100004

北京康源瑞廷酒店★★★★★
地址：朝阳区潘家园南里19号
电话：010－59097777
邮编：100021

北京南宫温泉度假酒店★★★★★
地址：丰台区王佐镇福宫路 39 号
电话：010－83315566
邮编：100074

北京西国贸大酒店★★★★★
地址：丰台区丰管路 16 号西国贸汽配城西侧
电话：010－83832222
邮编：100071

北大博雅国际酒店★★★★★
地址：海淀区中关村北大街 127 号
电话：010－82689999
邮编：100080

新世纪饭店★★★★★
地址：海淀区首都体育馆南路 6 号
电话：010－68492001
邮编：100044

北京中关村皇冠假日酒店★★★★★
地址：海淀区知春路 106 号
电话：010－59938888
邮编：100086

世纪金源香山商旅酒店★★★★★
地址：海淀区北正黄旗 59 号
电话：010－59898888
邮编：100093

西苑饭店★★★★★
地址：海淀区三里河路 1 号
电话：010－68313388
邮编：100044

京都信苑饭店★★★★★
地址：海淀区什坊院 6 号
电话：010－63901166
邮编：100036

北京友谊宾馆贵宾楼★★★★★
地址：海淀区中关村南大街 1 号
电话：010－68498888
邮编：100873

香格里拉饭店★★★★★
地址：海淀区紫竹院路 29 号
电话：010－68412211
邮编：100089

世纪金源大饭店★★★★★
地址：海淀区板井路 69 号
电话：010－88598888
邮编：100097

北京和园景逸大酒店★★★★★
地址：顺义区后沙峪镇裕民大街 2 号
电话：010－69457777
邮编：101318

北京龙城丽宫国际宾馆★★★★★
地址：昌平区昌平路 317 号
电话：010－80799988
邮编：102208

北京九华国际会展中心大酒店★★★★★
地址：昌平区小汤山镇葫芦河村北
电话：010－61782288
邮编：102211

北京锦江富园大酒店★★★★★
地址：大兴区经济技术开发区荣华中路 11 号
电话：010－67800888
邮编：100176

北京龙熙温泉度假酒店★★★★★
地址：大兴区庞各庄镇顺景路 8 号
电话：010－89282222
邮编：102601

瑞海姆田园度假村★★★★★
地址：密云县西大桥路 2 号
电话：010－89098888
邮编：101500

四星级

金龙建国温泉酒店★★★★
地址：东城区建国门南大街 5 号
电话：010－65286688
邮编：100005

东方花园饭店★★★★
地址：东城区东直门南大街 6 号
电话：010－64168866
邮编：100027

丽亭酒店★★★★
地址：东城区金宝街 97 号
电话：010－85221999
邮编：100006

天伦松鹤大饭店★★★★
地址：东城区灯市口大街 88 号
电话：010－58168999
邮编：100006

鑫海锦江大酒店★★★★
地址：东城区金宝街 61 号
电话：010－58163388
邮编：100005

凤展大酒店★★★★
地址：东城区安定门外大街乙 57 号
电话：010－84139999
邮编：100011

培新宾馆★★★★
地址：东城区培新街甲 5 号
电话：010－67125588
邮编：100061

新侨饭店★★★★
地址：东城区东交民巷 2 号
电话：010－65133366
邮编：100005

敦煌飞天商贸大厦★★★★
地址：东城区广渠门外南街 5 号
电话：010－67778000
邮编：100022

宝辰饭店★★★★
地址：东城区建国门内大街甲 18 号
电话：010－65266688
邮编：100005

和平宾馆★★★★
地址：东城区金鱼胡同 3 号
电话：010－65128833
邮编：100006

保利大厦★★★★
地址：东城区东直门南大街 14 号
电话：010－65001188
邮编：100027

天坛饭店★★★★
地址：东城区体育馆路 1 号
电话：010－67190666
邮编：100061

宁夏大厦★★★★
地址：东城区安定门内大街分司厅胡同 13 号
电话：010－64009999
邮编：100009

北方佳苑饭店★★★★
地址：东城区王府井大街 218－1 号
电话：010－65238888
邮编：100006

翠明庄宾馆★★★★
地址：东城区南河沿大街 1 号
电话：010－58580909
邮编：100006

内蒙古大厦★★★★
地址：东城区崇文门内大街 2 号
电话：010－65186666
邮编：100005

翔达国际商务酒店★★★★
地址：西城区广安门内大街 169 号
电话：010－83172288
邮编：100053

港中旅维景国际大酒店★★★★
地址：西城区广安门内大街 338 号
电话：010－83529999
邮编：100053

西单美爵酒店★★★★
地址：西城区宣武门内大街 6 号
电话：010－66036688
邮编：100031

建设大厦酒店★★★★
地址：西城区广莲路甲 5 号
电话：010－63986611
邮编：100055

国宏宾馆★★★★
地址：西城区木樨地北里甲 11 号
电话：010－63908866
邮编：100038

中国职工之家★★★★
地址：西城区真武庙路 1 号
电话：010－68576699
邮编：100045

前门饭店★★★★
地址：西城区永安路 175 号
电话：010－63016688
邮编：100050

深圳大厦★★★★
地址：西城区广安门外大街 1 号
电话：010－63271188
邮编：100055

民族饭店★★★★
地址：西城区复兴门内大街 51 号
电话：010－66014466
邮编：100031

国谊宾馆★★★★
地址：西城区文兴东街 1 号
电话：010－68316611
邮编：100044

广州大厦★★★★
地址：西城区西单横二条甲 3 号
电话：010－58559988

邮编：100031

金都假日饭店★★★★
地址：西城区北礼士路 98 号
电话：010－68338822
邮编：100037

国二招宾馆★★★★
地址：西城区西直门南大街 6 号
电话：010－66186688
邮编：100035

金台饭店★★★★
地址：西城区地安门西大街 38 号
电话：010－66529988
邮编：100035

德宝饭店★★★★
地址：西城区德宝新园 22 号
电话：010－68318866
邮编：100044

新大都饭店★★★★
地址：西城区车公庄大街 21 号
电话：010－68319988
邮编：100044

鼎奇龙华膳园温泉饭店★★★★
地址：朝阳区高碑店乡小郊亭村东 1376 号
电话：010－87739999
邮编：100124

建国饭店★★★★
地址：朝阳区建国门外大街 5 号
电话：010－65002233
邮编：100020

艾维克酒店★★★★
地址：朝阳区东环南路 2 号
电话：010－65661188
邮编：100022

渔阳饭店★★★★
地址：朝阳区新源西里中街 18 号
电话：010－64669988
邮编：100027

丽都维景酒店★★★★
地址：朝阳区将台路 6 号
电话：010－64376688
邮编：100004

赛特饭店★★★★
地址：朝阳区建国门外大街 22 号
电话：010－65123388
邮编：100004

国玉大酒店★★★★
地址：朝阳区安外亚运村慧忠里 19 号
电话：010－64969988
邮编：100101

西藏大厦★★★★
地址：朝阳区北四环东路 118 号
电话：010－64981133
邮编：100029

外国专家大厦★★★★
地址：朝阳区北四环中路华严北里 8 号院
电话：010－82858888
邮编：100029

光明饭店★★★★
地址：朝阳区亮马桥路 42 号院
电话：010－84418888
邮编：100125

船舶重工酒店★★★★
地址：朝阳区东三环南路 100 号
电话：010－67353366
邮编：100122

五环大酒店★★★★
地址：朝阳区东三环南路 15 号
电话：010－67626655
邮编：100021

广西大厦★★★★
地址：朝阳区潘家园华威里 26 号
电话：010－67796688
邮编：100021

京伦饭店★★★★
地址：朝阳区建国门外大街 3 号
电话：010－65002266
邮编：100020

皇家大饭店★★★★
地址：朝阳区北三环东路甲 6 号
电话：010－59223388
邮编：100028

国贸饭店★★★★
地址：朝阳区建国门外大街 1 号
电话：010－65052277
邮编：100004

元辰鑫国际饭店★★★★
地址：朝阳区裕民路 12 号
电话：010－82024488
邮编：100029

福建大厦★★★★
地址：朝阳区安贞西里三区 11 号
电话：010－64428833
邮编：100029

强强国际商务酒店★★★★
地址：朝阳区东三环南路 102 号
电话：010－87385588
邮编：100122

亮马河大厦★★★★
地址：朝阳区东三环北路 8 号
电话：010－65906688
邮编：100004

五洲大酒店★★★★
地址：朝阳区北辰东路 8 号
电话：010－84985588
邮编：100101

河南大厦★★★★
地址：朝阳区潘家园华威里 28 号
电话：010－67751188
邮编：100021

亚奥国际酒店★★★★
地址：朝阳区大屯路甲 1 号
电话：010－64874433
邮编：100101

四川五粮液龙爪树宾馆★★★★
地址：朝阳区小红门龙爪树 312 号
电话：010－87699988
邮编：100164

人济万怡酒店★★★★
地址：朝阳区京顺路 101 号
电话：010－59076666
邮编：100102

方恒假日酒店★★★★
地址：朝阳区望京阜通东大街 6 号院 3 号楼
电话：010－64733333
邮编：100102

新大宗饭店★★★★
地址：朝阳区麦子店街 58 号
电话：010－65068888
邮编：100125

珀丽酒店★★★★
地址：朝阳区将台西路 8 号
电话：010－59602288
邮编：100016

大方饭店★★★★
地址：丰台区西客站南广场东侧
电话：010－63362288
邮编：100055

南粤苑宾馆★★★★
地址：丰台区南三环西路 86 号
电话：010－58053333
邮编：100070

江西大酒店★★★★
地址：丰台区东铁匠营横一条 8 号
电话：010－67608866
邮编：100079

北京商务会馆★★★★
地址：丰台区右安门外玉林里 1 号
电话：010－63292244
邮编：100069

建银饭店★★★★
地址：丰台区西站南路 2 号
电话：010－63266633
邮编：100073

好特热国际商务会馆★★★★
地址：丰台区方庄芳星园二区 12 号
电话：010－67655777
邮编：100078

中成天坛假日酒店★★★★
地址：丰台区定安东里 1 号
电话：010－67626688
邮编：100075

万方苑商务酒店★★★★
地址：丰台区南三环西路 4 号院 1 号楼
电话：010－67526666
邮编：100068

万商花园酒店★★★★
地址：石景山区银河大街 1 号
电话：010－68681199
邮编：100043

锡华海体商务酒店★★★★
地址：海淀区西苑操场 15 号
电话：010－62646688
邮编：100080

新疆饭店★★★★
地址：海淀区三里河路 7 号
电话：010－68335599
邮编：100044

西郊宾馆★★★★
地址：海淀区王庄路 18 号
电话：010－62322288
邮编：100083

金龙潭大饭店★★★★
地址：海淀区西三环北路 71 号
电话：010－88811188
邮编：100089

紫光国际科技交流中心★★★★
地址：海淀区中关村东路1号院
电话：010－62791888
邮编：100084

香山饭店★★★★
地址：海淀区香山公园内
电话：010－62591166
邮编：100093

中苑宾馆★★★★
地址：海淀区西直门外高粱桥斜街18号
电话：010－51568888
邮编：100081

中裕世纪大酒店★★★★
地址：海淀区莲花池东路31号
电话：010－63989999
邮编：100038

紫金丽亭酒店★★★★
地址：海淀区西翠路17号
电话：010－68130088
邮编：100036

梅地亚中心★★★★
地址：海淀区复兴路乙11号
电话：010－68514422
邮编：100038

金泰海博大酒店★★★★
地址：海淀区西四环北路136号
电话：010－88461188
邮编：100097

铁道大厦★★★★
地址：海淀区北蜂窝102号
电话：010－51879199
邮编：100038

永兴花园饭店★★★★
地址：海淀区阜城路101号
电话：010－88111188
邮编：100124

燕山大酒店★★★★
地址：海淀区中关村大街甲38号
电话：010－62563388
邮编：100086

皇苑大酒店★★★★
地址：海淀区西三环北路厂洼19号
电话：010－68413388
邮编：100089

景明园宾馆★★★★
地址：海淀区香山正白旗52号
电话：010－62871117
邮编：100093

首农香山会议中心★★★★
地址：海淀区香山北辛村28号
电话：010－62598788
邮编：100093

海淀花园饭店★★★★
地址：海淀区花园东路30号
电话：010－62011188
邮编：100191

友谊宾馆★★★★
地址：海淀区中关村南大街1号
电话：010－68498888
邮编：100873

万寿宾馆★★★★
地址：海淀区万寿路甲12号
电话：010－68132266
邮编：100036

长峰假日酒店★★★★
地址：海淀区永定路50号
电话：010－68132299
邮编：100039

海润酒店★★★★
地址：海淀区海淀南路36号
电话：010－82669999
邮编：100080

丽亭华苑酒店★★★★
地址：海淀区知春路25号
电话：010－82356699
邮编：100083

金码大酒店★★★★
地址：海淀区学清路甲38号
电话：010－62328899
邮编：100083

湖北大厦★★★★
地址：海淀区中关村南大街36号
电话：010－62172288
邮编：100081

中土大厦★★★★
地址：海淀区北蜂窝6号
电话：010－51818888
邮编：100038

龙泉宾馆★★★★
地址：门头沟区水闸北路21号
电话：010－69843366
邮编：102300

云泽山庄★★★★
地址：房山区张坊镇穆家口村北
电话：010－61344666
邮编：102409

天湖会议中心★★★★
地址：房山区青龙湖镇小苑上村150号
电话：010－60322266
邮编：102471

昊天假日酒店★★★★
地址：房山区良乡拱辰北大街1号
电话：010－89350800
邮编：102488

汇豪国际酒店★★★★
地址：房山区窦店镇窦大路甲8号
电话：010－69399999
邮编：102433

通州运河苑度假村★★★★
地址：通州区宋庄镇白庙村
电话：010－89579999
邮编：101118

月亮河温泉假日度假村★★★★
地址：通州区东关大桥东月亮河河滨路1号
电话：010－89523737
邮编：101100

亚太花园酒店★★★★
地址：通州区玉桥西路103号
电话：010－81528822
邮编：101101

国都大饭店★★★★
地址：顺义区首都国际机场小天竺路9号
电话：010－64565588
邮编：100621

金宝花园酒店★★★★
地址：顺义区马坡镇金宝会馆1103号
电话：010－69406060
邮编：101300

京林空港培训中心★★★★
地址：顺义区首都机场南平东里乙1号
电话：010－64572626
邮编：100621

顺鑫绿色度假村★★★★
地址：顺义区李遂镇西
电话：010－89485588
邮编：101300

丰荣君华酒店★★★★
地址：顺义区首都机场国门商务区李天路27号
电话：010－81463366
邮编：101317

春晖园温泉度假酒店★★★★
地址：顺义区高丽营镇高泗路37号
电话：010－69454433
邮编：101303

东方嘉宾国际酒店★★★★
地址：顺义区仁和镇东方太阳城社区
电话：010－89431700
邮编：101300

蟒山旅游度假村★★★★
地址：昌平区南邵镇蟒山路8号
电话：010－60713899
邮编：102200

碧水饭店★★★★
地址：昌平区回龙观镇碧水庄园碧水大厦
电话：010－80729988
邮编：102206

居庸关长城古客栈★★★★
地址：昌平区南口镇居庸关内
电话：010－69778888
邮编：102202

金隅凤山温泉度假村★★★★
地址：昌平区蟒山路10号
电话：010－60711188
邮编：102200

静之湖度假酒店★★★★
地址：昌平区兴寿镇桃峪口
电话：010－61709988
邮编：102212

汤山假日会议中心★★★★
地址：昌平区小汤山镇中心街西端
电话：010－61785522
邮编：102211

拉斐特城堡酒店★★★★
地址：昌平区北七家镇
电话：010－89758866
邮编：102209

昆泰嘉禾酒店★★★★
地址：昌平区回龙观西大街107号
电话：010－59910088
邮编：102208

温都水城国际酒店★★★★
地址：昌平区宏福创业园
电话：010－81788888
邮编：102209

九华山庄★★★★
地址：昌平区小汤山镇葫芦河村北
电话：010－61782288
邮编：102211

培新宾馆小汤山会议中心★★★★
地址：昌平区小汤山镇沙顺路 89 号
电话：010－61785566
邮编：102211

金池蟒山会议中心★★★★
地址：昌平区蟒山路 5 号
电话：010－60712266
邮编：102200

富来宫温泉山庄★★★★
地址：昌平区小汤山镇大柳树环岛北 200 米
电话：010－61785588
邮编：102211

阳坊大都饭店★★★★
地址：昌平区阳坊镇西贯市村
电话：010－69768880
邮编：102205

星明湖度假村★★★★
地址：大兴区魏善庄镇刘家场村南 400 米
电话：010－89231818
邮编：102611

尚都凯瑞国际酒店★★★★
地址：大兴区黄村镇兴丰大街三段 60 号
电话：010－69259999
邮编：102600

斯博瑞饭店★★★★
地址：大兴区旧宫镇南小街吉畅路 2 号
电话：010－67991919
邮编：100076

红螺园饭店★★★★
地址：怀柔区红螺东路 5 号
电话：010－60681188
邮编：101400

大雁楼宾馆★★★★
地址：怀柔区雁栖湖雁青路 15 号
电话：010－63672888
邮编：101407

圣世苑温泉大酒店★★★★
地址：延庆县东外大街 69 号
电话：010－69187775
邮编：102100

三星级

国林宾馆★★★
地址：东城区和平里七区 24 号楼
电话：010－64298800
邮编：100013

平安府宾馆★★★
地址：东城区东四十条 100 号
电话：010－57075588
邮编：100007

青蓝大厦★★★
地址：东城区东四十条 24 号
电话：010－84021155
邮编：100007

金泰绿洲大酒店★★★
地址：东城区永外彭庄甲 58 号
电话：010－83106666
邮编：100069

华风宾馆★★★
地址：东城区前门东大街 5 号
电话：010－65247311
邮编：100006

交通饭店★★★
地址：东城区体育馆西路东四块玉南街 35 号
电话：010－67196288
邮编：100061

和平里宾馆★★★
地址：东城区和平里兴化路化工大院 4 号
电话：010－64286868
邮编：100013

崇文门饭店★★★
地址：东城区崇文门西大街 2 号
电话：010－65122211
邮编：100062

首府饭店★★★
地址：东城区东四块玉南街 11 号
电话：010－67153377
邮编：100061

黄河京都大酒店★★★
地址：东城区夕照寺中街 29 号
电话：010－51335588
邮编：100061

沙滩宾馆★★★
地址：东城区沙滩后街 28 号
电话：010－84026688
邮编：100009

佳龙酒店★★★
地址：东城区朝阳门内大街 75 号
电话：010－64038888
邮编：100010

张家口饭店★★★
地址：东城区安德路甲 10 号
电话：010－64511515
邮编：100011

鸿润酒店★★★
地址：东城区白桥大街 28 号
电话：010－67196888
邮编：100062

乾元国际商务酒店★★★
地址：东城区东直门内大街 19 号
电话：010－84001999
邮编：100007

金谷琪珑酒店★★★
地址：东城区站东街 6 号
电话：010－65265588
邮编：100005

江苏大厦★★★
地址：东城区安外大街丁 88 号
电话：010－64271188
邮编：100011

和平里大酒店★★★
地址：东城区和平里北街 16 号
电话：010－84225577
邮编：100013

大宝饭店★★★
地址：东城区左安门内大街 3 号
电话：010－51233399
邮编：100061

陶然大厦★★★
地址：东城区马家堡路 1 号
电话：010－87286688
邮编：100077

深能商务酒店★★★
地址：西城区白纸坊东街甲 29 号
电话：010－63556688
邮编：100054

辽宁饭店★★★
地址：西城区德外大街 1 号
电话：010－62015588
邮编：100088

什刹海国际公寓★★★
地址：西城区地安门西大街 57 号
电话：010－83228766
邮编：100009

广安宾馆★★★
地址：西城区广安门内大街 321 号
电话：010－83153388
邮编：100053

中邮苑宾馆★★★
地址：西城区右安门内大街 17 号
电话：010－63522211
邮编：100054

诺林大酒店★★★
地址：西城区菜园北里 29 号
电话：010－63551188
邮编：100053

竹园宾馆★★★
地址：西城区旧鼓楼大街小石桥胡同 24 号
电话：010－58520088
邮编：100009

圆山大酒店★★★
地址：西城区裕民路 2 号
电话：010－62010033
邮编：100029

德胜饭店★★★
地址：西城区北三环中路 14 号
电话：010－62368866
邮编：100120

广运宾馆★★★
地址：西城区广安门外大街甲 122 号
电话：010－51936688
邮编：100055

圣豪酒店★★★
地址：西城区鸭子桥路 35 号
电话：010－51926699
邮编：100055

京滨饭店★★★
地址：西城区阜成门外大街 24 号
电话：010－68582233
邮编：100037

齐鲁饭店★★★
地址：西城区地安门西大街 103 号
电话：010－83229988
邮编：100009

气象宾馆★★★
地址：西城区马连道南街 12 号
电话：010－68406699
邮编：100055

新北纬饭店★★★
地址：西城区西经路 11 号

电话：010－63012266
邮编：100050

宣武门商务酒店★★★
地址：西城区宣武门东大街24号
电话：010－63014499
邮编：100051

展览馆宾馆★★★
地址：西城区西直门外大街135号
电话：010－68316633
邮编：100044

银龙苑宾馆★★★
地址：西城区展览馆路甲5号
电话：010－68351166
邮编：100037

西华饭店京兆分店★★★
地址：西城区煤市街81号
电话：010－52171900
邮编：100051

中油宾馆★★★
地址：西城区六铺炕二巷1号
电话：010－62045522
邮编：100120

珠穆朗玛宾馆★★★
地址：西城区鼓楼西大街149号
电话：010－64018822
邮编：100009

明苑酒店★★★
地址：西城区复兴门内大街99号
电话：010－58399999
邮编：100031

苏源大厦★★★
地址：西城区广安门外大街3号
电话：010－63267788
邮编：100055

潇湘大厦★★★
地址：西城区北纬路42号
电话：010－83161188
邮编：100050

东方饭店★★★
地址：西城区万明路11号
电话：010－63014466
邮编：100050

京民大厦★★★
地址：朝阳区华严里10号
电话：010－62020011
邮编：100029

京都苑宾馆★★★
地址：朝阳区建国门南大街8号
电话：010－65291166
邮编：100022

二十一世纪饭店★★★
地址：朝阳区亮马桥路40号
电话：010－64683311
邮编：100125

兰溪宾馆★★★
地址：朝阳区育慧南路1号
电话：010－84646377
邮编：100029

实华饭店★★★
地址：朝阳区北三环东路西坝河东里14号
电话：010－64665522
邮编：100028

中奥华美达大酒店★★★
地址：朝阳区慧忠北里214号楼
电话：010－64809988
邮编：100012

丰乐金港大酒店★★★
地址：朝阳区惠新西街1号
电话：010－64965588
邮编：100029

东方宫霄酒店★★★
地址：朝阳区关东店28号
电话：010－65068866
邮编：100020

蟹岛绿色生态农庄★★★
地址：朝阳区金盏乡蟹岛路1号
电话：010－84335566
邮编：100018

亚丁湾商务酒店★★★
地址：朝阳区民族园路9号院甲1号楼
电话：010－59360606
邮编：100029

惠侨饭店★★★
地址：朝阳区惠新东街19号
电话：010－64918811
邮编：100029

长白山国际酒店★★★
地址：朝阳区安苑北里25号
电话：010－64916677
邮编：100029

东长安饭店★★★
地址：朝阳区建国门外大街甲10号
电话：010－65686688
邮编：100022

温特莱酒店★★★
地址：朝阳区西大望路甲1号
电话：010－65812600
邮编：100026

假日花园酒店★★★
地址：朝阳区红庙柴家湾7号
电话：010－65951166
邮编：100025

首都国际机场宾馆★★★
地址：朝阳区首都国际机场内
电话：010－64577788
邮编：100621

塔里木石油酒店★★★
地址：朝阳区北沙滩5号
电话：010－64870033
邮编：100192

永安宾馆★★★
地址：朝阳区农展馆北路甲5号
电话：010－65011188
邮编：100125

贵国酒店★★★
地址：朝阳区左家庄1号
电话：010－84513388
邮编：100028

樱花宾馆★★★
地址：朝阳区和平里惠新东街17号
电话：010－64934455
邮编：100029

巴渝宾馆★★★
地址：朝阳区安外北苑路1甲1号
电话：010－52016001
邮编：100012

吉利大厦★★★
地址：朝阳区雅宝路街甲5号
电话：010－85628888
邮编：100020

明宫宾馆★★★
地址：朝阳区西坝河西里16号
电话：010－64273355
邮编：100028

胜利饭店★★★
地址：朝阳区北沙滩3号
电话：010－64871155
邮编：100192

国安宾馆★★★
地址：朝阳区关东店北街1号
电话：010－65007700
邮编：100020

碧水云天宾馆★★★
地址：朝阳区焦化路1号
电话：010－87351230
邮编：100021

交通宾馆★★★
地址：朝阳区安定门外外馆斜街3号
电话：010－85285566
邮编：100011

吐哈宾馆★★★
地址：朝阳区安苑东里三区2号
电话：010－64980077
邮编：100029

朝阳宾馆★★★
地址：朝阳区小庄金台西路8号
电话：010－65014433
邮编：100026

重庆饭店★★★
地址：朝阳区西坝河光熙门北里15号
电话：010－64228888
邮编：100028

上东国际酒店★★★
地址：朝阳区石佛营东里甲1号
电话：010－51096666
邮编：100025

长沙宾馆★★★
地址：朝阳区慧忠北里112号楼
电话：010－64800088
邮编：100012

工体运动酒店★★★
地址：朝阳区工人体育场内
电话：010－65016655
邮编：100027

大郊亭国际商务酒店★★★
地址：朝阳区广渠东路168－1号
电话：010－67729898
邮编：100022

将台酒店★★★
地址：朝阳区酒店桥路甲12号
电话：010－64345588
邮编：100016

华夏明珠宾馆★★★
地址：丰台区莲花池东路120－1号
电话：010－63955588
邮编：100055

章丘海泰饭店★★★
地址：丰台区南峰窝水口子 33 号
电话：010－63496688
邮编：100055

燕岭宾馆★★★
地址：丰台区长辛店槐树岭 4 号院
电话：010－83803355
邮编：100072

哈特商务酒店★★★
地址：丰台区广安门外菜户营东街 60 号
电话：010－63356000
邮编：100054

金三环宾馆★★★
地址：丰台区南木樨园 18 号
电话：010－67237711
邮编：100075

侨园饭店★★★
地址：丰台区安门右外开阳路 6 号
电话：010－63038861
邮编：100069

冠京饭店★★★
地址：丰台区丰北路甲 79 号
电话：010－83672999
邮编：100161

华苑饭店★★★
地址：丰台区南苑路 111 号（三营门）
电话：010－67991188
邮编：100076

洋桥大厦★★★
地址：丰台区马家堡东路 88 号
电话：010－51215588
邮编：100068

国润商务酒店★★★
地址：丰台区丰台路口 188 号
电话：010－63816666
邮编：100161

悦都大酒店★★★
地址：丰台区六里桥甲 1 号
电话：010－63497722
邮编：100161

弘利苑大厦★★★
地址：丰台区六里桥 1 号
电话：010－63367711
邮编：100161

天佑京铁饭店★★★
地址：丰台区广莲路 13 号
电话：010－63955511
邮编：100055

京燕饭店★★★
地址：石景山区石景山路 29 号
电话：010－68876666
邮编：100043

海特饭店★★★
地址：石景山区实兴东街 1 号
电话：010－68811188
邮编：100041

达园宾馆★★★
地址：海淀区福缘门 1 号
电话：010－62561115
邮编：100091

万寿庄宾馆★★★
地址：海淀区万寿路西街 7 号
电话：010－68133322
邮编：100036

大唐科苑宾馆★★★
地址：海淀区学院路 40 号三区 25 号楼
电话：010－62301018
邮编：100083

中协宾馆★★★
地址：海淀区法华寺街 22 号
电话：010－68413355
邮编：100081

物科宾馆★★★
地址：海淀区中关村南三街 8 号
电话：010－82649140
邮编：100190

五棵松饭店★★★
地址：海淀区西四环中路 19 号
电话：010－51881188
邮编：100143

凯瑞大酒店★★★
地址：海淀区复兴路 14 号
电话：010－63967640
邮编：100038

清华园宾馆★★★
地址：海淀区成府路 45－1 号
电话：010－62573355
邮编：100083

天天假日饭店★★★
地址：海淀区万寿路 17 号
电话：010－68131166
邮编：100036

上园饭店★★★
地址：海淀区高粱桥斜街 40 号
电话：010－51555599
邮编：100044

牡丹宾馆★★★
地址：海淀区花园东路 31 号
电话：010－62025544
邮编：100191

天佑丰顺宾馆★★★
地址：海淀区北蜂窝路甲 15 号
电话：010－51829000
邮编：100038

香青园商务会馆★★★
地址：海淀区蓝靛厂南路 5 号
电话：010－88446688
邮编：100097

梦溪宾馆★★★
地址：海淀区学院路 20 号
电话：010－59933000
邮编：100083

紫玉饭店★★★
地址：海淀区增光路 55 号
电话：010－68411188
邮编：100048

裕龙大酒店★★★
地址：海淀区阜成路 40 号
电话：010－68415588
邮编：100142

广东大厦★★★
地址：海淀区岭南路 36 号
电话：010－68412288
邮编：100048

资源燕园宾馆★★★
地址：海淀区颐和园路 1 号
电话：010－82629988
邮编：100080

实创西山科技培训中心★★★
地址：海淀区苏家坨镇凤凰岭路 17 号
电话：010－62459811
邮编：100194

科技会堂★★★
地址：海淀区复兴路 3 号
电话：010－68518822
邮编：100038

理工国际会议中心★★★
地址：海淀区北三环西路 66 号
电话：010－68945611
邮编：100081

瑞成大酒店★★★
地址：海淀区西翠路 9 号
电话：010－68132255
邮编：100036

北邮科技文化交流中心★★★
地址：海淀区西土城路 10 号
电话：010－52810888
邮编：100876

悦宏国际酒店★★★
地址：海淀区复兴路 65 号乙
电话：010－88278800
邮编：100036

万年青宾馆★★★
地址：海淀区西三环北路 25 号
电话：010－68421144
邮编：100089

新兴宾馆★★★
地址：海淀区西三环中路 17 号
电话：010－88236688
邮编：100036

通联太和蜀中仙大酒店★★★
地址：海淀区北蜂窝中路 17 号
电话：010－63966688
邮编：100038

松麓饭店★★★
地址：海淀区田村路 8 号
电话：010－88637878
邮编：100143

铁科嘉苑饭店★★★
地址：海淀区西直门外大柳树路 6 号
电话：010－62272288
邮编：100081

玛依塔柯酒店★★★
地址：海淀区西四环北路 6 号
电话：010－88466777
邮编：100097

颐泉山庄宾馆★★★
地址：海淀区黑山沪羊场 1 号
电话：010－62895533
邮编：100193

隆格酒店★★★
地址：海淀区牡丹北里 11 号楼
电话：010－62081177
邮编：100191

润泽嘉业大酒店★★★
地址：海淀区荷清路 3 号

电话：010－62520066
邮编：100084

卧佛山庄★★★
地址：海淀区香山卧佛寺路
电话：010－82596066
邮编：100093

中粮龙泉山庄★★★
地址：门头沟区龙泉雾北
电话：010－61886688
邮编：102300

龙世源度假村★★★
地址：门头沟区龙泉雾野溪
电话：010－61881591
邮编：102300

京西晨光饭店★★★
地址：门头沟区双峪路1号
电话：010－69858383
邮编：102300

诚通颐年山庄★★★
地址：房山区河北镇黄土坡村军工路
电话：010－66313126
邮编：102416

北方温泉会议中心★★★
地址：房山区良乡镇梅花街7号
电话：010－61353521
邮编：102401

欣福良苑假日酒店★★★
地址：房山区良乡镇苏庄东街9号
电话：010－69379208
邮编：102488

龙锐旅游度假山庄★★★
地址：房山区十渡镇七渡村二区78号
电话：010－61344488
邮编：102411

京铁车辆十渡技术培训中心★★★
地址：房山区十渡镇八渡村
电话：010－61347555
邮编：102411

圣辉度假山庄★★★
地址：房山区史家营乡圣米石塘
电话：010－60319511
邮编：102461

德宝会议中心★★★
地址：房山区良乡镇多宝路1号
电话：010－69375500
邮编：102401

惠翔园★★★
地址：房山区良乡镇固村
电话：010－81388840
邮编：102488

笔架山培训中心★★★
地址：房山区十渡镇九渡村
电话：010－61340240
邮编：102411

凯悦莱温泉会议中心★★★
地址：房山区长阳镇阳城环路16号
电话：010－80355758
邮编：102445

金桥国际酒店★★★
地址：房山区长阳镇昊天北大街48号208号楼
电话：010－80328888
邮编：102445

隆远天玑酒店★★★
地址：房山区青龙湖镇崇青水库住吧东侧
电话：010－60321888
邮编：102447

隆泽园大酒店★★★
地址：房山区良乡镇拱辰北大街33号
电话：010－89359875
邮编：102488

圣聚城大酒店★★★
地址：房山区琉璃河镇大街西侧
电话：010－89389880
邮编：102403

平西培训中心★★★
地址：房山区十渡镇十渡村
电话：010－61340888
邮编：102411

运河源酒店★★★
地址：通州区运河西大街172号
电话：010－81586668
邮编：101101

正运通酒店★★★
地址：通州区马驹桥镇杨秀店村北
电话：010－60502888
邮编：101102

东方宾馆★★★
地址：通州区车站路48号
电话：010－69546870
邮编：101100

花水湾磁化温泉度假村★★★
地址：顺义区高丽营镇七村村委会东
电话：010－69456668
邮编：101303

顺义宾馆★★★
地址：顺义区顺义府前中街3号
电话：010－69444815
邮编：101300

空港蓝天酒店★★★
地址：顺义区空港工业区A区天柱路28号
电话：010－80489108
邮编：101312

东航大酒店★★★
地址：顺义区小天竺路1号
电话：010－64575588
邮编：100621

安利隆山庄★★★
地址：顺义区龙湾屯镇山里辛庄村东
电话：010－60462323
邮编：101309

金航线国际商务酒店★★★
地址：顺义区四纬路8号
电话：010－52139999
邮编：101304

天龙宾馆★★★
地址：顺义区后沙峪枯柳树村西
电话：010－80494399
邮编：101318

望潮苑民俗度假村★★★
地址：顺义区仁和镇河南村东
电话：010－89491981
邮编：101300

豪雅商务酒店★★★
地址：顺义区天竺镇府前二街1号
电话：010－64533388
邮编：101312

东竹园宾馆★★★
地址：顺义区顺平东路3号
电话：010－69448440
邮编：101300

华清温泉宾馆★★★
地址：昌平区东小口镇中滩村东
电话：010－84826665
邮编：102218

军都旅游度假村★★★
地址：昌平区水库路12号
电话：010－60713338
邮编：102200

北方长城宾馆★★★
地址：昌平区南口镇马坊村1号
电话：010－80190398
邮编：102202

财会之家★★★
地址：昌平区城区北环路
电话：010－69716688
邮编：102200

昆钰酒店★★★
地址：昌平区沙河镇沙阳路11号
电话：010－59795238
邮编：102206

地铁度假村★★★
地址：昌平区朝凤南路7号
电话：010－60712288
邮编：102200

瑶台温泉酒店★★★
地址：昌平区崔村镇棉山村北
电话：010－60721188
邮编：102212

虎峪园林山庄★★★
地址：昌平区南口镇
电话：010－69771100
邮编：102201

富豪花园度假酒店★★★
地址：昌平区朝凤庵北路8号
电话：010－60713865
邮编：102200

阳光会议中心★★★
地址：昌平区长陵镇锥石口村北
电话：010－89721468
邮编：102213

龙山度假村★★★
地址：昌平区昌怀路153号
电话：010－89701118
邮编：102200

中石化会议中心★★★
地址：昌平区水库路21号
电话：010－60713333
邮编：102200

红栌温泉山庄★★★
地址：昌平区小汤山镇讲礼村西16号
电话：010－61786555
邮编：102211

龙脉温泉大酒店★★★
地址：昌平区小汤山镇大柳树村

电话：010－61793888
邮编：102211

星光梅地亚酒店中心★★★
地址：大兴区西红门镇北兴路（东段）2 号
电话：010－60299777
邮编：100162

龙凤轩大酒店★★★
地址：大兴区西红门镇肆村同华路 8 号
电话：010－60249999
邮编：100162

大兴宾馆★★★
地址：大兴区兴丰大街三段 118 号
电话：010－69242356
邮编：102600

兴丰团河苑会议服务中心★★★
地址：大兴区团河路 33 号
电话：010－61299988
邮编：102614

源馨德润饭店★★★
地址：大兴区旧宫镇迎宾路 2 号
电话：010－87963611
邮编：100076

红恩度假村★★★
地址：大兴区亦庄镇小羊坊中路 1 号
电话：010－87396660
邮编：100023

双阳宾馆★★★
地址：怀柔区青春路 41 号
电话：010－69642706
邮编：101400

碧湖宾馆★★★
地址：怀柔区湖光小区 37 号
电话：010－69625088
邮编：101400

松秀园度假村★★★
地址：怀柔区雁青路 13 号
电话：010－69662306
邮编：101407

宫霄雁栖商务会馆★★★
地址：怀柔区怀北镇雁秀路 6 号
电话：010－69665251
邮编：101408

湖苑山庄★★★
地址：怀柔区湖光小区 25 号
电话：010－69624871
邮编：101400

红螺钟磬山庄★★★
地址：怀柔区红螺路 5 号
电话：010－60681146
邮编：101400

团圆假日饭店★★★
地址：怀柔区青春路 45 号
电话：010－69620999
邮编：101400

中影大酒店★★★
地址：怀柔区杨宋镇凤和壹园 8 号
电话：010－61675555
邮编：101400

栖湖饭店★★★
地址：怀柔区雁栖湖雁秀路 11 号
电话：010－69661188
邮编：101408

元亨苑林山庄★★★
地址：怀柔区雁栖湖雁水路 4 号
电话：010－69661669
邮编：101408

天昊源度假村★★★
地址：平谷区峪口镇峰云街 5 号
电话：010－61988899
邮编：101205

育新苑宾馆★★★
地址：平谷区金海湖镇韩庄北街 3 号
电话：010－69991723
邮编：101201

东晓新越酒店★★★
地址：平谷区乐园西小区 17 号
电话：010－89992188
邮编：101200

碧海山庄★★★
地址：平谷区金海湖畔
电话：010－69991201
邮编：101201

南华山庄酒店★★★
地址：平谷区金海湖副坝南侧
电话：010－60980288
邮编：101201

密云水库宾馆★★★
地址：密云县溪翁庄镇溪翁庄村
电话：010－69016655
邮编：101500

世纪阳光假日酒店★★★
地址：密云县滨河路 26 号
电话：010－89088888
邮编：101500

文锦世博国际大酒店★★★
地址：密云县滨河路 46 号
电话：010－89088333
邮编：101500

云佛山旅游度假村★★★
地址：密云县溪翁庄镇东智西村
电话：010－89032255
邮编：101500

雾灵山庄★★★
地址：密云县新城子镇遥桥峪水库北
电话：010－81027777
邮编：101506

交通云蒙山庄★★★
地址：密云县水库坝西
电话：010－69010888
邮编：101512

云湖度假村★★★
地址：密云县溪翁庄镇水库内湖
电话：010－61021888
邮编：101512

金地来商务会馆★★★
地址：密云县新南路 88 号
电话：010－69050099
邮编：101500

金隅八达岭温泉度假村★★★
地址：延庆县妫水北街 1 号
电话：010－69148833
邮编：102100

中银酒店★★★
地址：延庆县庆园街 12 号
电话：010－69171701
邮编：102100

快乐假日大酒店★★★
地址：延庆县张山营镇黄柏寺村东
电话：010－51055588
邮编：102100

八达岭华风温泉大城堡★★★
地址：延庆县庆园街 2 号
电话：010－69182266
邮编：102100

二星级

开滦宾馆★★
地址：东城区永定门外松林街 9 号
电话：010－67210077
邮编：100077

盛元香江酒店★★
地址：东城区青年湖北里 5 号
电话：010－84114466
邮编：100011

瑞鑫宾馆★★
地址：东城区富建胡同甲 1 号
电话：010－65278704
邮编：100005

芳豪饭店★★
地址：东城区左安门龙潭湖百果园 15 号
电话：010－67158855
邮编：100061

前门观旗宾馆★★
地址：东城区前门东大街 18 号
电话：010－67027988
邮编：100051

永定门饭店★★
地址：东城区永外安乐林路 77 号
电话：010－51076688
邮编：100075

金泰天鑫宾馆★★
地址：东城区天坛西里 9 号
电话：010－67058727
邮编：100050

西华智德饭店★★
地址：东城区北河沿大街智德北巷 5 号
电话：010－65259966
邮编：100006

太钢宾馆★★
地址：东城区东内北小街草原胡同 10 号
电话：010－64074477
邮编：100007

侣松园宾馆★★
地址：东城区宽街板厂胡同 22 号
电话：010－64040436
邮编：100009

天讯饭店★★
地址：东城区安德路甲 61 号
电话：010－84115577
邮编：100718

紫龙宾馆★★
地址：东城区西扬威胡同甲 1 号
电话：010－64045734
邮编：100007

唐府酒店★★
地址：东城区府学胡同甲1号
电话：010－84001848
邮编：100007

东四福苑宾馆★★
地址：东城区隆福寺街95号
电话：010－84047352
邮编：100010

民服宾馆★★
地址：东城区和平里西街乙79号
电话：010－64242622
邮编：100011

礼士宾馆★★
地址：东城区东四南大街礼士胡同18号
电话：010－65220033
邮编：100010

西西里酒店★★
地址：东城区左安门内大街12号
电话：010－67107000
邮编：100021

华热宾馆★★
地址：西城区南新华街58号5层
电话：010－83152277
邮编：100052

京御园宾馆★★
地址：西城区大栅栏西街56号
电话：010－63086013
邮编：100051

京都紫禁城饭店★★
地址：西城区广安门南街48号
电话：010－51759955
邮编：100054

广安门铁路宾馆★★
地址：西城区广安门外车站东街9号
电话：010－51923966
邮编：100055

远东饭店★★
地址：西城区前门外铁树斜街90号
电话：010－51958811
邮编：100050

华利佳合商务酒店★★
地址：西城区三里河一区乙68号
电话：010－68536118
邮编：100045

府右街宾馆★★
地址：西城区太仆寺街21号
电话：010－66052277
邮编：100031

华利佳合平安里快捷酒店★★
地址：西城区群力胡同2号
电话：010－83280369
邮编：100035

瑞驰大酒店★★
地址：西城区南新华街甲1号
电话：010－63022277
邮编：100051

外事服务职业高中实习饭店★★
地址：西城区教育街1号
电话：010－66016663
邮编：100031

京海饭店★★
地址：西城区太仆寺街71号
电话：010－66018822
邮编：100031

华利佳合快捷酒店★★
地址：西城区西单北大街30号
电话：010－66078080
邮编：100032

宁波宾馆★★
地址：西城区西中胡同25号
电话：010－66080608
邮编：100031

护国寺宾馆★★
地址：西城区护国寺街125号
电话：010－59331588
邮编：100035

同和居饭店★★
地址：西城区月坛南街乙71号
电话：010－68513377
邮编：100045

石化宾馆★★
地址：西城区东京畿道10号
电话：010－66015550
邮编：100032

金泰通华盛达园饭店★★
地址：西城区复兴门外大街丁23号
电话：010－68521188
邮编：100045

银岛饭店★★
地址：西城区月坛南街32号
电话：010－68521199
邮编：100045

华利佳合鼓楼快捷酒店★★
地址：西城区鼓楼西大街62号
电话：010－64026866
邮编：100009

华利佳合鼓楼鑫园客栈★★
地址：西城区地安门外大街烟袋斜街21号
电话：010－64016972
邮编：100009

华利佳合西直门快捷酒店★★
地址：西城区西直门内大街168号
电话：010－66180227
邮编：100035

西华饭店月坛分店★★
地址：西城区月坛南街69号
电话：010－68515218
邮编：100045

天健宾馆★★
地址：西城区广安门外南街63号院
电话：010－51923531
邮编：100055

华利佳合新街口快捷酒店★★
地址：西城区新街口南大街130号
电话：010－83220816
邮编：100035

攀云酒店★★
地址：西城区阜成门外大街北营房东里8号
电话：010－88382277
邮编：100037

欣燕都酒店新街口店★★
地址：西城区新街口南大街44号
电话：010－83286661
邮编：100035

华利佳合天锋宾馆★★
地址：西城区和平门西中胡同41号
电话：010－66060022
邮编：100031

祥瑞宾馆★★
地址：西城区福长街45号
电话：010－63012233
邮编：100050

同春园饭店★★
地址：西城区新街口外大街甲14号
电话：010－62353288
邮编：100088

北纬饭店★★
地址：西城区西经路13号
电话：010－83152266
邮编：100050

航鑫园宾馆★★
地址：西城区德胜门内大街羊房胡同9号
电话：010－83223331
邮编：100009

凌奇宾馆★★
地址：西城区百万庄大街8号
电话：010－68332211
邮编：100037

金泰之家通华苑饭店★★
地址：西城区北礼士路101号
电话：010－68331155
邮编：100044

金泰之家通华苑饭店甘家口店★★
地址：西城区百万庄北里14号
电话：010－68324967
邮编：100037

金色夏日长晨园宾馆★★
地址：西城区长椿街1号
电话：010－83151230
邮编：100053

康桥饭店★★
地址：朝阳区双井北里14号
电话：010－67713355
邮编：100022

朝阳佳丽饭店★★
地址：朝阳区酒仙桥乙21号
电话：010－64363399
邮编：100016

奥亚酒店★★
地址：朝阳区北苑路169号
电话：010－64892299
邮编：100101

巨龙光电宾馆★★
地址：朝阳区酒仙桥路3号
电话：010－64303311
邮编：100015

忘归宾馆★★
地址：朝阳区化工路168号
电话：010－67379797
邮编：100023

乐游饭店★★
地址：朝阳区东三环南路13号
电话：010－67712266
邮编：100021

金泰之家宾馆★★
地址：朝阳区广和南里二条9号

电话：010－67747088
邮编：100021

圣天使酒店★★
地址：朝阳区向军北里四巷 10 号
电话：010－65919988
邮编：100020

欣燕都酒店建国门店★★
地址：朝阳区永安南里 12 号楼 8 栋
电话：010－65685577
邮编：100022

世纪经典技术培训中心★★
地址：朝阳区双桥中路 3 号
电话：010－85390885
邮编：100121

建科宾馆★★
地址：朝阳区安定门外兴化路甲 2 号
电话：010－84277799
邮编：100013

呼家楼力行宾馆★★
地址：朝阳区向军南里二巷 5 号
电话：010－65068833
邮编：100020

华通新饭店★★
地址：朝阳区工体北路 1 号
电话：010－64157766
邮编：100027

农展宾馆★★
地址：朝阳区东三环北路 16 号
电话：010－65096655
邮编：100125

芙蓉宾馆★★
地址：朝阳区朝阳路十里堡
电话：010－65572921
邮编：100025

国展宾馆★★
地址：朝阳区静安西街 10 号
电话：010－64639922
邮编：100028

呼家楼宾馆★★
地址：朝阳区向军南里二巷 5 号
电话：010－65068833
邮编：100020

市太阳宫宾馆★★
地址：朝阳区安定门外甘水桥甲 1 号
电话：010－64237722
邮编：100011

大北宾馆★★
地址：朝阳区郎家园 12 号楼
电话：010－65685511
邮编：100022

荣宝宾馆★★
地址：朝阳区日坛北路 4 号
电话：010－85634488
邮编：100020

化工大学招待所★★
地址：朝阳区北三环东路 15 号
电话：010－64432233
邮编：100029

枫林时尚酒店★★
地址：朝阳区将台路 5 号
电话：010－64322288
邮编：100015

建通鸿雁宾馆★★
地址：朝阳区酒仙桥路 5 号
电话：010－64315550
邮编：100015

东风宾馆★★
地址：丰台区西局南街甲 1 号
电话：010－63834466
邮编：100161

龙源宾馆★★
地址：丰台区菜户营东街甲 34 号
电话：010－51760808
邮编：100054

京华饭店★★
地址：丰台区永外西罗园南里 68 号
电话：010－87812211
邮编：100068

京西南宫宾馆★★
地址：丰台区云岗镇南宫市场北侧
电话：010－83310009
邮编：100074

邦泰宾馆★★
地址：丰台区西局西街 300 号
电话：010－51129968
邮编：100161

海兴大酒店★★
地址：丰台区永外大红门海户屯 166 号
电话：010－87819955
邮编：100068

鞍钢玉蜓宾馆★★
地址：丰台区蒲黄榆二里 11 号楼
电话：010－51029000
邮编：100075

吴裕隆酒店有限公司★★
地址：丰台区大红门西路 4 号
电话：010－67218686
邮编：100068

长征宾馆★★
地址：丰台区南大红门路 1 号
电话：010－68380138
邮编：100076

欣燕都酒店南站店★★
地址：丰台区马家堡东路 12 号
电话：010－51211188
邮编：100077

七台河宾馆★★
地址：丰台区右安门外开阳里二街 3 号
电话：010－63559977
邮编：100069

鼎馨缘大酒店★★
地址：丰台区丰北路 73 号
电话：010－63850088
邮编：100161

首钢总公司红楼迎宾馆★★
地址：石景山区首钢厂内
电话：010－88293435
邮编：100043

中科院高能物理研究所专家招待所★★
地址：石景山区玉泉路 19 号乙
电话：010－88233018
邮编：100049

中农研科技服务中心★★
地址：海淀区中关村南大街 12 号
电话：010－62196767
邮编：100081

台体宾馆★★
地址：海淀区高梁桥路上园村甲 4 号
电话：010－62259988
邮编：100044

金兆酒店★★
地址：海淀区学院南路明光村 1 号楼
电话：010－62279686
邮编：100039

长峰宾馆★★
地址：海淀区永定路 68 号
电话：010－68387721
邮编：100039

五道口宾馆★★
地址：海淀区成府路 23 号
电话：010－62316688
邮编：100083

文慧宾馆★★
地址：海淀区文慧园斜街 6 号
电话：010－62279158
邮编：100082

中建商务大厦★★
地址：海淀区北洼西里 12 号
电话：010－88515588
邮编：100089

鸿基世业商务酒店★★
地址：海淀区志新东路 5 号
电话：010－62321188
邮编：100083

海跃宾馆★★
地址：海淀区清河西小口路 27 号
电话：010－82900911
邮编：100096

西泰隆酒店★★
地址：海淀区闵航路 2 号
电话：010－51611900
邮编：100195

西翠宾馆★★
地址：海淀区万寿路 2 号
电话：010－51823197
邮编：100036

豪威饭店★★
地址：海淀区北太平庄路 25 号
电话：010－62014455
邮编：100088

北外宾馆★★
地址：海淀区西三环北路 19 号
电话：010－88812255
邮编：100089

鑫宇宾馆★★
地址：海淀区复兴路 63 号
电话：010－88015544
邮编：100036

松鹤山庄宾馆★★
地址：海淀区香山南路黄土坡 1 号
电话：010－62592233
邮编：100093

梅苑饭店★★
地址：海淀区高梁桥斜街甲 30 号
电话：010－62241115
邮编：100081

玉都饭店★★
地址：海淀区北洼路85号
电话：010－68428882
邮编：100142

运鸿宾馆★★
地址：海淀区志新路甲16号
电话：010－82381166
邮编：100083

灵山避暑山庄★★
地址：门头沟区清水镇江水河村
电话：010－61827933
邮编：102311

京西百花山旅游服务中心★★
地址：门头沟区清水镇百花山自然保护区内
电话：010－61826110
邮编：102311

农梦园观光旅游度假村★★
地址：门头沟区永定镇岢罗坨村1排118号
电话：010－60803985
邮编：102308

京西广播电视培训中心招待所★★
地址：门头沟区斋堂镇西斋堂村东
电话：010－69816713
邮编：102309

京西旅游培训中心★★
地址：门头沟区清水镇江水河村
电话：010－61827976
邮编：102311

教师培训中心★★
地址：门头沟区雁翅镇雁翅村公路北189号
电话：010－61830231
邮编：102305

琨樱谷山庄★★
地址：门头沟区王平镇瓜草地村
电话：010－61858898
邮编：102300

林美宾馆★★
地址：门头沟区水闸西路1号
电话：010－69820648
邮编：102300

潭柘嘉福饭店★★
地址：门头沟区潭柘寺镇潭柘寺风景区
电话：010－60862244
邮编：102800

五龙豪苑大酒店★★
地址：房山区良乡镇纸房村
电话：010－69366666
邮编：102401

燕化宾馆★★
地址：房山区燕山迎风中路4号
电话：010－69348888
邮编：102500

青年恒通酒店★★
地址：房山区良乡镇拱辰街道昊天大街188号
电话：010－51138887
邮编：102401

晚安快捷酒店★★
地址：房山区良乡镇拱辰北大街甲33号
电话：010－81311188
邮编：102488

波峰绿岛生态观光★★
地址：房山区琉璃河镇李庄村188号
电话：010－89382018
邮编：102403

普渡山庄宾馆★★
地址：房山区十渡镇西河村
电话：010－61347088
邮编：102411

山光宾馆★★
地址：房山区十渡镇八渡村
电话：010－61340762
邮编：102411

肖庄福源宾馆★★
地址：房山区阎村镇肖庄村良乡凯旋大街70号
电话：010－80333212
邮编：102488

中国原子能科学研究院招待所★★
地址：房山区新镇1号楼
电话：010－69357360
邮编：102413

长红酒店★★
地址：房山区良乡镇长虹西路55号
电话：010－69369273
邮编：102488

天龙山庄★★
地址：房山区蒲洼乡蒲洼村黄土岭
电话：010－61371400
邮编：102477

周口店天毓山庄★★
地址：房山区周口店镇辛庄村
电话：010－69305077
邮编：102405

韩村河山庄★★
地址：房山区韩村河镇韩村河村
电话：010－80380080
邮编：102423

青年假日酒店★★
地址：房山区拱辰大街长虹东路29号
电话：010－69382226
邮编：102401

泉水河会议中心★★
地址：房山区长沟镇玉簌大街69号
电话：010－61366322
邮编：102407

富德酒店★★
地址：房山区石楼镇石楼大街36号
电话：010－89305262
邮编：102422

望佛台山庄★★
地址：房山区十渡镇八渡村
电话：010－61340752
邮编：102411

福源蕙业酒店★★
地址：房山区阎村镇大十三里村南
电话：010－80332055
邮编：102488

信城宾馆★★
地址：房山区张坊镇张坊村
电话：010－61330756
邮编：102409

国达酒店★★
地址：房山区张坊镇片上村
电话：010－61331680
邮编：102409

红旗宾馆★★
地址：通州区新华南路21号
电话：010－69545536
邮编：101100

裕龙花园大酒店★★
地址：顺义区裕龙花园二区甲9号
电话：010－69445678
邮编：101300

文惠宝宾馆★★
地址：昌平区鼓楼东街36号
电话：010－69728631
邮编：102200

市锦水芙蓉大酒店★★
地址：昌平区政府街15号
电话：010－69709988
邮编：102200

红楼岛★★
地址：昌平区宏福创业园
电话：010－81786135
邮编：102209

味典方元饭店★★
地址：昌平区十三陵镇胡庄村南
电话：010－89761818
邮编：102200

太申祥和山庄★★
地址：昌平区回龙观镇北清路5号
电话：010－80719998
邮编：102206

国寿酒店★★
地址：昌平区城区镇鼓楼南大街15号
电话：010－69746346
邮编：102200

芳草渔村★★
地址：昌平区马池口镇宏道村
电话：010－60771010
邮编：102200

胜利穆斯林文化园★★
地址：昌平区阳坊镇中心街西侧
电话：010－69768782
邮编：102205

皇家艺苑小人国大酒店★★
地址：昌平区十三陵镇胡庄
电话：010－89763388
邮编：102200

明皇度假山庄★★
地址：昌平区长陵镇老君堂西沟
电话：010－60761030
邮编：102213

鲜果乐园旅游观光★★
地址：昌平区十三陵镇泰陵园村西
电话：010－89761877
邮编：102200

瀚林阁宾馆★★
地址：昌平区东小口镇天通苑六区29号楼
电话：010－84820789
邮编：102218

富顺英达农业生态观光园★★
地址：昌平区小汤山镇阿苏卫

电话：010－61793333
邮编：102211

天一方宾馆★★
地址：昌平区城北街道西关环岛东侧
电话：010－80101717
邮编：102200

奥宇大酒店★★
地址：大兴区大兴工业开发区金苑路 2 号
电话：010－61271117
邮编：102600

东方世纪骑士度假村★★
地址：大兴区北臧村镇纬四路
电话：010－60271188
邮编：102609

星美小镇酒店★★
地址：怀柔区杨宋镇凤翔二园 1 号
电话：010－61677775
邮编：101400

冠军苑宾馆★★
地址：怀柔区府前西街甲 3 号
电话：010－69626970
邮编：101400

香花村海鲜楼★★
地址：怀柔区怀柔镇大中富乐村富乐大街 2 号
电话：010－89685806
邮编：101400

鹅和鸭农庄★★
地址：怀柔区桥梓镇北宅村南
电话：010－60673136
邮编：101415

红楼饭店★★
地址：怀柔区青春路 16 号
电话：010－69624781
邮编：101400

森腾生态种植园★★
地址：怀柔区庙城镇西台下村甲 1 号
电话：010－89693966
邮编：101400

财政招待所★★
地址：怀柔区南大街 26 号
电话：010－69642227
邮编：101400

怀铁金桥宾馆★★
地址：怀柔区桥梓镇茶坞火车站北 100 米
电话：010－51048011
邮编：101402

绿茵山庄★★
地址：怀柔区庙城镇高两河村西
电话：010－60691347
邮编：101401

天地正缘饭店★★
地址：怀柔区怀柔镇刘各长 445 号
电话：010－89692578
邮编：101400

大明星度假村★★
地址：怀柔区渤海镇工业园区
电话：010－61631188
邮编：101405

华庭望怀酒店★★
地址：怀柔区南环东路东侧 100 米
电话：010－69601140
邮编：101400

双源汇饭店★★
地址：怀柔区渤海镇渤海所村东
电话：010－60631995
邮编：101405

康弘宾馆★★
地址：怀柔区南小街 17 号
电话：010－69648833
邮编：101400

朝瑜山庄假日大酒店★★
地址：怀柔区西三村
电话：010－60682918
邮编：101400

平谷小渔阳饭店★★
地址：平谷区兴谷街道谷丰路 17 号
电话：010－69951122
邮编：101200

兴云鑫座宾馆★★
地址：平谷区兴谷工业开发区南街 29 号
电话：010－69975060
邮编：101200

雨燕酒店★★
地址：平谷区市新平北路 33 号
电话：010－89988505
邮编：101200

雨萱山庄★★
地址：平谷区罗营镇上镇村南 1 号
电话：010－61969998
邮编：101207

读月山庄★★
地址：平谷区金海湖镇海子村
电话：010－69996898
邮编：101201

京水灵岫花园培训中心★★
地址：密云县新城子镇遥桥峪水库
电话：010－81021905
邮编：101506

京都第一瀑旅游度假村★★
地址：密云县石城镇柳棵峪村
电话：010－69013288
邮编：101513

密云燕山大酒店★★
地址：密云县新中街 38 号
电话：010－69040010
邮编：101500

京都盛泉度假山庄★★
地址：密云县石城镇京都第一瀑门口
电话：010－69017899
邮编：101500

密云绿化基地★★
地址：密云县石城镇核桃峪村
电话：010－61025618
邮编：101513

凤燕军都山酒家★★
地址：延庆县八达岭镇西拨子村
电话：010－69120346
邮编：102102

仁智苑酒店★★
地址：延庆县东街 27 号
电话：010－69149417
邮编：102100

新风大酒店★★
地址：延庆县延庆镇东外大街 102 号
电话：010－69147400
邮编：102100

白河水电技术培训中心★★
地址：延庆县香营乡香营村北白河管理处院内
电话：010－60161727
邮编：102104

燕春饭店★★
地址：延庆县东街 35 号
电话：010－69148261
邮编：102100

华远宾馆★★
地址：延庆县东外大街甲 80 号
电话：010－69104024
邮编：102100

鑫都富成宾馆★★
地址：延庆县妫水南街 19 号
电话：010－51058666
邮编：102100

玉都山庄宾馆★★
地址：延庆县旧县镇龙庆峡管理处院内
电话：010－69191057
邮编：102109

育新宾馆★★
地址：延庆县延庆镇香苑街 10 号
电话：010－69189462
邮编：102100

长城商务酒店★★
地址：延庆县东外大街 72 号
电话：010－51050666
邮编：102100

四时春饭店★★
地址：延庆县张山营镇韩郝庄北
电话：010－69193488
邮编：102100

妫川金谷大酒店★★
地址：延庆县延庆镇湖北西路 5 号
电话：010－69185551
邮编：102100

吉庆宾馆★★
地址：延庆县东外大街 55 号
电话：010－69101952
邮编：102101

一星级

金泰之家汇利达宾馆★
地址：东城区大羊毛胡同 17 号
电话：010－65267733
邮编：100005

建苑宾馆★
地址：西城区六部口北新平胡同 5 号
电话：010－66053161
邮编：100031

书香园宾馆★
地址：西城区北礼士路 135 号
电话：010－68351133
邮编：100037

甜水园 86 客栈★
地址：朝阳区水碓子北里 8 号楼
电话：010 - 51398686
邮编：100026

吉祥里 86 客栈★
地址：朝阳区朝外大街吉祥里 201 号楼
电话：010 - 65528732
邮编：100020

标华酒店★
地址：朝阳区红庙柴家湾 1 号
电话：010 - 65864411
邮编：100025

龙门涧度假村★
地址：门头沟区清水镇燕家台村龙门涧风景区
电话：010 - 61828116
邮编：102311

军响塔岭山庄★
地址：门头沟区斋堂镇桑峪村东
电话：010 - 61817794
邮编：102300

北体宾馆★
地址：房山区体育大学校内
电话：010 - 62989115
邮编：100084

文物局干部培训中心★
地址：房山区苏家坨镇大觉寺路 9 号
电话：010 - 62456163
邮编：100095

运 7 酒店★
地址：房山区良乡镇拱辰大街 12 号
电话：010 - 69373737
邮编：102401

隆港宾馆★
地址：房山区良乡镇南关 917 车站对面
电话：010 - 69385686
邮编：102488

昊华宾馆★
地址：房山区良乡体育场路 3 号
电话：010 - 89363366
邮编：102401

金马台山庄★
地址：房山区十渡镇五渡村
电话：010 - 61344713
邮编：102411

红螺山度假村★
地址：怀柔区红螺东路 2 号
电话：010 - 60681595
邮编：101400

龙峡饭店★
地址：怀柔区怀北镇青龙峡景区
电话：010 - 89696391
邮编：101408

桃源仙谷度假山庄★
地址：密云县石城镇南石城村
电话：010 - 61025529
邮编：101513

众德食府★
地址：密云县东门外行宫街 2 号
电话：010 - 69058011
邮编：101500

月亮湖度假山庄★
地址：密云县新城子镇曹家路民俗村东
电话：010 - 81021528
邮编：101506

荣国饭店★
地址：延庆县延庆镇高塔街 64 号
电话：010 - 69172266
邮编：102100

凯莱国际酒店管理（北京）有限公司
地址：东城区建国门内大街 18 号恒基中心
电话：010 - 65157878
邮编：100005

海航酒店（集团）有限公司
地址：朝阳区东三环北路乙 2 号海南航空大厦
电话：010 - 60195035
邮编：100027

天　津

TIANJIN

五星级

万丽天津宾馆★★★★★
地址：河西区宾水道 16 号
电话：022－58223388
邮编：300061

天津喜来登大酒店★★★★★
地址：河西区紫金山路 31 号
电话：022－27313388
邮编：300074

天津金皇大酒店★★★★★
地址：河西区南京路 20 号
电话：022－23038866
邮编：300202

天津泰达国际会馆★★★★★
地址：南开区富康路 7 号增 2 号
电话：022－58695555
邮编：300074

天津赛象酒店★★★★★
地址：南开区华苑产业园区梅苑路 8 号
电话：022－23768888
邮编：300384

天津海河假日酒店★★★★★
地址：河北区海河东路凤凰商贸广场
电话：022－26278888
邮编：300141

京津新城凯悦酒店★★★★★
地址：宝坻区周良庄珠江大道 2 号
电话：022－59211234
邮编：301811

天津泰达国际酒店暨会馆★★★★★
地址：滨海新区经济技术开发区二大街 8 号
电话：022－25326000
邮编：300457

天津万丽泰达酒店★★★★★
地址：滨海新区经济技术开发区二大街 29 号
电话：022－66218888
邮编：300457

天津瑞湾酒店★★★★★
地址：滨海新区塘沽区新港一号路 2527 号
电话：022－25780001
邮编：300456

天津滨海假日酒店★★★★★
地址：滨海新区经济技术开发区一大街 86 号
电话：022－66283388
邮编：300457

天津滨海圣光皇冠假日酒店★★★★★
地址：滨海新区空港经济区中心大道 55 号
电话：022－58678888
邮编：300308

天津滨海喜来登酒店★★★★★
地址：滨海新区经济技术开发区二大街 50 号
电话：022－65288888
邮编：300457

天津亿豪山水郡国际度假酒店★★★★★
地址：蓟县渔阳镇东大屯
电话：022－82758888
邮编：301900

四星级

天津凯悦饭店★★★★
地址：和平区解放北路 219 号
电话：022－23301234
邮编：300042

天津利顺德大饭店★★★★
地址：和平区台儿庄路 33 号
电话：022－23311688
邮编：300042

天津市天宇大酒店★★★★
地址：和平区电台道 19 号
电话：022－23603388
邮编：300070

天津岷山饭店★★★★
地址：和平区贵州路 16 号
电话：022－85588888
邮编：300051

天津利顺德大厦★★★★
地址：和平区台儿庄路 32 号
电话：022－23032888
邮编：300040

天津舒泊花园大酒店★★★★
地址：和平区荣业大街 2 号
电话：022－58997778
邮编：300021

晋滨国际大酒店★★★★
地址：和平区鞍山道 135 号
电话：022－83311818
邮编：300070

天津泰豪酒店★★★★
地址：河东区卫国道 136 号
电话：022－58228888
邮编：300161

天津财富豪为酒店★★★★
地址：河东区津塘路 79 号
电话：022－58299999
邮编：300170

天津海富新都酒店★★★★
地址：河东区卫国道 134 号
电话：022－58078888
邮编：300161

天津海景花园酒店★★★★
地址：河西区黑牛城道与解放南路交叉口
电话：022－28327788
邮编：300210

天津市美都大酒店★★★★
地址：河西区围堤道 117 号
电话：022－28361818
邮编：300074

天津津利华大酒店★★★★
地址：河西区友谊路 32 号
电话：022－28352222
邮编：300061

天津世纪酒店★★★★
地址：河西区黑牛城道 179 号
电话：022－88291888
邮编：300061

天津君豪酒店★★★★
地址：河西区环湖中路 22 号
电话：022－58198888
邮编：300060

天津市政协俱乐部★★★★
地址：河西区解放南路 273 号
电话：022－23398666
邮编：300042

天津水晶宫饭店★★★★
地址：河西区友谊路宾水道
电话：022－28356888
邮编：300074

天津汇高花园酒店★★★★
地址：南开区白堤路 236 号增 1 号
电话：022－87897777
邮编：300192

天津会宾园大酒店★★★★
地址：南开区水上公园路 46 号
电话：022－23369485
邮编：300191

天津鑫茂天财酒店★★★★
地址：南开区华苑产业园区榕苑路 1 号
电话：022－58699898
邮编：300384

天津凯德大酒店★★★★
地址：河北区自由道 15 号
电话：022－58360000
邮编：300010

天津瑞湾南苑酒店★★★★
地址：津南区双桥开发区中泽道 9 号
电话：022－88518000
邮编：300350

天津瑞景大酒店★★★★
地址：北辰区辰昌路 1260 号
电话：022－26691888
邮编：300134

天鹅湖温泉度假村★★★★
地址：武清区福源道 20 号
电话：022－82115588
邮编：301700

天津中天锦绣商务酒店★★★★
地址：滨海新区大港东环路 1 号
电话：022－59727777
邮编：300270

鲤鱼门大酒店★★★★
地址：滨海新区天津中心渔港经济区扬帆路 168 号
电话：022－67156666
邮编：300480

天津泰达中心酒店★★★★
地址：滨海新区经济技术开发区第三大街 16 号
电话：022－25206666
邮编：300457

天津胜利宾馆★★★★
地址：滨海新区塘沽津塘公路 1 号
电话：022－25345833
邮编：300451

天津惠中酒店★★★★
地址：滨海新区天津开发区第三大街南海路口芳林泰达园 A 座
电话：022－59811111
邮编：300457

天津美华酒店★★★★
地址：滨海新区经济技术开发区黄海路10号
电话：022－25281000
邮编：300457

天津君汇度假大酒店★★★★
地址：滨海新区学府路88号
电话：022－63302288
邮编：300270

天津巨川国际商务酒店★★★★
地址：滨海新区塘沽区津塘公路1155号
电话：022－66888888
邮编：300451

天津滨海建国大酒店★★★★
地址：滨海新区经济技术开发区第二大街1号
电话：022－25321177
邮编：300457

天津依兰国际酒店★★★★
地址：滨海新区盛达街39号
电话：022－59869000
邮编：300457

天津市蓟县渔阳宾馆★★★★
地址：蓟县迎宾路12号
电话：022－29142814
邮编：301900

天津宁河宾馆★★★★
地址：宁河县芦台镇光明路44号
电话：022－69559191
邮编：301500

天津市团泊湖温泉酒店★★★★
地址：静海县团泊新城东区
电话：022－68578999
邮编：301636

三星级

天津东亚大酒店★★★
地址：和平区昆明路86号
电话：022－27838888
邮编：300051

天津市友谊宾馆★★★
地址：和平区南京路94号
电话：022－23310372
邮编：300040

天津富蓝特大酒店★★★
地址：和平区新华路231号
电话：022－83326399
邮编：300041

天津第一饭店★★★
地址：和平区解放北路158号
电话：022－23309988
邮编：300042

和平宾馆★★★
地址：和平区大理道66号
电话：022－23308828
邮编：300050

天津市沃特大饭店★★★
地址：和平区湖北路23号增1－2号
电话：022－23310088
邮编：300040

天津工大碧缘宾馆★★★
地址：河东区程林庄道63号
电话：022－24518860
邮编：300160

大通会馆酒店★★★
地址：河东区中环线红星路东
电话：022－58999798
邮编：300161

天津金桥宾馆★★★
地址：河西区卫津路241号
电话：022－23540522
邮编：300074

天津凯撒皇宫大酒店★★★
地址：河西区气象台路46号
电话：022－23375995
邮编：300074

天津市体育宾馆★★★
地址：河西区宾水道西延长线
电话：022－23935800
邮编：300381

天津市柳林宾馆★★★
地址：河西区柳林东
电话：022－28124848
邮编：300222

天津科技大厦★★★
地址：河西区友谊路25号
电话：022－28358888
邮编：300201

天津市天水大酒店★★★
地址：河西区平山道25号
电话：022－58825555
邮编：300074

天津市华夏大酒店★★★
地址：南开区红旗路336号
电话：022－23361118
邮编：300190

天津夏日荷花酒店★★★
地址：南开区南马路816－1号
电话：022－87588288
邮编：300100

天津双鹿大厦★★★
地址：南开区三马路165号
电话：022－27318888
邮编：300100

天津市红楼大酒店★★★
地址：南开区卫津南路38号
电话：022－23950018
邮编：300381

天津市枫林宾馆★★★
地址：南开区宾水西道6号
电话：022－23911888
邮编：300381

天津市华城宾馆★★★
地址：南开区红旗路253号
电话：022－23369219
邮编：300191

天津正达酒店★★★
地址：河北区万柳村大街6号
电话：022－60590888
邮编：300240

天津远洋宾馆★★★
地址：河北区远洋广场5号
电话：022－24205518
邮编：300010

天津市盛佳酒店★★★
地址：红桥区丁字沽二号路39号
电话：022－26379555
邮编：300130

天津市麓琳宾馆★★★
地址：东丽区卫国道216号（余门）
电话：022－24718888
邮编：300381

银河大酒店★★★
地址：东丽区津塘公路十号桥
电话：022－24352199
邮编：300301

天津市东丽湖度假村★★★
地址：东丽区东丽湖北侧
电话：022－24888888
邮编：300300

天津宝成宾馆★★★
地址：津南区双桥河镇东泥沽村
电话：022－88698200
邮编：300352

天津月坛酒店★★★
地址：津南区咸水沽为民路四号
电话：022－28578888
邮编：300350

天津东方之珠188酒店★★★
地址：北辰区京津公路与天重道交叉口
电话：022－86562222
邮编：300400

天津万源龙顺度假庄园★★★
地址：北辰区京津公路龙顺道西口
电话：022－26888888
邮编：300400

天津市武清区雍阳宾馆★★★
地址：武清区杨村镇雍阳东道16号
电话：022－29341219
邮编：301700

天津市宝坻宾馆★★★
地址：宝坻区广川街23号
电话：022－29242828
邮编：301888

天津市金帆酒店★★★
地址：滨海新区开发区第一大街49号
电话：022－25326666
邮编：300457

天津石化天华宾馆★★★
地址：滨海新区北围堤路（西）68号
电话：022－63804780
邮编：300271

大港油田宾馆★★★
地址：滨海新区大港油田三号院
电话：022－25922233
邮编：300280

天津升云大酒店★★★
地址：滨海新区上古林海鲜街888号
电话：022－63228789
邮编：300270

天津市巨川白玉兰酒店★★★
地址：滨海新区经济技术开发区第三大街9号
电话：022－65292222
邮编：300457

夏日酒店★★★
地址：滨海新区塘沽区滨海游乐城内
电话：022 -25319118
邮编：300452

天津金世界酒店★★★
地址：滨海新区塘沽区新港二号路 2169 号
电话：022 -25788088
邮编：300456

天津市中泰大酒店★★★
地址：滨海新区塘沽区和平路 558 号
电话：022 -65271788
邮编：300450

太阳雨大酒店★★★
地址：滨海新区开发区第一大街明园路渤化小区
电话：022 -25288998
邮编：300457

海得润滋酒店★★★
地址：大港区津岐公安干警路千米桥北侧
电话：022 -59795888
邮编：300272

天津泰榕大酒店★★★
地址：滨海新区开发区第二大街 21 号
电话：022 -66289988
邮编：300457

天津凯华商务酒店★★★
地址：滨海新区塘沽区河北路望达街 566 -1 号
电话：022 -25831188
邮编：300451

塘沽远洋宾馆★★★
地址：滨海新区塘沽区新港二号路 36 号
电话：022 -25792360
邮编：300456

天津市诚实阳光大酒店★★★
地址：滨海新区新开中路 3 号
电话：022 -67183333
邮编：300480

天城度假村★★★
地址：蓟县逯庄子乡东大屯北
电话：022 -82891775
邮编：301900

天津建设大厦★★★
地址：蓟县中昌北路
电话：022 -29192222
邮编：300190

天津憩园山庄★★★
地址：蓟县管庄镇营房村北
电话：022 -29821930
邮编：301915

天津市宁河县贵达宾馆★★★
地址：宁河县苗庄镇刘庄村
电话：022 -69226666
邮编：301500

二星级

天津内蒙古金马宾馆★★
地址：河东区华兴街 24 号
电话：022 -60531688
邮编：300011

天津市赣津饭店★★
地址：河东区新开路 136 号
电话：022 -24410098
邮编：300011

天津中汽世纪酒店★★
地址：河东区程林庄道天山路口
电话：022 -84770101
邮编：300162

天津金竹宾馆★★
地址：河西区尖山路 2 号
电话：022 -28310391
邮编：300211

天津市中冀宾馆★★
地址：河西区围堤道 1 号
电话：022 -28311186
邮编：300211

天津津利华名家酒店★★
地址：河西区浦口道 28 号
电话：022 -23302222
邮编：300203

天津东丽智选假日酒店★★
地址：东丽区津塘 2 线 1 号
电话：022 -84808888
邮编：300300

天津宝坻长城宾馆★★
地址：宝坻区钰华街 43 号
电话：022 -29220997
邮编：301800

鸿发花园酒店★★
地址：滨海新区塘沽区中心北路 22 号
电话：022 -66305888
邮编：300451

天津城市驿栈商务酒店★★
地址：滨海新区牌坊东街 24 号
电话：022 -25690038
邮编：300480

成鸿宾馆★★
地址：滨海新区塘沽区中心北路 2 -55 号
电话：022 -66306060
邮编：300451

天津市蓟县四方台宾馆★★
地址：蓟县县城迎宾路县委党校院内
电话：022 -82830066
邮编：301900

天津市静海县贾苑大酒店★★
地址：静海县城东方红路 50 号
电话：022 -28946341
邮编：301600

一星级

静海宾馆★
地址：静海县静文路 20 号
电话：022 -28941097
邮编：301600

河　北

HEBEI

五星级

河北世纪大饭店★★★★★
地址：石家庄市中山西路 145 号
电话：0311－87036699
邮编：050051

石家庄中茂海悦酒店★★★★★
地址：石家庄市裕华区育才街 168 号
电话：0311－85255555
邮编：050021

石家庄世贸广场酒店有限公司★★★★★
地址：石家庄市中山东路 303 号
电话：0311－86678888
邮编：050011

秦皇岛海景酒店有限公司海景假日酒店★★★★★
地址：秦皇岛市海港区东港路 25 号
电话：0335－3430888
邮编：066002

秦皇岛大酒店★★★★★
地址：秦皇岛市海港区迎宾路 96 号
电话：0335－3855088
邮编：066000

秦皇岛秦皇国际大酒店★★★★★
地址：秦皇岛市海港区文涛路 2 号
电话：0335－8368888
邮编：066004

河北唐山锦江国际饭店★★★★★
地址：唐山市新华西道 136 号
电话：0315－5902000
邮编：063000

渤海国际会议中心有限公司★★★★★
地址：唐山市曹妃甸区渤海大道 9 号
电话：0315－8898866
邮编：063200

首钢迁安迎宾馆★★★★★
地址：唐山市迁安市黄台湖景区 3 号岛
电话：0315－4662401
邮编：064400

廊坊国际饭店★★★★★
地址：廊坊市和平路 81 号甲
电话：0316－2173456
邮编：065000

廊坊三河福成国际大酒店★★★★★
地址：廊坊市三河市燕郊经济开发区 102 国道北侧
电话：0316－3386666
邮编：065200

廊坊艾力枫社酒店★★★★★
地址：廊坊市开发区友谊路
电话：0316－6069555
邮编：065000

廊坊阿尔卡迪亚国际酒店有限公司★★★★★
地址：廊坊市开发区祥云道 83 号
电话：0316－2509898
邮编：065000

保定电谷国际酒店★★★★★
地址：保定市朝阳北大街 1888 号
电话：0312－8631610
邮编：071051

保定秀兰饭店★★★★★
地址：保定市新市区乐凯南大街 388 号
电话：0312－3277888
邮编：071000

保定星光国际商务酒店★★★★★
地址：保定市朝阳北大街 999 号
电话：0312－3102226
邮编：071500

保定河北卓正国际酒店★★★★★
地址：保定市七一东路 2358 号
电话：0312－3358888
传真：0312－3358998
邮编：071000
网址：www. zhuozhenghotel. com

沧州金狮国际酒店★★★★★
地址：沧州市运河区迎宾道
电话：0317－5630888
邮编：061000

沧州阿尔卡迪亚国际酒店★★★★★
地址：沧州市黄河西路
电话：0317－5258888
邮编：061001

沧州临港盛泰名人大酒店有限公司★★★★★
地址：沧州市渤海新区中捷产业园区赵黄公路南
电话：0317－8579999
邮编：061113

邯郸兴华财富集团武安财富国际酒店有限公司★★★★★
地址：邯郸市武安市放射路 1 号
电话：0310－57188888
邮编：056300

四星级

石家庄河北金圆大厦★★★★
地址：石家庄市中华北大街 3 号
电话：0311－88614699
邮编：050000

石家庄河北燕山大酒店★★★★
地址：石家庄市裕华西路 40 号
电话：0311－87012233
邮编：050000

石家庄新时代大饭店有限公司★★★★
地址：石家庄市自强路 37 号
电话：0311－89161013
邮编：050000

石家庄河北建投能源投资股份有限公司国际大厦★★★★
地址：石家庄市中山东路 301 号
电话：0311－85919999
邮编：050011

石家庄河北汇文大酒店有限责任公司★★★★
地址：石家庄市桥西区站前街 6 号
电话：0311－87865601
邮编：050000

石家庄美丽华大酒店有限公司★★★★
地址：石家庄市体育北大街 56 号
电话：0311－86915555
邮编：050011

石家庄西美商务酒店★★★★
地址：石家庄市建设南大街 6 号
电话：0311－86918888
邮编：050011

石家庄河北正华饮食有限公司国豪大酒店★★★★
地址：石家庄市正定县华安西路 37 号
电话：0311－88017777
邮编：050800

石家庄亚太大酒店★★★★
地址：石家庄市青园街 215 号
电话：0311－85999999
邮编：050021

石家庄正定金星假日大酒店有限公司★★★★
地址：石家庄市正定县旺泉南街 58 号
电话：0311－88258888
邮编：050800

石家庄凯旋金悦酒店管理有限公司★★★★
地址：石家庄市长安区东大街 9 号
电话：0311－85268888
邮编：050011

石家庄平山县西苑温泉度假村★★★★
地址：石家庄市平山县温塘镇
电话：0311－82813188
邮编：050402

石家庄河北中国大酒店★★★★
地址：石家庄市桥西区自强路 127 号
电话：0311－87025931
邮编：050051

石家庄国宾大酒店有限公司★★★★
地址：石家庄市中山东路 99 号
电话：0311－86911998
邮编：050011

石家庄新东方商务酒店有限公司★★★★
地址：石家庄市高开区黄河大道 141 号
电话：0311－85383131
邮编：050035

石家庄银河宾馆★★★★
地址：石家庄市桥东区四中路 10 号
电话：0311－85986666
邮编：050011

石家庄平山河北野生原度假村有限公司★★★★
地址：石家庄市平山县钢城路北行 3 公里
电话：0311－82886659
邮编：050400

石家庄平山河北白鹿温泉旅游度假股份有限公司★★★★
地址：石家庄市平山县温塘镇鹿台村
电话：0311－82800888
邮编：050402

石家庄正定河北欧景假日酒店有限公司★★★★
地址：石家庄市正定国际机场内
电话：0311－88297888
邮编：050800

石家庄平山县旅游服务中心★★★★
地址：石家庄市平山县温塘镇焦家庄石闫路南
电话：0311－82817667
邮编：050400

石家庄高新区唐宁汇酒店★★★★
地址：石家庄市高新区湘江道16号
电话：0311－85283333
邮编：050035

石家庄市京州国际酒店管理有限公司★★★★
地址：石家庄市裕华区裕华东路177号
电话：0311－80777777
邮编：050000

石家庄市燕春花园酒店★★★★
地址：石家庄市中山东路195号
电话：0311－86671188
邮编：050011

张家口市东升房地产开发有限公司国宾东升大酒店★★★★
地址：张家口市桥东区胜利北路2号
电话：0313－2108888
邮编：075000

张家口蓝鲸大厦餐饮娱乐有限公司★★★★
地址：张家口市桥东区胜利中路12号
电话：0313－4083802
邮编：075000

张家口市宣化宾馆★★★★
地址：张家口市宣化区宣府大街59号
电话：0313－3181888
邮编：075100

张家口蔚县新蔚州宾馆★★★★
地址：张家口市蔚县蔚州镇和平路中段
电话：0313－7239998
邮编：075700

张家口金凤大厦有限公司★★★★
地址：张家口市桥西区古宏大街26号
电话：0313－8088888
邮编：075000

张家口市宣化世纪千朝酒店有限公司★★★★
地址：张家口市宣化区中山大街10号
电话：0313－3582222
邮编：075000

张家口张北盛世景源大酒店★★★★
地址：张家口市张北县张北207线西侧
电话：0313－5231000
邮编：076450

张家口蔚县正和饭店★★★★
地址：张家口市蔚县蔚州镇正和路1号
电话：0313－7238890
邮编：075700

张家口市宏昌实业有限责任公司艺海商务会馆★★★★
地址：张家口市高新区市府东大街8号
电话：0313－4025999
邮编：075000

张家口涿鹿中华大酒店有限公司★★★★
地址：张家口市涿鹿县轩辕西路1号
电话：0313－6299988
邮编：075600

张家口崇礼容辰国际假日酒店管理有限责任公司★★★★
地址：张家口市崇礼县裕兴路21号
电话：0313－5699999
邮编：076350

张家口张北宏昊餐饮娱乐有限公司★★★★
地址：张家口市张北县中都大街
电话：0313－5399999
邮编：076450

承德云山饭店有限公司★★★★
地址：承德市半壁山路2号
电话：0314－2055588
邮编：067000

承德盛华大酒店★★★★
地址：承德市武烈路22号
电话：0314－2271118
邮编：067000

承德宾馆★★★★
地址：承德市南营子大街19号
电话：0314－5901888
邮编：067000

承德市森林旅游有限责任公司锦江（文冠）饭店★★★★
地址：承德市环城南路99号
电话：0314－2295588
邮编：067000

承德天宝矿业集团有限公司天宝假日酒店★★★★
地址：承德市双桥区新华路新花园A座
电话：0314－2090608
邮编：065201

承德京城大酒店有限公司★★★★
地址：承德市双桥区半壁山路12号
电话：0314－2255999
邮编：067000

承德市乾阳大酒店★★★★
地址：承德市双桥区普乐北路8号
电话：0314－5565098
邮编：067000

承德宽城天宝酒店★★★★
地址：承德市宽城满族自治县宽城镇民族街
电话：0314－6638877
邮编：067600

承德丰宁东杉坝上草原假日酒店★★★★
地址：承德市丰宁县大滩镇北三公里
电话：0314－8288888
邮编：068357

承德隆化鑫源房地产开发集团有限责任公司阳光假日酒店★★★★
地址：承德市隆化县隆化镇英雄广场东侧
电话：0314－6012955
邮编：068150

承德平泉客官（国际）饭店有限公司★★★★
地址：承德市平泉县兴平南路
电话：0314－6066789
邮编：067500

承德市平泉县泽州大酒店★★★★
地址：承德市平泉县平泉镇渝州中路
电话：0314－6059999
邮编：067500

秦皇岛国际饭店★★★★
地址：秦皇岛市文化北路303号
电话：0335－3083083
邮编：066000

秦皇岛市长城酒店★★★★
地址：秦皇岛市海港区燕山大街202号
电话：0335－3061666
邮编：066001

秦皇岛市山海关海盛花园酒店★★★★
地址：秦皇岛市山海关区海西路118号
电话：0335－5168168
邮编：066200

秦皇岛国贸饭店★★★★
地址：秦皇岛市港城大街208号
电话：0335－3201888
邮编：066001

秦皇岛昌黎北京电视台黄金海岸培训中心★★★★
地址：秦皇岛市昌黎县黄金海岸一经路40号
电话：0335－2288999
邮编：066607

秦皇岛晨砻大酒店★★★★
地址：秦皇岛市海港区建设大街东段89号
电话：0335－3108888
邮编：066003

秦皇岛北戴河海滨花园大酒店★★★★
地址：秦皇岛市北戴河区海滨安四路54号
电话：0335－5929000
邮编：066100

秦皇岛北戴河新华假日酒店管理有限公司★★★★
地址：秦皇岛市北戴河区安二路2号
电话：0335－4280888
邮编：066100

秦皇岛市北戴河幸运国际大酒店★★★★
地址：秦皇岛市北戴河区西经路6号
电话：0335－4020555
邮编：066100

秦皇岛河北建投山海假日酒店有限公司★★★★
地址：秦皇岛市山海关区古城西大街6号
电话：0335－5352883
邮编：066200

秦皇岛北戴河北华园观海酒店有限公司★★★★
地址：秦皇岛市北戴河区东海滩路1号
电话：0335－4680666
邮编：066100

秦皇岛华北电网有限公司北戴河疗养院★★★★
地址：秦皇岛市北戴河区联峰路163号
电话：0335－4032555
邮编：066100

秦皇岛市怪楼奇园大酒店有限公司★★★★
地址：秦皇岛市北戴河区联峰中路106号
电话：0335－4683666
邮编：066100

秦皇岛金台度假酒店★★★★
地址：秦皇岛市北戴河中海滩支路2号
电话：0335－4681888
邮编：066100

唐山乐亭承启大酒店★★★★
地址：唐山市乐亭县乐亭镇大钊路21号
电话：0315－4627777
邮编：063600

唐山迁安锦江饭店★★★★
地址：唐山市迁安市燕山大路南段路西
电话：0315－7286666
邮编：064400

唐山锦江贵宾楼饭店★★★★
地址：唐山市建设南路 46 号
电话：0315－3729500
邮编：063000

唐山海澳商贸有限公司海澳大酒店分公司★★★★
地址：唐山市曹妃甸区桥西街长丰路北
电话：0315－8758666
邮编：063200

唐山昌盛房地产开发有限公司海港昌盛国际酒店分公司★★★★
地址：唐山市海港开发区港福街南侧海平路西侧
电话：0315－2925588
邮编：063611

唐山迁安市艳春楼大酒店★★★★
地址：唐山市迁安市杨店子镇滨河村路北
电话：0315－7282499
邮编：064404

唐山迁安九江大酒店★★★★
地址：唐山市迁安市丰乐大路 1085 号
电话：0315－7286818
邮编：064400

唐山新华大酒店有限责任公司★★★★
地址：唐山市路北区新华东道 105 号
电话：0315－3721110
邮编：063000

唐山迁西亚滦湾度假酒店★★★★
地址：唐山市迁西县小黑汀北
电话：0315－5970888
邮编：064300

廊坊天都大酒店★★★★
地址：廊坊市广阳道 188 号
电话：0316－2339998
邮编：065000

廊坊三河思菩兰国际会议中心★★★★
地址：廊坊市三河市燕郊镇开发区 102 国道南侧
电话：0316－3315988
邮编：065201

廊坊三河汇福餐饮有限公司★★★★
地址：廊坊市三河市燕郊镇汇福路 8 号（北京东燕郊经济开发区）
电话：0316－3388205
邮编：65201

廊坊河北信达金建投资有限公司京东第一温泉宾馆★★★★
地址：廊坊市大厂回族自治县工业园区
电话：0316－8865510
邮编：065301

廊坊市和平饭店有限公司★★★★
地址：廊坊市广阳区和平路 99 号
电话：0316－2055555
邮编：065000

廊坊霸州市国际酒店有限公司★★★★
地址：廊坊市霸州市金康东道 258 号
电话：0316－7285539
邮编：065700

廊坊霸州市海悦酒店管理有限公司★★★★
地址：廊坊市霸州市开发区 106 国道西侧环保局南
电话：0316－7863555
邮编：065700

廊坊御龙大酒店★★★★
地址：廊坊市永兴路 88 号
电话：0316－4442290
邮编：065000

廊坊三河市燕龙绿色生态园有限公司★★★★
地址：廊坊市三河市燕郊高开区思蓓兰路南 600 米
电话：0316－3302599
邮编：065201

保定中银大厦★★★★
地址：保定市朝阳南大街 16 号
电话：0312－3098130
邮编：071051

涿州河北诚信大厦有限责任公司★★★★
地址：保定市涿州市建设东路 410 号
电话：0312－6676891
邮编：072750

涿州市水岸花城商务酒店有限公司★★★★
地址：涿州市城西北街 252 号
电话：0312－6671585
邮编：072750

保定国际俱乐部★★★★
地址：保定市天鹅西路 199 号
电话：0312－3169999
邮编：071051

保定恒通财富中心酒店有限公司★★★★
地址：保定市高开区朝阳北大街 709 号
电话：0312－3321666
邮编：071051

保定华中假日酒店★★★★
地址：保定市高开区朝阳北大街 969 号
电话：0312－3106682
邮编：071000

保定市世纪花园酒店有限责任公司★★★★
地址：保定市建华大街 359 号
电话：0312－5927723
邮编：071000

保定涞水山水一方酒店★★★★
地址：保定市涞水县三坡镇
电话：0312－4563688
邮编：074104

保定涞水盛世国际酒店★★★★
地址：保定市涞水县府前街 168 号
电话：0312－4538300
邮编：074100

保定定州国际酒店★★★★
地址：保定市定州市中山东路 1 号
电话：0312－2398888
邮编：073000

保定高阳康恩国际商务酒店★★★★
地址：保定市高阳县宏润大街 18 号
电话：0312－6638918
邮编：071500

保定徐水金浪屿国际酒店★★★★
地址：保定市徐水县商业城南门
电话：0312－8660117
邮编：072550

保定白沟鹏飞伟业大酒店★★★★
地址：保定市白沟镇富民路 123 号
电话：0312－6398888
邮编：074004

保定定兴四季经典酒店★★★★
地址：保定市定兴县开发区朝阳东路
电话：0312－5870996
邮编：072650

沧州任丘市新世纪国际酒店有限公司★★★★
地址：沧州市任丘市会战道总部桥头
电话：0317－3333333
邮编：062550

沧州任丘市五洲大酒店有限责任公司★★★★
地址：沧州市任丘市裕华中路 2 号
电话：0317－3388666
邮编：062550

沧州肃宁华阳大酒店★★★★
地址：沧州市肃宁县泽城东路
电话：0317－5019999
邮编：062350

沧州颐和大酒店★★★★
地址：沧州市运河区西二环颐和庄园内
电话：0317－5528368
邮编：061000

沧州黄骅神华海港国际饭店★★★★
地址：沧州市渤海新区
电话：0317－5387555
邮编：061113

沧州东光富翔大酒店★★★★
地址：沧州市东光县东光镇茧城大街东段
电话：0317－7898466
邮编：061600

沧州市迎宾馆★★★★
地址：沧州市新华东路 15 号
电话：0317－3054010
邮编：061000

沧州黄骅市华悦凯旋大酒店★★★★
地址：沧州市黄骅市神华大街
电话：0317－5232869
邮编：062100

沧州颐和会馆★★★★
地址：沧州市运河区朝阳路颐和广场 5－17 号
电话：0317－2127090
邮编：061000

沧州黄骅市金都花园酒店★★★★
地址：沧州市黄骅市神华大街
电话：0317－5312691
邮编：062100

沧州任丘华北油田宾馆★★★★
地址：沧州市任丘市总部桥头
电话：0317－2754888
邮编：062552

沧州洋帆大酒店★★★★
地址：沧州市浮阳北大道 16 号
电话：0317－2077598
邮编：061001

沧州献县河北银都温泉假日酒店★★★★
地址：沧州市献县南环路 1 号
电话：0317－4596666
邮编：062250

沧州宏达房地产开发有限公司宏泰大酒店分公司★★★★
地址：沧州市浮阳南大道 11 号

电话：0317－3776666
邮编：061001

沧州南皮县信和大酒店有限公司★★★★
地址：沧州市南皮县金刚中路159号
电话：0317－8568888
邮编：061500

衡水阳光大酒店有限责任公司★★★★
地址：衡水市新华中路158号
电话：0318－2113426
邮编：053000

衡水市人民政府招待处★★★★
地址：衡水市人民西路69号
电话：0318－6888888
邮编：053000

邢台河北辰光集团有限公司辰光大酒店★★★★
地址：邢台市中兴西大街319号
电话：0319－2120045
邮编：054001

邢台冀中能源股份有限公司金牛大酒店★★★★
地址：邢台市桥西区中兴西大街193号
电话：0319－2098013
邮编：054000

邢台玉泉山康年酒店有限公司★★★★
地址：邢台市邢台县皇寺镇玉泉山高尔夫别墅区
电话：0319－2819174
邮编：054001

邢台宁晋山水假日酒店★★★★
地址：邢台市宁晋县凤凰北路546号
电话：0319－5689605
邮编：055550

邢台清河宾馆有限公司★★★★
地址：邢台市清河县祥和大街36号
电话：0319－8299999
邮编：054800

邢台沙河华沙大酒店★★★★
地址：邢台市沙河市京广路389号
电话：0319－8700037
邮编：054100

邢台威县河北华威酒店有限公司★★★★
地址：邢台市威县团结路北侧
电话：0319－6126666
邮编：054700

邢台盛都温泉假日酒店有限公司★★★★
地址：邢台市桥东区京港澳高速公路以西邢台高速北下道北侧
电话：0319－3926666
邮编：054001

邯郸宾馆★★★★
地址：邯郸市中华南大街74号
电话：0310－2113888
邮编：056002

邯郸赵王宾馆有限公司★★★★
地址：邯郸市复兴路19号
电话：0310－5798566
邮编：056003

邯郸市世纪皇冠大酒店有限公司★★★★
地址：邯郸市陵园路与滏东大街交叉口
电话：0310－6277777
邮编：056005

邯郸招商宾馆★★★★
地址：邯郸市经济开发区联防路512号
电话：0310－5516666
邮编：056001

邯郸武安华丰裕达集团裕达酒店管理有限公司★★★★
地址：邯郸市武安市磁二工业园
电话：0310－5668888
邮编：056300

邯郸河北丛台电子股份有限公司丛台大酒店★★★★
地址：邯郸市丛台区人民路109号
电话：0310－5800888
邮编：056002

邯郸磁县嵩景楼酒店★★★★
地址：邯郸市磁县滏泉湖开发区
电话：0310－23708098
邮编：056500

邯郸涉县龙山宾馆★★★★
地址：邯郸市涉县龙山大街669号
电话：0310－3892699
邮编：056400

邯郸磁县河北御景楼酒店有限公司★★★★
地址：邯郸市磁县平安路与友谊大街交叉口西南岛
电话：0310－2133666
邮编：056500

邯郸金都饭店有限公司★★★★
地址：邯郸市高开区联通南路18号
电话：0310－6098888
邮编：056001

邯郸康业酒店★★★★
地址：邯郸市开发区世纪大街2号
电话：0310－7076000
邮编：056001

三星级

石家庄银泉酒家★★★
地址：石家庄市站前街12号
电话：0311－85985888
邮编：050091

石家庄河北汇源大酒店★★★
地址：石家庄市中华南大街46号
电话：0311－87780989
邮编：050051

石家庄河北民航大酒店★★★
地址：石家庄市中山东路473号
电话：0311－85281332
邮编：050031

石家庄河北人防大厦★★★
地址：石家庄市平安南大街85号
电话：0311－86116666
邮编：050021

石家庄河北宏苑宾馆★★★
地址：石家庄市自强路55号
电话：0311－88600111
邮编：050051

石家庄河北北方大厦★★★
地址：石家庄市胜利北街309号
电话：0311－85918888
邮编：050041

石家庄河北国源宾馆★★★
地址：石家庄市中山西路陆军学院北邻
电话：0311－83986628
邮编：050227

石家庄藁城宾馆★★★
地址：石家庄市藁城市市府西路1号
电话：0311－88154555
邮编：052160

石家庄怀特大厦★★★
地址：石家庄市体育大街219号
电话：0311－85911522
邮编：050021

石家庄东方龙大酒店★★★
地址：石家庄市建设南大街128号
电话：0311－86118811
邮编：050021

石家庄市富华大酒店★★★
地址：石家庄市建设北大街19号
电话：0311－85079888
邮编：050031

石家庄正定华阳假日酒店★★★
地址：石家庄市正定县常山西路2号
电话：0311－88012626
邮编：050800

石家庄辛集市东明酒店有限公司★★★
地址：石家庄市辛集市锚营制革工业区
电话：0311－83208999
邮编：052360

石家庄燕春饭店★★★
地址：石家庄市中山东路189号
电话：0311－86033302
邮编：050011

石家庄河北省政协招待处★★★
地址：石家庄市市庄路57号
电话：0311－87049572
邮编：050071

石家庄河北汇宾大酒店★★★
地址：石家庄市裕华西路160号
电话：0311－87688988
邮编：050081

河北绿苑大厦★★★
地址：石家庄市体育南大街318号
电话：0311－85998199
邮编：050021

石家庄辛集市东城建筑有限公司金皇冠大酒店★★★
地址：石家庄市辛集市迎宾路
电话：0311－83282568
邮编：052360

石家庄高新区凯旋门大酒店有限公司★★★
地址：石家庄市开发区天山大街238号
电话：0311－85901768
邮编：050035

石家庄平山县温泉宾馆★★★
地址：石家庄市平山县温塘镇石闫路2号
电话：0311－8281688
邮编：050402

石家庄平山温泉天富宾馆有限公司★★★
地址：石家庄市平山县温塘镇桃源街16号
电话：0311－82818898
邮编：050400

石家庄平山县石家庄人民政府招待所★★★
地址：石家庄市平山县建设北大街 5 号
电话：0311－82911036
邮编：050400

石家庄平山县温泉花溪宾馆餐饮服务有限公司★★★
地址：石家庄市平山县温塘镇桃源街 1 号
电话：0311－82813999
邮编：050400

石家庄平山县天桂山旅游度假村有限公司★★
地址：石家庄市平山县北冶乡北冶村
电话：0311－82826555
邮编：050403

石家庄辰光酒店★★★
地址：石家庄市桥西区苑东街 7 号
电话：0311－89165555
邮编：050085

石家庄河北前进机械厂新世隆宾馆★★★
地址：石家庄市建设南大街 117 号
电话：0311－86011685
邮编：050021

石家庄平山藤龙山庄饭店★★★
地址：石家庄市平山县王坡乡湾子村
电话：0311－82878368
邮编：050400

石家庄平山峡谷大酒店★★★
地址：石家庄市平山县营里乡黑山关村
电话：0311－82889888
邮编：050403

石家庄市祥悦新上海国际饭店有限公司★★★
地址：石家庄市新华区合作路 111－1 号
电话：0311－85299965
邮编：050071

石家庄鹿泉河北敬业大酒店★★★
地址：石家庄市鹿泉市开发区昌盛大街 110 号
电话：0311－82016277
邮编：050200

张家口天悦假日酒店★★★
地址：张家口市桥西区沙岗东街 13 号
电话：0313－5987600
邮编：075000

张家口神农大酒店★★★
地址：张家口市高新区南路
电话：0313－4080808
邮编：075000

张家口恒通商务酒店★★★
地址：张家口市桥东区五一路 19 号
电话：0313－2088000
邮编：075000

张家口宣化钢铁集团有限责任公司宾馆★★★
地址：张家口市宣化区东升路 4 号
电话：0313－8671248
邮编：075100

张家口聚仙楼大酒店★★★
地址：张家口市下花园区公路街 1 号
电话：0313－7930678
邮编：075300

张家口国际花园酒店★★★
地址：张家口市长青路 31 号
电话：0313－8089588
邮编：075000

张家口金凤商务酒店★★★
地址：张家口市桥东区工业街副 29 号
电话：0313－2085599
邮编：075000

张家口怀来帝曼温泉度假村★★★
地址：张家口市怀来县桑园镇后郝窑村
电话：0313－6878250
邮编：075400

张家口宣化隆豪大酒店有限公司★★★
地址：张家口市宣化区胜利北路 13 号
电话：0313－3687676
邮编：075100

张家口宣化得月楼大酒店★★★
地址：张家口市宣化区宣府大街 72 号
电话：0313－3013745
邮编：075100

张家口怀来怡馨苑温泉康乐有限公司★★★
地址：张家口市怀来县桑园镇后郝窑村
电话：0313－6878888
邮编：075400

张家口崇礼县人民政府招待所★★★
地址：张家口市崇礼县长青路 25 号
电话：0313－4618445
邮编：076350

中煤张家口煤矿机械金桥宾馆有限公司★★★
地址：张家口市桥东区建设大街 26 号
电话：0313－2056585
邮编：075000

张家口市冠榕商务酒店★★★
地址：张家口市桥西区胜利北路 54 号 3 号楼
电话：0313－2135802
邮编：075061

张家口市迎宾馆★★★
地址：张家口市桥东区五一路 72 号
电话：0313－2088917
邮编：075000

张家口宾馆★★★
地址：张家口市解放大街 13 号
电话：0313－2086182
邮编：075000

张家口新华大厦★★★
地址：张家口市桥西区至善街 33 号
电话：0313－8086818
邮编：075000

张家口交通大酒店★★★
地址：张家口市桥东区胜利北路北菜园 80 号
电话：0313－2085027
邮编：075000

张家口蔚县蔚州大酒店★★★
地址：张家口市蔚县蔚州镇人民路
电话：0313－7215999
邮编：075700

怀来县长飞商贸有限公司明珠大酒店★★★
地址：张家口市怀来县沙城镇京公路西大街头 1 号
电话：0313－6281002
邮编：075400

张家口涿鹿县轩辕大厦★★★
地址：张家口市涿鹿县轩辕大路 22 号
电话：0313－6582518
邮编：075600

张家口赤城温泉疗养服务中心★★★
地址：张家口市赤城县温泉度假村
电话：0313－6481030
邮编：075000

张家口赤城电力实业公司赤城电力培训中心★★★
地址：张家口市赤城县温泉度假村
电话：0313－6481258
邮编：075500

承德承钢宾馆★★★
地址：承德市双滦区承钢厂东门东侧
电话：0314－4076866
邮编：067002

承德山庄宾馆★★★
地址：承德市小南门 127 号
电话：0314－2095015
邮编：067000

承德碧峰饭店★★★
地址：承德市火神庙德惠大厦 B 座
电话：0314－2050963
邮编：067000

承德白楼宾馆★★★
地址：承德市开发区西区 13 号
电话：0314－5909668
邮编：067000

承德围场宾馆★★★
地址：承德市围场县围场镇木兰中路 150 号
电话：0314－7518988
邮编：068450

承德丰宁怡园山庄★★★
地址：承德市丰宁满族自治县汤河乡洪汤寺村
电话：0314－8212222
邮编：068350

承德丰宁银河温泉度假村★★★
地址：承德市丰宁满族自治县汤河乡洪汤寺村
电话：0314－8212020
邮编：068350

承德隆化鸿泰集团商贸有限公司龙骧大酒店★★★
地址：承德市隆化县建设街中段
电话：0314－7089688
邮编：068150

承德围场新红楼宾馆★★★
地址：承德市围场县塞罕坝机械林场
电话：0314－7802577
邮编：068450

承德滦平北山大酒店有限公司★★★
地址：承德市滦平县滦平镇北山新区
电话：0314－8988188
邮编：068250

承德宽城京城宾馆有限公司★★★
地址：承德市宽城满族自治县宽城镇河西路
电话：0314－6869905
邮编：067600

承德乾隆宾馆★★★
地址：承德市承德县下板城镇下板城大街88号
电话：0314-3118890
邮编：067400

承德围场上兰宫苑★★★
地址：承德市围场县御道口牧场
电话：0314-7997075
邮编：068463

承德兴隆仟禧龙大酒店★★★
地址：承德市兴隆县兴隆镇京唐路
电话：0314-5058398
邮编：067300

承德兴隆县广兴宾馆★★★
地址：承德市兴隆县大友经济技术开发区
电话：0314-5529238
邮编：067300

承德围场悦心山庄★★★
地址：承德市围场县塞罕坝林场
电话：0314-7802855
邮编：068466

承德华成商务酒店有限公司★★★
地址：承德市双桥区翠桥路甲1号
电话：0314-2278688
邮编：067000

承德天福旅游商贸有限公司太阳湖度假村★★★
地址：承德市双桥区兴盛丽水E11号别墅
电话：0314-7680018
邮编：067000

承德华北电网有限公司承德供电公司培训中心★★★
地址：承德市双桥区北兴隆街199号
电话：0314-8787290
邮编：067000

承德市明珠大酒店★★★
地址：承德市双桥区小南门东路
电话：0314-2051181
邮编：067000

承德德佰酒店有限公司★★★
地址：承德市双桥区高庙上营房路北3号
电话：0314-2566666
邮编：067000

承德双桥区雍和园商务会馆★★★
地址：承德市双桥区武烈路园林管理处69号
电话：0314-2558888
邮编：067000

秦皇岛昌黎大田园宾馆★★★
地址：秦皇岛市昌黎县黄金海岸一纬路北
电话：0335-2289111
邮编：066607

秦皇岛北戴河国林宾馆★★★
地址：秦皇岛市北戴河区黑石路8号
电话：0335-4022188
邮编：066100

秦皇岛南戴河日月湖宾馆★★★
地址：秦皇岛市南戴河环海路东段8号
电话：0335-4053680
邮编：066311

秦皇岛北戴河欧鹏酒店★★★
地址：秦皇岛市北戴河区滨海大道1号
电话：0335-4021533
邮编：066100

秦皇岛北戴河广电宾馆★★★
地址：秦皇岛市北戴河区联峰路155号
电话：0335-4022111
邮编：066100

秦皇岛抚宁国检宾馆★★★
地址：秦皇岛市南戴河金海道6号
电话：0335-4050312
邮编：066311

秦皇岛北戴河中国石油天然气管道局员工疗养院★★★
地址：秦皇岛市北戴河区东经路副4号
电话：0335-3857005
邮编：066100

秦皇岛北戴河燕山大厦★★★
地址：秦皇岛市北戴河区滨海大道5号
电话：0335-4267200
邮编：066100

秦皇岛北戴河中国煤矿工人疗养院★★★
地址：秦皇岛市北戴河区保二路13号
电话：0335-4030032
邮编：066100

秦皇岛北戴河海明月宾馆★★★
地址：秦皇岛市北戴河区宝石路3号
电话：0335-5926662
邮编：066100

秦皇岛北戴河阳光培训中心★★★
地址：秦皇岛市北戴河区安一路10号
电话：0335-4022574
邮编：066100

秦皇岛广顺大酒店★★★
地址：秦皇岛市开发区祁连山路19号
电话：0335-8016339
邮编：066000

秦皇岛北戴河河北省煤矿职工休养院★★★
地址：秦皇岛市北戴河区黑石路2号
电话：0335-5927888
邮编：066100

秦皇岛国际海员俱乐部★★★
地址：秦皇岛市海滨路34号
电话：0335-3419333
邮编：066002

河北港口集团有限公司宾馆分公司★★★
地址：秦皇岛市海港区海滨路20号
电话：0335-3430000
邮编：066000

秦皇岛港苑酒店有限公司★★★
地址：秦皇岛市海港区文化路277号
电话：0335-3290888
邮编：066000

秦皇岛市云天海湾假日酒店有限公司★★★
地址：秦皇岛市经济技术开发区娄山路2号
电话：0335-8570000
邮编：066004

秦皇岛青龙满族自治县喜来喜商务宾馆服务有限公司★★★
地址：秦皇岛市青龙县富国街与滨河路交叉口
电话：0335-7883000
邮编：066500

秦皇岛市北戴河金海酒店★★★
地址：秦皇岛市北戴河区金山嘴路7号
电话：0335-4287998
邮编：066100

秦皇岛北戴河金山宾馆★★★
地址：秦皇岛市北戴河区海滨东三路4号
电话：0335-4260668
邮编：066100

秦皇岛中煤大厦★★★
地址：秦皇岛市海港区民族路301号
电话：0335-3858666
邮编：066001

秦皇岛羊城酒店★★★
地址：秦皇岛市迎宾路132号
电话：0335-3853555
邮编：066001

秦皇岛昌黎中技黄金海岸度假村★★★
地址：秦皇岛市昌黎黄金海岸一经路37号
电话：0335-2288988
邮编：066607

秦皇岛北戴河友谊宾馆★★★
地址：秦皇岛市北戴河区鹰角路1号
电话：0335-4041945
邮编：066100

秦皇岛山海关凯莱度假村★★★
地址：秦皇岛市山海关经济技术开发区云南路
电话：0335-5081666
邮编：066206

秦皇岛秦发假日酒店★★★
地址：秦皇岛市海港区迎宾路123号
电话：0335-3851588
邮编：066001

秦皇岛山海关海源财务培训基地★★★
地址：秦皇岛市山海关经济技术开发区云南南路4号
电话：0335-5181288
邮编：066206

秦皇岛鸿升扬州饭店有限公司★★★
地址：秦皇岛市山海关经济技术开发区长江东道66号
电话：0335-8071630
邮编：066004

秦皇岛北戴河悦华宾馆★★★
地址：秦皇岛市北戴河区东经路90号
电话：0335-4020999
邮编：066100

秦皇岛夏都宾馆★★★
地址：秦皇岛市海港区红旗路48号
电话：0335-3280666
邮编：066000

秦皇岛金龙源大酒店有限公司★★★
地址：秦皇岛市海港区红旗路229号
电话：0335-3252555
邮编：066000

秦皇岛绿洲大酒店★★★
地址：秦皇岛市海港区文化路279号
电话：0335-3888888
邮编：066000

秦皇岛青龙满族自治县龙泉餐饮服务有限公司★★★
地址：秦皇岛市青龙县滨河路西段

电话：0335－7995333
邮编：066500

唐山遵化宾馆★★★
地址：唐山市遵化市建设南路 9 号
电话：0315－6619509
邮编：064200

唐山开滦大酒店★★★
地址：唐山市新华西道 76 号
电话：0315－6325049
邮编：063000

唐山市蓝天大酒店★★★
地址：唐山市西山道 131 号
电话：0315－2342201
邮编：063004

唐山石油宾馆★★★
地址：唐山市新华西道 51 号甲区
电话：0315－8768434
邮编：063004

唐山丰润宾馆★★★
地址：唐山市丰润区荣宁道 3 号
电话：0315－5152908
邮编：063030

唐山遵化建国大酒店★★★
地址：唐山市遵化市建设南路 30 号
电话：0315－6652220
邮编：064200

唐山遵化鑫泰商贸大酒店★★★
地址：唐山市遵化市文柏路中段
电话：0315－6688888
邮编：064200

唐山迁安市忠德商务酒店★★★
地址：唐山市迁安市汽车站北行 200 米路西
电话：0315－5671111
邮编：064400

唐山唐钢宾馆★★★
地址：唐山市新华东道 28 号
电话：0315－2705603
邮编：063000

唐山长城大酒店★★★
地址：唐山市路北区长宁道 168 号
电话：0315－2026946
邮编：063000

唐山顺天龙大酒店★★★
地址：唐山市北新西道 107 号
电话：0315－2251448
邮编：063000

唐山迁西宾馆★★★
地址：唐山市迁西县兴城凤凰东街
电话：0315－5624918
邮编：064300

唐山迁安佰合盛酒店★★★
地址：唐山市迁安市杨店子镇滨河村首钢三角地西行 100 米
电话：0315－7082666
邮编：064404

唐山迁安市西湖宾馆★★★
地址：唐山市迁安市阜安大路南段路西
电话：0315－7695025
邮编：064400

唐山迁安奥特工贸有限公司奥特宾馆★★★
地址：唐山市迁安市丰乐大路中段
电话：0315－7608080
邮编：064400

唐山天宇轩宾馆★★★
地址：唐山市丰润区姜家营乡西杨村燕东生态观光园
电话：0315－5292789
邮编：064009

唐山唐海金港国际饭店有限责任公司★★★
地址：唐山市曹妃甸区海路西侧 18 号
电话：0315－8786678
邮编：063200

唐山海港鑫丰大酒店★★★
地址：唐山市海港开发区港盛街与海城路交叉口
电话：0315－2910668
邮编：063611

唐山南苑商务酒店★★★
地址：唐山市龙泽北路 329 号
电话：0315－3198921
邮编：063000

唐山开滦宾馆★★★
地址：唐山市新华东道 83 号
电话：0315－3029031
邮编：063000

唐山遵化新凤凰丹阳大酒店★★★
地址：唐山市遵化市西二环北路
电话：0315－6683111
邮编：064200

唐山玉田仁和宾馆★★★
地址：唐山市玉田县鼓楼北街西侧
电话：0315－5055127
邮编：064100

唐山加州商务酒店有限公司★★★
地址：唐山市滦县新城兴华东路 12 号
电话：0315－7387005
邮编：063700

唐山国泰国际酒店有限公司★★★
地址：唐山市丰润区曹雪芹西道 2 号
电话：0315－3088300
邮编：064000

唐山南海渔家餐饮有限公司★★★
地址：唐山市高新区龙泽路自建商业楼 15 号
电话：0315－3193399
邮编：063009

唐山宾馆★★★
地址：唐山市建设北路 25 号
电话：0315－2822210
邮编：063000

唐山饭店★★★
地址：唐山市路北区建设南路 46 号
电话：0315－2821611
邮编：063000

唐山金槟酒店★★★
地址：唐山市路北区建设南路 48－8 号
电话：0315－3720697
邮编：063000

唐山遵化国际饭店★★★
地址：唐山遵化市北二环西路 49 号
电话：0315－6680088
邮编：064200

唐山大酒店（原唐山酒家）★★★
地址：唐山市路北区新华西道 3 号
电话：0315－2825711
邮编：063000

唐山遵化御苑山庄★★★
地址：唐山市遵化市马兰峪
电话：0315－6944467
邮编：064206

廊坊新奥贵宾楼★★★
地址：廊坊市开发区友谊路
电话：0316－6089999
邮编：065001

廊坊京津花园★★★
地址：廊坊市开发区创业路 29 号
电话：0316－6088042
邮编：065001

廊坊天都大酒店永清分店★★★
地址：廊坊市永清县武隆路
电话：0316－6696333
邮编：065600

廊坊香河新园酒店★★★
地址：廊坊市香河县经济技术开发区
电话：0316－8587895
邮编：065402

廊坊碧海宾馆★★★
地址：廊坊市广阳道 156 号
电话：0316－2335888
邮编：065000

廊坊三河奇丽国际大厦★★★
地址：廊坊市三河市燕郊开发区迎宾路 2 号
电话：010－61598376
邮编：065201

廊坊香河顺隆宾馆★★★
地址：廊坊市香河县永泰路 11 号
电话：0316－8338799
邮编：065400

廊坊香河香安宾馆★★★
地址：廊坊市香河县安平开发区
电话：0316－8219655
邮编：065402

廊坊航天人才培训中心★★★
地址：廊坊市永丰道 128 号
电话：0316－2361231
邮编：065000

廊坊文安宾馆★★★
地址：廊坊市文安县北环路行政中心广场东侧
电话：0316－5252679
邮编：065800

廊坊固安县云龙湾餐饮娱乐有限公司★★★
地址：廊坊市固安县经开公路西侧铁路桥北
电话：0316－6190000
邮编：065500

廊坊中太宾馆★★★
地址：廊坊市广阳区广阳道 20 号中太大厦
电话：0316－2228131
邮编：065000

廊坊三河新月会议中心★★★
地址：廊坊市三河市燕郊镇行宫西大街 6 号
电话：0316－3310988
邮编：065201

廊坊宾馆★★★
地址：廊坊市建设路 1 号
电话：0316－2012583
邮编：065000

三河行宫宾馆★★★
地址：廊坊市三河市燕郊镇迎宾北路3号
电话：0316-3312383
邮编：065201

霸州市胜芳丽华大酒店★★★
地址：廊坊市霸州市胜芳镇星河路64号
电话：0316-7622222
邮编：065700

保定亚华大酒店★★★
地址：保定市新市区乐凯南大街67号
电话：0312-3209571
邮编：071051

保定安国市药都大酒店★★★
地址：保定市安国市金融路38号
电话：0312-3599999
邮编：071200

保定华侨宾馆有限公司★★★
地址：保定市高开区天鹅路70号
电话：0312-3102096
邮编：071000

保定涿州阳光大酒店★★★
地址：保定市涿州市范阳东路1号京珠高速东出口
电话：0312-3628199
邮编：072750

保定东方大都会★★★
地址：保定市东风东路380号
电话：0312-5072905
邮编：071000

保定东方大酒店★★★
地址：保定市红阳大街139号
电话：0312-5072880
邮编：071000

保定涿州东方宾馆★★★
地址：保定市涿州市桃园区长城桥北
电话：0312-3623000
邮编：072750

保定安新县虹奥电力实业虹奥大酒店★★★
地址：保定市安新县建设北大街
电话：0312-5350735
邮编：071600

保定安新白洋淀温泉宾馆★★★
地址：保定市安新县新旅游路
电话：0312-5117111
邮编：071600

保定涞水野三坡河北交警培训中心★★★
地址：保定市涞水县三坡镇苟各庄
电话：0312-4563666
邮编：074100

保定腾达大酒店★★★
地址：保定市建华南大街711号
电话：0312-8921673
邮编：071000

保定高碑店鹏达世纪酒店★★★
地址：保定市高碑店市迎宾路16号
电话：0312-7939999
邮编：074000

保定唐县兴华大厦商贸有限公司★★★
地址：保定市唐县光明路
电话：0312-6421369
邮编：072350

保定白沟坤源大酒店★★★
地址：保定市白沟镇津保公路南
电话：0312-5598666
邮编：074004

保定易县天光假日酒店★★★
地址：保定市易县梁格庄镇旺龙湖北岸
电话：0312-4719666
邮编：074200

保定阜平龙昌宾馆★★★
地址：保定市阜平县三关庙大桥南侧
电话：0312-7229188
邮编：073200

保定易县北京旅店公司欣燕都望龙度假山庄★★★
地址：保定市易县梁各庄镇龙湖开发区望龙水库东侧
电话：0312-4715172
邮编：074200

保定易县百益城宾馆有限公司★★★
地址：保定市易县靖远北大街45号
电话：0312-8855158
邮编：074200

保定雄县永平大酒店★★★
地址：保定市雄县高速引线西侧
电话：0312-6388888
邮编：071800

保定涿州新汇源大酒店★★★
地址：保定市涿州市关云中路
电话：0312-3867777
邮编：072750

保定定州通达花园酒店★★★
地址：保定市定州市建设街人民医院南200米
电话：0312-2316666
邮编：073000

保定定州金悦江苏饭店★★★
地址：保定市定州市清风北路与北环路交叉口
电话：0312-2317888
邮编：073000

保定安国金堡宾馆★★★
地址：保定市安国市药都北大街158号
电话：0312-3487777
邮编：071200

保定定州旭阳商务酒店★★★
地址：保定市定州市胜利路
电话：0312-2568888
邮编：073000

保定安新县燕赵商务大酒店★★★
地址：保定市安新县雁翎西路汽车站北
电话：0312-8739999
邮编：071600

保定徐水县银海商务酒店★★★
地址：保定市徐水县振兴中路225号
电话：0312-8601888
邮编：072550

保定市太美风尚精品酒店有限公司★★★
地址：保定市新市区东风中路1369号
电话：0312-3362866
邮编：071052

沧州泊头宾馆★★★
地址：沧州市泊头市车站街100号
电话：0317-8267777
邮编：062150

沧州吴桥百盛庄园假日酒店★★★
地址：沧州市吴桥县桑园镇太行道东侧财政局北
电话：0317-7365888
邮编：061800

沧州献县献王大酒店★★★
地址：沧州市献县西大街5号
电话：0317-4629999
邮编：062250

沧州饭店有限责任公司★★★
地址：沧州市新华区新华东路16号
电话：0317-3053068
邮编：061000

沧州孟村少数民族干部培训中心★★★
地址：沧州市孟村回族自治县
电话：0317-6762288
邮编：061400

沧州大化宾馆★★★
地址：沧州市御河路3号
电话：0317-7888666
邮编：061000

沧州黄骅市海景花园大酒店★★★
地址：沧州市黄骅市迎宾大街中段
电话：0317-5321988
邮编：061100

沧州任丘市人民政府招待处★★★
地址：沧州市任丘市裕华中路56号
电话：0317-2268921
邮编：062550

沧州渤海新区迎宾馆★★★
地址：沧州市渤海新区1号路1号
电话：0317-5760055
邮编：061113

沧州红达佳苑国际酒店★★★
地址：沧州市新华区新华东路45号
电话：0317-3056789
邮编：061000

沧州民族会馆★★★
地址：沧州市解放西路颐和广场12号楼
电话：0317-3778620
邮编：061001

沧州御龙温泉度假村★★★
地址：沧州市新华区蔡御街
电话：0317-3565188
邮编：061000

沧州盐百集团盐山县宾馆有限公司★★★
地址：沧州市盐山县盐山镇振华北大街
电话：13633172777
邮编：061300

沧州泊头市万豪假日餐饮服务有限公司★★★
地址：沧州市泊头市红旗北大街
电话：0317-8223333
邮编：062150

沧州鸿信宾馆★★★
地址：沧州市新华中路80号
电话：0317-3026560
邮编：061000

衡水华澳大酒店★★★
地址：衡水市红旗大街28号
电话：0318-2103090
邮编：053000

衡水深州牛得草大酒店有限责任公司★★★
地址：衡水市深州市长江西路
电话：0318－3326888
邮编：053800

衡水金山大酒店★★★
地址：衡水市中心大街 606 号
电话：0318－2186929
邮编：053000

衡水香龙大酒店★★★
地址：衡水市桃城区胜利西路 140 号
电话：0318－2993999
邮编：053000

衡水冀州宾馆★★★
地址：衡水市冀州市冀新西路 320 号
电话：0318－8612303
邮编：053200

衡水旭康假日酒店★★★
地址：衡水市大庆西路 398 号
电话：0318－2221312
邮编：053000

衡水洞天宾馆★★★
地址：衡水市胜利中路 8 号
电话：0318－6880555
邮编：053000

衡水衡源酒店★★★
地址：衡水市站前西路 29 号
电话：0318－2297612
邮编：053000

衡水衡湖宾馆商务有限公司★★★
地址：衡水市京衡南大街橡胶城 1 区 1 号
电话：0318－6889999
邮编：053000

衡水阜城县金泰大酒店★★★
地址：衡水市阜城县光明路中段
电话：0318－4621688
邮编：053700

邢台内丘天颐温泉酒店有限公司★★★
地址：邢台市内丘县城康庄西路
电话：0319－6930168
邮编：0542000

邢台宾馆★★★
地址：邢台市顺德路 201 号
电话：0319－3666888
邮编：054001

邢台清河亿力大厦★★★
地址：邢台市清河县渤海路
电话：0319－8168888
邮编：054800

邢台清河京九国际酒店★★★
地址：邢台市清河县太行中路 66 号
电话：0319－8167777
邮编：054800

邢台新光酒店有限责任公司★★★
地址：邢台市钢铁南路 155 号
电话：0319－2042035
邮编：054000

邢台鸿泰民俗文化园★★★
地址：邢台市桥西区达活泉西门 50 米
电话：0319－5200000
邮编：054000

邢台宁晋晶龙宾馆★★★
地址：邢台市宁晋县天宝西街 33 号
电话：0319－5800735
邮编：055550

邢台翔泰宾馆（河北天唯实业有限公司大酒店）★★★
地址：邢台市光华路 1 号
电话：0319－5992710
邮编：054000

邢台临城蓝天生态观光园★★★
地址：邢台市临城县迎宾路中段北侧
电话：0319－7199666
邮编：054300

邢台内邱冀中能源邢台矿业集团有限责任公司东湖宾馆★★★
地址：邢台市矿业集团有限责任公司东庞矿
电话：0319－2083525
邮编：054021

邢台辰光商务酒店有限公司★★★
地址：邢台市桥东区中兴东大街 468 号
电话：0319－3130666
邮编：054001

邢台巨鹿华丰宾馆★★★
地址：邢台市巨鹿县新华街 3 号
电话：0319－43266602
邮编：055250

邯郸冀南宾馆南楼★★★
地址：邯郸市展览路 2 号
电话：0310－6265888
邮编：056002

邯郸武安市白天鹅宾馆★★★
地址：邯郸市武安市富强大街 8 号
电话：0310－5531805
邮编：056300

邯郸武安宾馆★★★
地址：邯郸市武安市塔西路 2 号
电话：0310－5610111
邮编：056300

邯郸邯钢宾馆★★★
地址：邯郸市复兴区复兴路 167 号
电话：0310－6071888
邮编：056003

邯郸武安市宇宙宾馆★★★
地址：邯郸市武安市桥西路 589 号
电话：0310－5551088
邮编：056300

邯郸市渤海老渔民餐饮娱乐有限公司圆崃温泉宾馆★★★
地址：邯郸市邯山区陵园路 128 号
电话：0310－5768226
邮编：056001

邯郸鸡泽县金港酒店有限公司★★★
地址：邯郸市鸡泽县人民路与建设大街交叉口
电话：0310－7527666
邮编：057350

二星级

石家庄河北华石宾馆★★
地址：石家庄市红旗大街 52 号
电话：0311－83033690
邮编：050051

石家庄火炬大厦★★
地址：石家庄市红旗大街 68 号
电话：0311－83027008
邮编：050051

石家庄鹿泉市鹿泉宾馆★★
地址：石家庄鹿泉市向阳大街 75 号
电话：0311－82012442
邮编：050200

石家庄平山河北敬业钢城大酒店有限公司★★
地址：石家庄市平山县南甸镇
电话：0311－82877888
邮编：050400

石家庄平山县天颐宾馆★★
地址：石家庄市平山县驼梁景区
电话：0311－82499918
邮编：050400

石家庄井陉县苍岩山宾馆★★
地址：石家庄市井陉县苍岩山
电话：0311－82324114
邮编：050304

石家庄平山县敬业宾馆有限公司★★
地址：石家庄市平山县城柏坡东路 188 号
电话：0311－82935168
邮编：050400

石家庄灵寿南溪教育基地★★
地址：石家庄市灵寿县五岳寨景区
电话：0311－82620282
邮编：050507

石家庄民安服务中心★★
地址：石家庄市槐中路 97 号
电话：0311－86110022
邮编：050021

张家口怀来县宾馆★★
地址：张家口市怀来县沙城镇长城中路
电话：0313－6222500
邮编：6222500

张家口尚义县人民政府招待所★★
地址：张家口市尚义县平安西街 198 号
电话：0313－4323400
邮编：076750

张家口宣化北方大酒店★★
地址：张家口市宣化区建国街 3 号
电话：0313－3181016
邮编：075100

张家口蔚县飞狐饭店★★
地址：张家口市蔚县宋家庄镇北口村南
电话：0313－7194168
邮编：075700

张家口张北县人民政府招待所★★
地址：张家口市张北县张北镇花园街 89 号
电话：0313－5220700
邮编：076450

张家口花园宾馆★★
地址：张家口市下花园区市场街 66 号
电话：0313－5052932
邮编：075300

张家口怀来机械科学研究院培训中心★★
地址：张家口市怀来县小南辛堡镇东花园培训中心
电话：0313－6859011
邮编：075421

张家口康宝县政府招待所★★

地址：张家口市康宝县永安大街南
电话：0313－5512540
邮编：076650

承德丰宁华泽宾馆★★
地址：承德市丰宁县大阁镇新丰北路230号
电话：0314－8061142
邮编：068350

承德市环宇宾馆有限责任公司★★
地址：承德市双桥区旅游桥东侧
电话：0314－2130966
邮编：067000

承德丰宁金凤凰宾馆★★
地址：承德市丰宁满族自治县新丰路202号
电话：0314－8013778
邮编：068350

河北黄金公司承德黄金宾馆★★
地址：承德市旅游桥东大老虎沟口
电话：0314－2130106
邮编：067000

秦皇岛铁道大厦★★
地址：秦皇岛市海港区迎宾路167号
电话：0335－5913600
邮编：066000

秦皇岛昌黎宾馆★★
地址：秦皇岛市昌黎县碣阳大街东段151号
电话：0335－2023636
邮编：066600

秦皇岛海岳大厦★★
地址：秦皇岛市海港区迎宾路159号
电话：0335－3811111
邮编：066001

秦皇岛昌黎文海苑度假村（文化部昌黎艺术创作活动中心）★★
地址：秦皇岛市昌黎县黄金海岸四纬路
电话：0335－2289621
邮编：066607

秦皇岛抚宁中煤南戴河宾馆★★
地址：秦皇岛市抚宁县南戴河光明路16号
电话：0335－4050356
邮编：066311

秦皇岛山海关谊合酒店★★
地址：秦皇岛市山海关区南海西路4号
电话：0335－5939069
邮编：066200

秦皇岛昌黎中国地震局机关服务局科技教育活动中心★★
地址：秦皇岛市昌黎县黄金海岸一经路南
电话：0335－2288000
邮编：066609

秦皇岛昌黎北京丰台文教中心★★
地址：秦皇岛市昌黎县黄金海岸一经路西
电话：0335－2289317
邮编：066607

秦皇岛昌黎中科院行政管理局培训中心★★
地址：秦皇岛市昌黎县黄金海岸二纬路东口
电话：0335－2289257
邮编：066607

唐山凌云宾馆★★
地址：唐山市芦台经济开发区
电话：0315－6938440
邮编：301505

唐山三友宾馆★★
地址：唐山市南堡开发区
电话：0315－8511043
邮编：063305

唐山丰润宾馆★★
地址：唐山市丰润区幸福道29号
电话：0315－3081429
邮编：064000

唐山洋洋大酒店有限公司★★
地址：唐山市古冶区唐林北路
电话：0315－3252428
邮编：063100

唐山遵化遵工宾馆★★
地址：唐山市遵化市北环西路7号
电话：0315－6614663
邮编：064200

唐山遵化清风宾馆★★
地址：唐山市遵化市东陵乡裕大村
电话：0315－6949216
邮编：064206

唐山遵化汤泉皇家度假宾馆★★
地址：唐山市遵化汤泉乡汤泉村
电话：0315－6950998
邮编：064205

唐山唐海石油宾馆★★
地址：唐山市曹妃甸区新城大街大通路44号
电话：0315－8765165
邮编：063200

唐山遵化市华龙宾馆★★
地址：唐山市遵化市东一环28号
电话：0315－6615959
邮编：064200

唐山迁西潘蓄实业总公司潘蓄宾馆★★
地址：唐山市迁西县洒河桥镇桃源村
电话：0315－5895405
邮编：064309

唐山乐亭祥瑞大酒店★★
地址：唐山市乐亭县富强街108号
电话：0315－4691099
邮编：063600

唐山乐亭县双麟大酒店★★
地址：唐山市乐亭县大钊路8号
电话：0315－5220435
邮编：063600

唐山乐亭县凯隆宾馆★★
地址：唐山市乐亭县富强街
电话：0315－4692389
邮编：063600

唐山遵化彤生酒店★★
地址：唐山市遵化市团瓢庄乡骆各庄村
电话：0315－6602259
邮编：064200

唐山滦县人民政府招待所★★
地址：唐山市滦县新城滦河西路104号
电话：0315－7181790
邮编：063700

廊坊银都饭店★★
地址：廊坊市银河北路军分区西门
电话：0316－2188999
邮编：065000

廊坊中粮宾馆★★
地址：廊坊市新开路2号
电话：0316－2051734
邮编：065000

廊坊中石油研究院会议培训中心★★
地址：廊坊市万庄新区
电话：0316－6012801
邮编：065007

廊坊燕青大酒店★★
地址：廊坊市广阳道228号
电话：0316－2336559
邮编：065000

廊坊金鼎宾馆★★
地址：廊坊市广阳区新华路15号
电话：0316－2019610
邮编：065000

廊坊华康宾馆★★
地址：廊坊市安次区廊大路188号
电话：0316－2829968
邮编：065000

廊坊春城饭店★★
地址：廊坊市广阳区爱民道31号
电话：0316－2013311
邮编：062000

廊坊实烨宾馆★★
地址：廊坊市新华路4号
电话：0316－5908872
邮编：065000

廊坊昆仑宾馆★★
地址：廊坊市东安市场
电话：0316－2260113
邮编：065000

廊坊友谊宾馆★★
地址：廊坊市东安市场
电话：0316－2260113
邮编：065000

廊坊大成饭店★★
地址：廊坊市和平路3号
电话：0316－2393199
邮编：065000

廊坊大厂回族自治县德福宾馆★★
地址：廊坊市大厂回族自治县移动公司对面
电话：0316－6827111
邮编：065300

廊坊开发区如意快捷商务酒店★★
地址：廊坊市开发区华祥路16号
电话：0316－2579000
邮编：065001

保定高阳宾馆★★
地址：保定市高阳县朝阳路2号
电话：0312－6622568
邮编：071500

保定涿州银都大厦★★
地址：保定市涿州市范阳中路436号
电话：0312－3968888
邮编：072750

保定涿州长城饭店★★
地址：保定市涿州市关云路西段
电话：0312－3609656
邮编：072750

保定涿州市桥东餐饮服务有限公司（原桥东大酒店）★★
地址：保定市涿州市范阳中路55号
电话：0312－3968081
邮编：072750

保定涿州天外天大酒店★★
地址：保定市涿州市范阳东路 384 号
电话：0312－3867877
邮编：072750

保定乐凯宾馆★★
地址：保定市东风西路 792 号
电话：0312－3310358
邮编：071051

保定易县华路宾馆★★
地址：保定市易县梁各庄镇南石门
电话：0312－4710883
邮编：074200

保定涿州东方大酒店★★
地址：保定市涿州市长城桥北
电话：0312－3638573
邮编：072750

保定涞水电力宾馆★★
地址：保定市涞水县三坡镇
电话：0312－4528633
邮编：074100

保定安新华洋温泉宾馆★★
地址：保定市安新县城北关
电话：0312－5356388
邮编：071600

保定涿州华谊楼饭店★★
地址：保定市涿州市范阳西路 31 号
电话：0312－3685531
邮编：072750

保定涞水野三坡客栈★★
地址：保定市涞水县三坡镇大街 37 号
电话：0312－4568999
邮编：074104

沧州沧县枣香宾馆★★
地址：沧州市东环中路 77 号
电话：0317－3045729
邮编：061000

沧州河间宾馆★★
地址：沧州市河间市曙光路 14 号
电话：0317－3224001
邮编：062450

沧州青县盘古宾馆有限责任公司★★
地址：沧州市青县京福路 23 号
电话：0317－4021122
邮编：062650

沧州海兴盐业宾馆★★
地址：沧州市海滨路 18 号
电话：0317－6618390
邮编：061200

衡水武邑宾馆★★
地址：衡水市武邑县建设西路 111 号
电话：0318－5712131
邮编：053400

衡水安平迎宾馆★★
地址：衡水市安平县城为民街 18 号
电话：0318－7532088
邮编：053600

衡水温泉宾馆★★
地址：衡水市红旗大街 808 号
电话：0318－2154162
邮编：053000

衡水阜城宾馆★★
地址：衡水市阜城县府前大街 19 号
电话：0318－4636981
邮编：053700

衡水景州宾馆★★
地址：衡水市景县景安大街 539 号
电话：0318－4222662
邮编：053500

邢台前南峪宾馆★★
地址：邢台邢台县浆水镇前南峪
电话：0319－2782201
邮编：054013

邢台临城宾馆★★
地址：邢台临城县北关街 39 号
电话：0319－7163353
邮编：054300

邯郸水星宾馆有限公司★★
地址：邯郸市滏河北大街 154 号
电话：0310－7678903
邮编：056004

邯郸磁县宾馆★★
地址：邯郸市磁县建设路 46 号
电话：0310－2322476
邮编：056500

邯郸乾政大酒店★★
地址：邯郸市陵园路 148 号
电话：0310－8079816
邮编：056000

邯郸永年政府宾馆★★
地址：邯郸市永年县临洺关镇政府街 28 号
电话：0310－6820366
邮编：057150

邯郸涉县宾馆★★
地址：邯郸市涉县涉城镇牌坊路 140 号
电话：0310－3832964
邮编：056400

邯郸峰峰矿区友谊宾馆★★
地址：邯郸市峰峰矿区邯峰发电厂院内
电话：0310－5215451
邮编：056200

邯郸涉县旅游宾馆★★
地址：邯郸市涉县振兴路 41 号
电话：0310－3888863
邮编：056400

邯郸金伯爵快捷酒店★★
地址：邯郸市陵西北大街 52 号
电话：0310－3229888
邮编：056002

邯郸涉县金谷饭店★★
地址：邯郸市涉县龙山大街 376 号
电话：0310－3818833
邮编：056400

一星级

邢台白云宾馆★
地址：邢台市北长街 36 号
电话：0319－3661796
邮编：054010

邢台临城白云宾馆★
地址：邢台市临城县北环路
电话：0319－7168088
邮编：054300

新绎贵宾楼★
地址：廊坊经济技术开发区友谊路
电话：0316－6089999
传真：0316－6080111
网址：www. elehotels. com

邢台万峰大酒店
地址：邢台市桥西区 3188 号
电话：0319－2569999
传真：0319－2569777
邮编：054000

山　西
SHANXI

五星级

山西国贸大饭店★★★★★
地址：太原市府西街 69 号
电话：0351－8688888
邮编：030002

万狮京华大酒店★★★★★
地址：太原市平阳路 126 号
电话：0351－7658888
邮编：030006

晋祠宾馆★★★★★
地址：太原市晋祠路中段 669 号
电话：0351－6099999
邮编：030025

丽华大酒店★★★★★
地址：太原市长风街 1 号
电话：0351－6699999
邮编：030021

迎泽宾馆西楼★★★★★
地址：太原市迎泽大街 189 号
电话：0351－8828888
邮编：030001

花园国际大酒店★★★★★
地址：太原市解放北路 83 号
电话：0351－3131888
邮编：030003

云冈国际酒店★★★★★
地址：大同市大西街 38 号
电话：0352－5869999
邮编：037004

天贵国际酒店★★★★★
地址：大同市新开南路 133 号
电话：0352－5685888
邮编：037006

万通源大酒店★★★★★
地址：朔州市开发北路 68 号
电话：0349－5666666
邮编：036002

药林会议中心★★★★★
地址：阳泉市平定县张庄镇南后峪村
电话：0353－7058888
邮编：045200

益东国际酒店★★★★★
地址：长治市西一环路
电话：0355－5555555
邮编：046000

东明国际大酒店★★★★★
地址：长治市紫金东街 369 号
电话：0355－2222222
邮编：046000

金辇大酒店★★★★★
地址：晋城市泽州南路 888 号
电话：0356－2228485
邮编：048000

五台山五峰宾馆★★★★★
地址：忻州市台怀镇龙泉寺
电话：0350－6548988
邮编：035515

宏源国际饭店★★★★★
地址：晋中市灵石高速路口
电话：0354－7848888
邮编：031300

山西万豪美悦国际酒店★★★★★
地址：晋中市榆次区迎宾西街中段
电话：0354－3166666
邮编：030600

金鑫大酒店★★★★★
地址：运城市槐东南路 88 号
电话：0359－2259999
邮编：044000

海纳温泉国际酒店★★★★★
地址：运城市永济市河东大道南段
电话：0359－8135111
邮编：044500

运城空港大酒店★★★★★
地址：运城市空港新区关公东街 9 号
电话：0359－6301385
邮编：044000

四星级

山西大酒店★★★★
地址：太原市新建南路 5 号
电话：0351－8829999
邮编：030001

山西愉园大酒店★★★★
地址：太原市开化寺 148 号
电话：0351－8823333
邮编：030002

三晋国际饭店★★★★
地址：太原市迎泽大街 30 号
电话：0351－8827777
邮编：030001

黄河京都大酒店★★★★
地址：太原市平阳路 19 号
电话：0351－5679999
邮编：030012

山西阳光大酒店★★★★
地址：太原市北大街 93 号
电话：0351－3080468
邮编：030009

山西晋协宾馆★★★★
地址：太原市东缉虎营 35 号
电话：0351－5659988
邮编：030009

世纪王朝·商务会馆★★★★
地址：太原市长治路 88 号
电话：0351－7338226
邮编：030012

月亮湾国际商务酒店★★★★
地址：太原市北大街 107 号
电话：0351－3636180
邮编：030009

西山大厦★★★★
地址：太原市西矿街 318 号
电话：0351－6217111
邮编：030053

泰瑞国际商务酒店★★★★
地址：太原市长风街 7 号
电话：0351－7596666
邮编：030006

太原铁道大厦★★★★
地址：太原市迎泽南街 19 号
电话：0351－2231888
邮编：030001

云水国际大酒店★★★★
地址：太原市平阳路 48 号
电话：0351－7128888
邮编：030012

太原金辇酒店★★★★
地址：太原市滨河东路北段 22 号
电话：0351－4157708
邮编：030002

山西滨河饭店★★★★
地址：太原市府西街 103 号
电话：0351－3332222
邮编：030002

宏安国际酒店★★★★
地址：大同市迎宾西路 28 号
电话：0352－5866666
邮编：037008

大同宾馆★★★★
地址：大同市迎宾西路 37 号
电话：0352－5868350
邮编：037008

五洲大酒店★★★★
地址：大同市迎宾西路宾西街 88 号
电话：0352－5868888
邮编：037008

花园大饭店★★★★
地址：大同市大南街 59 号
电话：0352－5865888
邮编：037004

浩海国际酒店★★★★
地址：大同市新建南路 46 号
电话：0352－5686888
邮编：037008

雁北宾馆★★★★
地址：大同市御河北路甲 1 号
电话：0352－5860888
邮编：037044

悦龙休闲商务酒店★★★★
地址：大同市操场城街 5 号
电话：0352－5689999
邮编：037005

阳光海悦大酒店★★★★
地址：大同市大庆路 3 号
电话：0352－5357333
邮编：037006

晨光国际酒店★★★★
地址：大同市迎宾东路 68 号
电话：0352－5688888
邮编：037008

平朔宾馆★★★★
地址：朔州市平朔生活区
电话：0349－2052396
邮编：038506

圣厚源大酒店★★★★
地址：朔州市开发北路安泰街 2 号
电话：0349－2170588
邮编：036000

万通源平鲁宾馆★★★★
地址：朔州市平鲁区胜利南路

电话：0349－6961555
邮编：036800

玉龙国际酒店★★★★
地址：朔州市右玉县新建大街北侧
电话：0349－8088888
邮编：037200

北冰洋大酒店★★★★
地址：阳泉市北大街80号
电话：0353－4236666
邮编：045000

泉美国际酒店★★★★
地址：阳泉市南大西街
电话：0353－2937777
邮编：045000

祥禾大酒店★★★★
地址：阳泉市开发区烟台路1号
电话：0353－2935888
邮编：045000

鹏宇国际大酒店★★★★
地址：长治市长兴中路509号
电话：0355－2199999
邮编：046000

财苑大厦★★★★
地址：长治市长兴中路305号
电话：0355－2180070
邮编：046000

富景国际饭店★★★★
地址：晋城市新市东街81号
电话：0356－2088639
邮编：048000

晋城大酒店★★★★
地址：晋城市凤台西街88号
电话：0356－2228992
邮编：048000

太平洋大厦★★★★
地址：晋城市凤台西街899号
电话：0356－6969881
邮编：048000

颐宾大酒店★★★★
地址：晋城市前西街58号
电话：0356－3068992
邮编：048000

高都大酒店★★★★
地址：晋城市新市东街209号
电话：0356－2051598
邮编：048000

晋城阳光大酒店★★★★
地址：晋城市泽州路76号
电话：0356－2229199
邮编：048000

棋源山庄★★★★
地址：晋城市陵川县棋子山风景区
电话：0356－6666666
邮编：048300

兰花大酒店★★★★
地址：晋城市凤台东街2288号
电话：0356－2628905
邮编：048000

金缘大酒店★★★★
地址：晋城市黄花街218号
电话：0356－3053828
邮编：048000

泽州大酒店★★★★
地址：晋城市凤台西街2839号
电话：0356－2096566
邮编：048000

竹林山大酒店★★★★
地址：晋城市阳城县新阳东街169号
电话：0356－4889886
邮编：048100

五台山银海山庄★★★★
地址：忻州市五台山台怀镇
电话：0350－6542676
邮编：035515

原平市宾馆★★★★
地址：忻州市原平市前进西街57号
电话：0350－8228888
邮编：034100

花卉山庄★★★★
地址：忻州市五台山大车沟
电话：0350－6549888
邮编：035515

瑞龙大酒店★★★★
地址：忻州市忻府区公园路
电话：0350－3168888
邮编：034000

繁峙县嘉盛伦大酒店★★★★
地址：忻州市繁峙县向阳北路
电话：0350－5530333
邮编：034300

颐景国际大酒店★★★★
地址：晋中市榆次区西顺城街71号
电话：0354－2088630
邮编：030600

平遥峰岩大酒店★★★★
地址：晋中市平遥县曙光路峰岩广场
电话：0354－5869999
邮编：031100

介休市正达海悦酒店★★★★
地址：晋中市介休市北坛东路25号
电话：0354－7358888
邮编：032000

侯马华翔大酒店★★★★
地址：临汾市侯马市火车站南侧
电话：0357－4229688
邮编：043000

唐尧大酒店★★★★
地址：临汾市经济开发区中大街
电话：0357－2682205
邮编：041000

金海湾大酒店★★★★
地址：临汾市向阳西路西段
电话：0357－2068810
邮编：041000

思麦尔国际酒店★★★★
地址：临汾市鼓楼东大街40号
电话：0357－2083333
邮编：041000

山西丁陶国际大酒店★★★★
地址：临汾市襄汾县兴农路公园南侧
电话：0357－3695555
邮编：041500

华强大酒店★★★★
地址：临汾市侯马市呈王东路69号
电话：0357－4289287
邮编：043000

运城宾馆★★★★
地址：运城市红旗东街84号
电话：0359－2291888
邮编：044000

新耿大酒店★★★★
地址：运城市河津市新耿北街
电话：0359－5068888
邮编：043300

天都大酒店★★★★
地址：运城市河津市振兴东路
电话：0359－5168888
邮编：043300

桃源国际酒店★★★★
地址：运城市圣慧北路2号
电话：0359－2289888
邮编：044000

芮城惠阳大酒店★★★★
地址：运城市芮城县洞宾东街8号
电话：0359－3038888
邮编：044600

新康国际酒店★★★★
地址：运城市人民南路243号
电话：0359－6359666
邮编：044000

闻喜黄河京都大酒店★★★★
地址：运城市闻喜县兴闻街11号
电话：0359－7051200
邮编：043800

吕梁国际宾馆★★★★
地址：吕梁市离石区滨河南东路2号
电话：0358－8223222
邮编：033000

吕梁国贸大酒店★★★★
地址：吕梁市离石区新建沟口43号
电话：0358－8232999
邮编：033000

贾家庄裕和花园酒店★★★★
地址：吕梁市汾阳县贾家庄腾飞路
电话：0358－3338888
邮编：032200

吕梁华大酒店★★★★
地址：吕梁市离石区新世纪广场
电话：0358－8228810
邮编：033000

东兴酒店★★★★
地址：吕梁市孝义市府前街55号
电话：0358－7620000
邮编：032300

三星级

太原并州饭店★★★
地址：太原市迎泽大街118号
电话：0351－8821188
邮编：030001

太原西山酒店★★★
地址：太原市柳巷北口106号
电话：0351－4132222
邮编：030002

山西煤炭大厦★★★
地址：太原市府西街 46 号
电话：0351－8822222
邮编：030002

山西电力大厦★★★
地址：太原市迎泽大街 39 号
电话：0351－3117850
邮编：030001

山西华苑宾馆★★★
地址：太原市迎泽大街 9 号
电话：0351－8828555
邮编：030001

悦宾酒店★★★
地址：太原市西渠路 28 号
电话：0351－5637111
邮编：030024

天心宾馆★★★
地址：太原市晋祠路 1 段 88 号
电话：0351－6016097
邮编：030024

银龙酒店★★★
地址：太原市东缉虎营 6 号
电话：0351－3180888
邮编：030009

银苑会议中心★★★
地址：太原市南内环西街 9 号
电话：0351－8821100
邮编：030024

云水榭大酒店★★★
地址：太原市平阳路 341 号
电话：0351－7340091
邮编：030006

山西银海宾馆★★★
地址：太原市迎泽大街 145 号
电话：0351－6249113
邮编：030001

山西三桥大厦★★★
地址：太原市旱西关 4 号
电话：0351－3833033
邮编：030002

迎西大厦★★★
地址：太原市迎泽西大街 53 号
电话：0351－8611111
邮编：030024

太星大酒店★★★
地址：太原市千峰南路 50 号
电话：0351－6582303
邮编：030024

山西经贸宾馆★★★
地址：太原市新民北街 36 号
电话：0351－3100238
邮编：030013

金三元宾馆★★★
地址：太原市坞城路 669 号
电话：0351－2283255
邮编：030006

水利大厦★★★
地址：太原市南内环街 391 号
电话：0351－5255020
邮编：030012

太航大酒店★★★
地址：太原市亲贤北街 94 号
电话：0351－7589918
邮编：030006

钱江大酒店★★★
地址：太原市亲贤北街 97 号
电话：0351－7583381
邮编：030006

青龙大酒店★★★
地址：太原市南内环街 126 号
电话：0351－8710345
邮编：030012

山西省职工活动中心★★★
地址：太原市三墙路 51 号
电话：0351－3182227
邮编：030009

嘉润饭店★★★
地址：太原市晋祠路一段纺织街 1 号
电话：0351－8618000
邮编：030024

太原太重宾馆★★★
地址：太原市前进路 58 号
电话：0351－6194402
邮编：030024

新纪元大酒店★★★
地址：太原市长风街 12 号
电话：0351－7650008
邮编：030006

山西煤乡酒店★★★
地址：太原市西羊市街 48 号
电话：0351－4082754
邮编：030002

红海湾大酒店★★★
地址：太原市建设南路 464 号
电话：0351－7629758
邮编：030006

山西邮电大厦★★★
地址：太原市双塔西街 17 号
电话：0351－4090688
邮编：030012

交通大厦★★★
地址：太原市迎泽大街 50 号
电话：0351－8267148
邮编：030001

省财政厅培训中心★★★
地址：太原市开化市 13 号
电话：0351－8822800
邮编：030002

山西通海商务会馆★★★
地址：太原市和平南路 192 号
电话：0351－6085111
邮编：030024

太航大酒店西楼★★★
地址：太原市亲贤北街 28 号
电话：0351－7085888
邮编：030006

中城宾馆★★★
地址：太原市迎泽大街 2 号
电话：0351－8260003
邮编：030001

山西铁道大厦★★★
地址：太原市迎泽西大街 399 号
电话：0351－6198895
邮编：030024

中北大学学术交流中心★★★
地址：太原市学院路 3 号中北大学南区
电话：0351－3627888
邮编：030051

鑫东方商务会议中心★★★
地址：太原市迎泽区郝庄正街 15 号
电话：0351－5696666
邮编：030045

小店区金海洋大酒店★★★
地址：太原市小店区人民北路 161 号
电话：0351－2213555
邮编：030032

古交味道园大酒店★★★
地址：太原市古交市金牛大街青年路口 54 号
电话：0351－5111123
邮编：030200

梨园大酒店★★★
地址：太原市和平北路 48 号
电话：0351－5630508
邮编：030024

永鑫恒山饭店★★★
地址：太原市五龙口街 123 号
电话：0351－4945966
邮编：030043

东华天骄大酒店★★★
地址：太原市涧河路 73 号
电话：0351－3421333
邮编：030009

阳曲宾馆★★★
地址：太原市阳曲县新阳西大街 1 号
电话：0351－5528101
邮编：030100

味道园豪特酒店★★★
地址：太原市坞城南路 665 号
电话：0351－8781111
邮编：030006

钢新宾馆★★★
地址：太原市解放北路 88 号
电话：0351－5618777
邮编：030003

山西煤炭宾馆★★★
地址：太原市并州北路 60 号
电话：0351－4963108
邮编：030012

山西世誉大酒店★★★
地址：太原市小店区昌盛西街 14 号
电话：0351－7813222
邮编：030032

山西鑫四海大酒店★★★
地址：太原市经园路 28 号
电话：0351－3691198
邮编：030043

太原长泰饭店★★★
地址：太原市迎泽大街 60 号
电话：0351－2230888
邮编：030001

国防宾馆★★★
地址：太原市迎泽大街 12 号
电话：0351－8261166
邮编：030001

山西省地矿宾馆★★★
地址：太原市并州路63号
电话：0351－2026505
邮编：030001

大友宾馆★★★
地址：大同市新平旺纬五路1号
电话：0352－7012023
邮编：037003

大同九龙宾馆★★★
地址：大同市大东街1号
电话：0352－2057669
邮编：037004

华泰大酒店★★★
地址：大同市浑源县恒山南路
电话：0352－8334666
邮编：037400

恒吉利大酒店★★★
地址：大同市浑源县恒山南路
电话：0352－8325533
邮编：037400

云门山温泉度假村★★★
地址：大同市阳高县罗文皂镇孤山庙村
电话：0352－6776288
邮编：037006

恒山饭店★★★
地址：大同市浑源县
电话：0352－8320925
邮编：037400

大同城区功臣宾馆★★★
地址：大同市育才南街新世纪花园
电话：0352－5358566
邮编：037006

红旗大饭店★★★
地址：大同市站前街（火车站北）11号
电话：0352－5366666
邮编：037005

大同大都府宾馆★★★
地址：大同市御河西路北段纬一路1号
电话：0352－2993900
邮编：037006

光华大酒店★★★
地址：朔州市民福东街
电话：0349－2168666
邮编：036002

渤海湾宾馆★★★
地址：朔州市开发南路9号
电话：0349－8181666
邮编：036002

阳泉东方宾馆★★★
地址：阳泉市南大街48号
电话：0353－2053880
邮编：045000

盂县温泉疗养院★★★
地址：阳泉市盂县梁家寨乡寺平安村
电话：0353－8176015
邮编：045100

阳泉宾馆★★★
地址：阳泉市北大街119号
电话：0353－2031850
邮编：045000

阳泉墨玉宾馆★★★
地址：阳泉市北大街125号
电话：0353－7073527
邮编：045000

天海大酒店★★★
地址：阳泉市盂县秀水东街
电话：0353－6624000
邮编：045100

山西紫轩国际大酒店★★★
地址：阳泉市盂县金龙西街
电话：0353－8188700
邮编：045100

兴路酒店★★★
地址：阳泉市北大街8号
电话：0353－3338366
邮编：045000

清华宾馆★★★
地址：长治市清华街42号
电话：0355－3912508
邮编：046012

长治宾馆★★★
地址：长治市英雄中路110号
电话：0355－2188037
邮编：046000

花园假日酒店★★★
地址：长治市东大街106号
电话：0355－3521566
邮编：046000

天脊宾馆★★★
地址：长治市潞城中华大街895号
电话：0355－6891214
邮编：047507

太行宾馆★★★
地址：长治市长兴南路61号
电话：0355－2185006
邮编：046000

长城宾馆★★★
地址：长治市西大街21号
电话：0355－2188888
邮编：046000

平顺宾馆★★★
地址：长治市平顺县青羊西街45号
电话：0355－8922050
邮编：047400

五洲大酒店★★★
地址：长治市武乡县迎宾街208号
电话：0355－6386888
邮编：046300

山西潞安宾馆★★★
地址：长治市襄垣县侯堡镇潞安大街
电话：0355－5921282
邮编：046204

晋城宾馆★★★
地址：晋城市前西街1428号
电话：0356－3068896
邮编：048000

晋城煤海宾馆★★★
地址：晋城市泽州路2582号
电话：0356－2053690
邮编：048000

环城大酒店★★★
地址：晋城市阳城环城南路
电话：0356－4228046
邮编：048100

相府宾馆★★★
地址：晋城市阳城县北留镇
电话：0356－4858428
邮编：048102

九龙大酒店★★★
地址：晋城市高平市长平东街440号
电话：0356－5244239
邮编：048400

沁水宾馆★★★
地址：晋城市县城西街92号
电话：0356－7021102
邮编：048200

珏山宾馆★★★
地址：晋城市珏山景区内
电话：0356－3959888
邮编：048026

楠园大酒店★★★
地址：晋城市陵川县城古陵路
电话：0356－6827888
邮编：048026

泽州宾馆★★★
地址：晋城市西安街253号
电话：0356－3041198
邮编：048026

晋城晓光大厦★★★
地址：晋城市泽州路1588号
电话：0356－2065128
邮编：048000

五台山银都山庄★★★
地址：忻州市五台山台怀镇
电话：0350－6548888
邮编：035515

顿村愉园温泉度假村★★★
地址：忻州市顿村度假路2号
电话：0350－3610206
邮编：034014

山西顿村鑫圆泰大酒店★★★
地址：忻州市顿村迎宾路
电话：0350－3618383
邮编：034014

五台山大酒店★★★
地址：忻州市新建北路65号
电话：0350－3060578
邮编：034000

顿村银苑大厦★★★
地址：忻州市顿村温泉度假村
电话：0350－3395805
邮编：034014

五台山凉城山庄★★★
地址：忻州市台怀镇明清街1号
电话：0350－6542418
邮编：035515

五台山云峰宾馆★★★
地址：忻州市五台山台怀镇
电话：0350－6548131
邮编：035515

五台县碧涛苑大酒店★★★
地址：忻州市五台县古城
电话：0350－3358888
邮编：035500

五台山仰佛山庄★★★
地址：忻州市台怀镇杨柏峪

电话：0350－6542407
邮编：035515

五台山税苑山庄★★★
地址：忻州市台怀镇东庄村
电话：0350－6445746
邮编：035515

宁武德盛商务大酒店★★★
地址：忻州市宁武凤凰东大街
电话：0350－4729111
邮编：036700

代县洋成大厦★★★
地址：忻州市七里铺高速路口
电话：0350－5253999
邮编：034200

忻州宾馆★★★
地址：忻州市七一南路 30 号
电话：0350－3048100
邮编：034000

德盛大酒店★★★
地址：忻州市和平街 88 号
电话：0350－3060888
邮编：034000

五台山鑫海宾馆★★★
地址：忻州市五台山杨柏峪
电话：0350－6542453
邮编：035515

榆次金融大酒店★★★
地址：晋中市榆次区道北街 71 号
电话：0354－3113088
邮编：030600

金华苑宾馆★★★
地址：晋中市榆次区迎宾路 99 号
电话：0354－3361125
邮编：030600

宏源大酒店★★★
地址：晋中市灵石县天石新城西侧
电话：0354－7610418
邮编：031300

浅水湾大酒店★★★
地址：晋中市榆次区榆太路 188 号
电话：0354－2442698
邮编：030621

鑫隆大酒店★★★
地址：晋中市太谷县 108 国道路南
电话：0354－6251000
邮编：030800

天星假日酒店★★★
地址：晋中市灵石县城新建街 31 号
电话：0354－7625716
邮编：031300

晋中晋通大厦★★★
地址：晋中市榆次区锦纶路 73 号
电话：0354－3036677
邮编：030600

寿阳博大工贸酒店★★★
地址：晋中市寿阳县朝阳街 68 号
电话：0354－4621499
邮编：045400

黄金海岸酒店★★★
地址：晋中市榆次区文苑街 88 号
电话：0354－3988955
邮编：030600

汾水大酒店★★★
地址：晋中市祁县迎宾东街 38 号
电话：0354－5523777
邮编：030900

祁县正和大酒店★★★
地址：晋中市祁县东风路 109 号
电话：0354－5221155
邮编：030900

紫荆潭度假村★★★
地址：晋中市灵石县南关镇专立村
电话：0354－7773608
邮编：031300

益寿源度假村★★★
地址：晋中市灵石县马和乡入口处
电话：0354－7725599
邮编：031300

大寨旅行社大酒店★★★
地址：晋中市昔阳县大寨村
电话：0354－4388399
邮编：045300

平遥中都宾馆★★★
地址：晋中市平遥县顺城路 1 号
电话：0354－5671468
邮编：031100

丰和园大酒店★★★
地址：晋中市太谷县 108 国道 76 号
电话：0354－6226699
邮编：030800

嘉宁国际大酒店★★★
地址：晋中市和顺县新和路 30 号
电话：0354－8135888
邮编：032700

临汾五洲酒店★★★
地址：临汾市解放路 33 号
电话：0357－2089222
邮编：041000

临汾黄河大酒店★★★
地址：临汾市临钢路 24 号
电话：0357－2081099
邮编：041000

临汾红楼大酒店★★★
地址：临汾市贡院街 7 号
电话：0357－2089999
邮编：041000

五洲休闲广场★★★
地址：临汾市经济开发区中大街
电话：0357－2881588
邮编：041000

临汾宾馆★★★
地址：临汾市解放路 7 号
电话：0357－2086899
邮编：041000

尧都大酒店★★★
地址：临汾市尧都区秦蜀路南口
电话：0357－3131559
邮编：041000

翼城宾馆★★★
地址：临汾市翼城县红旗街 688 号
电话：0357－4934503
邮编：043500

临汾育花园大酒店★★★
地址：临汾市鼓楼西大街
电话：0357－2158900
邮编：041000

曲沃宾馆★★★
地址：临汾市曲沃县西大街 2 号
电话：0357－4511118
邮编：043400

红楼国际青年旅馆★★★
地址：临汾市贡院街 7 号
电话：0357－2089888
邮编：041000

乡宁昌平大酒店★★★
地址：临汾市乡宁县新城区
电话：0357－6832399
邮编：042100

乡宁玉鑫源大酒店★★★
地址：临汾市乡宁县迎旭街 96 号
电话：0357－6820880
邮编：042100

临汾古县宾馆★★★
地址：临汾市古县吴镇
电话：0357－8323003
邮编：042400

洪洞县赵城宾馆★★★
地址：临汾市洪洞县赵城 50 号
电话：0357－6264125
邮编：041602

壶口瀑布大酒店★★★
地址：临汾市古县壶口风景区
电话：0357－7986168
邮编：042200

家思博尔酒店★★★
地址：临汾市开发区霞经路
电话：0357－2223680
邮编：041000

东苑大酒店★★★
地址：临汾市临钢迎宾路北段
电话：0357－3985555
邮编：041000

天上人间温泉度假村★★★
地址：临汾市古县石必乡三合村
电话：0357－8331001
邮编：041000

洪洞大槐树民俗饭店★★★
地址：临汾市洪洞县古槐北路公园街 2 号
电话：0357－6658503
邮编：041600

运城市银湖饭店★★★
地址：运城市凤凰北路 268 号
电话：0359－2023095
邮编：044000

永济电机宾馆★★★
地址：运城市永济市电机大街 30 号
电话：0359－8072352
邮编：044502

河津晋铝宾馆★★★
地址：运城市山西铝厂 13 号楼
电话：0359－5042858
邮编：043304

稷山红楼宾馆★★★
地址：运城市稷山县稷峰东街 16 号
电话：0359－5524841
邮编：043200

钻石时代酒店★★★
地址：运城市河东东街 330 号
电话：0359 - 2091234
邮编：044000

夹马口大厦★★★
地址：运城市禹都东街 128 号
电话：0359 - 6352066
邮编：044000

夏县瑶池温泉山庄★★★
地址：运城市夏县瑶峰镇南山底村
电话：0359 - 8939001
邮编：044000

丰喜大酒店★★★
地址：运城市黄河大道 279 号
电话：0359 - 6300880
邮编：044000

运城黄河大厦★★★
地址：运城市路村街 136 号
电话：0359 - 2023135
邮编：044000

垣曲五龙大厦★★★
地址：运城市垣曲县历山路 50 号
电话：0359 - 6022122
邮编：043700

运城中农宾馆★★★
地址：运城市永济市振兴西街 18 号
电话：0359 - 8086669
邮编：044500

新绛县绛州宾馆★★★
地址：运城市新绛县四府街 15 号
电话：0359 - 7522221
邮编：043100

凤源大厦★★★
地址：运城市河津市龙门大厦
电话：0359 - 5165666
邮编：043300

芮城丽都大酒店★★★
地址：运城市永乐南路
电话：0359 - 3035768
邮编：044600

永济华鑫商务大酒店★★★
地址：运城市永济市中山西街 1 号
电话：0359 - 8018981
邮编：044500

万荣县瀛上紫园温泉酒店★★★
地址：运城市万荣县裴庄乡西
电话：0359 - 4758881
邮编：044200

风陵渡新世纪宾馆★★★
地址：运城市风陵渡经济开发区黄河南路 1 号
电话：0359 - 3355888
邮编：044602

金鼎商务大酒店★★★
地址：运城市河津市新耿南街
电话：0359 - 5128888
邮编：043300

河津市康泰宾馆★★★
地址：运城市河津市振兴东路
电话：0359 - 5039488
邮编：043300

临猗县全泰大酒店★★★
地址：运城市临猗县南环路 608 号
电话：0359 - 8838801
邮编：044100

柳林宾馆★★★
地址：吕梁市柳林县城东街 86 号
电话：0358 - 4029999
邮编：033300

汾阳宾馆★★★
地址：吕梁市英雄北路北口
电话：0358 - 7321111
邮编：032200

交城天宁宾馆★★★
地址：吕梁市县城天宁街 31 号
电话：0358 - 3532024
邮编：030500

吕梁大酒店★★★
地址：吕梁市离石市滨河北东路
电话：0358 - 2266499
邮编：033000

新世纪大酒店★★★
地址：吕梁市离石市世纪广场
电话：0358 - 8250888
邮编：033000

丰泰苑酒店★★★
地址：吕梁市汾阳市西关
电话：0358 - 7224918
邮编：032200

酒都宾馆★★★
地址：吕梁市汾阳市杏花村
电话：0358 - 7320995
邮编：032205

二星级

山西迎泽宾馆东楼★★
地址：太原市迎泽大街 189 号
电话：0351 - 8828888
邮编：030001

清徐东湖宾馆★★
地址：太原市清徐县湖东大街 31 号
电话：0351 - 5722221
邮编：030400

柏林宾馆★★
地址：太原市西矿 35 号
电话：0351 - 6041659
邮编：030024

太原清汾苑宾馆★★
地址：太原市双塔西街 41 号
电话：0351 - 4633210
邮编：030012

山西金泉大酒店★★
地址：太原市坞城路师范街 24 号
电话：0351 - 7045919
邮编：030006

太原市南江宾馆★★
地址：太原市并州北路 306 号
电话：0351 - 4297213
邮编：030012

太原市中成宾馆★★
地址：太原市并州北路 38 号
电话：0351 - 4931088
邮编：030001

太矿宾馆（迎宾楼）★★
地址：太原市解放北路 2 号
电话：0351 - 3579299
邮编：030009

双塔宾馆★★
地址：太原市双塔西街 78 号
电话：0351 - 4130913
邮编：030012

山西新华大酒店★★
地址：太原市建设南路 25 号
电话：0351 - 4956588
邮编：030012

凯星宾馆★★
地址：太原市南内环街 141 号
电话：0351 - 5226789
邮编：030012

滨江休闲俱乐部★★
地址：太原市解放北路 269 号
电话：0351 - 3148888
邮编：030003

晋城太行饭店★★
地址：晋城市新市西街 990 号
电话：0356 - 3033973
邮编：048000

高平友谊宾馆★★
地址：晋城市高平市友谊西街 30 号
电话：0356 - 5242808
邮编：048400

陵川宾馆★★
地址：晋城市梅园东街 205 号
电话：0356 - 6202623
邮编：048300

阳城县一招待所★★
地址：晋城市凤凰东街 205 号
电话：0356 - 4228516
邮编：048100

木林森大酒店★★
地址：晋城市文博路 445 号
电话：0356 - 6990807
邮编：048000

银生大厦煤海三部★★
地址：晋城市高平市火车站旁
电话：0356 - 5242010
邮编：048000

原平宾馆★★
地址：忻州市原平市文化路
电话：0350 - 8230889
邮编：034100

香江大酒店★★
地址：忻州市和平路 13 号
电话：0350 - 3031290
邮编：034000

奇村国税度假村（宾馆）★★
地址：忻州市奇村镇
电话：0350 - 3680311
邮编：034011

金龙大饭店★★
地址：忻州市七一北路 68 号
电话：0350 - 3031823
邮编：034000

五台山银馨宾馆★★
地址：忻州市五台山台怀镇明清街 7 号
电话：0350－6542039
邮编：035515

五台山龙泉山庄★★
地址：忻州市五台山台怀镇
电话：0350－6542700
邮编：035515

五台山金界山庄★★
地址：忻州市五台山台怀镇
电话：0350－6545569
邮编：035515

汾源度假村★★
地址：忻州市宁武东寨镇汾河源头
电话：0350－4784888
邮编：036700

五台山社区服务中心★★
地址：忻州市五台山台怀镇大车沟
电话：0350－6549666
邮编：035515

五台山城宾馆★★
地址：忻州市县南门路河东桥头
电话：0350－6521838
邮编：035500

静乐宾馆★★
地址：忻州市静乐县朝阳街
电话：0350－7822269
邮编：035100

潞安集团驻宁招待所★★
地址：忻州市宁武县化北屯乡
电话：0350－4779308
邮编：036700

凯天假日大酒店★★
地址：忻州市五台山南路 48 号
电话：0350－2119888
邮编：034000

金源大酒店★★
地址：忻州市忻府区光明北巷 59 号
电话：0350－2030488
邮编：034000

芦芽山接待中心★★
地址：忻州市宁武县东寨镇
电话：0350－4784848
邮编：036700

太谷宾馆★★
地址：晋中市太谷县新建路 200 号
电话：0354－6223344
邮编：030800

桂都大酒店★★
地址：晋中市介休市新建西路 283 号
电话：0354－7588369
邮编：032000

左权迎宾馆★★
地址：晋中市左权县城康乐街 2 号
电话：0354－8622388
邮编：032600

晋中国税宾馆★★
地址：晋中市锦纶路 62 号
电话：0354－3103888
邮编：030600

经纬宾馆★★
地址：晋中市经纬路 150 号
电话：0354－2493803
邮编：030600

昔阳公路宾馆★★
地址：晋中市昔阳县下城街北路
电话：0354－4158888
邮编：045300

聚金湾大酒店★★
地址：晋中市寿阳朝阳街 171 号
电话：0354－4605366
邮编：045400

祁县德源大酒店★★
地址：晋中市祁县东观镇
电话：0354－5311533
邮编：030900

中都楼大酒店★★
地址：晋中市榆次区桥东街 1 号
电话：0354－3106768
邮编：030600

天赐湾大酒店★★
地址：晋中市太谷县 108 国道北
电话：0354－6264777
邮编：030800

临汾福临大酒店★★
地址：临汾市解放西路 24 号
电话：0357－2086568
邮编：041000

临汾平阳宾馆★★
地址：临汾市解放路 58 号
电话：0357－2086800
邮编：041000

洪洞信合宾馆★★
地址：临汾市县城北环路
电话：0357－6226970
邮编：041600

侯马怡鑫大酒店★★
地址：临汾市呈王路立交桥西
电话：0357－3908112
邮编：043000

园义园大酒店★★
地址：临汾市翼城翔翼西大街
电话：0357－4934989
邮编：043500

襄汾交通大厦★★
地址：临汾市县城滨河路 51 号
电话：0357－3627628
邮编：041500

翼城长乐大酒店★★
地址：临汾市翔翼西大街
电话：0357－4921588
邮编：043500

曲沃宝丽大酒店★★
地址：临汾市曲沃县城
电话：0357－5528111
邮编：043400

蒲县安隆宾馆★★
地址：临汾市蒲县东大街 40 号
电话：0357－5322320
邮编：041200

大宁宾馆★★
地址：临汾市大宁县府东街 2 号
电话：0357－7726839
邮编：042300

临汾铁道宾馆★★
地址：临汾市火车站北侧
电话：0357－3328555
邮编：041000

曲沃信合宾馆★★
地址：临汾市曲沃县府东大街
电话：0357－5528111
邮编：043400

隰州宾馆★★
地址：临汾市隰县东大街 5 号
电话：0357－7324972
邮编：041300

神农大酒店★★
地址：临汾市体育南街 91 号
电话：0357－3385600
邮编：041000

国税职教中心★★
地址：临汾市鼓楼北 1 号
电话：0357－3380060
邮编：041000

晋德金泰书荣大酒店★★
地址：临汾市鼓楼东街 117 号
电话：0357－2022333
邮编：041000

襄汾大运商务酒店★★
地址：临汾市大运路
电话：0357－5507111
邮编：041500

丰泽园大酒店★★
地址：临汾市吉县南广场
电话：0357－7927800
邮编：042200

永济富源大酒店★★
地址：运城市永济市银杏东街 15 号
电话：0359－8025717
邮编：044500

永济大酒店★★
地址：运城市永济市府西街 1 号
电话：0359－8022218
邮编：044500

平陆宾馆★★
地址：运城市平陆市县城西大街 8 号
电话：0359－3530666
邮编：044300

永济市宾馆★★
地址：运城市永济市舜都大道 12 号
电话：0359－8023884
邮编：044500

垣曲晋海大酒店★★
地址：运城市垣曲县新城大街 134 号
电话：0359－6025401
邮编：043700

夏县温泉电力度假村★★
地址：运城市夏县温泉度假村
电话：0359－8938008
邮编：044400

夏县新兴宾馆★★
地址：运城市夏县东风东街 28 号
电话：0359－8532964
邮编：044400

河津雅信宾馆★★
地址：运城市山西铝厂 12 号路中段

电话：0359－5255958
邮编：043304

永济蒲津宾馆★★
地址：运城市永济市蒲津市场
电话：0359－8086777
邮编：044500

风陵渡金鹏商务酒店★★
地址：运城市风陵渡黄河北路
电话：0359－3354800
邮编：044602

关铝永济宾馆★★
地址：运城市永济市条山东街26号
电话：0359－8150249
邮编：044500

运城军分区培训中心★★
地址：运城市河东东街32号
电话：0359－2251088
邮编：044000

方山武当宾馆★★
地址：吕梁市方正街313号
电话：0358－6022350
邮编：033100

恒基大酒店★★
地址：吕梁市汾阳市东正街43号
电话：0358－7334428
邮编：032200

文水宾馆★★
地址：吕梁市文水县西大街
电话：0358－3089008
邮编：032100

大同金地豪生大酒店
地址：大同市平城街88号
电话：0352－6039999
传真：0352－6038888
邮编：037044

东兴帝豪酒店
地址：吕梁市孝义市崇文大街181号
电话：0358－78396666
邮编：032300

美韵花园大酒店
地址：晋城市阳城县新阳西街
电话：0356－48888888
邮编：048100

邢台万峰大酒店
地址：邢台市桥西区郭守敬大道西段
电话：0319－2569999
邮编：054000

内蒙古

INNER MONGOLIA

五星级

内蒙古饭店★★★★★
地址：呼和浩特市乌兰察布西路
电话：0471－6938888
邮编：010010

新城宾馆★★★★★
地址：呼和浩特市呼伦南路40号
电话：0471－6292288
邮编：010010

香格里拉大酒店★★★★★
地址：呼和浩特市锡林南路5号
电话：0471－3366888
邮编：010010

锦江国际大酒店★★★★★
地址：呼和浩特市呼伦南路109号
电话：0471－5666666
邮编：010010

喜来登大酒店★★★★★
地址：呼和浩特市新城区迎宾北路5号
电话：0471－6988888
邮编：010010

海德酒店★★★★★
地址：包头市昆区钢铁大街56号
电话：0472－5365555
邮编：014010

香格里拉大酒店★★★★★
地址：包头市青山区民族东路66号
电话：0472－5998888
邮编：014030

鄂尔多斯皇冠假日酒店★★★★★
地址：鄂尔多斯市东胜区迎宾路1号
电话：0477－8380888
邮编：017000

四星级

国航大厦★★★★
地址：呼和浩特市新城北街
电话：0471－6608888
邮编：010010

假日酒店★★★★
地址：呼和浩特市中山西路185号
电话：0471－6351888
邮编：010010

宾悦大酒店★★★★
地址：呼和浩特市昭乌达路农大南侧
电话：0471－6605588
邮编：010010

金岁大酒店★★★★
地址：呼和浩特市大台西路中段
电话：0471－6606688
邮编：010010

华辰大酒店★★★★
地址：呼和浩特市海拉尔东大街801号
电话：0471－6622888
邮编：010050

金仕顿大酒店★★★★
地址：呼和浩特市海拉尔东大街801号
电话：0471－6622999
邮编：010050

蒙古风情园可汗宫大酒店★★★★
地址：呼和浩特市玉泉区昭君路八公里外
电话：0471－6604444
邮编：010010

维力斯大酒店★★★★
地址：呼和浩特市新城区新华东街89号
电话：0471－6607777
邮编：010010

天外天大酒店★★★★
地址：包头市青山区呼得木林街50号
电话：0472－5361888
邮编：014030

稀土国际大酒店★★★★
地址：包头市稀土高新区
电话：0472－5358888
邮编：014030

丽晶酒店★★★★
地址：包头市青山区富强路28号
电话：0472－6997777
邮编：014030

天龙酒店★★★★
地址：包头市稀土开发区幸福南路41号
电话：0472－68808888
邮编：014010

世纪元大酒店★★★★
地址：乌海市海勃湾区海北大街3号
电话：0473－6999677
邮编：016000

赤峰宾馆★★★★
地址：赤峰市昭乌达路东2段
电话：0476－8334472
邮编：024000

黄金大厦酒店★★★★
地址：赤峰市红山区哈达街西段
电话：0476－8751111
邮编：024000

九天国际酒店★★★★
地址：赤峰市新城区兴安街
电话：0476－8831999
邮编：024005

克旗阳光温泉大酒店★★★★
地址：赤峰市克旗经棚镇
电话：0476－5238888
邮编：024000

福兴东方精品酒店★★★★
地址：赤峰市松山区新城
电话：0476－5955999
邮编：024005

通辽市新世纪大酒店★★★★
地址：通辽市和平路20号
电话：0475－8266666
邮编：028000

通辽市威士大酒店★★★★
地址：通辽市科尔沁大街661号
电话：0475－8216600
邮编：028000

呼伦贝尔宾馆★★★★
地址：呼伦贝尔市海拉尔胜利大街2号
电话：0470－8211000
邮编：021008

鄂尔多斯饭店（银叶级绿色旅游饭店）★★★★
地址：鄂尔多斯市东胜区伊金霍洛西街1号
电话：0477－8385588
邮编：017000

万兴隆大酒店★★★★
地址：鄂尔多斯市东胜区伊煤路西
电话：0477－856018
邮编：017000

凯旋门假日酒店★★★★
地址：鄂尔多斯市准格尔旗薛家湾镇迎泽区
电话：0477－4229999
邮编：010300

锦厦国际大酒店★★★★
地址：鄂尔多斯市东胜区富兴北路1号
电话：0477－810929
邮编：017000

恒信大酒店★★★★
地址：鄂尔多斯市康巴什新区西纬七路北
电话：0477－387322
邮编：017010

金浩建国饭店★★★★
地址：乌兰察布市工农大街
电话：0474－8219999
邮编：012000

巴彦淖尔市临河区蓝宇饭店★★★★
地址：巴彦淖尔市临河区胜利北路
电话：0478－2258888
邮编：015000

阿拉善宾馆★★★★
地址：阿拉善盟巴彦浩特镇和硕特路8号
电话：0483－8352878
邮编：750306

阿拉善大酒店★★★★
地址：阿拉善盟巴彦浩特东关街1号
电话：0483－3983688
邮编：750306

三星级

昭君大酒店★★★
地址：呼和浩特市新华大街53号
电话：0471－6668888
邮编：010050

金辉大酒店★★★
地址：呼和浩特市锡林北路105号
电话：0471－6940099
邮编：010050

大天酒店★★★
地址：呼和浩特市锡林北路1号
电话：0471－2263888
邮编：010010

满都拉宾馆★★★
地址：呼和浩特市锡林南路159号
电话：0471－6226666
邮编：010020

和林巨华宾馆★★★
地址：呼和浩特市和林格尔县红卫街3号
电话：0471－7199688
邮编：011500

金蓝港大酒店★★★
地址：呼和浩特市回民区光明大街 136 号
电话：0471－2202099
邮编：010010

机场宾馆★★★
地址：呼和浩特市白塔机场
电话：0471－4942777
邮编：010070

阳光酒店★★★
地址：呼和浩特市金桥开发区炼油厂生活区内
电话：0471－3352222
邮编：010010

有信大酒店★★★
地址：呼和浩特市托县工业园区大唐托电对面
电话：0471－8627777
邮编：010210

华天大酒店★★★
地址：呼和浩特市呼伦贝尔北路 22 号
电话：0471－6639688
邮编：010010

静雅酒店★★★
地址：呼和浩特市兴安北路 45 号
电话：0471－6669822
邮编：010010

包头宾馆★★★
地址：包头市昆区钢铁大街 33 号
电话：0472－5156655
邮编：014010

达尔罕贝勒酒店★★★
地址：包头市稀土开发区轻工南路与万青路交会处
电话：0472－5185790
邮编：014010

兵工新世纪宾馆★★★
地址：包头市青山区青山东路 9 号
电话：0472－3116289
邮编：014030

包钢宾馆★★★
地址：包头市昆区钢铁大街 79 号
电话：0472－2524488
邮编：014010

华资宾馆★★★
地址：包头市东河区东兴二街
电话：0472－4197788
邮编：014045

金驼酒店★★★
地址：包头市东河区工业路解放菜园甲 1 号
电话：0472－4181666
邮编：014040

达茂宾馆★★★
地址：包头市达茂旗百灵镇大街
电话：0472－8428999
邮编：014500

金顶酒店★★★
地址：包头市青山区少先路口岸花苑南门西侧
电话：0472－5912555
邮编：014030

中源宾馆★★★
地址：包头市昆区乌兰道与民族西路交叉口东南侧
电话：0472－5908555
邮编：014010

北方宾馆★★★
地址：包头市青山区青年路 123 号
电话：0472－6951800
邮编：014033

鹿铁宾馆★★★
地址：包头市东河区车站广场西侧
电话：0472－2202888
邮编：014040

金土地一号公馆★★★
地址：包头市昆区沼潭东路与新光路交会处
电话：0472－5106900
邮编：014010

冶建宾馆★★★
地址：包头市昆区钢铁大街 87 号
电话：0472－2861188
邮编：014010

兰亭酒店★★★
地址：包头市稀土高新开发区
电话：0472－6961888
邮编：014030

金阳酒店★★★
地址：包头市固阳县金山镇支农路
电话：0472－6860888
邮编：014200

包铝宾馆★★★
地址：包头市东河区毛其来村 110 国道
电话：0472－2809121
邮编：014046

星云大酒店★★★
地址：乌海市海勃湾区狮城东街 2 号
电话：0473－2047124
邮编：016000

金枫华电之光大酒店★★★
地址：乌海市乌达区光明大街一号
电话：0473－3558589
邮编：016000

太阳神酒店★★★
地址：乌海市海南区广场北侧
电话：0473－2266666
邮编：016000

新泰和宾馆★★★
地址：赤峰市昭乌达路中段
电话：0476－8753111
邮编：024000

金尊宾馆★★★
地址：赤峰市昭乌达路中段
电话：0476－8752222
邮编：024000

金方宾馆★★★
地址：赤峰市红山区哈达街西段路北
电话：0476－5879999
邮编：024000

环保宾馆★★★
地址：赤峰市克旗热水镇
电话：0476－5103288
邮编：025373

银河宾馆★★★
地址：赤峰市松山区银河大街
电话：0476－8468359
邮编：024005

热水商务会议中心★★★
地址：赤峰市克旗热水镇
电话：0476－5103899
邮编：025373

平庄宾馆★★★
地址：赤峰市元宝山区平庄镇
电话：0476－3324711
邮编：024070

丽景酒店★★★
地址：赤峰市红山区昭乌达路北段
电话：0476－8216999
邮编：024000

金狮皇冠酒店★★★
地址：赤峰市红山区钢铁西街中段
电话：0476－5863111
邮编：024020

锦山宾馆★★★
地址：赤峰市喀喇沁旗锦山镇
电话：0476－3709001
邮编：024400

林西福临大酒店★★★
地址：赤峰市林西县林西镇
电话：0476－5356666
邮编：025373

通辽市宾馆★★★
地址：通辽市科尔沁区西拉木伦大街 30 号
电话：0475－8280000
邮编：028000

天泽大酒店★★★
地址：通辽市科尔沁大街 15 号
电话：0475－8233333
邮编：028000

西拉木伦酒店★★★
地址：通辽市和平路北段 2258 号
电话：0475－6349666
邮编：028000

农牧人禾大酒店★★★
地址：通辽市科尔沁区建国路北段 2349 号
电话：0475－8588888
邮编：028000

奈曼皇都大酒店★★★
地址：通辽市奈曼旗青龙山路北段
电话：0475－2308555
邮编：028300

中电蒙东能源宾馆★★★
地址：通辽市霍林郭勒市滨河路南段
电话：0475－2351376
邮编：029200

扎鲁特旗杏花假日酒店★★★
地址：通辽市扎鲁特旗鲁北镇泰山街中段
电话：0475－7239888
邮编：029100

开鲁县菁华大酒店★★★
地址：通辽市开鲁县
电话：0475－6212975
邮编：028400

后旗博王大酒店★★★
地址：通辽市科左后旗甘旗卡镇巴彦路南端
电话：0475－5961122
邮编：028100

金亚辰大酒店★★★
地址：通辽市霍林郭勒市滨河路中段
电话：0475－7826999
邮编：029200

贝尔大酒店★★★
地址：呼伦贝尔市海拉尔中央大街 36 号
电话：0470－8358388
邮编：021000

金融大酒店★★★
地址：呼伦贝尔市海拉尔阿里河路
电话：0470－8291000
邮编：021008

伊敏煤电宾馆★★★
地址：呼伦贝尔市海拉尔西四道街 37 号
电话：0470－3997777
邮编：021000

呼伦贝尔国府商务酒店★★★
地址：呼伦贝尔市海拉尔中央大街 35 号
电话：0470－8359999
邮编：021000

天信商务酒店★★★
地址：呼伦贝尔市海拉尔天信小区 7 号楼
电话：0470－8321111
邮编：021000

海拉尔区隆都酒店★★★
地址：呼伦贝尔市海拉尔区巴彦托海路 67 号
电话：0470－8302222
邮编：021000

鄂温克宾馆★★★
地址：呼伦贝尔市鄂温克旗中央街
电话：0470－8814688
邮编：021100

伊敏河宾馆★★★
地址：呼伦贝尔市鄂温克旗伊敏河镇
电话：0470－8726578
邮编：021134

扎兰屯金百灵大酒店★★★
地址：呼伦贝尔市扎兰屯市布特哈路 76 号
电话：0470－3201234
邮编：162650

莫尔道嘎龙岩山庄★★★
地址：呼伦贝尔市额尔古纳市莫尔道嘎镇
电话：0470－6914778
邮编：022191

根河市宾馆★★★
地址：呼伦贝尔市根河市中央大街
电话：0470－3932888
邮编：022350

扎兰屯金水湾宾馆★★★
地址：呼伦贝尔市扎兰屯市中央南路 5 号
电话：0470－3677777
邮编：162650

牙克石宾馆★★★
地址：呼伦贝尔市牙克石市康乐西街 11 号
电话：0470－7425031
邮编：022150

鄂温克旗红花尔基宾馆★★★
地址：呼伦贝尔市鄂温克旗红花尔基镇中央大街
电话：0470－8986166
邮编：021134

柴河林业局宾馆★★★
地址：呼伦贝尔市扎兰屯市柴河镇
电话：0470－3713333
邮编：162650

满洲里国际饭店★★★
地址：呼伦贝尔市满洲里市二道街 35 号
电话：0470－6248188
邮编：021400

满洲里市友谊宾馆有限责任公司★★★
地址：呼伦贝尔市满洲里市一道街 26 号
电话：0470－6248888
邮编：021400

满洲里明珠饭店有限责任公司★★★
地址：呼伦贝尔市满洲里市新华路 4 号
电话：0470－6249000
邮编：021400

满洲里市口岸国际大酒店★★★
地址：呼伦贝尔市满洲里市二道街 38 号
电话：0470－6247778
邮编：021400

满洲里北国商务有限责任公司北国商务宾馆★★★
地址：呼伦贝尔市满洲里市中苏街 7 号
电话：0470－6239000
邮编：021400

满洲里市鑫鹤大酒店★★★
地址：呼伦贝尔市满洲里市二道街 44 号
电话：0470－6247277
邮编：021400

满洲里友谊商贸有限责任公司假日国际酒店★★★
地址：呼伦贝尔市满洲里市新世纪小区 12 号楼
电话：0470－6238888
邮编：021400

满洲里北方大酒店★★★
地址：呼伦贝尔市满洲里市中苏路 1 号
电话：0470－6243888
邮编：021400

满洲里市秀山实业有限责任公司国际商务休闲会馆★★★
地址：呼伦贝尔市满洲里市五道街
电话：0470－6249999
邮编：021400

天骄大酒店★★★
地址：鄂尔多斯市东胜区达拉特南路 102 号
电话：0477－853388
邮编：017000

东胜大酒店★★★
地址：鄂尔多斯市东胜区杭锦北路 1 号
电话：0477－3996688
邮编：017000

富凯龙★★★
地址：鄂尔多斯市东胜区天骄北路 82 号
电话：0477－3988833
邮编：017000

神东国际交流中心（银叶级绿色旅游饭店）★★★
地址：鄂尔多斯市伊金霍洛旗乌兰木伦镇金龙路
电话：0477－8273333
邮编：017200

蒙西酒店（银叶级绿色旅游饭店）★★★
地址：鄂尔多斯市旗蒙西高新技术园区
电话：0477－2551888
邮编：016100

宏业宾馆★★★
地址：鄂尔多斯市东胜区杭锦北路 6 号
电话：0477－8343518
邮编：017000

南山宾苑★★★
地址：鄂尔多斯市准格尔旗薛家湾镇南外环
电话：0477－4685000
邮编：010300

东胜谊丰大酒店★★★
地址：鄂尔多斯市东胜区铁西团结路 5 号
电话：0477－2219016
邮编：017000

鸿鑫商务大酒店★★★
地址：鄂尔多斯市准格尔旗薛家湾镇开源路
电话：0477－4825999
邮编：010300

长泰王府大酒店★★★
地址：鄂尔多斯市杭锦旗杭锦大街北侧
电话：0477－6880169
邮编：017400

凯创大酒店★★★
地址：鄂尔多斯市东胜区鄂尔多斯西街 24 号
电话：0477－8348777
邮编：017000

中天丽府★★★
地址：鄂尔多斯市乌审旗嘎鲁图镇一马路
电话：0477－7584888
邮编：017300

大唐文慧苑★★★
地址：鄂尔多斯市东胜区富兴工业区
电话：0477－8502908
邮编：017000

恒盛兴大酒店★★★
地址：鄂尔多斯市杭锦旗独贵塔拉镇工业园区
电话：0477－6889888
邮编：017400

瑞正大酒店★★★
地址：鄂尔多斯市东胜区杭锦岔路雅润嘉园东门
电话：0477－8105588
邮编：017000

百川大酒店★★★
地址：鄂尔多斯市鄂托克旗乌兰镇苏里格
电话：0477－6285888
邮编：016100

集宁映山大厦★★★
地址：乌兰察布市映山路 1 号
电话：0474－8228866
邮编：012000

乌拉特大酒店★★★
地址：巴彦淖尔市乌拉特前旗市府北路
电话：0478－7936666
邮编：014400

巴彦淖尔市临河区德龙大酒店★★★
地址：巴彦淖尔市临河区新华西街四季花城南门

电话：0478－2337777
邮编：015000

巴彦淖尔市塞北振宇酒店★★★
地址：巴彦淖尔市临河区胜利南路98号
电话：0478－8911111
邮编：015000

巴彦淖尔市临河宾馆★★★
地址：巴彦淖尔市临河区育红东街2号
电话：0478－8208585
邮编：015000

杭锦后旗金叶阳光大酒店★★★
地址：巴彦淖尔市杭锦后旗陕坝镇迎宾路
电话：0478－6666667
邮编：015400

乌拉特前旗英·丽泽大酒店★★★
地址：巴彦淖尔市乌拉特前旗乌拉山镇市府北路与民族路交会处
电话：0478－2203111
邮编：014400

磴口县三盛公大酒店★★★
地址：巴彦淖尔市磴口县巴彦高勒镇三盛公水利风景区东
电话：0478－4456588
邮编：015200

科右中旗枫景宾馆★★★
地址：兴安盟科右中旗新二中东侧
电话：0482－4782555
邮编：029400

锡林郭勒宾馆★★★
地址：锡林郭勒盟锡林浩特市团结大街
电话：0479－8240000
邮编：026000

锡市生力商务酒店★★★
地址：锡林郭勒盟锡林浩特市团结大街西段广场500米
电话：0479－8815555
邮编：026000

锡林白马饭店★★★
地址：锡林郭勒盟锡林浩特市振兴大街1号
电话：0479－8241156
邮编：026000

西乌旗乌珠穆沁宾馆★★★
地址：锡林郭勒盟西乌旗巴拉格尔郭勒镇罕乌拉西街
电话：0479－3527788
邮编：026200

镶黄旗亿旺大酒店★★★
地址：锡林郭勒盟镶黄旗新宝拉格镇
电话：0479－6225088
邮编：013250

嘉誉东乌酒店★★★
地址：锡林郭勒盟东乌旗乌里雅斯太镇锡林街
电话：0479－3222222
邮编：026300

浦京酒店★★★
地址：阿拉善盟巴彦浩特镇雅布赖路南侧
电话：0483－8358706
邮编：750306

阿拉善盟锦枫假日酒店★★★
地址：阿拉善盟巴彦浩特镇吉兰太路南侧
电话：0483－3966999
邮编：750306

阿拉善经济开发区贺兰山饭店★★★
地址：阿拉善盟经济开发区贺兰新区
电话：0483－8188458
邮编：750336

阿拉善右旗金沙假日酒店★★★
地址：阿拉善盟右旗巴丹吉林镇
电话：0483－6026666
邮编：737300

额济纳旗政府宾馆★★★
地址：阿拉善盟额济纳旗达来呼布镇
电话：0483－6520555
邮编：735400

额济纳旗丽雅商务酒店★★★
地址：阿拉善盟额济纳旗达来呼布镇军民东街
电话：0483－6969888
邮编：735400

二星级

铁道饭店★★
地址：呼和浩特市车站西街13号
电话：0471－2269665
邮编：010030

铁路宾馆★★
地址：呼和浩特市锡林北路131号
电话：0471－2254000
邮编：010050

金马大酒店★★
地址：呼和浩特市回民区通道北街44号
电话：0471－3397123
邮编：010030

恒诺培训中心★★
地址：呼和浩特市车站东街89号
电话：0471－2252333
邮编：010050

航空宾馆★★
地址：呼和浩特市白塔机场
电话：0471－4186210
邮编：010070

武川宾馆★★
地址：呼和浩特市武川县南大街19号
电话：0471－8812314
邮编：011700

武川丰驰大酒店★★
地址：呼和浩特市武川县青山路7号
电话：0471－2648100
邮编：011700

武川明珠电力宾馆★★
地址：呼和浩特市武川县青山路甲1号
电话：0471－8815730
邮编：011700

托县宾馆★★
地址：呼和浩特市托县新建中路22号
电话：0471－8514422
邮编：011700

迎宾酒店★★
地址：包头市青山区迎宾路1号
电话：0472－5168888
邮编：014030

楼外楼大酒店★★
地址：包头市青山区自由路13号
电话：0472－3652001
邮编：014030

白云区政府酒店★★
地址：包头市白云区稀土路区委楼西侧
电话：0472－8515665
邮编：014080

包钢友谊宾馆★★
地址：包头市昆区友谊大街15号
电话：0472－5103866
邮编：014010

天峰大酒店★★
地址：包头市东河区巴彦塔拉大街
电话：0472－2289158
邮编：014040

凯源大酒店★★
地址：包头市东河区工业路甲10号
电话：0472－4185888
邮编：014040

科隆大酒店★★
地址：包头市昆区钢铁大街58号
电话：0472－5152211
邮编：014010

恒为假日酒店★★
地址：包头市昆区乌兰道43号
电话：0472－2291800
邮编：014010

达茂万禾大酒店★★
地址：包头市达茂旗百灵镇大街
电话：0472－8426018
邮编：014500

广丰宾馆★★
地址：包头市昆区少先路18号
电话：0472－6983855
邮编：014010

正北宾馆★★
地址：包头市东河区南门外21号
电话：0472－4124005
邮编：014040

昊峰大观园酒店★★
地址：包头市昆区少先路16号街坊
电话：0472－5179880
邮编：014030

金丰酒店★★
地址：包头市青山区钢铁大街42号
电话：0472－6981111
邮编：014030

固阳宾馆★★
地址：包头市固阳县民主街
电话：0472－8112661
邮编：014200

乌海宾馆★★
地址：乌海市海勃湾区新华大街2号
电话：0473－2666588
邮编：016000

电力宾馆★★
地址：乌海市海勃湾区人民南路13号
电话：0473－6113036
邮编：016000

明珠宾馆★★
地址：乌海市海勃湾区新华西街1号

电话：0473－6990787
邮编：016000

怡泽园酒店★★
地址：乌海市乌达区解放街 2 号
电话：0473－3016066
邮编：016000

铁路招待所★★
地址：乌海市车站南路 50 米外
电话：0473－2251178
邮编：016000

蒙元酒店★★
地址：乌海市海勃湾区人民路 17 号
电话：0473－6968299
邮编：016000

飞云酒店★★
地址：乌海市海勃湾区海拉北路 23 号
电话：0473－6968787
邮编：016000

红山宾馆★★
地址：赤峰市哈达街中段 24 号
电话：0476－8753511
邮编：024000

集通宾馆★★
地址：赤峰市克旗热水镇
电话：0476－5101244
邮编：025373

京西宾馆★★
地址：赤峰市巴林左旗林东镇
电话：0476－7864445
邮编：025450

东风宾馆★★
地址：赤峰市巴林左旗林东镇
电话：0476－7893080
邮编：025450

龙镶宾馆★★
地址：赤峰市巴林右旗大阪镇
电话：0476－6228188
邮编：025150

乌丹宾馆★★
地址：赤峰市翁旗乌丹镇
电话：0476－6323196
邮编：024500

王府宾馆★★
地址：赤峰市喀喇沁旗锦山镇
电话：0476－3929888
邮编：024400

通信宾馆★★
地址：赤峰市宁城县热水镇
电话：0476－4820168
邮编：024200

赤峰玉峰宾馆★★
地址：赤峰市巴林左旗林东
电话：0476－7888777
邮编：025450

林西振兴楼饭店★★
地址：赤峰市林西镇
电话：0476－5325000
邮编：025200

龙田大酒店★★
地址：赤峰市巴林右旗大阪镇
电话：0476－6226701
邮编：025150

卧龙宾馆★★
地址：赤峰市克旗乌兰布统
电话：0476－502555
邮编：025373

沐军猎人树温泉度假村★★
地址：赤峰市热水镇开发区
电话：0476－5103406
邮编：205150

林西盛和宾馆★★
地址：赤峰市林西县林西镇北街
电话：0476－5803333
邮编：025373

克旗新城宾馆★★
地址：赤峰市克旗经棚镇应昌路北段
电话：0476－5870777
邮编：025373

宁城热水御水花园宾馆★★
地址：赤峰市宁城县热水镇大宁路中段
电话：0476－4820897
邮编：024200

克旗汇通宾馆★★
地址：赤峰市克旗经棚镇解放路中段
电话：0476－5221115
邮编：025373

融典·金业宾馆★★
地址：赤峰市红山区清河路南段
电话：0476－8881999
邮编：024000

喀喇沁盈泰酒店★★
地址：赤峰市喀喇沁旗金山镇
电话：0476－3770577
邮编：024400

乌兰布统友谊宾馆★★
地址：赤峰市克旗乌兰布统开发区
电话：0476－7805369
邮编：025373

科左中旗达尔罕宾馆★★
地址：通辽市科左中旗保康镇科尔沁大街中段
电话：0475－3212972
邮编：029300

科左中旗中粮宾馆★★
地址：通辽市科左中旗保康镇科尔沁大街中段
电话：0475－2288888
邮编：029300

奈曼旗电业宾馆★★
地址：通辽市奈曼旗大沁他拉镇奈曼大街中段
电话：0475－2266024
邮编：028300

奈曼宾馆★★
地址：通辽市奈曼旗大沁他拉镇
电话：0475－6369188
邮编：028300

奈曼旗群星宾馆★★
地址：通辽市奈曼旗奈曼大街中段
电话：0475－4218000
邮编：028300

奈曼帝华大酒店★★
地址：通辽市奈曼旗奈曼街中段
电话：0475－2306025
邮编：028300

奈曼柏盛园度假村★★
地址：通辽市奈曼旗新镇
电话：0475－4399111
邮编：028300

科左后旗宾馆★★
地址：通辽市科左后旗甘旗卡镇巴彦路南端
电话：0475－5212522
邮编：028100

呼伦饭店★★
地址：呼伦贝尔市海拉尔区桥头街 8 号
电话：0470－8350735
邮编：021000

呼伦贝尔华云大厦★★
地址：呼伦贝尔市海拉尔区夹信子头道街 7 号
电话：0470－8258001
邮编：021000

鄂伦春嘎仙宾馆★★
地址：呼伦贝尔市鄂伦春阿里河镇中央街
电话：0470－5627777
邮编：022450

阿荣旗阿荣宾馆★★
地址：呼伦贝尔市阿荣旗那吉镇路面街 89 号
电话：0470－4251166
邮编：162750

牙克石林城宾馆★★
地址：呼伦贝尔市牙克石市林城路迎宾街 4 号
电话：0470－7354600
邮编：022150

乌尔旗汗黎明宾馆★★
地址：呼伦贝尔市牙克石市乌尔旗汗镇
电话：0470－7800301
邮编：022159

满归绿星宾馆★★
地址：呼伦贝尔市根河市满归镇
电话：0470－2861288
邮编：022363

鄂伦春诺敏山庄★★
地址：呼伦贝尔市鄂伦春旗克一河林业局
电话：0470－2397100
邮编：165468

根河市金河宾馆★★
地址：呼伦贝尔市根河市金河镇
电话：0470－5476614
邮编：022350

满洲里饭店★★
地址：呼伦贝尔市满洲里市中苏路 141 号
电话：0470－6247555
邮编：021400

满洲里石油经贸公司石油大酒店★★
地址：呼伦贝尔市满洲里市四道街 40 号
电话：0470－6227165
邮编：021400

满洲里市鑫聚德经贸有限责任公司华源宾馆★★
地址：呼伦贝尔市满洲里市五道街 17 号
电话：0470－6221192
邮编：021400

满洲里市旺泉宾馆★★
地址：呼伦贝尔市满洲里市四道街旺泉大厦
电话：0470－2321688
邮编：021400

满洲里市欧亚宾馆★★
地址：呼伦贝尔市满洲里市四道街旺泉四号楼
电话：0470－2321977
邮编：021400

兴达大酒店★★
地址：鄂尔多斯市达拉特旗树林召镇金鹏路
电话：0477－3960701
邮编：014300

三维宾馆★★
地址：鄂尔多斯市鄂托克旗棋盘井镇东街棋盘井广场内
电话：0477－2224777
邮编：016100

达旗政府宾馆★★
地址：鄂尔多斯市达拉特旗树林召镇长征路南
电话：0477－5212228
邮编：014300

乌审宾馆★★
地址：鄂尔多斯市乌审旗嘎鲁图镇苏里格广场北侧
电话：0477－7216333
邮编：017300

鄂前旗鑫兴宾馆★★
地址：鄂尔多斯市鄂托克前旗敖勒召其镇陶隆大街
电话：0477－7623444
邮编：016200

帅丰大酒店★★
地址：鄂尔多斯市鄂托克旗阿尔巴斯街
电话：0477－6212724
邮编：016100

乌审旗名豪悦大酒店★★
地址：鄂尔多斯市乌审旗达布察克镇财政局对面
电话：0477－7591111
邮编：017300

集宁宾馆★★
地址：乌兰察布市怀远路91号
电话：0474－8255555
邮编：012000

丰镇市宾馆★★
地址：乌兰察布市丰镇旧城区马桥街66号
电话：0474－3202082
邮编：012000

四子王旗宾馆★★
地址：乌兰察布市新华大街68号
电话：0474－5205566
邮编：012000

光春大酒店★★
地址：乌兰察布市四子王旗乌兰花镇
电话：0474－5207168
邮编：011800

爱心大厦★★
地址：乌兰察布市民建路65号
电话：0474－8206950
邮编：012000

集宁铁道大厦★★
地址：乌兰察布市怀远路183号
电话：0474－2215101
邮编：012000

丰镇电厂多功能培训中心★★
地址：乌兰察布市丰镇市电厂生活区
电话：0474－3182811
邮编：012000

纪委宾馆★★
地址：乌兰察布市恩和路14号
电话：0474－8247102
邮编：012000

察哈尔宾馆★★
地址：乌兰察布市集宁区一马路
电话：0474－8228877
邮编：012000

凉城县喜喜大酒店★★
地址：乌兰察布市凉城县岱海镇
电话：0474－4218999
邮编：013750

丰镇大酒店★★
地址：乌兰察布市丰镇市工业区新标路28号
电话：0474－3208911
邮编：012100

乌兰察布市集宁区华昌商务宾馆★★
地址：乌兰察布市集宁区团结路
电话：0474－8203355
邮编：012000

察右后旗察哈尔大酒店★★
地址：乌兰察布市察右后旗
电话：0474－6444444
邮编：012000

巴彦淖尔市财苑宾馆★★
地址：巴彦淖尔市临河区新华东街22号
电话：0478－8234747
邮编：015000

内蒙古巴运汽车运输有限责任公司临河宾馆★★
地址：巴彦淖尔市临河区胜利南路33号
电话：0478－2228166
邮编：015000

乌拉特中旗国赫饭店★★
地址：巴彦淖尔市乌中旗海流图镇广场北侧
电话：0478－5914015
邮编：015300

乌拉特中旗君苑商务宾馆★★
地址：巴彦淖尔市乌拉特中旗海流图镇花园东路8号
电话：0478－5699222
邮编：015300

乌拉特中旗沃德大酒店★★
地址：巴彦淖尔市乌拉特中旗海流图镇
电话：0478－5602000
邮编：015300

乌拉特前旗宾馆★★
地址：巴彦淖尔市乌前旗乌拉山镇东风大街
电话：0478－3223355
邮编：014400

乌拉特前旗四海春大酒店★★
地址：巴彦淖尔市乌拉特前旗乌拉山镇振兴大街
电话：0478－7937880
邮编：014400

内蒙古巴运汽车运输有限责任公司前旗宾馆★★
地址：巴彦淖尔市乌前旗乌拉山镇东风大街
电话：0478－3630388
邮编：014400

乌拉特中旗汇丰宾馆★★
地址：巴彦淖尔市乌中旗海流图大街南段
电话：0478－5914888
邮编：015300

巴彦淖尔市恒鑫宾馆★★
地址：巴彦淖尔市临河区兴隆街向阳路
电话：0478－2211188
邮编：015000

巴彦淖尔市升华假日酒店★★
地址：巴彦淖尔市经济开发区管委会大楼
电话：0478－7916188
邮编：015000

乌拉特前旗大千酒店★★
地址：巴彦淖尔市乌拉特前旗乌拉山镇
电话：0478－3217777
邮编：015000

内蒙古杭锦后旗正阳饭店★★
地址：巴彦淖尔市杭锦后旗陕坝镇
电话：0478－6660666
邮编：015400

乌拉特后旗金华大酒店★★
地址：巴彦淖尔市乌拉特后旗巴音宝力格镇
电话：0478－4669888
邮编：015500

乌拉特后旗绿源餐饮有限责任公司★★
地址：巴彦淖尔市乌拉特后旗巴音宝力格镇
电话：0478－4660333
邮编：015500

乌拉特后旗吉日格琅大酒店★★
地址：巴彦淖尔市乌拉特后旗巴音宝力格镇
电话：0478－4665268
邮编：015000

五原县瑞京商务宾馆★★
地址：巴彦淖尔市五原县隆兴昌镇隆兴昌西街
电话：0478－5258333
邮编：015100

五原县政府宾馆★★
地址：巴彦淖尔市五原县隆兴昌大街农业银行后院
电话：0478－5224100
邮编：015100

磴口县德林大酒店★★
地址：巴彦淖尔市磴口县巴彦高勒镇团结南路
电话：0478－4400066
邮编：015200

阿尔山神泉宾馆★★
地址：兴安盟阿尔山市温泉街
电话：0482－7125878
邮编：137800

阿尔山市杜鹃山庄★★
地址：兴安盟阿尔山市林海街
电话：0482－7431103
邮编：137800

阿尔山哈伦酒店★★
地址：兴安盟阿尔山市温泉街
电话：0482－7120111
邮编：137800

扎赉特旗神山宾馆★★
地址：兴安盟扎赉特旗音德尔镇音德尔路华丽小区对过
电话：0482－6138888
邮编：137600

扎赉特旗豪阁宾馆★★
地址：兴安盟扎赉特旗团结路中心街交会处
电话：0482－6133200
邮编：137600

科右中旗五角枫宾馆★★
地址：兴安盟科右中旗党政综合楼东
电话：0482－4133333
邮编：029400

科右中旗财政宾馆★★
地址：兴安盟科右中旗财政局院内
电话：0482－4128787
邮编：029400

科右中旗太平洋宾馆★★
地址：兴安盟科右中旗党政综合楼东
电话：0482－2213777
邮编：029400

突泉县龙兴酒店★★
地址：兴安盟突泉县新华路灯塔西
电话：0482－5128333
邮编：137500

突泉县天都宾馆★★
地址：兴安盟突泉县新华路交通局附近
电话：0482－2288555
邮编：137500

阿尔山市宾馆★★
地址：兴安盟阿尔山市温泉街
电话：0482－7121999
邮编：137800

阿尔山无线电管理培训中心★★
地址：兴安盟阿尔山市温泉街
电话：0482－7125899
邮编：137800

扎赉特旗豪俪宾馆★★
地址：兴安盟扎赉特旗音德尔镇铁塔北侧100米
电话：0482－6555550
邮编：137600

扎赉特旗正源时尚宾馆★★
地址：兴安盟扎赉特旗音德尔镇
电话：0482－6127778
邮编：137600

科右中旗兴华宾馆★★
地址：兴安盟科右中旗公安局对过
电话：0482－4130200
邮编：029400

科右中旗吉祥宾馆★★
地址：兴安盟科右中旗巴仁哲里木大街
电话：0482－2214888
邮编：029400

乌兰浩特市瑞宝园餐饮有限责任公司★★
地址：兴安盟乌兰浩特市兴安楠大路立交桥南
电话：0482－8298555
邮编：137400

乌兰浩特市凯槟美丽城★★
地址：兴安盟乌兰浩特市罕山东街
电话：0482－8251333
邮编：137400

乌兰浩特市温暖如家商务会馆★★
地址：兴安盟乌兰浩特市兴安北大路
电话：0482－3807555
邮编：137400

兴安盟八大处酒店★★
地址：兴安盟乌兰浩特市兴安北大路共建巷25号
电话：0482－8320088
邮编：137400

锡市交通大厦★★
地址：锡林郭勒盟锡林浩特市察哈尔大街40号
电话：0479－8223888
邮编：026000

锡市海天大酒店★★
地址：锡林郭勒盟锡林浩特市那达慕大街43号
电话：0479－8232000
邮编：026000

锡市恒泰宾馆★★
地址：锡林郭勒盟锡林浩特市贝子庙街白塔路36号
电话：0479－8279999
邮编：026000

锡市豪景宾馆★★
地址：锡林郭勒盟锡林浩特市额尔敦街92号
电话：0479－8253888
邮编：026000

锡市红山宾馆★★
地址：锡林郭勒盟锡林浩特市锡林大街3组
电话：0479－6989988
邮编：026000

锡市民族宾馆★★
地址：锡林郭勒盟锡林浩特市察哈尔大街312号
电话：0479－8816868
邮编：026000

锡市家兴快捷宾馆★★
地址：锡林郭勒盟锡林浩特市那达慕大街东段
电话：0479－8281616
邮编：026000

西苏旗开元大酒店★★
地址：锡林郭勒盟苏尼特右旗赛汗塔拉镇
电话：0479－7228818
邮编：011200

西苏旗塔木沁宾馆★★
地址：锡林郭勒盟苏尼特右旗赛汉塔拉镇
电话：0479－7213777
邮编：011200

太仆寺旗丽莎贝尔酒店★★
地址：锡林郭勒盟太仆寺旗宝昌镇解放大街
电话：0479－5233000
邮编：027000

多伦旅游宾馆★★
地址：锡林郭勒盟多伦淖尔镇文化广场西侧
电话：0479－4525588
邮编：027300

多伦县银河大酒店★★
地址：锡林郭勒盟多伦淖尔镇
电话：0479－4525118
邮编：027300

正蓝旗皇朝假日酒店★★
地址：锡林郭勒盟正蓝旗上都镇金莲川大街
电话：0479－4231199
邮编：027200

东乌旗鑫乌里雅斯太宾馆★★
地址：锡林郭勒盟东乌旗乌拉盖西路4号
电话：0479－3221704
邮编：026300

乌拉盖大酒店★★
地址：锡林郭勒盟乌拉盖管理区
电话：0479－3352266
邮编：026321

阿右旗太兴酒店★★
地址：阿拉善盟额肯呼都格镇
电话：0483－6021618
邮编：737300

阿右旗水利宾馆★★
地址：阿拉善盟额肯呼都格镇阿拉腾路
电话：0483－6026095
邮编：737300

阿右旗阳光宾馆★★
地址：阿拉善盟额肯呼都格镇雅布赖路西
电话：0483－6026789
邮编：737300

额济纳旗众鑫宾馆★★
地址：阿拉善盟达来呼布镇胡杨东街
电话：0483－6526599
邮编：735400

额济纳旗保险宾馆★★
地址：阿拉善盟达来呼布镇军民街
电话：0483－6524468
邮编：735400

阿勒泰酒店★★
地址：阿拉善盟示范区李照路
电话：0483－8640859
邮编：750312

额济纳旗金龙宾馆★★
地址：阿拉善盟额济纳旗达镇副食商贸街
电话：0483－6522226
邮编：735400

额济纳旗天龙宾馆★★
地址：阿拉善盟额济纳旗达镇兴华街25号
电话：0483－6521761
邮编：735400

阿拉善盟阳光生态园酒店★★
地址：阿拉善盟巴彦浩特镇雅布赖路17号
电话：0483－3993666
邮编：750306

一星级

准旗泰安馨宾馆★
地址：鄂尔多斯市准格尔旗薛家湾汽车站西
电话：0477－4220886
邮编：010300

隆德宾馆★
地址：鄂尔多斯市鄂托克旗乌兰镇西鄂尔多斯路
电话：0477－6212989
邮编：016100

乌拉特前旗占伟七鑫宾馆★
地址：巴彦淖尔市乌拉特前旗乌拉山镇北环路
电话：0478－3267618
邮编：014400

乌拉特前旗蒙兴大酒店★
地址：巴彦淖尔市乌拉特前旗红卫南路
电话：0478－7975598
邮编：014400

满都嘎饭店★
地址：锡林郭勒盟二连浩特市友谊南路
电话：0479－2225366
邮编：011100

辽 宁

LIAONING

五星级

沈阳绿岛森林公园 ★★★★★
地址：沈阳市苏家屯区梧桐大街2号
电话：024－89579797
邮编：110015

沈阳皇朝万豪酒店 ★★★★★
地址：沈阳市和平区青年大街388号
电话：024－23883456
邮编：110003

沈阳洲际酒店 ★★★★★
地址：沈阳市和平区南京北街208号
电话：024－23341999
邮编：110001

沈阳丽都喜来登饭店 ★★★★★
地址：沈阳市和平区青年大街386号
电话：024－23188888
邮编：110004

富虹国际饭店 ★★★★★
地址：辽阳市辽鞍路5－6段
电话：0419－2268944
邮编：111000

抚顺友谊宾馆★★★★★
地址：抚顺市新抚区永宁街4号
电话：024－56838888
传真：024－56830000
网址：www. FSYYBG. com
www. FUSHUNFH. com
邮箱：web@ fsyybg. com
邮编：113008

鞍山国际大酒店有限公司 ★★★★★
地址：鞍山市铁东区园林路219号
电话：0412－5555888
邮编：114001

鞍山五环大酒店 ★★★★★
地址：鞍山市铁东区胜利路43号
电话：0412－5520888
邮编：114002

大连富丽华大酒店 ★★★★★
地址：大连市人民路60号
电话：0411－82630888
邮编：116001

大连香格里拉大饭店 ★★★★★
地址：大连市人民路66号
电话：0411－82525000
邮编：116001

大连瑞诗酒店★★★★★
地址：大连市中山区五惠路21号
电话：0411－82303388
邮编：116001

大连日航饭店 ★★★★★
地址：大连市中山区长江路123号
电话：0411－82529999
邮编：116001

最佳西方精品大连海景酒店★★★★★
地址：大连市中山区港湾街2号
电话：0411－82728888
邮编：116001

四星级

沈阳新世界酒店 ★★★★
地址：沈阳市和平区南京南街2号
电话：024－23869888
邮编：110001

沈阳凯莱大酒店 ★★★★
地址：沈阳市沈河区北站迎宾街32号
电话：024－22528855
邮编：110013

沈阳商贸饭店 ★★★★
地址：沈阳市和平区中华路68号
电话：024－23412288
邮编：110001

沈阳格林大饭店 ★★★★
地址：沈阳市沈河区北站路72号
电话：024－22576688
邮编：110013

沈阳金都饭店★★★★
地址：沈阳市和平区太原南街189号
电话：024－23510888
邮编：110001

沈阳高登大酒店★★★★
地址：沈阳市沈河区青年大街52号
电话：024－22818888
邮编：110014

沈阳假日酒店★★★★
地址：沈阳市和平区南京北街204号
电话：024－23341888
邮编：110001

沈阳时代广场酒店★★★★
地址：沈阳市沈河区北站路99号
电话：024－22532828
邮编：110013

沈阳世星国际饭店（沈阳世星国际大厦有限公司）★★★★
地址：沈阳市铁西区启工街8号
电话：024－62135555
邮编：110026

沈阳七宝山饭店★★★★
地址：沈阳市和平区十一纬路79－81号
电话：024－31602888
邮编：110001

辽宁凤凰饭店★★★★
地址：沈阳市皇姑区黄河南大街109号
电话：024－86105858
邮编：110031

辽宁大厦★★★★
地址：沈阳市皇姑区黄河南大街105号
电话：024－86081131
邮编：110031

辽宁政协会馆★★★★
地址：沈阳市皇姑区崇山东路73号
电话：024－86293888
邮编：110032

沈阳玫瑰大酒店★★★★
地址：沈阳市沈河区中街路201号
电话：024－24898188
邮编：110011

沈阳房地产大厦★★★★
地址：沈阳市沈河区大西路287－1号
电话：024－82978888
邮编：110014

沈阳皇城商务酒店★★★★
地址：沈阳市和平区十一纬路82号
电话：024－22853838
邮编：110001

燕都国际★★★★
地址：朝阳市新华路二段77号
电话：0421－6689999
邮编：122000

中林国际酒店★★★★
地址：阜新市海州区中华路168号
电话：0418－2288888
邮编：123000

铁岭天兴酒店有限公司★★★★
地址：铁岭市银州区广裕街38号
电话：024－74019999
邮编：112000

清原宾馆★★★★
地址：抚顺市清原满族自治县清河路11号
电话：024－53066666
邮编：113300

明珠大酒店★★★★
地址：本溪市平山区胜利路4号
电话：0414－2832888
邮编：117000

本溪万豪国际大酒店★★★★
地址：本溪市明山区地工路43号
电话：0414－2877777
邮编：117000

海城大酒店★★★★
地址：鞍山海城市北顺城路12号
电话：0412－3220888
邮编：114200

鞍山寰球大酒店★★★★
地址：鞍山市铁东区民丰巷1号
电话：0412－2988888
邮编：114001

鞍钢东山宾馆★★★★
地址：鞍山市铁东区东风街108号
电话：0412－5592200
邮编：114001

丹东中联大酒店★★★★
地址：丹东市滨江中路62号
电话：0415－2333333
邮编：118000

丹东假日阳光酒店★★★★
地址：丹东市元宝区县前街1号
电话：0415－2883333
邮编：118000

丹东鸭绿江大厦★★★★
地址：丹东市振兴区九纬路87号
电话：0415－2125901
邮编：118000

九州华美达大酒店★★★★
地址：大连市中山区胜利广场18号
电话：0411－82808888
邮编：116001

大连丽景（嘉柏）大酒店★★★★
地址：大连市中山区滨海东路15号

邮编：116001

大连东方大厦有限公司★★★★
地址：大连市经济技术开发区辽河西路67号
电话：0411－87612988
邮编：116600

大连凯伦饭店★★★★
地址：大连市经济技术开发区金马路186号
电话：0411－87621188
邮编：116600

良运大酒店★★★★
地址：大连市中山区五五路12号
电话：0411－82589188
邮编：116001

大连心悦大酒店有限公司★★★★
地址：大连市中山区人民路81号
电话：0411－82809000
邮编：116001

大连市阿尔滨金山宾馆★★★★
地址：大连市金州区五一路82号
电话：0411－87682288
邮编：116100

大连嘉信国际酒店★★★★
地址：大连市中山区五五路53号
电话：0411－82727999
邮编：116001

大连万达国际饭店★★★★
地址：大连市长江路539号
电话：0411－83628888
邮编：116011

大连国际机场宾馆★★★★
地址：大连市甘井子区迎客路98号
电话：0411－86659888
邮编：116033

大连市船舶丽湾大酒店★★★★
地址：大连市中山区民主广场8号
电话：0411－82123888
邮编：116001

大连星海高尔夫酒店★★★★
地址：大连市沙河口区星河路29号
电话：4000－13－4000
邮编：116021

仲夏花园酒店★★★★
地址：大连市西岗区八一路222号
电话：0411－82492222
邮编：116011

大连香洲大饭店★★★★
地址：大连市西岗区中山路145号
电话：0411－83699988
邮编：116011

大连十洲云水大酒店★★★★
地址：大连市沙河口区长江路839号
电话：0411－39878888
邮编：116021

大连文园大酒店★★★★
地址：大连市中山区职工街58号
电话：0411－39918888
邮编：116001

大连昱圣苑国际酒店★★★★
地址：大连市沙河口区太原街6号
电话：0411－39888888
邮编：116021

大连新海天国际酒店★★★★
地址：大连市经济技术开发区黄海西路136号
电话：0411－87629999
邮编：116600

营口港丰大酒店★★★★
地址：营口市经济技术开发区昆仑大街中段34号
电话：0417－6269888
邮编：115007

金都大酒店★★★★
地址：营口市盖州市红旗大街
电话：0417－7698888
邮编：115200

河畔花园酒店★★★★
地址：营口市辽河大街21号
电话：0417－26581762658888
邮编：115003

国贸大饭店★★★★
地址：营口市站前区新兴大街东1号
电话：0417－2655555
邮编：115000

盘锦国贸饭店★★★★
地址：盘锦市兴隆台区中兴路七号
电话：0427－2680019
邮编：124010

辽河油田辽河宾馆★★★★
地址：盘锦市兴隆台区惠宾街迎宾路
邮编：124010

盘锦国际酒店★★★★
地址：盘锦市兴隆台区泰山路116号
电话：0427－7268888
邮编：124010

辽宁紫澜门国际酒店★★★★
地址：盘锦市兴隆台区兴隆大街124号
电话：0427－3208888
邮编：124010

盘锦生态酒店★★★★
地址：盘锦市兴隆台区双兴路生态园区内
电话：0427－2959933
邮编：124010

锦州笔架山庄★★★★
地址：锦州市经济技术开发区滨海路
电话：0416－3584590
邮编：121007

凌海花园酒店★★★★
地址：锦州市凌海市凌海大街北段6号
电话：0416－8188888
邮编：121200

国际酒店★★★★
地址：葫芦岛市龙警街116号
电话：0429－7268888
邮编：125010

三星级

辽宁宾馆★★★
地址：沈阳市和平区中山路97号
电话：024－23839166
邮编：110001

辽宁天都饭店★★★
地址：沈阳市和平区南五马路238号
电话：024－23296666
邮编：110006

沈阳鸿翔宾馆★★★
地址：沈阳市沈河区万柳塘路53号
电话：024－24280009
邮编：110011

辽宁丽晶大酒店★★★
地址：沈阳市和平区同泽北街5号
电话：024－23298866
邮编：110001

辽宁省华峰宾馆★★★
地址：沈阳市于洪区崇山东路32号
电话：024－31519696
邮编：110141

沈阳迎宾馆★★★
地址：沈阳市和平区北三经街9号
电话：024－22805588
邮编：110001

沈阳大民族饭店 ★★★
地址：沈阳市和平区三好街108号
电话：024－83959898
邮编：110001

沈阳亚泰大酒店 ★★★
地址：沈阳市沈河区沈阳路265号
电话：024－24897777
邮编：110011

沈阳空港来登饭店 ★★★
地址：沈阳市东陵区沈阳桃仙国际机场
电话：024－89397000
邮编：110169

沈阳鸿宇山庄 ★★★
地址：沈阳市棋盘山国际旅游度假区秀湖北岸
电话：024－88055051
邮编：110064

沈阳市紫薇仙庄 ★★★
地址：沈阳市苏家屯区紫微路1号
电话：024－89593338
邮编：110003

瑞心城市酒店★★★
地址：沈阳市沈河区敬宾街3－3号
电话：024－88598588
邮编：110011

沈阳金海岸大酒店 ★★★
地址：沈阳市于洪区黄海路35号
电话：024－25300688
邮编：110141

沈阳雍伦大酒店★★★
地址：沈阳市沈河区热闹路58号甲
电话：024－24128888
邮编：110011

辽宁省辽展饭店 ★★★
地址：沈阳市和平区文化路58号
电话：024－83939666
邮编：110003

沈阳市荣达饭店 ★★★
地址：沈阳市沈河区南关路116号
电话：024－24109999
邮编：110015

荣利达大厦★★★
地址：沈阳市苏家屯区雪松路21号
电话：024－62190051

邮编：110101

沈阳华苑大酒店 ★★★
地址：沈阳市苏家屯区海棠街 39 号
电话：024－89135632
邮编：110101

辽宁工会大厦 ★★★
地址：沈阳市皇姑区崇山东路 40 号
电话：024－62235999
邮编：110032

辽宁东盛大厦 ★★★
地址：沈阳市沈河区北京街 9 号
电话：024－62236666
邮编：110013

沈阳瑞心东方酒店★★★
地址：沈阳市沈河区北站路 112 号
电话：024－22583218
邮编：110011

沈阳民航宾馆 ★★★
地址：沈阳市大东区小河沿路 3 号
电话：024－88291888
邮编：110043

沈阳邮政大厦 ★★★
地址：沈阳市沈河区北站路 78 号
电话：024－22593333
邮编：110013

辽宁科技宾馆 ★★★
地址：沈阳市沈河区文艺路 44 号
电话：024－62129088
邮编：110016

辽宁省人民大厦 ★★★
地址：沈阳市于洪区崇山东路 41 号
电话：024－86681666
邮编：110032

南湖大酒店 ★★★
地址：沈阳市和平区文化路 63 号
电话：024－23843939
邮编：110003

辽宁金三角饭店 ★★★
地址：沈阳市和平区中华路 43 号
电话：024－23292288
邮编：110001

沈阳金桥商务酒店★★★
地址：沈阳市大东区北顺城路 184 号
电话：024－88597888
邮编：110041

沈阳铁路大酒店 ★★★
地址：沈阳市沈河区北站路 102 号
电话：024－62231888
邮编：110011

沈阳文华酒店 ★★★
地址：沈阳市辽中县东环街 59 号
电话：024－87888886
邮编：110200

沈阳金辉大厦 ★★★
地址：沈阳市和平区南八马路 27 号
电话：024－62256666
邮编：110005

辽宁省军区后勤部招待所（老道口大厦）★★★
地址：沈阳市和平区胜利北街 1 号
电话：024－62100399
邮编：110001

沈阳正兴宾馆★★★
地址：沈阳市沈河区一经街二纬路 23 号
电话：024－22829988
邮编：110013

沈阳七月宾馆★★★
地址：沈阳市和平区南京南街 100 号
邮编：110001

辽宁金剑宾馆 ★★★
地址：沈阳市于洪区崇山东路 8 号
电话：024－86686666
邮编：110032

沈阳市新城饭店★★★
地址：沈阳市苏家屯区枫杨路 26 号
电话：024－89819999
邮编：110101

沈阳金辉宾馆★★★
地址：沈阳市铁西区沈辽东路 34 号
电话：024－25688688
邮编：110021

沈阳金山宾馆 ★★★
地址：沈阳市和平区昆明北街 62 号
电话：024－31313333
邮编：110001

沈阳雷格酒店 ★★★
地址：沈阳市沈河区沈洲路 2 号
电话：024－22946666
邮编：110011

辽宁金秋宾馆 ★★★
地址：沈阳市和平区新华路 10 号
电话：024－62107777
邮编：110005

沈阳瑞心东旭商务酒店★★★
地址：沈阳市和平区南京街 40 号
电话：024－23299188
邮编：110001

沈阳金杯汽车大厦 ★★★
地址：沈阳市和平区中华路 57 号
电话：024－23868888
邮编：110001

沈阳瑞心东旭商务酒店★★★
地址：沈阳市和平区南京街 40 号
电话：024－23299188
邮编：110001

沈阳金星宾馆 ★★★
地址：沈阳市和平区太原北街 9 号
电话：024－62101111
邮编：110001

沈阳金城宾馆 ★★★
地址：沈阳市和平区太原北街 1 号
电话：024－23168888
邮编：110001

沈阳金利宾馆 ★★★
地址：沈阳市沈河区文化路 83 号
电话：024－23911171
邮编：110016

辽宁金科大厦 ★★★
地址：沈阳市和平区文化路 19 号
电话：024－23898880
邮编：110004

辽宁大剧院宾馆 ★★★
地址：沈阳市沈河区市府大路 363 号
电话：024－22735688
邮编：110013

辽宁国大酒店 ★★★
地址：沈阳市皇姑区昆山东路 28 号
电话：024－86399000
邮编：110032

新民市迎宾馆 ★★★
地址：沈阳新民市辽河大街 135 号
电话：024－87856427
邮编：110300

沈阳科隆酒店 ★★★
地址：沈阳市沈河区朝阳街 238 号
电话：024－24896666
邮编：110011

沈阳兰亭宾馆 ★★★
地址：沈阳市皇姑区北陵大街 37 号
电话：024－86395888
邮编：110032

沈阳北辰大酒店 ★★★
地址：沈阳市沈河区惠工街 169 号
电话：024－88522425
邮编：110013

辽宁省柳湖宾馆 ★★★
地址：沈阳市于洪区崇山东路 30 号
电话：024－31015566
邮编：110032

沈阳市和平宾馆 ★★★
地址：沈阳市和平区胜利北街 104 号
电话：024－23498888
邮编：110001

沈阳毓英楼宾馆 ★★★
地址：沈阳市沈河区六纬路 23 号
电话：024－31297888
邮编：110014

北票宾馆 ★★★
地址：朝阳市北票市南山街 21 号
电话：0421－5821649
邮编：122100

喀左宾馆 ★★★
地址：朝阳市喀左县大城子镇青年街 1 号
电话：0421－4822666
邮编：122300

圣都宾馆 ★★★
地址：朝阳市新华路三段 11－5 号
电话：0421－2829898
邮编：122000

龙回首宾馆 ★★★
地址：朝阳市凌源市红山路西段
电话：0421－6988866
邮编：122500

利州宾馆 ★★★
地址：朝阳市喀左县大城子建设路中段
电话：0421－4824210
邮编：122300

国泰大酒店 ★★★
地址：阜新市海州区解放大街 56 号
电话：0418－2898899
邮编：123000

星光大酒店★★★
地址：阜新市太平区红树路 73 号
电话：0418－5592718
邮编：123003

鸿宇宾馆 ★★★
地址：阜新市解放大街
电话：0418－6500687
邮编：123000

中南大酒店★★★
地址：阜新市海州区解放大街58号
电话：0418－2898600
邮编：123000

铁岭市龙山宾馆 ★★★
地址：铁岭市银州区南马路88号
电话：024－72219000
邮编：112000

铁岭铁源大酒店 ★★★
地址：铁岭市银州区银州路1号
电话：024－74841551
邮编：112000

铁岭市清河区丽景饭店 ★★★
地址：铁岭市清河区虹光街15号
电话：024－72112010
邮编：112003

铁法煤业（集团）有限责任公司宾馆 ★★★
地址：铁岭市调兵山市调兵山大街迎宾路
电话：024－76866536
邮编：112700

铁岭云松大酒店★★★
地址：铁岭市清河区旅游路2号
电话：024－72181155
邮编：112003

调兵山市溯源宾馆有限责任公司 ★★★
地址：铁岭市调兵山市人民路东段
电话：024－76991666
邮编：112700

辽宁新创集团股份有限公司天宝酒店 ★★★
地址：铁岭市开原市解放路170－1号
电话：024－76309999
邮编．112300

煤都宾馆 ★★★
地址：抚顺市新抚区迎宾街1号
电话：024－52532333
邮编：113008

抚顺石化宾馆 ★★★
地址：抚顺市顺城区浑河北路6号
电话：024－53888888
邮编：113006

天宝大厦 ★★★
地址：抚顺市新抚区西一路2号
电话：024－52537777
邮编：113008

罗台山庄疗养院★★★
地址：抚顺市东洲区新太河街萨尔浒南路2号
邮编：113003

南海绿洲大酒店 ★★★
地址：抚顺市望花区丹东路68号
电话：024－56656888
邮编：113001

铜锣湾宾馆★★★
地址：抚顺市经济开发区顺富路81号
电话：024－56708210
邮编：113008

启运宾馆 ★★★
地址：抚顺市新宾县新宾镇和平街
电话：024－55030111
邮编：113200

兴京宾馆 ★★★
地址：抚顺市新宾县兴京街30号
电话：024－55080477
邮编：113200

紫荆饭店 ★★★
地址：抚顺市清原县紫荆饭店
电话：024－53051700
邮编：113300

富佳大酒店 ★★★
地址：本溪市明山区地工路43号
电话：0414－4835888
邮编：117022

东方花园酒店 ★★★
地址：本溪市石桥子开发区
电话：0414－5850198
邮编：117019

贺新乐园 ★★★
地址：本溪市本溪县小市镇过境路
电话：0414－6883288
邮编：117100

正方宾馆 ★★★
地址：本溪市桓仁县桓仁镇沿河街
电话：0414－8865918
邮编：117200

假日大酒店 ★★★
地址：本溪市桓仁县民族街M14号楼
电话：0414－8838188
邮编：117200

北钢宾馆 ★★★
地址：本溪市平山区北台镇北钢工业新区大门东侧
电话：0414－2529666
邮编：117017

万顺达饭店 ★★★
地址：本溪市平山区解放南路
电话：0414－2321000
邮编：117000

金山宾馆 ★★★
地址：本溪市明山区北光路65号
电话：0414－3282388
邮编：117000

辽阳宾馆 ★★★
地址：辽阳市中华大街一段61号
电话：0419－2140083
邮编：111000

辽化宾馆 ★★★
地址：辽阳市青年街40号
电话：0419－4133339
邮编：111000

弓长岭宾馆 ★★★
地址：辽阳市弓长岭区平安西街
电话：0419－5113316
邮编：111008

汀洲大酒店 ★★★
地址：辽阳市白塔区熊家街01号
电话：0419－2258900
邮编：111000

银梦大酒店 ★★★
地址：辽阳市民主路49号
电话：0419－2153466
邮编：111000

金都大酒店 ★★★
地址：辽阳市辽阳县首山镇人民街交通局东侧
电话：0419－7370888
邮编：111200

鞍山市田园酒店 ★★★
地址：鞍山市铁东区南建国路45号
电话：0412－2987777
邮编：114001

富豪大酒店 ★★★
地址：鞍山海城市永安路33号
电话：0412－3305888
邮编：114200

鞍山市秋实宾馆 ★★★
地址：鞍山市千山区温泉街1号
电话：0412－2410272
邮编：114048

辽宁鑫丰酒店 ★★★
地址：鞍山市千山风景区丁香峪地税培训中心
电话：0412－5412233
邮编：114045

贺临假日酒店 ★★★
地址：鞍山市岫岩县站前大街
电话：0412－7887888
邮编：114300

鞍钢天座宾馆 ★★★
地址：鞍山市鞍千路温泉段
电话：0412－2512000
邮编：114045

岫岩宾馆 ★★★
地址：鞍山市岫岩县中心街25号
电话：0412－7805999
邮编：114300

鞍山华世博际俱乐部 ★★★
地址：鞍山市铁东区胜利南路35甲
电话：0412－5559888
邮编：114009

海城市春雷商务大厦 ★★★
地址：鞍山海城市永安路23号
电话：0412－3208888
邮编：114200

汤岗子龙宫温泉酒店 ★★★
地址：鞍山市千山区温泉街1号
电话：0412－2415666
邮编：114048

东电宾馆★★★
地址：鞍山市千山区鞍千路温泉站
电话：0412－2512588
邮编：114041

丹东樱花大酒店 ★★★
地址：丹东市振兴区六纬路2号
电话：0415－2100999
邮编：118000

丹东樱花宾馆 ★★★
地址：丹东市振兴区七经街8号
电话：0415－2178888
邮编：118000

丹东华能宾馆 ★★★
地址：丹东东港市东港南路 157 号
电话：0415-6618888
邮编：118300

丹东嘉豪商务酒店 ★★★
地址：丹东市元宝区锦山大街 87-2 号
电话：0415-2855555
邮编：118000

宽甸青山沟东兴大酒店★★★
地址：丹东市宽甸满族自治县青山沟镇
电话：0415-5850838
邮编：118200

丹东中联商务酒店★★★
地址：丹东市滨江中路 62 号
电话：0415-2333333
邮编：118000

丹东国门酒店 ★★★
地址：丹东市元宝区丹东边境经济合作区
电话：0415-3895333
邮编：118000

丹东市安东大世界有限公司 ★★★
地址：丹东市振兴区六经街 29 号
电话：0415-2166666
邮编：118000

丹东银杏园酒店 ★★★
地址：丹东市振兴区六纬路 18 号
电话：0415-2135555
邮编：118000

丹东沿江开发区江滨酒店 ★★★
地址：丹东市商贸旅游区房坝五号楼
电话：0415-3153748
邮编：118000

丹东谊江宾馆 ★★★
地址：丹东市江城大街 165 号
电话：0415-2851933
邮编：118000

丹东好旺角商务酒店 ★★★
地址：丹东市振兴区山上街 1 号
电话：0415-2198888
邮编：118000

丹东国际酒店 ★★★
地址：丹东市元宝区新安街 88 号
电话：0415-2817788
邮编：118000

丹东良茂商务酒店 ★★★
地址：丹东市振兴区江沿路 81 号
电话：0415-2146888
邮编：118000

丹东邮电大厦 ★★★
地址：丹东市振兴区七纬路 78 号
电话：0415-2166888
邮编：118002

东港东盛商务酒店★★★
地址：丹东市东港市商业一条街
电话：0415-6606313
邮编：118300

凤城百汇国际酒店★★★
地址：丹东市凤城市凤山区凤山路 65 号
电话：0415-8155555
邮编：118100

丹东中联丹铁大酒店★★★
地址：丹东市十一纬路 3 号
电话：0415-2307777
邮编：118000

丹东泓苑大酒店 ★★★
地址：丹东市振兴区锦山大街 4 号
电话：0415-3877777
邮编：118000

宽甸东泰大世界有限公司 ★★★
地址：丹东市宽甸县中心路 63 号
电话：0415-5121868
邮编：118200

宽甸万豪商务酒店 ★★★
地址：丹东市宽甸县中心路南段 6 组 7 号
电话：0415-6555555
邮编：118200

普利玛商务酒店★★★
地址：丹东市沿江开发区 M 座 73 号
电话：0415-3150999
邮编：118000

丹东雷迪森商务酒店★★★
地址：丹东市振兴区山上街 99 号
电话：4008336699-3661
邮编：118002

宽甸龙都酒店 ★★★
地址：丹东市宽甸县电厂生活区
电话：0415-5168888
邮编：118200

丹东花园宾馆 ★★★
地址：丹东市振兴区人民路 1 号
电话：0415-3178309
邮编：118000

东港宾馆★★★
地址：丹东市东港路 15 号
电话：0415-7556666
邮编：118000

大连民航大厦有限公司 ★★★
地址：大连市西岗区中山路 143 号
电话：0411-83633111
邮编：116011

大连宾馆 ★★★
地址：大连市中山广场 4 号
电话：0411-82633111
邮编：116001

辽宁万恒假日酒店有限公司 ★★★
地址：大连市中山区八一路 260 号
电话：0411-82400295
邮编：116013

大连金州宾馆 ★★★
地址：大连市金州区斯大林路 412 号
电话：0411-87692172
邮编：116100

大连博览大酒店 ★★★
地址：大连市中山区解放街 1 号
电话：0411-82806161
邮编：116001

富仕林大酒店★★★
地址：大连市普兰店市中心路三段附近
邮编：116200

中国华录宾馆 ★★★
地址：大连市高新园区华路 31 号
电话：0411-84793888
邮编：116023

大连北方大酒店有限公司 ★★★
地址：大连市中山区人民路 19 号
电话：0411-82818388
邮编：116001

大连盛兴大酒店★★★
地址：大连市沙河口区中长街 2 号
电话：0411-84525888
邮编：116021

集贝港湾大酒店 ★★★
地址：大连市中山区八一路 266 号
电话：0411-82406888
邮编：116013

恒元大酒店有限公司 ★★★
地址：大连市解放路 223 号
电话：0411-82306666
邮编：116001

大显酒店 ★★★
地址：大连市西岗区胜利路 98 号
电话：0411-84314777
邮编：116021

日月潭大酒店 ★★★
地址：大连市中山区新安街 1 号
电话：0411-82810988
邮编：116001

大连凯莱酒店 ★★★
地址：大连市中山区一德街 5 号
电话：0411-82808855
邮编：116001

大连心族大酒店有限公司 ★★★
地址：大连市西岗区长江路 586 号
电话：0411-83799999
邮编：116011

天和玉大酒店 ★★★
地址：大连市西岗区新开路 56 号
电话：0411-82590303
邮编：116011

新纪元大酒店 ★★★
地址：大连市旅顺口区洞庭街 19 号
电话：0411-86628188
邮编：116041

大连金港大酒店 ★★★
地址：大连市经济技术开发区五彩城 K 区 1 号
电话：0411-87538111
邮编：116600

北良大厦 ★★★
地址：大连市中山区鲁迅路 50 号
电话：0411-82726699
邮编：116001

大连金华大酒店 ★★★
地址：大连市金州区友谊街道和平路 35 号
电话：0411-87818888
邮编：116100

大连双盛园大饭店★★★
地址：大连市中山区勤俭街 27 号
电话：0411-82727777
邮编：116001

大连海桥大酒店有限公司 ★★★
地址：大连市中山区人民路 21 号
电话：0411-39769999
邮编：116001

大连安波温泉度假村有限公司 ★★★
地址：大连市安波镇安波社区

电话：0411－83200153
邮编：116211

大连三寰大酒店有限公司 ★★★
地址：大连市西岗区仲夏路159号
电话：0411－82400488
邮编：116013

仙源大酒店 ★★★
地址：大连市西岗区长春路186号
电话：0411－83621222
邮编：116011

大连园酒店 ★★★
地址：大连市中山区五五路14号
电话：0411－82128333
邮编：116001

丰源酒店 ★★★
地址：大连市中山区青泥街2号
电话：0411－82807718
邮编：116001

绿之都大酒店 ★★★
地址：大连市沙河口区西北路11号
电话：0411－86840999
邮编：116033

天河酒店 ★★★
地址：大连瓦房店市东长春路北段14号
电话：0411－85673333
邮编：116300

大连港鲇鱼湾度假村★★★
地址：大连市近郊保税区新港街道（近大窑湾）
电话：0411－87597676
邮编：116011

大连农垦宾馆 ★★★
地址：大连市西岗区中山路141－3号
电话：0411－88867888
邮编：116011

金海岸大酒店 ★★★
地址：大连市西岗区八一路
电话：0411－82401000
邮编：116013

大连期望集团豫园商务酒店有限公司★★★
地址：大连市西岗区新开路78号
电话：0411－88865555
邮编：116011

白云假日酒店 ★★★
地址：大连市西岗区彩云路4号
电话：0411－84331588
邮编：116013

庄河大酒店★★★
地址：大连市庄河市黄海大街一段371号
电话：0411－8615033
邮编：116400

丽源宾馆 ★★★
地址：大连庄河市新华路二段29号
电话：0411－89821818
邮编：116400

景山宾馆 ★★★
地址：大连市沙河口区景山巷1号
电话：0411－84691223
邮编：116023

国信大酒店 ★★★
地址：大连市中山区友好路155号
电话：0411－82825222
邮编：116001

大连欣半岛酒店有限公司 ★★★
地址：大连市沙河口区黄浦路199号
电话：0411－84699888
邮编：116023

大连金海湾酒店★★★
地址：大连市中山区鲁迅路76号
电话：0411－82718899
邮编：116001

大连五一国际酒店 ★★★
地址：大连市中山区解放街2号
电话：0411－82825151
邮编：116001

大连徐园饭店 ★★★
地址：大连市中山区人民路96号
电话：0411－82596888
邮编：116001

大连顺发大酒店★★★
地址：大连市甘井子区东纬路53号
电话：400－601－1969
邮编：116033

大连永嘉大酒店有限公司★★★
地址：大连市沙河口区长江路938号
邮编：116021

大连不夜城大酒店★★★
地址：大连市开发区辽河西路99号
电话：0411－87338888
邮编：116011

大连水上人间国际假日酒店★★★
地址：大连市旅顺南路999号
电话：0411－86299999
邮编：116011

大连维多利亚国际酒店有限公司★★★
地址：大连市开发区黄海西路140号
电话：0411－87339999
邮编：116011

马桥宾馆★★★
地址：大连市近郊金马路金桥小区16号
电话：0411－87638616
邮编：116011

大连丽月湾商务酒店★★★
地址：大连市中山区大连中山区致富街26号
电话：0411－39859666
邮编：116001

西太平洋酒店★★★
地址：大连市开发区海青岛
电话：0411－87516611
邮编：116001

黄海岸大酒店★★★
地址：大连市庄河市黄海大街一段362号
电话：0411－89702222
邮编：116400

凯恩大饭店★★★
地址：大连市庄河市昌盛街85号
电话：0411－89875555
邮编：116400

沈阳凯宾斯基饭店★★★
地址：大连市黄海大街1段368号
电话：0411－89705555
邮编：116011

国航大厦 ★★★
地址：大连市沙河口区中山路578号
电话：0411－84801188
邮编：116021

瓦房店宾馆 ★★★
地址：大连市瓦房店市公园路185号
电话：0411－85609888
邮编：116300

长海宏达宾馆★★★
地址：大连市长海县大长山岛镇长海路
邮编：116500

宏孚商旅酒店★★★
地址：大连市中山区长江路228号
电话：0411－84230001
邮编：116001

大连川王府阳光酒店 ★★★
地址：大连市西岗区胜利路78号
电话：0411－83630999
邮编：116021

大连美罗大酒店★★★
地址：大连市中山区中山路112号
电话：0411－83631991
邮编：116011

嘉源商旅酒店★★★
地址：大连市西岗区胜利街37号
电话：0411－82549999
邮编：116011

营港大酒店 ★★★
地址：大连市旅顺口区白山街101号
电话：0411－86381888
邮编：116041

三明聚大酒店 ★★★
地址：大连市旅顺口区水师营小南村
电话：0411－86238998
邮编：116041

大连亿成商务酒店 ★★★
地址：大连市西岗区凤光街31号
电话：0411－39608777
邮编：116011

大连友谊（集团）股份有限公司友谊宾馆 ★★★
地址：大连市中山区人民路91号
电话：0411－82634121
邮编：116001

光前酒店 ★★★
地址：大连市长海县大长山岛和风街
电话：0411－89887555
邮编：116500

祥源大酒店★★★
地址：大连市红旗镇镇东路7号
电话：0411－84231868
邮编：116011

丽森大酒店★★★
地址：大连市苏苑步行街东段
电话：0411－89831719
邮编：116011

大连川王府阳光酒店中山路店★★★
地址：大连市西岗区中山路143号－2
电话：0411－83614999
邮编：116011

大连锦绣人家大酒店有限公司 ★★★
地址：大连市沙河口区西北路253号

电话：0411－86830999
邮编：116033

大连航空宾馆 ★★★
地址：大连市甘井子区迎客路 69 号
电话：0411－86665558
邮编：116033

大连东方渔港大酒店 ★★★
地址：大连市金州区国防路 427 号
电话：0411－87858888
邮编：116100

唐银酒店 ★★★
地址：大连市西岗区兴业街 10－12 号
电话：0411－83699999
邮编：116011

金海湾大酒店 ★★★
地址：营口市经济技术开发区
电话：0417－6241888
邮编：115007

鹏源大酒店 ★★★
地址：营口市大石桥市哈大路中段
电话：0417－5836666
邮编：115100

仙侣山庄 ★★★
地址：营口市仙人岛国家森林公园内
电话：0417－22875552287666
邮编：115003

裕龙阁饭店 ★★★
地址：营口市站前区学府路
电话：0417－2990675
邮编：115000

鹤月嘉华酒店 ★★★
地址：营口市站前区园林里 40 号
电话：0417－2229678
邮编：115000

华能营口宾馆 ★★★
地址：营口市经济技术开发区
电话：0417－6882888
邮编：115007

鲅鱼圈邮政大厦 ★★★
地址：营口市市鲅鱼圈昆仑大街
电话：0417－6257890
邮编：115003

龙泉山庄 ★★★
地址：营口大石桥市蟠龙山公园里
电话：0417－5665988
邮编：115100

天辅兴酒店 ★★★
地址：营口市站前区履和门街少年宫里 51 号
电话：0417－2999799
邮编：115000

大石桥宾馆 ★★★
地址：营口市大石桥市人民大街
电话：0417－5613281
邮编：115100

锦绣佳缘大酒店 ★★★
地址：营口市站前区大庆路
电话：0417－3697788
邮编：115001

华夏大酒店 ★★★
地址：营口市西市区新兴大街西 58 号
电话：0417－4892499
邮编：115001

辽河油田芳华宾馆★★★
地址：盘锦市兴隆台区石油大街振兴街
电话：0427－7822273
邮编：124010

盘锦华锦宾馆 ★★★
地址：盘锦市双台子区红旗大街 258 号
电话：0427－3956888
邮编：124010

盘锦大众花园宾馆 ★★★
地址：盘锦市兴隆台区泰山路
电话：0427－2839345
邮编：124010

辽河油田双兴宾馆★★★
地址：盘锦市双兴路
电话：0427－2899388
邮编：124010

锦州大厦宾馆 ★★★
地址：锦州市中央大街 58 号
电话：0416－2123530
邮编：121000

锦州北山宾馆 ★★★
地址：锦州市北京路三段 12 号
电话：0416－4168155
邮编：121000

锦州天港国际酒店 ★★★
地址：锦州市开发区锦港大街一段 10 号
电话：0416－3589888
邮编：121000

北镇北宁大厦 ★★★
地址：锦州市北镇市北阁路
电话：0416－6632388
邮编：121300

凌海国际酒店 ★★★
地址：锦州市凌海市锦凌大街 1 号
电话：0416－8137777
邮编：121200

锦州阳光酒店 ★★★
地址：锦州市太和区市府路 97 号
电话：0416－3148888
邮编：121011

凌海凌河宾馆 ★★★
地址：锦州市凌海市中央大街
电话：0416－8122682
邮编：121200

锦州金秋酒店 ★★★
地址：锦州市中央大街二段 33 号
电话：0416－3186101
邮编：121000

锦州松山宾馆 ★★★
地址：锦州市凌南新区松山村
电话：0416－3562666
邮编：121219

沟帮子大和酒店 ★★★
地址：锦州市沟帮子沟广大街 18 号
电话：0416－6661666
邮编：121308

黑山姜城宾馆 ★★★
地址：锦州市黑山县光荣街 70 号
电话：0416－5599999
邮编：121400

西苑饭店 ★★★
地址：锦州市太和区和金里 9 号
电话：0416－7183754
邮编：121005

龙湾渔村 ★★★
地址：葫芦岛市经济技术开发区翠海花园
电话：0429－3128888
邮编：125000

兴城新世纪商务大酒店★★★
地址：葫芦岛市金种子大厦南 58 米
电话：0429－5112049
邮编：125000

富都宾馆★★★
地址：葫芦岛市龙湾新区海星路中段
电话：0429－3152222
邮编：125100

葫芦岛海军宾馆 ★★★
地址：葫芦岛市龙湾新区海滨路
电话：0429－2737900
邮编：125000

水调歌头大酒店 ★★★
地址：葫芦岛市兴城市兴海南路三段 19 号
电话：0429－3911111
邮编：125100

兴城海逸假日酒店 ★★★
地址：葫芦岛市兴城市兴海路 21－2
电话：0429－5419999
邮编：125100

海洋假日酒店 ★★★
地址：葫芦岛市龙湾新区海星路 21 号
电话：0429－3120000
邮编：125000

沈工兴城疗养院★★★
地址：葫芦岛市兴城市兴海路四段
邮编：125100

葫芦岛渤船宾馆★★★
地址：葫芦岛市龙港区海丰路 11 号
电话：0429－2793828
邮编：125003

钓鱼台宾馆 ★★★
地址：葫芦岛市兴城市海滨风景区内
电话：0429－5417777
邮编：125100

江天大酒店 ★★★
地址：葫芦岛市兴城市海滨风景区内
电话：0429－5412999
邮编：125100

通宝宾馆 ★★★
地址：葫芦岛市绥中县新兴街 1 段 11 号
电话：0429－3655555
邮编：125400

宏跃大酒店 ★★★
地址：葫芦岛市绥中县和平街 100 号
电话：0429－6196666

二星级

沈阳汉城宾馆★★
地址：沈阳市和平区市府大路 31 号
电话：024－23169999
邮编：110001

沈阳宾馆★★
地址：沈阳市皇姑区泰山路 2 号

电话：024－86688888
邮编：110033

沈阳天源宾馆★★
地址：沈阳市沈河区惠工街235号
电话：024－88559988－6666
邮编：110013

沈阳三盛源大酒店★★
地址：沈阳市沈河区十一纬路286号
电话：024－22713838
邮编：110011

沈阳宁大宾馆★★
地址：沈阳市和平区市府大路45号
电话：024－62101188
邮编：110001

沈阳市东湖度假村★★
地址：沈阳市铁西区沈辽东路58号
电话：024－ 88750209
邮编：110021

辽宁省玉龙山庄★★
地址：沈阳市棋盘山风景区秀湖北岸8号
电话：024－88058008
邮编：110164

辽中县虹桥宾馆★★
地址：沈阳市辽中县迎宾路65号
电话：024－87863688
邮编：110200

沈阳榭园宾馆★★
地址：沈阳市棋盘山风景区秀湖北岸
电话：024－88056088
邮编：110003

沈阳中城商务酒店★★
地址：沈阳市铁西区景星南街38号
电话：024－31809797
邮编：110021

沈阳怪坡金源宾馆★★
地址：沈阳市沈北新区怪坡风景区
电话：024－89758158
邮编：110121

沈阳石化大厦★★
地址：沈阳市皇姑区长江街17号
电话：024－86298000
邮编：110031

沈阳市康平宾馆★★
地址：沈阳市康平县康平镇建设街
电话：024－87325858
邮编：110500

沈阳聚鑫康乐商贸中心★★
地址：沈阳市康平县中心街
电话：024－87330578
邮编：110500

沈阳西苑宾馆★★
地址：沈阳市铁西区重工南街128号
电话：024－25739452
邮编：110021

沈阳铁建宾馆★★
地址：沈阳市沈河区敬宾街3－1号
电话：024－88530560
邮编：110013

沈阳市政府招待所★★
地址：沈阳市沈河区正阳街212号
电话：024－24849575
邮编：110011

沈阳市德秀庄宾馆★★
地址：沈阳市和平区图门路8号
电话：024－23468385
邮编：110002

辽宁红盾大酒店★★
地址：沈阳市皇姑区崇山中路55号
电话：024－26222777
邮编：110031

沈阳军交大厦★★
地址：沈阳市沈河区北站路110号
电话：024－22586666
邮编：110011

阳光宾馆 ★★
地址：朝阳市双塔区文化路三段9号
电话：0421－2619999
邮编：122000

建平宾馆★★
地址：朝阳市建平县人民路三段52号
电话：0421－7822800
邮编：122400

千禧大厦★★
地址：朝阳市黄河路三段51号
电话：0421－2720730
邮编：122000

荣田宾馆★★
地址：朝阳市建平县东环岛东100米
电话：0421－7845585
邮编：122400

大厦宾馆★★
地址：朝阳市新华路三段27号
电话：0421－2811601
邮编：122000

鑫源宾馆★★
地址：朝阳市凌源市热水汤开发区
电话：0421－6110299
邮编：122500

电业宾馆★★
地址：阜新市海州区经纬路17号
电话：0418－5512355
邮编：123000

彰武政府宾馆★★
地址：阜新市彰武县人民大街53号
电话：0418－7720900
邮编：123002

红山宾馆★★
地址：阜新市阜蒙县繁荣大街中段
电话：0418－8830635
邮编：123001

西山宾馆★★
地址：阜新市海州区西山路11号
电话：0418－3386007
邮编：123000

北方大酒店★★
地址：阜新市海州区新华路80号
电话：0418－3331375
邮编：123000

鼎兴宾馆★★
地址：阜新市经纬路17号
电话：0418－5512355
邮编：123000

爱地大厦★★
地址：阜新市人民大街48号
邮编：123000

国贸大酒店★★
地址：阜新市阜蒙县人民大街42号
电话：0418－8821480
邮编：123001

商贸宾馆★★
地址：阜新市细河区解放大街21号
电话：0418－3387777
邮编：123000

铁岭金都酒店有限责任公司★★
地址：铁岭市银州区银州路2号
电话：0410－72248240
邮编：112000

鸿运祥大酒店★★
地址：铁岭市银州区龙安
邮编：112000

抚顺大酒店★★
地址：抚顺市新抚区东一路2号
电话：0413－52678333
邮编：113008

电业宾馆★★
地址：抚顺市东洲区萨尔浒2号
电话：0413－52905548
邮编：113007

铝厂宾馆★★
地址：抚顺市望花区丹东路东段
电话：0413－53812088
邮编：113001

华水宾馆★★
地址：抚顺市东洲区新太河街
电话：0413－58312022
邮编：113007

和睦宾馆★★
地址：抚顺市新宾县永陵镇和睦森林公园
电话：0413－55158200
邮编：113200

房产宾馆★★
地址：抚顺市新抚区西五路5路
电话：0413－52783111
邮编：113008

天时宾馆★★
地址：抚顺市清原县清原镇清河路12号
电话：0413－53023351
邮编：113300

天成宾馆★★
地址：抚顺市清原县清原镇白云街
电话：0413－53048789
邮编：113300

铁路职工培训中心★★
地址：本溪市本溪县小市镇上堡
电话：0414－6825888
邮编：117100

本溪实华大酒店★★
地址：本溪市桓仁满族自治县桓仁镇江城路
电话：0414－8833888
邮编：117100

实华贵客楼★★
地址：本溪市恒仁满族自治县民族街M1号楼
电话：0414－8836099
邮编：117200

辽东宾馆★★
地址：本溪市桓仁满族自治县黎明街 32 号
电话：0414－8825511
邮编：117200

赋源宾馆★★
地址：本溪市解放北路 74 号
电话：0414－2896333
邮编：117000

天一大酒店★★
地址：本溪市解放路中段
电话：0414－2150888
邮编：117000

天河大酒店★★
地址：本溪市解放南路德太 103 号
电话：0414－2847888
邮编：117000

天迈大酒店★★
地址：本溪市桓仁满族自治县民族一条街
电话：0414－8838777
邮编：117200

林业宾馆★★
地址：本溪市明山区小堡
电话：0414－4599668
邮编：117000

溪铁城大酒店★★
地址：本溪市平山区广裕路 2 号
电话：0414－2101188
邮编：117000

樱花大酒店★★
地址：本溪市明山区大峪新村樱花小区
电话：0414－4515888
邮编：117000

金港大酒店★★
地址：本溪桓仁满族自治县民族街 M1 号楼
电话：0414－8862899
邮编：117200

百盛宾馆★★
地址：本溪市桓仁满族自治县民族一条街
电话：0414－8836999
邮编：117200

衍水宾馆★★
地址：辽阳市中华大街 158 号
电话：0419－3236968
邮编：111000

辽阳县龙峰山庄酒店★★
地址：辽阳市辽阳县下达河乡龙峰山风景区
电话：0419－6100008
邮编：111200

鞍山铁道大酒店★★
地址：鞍山市铁西区三道街 103 号
电话：0412－8518666
邮编：114011

千山积翠宾馆★★
地址：鞍山市千山区千山风景区北部景区
电话：0412－5410121
邮编：114041

鞍山大厦★★
地址：鞍山市铁东区文化街 8 号
电话：0412－2291928
邮编：114001

凤城大梨树青年点宾馆★★
地址：丹东市凤城市大梨树生态农业观光旅游区
电话：0415－8189124
邮编：118100

丹东华厦村宾馆★★
地址：丹东市振兴区八经街 11 号
电话：0415－2121999
邮编：118002

东港市交通酒店★★
地址：丹东市东港市东港路 8 号
电话：0415－7193888
邮编：118300

东港市孤山镇昕运大酒店★★
地址：丹东市东港市孤山镇中大街 18 号
电话：0415－7501866
邮编：118300

丹东市锦江山园林宾馆★★
地址：丹东市振兴区山上街 83 号
电话：0415－2151888
邮编：118000

东港市春林宾馆★★
地址：丹东市东港市东港北路 79 号
电话：0415－3332222
邮编：118300

丹东市新柳宾馆★★
地址：丹东市元宝区新安街 6 号
电话：0415－2812888
邮编：118000

丹东黄海宾馆★★
地址：丹东市振兴区黄海大街 540 号
电话：0415－6272308
邮编：118002

东港红星宾馆★★
地址：丹东市东港市孤山镇客运站东 200 米
电话：0415－7740311
邮编：118300

凯旋酒店★★
地址：丹东市振兴区十纬路 9 号
电话：0415－2125566
邮编：118002

大连饭店★★
地址：大连市中山区上海路 6 号
电话：0411－82633171
邮编：116001

凤凰宾馆★★
地址：大连市开发区金马路 137 号
电话：0411－87648558
邮编：116600

银花客舍★★
地址：大连市西岗区华航街 4 号
电话：0411－82686988
邮编：116011

保联大酒店★★
地址：大连市西岗区黄河路 4 号
电话：0411－83626388
邮编：116011

金丰宾馆★★
地址：大连市经济技术开发区金马路 130 号
邮编：116011

五洲大厦★★
地址：大连市西南路 872 号
电话：0411－84401888
邮编：116011

春天酒店★★
地址：大连市西岗区五四路 28 号
电话：0411－83699666
邮编：116011

大连邮政宾馆★★
地址：大连市中山区长江路 271 号
电话：0411－83661388
邮编：116001

沁苑酒店★★
地址：大连市中山区昆明街 32 号
电话：0411－82807788
邮编：116001

大连银龙宾馆★★
地址：大连市沙河口区龙门街 9 号
电话：0411－84671542
邮编：116023

大连亿城集团股份有限公司渤海饭店★★
地址：大连市中山区中山路 124 号
邮编：116001

大连鸿霖凯大酒店★★
地址：大连市沙河口区西北路 211 号
电话：0411－86662299
邮编：116021

海港大厦★★
地址：大连市中山区海湾街
电话：0411－82628705
邮编：116001

大连帅客大酒店有限公司★★
地址：大连市西岗区博爱街 32 号
电话：0411－83635151
邮编：116011

如家快捷天津街店★★
地址：大连市中山区天津街 102 号
电话：0411－82639977
邮编：116001

日月明酒店★★
地址：大连市西岗区胜利路 101 号
电话：0411－83696666
邮编：116021

华能宾馆★★
地址：大连市西岗区付家庄滨海西路 4 号
邮编：116011

普兰店市新丰荣宾馆★★
地址：大连市普兰店古城路 39 号
电话：0411－83128338
邮编：116200

海悦酒店★★
地址：大连市沙河口区景宾巷 2 号
电话：0411－84691310
邮编：116022

大连葵英大厦★★
地址：大连市中山区解放路 347 号
电话：0411－82678600
邮编：116013

桃源酒店★★
地址：大连市中山区白云街 66 号
电话：0411－82681171
邮编：116013

中船大酒店★★
地址：大连市中山区长江路 48 号
电话：0411－82803200
邮编：116001

金牛宾馆★★
地址：大连市甘井子区同德路2-318
电话：0411-86565858
邮编：116031

新世纪宾馆★★
地址：大连市五一路1段54-1
电话：0411-85669111
邮编：116001

大连双厦大酒店★★
地址：大连市解放路270号
电话：0411-82306322
邮编：116001

国运宾馆★★
地址：大连市中山区益民街3号
电话：0411-82691818
邮编：116001

日月大酒店★★
地址：大连市解放路42号
电话：0411-39529999
邮编：116001

友好宾馆★★
地址：大连市中山区友好路103号
电话：0411-82630010
邮编：116001

兴安宾馆★★
地址：大连市中山区玉光街54号
电话：0411-82820028
邮编：116001

大连海事公寓★★
地址：大连市甘井子区凌水路1号
电话：0411-84729710
邮编：116026

三达大酒店★★
地址：大连市开发区哈尔滨路20号
电话：0411-87611959
邮编：116600

大连王子饭店有限公司★★
地址：大连市中山区滨海中路6号
电话：0411-82665888
邮编：116013

彩虹宾馆★★
地址：大连市西岗区云阳街32号
电话：0411-82107778
邮编：116021

绿灯酒店★★
地址：大连市西岗区北岗街81号
电话：0411-83629141
邮编：116011

复州宾馆★★
地址：大连市瓦房店市复州镇
电话：0411-85104358
邮编：116314

维也纳大酒店★★
地址：大连市旅顺口区大华街2号
电话：0411-86614666
邮编：116041

振华海上俱乐部★★
地址：大连市金州区大魏镇前石村
电话：0411-87899198
邮编：116100

圆丰宾馆★★
地址：大连市旅顺口区三涧堡
电话：0411-86262888
邮编：116043

金兴源大酒店★★
地址：大连市西岗区八一路8号
电话：0411-82386632
邮编：116013

辽宁师范大学国际文化交流中心★★
地址：大连市沙河口区黄河路850号
电话：0411-84258480
邮编：116029

大连交通运输集团有限公司亨通宾馆★★
地址：大连市中山区长江路14号
电话：0411-82807750
邮编：116001

华岳宾馆★★
地址：大连市西岗区迎春路1号
电话：0411-82496830-2101
邮编：116013

大连星海湾大酒店★★
地址：大连市沙河口区西南路62号
电话：0411-84671693
邮编：116023

大连门宾馆★★
地址：大连市甘井子区大连门广场16号
电话：0411-86653584
邮编：116033

欧神假日酒店★★
地址：大连市沙河口区凌河街1号
电话：0411-84662388
邮编：116021

黄金海岸假日酒店★★
地址：大连市长海县大长山岛镇杨家村
电话：0411-89898888
邮编：116500

宏华宾馆★★
地址：大连市长海县大长山岛和风街88号
电话：0411-89889966
邮编：116500

海美特大酒店★★
地址：大连市长海县小长山岛回龙村
电话：0411-89744077
邮编：116501

明珠饭店★★
地址：大连市长海县獐子岛镇沙包村
电话：0411-89767437
邮编：116500

宏跃宾馆★★
地址：大连市长海县广鹿岛柳条村
电话：0411-89759888
邮编：116502

大连造船宾馆★★
地址：大连市中山区竹青街16号
电话：0411-82636088
邮编：116001

锦江之星★★
地址：大连市中山区解放路410号
电话：0411-39847777
邮编：116013

东北财经大学宾馆★★
地址：大连市沙河口区尖山街217号
电话：0411-84710158
邮编：116025

浪华宾馆★★
地址：大连市沙河口区西安路4-5号
电话：0411-84602888
邮编：116021

胜利酒店★★
地址：大连市西岗区胜利路111号
电话：0411-88822999
邮编：116002

台山宾馆★★
地址：大连市普兰店市世纪路东段
电话：0411-62378888
邮编：116200

白玉酒店★★
地址：大连市中山区白玉街18号
电话：0411-82636238
邮编：116001

大连外国语学院宾馆★★
地址：大连市中山区麒麟东巷13号
电话：0411-82801199
邮编：116002

宝都大酒店★★
地址：营口市盖州市清河大街西段98号
电话：0417- 7808088
邮编：115200

盘锦兴隆宾馆★★
地址：盘锦市兴隆台区石油大街104号
电话：0427-6680111/2831100
邮编：124010

盘锦正大酒店★★
地址：盘锦市双台子区向海大道80号
电话：0427-3881055
邮编：124000

盘锦丽舍酒店★★
地址：盘锦市兴隆台区泰山路149号
电话：0427-2824188
邮编：124010

盘锦华缘宾馆★★
地址：盘锦市兴隆台区石油大街123号
电话：0427-2283333
邮编：124010

盘锦大洼东湖宾馆★★
地址：盘锦市大洼县大洼镇金源街
邮编：124200

锦州三维酒店★★
地址：锦州市云飞街三段2号甲
电话：0416-2149183
邮编：121000

锦州石油宾馆★★
地址：锦州市古塔区敬业北里64号
电话：0416-4152666
邮编：121000

义县新世纪酒店★★
地址：锦州市义县园林路
电话：0416-7750306
邮编：121100

北镇闾山宾馆★★
地址：锦州市北镇市广宁镇西大街路南
电话：0416-6622826
邮编：121300

天通大酒店★★
地址：锦州市古塔区解放路二段76号
电话：0416-2540275

邮编：121000

锦州红苹果酒店★★
地址：锦州市凌河区云飞街安和里 14 号
电话：0416－2619000
邮编：121000

金鑫宾馆★★
地址：葫芦岛市连山区站前街 10 号
电话：0429－2552222
邮编：125001

兴城金种子大厦★★
地址：葫芦岛市兴城市兴海路一段 9 号
电话：0429－5430836
邮编：125100

国税培训中心★★
地址：葫芦岛市兴城市海滨路附近
电话：0429－3510555
邮编：125100

莲花宾馆★★
地址：葫芦岛市连山区新华大街 40 号
电话：0429－2178380
邮编：125001

圣亚宾馆★★
地址：葫芦岛市渤海街群英路 2 号
电话：0429－2212299
邮编：125000

一星级

沈阳市玲珑山庄★
地址：沈阳市棋盘山风景区
电话：024－88055007
邮编：110161

沈阳泉银宾馆★
地址：沈阳市大东区小河沿路 68 号
电话：024－24839800
邮编：110042

沈阳翰皇国际商务酒店★
地址：沈阳市大东区北顺城路 188 号
电话：024－88596000
邮编：110041

新民市电业宾馆★
地址：沈阳市新民市辽河大街 73 号
邮编：110300

法库宾馆★
地址：沈阳市法库县法库镇兴法路吉祥街
电话：024－87103555
邮编：110400

沈阳市梅杉宾馆★
地址：沈阳市沈河区小西路 48 号
电话：024－22735548
邮编：110013

沈阳北海大厦★
地址：沈阳市皇姑区昆山东路 25 号
电话：024－62230066
邮编：110031

沈阳金银角大酒店★
地址：沈阳市于洪区沈辽中路 35 号
电话：024－25280999
邮编：110141

沈阳站前宾馆★
地址：沈阳市和平区胜利北街 55 号
邮编：110001

辽宁红霞宾馆★
地址：沈阳市和平区光荣街 26 号甲
电话：024－23231099
邮编：110003

沈阳市国兴大酒店★★
地址：沈阳市于洪区黄海路 46 号
电话：024－25305858
邮编：110141

辽宁九州大厦★
地址：沈阳市皇姑区昆山路 34 号
电话：024－86858687
邮编：110031

沈阳市老天合宾馆★
地址：沈阳市沈河区热闹路 60 号
电话：024－24803568
邮编：110011

沈阳市龙凤大饭店★
地址：沈阳市皇姑区长江街 104 号
电话：024－86847521
邮编：110031

沈阳市于洪区嘉鹏宾馆★
地址：沈阳市沈大路 87 甲
电话：024－25310345
邮编：110013

交通宾馆★
地址：朝阳市新华路三段 23 号
电话：0421－2815405
邮编：122000

萨尔浒宾馆★
地址：抚顺市东洲区萨尔浒南路
电话：0413－54461712
邮编：113006

顺天园宾馆★
地址：抚顺市东洲区萨尔浒南路
电话：0413－54460106
邮编：113071

高丽城大酒店★
地址：本溪市桓仁县北岭路
电话：0414－8837300
邮编：117200

大雅河漂流大酒店★
地址：本溪市桓仁满族自治县商业步行街
电话：0414－8862111
邮编：117200

丹东新罗宾馆★
地址：丹东市总工会对面
电话：0415－2126350
邮编：118000

北苑宾馆★
地址：大连市瓦房店市北共济街一段 42 号
电话：0411－85509043
邮编：116300

盛源宾馆★
地址：大连市普兰店市杨树房镇
电话：0411－83450149
邮编：116200

中原宾馆★
地址：大连市中山区中原街 21 号
电话：0411－82639639
邮编：116001

中源宾馆★
地址：锦州市凌河区和平路四段 15 号甲－24 号
电话：0416－2132824
邮编：121000

铁岭金城粤海国际酒店
地址：铁岭市银州区广裕街 28 号
电话：024－74299999
传真：024－74299996
邮编：112000

大连远洲大酒店
地址：大连瓦房店市世纪广场 28 号
电话：0411－39399999
邮编：116300

吉　林

JILIN

五星级

香格里拉大饭店 ★★★★★
地址：长春市西安大路 9 号
电话：0431－88981818
邮编：130061

名门饭店 ★★★★★
地址：长春市人民大街 89 号
电话：0431－85622888
邮编：130021

吉林省松苑宾馆★★★★★
地址：长春市宽城区新发路 1169 号
电话：0431－82753777
邮编：130051

南湖宾馆 ★★★★★
地址：长春市南湖大路 3798 号
电话：0431－85586888
邮编：130022

长春开元名都大酒店 ★★★★★
地址：长春市景阳大路 2299 号
电话：0431－87068888
邮编：130000

延边国际饭店 ★★★★★
地址：延边朝鲜族自治州延吉市友谊路 118 号
电话：0433－2509999
邮编：133000

四星级

乐府大酒店 ★★★★
地址：长春市人民大街 72 号
电话：0431－82090999
邮编：130051

花园酒店 ★★★★
地址：长春市创业大街 39 号
电话：0431－85988888
邮编：130011

中日友好会馆 ★★★★
地址：长春市自由大路 102 号
电话：0431－84618888
邮编：130031

松苑宾馆 ★★★★
地址：长春市新发路 21 号
电话：0431－82727001
邮编：130051

长白山宾馆 ★★★★
地址：长春市新民大街 18 号
电话：0431－85588888
邮编：139921

同馨宾馆 ★★★★
地址：长春市上海路 30 号
电话：0431－82953399
邮编：130042

长春宾馆 ★★★★
地址：长春市新华路 10 号
电话：0431－88791888
邮编：130061

吉隆坡大酒店 ★★★★
地址：长春市西安大路 19 号
电话：0431－88962688
邮编：130061

吉林亚泰国际俱乐部 ★★★★
地址：长春市世纪广场长伊公路 9 公里
电话：0431－88962688
邮编：130119

长春名人酒店 ★★★★
地址：长春市湖滨街 1 号
电话：0431－85599888
邮编：130021

吉祥饭店 ★★★★
地址：长春市解放大路 2228 号
电话：0431－85589888
邮编：130021

吉林宾馆 ★★★★
地址：长春市人民大街 72 号
电话：0431－88488999
邮编：130051

吉林省新民宾馆 ★★★★
地址：长春市新民大街 626 号
电话：0431－85593888
邮编：130021

君怡酒店 ★★★★
地址：长春市修正路 811 号
电话：0431－87058888
邮编：131000

长春国际会展中心大饭店 ★★★★
地址：长春市经济开发区会展大街 100 号
电话：0431－87606688
邮编：130033

金都饭店 ★★★★
地址：长春市西安大路
电话：0431－88482888
邮编：130041

国盛大酒店 ★★★★
地址：长春市人民大街 7008 号
电话：0431－81788888
邮编：130022

长春国贸饭店 ★★★★
地址：长春市人民大街 81 号
电话：0431－88487888
邮编：130061

长春富贵大饭店 ★★★★
地址：长春市青年路 3777 号
电话：：0431－89980777
邮编：130000

吉鹤宾馆 ★★★★
地址：白城市吉鹤广场北
电话：0436－3677666
邮编：137000

松原市宾馆 ★★★★
地址：松原市临江路 388 号
电话：0438－3178000
邮编：138000

松原石油大厦 ★★★★
地址：松原市郭尔落斯大路 1200 号
电话：0438－6221000
邮编：138000

雾凇宾馆 ★★★★
地址：吉林市龙潭大街 29 号
电话：0432－63986100
邮编：132022

磐石白云宾馆 ★★★★
地址：吉林市磐石大街 1111 号
电话：0432－65258888
邮编：132300

圣德泉亲水度假花园 ★★★★
地址：吉林市船营区搜登站
电话：0432－64187666
邮编：132002

吉高宾馆 ★★★★
地址：吉林市大丰满松滨街 158 号
电话：0432－2465000
邮编：132011

吉平宾馆 ★★★★
地址：四平市铁西区新华大街 104 号
电话：0434－3249166
邮编：136000

通化宾馆 ★★★★
地址：通化市翠泉路 309 号
电话：0435－3207666
邮编：134001

汇丰大酒店 ★★★★
地址：通化市建设大街 2891 号
电话：0435－3663999
邮编：134001

万通大酒店 ★★★★
地址：通化市建设大街 1022 号
电话：0435－3533966
邮编：134000

喜来登大饭店 ★★★★
地址：通化市通化大街 56 号
电话：0435－5799999
邮编：134200

通化东山宾馆 ★★★★
地址：通化市靖宇路 846 号
电话：0435－5082505
邮编：134000

东方假日酒店 ★★★★
地址：通化市东昌区新站路 16 号
电话：0435－3615555
邮编：134001

云电山庄 ★★★★
地址：通化集安市青石镇
电话：0435－6233766
邮编：134202

亿佳合大酒店 ★★★★
地址：白山市浑江大街 170 号
电话：0439－3288888
邮编：134300

蓝景戴斯度假酒店 ★★★★
地址：白山市抚松县松江河镇西坡山门外
电话：0439－6337333
邮编：134504

长白宾馆 ★★★★
地址：白山市长白县长白大街 21 号
电话：0433－8818888
邮编：134400

白山大厦 ★★★★
地址：延边朝鲜族自治州延吉市友谊路 2 号
电话：0433－2515956
邮编：133000

延边大洲酒店 ★★★★
地址：延边朝鲜族自治州延吉市铁北路

439 号
电话：0433－6195555
邮编：133001

延边罗京饭店 ★★★★
地址：延边朝鲜族自治州延吉市延西街 87 号
电话：0433－5013333
邮编：133000

汪清天府大酒店 ★★★★
地址：延边朝鲜族自治州汪清县东路 2 号
电话：0433－8835111
邮编：133200

吉林三江酒店 ★★★★
地址：延边朝鲜族自治州安图县
电话：0433－5822393
邮编：133613

安图长白山大酒店 ★★★★
地址：延边朝鲜族自治州安图县二道白河林业局
电话：0433－5722903
邮编：133613

三星级

春谊宾馆 ★★★
地址：长春市人民大街 2 号
电话：0431－82096888
邮编：130051

吉林亚泰饭店 ★★★
地址：长春市重庆路 48 号
电话：0431－88931740
邮编：130051

长春春海宾馆 ★★★
地址：长春市东南湖大路 1066 号
电话：0431－84612542
邮编：130033

百汇宾馆 ★★★
地址：长春市解放大路副 80 号
电话：0431－885622668
邮编：130021

天新饭店 ★★★
地址：长春市北京大街 15 号
电话：0431－82091999
邮编：130051

金融大厦 ★★★
地址：长春市人民大街 87 号
电话：0431－88980099
邮编：130051

长春龙达宾馆 ★★★
地址：长春市吉林大路
电话：0431－84948888
邮编：130031

交通宾馆 ★★★
地址：长春市解放大路 84 号
电话：0431－85630009
邮编：130021

长春市天翼宾馆 ★★★
地址：长春市宽城区西三条街 9 号
电话：0431－82784888
邮编：130051

长春大华饭店 ★★★
地址：长春市自由大路 4487 号
电话：0431－84633939
邮编：130031

物贸大酒店 ★★★
地址：长春市人民大街 6969 号
电话：0431－85599000
邮编：130022

长客宾馆 ★★★
地址：长春市西安大路 129 号
电话：0431－87905168
邮编：1300620

展览馆园东宾馆 ★★★
地址：长春市解放大路 1933 号
电话：0431－88911247
邮编：130041

长春教育宾馆 ★★★
地址：长春市金州街 151 号
电话：0431－88992263
邮编：130033

新发宾馆 ★★★
地址：长春市文化街 99 号
电话：0431－82701666
邮编：130051

省气象培训中心星际大酒店 ★★★
地址：长春市西安大路与和平大街交会处 6234 号
电话：0431－87969101
邮编：130061

长春客运宾馆 ★★★
地址：长春市人民大街 238 号
电话：0431－86999288
邮编：130062

彩宇宾馆 ★★★
地址：长春市净月开发区彩宇大街 1363 号
电话：0431－87063000
邮编：130063

省军区八一宾馆 ★★★
地址：长春市净月大街 5678 号
电话：0431－82831500
邮编：130064

盛世之星酒店 ★★★
地址：长春市榆树市工农大街与铁北路交会处
电话：0431－83675666
邮编：130065

中航日鑫宾馆 ★★★
地址：长春市青年路 2197 号
电话：0431－85868773
邮编：130066

长春市斯麦尔宾馆 ★★★
地址：长春市凯旋路 2788 号
电话：0431－81939222
邮编：130052

长春市广源宾馆 ★★★
地址：长春市凯旋路 2788 号
电话：0431－82935042－47
邮编：130052

吉林大学北苑宾馆 ★★★
地址：长春市人民大街 4059 号
电话：0431－88499100
邮编：130021

吉林省林业宾馆 ★★★
地址：长春市人民大街 5046 号
电话：0431－85596088
邮编：130022

雪月山饭店 ★★★
地址：长春市二道区威海路 825 号
电话：0431－86677163
邮编：130022

鹤翔宾馆 ★★★
地址：白城市中兴东大路 2 号
电话：0436－3267222
邮编：137000

军政大酒店 ★★★
地址：白城市站前爱国街 3 号
电话：0436－6100666
邮编：137000

莫莫格宾馆 ★★★
地址：白城市莫莫格保护区内
电话：0436－7811999
邮编：137350

明珠宾馆 ★★★
地址：松原市长山镇长山热电厂
电话：0438－2915490
邮编：131109

郭尔罗斯宾馆 ★★★
地址：松原市乌兰大街 21 号
电话：0438－2122988
邮编：138000

昊原大酒店 ★★★
地址：松原市松江大街 939 号
电话：0438－2285555
邮编：138000

扶余宾馆 ★★★
地址：松原市扶余县
电话：0438－5865999
邮编：131200

长岭宾馆 ★★★
地址：松原市长岭县长庆路 2 号
电话：0438－7225591
邮编：131500

神州大厦 ★★★
地址：吉林市松江东路 1 号
电话：0432－62161000
邮编：132001

国际大酒店 ★★★
地址：吉林市中兴街 20 号
电话：0432－66571888
邮编：132001

吉林市北都大酒店 ★★★
地址：吉林市龙潭区遵义路东路 36 号
电话：0432－65089888
邮编：132021

旅游宾馆★★★
地址：吉林市船营区朝阳街 88 号
电话：0432－5083366
邮编：132001

金池宾馆 ★★★
地址：吉林市昌邑区中兴街 18 号
电话：0432－66110258
邮编：132002

旅游宾馆 ★★★
地址：吉林市船营区朝阳街 88 号

电话：0432－65083222
邮编：132001

蛟河宾馆 ★★★
地址：吉林市蛟河市民主路
电话：0432－67250888
邮编：132500

松白大厦 ★★★
地址：吉林市桦甸市桦甸大街 272 号
电话：0432－66705603
邮编：132400

桦甸龙兴宾馆 ★★★
地址：吉林市桦甸市大兴街 298 号
电话：13704348989
邮编：132400

舒兰宾馆 ★★★
地址：吉林市舒兰市人民大路 253 号
电话：0432－68222141
邮编：132600

四平宾馆 ★★★
地址：四平市铁西区迎宾街
电话：0434－3624045
邮编：136000

辽源宾馆 ★★★
地址：辽源市龙山北路 6 号
电话：0437－5088881
邮编：136200

通钢宾馆 ★★★
地址：通化市东通化大街 449 号
电话：0435－3773700
邮编：134003

集安宾馆 ★★★
地址：通化市迎宾路 98 号
电话：0435－6269999
邮编：134200

集安豪江大酒店 ★★★
地址：通化市经济开发区
电话：0435－6233800
邮编：134200

通化威龙宾馆 ★★★
地址：通化市建设大街 1032 号
电话：0435－3959777
邮编：134000

集安翠园宾馆 ★★★
地址：通化市胜利西路 57 号
电话：0435－6222123
邮编：134200

佟佳江宾馆 ★★★
地址：通化市柳泉路 167 号
电话：0435－3916188
邮编：134001

鸿祥假日酒店 ★★★
地址：通化市滨江西路 5155 号
电话：0435－3309999
邮编：134000

梅河宾馆 ★★★
地址：通化市梅河口市滨河南街 4111 号
电话：0435－4224241
邮编：135000

通化县宾馆 ★★★
地址：通化市通化县快大茂镇团结路 177 号
电话：：0435－5213888
邮编：134100

柳河宾馆 ★★★
地址：通化市柳河县柳河大街 200 号
电话：0435－7213400
邮编：135300

白山市宾馆 ★★★
地址：白山市浑江大街 102 号
电话：0439－3594888
邮编：134300

森工大酒店 ★★★
地址：白山市江源区三岔子镇森工街
电话：0439－3748945
邮编：134702

大光明饭店 ★★★
地址：白山市临江市临江大街 183 号
电话：0439－5219888
邮编：134600

博盛园宾馆 ★★★
地址：白山市临江市苇沙河镇
电话：0439－5706988
邮编：130000

威龙宾馆 ★★★
地址：白山市抚松县香江路 193 号
电话：0439－6238999
邮编：134500

抚松杰洋酒店 ★★★
地址：白山市抚松县松江河镇外环路
电话：0439－6618888
邮编：134500

长白圣泉大酒店 ★★★
地址：白山市长白县鸭绿江大街 128 号
电话：0439－8238815
邮编：134400

开元酒店 ★★★
地址：延边朝鲜族自治州延吉市进学街 122 号
电话：0433－2919393
邮编：133000

延吉德铭宾馆 ★★★
地址：延边朝鲜族自治州延吉市人民路 183 号
电话：0433－2916988
邮编：133000

绿园大酒店 ★★★
地址：延边朝鲜族自治州延吉市站前街 2－1 号
电话：0433－2876789
邮编：133001

韩城宾馆 ★★★
地址：延边朝鲜族自治州延吉市局子街 766 号
电话：0433－2506611
邮编：133000

图们大厦 ★★★
地址：延边朝鲜族自治州图们市图们大路 35 号
电话：0433－5635840
邮编：133100

敦化富临园宾馆 ★★★
地址：延边朝鲜族自治州敦化市胜利南大街 22 号
电话：0433－6397337
邮编：133700

敦化市京华大酒店 ★★★
地址：延边朝鲜族自治州敦化市翰章北大街
电话：0433－6267001
邮编：133700

珲春佰汇大厦 ★★★
地址：延边朝鲜族自治州珲春市新安街春粮委
电话：0433－7530999
邮编：133300

珲春宾馆 ★★★
地址：延边朝鲜族自治州珲春市珲春西街 999 号
电话：0433－7512150
邮编：133300

珲春昆仑饭店 ★★★
地址：延边朝鲜族自治州珲春市建设街
电话：0433－7506111
邮编：133300

敦化六顶山宾馆 ★★★
地址：延边朝鲜族自治州敦化市六顶山大酒店
电话：0433－6303777
邮编：133700

蓬莱生态度假村 ★★★
地址：延边朝鲜族自治州汪清县汪清镇大仙村
电话：0433－8531333
邮编：133200

华鑫旅游度假会议中心 ★★★
地址：延边朝鲜族自治州汪清县满天星国家森林公园
电话：0433－8551968
邮编：133200

白桦林宾馆 ★★★
地址：延边朝鲜族自治州长白山北门前 2 公里
电话：0433－5742032
邮编：133613

永旭宾馆 ★★★
地址：延边朝鲜族自治州长白山管委会池北区
电话：0433－5713588
邮编：133614

朝鲜族民俗风情园 ★★★
地址：延边朝鲜族自治州长白山管委会池北区
电话：0433－5729301
邮编：133615

白山假日酒店 ★★★
地址：延边朝鲜族自治州长白山管委会池北区
电话：0433－5713055
邮编：133616

星际艺术之家酒店★★★
地址：延边朝鲜族自治州安图县
电话：0433－5750222
邮编：133613

蓝江大酒店 ★★★
地址：延边朝鲜族自治州安图县长白山二道白河镇
电话：0433－5419999/5419888
邮编：133000

虎林大厦★★★
地址：延边朝鲜族自治州安图县长白山二道白河镇
电话：0433－5742222
邮编：133613

长白山运动村 ★★★
地址：延边朝鲜族自治州安图县二道保护区内
电话：0433－5746066
邮编：133613

美人松宾馆 ★★★
地址：延边朝鲜族自治州安图县二道白河林业局
电话：0433－5748888
邮编：133613

二星级

泰山大酒店★★
地址：长春市同志街35号
电话：0431－85634992
邮编：130021

财苑宾馆★★
地址：长春市双阳区单江街655号
电话：0431－ 84257088
邮编：130600

天鹅湖宾馆★★
地址：长春市大马路28号
电话：0431－88728111
邮编：130042

百家商务宾馆★★
地址：长春市朝阳区红旗街2号
电话：0431－ 85701111
邮编：130012
网址：www. cbjhotel. com

春天宾馆★★
地址：长春市人民大街2136号
电话：0431－88993678
邮编：130051

吉林电力宾馆★★
地址：长春市百汇街12号
电话：0431－85794819
邮编：130021

长江大酒店★★
地址：长春市长白路358号
电话：0431－86119555
邮编：130051

吉林省松源宾馆★★
地址：长春市建设街2888号
电话：0431－85593100
邮编：130021

辰亚夏日酒店★★
地址：长春市大兴路与云鹤街交会处125号
电话：0431－88510660
邮编：130000

洮北宾馆★★
地址：白城市爱国街11号
电话：0436－3269555
邮编：137000

电信大酒店★★
地址：白城市海滨胡同2号
电话：0436－3253001
邮编：137000

向海专家公寓★★
地址：白城市向海保护区
电话：0436－4588311
邮编：1372500

通榆聚鑫宾馆★★
地址：白城市通榆县迎宾路1号
电话：0436－4239978
邮编：1372000

洮南市宾馆★★
地址：白城市洮南市广昌路66号
电话：0436－6322429
邮编：137100

大安市宾馆★★
地址：白城市大安市文化宫对面
电话：0436－5223691
邮编：131300

大安渤海大酒店★★
地址：白城市大安市长白路8号
电话：0436－5208016
邮编：131300

镇莱县宾馆★★
地址：白城市镇赉县长白路98号
电话：0436－7223411
邮编：137300

聚鑫宾馆★★
地址：白城市镇赉县云昌路16号
电话：0436－7236933
邮编：137300

四方宾馆★★
地址：白城市镇赉县云昌路18号
电话：0436－7854341
邮编：137300

镇赉裕乐宾馆★★
地址：白城市镇赉县正阳南街1234号
电话：0436－7286777
邮编：137300

银河大酒店★★
地址：松原市前郭尔罗斯蒙古族自治县前郭尔罗斯大路227号
电话：0436－2121148
邮编：138000

前炼宾馆★★
地址：松原市宁江区石化街56号
电话：0438－6134251
邮编：138000

宁江区宾馆★★
地址：松原市宁江区文化路6号
电话：0438－3122019
邮编：138001

隆升宾馆★★
地址：吉林市蛟河市蛟河大街9－14号
电话：0432－ 67247199
邮编：132500

哈达宾馆★★
地址：吉林市和平街21号
电话：0432－62707967
邮编：132002

交通宾馆★★
地址：吉林市中康路6号
电话：0432－62161800
邮编：132001

龙潭山宾馆★★
地址：吉林市承德街41号
电话：0432－65089600
邮编：132022

广电宾馆★★
地址：吉林市船营区南京街2号
电话：0432－66068806
邮编：132001

松花湖宾馆★★
地址：吉林市松滨街158号
电话：0432－64796903
邮编：132108

山江宾馆★★
地址：吉林市重庆路63号
电话：0432－66114704
邮编：132001

天佑酒店★★
地址：吉林市中康路9号
电话：0432－66116999
邮编：132001

红盾宾馆★★
地址：吉林市中兴街120号
电话：0432－62775200
邮编：132001

蛟河红叶谷宾馆★★
地址：吉林市蛟河市解放村
电话：0432－7160288
邮编：132500

白山宾馆★★
地址：吉林市桦甸市白山镇
电话：0432－6704200
邮编：132400

红林宾馆★★
地址：吉林市桦甸市红石镇
电话：0432－6886405
邮编：132405

桦甸龙兴宾馆★★
地址：吉林市桦甸市龙兴大街298号
电话：0432－6231234
邮编：132400

柳扬水库宾馆★★
地址：吉林市磐石市富太镇柳扬水库
电话：0432－5256722
邮编：132300

黄河水库宾馆★★
地址：吉林市磐石市烟筒山镇黄河水库
电话：0432－5256725
邮编：132300

响铃宾馆★★
地址：四平市公主岭市公主大街88号
电话：0434－6294269
邮编：136100

升华宾馆★★
地址：辽源市西宁路9号
电话：0437－3245461
邮编：136200

北方宾馆★★
地址：辽源市西宁大路118号
电话：0437－3206417
邮编：136200

通达宾馆★★
地址：辽源市辽河大路1号

电话：0437 - 6110788
邮编：136200

通化中兴宾馆★★
地址：通化市东昌区龙泉路 118 号
电话：0435 - 3916032
邮编：134001

通化云峰酒店★★
地址：通化市东昌区东昌路 5 号
电话：0435 - 3338887
邮编：134001

通化益加巴宾馆★★
地址：通化市东昌区建设大街 3779 号
电话：0435 - 5009888
邮编：134001

华夏商务会馆★★
地址：通化市集安市胜利路 788 号
电话：0435 - 5002200
邮编：134200

交通商务宾馆★★
地址：通化市东昌区建设大街 4719 号
电话：0435 - 3930666
邮编：134001

江东大酒店★★
地址：通化市东昌区新站路 179 号
电话：0439 - 3613866
邮编：134001

国贸酒店★★
地址：通化市集安市鸭绿江路 2111 号
电话：0435 - 6141111
邮编：134200

集安翠园宾馆★★
地址：通化市集安市胜利西路 57 号
电话：0435 - 6222128
邮编：134200

集安江集宾馆★★
地址：通化市集安市东盛北街 35 号
电话：0435 - 6220818
邮编：134200

柳河三仙夹宾馆★★
地址：通化市柳河县三仙夹公园旅游区
电话：0435 - 7217999
邮编：135300

乾园时尚宾馆★★
地址：通化市集安市鸭江路 1488 号
电话：0435 - 6668816
邮编：134200

元昌商务酒店★★
地址：通化市集安市鸭江路 2738 号
电话：0435 - 6147777
邮编：134200

通化集安帝豪酒店★★
地址：通化市集安市文化东路 87 号
电话：0435 - 6235555
邮编：134200

集安益海宾馆★★
地址：通化市集安市迎宾路党校对面
电话：0435 - 6266666
邮编：134200

集安市鹿鸣宾馆★★
地址：通化市集安市胜利路邮政局对面
电话：0435 - 6221293
邮编：134200

华审宾馆★★
地址：白山市浑江区浑江大街 114 号
电话：0439 - 3226170
邮编：134300

森工大酒店★★
地址：白山市江源区三岔子镇森工街
电话：0439 - 3749009
邮编：134700

长白山饭店★★
地址：白山市浑江区东庆路 2 号
电话：0439 - 3392000
邮编：134302

露水河白山宾馆★★
地址：白山市抚松县露水河镇
电话：0439 - 5066000
邮编：134506

松林宾馆★★
地址：白山市抚松县松江河镇
电话：0439 - 5070818
邮编：134504

靖宇宾馆★★
地址：白山市靖宇县靖宇大街 3 号
电话：0439 - 7222411
邮编：135200

惠风宾馆★★
地址：白山市抚松县抚松镇小南街 87 号
电话：0439 - 6226699
邮编：134500

松林大酒店★★
地址：白山市抚松县松江河镇工农街
电话：0439 - 5073688
邮编：134504

临江市新宾馆★★
地址：白山市临江市临江大街 74 - 1 号
电话：0439 - 5228452
邮编：134600

临江林业局宾馆★★
地址：白山市临江市南围子大街 45 号
电话：0439 - 5216130
邮编：134600

长白县金都大酒店★★
地址：白山市长白朝鲜族自治县中兴路 15 号
电话：0439 - 8229941
邮编：134400

靖宇矿泉城宾馆★★
地址：白山市靖宇县靖宇大街 3 号
电话：0439 - 7265318
邮编：135200

喜来登宾馆★★
地址：白山市靖宇县彩滨街
电话：0439 - 7269999
邮编：135200

天源宾馆★★
地址：白山市抚松县松江河镇
电话：0439 - 8963888
邮编：134504

鸭绿江大酒店★★
地址：白山市临江市正阳街 1 号
电话：0439 - 5236688
邮编：134600

湾沟林业局宾馆★★
地址：白山市江源区湾沟镇富林街
电话：0439 - 3616906
邮编：134704

临江市贵宾楼★★
地址：白山市临江市民主大街 217 号
电话：0439 - 5217000
邮编：134600

白头山宾馆★★
地址：白山市抚松县松江河镇
电话：0439 - 6313716
邮编：134504

抚松县吉翔宾馆★★
地址：白山市抚松县抚松大街 169 号
电话：0439 - 6221898
邮编：134500

天成大酒店★★
地址：白山市抚松县松江河镇
电话：0439 - 5071666
邮编：134500

松江河白溪山庄★★
地址：白山市抚松县松江河镇
电话：0439 - 8961611
邮编：134504

长白山大酒店★★
地址：白山市临江市鸭绿江大街 198 号
电话：0439 - 5226999
邮编：134600

雪山宾馆★★
地址：白山市抚松县松江河站前街
电话：0439 - 6213967
邮编：134500

锦江宾馆★★
地址：白山市抚松县松江河镇工农街
电话：0439 - 6328888
邮编：134500

北海湾宾馆★★
地址：延边朝鲜族自治州敦化市翰章北大街 21 号
电话：0433 - 6377827
邮编：133700

大石头林业宾馆★★
地址：延边朝鲜族自治州敦化市大石头林业局
电话：0433 - 6603289
邮编：133700

敦化新源宾馆★★
地址：延边朝鲜族自治州敦化市胜利大街
电话：0433 - 6274827
邮编：133700

敦化大林宾馆★★
地址：延边朝鲜族自治州敦化市大石头镇
电话：0433 - 6502437
邮编：133700

延京宾馆★★
地址：延边朝鲜族自治州延吉市新兴街爱丹路 5 - 1 号
电话：0433 - 2993505
邮编：133000

纽考阿帽儿山庄★★
地址：延边朝鲜族自治州延吉市延龙路 348 号

电话：0433－2828228
邮编：133000

黄金宾馆★★
地址：延边朝鲜族自治州安图县两江镇海沟金矿
电话：0433－5732452
邮编：133600

银河大厦★★
地址：延边朝鲜族自治州延吉市长白路56号
电话：0433－2910255
邮编：133000

阿里郎大厦★★
地址：延边朝鲜族自治州延吉市建工街明河胡同3号
电话：0433－2913232
邮编：133000

安图白山宾馆★★
地址：延边朝鲜族自治州安图县明月镇
电话：0433－5823866
邮编：133600

安图土地大厦★★
地址：延边朝鲜族自治州安图县明月镇
电话：0433－5839720
邮编：133600

信达宾馆★★
地址：延边朝鲜族自治州安图县二道镇
电话：0433－5720111
邮编：133600

白山大酒店★★
地址：延边朝鲜族自治州安图县二道镇黄松浦
电话：0433－5718777
邮编：133613

飞狐山庄★★
地址：延边朝鲜族自治州安图县二道镇长白山山门
电话：0433－5742102
邮编：133613

敦化财政宾馆★★
地址：延边朝鲜族自治州敦化市长安东路18－6号
电话：0433－6242502
邮编：133700

敦化市站前宾馆★★
地址：延边朝鲜族自治州敦化市工农路6号
电话：0433－6223554
邮编：133700

北国之春时尚商务酒店★★
地址：延边朝鲜族自治州敦化市渤海街北环路32号
电话：0433－6318666
邮编：13000

延吉考世茂饭店★★
地址：延边朝鲜族自治州延吉市新兴街788号
电话：0433－2919723
邮编：133000

安图白河宾馆★★
地址：延边朝鲜族自治州安图县二道白河林业局
电话：0433－5718372
邮编：133613

白桦林宾馆★★
地址：延边朝鲜族自治州安图县长白山山门附近
电话：0433－5718372
邮编：133613

安图福满宾馆★★
地址：延边朝鲜族自治州安图县福满
电话：0433－5607166
邮编：133600

宇峰宾馆★★
地址：延边朝鲜族自治州安图县二道镇
电话：0435－5712337
邮编：133613

一星级

乾安宾馆★
地址：松原市乾安县丹青街11号
电话：0438－8221891
邮编：131400

蛟河拉法山宾馆★
地址：吉林市蛟河市拉法山景区
电话：0432－7515252
邮编：132500

长白森林宾馆★
地址：白山市长白朝鲜族自治县长白大街
电话：0439－8222677
邮编：134400

安图白头山宾馆★
地址：延边朝鲜族自治州安图县二道镇
电话：0433－5719750
邮编：133613

安图惠园宾馆★
地址：延边朝鲜族自治州安图县西环北路117号
电话：0433－5822758
邮编：133600

黑龙江

HEILONGJIANG

五星级

哈尔滨香格里拉大饭店★★★★★
地址：哈尔滨市道里区友谊路 555 号
电话：0451－84858888
邮编：150076

哈尔滨万达索菲特大酒店★★★★★
地址：哈尔滨市香坊区赣水路 68 号
电话：0451－82336888
邮编：150030

鹤岗龙运大酒店★★★★★
地址：鹤岗市工农区解放路 10 号
电话：18945761113
邮编：154100

龙城花园酒店★★★★★
地址：鸡西市鸡冠区 201 国道旁
电话：0467－6188888
邮编：158100

夏威夷国际大酒店★★★★★
地址：牡丹江市七星街 95 号
电话：0453－6388888
邮编：157000

四星级

哈尔滨帕弗尔饭店★★★★
地址：哈尔滨市南岗区邮政街 79 号
电话：0451－87756888
邮编：150001

哈尔滨银河大酒店★★★★
地址：哈尔滨市南岗区中山路 252 号
电话：0451－86797777
邮编：150001

哈尔滨马迭尔宾馆★★★★
地址：哈尔滨市道里区中央大街 89 号
电话：0451－84884000
邮编：150076

哈尔滨吉华会所★★★★
地址：哈尔滨市宾西国家森林公园
电话：0451－57922222
邮编：150425

黑龙江凤凰大酒店★★★★
地址：哈尔滨市南岗区大成街 116 号
电话：0451－86795500
邮编：150001

哈尔滨阳光望江大酒店★★★★
地址：哈尔滨市道里区哈药路 509 号
电话：0451－84880000
邮编：150076

哈尔滨民航大厦★★★★
地址：哈尔滨市南岗区中山路 71 号
电话：0451－82871188
邮编：150001

哈尔滨昆仑大酒店★★★★
地址：哈尔滨市南岗区铁路街 8 号
电话：0451－53616688
邮编：150001

哈尔滨天鹅饭店★★★★
地址：哈尔滨市香坊区中山路 95 号
电话：0451－55600888
邮编：150030

黑龙江金谷大厦★★★★
地址：哈尔滨市道里区中央大街 85 号
电话：0451－84698700
邮编：150076

哈尔滨万达假日酒店★★★★
地址：哈尔滨市道里区经纬街 90 号
电话：0451－84226666
邮编：150076

哈尔滨报业大厦★★★★
地址：哈尔滨市道里区友谊路 399 号
电话：0451－84890888
邮编：150076

哈尔滨市商大酒店★★★★
地址：哈尔滨市道里区通达街 138 号
电话：0451－86771000
邮编：150076

哈尔滨波斯特大酒店★★★★
地址：哈尔滨市南岗区邮政街 147 号
电话：0451－53626888
邮编：150001

哈尔滨正明锦江大酒店★★★★
地址：哈尔滨市南岗区东大直街 278 号
电话：0451－53618888
邮编：150001

哈尔滨友谊宫★★★★
地址：哈尔滨市道里区友谊路 68 号
电话：0451－84880888
邮编：150076

哈尔滨吉华园大酒店★★★★
地址：哈尔滨市宾县二龙山风景区
电话：0451－57908752
邮编：150425

哈尔滨伟业商务酒店★★★★
地址：哈尔滨市道里区霁虹街 32 号
电话：0451－86777700
邮编：150076

哈尔滨翰林凯悦大酒店★★★★
地址：哈尔滨市南岗区学府路 52 号
电话：0451－83109999
邮编：150001

哈尔滨龙唐大厦★★★★
地址：哈尔滨市松北区龙唐街 99 号
电话：0451－85557888
邮编：150029

哈尔滨长江大厦★★★★
地址：哈尔滨市南岗区长江路 85 号
电话：0451－82360555
邮编：150001

哈尔滨梦溪宾馆★★★★
地址：哈尔滨市呼兰区利民开发区师大院内
电话：0451－88065290
邮编：150025

北大荒国际饭店★★★★
地址：哈尔滨市香坊区红旗大街 175 号
电话：0451－55198566
邮编：150030

中康雷博尔酒店★★★★
地址：哈尔滨市香坊区珠江路 31 号
电话：0451－57839999
邮编：150090

新凯莱大酒店★★★★
地址：哈尔滨市道里区中央大街 259 号
电话：0451－86770000
邮编：150010

龙工大厦★★★★
地址：哈尔滨市南岗区果戈理大街 333 号
电话：0451－51983999
邮编：150001

国脉大厦★★★★
地址：齐齐哈尔市铁峰区军校街 1 号
电话：15645205959
邮编：161001

黑河国际饭店★★★★
地址：黑河市王肃街 123 号
电话：0456－8276001
邮编：164300

五大连池风景区轩煌酒店★★★★
地址：黑河市五大连池市五大连池风景区火山路
电话：0456－7266666
邮编：164155

五大连池金龙酒店★★★★
地址：黑河市五大连池市德都大街北侧
电话：0456－6399888
邮编：164100

黑河商贸大酒店★★★★
地址：黑河市通江路
电话：0456－6766666
邮编：164300

天湖宾馆★★★★
地址：大庆市杜尔伯特蒙古族自治县太康镇四道街
电话：0459－3422510
邮编：166200

阳光温泉假日酒店★★★★
地址：大庆市杜尔伯特蒙古族自治县太康镇
电话：0459－3453710
邮编：166200

新科苑酒店★★★★
地址：大庆市让胡区西苑街 36 号
电话：0459－6891111
邮编：167312

林都宾馆★★★★
地址：伊春市伊春区宾园路
电话：0458－3082105
邮编：153000

九州大酒店★★★★
地址：鹤岗市工农区红旗路 166 号
电话：13359771719
邮编：154100

飞鹤商务大厦★★★★
地址：鹤岗市工农区红旗路中段
电话：13904881057
邮编：154100

鹤旷宾馆★★★★
地址：鹤岗市向阳区北京路 11 号
电话：13329581566
邮编：154100

萝北国际界江大酒店★★★★
地址：鹤岗市萝北县凤翔镇 1 号
电话：15204682001
邮编：154100

佳木斯市佳大国际饭店★★★★
地址：佳木斯市学府路186号
电话：0454－6103456
邮编：154002

佳木斯江天大酒店★★★★
地址：佳木斯市前进区中山路1号
电话：0454－8800000
邮编：154000

双鸭山市五环大酒店★★★★
地址：双鸭山市尖山区六马路南185号
电话：0469－4377777
邮编：155100

双鸭山市阳霖大酒店★★★★
地址：双鸭山市集贤县福利镇保卫路西44－3
电话：0469－4688888
邮编：155900

昆仑大酒店★★★★
地址：七台河市桃山区
电话：15214645577
邮编：154600

虎林好时光宾馆★★★★
地址：鸡西市虎林晨光路
电话：0467－5888777
邮编：158400

金鼎国际大酒店★★★★
地址：牡丹江市太平路28号
电话：0453－8939999
邮编：157000

沃必达金长城大酒店★★★★
地址：绥化市北林区黄河北路
电话：13904859508
邮编：152000

漠河金马饭店★★★★
地址：大兴安岭地区漠河县西林吉镇潮林路
电话：0457－2828888
邮编：165300

北山宾馆★★★★
地址：大兴安岭地区朝阳路39号
电话：0457－2145888
邮编：165000

三星级

哈尔滨远达商务酒店★★★
地址：哈尔滨市南岗区革新街169号
电话：0451－82660000
邮编：150001

哈尔滨龙达瑞吉商务酒店★★★
地址：哈尔滨市南岗区海城街156号
电话：0451－86477777
邮编：150001

哈尔滨观光假日酒店★★★
地址：哈尔滨市道里区安隆街1号
电话：0451－85980266
邮编：150076

黑龙江秀水宾馆★★★
地址：哈尔滨市南岗区果戈里大街188号
电话：0451－87018822
邮编：150001

哈尔滨蓝天宾馆★★★
地址：哈尔滨市南岗区中山路169号
电话：0451－82573999
邮编：150001

哈尔滨海韵商务酒店★★★
地址：哈尔滨市南岗区西大直街19号
电话：0451－82832222
邮编：150001

哈尔滨林大专家公寓★★★
地址：哈尔滨市南岗区和兴路26号
电话：0451－82192888
邮编：150001

哈尔滨市八荒通神大酒店★★★
地址：哈尔滨市呼兰区学院路美术家大街1号
电话：0451－85965555
邮编：150527

黑龙江质监大厦★★★
地址：哈尔滨市香坊区三辅街136号
电话：0451－87979101
邮编：150030

哈尔滨中大大酒店★★★
地址：哈尔滨市道里区中央大街32－46号
电话：0451－84699969
邮编：150076

哈尔滨通河福宾楼饭店★★★
地址：哈尔滨市通河县通河镇沿江街11号
电话：0451－57426999
邮编：150923

哈尔滨白鱼泡宾馆★★★
地址：哈尔滨市道外区巨源镇前进村
电话：0451－82038999
邮编：150020

旭东国际会议度假中心★★★
地址：哈尔滨市阿城区平山镇
电话：0451－53836133
邮编：150332

黑龙江省祥麟宾馆★★★
地址：哈尔滨市南岗区建筑街9号
电话：0451－53636360
邮编：150001

哈尔滨悦尔达宾馆★★★
地址：哈尔滨市南岗区一曼街175号
电话：0451－55153333
邮编：150001

哈尔滨东龙宾馆★★★
地址：哈尔滨市南岗区民益街88号
电话：0451－86793800
邮编：150001

哈尔滨大庆宾馆★★★
地址：哈尔滨市南岗区国民街23号
电话：0451－82577666
邮编：150001

哈尔滨黑天鹅休闲俱乐部★★★
地址：哈尔滨市松北区滨北大街68号
电话：0451－88111588
邮编：150029

哈尔滨鑫鑫宾馆★★★
地址：哈尔滨市南岗区东大直街131号
电话：0451－85943333
邮编：150001

哈尔滨鸿翔宾馆★★★
地址：哈尔滨市南岗区鸿翔路18号
电话：0451－82608888
邮编：150001

哈尔滨鑫城酒店★★★
地址：哈尔滨市南岗区文庙街8号
电话：0451－82575188
邮编：150001

哈尔滨绿海大厦★★★
地址：哈尔滨市南岗区红军街4号
电话：0451－53615888
邮编：150001

哈尔滨龙运宾馆★★★
地址：哈尔滨市南岗区春申街28号
电话：0451－82830000
邮编：150001

哈尔滨龙运大厦★★★
地址：哈尔滨市南岗区宣化街200号
电话：0451－82700000
邮编：150001

黑龙江省绅特酒店★★★
地址：哈尔滨市香坊区赣水路58号
电话：0451－88027888
邮编：150030

哈尔滨金桥宾馆★★★
地址：哈尔滨市南岗区东大直街108号
电话：0451－82590202
邮编：150001

哈尔滨果戈里宾馆★★★
地址：哈尔滨市南岗区果戈里大街84号
电话：0451－82579000
邮编：150001

哈尔滨天植大酒店★★★
地址：哈尔滨市道里区中央大街160号
电话：0451－84693333
邮编：150076

哈尔滨香江世纪大酒店★★★
地址：哈尔滨市道里区尚志大街212号
电话：0451－86775777
邮编：150076

哈尔滨金鹤宾馆★★★
地址：哈尔滨市南岗区东大直街226号
电话：0451－83012900
邮编：150001

哈尔滨西苑宾馆★★★
地址：哈尔滨市南岗区法院街21号
电话：0451－86417114
邮编：150001

黑龙江中艺瑞宝酒店★★★
地址：哈尔滨市南岗区东大直街168号
电话：0451－82571188
邮编：150001

亚布力通信山庄★★★
地址：哈尔滨市尚志市亚布力滑雪旅游区
电话：0451－53455398
邮编：150631

亚布力山庄宾馆（交通山庄）★★★
地址：哈尔滨市尚志市亚布力滑雪旅游区
电话：0451－53455030
邮编：150631

哈尔滨尚志宾馆★★★
地址：哈尔滨市尚志市新闻街9号

电话：0451－56768666
邮编：150631

哈尔滨尚志市电力宾馆★★★
地址：哈尔滨市尚志市西大街
电话：0451－53944188
邮编：150631

宾县国土宾馆★★★
地址：哈尔滨市宾县宾州镇西城街
电话：0451－57998072
邮编：150425

波斯特太阳岛度假村★★★
地址：哈尔滨市太阳岛风景区西林街 13 号
电话：0451－88192255
邮编：150029

黑龙江龙门大厦★★★
地址：哈尔滨市南岗区红军街 85 号
电话：0451－86791888
邮编：150001

哈尔滨星河酒店★★★
地址：哈尔滨市道外区承德街 186 号
电话：0451－88021888
邮编：150020

黑龙江省教育宾馆★★★
地址：哈尔滨市南岗区民益街 102 号
电话：0451－53602888
邮编：150001

哈尔滨盛龙商务酒店★★★
地址：哈尔滨市香坊区红旗大街副 126 号
电话：0451－87291234
邮编：150030

五常五福宾馆★★★
地址：哈尔滨市五常市建设大街 96 号
电话：0451－56655555
邮编：150233

黑龙江省兴隆林业局宾馆★★★
地址：哈尔滨市巴彦县林业局铁东街 63 号
电话：0451－57892605
邮编：151801

哈尔滨新恒基宾馆★★★
地址：哈尔滨市道里区西头道街 38 号
电话：0451－84881188
邮编：150076

哈尔滨嘉禾假日酒店★★★
地址：哈尔滨市道里区尚志大街 40 号
电话：0451－85986700
邮编：150076

黑龙江国煤宾馆★★★
地址：哈尔滨市南岗区吉林街 84 号
电话：0451－53640959
邮编：150001

平山神鹿滑雪场宾馆★★★
地址：哈尔滨市阿城区平山镇西街
电话：0451－53837739
邮编：150324

哈尔滨北极邨宾馆★★★
地址：哈尔滨市南岗区芦家街 83 号
电话：0451－83102878
邮编：150001

黑龙江林苑宾馆★★★
地址：哈尔滨市道里区田地街 118 号
电话：0451－86773032
邮编：150010

黑河宾馆★★★
地址：哈尔滨市南岗区邮政街 122 号
电话：0451－83023333
邮编：150001

亚布力云鼎宾馆★★★
地址：哈尔滨市尚志市亚布力滑雪旅游区
电话：0451－53456789
邮编：150631

白鹤宾馆★★★
地址：齐齐哈尔市铁锋区站前大街 85 号
电话：13303625000
邮编：161001

白云大厦★★★
地址：齐齐哈尔市建华区龙沙路 65 号
电话：13704528160
邮编：161001

一重宾馆★★★
地址：齐齐哈尔市富拉尔基区建华西街 1 号
电话：13836204166
邮编：161001

嫩江宾馆★★★
地址：齐齐哈尔市龙沙区丰恒路 29 号
电话：13351726666
邮编：161001

元亨商务酒店★★★
地址：齐齐哈尔市建华区卜奎大街 87 号
电话：13946245555
邮编：161001

富裕宾馆★★★
地址：齐齐哈尔市富裕县新华路
电话：13069687981
邮编：161001

顺达商务酒店★★★
地址：齐齐哈尔市克东县正十字街北
电话：13846229999
邮编：161001

新禧龙舒适商务酒店★★★
地址：齐齐哈尔市建华区林艺街 18 号
电话：13945268355
邮编：161001

五大连池市阳光假日酒店★★★
地址：黑河市五大连池市迎宾路 18 号
电话：0456－6311800
邮编：164100

五大连池风景区财政宾馆★★★
地址：黑河市五大连池风景区财政宾馆
电话：0456－7225066
邮编：164155

省工人疗养院劳模度假中心★★★
地址：黑河市五大连池风景区迎宾大街
电话：0456－7221569
邮编：164155

黑龙江省农垦北安宾馆★★★
地址：黑河市北安市站前街 33 号
电话：0456－6664818
邮编：164000

五大连池风景名胜区自然保护区兴安园宾馆★★★
地址：黑河市五大连池风景区
电话：0456－7221650
邮编：164155

五大连池市华府酒店★★★
地址：黑河市五大连池市兴隆大街与勤俭路交会处
电话：0456－6373333
邮编：164100

黑河市帕弗尔华源宾馆★★★
地址：黑河市中央街 314 号
电话：0456－8276700
邮编：164300

卧里屯宾馆★★★
地址：大庆市龙凤区卧里屯大街 49 号
电话：0459－6654314
邮编：163700

龙凤宾馆★★★
地址：大庆市龙凤区龙凤大街凤 6 路 4 号
电话：0459－6756051
邮编：163700

凯旋大厦★★★
地址：大庆市开发区火炬新街 8 号
电话：0459－6043999
邮编：163311

兴荣商务酒店★★★
地址：大庆市萨尔图区会战大街
电话：0459－6657168
邮编：163300

黑鱼湖宾馆★★★
地址：大庆水库黑鱼湖生态园管理处
电话：0459－5869633
邮编：163311

浩天宾馆★★★
地址：大庆市萨尔图区东风新村纬二路 2 号
电话：0459－4660628
邮编：163311

乾丰宾馆★★★
地址：大庆市龙凤区卧里屯大街 55 号
电话：0459－6555100
邮编：163700

国府湿地庄园★★★
地址：大庆市龙凤区龙凤湿地自然保护区内
电话：0459－6220000
邮编：163700

鼎麒大酒店★★★
地址：大庆市大同区同城路 40 号
电话：0459－8199999
邮编：163515

宝城商务宾馆★★★
地址：大庆市龙凤区卧里屯大街 53－0301
电话：0459－6074777
邮编：163714

大庆兴隆泉商务酒店★★★
地址：大庆市林甸县林甸镇大祈街南三段路西 168 号
电话：0459－3175555
邮编：166300

铁力金骊都宾馆★★★
地址：伊春市铁力市铁力镇中山路 51 号
电话：13845896377
邮编：152500

朗乡宾馆★★★
地址：伊春市朗乡林业局
电话：13704588118
邮编：152519

三亚生态园★★★
地址：伊春市新兴中路70号
电话：13339485555
邮编：153000

铁力松涛宾馆★★★
地址：伊春市铁力市铁力镇
电话：13895932666
邮编：152500

伊春银座酒店★★★
地址：伊春市伊春区新兴西路128号
电话：0458－3611111
邮编：153000

绿岛国际休闲酒店★★★
地址：伊春市伊春区水上明珠旅游景区内
电话：0458－3775777
邮编：153000

伊春红松会馆★★★
地址：伊春市伊春区
电话：13804853103
邮编：153000

东方宾馆★★★
地址：鹤岗市工农区一跨桥头
电话：13904880996
邮编：154100

天水湖宾馆★★★
地址：鹤岗市工农区一跨桥头
电话：13946740766
邮编：154100

佳木斯市华侨饭店★★★
地址：佳木斯市红旗路中段
电话：0454－8554888
邮编：154002

佳木斯市八一宾馆★★★
地址：佳木斯市杏林路310号
电话：0454－8604066
邮编：154002

佳木斯市如意大厦★★★
地址：佳木斯市和平路86号
电话：0454－8635999
邮编：154002

同江同鑫宾馆★★★
地址：佳木斯市通江街西段
电话：0454－2926160
邮编：156400

富锦东方大酒店★★★
地址：佳木斯市中央大街134号
电话：0454－2718888
邮编：156100

抚远瑞达国际酒店★★★
地址：佳木斯市景观街中段
电话：0454－2197799
邮编：156500

富锦冰岛酒店★★★
地址：佳木斯市富锦市新三街
电话：0454－2705555
邮编：156100

双鸭山名苑大酒店★★★
地址：双鸭山市尖山区新兴大街58号
电话：0469－6101777
邮编：155100

金融大厦★★★
地址：七台河市桃山区景丰路中段
电话：15326515705
邮编：154600

金福宾馆★★★
地址：鸡西市鸡西桥北开发区
电话：0467－2436666
邮编：158100

国土资源大厦★★★
地址：鸡西市鸡冠区中心大街13号
电话：0467－6162707
邮编：158100

鸡东宾馆★★★
地址：鸡西市鸡东县南华大街
电话：0467－5582691
邮编：158200

麒麟山宾馆★★★
地址：鸡西市麒麟山景区内
电话：13836593333
邮编：158100

密山金水湾★★★
地址：鸡西市密山市兴凯湖当壁镇旅游区
电话：0467－5608678
邮编：158300

虎林宾馆★★★
地址：鸡西市虎林市解放西路十七号
电话：0467－5823188
邮编：158400

金昱宾馆★★★
地址：鸡西市密山市当壁镇景区内
电话：0467－5608555
邮编：158300

鸡西市红绫酒店★★★
地址：鸡西市密山市当壁镇景区内
电话：0467－5608888
邮编：158020

新玛特大酒店★★★
地址：牡丹江市西长安街1号
电话：0453－6296888
邮编：157000

嘉林饭店★★★
地址：牡丹江市新华路46号
电话：0453－6530888
邮编：157000

新东方宾馆★★★
地址：牡丹江市光华街123号
电话：0453－6993604
邮编：157000

福源大酒店★★★
地址：牡丹江市东一条路55号
电话：0453－6948777
邮编：157000

军供大厦★★★
地址：牡丹江市太平路
电话：0453－6990099
邮编：157000

福顺天天大酒店★★★
地址：牡丹江市西一条路新安街108号
电话：0453－6222226
邮编：157000

铁路青年公寓★★★
地址：牡丹江市光华街167号
电话：0453－8933777
邮编：157000

省镜泊湖电力宾馆★★★
地址：牡丹江市镜泊湖明珠湾
电话：0453－6946320
邮编：157426

南山休闲假日宾馆★★★
地址：牡丹江市铁岭河镇铁南1路2号
电话：0453－6391133
邮编：157000

京江保利商务酒店★★★
地址：牡丹江市永安路18号
电话：0453－6952233
邮编：157000

旭升大酒店★★★
地址：牡丹江市绥芬河市中心广场南侧
电话：0453－3999999
邮编：157300

宁安望江宾馆★★★
地址：牡丹江市宁安市通江路
电话：0453－8179999
邮编：157400

蓝景酒店★★★
地址：牡丹江市海林火车站前对面
电话：0453－8867777
邮编：157100

庆安米都大酒店★★★
地址：绥化市庆安县解放路88号
电话：13945546099
邮编：152400

绥化鑫威花园酒店★★★
地址：绥化市北林区中兴东路
电话：15846668866
邮编：152000

绥化肇东同心田商务酒店★★★
地址：绥化市肇东市正阳大街
电话：0455－7953333
邮编：151100

华融商务酒店★★★
地址：大兴安岭地区世纪大道7号
电话：0457－2717777
邮编：165000

呼中金马饭店★★★
地址：大兴安岭地区呼中区向阳路4号
电话：0457－3433666
邮编：165036

知青宾馆★★★
地址：大兴安岭地区呼玛县呼玛镇龙江街
电话：0457－3519100
邮编：165100

北极星宾馆★★★
地址：大兴安岭地区塔河县塔河镇建设大街
电话：0457－3630001
邮编：165200

绅恒宾馆★★★
地址：大兴安岭地区漠河县西林吉镇振兴路56号
电话：0457－2815555
邮编：165300

二星级

五常东方海悦商务酒店★★
地址：哈尔滨市五常市成功街
电话：0451－56666666
邮编：150233

哈尔滨东方宾馆★★
地址：哈尔滨市南岗区南通大街 227 号
电话：0451－82831717
邮编：150001

哈尔滨军转中心宾馆★★
地址：哈尔滨市道里区大安街 9 号
电话：0451－84611170
邮编：150076

哈尔滨龙铁宾馆★★
地址：哈尔滨市南岗区松花江街 11 号
电话：0451－86490999
邮编：150001

哈尔滨北北大酒店★★
地址：哈尔滨市南岗区春申街 2 号
电话：0451－82570999
邮编：150001

哈尔滨绿海商务酒店★★
地址：哈尔滨市南岗区马家街 77 号
电话：0451－53615388
邮编：150001

哈尔滨市学府宾馆★★
地址：哈尔滨市南岗区学府路三道街 66 号
电话：0451－86608010
邮编：150001

黑龙江省工商宾馆★★
地址：哈尔滨市道里区西六道街 6 号
电话：0451－84617254
邮编：150076

哈尔滨玉祥宾馆★★
地址：哈尔滨市道外区景阳街 466 号
电话：0451－83129001
邮编：150020

哈尔滨北春宾馆★★
地址：哈尔滨市南岗区一曼街 135 号
电话：0451－87585000
邮编：150001

和平宾馆★★
地址：齐齐哈尔市铁锋区龙华路 170 号
电话：13946201123
邮编：161001

华威大厦★★
地址：齐齐哈尔市铁锋区军校街 26 号
电话：13946271888
邮编：161001

蓝天宾馆★★
地址：齐齐哈尔市龙沙区合意大街通江路 19 号
电话：13136605578
邮编：161001

审计培训中心★★
地址：齐齐哈尔市龙沙区中环路 42 号
电话：13304520677
邮编：161001

国脉商务酒店★★
地址：齐齐哈尔市龙沙区龙门街 17 号
电话：18604525000
邮编：161001

齐齐哈尔大学培训中心★★
地址：齐齐哈尔市建华区游览路 5 号
电话：13045233098
邮编：161005

五大连池金太阳大饭店★★
地址：黑河市五大连池风景名胜区火山路
电话：0456－7221177
邮编：164155

五大连池山口湖度假村★★
地址：黑河市五大连池山口湖风景区
电话：0456－7280111
邮编：164100

逊克黄金宾馆★★
地址：黑河市逊克县边疆镇山湖路
电话：0456－4450811
邮编：164400

黑河易达酒店★★
地址：黑河市中央东大街 51 号
电话：0456－6100118
邮编：164300

五大连池风景区龙泉大酒店★★
地址：黑河市五大连池风景区
电话：0456－7223444
邮编：164155

五大连池市林森商务酒店★★
地址：黑河市五大连池市迎宾路
电话：0456－2685555
邮编：164100

五大连池市旅游接待中心★★
地址：黑河市五大连池风景区
电话：0456－7222052
邮编：164155

五大连池风景区交通宾馆★★
地址：黑河市五大连池风景区
电话：0456－7224888
邮编：164155

黑河市瑷珲区东龙宾馆★★
地址：黑河市文化街 185 号－1
电话：0456－8286000
邮编：164300

黑龙江省农垦九三宾馆★★
地址：黑河市嫩江县
电话：0456－7893444
邮编：161441

肇源宾馆★★
地址：大庆市肇源县县城
电话：0459－8237096
邮编：166500

新华宾馆★★
地址：大庆市大同区新华电厂
电话：0459－6912376
邮编：163453

伊春新昊酒店（梅花河会馆）★★
地址：伊春市伊春区
电话：13804853103
邮编：153000

带岭宾馆★★
地址：伊春市带岭区康安路宾北街
电话：13704858717
邮编：153106

金山宾馆★★
地址：伊春市金山屯区
电话：13804858199
邮编：153026

金山屯金龙宾馆★★
地址：伊春市金山屯区
电话：13704582288
邮编：153026

西钢宾馆★★
地址：伊春市西林区
电话：15145827598
邮编：153025

铁力燕华宾馆★★
地址：伊春市铁力市铁力镇
电话：15945807345
邮编：152500

铁力商厦宾馆★★
地址：伊春市铁力市铁力镇
电话：0458－2288263
邮编：152500

伊春锦江酒店★★
地址：伊春市青山西路
电话：13234586226
邮编：153000

萝北太平沟接待中心★★
地址：鹤岗市萝北县太平沟乡
电话：15945849177
邮编：154200

阿陵达湖大酒店★★
地址：鹤岗市向阳区火车站南 100 米
电话：13945766789
邮编：154100

绥宾接待中心★★
地址：鹤岗市绥滨县绥宾镇向阳路南段东侧
电话：15094515269
邮编：156200

同江宾馆★★
地址：佳木斯市大直路 121 号
电话：0454－2922114
邮编：156400

佳木斯市阳光商务酒店★★
地址：佳木斯市新党校院内
电话：0454－7676111
邮编：154002

抚远福临门商务酒店★★
地址：佳木斯市平安街中段
电话：0454－2137167
邮编：156500

友谊名人轩宾馆★★
地址：双鸭山市友谊县金山小区
电话：0469－5853111
邮编：155800

友谊县宾馆★★
地址：双鸭山市友谊县站前大街
电话：0469－5820139
邮编：155800

饶河县宝岛宾馆★★
地址：双鸭山市饶河县通江街
电话：15846841886
邮编：155700

饶河县荣泰来宾馆★★
地址：双鸭山市饶河镇口岸路西侧
电话：13304881217
邮编：155700

银都宾馆★★
地址：七台河市勃利县学府路
电话：13946561086
邮编：154600

华奥宾馆★★
地址：七台河市步行街中段
电话：13903670987
邮编：154600

金源宾馆★★
地址：七台河市桃山区大同路
电话：15326515705
邮编：154600

旭日快捷宾馆★★
地址：七台河市桃山区旭日街498号
电话：15946431071
邮编：154600

兴亚时代广场★★
地址：鸡西市密山市安东街68号
电话：0467－5240000
邮编：158300

鸡西饭店★★
地址：鸡西市鸡冠区新华街58号
电话：0467－6180888
邮编：158100

金龙大厦★★
地址：鸡西市中心大街91号
电话：0467－2641715
邮编：158100

黑龙江省东方红林业局东方红宾馆★★
地址：鸡西市虎林市东方红镇
电话：0467－59134120
邮编：158402

密山贵宾楼★★
地址：鸡西市密山市安东街88号
电话：0467－5222222
邮编：158300

山庄宾馆★★
地址：牡丹江市镜泊湖风景区
电话：0453－6270012
邮编：157438

大海林林业局雪乡宾馆★★
地址：牡丹江市海林市长汀镇
电话：0453－7550211
邮编：157125

新纪元大厦★★
地址：牡丹江市绥芬河市新兴街97号
电话：0453－3995866
邮编：157300

吉利大厦★★
地址：牡丹江市绥芬河市通天路72号
电话：0453－3986366
邮编：157300

东林宾馆★★
地址：牡丹江市宁安市东京城镇
电话：0453－7901299
邮编：157400

海林市东锐酒店★★
地址：牡丹江市海林市林海路65号
电话：0453－7761619
邮编：157100

林海大厦★★
地址：牡丹江市海林市林海路72号
电话：0453－7222331
邮编：157100

林口宾馆★★
地址：牡丹江市文政大街中段
电话：0453－3538900
邮编：157600

北林宾馆★★
地址：绥化市北林区人和街
电话：15904550960
邮编：152000

图强宾馆★★
地址：大兴安岭地区漠河县图强镇一道街
电话：0457－2855632
邮编：165301

阿木尔宾馆★★
地址：大兴安岭地区漠河县劲涛镇林海街
电话：0457－2835557
邮编：165302

林田大酒店★★
地址：大兴安岭地区兴安大街
电话：0457－8935000
邮编：165000

一星级

客运宾馆★
地址：大庆市萨尔图区会战大街火车站右侧
电话：0459－6669889
邮编：163300

嘉荫财政宾馆★
地址：伊春市嘉荫县
电话：13904580712
邮编：153200

佳木斯市锦江宾馆★
地址：佳木斯市光复路850号
电话：0454－8605959
邮编：154002

上　海

SHANGHAI

五星级

上海波特曼丽嘉酒店（白金五星）★★★★★
地址：静安区南京西路 1376 号
电话：021－62798888
邮编：200040

上海外滩中心威斯汀大饭店 ★★★★★
地址：黄浦区河南中路 88 号
电话：021－63351888
邮编：200002

上海古象大酒店 ★★★★★
地址：黄浦区九江路 595 号
电话：021－33134888
邮编：200001

南新雅大酒店 ★★★★★
地址：黄浦区南京东路 719 号/九江路 700 号
电话：021－63500000
邮编：200001

和平饭店 ★★★★★
地址：黄浦区南京东路 20 号
电话：021－63216888
邮编：200002

上海新世界丽笙大酒店 ★★★★★
地址：黄浦区南京西路 88 号
电话：021－63599999
邮编：200003

上海大酒店 ★★★★★
地址：黄浦区九江路 505 号
电话：021－53538888
邮编：200001

上海斯格威大酒店 ★★★★★
地址：黄浦区打浦路 15 号
电话：021－33189988
邮编：200020

花园饭店 ★★★★★
地址：黄浦区茂名南路 58 号
电话：021－64151111
邮编：200020

锦江饭店 ★★★★★
地址：黄浦区茂名南路 59 号
电话：021－32189888
邮编：200020

上海豫园万丽酒店 ★★★★★
地址：黄浦区河南南路 159 号
电话：021－23218888
邮编：200001

上海世茂皇家艾美酒店 ★★★★★
地址：黄浦区南京东路 789 号
电话：021－33189999
邮编：200001

新锦江大酒店 ★★★★★
地址：黄浦区长乐路 161 号
电话：021－64151188
邮编：200001

上海明天广场有限公司金威万豪酒店 ★★★★★
地址：黄浦区南京西路 399 号
电话：021－53594969
邮编：200003

华亭宾馆 ★★★★★
地址：徐汇区漕溪北路 1200 号
电话：021－64396000
邮编：200030

富豪环球东亚酒店 ★★★★★
地址：徐汇区衡山路 516 号
电话：021－64155588
邮编：200030

衡山宾馆 ★★★★★
地址：徐汇区衡山路 534 号
电话：021－64377050
邮编：200030

虹桥迎宾馆 ★★★★★
地址：长宁区虹桥路 1591 号
电话：021－62198855
邮编：200336

西郊宾馆 ★★★★★
地址：长宁区虹桥路 1921 号
电话：021－62198800
邮编：200336

上海万豪虹桥大酒店 ★★★★★
地址：长宁区虹桥路 2270 号
电话：021－62376000
邮编：200336

上海兴国宾馆 ★★★★★
地址：长宁区兴国路 78 号
电话：021－62129998
邮编：200052

上海龙之梦丽晶大酒店 ★★★★★
地址：长宁区延安西路 1116 号
电话：021－61159988
邮编：200052

上海扬子江万丽大酒店 ★★★★★
地址：长宁区延安西路 2099 号
电话：021－62750000
邮编：200336

上海龙之梦万丽酒店 ★★★★★
地址：长宁区长宁路 1018 号
电话：021－61158888
邮编：200050

上海银星皇冠假日酒店 ★★★★★
地址：长宁区番禺路 400 号
电话：021－61458888
邮编：200050

虹桥喜来登上海太平洋大饭店 ★★★★★
地址：长宁区遵义南路 5 号
电话：021－62758888
邮编：200336

上海千禧海鸥大酒店 ★★★★★
地址：长宁区延安西路 2588 号
电话：021－62085888
传真：021－62085811
邮编：201103

上海日航饭店 ★★★★★
地址：长宁区延安西路 488 号
电话：021－32119999
邮编：200050

上海静安希尔顿饭店 ★★★★★
地址：静安区华山路 250 号
电话：021－62480000
邮编：200040

上海锦沧文华大酒店 ★★★★★
地址：静安区南京西路 1225 号
电话：021－62791888
邮编：200040

上海四季酒店 ★★★★★
地址：静安区威海路 500 号
电话：021－62568888
邮编：200041

上海宝安瑞士酒店 ★★★★★
地址：静安区愚园路 1 号
电话：021－53559898
邮编：200040

上海宏泉丽笙酒店 ★★★★★
地址：普陀区桃浦路 210 号
电话：021－53559999
邮编：200333

上海新发展亚太万豪酒店 ★★★★★
地址：普陀区大渡河路 158 号
电话：021－22156666
邮编：200333

上海浦西洲际酒店 ★★★★★
地址：闸北区恒丰路 500 号
电话：021－52539999
邮编：200070

上海大厦 ★★★★★
地址：虹口区北苏州路 20 号
电话：021－63246260
传真：021－63257635
邮编：200080

上海复旦皇冠假日酒店 ★★★★★
地址：杨浦区邯郸路 199 号
电话：021－55529999
邮编：200082

上海东郊宾馆 ★★★★★
地址：浦东新区金科路 1800 号
电话：021－58958888
传真：021－58953560
邮编：201203
网址：www. dongjiao. net

上海世博洲际酒店 ★★★★★
地址：浦东新区雪野路 1188 号
电话：021－38581188
邮编：200135

上海外高桥皇冠假日酒店 ★★★★★
地址：浦东新区杨高北路 1000 号
电话：021－58621000
邮编：200137

上海兴荣温德姆至尊豪廷大酒店 ★★★★★
地址：浦东新区浦东大道 2288 号
电话：021－58526666
邮编：200135

上海世纪皇冠假日酒店 ★★★★★
地址：浦东新区民生路 1433 号（迎春路路口）
电话：021－51908888
邮编：200135

上海中油阳光大酒店 ★★★★★
地址：浦东新区东方路 969 号
电话：021－68758888
邮编：200135

上海锦江汤臣洲际大酒店 ★★★★★
地址：浦东新区张杨路777号
电话：021－58356666
邮编：200135

上海淳大万丽大酒店 ★★★★★
地址：浦东新区联洋新社区长柳路100号
电话：021－38714888
邮编：200134

紫金山大酒店 ★★★★★
地址：浦东新区东方路778号
电话：021－68868888
邮编：200122

上海外滩半岛酒店 ★★★★★
地址：上海中心东一路32号
电话：021－23272888
邮编：200002

浦东香格里拉大酒店 ★★★★★
地址：浦东新区富城路33号
电话：021－68828888
邮编：200120

上海裕景大饭店 ★★★★★
地址：浦东新区浦东大道535号
电话：021－38789888
邮编：200120

上海金茂君悦大酒店 ★★★★★
地址：浦东新区世纪大道2号
电话：021－50471234
邮编：200121

上海国际会议中心东方滨江大酒店 ★★★★★
地址：浦东新区滨江大道2727号
电话：021－50370000
邮编：200135

上海瑞吉红塔大酒店 ★★★★★
地址：浦东新区东方路889号
电话：021－50504567
邮编：200135

上海东锦江索菲特人酒店 ★★★★★
地址：浦东新区杨高南路889号
邮编：200135

上海浦东丽思卡尔顿大酒店 ★★★★★
地址：浦东新区陆家嘴世纪大道8号上海国金中心
电话：021－20201888
邮编：200135

上海浦东星河湾酒店 ★★★★★
地址：浦东新区锦绣路2588号
电话：021－38929666
邮编：200135

上海松江开元名都大酒店 ★★★★★
地址：松江区人民北路1799号
电话：021－37668888
邮编：201620

上海世茂佘山艾美酒店 ★★★★★
地址：松江区佘山林荫新路1288号
电话：021－57799999
邮编：201602

上海东方佘山索菲特大酒店 ★★★★★
地址：松江区泗泾镇泗陈公路3388弄
电话：021－37618888
邮编：201600

南郊宾馆 ★★★★★
地址：奉贤区南桥新城望园路8号
电话：021－37525897
传真：021－37525886
邮编：201400

悦华大酒店 ★★★★★
地址：奉贤区江海路88号
电话：021－57181888
邮编：201400

四星级

金外滩宾馆 ★★★★
地址：黄浦区广东路525号
电话：021－63522000
邮编：200001

王宝和大酒店 ★★★★
地址：黄浦区九江路555号
电话：021－53965000
邮编：200001

海仑宾馆 ★★★★
地址：黄浦区南京东路505号
电话：021－63515888
邮编：200001

国际饭店 ★★★★
地址：黄浦区南京西路170号
电话：021－63275225
邮编：200003

城市酒店（上海） ★★★★
地址：黄浦区陕西南路5－7号
电话：021－62551133
邮编：200020

新协通国际大酒店 ★★★★
地址：黄浦区北京东路398号
电话：021－63522888
邮编：200001

上海光大会展中心国际大酒店 ★★★★
地址：徐汇区漕宝路66号
电话：021－64842500
邮编：200235

建国宾馆 ★★★★
地址：徐汇区漕溪北路439号
电话：021－64399299
邮编：200030

青松城大酒店 ★★★★
地址：徐汇区肇嘉浜路777号
电话：021－64433888
邮编：200032

东湖宾馆 ★★★★
地址：徐汇区东湖路70号
电话：021－64158158
邮编：200031

上海斯波特大酒店 ★★★★
地址：徐汇区南丹路15号
电话：021－64382222
邮编：200030

上海富豪东亚酒店 ★★★★
地址：徐汇区零陵路800号
电话：021－64266888
邮编：200030

上海西藏大厦万怡酒店 ★★★★
地址：徐汇区虹桥路100号
电话：021－61292888
邮编：200030

上海华美达新园酒店 ★★★★
地址：徐汇区漕宝路509号
电话：021－54649999
邮编：200033

嘉汇华美达广场大酒店 ★★★★
地址：徐汇区天钥桥路327号
电话：021－33632222
邮编：200030

上海奥林匹克俱乐部 ★★★★
地址：徐汇区中山南二路1800号
电话：021－54524788
邮编：200030

天平宾馆 ★★★★
地址：徐汇区天平路185号
电话：021－54569999
邮编：200030

上海君丽大酒店 ★★★★
地址：长宁区遵义路448号
电话：021－22161888
邮编：200050

美仑大酒店 ★★★★
地址：长宁区武夷路789号
电话：021－52068000
邮编：200051

虹桥宾馆 ★★★★
地址：长宁区延安西路2000号
电话：021－62753388
邮编：200051

银河宾馆 ★★★★
地址：长宁区中山西路888号
电话：021－62755888
邮编：200051

上海宾馆 ★★★★
地址：静安区乌鲁木齐北路505号
电话：021－62480088
邮编：200040

上海美丽园龙都大酒店 ★★★★
地址：静安区延安西路396号
电话：021－62495588
邮编：200040

上海陕西商务酒店 ★★★★
地址：静安区延安中路658号
电话：021－52624866
邮编：200041

上海国际贵都大饭店 ★★★★
地址：静安区延安西路65号
电话：021－62481688
邮编：200040

延安饭店 ★★★★
地址：静安区延安中路1111号
电话：021－61331188
邮编：200040

吉臣酒店 ★★★★
地址：静安区万航渡路818号
电话：021－62267777
邮编：200040

上海古井假日酒店 ★★★★
地址：普陀区长寿路700号

电话：021－62768888
邮编：200060

江苏饭店 ★★★★
地址：普陀区武宁路 888 号
电话：021－62051888
邮编：200333

金水湾大酒店 ★★★★
地址：闸北区恒丰路 308 号
电话：021－63537070
邮编：200070

锦荣国际大酒店 ★★★★
地址：闸北区共和新路 2750 号
电话：021－56651888
邮编：200072

上海广场长城假日酒店 ★★★★
地址：闸北区恒丰路 585 号
电话：021－63538008
邮编：200070

亚繁龙门大酒店★★★★
地址：闸北区恒丰路 777 号
电话：021－61421888
邮编：200070

中祥大酒店 ★★★★
地址：闸北区中兴路 1558 号
电话：021－36179966
邮编：200070

远洋宾馆 ★★★★
地址：虹口区东大名路 1171 号
电话：021－65458888
邮编：200082

海鸥饭店 ★★★★
地址：虹口区黄浦路 60 号
电话：021－63251500
邮编：200080

兰生大酒店 ★★★★
地址：虹口区曲阳路 1000 号
电话：021－55888000
邮编：200437

上海虹口世纪大酒店（原上海新元大酒店）★★★★
地址：虹口区四平路 257 号
电话：021－36084999
邮编：200081

恒升半岛国际酒店 ★★★★
地址：虹口区吴淞路 205 号
电话：021－61205888
邮编：200080

上海宝隆美爵酒店 ★★★★
地址：虹口区逸仙路 180 号
电话：021－35059666
邮编：200434

上海九龙宾馆 ★★★★
地址：虹口区溧阳路 601 号
电话：021－65418228
邮编：200086

同济戴斯大酒店 ★★★★
地址：杨浦区彰武路 50 号
电话：021－33626888
邮编：200082

瀚海明玉大酒店 ★★★★
地址：杨浦区周家嘴路 1888 号
电话：021－61001888
邮编：200082

宝钢集团宝山宾馆 ★★★★
地址：宝山区牡丹江路 1813 号
电话：021－56698888
邮编：201900

上海寰鑫富贵天地大酒店 ★★★★
地址：嘉定区宝安公路 3189 号
电话：021－59151188
邮编：201801

上海嘉定宾馆 ★★★★
地址：嘉定区博乐路 100 号
电话：021－59526988
邮编：201800

上海汽车工业活动中心（蓝宫大饭店）★★★★
地址：嘉定区博乐南路 125 号
电话：021－59161000
邮编：201822

迎园饭店 ★★★★
地址：嘉定区清河路 150 号
电话：021－59520952
邮编：201800

上海嘉定宾馆 ★★★★
地址：嘉定区博乐路 100 号
电话：021－59526988
邮编：201800

浦东绿地铂骊酒店 ★★★★
地址：浦东新区川沙路 5500 号
电话：021－61871888
邮编：201299

上海浦东丽晟假日酒店 ★★★★
地址：浦东新区环龙路 55 号
电话：021－68629988
邮编：200135

东怡大酒店 ★★★★
地址：浦东新区丁香路 555 号
电话：021－61621118
邮编：200135

上海神诺富特大酒店 ★★★★
地址：浦东新区浦东大道 728 号
电话：021－50366666
邮编：200120

宝安大酒店 ★★★★
地址：浦东新区东方路 800 号
电话：021－51159888
邮编：200122

上海齐鲁万怡大酒店 ★★★★
地址：浦东新区东方路 838 号
电话：021－38874500
邮编：200122

上海浦东假日酒店 ★★★★
地址：浦东新区东方路 899 号
电话：021－58306666
邮编：200122

上海浦东机场华美达大酒店 ★★★★
地址：浦东新区机场启航路 1100 号
电话：021－38494949
邮编：201207

上海明城大酒店 ★★★★
地址：浦东新区崂山路 600 号
电话：021－58311118
邮编：200122

福朋喜来登由由大酒店 ★★★★
地址：浦东新区南路 2111 号
电话：021－50399999
邮编：200127

通茂大酒店 ★★★★
地址：浦东新区松林路 357 号
电话：021－58300000
邮编：200122

上海嘉瑞酒店 ★★★★
地址：浦东新区潍坊路 328 号
电话：021－50812222
邮编：200122

上海浦东华美达大酒店 ★★★★
地址：浦东新区新金桥路 18 号
电话：021－50554666
邮编：201206

上海临港大酒店 ★★★★
地址：浦东新区大团镇南芦公路 888 号
电话：021－58081888
邮编：201311

临港豪生大酒店 ★★★★
地址：浦东新区新元南路 555 号
电话：021－38288888
邮编：201306

上海新晖大酒店 ★★★★
地址：松江区文诚路 765 号
电话：021－37662666
邮编：201620

圣淘沙大酒店 ★★★★
地址：奉贤区南桥路 1 号
电话：021－57429999
邮编：201400

上海海景海港大酒店★★★★
地址：奉贤区海杰路 1588 号
电话：021－57530000
邮编：201413

三星级

滨江欣景大酒店★★★
地址：黄浦区中山南路 76 号
电话：021－63306060
邮编：200010

吴宫大酒店 ★★★
地址：黄浦区福州路 431 号
电话：021－63260303
邮编：200001

新城饭店 ★★★
地址：黄浦区江西中路 180 号
电话：021－63213030
邮编：200002

上海中福大酒店 ★★★
地址：黄浦区九江路 619 号
电话：021－53594900
邮编：200001

金辰大酒店 ★★★
地址：黄浦区淮海中路 795－809 号
电话：021－64717000
邮编：200020

美臣大酒店 ★★★
地址：黄浦区淮海中路 935 号

电话：021－64662020
邮编：200020

上海明珠大饭店 ★★★
地址：黄浦区肇嘉浜路212号
电话：021－64310880
邮编：200020

金门大酒店 ★★★
地址：黄浦区南京西路108号
电话：021－63276226
邮编：200003

上海兴宇大酒店 ★★★
地址：黄浦区人民路386号
电话：021－63338888
邮编：200002

商悦青年会宾馆 ★★★
地址：黄浦区西藏南路123号
电话：021－33059999
邮编：200021

华夏宾馆 ★★★
地址：徐汇区漕宝路38号
电话：021－64360100
邮编：200235

上海新惠宾馆★★★
地址：徐汇区天钥桥路1001号
电话：021－64566330
邮编：200002

上海建工锦江大酒店 ★★★
地址：徐汇区建国西路691号
电话：021－64155688
邮编：200030

上海教育会堂★★★
地址：徐汇区岳阳路1号
电话：021－64378088
邮编：200031

航天大厦 ★★★
地址：徐汇区漕溪路222号
电话：021－61131800
邮编：200235

田林宾馆 ★★★
地址：徐汇区田林路1号
电话：021－64367070
邮编：200233

纽宾凯青之旅国际酒店 ★★★
地址：徐汇区文定路219号
电话：021－61611818
邮编：200030

好望角大饭店 ★★★
地址：徐汇区肇嘉浜路500号
电话：021－64716060
邮编：200031

大众大厦 ★★★
地址：徐汇区中山西路1515号
电话：021－64288888
邮编：200235

技贸宾馆 ★★★
地址：徐汇区中山西路1525号
电话：021－64645558
邮编：200235

南华亭酒店★★★
地址：徐汇区中山西路2525号
电话：021－64813500
邮编：200030

新苑宾馆 ★★★
地址：长宁区虹桥路1900号
电话：021－62426688
邮编：200336

上海国际机场宾馆 ★★★
地址：长宁区迎宾一路368号
电话：021－62688866
邮编：200335

虹港大酒店 ★★★
地址：长宁区迎宾一路688号
电话：021－62681008
邮编：200335

虹桥云峰宾馆★★★
地址：长宁区虹桥路1665号
电话：021－51709300
邮编：200000

华茂宾馆 ★★★
地址：长宁区空港一路388号
电话：021－62682266
邮编：200335

航友宾馆 ★★★
地址：长宁区虹桥机场迎宾一路425号
电话：021－62689999
邮编：200335

上海兴华宾馆 ★★★
地址：长宁区华山路1226号
电话：021－62260123
邮编：200052

新东纺大酒店 ★★★
地址：长宁区镇宁路525号
电话：021－62266800
邮编：200050

上海锦江达华宾馆 ★★★
地址：长宁区延安西路918号
电话：021－62512512
邮编：200052

三湘大厦 ★★★
地址：长宁区中山西路1243号
电话：021－62752468
邮编：200051

绿洲大厦 ★★★
地址：长宁区中山西路555号
电话：021－62865888
邮编：200051

银发大酒店 ★★★
地址：静安区北京西路1068号
电话：021－62556600
邮编：200041

云峰大饭店 ★★★
地址：静安区北京西路1700号
电话：021－62550500
邮编：200040

沪纺大厦 ★★★
地址：静安区陕西北路670号
电话：021－62551249
邮编：200041

赣园宾馆 ★★★
地址：静安区余姚路417号
电话：021－62727258
邮编：200042

上海泛洋城市度假村 ★★★
地址：静安区余姚路55号
电话：021－32204567
邮编：200040

金沙江大酒店 ★★★
地址：普陀区怒江路257号
电话：021－62578888
邮编：200062

清水湾大酒店 ★★★
地址：普陀区凯旋北路1305号
电话：021－62609988
邮编：200063

上海东方航宾馆★★★
地址：普陀区中山北路2088号
电话：021－52906688
邮编：200063

上海港鸿大酒店 ★★★
地址：普陀区武宁路501号
电话：021－61951666
邮编：200063

良安大饭店 ★★★
地址：闸北区长安路920号
电话：021－63532222
邮编：200070

新民大酒店 ★★★
地址：闸北区沪太路701号
电话：021－56081188
邮编：200072

上海华美达中土酒店 ★★★
地址：闸北区共和新路666号
电话：021－56721188
邮编：200070

上海一天下大酒店★★★
地址：闸北区恒丰路120号
电话：021－63817717
邮编：200070

新梅华东大酒店 ★★★
地址：闸北区天目西路111号
电话：021－63178000
邮编：200070

海烟大酒店 ★★★
地址：虹口区保定路325号
电话：021－35109888
邮编：200082

虹叶酒店 ★★★
地址：虹口区长春路158号
电话：021－56718800
邮编：200081

浦江饭店 ★★★
地址：虹口区黄浦路15号
电话：021－63246388
邮编：200080

上海天鹅宾馆 ★★★
地址：虹口区四川北路2211号
电话：021－56665666
邮编：200081

新亚大酒店 ★★★
地址：虹口区天潼路422号
电话：021－63242210
邮编：200085

宝丰联大酒店 ★★★
地址：虹口区逸仙路270号
电话：021－55589988
邮编：200434

上海飘鹰大酒店 ★★★
地址：虹口区乍浦路 71 号
电话：021－63240118
邮编：200085

上海大庆石油大厦 ★★★
地址：虹口区中山北二路 1515 号
电话：021－65559191
邮编：200092

华晶宾馆 ★★★
地址：杨浦区长阳路 1691 号
电话：021－65189988
邮编：200090

复旦卿云宾馆 ★★★
地址：杨浦区邯郸路 220 号
电话：021－65643941
邮编：200433

上海凤凰大酒店 ★★★
地址：杨浦区控江路 1690 号
电话：021－60951588
邮编：200092

锦江白玉兰宾馆 ★★★
地址：杨浦区四平路 1251 号
电话：021－65986888
邮编：200092

同济迎宾馆★★★
地址：杨浦区彰武路 69 号
电话：021－65016969
邮编：200092

上海金燕大厦 ★★★
地址：闵行区春申路 3800 号
电话：021－54150000
邮编：201100

中国石化集团资产经营管理有限公司★★★
地址：闵行区沪青平公路 8700 号
电话：021－59262960
邮编：201718

上海雍和宾馆顾戴路店★★★
地址：闵行区顾戴路 85 号
电话：021－34226000
邮编：201102

紫藤宾馆 ★★★
地址：闵行区东川路 3050 号
电话：021－64301888
邮编：200245

莘城宾馆 ★★★
地址：闵行区凯城路 199 号
电话：021－54151500
邮编：201100

上海飞士大厦 ★★★
地址：宝山区沪太路 8885 号
电话：021－56872630
邮编：200949

上海大康度假城 ★★★
地址：宝山区共康路 555 号
电话：021－56408555
邮编：200443

宝隆金富门酒店 ★★★
地址：宝山区牡丹江路 1285 号
电话：021－56116666
邮编：201900

北翼大酒店 ★★★
地址：宝山区淞浜路 600 号
电话：021－56676868
邮编：200940

新词大酒店 ★★★
地址：嘉定区安亭墨玉路 29 号
电话：021－59568888
邮编：201805

上海新鹭大酒店 ★★★
地址：嘉定区安亭镇昌吉路 127 号
电话：021－59560888
邮编：201805

上海浏岛度假村 ★★★
地址：嘉定区华亭镇双塘村双浏路 128 号
电话：021－59951555
邮编：201816

上海蕾枫大酒店 ★★★
地址：嘉定区黄渡镇绿苑路 300 号
电话：021－69581888
邮编：201804

协通大酒店 ★★★
地址：嘉定区曹安路 4671 号
电话：021－59595858
邮编：201804

亚龙大酒店 ★★★
地址：浦东新区居家桥路 595 号
电话：021－50386666
邮编：200136

上海中电大酒店 ★★★
地址：浦东新区南泉北路 1029 号
电话：021－58798798
邮编：200122

浦东大酒店 ★★★
地址：浦东新区浦东南路 1888 号
电话：021－68758800
邮编：200122

仁和宾馆 ★★★
地址：浦东新区浦东大道 2056 号
电话：021－58601688
邮编：200135

上海黄金海滨度假村 ★★★
地址：浦东新区南汇滨海旅游度假区通源东路 69 号
电话：021－58058800
邮编：201302

上海南泉大酒店★★★
地址：浦东新区北家浜路 151 号
电话：021－58202020
邮编：200122

上海汇苑宾馆 ★★★
地址：浦东新区惠南镇城南路 398 号
电话：021－58020000
邮编：201300

上海汇亨新亚大酒店 ★★★
地址：浦东新区惠南镇通济路 168 号
电话：021－58010000
邮编：201399

上海双拥大厦★★★
地址：浦东新区浦东大道 2601 号
电话：021－58718898
邮编：200136

上海桃城度假村 ★★★
地址：浦东新区沪南路 9191 号
电话：021－58003158
邮编：201300

东海宾馆 ★★★
地址：浦东新区浦东大道 281 号
电话：021－51385138
邮编：200120

上海高化宾馆 ★★★
地址：浦东新区浦东大道 2998 号
电话：021－58712633
邮编：200129

江天宾馆 ★★★
地址：浦东新区浦东南路 3456 号
电话：021－58709870
邮编：200125

八方大酒店 ★★★
地址：浦东新区张杨路 1587 号
电话：021－58527511
邮编：200135

上海名人苑宾馆 ★★★
地址：浦东新区张杨路 2988 号
电话：021－58852988
邮编：200135

衡山度假村 ★★★
地址：浦东新区惠南镇城南路 88 号
电话：021－58000000
邮编：201300

长航美林阁大酒店 ★★★
地址：浦东新区张杨路 818 号
电话：021－58355555
邮编：200122

上海金来源大酒店★★★
地址：金山区松金公路 2525 号
电话：021－572157575
邮编：201514

上海新长岭大酒店★★★
地址：金山区枫泾镇枫湾路 798 号
电话：021－57353535
邮编：201501

上海世安海昇大酒店 ★★★
地址：金山区山阴镇杭州湾大道 128 号
电话：021－57282828
邮编：200540

金山宾馆 ★★★
地址：金山区（石化）金一东路 1 号
电话：021－57941888
邮编：200540

上海红楼戴斯宾馆 ★★★
地址：松江区普照路 1 号
电话：021－37827777
邮编：201600

兰笋山庄 ★★★
地址：松江区佘山国家度假区外青松公路 9269 号
电话：021－57651170
邮编：201602

森林宾馆 ★★★
地址：松江区外青松公路 9259 号
电话：021－57651160
邮编：201602

上海东方绿舟度假村 ★★★
地址：青浦区沪青平公路 6888 号
电话：021－59233168
邮编：201713

上海伊百花园（上海市纺织职工淀山湖疗养院）★★★
地址：青浦区金泽镇练西路4085号
电话：021－59299779
邮编：201721

上海财苑宾馆★★★
地址：青浦区朱家角镇新溪路100号
电话：021－59246666
邮编：201713

淀山湖森林度假村★★★
地址：青浦区沪青平公路8185号
电话：021－59291266
邮编：201721

南华苑度假村★★★
地址：青浦区华腾路969号
电话：021－59794100
邮编：201708

青浦宾馆★★★
地址：青浦区城中北路79号
电话：021－59850688
邮编：201700

上实家化培训中心★★★
地址：青浦区朱家角镇南环路1号
电话：021－59248100
邮编：201713

上海坤明湖度假村★★★
地址：奉贤区洪庙洪运路18号
电话：021－57130500
邮编：201411

上海古华山庄★★★
地址：奉贤区南桥镇解放中路276号
电话：021－67181300
邮编：201400

天鹤大酒店★★★
地址：崇明县城桥镇南门路178号
电话：021－69690000
邮编：202150

上海宝岛度假村★★★
地址：崇明县东平国家森林公园南侧
电话：021－59339898
邮编：202177

上海桔园度假村★★★
地址：崇明县长兴岛
电话：021－33802508
邮编：201913

上海顺利大酒店★★★
地址：崇明县城桥镇新崇南路38号
电话：021－69698800
邮编：202150

二星级

上海铁道宾馆★★
地址：黄浦区贵州路160号
电话：021－51508777
邮编：200001

上海雍和酒店南外滩店★★
地址：黄浦区薛家浜路218号
电话：021－63088800
邮编：200011

新世界假日豪都酒店★★
地址：黄浦区广西南路41号
电话：021－63557070
邮编：200021

俪晶宾馆★★
地址：黄浦区汉口路678号
电话：021－63224555
邮编：200001

大都市酒店★★
地址：黄浦区湖北路131号
电话：021－63226800
邮编：200001

会景楼大酒店★★
地址：黄浦区陆家浜路1088号
电话：021－63762282
邮编：200011

春申江宾馆★★
地址：黄浦区浙江中路386号
电话：021－63515710
邮编：200001

七重天宾馆★★
地址：黄浦区南京东路627号
电话：021－63220777
邮编：200001

东亚饭店★★
地址：黄浦区南京东路680号
电话：021－63223223
邮编：200001

南京饭店★★
地址：黄浦区山西南路200号
电话：021－63222888
邮编：200001

黄金岛大酒店★★
地址：黄浦区制造局路789号
电话：021－63787789
邮编：200011

上海教育国际交流中心★★
地址：徐汇区桂林路55号
电话：021－64360440
邮编：200235

天科商务宾馆★★
地址：徐汇区南丹东路157号
电话：021－ 64868211
邮编：200030

亭枫宾馆★★
地址：长宁区定西路1031号
电话：021－62100003
邮编：200050

上海良友饭店★★
地址：静安区南苏州路1455号
电话：021－62533663
邮编：200041

海港宾馆★★
地址：静安区泰兴路89号
电话：021－62553553
邮编：200041

襄阳饭店★★
地址：静安区襄阳北路3号
电话：021－54037658
邮编：200040

上海建工迎宾楼★★
地址：静安区新闸路1933号
电话：021－62580557
邮编：200040

庐峰饭店★★
地址：闸北区秣陵路39号
电话：021－51017588
邮编：200070

中悦苑景宾馆★★
地址：闸北区沪太路1049号
电话：021－56618518
邮编：200072

圣贤居宾馆★★
地址：闸北区中兴路1032号
电话：021－56625001
邮编：200070

上海紫金东悦酒店★★
地址：闸北区永兴路669号
电话：021－ 56976969
邮编：200070

上外国际文化交流中心★★
地址：虹口区赤峰路555号
电话：021－65318882
邮编：200083

上海酒钢大酒店★★
地址：虹口区东体育会路996号
电话：021－65441055
邮编：200437

南馨园酒店★★
地址：虹口区山阴路277号
电话：021－65400331
邮编：200081

白厦宾馆★★
地址：虹口区四川北路1755号
电话：021－65405555
邮编：200081

长城饭店★★
地址：杨浦区眉州路272号
电话：021－65437270
邮编：200090

天益宾馆★★
地址：杨浦区四平路1805号
电话：021－60861177
邮编：200433

上海南亚宾馆★★
地址：闵行区沪闵路280号
电话：021－64358590
邮编：200240

闵行饭店★★
地址：闵行区兰坪路202号
电话：021－64308121
邮编：200240

上海新兰华大酒店★★
地址：闵行区龙吴路5299号
电话：021－54872808
邮编：200241

九宇宾馆★★
地址：闵行区莘西路299号
电话：021－64989090
邮编：201100

上海市劳动模范度假村★★
地址：嘉定区安亭镇泰富路55号
电话：021－59506600
邮编：201814

菊苑宾馆★★
地址：嘉定区环城路 2222 号
电话：021－69539111
邮编：208200

协通度假村★★
地址：嘉定区嘉行公路 1257 号
电话：021－59552000
邮编：201808

恒山城宾馆★★
地址：浦东新区成山路 578 号
电话：021－58868686
邮编：200126

康桥大酒店★★
地址：浦东新区南汇区康桥路 1011 号
电话：021－58120908
邮编：201315

聚亨宾馆★★
地址：浦东新区惠南镇通济路 150 号
电话：021－58012100
邮编：201399

仲鑫大酒店★★
地址：浦东新区金桥金皖路 501 号
电话：021－58995678
邮编：201206

华阳大酒店★★
地址：浦东新区金桥路 2556 号
电话：021－58994440
邮编：201206

上海爱丁堡大酒店★★
地址：金山区龙胜东路 129 号
电话：021－57970868
邮编：200540

新客商务酒店★★
地址：金山区卫清西路 355 号 3 楼
电话：021－ 57964448
邮编：200540

连通大酒店★★
地址：金山区漕泾镇军民路 2 号
电话：021－67251672
邮编：201507

白牛宾馆★★
地址：金山区枫泾镇白牛路 280 号
电话：021－63754140
邮编：201501

上海金皇朝酒店★★
地址：金山区枫泾镇商城路 18 号－2
电话：021－57356666
邮编：201501

湘港大酒店★★
地址：金山区石化沪杭路 8484 弄 3 号
电话：021－57938938
邮编：200540

隆盛大酒店★★
地址：金山区石化隆平路 759
电话：021－57932888
邮编：200540

上海碧丽宫大酒店★★
地址：金山区亭林镇南亭公路 6289 号
电话：021－57236699
邮编：201506

佘山松浦度假村★★
地址：松江区佘山环山路 2 号
电话：021－57653990
邮编：201602

虹珠苑宾馆★★
地址：青浦区沪青平公路 6658 号
电话：021－59242880
邮编：201713

淀山湖宾馆★★
地址：青浦区青商路 200 号
电话：021－59262757
邮编：201718

青浦人家宾馆★★
地址：青浦区工业区崧泽大道 9168－9178 号
电话：021－69212777
邮编：201700

上海园湖苑宾馆★★
地址：青浦区青商路 258 号
电话：021－59263117
邮编：201718

好家福酒店★★
地址：青浦区徐泾沪青平公路 1915 号
电话：021－59763777
邮编：201702

珠街阁大酒店★★
地址：青浦区朱家角镇祥凝浜路 102－124 号
电话：021－59230000
邮编：201713

宏达山庄★★
地址：奉贤区奉城镇南奉公路 255 号
电话：021－57522000
邮编：201411

思致宾馆★★
地址：崇明县长兴乡凤凰公路 38 号
电话：021－66858866
邮编：201913

锦绣宾馆★★
地址：崇明县崇明城桥镇新崇南路 68 号
电话：021－69699888
邮编：202150

恒富宾馆★★
地址：崇明县城桥镇南门路 166 号
电话：021－69691067
邮编：202150

乐岛宾馆★★
地址：崇明县城桥镇新崇南路 89 号
电话：021－69691788－2500
邮编：202150

仕南度假村★★
地址：崇明县港东公路 888 号
电话：021－59670006
邮编：202154

上海先丰宾馆★★
地址：崇明县长兴乡凤滨路 663 号
电话：021－66855178
邮编：201913

一星级

华方大酒店★
地址：宝山区沪太路 7098 号
电话：021－56867979
邮编：201908

申佳宾馆★
地址：浦东新区歇浦路海防新村 74 号
电话：021－58856101
邮编：200135

上海市东湖（集团）公司
地址：宛平路 9 号甲
电话：021－64337788
传真：021－64749886
邮编：200030

上海书香世家酒店
地址：闵行区吴中路 1389 号
电话：021－51182666
邮编：201100

上海半岛酒店
地址：浦东区外滩中山东一路 32 号
电话：021－23272888
邮编：200002

饭店服务企业

上海泛亚经贸有限公司
地址：长宁区万航渡路 2452 号 DOHO 园区 A301 室
电话：021－51786788/51786799
传真：021－51786755/51786758＊118
邮箱：firstasia99@msn. com
网址：www. firstasia－sh. com

上海星级设备公司
地址：黄浦区中山南路 1718 号
电话：021－63143067/63137391/63142462
传真：021－63133014
邮箱：srhe@srhe. com. cn
网址：www. srhe. com. cn

东亚制服集团上海研发总部
地址：闵行区紫秀路 100 号虹桥总部 1 号 3 号楼 1A
电话：021－54222955
邮箱：wuxidongya@126. com
1640087043@qq. com
网址：www. dongyajt. com

江　苏

JIANGSU

五星级

南京金陵饭店★★★★★
地址：南京市汉中路 2 号
电话：025－84711888
邮编：210005

南京状元楼酒店★★★★★
地址：南京市夫子庙状元境 9 号
电话：025－52202555
邮编：210001

南京金丝利喜来登酒店★★★★★
地址：南京市汉中路 169 号
电话：025－86668888
邮编：210029

南京维景国际大酒店★★★★★
地址：南京市中山东路 319 号
电话：025－84808888
邮编：210016

古南都饭店★★★★★
地址：南京市广州路 208 号
电话：025－83311999
邮编：210024

玄武饭店★★★★★
地址：南京市中央路 193 号
电话：025－83358888
邮编：210009

江苏苏宁环球套房饭店有限公司★★★★★
地址：南京市广州路 188 号
电话：025－83232888
邮编：210024

南京侨鸿皇冠假日酒店★★★★★
地址：南京市汉中路 89 号
电话：025－84718888
邮编：210029

南京索菲特钟山高尔夫酒店★★★★★
地址：南京市环陵路 9 号
电话：025－85408888
邮编：210042

南京城市名人酒店有限公司★★★★★
地址：南京市中山北路 30 号
电话：025－83123333
邮编：210008

南京索菲特银河大酒店★★★★★
地址：南京市山西路 9 号
电话：025－83718888
邮编：210009

南京丁山花园酒店★★★★★
地址：南京市察哈尔路 90 号
电话：025－58802888
邮编：210003

南京国际会议大酒店★★★★★
地址：南京市中山陵四方城 2 号
电话：025－84430888
邮编：210014

南京鼎业开元大酒店★★★★★
地址：南京市浦口区文德东路 35 号
电话：025－58288888
邮编：210000

南京中心大酒店★★★★★
地址：南京市中山路 75 号
电话：025－83155888
传真：025－84733999
网址：www. njcentralhotel. com
邮编：210005

南京明发珍珠泉大酒店★★★★★
地址：南京市浦口区珍珠街 178－1 号
电话：025－58611888
邮编：210031

开元名都大酒店★★★★★
地址：徐州市湖西路 1 号
电话：0516－87888888
邮编：221008

云台宾馆★★★★★
地址：连云港市苍梧路 27 号
电话：0518－85689999
邮编：222006

福如东海温泉大酒店★★★★★
地址：江苏连云港东海县温泉旅游度假区汤姑路 6 号
电话：0518－87882888
邮编：222301

江苏驿都国际酒店有限公司驿都金陵大酒店★★★★★
地址：盐城市盐都新区世纪大道 603 号
电话：0515－88888888
邮编：224005

扬州迎宾馆★★★★★
地址：扬州市友谊路 48 号
电话：0514－87809888
邮编：225000

扬州云鹤金陵大饭店★★★★★
地址：扬州市文昌西路 318 号
电话：0514－85588888
邮编：225000

江苏汇金国际酒店★★★★★
地址：扬州市平山堂东路 3 号
电话：0514－87809999
邮编：225000

泰州宾馆★★★★★
地址：泰州市迎宾路 88 号
电话：0523－86669898
邮编：225300

南通新有斐大酒店有限公司★★★★★
地址：南通市濠南路 8 号
电话：0513－85050888
邮编：226000

镇江国际饭店★★★★★
地址：镇江市解放路 218 号
电话：0511－85021888
邮编：212001

常州大酒店★★★★★
地址：常州市延陵西路 53 号
电话：0519－88109988
邮编：213003

溧阳天目湖宾馆★★★★★
地址：常州市溧阳市天目湖度假区
电话：0519－87168888
邮编：213333

常州富都盛贸饭店★★★★★
地址：常州市新北区通江大道 398 号
电话：0519－85168888
邮编：213022

金陵溧阳宾馆★★★★★
地址：常州市溧阳市西大街 118 号
电话：0519－87222777
邮编：213300

溧阳天目湖国际饭店★★★★★
地址：常州市溧阳市天目湖中心大道 8 号
电话：0519－87989999
邮编：213333

江苏润澳花园大酒店★★★★★
地址：常州市金坛市东环二路 1088 号
电话：0519－82799999
网址：www. runaohotel. com
邮编：213200

无锡太湖饭店有限公司★★★★★
地址：无锡市梅园环湖路
电话：0510－85517888
邮编：214064

无锡湖滨饭店★★★★★
地址：无锡市湖滨路 388 号
电话：0510－85101888
邮编：214075

江阴泓昇苑酒店★★★★★
地址：无锡市江阴市人民中路 289 号
电话：0510－86707888
邮编：214400

无锡锡州花园酒店★★★★★
地址：无锡市锡山区二泉中路 68 号
电话：0510－88686888
邮编：214101

宜兴宾馆★★★★★
地址：无锡市宜兴市人民南路 2 号
电话：0510－87982811
邮编：214206

无锡凯宾斯基大饭店★★★★★
地址：无锡市永和路 18 号
电话：0510－81088888
邮编：214023

无锡金陵大饭店★★★★★
地址：无锡市解放东路 1000 号
电话：0510－82338888
邮编：214005

江阴桃园山庄 ★★★★★
地址：无锡市江阴新桥镇
电话：0510－81699000
邮编：214426

苏州吴宫泛太平洋酒店★★★★★
地址：苏州市新市路 259 号
电话：0512－65103388
邮编：215007

南园宾馆★★★★★
地址：苏州市带城桥路 99 号
电话：0512－67786778
邮编：215006

雅都大酒店★★★★★
地址：苏州市三香路 156 号
电话：0512－68291888
邮编：215004

苏州香格里拉大酒店★★★★★
地址：苏州市新区塔园路 168 号
电话：0512－68080168
邮编：215011

新城花园酒店★★★★★
地址：苏州市狮山路 1 号
电话：0512－68250228
邮编：215011

中茵皇冠假日酒店★★★★★
地址：苏州市苏州工业园区星港街 168 号
电话：0512－67616688
邮编：215021

金鸡湖大酒店★★★★★
地址：苏州市苏州工业园区国宾路 168 号
电话：0512－62887878
邮编：215021

阳澄湖澜廷度假酒店★★★★★
地址：苏州市苏州工业园区阳澄湖旅游度假区
电话：0512－62988888
邮编：215024

金鸡湖凯宾斯基酒店★★★★★
地址：苏州市苏州工业园区国宾路 1 号
电话：0512－62897888
邮编：215021

国贸酒店★★★★★
地址：苏州市张家港市人民中路 42 号
电话：0512－58687788
邮编：215600

馨苑度假村★★★★★
地址：苏州市张家港市澄扬路 8 号
电话：0512－58818888
邮编：215600

华芳金陵国际酒店★★★★★
地址：苏州市张家港市长安中路 388 号
电话：0512－58811888
邮编：215600

常熟国际饭店★★★★★
地址：苏州市常熟市黄河路 288 号
电话：0512－52101888
邮编：215500

常熟天铭国际大酒店★★★★★
地址：苏州市常熟市海虞北路 12 号
电话：0512－52877777
邮编：215500

中江皇冠假日酒店★★★★★
地址：苏州市常熟市开元大道 1 号
电话：0512－52729999
邮编：215500

虞山锦江饭店★★★★★
地址：苏州市常熟市北门大街 8 号
电话：0512－52118888
邮编：215500

昆山瑞士大酒店★★★★★
地址：苏州市昆山市前进中路 387 号
电话：0512－57885788
邮编：215300

一醉皇冠酒店★★★★★
地址：苏州市昆山市前进中路 216 号
电话：0512－57338888
邮编：215300

花园酒店★★★★★
地址：苏州市太仓市人民北路 59 号
电话：0512－53531888
邮编：215400

锦江国际大酒店★★★★★
地址：苏州市太仓市上海东路 89 号
电话：0512－53580000
邮编：215400

同里湖大饭店★★★★★
地址：苏州市吴江区同里镇九里湖路 8 号
电话：0512－63337888
传真：0512－63322900
邮编：215217
网址：www. tonglilakeviewhotel. com

宝岛花园酒店★★★★★
地址：苏州市太湖国家旅游度假区长沙岛 18 号
电话：0512－66515999
邮编：215164

东恒盛国际大酒店★★★★★
地址：苏州市吴江区松陵镇文苑路 88 号
电话：0512－63928888
邮编：215200

常熟金海华丽嘉酒店★★★★★
地址：苏州市常熟市西门大街 73 号
电话：0512－52188888
邮编：215500

常熟裕坤国贸大酒店★★★★★
地址：苏州市常熟市珠江路 176 号
电话：0512－52988888
邮编：215500

四星级

江苏新世纪大酒店★★★★
地址：南京市龙蟠路 278－2 号
电话：025－86888888
邮编：210037

江苏凤凰台饭店有限公司★★★★
地址：南京市湖南路 47 号
电话：025－86838888
邮编：210009

南京中山大厦★★★★
地址：南京市中山路 200 号
电话：025－83361888
邮编：210008

南京怡华酒店有限公司★★★★
地址：南京市中山北路 45 号
电话：025－83308888
邮编：210008

江苏国信大酒店★★★★
地址：南京市长江路 88 号
电话：025－84700688
邮编：210005

南京水秀苑大酒店有限责任公司★★★★
地址：南京市百家湖佳湖西路 9 号
电话：025－52105588
邮编：211100

江苏山水大酒店★★★★
地址：南京市龙蟠中路 118 号
电话：025－84811888
邮编：210018

南京黄埔大酒店★★★★
地址：南京市黄埔路 2－2 号
电话：025－84069999
邮编：210016

南京大吉温泉度假村★★★★
地址：南京市汤泉镇老山风景区
电话：025－58248088
邮编：211802

南京新纪元大酒店有限公司★★★★
地址：南京市中山路 251 号－1
电话：025－86812222
邮编：210008

江苏金梦都宾馆有限公司★★★★
地址：南京市梦都路 30 号
电话：025－86479999
邮编：210012

中国人民解放军南京军区华东饭店★★★★
地址：南京市北京西路 67 号
电话：025－83709988
邮编：210024

江苏晶元大酒店★★★★
地址：南京市江东北路 386 号
电话：025－86203888
邮编：210000

南京东方珍珠饭店有限公司★★★★
地址：南京市珠江路 389 号
电话：025－86883888
邮编：210018

南京高楼门饭店★★★★
地址：南京市高楼门 62 号
电话：025－57713188
邮编：210008

南京天丰大酒店★★★★
地址：南京市洪武路 26 号
电话：025－84737777
邮编：210005

南京扬子宾馆★★★★
地址：南京市大厂葛关路 688 号
电话：025－57784888
邮编：210048

南京曙光国际大酒店★★★★
地址：南京市龙蟠路 107 号
电话：025－68888888
邮编：210037

锦江南京饭店★★★★
地址：南京市中山北路 259 号
电话：025－210003
邮编：86826666

南京太和紫金大酒店★★★★
地址：南京市太平北路 37 号
电话：025－86819999
邮编：210018

江苏金太隆国际酒店★★★★
地址：南京市中山东路 160 号
电话：025－84555088
邮编：210002

海天假日酒店★★★★
地址：徐州市淮海西路 252－1 号
电话：0516－85398888
邮编：221000

汉园宾馆★★★★
地址：徐州市解放南路 246 号
电话：0516－87889999
邮编：221009

嘉利国际酒店★★★★
地址：徐州市津浦西路 202 号

电话：0516－83928888
邮编：221003

金陵金源大酒店★★★★
地址：徐州市淮海西路 33 号
电话：0516－85808000
邮编：221003

新沂瑞丰大酒店★★★★
地址：徐州市新沂市利民路 11 号
电话：0516－88066666
邮编：221400

新沂苏沂乐乡大酒店★★★★
地址：徐州市新沂市钟吾路 48 号
电话：0516－88870888
邮编：221400

颖都新锦江大酒店★★★★
地址：徐州市淮海西路 195 号
电话：0516－85608888
邮编：221006

最佳西方友谊宾馆★★★★
地址：徐州市淮海西路 241 号
电话：0516－85555818
邮编：221006

神州宾馆★★★★
地址：连云港市墟沟海棠北路 215 号
电话：0518－82310088
邮编：222042

香榭尔国际大酒店★★★★
地址：连云港市墟沟海棠中路 36 号
电话：0518－82235888
邮编：222042

九龙国际大酒店★★★★
地址：连云港市新浦区解放中路 11 号
电话：0518－85686888
邮编：222003

尉蓝海岸大酒店★★★★
地址：连云港市墟沟海棠北路 188 号
电话：0518－85429999
邮编：222042

东圆国际大酒店★★★★
地址：连云港市灌云县城西苑南路 8 号
电话：0518－88996666
邮编：222200

锦绣国际大酒店★★★★
地址：连云港市东海县迎宾大道南路 1 号
电话：0518－87779999
邮编：222300

国际饭店★★★★
地址：宿迁市发展大道 5 号
电话：0527－84358688
邮编：223800

泗阳新世界大酒店★★★★
地址：宿迁市泗阳县北京东路 23 号
电话：0527－85288888
邮编：223700

沭阳业事国际酒店★★★★
地址：宿迁市沭阳县珠江北路 1 号
电话：0527－88710888
邮编：223600

中山水天大酒店★★★★
地址：宿迁市发展大道 70 号
电话：0527－84399999
邮编：223800

宿迁江山大酒店★★★★
地址：宿迁市宿豫区江山大道 88 号
电话：0527－84480888
邮编：223800

沭阳大酒店★★★★
地址：宿迁市沭阳县沭城镇福州路
电话：0527－88931888
邮编：223600

宿迁枫华丽致酒店★★★★
地址：宿迁市宿豫区泰山路
电话：0527－84490888
邮编：223800

淮安宾馆★★★★
地址：淮安市楚州区友谊路 2 号
电话：0517－85913788
邮编：223200

月季花园酒店★★★★
地址：淮安市淮海南路 134 号
电话：0517－83183888
邮编：223001

金蝶苑宾馆★★★★
地址：淮安市珠海路钵池山公园南门
电话：0517－83756777
邮编：223005

盱眙泗州饭店★★★★
地址：淮安市盱眙县淮河北路 188 号
电话：0517－88215966
邮编：211700

洪泽湖国际大酒店★★★★
地址：淮安市洪泽县瑞特大道 28 号
电话：0517－87298888
邮编：223100

曙光国际大酒店★★★★
地址：淮安市淮海东路 130 号
电话：0517－80888888
邮编：223001

淮安迎宾馆★★★★
地址：淮安市淮海北路 121 号
电话：0517－83777777
邮编：223001

悦达国际大酒店★★★★
地址：盐城市开放大道 80 号
电话：0515－88336688
邮编：224002

盐城市瀛洲宾馆★★★★
地址：盐城市开放大道 76 号
电话：0515－88240000
邮编：224002

东台市国贸国际大酒店有限公司★★★★
地址：盐城市东台市金海中路 2 号
电话：0515－89566666
邮编：224200

大丰新词大酒店有限公司★★★★
地址：盐城市大丰市健康西路
电话：0515－82038888
邮编：224100

江苏建湖永林国际大酒店有限公司★★★★
地址：盐城市建湖县湖中北路 66 号
电话：0515－86157888
邮编：224700

江苏林海国际饭店有限公司★★★★
地址：盐城市阜宁县阜城大街 116 号
电话：0515－87286999
邮编：224400

盐城天海元国际大酒店★★★★
地址：盐城市滨海县迎宾大道 8 号
电话：0515－84288888
邮编：224500

江苏响华灌江大酒店有限公司★★★★
地址：盐城市响水县桃园路 1 号
电话：0515－85077777
邮编：224600

扬州西园饭店★★★★
地址：扬州市丰乐上街 1 号
电话：0514－87807888
邮编：225002

新世纪大酒店★★★★
地址：扬州市维扬路 101 号
电话：0514－87878888
邮编：225000

京华大酒店★★★★
地址：扬州市文昌中路 559 号
电话：0514－87322888
邮编：225000

花园国际大酒店★★★★
地址：扬州市江阳中路 56 号
电话：0514－87803333
邮编：225000

扬州京江大酒店★★★★
地址：扬州市江都新区舜天路 168 号
电话：0514－86999999
邮编：225200

仪征怡景半岛酒店★★★★
地址：扬州市仪征市滨河西路 12 号
电话：0514－83235888
邮编：211400

仪征黎明大酒店★★★★
地址：扬州市仪征市真州路 121 号
电话：0514－83400088
邮编：211400

扬州人家国际大酒店★★★★
地址：扬州市解放南路 88 号
电话：0514－87220000
邮编：225000

高邮加洲阳光大酒店★★★★
地址：扬州市高邮市秦邮路 138 号
电话：0514－85857777
邮编：225600

淮左名都国际大酒店★★★★
地址：扬州市邗江中路 158 号
电话：0514－87708888
邮编：225000

高邮华侨国际大酒店★★★★
地址：扬州市高邮市文游中路 32－34 号
电话：0514－82671111
邮编：225600

扬州蓝天大厦玉蜻蜓雅致酒店★★★★
地址：扬州市汶河北路 42 号
电话：0514－87360000
邮编：225000

江苏黄河大酒店★★★★
地址：泰州市姜堰区人民中路 100 号
电话：0523－88298888
邮编：225500

江苏扬子江大酒店★★★★
地址：泰州市靖江市中州路8号
电话：0523－84808000
邮编：214500

江苏靖江国际大酒店★★★★
地址：泰州市靖江市人民南路179号
电话：0523－84806888
邮编：214500

泰州市美丽华大酒店★★★★
地址：泰州市凤凰东路66号
电话：0523－86396666
邮编：225300

江苏嘉銮国际大酒店★★★★
地址：泰州市鼓楼南路336号
电话：0523－86399999
邮编：225300

泰兴银光大酒店★★★★
地址：泰州市泰兴市国庆东路91号
电话：0523－87778056
邮编：225400

南通大饭店有限公司★★★★
地址：南通市青年东路81号
电话：0513－85018989
邮编：226000

南通市文峰饭店有限公司★★★★
地址：南通市青年东路1号
电话：0513－85011888
邮编：226000

南通三德大酒店有限公司★★★★
地址：南通市段家坝路1号
电话：0513－85123888
邮编：226000

启东大酒店有限公司★★★★
地址：南通市启东市公园中路578号
电话：0513－83329666
邮编：226200

启东宾馆有限公司★★★★
地址：南通市启东汇龙镇民乐中路490号
电话：0513－83316621
邮编：226200

海门光华国际大酒店★★★★
地址：南通市海门市南海东路1号
电话：0513－82188888
邮编：226100

江苏大明国际大酒店有限公司★★★★
地址：南通市如东友谊东路58号
电话：0513－84159999
邮编：226400

如东中天黄海大酒店有限公司★★★★
地址：南通市如东掘港镇日晖西路8号
电话：0513－84195888
邮编：226400

金海安大酒店★★★★
地址：南通市海安县长江东路2号
电话：0513－88966666
邮编：226600

南通四季花园酒店★★★★
地址：南通市濠西路1号
电话：0513－85160288
邮编：226000

海安县锦龙国际大酒店★★★★
地址：南通市海安县长江中路99－1号
电话：0513－88868888
邮编：226600

南通华通大酒店有限公司★★★★
地址：南通市青年中路88号
电话：0513－85107979
邮编：226000

南通金陵华侨饭店有限公司★★★★
地址：南通市濠西路39号
电话：0513－85061888
邮编：226000

南通金蛤岛温泉度假村★★★★
地址：南通市如东沿海经济开发区旅游区
电话：0513－84800888
邮编：226000

南通王府大酒店★★★★
地址：南通市海安县通榆路98号
电话：0513－88268888
邮编：226600

南通银座花园酒店★★★★
地址：南通市工农路208号
电话：0513－80200000
邮编：226000

镇江大酒店★★★★
地址：镇江市火车站广场西侧
电话：0511－88980088
邮编：212004

镇江观海楼大酒店★★★★
地址：镇江市梦溪路4号
电话：0511－84402118
邮编：212003

镇江宾馆★★★★
地址：镇江市中山西路92号
电话：0511－85233888
邮编：212004

镇江英皇酒店★★★★
地址：镇江市新区通港路69号
电话：0511－83177100
邮编：212132

丹阳新世纪国际大酒店★★★★
地址：镇江市丹阳市经济开发区东方路85号
电话：0511－86928888
邮编：212300

金陵（丹阳）饭店★★★★
地址：镇江市丹阳市云阳路1号
电话：0511－86998888
邮编：212300

句容宾馆★★★★
地址：镇江市句容市华阳镇华阳路9号
电话：0511－87263555
邮编：212400

句容国际曙光大酒店★★★★
地址：镇江市句容市文昌东路2号
电话：0511－85099999
邮编：212400

江苏长江大酒店★★★★
地址：镇江市扬中市扬子西路8号
电话：0511－88268888
邮编：212200

金坛九九宾馆★★★★
地址：常州市金坛市横街东路18号
电话：0519－82838899
邮编：213200

常州金陵明都大饭店★★★★
地址：常州市和平北路258号
电话：0519－88118888
邮编：213003

溧阳华天度假村★★★★
地址：常州市溧阳市天目湖度假区
电话：0519－87165999
邮编：213300

常州阳光国际大酒店★★★★
地址：常州市怀德北路35号
电话：0519－86606888
邮编：213002

常州和平假日大饭店★★★★
地址：常州市和平北路132号
电话：0519－86183388
邮编：213003

常州中天凤凰大酒店★★★★
地址：常州市新北区通江大道555号
电话：0519－86187888
邮编：213022

溧阳市天目湖静泊山庄★★★★
地址：常州市溧阳市天目湖旅游度假区
电话：0519－87169999
邮编：213333

金坛樱花大酒店★★★★
地址：常州市金坛市西门大街88号
电话：0519－82396666
邮编：213200

溧阳假日酒店★★★★
地址：常州市溧阳市罗湾路99号
电话：0519－87199999
邮编：213300

常州九龙云天大酒店★★★★
地址：常州市中吴大道1803号
电话：0519－86992888
邮编：213000

常州锦江国际大酒店★★★★
地址：常州市新北区通江中路599号
电话：0519－85198888
邮编：213022

常州新都大酒店★★★★
地址：常州市飞龙东路66号
电话：0519－85577888
邮编：213017

常州万豪花都国际大酒店★★★★
地址：常州市晋陵中路580号
电话：0519－88222222
邮编：213001

金坛颐丰大酒店★★★★
地址：常州市金坛市丹阳门中路188号
电话：0519－82796666
邮编：213200

常州海阳大酒店★★★★
地址：常州市新北区通江中路207号
电话：0519－85167788
邮编：213022

常州九洲环宇大酒店★★★★
地址：常州市关河东路38号
电话：0519－85228888
邮编：213000

常州香树湾花园酒店★★★★
地址：常州市新北区汉江路2号

电话：0519－85118988
邮编：213000

常州金色南都国际大酒店★★★★
地址：常州市武进区湖塘环府路 58 号
电话：0519－86319588
邮编：213161

常州淹里金鼎国际大酒店★★★★
地址：常州市武进区淹里镇金鼎路 8 号
电话：0519－83349898
邮编：213151

溧阳皇廷国际大酒店★★★★
地址：常州市溧阳市燕山中路 9 号
电话：0519－83106888
邮编：213300

常州德泰恒大酒店★★★★
地址：常州市小河沿 1 号
电话：0519－85221688
邮编：213003

扬子国际大酒店★★★★
地址：常州市溧阳市安顺路 9 号
电话：0519－87928888
邮编：213300

明都国际会议中心★★★★
地址：常州市武进区经济开发区凤苑北路 18 号
电话：0519－89852888
邮编：213000

涵田度假村酒店★★★★
地址：常州市溧阳市天目湖镇东园路 88 号
电话：0519－87178888
邮编：213300

常州奥体明都国际饭店★★★★
地址：常州市新北区龙锦路 1261 号
电话：0519－85608888
邮编：213000

常州嬉戏谷开元度假村★★★★
地址：常州市武进区太湖湾旅游度假区
电话：0519－83599999
邮编：213579

无锡大饭店有限公司★★★★
地址：无锡市梁青路 1 号
电话：0510－85806789
邮编：214061

江阴市暨阳山庄有限公司★★★★
地址：无锡市江阴市澄江镇公园路 99 号
电话：0510－86851888
邮编：214431

江阴国际大酒店有限公司★★★★
地址：无锡市江阴市澄江西路 299 号
电话：0510－86815000
邮编：214431

无锡锦江大酒店有限公司★★★★
地址：无锡市中山路 218 号
电话：0510－82751688
邮编：214002

无锡太湖花园度假村有限公司★★★★
地址：无锡市漆塘北村 8 号
电话：0510－85555888
邮编：214081

无锡市黄金海岸大酒店有限公司★★★★
地址：无锡市北大街春申路口
电话：0510－82616888
邮编：214043

江阴兴澄大饭店有限公司★★★★
地址：无锡市江阴市人民东路 161 号
电话：0510－86702888
邮编：214431

江苏舜天碧波度假村有限公司★★★★
地址：无锡市太湖碧波支路 9 号
电话：0510－85996666
邮编：214092

无锡市锦仑大酒店有限公司★★★★
地址：无锡市五爱路 58 号
电话：0510－82715858
邮编：214001

无锡山明水秀大饭店有限公司★★★★
地址：无锡市湖滨路 369 号
电话：0510－88681888
邮编：214074

宜兴国际饭店有限公司★★★★
地址：无锡市宜兴市通贞观路 52 号
电话：0510－87916888
邮编：214200

无锡市国际饭店有限公司★★★★
地址：无锡市县前东街 118 号
电话：0510－82318888
邮编：214005

江阴来富岛大酒店有限公司★★★★
地址：无锡市江阴市朝阳路 105－109 号
电话：0510－86700888
邮编：214431

江阴法尔胜大酒店有限公司★★★★
地址：无锡市江阴市体育场路 8 号
电话：0510－86888666
邮编：214400

宜兴大酒店★★★★
地址：无锡市宜兴市东山西路 70 号
电话：0510－87981999
邮编：214206

无锡香梅国际大酒店★★★★
地址：无锡市新区梅村新华路 588 号
电话：0510－85538888
邮编：214112

江阴朋生雅居大酒店★★★★
地址：无锡市江阴市长江路 205 号
电话：0510－81637777
邮编：214400

无锡中益国际商务酒店★★★★
地址：无锡市新区长江北路 1 号
电话：0510－81819999
邮编：214028

宜兴荆溪宾馆（宜兴宾馆荆溪分部）★★★★
地址：无锡市宜兴市龙潭西路 290
电话：0510－81758888
邮编：214056

无锡太湖能园度假村有限公司★★★★
地址：无锡市蠡园长桥惠巷
电话：0510－85118888
邮编：214081

竹辉饭店★★★★
地址：苏州市竹辉路 168 号
电话：0512－65205601
邮编：215006

苏州饭店★★★★
地址：苏州市十全街 115 号
电话：0512－65204646
邮编：215006

胥城大厦★★★★
地址：苏州市三香路 120 号
电话：0512－68286688
邮编：215004

凯莱大酒店★★★★
地址：苏州市干将东路 535 号
电话：0512－65218855
邮编：215006

乐乡饭店★★★★
地址：苏州市大井巷 18 号
电话：0512－65228888
邮编：215005

雅戈尔富宫大酒店★★★★
地址：苏州市观前街宫巷 63 号
电话：0512－65159998
邮编：215005

冠云大酒店★★★★
地址：苏州市桐泾北路 538 号
电话：0512－65338811
邮编：215008

新世纪大酒店★★★★
地址：苏州市广济路 23 号
电话：0512－68015555
邮编：215008

会议中心★★★★
地址：苏州市道前街 100 号
电话：0512－65226691
邮编：215002

园外楼饭店★★★★
地址：苏州市留园路 477 号
电话：0512－85888588
邮编：215008

三元宾馆★★★★
地址：苏州市人民路 887 号
电话：0512－65113608
邮编：215002

桃园度假村★★★★
地址：苏州市高新区金山路 68 号
电话：0512－68018888
邮编：215011

建屋国际酒店★★★★
地址：苏州市工业园区星湖街金鸡湖商业广场
电话：0512－62966666
邮编：215123

商旅美居酒店★★★★
地址：苏州市苏州工业园区凤里街 336 号
电话：0512－62967888
邮编：215024

金龙大酒店★★★★
地址：苏州市新区玉山路 28 号
电话：0512－68253538
邮编：215011

天平大酒店★★★★
地址：苏州市木渎金山路 168 号
电话：0512－66268888
邮编：215101

中华园大饭店★★★★
地址：苏州市木渎金山路198号
电话：0512-66256666
邮编：215101

西山宾馆★★★★
地址：苏州市西山石公山风景区
电话：0512-66278888
邮编：215112

阳明山花园酒店★★★★
地址：苏州市苏沪机场路角直段38号
电话：0512-66011111
邮编：215127

山水度假村★★★★
地址：苏州市东山镇西泾山
电话：0512-66399888
邮编：215107

苏苑饭店★★★★
地址：苏州市东吴北路130号
电话：0512-65251621
邮编：215128

南亚宾馆★★★★
地址：苏州市相城区阳澄湖东路1号
电话：0512-65761688
邮编：215131

金澄锦江国际酒店★★★★
地址：苏州市相城区太平镇兴太路260号
电话：0512-65431888
邮编：215137

沙洲宾馆★★★★
地址：苏州市暨阳中路170号
电话：0512-58810888
邮编：215600

长江大酒店★★★★
地址：苏州市港区镇长江村
电话：0512-56908588
邮编：215600

虞城大酒店★★★★
地址：苏州市虞山镇海虞南路64号
电话：0512-52105210
邮编：215500

森林大酒店★★★★
地址：苏州市虞山北路79号
电话：0512-52852888
邮编：215500

时风国际假日酒店★★★★
地址：苏州市虞山镇海虞南路62号
电话：0512-52228888
邮编：215500

凯悦国际酒店★★★★
地址：苏州市东南开发区新都路1号
电话：0512-52998888
邮编：215500

恒隆东航国际酒店★★★★
地址：苏州市方塔街106号
电话：0512-52989999
邮编：215500

吴江宾馆★★★★
地址：苏州市吴江区鲈乡南路2155号
电话：0512-63420888
邮编：215200

盛虹国际酒店★★★★
地址：苏州市盛泽镇舜新南路2008号
电话：0512-63477777
邮编：215228

新世纪国际酒店★★★★
地址：苏州市平望镇平波台3号
电话：0512-65059888
邮编：215221

汇丰国际花园酒店★★★★
地址：苏州市震泽镇南699路
电话：0512-63779888
邮编：215231

同里湖度假村★★★★
地址：苏州市同里镇和尚圩
电话：0512-63330888
邮编：215217

盛世锦江国际大酒店★★★★
地址：苏州市盛泽镇盛泽大道88号
电话：0512-63139999
邮编：215228

汉唐国际酒店★★★★
地址：苏州市松陵镇鲈乡南路1433号
电话：0512-63115555
邮编：215200

鲈乡山庄★★★★
地址：苏州市笠泽路607号
电话：0512-63470000
邮编：215200

松陵饭店★★★★
地址：苏州市中山北路51号
电话：0512-63472888
邮编：215200

昆山宾馆★★★★
地址：苏州市人民北路99号
电话：0512-57576888
邮编：215300

嘉顿国际饭店★★★★
地址：苏州市马鞍山东路18号
电话：0512-57558888
邮编：215300

富贵大酒店★★★★
地址：苏州市朝阳中路459号
电话：0512-57166888
邮编：215300

威尼斯假日酒店★★★★
地址：苏州市民权路18号
电话：0512-86166888
邮编：215347

上湖龙乐·宝曼酒店★★★★
地址：苏州市巴城镇迎宾路3555号
电话：0512-57650222
邮编：215300

陆渡宾馆★★★★
地址：苏州市陆渡镇北康富路8号
电话：0512-53459890
邮编：215412

娄东宾馆★★★★
地址：苏州市县府街6号
电话：0512-53712222
邮编：215400

世代大酒店★★★★
地址：苏州市县府东街30号
电话：0512-53587778
邮编：215400

苏州独墅湖书香门第酒店★★★★
地址：苏州市工业园区通达路2699号
电话：0512-62795888
邮编：215000

三星级

南京米兰假日大酒店★★★
地址：南京市建宁路7号
电话：025-85500888
邮编：210037

南京悦华大酒店★★★
地址：南京市建康路127号
电话：025-66666888
邮编：210001

南京虹桥饭店★★★
地址：南京市中山北路202号
电话：025-83400888
邮编：210003

南京汉府饭店★★★
地址：南京市长江路264号
电话：025-84400400
邮编：210018

江苏金宇饭店★★★
地址：南京市大光路35号
电话：025-84611666
邮编：210007

南京中央饭店★★★
地址：南京市中山东路237号
电话：025-84500888
邮编：210002

南京中央大酒店有限公司★★★
地址：南京市丰富路140号
电话：025-84204200-8010
邮编：210004

白宫大酒店★★★
地址：南京市龙蟠路2号
电话：025-85659888
邮编：210037

江苏阳光酒店★★★
地址：南京市秣陵路99号
电话：025-86887888
邮编：210004

白鹭宾馆★★★
地址：南京市大石坝街68号
电话：025-86879999
邮编：210001

瑞迪大酒店★★★
地址：南京市广州路223号
电话：025-85828666
邮编：210029

南京星湖饭店有限公司★★★
地址：南京市汉中门大街65号
电话：025-86656888
邮编：210029

南京南方酒店有限责任公司★★★
地址：南京市汉中门大街77号
电话：025-86609888
邮编：210029

南京空港宾馆★★★
地址：南京市禄口国际机场内

电话：025－52482266
邮编：211113

南京银泉庄园休闲中心★★★
地址：南京市汤泉镇
电话：025－58244888
邮编：211802

南京同仁堂中健酒店★★★
地址：南京市中山东路 486 号
电话：025－84539888
邮编：210002

南京斯亚花园酒店★★★
地址：南京市太平门东街 2 号
电话：025－84805888
邮编：210016

南京东山宾馆（南京东竹酒店管理公司）★★★
地址：南京市东山镇竹山路 159 号
电话：025－86833999
邮编：211100

江苏国瑞大酒店★★★
地址：南京市中山北路 55 号
电话：025－83303888
邮编：210008

南京文昌宾馆★★★
地址：南京市三条巷文昌宫 1 号
电话：025－84417666
邮编：210002

榴园宾馆★★★
地址：南京市进香河 38 号
电话：025－83680666
邮编：210018

江苏保险大厦★★★
地址：南京市长江路 69 号
电话：025－84715888－0515
邮编：210025

南京江南大酒店有限公司★★★
地址：南京市新模范马路 1－1 号
电话：025－83371999
邮编：210009

江苏大酒店★★★
地址：南京市中山北路 28 号
电话：025－83329888
邮编：210008

南京军区装备部招待所（华江饭店）★★★
地址：南京市中山北路 178 号
电话：025－83224488
邮编：210009

中国人民解放军南京军区华山饭店★★★
地址：南京市龙蟠中路 81 号
电话：025－83360466－2646
邮编：210016

溧水中心大酒店有限公司★★★
地址：南京市溧水县永阳镇珍珠北路 16 号
电话：025－57226999
邮编：211200

南京高淳宾馆有限公司★★★
地址：南京市高淳县淳溪镇南漪路 2－8 号
电话：025－57310388
邮编：211300

南京江宁宾馆★★★
地址：南京市江宁区东山戴家塘 8 号
电话：025－52281333
邮编：211100

翠屏山宾馆★★★
地址：南京市天元西路 168 号
电话：025－52427896
邮编：210000

南京富建大酒店★★★
地址：南京市中山南路 187 号
电话：025－86916177
邮编：210004

南京金城西华门饭店有限公司★★★
地址：南京市龙蟠中路 202 号
电话：025－51805888
邮编：210002

龙珠宾馆★★★
地址：南京市大明路 135 号
电话：025－82231111
邮编：210012

城市休闲酒店★★★
地址：南京市中央路 278 号
电话：025－83766666
邮编：210037

天泉宾馆★★★
地址：南京市浦口区汤泉镇
电话：025－58246999
邮编：211802

江苏物资大厦★★★
地址：南京市中山北路 283 号
电话：025－83423888
邮编：210003

金盾饭店★★★
地址：南京市虎踞关 21 号
电话：025－83719939
邮编：210024

南京锦绣长城大酒店★★★
地址：南京市御道街标营 2 号
电话：025－86952000
邮编：210007

江苏文苑宾馆★★★
地址：南京市江东北路 399 号
电话：025－86229581
邮编：210036

南炼宾馆★★★
地址：南京市栖霞区甘家巷
电话：025－58983721
邮编：210033

西宫大酒店★★★
地址：南京市明故宫路 19 号
电话：025－84822777
邮编：210016

南京秦淮人家宾馆★★★
地址：南京市夫子庙大石坝街 128 号
电话：025－52211888
邮编：210001

年发 168 酒店★★★
地址：南京市珠江路 667 号
电话：025－84669168
邮编：210016

国海大酒店★★★
地址：南京市江宁区将军路 166 号
电话：025－84423996
邮编：211100

江苏学士园酒店★★★
地址：南京市草场门大街 91 号
电话：025－86201888
邮编：210036

凯旋假日大酒店★★★
地址：南京市六合雄州镇公园路 23 号
电话：025－57103888
邮编：211500

御容山庄宾馆★★★
地址：南京市六合雄州镇工业园区
电话：025－57130333
邮编：211500

南京纳尔达斯大酒店（吉华花园酒店）★★★
地址：南京市江宁区宏运大道 1890 号
电话：025－52159788
邮编：211101

江苏东航之星宾馆有限公司★★★
地址：南京市大光路 11 号
电话：025－84612266
邮编：210007

中华门饭店★★★
地址：南京市江宁路 18 号
电话：025－52265848
邮编：210006

南京市浦口区汤泉宾馆★★★
地址：南京市汤泉镇惠济南路 8 号
电话：025－58248888
邮编：211802

江苏体育宾馆★★★
地址：南京市鼓楼区五台山 1－3 号
电话：025－51889889
邮编：210029

高淳县汉唐龙城酒店★★★
地址：南京市高淳县漆桥镇龙墩水库
电话：025－57856777
邮编：211302

南京金长城大酒店★★★
地址：南京市江宁区双龙大道 1198 号
电话：025－66609999
邮编：211100

江苏银茂宾馆★★★
地址：南京市栖霞区经五路壹城西区 55 栋
电话：025－86906888－8666
邮编：210028

南京凤西宾馆（江苏省安全干部培训中心）★★★
地址：南京市汉中门大街 118 号
电话：025－86580580
邮编：210036

仙林宾馆★★★
地址：南京市南师大仙林校区亚东新城区文苑路 1 号
电话：025－85845888
邮编：210046

金鹏饭店★★★
地址：南京市玄武区东大影壁 55 号
电话：025－83358000
邮编：210018

上海梅山冶金公司梅山宾馆★★★
地址：南京市中华门外
电话：025－86364199

邮编：210039

溧水宏泰大酒店★★★
地址：南京市溧水县小西门街1号
电话：025－57229788
邮编：211200

白云大酒店★★★
地址：徐州市复兴北路13号
电话：0516－83633333
邮编：221005

碧涛莎商务酒店★★★
地址：徐州市解放北路2号
电话：0516－83335888
邮编：221005

楚都大酒店★★★
地址：徐州市淮海东路166号
电话：0516－83737773
邮编：221000

中山饭店★★★
地址：徐州市中山南路80号
电话：0516－85698900
邮编：221003

丰县凤城宾馆★★★
地址：徐州市丰县解放西路15号
电话：0516－89199999
邮编：221700

丰县金富豪大酒店★★★
地址：徐州市丰县人民东路东段路南
电话：0516－81128888
邮编：221700

丰县星海天大酒店★★★
地址：徐州市丰县中阳大道地税务局对面
电话：0516－89558888
邮编：221700

海螺村金达花园酒店★★★
地址：徐州市湖北路36号
电话：0516－85809999
邮编：221006

花园饭店★★★
地址：徐州市解放路1号
电话：0516－83738740
邮编：221003

华苏大酒店★★★
地址：徐州市北郊徐州发电厂院内
电话：0516－87253866
邮编：221166

黄河饭店★★★
地址：徐州市大马路99号
电话：0516－83758678
邮编：221005

贾汪凯悦商务宾馆★★★
地址：徐州市贾汪区贾汪新镇新工区十字路口东南侧
电话：0516－87600999
邮编：221011

贾汪龙山汉景园大酒店★★★
地址：徐州市贾汪区韩中路
电话：0516－87710888
邮编：221011

今驿之家酒店★★★
地址：徐州市解放南路169号
电话：0516－83865028
邮编：221000

金晨假日酒店★★★
地址：徐州市泉山区风华南路1号
电话：0516－67661700
邮编：221000

金港大酒店★★★
地址：徐州市淮海西路263号
电话：0516－85725880
邮编：221006

郡岭庄园★★★
地址：徐州市铜山区汉王镇葛楼村
电话：0516－83102888
邮编：221000

茗仕商务酒店★★★
地址：徐州市食品城饮食文化村A－1
电话：0516－80806898
邮编：221000

沛县东北大酒店★★★
地址：徐州市沛县滨河路88号
电话：0516－80358888
邮编：221600

沛县歌风宾馆★★★
地址：徐州市沛县歌风路35号
电话：0516－89631000
邮编：221600

沛县金莎大酒店★★★
地址：徐州市沛县汉城北首
电话：0516－81228888
邮编：221600

沛县龙都大酒店★★★
地址：徐州市沛县汉城中路55号
电话：0516－81228999
邮编：221600

沛县万华天居大酒店★★★
地址：徐州市沛县汤沐路6号
电话：0516－8963888
邮编：221600

沛县燕山饭店★★★
地址：徐州市沛县汤沐路汽车站西侧
电话：0516－89640666
邮编：221600

邳州飞龙大酒店★★★
地址：徐州市邳州市建设北路与兴国西路交会处
电话：0516－86127999
邮编：221300

邳州锦华大酒店★★★
地址：徐州市邳州市民主路17号
电话：0516－80215555
邮编：221300

邳州康乐大世界★★★
地址：徐州市邳州青年东路9号
电话：0516－86245888
邮编：221300

睢宁东方希尔顿★★★
地址：徐州市睢宁县城东环岛圆盘北侧
电话：0516－88339888
邮编：221200

睢宁红樱桃大酒店★★★
地址：徐州市睢宁县天虹大道66号
电话：0516－88349999
邮编：221200

睢宁良元国际酒店★★★
地址：徐州市睢宁县八一路9号
电话：0516－88348888
邮编：221200

睢宁荣盛大酒店★★★
地址：徐州市睢宁县开发区八一西路19号
电话：0516－88306666
邮编：221200

陶然居商务酒店★★★
地址：徐州市复兴南路98号
电话：0516－83009000
邮编：221000

天翼国际酒店★★★
地址：徐州市新沂市高流镇石涧村205国道南侧
电话：0516－66617771
邮编：221400

同仁居金假日酒店★★★
地址：徐州市中山北路延长段261号
电话：0516－87665688
邮编：221000

香港大酒店★★★
地址：徐州市环城路95号
电话：0516－83676888
邮编：221005

新沂和盛华大酒店★★★
地址：徐州市新沂市南京路49号
电话：0516－88899999
邮编：221400

新沂斯尔克大酒店★★★
地址：徐州市新沂市市府路国土资源大厦
电话：0516－88877777
邮编：221400

新沂亚欧大酒店★★★
地址：徐州市新沂市建业西路1号
电话：0516－88959999
邮编：221400

新沂御景苑大酒店★★★
地址：徐州市新沂市市府路48号
电话：0516－88875555
邮编：221400

新沂远发大酒店★★★
地址：徐州市新沂市大桥西路17号
电话：0516－81629999
邮编：221400

徐州饭店怡宾楼★★★
地址：徐州市淮海东路201号
电话：0516－83731311
邮编：221005

徐州国源宾馆★★★
地址：徐州市铜山新区北京路
电话：0516－82308888
邮编：221116

颐和商务酒店★★★
地址：徐州市湖北路西首
电话：0516－85825288
邮编：221008

云泉山庄★★★
地址：徐州市南郊泰山路18号
电话：0516－87789999
邮编：221008

中豪大酒店★★★
地址：徐州市建国东路 1 号
电话：0516－83825111
邮编：221003

中矿大酒店★★★
地址：徐州市中国矿业大学院内
电话：0516－83995888
邮编：221003

登泰大酒店★★★
地址：连云港市通灌南路 98 号
电话：0518－85512999
邮编：222001

赣榆宾馆★★★
地址：连云港市赣榆县黄海路
电话：0518－86214243
邮编：222100

东方大酒店★★★
地址：连云港市海昌北路 146 号
电话：0518－85466666
邮编：222002

杰瑞大厦★★★
地址：连云港市海连东路 18 号
电话：0518－85823111
邮编：222006

嘉悦大酒店★★★
地址：连云港市海连东路 1 号
电话：0518－85018888
邮编：222006

天晴大酒店★★★
地址：连云港市巨龙北街 6 号
电话：0518－85685678
邮编：222006

千府大酒店★★★
地址：连云港市南极北路 28 号
电话：0518－85486888
邮编：222002

清和园宾馆★★★
地址：连云港市灌云县城向阳路 25 号
电话：0518－8839888
邮编：222200

瑞泰酒店★★★
地址：连云港市墟沟中山西路 75 号
电话：0518－85423888
邮编：222042

振兴桃园宾馆★★★
地址：连云港市苍梧路 36 号
电话：0518－85420888
邮编：222006

连云港远洋宾馆★★★
地址：连云港连云区中山中路 195 号
电话：0518－82310285
邮编：222042

香海锦泰大饭店★★★
地址：连云港市连云区中华西路
电话：0518－82309666
邮编：222042

东海温泉健身会馆★★★
地址：连云港市东海县温泉镇泳馆路 1 号
电话：0518－87848600
邮编：222301

赣榆杭州湾酒店★★★
地址：连云港市赣榆县东关路 28 号
电话：0518－86227688
邮编：222100

凯悦花园酒店★★★
地址：连云港市海连东路 3－1 号
电话：0518－85017778
邮编：222006

西京宾馆★★★
地址：连云港市连云区中华西路 36 号
电话：0518－82301666
邮编：222042

建伍宾馆★★★
地址：连云港市赣榆县环城西路青口桥北首
电话：0518－87110555
邮编：222100

普陀山大酒店★★★
地址：连云港市赣榆县华中南路 32 号
电话：0518－86298888
邮编：222100

天然居宾馆★★★
地址：连云港市海连中路 90 号
电话：0518－85411688
邮编：222002

海州府大酒店★★★
地址：连云港市海州区幸福南路 1 号
电话：0518－85430458
邮编：222023

伊山宾馆★★★
地址：连云港市灌云县城伊山镇宾馆路
电话：0518－88855888
邮编：222200

隆台大酒店★★★
地址：连云港市新浦区朝阳东路 19 号
电话：0518－85683888
邮编：222000

金桥大酒店★★★
地址：连云港市连云区东园路 4 号
电话：0518－82320999
邮编：222042

灌南县新安镇锦绣江南宾馆★★★
地址：连云港市灌南县人民西路 48 号
电话：0518－83968888
邮编：222500

清泉宾馆★★★
地址：连云港市灌云县城胜利西路 203 号
电话：0518－88106655
邮编：222200

明国大酒店★★★
地址：连云港市墟沟中华西路 51 号
电话：0518－82336666
邮编：222042

淮盐大酒店★★★
地址：连云港市新浦区解放东路 176 号
电话：0518－85689888
邮编：222000

华裕宾馆★★★
地址：连云港市新浦南极北路 55 号
电话：0518－85520888
邮编：222000

永晋大酒店★★★
地址：连云港市连云区云宿路 51 号
电话：0518－81888889
邮编：222042

锦云宾馆★★★
地址：连云港市新浦区海昌北路 68 号
电话：0518－85508111
邮编：222003

苏豪大酒店★★★
地址：连云港市新浦区建设中路 80 号
电话：0518－85638999
邮编：222000

宿迁富建京杭大酒店★★★
地址：宿迁市发展大道 68 号
电话：0527－84359000
邮编：223800

楚龙大酒店★★★
地址：宿迁市西湖路 389 号
电话：0527－84315888
邮编：223800

金地龙都大酒店★★★
地址：宿迁市西湖路 28 号
电话：0527－84315666
邮编：223800

泗阳大酒店★★★
地址：宿迁市泗阳县淮海东路 11 号
电话：0527－85289082
邮编：223700

泗洪虹州宾馆★★★
地址：宿迁市泗洪县泗州大街
电话：0527－86222611
邮编：223900

意杨之乡大酒店★★★
地址：宿迁市泗阳县爱园路 10 号
电话：0527－88338888
邮编：223700

泗阳龙庭大酒店★★★
地址：宿迁市泗阳县北京东路群众大厦
电话：0527－88768888
邮编：223700

宿迁天目虹枫大酒店★★★
地址：宿迁市黄河路 88 号
电话：0527－88751666
邮编：223800

泗洪金水度假村★★★
地址：宿迁市泗洪县洪泽湖湿地公园
电话：0527－86409268
邮编：223905

宿迁供电培训中心★★★
地址：宿迁市宿豫区泰山路
电话：0527－88302222
邮编：223800

梅园宾馆★★★
地址：淮安市健康西路 37 号
电话：0517－83592666
邮编：223001

淮扬府大饭店★★★
地址：淮安市健康东路 55 号
电话：0517－83566388
邮编：223001

东土大酒店★★★
地址：淮安市淮海北路 19 号
电话：0517－83555666
邮编：223001

幽兰都大酒店★★★
地址：淮安市健康东路 36 号

电话：0517－83756888
邮编：223001

淮阴宾馆★★★
地址：淮安市淮阴区北京东路112号
电话：0517－84923818
邮编：223300

涟水宾馆★★★
地址：淮安市涟水县安东路1号
电话：0517－82315300
邮编：223400

楚州淮电宾馆★★★
地址：淮安市楚州区长安西路1号
电话：0517－85991777
邮编：223200

洪泽天鹅湖宾馆★★★
地址：淮安市洪泽县大庆南路4号
电话：0517－87235555
邮编：223100

洪泽老子山温泉山庄★★★
地址：淮安市洪泽县老子山镇湖滨路108号
电话：0517－87215000
邮编：223100

盱眙宾馆★★★
地址：淮安市盱眙县五墩北路3号
电话：0517－88218488
邮编：211700

交通宾馆★★★
地址：淮安市大治路12号
电话：0517－83669201
邮编：223001

盱眙金谷园饭店★★★
地址：淮安市盱眙县金谷园路6号
电话：0517－88214488
邮编：211700

楚天宾馆★★★
地址：淮安市健康东路75号
电话：0517－83522188
邮编：223001

盱眙铁山寺度假村★★★
地址：淮安市盱眙县铁山寺国家森林内
电话：0517－88762828
邮编：211700

涟水红日宾馆★★★
地址：淮安市涟水县红日路
电话：0517－82305888
邮编：223400

鑫源宾馆★★★
地址：淮安市淮阴区北京北路536号
电话：0517－84967366
邮编：223300

宋王朝大酒店★★★
地址：淮安市承德南路536号
电话：0517－83508888
邮编：223002

望海大酒店★★★
地址：盐城市解放北路26号
电话：0515－88882288
邮编：224001

盐城饭店★★★
地址：盐城市建军中路82号
电话：0515－88880666
邮编：224001

建军饭店★★★
地址：盐城市人民南路1号
电话：0515－88881289
邮编：224005

盐城市人民政府第一招待所温泉宾馆★★★
地址：盐城市东进中路88号
电话：0515－88882999
邮编：224001

盐城南苑宾馆有限公司★★★
地址：盐城市青年中路28号
电话：0515－88411888
邮编：224001

盐城经济开发区度假酒店★★★
地址：盐城市开发区通榆南路113号
电话：0515－67779888
邮编：224007

盐海宾馆★★★
地址：盐城市建军东路33号
电话：0515－88187188
邮编：224002

万豪宾馆★★★
地址：盐城市开放大道93号
电话：0515－88180999
邮编：224002

江苏名人假日宾馆有限公司★★★
地址：盐城市开放大道58－1号
电话：0515－88123888
邮编：224002

江苏盐渎花园国际大酒店有限公司★★★
地址：盐城市盐渎公园西大门北侧A栋
电话：0515－88575555
邮编：224002

维海大酒店★★★
地址：盐城市解放南路241号
电话：0515－88887788
邮编：224001

东台磊达宾馆有限公司★★★
地址：盐城市东台市台城红兰路86号
电话：0515－85219448
邮编：224200

东台凯悦国际大酒店★★★
地址：盐城市东台市望海东路16号
电话：0515－85299999
邮编：224200

永丰林会务度假中心★★★
地址：盐城市东台市新曹镇
电话：0515－85858978
邮编：224242

东台苏中大厦股份有限公司★★★
地址：盐城市东台市望海东路69号
电话：0515－85232098
邮编：224200

银都宾馆★★★
地址：盐城市大丰市人民南路48号
电话：0515－83513911
邮编：224100

天池国际大酒店★★★
地址：盐城市大丰市金丰南路8号
电话：0515－83822666
邮编：224100

大丰市丰东大酒店★★★
地址：盐城市大丰市健康东路36号
电话：0515－83520888
邮编：224100

盐城水沐年华大酒店★★★
地址：盐城市大丰市工农西路名都广场E区1099号
电话：0515－83520058
邮编：224100

大丰建丰国际宾馆★★★
地址：盐城市大丰市幸福东路2号
电话：0515－82032966
邮编：224100

建湖宾馆★★★
地址：盐城市建湖县向阳路88号
电话：0515－86214488
邮编：224700

华业饭店★★★
地址：盐城市建湖县湖中南路9号
电话：0515－86216607
邮编：224700

冠华苑大酒店★★★
地址：盐城市建湖县冠华西路1号
电话：0515－86275188
邮编：224700

建湖县新登达宾馆有限公司★★★
地址：盐城市建湖县城汇文路296号
电话：0515－86218188
邮编：224700

兴谷大酒店★★★
地址：盐城市阜宁县阜城大街96号
电话：0515－87219888
邮编：224400

阜宁县阜宁宾馆有限公司★★★
地址：盐城市阜宁县阜城大街149号
电话：0515－87289999
邮编：224400

滨海宾馆★★★
地址：盐城市滨海县新建中路88号
电话：0515－84238888
邮编：224500

滨海县财苑宾馆★★★
地址：盐城市滨海县城人民南路129号
电话：0515－84227888
邮编：224500

滨海瑞荣国际大酒店★★★
地址：盐城市滨海县八滩镇沿河路西侧阳光金城中心广场
电话：0515－68987777
邮编：224500

扬州宾馆★★★
地址：扬州市丰乐上街5号
电话：0514－87805888
邮编：225000

江都大酒店★★★
地址：扬州市江都市引江路
电话：0514－86551988
邮编：225200

石塔宾馆★★★
地址：扬州市文昌中路590号
电话：0514－87801188
邮编：225000

广源丁山大酒店★★★
地址：扬州市南通西路79号

电话：0514－87330777
邮编：225000

二十四桥宾馆★★★
地址：扬州市扬子江北路486号
电话：0514－87808999
邮编：225000

红杉树酒店★★★
地址：扬州市文昌中路237号
电话：0514－87801888
邮编：225000

江都金叶大酒店★★★
地址：扬州市江都新区长江路236号
电话：0514－86999000
邮编：225200

宝应天元大酒店★★★
地址：扬州市宝应苏中路6号
电话：0514－88200777
邮编：225800

萃园城市酒店★★★
地址：扬州市文昌中路459号
电话：0514－87801999
邮编：225000

文津宾馆★★★
地址：扬州市盐阜西路16号
电话：0514－80828888
邮编：225000

鸿翔假日酒店★★★
地址：扬州市江阳西路359号
电话：0514－87702555
邮编：225000

高邮北海假日酒店★★★
地址：扬州市高邮市通湖189号
电话：0514－85266888
邮编：225600

润扬大酒店★★★
地址：扬州市邗江中路305号
电话：0514－87703777
邮编：225000

远锦国际大酒店★★★
地址：扬州市邗江工业园华洋路29号
电话：0514－87771888
邮编：225000

天虹大酒店★★★
地址：扬州市扬子江中路551号
电话：0514－87803000
邮编：225000

铁道宾馆★★★
地址：扬州市扬子江路451号
电话：0514－87806000
邮编：225000

蜀岗西峰大酒店★★★
地址：扬子江北路568号
电话：0514－87659888
邮编：225000

仪征和平大酒店★★★
地址：扬州市仪征工农北路1号
电话：0514－83426777
邮编：211400

扬州恒春缘宾馆★★★
地址：扬州市邗江中路427号
电话：0514－85556668
邮编：225000

江苏食为天假日酒店★★★
地址：扬州市扬子江中路785号
电话：0514－87702299
邮编：225000

仪征市金穗大酒店★★★
地址：扬州市仪征市东园北路18号
电话：0514－83400998
邮编：211400

格林豪泰扬州大厦酒店★★★
地址：扬州市文昌中路320号
电话：0514－87825998
邮编：225000

扬州市雅阁商务酒店★★★
地址：扬州市江阳西路21号
电话：0514－87706777
邮编：225000

江都市百乐门大酒店★★★
地址：扬州市江都市工农东路2号
电话：0514－86998888
邮编：225200

宝应皇冠大酒店★★★
地址：扬州市宝应白田中路11号
电话：0514－88872222
邮编：225800

高邮市金茂假日酒店★★★
地址：扬州市高邮市三垛镇
电话：0514－84818288
邮编：225600

江都雄都饭店★★★
地址：扬州市江都市人民路26号
电话：0514－86991300
邮编：225200

怡园饭店★★★
地址：扬州市四望亭路1号
电话：0514－85107777
邮编：225000

江苏嘉世铭餐饮有限公司★★★
地址：扬州市仪征市真州东路30号
电话：0514－83402017
邮编：211400

扬州锦润国际大酒店★★★
地址：扬州市江都市浦江路1号
电话：0514－85183333
邮编：225200

扬州明煌假日酒店★★★
地址：扬州市仪征市新集镇栖凤街8号
电话：0514－83629777
邮编：211400

江苑宾馆★★★
地址：扬州市邗江区八里乡扬州二电厂内
电话：0514－87775288
邮编：225000

开元江隆酒店★★★
地址：扬州市汶河南路1号
电话：0514－87801388
邮编：225000

高邮凯悦皇家大酒店★★★
地址：扬州市高邮市屏淮路4号
电话：0514－84810777
邮编：225600

高邮景轩皇冠精致酒店★★★
地址：镇江市扬州市高邮市开发区秦邮路288号
电话：0514－84687999
邮编：225600

扬州聚福楼大酒店★★★
地址：扬州市玉器街1号37幢
电话：0514－87310599
邮编：225000

江都邵伯紫京饭店★★★
地址：扬州市江都邵伯镇甘棠路108号
电话：0514－86760087
邮编：225200

仪征万盛酒店★★★
地址：扬州市仪征市西园北路102号
电话：0514－83265999
邮编：211400

泰州市新世纪大酒店★★★
地址：泰州市扬州路600号
电话：0523－86601049
邮编：225300

江苏原野大酒店★★★
地址：泰州市南通路30号
电话：0523－82101888
邮编：225300

泰州开泰宾馆★★★
地址：泰州市青年南路19号
电话：0523－86895588
邮编：225300

沃特龙大酒店★★★
地址：泰州市高港区引江河枢纽
电话：0523－86988666
邮编：225321

泰州会宾楼宾馆★★★
地址：泰州市济川东路101号
电话：0523－86807888
邮编：225300

靖江世纪辉煌大酒店★★★
地址：泰州市靖江市人民南路
电话：0523－84877770
邮编：214500

泰兴市桥缘宾馆★★★
地址：泰州市泰兴市黄桥镇永丰桥南侧
电话：0523－87121088
邮编：225411

泰兴市泰通凯悦大酒店★★★
地址：泰州市泰兴市车站路1号
电话：0523－87726518
邮编：225400

兴化市喜来居大酒店★★★
地址：泰州市兴化市五里东路10号
电话：0523－83279999
邮编：225700

兴化市万家灯火大酒店★★★
地址：泰州市兴化市英武南路188号
电话：0523－83298888
邮编：225700

靖江南园樱花宾馆★★★
地址：泰州市靖江市人民南路40号
电话：0523－84832011
邮编：214500

泰州亚细亚大酒店★★★
地址：泰州市海陵南路389号
电话：0523－86398999

邮编：225300

兴化市天宝大酒店★★★
地址：泰州市兴化市戴南镇迎宾大道1号
电话：0523－83886888
邮编：225721

泰州富士吉大酒店有限公司★★★
地址：泰州市海陵区济川路98号
电话：0523－82198000
邮编：225300

兴化市凤凰大酒店★★★
地址：泰州市兴化市丰收路181号
电话：0523－83158666
邮编：225700

泰兴市君悦大酒店有限公司★★★
地址：泰兴市大庆东路66号
电话：0523－87659277
邮编：225400

泰州宝丰联商务会所有限公司★★★
地址：泰州市高港区向阳路88号
电话：0523－8698999
邮编：225321

南通市金桥大酒店有限公司★★★
地址：南通市青年西路71号
电话：0513－83558600
邮编：226000

江苏江中集团宾馆有限公司★★★
地址：南通市如皋吴窑镇人民北路188号
电话：0513－87946999
邮编：226500

海门市中海宾馆有限责任公司★★★
地址：南通市海门市友谊路1号
电话：0513－82101951
邮编：226100

通州亚细亚大酒店有限公司★★★
地址：南通市通州银河路66号
电话：0513－86516888
邮编：226300

海门市颐生大酒店★★★
地址：南通市海门秀山路77号
电话：0513－82229666
邮编：226100

新世纪狮山大酒店有限公司★★★
地址：南通市海门市师山路131号
电话：0513－82119999
邮编：226100

南通泰华大酒店有限公司★★★
地址：南通市如皋市如城普庆南路2号
电话：0513－87529888
邮编：226500

南通兴都大酒店有限公司★★★
地址：南通市启东江海中路681号
电话：0513－83340088
邮编：226200

海安县海中宾馆★★★
地址：南通市海安新华东路1号
电话：0513－88826086
邮编：226600

海安县王府宾馆★★★
地址：南通市海安县开发区通榆中路98号
电话：0513－88926333
邮编：226600

启东东珠宾馆有限公司★★★
地址：南通市启东人民中路623－1号
电话：0513－83322222
邮编：226200

南通市崇川区星海天大酒店★★★
地址：南通市工农路217号
电话：0513－85322222
邮编：226000

启东大唐宾馆★★★
地址：南通市启东市吕四港大唐电厂对面
电话：0513－83408088
邮编：226200

通州市联邦大酒店★★★
地址：南通市通州市川港志浩市场
电话：0513－86801888
邮编：226300

如皋新山水假日酒店★★★
地址：南通市如皋市海阳中路88号
电话：0513－82156666
邮编：226500

南通开发区国都大酒店★★★
地址：南通市开发区上海路18号
电话：0513－85921888
邮编：226000

海安县海安宾馆有限公司★★★
地址：南通市海安县海陵路8号
电话：0513－88897888
邮编：226600

启东吕四港大酒店★★★
地址：南通市启东吕四港水产路231号
电话：0513－83430000
邮编：226200

南通永泰国际大酒店★★★
地址：南通市海门市解放西路179号
电话：0513－82191111
邮编：226100

南通泛亚大酒店★★★
地址：南通市如皋丁堰镇丁新东路79号
电话：0513－88561999
邮编：226500

如东新碧霞大酒店有限公司★★★
地址：南通市掘港镇人民北路29号
电话：0513－84525558
邮编：226400

如皋市江陵大酒店★★★
地址：南通市如皋市怡年路168号
电话：0513－87981111
邮编：226500

南通领悟一生商务酒店★★★
地址：南通市工农路531号
电话：0513－85289999
邮编：226000

启东吕四宾馆★★★
地址：南通市启东市吕四港镇环城北路272号
电话：0513－83438888
邮编：226200

南通佳利秀水商务酒店★★★
地址：南通市姚港路附1号
电话：0513－85061611
邮编：226000

南通市崇川区锦江花园酒店★★★
地址：南通市人民东路220号
电话：0513－85325999
邮编：226000

通州新君逸酒店有限公司★★★
地址：南通市通州区新金西路80号
电话：0513－86516688
邮编：226005

海安贤友正通假日酒店★★★
地址：南通市海安通榆中路78号
电话：0513－88909999
邮编：226600

南通北辰大酒店★★★
地址：南通市港闸区兴泰路11号
电话：0513－80111108
邮编：226300

南通海缘商务宾馆★★★
地址：南通市青年西路5号
电话：0513－83506666
邮编：226006

南通万濠大酒店★★★
地址：南通市城山路129号
电话：0513－81001999
邮编：226004

海安县东海大酒店★★★
地址：南通市海安宁海南路179号
电话：0513－88935888
邮编：226600

南通佩尔斯大酒店★★★
地址：南通市如皋市668号
电话：0513－87222222
邮编：226500

南通崇川区战友楼商务大酒店★★★
地址：南通市工农路555号
电话：0513－85299888
邮编：226007

南通希尔国际大酒店★★★
地址：南通市人民西路555号
电话：0513－3519898
邮编：226005

南通东森国际酒店★★★
地址：南通市如皋经济开发区柴湾工业园666号
电话：0513－87206777
邮编：226500

镇江京口饭店★★★
地址：镇江市中山东路407号
电话：0511－85224866
邮编：212001

镇江金鳌苑大酒店★★★
地址：镇江市中山西路112号
电话：0511－85229999
邮编：212004

镇江汇萃园宾馆★★★
地址：镇江市解放路18号
电话：0511－84424812
邮编：212002

镇江凤凰岭饭店★★★
地址：镇江市城隍庙街6号
电话：0511－88976777
邮编：212000

丹徒金龙大酒店★★★
地址：镇江市中山西路 90 号
电话：0511－85239999
邮编：212004

谷阳大酒店★★★
地址：镇江市丹徒区谷阳大道 69 号
电话：0511－83355888
邮编：212028

镇江市丽都假日★★★
地址：镇江市电力路 16 号
电话：0511－88981111
邮编：212001

丹阳皇朝大酒店★★★
地址：镇江市丹阳市界牌镇中心北路
电话：0511－86368888
邮编：212300

丹阳丹亚大酒店★★★
地址：镇江市丹阳市开发区金陵西路 117 号
电话：0511－86967878
邮编：212300

丹阳太平洋饭店★★★
地址：镇江市丹阳市东方路 26 号
电话：0511－86599999
邮编：212300

丹阳丹绿商务会所★★★
地址：镇江市丹阳市导墅镇金鹤路
电话：0511－86685777
邮编：212361

丹阳大酒店★★★
地址：镇江市丹阳市新市口 1 号
电话：0511－86527199
邮编：212300

句容怡景湾度假村★★★
地址：镇江市句容市茅山镇春城丁家边行政村南山子社
电话：0511－87872288
邮编：212400

句容山一方国际度假村★★★
地址：镇江市句容宝华山森林公园南大门
电话：0511－87899899
邮编：212400

句容名人假日酒店★★★
地址：镇江市句容市玉清西路 22 号
电话：0511－87677777
邮编：212400

句容京华桂冠国际酒店★★★
地址：镇江市句容市华阳南路 16 号
电话：0511－87221888
邮编：212400

扬中宾馆★★★
地址：镇江市扬中市前进北路 52 号
电话：0511－88265888
邮编：212200

扬中金叶大酒店★★★
地址：镇江市扬中扬子中路 133 号
电话：0511－88180300
邮编：212200

扬中周仔大酒店★★★
地址：镇江市扬中市江洲东路 77 号
电话：0511－88264555
邮编：212200

扬中金色港湾大酒店★★★
地址：镇江市扬中市港东南路 46 号
电话：0511－88262222
邮编：212200

扬中市美都饭店★★★
地址：镇江市扬中市明珠湾大道 223 号
电话：0511－88261177
邮编：212200

扬中新世界大酒店★★★
地址：镇江市扬中市新扬南路 299 号
电话：0511－88290988
邮编：212200

扬中国际饭店★★★
地址：镇江市扬中长江大桥工业园内
电话：0511－84216666
邮编：212200

常州宾馆★★★
地址：常州市晋陵中路 418 号
电话：0519－86188888
邮编：213003

溧阳天目湖水悦山庄★★★
地址：常州市溧阳市天目湖度假区
电话：0519－87167800
邮编：213333

常州武进城区新苑宾馆★★★
地址：常州市武进区湖塘镇环府路
电话：0519－86312888
邮编：213159

常州国瑞宾馆★★★
地址：常州市武进区横山桥镇
电话：0519－88603888
邮编：213119

常州兰新国际大酒店★★★
地址：常州市武进区常武北路 2 号
电话：0519－86569888
邮编：213161

溧阳市江南大酒店★★★
地址：常州市溧阳平陵中路 268 号
电话：0519－87166666
邮编：213300

金坛南天宾馆★★★
地址：常州市金坛市东环二路 1－1 号
电话：0519－82321111
邮编：213200

溧阳望湖岭山庄（溧阳市天目湖望湖岭旅游发展有限公司）★★★
地址：常州市溧阳市天目湖旅游度假区环湖东路 1 号
电话：0519－87982788
邮编：213333

常州市新锦江商旅酒店★★★
地址：常州市和平北路 111 号
电话：0519－88101710
邮编：213003

溧阳天目水庐宾馆★★★
地址：常州市溧阳天目湖旅游度假区
电话：0519－87981798
邮编：213333

武进金龙大酒店★★★
地址：常州市武进区湖塘镇人民路 1 号
电话：0519－86550978
邮编：213161

溧阳虹枫美食休闲度假村★★★
地址：常州市天目湖旅游度假区环湖东路 2 号
电话：0519－87167666
邮编：213333

常州宫苑宾馆★★★
地址：常州市延陵西路 73 号
电话：0519－86182100
邮编：213003

溧阳云海宾馆★★★
地址：常州市溧阳市燕山路 33 号
电话：0519－87179999
邮编：213300

常州馨雅楼宾馆★★★
地址：常州市戚墅堰区延陵东路 338 号
电话：0519－85052512
邮编：213011

常州常瑞宾馆★★★
地址：常州市浦南路 8 号
电话：0519－86183888
邮编：213001

常州椿庭大酒店★★★
地址：常州市局前街 27 号
电话：0519－88152222
邮编：213003

溧阳翠谷庄园★★★
地址：常州市溧阳市戴阜镇徐家圩村
电话：0519－87933000
邮编：213300

常州苏南枫泽山庄大酒店★★★
地址：常州市武进区夏溪章庄
电话：0519－83689777
邮编：213148

常州锦海城市大酒店★★★
地址：常州市会馆浜路 11 号
电话：0519－86856577
邮编：213001

金坛市九龙宾馆★★★
地址：常州市金坛市东环二路 39 号
电话：0519－82399000
邮编：213200

常州星港中信国际商务酒店★★★
地址：常州市钟楼区星港路 88 号
电话：0519－88891888
邮编：213023

常州市大成假日酒店★★★
地址：常州市关河东路 68 号
电话：0519－88120000
邮编：213000

溧阳市李家园大酒店★★★
地址：常州市溧阳市南山竹海风景区李家园村 388 号
电话：0519－87937888
邮编：213300

常州市竺山湖小镇度假酒店★★★
地址：常州市武进区太湖湾旅游度假区
电话：0519－83591000
邮编：213579

溧阳天目辉煌温泉度假酒店★★★
地址：常州市溧城镇平陵西路 352 号
电话：0519－87668888
邮编：213300

溧阳市天目湖假日花园酒店★★★
地址：常州市天目湖旅游度假区山水园北大门
电话：0519－87176888
邮编：213300

无锡美丽都大酒店有限公司★★★
地址：无锡市梁溪路2号
电话：0510－85865665
邮编：214062

江阴新扬子大酒店有限公司★★★
地址：无锡市江阴市虹桥北路171号
电话：0510－86806688
邮编：214431

江阴市长江饭店★★★
地址：无锡市江阴市人民东路18号
电话：0510－86708888
邮编：214431

江阴新东亚大酒店有限公司★★★
地址：无锡市江阴市虹桥北路142号
电话：0510－86815888
邮编：214497

无锡物产大酒店有限公司★★★
地址：无锡市人民中路185号
电话：0510－82701118
邮编：214001

江苏阳光集团公司阳光大厦★★★
地址：无锡市江阴市新桥镇
电话：0510－86121888
邮编：214426

宜兴上海宾馆★★★
地址：无锡市宜兴市丁蜀镇公园路206号
电话：0510－87401811
邮编：214221

无锡古罗马大酒店有限公司★★★
地址：无锡市中南路1号
电话：0510－85418989
邮编：214073

无锡市运河大酒店有限公司★★★
地址：无锡市湖滨路7号
电话：0510－85806909
邮编：214061

无锡市长城大酒店有限公司★★★
地址：无锡市锡沪中路82号－1
电话：0510－88708800
邮编：214101

宜兴市大亚达酒店有限公司★★★
地址：无锡市宜兴市阳泉路108号
电话：0510－87933333
邮编：214200

江苏瑰宝集团有限公司瑰宝宾馆★★★
地址：无锡市江阴市祝塘镇人民南路33号
电话：0510－86387777
邮编：214415

无锡市西郊宾馆★★★
地址：无锡市太康新村290号
电话：85883588
邮编：214062

无锡鸿运大酒店有限公司★★★
地址：无锡市中山路317号
电话：0510－82737557
邮编：214001

无锡友谊大饭店有限公司★★★
地址：无锡市苏锡路211号
电话：0510－85405838
邮编：214123

无锡海天大酒店★★★
地址：无锡市湖滨路36号
电话：0510－85129988
邮编：214071

江阴市云都大酒店★★★
地址：无锡市江阴市长泾镇人民路83号
电话：0510－86309888
邮编：214411

宜兴市陶都大饭店有限公司★★★
地址：无锡市宜兴市人民中路134号
电话：0510－87909460
邮编：214200

江阴华西金塔宾馆★★★
地址：无锡市江阴市华西村
电话：0510－86217000
邮编：214420

宜兴市华亭国际酒店有限公司★★★
地址：无锡市宜兴市解放东路169号
电话：0510－87911888
邮编：214200

无锡东林大酒店有限公司★★★
地址：无锡市人民东路33号
电话：0510－82828777
邮编：214007

无锡市欣旺大酒店有限公司★★★
地址：无锡市长江北路18号
电话：0510－85220777
邮编：214028

无锡市梁溪饭店★★★
地址：无锡市中山路177号
电话：0510－88683888
邮编：214001

宜兴市新贝斯特国际大酒店有限公司★★★
地址：无锡市宜兴市太滆东路21号
电话：0510－87908866
邮编：214200

宜兴市苏源电力宾馆有限责任公司★★★
地址：无锡市宜兴市阳羡西路88号
电话：0510－87934480
邮编：214200

宜兴市禄漪园大酒店有限公司★★★
地址：无锡市宜兴市人民南路3号
电话：0510－87985888
邮编：214206

无锡双象大酒店有限公司★★★
地址：无锡市鸿山镇后宅中路
电话：0510－88991888
邮编：214145

江阴金湾海悦饭店★★★
地址：无锡市江阴市周庄镇北新西路
电话：0510－86903888
邮编：214423

江阴杜康园大酒店★★★
地址：无锡市江阴市迎宾路22号
电话：0510－86701888
邮编：214400

江阴市长寿度假村有限公司★★★
地址：无锡市江阴市长寿西街长寿路129号
电话：0510－86361000
邮编：214424

无锡聚丰园大酒店★★★
地址：无锡市中山路555号
电话：0510－82757888
邮编：214001

宜兴太湖阳光度假村★★★
地址：无锡市宜兴市丁蜀镇兰山风景区
电话：0510－87461370
邮编：214224

无锡市天和大酒店★★★
地址：无锡市惠山区前洲镇兴洲路12号
电话：0510－83386888
邮编：214181

无锡横山饭店★★★
地址：无锡市钱荣路9号
电话：0510－85577168
邮编：214063

宜兴海悦宾馆★★★
地址：无锡市宜兴市宜城阳羡西路136号
电话：0510－80708333
邮编：214200

华侨饭店★★★
地址：苏州市三香路188号
电话：0512－68261888
邮编：215004

姑苏饭店★★★
地址：苏州市十全街相王路5号
电话：0512－65200566
邮编：215006

阊门饭店★★★
地址：苏州市阊门内西中市139号（外五泾弄6号）
电话：0512－67273208
邮编：215003

虎丘大酒店★★★
地址：苏州市虎丘望山桥堍
电话：0512－65310959
邮编：215008

友谊宾馆★★★
地址：苏州市竹辉路243号
电话：0512－65181717
邮编：215007

丽晶水庄大酒店★★★
地址：苏州市北园路83号
电话：0512－67027777
邮编：215001

福马大酒店★★★
地址：苏州市西园路47号
电话：0512－65339888
邮编：215000

宜家开元酒店★★★
地址：苏州市金门路485号
电话：0512－65830888
邮编：215004

定园★★★
地址：苏州市虎丘路503号
电话：0512－65571999
邮编：215008

书香门第盘门店★★★
地址：苏州市新市路282号
电话：0512－68017388
邮编：215000

锦富华大酒店★★★
地址：苏州市西中市 127 号
电话：0512－82205888
邮编：215003

旅游饭店★★★
地址：苏州市留园路 96 号
电话：0512－65332663
邮编：215008

伊林德大酒店★★★
地址：苏州市解放西路 1 号
电话：0512－68122222
邮编：215009

乐园度假酒店★★★
地址：苏州市新区狮山路 108 号
电话：0512－68258258
邮编：215011

苏盛宾馆★★★
地址：苏州市东吴北路县前街 58 号
电话：0512－82120088
邮编：215128

金十六区新嘉福娱乐有限公司★★★
地址：苏州市苏蠡路 55 号
电话：0512－67076888
邮编：215128

碧瀛谷假日酒店★★★
地址：苏州市太湖旅游度假区湖滨路 18 号
电话：0512－66518838
邮编：215164

永利假日酒店★★★
地址：苏州市木渎镇中山东路 16 号
电话：0512－66058888
邮编：215101

兴塍苑宾馆★★★
地址：苏州市后塍镇文星路 2 号
电话：0512－58771688
邮编：215631

华芳园酒店★★★
地址：苏州市塘桥人民南路 1 号
电话：0512－58438185
邮编：215611

景海宾馆★★★
地址：苏州市海关路 21 号
电话：0512－58695777
邮编：215600

凯悦大酒店★★★
地址：苏州市港区江海北路 5 号
电话：0512－58336688
邮编：215633

锦港宾馆★★★
地址：苏州市长安中路 218－1 号
电话：0512－56968788
邮编：215600

常熟大酒店★★★
地址：苏州市金沙江路 18 号
电话：0512－52882888
邮编：215500

尚湖花园酒店★★★
地址：苏州市尚湖风景区
电话：0512－52105888
邮编：215500

沙家浜大酒店★★★
地址：苏州市沙家浜镇西首沙南路 101 号
电话：0512－52500157
邮编：215559

蒋巷宾馆★★★
地址：苏州市常熟支塘镇蒋巷村
电话：0512－52587777
邮编：215539

梅园宾馆★★★
地址：苏州市虞山北路 137 号
电话：0512－52858900
邮编：215500

烟雨大酒店★★★
地址：苏州市甸新路 58 号
电话：0512－52227888
邮编：215500

波司登大酒店★★★
地址：苏州市白卯镇
电话：0512－52531888
邮编：215532

吴都大酒店★★★
地址：苏州市中山北路 156 号
电话：0512－63427999
邮编：215200

红顶度假村★★★
地址：苏州市莘塔镇元北路 88 号
电话：0512－63293211
邮编：215213

九华宾馆★★★
地址：苏州市平望镇黄秧墩
电话：0512－63669888
邮编：215221

华利大酒店★★★
地址：苏州市前进中路 237 号
电话：0512－57310660
邮编：215301

周庄大酒店★★★
地址：苏州市周庄镇大桥北路
电话：0512－57216688
邮编：215325

周庄宾馆★★★
地址：苏州市周庄镇全福路 108 号
电话：0512－57216666
邮编：215325

玉峰大厦★★★
地址：苏州市人民南路 132 号
电话：0512－57303216
邮编：215300

誉兴大酒店★★★
地址：苏州市合兴路 555 号
电话：0512－57886666
邮编：215300

一醉宾馆★★★
地址：苏州市开发区长江中路 450 号
电话：0512－57087777
邮编：215301

一醉天元宾馆★★★
地址：苏州市西街 41 号
电话：0512－57087888
邮编：215300

上海市阳澄湖度假村★★★
地址：苏州市昆山巴城阳澄湖度假区
电话：0512－57651134
邮编：215311

金昆宾馆★★★
地址：苏州市环城北路 10 号
电话：0512－57552276
邮编：215300

柏芦大厦★★★
地址：苏州市前进西路 2 号
电话：0512－57532323
邮编：215300

大唐花苑酒店★★★
地址：苏州市千灯镇景泾路大唐时间广场
电话：0512－50310888
邮编：215340

青草湖度假村★★★
地址：苏州市浏家港镇飞马路 88 号
电话：0512－53645999
邮编：215433

太阳城酒店★★★
地址：苏州市上海西路 63 号
电话：0512－53529977
邮编：215400

港湾假日酒店★★★
地址：苏州市浏河镇郑和路 888 号
电话：0512－53606888
邮编：215431

鎏渊大酒店★★★
地址：苏州市长春路 166 号
电话：0512－53539666
邮编：215400

香江假日酒店★★★
地址：苏州市太仓市太仓港华苏路 18 号
电话：0512－53641666
邮编：215433

水云天大酒店★★★
地址：苏州市吴中区胥口镇孙武路 899 号
电话：0512－66877777
邮编：215000

二星级

南京紫京饭店★★
地址：南京市孝陵卫晏公庙 53 号
电话：025－84434949
邮编：210014

南京华能苑饭店★★
地址：南京市中山路 239 号
电话：025－83300888
邮编：210008

江苏省莱茵达大酒店★★
地址：南京市湖南路 181 号
电话：025－86823188
邮编：210009

南京华康饭店★★
地址：南京市珠江路 691 号
电话：025－85014444
邮编：210016

南京晨光宾馆★★
地址：南京市中华门外正学路 1 号
电话：025－52881818
邮编：210006

南京军人中转接待站★★
地址：南京市龙蟠路 250 号

电话：025－85506308－2800
邮编：210037

南京航空航天大学御苑宾馆★★
地址：南京市御道街30号
电话：025－84893316
邮编：210016

南京红楼山庄★★
地址：南京市广州路215号
电话：025－83737742－8700
邮编：210029

高淳明豪大酒店★★
地址：南京市高淳县淳溪镇北漪路16号
电话：025－57311113
邮编：211300

敖广大酒店★★
地址：南京市高淳县淳溪镇宝塔路153号
电话：025－57306777
邮编：211300

行宫饭店★★
地址：南京市太平南路102号
电话：025－84550788
邮编：210002

南化宾馆★★
地址：南京市六合大厂葛关路196号
电话：025－57766666
邮编：210048

金牛湖宾馆★★
地址：南京市六合金牛湖风景区
电话：025－57566948
邮编：211521

天龙假日山庄酒店★★
地址：南京市六合玉带镇
电话：025－57620202
邮编：211512

高淳县万福大酒店★★
地址：南京市高淳县淳溪镇丹阳湖北路99号
电话：025－57306118
邮编：211300

天星楼宾馆★★
地址：南京市秦淮区瞻园路126号
电话：025－52253243
邮编：210001

高淳县云锦商务酒店★★
地址：南京市高淳县经济开发区龙井路2号
电话：025－56816166
邮编：211300

艾山九龙宾馆★★
地址：徐州市邳州铁富镇艾山九龙景区
电话：0516－86135998
邮编：221300

东方饭店★★
地址：徐州市复兴南路上71号
电话：0516－83733821
邮编：221003

丰县华山君悦宾馆★★
地址：徐州市丰县华山镇驻地
电话：0516－89308189
邮编：221744

宏达宾馆★★
地址：徐州市大马路40号
电话：0516－83738920
邮编：221003

华鸿宾馆★★
地址：徐州市淮海东路186号
电话：0516－83754666
邮编：221003

华天大酒店★★
地址：徐州市三环东路
电话：0516－82318766
邮编：221000

汇源商务酒店★★
地址：徐州市淮海西路150号
电话：0516－85587999
邮编：221006

贾汪金点快捷宾馆★★
地址：徐州市贾汪区前委路文化大厦
电话：0516－85522777
邮编：221011

金鼎商务酒店★★
地址：徐州市沛县正阳路中段
电话：0516－89705999
邮编：221600

金盾宾馆★★
地址：徐州市彭城路71号
电话：0516－83745341
邮编：221000

靖宜宾馆★★
地址：徐州市复北南路52号
电话：0516－80281666
邮编：221000

开盛假日酒店★★
地址：徐州市金山东路孟庄公寓1号
电话：0516－85538888
邮编：221000

刘邦大厦★★
地址：徐州市沛县汉城中路1号
电话：0516－801998888
邮编：221600

沛县大屯凯悦饭店★★
地址：徐州市沛县大屯镇煤电公司南京中段路西
电话：0516－89016555
邮编：221600

沛县旺宾楼大酒店★★
地址：徐州市沛县正阳路
电话：0516－89671977
邮编：221600

彭城饭店★★
地址：徐州市淮海东路40号
电话：0516－83733980
邮编：221003

邳州富丽酒店★★
地址：徐州市邳州解放路39号
电话：0516－86996399
邮编：221300

邳州港中村迎宾馆★★
地址：徐州市邳州港上镇银杏大道186号
电话：0516－86451184
邮编：221300

邳州京杭大酒店★★
地址：徐州市邳州邳新路84号
电话：0516－86336779
邮编：221300

邳州京河宾馆★★
地址：徐州市邳州青年西路54号
电话：0516－86217109
邮编：221310

邳州悦都宾馆★★
地址：徐州市邳州解放东路
电话：0516－86221068
邮编：221300

品智假日酒店★★
地址：徐州市贾汪区大吴镇
电话：0516－87100000
邮编：221011

太阳宾馆★★
地址：徐州市煤建路7号
电话：0516－85326328
邮编：221006

天悦商务酒店★★
地址：徐州市复兴南路99号
电话：0516－83638918
邮编：221003

团结宾馆★★
地址：徐州市贾汪区贾前委路17号
电话：0516－87616922
邮编：221011

万福宾馆★★
地址：徐州市铜山新区奎山路11－2号
电话：0516－86308088
邮编：221009

新沂嘉华大酒店★★
地址：徐州市新沂市徐海路26号
电话：0516－88552468
邮编：221400

新沂为民大酒店★★
地址：徐州市新沂市新华路28号
电话：0516－88870177
邮编：221400

雅都商务会所★★
地址：徐州市二环路106号
电话：0516－8561555
邮编：221000

億兆酒店★★
地址：徐州市大学路张伯英艺术馆
电话：0516－85111681
邮编：221009

温泉太平洋宾馆★★
地址：连云港市东海县温泉镇汤姑西路11号
电话：0518－87842400
邮编：222300

灌南宾馆★★
地址：连云港市灌南县人民中路15号
电话：0518－83229200
邮编：222500

苏欣宾馆★★
地址：连云港市新浦区瀛洲路26号
电话：0518－85822008
邮编：222006

天泉宾馆★★
地址：连云港市东海县温泉度假区汤姑西路13号
电话：0518－87842246
邮编：222301

喜福来宾馆★★
地址：连云港市墟沟中山西路 22－1 号
电话：0518－82231999
邮编：222042

中蓝连海设计院接待中心★★
地址：连云港市新浦区朝阳西路 51 号
电话：0518－85520188
邮编：222004

大光明酒店★★
地址：连云港市海州区新海南路 228－1 号
电话：0518－85282680
邮编：222023

水晶宫大酒店★★
地址：连云港市东海县牛山南路 4 号
电话：0518－87219988
邮编：222300

相王度假村★★
地址：连云港市墟沟北固山海景山庄
电话：0518－82304555
邮编：222042

聚丰大酒店★★
地址：连云港市新浦区南极北路 118 号
电话：0518－85605001
邮编：222003

黄海度假村★★
地址：连云港市新浦区幸福路 8 号
电话：0518－85485188
邮编：222004

永泰大酒店★★
地址：连云港市墟沟中山西路 169 号
电话：0518－82327888
邮编：222042

花果山宾馆★★
地址：连云港市新浦区花果山北路 36 号
电话：0518－85722000
邮编：222069

怡发大酒店★★
地址：连云港市赣榆县华中路
电话：0518－86213888
邮编：222100

金港宾馆★★
地址：连云港市连云区中华西路 37 号
电话：0518－82302288
邮编：222042

海霞新苑商务大酒店★★
地址：连云港市赣榆县黄海路
电话：0518－86262599
邮编：222100

新时代大酒店★★
地址：连云港市赣榆县黄海路
电话：0518－86267788
邮编：222100

皇冠饭店★★
地址：连云港市新浦区宝泰新村西侧
电话：0518－85468877
邮编：222003

海港宾馆★★
地址：连云港连云区中山东路 134 号
电话：0518－82382870
邮编：222046

云腾宾馆★★
地址：连云港市新浦区解放路 105 号
电话：0518－85638666
邮编：222000

洋河贵宾馆★★
地址：宿迁市洋河镇中大街 118 号
电话：0527－84938100
邮编：223800

沭阳宾馆★★
地址：宿迁市沭阳县无锡东路 19 号
电话：0527－83551888
邮编：223600

沭阳新银河宾馆★★
地址：宿迁市沭阳县南京路 52 路
电话：0527－83569333
邮编：223600

泗洪宾馆★★
地址：宿迁市泗洪县青阳路 46 号
电话：0527－86227008
邮编：223900

泗洪皇冠宾馆★★
地址：宿迁市泗洪县泗州大街
电话：0527－86223385
邮编：223900

泗洪猿州宾馆★★
地址：宿迁市泗洪县泗州大街 6 号
电话：0527－86222168
邮编：223900

泗阳府苑大酒店★★
地址：宿迁市泗阳县北京东路 3 号
电话：0527－88586717
邮编：223700

怡清园宾馆★★
地址：淮安市西大街 165 号
电话：0517－83943124
邮编：223002

今世缘宾馆★★
地址：淮安市勤政南路 10 号
电话：0517－83669999
邮编：223001

楚州宾馆★★
地址：淮安市楚州区南门大街 62 号
电话：0517－85938666
邮编：223200

盱眙金都饭店★★
地址：淮安市盱眙县淮河东路 39 号
电话：0517－88277988
邮编：211700

洪泽电力宾馆朱坝分店★★
地址：淮安市洪泽县朱坝活鱼锅贴城内
电话：0517－87215837
邮编：223100

洪泽电力宾馆★★
地址：淮安市洪泽县北京路 111 号
电话：0517－87215556
邮编：223100

洪泽湖度假村★★
地址：淮安市洪泽县湖滨路 148 号
电话：0517－87267569
邮编：223100

金湖阳光假日酒店★★
地址：淮安市金湖县衡阳路 30 号
电话：0517－86999800
邮编：211600

涟水今世缘宾馆★★
地址：淮安市涟水县高沟镇
电话：0517－82305888
邮编：223400

金湖万家灯火宾馆★★
地址：淮安市金湖县园林南路 20 号
电话：0517－86885222
邮编：211600

金湖金鹰金城宾馆★★
地址：淮安市金湖县人民南路 54 号
电话：0517－86888333
邮编：211600

金湖国宾大酒店★★
地址：淮安市金湖县长乐西路 177 号
电话：0517－86959888
邮编：211600

金湖金华兴宾馆★★
地址：淮安市金湖县人民南路
电话：0517－80905888
邮编：211600

金湖燕来居★★
地址：淮安市金湖县荷花荡内
电话：0517－86744888
邮编：211600

金海宾馆★★
地址：盐城市开放大道 88 号
电话：0515－88196088
邮编：224002

康健大酒店★★
地址：盐城市开放大道 77 号
电话：0515－88201011
邮编：224001

七彩苑宾馆★★
地址：盐城市开放大道 01 号
电话：0515－88331588
邮编：224002

五星宾馆★★
地址：盐城市大庆东路 65 号
电话：0515－88266688
邮编：224002

盐城市亭湖区华荟假日宾馆★★
地址：盐城市盐马路 21 号
电话：0515－88123456
邮编：224002

盐城市富扬房地产开发有限公司富阳宾馆★★
地址：盐城市盐马路 39 号
电话：0515－88351568
邮编：224002

和平大厦宾馆★★
地址：盐城市东台市东亭南路 1 号和平大厦
电话：0515－85259999
邮编：224200

金海国际大酒店★★
地址：盐城市东台市金海东路
电话：0515－85349999
邮编：224200

金鹰国际大酒店有限公司★★
地址：盐城市东台市望海东路 26 号
电话：0515－88108088
邮编：224200

东强大酒店★★
地址：盐城市东台市头灶镇政府路18号
电话：0515－85483777
邮编：224247

大丰宾馆★★
地址：盐城市大丰市黄海路幸福巷1号
电话：0515－83818411
邮编：224100

绿都宾馆★★
地址：盐城市大丰市工农东路118号
电话：0515－83513177
邮编：224100

金羊宾馆★★
地址：盐城市射阳县交通路18号
电话：0515－82370001
邮编：224300

射阳迎宾馆★★
地址：盐城市射阳县红旗路40号
电话：0515－82378888
邮编：224300

宝龙宾馆★★
地址：盐城市射阳盘湾工业园区内
电话：0515－82757777
邮编：224300

海龙大酒店★★
地址：盐城市射阳县黄沙港镇黄沙路288号
电话：0515－82268888
邮编：224300

上海大酒店★★
地址：盐城市阜宁县阜城大街美食城
电话：0515－87233888
邮编：224400

天翼大酒店★★
地址：盐城市滨海县人民路120号
电话：0515－84218999
邮编：224500

好日子宾馆★★
地址：盐城市滨海县头罾沿海工业园
电话：0515－84125888
邮编：224500

滨海县金盾宾馆★★
地址：盐城市滨海县迎宾西路1号
电话：0515－84126699
邮编：224500

仪化东园饭店★★
地址：扬州市仪化浦东路26号
电话：0514－83221994
邮编：211400

红河谷宾馆★★
地址：扬州市文昌西路105号
电话：0514－87807555
邮编：225000

金海岸宾馆★★
地址：扬州市文昌西路141号
电话：0514－87802288
邮编：225000

扬州紫京饭店★★
地址：扬州市文汇南路99号
电话：0514－87760888
邮编：225000

曙光宾馆★★
地址：扬州市江阳中路32号
电话：0514－87958666
邮编：225000

江都龙川大酒店★★
地址：扬州市江都龙城南路22号
电话：0514－83400300
邮编：225200

宝带宾馆★★
地址：扬州市文汇东路247号
电话：0514－87879977
邮编：225000

扬州精益宾馆★★
地址：扬州市扬子江北路62号
电话：0514－85128886
邮编：225000

宝应豪堡旅店★★
地址：扬州市宝应县百田中路68号
电话：0514－88871118
邮编：225800

姜堰区花园大酒店★★
地址：泰州市姜堰区人民南路
电话：0523－88260888
邮编：225500

泰兴市黄桥宾馆★★
地址：泰州市泰兴市黄桥镇致富中路196号
电话：0523－87112177
邮编：225400

姜堰区新康假日酒店有限公司★★
地址：泰州市姜堰区沈高镇宁盐路88号
电话：0523－88650000
邮编：225500

泰州金汇宾馆★★
地址：泰州市扬州路338－1号
电话：0523－86556666
邮编：225500

南通交通之家有限公司★★
地址：南通市人民西路128号
电话：0513－83524262
邮编：226000

南通永兴商城大酒店★★
地址：南通市外环北路5号
电话：0513－85657777
邮编：226000

南通市北阁饭店★★
地址：南通市人民东路57号北侧
电话：0513－85517071
邮编：226000

海安县海霸皇大酒店★★
地址：南通市海安县城中坝南路8号
电话：0513－8817777
邮编：226600

云顶大酒店★★
地址：南通市如东县友谊路22号
电话：0513－84162222
邮编：226400

南通东凌新大新酒店★★
地址：南通市如东县大豫镇东凌黄海路6号
电话：0513－84509001
邮编：226400

如皋市亿圆大厦★★
地址：南通市如皋市海阳北路8号
电话：0513－87617301
邮编：226500

如皋市东方豪都宾馆★★
地址：南通市如皋市安定街中山路路口
电话：0513－87511555
邮编：226500

如皋市锦源大酒店★★
地址：南通市如城中山路新皋桥西首
电话：0513－87625179
邮编：226500

南通市新蓝天宾馆★★
地址：南通市青年中路173号
电话：0513－85108989
邮编：226000

如东福园大酒店有限公司★★
地址：南通市如东县掘港镇青园南路19号
电话：0513－82931888
邮编：226400

通州华荣宾馆有限公司★★
地址：南通市通州石港镇米市桥西路1号
电话：0513－86825777
邮编：226300

南通狼山米兰酒店有限公司★★
地址：南通市狼山镇59号
电话：0513－85702606
邮编：226000

南通华伦阁大酒店★★
地址：南通市启东市汇龙镇人民中路829号
电话：0513－3256888
邮编：226200

南通市崇川区梦淇大酒店★★
地址：南通市狼山镇静海商贸街
电话：0513－85700718
邮编：226000

南通如意宾馆★★
地址：南通市崇川区任港路22－4
电话：0513－85526521
邮编：226000

海安县河北大酒店★★
地址：南通市海安镇新华西路11号
电话：0513－88812498
邮编：226600

如东华鼎休闲中心★★
地址：南通市如东县曹埠上漫社区
电话：0513－84127979
邮编：226400

如东县卫海聚福楼大酒店★★
地址：南通市如东县拼茶卫海路68号
电话：0513－84828799
邮编：226400

如皋彤乐宫大酒店★★
地址：南通市如皋宁海中路城建嘉园278栋
电话：0513－88728377
邮编：226500

南通桃花源假日酒店★★
地址：南通市通州区建设路101号
电话：0513－86527888
邮编：226300

通州金沙镇富尔豪商务酒店★★
地址：南通市通州金沙镇人民路146号
电话：0513－86783111
邮编：226300

如东玫瑰园大酒店★★
地址：南通市如东掘港镇友谊东路120号

电话：0513－84181777
邮编：226400

金鹏泰商务有限公司格林豪泰酒店★★
地址：南通市如东掘港镇青园路 14 号
电话：0513－81908888
邮编：226400

格林豪泰南通鸿鸣广场酒店★★
地址：南通市外环北路 488 号
电话：0513－81511888
邮编：226002

南通莫泰酒店★★
地址：南通市人民西路 323 号
电话：0513－83526688
邮编：226005

南通易家商务酒店★★
地址：南通市人民中路 29 号
电话：0513－85102861
邮编：226001

南通饭店★★
地址：南通市人民中路 55 号
电话：0513－85799288
邮编：226000

南通萃景时尚宾馆★★
地址：南通市文峰路 19 号
电话：0513－89000000
邮编：226007

南通汉庭星空大酒店★★
地址：南通市濠西路 78 号
电话：0513－85500000
邮编：226001

南通姚港 2 号大酒店★★
地址：南通市姚港 2 号
电话：0513－89072222
邮编：226006

南通田宇之星宾馆人西店★★
地址：南通市人民西路 69 号
电话：0513－68585898
邮编：226001

南通斯威特宾馆★★
地址：南通市钟秀中路 99 号
电话：0513－68991999
邮编：226000

南通市中南宾馆★★
地址：南通市外环西路 147 号
电话：0513－83538888
邮编：226001

南通城市之家商务酒店★★
地址：南通市人民西路 323 号
电话：0513－81181588
邮编：226000

南通海市盛楼酒店★★
地址：南通市长江南路 88 号
电话：0513－85712900
邮编：226001

南通莫妮卡商务宾馆★★
地址：南通市人民路东升花园综合楼
电话：0513－89012999
邮编：226000

南通哈雷之星宾馆★★
地址：南通市青年中路 77－1 号
电话：0513－83508999
邮编：226001

通州区金沙镇爱国旅社★★
地址：南通市通州区新金西路 96 号
电话：0513－68118998
邮编：226300

通州区金钥匙商务酒店★★
地址：南通市通州区川姜镇志浩工业园华欣路
电话：0513－86326688
邮编：226006

南通开发区长江之星商务酒店★★
地址：南通市开发区振新路 18 号
电话：0513－80106666
邮编：226001

海安县成隆大酒店★★
地址：南通市海安镇中坝中路 6 号
电话：0513－88779777
邮编：226600

海安县德心宾馆★★
地址：南通市曲塘镇人民东路 166 号
电话：0513－88600666
邮编：226661

海安县时代大酒店★★
地址：南通市海安县老坝港镇
电话：0513－88254898
邮编：226634

启东市中煤商务酒店★★
地址：南通市启东汇龙镇江海中路 942 号
电话：0513－83822888
邮编：226000

如东马塘玉瑶酒店★★
地址：南通市如东马塘镇建设路 38 号
电话：0513－84411977
邮编：226400

如东县丰利镇丰利大酒店★★
地址：南通市如东丰利镇新建西路 8 号
电话：0513－83652188
邮编：226400

海安红旗大酒店★★
地址：南通市海安角斜镇角斜村十五组
电话：0513－88241808
邮编：226600

海安小南国大酒店★★
地址：南通市海安镇江海西路 61 号
电话：0513－81813199
邮编：226600

海安怡家天下酒店★★
地址：南通市海安通愉中路 46 号
电话：0513－80688111
邮编：226600

海安鼎悦快捷酒店★★
地址：南通市海安长江东路 43－8 号
电话：0513－88765066
邮编：226600

南通嘉隆大酒店★★
地址：南通市工农路 611 号
电话：0513－85282788
邮编：226007

南通飞越百度酒店★★
地址：南通市任港路 44 号
电话：0513－89082900
邮编：226006

南通时尚公寓商务酒店★★
地址：南通市五一路 599 号
电话：0513－85290000
邮编：226001

南通金山宾馆★★
地址：南通市外环西路 153 号
电话：0513－85063888
邮编：226006

北湖宾馆★★
地址：镇江市电力路 182 号
电话：0511－85270282
邮编：212001

新华电宾馆★★
地址：镇江市丁卯桥路 138 号
电话：0511－85582898
邮编：212003

南山八公泉山庄酒店★★
地址：镇江市官塘桥镇五凤口村八公洞组
电话：0511－88909977
邮编：212004

江岛庄园度假村★★
地址：镇江市丹徒区江心洲南堤大道 2 号
电话：0511－83441200
邮编：210000

镇江鸿雁山庄★★
地址：镇江市官塘桥路 50 号
电话：0511－85593888
邮编：212003

长城大酒店★★
地址：镇江市解放路 59 号
电话：0511－85018998
邮编：212001

洗菜园宾馆★★
地址：镇江市东吴路 55 号
电话：0511－88814031
邮编：212001

沪润度假山庄★★
地址：镇江市伯先路公园山 1 号
电话：0511－85282182
邮编：212002

丹阳华阳大酒店★★
地址：镇江市丹阳中山路 204 号
电话：0511－86563253
邮编：212300

丹阳界牌宾馆 ★★
地址：镇江市丹阳界牌镇界牌路 102 号
电话：0511－86387881
邮编：212323

丹阳明都大酒店★★
地址：镇江市丹阳市云阳镇中山路 6 号
电话：0511－86577777
邮编：212300

丹阳市吕城大酒店★★
地址：镇江市丹阳市吕城镇南环东路 1 号
电话：0511－86476777
邮编：212300

句容亚龙宾馆★★
地址：镇江市句容宁杭路 5 号
电话：0511－87285452
邮编：212400

句容新东方宾馆★★
地址：镇江市句容市宁杭南路

电话：0511－87221111
邮编：212400

句容市万事达宾馆★★
地址：镇江市句容市华阳南路1号
电话：0511－85176890
邮编：212400

句容市金庄宾馆★★
地址：镇江市句容市正大公寓（北大街）
电话：0511－87286868
邮编：212400

扬中江洲宾馆★★
地址：镇江市扬中市江洲南路86号
电话：0511－88166666
邮编：212200

扬中华夏大酒店★★
地址：镇江市扬中市文化南路27号
电话：0511－88324511
邮编：212200

溧阳交通大酒店★★
地址：常州市溧阳西大街142号
电话：0519－87225188
邮编：213300

溧阳天目湖熊猫翠竹园宾馆★★
地址：常州市溧阳天目湖旅游度假区
电话：0519－87169000
邮编：213333

金坛华电宾馆★★
地址：常州市金坛市北门大街111号
电话：0519－82812818
邮编：213200

金坛凯利大酒店★★
地址：常州市金坛丹阳门北路2号
电话：0519－82851000
邮编：213200

溧阳香峰山庄★★
地址：常州市溧阳市横涧镇
电话：0519－87931798
邮编：213333

溧阳天目湖大酒店★★
地址：常州市溧阳天目湖镇
电话：0519－87980396
邮编：213300

无锡天骄宾馆★★
地址：无锡市隐秀路199号
电话：0510－85115855
邮编：214081

江阴市纺织大厦有限公司★★
地址：无锡市江阴市暨阳路20号
电话：0510－86806970
邮编：214431

宜兴市公路宾馆★★
地址：无锡市宜兴市丁蜀镇北郊
电话：0510－87188140
邮编：214221

机关宾馆★★
地址：苏州市杨舍西街97号
电话：0512－58233877
邮编：215600

雕花楼宾馆★★
地址：苏州市东山镇紫金路56号
电话：0512－66281001
邮编：215107

电力宾馆★★
地址：苏州市木渎镇香溪东路6号
电话：0512－66261067
邮编：215101

光福上海宾馆★★
地址：苏州市光福镇光福路2号
电话：0512－66235013
邮编：215159

锦绣江南宾馆★★
地址：苏州市木渎镇金山路56号
电话：0512－66579818
邮编：215101

东方宾馆★★
地址：苏州市暨阳中路19号
电话：0512－58224200
邮编：215600

聚龙花园宾馆★★
地址：苏州市河西南路41号
电话：0512－58123777
邮编：215600

假日宾馆★★
地址：苏州市西门路168号
电话：0512－58150999
邮编：215600

中汇宾馆★★
地址：苏州市方塔东街12号楼
电话：0512－52773888
邮编：215500

新天地商务宾馆★★
地址：苏州市梅李镇梅西路2号
电话：0512－52261888
邮编：215511

莘塔宾馆★★
地址：苏州市莘塔镇南首
电话：0512－63292888
邮编：215213

三元大酒店★★
地址：苏州市同里镇南新街33号
电话：0512－63331021
邮编：215217

米兰商务宾馆★★
地址：苏州市松陵镇交通北路3571号
电话：0512－63472111
邮编：215200

明都大酒店★★
地址：苏州市千灯镇秦峰南路20号
电话：0512－57468833
邮编：215341

嘉元酒店★★
地址：苏州市千灯镇少卿西路19号
电话：0512－57468088
邮编：215341

金龙大酒店★★
地址：苏州市巴城镇湖滨路88号
电话：0512－57657772
邮编：215300

丰锦源大酒店★★
地址：苏州市花桥镇花溪路2号
电话：0512－57699255
邮编：215332

星晨大酒店★★
地址：苏州市太平北路30号
电话：0512－53585388
邮编：215400

森林大酒店★★
地址：苏州市璜泾镇园林路8号
电话：0512－53811888
邮编：215427

书香酒店投资管理集团有限公司
地址：苏州市姑苏区三番路333号
电话：0512－68286688
邮编：215004

苏州书香世家平江府酒店
地址：苏州市姑苏区白塔东路60号
电话：0512－67706688
邮编：215000

苏州书香世家树山温泉度假酒店
地址：苏州市虎丘区兴贤路树山生态村休闲广场
电话：0512－66066888
邮编：215000

苏州新区书香世家酒店
地址：苏州市新区玉山路60号
邮编：215002

苏州独墅湖书香世家会所酒店
地址：苏州工业园区通达路2699号
电话：0512－62795888
邮编：215100

无锡书香世家酒店
地址：无锡市滨湖区震泽路899号山水城管委会园区1号楼
电话：0510－85175000
邮编：214062

镇江书香世家酒店
地址：镇江市润州区冠城路8号工人大厦
电话：0511－85826888
邮编：212004

大丰书香世家酒店
地址：盐城市大丰市城东新区东方湿地公园内
电话：0515－83239999
邮编：224100

南京书香世家酒店
地址：南京市鼓楼区新街口管家桥65号
电话：025－86819888
邮编：210009

徐州书香世家会所酒店
地址：徐州市云龙区建国东路219号
电话：0516－83066666
邮编：221009

饭店服务企业

东亚制服集团无锡行政推广部
地址：无锡市中山路118号置业新天地515室
电话：0510－82764525
邮箱：wuxidongya@126. com
网址：www. dongyajt. com

东亚制服集团无锡生产总部
地址：无锡市滨湖经济开发区华苑路2号
电话：0510－68781798

浙　江

ZHEJIANG

五星级

杭州雷迪森广场大酒店★★★★★
地址：杭州市体育场路333号
电话：0571－85158888
邮编：310006

杭州维景国际大酒店★★★★★
地址：杭州市平海路2号
电话：0571－87088088
邮编：310006

浙江世贸君澜大饭店★★★★★
地址：杭州市曙光路122号
电话：0571－87990888
邮编：310007

杭州索菲特西湖大酒店★★★★★
地址：杭州市西湖大道333号
电话：0571－87075858
邮编：310002

杭州歌德大酒店★★★★★
地址：杭州市西湖大道19号
电话：0571－87188888
邮编：310009

浙江国际大酒店★★★★★
地址：杭州市体育场路221号
电话：0571－85770088
邮编：310003

浙江金马饭店★★★★★
地址：杭州市萧山区通惠中路218号
电话：0571－82887888
邮编：311201

杭州西湖国宾馆★★★★★
地址：杭州市杨公堤18号
电话：0571－87979889
邮编：310007

杭州开元名都大酒店★★★★★
地址：杭州市萧山区市心中路818号
电话：0571－82888888
邮编：311202

浙江西子宾馆★★★★★
地址：杭州市南山路37号
电话：0571－87021888
邮编：310007

杭州陆羽山庄度假酒店★★★★★
地址：杭州市余杭区径山镇双溪漂流景区内
电话：0571－88502888
邮编：311116

杭州世外桃源皇冠假日酒店★★★★★
地址：杭州市萧山闻堰风情大道3318号
电话：0571－83880888
邮编：311258

浙江天都城酒店★★★★★
地址：杭州市余杭区新桥街道天都城
电话：0571－89179666
邮编：311100

富阳国际贸易中心大酒店★★★★★
地址：杭州市富阳江滨西大道56号
电话：0571－23238888
邮编：311400

杭州良渚君澜度假酒店★★★★★
地址：杭州市余杭区良渚文化村内
电话：0571－89008888
邮编：311113

杭州第一世界大酒店★★★★★
地址：杭州市萧山区湘湖路92号
电话：0571－83866888
邮编：311201

杭州中都青山湖畔大酒店★★★★★
地址：杭州市临安市锦城街道圣园路88号
电话：0571－23618888
邮编：311300

杭州黄龙饭店★★★★★
地址：杭州市曙光路120号
电话：0571－87998833
邮编：310007

浙江南国大酒店★★★★★
地址：杭州市富阳市馆驿里18号
电话：0571－63138888
邮编：311400

杭州千岛湖开元度假村★★★★★
地址：杭州市千岛湖镇麒麟半岛
电话：0571－65018888
邮编：311700

嘉善罗星阁宾馆★★★★★
地址：嘉兴市嘉善车站南路335号
电话：0573－84279999
邮编：314000

嘉善世博大酒店★★★★★
地址：嘉兴市嘉善大道555号
电话：0573－84678888
邮编：314000

嘉兴阳光大酒店★★★★★
地址：嘉兴市中山东路1628号
电话：0573－82082088
邮编：314000

海宁海洲大饭店★★★★★
地址：嘉兴市海宁市海洲西路199号
电话：0573－87288888
邮编：314400

海宁皮都锦江大酒店★★★★★
地址：嘉兴市海宁市海宁大道302号
电话：0573－87218888
邮编：314400

舟山喜来登绿城酒店★★★★★
地址：舟山市临城千岛路101号
电话：0580－2088888
邮编：316021

宁波南苑饭店★★★★★
地址：宁波市灵桥路2号
电话：0574－87095678
邮编：315000

中信宁波国际大酒店★★★★★
地址：宁波市江东北路1号
电话：0574－87757888
邮编：315040

宁波太平洋大酒店★★★★★
地址：宁波市余姚南滨江路168号
电话：0574－62886288
邮编：315400

慈溪杭州湾大酒店★★★★★
地址：宁波市慈溪市寺山路301号
电话：0574－63914888
邮编：315300

溪口银凤锦江旅游度假村★★★★★
地址：宁波市奉化市溪口镇国家4A级旅游风景区内
电话：0574－81866666
邮编：315501

宁波远洲大酒店★★★★★
地址：宁波市江北大道99号
电话：0574－88228888
邮编：315032

余姚宾馆★★★★★
地址：宁波市余姚舜水南路108号
电话：0574－62708888
邮编：315400

宁波华侨豪生大酒店★★★★★
地址：宁波市柳汀街230号
电话：0574－27866666
邮编：315012

宁波大榭国际大酒店★★★★★
地址：宁波市大榭行政商务区信开路111号
电话：0574－86985888
邮编：315812

宁波东港喜来登酒店★★★★★
地址：宁波市彩虹北路58号
电话：0574－87688688
邮编：315040

宁波凯洲皇冠假日酒店★★★★★
地址：宁波市药行街129号
电话：0574－56199999
邮编：315010

宁波开元名都大酒店★★★★★
地址：宁波市鄞州中心区首南中路666号
电话：0574－83078888
邮编：315192

宁波石浦半岛酒店★★★★★
地址：宁波市象山县石浦镇金山路218号
电话：0574－65999999
邮编：315700

象山港国际大酒店★★★★★
地址：宁波市象山县丹城象山港路1111号
电话：0574－65778888
邮编：315700

宁波万豪酒店★★★★★
地址：宁波市海曙区和义路188号
电话：0574－87108888
邮编：315000

宁波恒元大酒店★★★★★
地址：宁波市慈溪市杭州湾新区
电话：0574－58589999
邮编：315336

开元宁波九龙湖度假村★★★★★
地址：宁波市镇海区九龙湖镇郎家坪
电话：0574－86538888
邮编：315200

宁波雅戈尔达蓬山大酒店★★★★★
地址：宁波市慈溪市龙山镇雅戈尔达蓬山旅游度假区
电话：0574－58586666
邮编：315300

宁波南苑环球酒店★★★★★
地址：宁波市鄞州区鄞县大道东段1288号
电话：0574－82809999

邮编：315100

绍兴咸亨大酒店★★★★★
地址：绍兴市区解放南路680号
电话：0575－88068688
邮编：312000

绍兴国际大酒店★★★★★
地址：绍兴市区府山西路100号
电话：0575－85166788
邮编：312000

绍兴饭店★★★★★
地址：绍兴市区环山路9号
电话：0575－85155888
邮编：312000

绍兴开元名都大酒店★★★★★
地址：绍兴市越城区人民东路278号
电话：0575－88098888
邮编：312000

绍兴富丽华大酒店★★★★★
地址：绍兴市绍兴县柯桥笛扬路1388号
电话：0575－84128888
邮编：312000

绍兴鉴湖大酒店★★★★★
地址：绍兴市绍兴县柯岩大道518号
电话：0575－85568888
邮编：312030

上虞国际大酒店★★★★★
地址：绍兴市上虞市市民大道333号
电话：0575－82222222
邮编：312300

上虞雷迪森万锦大酒店★★★★★
地址：绍兴市上虞市市民大道555号
电话：0575－82345678
邮编：312300

诸暨耀江开元名都大酒店★★★★★
地址：绍兴市诸暨市环城东路207号
电话：0575－88798188
邮编：311800

新昌雷迪森大酒店★★★★★
地址：绍兴市新昌县玫瑰大道688号
电话：0575－86769888
邮编：312500

义乌锦都酒店★★★★★
地址：金华市义乌市城中中路168号
电话：0579－85268888
邮编：322000

台州耀达国际酒店★★★★★
地址：台州市椒江区白云街道耀达路318号市民广场内
电话：0576－88688666
邮编：318001

温州华侨饭店★★★★★
地址：温州市鹿城区莲池街道信河街17号
电话：0577－88088888
邮编：325000

温州万和豪生大酒店★★★★★
地址：温州市鹿城区江滨东路1号
电话：0577－89866666
邮编：325000

温州香格里拉大酒店★★★★★
地址：温州市鹿城区香源路1号
电话：0577－8998888
邮编：325000

温州滨海大酒店★★★★★
地址：温州市龙湾区永强大道4567号
电话：0577－85988888
邮编：325013

温州天豪君澜大酒店★★★★★
地址：乐清市千帆东路277号
电话：0577－61571233
邮编：325600

四星级

杭州香溢大酒店★★★★
地址：杭州市解放路108号
电话：0571－87218899
邮编：310009

杭州之江饭店★★★★
地址：杭州市莫干山路188－200号
电话：0571－88066888
邮编：310005

浙江大酒店★★★★
地址：杭州市延安路595号
电话：0571－85056666
邮编：310006

浙江文华大酒店★★★★
地址：杭州市文二路38号
电话：0571－88825888
邮编：310012

浙江宾馆★★★★
地址：杭州市龙井路53号
电话：0571－87180808
邮编：310007

浙江梅地亚宾馆★★★★
地址：杭州市长生路18号
电话：0571－87918888
邮编：310006

杭州最佳西方梅苑宾馆★★★★
地址：杭州市莫干山路511号
电话：0571－88051000
邮编：310005

杭州大华饭店★★★★
地址：杭州市南山路171号
电话：0571－87181888
邮编：310002

杭州红楼大酒店★★★★
地址：杭州市西湖大道2号
电话：0571－87839999
邮编：310009

纳德大酒店★★★★
地址：杭州市环城北路308号
电话：0571－85880888
邮编：310006

杭州新金山大酒店★★★★
地址：杭州市中河北路3号
电话：0571－87240888
邮编：310003

杭州金溪山庄★★★★
地址：杭州市杨公堤39号
电话：0571－87992288
邮编：310007

杭州通信大厦★★★★
地址：杭州市上塘路386号
电话：0571－28885999
邮编：310014

杭州华辰银座酒店★★★★
地址：杭州市新塘路342号
电话：0571－86478888
邮编：310021

杭州海华满陇度假酒店★★★★
地址：杭州市满觉陇路2号
电话：0571－28978899
邮编：310008

杭州海华大酒店★★★★
地址：杭州市庆春路298号
电话：0571－87215888
邮编：310006

杭州皇冠大酒店★★★★
地址：杭州市天成路88号
电话：0571－86458888
邮编：310020

杭州新侨饭店★★★★
地址：杭州市解放路226号
电话：0571－87076688
邮编：310001

杭州大厦★★★★
地址：杭州市武林广场1号
电话：0571－85153911
邮编：310006

杭州星都宾馆★★★★
地址：杭州市文晖路448号
电话：0571－88386888
邮编：310005

马可·波罗假日酒店★★★★
地址：杭州市平海路38号
电话：0571－87018888
邮编：310006

杭州五洋宾馆★★★★
地址：杭州市庆春路48号
电话：0571－87218888
邮编：310003

杭州华辰国际饭店★★★★
地址：杭州市平海路25号
电话：0571－87652222
邮编：310006

杭州大酒店★★★★
地址：杭州市延安路546号
电话：0571－85166888
邮编：310006

杭州红星文化大厦★★★★
地址：杭州市建国南路280号
电话：0571－87703888
邮编：310009

杭州友好饭店★★★★
地址：杭州市平海路53号
电话：0571－87077888
邮编：310006

杭州华玫达（华美达）酒店★★★★
地址：杭州市滨江区江南大道3399号
电话：0571－87779888
邮编：310053

杭州中豪大酒店★★★★
地址：杭州市秋涛北路76号
电话：0571－86430888
邮编：310020

杭州万华国际酒店★★★★
地址：杭州市香积寺东路 60 号
电话：0571－85088888
邮编：310004

杭州萧山国际酒店★★★★
地址：杭州市萧山区城厢镇文化路 1 号
电话：0571－82656888
邮编：311203

萧山宝盛宾馆★★★★
地址：杭州市萧山区市心中路 618 号
电话：0571－82800888
邮编：311201

杭州城市花园酒店★★★★
地址：杭州市余杭市区临平人民大道 505 号
电话：0571－86238888
邮编：311000

浙江开元萧山宾馆★★★★
地址：杭州市萧山区人民路 77 号
电话：0571－82625888
邮编：311203

杭州太虚湖假日酒店★★★★
地址：杭州市萧山义桥杨岐山东方文化园
电话：0571－82336868
邮编：311256

杭州明日宾馆★★★★
地址：杭州市萧山区瓜沥镇东灵北路 1 号
电话：0571－83889888
邮编：311241

杭州凯豪大酒店★★★★
地址：杭州市萧山区体育路 268 号
电话：0571－82667888
邮编：311201

萧山航民宾馆★★★★
地址：杭州市萧山区瓜沥镇
电话：0571－82889888
邮编：311241

杭州富邦国际大酒店★★★★
地址：杭州市余杭区南苑街道世纪大道 128 号
电话：0571－89268888
邮编：311100

杭州黄龙月亮湾大酒店★★★★
地址：杭州市建德新安江街道艾溪路 1 号
电话：0571－64000888
邮编：311600

千岛湖海外海假日酒店★★★★
地址：杭州市千岛湖镇南山开发路 1 号
电话：0571－64880888
邮编：311700

杭州千岛龙庭开元大酒店★★★★
地址：杭州市千岛湖镇环湖南路 1 号
电话：0571－65068888
邮编：311700

淳安千岛湖饭店★★★★
地址：杭州市千岛湖镇新安北路 35 号
电话：0571－64808888
邮编：311700

浙北大酒店★★★★
地址：湖州市红旗路 75 号
电话：0572－2058888
邮编：313000

湖州国际大酒店★★★★
地址：湖州市红旗路 117 号
电话：0572－2057788
邮编：313000

雅兰国际大酒店★★★★
地址：湖州市德清武康武源街 659 号
电话：0572－8288888
邮编：313200

香溢度假村★★★★
地址：湖州市安吉县灵峰景区
电话：0572－5338888
邮编：313302

天煌大酒店★★★★
地址：湖州市龙溪北路 168 号
电话：0572－2117777
邮编：313000

长兴国际大酒店★★★★
地址：湖州市长兴县太湖大道 1 号
电话：0572－6266666
邮编：313100

安吉百汇大酒店★★★★
地址：湖州市安吉县胜利东路 8 号
电话：0572－5129999
邮编：313300

中汇大酒店★★★★
地址：湖州市安吉递铺胜利东路北侧
电话：0572－5121188
邮编：313300

安吉缘通国际酒店★★★★
地址：湖州市安吉县胜利西路 246－260 号
电话：0572－5333333
邮编：313300

湖州吴兴皇冠大酒店★★★★
地址：湖州市美欣达路 1025 号
电话：0572－2606999
邮编：313000

安吉国际假日酒店★★★★
地址：湖州市安吉县胜利西路 48 号
电话：0572－5239888
邮编：313300

嘉兴戴梦得大酒店★★★★
地址：嘉兴市禾兴南路 520 号
电话：0573－82095888
邮编：314000

平湖圣雷克大酒店★★★★
地址：嘉兴市平湖当湖路 1 号
电话：0573－85122222
邮编：314200

桐乡钱塘新世纪大酒店★★★★
地址：嘉兴市桐乡庆丰南路
电话：0573－88108888
邮编：314500

桐乡国际大酒店★★★★
地址：嘉兴市桐乡振兴路 38 号
电话：0573－88885888
邮编：314500

嘉善宾馆★★★★
地址：嘉兴市嘉善谈公北路 1 号
电话：0573－84272828
邮编：314100

嘉善梅园大酒店★★★★
地址：嘉兴市嘉善魏塘镇解放西路 1 号
电话：0573－84037777
邮编：314100

嘉兴浦京大酒店★★★★
地址：嘉兴市乍浦雅山东路 233 号
电话：0573－85538888
邮编：314200

乌镇黄金水岸大酒店★★★★
地址：嘉兴市乌镇青镇路 8 号
电话：0573－88728888
邮编：314500

桐乡玉龙国际商务酒店★★★★
地址：嘉兴市海宁市许村（中国家纺城）市场路 201 号
电话：0573－87587888
邮编：314400

桐乡东方大酒店★★★★
地址：嘉兴市桐乡振兴中路
电话：0573－88880884
邮编：314500

桐乡银园大酒店★★★★
地址：嘉兴市桐乡庆丰南路 7 号
电话：0573－88107999
邮编：314500

嘉兴奥林匹克大酒店★★★★
地址：嘉兴市秀洲区油车港镇奥星路 287 号
电话：0573－83555555
邮编：314003

海盐杭州湾国际酒店★★★★
地址：嘉兴市海盐百尺北路 168 号
电话：0573－86668888
邮编：314300

舟山市新华侨饭店★★★★
地址：舟山市定海环城东路 12 号
电话：0580－2068888
邮编：316000

舟山新钻石楼大酒店★★★★
地址：舟山市定海人民南路 176 号
电话：0580－2067666
邮编：316000

舟山市普陀山息耒小庄★★★★
地址：舟山市普陀山香华街 1 号
电话：0580－6091505
邮编：316107

普陀山大酒店★★★★
地址：舟山市普陀山梅岑路 93 号
电话：0580－6092828
邮编：316107

舟山市普陀海天台宾馆★★★★
地址：舟山市朱家尖南沙度假村
电话：0580－6631168
邮编：316111

舟山中瀚大酒店★★★★
地址：舟山市普陀区东港兴普大道 99 号
电话：0580－3809810
邮编：316100

岱山华侨饭店★★★★
地址：舟山市岱山县蓬莱路 161 号
电话：0580－4478188
邮编：316200

宁波金港大酒店★★★★
地址：宁波市扬善路 51 号
电话：0574－87668888

邮编：315020

宁波新园宾馆★★★★
地址：宁波市解放南路188号
电话：0574－87071818
邮编：315000

宁波开元大酒店★★★★
地址：宁波市百丈东路812号
电话：0574－87068888
邮编：315040

宁波大酒店★★★★
地址：宁波市中山东路145号
电话：0574－27880088
邮编：315000

宁波文昌大酒店★★★★
地址：宁波市中山西路文昌街2号
电话：0574－87268668
邮编：315010

宁波汉雅新晶都酒店★★★★
地址：宁波市百丈东路1088号
电话：0574－87069999
邮编：315040

宁波老板娘新光大酒店★★★★
地址：宁波市北仑明州路789号
电话：0574－86856666
邮编：315800

宁海开元新世纪大酒店★★★★
地址：宁波市宁海城关桃源中路159号
电话：0574－65265555
邮编：315600

宁海天明山温泉大酒店★★★★
地址：宁波市宁海县深圳镇南溪村
电话：0574－65268888
邮编：315614

黄金海岸大酒店★★★★
地址：宁波市象山松兰山度假区
电话：0574－65706888
邮编：315700

慈溪国际大酒店★★★★
地址：宁波市慈溪新城大道625号
电话：0574－63028888
邮编：315300

宁波新舟宾馆★★★★
地址：宁波市中山东路678号
电话：0574－87717678
邮编：315040

宁波咸家山宾馆★★★★
地址：宁波市北仑区小港开发区东海路20号
电话：0574－86183333
邮编：315802

镇海招宝山饭店★★★★
地址：宁波市镇海鼓楼东路21号
电话：0574－86669999
邮编：315200

慈溪中益商务酒店★★★★
地址：宁波市慈溪市青少年宫北路100号
电话：0574－63938888
邮编：315300

慈溪沈师桥大酒店★★★★
地址：宁波市慈溪市观海卫镇宏一道口
电话：0574－63651888
邮编：315314

宁波金陵富春国际大酒店★★★★
地址：宁波市北仑报税南区庐山西路139号
电话：0574－86855888
邮编：315806

宁波嘉和大酒店★★★★
地址：宁波市海曙区新典路108号
电话：0574－87169999
邮编：315010

镇海九龙山庄★★★★
地址：宁波市镇海九龙湖镇
电话：0574－86317777
邮编：315205

宁波浙海大酒店★★★★
地址：宁波市联丰中路88号
电话：0574－88018888
邮编：315012

宁波天港禧悦酒店★★★★
地址：宁波市江东惊驾路1088号
电话：0574－27699999
邮编：315040

余姚中塑石浦大酒店★★★★
地址：宁波市余姚新建北路232号
电话：0574－62555111
邮编：315400

钱湖悦庄酒店★★★★
地址：宁波市鄞州区东钱湖镇安石路777号
电话：0574－83899999
邮编：315121

绍兴王朝大酒店★★★★
地址：绍兴市越城区蕺山街道胜利东路
电话：0575－85125888
邮编：312099

绍兴海港大酒店★★★★
地址：绍兴市越城区塔山街道解放南路639号
电话：0575－88051818
邮编：312099

绍兴银泰大酒店★★★★
地址：绍兴市越城区人民西路255号
电话：0575－85117788
邮编：312000

绍兴秦望大酒店★★★★
地址：绍兴市越城区秦望路
电话：0575－88056789
邮编：312008

绍兴越都大酒店★★★★
地址：绍兴市越城区蕺山街道胜利东路1号
电话：0575－85145630
邮编：312099

绍兴鑫洲海湾大酒店★★★★
地址：绍兴市越城区北海街道二环北路50号
电话：0575－88208777
邮编：312099

绍兴永和庄园度假酒店★★★★
地址：绍兴市越城区二环南路小亭山
电话：0575－88588007
邮编：312099

绍兴益泉大酒店★★★★
地址：绍兴市越城区袍江新区世纪街
电话：0575－88220000
邮编：312000

绍兴县金昌开元大酒店★★★★
地址：绍兴市绍兴县柯桥金柯桥大道1227号
电话：0575－85588666
邮编：312500

诸暨五泄度假村★★★★
地址：绍兴市诸暨市五泄景区入口处
电话：0575－87772288
邮编：311807

诸暨西子宾馆★★★★
地址：绍兴市诸暨市南屏路12号
电话：0575－87011922
邮编：311800

诸暨大酒店★★★★
地址：绍兴市诸暨市滨江中路1号
电话：0575－87127788
邮编：311800

浙江百瑞香江大酒店★★★★
地址：绍兴市诸暨市暨阳街道滨江南路1号
电话：0575－87172888
邮编：311800

诸暨海亮商务酒店★★★★
地址：绍兴市诸暨市店口镇华东汽配水暖城
电话：0575－88797188
邮编：311800

诸暨市振越宾馆★★★★
地址：绍兴市诸暨市暨阳路122号
电话：0575－87175888
邮编：311800

诸暨凯翔大酒店★★★★
地址：绍兴市诸暨市大唐开元西路357号
电话：0575－80726888
邮编：311800

上虞宾馆★★★★
地址：绍兴市上虞市新河路2号
电话：0575－82179888
邮编：312300

嵊州宾馆★★★★
地址：绍兴市嵊州市艇北路8号
电话：0575－83187888
邮编：312400

新昌白云山庄★★★★
地址：绍兴市新昌县人民路115号
电话：0575－86226688
邮编：312500

新昌泰坦国际大酒店★★★★
地址：绍兴市新昌县高新技术产业园区南岩工业区
电话：0575－86288888
邮编：312500

衢州饭店★★★★
地址：衢州市三衢路189号
电话：0570－8081616
邮编：324002

衢州东方大酒店★★★★
地址：衢州市劳动路1号
电话：0570－3035118
邮编：324000

衢州国际大酒店★★★★
地址：衢州市三衢路127号
电话：0570－8030000
邮编：324002

衢州圣效大酒店★★★★
地址：衢州市衢江区大桥路 38 号
电话：0570－2831188
邮编：324000

龙游国际饭店★★★★
地址：衢州市龙游荣昌路 188 号
电话：0570－7219999
邮编：324400

江山国际大酒店★★★★
地址：衢州市江山市区江东一区 15 号
电话：0570－4053111
邮编：324100

衢州友好饭店★★★★
地址：衢州市区上街 127 号
电话：0570－3051888
邮编：324000

衢州帝京大酒店★★★★
地址：衢州市柯城区通荷路 168 号
电话：0570－8890888
邮编：324100

金华天悦五星大酒店★★★★
地址：金华市人民西路 701 号
电话：0579－83706666
邮编：321000

义乌银都酒店★★★★
地址：金华市义乌市宾王路 168 号
电话：0579－85588888
邮编：322000

义乌钱塘凯信大酒店★★★★
地址：金华市义乌市宾王路 217 号
电话：0579－85566888
邮编：322000

义乌大酒店★★★★
地址：金华市义乌市宾王路 103 号
电话：0579－85559999
邮编：322000

义乌颐和大酒店★★★★
地址：金华市义乌市工人北路 2 号
电话：0579－83818888
邮编：322000

义乌最佳西方海洋酒店★★★★
地址：金华市义乌市福田路 99 号
电话：0579－85188888
邮编：322000

义乌伊美广场酒店★★★★
地址：金华市义乌市城中中路 128 号
电话：0579－85278888
邮编：322000

华美达义乌之江大酒店★★★★
地址：金华市义乌市城中北路 9 号
电话：0579－85388888
邮编：322000

金华世贸大饭店★★★★
地址：金华市八一北街 737 号
电话：0579－82588888
邮编：321000

金华国贸景澜大饭店★★★★
地址：金华市双溪西路 369 号
电话：0579－82056688
邮编：321017

东阳华厦大酒店★★★★
地址：金华市东阳市南市路 359 号
电话：0579－86689999
邮编：322100

东阳东磁大厦★★★★
地址：金华市东阳市横店工业区
电话：0579－86588888
邮编：322118

浙江横店国际会议中心大酒店★★★★
地址：金华市东阳横店万盛街
电话：0579－86550999
邮编：322118

东阳花园大厦★★★★
地址：金华市东阳市花园工业区
电话：0579－86270555
邮编：322100

东阳市横店国贸大厦★★★★
地址：金华市东阳市横店康庄路
电话：0579－86582688
邮编：322118

浦江塔山大酒店（塔山宾馆）★★★★
地址：金华市浦江县环城东路 59 号
电话：0579－84168666
邮编：322200

浦江国际大酒店★★★★
地址：金华市浦江县人民东路 1 号
电话：0579－84168888
邮编：322200

浙江明招温泉国际大酒店★★★★
地址：金华市武义县明招路 8 号
电话：0579－87638888
邮编：321200

武义开禧廊桥酒店★★★★
地址：金华市武义县溪南街 5 号
电话：0579－87989999
邮编：321200

永康明珠大酒店★★★★
地址：金华市永康市紫薇北路 8 号
电话：0579－87269166
邮编：321300

永康宾馆★★★★
地址：金华市永康市江城路 4 号
电话：0579－87112801
邮编：321300

台州市丽廷凤凰山庄★★★★
地址：台州市椒江区解放南路 77－1 号
电话：0576－88860001
邮编：318000

台州三友国际大酒店★★★★
地址：台州市路桥区泰隆街 998 号
电话：0576－82930878
邮编：318050

台州鑫都国际大酒店★★★★
地址：台州市路桥区路桥大道东 1 号
电话：0576－82522600
邮编：318050

台州太平洋王子国际饭店★★★★
地址：台州市路桥区西路桥大道 2 号
电话：0576－82787012
邮编：318050

台州开元大酒店★★★★
地址：台州市椒江区东环大道 458 号
电话：0576－88586806
邮编：318000

台州花园山庄★★★★
地址：台州市椒江区康平路赤龙山脚
电话：0576－88583688
邮编：318000

台州方远国际大酒店★★★★
地址：台州市椒江区市府大道 298 号
电话：0576－88529999
邮编：318000

临海远洲国际大酒店★★★★
地址：台州市崇和路 238 号
电话：0576－85228888
邮编：317000

台州国贸大饭店★★★★
地址：台州市巾山中路 101 号
电话：0576－85318888
邮编：317000

临海君泰大酒店★★★★
地址：台州市巾山东路 137 号
电话：0576－85223131
邮编：317000

温岭市新世界国际大酒店★★★★
地址：台州市温岭市大溪镇方山大道 1 号
电话：0576－86328888
邮编：317525

温岭国际大酒店★★★★
地址：台州市温岭市三星大道 158 号
电话：0576－86208888
邮编：317500

台州高速玉环大酒店★★★★
地址：台州市玉环县玉兴东路
电话：0576－87277768
邮编：317600

天台宾馆★★★★
地址：台州市天台县国清景区
电话：0576－83988999
邮编：317200

台州东方大酒店★★★★
地址：台州市仙居城北东路 179 号
电话：0576－87818888
邮编：317300

温州国际大酒店★★★★
地址：温州市鹿城区人民中路 1 号
电话：0577－88251111
邮编：325000

温州奥林匹克大酒店★★★★
地址：温州市鹿城区民航路 8 号
电话：0577－88379999
邮编：325000

温州王朝大酒店★★★★
地址：温州市鹿城区民航路 18 号
电话：0577－88378888
邮编：325000

温州维多利亚大酒店★★★★
地址：温州市鹿城区马鞍池东路 58 号
电话：0577－88278888
邮编：325000

温州国贸大酒店★★★★
地址：温州市鹿城区黎明西路 1 号
电话：0577－88311111
邮编：325000

温州万豪商务大酒店★★★★
地址：温州市鹿城区火车站东首

电话：0577－88089888
邮编：325000

温州江心海景大酒店★★★★
地址：温州市江心西园
电话：0577－88066666
邮编：325000

温州顺生大酒店★★★★
地址：温州市鹿城路36号
电话：0577－88270000
邮编：325000

温州新南亚大酒店★★★★
地址：温州市鹿城区东游路4号
电话：0577－88077777
邮编：325000

温州云天楼假日皇都大酒店★★★★
地址：温州市鹿城区过境公路2099号
电话：0577－88588888
邮编：325000

温州瑶溪王朝大酒店★★★★
地址：温州市龙湾区瑶溪风景区
电话：0577－85989999
邮编：325013

温州将军大酒店★★★★
地址：温州市鹿城区过境路1558号
电话：0577－ 88618888
邮编：325000

温州东瓯大酒店★★★★
地址：温州市鹿城区温州大道东建大厦
电话：0577－ 88089988
邮编：325000

雁荡山山庄★★★★
地址：温州市乐清市雁荡山霄霞路8号
电话：0577－62245333
邮编：325600

乐清市新世纪大酒店★★★★
地址：温州市乐清市宁康东路150号
电话：0577－61881000
邮编：325600

瑞安钱塘阳光大酒店★★★★
地址：温州市瑞安市阳光路8号
电话：0577－65888888
邮编：325200

瑞安国际大酒店★★★★
地址：温州市瑞安市万松东路555号
电话：0577－65886666
邮编：325200

温州梦江大酒店★★★★
地址：温州市永嘉县瓯北镇阳光大道
电话：0577－67979999
邮编：325100

永嘉人人国际酒店★★★★
地址：温州市永嘉县瓯北镇双塔路
电话：0577－67328888
邮编：325100

平阳县国际大酒店★★★★
地址：温州市平阳县鳌江镇市府路
电话：0577－63618888
邮编：325400

苍南万豪大酒店★★★★
地址：温州市灵溪镇站前大道118号
电话：0577－68886888
邮编：325800

缙云县香溢大酒店★★★★
地址：丽水市缙云县仙都路99号
电话：0578－3311999
邮编：321400

遂昌元立国际饭店★★★★
地址：丽水市遂昌县城东街95号
电话：0578－8190999
邮编：323300

青田正达开元大酒店★★★★
地址：丽水市青田县鹤城镇新大街8号
电话：0578－6688888
邮编：323900

杭州戴斯大酒店★★★
地址：杭州市凯旋路451号
电话：0571－86028888
邮编：310004

三星级

杭州天鸿饭店★★★
地址：杭州市莫干山路333号
电话：0571－88268888
邮编：310002

杭州银江宾馆★★★
地址：杭州市庆春路65号
电话：0571－86766666
邮编：310009

杭州宝善宾馆★★★
地址：杭州市体育场路102号
电话：0571－85193710
邮编：310004

浙江金都宾馆★★★
地址：杭州市教工路2号
电话：0571－88805888
邮编：310012

潮王大酒店★★★
地址：杭州市潮王路208号
电话：0571－88387888
邮编：310005

杭州香溢浣纱宾馆★★★
地址：杭州市浣沙路17号
电话：0571－87071886
邮编：310001

浙江新世纪大酒店★★★
地址：杭州市文三路18号
电话：0571－88391111
邮编：310012

浙江赞成宾馆★★★
地址：杭州市梅花碑8号
电话：0571－87806666
邮编：310009

浙江金川宾馆★★★
地址：杭州市凤起东路58号
电话：0571－86996999
邮编：310020

杭州黄龙恒励宾馆★★★
地址：杭州市黄龙路1号
电话：0571－87631128
邮编：310007

杭州海景大酒店★★★
地址：杭州市江干区天城路191号
电话：0571－86457888
邮编：310004

杭州凤起饭店★★★
地址：杭州市凤起路451－453号
电话：0571－87068779
邮编：310006

杭州三台山庄★★★
地址：杭州市三台山路200号
电话：0571－87975888
邮编：310007

浙江东方大酒店★★★
地址：杭州市西湖大道258号
电话：0571－87790000
邮编：310002

浙江文源宾馆★★★
地址：杭州市文晖路108号
电话：0571－85377788
邮编：310004

浙江翔园宾馆★★★
地址：杭州市德胜路235号
电话：0571－88310888
邮编：310014

杭州林泉山庄★★★
地址：杭州市九溪路8号
电话：0571－86591616
邮编：310008

杭州山水宾馆★★★
地址：杭州市教工路187号
电话：0571－88838287
邮编：310012

杭州华侨饭店★★★
地址：杭州市湖滨路39号
电话：0571－87685555
邮编：310006

杭州百合花饭店★★★
地址：杭州市曙光路156号
电话：0571－87991188
邮编：310013

杭州湾大酒店★★★
地址：杭州市秋涛北路296号
电话：0571－86768888
邮编：310020

杭州四季青大酒店★★★
地址：杭州市凯旋路136号
电话：0571－86025888
邮编：310016

杭州孔雀大酒店★★★
地址：杭州市杭海路199号
电话：0571－86513888
邮编：310016

杭州玉皇山庄★★★
地址：杭州市玉皇山路74号
电话：0571－87082688
邮编：310002

杭州天豪大酒店★★★
地址：杭州市艮山西路220号
电话：0571－86477777
邮编：310004

杭州华洋宾馆★★★
地址：杭州市天目山路古荡湾塘苗路1号
电话：0571－85121968
邮编：310013

杭州中洲大酒店★★★
地址：杭州市杭海路 96 号
电话：0571－86999999
邮编：310016

浙江铁道大厦★★★
地址：杭州市上城区城站广场 8 号
电话：0571－87830688
邮编：310009

浙江国力大酒店★★★
地址：杭州市天目山路 388 号
电话：0571－85021188
邮编：310013

杭州锦麟宾馆★★★
地址：杭州市凤起路 435 号
电话：0571－87556188
邮编：310006

杭州梅竺度假村★★★
地址：杭州市西湖区梅家坞 3 号
电话：0571－86778688
邮编：310008

杭州巨化宾馆★★★
地址：杭州市江城路 849 号
电话：0571－87816969
邮编：310009

杭州鑫瓯酒店★★★
地址：杭州市下少经济技术开发区 6 号路 6 号
电话：0571－86830088
邮编：310018

杭州湖光饭店★★★
地址：杭州市天目山路 106 号
电话：0571－88075598
邮编：310007

杭州海外海·西溪宾馆★★★
地址：杭州市天目山路 329 号
电话：0571－85226888
邮编：310023

杭州和平饭店★★★
地址：杭州市朝晖路 108 号
电话：0571－85461888
邮编：310004

杭州藕花洲假日酒店★★★
地址：杭州市文苑路 285 号
电话：0571－88986999
邮编：310012

杭州宏丽宾馆★★★
地址：杭州市艮山西路 198 号
电话：0571－86999888
邮编：310004

杭州宏都宾馆★★★
地址：杭州市体育场路 407 号
电话：0571－85106888
邮编：310006

杭州同力酒店（原浙江大学灵峰山庄）★★★
地址：杭州市西湖区玉古路 140 号
电话：0571－87971456
邮编：310013

杭州百味人生大酒店★★★
地址：杭州市滨江区滨文路 472 号
电话：0571－87773363
邮编：310053

杭州方元阳光休闲山庄★★★
地址：杭州市萧山区城厢镇育才路 1 号
电话：0571－82882888
邮编：311203

萧山城市酒店★★★
地址：杭州市萧山区市心南路 98 号
电话：0571－82628888
邮编：311203

萧山新世纪邮电宾馆★★★
地址：杭州市萧山区市心南路 129 号
电话：0571－82883888
邮编：311200

杭州汇宇宾馆★★★
地址：杭州市萧山区临浦镇东藩中路 1 号
电话：0571－82478999
邮编：311251

浙江旅苑宾馆★★★
地址：杭州市萧山区高教园区
电话：0571－28862888
邮编：311231

杭州光华宾馆★★★
地址：杭州市萧山区红山农场一分场
电话：0571－82609888
邮编：311234

杭州银越湾大酒店★★★
地址：杭州市萧山区临浦镇五洞闸路 28 号
电话：0571－82466999
邮编：311251

杭州临平大厦★★★
地址：杭州市余杭河南埭路 38 号
电话：0571－86237777
邮编：311100

杭州临平宾馆★★★
地址：杭州市余杭区临平镇东湖中路 170 号
电话：0571－86223511
邮编：311100

杭州临平大酒店★★★
地址：杭州市余杭区临平西大街 81 号
电话：0571－86224122
邮编：311106

杭州中强假日大酒店★★★
地址：杭州市余杭区临平北大街 71 号
电话：0571－86168888
邮编：311100

余杭瓶窑大厦★★★
地址：杭州市莫干山路瓶窑镇华兴路
电话：0571－88546888
邮编：311115

杭州径山度假村★★★
地址：杭州市余杭区径山风景区内
电话：0571－88601666
邮编：311123

余杭西园宾馆★★★
地址：杭州市余杭镇安乐路 238 号
电话：0571－88662911
邮编：311121

杭州闲林宾馆★★★
地址：杭州市余杭区闲林镇闲富中路 1 号
电话：0571－88686888
邮编：311122

余杭天地人大酒店★★★
地址：杭州市余杭区临平东湖中路 234 号
电话：0571－89185888
邮编：311100

杭州东田度假酒店★★★
地址：杭州市余杭区良渚农场
电话：0571－88777888
邮编：311113

杭州世纪瑞城大酒店★★★
地址：杭州市余杭区五常大道 137 号
电话：0571－88731086
邮编：310023

浙江圆正西溪宾馆★★★
地址：杭州市保俶北路 1 号
电话：0571－81953588
邮编：310012

杭州富阳宾馆★★★
地址：杭州市富阳市馆驿里 18 号
电话：0571－63331888
邮编：311400

富阳新宇假日酒店★★★
地址：杭州市富阳市孙权路 146 号
电话：0571－63379999
邮编：311400

富阳太阳城堡大酒店★★★
地址：杭州市富阳市金桥北路 500 号
电话：0571－63137666
邮编：311400

杭州云森水坞山庄★★★
地址：杭州市富阳市高桥镇水坞村
电话：0571－63169888
邮编：311402

富春宾馆★★★
地址：杭州市富阳市桂花路 22 号
电话：0571－63327868
邮编：311400

临安钱王大酒店★★★
地址：杭州市临安城中街 518 号
电话：0571－63718888
邮编：311300

临安东方假日酒店★★★
地址：杭州市临安市锦城镇钱王大街 1315 号
电话：0571－63968888
邮编：311300

临安新五洲大酒店★★★
地址：杭州市临安石锦街 468 号
电话：0571－63700888
邮编：311300

建德金茂宾馆★★★
地址：杭州市新安江新电路 37 号
电话：0571－64791050
邮编：311600

建德千岛宾馆★★★
地址：杭州市建德市新安路 283 号
电话：0571－64790918
邮编：311600

建德罗桐花园大酒店★★★
地址：杭州市建德市白沙镇新安路 279 号
电话：0571－64790886
邮编：311600

建德望江宾馆★★★
地址：杭州市建德市白沙镇新安路 281 号
电话：0571－64790138

邮编：311600

桐庐金鑫宾馆★★★
地址：杭州市桐庐县富春路528号
电话：0571－64637788
邮编：311500

淳安外高桥大酒店★★★
地址：杭州市千岛湖新安江大街78号
电话：0571－64816666
邮编：311700

淳安千岛湖阳光大酒店★★★
地址：杭州市千岛湖镇阳光路阳光岛
电话：0571－64816045
邮编：311700

淳安千岛湖林业大厦★★★
地址：杭州市千岛湖镇新安北路8号
电话：0571－64821818
邮编：311700

千岛湖西园山庄★★★
地址：杭州市千岛湖镇新安南路12号
电话：0571－64882011
邮编：311700

淳安松城饭店★★★
地址：杭州市淳安县排岭镇新安大街11号
电话：0571－64813888
邮编：311700

千岛湖大江南酒店★★★
地址：杭州市淳安县千岛湖镇新安大街128号
电话：0571－64819901
邮编：311700

湖州大厦★★★
地址：湖州市红旗路1号
电话：0572－2035888
邮编：313000

湖州宾馆★★★
地址：湖州市人民路338号
电话：0572－2022088
邮编：313000

白蘋洲大酒店★★★
地址：湖州市葳莱大街69号
电话：0572－2028888
邮编：313000

太湖山庄★★★
地址：湖州市太湖旅游度假区
电话：0572－7299999
邮编：313000

紫金假日山庄★★★
地址：湖州市太湖旅游度假区
电话：0572－2159000
邮编：313000

梦圆大酒店★★★
地址：湖州市织里南路2号
电话：0572－313008
邮编：3188000

大港宾馆★★★
地址：湖州市织里中华路148号
电话：0572－7326000
邮编：313008

丽菁大酒店★★★
地址：湖州市南浔区嘉业路80号
电话：0572－3063999
邮编：313009

湖州荻港渔庄★★★
地址：湖州市南浔区和孚镇荻港村
电话：0572－3770357
邮编：313017

湖州南方大酒店★★★
地址：湖州市南浔区泰安路365号
电话：0572－3078880
邮编：313009

金陵大酒店★★★
地址：湖州市长兴县雉城金陵南路89号
电话：0572－6036888
邮编：313100

紫金大酒店★★★
地址：湖州市长兴县雉城县前中街328号
电话：0572－6042888
邮编：313100

华达和平宾馆★★★
地址：湖州市长兴县和平镇和兴小区
电话：0572－6959999
邮编：313103

红玫瑰大酒店★★★
地址：湖州市长兴县雉城明珠二路298号
电话：0572－6238999
邮编：313100

长兴维多利亚大酒店★★★
地址：湖州市长兴县龙山大道179号
电话：0572－6722222
邮编：313100

升华大酒店★★★
地址：湖州市德清市县钟管镇工业区
电话：0572－8260333
邮编：313220

莫干山卢球假日酒店★★★
地址：湖州市德清市武康舞阳街1号
电话：0572－8880999
邮编：313200

莫干山大酒店★★★
地址：湖州市德清市武康永安街25号
电话：0572－8280788
邮编：313200

德清丽晶大酒店★★★
地址：湖州市德清市武康曲园北路439号
电话：0572－8086666
邮编：313200

银都大酒店★★★
地址：湖州市德清新市仙潭路1号
电话：0572－8447008
邮编：313201

和春大酒店★★★
地址：湖州市安吉递铺浦源大道北侧
电话：0572－5222888
邮编：313300

凯旋门大酒店★★★
地址：湖州市安吉递铺浦源大道969号
电话：0572－5110917
邮编：313300

中南百草园度假酒店★★★
地址：湖州市安吉县马鞍山村
电话：0572－5023456
邮编：313300

湖州凤凰新经纬大酒店★★★
地址：湖州市龙凤路18号
电话：0572－2383333
邮编：313000

湖州嘉年华大酒店★★★
地址：湖州市长兴县太湖路8号
电话：0572－2108888
邮编：313100

嘉兴沙龙宾馆★★★
地址：嘉兴市环城南路393号
电话：0573－82159999
邮编：314000

嘉兴文华园宾馆★★★
地址：嘉兴市环城东路415号
电话：0573－82093333
邮编：314000

嘉善东方大厦★★★
地址：嘉兴市嘉善魏塘镇谈公路18号
电话：0573－84129495
邮编：314100

西塘假日酒店★★★
地址：嘉兴市嘉善西塘南苑西路185号
电话：0573－84560093
邮编：314100

嘉善华展大酒店★★★
地址：嘉兴市嘉善晋阳西路271号
电话：0573－84231888
邮编：314100

嘉善城市宾馆★★★
地址：嘉兴市嘉善解放东路79号
电话：0573－84038888
邮编：314100

平湖君悦酒店★★★
地址：嘉兴市平湖城南路88号
电话：0573－85125888
邮编：314200

乍浦宾馆★★★
地址：嘉兴市乍浦镇沪杭路2号
电话：0573－85532888
邮编：314200

海盐国际大厦★★★
地址：嘉兴市新桥南路101号
电话：0573－86053333
邮编：314300

海盐宾馆★★★
地址：嘉兴市海盐海滨东路35号
电话：0573－86052222
邮编：314300

海盐荣昌度假村★★★
地址：嘉兴市海盐南北湖景区
电话：0573－86566278
邮编：314300

海盐月亮城堡酒店★★★
地址：嘉兴市海盐南北湖景区
电话：0573－86568888
邮编：314300

海盐香溢大酒店★★★
地址：嘉兴市海盐枣园中路105号
电话：0573－86051888
邮编：314300

海盐金牛山大酒店★★★
地址：嘉兴市海盐南北湖景区
电话：0573－86566777
邮编：314300

海宁宾馆★★★
地址：嘉兴市海宁长埭路 166 号
电话：0573－87023700
邮编：314400

海宁花园酒店★★★
地址：嘉兴市海宁水月亭西路 280 号
电话：0573－87282999
邮编：314400

海宁龙祥大酒店★★★
地址：嘉兴市海宁西山路 610 号
电话：0573－87282828
邮编：314400

海宁凯元国际酒店★★★
地址：嘉兴市海宁火车站广场 65 号
电话：0573－87227788
邮编：314400

海宁国际假日大酒店★★★
地址：嘉兴市海宁工人路 98 号
电话：0573－7280808
邮编：314400

海宁大酒店★★★
地址：嘉兴市海宁海昌路 66 号
电话：0573－87282111
邮编：314400

桐乡光明大酒店★★★
地址：嘉兴市桐乡振兴路 11 号
电话：0573－88881777
邮编：314500

桐乡梧桐大酒店★★★
地址：嘉兴市桐乡振兴路 42 号
电话：0573－88880178
邮编：314500

桐乡子夜大酒店★★★
地址：嘉兴市乌镇子夜路 3 号
电话：0573－88728088
邮编：314501

桐乡星光大酒店★★★
地址：嘉兴市桐乡复兴路 91 号
电话：0573－88882888
邮编：314500

嘉兴东升宾馆★★★
地址：嘉兴市东升路 1226 号
电话：0573－82161008
邮编：314000

海宁香榭丽酒店★★★
地址：嘉兴市海宁市文宗南路 88 号
电话：0573－87788888
邮编：314500

桐乡元顺商务酒店★★★
地址：嘉兴市桐乡市洲泉镇足佳鞋业市场
电话：0573－88598010
邮编：314500

嘉兴白云假日酒店★★★
地址：嘉兴市吉杨西路 288 号
电话：0573－82195666
邮编：314000

嘉兴光明大酒店★★★
地址：嘉兴市勤俭路 1032 号
电话：0573－82151777
邮编：314000

嘉兴金棕榈度假酒店★★★
地址：嘉兴市中山西路 1956 号
电话：0573－82796333
邮编：314000

舟山市香楠大酒店★★★
地址：舟山市定海环城南路 548 号
电话：0580－2828028
邮编：316000

舟山市博雁城市假日酒店★★★
地址：舟山市定海气象台路 228 号
电话：0580－2555888
邮编：316000

舟山新金海饭店★★★
地址：舟山市定海环城南路 321 号
电话：0580－2062188
邮编：316000

舟山市贵豪大酒店★★★
地址：舟山市定海环城南路 352 号
电话：0580－2606918
邮编：316000

舟山市东港大酒店★★★
地址：舟山市定海环城南路 343 号
电话：0580－2606866
邮编：316000

舟山中信普陀大酒店★★★
地址：舟山市普陀山金沙路 22 号
电话：0580－6698222
邮编：316107

普陀山庄★★★
地址：舟山市普陀山妙庄严路 103 号
电话：0580－6091666
邮编：316107

普陀华侨饭店★★★
地址：舟山市沈家门滨港路 108 号
电话：0580－3030666
邮编：316100

舟山海力生大酒店★★★
地址：舟山市普陀区食品厂路 38 号
电话：0580－3061606
邮编：316100

舟山市普陀金沙度假村★★★
地址：舟山市朱家尖南沙度假村
电话：0580－6631118
邮编：316111

舟山市普陀东鸿大酒店★★★
地址：舟山市普陀区六横镇台门人民北路
电话：0580－6073666
邮编：316100

舟山市普陀淡风林度假村★★★
地址：舟山市普陀区朱家尖南沙度假村路 7 号
电话：0580－6385555
邮编：316100

舟山市普陀天丰楼大酒店★★★
地址：舟山市普陀区东海东路 42 号
电话：0580－3063666
邮编：316100

普陀东方大酒店★★★
地址：舟山市沈家门滨港路 50 号
电话：0580－3067888
邮编：316100

舟山市千荷大酒店★★★
地址：舟山市六横镇台门人民北路
电话：0580－6073888
邮编：316135

舟山市普陀桃花苑宾馆★★★
地址：舟山市普陀区桃花镇宫前桃源中路
电话：0580－6062666
邮编：316121

舟山市普陀桃花宾馆★★★
地址：舟山市普陀区桃花镇公前
电话：0580－6063388
邮编：316121

舟山市普陀华晶大厦★★★
地址：舟山市沈家门滨港路 58 号
电话：0580－3061111
邮编：316100

岱山县蓝天宾馆★★★
地址：舟山市岱山县蓬园路 188 号
电话：0580－4482899
邮编：316200

岱山县秀山海景大酒店★★★
地址：舟山市岱山县秀山乡三礁村
电话：0580－4736888
邮编：316261

舟山蓬莱阁海景酒店★★★
地址：舟山市岱山县沿港东路 677 号
电话：0580－4377888
邮编：316200

嵊泗华侨饭店★★★
地址：舟山市嵊泗县菜园镇东海路 166 号
电话：0580－5181012
邮编：202450

象山兰陵大酒店★★★
地址：宁波市象山港路 408 号
电话：0574－65610000
邮编：315700

宁波饭店★★★
地址：宁波市马园路 251 号
电话：0574－87097888
邮编：315012

亚洲华园饭店★★★
地址：宁波市马园路 271 号
电话：0574－87116888
邮编：315012

宁波云海宾馆★★★
地址：宁波市长春路 2 号
电话：0574－87098888
邮编：315012

宁波日月宾馆★★★
地址：宁波市兴宁路 46 号
电话：0574－87066666
邮编：315040

宁波凯利大酒店★★★
地址：宁波市箕漕街 76 号
电话：0574－87707888
邮编：315040

宁波海鸥宾馆★★★
地址：宁波市兴宁路 42 弄 22 号
电话：0574－56118000
邮编：315041

宁波平安宾馆★★★
地址：宁波市江东区姚隘路 350 号
电话：0574－56156666
邮编：315040

宁波现代大酒店★★★
地址：宁波市百丈东路758-7号
电话：0574-87061188
邮编：315041

甬港饭店★★★
地址：宁波市百丈东路105号
电话：0574-87060888
邮编：315040

宁波金纬宾馆★★★
地址：宁波市江东区宋诏桥甬兴东路16-18号
电话：0574-88118118
邮编：315192

宁波福来顿商务酒店★★★
地址：宁波市鄞州区鄞县大道西段517号
电话：0574-88198888
邮编：315192

宁波天成维多利大酒店★★★
地址：宁波市中山西路延伸段芦港
电话：0574-88088888
邮编：315175

宁波春晓苑大酒店★★★
地址：宁波市北仑区春晓中五路19号
电话：0574-86085188
邮编：315803

镇海曙光丽亭酒店★★★
地址：宁波市镇海区骆街驼慈海南路57号
电话：0574-86629999
邮编：315202

镇海雄镇大酒店★★★
地址：宁波市镇海区城关南大街27号
电话：0574-86316666
邮编：315200

北电宾馆★★★
地址：宁波市北仑区进港西路68号
电话：0574-86892801
邮编：315800

曼哈顿·天港大酒店★★★
地址：宁波市北仑区曼哈顿广场B区128号
电话：0574-56216666
邮编：315800

奉化大酒店★★★
地址：宁波市奉化市中山路7号
电话：0574-88590888
邮编：315500

奉化武岭宾馆★★★
地址：宁波市奉化市溪南路1号
电话：0574-88856288
邮编：315502

宁海跃龙宾馆★★★
地址：宁波市宁海县城关跃龙路8号
电话：0574-65261999
邮编：315600

宁海白云山庄大酒店★★★
地址：宁波市宁海县跃龙街道兴海南路696号
电话：0574-65263666
邮编：315600

钱塘河姆渡宾馆★★★
地址：宁波市余姚市新建路78号
电话：0574-62625555
邮编：315400

余姚通用宾馆★★★
地址：宁波市余姚市新建北路62号
电话：0574-62885288
邮编：315400

宁波奥杰新宾馆★★★
地址：宁波市余姚市丈亭镇朝阳西路2号
电话：0574-62898001
邮编：315400

慈溪大酒店★★★
地址：宁波市慈溪市环城南路407号
电话：0574-63802288
邮编：315300

慈溪国脉大酒店★★★
地址：宁波市慈溪市茶亭路18号
电话：0574-63918888
邮编：315300

慈溪香苑大酒店★★★
地址：宁波市慈溪市周巷镇环城北路298号
电话：0574-63920888
邮编：315324

慈溪天地家苑酒店★★★
地址：宁波市慈溪市文二路158号
电话：0574-63912222
邮编：315300

慈溪天地花苑酒店★★★
地址：宁波市慈溪市三北大街汽车东站西侧
电话：0574-63921111
邮编：315300

慈溪欧莱酒店★★★
地址：宁波市慈溪市青少年宫北路96号
电话：0574-63987777
邮编：315300

宁波中山饭店★★★
地址：宁波市孝闻街100号
电话：0574-56126888
邮编：315010

宁波海俱大酒店★★★
地址：宁波市马园路218号
电话：0574-87076886
邮编：305012

宁波世纪盛业宾馆★★★
地址：宁波市体育场路43号
电话：0574-56200888
邮编：315010

宁波联谊宾馆★★★
地址：宁波市国医街85号
电话：0574-87287888
邮编：315000

宁波江花宾馆★★★
地址：宁波市人民路85号
电话：0574-87039888
邮编：315020

鄞州晨光大酒店★★★
地址：宁波市鄞州中心区嵩江东路559号
电话：0574-88239888
邮编：315192

宁波天兴宾馆★★★
地址：宁波市北仑新碶新大路307号
电话：0574-86871111
邮编：315800

宁波江南绿洲大酒店★★★
地址：宁波市鄞州区钱湖北路877号
电话：0574-88137777
邮编：315100

浙江威豪酒店★★★
地址：宁波市慈溪市长河镇宁丰北路378号
电话：0574-23706888
邮编：315326

慈溪观城宾馆★★★
地址：宁波市慈溪市观海卫镇三北中路4817—485号
电话：0574-63931888
邮编：315315

宁波雷孟德星光大酒店★★★
地址：宁波市鄞州区姜山镇小庄路3号
电话：0574-88452666
邮编：315191

宁波世纪盛业中苑大酒店★★★
地址：宁波市海曙区段塘东路135号
电话：0574-83866888
邮编：315010

丽嘉盛业大酒店★★★
地址：宁波市鄞州区古林镇联丰中路222号
电话：0574-88396666
邮编：315100

宏远大酒店★★★
地址：宁波市鄞州区联丰路316号
电话：0574-88058888
邮编：315176

沧海凯府大酒店★★★
地址：宁波市鄞州区瞻岐镇镇中路298号
电话：0574-55019999
邮编：315191

天马四明山居度假村★★★
地址：宁波市鄞州区横街镇桃源路尚书岙
电话：0574-83086666
邮编：315100

庄市云来大酒店★★★
地址：宁波市镇海区庄市街道兆龙路850号
电话：0574-86695666
邮编：315201

余姚城市金座酒店★★★
地址：宁波市余姚市新建北路3-3号
电话：0574-62871777
邮编：315400

镇海花园大酒店★★★
地址：宁波市镇海区沿江路2号
电话：0574-86299888
邮编：315200

宁波碧秀山庄★★★
地址：宁波市北仑区大碶街道牌门村
电话：0574-86065555
邮编：315800

余姚泗门宾馆★★★
地址：宁波市余姚泗门镇滨江路口
电话：0574-62157777
邮编：315470

余姚四明山庄森林度假村★★★
地址：宁波市四明山镇甘竹岭
电话：0574-62340889
邮编：315440

慈溪花苑大酒店★★★
地址：宁波市慈溪观海卫镇
电话：0574-63613888

邮编：315315

绍兴咸亨酒店★★★
地址：绍兴市越城区鲁迅路 179 号
电话：0575－85116666
邮编：312000

绍兴南风大酒店★★★
地址：绍兴市越城区城南风江路口
电话：0575－88326688
邮编：312000

绍兴假日大酒店★★★
地址：绍兴市越城区车站路 99 号
电话：0575－88206888
邮编：312000

绍兴廊桥花园大酒店★★★
地址：绍兴市越城区环城南路 820 号
电话：0575－88369999
邮编：312000

绍兴大酒店★★★
地址：绍兴市越城区解放北路 469 号
电话：0575－85139666
邮编：312000

绍兴市鼎鑫大酒店★★★
地址：绍兴市越城区城东光路 125 号
电话：0575－88375888
邮编：312000

绍兴龙翔国际宾馆★★★
地址：绍兴市越城区投醪河 16 号
电话：0575－88377777
邮编：312000

绍兴亚都大酒店★★★
地址：绍兴市越城区人民中路 218 号
电话：0575－85112777
邮编：312000

绍兴稽山宾馆★★★
地址：绍兴市越城区钱王祠前 16 号
电话：0575－88063838
邮编：312000

绍兴玛格丽特酒店★★★
地址：绍兴市越城区火车站广场商业中心
电话：0575－88223888
邮编：312000

绍兴浙纸建国宾馆★★★
地址：绍兴市越城区人民中路 471 号
电话：0575－85136873
邮编：312000

绍兴隆裕大酒店★★★
地址：绍兴市越城区延安路 654 号
电话：0575－88050888
邮编：312000

绍兴新府山饭店★★★
地址：绍兴市越城区府山西路 341 号
电话：0575－5155599
邮编：312099

绍兴联谊大酒店★★★
地址：绍兴市越城区胜利西路 1197 号
电话：0575－85337888
邮编：312000

绍兴佳诚大酒店★★★
地址：绍兴市越城区胜利西路 1098 号
电话：0575－89587777
邮编：312000

绍兴县轻纺城大酒店★★★
地址：绍兴市绍兴县柯桥纬二路 8 号
电话：0575－84116868
邮编：312000

绍兴县新世界大酒店★★★
地址：绍兴市绍兴县柯桥小马路 1 号
电话：0575－84079999
邮编：312000

绍兴县鱼得水大酒店★★★
地址：绍兴市绍兴县柯桥东升路 3 号
电话：0575－84095588
邮编：312000

绍兴县永通宾馆★★★
地址：绍兴市绍兴县钱清镇
电话：0575－84518666
邮编：312000

绍兴县越海大酒店★★★
地址：绍兴市绍兴县华舍镇
电话：0575－84781777
邮编：312000

绍兴县安昌大酒店★★★
地址：绍兴市绍兴县安昌镇东市
电话：0575－85655779
邮编：312000

上虞曹娥江大酒店★★★
地址：绍兴市上虞市百官镇江杨路
电话：0575－82218888
邮编：312300

上虞舜杰大酒店★★★
地址：绍兴市上虞市曹娥江开发区
电话：0575－82211222
邮编：312300

上虞丽都大酒店★★★
地址：绍兴市上虞市中心 3 路 1 号
电话：0575－82171888
邮编：312300

上虞白云宾馆★★★
地址：绍兴市上虞市盖北镇化工园区
电话：0575－82171188
邮编：312300

嵊州国际大酒店★★★
地址：绍兴市嵊州市北直街 2 号
电话：0575－83037888
邮编：312400

嵊州柏星超级大酒店★★★
地址：绍兴市嵊州市大道 147 号
电话：0575－83181999
邮编：312400

嵊州国商宾馆★★★
地址：绍兴市嵊州市北直街 1 号
电话：0575－83013888
邮编：312400

嵊州市城市酒店★★★
地址：绍兴市嵊州市官河路 406 号
电话：0575－83569929
邮编：312400

新昌瑞和度假村★★★
地址：绍兴市新昌县城关镇馒头山
电话：0575－86289066
邮编：312500

新昌鹤群大酒店★★★
地址：绍兴市新昌县人民东路康乐巷 1 号
电话：0575－86128999
邮编：312500

新昌石城大酒店★★★
地址：绍兴市新昌县鼓山东路 96 号
电话：0575－86032800
邮编：312500

新昌白云大酒店★★★
地址：绍兴市新昌县沿江东路 8 号
电话：0575－86228866
邮编：312500

新昌国贸大酒店★★★
地址：绍兴市新昌县城关人民中路 129 号
电话：0575－86028888
邮编：312500

诸暨海亮花园酒店★★★
地址：绍兴市诸暨市店口镇
电话：0575－87177888
邮编：311800

诸暨大地酒店★★★
地址：绍兴市诸暨市城关镇大桥路 117 号
电话：0575－87027218
邮编：311800

诸暨新嘉邦大酒店★★★
地址：绍兴市诸暨市陶朱南路 12 号
电话：0575－87171666
邮编：311800

诸暨港汇大酒店★★★
地址：绍兴市诸暨市环城东路 8 号
电话：0575－86977888
邮编：311800

诸暨申发菲达大酒店★★★
地址：绍兴市诸暨市璜山镇诸东北路 52 号
电话：0575－87976777
邮编：311800

诸暨市东白湖休闲度假中心★★★
地址：绍兴市诸暨市东白镇 258 号
电话：0575－87970168
邮编：311800

衢州京汉国际大酒店★★★
地址：衢州市柯城区三衢路 495 号
电话：0570－8766666
邮编：324100

衢州万豪大酒店★★★
地址：衢州市荷花四路 395 号
电话：0570－8878608
邮编：324002

衢州市柯城金凯大酒店★★★
地址：衢州市荷花中路 519 号
电话：0570－8877888
邮编：324002

龙游金峰国贸大酒店★★★
地址：衢州市龙游县太平西路 34 号
电话：0570－7856222
邮编：324400

龙游广银大酒店★★★
地址：衢州市龙游县兴龙北路 102 号
电话：0570－7018888
邮编：324400

江山千红饭店★★★
地址：衢州市江山市南门路 66 号
电话：0570－4011399
邮编：324100

江山市华厦商贸有限公司江山宾馆★★★
地址：衢州市江山市解放路 140 号
电话：0570－4025483
邮编：324100

江山万隆度假村★★★
地址：衢州市江山市城南经济开发区通达路 1 号
电话：0570－4891111
邮编：324100

江山日月湖度假村★★★
地址：衢州市江山市碗窑水库月亮湖风景区
电话：13676609989
邮编：324100

江山万和豪生大酒店★★★
地址：衢州市江山市贺村镇贺福中路 28 号
电话：13757030932
邮编：324100

常山国际大酒店★★★
地址：衢州市常山县城白马路 168 号
电话：0570－5017777
邮编：324200

常山华府大酒店★★★
地址：衢州市常山县定阳南路 165 号
电话：0570－5665566
邮编：324200

开化大酒店★★★
地址：衢州市开化城关镇花山路 17 号
电话：0570－6908888
邮编：324300

开化东方大酒店★★★
地址：衢州市开化江滨南路 3 号
电话：0570－6918118
邮编：324300

开化开阳饭店★★★
地址：衢州市开化县桃溪路 38 号
电话：0570－6077777
邮编：324300

金华国际大酒店★★★
地址：金华市中山路 261 号
电话：0579－82339988
邮编：321000

金华望江饭店★★★
地址：金华市中山路 112 号
电话：0579－82336688
邮编：321000

金华市嘉恒宾馆★★★
地址：金华市人民西路 298 号
电话：0579－82076090
邮编：321001

兰溪兰江大厦★★★
地址：金华市兰溪市人民南路 6 号
电话：0579－88866666
邮编：321100

兰溪市今日名都大酒店★★★
地址：金华市兰溪市丹溪大道 188 号
电话：0579－88889999
邮编：321100

兰溪市国泰大酒店★★★
地址：金华市兰溪市人民北路 26 号
电话：0579－88846688
邮编：321100

东阳市五洲大酒店★★★
地址：金华市东阳市双岘路 36 号
电话：0579－86649888
邮编：322100

东阳市嘉华大酒店★★★
地址：金华市东阳市人民路 199 号
电话：0579－86016666
邮编：322100

东阳宾馆★★★
地址：金华市东阳市黉门广场东侧
电话：0579－86622011
邮编：322100

东阳大厦★★★
地址：金华市东阳市中山路 6 号
电话：0579－86631388
邮编：322100

东阳国际大酒店★★★
地址：金华市东阳市望江路 20 号
电话：0579－86858888
邮编：322100

东阳横店影星酒店★★★
地址：金华市东阳市横店医学路 77 号
电话：0579－86551511
邮编：322100

横店影视城旅游大厦★★★
地址：金华市横店镇万盛街 1 号
电话：0579－86580000
邮编：322118

磐安花台山宾馆★★★
地址：金华市磐安县安文镇海螺街 36 号
电话：0579－84651800
邮编：322300

磐安伟业大酒店★★★
地址：金华市磐安县文溪路 158 号
电话：0579－84676666
邮编：322300

武义唐风温泉度假村★★★
地址：金华市武义县塔山风景区
电话：0579－87620666
邮编：321200

武义清水湾温泉度假村★★★
地址：金华市武义县溪里温泉旅游度假区
电话：0579－87739288
邮编：321200

永康振东大酒店★★★
地址：金华市永康市望春东路 108 号
电话：0579－87126668
邮编：321300

永康紫薇花园宾馆★★★
地址：金华市永康市金都路 1 号市委党校内
电话：0579－87136666
邮编：321300

永康市紫微大酒店★★★
地址：金华市永康市紫微南路 48 号
电话：0579－7171999
邮编：321300

义乌香港大酒店★★★
地址：金华市义乌市工人西路 18 号
电话：0579－85265888
邮编：322000

义乌迪元酒店★★★
地址：金华市义乌市西城路 696 号
电话：0579－85566999
邮编：322000

义乌普济特华都大酒店★★★
地址：金华市义乌市工人西路 155 号
电话：0579－85668088
邮编：322000

台州市椒江大酒店★★★
地址：台州市椒江区工人路 80 号
电话：0576－88858788
邮编：318000

台州市时间商务酒店★★★
地址：台州市椒江区中山路 219 号
电话：0576－88851888
邮编：318000

黄岩国际大酒店★★★
地址：台州市黄岩区九峰路 1 号
电话：0576－84286028
邮编：318020

黄岩橘都大酒店★★★
地址：台州市黄岩区天长南路 27 号
电话：0576－84281003
邮编：318020

黄岩阳光大酒店★★★
地址：台州市黄岩区环城东路 122 号
电话：0576－84030939
邮编：318020

格林大酒店★★★
地址：台州市黄岩区环城东路 8 号
电话：0576－84030892
邮编：318020

台州碧海云天商务酒店★★★
地址：台州市路桥区腾达路 399 号
电话：0576－82510035
邮编：318050

台州华利士大酒店★★★
地址：台州市路桥区东路桥大道 301 号
电话：0576－82422828
邮编：318050

临海华侨宾馆★★★
地址：台州市回浦路 32 号
电话：0576－85229988
邮编：317000

温岭假日国际大酒店★★★
地址：台州市温岭市中华路 385 号
电话：0576－86108888
邮编：317500

台州市万昌宾馆★★★
地址：台州市温岭市泽国镇泽楚路 388 号
电话：0576－86428888
邮编：317523

温岭市汇其乐大厦★★★
地址：台州市温岭市万寿路 88 号
电话：0576－86216999
邮编：317500

温岭松门君豪国际大酒店★★★
地址：台州市温岭市松门镇远景大道
电话：0576－86658888
邮编：317513

玉环县天鸿饭店★★★
地址：台州市玉环县广陵路 136 号
电话：0576－87230889
邮编：317600

玉环国际大酒店★★★
地址：台州市玉环县玉潭路 34 号
电话：0576－87257679
邮编：317600

玉环长城宾馆★★★
地址：台州市玉环县楚门镇南兴西路 275 号
电话：0576－87421768
邮编：317600

天台东方国际大酒店★★★
地址：台州市天台县飞鹤路 358 号
电话：0576－83920665
邮编：317200

天台石梁宾馆★★★
地址：台州市天台县石梁镇龙皇堂
电话：0576－83091888
邮编：317200

天台卧龙山庄★★★
地址：台州市天台县国清景区木鱼山
电话：0576－83958999
邮编：317200

仙居县竺梅度假村★★★
地址：台州市仙县居城关浮石园
电话：0576－87736888
邮编：317300

仙居县月塘大酒店★★★
地址：台州市仙居县花园路 108 号
电话：0576－87889999
邮编：317300

仙居县假日大酒店★★★
地址：台州市仙居县穿城中路 16 号
电话：0576－87712888
邮编：317300

三门大酒店★★★
地址：台州市三门县民丰路 8 号
电话：0576－83358888
邮编：317100

温州金鹏宾馆★★★
地址：温州市鹿城区勤奋路 12 号
电话：0577－88518899
邮编：325000

温州天都大酒店★★★
地址：温州市瓯海区兴海西路
电话：0577－88501888
邮编：325005

温州瑞兴大酒店★★★
地址：温州市鹿城区鹿城路 135 号
电话：0577－88099999
邮编：325000

温州总商会大酒店★★★
地址：温州市鹿城区仓后街 22 号
电话：0577－88225555
邮编：325000

温州均瑶宾馆★★★
地址：温州市鹿城区车站大道 733 号
电话：0577－88368888
邮编：325000

温州花园大酒店★★★
地址：温州市鹿城区黎明中路 96 号
电话：0577－88326000
邮编：325000

温州亚金大酒店★★★
地址：温州市鹿城区飞霞路马鞍池路口
电话：0577－88811111
邮编：325000

温州市半岛公寓酒店★★★
地址：温州市鹿城区火车站西首
电话：0577－88080808
邮编：325000

温州红太阳宾馆★★★
地址：温州市鹿城区火车站站前
电话：0577－86788888
邮编：325000

温州金悦丽嘉酒店★★★
地址：温州市鹿城区温州大道火车站东 500 米
电话：0577－86078888
邮编：325000

温州水心饭店★★★
地址：温州市鹿城区隔岸路 177 号
电话：0577－88524966
邮编：325000

鹿城站前金茂皇冠大酒店★★★
地址：温州市鹿城区温州大道金富大厦
电话：0577－86008888
邮编：325000

温州市君林大酒店★★★
地址：温州市鹿城路 373 号
电话：0577－88736666
邮编：325000

温州黄龙宾馆★★★
地址：温州市鹿城路 86 号
电话：0577－88719901
邮编：325000

温州海曼岛商务酒店★★★
地址：温州市鹿城区航标路到底江边
电话：0577－56808080
邮编：325000

温州市永强大酒店★★★
地址：温州市龙湾区永中镇永强东路
电话：0577－86370888
邮编：325013

温州机场宾馆★★★
地址：温州市龙湾区温州机场
电话：0577－86898119
邮编：325013

温州兴荣速 8 酒店★★★
地址：温州市鹿城区温州大道 7 号
电话：0577－86568888
邮编：325000

温州瓯昌饭店★★★
地址：温州市鹿城区雪山路 71 号
电话：0577－88528888
邮编：325000

温州瓯海宾馆★★★
地址：温州市瓯海区将军桥兴海路 31 号
电话：0577－88538888
邮编：325005

雁荡山朝阳山庄★★★
地址：温州市乐清市雁荡山朝阳路 56 路
电话：0577－62245999
邮编：325600

温州银苑饭店★★★
地址：温州市乐清市雁荡山雁山路迎宾桥
电话：0577－62245000
邮编：325600

温州市公路处雁荡山灵岩山庄★★★
地址：温州市乐清市雁荡山下灵岩路 32 号
电话：0577－62246888
邮编：325600

乐清市沪川大酒店★★★
地址：温州市柳市镇中国电器城 7 号楼
电话：0577－62758888
邮编：325604

瑞安市新都大酒店★★★
地址：温州市瑞安市塘下镇广场西路 255 号
电话：0577－65377888
邮编：325200

瑞安华都大酒店★★★
地址：温州市瑞安市瑞光大道 28 号
电话：0577－65618888
邮编：325200

瑞安华侨饭店★★★
地址：温州市瑞安市万松东路 6 号
电话：0577－65633588
邮编：325200

瑞安瑞立商务酒店★★★
地址：温州市瑞安市万松东路 188 号
电话：13506650060
邮编：325200

瑞安市银城商务宾馆★★★
地址：温州市瑞安市万松西路玉海大厦
电话：0577－65066666
邮编：325200

瑞安华富天成大酒店★★★
地址：温州市瑞安市阳光北路 187 号
电话：0577－65908888
邮编：325200

瑞安市瑞丰大酒店★★★
地址：温州市瑞安市阳光路 6 号
电话：0577－65620888
邮编：325200

永嘉桥头饭店★★★
地址：温州市永嘉县桥头镇桥东大街 2 号
电话：0577－67453888
邮编：325100

永嘉县钱塘世纪大酒店★★★
地址：温州市永嘉县上塘镇县前西路
电话：0577－67268405
邮编：325100

洞头东方罗马假日酒店★★★
地址：温州市洞头县北岙镇建设巷 1－2 号
电话：0577－63486888
邮编：325700

温州海逸酒店★★★
地址：温州市洞头县新城区海滨大道 78 号
电话：0577－63382222
邮编：325700

温州文成新宾馆★★★
地址：温州市文成县文青路 1 号
电话：0577－67899999
邮编：325300

文成县阳光假日大酒店★★★
地址：温州市文成县伯温路 5 号
电话：0577－67838888
邮编：325300

文成县国际大酒店★★★
地址：温州市文成县城东大道 56 号
电话：0577－67898888
邮编：325300

平阳虎豪大酒店★★★
地址：温州市平阳县水头镇泾川中路 112 号
电话：0577－63116888
邮编：325400

平阳世贸富豪大酒店★★★
地址：温州市平阳县敖江镇环镇北路
电话：0577－63112222
邮编：325400

温州氡泉承天大酒店★★★
地址：温州市泰顺县雅阳镇承天氡泉景区
电话：0577－67668888
邮编：325500

泰顺国际大酒店★★★
地址：温州市罗阳镇邮政路 2 号
电话：0577－67569999
邮编：325500

苍南龙华大酒店★★★
地址：温州市苍南县龙港镇龙跃路 118 号
电话：0577－64200888
邮编：325800

苍南泰安大酒店★★★
地址：温州市苍南县龙港镇龙港大道 41 号
电话：0577－64866666
邮编：325800

苍南东瓯大酒店★★★
地址：温州市苍南县玉苍山天湖接待区
电话：0577－68682888
邮编：325800

温州华玉山庄★★★
地址：温州市苍南县龙港镇纺织三街 28 号
电话：0577－68689999
邮编：325800

乐清市国际大酒店银城广场★★★
地址：温州市乐清市乐怡路 85 号
电话：0577－62599089
邮编：325600

丽水市莲城宾馆★★★
地址：丽水市丽阳街 254 号
电话：0578－2132707
邮编：323000

丽水香溢紫荆花大酒店★★★
地址：丽水市丽阳街 438 号
电话：0578－2298855
邮编：323000

丽水市飞达国际大酒店★★★
地址：丽水市中东路 848 号
电话：0578－2178888
邮编：323000

丽水市新世界大酒店★★★
地址：丽水市丽青路 219 号
电话：0578－2352888
邮编：323000

丽水市现代广场大酒店★★★
地址：丽水市大洋路 598 号
电话：0578－2218888
邮编：323000

丽水东方宾馆★★★
地址：丽水市中山街 433 号
电话：0578－2686161
邮编：323000

丽水市绿谷明珠大酒店★★★
地址：丽水市大洋路 199 号
电话：0578－2558888
邮编：323000

缙云县仙都假日酒店★★★
地址：丽水市缙云县仙都风景区
电话：0578－3343168
邮编：321400

龙泉市中新旅业·龙泉大酒店★★★
地址：丽水市龙泉市新华街 83 号
电话：0578－7220168
邮编：323700

龙泉山旅游度假区·绿野山庄★★★
地址：丽水市龙泉市凤阳山
电话：0578－7112073
邮编：323700

龙泉香溢大酒店★★★
地址：丽水市龙泉市贤良路 218 号
电话：0578－7268888
邮编：323700

庆元县国际大酒店★★★
地址：丽水市庆元县松源镇濛州街
电话：0578－6221881
邮编：323800

青田县飞鹤度假山庄★★★
地址：丽水市青田县石郭坑底
电话：0578－6901300
邮编：323900

青田侨乡国际大酒店★★★
地址：丽水市青田县江南大道 108 号
电话：0578－6999999
邮编：323900

龙泉市南国花园酒店★★★
地址：丽水市龙泉市剑川大道 155 号
电话：0578－7866866
邮编：323700

遂昌凯恩大酒店★★★
地址：丽水市遂昌县北街 1 号
电话：0578－8188888
邮编：323300

遂昌汤公度假酒店★★★
地址：丽水市遂昌县妙高镇君子路与水阁路交叉口
电话：0578－8111111
邮编：323300

云和县云和大酒店★★★
地址：丽水市云和县府前路 8 号
电话：0578－5133888
邮编：323600

景宁新金鹤大酒店★★★
地址：丽水市景宁县鹤溪镇团结路 2 号
电话：0578－5088888
邮编：323000

丽水市辉煌大酒店★★★
地址：丽水市莲都区经济技术开发区绿谷大道（新南城 208 号）
电话：0578－2861111
邮编：323000

二星级

杭州银星饭店★★
地址：杭州市莫干山路 54 号
电话：0571－88268000
邮编：310005

杭州新玉泉饭店★★
地址：杭州市玉古路 138 号
电话：0571－87982678
邮编：310013

浙江圆正神农宾馆★★
地址：杭州市凯旋路 268－1 号
电话：0571－86026088
邮编：310029

杭州锦诚采荷大酒店★★
地址：杭州市庆春东路 83 号
电话：0571－28030333
邮编：310016

紫云饭店★★
地址：杭州市杭大路 33 号
电话：0571－87998765
邮编：310007

杭州银桥大酒店★★
地址：杭州市庆春东路 87 号
电话：0571－86041016
邮编：310016

杭州天海宾馆★★
地址：杭州市天成路 82 号
电话：0571－86456888
邮编：310004

杭州普金大酒店★★
地址：杭州市秋涛北路 190 号
电话：0571－867978888
邮编：310020

杭州喜得宝大酒店★★
地址：杭州市环城北路 11 号
电话：0571－85198888
邮编：310004

杭州印月宾馆★★
地址：杭州市望江路 88 号
电话：0571－56721474
邮编：310008

杭州宏大宾馆★★
地址：杭州市武林路戒坛寺巷 25 号
电话：0571－85868888
邮编：310006

杭州保俶山庄★★
地址：杭州市石祥路 82 号
电话：0571－85820188
邮编：310022

杭州中环饭店★★
地址：杭州市秋涛北路 320 号
电话：0571－86457925
邮编：310020

杭州豪盛大酒店★★
地址：杭州市延安路 396 号
电话：0571－87087170
邮编：310003

杭州金海宾馆★★
地址：杭州市莫干山路 76 号

电话：0571－88277288
邮编：310005

杭州灵山假日大酒店★★
地址：杭州市双溥镇杭富沿江公路 168 号
电话：0571－87601787
邮编：310024

萧山紫英山庄★★
地址：杭州市萧山区萧绍路 516 号
电话：0571－82729558
邮编：311200

萧山国泰宾馆★★
地址：杭州市萧山区萧绍路 488 号
电话：0571－82882288
邮编：311201

萧山哥德曼俱乐部★★
地址：杭州市萧山区瓜沥镇东灵北路
电话：0571－82889999
邮编：311241

萧山我都宾馆★★
地址：杭州市萧山区萧然南路 178 号
电话：0571－22878888
邮编：311200

余杭腾龙大酒店★★
地址：杭州市余杭区临平人民大道 403 号
电话：0571－86227777
邮编：311100

杭州瑞晶宾馆★★
地址：杭州市余杭区临平镇东湖北路
电话：0571－86138177
邮编：311100

五月红大酒店★★
地址：杭州市余杭区临平迎宾大道
电话：0571－86156666
邮编：311100

余杭虹雨大酒店★★
地址：杭州市余杭区星桥街道
电话：0571－86267688
邮编：311100

余杭樟苑宾馆★★
地址：杭州市余杭区闲林镇文卫路 17 号
电话：0571－88680166
邮编：311122

杭州正东大酒店★★
地址：杭州市余杭区临平星火南路 18 号
电话：0571－86240388
邮编：311100

杭州紫阳楼大酒店★★
地址：杭州市余杭区南苑街道人民大道 369 号
电话：0571－89172999
邮编：311100

杭州崇杭大酒店★★
地址：杭州市余杭区崇贤街道前村街 29 号
电话：0571－86272888
邮编：311108

杭州琵琶湾生态农庄有限公司宾馆分公司★★
地址：杭州市余杭区塘栖镇邵家坝村
电话：0571－86316215
邮编：311106

富春山庄★★
地址：杭州市富阳花坞北路 6 号
电话：0571－63324811
邮编：311400

富阳凯悦宾馆★★
地址：杭州市富春街道西堤南路 348 号
电话：0571－63131000
邮编：311400

中国兵器准备集团杭州疗养院（万友度假村）★★
地址：杭州市富春街道江滨东大道 5 号
电话：0571－63323956
邮编：311400

红都休闲山庄★★
地址：杭州市富春街道大桥路小垄 60 号
电话：0571－63349000
邮编：311400

中港大酒店★★
地址：杭州市富春街道孙权路 8 号
电话：0571－63317777
邮编：311400

新山外山大酒店★★
地址：杭州市富阳新登镇南津桥头
电话：0571－63219808
邮编：311404

春城碧湖山庄★★
地址：杭州市富阳市胥口镇上练村
电话：0571－63283558
邮编：311404

富阳金世纪大酒店★★
地址：杭州市富阳市金桥南路 69 号
电话：0571－62059000
邮编：311400

富阳香雪海宾馆★★
地址：杭州市富阳市新登镇城南路 22 号
电话：63218888
邮编：311404

临安大世界酒店★★
地址：杭州市钱王大街 725 号
电话：0571－63753888
邮编：311300

浙地山庄★★
地址：杭州市临安市青山湖泥山湾
电话：0571－63718118
邮编：311300

临安天目山庄★★
地址：杭州市临安市天目山
电话：0571－63857272
邮编：311311

临安金石大酒店★★
地址：杭州市临安市景杉路 318 号
电话：0571－63922888
邮编：311300

临安绿城大酒店★★
地址：杭州市临安市昌化镇大桥路
电话：0571－63664586
邮编：311321

建德香溢新安江宾馆★★
地址：杭州市建德市白沙镇菜市路 3 号
电话：0571－64721369
邮编：311600

建德大同宾馆★★
地址：杭州市建德市大同镇
电话：0571－64584333
邮编：311600

建德广宇大酒店★★
地址：杭州市建德市新安江街道电力巷 36 号
电话：0571－64000088
邮编：311600

建德金辉大酒店★★
地址：杭州市建德市新安江街道桔园巷 18 号
电话：0571－64719778
邮编：311600

建德金凤凰大酒店★★
地址：杭州市建德市白沙镇新安东路 159 号
电话：0571－64787898
邮编：311600

建德江城花园大酒店★★
地址：杭州市建德市新安江镇环城北路 58 号
电话：0571－64001788
邮编：311600

新安江紫金宾馆★★
地址：杭州市建德市新安江街道紫金滩
电话：0571－64542580
邮编：311608

桐庐凤凰宾馆★★
地址：杭州市桐庐镇桐君山旁石屋坞
电话：0571－64623083
邮编：311500

桐庐红灯笼乡村家园★★
地址：杭州市桐庐县瑶琳镇
电话：0571－64363468
邮编：311500

桐庐大奇山景苑度假村★★
地址：杭州市桐庐县大奇山路
电话：0571－64241376
邮编：311500

桐庐红月亮宾馆★★
地址：杭州市桐庐县小岭路 52－3 号
电话：0571－64609111
邮编：311500

桐庐罗马宾馆★★
地址：杭州市桐庐桐君街道迎春路 580 号
电话：0571－69907777
邮编：311500

钱塘星岛度假村★★
地址：杭州市千岛湖梦菇岛
电话：0571－64823456
邮编：311700

梦之岛大酒店★★
地址：杭州市淳安县千岛湖镇新安大街 118 号
电话：0571－64883198
邮编：311700

淳安金日酒店★★
地址：杭州市淳安县千岛湖淡竹乡
电话：0571－64872066
邮编：311700

千岛兰亭宾馆★★
地址：杭州市千岛湖镇新安大街 47 号

电话：0571－64818088
邮编：311700

千岛湖利民大酒店★★
地址：杭州市淳安新安大街87号
电话：0571－64823179
邮编：311700

淳安金都宾馆★★
地址：杭州市千岛湖新安大街124号
电话：0571－64813069
邮编：311700

汾口大酒店★★
地址：杭州市千岛湖汾口镇
电话：0571－64854779
邮编：311700

淳安新世纪大酒店★★
地址：杭州市千岛湖大市镇
电话：0571－64845999
邮编：311700

京港大酒店★★
地址：杭州市千岛湖新安大街127号
电话：0571－64835588
邮编：311700

中国武警杭州消防休养所★★
地址：杭州市千岛湖镇环湖南路4号
电话：0571－64882008
邮编：311700

秀水城大酒店★★
地址：杭州市千岛湖镇新安东路79号
电话：0571－64818888
邮编：311700

新安宾馆★★
地址：杭州市千岛湖镇新安北路17号
电话：0571－64826333
邮编：311700

南苑宾馆★★
地址：杭州市千岛湖镇南山大街55号
电话：0571－64881100
邮编：311700

湖州饭店★★
地址：湖州市红旗路43号
电话：0572－2219988
邮编：313000

白鹭迎宾馆★★
地址：湖州市龙王山路518号东侧
电话：0572－2022151
邮编：313000

颖园饭店★★
地址：湖州市南浔区便民路31号
电话：0572－3912025
邮编：313009

千翁宾馆★★
地址：湖州市南浔区江南水乡一条街800号
电话：0572－3912188
邮编：313009

兴悦大酒店★★
地址：湖州市长兴县雉城人民北路63号
电话：0572－6575900
邮编：313100

京河大酒店★★
地址：湖州市德清县乾元镇务前街107号
电话：0572－8420718
邮编：313200

香水岭宾馆★★
地址：湖州市德清县09省道乔莫线69公里处
电话：0572－8041216
邮编：313211

新国贸大酒店★★
地址：湖州市德清县武康永安街59号
电话：0572－8280188
邮编：313200

新世纪大酒店★★
地址：湖州市德清县武康英溪南路367号
电话：0572－8072738
邮编：313200

嘉善凯迅大酒店★★
地址：嘉兴市西塘环秀街28号
电话：0573－84564888
邮编：314100

乍浦金茂宾馆★★
地址：嘉兴市乍浦镇沪杭路83号
电话：0573－85526888
邮编：314200

平湖金都大酒店★★
地址：嘉兴市平湖市乍浦镇沪杭路184号
电话：0573－85522888
邮编：314200

平湖绿阳大饭店★★
地址：嘉兴市平湖经济开发区昌盛路288号
电话：0573－85071999
邮编：314200

海盐湾景宾馆★★
地址：嘉兴市海盐南北湖风景区
电话：0573－86516222
邮编：314300

海宁大世界酒店★★
地址：嘉兴市海宁海昌路西上路口598号
电话：0573－87373888
邮编：314400

海宁吴越乾门大酒店★★
地址：嘉兴市海宁火车站广场16号
电话：0573－87281111
邮编：314400

舟山市定海樱花宾馆★★
地址：舟山市定海环城南路428号
电话：0580－2061218
邮编：316000

舟山市定海华亭宾馆★★
地址：舟山市定海人民南路82号
电话：0580－2062388
邮编：316000

普陀山百步阁宾馆★★
地址：舟山市普陀山普济路209号
电话：0580－6092199
邮编：316107

舟山市普陀山锦屏山庄★★
地址：舟山市普陀山法雨路107号
电话：0580－6690500
邮编：316107

舟山市普陀山紫竹山庄★★
地址：舟山市普陀山金沙路21号
电话：0580－6698018
邮编：316107

普陀山三圣堂饭店★★
地址：舟山市普陀山妙庄严路121号
电话：0580－6093218
邮编：316107

普陀山宝陀饭店★★
地址：舟山市普陀山梅岑路108号
电话：0580－6092090
邮编：316107

舟山市普陀山海通宾馆★★
地址：舟山市普陀山梅岑路2号
电话：0580－6092777
邮编：316107

舟山香溢普陀度假酒店★★
地址：舟山市朱家尖南沙度假村11号
电话：0580－6631668
邮编：316111

舟山市普陀华银宾馆★★
地址：舟山市沈家门滨港路266号
电话：0580－3065588
邮编：316100

舟山市普陀晶昌大厦宾馆★★
地址：舟山市普陀区沈家门西大街116号
电话：0580－3067700
邮编：316100

舟山市普陀莲花山庄★★
地址：舟山市普陀区沈家门东港开发区
电话：0580－3823222
邮编：316100

舟山锦骋绿苑大酒店★★
地址：舟山市岱山县高亭镇人民路48号
电话：0580－4481888
邮编：316200

岱山雪晶宾馆★★
地址：舟山市岱山县高亭镇长河路7号
电话：0580－4471888
邮编：316200

岱山县红叶大酒店★★
地址：舟山市岱山县高亭人民路102号
电话：0580－4482888
邮编：316200

岱山县新仙乐大酒店★★
地址：舟山市岱山县衢山镇人民路452号
电话：0580－4797588
邮编：316281

岱山翡翠岛休闲城★★
地址：舟山市岱山县高亭镇沿港三弄14号
电话：0580－4472188
邮编：316200

岱山县华嵘大酒店★★
地址：舟山市岱山县衢山镇
电话：0580－4792700
邮编：316200

嵊泗县万宝大酒店★★
地址：舟山市嵊泗县菜园镇海滨中路59号
电话：0580－5086888
邮编：202450

嵊泗县天缘宾馆★★
地址：舟山市嵊泗县菜园镇东海路158号
电话：0580－5182788
邮编：202450

嵊泗县鑫荣大酒店★★
地址：舟山市嵊泗县嵊山镇陈钱山路1号

电话：0580－5021188
邮编：202457

宁波永耀大酒店★★
地址：宁波市开明街341号
电话：0574－51101888
邮编：315000

宁波新泰宾馆★★
地址：宁波市百丈东路992号
电话：0574－56170666
邮编：315041

宁波博文大酒店★★
地址：宁波市中兴南路99号
电话：0574－87955888
邮编：315041

宁波江南印象大酒店★★
地址：宁波市江南路93号
电话：0574－87796777
邮编：315040

宁波江北芦苇大酒店★★
地址：宁波市江北区洪塘中路233号
电话：0574－87588666
邮编：315020

鄞州西山阁宾馆★★
地址：宁波市鄞州区蛟口水库
电话：0574－88476207
邮编：315161

鄞州东城假日宾馆★★
地址：宁波市鄞州区邱隘镇
电话：0574－88390880
邮编：315101

鄞州宏阳大酒店★★
地址：宁波市鄞州区鄞江镇四明东路101号
电话：0574－88080888
邮编：315151

镇海骆驼大酒店★★
地址：宁波市镇海区骆驼杭甬路140号
电话：0574－86319999
邮编：315200

北仑阳光假日宾馆★★
地址：宁波市北仑区新大路367号
电话：0574－26888888
邮编：315800

宁波学苑宾馆★★
地址：宁波市北仑区新大路1368号
电话：0574－26887777
邮编：315800

宁波伊嘉假日酒店★★
地址：宁波市北仑区大矸宁穿路58号
电话：0574－86111888
邮编：315806

宁波丰豪宾馆★★
地址：宁波市北仑区明州路269号
电话：0574－86806677
邮编：315800

奉化溪口宾馆★★
地址：宁波市奉化市溪口中兴西路110号
电话：0574－88851288
邮编：315502

奉化大鹰宾馆★★
地址：宁波市奉化市广平路233号
电话：0574－88503333
邮编：315500

宁海京都宾馆★★
地址：宁波市宁海县城关北斗北路
电话：0574－65579999
邮编：315600

宁海天河温泉宾馆★★
地址：宁波市宁海县城关气象北路328号
电话：0574－65597188
邮编：315600

宁海凤山大酒店★★
地址：宁波市宁海县深圳镇环城南路55号
电话：0574－65289777
邮编：315614

象山东海明珠大酒店★★
地址：宁波市象山县丹城象山港路与新丰路交叉口
电话：0574－65767885
邮编：315700

石浦港大酒店★★
地址：宁波市象山县石浦镇大庆路138号
电话：0574－65969999
邮编：315731

象山新光大丰盛酒店★★
地址：宁波市象山县丹西街道48号
电话：0574－65611258
邮编：315700

象山大目涂宾馆★★
地址：宁波市象山丹城建设路158号
电话：0574－65756888
邮编：315700

余姚新玉立宾馆★★
地址：宁波市余姚市玉立路67号
电话：0574－62882888
邮编：315400

余姚鲁班庄园大酒店★★
地址：宁波市余姚市阳明西路286号
电话：0574－62818620
邮编：315400

余姚南苑宾馆★★
地址：宁波市余姚市杜义弄18号
电话：0574－62703333
邮编：315400

余姚邮电宾馆★★
地址：宁波市余姚市阳明西路48号
电话：0574－62882588
邮编：315400

余姚南雷宾馆★★
地址：宁波市余姚市城下路19号
电话：0574－62732066
邮编：315400

余姚红枫山庄★★
地址：宁波市余姚市梁弄镇如意路128号
电话：0574－62370000
邮编：315431

余姚金辉宾馆★★
地址：宁波市余姚市长安路51号
电话：0574－22666666
邮编：315400

余姚黄金世纪大酒店★★
地址：宁波市余姚市临山镇
电话：0574－62887888
邮编：315460

余姚新皇潮酒店★★
地址：宁波市余姚市谭家岭路158号
电话：0574－62898888
邮编：315400

余姚酒楼花园酒店★★
地址：宁波市余姚市南雷路388号
电话：0574－62707888
邮编：315400

余姚帝苑酒店★★
地址：宁波市余姚市宪卿第路78号
电话：0574－62622002
邮编：315400

慈溪汉爵商务大酒店★★
地址：宁波市慈溪市青少年宫路1号
电话：0574－63813594
邮编：315300

慈溪徐福宾馆★★
地址：宁波市慈溪市三北镇329国道旁
电话：0574－63733888
邮编：315331

慈溪天华宾馆★★
地址：宁波市慈溪市观城镇观海卫路238号
电话：0574－63612188
邮编：315315

慈溪锦江宾馆★★
地址：宁波市慈溪市浒山镇慈甬路2号
电话：0574－63809688
邮编：315300

慈溪名车大酒店★★
地址：宁波市慈溪市南二环东路
电话：0574－63821888
邮编：315300

慈溪协作商务宾馆★★
地址：宁波市慈溪市浒山镇车站路39号
电话：0574－63891577
邮编：315300

慈溪红太阳大酒店★★
地址：宁波市慈溪市开发大道担山池旁
电话：0574－63019868
邮编：315300

慈溪假日酒店★★
地址：宁波市慈溪市横河镇北路
电话：0574－63269666
邮编：315318

慈溪金山宾馆★★
地址：宁波市慈溪市浒山慈甬路1号
电话：0574－63915555
邮编：315300

慈溪华兴宾馆★★
地址：宁波市慈溪市西二环线
电话：0574－63806988
邮编：315300

慈溪顺达宾馆★★
地址：宁波市慈溪市观海卫镇观海卫路211号
电话：0574－63923088
邮编：315315

慈溪金岛宾馆★★
地址：宁波市慈溪市乌山南路乌山车站对面
电话：0574－63977888
邮编：315300

慈溪金沙地宾馆★★
地址：宁波市慈溪市道林镇新横路198号
电话：0574－63928988
邮编：315321

慈溪金悦宾馆★★
地址：宁波市慈溪市南二环路东段
电话：0574－23661111
邮编：315300

慈溪新世纪花园酒店★★
地址：宁波市慈溪市新城大道南段消防大队旁
电话：0574－63922888
邮编：315300

慈溪新天渡宾馆★★
地址：宁波市慈溪市北二环东路92号
电话：0574－63019920
邮编：315300

慈溪新天地宾馆★★
地址：宁波市慈溪市庵东镇庵宗公路406号
电话：0574－63932222
邮编：315327

奉化新应梦园宾馆★★
地址：宁波市奉化市溪口中兴中路117号
电话：0574－88850661
邮编：315502

奉化明珠宾馆★★
地址：宁波市奉化市锦屏街道大成路2号
电话：0574－88597888
邮编：315500

江北洪塘大酒店★★
地址：宁波市江北区江北大道98号
电话：0574－83070888
邮编：315020

江北新天池商务宾馆★★
地址：宁波市江北区康庄南路419号
电话：0574－83012788
邮编：315020

江北慈城星光大酒店★★
地址：宁波市江北区慈城解放路19－21号
电话：0574－83006668
邮编：315020

宁海天都宾馆★★
地址：宁波市宁海县北斗北路87号
电话：0574－65550517
邮编：315600

宁海豪都大酒店★★
地址：宁波市宁海县长街镇东兴南路
电话：0574－83523666
邮编：315600

绍兴县金昌大酒店★★
地址：绍兴市绍兴县柯桥港越路9号
电话：0575－84117788
邮编：312000

绍兴县金海湾大酒店★★
地址：绍兴市绍兴县柯桥港越路柯笛花园
电话：0575－84110799
邮编：312000

绍兴县牛头山大酒店★★
地址：绍兴市绍兴县杨汛桥
电话：0575－84571688
邮编：312000

绍兴县柯桥玲珑宾馆★★
地址：绍兴市绍兴县柯桥育才路1057号
电话：0575－81184518
邮编：312000

诸暨枫桥宾馆★★
地址：绍兴市诸暨市枫桥镇学勉路83号
电话：0575－87040798
邮编：311800

诸暨商城宾馆★★
地址：绍兴市诸暨市大唐盛塘南路236号
电话：0575－87758888
邮编：311800

诸暨东方宾馆★★
地址：绍兴市诸暨市暨阳街道大桥路48号
电话：0575－87171188
邮编：311800

诸暨新雄都大酒店★★
地址：绍兴市诸暨市八一路82号
电话：0575－87106888
邮编：311800

诸暨市红辰宾馆★★
地址：绍兴市诸暨市城关诸三路72号
电话：0575－87178555
邮编：311800

诸暨市天洁宾馆★★
地址：绍兴市诸暨市西施大街
电话：0575－87111728
邮编：311800

诸暨祺吨金城大酒店★★
地址：绍兴市诸暨市店口万通路67号
电话：0575－8766688
邮编：311800

新昌宾馆★★
地址：绍兴市新昌县鼓山东路201号
电话：0575－86023960
邮编：312500

新昌富豪大酒店★★
地址：绍兴市新昌县城关镇横街25号
电话：0575－86020888
邮编：312500

新昌大佛宾馆★★
地址：绍兴市新昌县大佛景区
电话：0575－86222700
邮编：312500

新昌华翔大厦★★
地址：绍兴市新昌县城关镇西镇南路68号
电话：0575－86030888
邮编：312500

新昌新得力大酒店★★
地址：绍兴市新昌县鼓山中路49号
电话：0575－86035888
邮编：312500

新昌富豪假日酒店★★
地址：绍兴市新昌县大佛路98号
电话：0575－86239000
邮编：312500

上虞市假日宾馆★★
地址：绍兴市上虞市人民中路108号
电话．0575－82172066
邮编．312300

上虞渡江大酒店★★
地址：绍兴市上虞市曹娥江街道渡江路44号
电话：0575－82507777
邮编：312300

上虞新三源酒店★★
地址：绍兴市上虞市百官街道龙山路3号
电话：0575－82170999
邮编：312300

嵊州大酒店★★
地址：绍兴市嵊州市嵊州大道113－115号
电话：0575－83187788
邮编：312400

龙游龙都大酒店★★
地址：衢州市龙游县太平东路171号
电话：0570－7010660
邮编：324000

龙游县新京都大酒店★★
地址：衢州市龙游县人民路38号
电话：0570－7211998
邮编：324400

江山市春天商务酒店★★
地址：衢州市江山市鹿溪北路144号
电话：0570－4964148
邮编：324100

江山市满江红大酒店★★
地址：衢州市江山市区北关路38号
电话：0570－4118228
邮编：324100

江山清漾饭店★★
地址：衢州市江山市环城西路42号
电话：0570－4028777
邮编：324100

常山太平洋大酒店★★
地址：衢州市常山县文峰西路1号
电话：0570－5016388
邮编：324200

常山京源大酒店★★
地址：衢州市常山县城南民兵训练基地
电话：0570－5038888
邮编：324200

开化县利群商务酒店★★
地址：衢州市开化县芹北路24号
电话：0570－6025555
邮编：324300

开化南洋名都大酒店（原红太阳大酒店）★★
地址：衢州市开化县中山路42号
电话：0570－6016888
邮编：324300

开化古田山庄★★
地址：衢州市开化县苏庄镇古田山自然保护区
电话：0570－6829999
邮编：324300

开化水湖山庄★★
地址：衢州市开化县齐溪镇钱江源森林公园
电话：0570－6076000
邮编：324307

开化本色128商务宾馆★★
地址：衢州市开化县城关镇解放街44号
电话：0570－6028028
邮编：324300

金华鹿湖山庄★★
地址：金华市双龙风景区鹿田
电话：0579－82598042
邮编：321023

金华大厦★★
地址：金华市五一路 179 号
电话：0579－82686111
邮编：321000

金华双龙工人疗养院★★
地址：金华市双龙风景区
电话：0579－82598998
邮编：321023

金华紫东驿站商务酒店★★
地址：金华市宾虹路 111 号
电话：0579－82059888
邮编：321017

金华华莹宾馆★★
地址：金华市人民西路 908 号
电话：0579－82076666
邮编：321001

金华市金环宾馆★★
地址：金华市后城里大街 351 号
电话：0579－82532288
邮编：321000

金华银河大厦★★
地址：金华市迪耳路 289 号
电话：0579－83206666
邮编：321000

金东区物外仙境山庄★★
地址：金华市金东区赤松镇黄大仙宫
电话：0579－82098333
邮编：321022

兰溪天成大酒店★★
地址：金华市兰溪市人民路口
电话：0579－8831888
邮编：321100

兰溪市方正大酒店★★
地址：金华市兰溪市劳动路 63 号
电话：0579－88866166
邮编：321100

兰溪市香格里拉大酒店★★
地址：金华市兰溪市丹溪大道 66 号
电话：0579－8905520
邮编：321100

兰溪国贸宾馆★★
地址：金华市兰溪市中山路 74 号
电话：0579－8866999
邮编：321100

东阳市东城宾馆★★
地址：金华市东阳市吴宁西路 13 号
电话：0579－86623112
邮编：322100

东阳市横店花木山庄游乐园★★
地址：金华市东阳市横店工业区登龙山
电话：0579－86566393
邮编：322118

东阳市横店影都宾馆★★
地址：金华市东阳市横店影视实验区内
电话：0579－86587333
邮编：322118

东阳市东方宾馆★★
地址：金华市东阳市吴宁东路 12 号
电话：0579－86650000
邮编：322100

东阳市横店长征宾馆★★
地址：金华市东阳市横店镇八一村
电话：0579－86598888
邮编：322100

武义宏福大酒店★★
地址：金华市武义县东升东路 52 号
电话：0579－87630699
邮编：321200

永康市四季风尚酒店★★
地址：金华市永康市紫薇中路 149 号
电话：0579－7265066
邮编：321300

永康新丽中宾馆★★
地址：金华市永康市丽州中路 51 号
电话：0579－7102555
邮编：321300

永康市金海湾大酒店★★
地址：金华市永康胜利街和平桥头
电话：0579－7102222
邮编：321300

永康紫薇京城大酒店★★
地址：金华市永康市金城路 299 号
电话：0579－7212222
邮编：321300

永康假日宾馆★★
地址：金华市永康市望春东路 208 号
电话：0579－7102666
邮编：321300

永康市飞凤宾馆★★
地址：金华市永康市飞凤路 358 号
电话：0579－87297777
邮编：321300

永康股旺金来酒店★★
地址：金华市永康市城北西路 219－221 号
电话：0579－87111555
邮编：321300

椒江区大陈名弘宾馆★★
地址：台州市椒江区大陈岛港边路
电话：0576－88900139
邮编：318019

台州宾馆★★
地址：台州市回浦路 92 号
电话：0576－85758888
邮编：317000

台州东方明珠大酒店★★
地址：台州市钱暄路 2 号
电话：0576－85309888
邮编：317000

临海华吉宾馆★★
地址：台州市杜桥镇解放街 411 号
电话：0576－85512588
邮编：317016

临海惠风大酒店★★
地址：台州市回浦路 47 号
电话：0576－85115718
邮编：317000

临海市交通宾馆★★
地址：台州市柏叶西路 127 号
电话：0576－85136602
邮编：317000

临海市江南长城宾馆★★
地址：台州市东门后街 12 号
电话：0576－85117702
邮编：317000

临海米兰风尚城市酒店★★
地址：台州市鹿城路 100 号
电话：0576－85858585
邮编：317000

温岭饭店★★
地址：台州市温岭市北门街 151 号
电话：0576－86106688
邮编：317500

温岭泽国鸣翔宾馆★★
地址：台州市温岭市泽国镇商城大道 1 号
电话：0576－86420888
邮编：317523

温岭新河豪门商务宾馆★★
地址：台州市温岭市新河镇市民大道 13 号
电话：0576－86550999
邮编：317502

温岭市大溪雅兰达宾馆★★
地址：台州市温岭市大溪镇下洋张村
电话：0576－81675888
邮编：317525

玉环县红宝石大酒店★★
地址：台州市玉环县大麦屿兴中路 1 号
电话：0576－87356711
邮编：317600

温州雪山饭店★★
地址：温州市鹿城区雪山路 365 号
电话：0577－88520988
邮编：325000

乐清市雁荡山灵秀小庄★★
地址：温州市乐清市雁荡山响岭头步行街 157 号
电话：0577－62245222
邮编：325600

乐清市乐成东海假日宾馆★★
地址：温州市乐清市双雁路 10 号
电话：0577－62523399
邮编：325600

乐清市乐成海岸假日宾馆★★
地址：温州市乐清市双雁路 446 号
电话：0577－61606999
邮编：325600

乐清市富尔特建桥酒店★★
地址：温州市乐清市宁康西路 51 号
电话：0577－27775777
邮编：325600

瑞安寨寮溪度假村★★
地址：温州市瑞安市龙湖镇龙湖东路
电话：0577－65998188
邮编：325200

瑞安安泰商务宾馆★★
地址：温州市瑞安市安阳路 228 号星海公寓
电话：0577－65867777
邮编：325200

瑞安市罗凤大酒店★★
地址：温州市瑞安市塘下镇罗凤庄园路 1－7 号
电话：0577－65332288
邮编：325200

瑞安绿洲宾馆★★
地址：温州市瑞安市安阳瑞祥大道 558 号
电话：0577－25668888
邮编：325200

永嘉阳光大酒店★★
地址：温州市永嘉县瓯北镇双塔路1121号
电话：0577－67355518
邮编：325100

永嘉县宏泰大酒店★★
地址：温州市永嘉县瓯北镇楠江中路313号
电话：0577－67329518
邮编：325100

永嘉欧北皇都宾馆★★
地址：温州市永嘉县瓯北镇江北街南段
电话：0577－67985888
邮编：325100

永嘉金泰大酒店★★
地址：温州市永嘉县岩头镇
电话：0577－67156997
邮编：325100

洞头半岛之星商务酒店★★
地址：温州市洞头县新城区望海路2－10号
电话：0577－63381111
邮编：325700

文成县嘉乐迪商务宾馆★★
地址：温州市文成县建设路158号
电话：0577－67813333
邮编：325300

文成大自然商务酒店★★
地址：温州市文成县大峃镇伯温路5号
电话：0577－67827777
邮编：325300

文成大酒店★★
地址：温州市文成县大峃镇建设路135号
电话：0577－67811888
邮编：325300

平阳柳成山庄★★
地址：温州市平阳县南麂镇司令部
电话：0577－63670329
邮编：325400

平阳县南雁饭店★★
地址：温州市平阳县南雁镇雁荡村
电话：0577－63838888
邮编：325400

温州氡泉宾馆★★
地址：温州市泰顺县雅阳镇梅林村
电话：0577－67666666
邮编：325500

苍南宾馆★★
地址：温州市苍南县灵溪镇公园路1号
电话：0577－64868088
邮编：325800

青田县新天鹤宾馆★★
地址：丽水市青田县新大街2号
电话：0578－6836165
邮编：323900

青田县新世界大酒店★★
地址：丽水市青田县鹤城东路26号
电话：0578－6888999
邮编：323900

青田县红沙龙会所★★
地址：丽水市青田县圣旨路19号
电话：0578－6841333
邮编：323900

缙云县星辉大酒店★★
地址：丽水市缙云县新碧镇镇南路26号
电话：0578－3181267
邮编：321403

云和县云泰商务大酒店★★
地址：丽水市云和县中山街44号
电话：0578－5128888
邮编：323600

景宁鸿宾大酒店★★
地址：丽水市景宁县人民中路68号
电话：0578－5888888
邮编：323500

景宁卡乐时尚大酒店★★
地址：丽水市景宁县府前西路24号
电话：0578－5817777
邮编：323500

景宁休斯顿商务宾馆★★
地址：丽水市景宁鹤溪镇人民北路87号
电话：0578－5888885
邮编：323500

龙泉宾馆★★
地址：丽水市龙泉市清风路2号
电话：0578－7213888
邮编：323700

龙泉市鸿雁宾馆★★
地址：丽水市龙泉市剑池东路254号
电话：0578－7213333
邮编：323700

龙泉市将军假日酒店★★
地址：丽水市龙泉市中山东路118号
电话：0578－7266666
邮编：323700

龙泉市诚昕旅业·信用宾馆★★
地址：丽水市龙泉市农资路口
电话：0578－7220266
邮编：323700

龙泉山水商务酒店★★
地址：丽水市龙泉市环城东路201号
电话：0578－7265888
邮编：323700

庆元县阳光大酒店★★
地址：丽水市庆元县松源镇石龙街28号
电话：0578－6299999
邮编：323800

遂昌宾馆★★
地址：丽水市遂昌县东街40号
电话：0578－8128888
邮编：323300

松阳箬寮山庄★★
地址：丽水市松阳县安民乡李坑村
电话：0578－8095288
邮编：323406

松阳县中澳大酒店★★
地址：丽水市松阳县长虹中路85号
电话：0578－8061888
邮编：323400

庆元皇庭商务大酒店★★
地址：丽水市庆元县新建路83号
电话：13757818317
邮编：323800

云和湖大酒店★★
地址：丽水市云和县城东路111号
电话：0578－5133377
邮编：323600

青田县俪晶商务酒店★★
地址：丽水市青田县水南泥湾江湾大厦
电话：0578－6600888
邮编：323900

遂昌南尖岩山庄★★
地址：丽水市遂昌县王村口石笋头村
电话：0578－8555666
邮编：323300

遂昌黄金青年公寓★★
地址：丽水市遂昌县濂竹乡花园岭
电话：0578－8146488
邮编：323300

遂昌神龙谷山庄★★
地址：丽水市遂昌县垵口乡桂洋林场
电话：0578－8366008
邮编：323300

遂昌炭缘宾馆★★
地址：丽水市遂昌县上江工业园区中国竹炭博物馆内
电话：0578－8185218
邮编：323300

遂昌鞍山书院★★
地址：丽水市遂昌县云峰镇长濂村
电话：0578－8195628
邮编：323300

遂昌红星坪温泉酒店★★
地址：丽水市遂昌县湖山乡
电话：0578－8155158
邮编：323300

遂昌汤沐园温泉大酒店★★
地址：丽水市遂昌县大柘镇大田村49号
电话：0578－8151559
邮编：323300

遂昌风情假日宾馆★★
地址：丽水市遂昌县妙高镇君子路109号
电话：0578－8178555
邮编：323300

一星级

桐庐绫绣大酒店★
地址：杭州市桐庐县富春路18号
电话：0571－64603787
邮编：311500

桐庐大厦★
地址：杭州市桐庐桐君街道迎春路44号
电话：0571－69907555
邮编：311500

千岛湖田园大酒店★
地址：杭州市千岛湖镇新安大街40号
电话：0571－64817788
邮编：311700

千岛湖鑫宇98快捷商务酒店★
地址：杭州市千岛湖镇排岭北路65号
电话：0571－64813160
邮编：311700

新市大酒店★
地址：湖州市德清新市健康路367号
电话：0572－8445003
邮编：313201

余姚老胡子大酒店★
地址：宁波市余姚郎霞明郎二桥
电话：0574－62156998
邮编：315480

余姚龙都宾馆★
地址：宁波市余姚阳明西路 13 号
电话：0574－22675555
邮编：315400

慈溪东方大酒店★
地址：宁波市慈溪环城南路 436 号
电话：0574－63813800
邮编：315300

慈溪宏益宾馆★
地址：宁波市观海卫镇庵浦村
电话：0574－23670808
邮编：315315

新昌新鹏程宾馆★
地址：绍兴市新昌县鼓山西路 2 幢 2 号
电话：0575－86232929
邮编：312500

龙游鼎盛大酒店★
地址：衢州市龙游太平东路 151 号
电话：0570－7018919
邮编：324400

东阳太平洋大酒店★
地址：金华市东阳市横店镇十里街桥头院
电话：0579－86567088
邮编：322118

大陈岛碧海山庄★
地址：台州市椒江区大陈岛大岙里
电话：0576－88900208
邮编：318019

玉环县兴港大厦宾馆★
地址：台州市玉环县大麦屿兴港东路 142 号
电话：0576－87378118
邮编：317600

龙泉市龙源大酒店★
地址：丽水市龙泉市剑池东路 299 号
电话：0578－7215158
邮编：323700

龙泉供销商务宾馆★
地址：丽水市龙泉市中山西路 74 号
电话：0578－7129999
邮编：323700

遂昌县白马森林公园白马山庄★
地址：丽水市遂昌县白马山森林公园
电话：0578－8200200
邮编：323300

丽水市松阳宾馆★
地址：丽水市松阳县新华街 18 号
电话：0578－8079888
邮编：323400

丽水市千岛湖宾馆★
地址：丽水市云和县城东路 117 号
电话：0578－5134988
邮编：323600

浙江三立开元名都大酒店
地址：杭州市下城区绍兴路 538 号
电话：0571－85099999
邮编：310004

杭州书香世家酒店
地址：杭州市拱墅区莫干山路 246 号
电话：0571－88468888
邮编：310011

安　徽

ANHUI

五星级

合肥市安徽金满楼明珠国际大酒店★★★★★
地址：合肥市经济技术开发区繁华大道 258 号
电话：0551－62216688
邮编：230601

合肥古井假日酒店★★★★★
地址：合肥市长江东路 1104 号
电话：0551－62206666
邮编：230011

合肥恒悦国际外商俱乐部酒店★★★★★
地址：合肥市科学大道 83 号
电话：0551－62229888
邮编：220088

合肥市天鹅湖大酒店★★★★★
地址：合肥市政务文化新区东流路 888 号
电话：0551－63536666
邮编：230071

合肥市元一希尔顿酒店★★★★★
地址：合肥市胜利路 198 号
电话：0551－62808888
邮编：230011

合肥两淮豪生大酒店★★★★★
地址：合肥市高新区科学大道 6 号
电话：0551－65848888
邮编：230088

合肥市泓瑞金陵大酒店★★★★★
地址：合肥市祁门路 1799 号
电话：0551－62266666
邮编：230022

淮北口子国际大酒店★★★★★
地址：淮北市人民路 251 号
电话：0561－3068888
邮编：235000

蚌埠锦江大酒店★★★★★
地址：蚌埠市东海大道 5183 号
电话：0552－2088000
邮编：233000

滁州市金地大酒店★★★★★
地址：滁州市凤凰西路 181 号
电话：0550－3011888
邮编：239000

马鞍山海外海皇冠假日酒店★★★★★
地址：马鞍山市花雨路 99 号
电话：0555－2388888
邮编：243000

安徽长江国际酒店★★★★★
地址：马鞍山市当涂县太白中路 188 号
电话：0555－6799888
邮编：243100

芜湖市侨鸿皇冠假日酒店★★★★★
地址：芜湖市中山北路 77 号
电话：0553－3888999
邮编：241000

安徽省铜陵市逸顿国际大酒店★★★★★
地址：铜陵市经济技术开发区石城大道翠湖二路 2888 号
电话：0562－2888888
邮编：244000

黄山松柏高尔夫乡村俱乐部★★★★★
地址：黄山市屯溪区迎宾大道 78 号
电话：0559－2568000
邮编：245000

黄山轩辕国际大酒店★★★★★
地址：黄山市黄山区金鼎大道 1 号
电话：0559－8508888
邮编：245700

黄山国际大酒店★★★★★
地址：黄山市屯溪区华山路 31 号
电话：0559－2565678
邮编：245000

黄山香茗酒店★★★★★
地址：黄山市屯溪区迎宾大道 2 号
电话：0559－2579999
邮编：245000

安徽皖西宾馆有限公司★★★★★
地址：六安市皖西西路 108 号
电话：0564－3681818
邮编：237000

四星级

合肥市安徽饭店★★★★
地址：合肥市梅山路 18 号
电话：0551－62218888
邮编：230022

合肥市和平国际大酒店★★★★
地址：合肥市徽州大道 239 号
电话：0551－62282509
邮编：230001

合肥新文采国际大酒店★★★★
地址：合肥市长江西路蜀鑫大道 9 号
电话：0551－65337999
邮编：230031

合肥市安徽金环大酒店★★★★
地址：合肥市屯溪路 528 号
电话：0551－62210888
邮编：230022

合肥市安徽良苑商务会馆有限责任公司★★★★
地址：合肥市芜湖路 319 号
电话：0551－62289999
邮编：230001

合肥市安徽丰乐大酒店有限责任公司★★★★
地址：合肥市长江西路 501 号
电话：0551－62239999
邮编：230031

合肥市安徽徽商齐云山庄酒店管理有限公司★★★★
地址：合肥市芜湖路 199 号
电话：0551－62286688
邮编：230001

合肥市安徽康源大酒店有限责任公司★★★★
地址：合肥市淝河路 800 号
电话：0551－65218888
邮编：230051

合肥市安徽银瑞林国际大酒店★★★★
地址：合肥市阜阳北路 16 号
电话：0551－65669999
邮编：230041

合肥市安徽华仑瑞雅国际大酒店★★★★
地址：合肥市长江中路 279 号
电话：0551－62288688
邮编：230061

合肥海汇假日酒店有限公司★★★★
地址：合肥市明光路 6 号
电话：0551－62268888
邮编：230011

合肥市安徽黄山大厦城市酒店★★★★
地址：合肥市长江中路 111 号
电话：0551－62220888
邮编：230001

合肥市安徽圣大国际饭店有限公司★★★★
地址：合肥市长江东路 1127 号
电话：0551－62258588
邮编：230011

合肥市肥西钱江国际大酒店有限公司★★★★
地址：合肥市肥西上派镇人民西路
电话：0551－68269999
邮编：231200

合肥市徽颐安港大酒店★★★★
地址：合肥市潜山路 432 号
电话：0551－65289999
邮编：230031

合肥市巢湖国际饭店★★★★
地址：合肥市巢湖市健康东路 7 号
电话：0551－82118888
邮编：238000

合肥市安徽金孔雀温泉旅游度假村★★★★
地址：合肥市庐江县汤池镇滨河路
电话：0551－87085622
邮编：231511

合肥市庐江鸿福大酒店★★★★
地址：合肥市庐江县庐城镇文昌西路 199 号
电话：0551－87392358
邮编：231500

合肥市安徽浙商国际假日酒店★★★★
地址：合肥市宣城路 65 号
电话：0551－62262888
邮编：230001

合肥栢景假日酒店★★★★
地址：合肥市庐阳区濉溪路 118 号
电话：0551－2299999
邮编：230001

金满楼汇源国际大酒店有限公司★★★★
地址：宿州市汇源大道南路 1 号
电话：0557－3628888
邮编：234000

阜阳市白金汉宫大酒店★★★★
地址：阜阳市颍州中路 301 号
电话：0558－2298888
邮编：236000

阜阳市国贸大酒店★★★★
地址：阜阳市人民东路 1 号
电话：0558－2258888
邮编：236000

太和晶宫大酒店★★★★
地址：阜阳市太和长征路 99 号
电话：0558－8582556
邮编：236600

亳州新贵都城市酒店★★★★
地址：亳州市芍花大道友阳步行街
电话：0558－5555555
邮编：236800

蒙城鸿业国际大酒店★★★★
地址：亳州市蒙城县梦蝶路99号
电话：0558－7600666
邮编：233500

新世纪（国际）大酒店★★★★
地址：蚌埠市淮河路1028号
电话：0552－2088888
邮编：233000

玉金香国际大酒店★★★★
地址：蚌埠市治淮路205号
电话：0552－3033333
邮编：233000

楚汉国际大酒店★★★★
地址：蚌埠市固镇县经开区
电话：0552－6678888
邮编：233700

金茂国际酒店★★★★
地址：淮南市国庆西路8号
电话：0554－6806825
邮编：232001

金满楼骏发国际大酒店★★★★
地址：淮南市田家庵区朝阳中路18号
电话：0554－2913333
邮编：232001

淮南古阳国际大酒店有限责任公司★★★★
地址：淮南市国庆中路281号
电话：0554－2528888
邮编：232007

凤台国际饭店★★★★
地址：淮南市凤台县政务新区明珠大道
电话：0554－8685555
邮编：232100

八公山宾馆★★★★
地址：淮南市八公山蔡新北段
电话：0554－5262222
邮编：232072

新锦江大酒店★★★★
地址：淮南市田家庵区洞山中路12号
电话：0554－6679999
邮编：232001

滁州国际酒店★★★★
地址：滁州市育新路89号
电话：0550－3048888
邮编：239000

滁州市琅琊山度假村★★★★
地址：滁州市琅琊山风景区内
电话：0550－3511999
邮编：239000

滁州君家酒店★★★★
地址：滁州市全椒路148号
电话：0550－3218888
邮编：239000

天长市假日大酒店★★★★
地址：滁州市天长市经济开发区
电话：0550－7788888
邮编：239300

马鞍山市南湖宾馆★★★★
地址：马鞍山市花山区艳阳路49号
电话：0555－2363999
邮编：243011

马鞍山市梦都雨山湖饭店有限公司★★★★
地址：马鞍山市花山区湖南西路79号
电话：0555－8321000
邮编：243011

马鞍山市盛德轩国际会议中心有限公司★★★★
地址：马鞍山市雨山区马向路大学城东600米
电话：0555－2752000
邮编：243000

马鞍山市鸿泰国际酒店有限公司★★★★
地址：马鞍山市雨山区太白大道1号
电话：0555－8350888
邮编：243000

马鞍山市田园饭店有限责任公司★★★★
地址：马鞍山市雨山区湖南西路588号
电话：0555－2620068
邮编：243000

安徽香泉温泉度假村酒店有限公司★★★★
地址：马鞍山市和县香泉镇山庄路1号
电话：0555－5523777
邮编：238254

芜湖市铁山宾馆★★★★
地址：芜湖市更兴路6号
电话：0553－3718888
邮编：241000

芜湖市国信大酒店★★★★
地址：芜湖市经济技术开发区浦江路5号
电话：0553－5844888
邮编：241007

芜湖市无为江心洲商务酒店★★★★
地址：芜湖市无为县高沟镇高新大道
电话：0553－6765999
邮编：238339

芜湖市无为宾馆★★★★
地址：芜湖市无为县凤河路188号
电话：0553－6555555
邮编：238300

芜湖市龙云新世纪大酒店★★★★
地址：芜湖市南陵县籍山大道1号
电话：0553－7659999
邮编：241300

芜湖华侨国际大酒店★★★★
地址：芜湖市繁昌县迎春路2号
电话：0553－7852888
邮编：241200

芜湖鲁班国际酒店★★★★
地址：芜湖市南陵县籍山大道县政府旁
电话：0553－6835888
邮编：241300

芜湖海螺国际大酒店★★★★
地址：芜湖市文化路39号
电话：0553－3118188
邮编：241000

华亭四季大酒店★★★★
地址：铜陵市淮河中路铜陵商城3A地块
电话：0562－2662198
邮编：244000

五松山宾馆★★★★
地址：铜陵市义安大道北段327号
电话：0562－2668888
邮编：244000

育和大酒店★★★★
地址：铜陵市长江中路728号
电话：0562－2838888
邮编：244000

安徽铜都国际大酒店★★★★
地址：铜陵市淮河大道北段555号
电话：0562－2887226
邮编：244000

安庆大酒店★★★★
地址：安庆市湖心中路66号
电话：0556－5399000
邮编：246005

安庆迎宾馆★★★★
地址：安庆市开发区同安路
电话：0556－5398999
邮编：246005

安庆皖源国际大酒店★★★★
地址：安庆市菱湖南路118号
电话：0556－5502798
邮编：246003

安庆尊悦酒店★★★★
地址：安庆市人民路529号
电话：0556－5571127
邮编：246000

安庆天域花园酒店★★★★
地址：安庆市龙眠山路158号
电话：0556－5689999
邮编：246006

桐城国际大酒店★★★★
地址：安庆市桐城龙眠东路
电话：0556－6199040
邮编：231400

安徽天际大酒店★★★★
地址：安庆市岳西县天堂镇南园大道
电话：0556－2199999
邮编：246600

安徽七仙女国际大酒店★★★★
地址：安庆市皖潜山县天柱山路999号
电话：0556－8959372
邮编：246300

安徽全力国际大酒店★★★★
地址：安庆市潜山县天柱山风景区
电话：0556－8146888
邮编：246310

潜山舒州国际大酒店★★★★
地址：安庆市潜山县梅城镇舒州大道1008号
电话：0556－8165555
邮编：246300

黄山玉屏楼宾馆★★★★
地址：黄山市黄山风景区玉屏楼景区
电话：0559－5582288
邮编：245800

黄山华山宾馆★★★★
地址：黄山市屯溪区延安路3号
电话：0559－2328888
邮编：245000

黄山馨园国际酒店★★★★
地址：黄山市屯溪区稽灵山路32号
电话：0559－2572588

邮编：245000

黄山北海宾馆★★★★
地址：黄山市黄山风景区北海宾馆
电话：0559－5582555
邮编：245800

黄山太平国际大酒店★★★★
地址：黄山市黄山区平湖路 17 号
电话：0559－8513999
邮编：245700

黄山豪昇大酒店（原黄山日普国际大酒店）★★★★
地址：黄山市屯溪区迎宾大道 10 号
电话：0559－2577888
邮编：245000

黟县金陵宾馆★★★★
地址：黄山市黟县碧阳镇万官山
电话：0559－5558888
邮编：245500

华商山庄酒店★★★★
地址：黄山市徽州区永佳大道 866 号
电话：0559－2132995
邮编：245061

黄山海州国际大酒店★★★★
地址：黄山市汤口镇寨西新村
电话：0559－5578989
邮编：245800

黄山白云宾馆★★★★
地址：黄山市黄山风景区天海景区
电话：0559－5582708
邮编：245800

黄山市学而会议中心酒店★★★★
地址：黄山市休宁县黄山北路 1 号
电话：0559－7508888
邮编：245400

黄山排云楼宾馆★★★★
地址：黄山市黄山风景区西海景区
电话：0559－5581558
邮编：245801

黄山环球大酒店★★★★
地址：黄山市黄山区汤口镇寨西
电话：0559－5576699
邮编：245800

西递桃源人家度假酒店★★★★
地址：黄山市黟县西递何家坞
电话：0559－5156666
邮编：245501

黄山市徽州皖韵假日酒店★★★★
地址：黄山市屯溪区花山路 14 号
电话：0559－2326666
邮编：245000

黄山狮林大酒店★★★★
地址：黄山市黄山风景区北海景区
电话：0559－5584040
邮编：245800

黄山曙光云松大酒店★★★★
地址：黄山市屯溪区长干东路 165 号
电话：0559－2596666
邮编：245000

黄山新宇假日酒店★★★★
地址：黄山市休宁县萝宁街工商城
电话：0559－7531111
邮编：245400

黄山阳光酒店集团·阳光酒店★★★★
地址：黄山市屯溪区西海路 20 号
电话：0559－2568888
邮编：245000

黄山中瑞华艺宾馆★★★★
地址：黄山市黄山区汤口镇汤川路 119 号
电话：0559－5566888
邮编：245800

黄山徽商国际大酒店★★★★
地址：黄山市屯溪区前园北路 19 号
电话：0559－5208888
邮编：245000

黄山歙县饭店★★★★
地址：黄山市歙县古关路 14－1 号
电话：0559－2610000
邮编：245200

黄山国脉大酒店★★★★
地址：黄山市屯溪区前园南路 25 号
电话：0559－2351188
邮编：245000

黄山徽商故里大酒店★★★★
地址：黄山市屯溪仙人洞北路 14 号
电话：0559－2358388
邮编：245000

黄山梅地亚酒店★★★★
地址：黄山市屯溪区西海路 3 号
电话：0559－2577788
邮编：245000

黄山西海饭店★★★★
地址：黄山市黄山风景区西海景区
电话：0559－5588888
邮编：245800

六安舒城舒怡国际大酒店★★★★
地址：六安市舒城县城关镇桃溪路
电话：0564－8680269
邮编：231300

安徽六安金满楼国际大酒店有限公司★★★★
地址：六安市皖西东路 181 号
电话：0564－3632212
邮编：237000

西海生态园度假酒店★★★★
地址：六安市西海农业生态园
电话：0564－3599999
邮编：237000

迎驾度假山庄★★★★
地址：六安市佛子岭镇
电话：0564－5239001
邮编：237200

六安市仙境宾馆★★★★
地址：六安市金寨县燕子河镇
电话：0564－7527222
邮编：237341

大别山庄度假村★★★★
地址：六安市太阳乡
电话：0564－5757777
邮编：237200

六安市伯爵商务酒店有限公司★★★★
地址：六安市解放中路明珠广场 A 区
电话：0564－3998930
邮编：237000

安徽省寿县古城淮南子大饭店★★★★
地址：六安市寿县八公山森林公园
电话：0564－2767888
邮编：232200

天堂寨国际度假山庄★★★★
地址：六安市金寨县天堂寨风景区
电话：0564－7528268
邮编：237343

安徽霍邱县蓼都大酒店有限责任公司★★★★
地址：六安市霍邱县城关西湖北路
电话：0564－6081771
邮编：237400

安徽万佛湖金水湾度假村★★★★
地址：六安市舒城县万佛湖风景区
电话：0564－8535588
邮编：231360

安徽九华山旅游发展股份有限公司东崖宾馆★★★★
地址：池州市九华山化成路 8 号
电话：0566－2831370
邮编：242811

安徽九华山旅游发展股份有限公司西峰山庄★★★★
地址：池州市青阳县蓉城西峰路 29 号
电话：0566－5020288
邮编：242800

安徽九华山旅游发展股份有限公司大九华宾馆★★★★
地址：池州市翠柏中路 218 号
电话：0566－2811228
邮编：247000

池州齐宇实业有限公司池州宾馆★★★★
地址：池州市长江路 19 号
电话：0566－2618888
邮编：247000

池州百岁大酒店★★★★
地址：池州市翠柏中路 2 号
电话：0566－2034255
邮编：247000

九华山上客堂宾馆★★★★
地址：池州市九华山芙蓉路 1 号
电话：0566－2833888
邮编：242811

安徽九华山旅游发展股份有限公司聚龙大酒店★★★★
地址：池州市九华山化成路 2 号
电话：0566－2831368
邮编：242811

宣城市敬亭山度假村★★★★
地址：宣城市经济技术开发区敬亭山度假村
电话：0563－2613888
邮编：242000

宣城市宣城宾馆★★★★
地址：宣城市状元南路 88 号
电话：0563－3031388
邮编：242000

宣城市宁国恩龙世界木屋村★★★★
地址：宣城市宁国市宁港路 8 公里处
电话：0563－4151329
邮编：242300

宣城市宁国国际大酒店★★★★
地址：宣城市宁国市津河东路 1 号
电话：0563－4012005
邮编：242300

宣城市横山宾馆★★★★
地址：宣城市广德县桃州镇景贤街 113 号
电话：0563－6040888
邮编：242200

宣城市龙川迎宾馆★★★★
地址：宣城市绩溪县瀛洲镇龙川村横型自然村
电话：0563－2233333
邮编：245311

三星级

合肥市望江宾馆★★★
地址：合肥市金寨路 1 号
电话：0551－63695555
邮编：230022

合肥市安徽安港大酒店有限责任公司★★★
地址：合肥市芜湖路 273 号
电话：0551－62288999
邮编：230006

合肥市百花宾馆★★★
地址：合肥市寿春路 191 号
电话：0551－62226888
邮编：230004

合肥市安徽聚贤大酒店★★★
地址：合肥市和平路与南陵路交叉口
电话：0551－64471188
邮编：230011

合肥市安徽外经大厦★★★
地址：合肥市东流路 28 号
电话：0551－63492663
邮编：230051

合肥市安徽皖能大厦★★★
地址：合肥市马鞍山路 99 号
电话：0551－62225196
邮编：230051

安徽天都酒店经营管理有限责任公司★★★
地址：合肥市长江路 355 号
电话：0551－62280999
邮编：230061

合肥市新长城大酒店★★★
地址：合肥市巢湖路 283 号
电话：0551－62200888
邮编：230001

合肥市隆岗大酒店★★★
地址：合肥市裕溪路 1477 号
电话：0551－64479999
邮编：230011

合肥市中共安徽省委党校学苑大厦★★★
地址：合肥市徽州大道 525 号
电话：0551－62172168
邮编：230001

合肥市华都宾馆★★★
地址：合肥市长江中路 158 号
电话：0551－62622988
邮编：230001

合肥市新亚大酒店★★★
地址：合肥市胜利路 18 号
电话：0551－62203333
邮编：230011

合肥市肥西三河国际大酒店★★★
地址：合肥市三河镇三杭路
电话：0551－68759688
邮编：231221

合肥市翰林奥体宾馆有限公司★★★
地址：合肥市政务文化新区潜山南路与习友路交会处
电话：0551－63698888
邮编：230071

合肥市文采大酒店★★★
地址：合肥市益民街 28 号
电话：0551－62231999
邮编：230061

合肥市新长城星云商务酒店★★★
地址：合肥市长江西路 451 号
电话：0551－62250198
邮编：230031

安徽省合肥市新世纪大厦★★★
地址：合肥市庐江路 111 号
电话：0551－62280288
邮编：230061

合肥市安徽大学磬苑宾馆★★★
地址：合肥市经开区大学城九龙路 111 号
电话：0551－63861691
邮编：230601

合肥市安徽悦雅江南春商务酒店★★★
地址：合肥市金寨路 64 号
电话：0551－62248888
邮编：230001

合肥市三河四子百花园度假村有限公司★★★
地址：合肥市长江西路 814 号
电话：0551－62222669
邮编：230031

合肥市天天乐园大酒店★★★
地址：合肥市潜山路 398 号
电话：0551－65101010
邮编：230031

合肥市东方明珠大酒店★★★
地址：合肥市巢湖市南峰大厦
电话：0551－82358888
邮编：238000

合肥市巢湖金泉山庄★★★
地址：合肥市巢湖半汤银泉路 5 号
电话：0551－82356118
邮编：238000

合肥市庐江县庐江宾馆★★★
地址：合肥市庐江县牌楼中路 403 号
电话：0551－87337777
邮编：231500

合肥市金福园国际大酒店★★★
地址：合肥市庐江县军二西路 77 号
电话：0551－87334858
邮编：231500

合肥市庐江金海岸大酒店★★★
地址：合肥市庐江县庐城黄山南路 2 号
电话：0551－87322996
邮编：231500

合肥市华云宾馆★★★
地址：合肥市芜湖路 220 号
电话：0551－62290173
邮编：230061

合肥市安徽锦怡假日酒店有限公司★★★
地址：合肥市庐江县庐巢路 1#
电话：0551－87312888
邮编：231500

合肥长乐山庄酒店★★★
地址：合肥市巢湖市半汤街道银泉路 1 号
电话：0551－82301180
邮编：238000

合肥市肥西三河梦江南文化主题酒店★★★
地址：合肥市肥西县三河镇东街
电话：0551－68752100
邮编：231200

合肥市庐江县万金山假日酒店有限公司★★★
地址：合肥市庐江县万山镇农民工创业园
电话：0551－87039888
邮编：231500

合肥市庐江县福瑞林大酒店★★★
地址：合肥市庐江县黄山北路 219 号
电话：0551－87399118
邮编：231500

合肥市黄山大厦同心酒店★★★
地址：合肥市太湖东路 15 号
电话：0551－62241883
邮编：230051

合肥金太时代大酒店★★★
地址：合肥市瑶海区龙岗开发区金泰建材城 1 栋
电话：0551－64327988
邮编：230011

宿州度假村★★★
地址：宿州淮河西路 182 号
电话：0557－3911555
邮编：234000

皖煤大酒店★★★
地址：宿州市西昌南路 164 号
电话：0557－3982200
邮编：234000

美利特度假村★★★
地址：宿州市灵璧县城凤山南路 48 号
电话：0557－6185177
邮编：235200

淮北市相王府宾馆★★★
地址：淮北市煤城路 1 号
电话：0561－3808888
邮编：235000

阜阳市中京大酒店★★★
地址：阜阳市人民中路 52 号
电话：0558－2230000
邮编：236000

阜南南山宾馆★★★
地址：阜阳市阜南县地城南路
电话：0558－6752222
邮编：236300

界首锦华饭店★★★
地址：阜阳市界首市中原路 439 号
电话：0558－4821388
邮编：236500

太和镜湖宾馆★★★
地址：阜阳市太和县健康路 67 号
电话：0558－8622120
邮编：236600

颍上县南照大酒店★★★
地址：阜阳市颍上县南照镇
电话：0558－4136666
邮编：236214

亳州金不换大酒店★★★
地址：亳州市古泉路
电话：0558－5272888
邮编：236800

涡阳君豪大酒店★★★
地址：亳州市涡阳城南站前路西段
电话：0558－7236111
邮编：233600

亳州龙华迎宾馆★★★
地址：亳州市古泉路陵西湖
电话：0558－5210222
邮编：236800

怀洪宾馆★★★
地址：蚌埠市沿淮路 780
电话：0552－3086666
邮编：233000

蚌埠铁道大酒店★★★
地址：蚌埠市淮河路 246 号
电话：0552－3938888
邮编：233000

淮河商务酒店★★★
地址：蚌埠市东海大道 3055 号
电话：0552－3093270
邮编：233000

方兴假日酒店★★★
地址：蚌埠市工农路南段
电话：0552－2861111
邮编：233000

禾泉农庄酒店★★★
地址：蚌埠市怀远县涂山风景区
电话：0552－2870055
邮编：233411

龙湖阳光假日酒店★★★
地址：蚌埠市宏业路 266 号
电话：0552－2808111
邮编：233000

香雪度假村★★★
地址：蚌埠市新马桥干校内
电话：0552－6610298
邮编：233719

淮南市金地海顿酒店★★★
地址：淮南市人民南路 19 号
电话：0554－2670888
邮编：232007

安徽信谊宾馆有限公司★★★
地址：淮南市洞山田区广场北路 2 号
电话：0554－6887888
邮编：232001

原森都国际大酒店★★★
地址：淮南市国庆中路
电话：0554－3320054
邮编：232007

润丰格美宾馆★★★
地址：淮南市田家庵区朝阳中路
电话：0554－6663888
邮编：232001

洞山宾馆★★★
地址：淮南市田家庵区迎宾路 1 号
电话：0554－6644923
邮编：232001

东方名人国际酒店★★★
地址：淮南市田区广场 1 号
电话：0554－6888820
邮编：232001

蔡楚大酒店★★★
地址：淮南市谢区平山路
电话：0554－5675999
邮编：232052

凤台县格美商务酒店★★★
地址：淮南市凤台县
电话：0554－8997999
邮编：232100

半岛商务酒店★★★
地址：淮南市田家庵区国庆中路 118 号
电话：0554－3646566
邮编：232007

嵘园大酒店★★★
地址：淮南市蔡新南路凯盛重工公司对面
电话：0554－2179033
邮编：232052

金色港湾大酒店★★★
地址：淮南市潘集区长江路 109 号
电话：0554－4971111
邮编：232082

新时代会所★★★
地址：淮南市毛集实验区调整公路出口处
电话：0554－8279333
邮编：232180

滁州市红三环大酒店★★★
地址：滁州市紫薇北路 1329 号
电话：0550－3316999
邮编：239000

滁州市桂苑度假山庄★★★
地址：滁州市丰乐大道 1599 号
电话：0550－3216666
邮编：239000

全椒禾富酒店★★★
地址：滁州市全椒县南屏路 229 号
电话：0550－5037777
邮编：239500

全椒笔峰大酒店★★★
地址：滁州市全椒县儒林路 179 号
电话：0550－5031111
邮编：239500

天长市龙隐庄园酒店★★★
地址：滁州市天长市釜山卧龙公园内
电话：0550－7666666
邮编：239300

来安县白云宾馆★★★
地址：滁州市来安县塔山中路 8－24 号
电话：0550－5609222
邮编：239200

马鞍山海兴国际酒店有限公司★★★
地址：马鞍山市花山区重阳路 6 号
电话：0555－8219999
邮编：243000

马钢集团力生有限责任公司宾馆★★★
地址：马鞍山市雨山区西苑路 2 号
电话：0555－2883789
邮编：243000

马鞍山市海狮商务酒店★★★
地址：马鞍山市当涂开发区红庄路
电话：0555－6757888
邮编：243104

马鞍山市东方大酒店有限责任公司★★★
地址：马鞍山市当涂县提署中路 548 号
电话：0555－6731888
邮编：243100

马鞍山市东湖大酒店★★★
地址：马鞍山市花山区湖东北路 11 号
电话：0555－2403888
邮编：243000

马鞍山双凤生态植物园有限公司凤凰湖山庄★★★
地址：马鞍山市花山区霍里街道双板村
电话：0555－8353700
邮编：243000

马鞍山和县陋室宾馆有限公司★★★
地址：马鞍山市和县陋室东街 8 号
电话：0555－5309999
邮编：238200

安徽褒禅山度假酒店有限公司★★★
地址：马鞍山市含山县环峰镇褒禅山风景区
电话：0555－4356388
邮编：238100

芜湖市新物资大厦宾馆★★★
地址：芜湖市九华山中路 244 号
电话：0553－3838120
邮编：241000

芜湖市汉爵广场大酒店★★★
地址：芜湖市文化路 5 号
电话：0553－3129999
邮编：241000

芜湖市方特假日酒店★★★
地址：芜湖市银湖北路华强城市广场
电话：0553－5988588
邮编：241000

芜湖市华强方特酒店★★★
地址：芜湖市赤铸山东路华强文化科技产业园
电话：0553－5899333
邮编：241000

芜湖市恒港假日大酒店★★★
地址：芜湖市南陵县南翔南路 3 号
电话：0553－6811888
邮编：241300

芜湖市精英国际大酒店★★★
地址：芜湖市芜湖县新芜经济开发区阳光大道中段
电话：0553－8117666
邮编：241100

芜湖市马仁山庄★★★
地址：芜湖市繁昌县孙村镇八分村
电话：0553－7217888
邮编：241214

芜湖市丽景假日酒店★★★
地址：芜湖市无为县姚沟工业园区
电话：0553－6151777

邮编：238000

芜湖市新时代商务酒店★★★
地址：芜湖市无为县高沟镇
电话：0553－6864777
邮编：238300

芜湖市奥新商务酒店★★★
地址：芜湖市九华南路18号
电话：0553－5777777
邮编：241000

芜湖市明远宾馆★★★
地址：芜湖市中山北路36号
电话：0553－3807912
邮编：241000

芜湖市凤鸣湖大酒店★★★
地址：芜湖市九华北路299号
电话：0553－5811999
邮编：241000

芜湖市鑫海洋大酒店★★★
地址：芜湖市赭山东路安徽工程大学旁
电话：0553－2966066
邮编：241000

芜湖市花园酒店★★★
地址：芜湖市镜湖路1号
电话：0553－3939887
邮编：241000

金丰宾馆★★★
地址：铜陵市铜都大道197号
电话：0562－2826680
邮编：244000

美华大酒店★★★
地址：铜陵市义安大道北段330号
电话：0562－2876096
邮编：244000

华亭之星商务宾馆★★★
地址：铜陵市金山东路（原皖江布衣市场）
电话：0562－5828888
邮编：244000

安庆宾馆★★★
地址：安庆市宜城路40号
电话：0556－5506999
邮编：246003

安庆黄梅山庄酒店★★★
地址：安庆市湖心中路9号
电话：0556－5366677
邮编：246002

安庆英德利大酒店★★★
地址：安庆市中兴大道122号
电话：0556－8710818
邮编：246005

安庆市双龙假日大酒店★★★
地址：安庆市开发区迎宾路1号
电话：0556－5363000
邮编：246001

安庆市宴江南酒店★★★
地址：安庆市纺织南路80号
电话：0556－5502221
邮编：246003

安庆市石化大酒店★★★
地址：安庆市石化水上公园路33号
电话：0556－5374290
邮编：246001

花亭湖寺前庄苑★★★
地址：安庆市太湖县寺前镇
电话：0556－4321260
邮编：246400

桐城市天红酒店★★★
地址：安庆市桐城市经济开发区
电话：0556－6568688
邮编：231400

桐城嬉子湖度假村★★★
地址：安庆市桐城嬉子湖生态旅游区
电话：0556－6605888
邮编：231400

岳西明堂山酒店★★★
地址：安庆市岳西县明堂山风景区
电话：0556－2302888
邮编：246600

安徽省振岳工贸毛家饭店★★★
地址：安庆市岳西县天堂镇建设西路
电话：0556－2185800
邮编：246600

岳西县睡佛山温泉度假村★★★
地址：安庆市岳西县温泉镇
电话：0556－5769908
邮编：246600

安徽恒华大酒店★★★
地址：安庆市潜山县舒州大道990号
电话：0556－8979518
邮编：246300

潜山县南岳大酒店★★★
地址：安庆市潜山县天柱山一索口
电话：0556－8145888
邮编：246300

潜山县潜阳国际饭店★★★
地址：安庆市潜山县舒州东路35号
电话：0556－8979801
邮编：246300

天柱山国际大酒店★★★
地址：安庆市潜山县幸福路205号
电话：0556－8958188
邮编：246300

潜山乐天然酒店★★★
地址：安庆市潜山县梅苑路87号
电话：0556－8927628
邮编：246300

怀宁独秀国际大酒店★★★
地址：安庆市怀宁新城河滨路91号
电话：0556－4636600
邮编：246121

怀宁石牌大酒店★★★
地址：安庆市怀宁县石牌镇皖河大道38号
电话：0556－4806799
邮编：246100

黄山新丽园大酒店★★★
地址：黄山市屯溪区黄口桥南端
电话：0559－2566999
邮编：245000

黄山花溪饭店★★★
地址：黄山市屯溪区西镇街1号
电话：0559－2328000
邮编：245011

黄山九州大酒店★★★
地址：黄山市屯溪区黄山东路111号
电话：0559－2353888
邮编：245000

黄山明珠大酒店★★★
地址：黄山市屯溪区前园南路1号
电话：0559－2937888
邮编：245000

黄山新港大酒店★★★
地址：黄山市黄山区汤口镇
电话：0559－5562648
邮编：245800

歙县披云山庄★★★
地址：黄山市歙县披云路5号
电话：0559－6530008
邮编：245200

黄山海风楼宾馆★★★
地址：黄山市屯溪区前园南路50号
电话：0559－2346388
邮编：245000

黄山海洲大酒店★★★
地址：黄山市黄山区汤口镇寨西
电话：0559－5578989
邮编：245800

黄山饭店★★★
地址：黄山市黄山区平湖路1号
电话：0559－8533628
邮编：245700

黟县中城山庄★★★
地址：黄山市黟县碧阳镇
电话：0559－555666
邮编：245500

黄山市屯溪黄龙大酒店★★★
地址：黄山市屯溪区迎宾大道西海路12号
电话：0559－2123688
邮编：245000

黟县宏村饭店★★★
地址：黄山市黟县宏村镇际泗桥头
电话：0559－5542666
邮编：245531

黄山市老街口客栈★★★
地址：黄山市屯溪区老街1号
电话：0559－2339191
邮编：245000

黄山东方假日酒店★★★
地址：黄山市屯溪区延安路39号
电话：0559－2118000
邮编：245000

黄山延安宾馆★★★
地址：黄山市屯溪区延安路82号
电话：0559－2559808
邮编：245000

黄山茶林场心族之旅酒店★★★
地址：黄山市黄山区谭家桥镇上海茶林场
电话：0559－8591860
邮编：245707

祁门牯牛降大酒店★★★
地址：黄山市祁门县城过境公路旁
电话：0559－4580888
邮编：245600

黄山华辰大酒店★★★
地址：黄山市屯溪区前园北路18号
电话：0559－2166888
邮编：245000

歙县海外海假日酒店★★★
地址：黄山市歙县人民路 188 号
电话：0559－6959909
邮编：245200

黄山市杭徽大酒店★★★
地址：黄山市屯溪区前园北路 10 路
电话：0559－2358090
邮编：245000

黄山阳光大酒店★★★
地址：黄山市徽州区永佳大道 218 号
电话：0559－3588363
邮编：245061

黄山烟草迎客松宾馆★★★
地址：黄山市黄山区玉河路
电话：0559－8532265
邮编：245700

黄山印象大酒店★★★
地址：黄山市黄山区汤口镇东岭
电话：0559－5583598
邮编：245800

休宁县状元故里大酒店★★★
地址：黄山市休宁齐云山西大道 171 号
电话：0559－7531880
邮编：245400

黄山心族之旅酒店★★★
地址：黄山市屯溪区北海路 25 号
电话：0559－2357446
邮编：245000

黄山市翠林大酒店★★★
地址：黄山市屯溪区屯光大道 23 号
电话：0559－2357777
邮编：245000

黄山太白山庄★★★
地址：黄山市黄山区玉河宾馆区
电话：0559－8511588
邮编：245700

黄山北京教研中心★★★
地址：黄山市黄山区北海南路 92 号
电话：0559－8512668
邮编：245700

民航黄山九龙山庄★★★
地址：黄山市区汤口镇山岔村
电话：0559－5587888
邮编：245800

黄山云谷山庄★★★
地址：黄山市黄山风景区
电话：0559－5586444
邮编：245800

黄山秀湖山庄★★★
地址：黄山市黄山区太平湖
电话：0559－8512888
邮编：245716

舒城县赛福宾馆★★★
地址：六安市舒城县城关镇桃溪路
电话：0564－8680276
邮编：231300

安徽舒城新贵大酒店★★★
地址：六安市舒城县城关镇春秋北路
电话：0564－8679206
邮编：231300

裕安大酒店★★★
地址：六安市磨子潭路裕安私营经济园
电话：0564－3266716
邮编：237000

六安市白天鹅大酒店有限公司★★★
地址：六安市梅山南路
电话：0564－3378865
邮编：237000

六安市坤元大酒店★★★
地址：六安市裕安区
电话：0564－3222222
邮编：237000

六安花都大酒店★★★
地址：六安市皖西西路 10 号
电话：0564－3317888
邮编：237000

六安市嘉华庭商务投资有限公司★★★
地址：六安市金安经济开发区凤凰路口
电话：0564－3831555
邮编：237000

六安东方宾馆有限责任公司★★★
地址：六安市金安经济开发区
电话：0564－3697088
邮编：237000

六安经济开发区瑞安豪泰商务酒店★★★
地址：六安经济开发区皖西大道东段
电话：0564－5389999
邮编：237000

皖西化工香料有限责任公司山城宾馆★★★
地址：六安市霍山县城关镇迎驾厂
电话：0564－5033817
邮编：237200

大别山度假村★★★
地址：六安市天堂寨风景区
电话：0564－7528588
邮编：237343

天泰度假村★★★
地址：六安市天堂寨镇街道 001 号
电话：0564－7526256
邮编：237343

金寨远和实业有限公司★★★
地址：六安市金寨县梅山镇江店北环路
电话：0564－7355988
邮编：237300

六安市金寨县将军大酒店★★★
地址：六安市金寨县梅山镇史河路中段
电话：0564－7061999
邮编：237300

金寨宾馆★★★
地址：六安市金寨县梅山镇史河路
电话：0564－7062994
邮编：237300

安徽庆发集团盛发宾馆有限公司★★★
地址：六安市霍邱县临淮岗庆发工业园
电话：0564－6281999
邮编：237400

六安市霍邱县蓼城嘉利大酒店★★★
地址：六安市霍邱县蓼城东路
电话：0564－6062888
邮编：237400

天堂寨商务宾馆★★★
地址：六安市天堂寨风景区两公里处
电话：0564－2700888
邮编：237343

上岛假日酒店★★★
地址：六安市霍山县文峰路与淠源东路交叉口
电话：0564－5037888
邮编：237200

梅山宾馆★★★
地址：六安市金寨县梅山水电站
电话：0564－7053263
邮编：273700

六安市叶集工商大酒店★★★
地址：六安市叶集区皖西路四方塘
电话：0564－6499333
邮编：237431

安徽省九华山庄★★★
地址：池州市九华山灯塔新村 86 号
电话：0566－2831036
邮编：242811

安徽省九华山金凤凰宾馆★★★
地址：池州市九华山白马新村 15 号
电话：0566－2831828
邮编：242811

安徽省九华山百岁山庄有限责任公司★★★
地址：池州市九华山凤形新村 167 号
电话：0566－2833216
邮编：242811

青阳国际大酒店★★★
地址：池州市青阳县临城路 1 号
电话：0566－5020001
邮编：242800

安徽池州杏花村宾馆★★★
地址：池州市秋浦西路 20 号
电话：0566－2045408
邮编：247000

石台牯牛降国际大酒店★★★
地址：池州市石台县仁里镇秋浦西路 5 号
电话：0566－6028288
邮编：245100

池州市尧城迎宾馆有限公司★★★
地址：池州市东至县尧渡镇建设路 16 号
电话：0566－7010908
邮编：247200

青阳九子山宾馆★★★
地址：池州市青阳县木镇路 47 号
电话：0566－5020888
邮编：242800

青阳银杏商务宾馆★★★
地址：池州市青阳县木镇路 45 号
电话：0566－5020988
邮编：242800

九华山香樟花园酒店★★★
地址：池州市九华山白马新村 29 号
电话：0566－3289555
邮编：242811

青阳阳光假日大酒店★★★
地址：池州市青阳县木镇路 25 号
电话：0566－5020598
邮编：242800

九华山钟楼宾馆★★★
地址：池州市九华山芙蓉路 28 号
电话：0566－2832268
邮编：242811

安徽省石台县蓬莱阁宾馆★★★
地址：池州市石台县曙光路6号
电话：0566－6021700
邮编：245100

池州杏花楼商务宾馆★★★
地址：池州市杏花大道交石城大道
电话：0566－5216666
邮编：247000

九华山金茂龙泉饭店★★★
地址：池州市九华山白马新村6号
电话：0566－3288888
邮编：242811

石台县东柱宾馆★★★
地址：池州市石台县白马北路20号
电话：0566－6028288
邮编：245100

石台县阳光开发有限公司石台宾馆★★★
地址：池州市石台县人民路1号
电话：0566－6028388
邮编：245100

池州九华百荷大酒店★★★
地址：池州市翠柏路168号
电话：0566－2089999
邮编：247000

池州秀山大酒店★★★
地址：池州市秀山路
电话：0566－5209999
邮编：247000

青阳九华商务宾馆★★★
地址：池州市青阳县蓉城镇陵阳路
电话：0566－3287038
邮编：242800

宣城市南天宾馆★★★
地址：宣城市状元南路78号
电话：0563－5208888
邮编：242000

宣城市海云宾馆★★★
地址：宣城市九洲大道301号
电话：0563－2828218
邮编：242000

宣城市世纪度假村★★★
地址：宣城市经济开发区八里岗
电话：0563－2615888
邮编：242000

宣城市超源宾馆★★★
地址：宣城市经济开发区梅溪路1号
电话：0563－5289999
邮编：242000

宣城可可假日酒店★★★
地址：宣城市宣湖路
电话：0563－5286666
邮编：242000

宣城市乾坤大酒店★★★
地址：宣城市郎溪县锦城大道2号
电话：0563－5238555
邮编：242199

宣城市宁国都市阳光度假村★★★
地址：宣城市宁国市中溪北路8号
电话：0563－4101795
邮编：242300

宣城市宁国盛唐大酒店★★★
地址：宣城市宁国市宁城南路4号
电话：0563－4017188
邮编：242300

宣城市宁国城市假日酒店★★★
地址：宣城市宁国市宁阳中路160号
电话：0563－4185888
邮编：242300

宣城市皇文风尚酒店★★★
地址：宣城市清华路清华苑小区
电话：0563－4150000
邮编：242300

宁国香山宾馆★★★
地址：宣城市津河东路19号
电话：0563－2102987
邮编：242300

宣城市广德华东大酒店★★★
地址：宣城市广德县横山南路726号
电话：0563－6039088
邮编：242200

宣城市泾县红睿假日酒店★★★
地址：宣城市泾县项英路2号
电话：0563－5123333
邮编：242500

宣城市泾县天竹居假日酒店★★★
地址：宣城市泾县桃花潭镇
电话：0563－5872666
邮编：242554

宣城市沁梦园山庄★★★
地址：宣城市泾县昌桥乡
电话：0563－5301988
邮编：242500

宣城市绩溪宾馆★★★
地址：宣城市绩溪县适之路29号
电话：0563－8151803
邮编：245300

宣城市徽商大酒店★★★
地址：宣城市绩溪县文峰路28号
电话：0563－8155111
邮编：245300

宣城市旌德县梓山宾馆★★★
地址：宣城市旌德县营坎路15号
电话：0563－8602006
邮编：242600

宣城市港德宾馆★★★
地址：宣城市旌德县城解放街158号
电话：0563－8605888
邮编：242600

二星级

合肥市肥东县和平大酒店有限责任公司★★
地址：合肥市肥东县沿河路18号
电话：0551－67737888
邮编：231600

合肥市广玉兰宾馆★★
地址：合肥市阜南西路230号
电话：0551－62250225
邮编：230061

合肥市新感觉酒店管理有限公司★★
地址：合肥市安庆西路329号
电话：0551－62200886
邮编：230061

合肥市相王大酒店★★
地址：合肥市长江中路2号
电话：0551－64291111
邮编：230001

合肥市安徽京皖宾馆有限公司★★
地址：合肥市徽州大道128号
电话：0551－62204999
邮编：230001

合肥科学岛丽景假日酒店★★
地址：合肥市科学岛蜀山湖路350号
电话：0551－65593666
邮编：230031

合肥市肥西老母鸡家园★★
地址：合肥市肥西英山林场
电话：0551－68445888
邮编：231200

合肥市肥西县马路餐饮服务有限公司★★
地址：合肥市肥西县官亭镇
电话：0551－67161999
邮编：231261

合肥市肥西安远大酒店★★
地址：合肥市肥西县董岗
电话：0551－68445999
邮编：231200

合肥银港大酒店★★
地址：合肥市肥东县店埠镇人民路与合蚌路交叉口
电话：0551－67755333
邮编：230011

合肥市蓝湖银泉宾馆★★
地址：合肥市巢湖市半汤镇银泉路4号
电话：0551－85222002
邮编：238000

合肥市富煌饭店★★
地址：合肥市巢湖市黄麓镇富煌工业园
电话：0551－88564008
邮编：238000

合肥市庐江县汤池滨河旅游宾馆★★
地址：合肥市汤池镇滨河东路
电话：0551－87087777
邮编：231511

合肥市鑫兴商务宾馆★★
地址：合肥市庐阳区庐江路与无为路交叉口向南10米
电话：0551－87088889
邮编：231511

合肥市晨光大酒店★★
地址：合肥市庐江县庐城镇黄山北路199—9号
电话：0551－87339978
邮编：231500

合肥市庐江县万园快捷宾馆★★
地址：合肥市庐江县庐城镇文明北路南1号
电话：0551－87387888
邮编：231500

合肥市庐江县郭河大酒店★★
地址：合肥市庐江县郭河镇
电话：0551－87957888
邮编：231522

宿州东方宾馆★★
地址：宿州市淮海中路31号
电话：0557－3033555

邮编：234000

淮北市凌云宾馆★★
地址：淮北市淮海路 13 号
电话：0561－3027724
邮编：235000

淮北市香舍黎饭店★★
地址：淮北市淮海南路 99 号
电话：0561－6886968
邮编：235000

阜阳市文峰宾馆★★
地址：阜阳市颍州中路 158 号
电话：0558－2263751
邮编：236000

阜阳市永久宾馆★★
地址：阜阳市人民中路
电话：0558－2230077
邮编：236000

太和银河宾馆★★
地址：阜阳市太和县
电话：0558－8625701
邮编：236604

亳州古井宾馆★★
地址：亳州市古井镇
电话：0558－5710017
邮编：236820

蒙城中谷宾馆★★
地址：亳州市蒙城县新城东路 13 号
电话：0558－7661139
邮编：233500

蒙城九州宾馆★★
地址：亳州市蒙城县周园西路 161 号
电话：0558－7639888
邮编：233500

蒙城牧歌宾馆★★
地址：亳州市蒙城县稽康路 1 号
电话：0558－7635798
邮编：233500

涡阳华星大酒店★★
地址：亳州市涡阳县建设路 57 号
电话：0558－7252597
邮编：233600

利辛宾馆★★
地址：亳州市利辛县五一路 2 号
电话：0558－8834000
邮编：236700

珠城宾馆★★
地址：蚌埠市凤阳东路 723 号
电话：0552－3059999
邮编：233000

固镇谷阳酒店★★
地址：蚌埠市固镇县浍河路 206 号
电话：0552－6020580
邮编：233700

新东亚大酒店★★
地址：蚌埠市解放二路 335 号
电话：0552－3030000
邮编：233000

怀远禹会宾馆★★
地址：蚌埠市怀远县禹王路 19 号
电话：0552－8222222
邮编：233400

友谊宾馆★★
地址：蚌埠市淮河路 639 号
电话：0552－3173555
邮编：233000

皇冠外商宾馆★★
地址：蚌埠市公栈路 61 号
电话：0552－2080666
邮编：233000

假日阳光酒店★★
地址：蚌埠市固镇县浍河路
电话：0552－6696666
邮编：233700

淮南阳光宾馆有限公司★★
地址：淮南市舜耕东路 99－1 号
电话：0554－2678000
邮编：232007

天河大厦★★
地址：淮南市洛河经济开发区
电话：0554－3612888
邮编：232008

煤矿宾馆★★
地址：淮南市宾馆路 1 号
电话：0554－7626003
邮编：232001

田源宾馆★★
地址：淮南市田家庵电厂
电话：0554－3662686
邮编：232007

淮化宾馆★★
地址：淮南市田家庵区泉山路 284 号
电话：0554－6412901
邮编：232038

毛集焦岗湖生态会所★★
地址：淮南市毛集实验区
电话：0554－8273611
邮编：232100

皇爵商务酒店★★
地址：淮南市八公山区大瓜地
电话：0554－2199966
邮编：232072

凤城宾馆★★
地址：淮南市凤城大道 36 号 108 室
电话：0554－8015555
邮编：232100

华鼎大酒店★★
地址：淮南市大通区上窑镇体育学校院内
电话：0554－3605222
邮编：232009

汇豪大酒店★★
地址：淮南市谢家集区蔡新路
电话：0554－2189999
邮编：232052

皇城宾馆★★
地址：淮南市田家庵区国庆东路 19 号
电话：0554－2100888
邮编：232007

滁州市锦和大酒店★★
地址：滁州市清流东路 458 号
电话：0550－3909888
邮编：239000

滁州市新亚宾馆★★
地址：滁州市天长东路 123 号
电话：0550－3025844
邮编：239000

滁州市学苑宾馆★★
地址：滁州市清流西路
电话：0550－7114999
邮编：239000

滁州市王义兴大酒店★★
地址：滁州市南谯北路 750 号
电话：0550－3040888
邮编：239000

全椒王义兴大酒店★★
地址：滁州市全椒县吴敬梓路
电话：0550－5026888
邮编：239300

天长市千秋宾馆★★
地址：滁州市天长市千秋路 3 号
电话：0550－7022232
邮编：239300

定远县福满楼宾馆★★
地址：滁州市定远县西大街 7 号
电话：0550－4292222
邮编：233200

明光市银光大酒店★★
地址：滁州市明光市女山路 522 号
电话：0550－8132888
邮编：239400

安徽（凤阳）科技学院接待中心★★
地址：滁州市凤阳县府城镇洪武路
电话：0550－6733219
邮编：233100

马鞍山景江宾馆有限公司★★
地址：马鞍山市雨山区湖西南路 691 号
电话：0555－2227711
邮编：243000

马鞍山市维多利亚宾馆★★
地址：马鞍山市花山区沙塘路 1 栋 1 号
电话：0555－2487111
邮编：243000

马鞍山红梅假日酒店有限公司★★
地址：马鞍山市花山区湖北东路 479 号
电话：0555－2457882
邮编：243000

马钢集团力生有限责任公司饭店★★
地址：马鞍山市雨山区湖南西路 52 号
电话：0555－2618888
邮编：243011

安徽冠圣商贸有限公司冠圣大酒店★★
地址：马鞍山市含山县环峰镇太湖南路 1 号
电话：0555－4322333
邮编：238100

安徽昭关假日酒店有限公司★★
地址：马鞍山市含山县环峰镇竹园路 36 号
电话：0555－4927666
邮编：238100

芜湖市瑞特快捷酒店★★
地址：芜湖市长江北路 240 号
电话：0553－5998088
邮编：241000

芜湖市清一大酒店★★
地址：芜湖市清水街道万春大道
电话：0553－8296777
邮编：241000

芜湖市凯帝商务宾馆★★
地址：芜湖市长江北路1号
电话：0553－5632777
邮编：241009

芜湖市澳顿酒店★★
地址：芜湖市芜湖县环城南路68号
电话：0553－8818508
邮编：241100

芜湖市桃源宾馆★★
地址：芜湖市文化路36号
电话：0553－3128999
邮编：241000

芜湖市新环宾馆★★
地址：芜湖市四褐山271号
电话：0553－5202800
邮编：241009

芜湖市沁春宾馆★★
地址：芜湖市繁昌县峨溪路58号
电话：0553－7916626
邮编：241200

蓝天宾馆★★
地址：铜陵市义安南路北侧
电话：0562－2808098
邮编：244000

科发宾馆★★
地址：铜陵市义安大道北段1338号
电话：0562－2805577
邮编：244000

辰兴苑宾馆★★
地址：铜陵市长江东路2号工行大厦内
电话：0562－2837979
邮编：244000

海上天宾馆★★
地址：铜陵市北京西路494号
电话：0562－2810000
邮编：244000

铜陵饭店★★
地址：铜陵市长江中路694号
电话：0562－2819999
邮编：244000

国泰宾馆★★
地址：铜陵市铜官大道1966号
电话：0562－2622666
邮编：244000

温州快捷宾馆★★
地址：铜陵市义安路世纪曙光苑
电话：0562－2886999
邮编：244000

逸扬大酒店★★
地址：铜陵市义安路555号
电话：0562－2855999
邮编：244000

康泰大酒店★★
地址：铜陵市官塘二路195号
电话：0562－2196778
邮编：244000

安庆市东昇大酒店★★
地址：安庆市宜城路2号
电话：0556－5514159
邮编：246003

安庆市振风塔宾馆★★
地址：安庆市湖心南路8号
电话：0556－5510194
邮编：246003

安庆华亭宾馆★★
地址：安庆市集贤南路347号
电话：0556－5375097
邮编：246001

安庆风韵酒店★★
地址：安庆市人民路170号
电话：0556－5543322
邮编：246003

安庆市九龙大酒店★★
地址：安庆市人民路561号
电话：0556－8738602
邮编：246003

安庆石化双环宾馆★★
地址：安庆市蔡山路113号
电话：0556－5376775
邮编：246002

安庆市金凤凰大酒店★★
地址：安庆市人民路294号
电话：0556－8725522
邮编：246001

安庆市华电宾馆★★
地址：安庆市德宽路333号
电话：0556－8765222
邮编：246002

安庆市龙亭商务大酒店★★
地址：安庆市市府路7号
电话：0556－5197016
邮编：246003

宿松县孚玉山宾馆★★
地址：安庆市宿松县孚玉镇人民路
电话：0556－7821392
邮编：246500

宿松县华玲宾馆★★
地址：安庆市宿松县孚玉中路
电话：0556－7819888
邮编：246500

枞阳县迎宾馆★★
地址：安庆市枞阳县金山路69号
电话：0556－2858888
邮编：246700

太湖县龙山宫宾馆★★
地址：安庆市太湖县高界路118号
电话：0556－4162831
邮编：246400

太湖县汇通宾馆★★
地址：安庆市太湖县委大楼对面
电话：0556－4188888
邮编：246400

太湖县圆山酒店★★
地址：安庆市太湖县法华路口西侧
电话：0556－4169888
邮编：246400

望江雷池迎宾馆★★
地址：安庆市望江县雷阳镇南门街
电话：0556－7171192
邮编：246200

望江县宏艺大酒店★★
地址：安庆市望江县华阳镇沿河路
电话：0556－7184059
邮编：246200

皖城假日酒店★★
地址：安庆市潜山县舒州大道861号
电话：0556－8920299
邮编：246300

天柱山庄★★
地址：安庆市天柱山景区第二索道口
电话：0556－8145015
邮编：246300

潜山大饭店★★
地址：安庆市梅城镇北街路61号
电话：0556－8931278
邮编：246300

黄山文宇宾馆★★
地址：黄山市歙县七里头
电话：0559－6513368
邮编：245200

黄山银桥大酒店★★
地址：黄山市黄山区汤口镇
电话：0559－5583666
邮编：245706

黄山金溪饭店★★
地址：黄山市屯溪区前园南路27号
电话：0559－2351234
邮编：245000

歙县新安宾馆★★
地址：黄山市歙县徽城镇红旗路12号
电话：0559－6512319
邮编：245200

安庆石化太平湖宾馆★★
地址：黄山市黄山区平湖镇142号
电话：0559－8560888
邮编：245700

黄山深渡宾馆★★
地址：黄山市深渡镇昌源路92号
电话：0559－6810100
邮编：245231

黄山相王山庄★★
地址：黄山市黄山区北海南路88号
电话：0559－5289789
邮编：245700

黄山太平湖白鹭宾馆★★
地址：黄山市黄山区太平湖镇
电话：0559－8519054
邮编：245712

黄山市黄山北京宾馆★★
地址：黄山市黄山区北海南路90号
电话：0559－8562386
邮编：245700

祁门新朝阳大酒店★★
地址：黄山市祁门县新兴路183号
电话：0559－4517379
邮编：245600

天堂寨假日酒店★★
地址：六安市金寨县天堂寨风景区
电话：0564－7999999
邮编：237343

安徽南岳山庄红色生态旅游有限公司★★
地址：六安市霍山县传贤路7号
电话：0564－5031679
邮编：237200

迎滩绿洲商务会所★★
地址：六安市佛子岭镇佛子岭景区内

电话：0564－5232988
邮编：237271

龙图宾馆★★
地址：六安市霍山县六佛路 19 号
电话：0564－5027842
邮编：237200

佛子岭宾馆★★
地址：六安市佛子岭镇
电话：0564－3903856
邮编：237200

南港宾馆★★
地址：六安市舒城县南港镇
电话：0564－8141508
邮编：231230

舒城宾馆★★
地址：六安市舒城县城关镇
电话：0564－8661288
邮编：231300

飞霞商务宾馆★★
地址：六安市舒城县城关镇
电话：0564－8621157
邮编：231300

金鑫宾馆★★
地址：六安市舒城县城关镇
电话：0564－8669281
邮编：231300

欣悦大酒店★★
地址：六安市舒城县城关镇
电话：0564－8621977
邮编：231300

石台县新世纪宾馆★★
地址：池州市石台县城关镇人民北路
电话：0566－6024958
邮编：245100

金石台宾馆★★
地址：池州市石台和平北路 2 号
电话：0566－6028838
邮编：245100

东至海天宾馆★★
地址：池州市东至县尧渡镇建设路 33 号
电话：0566－7020100
邮编：247200

青阳齐春生态园★★
地址：池州市青阳县丁桥镇
电话：0566－5680722
邮编：242800

东至县仙寓山庄★★
地址：池州市东至县葛公镇
电话：0566－8381259
邮编：247240

宣城市丰谷大酒店★★
地址：宣城市鳌峰西路 48 号
电话：0563－3030289
邮编：242000

宣城市鸿运宾馆★★
地址：宣城市宣南路莲花塘村
电话：0563－2625012
邮编：242000

宣城市九龙宾馆★★
地址：宣城市九州大道 8 号
电话：0563－2823888
邮编：242000

宣城市穆斯林宾馆★★
地址：宣城市状元北路 274 号
电话：0563－5289909
邮编：242000

宣城市水东宾馆★★
地址：宣城市宣州区水东镇枣乡路
电话：0563－3261888
邮编：242000

宣城市鑫都商务宾馆★★
地址：宣城市宣州区九州市场六期 1 号楼 1－6 号
电话：0563－2830666
邮编：242000

宣城市泾川宾馆有限公司★★
地址：宣城市泾县荷花塘路 19 号
电话：0563－2360188
邮编：242500

宣城市福鑫龙大酒店有限公司★★
地址：宣城市泾县谢园路 88 号
电话：0563－5101588
邮编：242500

宣城市泾县明珠宾馆★★
地址：宣城市泾县桃花潭镇
电话：0563－5870250
邮编：242550

宣城市光明大酒店★★
地址：宣城市绩溪县扬之北路
电话：0563－8151508
邮编：245300

宣城市旌阳宾馆★★
地址：宣城市旌德县城
电话：0563－8603001
邮编：242600

一星级

凤园酒店★
地址：铜陵市淮河大道
电话：0562－2110378
邮编：244000

福　　建

FUJIAN

五星级

福建外贸中心酒店★★★★★
地址：福州市五四路 73 号
电话：0591－87523388
邮编：350001

福州西湖大酒店★★★★★
地址：福州市湖滨路 158 号
电话：0591－87839888
邮编：350003

福州美伦大饭店★★★★★
地址：福州市北环西路 108 号
电话：0591－87883999
邮编：350003

福州香格里拉大酒店★★★★★
地址：福州市鼓楼区新权南路 9 号
电话：0591－87988888
邮编：350005

福州世纪金源大饭店★★★★★
地址：福州市温泉公园路 59 号
电话：0591－87088888
邮编：350003

长乐豪生长山湖国际酒店★★★★★
地址：福州市长乐广场路 19 号
电话：0591－28888888
邮编：350200

武夷山风景高尔夫俱乐部★★★★★
地址：南平市武夷山国家旅游度假区
电话：0599－5239999
邮编：354302

武夷山市远华国际大饭店★★★★★
地址：南平市武夷山国际旅游度假区
电话：0599－5233333
邮编：354302

永安燕江国际大酒店★★★★★
地址：三明市永安市新府路 338 号
电话：0598－3588888
邮编：366000

泉州迎宾馆★★★★★
地址：泉州市丰泽区通港东街 168 号
电话：0595－28239999
邮编：362000

泉州悦华酒店★★★★★
地址：泉州市刺桐西路南段
电话：0595－28019999
邮编：362002

晋江荣誉国际酒店★★★★★
地址：泉州市晋江市世纪大道 1054 号
电话：0595－68555555
邮编：362200

泉州酒店★★★★★
地址：泉州市庄府巷 22 号
电话：0595－22289958
邮编：362000

晋江宝龙大酒店★★★★★
地址：泉州市晋江市泉安中路 1558 号
电话：0595－28088888
邮编：362200

崇武西沙湾假日酒店★★★★★
地址：泉州市惠安崇武西沙湾
电话：0595－27877777
邮编：362131

晋江市金玛国际酒店★★★★★
地址：泉州市晋江市青阳湖光路
电话：0595－86511111
邮编：362200

晋江鸿福大酒店★★★★★
地址：泉州市晋江市阳光东路
电话：0595－36666666
邮编：362200

石狮建明国际大酒店★★★★★
地址：泉州市石狮市金盛路东段
电话：0595－83879999
邮编：362700

厦门悦华酒店★★★★★
地址：厦门市湖里区悦华路 101
电话：0592－6023333
邮编：361006

厦门宝龙大酒店★★★★★
地址：厦门市湖滨中路 133 号
电话：0592－5188888
邮编：361012

厦门日月谷温泉度假村★★★★★
地址：厦门市海沧区东孚镇汤岸村
电话：0592－6312222
邮编：361027

厦门喜来登酒店★★★★★
地址：厦门市嘉禾路 386－1 号
电话：0592－5525888
邮编：361009

厦门泛太平洋大酒店★★★★★
地址：厦门市湖滨北路 19 号
电话：0592－5078888
邮编：361012

厦门海景大酒店★★★★★
地址：厦门市镇海路 12 号之 8
电话：0592－2023333
邮编：361001

厦门东方酒店★★★★★
地址：厦门市湖滨北建业路 8 号
电话：0592－5091888
邮编：361012

厦门艾美酒店★★★★★
地址：厦门市南山冠军路 7 号
电话：0592－7709999
邮编：361006

厦门翠丰温泉度假酒店★★★★★
地址：厦门市同安汀溪街 777 号
电话：0592－7159999
邮编：361100

厦门海沧鼓浪湾酒店★★★★★
地址：厦门市海沧区
电话：0592－6373333
邮编：361022

厦门京闽中心酒店★★★★☆
地址：厦门市松柏小区长青路 158 号
电话：0592－5123333
邮编：361012

厦门磐基大酒店★★★★★
地址：厦门市嘉禾路 199 号
电话：0592－5399999
邮编：361012

厦门牡丹国际大酒店★★★★★
地址：厦门市思明区莲前西路 568 号
电话：0592－5955888
邮编：361008

厦门和平里酒店★★★★★
地址：厦门市鹭江道 12 号
电话：0592－6366666
邮编：361001
厦门京闽北海湾酒店★★★★★
地址：厦门市集美区集源路 210 号
电话：0592－6123333
邮编：361002

漳州宾馆★★★★★
地址：漳州市胜利路 4 号
电话：0596－2608999
邮编：363000

四星级

福建金仕顿大酒店★★★★
地址：福州市鼓楼区东水路 18 号
电话：0591－87628888
邮编：350001

国谊（福建）大酒店★★★★
地址：福州市仓山区观海路 66 号
电话：0591－88037777
邮编：350007

福建山水大酒店★★★★
地址：福州市省府路 13 号
电话：0591－87556888
邮编：350001

福州大饭店★★★★
地址：福州市斗中路 1 号
电话：0591－83333333
邮编：350001

阿波罗（福州）大酒店★★★★
地址：福州市五一中路 132 号
电话：83055555
邮编：350003

福清兰天大酒店★★★★
地址：福州市福清市龙田镇
电话：0591－85781888
邮编：350315

福州新紫阳大酒店★★★★
地址：福州市福新中路 127 号
电话：0591－26622222
邮编：350011

福建阳光假日酒店★★★★
地址：福州市五一广场高桥路 26 号
电话：0591－83365333
邮编：350005

福建国惠大酒店★★★★
地址：福州市长乐市吴航路
电话：0591－27588888
邮编：350200

福清融侨大酒店★★★★
地址：福州市福清市融城镇西门虎狮桥北
电话：0591－85285018
邮编：350300

福建银河花园大饭店★★★★
地址：福州市五四路 243 号
电话：0591－87831888

邮编：350003

福建省闽江饭店★★★★
地址：福州市五四路30号
电话：0591－87557895
邮编：350001

福州晋都戴斯国际酒店★★★★
地址：福州市晋安区连江北路487号
电话：0591－88189888
邮编：350014

福清瑞鑫大酒店★★★★
地址：福州市福清市清昌大道38号
电话：0591－38766666
邮编：350300

福州梅峰宾馆★★★★
地址：福州市光铜路2号
电话：0591－87887850
邮编：350003

福建黄金大酒店★★★★
地址：福州市华林路417号
电话：0591－87577688
邮编：350013

福清顺华君悦大酒店★★★★
地址：福州市福清市元洪路27号冠发国际新城
电话：0591－85288888
邮编：350300

浦城丹桂山庄★★★★
地址：南平市浦城县上青岭路3号
电话：0599－2888888
邮编：353400

建阳市胜德大酒店★★★★
地址：南平市建阳市朱熹大道狮子山
电话：0599－5845888
邮编：354200

武夷山庄★★★★
地址：南平市武夷山市武夷宫
电话：0599－5251888
邮编：354302

福建闽北大饭店★★★★
地址：南平市滨江中路31号
电话：0599－8627666
邮编：353000

武夷山商讯酒店★★★★
地址：南平市武夷山市国家旅游度假区
电话：0599－5252888
邮编：354302

武夷山望峰花园★★★★
地址：南平市武夷山国家旅游度假区望峰路
电话：0599－5259655
邮编：354302

武夷山圣远国际酒店★★★★
地址：南平市武夷山度假区天游峰路8号
电话：0599－5231333
邮编：354302

武夷山市青竹山庄★★★★
地址：南平市武夷山市度假区
电话：0599－5253888
邮编：354301

邵武龙都大酒店★★★★
地址：南平市邵武市福寿路荣城大厦
电话：0599－6339999
邮编：354000

邵武财富花园酒店★★★★
地址：南平市邵武市福寿路
电话：0599－6798888
邮编：354000

武夷山海晟国际大酒店★★★★
地址：南平市武夷山市文公路58号
电话：0599－5322888
邮编：354300

武夷山苏闽大酒店★★★★
地址：南平市武夷山国家旅游度假区
电话：0599－5230888
邮编：354302

邵武假日国际大酒店★★★★
地址：南平市邵武市八一路1号
电话：0599－6609999
邮编：354000

武夷山宝岛大酒店★★★★
地址：南平市武夷山市度假区
电话：0599－5252818
邮编：354302

将乐玉华宾馆★★★★
地址：三明市将乐县滨河北路1号
电话：0598－2322451
邮编：353300

福建五洲大酒店★★★★
地址：三明市永安市新安路458号
电话：0598－3603968
邮编：366000

泰宁金湖宾馆★★★★
地址：三明市泰宁县环城路77号
电话：0598－7862888
邮编：354400

福建闽中大酒店★★★★
地址：三明市尤溪县城关镇闽中大道2号
电话：0598－6219999
邮编：365100

泰宁金阳明星度假山庄★★★★
地址：三明市泰宁县大金湖下坊码头
电话：0598－7816998
邮编：354400

沙县国安假日酒店★★★★
地址：三明市沙县沙阳乐园
电话：0598－5888888
邮编：365500

泰宁大饭店★★★★
地址：三明市泰宁县东洲路59号
电话：0598－7822111
邮编：354400

建宁大饭店★★★★
地址：三明市建宁县黄舟坊南路
电话：0598－5919888
邮编：354500

福建省亿龙山庄★★★★
地址：三明市梅列区陈大镇瑞云山景区内
电话：0598－8369999
邮编：365009

永安燕景大酒店★★★★
地址：三明市永安市尼葛工业区尼葛路1666号
电话：0598－3558123
邮编：366000

莆田天妃温泉大饭店★★★★
地址：莆田市学园路口
电话：0594－2695588
邮编：351100

莆田市东方国际大酒店★★★★
地址：莆田市城厢区南园路88号
电话：0594－2588888
邮编：351100

湄洲岛海景大酒店★★★★
地址：莆田市湄洲岛环岛南路
电话：0594－5060888
邮编：351154

莆田悦莱温泉大酒店★★★★
地址：莆田市城厢区莆阳路金威豪园一号楼
电话：0594－2566666
邮编：351100

仙游大酒店★★★★
地址：莆田市仙游县鲤城南大路66号
电话：0594－8588888
邮编：351200

莆田市阳光假日酒店★★★★
地址：莆田市城厢区胜利南街3999号
电话：0594－2688888
邮编：351100

最佳西方恒丰酒店★★★★
地址：莆田市城厢区荔城南大道1428号
电话：0594－2858888
邮编：351100

晋江爱乐假日酒店★★★★
地址：泉州市晋江市阳光工贸城
电话：0595－85666666
邮编：362200

泉州东方五洲大酒店★★★★
地址：泉州市南安市水头镇滨海大道
电话：0595－26888999
邮编：362342

泉州市金威假日酒店★★★★
地址：泉州市洛江区航空旅游城
电话：0595－68312266
邮编：362011

泉州湖美大酒店★★★★
地址：泉州市刺桐北路
电话：0595－22118888
邮编：362000

南安大酒店★★★★
地址：泉州市南安市中山街2号
电话：0595－86375888
邮编：362300

石狮市五洲大酒店★★★★
地址：泉州市石狮市振兴路
电话：0595－88566666
邮编：362700

泉州华侨大厦★★★★
地址：泉州市百源路281号
电话：0595－22282192
邮编：362000

泉州金星大酒店★★★★
地址：泉州市东街中段
电话：0595－22988888
邮编：362000

福建石狮建联大酒店★★★★
地址：泉州市石狮市振兴路

电话：0595－88885199
邮编：362700

泉州航空酒店★★★★
地址：泉州市丰泽街
电话：0595－22164888
邮编：362000

石狮市荣誉大酒店★★★★
地址：泉州市石狮市八七路 858 号
电话：0595－88726888
邮编：362700

泉州世贸大酒店★★★★
地址：泉州市丰泽街
电话：0595－22980777
邮编：362000

南安金发大酒店★★★★
地址：泉州市南安市官桥镇金桥开发区
电话：0595－26908888
邮编：362341

福建安溪好美国际酒店★★★★
地址：泉州市安溪县龙湖开发区 12 号
电话：0595－23255555
邮编：362400

福建省德化县戴云大酒店★★★★
地址：泉州市德化县龙鹏街
电话：0595－23566999
邮编：362500

泉州花园大酒店★★★★
地址：泉州市湖心街西段北侧
电话：0595－28988888
邮编：362000

南安市水头明超大酒店★★★★
地址：泉州市南安水头镇中心大街 188 号
电话：0595－86999999
邮编：362342

晋江市英林敦煌大酒店★★★★
地址：泉州市晋江市英林镇英伍路
电话：0595－85475555
邮编：362256

泉州鲤城大酒店★★★★
地址：泉州市鲤城区南俊巷 84 号
电话：0595－22279888
邮编：362000

南安市石井金明大酒店★★★★
地址：泉州市南市安石井镇石建路
电话：0595－86098888
邮编：362343

泉州太子酒店★★★★
地址：泉州市经济技术开发区
电话：0595－2235888
邮编：362005

晋江帝豪酒店★★★★
地址：泉州市晋江市泉安中路
电话：0595－85695888
邮编：362200

晋江英华大酒店★★★★
地址：泉州市晋江市英林镇英龙中路
电话：0595－85475999
邮编：362256

瓷国明珠酒店★★★★
地址：泉州市德化县东城口
电话：0595－23595555
邮编：362500

晋江荣誉大酒店★★★★
地址：泉州市晋江市梅岭世纪大道思力培训中心大楼
电话：0595－82000000
邮编：362200

永昌大酒店★★★★
地址：泉州市南安市仑苍镇中国水暖城
电话：0595－26899999
邮编：362304

石狮泉冠酒店★★★★
地址：泉州市石狮市金林路 25 号
电话：0595－68881111
邮编：362700

惠安大鹏酒店★★★★
地址：泉州市惠安县螺城镇建设南路
电话：0595－87377777
邮编：362100

晋江侨成假日酒店★★★★
地址：泉州市晋江永和镇工信路
电话：0595－88078888
邮编：362235

惠安崇武大酒店★★★★
地址：泉州市惠安县崇武镇海滨路 1 号
电话：0595－87697777
邮编：362131

石狮市豪富华大酒店★★★★
地址：泉州市石狮市子芳路
电话：0595－83958888
邮编：362700

厦门华侨大厦★★★★
地址：厦门市新华路 70－74 号
电话：0592－2660888
传真：0592－2660999
邮编：361003
邮箱：ochotel@ public. xm. fj. cn
网址：www. xmhqhotel. com

厦门国贸金门湾大酒店★★★★
地址：厦门市翔安大嶝街道环嶝南路 68 号
电话：0592－7617888
邮编：361103

厦门日东花园酒店★★★★
地址：厦门市集美区日东二路 288 号
电话：0592－6218888
邮编：361022

厦门航空金雁酒店★★★★
地址：厦门市湖滨南路 99 号
电话：0592－2218888
邮编：361004

厦门闽南大酒店★★★★
地址：厦门市湖滨南路一里 26－34 号
电话：0592－5181188
邮编：361004

厦门海上花园大酒店★★★★
地址：厦门市鼓浪屿田尾路 27 号
电话：0592－2062688
邮编：361002

厦门金威大酒店★★★★
地址：厦门市思明区厦禾路 415 号
电话：0592－2688333
邮编：361003

厦门美丽华大酒店★★★★
地址：厦门市湖里区兴隆路 27 号
电话：0592－5697777
邮编：361006

厦门鹭江宾馆★★★★
地址：厦门市鹭江道 54 号
电话：0592－2022922
邮编：361001

厦门长升大酒店★★★★
地址：厦门市长青路 431 号
电话：0592－5031333
邮编：361012

厦门宏都大饭店★★★★
地址：厦门市白鹭洲路 201 号
电话：0592－2228888
邮编：361004

厦门白鹭洲大酒店★★★★
地址：厦门市湖滨南路 95 号
电话：0592－2226888
邮编：361004

厦门国际航空港花园酒店★★★★
地址：厦门市翔云一路 50 号
电话：0592－5736688
邮编：361006

厦门天鹅大酒店★★★★
地址：厦门市白鹭洲天鹅广场
电话：0592－5395888
邮编：361012

厦门圣西罗大酒店★★★★
地址：厦门市台湾街 90 号
电话：0592－5580888
邮编：361009

厦门云海度假村★★★★
地址：厦门市黄厝云海山庄 1－3 号
电话：0592－2565656
邮编：361008

厦门东南亚大酒店★★★★
地址：厦门市厦禾路 908 号
电话：0592－5058888
邮编：361004

厦门牡丹万鹏宾馆★★★★
地址：厦门市虎园路 17－19 号
电话：0592－2662888
邮编：361003

厦门怡翔华都酒店★★★★
地址：厦门市厦禾路 819 号
电话：0592－6619999
邮编：361004

厦门港湾大酒店★★★★
地址：厦门市小学路 160 号
电话：0592－2616688
邮编：361000

厦门福佑大酒店★★★★
地址：厦门市湖里区同盖路 48 号
电话：0592－2658888
邮编：361012

厦门和悦大酒店★★★★
地址：厦门市湖里区悦华路 151 号
电话：0592－6158888
邮编：361006

厦门白鹭宾馆★★★★
地址：厦门市思明区虎园路 6 号
电话：0592－2052222
邮编：361003

厦门庐山大酒店★★★★
地址：厦门市嘉禾路102号
电话：0592－5136888
邮编：361009

厦门新中林大酒店★★★★
地址：厦门市莲花南路18号
电话：0592－5132828
邮编：361009

漳州大酒店★★★★
地址：漳州市胜利路4号
电话：0596－2036889
邮编：363000

漳州芗城钻石大酒店★★★★
地址：漳州市南昌路121号
电话：0596－2038888
邮编：363000

平和洲际大酒店★★★★
地址：漳州市平和县小溪镇琯溪路416号
电话：0596－5107777
邮编：363700

漳浦凯都大酒店★★★★
地址：漳州市漳浦县朝阳路2号
电话：0596－3188888
邮编：363200

华安大酒店★★★★
地址：漳州市华安县湖东路
电话：0596－7256666
邮编：363800

漳州芗江酒店★★★★
地址：漳州市胜利西路8号
电话：0596－2029699
邮编：363000

龙海钻石大酒店★★★★
地址：漳州市龙海市海澄镇41号
电话：0596－6578888
邮编：363102

东山金殿海景大酒店★★★★
地址：漳州市东山县
电话：0596－5688888
邮编：363401

龙岩中元大酒店★★★★
地址：龙岩市九一南路
电话：0597－2266888
邮编：364000

永定金腾大酒店★★★★
地址：龙岩市永定县下坑广场
电话：0597－5551666
邮编：364100

长汀金仁大酒店★★★★
地址：龙岩市长汀县大同镇罗坊村
电话：0597－6696000
邮编：366300

古田山庄★★★★
地址：龙岩市上杭县古田镇
电话：0597－3644188
邮编：364201

长汀宾馆★★★★
地址：龙岩市长汀县汀州镇西外街3号
电话：0597－6696185
邮编：366300

闽西宾馆★★★★
地址：龙岩市中山东路28号
电话：0597－2323240
邮编：364000

武平紫金大酒店★★★★
地址：龙岩市武平县七坊路
电话：0597－3239666
邮编：364300

龙岩财富酒店★★★★
地址：龙岩市龙腾路体育公园内
电话：0597－5399999
邮编：364000

武平中凯国际酒店★★★★
地址：龙岩市武平县中凯路8号
电话：0597－4896888
邮编：364300

龙岩市荣顺国际大酒店★★★★
地址：龙岩市新罗区龙岩大道288号
电话：0597－5288888
邮编：364000

上杭光源国际酒店★★★★
地址：龙岩市上杭县琴岗路23号
电话：0597－3966666
邮编：364200

龙岩市恒宝大酒店★★★★
地址：龙岩市新罗区西安南路121号
电话：0597－2263888
邮编：36400

福建宁德美伦大饭店★★★★
地址：宁德市站前路28号
电话：0593－2929888
邮编：352100

宁德山水大酒店★★★★
地址：宁德市闽东中路18号
电话：0593－2918888
邮编：352100

福鼎国际大酒店★★★★
地址：宁德市福鼎市南大路前店
电话：0593－7801111
邮编：355200

屏南天外天国际大饭店★★★★
地址：宁德市屏南县公园路1号
电话：0593－3330888
邮编：352300

三星级

平潭县豪香娱乐城★★★
地址：福州市平潭县埔东路36号
电话：0591－24338666
邮编：350400

连江黄岐兴海大酒店★★★
地址：福州市连江县黄岐镇新城东区179号
电话：0591－26288888
邮编：350516

福州绿岛大酒店★★★
地址：福州市仓山区三高路85号
电话：0591－88892999
邮编：350007

长乐兴康大酒店★★★
地址：福州市长乐市金峰镇电信大楼
电话：0591－27555555
邮编：350200

连江县边城大酒店★★★
地址：福州市连江县官头镇大众北路
电话：0591－38151177
邮编：350501

武夷大酒店★★★
地址：福州市鼓楼区华林路169号
电话：0591－83056998
邮编：350003

福州梅园快捷酒店★★★
地址：福州市铜盘路2号
电话：0591－87825888
邮编：350003

福州凤凰假日酒店★★★
地址：福州市杨桥路中段289号
电话：0591－83778888
邮编：350002

福州闽都大酒店★★★
地址：福州市古田路117号
电话：0591－83357720
邮编：350005

长乐裕利达大酒店★★★
地址：福州市长乐市朝阳北路1号
电话：0591－28801888
邮编：350200

福清新长城大酒店★★★
地址：福州市福清市小桥街60号
电话：0591－8519677
邮编：350300

平潭县海坛假日大酒店★★★
地址：福州市平潭县潭城镇翠园南路73号
电话：0591－24396888
邮编：350400

福州聚春园大酒店★★★
地址：福州市东街2号
电话：0591－87502328
邮编：350001

福建天福大酒店★★★
地址：福州市五四路138号
电话：0591－87812328
邮编：350003

福州华威大饭店★★★
地址：福州市鼓楼区福新路171号
电话：0591－87500558
邮编：350011

福州民航海天大酒店★★★
地址：福州市长乐国际机场
电话：0591－28012888
邮编：350209

福清卓越大酒店★★★
地址：福州市福清市西门卓越路1号
电话：5091－85287888
邮编：350300

福州金广达大饭店★★★
地址：福州市广达路73号
电话：0591－83230888
邮编：350005

福建丽景天下大酒店★★★
地址：福州市福飞路199号
电话：0591－87736666
邮编：350012

福清金鹰大酒店★★★
地址：福州市福清市元洪路金融城

电话：0591－85287388
邮编：350300

福建省龙祥大酒店★★★
地址：福州市晋安区连江北路 489 号
电话：0591－83615666
邮编：350011

福州金辉大酒店★★★
地址：福州市华林路 492 号
电话：0591－87599999
邮编：350013

罗源湾大酒店★★★
地址：福州市罗源县凤山镇东外路 5 号
电话：0591－26986888
邮编：350600

福建省工业技术展览交流中心★★★
地址：福州市五四路 260 号
电话：0591－87844337
邮编：350003

福州三明大厦★★★
地址：福州市华林路 65 号
电话：0591－87818118
邮编：350003

闽清启源大酒店★★★
地址：福州市闽清县城解放大街 65 号
电话：0591－22332890
邮编：350800

福州皇家大酒店★★★
地址：福州市连江敖江丹凤东路 1 号
电话：0591－26152888
邮编：350500

长乐市天一酒店★★★
地址：福州市长乐市进城路
电话：0591－28882777
邮编：350200

福州唐城大酒店★★★
地址：福州市五一南路 215 号
电话：0591－83269999
邮编：350009

福建省邮电公寓★★★
地址：福州市五一北路沙帽井 3 号
电话：0591－87526338
邮编：350001

福建海联商务大酒店★★★
地址：福州市东门塔头路 1 号
电话：0591－87315888
邮编：350011

福清市天河大酒店★★★
地址：福州市福清市江滨路 24 号
电话：0591－85156666
邮编：350300

福清市成龙大酒店★★★
地址：福州市福清市宏路镇元洪路
电话：0591－28387666
邮编：350301

福州于山宾馆★★★
地址：福州市于山路 10 号
电话：0591－83351668
邮编：350001

邵武市华英大酒店★★★
地址：南平市邵武市熙春西路 93 号
电话：0599－6219996
邮编：354000

邵武市金秋宾馆★★★
地址：南平市邵武市五一路
电话：0599－6330000
邮编：354000

建瓯市家兴大酒店★★★
地址：南平市建瓯市水西桥西 2－8 号
电话：0599－3736888
邮编：353100

南平星光大厦★★★
地址：南平市江滨北路 177 号
电话：0599－8808666
邮编：353000

南平市亿发大酒店★★★
地址：南平市南福路 35 号
电话：0599－8871818
邮编：353000

顺昌竹苑宾馆★★★
地址：南平市顺昌县双溪公园路 2 号
电话：0599－7859503
邮编：353200

建瓯金龙大酒店★★★
地址：南平市建瓯市水西路
电话：0599－8213999
邮编：353100

光泽县圣农假日酒店★★★
地址：南平市光泽县文昌路
电话：0599－7938888
邮编：354106

武夷山茶苑大酒店★★★
地址：南平市武夷山市国家旅游度假区
电话：0599－5256777
邮编：354302

武夷山世纪桃源酒店★★★
地址：南平市武夷山市武夷镇金盘亭
电话：0599－5205888
邮编：354301

武夷山度假区华龙大酒店★★★
地址：南平市武夷山度假区大王峰北路 60 号
电话：0599－5230988
邮编：354302

建阳花园大酒店★★★
地址：南平市建阳市民主北路 89 号
电话：0599－5820958
邮编：354200

南平市今日大酒店★★★
地址：南平市滨江南路 2 号
电话：0599－8603888
邮编：353000

武夷山市亿力大酒店★★★
地址：南平市武夷山市旅游度假区
电话：0599－5252358
邮编：354302

武夷山酒店★★★
地址：南平市武夷山国家旅游度假区
电话：0599－5257888
邮编：354302

武夷山美海大酒店★★★
地址：南平市武夷山市旅游度假区
电话：0599－5252472
邮编：354302

武夷山交通大酒店★★★
地址：南平市武夷山国家旅游度假区
电话：0599－5253136
邮编：354302

武夷山香馨大酒店★★★
地址：南平市武夷旅游度假区朝阳小区
电话：0599－5231688
邮编：354302

泰宁金岁酒店★★★
地址：三明市泰宁县和平街北溪二巷
电话：0598－7861588
邮编：354400

三明市五一国际大酒店★★★
地址：三明市东新二路工会大厦
电话：0598－8513888
邮编：365000

沙县绿圆大酒店★★★
地址：三明市沙县滨河路 8 号
电话：0598－5816888
邮编：365500

明溪宾馆★★★
地址：三明市明溪县雪峰镇北路 20 号
电话：0598－2810666
邮编：365200

尤溪宾馆★★★
地址：三明市尤溪县建设东街 58 号
电话：0598－6309199
邮编：365100

三明阳光假日酒店★★★
地址：三明市委党校内
电话：0598－8278888
邮编：365000

泰宁华鑫大酒店★★★
地址：三明市泰宁县水南东街 8 号
电话：0598－7831888
邮编：354400

泰宁华大酒店★★★
地址：三明市泰宁县台前路 6 号
电话：0598－7817777
邮编：354400

永安大厦★★★
地址：三明市永安市燕江东路 1319 号
电话：0598－3618888
邮编：366000

将乐县山水大酒店★★★
地址：三明市将乐县溪南路 18 号
电话：0598－2262111
邮编：353300

永安大酒店★★★
地址：三明市永安市燕江南路 27 号
电话：0598－3608888
邮编：366000

列东饭店★★★
地址：三明市梅列区东新二路江滨 40 幢
电话：0598－8512668
邮编：365000

三明市香米拉大酒店★★★
地址：三明市东新五路工商培训大楼
电话：0598－8511888
邮编：365000

清流山城休闲娱乐有限公司★★★
地址：三明市清流县龙津镇高树亭
电话：0598－5335755
邮编：365300

沙县南庭世纪酒店★★★
地址：三明市沙县嘉禾路地质队综合大楼
电话：0598－5786666
邮编：365500

宁化天鹅大酒店★★★
地址：三明市宁化县中环路一号
电话：0598－6689999
邮编：365400

三明汇众大酒店★★★
地址：三明市沙县洋坊汽车城
电话：0598－5068606
邮编：365500

湄洲安泰大酒店★★★
地址：莆田市湄洲北大道
电话：0594－5085666
邮编：351154

涵江亿华假日大酒店★★★
地址：莆田市涵江区高新工业园区塘海街8号
电话：0594－7598888
邮编：351111

涵江好运中心大酒店★★★
地址：莆田市涵江区沧林路2－24号
电话：0594－3888388
邮编：351111

湄洲美海大酒店★★★
地址：莆田市湄州岛美洲大道1535号
电话：0594－5094600
邮编：351154

莆田壶兰大酒店★★★
地址：莆田市胜利路18号
电话：0594－2511888
邮编：351100

莆田市涵江建成大酒店★★★
地址：莆田市涵江建成路涵华小区457号
电话：0594－3566666
邮编：351111

泉州钻石大酒店★★★
地址：泉州市津淮街东段123号
电话：0595－22511111
邮编：362000

石狮市新国泰大酒店★★★
地址：泉州市石狮市子芳路
电话：0595－88618000
邮编：362700

石狮市东雅商务酒店★★★
地址：泉州市石狮市九二路57号
电话：0595－88667777
邮编：362700

石狮市星都大酒店★★★
地址：泉州市石狮市八七路98号
电话：0595－88586856
邮编：362700

丰泽香格里娜商务酒店★★★
地址：泉州市宝洲路
电话：0595－65319999
邮编：362000

泉港新港大酒店★★★
地址：泉州市泉港区泉五路
电话：0595－87778889
邮编：362801

晋江阳光商务酒店★★★
地址：泉州市晋江市阳光中路
电话：0595－85677999
邮编：362200

南安金明大酒店★★★
地址：泉州市南安市水头福兴广场
电话：0595－86997777
邮编：362000

泉州刺桐饭店★★★
地址：泉州市田安路东湖畔
电话：0595－22102222
邮编：362000

泉州东方大酒店★★★
地址：泉州市泉秀路
电话：0595－22588898
邮编：362000

定州永春酒店★★★
地址：泉州市永春县环城路61号
电话：0595－23886990
邮编：362600

石狮华侨大厦★★★
地址：泉州市石狮市九二路189号
电话：0595－88787108
邮编：362700

南安华侨大酒店★★★
地址：泉州市南安市新华路139号
电话：0595－86388888
邮编：362300

德化怡庭岱仙度假山庄★★★
地址：泉州市德化县水口镇赤石口
电话：0595－23692888
邮编：362513

南安丰州中南大酒店★★★
地址：泉州市南安市丰州镇丰州工业区
电话：0595－86782888
邮编：362333

泉州泰和大酒店★★★
地址：泉州市田安路
电话：0595－22103818
邮编：362000

泉州宝洲宾馆★★★
地址：泉州市宝洲路口
电话：0595－22567788
邮编：362000

泉州东海大酒店★★★
地址：泉州市宝洲路中段
电话：0595－22578988
邮编：362000

南安金鹿大酒店★★★
地址：泉州市南安市洪濑镇江滨东路101号
电话：0595－86699999
邮编：362331

泉州大华酒店★★★
地址：泉州市区泉秀路浦西路口
电话：0595－22551688
邮编：362000

南安华都大酒店★★★
地址：泉州市南安市水头西锦工业区
电话：0595－86995888
邮编：362342

晋江南苑酒店★★★
地址：泉州市晋江市青阳泉安中路
电话：0595－85658888
邮编：362200

泉州城市假日大酒店★★★
地址：泉州市鲤城区迎津路
电话：0595－22989999
邮编：362000

石狮市紫云商务酒店★★★
地址：泉州市石狮市南洋路
电话：0595－88866666
邮编：362700

惠安崇武海天大酒店★★★
地址：泉州市惠安崇武镇海滨路
电话：0595－87680188
邮编：362131

泉州丰泽大酒店★★★
地址：泉州市津淮东路
电话：0595－22552998
邮编：362000

泉州八一大酒店★★★
地址：泉州市温陵中路
电话：0595－22194888
邮编：362000

泉州景都大酒店★★★
地址：泉州市泉秀路
电话：0595－22588832
邮编：362000

晋江振英大酒店★★★
地址：泉州市晋江市英林镇英龙北路
电话：0595－85499998
邮编：362200

惠安东南大酒店★★★
地址：泉州市惠安县建设南路399号
电话：0595－87321555
邮编：362100

德化瓷都大酒店★★★
地址：泉州市德化县城关凤池街61号
电话：0595－23518588
邮编：362500

德化县龙腾酒店★★★
地址：泉州市德化县宝美街L幢
电话：0595－23557333
邮编：362500

德化县宁昌商务酒店★★★
地址：泉州市德化县龙浔镇宝美街龙东坂
电话：0595－23562888
邮编：362500

晋江市兴泰酒店★★★
地址：泉州市晋江市阳光中路
电话：0595－85679999
邮编：362200

永春侨联大酒店★★★
地址：泉州市永春县环城路1－3号
电话：0595－23882136
邮编：362600

石狮绿晶大酒店★★★
地址：泉州市石狮市九二路电力中心大厦
电话：0595－88552222
邮编：362700

安溪三德大酒店★★★
地址：泉州市安溪县北石开发区利民路
电话：0595－23237900
邮编：362400

泉州金洲大酒店★★★
地址：泉州市泉秀路新车站旁
电话：0595－22586788
邮编：362000

永春美湖酒店★★★
地址：泉州市永春县环城路2号
电话：0595－23890688
邮编：362600

惠安海峡酒店★★★
地址：泉州市惠安县崇武镇政府斜对面
电话：0595－87677077
邮编：362131

泉州广电中心酒店★★★
地址：泉州市丰泽街刺桐路东段毅达新村1号楼
电话：0595－22132868
邮编：362000

泉州好世界大酒店★★★
地址：泉州市半泽街东段支各支路口
电话：0595－22216333
邮编：362000

泉州市滨海大酒店★★★
地址：泉州市美桐街中段25号
电话：0595－22135555
邮编：362000

晋江市青阳海丰酒店★★★
地址：泉州市晋江青阳和平北路18号
电话：0595－82926666
邮编：362200

石狮市万佳东方酒店★★★
地址：泉州市石狮市九二路东段8号
电话：0595－36886666
邮编：362700

石狮市东方巴黎商务酒店★★★
地址：泉州市石狮市八七路南洋路口
电话：0595－83888888
邮编：362700

晋江市胜家商务酒店★★★
地址：泉州市晋江市青阳街道和平中路
电话：0595－82000888
邮编：362211

晋江市皇冠假日酒店★★★
地址：泉州市晋江市和平中路21号
电话：0595－82165555
邮编：362200

晋江市围头湾假日酒店★★★
地址：泉州市晋江市金井镇围头村
电话：0595－85366666
邮编：362251

泉州皇廷酒店★★★
地址：泉州市台商投资区东园杏园路
电话：0595－36368000
邮编：362122

惠安县讯发商务酒店★★★
地址：泉州市惠安县螺城镇企塘岭下东侧
电话：0595－87356789
邮编：362100

泉州宏昌宾馆★★★
地址：泉州市宝洲路582号
电话：0595－22568258
邮编：362000

福建安溪华侨大酒店★★★
地址：泉州市安溪县凤城镇北街1号联谊大厦
电话：0595－26000000
邮编：362400

泉港福瑞宾馆★★★
地址：泉州市泉港福炼生活区
电话：0595－87798188
邮编：362800

厦门舫阳酒店★★★
地址：厦门市湖里区禾山路1621号
电话：0592－2626888
邮编：361009

厦门天成大厦★★★
地址：厦门市金山西路46号天成大厦
电话：0592－5223333
邮编：361009

厦门山水宾馆★★★
地址：厦门市集美区嘉庚路61号
电话：0592－6680888
邮编：361021

厦门华舒酒店★★★
地址：厦门市集美区杏林建南路270号
电话：0592－6279999
邮编：361022

厦门金宝酒店★★★
地址：厦门市东渡路124－6号
电话：0592－6013888
邮编：361012

厦门同安宾馆★★★
地址：厦门市同安区大同街道三秀路237号
电话：0592－7318888
邮编：361100

厦门东海大厦酒店★★★
地址：厦门市中山路1号
电话：0592－2021111
邮编：361001

厦门碧宫酒店★★★
地址：厦门市湖滨中路24号烟草大厦
电话：0592－5054828
邮编：361004

厦门故宫酒店★★★
地址：厦门市故宫路120号
电话：0592－2282888
邮编：361002

厦门音乐岛酒店★★★
地址：厦门市湖滨南路19号
电话：0592－2220480
邮编：361003

厦门怡佳酒店★★★
地址：厦门市海沧新阳工业区新美路17－19号
电话：0592－6514666
邮编：361028

厦门凯怡酒店★★★
地址：厦门市湖里区金泰路后坑前社185号
电话：0592－5903666
邮编：361009

厦门市晶裕商务酒店★★★
地址：厦门市湖里区马垅社195号
电话：0592－3619888
邮编：361000

和怡阳光酒店★★★
地址：厦门市莲花南路16号
电话：0592－5136681
邮编：361009

厦门望海宾馆★★★
地址：厦门市思明区上李龙虎山路801号
电话：0592－3929666
邮编：361005

厦门福联大饭店★★★
地址：厦门市湖滨南路469号
电话：0592－5055888
邮编：361004

厦门华夏大酒店★★★
地址：厦门市厦禾路935号
电话：0592－5759888
邮编：361004

厦门云鹤酒店★★★
地址：厦门市嘉禾路343号
电话：0592－5153888
邮编：361009

厦门杏花村酒店★★★
地址：厦门市集美区杏前路52号
电话：0592－6296666
邮编：361021

厦门龙都大酒店★★★
地址：厦门市火车站左侧
电话：0592－5156666
邮编：361004

厦门时代雅居速8酒店★★★
地址：厦门市后江埭路29号
电话：0592－8120888
邮编：361002

厦门鑫安宾馆★★★
地址：厦门市厦禾路867号
电话：0592－5178666
邮编：361003

厦门明发大酒店★★★
地址：厦门市莲前东路413号
电话：0592－5978888
邮编：361009

厦门航空宾馆★★★
地址：厦门市莲花南路5号
电话：0592－5134888
邮编：361009

厦门金帝酒店★★★
地址：厦门市仙叶路189号
电话：0592－5111888
邮编：361012

厦门驿缘酒店★★★
地址：厦门市曾厝安
电话：0592－2519988
邮编：361005

厦门京华大酒店★★★
地址：厦门市双涵路口
电话：0592－5089898
邮编：361004

厦门集美大学国际交流中心★★★
地址：厦门市集美银江路183号
电话：0592－6681188
邮编：361021

厦门兴恒大酒店★★★
地址：厦门市翔安区巷北工业区巷北路869号

电话：0592－3700000
邮编：361101

厦门新南方饭店★★★
地址：厦门市火车站厦禾路982号
电话：0592－3987888
邮编：361004

漳州华侨饭店★★★
地址：漳州市新华北路33号
电话：0596－2029988
邮编：363000

龙海福门大酒店★★★
地址：漳州市龙海市石码镇二环紫葳路
电话：0596－6282888
邮编：363100

东山金沙大酒店★★★
地址：漳州市东山县马銮湾风景区
电话：0596－5687366
邮编：363400

漳州银佳宾馆★★★
地址：漳州市延安北路33号
电话：0596－2097999
邮编：363000

漳州市华源酒店★★★
地址：漳州市金峰开发区
电话：0596－2036688
邮编：363000

龙海邦臣良友温泉酒店★★★
地址：漳州市龙海市角美镇
电话：0596－6718555
邮编：363100

云霄益恒大酒店★★★
地址：漳州市云霄县漳南水果大市场
电话：0596－8886666
邮编：363300

南靖大酒店★★★
地址：漳州市南靖县人民广场1号
电话：0596－7828888
邮编：363600

漳州西城大酒店★★★
地址：漳州市胜利西路154号
电话：0596－2531666
邮编：363000

东山金銮湾假日中心★★★
地址：漳州市东山县环岛路金銮湾
电话：0596－5838888
邮编：363400

漳浦县交通大酒店★★★
地址：漳州市漳浦县绥阳镇朝阳路
电话：0596－3111111
邮编：363200

长泰宾馆★★★
地址：漳州市长泰县武安镇县后路1号
电话：0596－8322772
邮编：363900

东山县扬波酒店★★★
地址：漳州市东山县马銮湾风景区
电话：0596－5636999
邮编：363400

东山百亿新城度假村★★★
地址：漳州市东山县东山岛金銮湾游艇别墅区
电话：0596－5632888
邮编：363404

东山华侨大酒店★★★
地址：漳州市东山县西埔镇中兴街1093号
电话：0596－5853986
邮编：363400

诏安宾馆★★★
地址：漳州市诏安县南诏镇梅中路154号
电话：0596－3342255
邮编：363500

漳州临泰大酒店★★★
地址：漳州市云霄县江滨路61号
电话：0596－8506888
邮编：363300

连城大酒店★★★
地址：龙岩市连城县城关中山路56号
电话：0597－8935666
邮编：366200

永定宾馆贵宾楼★★★
地址：龙岩市永定县凤城镇体育路36号
电话：0597－5833041
邮编：364100

龙岩金穗大酒店★★★
地址：龙岩市西安南路
电话：0597－2262666
邮编：364000

长汀县烟草大酒店★★★
地址：龙岩市长汀县环城中路25号
电话：0597－6821899
邮编：366300

长汀县卧龙大酒店★★★
地址：龙岩市长汀县汀州镇西外街198号
电话：0597－6812333
邮编：366300

上航大酒店★★★
地址：龙岩市上杭县北大路21号
电话：0597－3880899
邮编：364200

永定坎市金腾大酒店★★★
地址：龙岩市永定县坎市镇红桥广场
电话：0597－5558666
邮编：364102

连城龘御大酒店★★★
地址：龙岩市连城县中山路52号
电话：0597－3121688
邮编：366200

上杭紫金大酒店★★★
地址：龙岩市上杭县临江紫金大道
电话：0597－3833333
邮编：364200

龙岩山水大酒店★★★
地址：龙岩市罗龙路78号
电话：0597－2107888
邮编：364000

连城金叶大酒店★★★
地址：龙岩市连城北大东路
电话：0597－8912889
邮编：366200

龙岩阳光假日酒店★★★
地址：龙岩市新罗区九一南路45号
电话：0597－2285666
邮编：364000

上杭金叶大酒店★★★
地址：龙岩市上杭县临江镇解放路中段
电话：0597－3996666
邮编：364200

漳平市景弘山庄★★★
地址：龙岩市漳平市南洋乡九鹏溪景区内
电话：0597－7561606
邮编：364400

永定华鼎大酒店★★★
地址：龙岩市永定县湖坑镇迎宾路59号
电话：0597－5536988
邮编：364100

永定中天大酒店★★★
地址：龙岩市永定县凤城下坑开发区
电话：0597－5820888
邮编：364100

屏南县天坪山大酒店★★★
地址：宁德市屏南县古峰镇西环北路151号
电话：0593－8966666
邮编：352300

福安富春大酒店★★★
地址：宁德市福安市解放西路21号
电话：0593－6389888
邮编：355000

霞浦县晨曦大酒店★★★
地址：宁德市霞浦县松港街道山河路6号
电话：0593－8787888
邮编：352100

宁德驿景大酒店★★★
地址：宁德市东侨大道
电话：0593－2866186
邮编：352100

福安东方大酒店★★★
地址：宁德市福安市新华南路59号
电话：0593－6380888
邮编：355000

福安邮申大酒店★★★
地址：宁德市福安市新华南路65号
电话：0593－6536666
邮编：355000

宁德金东方大酒店★★★
地址：宁德市东侨区万安路8号
电话：0593－2853333
邮编：352100

宁德蕉城区花园酒店★★★
地址：宁德市蕉城区蕉城南路90号
电话：0593－2998008
邮编：352100

福鼎东源大酒店★★★
地址：宁德市福鼎市太姥山大道206号
电话：0593－7997888
邮编：355200

霞浦环岛大酒店★★★
地址：宁德市霞浦县龙道路南段
电话：0593－8816888
邮编：355100

屏南宏泰大酒店★★★
地址：宁德市屏南县城北路278号
电话：0593－3385666
邮编：352300

宁德市宏迪大酒店★★★
地址：宁德市蕉城北路25号

电话：0593－2055555
邮编：352100

福鼎京生大酒店★★★
地址：宁德市福鼎市古城南路 17－49 号
电话：0593－7835888
邮编：355200

二星级

福州市怡得园宾馆★★
地址：福州市闽清县城关台山街 428 号
电话：0591－22335408
邮编：350800

武夷山闽辉大酒店★★
地址：福州市武夷山市度假区
电话：0591－5257999
邮编：354302

福州市青云山白马山庄★★
地址：福州市永泰县青云山白马景区
电话：0591－24501250
邮编：350700

福州龙都大酒店★★
地址：福州市尚宾路 32 号
电话：0591－87508666
邮编：350001

福清金榕大酒店★★
地址：福州市福清市西门永昌路 1 号
电话：0591－85275888
邮编：350300

桃源山庄★★
地址：福州市永泰县白云乡姬岩
电话：0591－24551111
邮编：350713

福建八方大厦★★
地址：福州市东大路 82 号
电话：0591－87557993
邮编：350001

连江发利大酒店★★
地址：福州市连江凤城镇 816 北路
电话：0591－26239999
邮编：350500

福州贸总酒店★★
地址：福州市五一中路 72 号
电话：0591－83326570
邮编：350005

建阳市宾馆★★
地址：南平市建阳市城关人民路 26 号
电话：0599－5827070
邮编：354200

南平兆祥延城大酒店★★
地址：南平市中山路 313 号
电话：0599－8634406
邮编：353000

政和宾馆★★
地址：南平市政和县解放街 21 号
电话：0599－3321548
邮编：353600

顺昌宾馆★★
地址：南平市顺昌县中山中路 20 号
电话：0599－7829701
邮编：353200

武夷山市金源大酒店★★
地址：南平市武夷山市度假区
电话：0599－5256888
邮编：354302

武夷山市聚缘大酒店★★
地址：南平市武夷山市度假区
电话：0599－5230333
邮编：354302

武夷山市财经大酒店★★
地址：南平市武夷山度假区
电话：0599－5250999
邮编：354302

南平松溪县鸿顺商务酒店★★
地址：南平市松溪县工农西路 29 号
电话：0599－2336666
邮编：353500

建阳大饭店★★
地址：南平市建阳市民主南路 20 号
电话：0599－5828198
邮编：354200

泰宁县尚书第宾馆★★
地址：三明市泰宁县和平中街 20 号
电话：0598－7834668
邮编：354400

泰宁县绿园宾馆★★
地址：三明市泰宁县金湖西路 28 号
电话：0598－7865316
邮编：354400

永安春谷山庄★★
地址：三明市永安市吉山春谷山庄
电话：0598－3856789
邮编：366000

三明市五一国际大酒店★★
地址：三明市列东新二路工会大厦内
电话：0598－8256899
邮编：365000

福建闽通长运股份有限公司明运大厦★★
地址：三明市永安市燕北解放北路 68 号
电话：0598－3652499
邮编：366000

清流宾馆★★
地址：三明市清流县龙津镇风翔街 14 幢
电话：0598－5322517
邮编：365300

永安市力源宾馆★★
地址：三明市永安市燕江南路 21 号
电话：0598－3650609
邮编：366000

将乐银华酒店★★
地址：三明市将乐县新将中路 4－6 号
电话：0598－2330358
邮编：353300

三明市金谷宾馆★★
地址：三明市江滨新村 33 幢
电话：0598－8243138
邮编：365000

三元饭店★★
地址：三明市三元区青年路 38 号
电话：0598－8526800
邮编：354400

鲤城笋江商务酒店★★
地址：泉州市鲤城区兴贤路 582 号
电话：0595－28823999
邮编：362000

泉州市老干部宾馆★★
地址：泉州市新华南路金山花苑北区
电话：0595－22394281
邮编：362000

惠安新航海大酒店★★
地址：泉州市惠安县崇武镇政府东侧
电话：0595－87672106
邮编：362131

泉州东城宾馆★★
地址：泉州市崇福路 35 号
电话：0595－22775588
邮编：362000

厦门音乐岛宾馆★★
地址：厦门市湖滨南路 19 号
电话：0592－2220480
邮编：361004

厦门绿晶酒店★★
地址：厦门市思明区顶沃仔 14 号
电话：0592－2098888
邮编：361005

珍滨大酒店★★
地址：厦门市湖里区兴隆路 455 号
电话：0592－5667555
邮编：361004

厦门海天宾馆★★
地址：厦门市东渡路 38－40 号
电话：0592－6017851
邮编：361012

厦门市百乐酒店★★
地址：厦门市湖里海天路 39 号
电话：0592－6021555
邮编：361006

厦门福建省财税班干部培训中心★★
地址：厦门市集美区石鼓号 78 号
电话：0592－6182579
邮编：361021

厦门银海宾馆★★
地址：厦门市杏林区杏南路 37 号
电话：0592－6072777
邮编：361022

漳州海景宾馆★★
地址：漳州市芗城区新浦路
电话：0596－6305589
邮编：363000

漳浦朝阳饭店★★
地址：漳州市漳浦县朝阳路中段
电话：0596－3109541
邮编：363200

漳州台湾饭店★★
地址：漳州市胜利西路 1 号
电话：0596－2927736
邮编：363000

东山省安度假中心★★
地址：漳州市东山县金銮湾
电话：0596－5823488
邮编：363400

漳州菜根香酒店★★
地址：漳州市腾飞路 5 号
电话：0596－2066866
邮编：363000

漳州平和金叶宾馆★★
地址：漳州市平和县东大路86号
电话：0596－5218828
邮编：363700

上杭金杭大酒店★★
地址：龙岩市上杭县城区北环东路
电话：0597－3882388
邮编：364200

连城山水饭店★★
地址：龙岩市连城县东环南路
电话：0597－8935188
邮编：366200

福安金源大酒店★★
地址：宁德市福安市富春路128号
电话：0593－6553333
邮编：355000

闽东太姥山玉湖宾馆★★
地址：宁德市福鼎市太姥山
电话：0593－7277166
邮编：355209

福安市赛岐大酒店★★
地址：宁德市福安市赛岐镇钟山东路
电话：0593－6956666
邮编：355001

古田华侨酒店★★
地址：宁德市古田县解放路192号
电话：0593－3897755
邮编：352200

福鼎太姥电信宾馆★★
地址：宁德市福鼎太姥山上
电话：0593－7277888
邮编：355209

霞浦县三沙留云饭店★★
地址：宁德市霞浦县三沙五沃新城8号
电话：0593－8662160
邮编：355101

霞浦县三沙圆山宾馆★★
地址：宁德市霞浦县三沙镇五奥新城178号
电话：0593－8666008
邮编：355101

古田县普乔大酒店★★
地址：宁德市古田县解放路200号
电话：0593－3889888
邮编：352200

福安市宾馆★★
地址：宁德市福安市新华南路55号
电话：0593－6382018
邮编：355000

古田华侨大厦★★
地址：宁德市古田县城关614中路62号
电话：0593－3880699
邮编：352200

一星级

建阳市饮食服务公司金达宾馆★
地址：南平市建阳市民主北路45号
电话：0599－5838918
邮编：354200

福清创元千禧大酒店
地址：福清市清昌大道101号
电话：0591－22111111
邮编：350300

江 西

JIANGXI

五星级

嘉莱特和平国际酒店★★★★★
地址：南昌市广场南路 10 号
电话：0791－86111118
邮编：330002

园中源大酒店★★★★★
地址：南昌高新区火炬大街 539 号
电话：0791－8863333
邮编：330096

锦峰大酒店★★★★★
地址：南昌市站前西路 281 号
电话：0791－8867777
邮编：330002

南昌凯莱大酒店★★★★★
地址：南昌市沿江北路 88 号
电话：0791－86738855
邮编：330008

江西宾馆★★★★★
地址：南昌市八一大道 368 号
电话：0791－86206666
邮编：330006

泰耐克国际大酒店★★★★★
地址：南昌市红谷滩
电话：0791－88828888
邮编：330008

东方豪景花园酒店★★★★★
地址：南昌市民德路
电话：0791－86288888
邮编：330008

力高皇冠假日酒店★★★★★
地址：南昌市沿江中大道 266 号
电话：0791－86699999
邮编：330008

九江远洲国际大酒店★★★★★
地址：九江市南湖路 116 号
电话：0792－8888888
邮编：332000

九江信华建国酒店★★★★★
地址：九江市滨江路 299 号
电话：0792－8189999
邮编：332000

紫晶宾馆★★★★★
地址：景德镇市昌南大道紫晶路 9 号
电话：0798－8591137
邮编：333000

赣州锦江国际大酒店★★★★★
地址：赣州市经济开发区金东北路 88 号
电话：0797－8333333
邮编：341000

四星级

富豪酒店★★★★
地址：南昌市洪城路 160 号
电话：0791－86408888
邮编：330002

瑞都大酒店★★★★
地址：南昌市广场南路 399 号
电话：0791－86201888
邮编：330002

赣江宾馆★★★★
地址：南昌市八一大道 138 号
电话：0791－88856888
邮编：330003

锦都皇冠酒店★★★★
地址：南昌市洪城路 99 号
电话：0791－86429999
邮编：330002

江西饭店★★★★
地址：南昌市八一大道 356 号
电话：0791－88858888
邮编：330003

民航花园酒店★★★★
地址：南昌市洪城路 587 号
电话：0791－88898888
邮编：330025

南昌皇廷大酒店★★★★
地址：南昌市站前路 168 号
电话：0791－86208888
邮编：330002

江西师大白鹿会馆★★★★
地址：南昌市江西师范大学瑶湖校区
电话：0791－88121888
邮编：330022

江西华悦国际大酒店★★★★
地址：南昌市丁公路 117 号
电话：0791－86316666
邮编：330002

国贸酒店★★★★
地址：南昌洪城路 2 号
电话：0791－88855555
邮编：330002

洪都宾馆★★★★
地址：南昌市阳明路 249 号
电话：0791－88829999
邮编：330006

京西宾馆★★★★
地址：南昌市省政府大院南一路 9 号
电话：0791－88850666
邮编：330046

百瑞四季酒店★★★★
地址：南昌市洪都北大道 10 号
电话：0791－88688198
邮编：330046

玉泉岛大酒店★★★★
地址：南昌市文博路 33 号
电话：0791－87366888
邮编：333200

七星商务酒店★★★★
地址：南昌市南京西路 225 号
电话：0791－88866666
邮编：330006

南昌鄱阳湖大酒店★★★★
地址：南昌市井冈山大道 1128 号
电话：0791－88856666
邮编：330002

鑫峰假日酒店★★★★
地址：南昌市红谷滩
电话：0791－88822222
邮编：330038

富庭苑国际酒店★★★★
地址：南昌市井冈山大道 388 号
电话：0791－85213388
邮编：330001

南昌新吉花园酒店★★★★
地址：南昌市红谷滩丰和北大道 299 号
电话：0791－83826666
邮编：330038

江西唯客丽晶大酒店★★★★
地址：南昌市洛阳路 70 号
电话：0791－888281516
邮编：330002

立生国际大酒店★★★★
地址：南昌市解放东路 1888 号
电话：0791－88210999
邮编：330046

进贤县皇庭大酒店★★★★
地址：南昌市进贤县胜利中路 68 号
电话：0791－85539666
邮编：331700

庐山西湖宾馆★★★★
地址：九江市庐山大林路 719 号
电话：0792－8282591
邮编：332900

庐山天沐温泉度假村★★★★
地址：九江市星子县温泉镇
电话：0792－2615888
邮编：332802

庐山龙湾温泉度假村★★★★
地址：九江市星子县温泉镇
电话：0792－2612222
邮编：332802

庐山国脉宾馆★★★★
地址：九江市庐山大月山路 15 号
电话：0792－8282040
邮编：332900

九江雅格泰大酒店★★★★
地址：九江市长虹大道 28 号
电话：0792－8983885
邮编：332000

庐山国际阳光温泉度假村★★★★
地址：九江市星子县
电话：0792－2616666
邮编：332800

北戴河宾馆★★★★
地址：九江市永修县
电话：0792－3068902
邮编：330300

花旗假日大酒店★★★★
地址：九江市前进东路 9 号
电话：0792－2188888
邮编：332005

金轩益君大酒店★★★★
地址：九江市长虹大道 276 号
电话：0792－8907777
邮编：332000

共青城中航（茶山）迎宾馆★★★★
地址：九江市共青大道 1 号
电话：0792－7728888
邮编：332020

修水珠江大酒店★★★★
地址：九江市修水县城

电话：0792－7833888
邮编：332400

星子县龙震饭店★★★★
地址：九江市星子县白鹿大道
电话：0792－2660888
邮编：332800

武宁宾馆★★★★
地址：九江市武宁县古艾路1号
电话：0792－2781149
邮编：332300

修水县君豪大酒店★★★★
地址：九江市修水县城
电话：0792－7696666
邮编：332400

九江山水国际大酒店★★★★
地址：九江市十里大道202号
电话：0792－8199999
邮编：332000

景德镇市开门子大酒店★★★★
地址：景德镇市新枫路1号
电话：0798－8577777
邮编：333000

景德镇大酒店★★★★
地址：景德镇市珠江中路126号
电话：0798－8518888
邮编：333000

朗逸酒店★★★★
地址：景德镇市球山西路5号
电话：0798－8389292
邮编：333000

乐平东方国际酒店★★★★
地址：景德镇市乐平市乐平大道
电话：0798－6213528
邮编：333300

景德镇市豪门大酒店★★★★
地址：景德镇市昌江大道
电话：0798－8563268
邮编：333000

鹰潭华侨大厦★★★★
地址：鹰潭市站江路21号
电话：0701－6696232
邮编：335000

鹰潭市华盛酒店★★★★
地址：鹰潭市站江路75号
电话：0701－6699999
邮编：335000

新余北湖宾馆★★★★
地址：新余市北湖中路
电话：0790－6422100
邮编：338000

萍乡市蓝波湾花园酒店★★★★
地址：萍乡市安源经济开发区
电话：0799－7021111
邮编：337000

萍乡迎宾馆★★★★
地址：萍乡市经济开发区玉湖路1号
电话：0799－6266666
邮编：337000

赣州赣电大厦★★★★
地址：赣州市红旗大道27号
电话：0797－8202388
邮编：341000

上犹希桥酒店★★★★
地址：赣州市上犹县文兴路
电话：0797－8528888
邮编：341200

崇义耀升国际饭店★★★★
地址：赣州市崇义县城
电话：0797－3818888
邮编：341300

大余章源宾馆★★★★
地址：赣州市大余县伯坚大道陶园路
电话：0797－8731888
邮编：341500

赣州山水大厦★★★★
地址：赣州市红旗大道25号
电话：0797－8286296
邮编：341000

瑞金美瑞欧大酒店★★★★
地址：赣州市瑞金市桦林路
电话：0797－2558777
邮编：342500

瑞金宾馆★★★★
地址：赣州市瑞金象湖镇东升先街
电话：0797－252201
邮编：342500

赣州兴国县品禄园宾馆★★★★
地址：赣州市兴国县城
电话：0797－5324000
邮编：342400

赣州聚德山庄★★★★
地址：赣州市水东公园对面
电话：0797－8161080
邮编：341000

赣州香江湾大酒店★★★★
地址：赣州市章江北大道40号
电话：0797－7077777
邮编：341000

全南希桥酒店★★★★
地址：赣州市全南县金龙大道希桥路
电话：0797－2688888
邮编：341800

龙南县富业大酒店★★★★
地址：赣州市龙南县金水大道500号
电话：0797－3575888
邮编：341700

南康市宝辉酒店★★★★
地址：赣州市南康市工业一路
电话：0797－7788999
邮编：341400

上饶京都国际酒店★★★★
地址：上饶市上饶县旭日大道8号
电话：0793－8459999
邮编：334100

广丰县永利国际大酒店★★★★
地址：上饶市广丰县永丰南大道1号
电话：0793－267999
邮编：334600

婺源江湾大酒店★★★★
地址：上饶市婺源县文博路
电话：0793－7353333
邮编：333200

婺源宾馆★★★★
地址：上饶市婺源县城
电话：0793－7298888
邮编：333200

华都国际大酒店★★★★
地址：上饶市带湖路
电话：0793－825888
邮编：334000

和平国际大酒店★★★★
地址：上饶市五三大道88号
电话：0793－8158888
邮编：334000

婺源茶博府公馆★★★★
地址：上饶市婺源文博路33号
电话：0793－7366888
邮编：333200

婺源清华婺国际大酒店★★★★
地址：上饶市婺源县茶乡东路
电话：0793－7392888
邮编：333200

三清山水云山庄★★★★
地址：上饶市三清山金沙
电话：0793－2186666
邮编：334000

德兴市天龙山大酒店★★★★
地址：上饶市德兴市付家湾
电话：0793－7165555
邮编：334219

余干金源国际大酒店★★★★
地址：上饶市余干县沿湖路50号
电话：0793－3333333
邮编：335100

玉山县玉台国际旅游大酒店★★★★
地址：上饶市玉山县人民北路118号
电话：0793－7096666
邮编：334700

上饶市欣凯皇冠大酒店★★★★
地址：上饶市凤凰大道99号
电话：0793－8278888
邮编：334000

婺源风景酒店★★★★
地址：上饶市婺源县环城南路88号
电话：0793－7213999
邮编：333200

华云大酒店★★★★
地址：上饶市玉山县行政中心旁边
电话：0793－2357888
邮编：334700

三清山金沙湾假日酒店★★★★
地址：上饶市三清山金沙湾服务区
电话：0793－2188888
邮编：334072

三清山锦都南星宾馆★★★★
地址：上饶市三清山双溪南部景区
电话：0793－2180373
邮编：334700

上饶市维多利亚皇家酒店★★★★
地址：上饶市带湖路71号
电话：0793－8257666
邮编：334000

抚州临川大酒店★★★★
地址：抚州市临川大道52号
电话：0794－8258999
邮编：344000

波尔度假酒店★★★★
地址：抚州市金溪县
电话：0794－5256888
邮编：344800

宜黄国际大酒店★★★★
地址：抚州市宜黄县狮子湾大道
电话：0794－7118888
邮编：344400

南城法莱德国际大酒店★★★★
地址：抚州市南城县建昌南大道1号
电话：0794－7366666
邮编：344700

法水森林温泉度假村★★★★
地址：抚州市资溪县嵩市镇法水村法水（天沐）森林温泉度假村
电话：0794－5666106
邮编：335303

资溪县绿岛大酒店★★★★
地址：抚州市资溪县鹤城沙苑
电话：0794－2388888
邮编：335300

宜春市锦绣山庄★★★★
地址：宜春市化成岩
电话：0795－3995101
邮编：336000

宜春德和大酒店★★★★
地址：宜春市朝阳路36号
电话：0795－3299999
邮编：336000

宜春博能宾馆★★★★
地址：宜春市宜阳大道19号
电话：0795－3251111
邮编：336000

樟树航天国际大酒店★★★★
地址：宜春市樟树四特大道中段
电话：0795－7846888
邮编：331200

丰城市洪洲大酒店★★★★
地址：宜春市丰城市新城区
电话：0795－6666777
邮编：331100

丰城市昌龙国际大酒店★★★★
地址：宜春市丰城市人民路237号
电话：0795－6428579
邮编：331100

奉新朝日大酒店★★★★
地址：宜春市奉新县建设南路368号
电话：0795－4628888
邮编：330700

江西宏安旅游开发有限公司靖安江钨度假村★★★★
地址：宜春市靖安县清华大道41号
电话：0795－7191111
邮编：330600

吉安文山国际大酒店★★★★
地址：吉安市井冈山大道56号
电话：0796－8289999
邮编：343000

吉安白鹭宾馆★★★★
地址：吉安市井冈山大道85号
电话：0796－8287318
邮编：343000

井冈山映山红宾馆★★★★
地址：吉安市井冈山市长坑路10号
电话：0796－6550888
邮编：343600

井冈山黄洋界宾馆★★★★
地址：吉安市井冈山市茨坪镇
电话：0796－6553137
邮编：343600

井冈山天乐府大酒店★★★★
地址：吉安市井冈山天街商业文化广场
电话：0796－6566666
邮编：343600

井冈山锦江大酒店★★★★
地址：吉安市井冈山红军路41号
电话：0796－6560888
邮编：343600

吉安华拓国际大酒店★★★★
地址：吉安市美陂路18号
电话：0796－8113333
邮编：343009

井冈山井秀山庄★★★★
地址：吉安市井冈山市黄竹路
电话：0796－6555888
邮编：343600

井冈山星期酒店★★★★
地址：吉安市红军南路3号
电话：0796－6559700
邮编：343600

吉安开元洲际大酒店★★★★
地址：吉安市吉州区永叔路88号
电话：0796－8213978
邮编：343000

井冈山景园大酒店★★★★
地址：吉安市井冈山茨坪红军南路37号
电话：0796－7166888
邮编：343600

吉安宏泰酒店★★★★
地址：吉安市井冈山经济开发区
电话：0796－8406116
邮编：343100

遂川伟业大酒店★★★★
地址：吉安市遂川县城东路大道61号
电话：0796－6315555
邮编：343900

三星级

南昌县桂花村宾馆★★★
地址：南昌市迎宾中大道1089号
电话：0791－85761999
邮编：330200

北京宾馆★★★
地址：南昌市北京东路35号
电话：0791－88333710
邮编：330029

进贤军山湖大酒店★★★
地址：南昌市进贤县胜利中路
电话：0791－885680888
邮编：331700

华宇商务酒店★★★
地址：南昌市井冈山大道685号
电话：0791－88456666
邮编：330002

青山湖宾馆★★★
地址：南昌市福州路169号
电话：0791－88863888
邮编：330006

抚州大饭店★★★
地址：南昌市孺子路37号
电话：0791－86232666
邮编：330003

锦昌大酒店★★★
地址：南昌市站前路107号
电话：0791－86128888
邮编：330002

南昌铁路大酒店★★★
地址：南昌市火车站
电话：0791－86108108
邮编：330002

明园大酒店★★★
地址：南昌市二七南路527号
电话：0791－87038993
邮编：330002

金悦宾馆★★★
地址：南昌市系马桩街326号
电话：0791－8623333
邮编：330003

核工宾馆★★★
地址：南昌市北京西路152号
电话：0791－6351023
邮编：330046

东城宾馆★★★
地址：南昌市京东大道777号
电话：0791－88355999
邮编：330029

银龙大酒店★★★
地址：南昌市洪都大道312号
电话：0791－88456888
邮编：330001

体育宾馆★★★
地址：南昌市福州路28号
电话：0791－86202765
邮编：330006

旺辉酒店★★★
地址：南昌市建设路西口
电话：0791－82288888
邮编：330002

春都商务酒店★★★
地址：南昌市新建县丽景路666号
电话：0791－83729999
邮编：330100

阳光假日酒店★★★
地址：南昌市二七北路520号
电话：0791－82108888
邮编：330077

百胜酒店★★★
地址：南昌市顺外路578号
电话：0791－88226999
邮编：330029

安义金鼎商务酒店★★★
地址：南昌市安义县前进大道709号
电话：0791－83378888
邮编：330500

滕王阁酒店★★★
地址：南昌市桃花路1号
电话：0791－86651330
邮编：330025

绿洲假日酒店★★★
地址：南昌市上海北路608号
电话：0791－88119197
邮编：330029

新建县新都宾馆★★★
地址：南昌市新建县解放路346号
电话：0791－87073999
邮编：330100

南昌古德宾馆★★★
地址：南昌市青山湖区南京东路1007号
电话：0791－88112000
邮编：330029

南昌湾里区豫章假日宾馆★★★
地址：南昌市湾里区兴湾大道222号
电话：0791－87510777
邮编：330004

九江宾馆★★★
地址：九江市南湖路118号
电话：0792－8981888
邮编：332000

九江五丰宾馆★★★
地址：九江市浔阳路129号
电话：0792－8987001
邮编：332000

九江中景假期酒店★★★
地址：九江市九江火车站广场东楼
电话：0792－8982888
邮编：332000

庐山良璐宾馆★★★
地址：九江市庐山牯岭街50号
电话：0792－8288465
邮编：332900

庐山新世纪宾馆★★★
地址：九江市庐山大林沟路68号
电话：0792－8282001
邮编：332900

庐山经纬宾馆★★★
地址：九江市庐山回龙路2号
电话：0792－8282080
邮编：332900

庐山飞云宾馆★★★
地址：九江市庐山小天池16号
电话：0792－8299105
邮编：332900

九江信息宾馆★★★
地址：九江市交通路12号
电话：0792－8988999
邮编：332000

庐山电力宾馆★★★
地址：九江市庐山白云观14号
电话：0792－8281554
邮编：332900

九江欧迪大酒店★★★
地址：九江市十里大道28号
电话：0792－8987702
邮编：332000

庐山体育宾馆★★★
地址：九江市庐山河西路15号
电话：0792－8299300
邮编：332900

九江柴瑱宾馆★★★
地址：九江市甘棠南路111号
电话：0792－8989966
邮编：332000

湖口县石钟山宾馆★★★
地址：九江市湖口县双钟镇
电话：0792－6332595
邮编：332500

瑞昌皇家大酒店★★★
地址：九江市瑞昌市赤与东路
电话：0792－4219888
邮编：332200

庐山如琴湖饭店★★★
地址：九江市庐山大林路93号
电话：0792－8289933
邮编：332900

九江鑫缔宾馆★★★
地址：九江市庐山环山路1号
电话：0792－8295630
邮编：332900

九江庐山宾馆★★★
地址：九江市庐山河西路70号
电话：0792－8282843
邮编：332900

九江天翔商务大酒店★★★
地址：九江市新桥头九龙街口
电话：0792－8982222
邮编：332000

庐池宾馆★★★
地址：九江市庐山区小天池路17号
电话：0792－8282229
邮编：332005

彭泽县龙城大酒店★★★
地址：九江市龙城大道
电话：0792－5625888
邮编：332700

德安宾馆★★★
地址：九江市德安县东风路69号
电话：0792－4336188
邮编：330400

九江黄金假日酒店★★★
地址：九江市长虹大道436号
电话：0792－8983202
邮编：332000

庐山天山宾馆★★★
地址：九江市庐山牯岭街51号
电话：0792－8299898
邮编：332900

庐山匡城宾馆★★★
地址：九江市庐山区窑洼路36号
电话：0792－8293626
邮编：332005

庐山太极宾馆★★★
地址：九江市庐山区芦林路11号
电话：0792－8283007
邮编：332900

庐山白云宾馆★★★
地址：九江市庐山窑佳路20号
电话：0792－8297639
邮编：332900

江虹宾馆★★★
地址：九江市庐山区长虹大道268号
电话：：0792－7071188
邮编：332900

庐山牯岭大酒店★★★
地址：九江市庐山风景名胜区河西路7号
电话：0792－8295388
邮编：332900

庐山新云天宾馆★★★
地址：九江市庐山区窑洼路15号
电话：0792－8281925
邮编：332005

永修宾馆★★★
地址：九江市永修县建昌东路
电话：0792－3289555
邮编：330300

庐山观云山庄★★★
地址：九江市庐山牯岭镇新建村路54号
邮编：332005

永生现代宾馆九江店★★★
地址：九江市浔阳区长虹大道308号
电话：0792－8969999
邮编：332000

福泰118酒店★★★
地址：九江市浔阳区长虹大道70号
电话：0792－8186818
邮编：332000

武宁县明星大酒店★★★
地址：九江市武宁县豫宁大道南330号
电话：0792－2786660
邮编：332300

庐山云雾国际大酒店★★★
地址：九江市庐山大林沟路58号
电话：0792－8299988
邮编：332900

庐山兴隆宾馆★★★
地址：九江市庐山慧远路186号
电话：0792－8289222
邮编：332900

九江天隆宾馆★★★
地址：九江市浔阳区浔阳东路147号
电话：0792－8597888
邮编：332000

707所九江分部科技交流中心★★★
地址：九江市前进西路105号
电话：0792－8775115
邮编：332007

武宁县景山大酒店★★★
地址：九江市武宁县豫宁北路3号
电话：0792－2959855
邮编：332300

庐山工会宾馆★★★
地址：九江市庐山莲台路11号
电话：0792－8282109
邮编：332900

庐山云龙宾馆★★★
地址：九江市庐山慧远路200号
电话：0792－8282405
邮编：332900

庐山夏都宾馆★★★
地址：九江市庐山区河西路4号
电话：0792－8285590

邮编：332005

九江花园大酒店★★★
地址：九江市庐峰东路 53 号
电话：0792－8151888
邮编：332000

柘林湖醉酒湾大酒店★★★
地址：九江市柘林湖镇绍河路
电话：0792－3060208
邮编：330317

庐山颐园宾馆★★★
地址：九江市庐山中十路 3 号
电话：0792－82810641
邮编：332900

都昌大酒店★★★
地址：九江市都昌县东风大道 156 号
电话：0792－5238888
邮编：332600

星子县南康大酒店★★★
地址：九江市星子县南康大道 1 号
电话：0792－2669333
邮编：332800

共青金航大酒店★★★
地址：九江市共青城市共青大道理工学院北门
电话：0792－4355888
邮编：332020

九江中盛酒店管理公司（中房宾馆）★★★
地址：九江市长虹大道 60 号
电话：0792－8982199
邮编：332000

湖口县君安大酒店★★★
地址：九江市湖口县钟山大道
电话：0792－6538666
邮编：332500

九江福泰壹壹捌德化酒店★★★
地址：九江市十里大道 903 号
电话：0792－8382118
邮编：332000

九江奥中大酒店★★★
地址：九江市德安县一支路
电话：0792－4622555
邮编：330400

景德镇宾馆★★★
地址：景德镇市风景路 60 号
电话：0798－8271188
邮编：333000

景德镇市金叶大酒店★★★
地址：景德镇市茶山路 2 号
电话：0798－8562288
邮编：333000

景德镇市良友宾馆★★★
地址：景德镇市珠山中路 8 号
电话：0798－8272288
邮编：333000

景德镇市新昌江大酒店★★★
地址：景德镇市瓷都大道 1051 号
电话：0798－857666
邮编：333000

景德镇昌河宾馆★★★
地址：景德镇市朝阳路 533 号
电话：0798－8467000
邮编：333000

景德镇市财政宾馆★★★
地址：景德镇市新村北路 43 号
电话：0798－8292368
邮编：333000

景德镇昌南半岛酒店★★★
地址：景德镇市珠山南路 58 号
电话：0798－8517777
邮编：333000

乐平佳佳基大酒店★★★
地址：景德镇市乐平市翥山西路 182 号
电话：0798－6229999
邮编：333300

瓷都宾馆★★★
地址：景德镇市里村花园
电话：0798－8381111
邮编：333000

景德镇文苑大酒店★★★
地址：景德镇市昌江区通站路 36 号
电话：0798－8278179
邮编：333000

瑶里假日大酒店★★★
地址：景德镇市瑶里风景区内
电话：0798－2606988
邮编：333411

景德镇中奇大酒店★★★
地址：景德镇市浮梁县
电话：0798－266666
邮编：333400

鹰潭宾馆★★★
地址：鹰潭市林荫东路 9 号
电话：0701－6229888
邮编：335000

鹰潭饭店★★★
地址：鹰潭市交通路 24 号
电话：0701－6685858
邮编：335000

鹰潭瑞林山庄★★★
地址：鹰潭市龙虎山景区内
电话：0701－6658169
邮编：335424

鹰潭东方宾馆★★★
地址：鹰潭市站江路 36 号
电话：0701－6682008
邮编：335000

余江大酒店★★★
地址：鹰潭市余江县邓埠中大道 8 号
电话：0701－5868666
邮编：335200

鹰潭太子龙大酒店★★★
地址：鹰潭市梅园大道九号
电话：0701－6449888
邮编：335000

鹰潭香江国际大酒店★★★
地址：鹰潭市西湖路 7 号
电话：0701－6276888
邮编：335000

皇冠国际酒店★★★
地址：鹰潭市月湖区赣东商城 9 区 22 号
电话：：0701－2187777
邮编：335000

新长城宾馆★★★
地址：鹰潭市月湖区西湖路 2 号
电话：0701－6681298
邮编：335000

鹰潭铜苑宾馆★★★
地址：鹰潭市贵溪市冶金大道
电话：0701－3778555
邮编：335424

新余万年青商务酒店★★★
地址：新余市仙来中大道 307 号
电话：0790－6469888
邮编：338000

新余华瑞宾馆★★★
地址：新余市渝水区抱石大道 561 号
电话：0790－6256000
邮编：338025

新余悦华商务酒店★★★
地址：新余市长青路北 1 号
电话：0790－6333333
邮编：338000

新余望江国际酒店★★★
地址：新余市新欣南大道 1 号
电话：0790－6268888
邮编：338000

萍乡安源宾馆★★★
地址：萍乡市跃进中路 94 号
电话：0799－6848888
邮编：337000

萍乡鑫海岸商务酒店★★★
地址：萍乡市公园路 123 号
电话：0799－6892000
邮编：337000

萍乡豪门国际大酒店★★★
地址：萍乡市跃进北路 3 号
电话：0799－7038888
邮编：337000

萍乡天鹅宾馆★★★
地址：萍乡市昭萍东路 3 号
电话：0799－6229999
邮编：337000

莲花县赣星世纪大酒店★★★
地址：萍乡市金城大道 1 号
电话：0799－7230000
邮编：331700

萍乡市君悦豪门大酒店★★★
地址：萍乡市跃进南路 218 号
电话：0799－6601888
邮编：337000

萍乡芦溪西地亚商务酒店★★★
地址：萍乡市芦溪县武功山大道
电话：0799－7566666
邮编：337200

赣州明珠大酒店★★★
地址：赣州市红旗大道 1 号
电话：0797－8128899
邮编：341000

赣州赣龙大酒店★★★
地址：赣州市红旗大道 50 号
电话：0797－8219898
邮编：341000

赣南宾馆一号楼★★★
地址：赣州市健康路 28 号
电话：0797－8221888
邮编：341000

赣州铁龙大酒店★★★
地址：赣州市五洲大道18号
电话：0797－8139999
邮编：341000

赣州海天大酒店★★★
地址：赣州市八一四大道29号
电话：0797－8100266
邮编：341000

赣州五龙湖度假村★★★
地址：赣州市沙河大道18号
电话：0797－8329999
邮编：341000

宁都天鼎大酒店★★★
地址：赣州市宁都县梅江镇登峰大道11号
电话：0797－6815199
邮编：342800

南康市华龙大酒店★★★
地址：赣州市南康市东城区泰康东路
电话：0797－6605999
邮编：341400

信丰县江西麦饭石大厦★★★
地址：赣州市信丰县圣塔路31号
电话：0797－3378777
邮编：341600

瑞金大酒店★★★
地址：赣州市瑞金红都大道
电话：0797－2327999
邮编：342500

赣州宾馆★★★
地址：赣州市健康路101号
电话：0797－8266177
邮编：341000

瑞金饭店★★★
地址：赣州市瑞金市红都大道21号（八一北路路口）
电话：0797－2532218
邮编：342500

瑞金市红都大酒店★★★
地址：赣州市瑞金市红都大道七里段
电话：0797－2525288
邮编：342500

赣县梅苑宾馆★★★
地址：赣州市赣县银河大道3号
电话：0797－4421888
邮编：341100

瑞金长正大酒店★★★
地址：赣州市金都大道中段
电话：0797－2525777
邮编：342500

会昌宾馆★★★
地址：赣州市会昌县经旗大道68号
电话：0797－5631299
邮编：342600

安远迎宾馆★★★
地址：赣州市安远县濂江路66号
电话：0797－3739018
邮编：342100

定南国际饭店★★★
地址：赣州市定南县东风东路51号龙神湖畔
电话：0797－4261888
邮编：341900

赣州逸豪宾馆★★★
地址：赣州市文清路29号
电话：0797－8281666
邮编：341000

瑞金红都宾馆★★★
地址：赣州市瑞金市红都大道21号瑞金饭店3层
电话：0797－2505576
邮编：342500

龙南县迎宾馆★★★
地址：赣州市龙南县濂江路1号
电话：0797－3575911
邮编：341700

赣州金泰大酒店★★★
地址：赣州市章江北大道20号
电话：0797－8153888
邮编：341000

新赣南饭店★★★
地址：赣州市红旗大道52号
电话：0797－2169100
邮编：341000

瑞金市中山大酒店★★★
地址：赣州市中山北大道
电话：0797－7115322
邮编：342500

信丰县锦绣大酒店★★★
地址：赣州市信丰县阳明南路298号
电话：0797－3377518
邮编：341600

瑞金京里大酒店★★★
地址：赣州市瑞金市红都大道
电话：0797－2507888
邮编：342500

定南凤凰酒店★★★
地址：赣州市定南县京九大道中段
电话：0797－4290888
邮编：341900

赣州中成大酒店★★★
地址：赣州市客家大道172号
电话：0797－8160888
邮编：341000

龙南县福平酒店★★★
地址：赣州市龙南县龙泽居东区
电话：0797－3579838
邮编：341700

于都县新联大酒店★★★
地址：赣州市于都县长征大道73号
电话：0797－6267888
邮编：342300

赣州市滨江大酒店★★★
地址：赣州市章贡区章江北大道78号
电话：0797－8232827
邮编：341000

瑞金市红井大酒店★★★
地址：赣州市瑞金市金都大道
电话：0797－2557669
邮编：342500

宁都县天鼎大酒店★★★
地址：赣州市宁都县梅江镇登峰大道11号
电话：0797－6813998
邮编：342800

赣州汇康大酒店★★★
地址：赣州市青年路36号
电话：0797－8108666
邮编：341000

定南县华旗酒店★★★
地址：赣州市定南县商贸广场
电话：0797－4262777
邮编：341900

麦饭石大酒店★★★
地址：赣州市信丰县迎宾大道圣塔路31号
电话：0797－3378999
邮编：341600

于都县宏泰大酒店★★★
地址：赣州市于都县长征大道76号
电话：0797－2062999
邮编：342300

宁都富丽华大酒店★★★
地址：赣州市宁都县中山南路
电话：0797－6825237
邮编：342800

天悦大酒店★★★
地址：赣州市赣县站前大道93号
电话：0797－4444488
邮编：341100

赣州白云大酒店★★★
地址：赣州市八一四大道29号
电话：0797－8116699
邮编：341000

赣州云山饭店★★★
地址：赣州市八一四大道18号
电话：0797－8129696
邮编：341000

上饶三清大酒店★★★
地址：上饶市解放西路
电话：0793－7036701
邮编：334000

三清山天门山庄★★★
地址：上饶市三清山景区内
电话：0793－2189069
邮编：334000

上饶婺源明珠大酒店★★★
地址：上饶市婺源县文工路
电话：0793－8237788
邮编：334000

上饶鄱阳宾馆★★★
地址：上饶市鄱阳县人民路
电话：0793－6392555
邮编：334000

万年宾馆★★★
地址：上饶市万年县六〇北路112号
电话：0793－3821888
邮编：335500

余干宾馆★★★
地址：上饶市余干东山岭
电话：0793－3399889
邮编：335100

龟峰山庄★★★
地址：上饶市龟峰景区内
电话：0793－5842555
邮编：334416

广丰宾馆★★★
地址：上饶市广丰县永丰镇园丁路40号

电话：0793－3261718
邮编：334600

上饶北星大酒店★★★
地址：上饶市信州区带湖路 71 号
电话：0793－8257666
邮编：334000

婺源县天马大酒店★★★
地址：上饶市婺源县紫阳镇文公北路 119 号
电话：0793－7367666
邮编：333200

婺源县假日酒店★★★
地址：上饶市婺源紫阳镇沿河路星江湾
电话：0793－7345888
邮编：333200

铅山宾馆★★★
地址：上饶市铅山县河口镇狮江大道
电话：0793－516888
邮编：334500

三清山南星宾馆★★★
地址：上饶市三清山景区
电话：0793－2180373
邮编：334700

三清山天伦宾馆★★★
地址：上饶市三清山景区
电话：0793－2181666
邮编：334700

婺源花园大酒店★★★
地址：上饶市婺源县文博路 39 号
电话：0793－7344900
邮编：333200

三清山双溪山庄★★★
地址：上绕市玉山县三清山南部景区索道口
电话：0793－2181818
邮编：334470

余干县钜龙大酒店★★★
地址：上饶市余干县迎宾大道 001 号
电话：0793－3397887
邮编：335100

婺源紫阳大酒店★★★
地址：上饶市婺源县凉笠山路 20 号
电话：0793－7368858
邮编：333200

三清山锦绣山庄★★★
地址：上饶市三清山景区
电话：0793－2188088
邮编：334000

三清山宾馆★★★
地址：上饶市三清山景区
电话：0793－2181212
邮编：334000

横峰宾馆★★★
地址：上饶市横峰县解放西路 208 号
电话：0793－5795868
邮编：334300

上饶市山水宾馆★★★
地址：上饶市带湖路 56 号
电话：0793－8255658
邮编：334000

婺源朱熹故里度假村★★★
地址：上饶市婺源县文博路 7 号
电话：0793－7342866
邮编：333200

德兴大酒店★★★
地址：上饶市德兴市滨河大道 1 号
电话：0793－7586319
邮编：334200

三清山假日酒店★★★
地址：上饶市三清山玉山县外双溪索道口
电话：0793－2181188
邮编：334700

玉山县玉龙大酒店★★★
地址：上饶市玉山县三清东路
电话：0793－2208888
邮编：334700

婺源县锦江大酒店★★★
地址：上饶市婺源文公北路 108 号
电话：0793－7347888
邮编：333200

弋阳宾馆★★★
地址：上饶市弋阳县胜利路后山岭 1 号
电话：0793－5902888
邮编：334400

上饶市世纪外滩大酒店★★★
地址：上饶市站前路 12 号
电话：0793－6175330
邮编：334000

江西铜业集团（德兴）宾馆★★★
地址：上饶市德兴铜矿中区金龙路 38 号
电话：0793－7719075
邮编：334224

德兴市厚福国际大酒店★★★
地址：上饶市德兴市银山路 1 号
电话：0793－7588400
邮编：334200

婺源文博宾馆★★★
地址：上饶市婺源县城北开发区
电话：0793－7345378
邮编：333200

抚州温泉宾馆★★★
地址：抚州市临川区温泉乡
电话：0794－8498888
邮编：344114

抚州华洋酒店★★★
地址：抚州市赣东大道 101 号
电话：0794－8256664
邮编：344000

抚州商城宾馆★★★
地址：抚州市南城县交通路 199 号
电话：0794－7266888
邮编：344700

金溪县金都大酒店★★★
地址：抚州市金溪县象山南路 240 号
电话：0794－5288666
邮编：344800

抚州梦湖商务酒店★★★
地址：抚州市临川大道 1099 号
电话：0794－8255988
邮编：344000

资溪县狮子山生态旅游度假村★★★
地址：抚州市资溪县高阜镇狮子山景区
电话：0794－5639999
邮编：335302

赣东宾馆★★★
地址：抚州市赣东大道 501 号
电话：0794－8252888
邮编：344000

黎川县京峰宾馆★★★
地址：抚州市黎川县新城区应京川大道
电话：0794－7566189
邮编：344600

东乡县鼎丰国际大酒店★★★
地址：抚州市东乡县雄岚大道 259 号
电话：0794－4222222
邮编：331800

资溪县站前假日宾馆★★★
地址：抚州市资溪县火车站站前广场
电话：0794－5789111
邮编：335300

资溪县京鹰商务宾馆★★★
地址：抚州市资溪县建设西路 25 号
电话：0794－5780999
邮编：335300

崇仁华侨大酒店★★★
地址：抚州市崇仁县迎宾大道
电话：0794－6371699
邮编：344200

乐安县芙蓉山庄★★★
地址：抚州市乐安县迎宾大道芙蓉路 88 号
电话：0794－7136228
邮编：344300

南丰桔苑宾馆★★★
地址：抚州市南丰县桔都大道
电话：0794－3222999
邮编：344500

广昌县商会大酒店★★★
地址：抚州市广昌县沿江路 2 号
电话：0794－3633333
邮编：344900

宜春阳光大酒店★★★
地址：宜春市袁山大道中 103 号
电话：0795－3279000
邮编：336000

宜春青龙大酒店★★★
地址：宜春市东风大道 248 号
电话：0795－3912655
邮编：336000

宜春秀江宾馆★★★
地址：宜春市中山中路 370 号
电话：0795－3918118
邮编：336000

樟树药都宾馆★★★
地址：宜春市樟树市药都路 1 号
电话：0795－7032666
邮编：331200

上高名典商旅酒店★★★
地址：宜春市上高县城广场
电话：0795－2527888
邮编：336400

高安瑞雪宾馆★★★
地址：宜春市高安市高安大道 456 号
电话：0795－5281888
邮编：330800

宜丰粮贸宾馆★★★
地址：宜春市宜丰县新星中大道 2 号
电话：0795－2750888
邮编：336300

温汤山水温泉疗养院★★★
地址：宜春市温汤镇街道办事处工人疗养院
电话：0795－3518012
邮编：336007

铜鼓县青松宾馆★★★
地址：宜春市铜鼓县城南东路188号
电话：0795－8692777
邮编：336200

宜丰县桃花源大酒店★★★
地址：宜春市宜丰县新昌镇站前路8号
电话：0795－2759556
邮编：336300

奉新县滨江花园酒店★★★
地址：宜春市奉新县潦河西路33号
电话：0795－4508999
邮编：330700

丰城今日商务酒店★★★
地址：宜春市丰城市新区广电大楼
电话：0795－7039999
邮编：331100

丰城莱特国际大酒店（布兰登大酒店）★★★
地址：宜春市丰城市新区行政中心
电话：0795－6608055
邮编：331100

上高浙商大酒店★★★
地址：宜春市上高县建设北路
电话：0795－2500008
邮编：336400

永生现代连锁宾馆丰城店★★★
地址：宜春市丰城市东方红大街184号
电话：0795－6156666
邮编：331100

万载县汇丰澳斯特酒店★★★
地址：宜春市万载县塔车路
电话：0795－8858888
邮编：336100

上高县悦华商务酒店★★★
地址：宜春市上高县建设南路28号
电话：0795－2515969
邮编：336400

新高安宾馆★★★
地址：宜春市高安市碧落路15号
电话：0795－7061666
邮编：330800

高安假日大酒店★★★
地址：宜春市高安大道22号
电话：0795－5220834
邮编：330800

宜春迎宾馆★★★
地址：宜春市卢洲北路669号
电话：0795－3688888
邮编：336000

宜春市盛和源酒店★★★
地址：宜春市环城西路368号
电话：0795－3550168
邮编：336000

高安市花旗大酒店★★★
地址：宜春市高安市高安大道633号
电话：0795－5788888
邮编：330800

上高县新国际大酒店★★★
地址：宜春市上高县朝阳北路6号
电话：0795－336400
邮编：2525111

丰城大酒店★★★
地址：宜春市丰城市剑邑大道164号
电话：0795－6217666
邮编：331100

丰城白金汇酒店★★★
地址：宜春市丰城剑邑大道106号
电话：0795－6292111
邮编：331100

吉安米西宾馆★★★
地址：吉安市鹭洲中路6号
电话：0796－8264118
邮编：343000

井冈山翠湖宾馆★★★
地址：吉安市井冈山市红军南路1号
电话：0796－6557666
邮编：343600

吉安宾馆★★★
地址：吉安市沿江路85号
电话：0796－8263538
邮编：343000

井冈山宾馆★★★
地址：吉安市井冈山市红军北路10号
电话：0796－6552272
邮编：343600

遂川宾馆★★★
地址：吉安市遂川县泉江镇工农兵大道
电话：0796－6322635
邮编：343900

井冈山中煤宾馆★★★
地址：吉安市井冈山市长坑路16号
电话：0796－6560200
邮编：343600

井冈山长青宾馆★★★
地址：吉安市井冈山市红军北路17号
电话：0796－6552663
邮编：343600

井冈山圣地山庄★★★
地址：吉安市井冈山市红军南路66号
电话：0796－6555989
邮编：343600

井冈山井峰宾馆★★★
地址：吉安市茨坪镇
电话：0796－6517666
邮编：343600

井冈山林野大酒店★★★
地址：吉安市井冈山新市场路18号
电话：0796－6557981
邮编：343600

井冈翠林宾馆★★★
地址：吉安市井冈山市红军北路46号
电话：0796－6560668
邮编：343600

吉水文山酒店★★★
地址：吉安市吉水县文峰中路188号
电话：0796－3535407
邮编：331600

新干宾馆★★★
地址：吉安市新干县环城南路2号
电话：0796－2605486
邮编：331300

安福县武功山温泉山庄★★★
地址：吉安市安福县泰山乡
电话：0796－7323168
邮编：343200

吉安市锦洋宾馆★★★
地址：吉安市中山路永叔路中
电话：0796－7039999
邮编：343000

井冈山瑞峰宾馆★★★
地址：吉安市井冈山茨坪镇长坑路17号
电话：0796－6552868
邮编：343600

井冈山东方假日酒店★★★
地址：吉安市井冈山茨坪黄竹路
电话：0796－2180188
邮编：343600

安福文山大酒店★★★
地址：吉安市安福县武功山大道金岸广场
电话：0796－7178888
邮编：343200

井冈山北苑宾馆★★★
地址：吉安市井冈山茨坪拥军路1号
电话：0796－6560016
邮编：343600

井冈山星街宾馆★★★
地址：吉安市井冈山茨坪南山路9号
电话：0796－7168888
邮编：343600

安福名骏名都大酒店★★★
地址：吉安市安福县行政中心
电话：0796－7662998
邮编：343200

遂川龙泉大酒店★★★
地址：吉安市遂川县龙山大道
电话：0796　6128888
邮编：343900

吉安县皇冠大酒店★★★
地址：吉安市吉安县庐陵大道东
电话：0796－8448588
邮编：343100

汤湖温泉度假村★★★
地址：吉安市遂川县汤湖镇
电话：0796－6357888
邮编：343916

金锣湾大酒店★★★
地址：吉安市青原大道410号
电话：0796－2183888
邮编：343009

二星级

江铃宾馆★★
地址：南昌市迎宾北大道290号
电话：0791－85233348
邮编：330001

华昌宾馆★★
地址：南昌市广场南路1号
电话：0791－86119055
邮编：330002

洪禾宾馆★★
地址：南昌市西湖区站前路 106 号
电话：0791－87100600
邮编：330009

庐山大厦★★
地址：九江市庐山河西路 506 号
电话：0792－8282178
邮编：332900

濂溪宾馆★★
地址：九江市前进东路 551 号
电话：0792－8311100
邮编：332000

甲秀宾馆★★
地址：九江市庐山河西路 459 号
电话：0792－8288216
邮编：332000

教育宾馆★★
地址：九江市庐山南路 3 号
电话：0792－8989888
邮编：332000

九江兴湖山庄★★
地址：九江市湖口县石钟山大道
电话：0792－6324333
邮编：332500

江西民生集团九洲宾馆★★
地址：九江市九江火车站广场
电话：0792－8922228
邮编：332000

鸿雁宾馆★★
地址：九江市交通路 12 号
电话：0792－8988878
邮编：332000

益君宾馆★★
地址：九江市长虹大道 208 号
电话：0792－7036999
邮编：332000

九江实力宾馆★★
地址：九江市十里大道 1216 号
电话：0792－8261777
邮编：332000

彭泽县金泰宾馆★★
地址：九江市彭泽县龙城大道 200 号
电话：0792－5625555
邮编：332700

彭泽县鲲鹏假日宾馆★★
地址：九江市彭泽县渊明路 98 号
电话：0792－5672999
邮编：332700

景德镇市长城宾馆★★
地址：景德镇市新村西路 1 号
电话：0798－8214218
邮编：333000

景德镇市金盛大酒店★★
地址：景德镇市珠山中路 29 号
电话：0798－8271818
邮编：333000

景德镇市军供宾馆★★
地址：景德镇市通站路 38 号
电话：0798－7020999
邮编：333000

景德镇鹏程宾馆★★
地址：景德镇市瓷都大道 579 号
电话：0798－8509818
邮编：333000

景德镇市民政宾馆★★
地址：景德镇市广场北路 53 号
电话：0798－8203652
邮编：333000

景德镇蓝天宾馆★★
地址：景德镇市珠山区陶阳路
电话：0798－8441812
邮编：333000

景德镇重阳宾馆★★
地址：景德镇市珠山区通站路 1 号
电话：0798－8213260
邮编：333000

景德镇豪庭商务大酒店★★
地址：景德镇市珠山区翠云路 1 号
电话：0798－8205666
邮编：333000

景德镇凯旋宾馆★★
地址：景德镇市珠山中路 277 号
电话：0798－8210333
邮编：333000

景德镇凯乐假日酒店★★
地址：景德镇市珠山区珠山中路 50 号
邮编：333000

鹰潭市凤鸣园酒店★★
地址：鹰潭市西湖路 88 号
电话：0701－6681019
邮编：335000

鹰潭市上清宾馆★★
地址：鹰潭市龙虎山景区内
电话：0701－6639188
邮编：335005

鹰潭市洪鹰电力宾馆★★
地址：鹰潭市南站路 320 国道旁
电话：0701－6462767
邮编：335000

鹰潭市华康大酒店★★
地址：鹰潭市月湖区梅园大道 23 号
电话：0701－6447677
邮编：335000

鹰潭市铁路大厦★★
地址：鹰潭市月湖区四海路火车站出口处右侧
电话：0701－6215900
邮编：335000

鹰潭市月湖宾馆★★
地址：鹰潭市环城西路 16 号
电话：0701－6697222
邮编：335000

新余分宜大酒店★★
地址：新余市分宜县昌山南路 72 号
电话：0790－5881849
邮编：336600

新余市大富豪酒店★★
地址：新余市站前路
电话：0790－6203888
邮编：338025

新余明珠大酒店★★
地址：新余市胜利路 32 号
电话：0790－7026699
邮编：338025

新余金城宾馆★★
地址：新余市渝水区胜利北路 258 号
电话：0790－7026699
邮编：338025

萍乡市昭萍宾馆★★
地址：萍乡市八一西路 32 号
电话：0799－6800899
邮编：337000

萍乡东方宾馆★★
地址：萍乡市跃进路 108 号
电话：0799－6338888
邮编：337000

萍乡万龙湾宾馆★★
地址：萍乡市安源区公园中路 252 号
电话：0799－6788118
邮编：337000

赣州东阳山大酒店★★
地址：赣州市东阳山路 37 号
电话：0797－8219128
邮编：341000

崇义宾馆★★
地址：赣州市崇义城东大道 195 号
电话：0797－7612113
邮编：341300

赣州山水大厦★★
地址：赣州市红旗大道 23 号
电话：0797－8286269
邮编：341000

大余西华山宾馆★★
地址：赣州市大余县胜利路
电话：0797－8722378
邮编：341500

赣州山大酒店★★
地址：赣州市客家大道 11 号
电话：0797－8387099
邮编：341000

婺源滨江宾馆★★
地址：上饶市婺源县文公路
电话：0793－7488615
邮编：333200

婺源金都宾馆★★
地址：上饶市婺源县文公路
电话：0793－7359088
邮编：333200

广丰玉叶宾馆★★
地址：上饶市广丰县永丰大道 28 号
电话：0793－2639888
邮编：334600

黎川宾馆★★
地址：抚州市黎川县东方红大道 188 号
电话：0794－7524339
邮编：344600

资溪宾馆★★
地址：抚州市资溪县建设东路 39 号
电话：0794－5792088
邮编：335300

资溪绿岛宾馆★★
地址：抚州市资溪县鹤城沙苑
电话：0794－2388999
邮编：335300

资溪五洲大酒店★★
地址：抚州市资溪县

电话：0794－5780888
邮编：335300

宜春上高宾馆★★
地址：宜春市上高县沿江路158号
电话：0795－2511886
邮编：336400

樟树药都大厦★★
地址：宜春市樟树市药都路3号
电话：0795－7352486
邮编：331200

江西省宜春财政干部培训中心★★
地址：宜春市温汤镇温泉大道
电话：0795－3518208
邮编：336007

宜春市人民大酒店★★
地址：宜春市东风路33号
电话：0795－3278688
邮编：336005

铜鼓宾馆★★
地址：宜春市铜鼓县定江路
电话：0795－8726310
邮编：336200

靖安县金罗湾度假村★★
地址：宜春市靖安县高湖镇山口村
邮编：330600

吉安华昌大酒店★★
地址：吉安市青原区火车站对面
电话：0796－8102584
邮编：343000

吉安米东大厦★★
地址：吉安市青原大道
电话：0796－8107588
邮编：343000

吉安瑞丰大酒店★★
地址：吉安市新干县城
电话：0796－2676058
邮编：331300

井冈山商贸宾馆★★
地址：吉安市井冈山市桐木岭路中段
电话：0796－6553118
邮编：343600

井冈山红星宾馆★★
地址：吉安市井冈山市桐木岭路18号
电话：0796－6552467
邮编：343600

井冈山红杉树假日酒店★★
地址：吉安市井冈山市红军北路附2号
电话：0796－6552257
邮编：343600

遂川县鑫苑宾馆★★
地址：吉安市遂川县泉江镇工农兵大道
电话：0796－6326992
邮编：343900

泰和饭店★★
地址：吉安市泰和县城广场
电话：0796－5330999
邮编：343700

吉安县庐陵宾馆★★
地址：吉安市吉安县庐陵大道
电话：0796－8442381
邮编：343100

万安县东湖宾馆★★
地址：吉安市万安县东门路888号
电话：0796－5707888
邮编：343800

新干县黎山宾馆★★
地址：吉安市新干县泉王庙街6号
电话：0796－2611219
邮 编：331300

永丰宾馆★★
地址：吉安市永丰县跃进路45号
电话：0796－2518118
邮编：331500

吉安市鸿远宾馆★★
地址：吉安市青原大道197号
电话：0796－8103478
邮编：343009

安福宾馆★★
地址：吉安市安福县武功山大道92号
电话：0796－7627388
邮编：343200

鹭州宾馆★★
地址：吉安市吉州区鹭洲西路1号
电话：0796－8272986
邮编：343000

山　东
SHANDONG

五星级

索菲特银座大饭店★★★★★
地址：济南市历下区泺源大街 66 号
电话：0531－86068888
邮编：250011

山东大厦★★★★★
地址：济南市市中区马鞍山路 2－1 号
电话：0531－82958888
邮编：250001

济南贵和皇冠假日酒店★★★★★
地址：济南市历下区天地坛街 3 号
电话：0531－86029999
邮编：250011

阿尔卡迪亚国际温泉酒店★★★★★
地址：聊城市东昌府区湖南路
电话：0635－5189999
邮编：252000

东胜大厦★★★★★
地址：东营市东营区西四路 616 号
电话：0546－8687777
邮编：257029

蓝海国际大饭店★★★★★
地址：东营市东营区黄河路与庐山路交会处
电话：0546－8266666
邮编：257029

世纪大酒店★★★★★
地址：淄博市张店区柳泉路 99 号
电话：0533－3156888
邮编：255022

淄博万豪大酒店★★★★★
地址：淄博市临淄区临淄大道 782 号
电话：0533－7129999
邮编：255400

潍坊雅悦富华大酒店★★★★★
地址：潍坊市高新区福寿东街 168 号
电话：0536－8881988
邮编：261061

潍坊金茂国际大酒店★★★★★
地址：潍坊市高新区北宫东街 1999 号
电话：0536－2229999
邮编：261061

寿光晨鸣国际大酒店★★★★★
地址：潍坊市寿光市南环路弥河桥东首
电话：0536－2231888
邮编：262700

山东新富佳悦大酒店★★★★★
地址：潍坊市奎文区玄武街 999 号
电话：0536－2088888
邮编：261031

南山国际会议中心★★★★★
地址：烟台市龙口市南山集团
电话：0535－8663999
邮编：265700

烟台金海湾酒店★★★★★
地址：烟台市芝罘区海岸路 34 号
电话：0535－6636999
邮编：264001

烟台东方海天酒店★★★★★
地址：烟台市莱山区滨海路附 40 号
电话：0535－6888199
邮编：264600

华美达广场大酒店★★★★★
地址：烟台市莱山区澳柯玛大街 10 号
电话：0535－2988999
邮编：264600

月亮湾海景酒店★★★★★
地址：烟台市龙口市东海工业园
电话：0535－8737888
邮编：265700

金海湾国际饭店★★★★★
地址：威海市高技区北环海路 128 号
电话：0631－5688777
邮编：264209

海悦建国饭店★★★★★
地址：威海市环翠区文化西路 177 号
电话：0631－5676888
邮编：264209

丽晶大酒店★★★★★
地址：青岛市市南区台湾路 1 号
电话：0532－85881818
邮编：266001

香格里拉大饭店★★★★★
地址：青岛市市南区香港中路 9 号
电话：0532－83883838
邮编：266001

海景花园大酒店★★★★★
地址：青岛市市南区彰化路 1 号
电话：0532－85875777
邮编：266001

汇泉王朝大饭店★★★★★
地址：青岛市市南区南海路 9 号
电话：0532－82999888
邮编：266001

麒麟皇冠大酒店★★★★★
地址：青岛市崂山区香港东路 197 号
电话：0532－88891888
邮编：266100

鑫江希尔顿逸林酒店★★★★★
地址：青岛市 308 国道城阳段 220 号
电话：0532－80988888
邮编：266041

青岛景园假日酒店★★★★★
地址：青岛市城阳区兴阳路 306 号
电话：0532－80966888
邮编：266109

青岛海尔洲际酒店★★★★★
地址：青岛市市南区澳门路 98 号
电话：0532－66566666
邮编：266001

青岛万达艾美酒店★★★★★
地址：青岛市市北区延吉路 112 号
电话：0532－55563888
邮编：266011

华盛江泉城大酒店★★★★★
地址：临沂市罗庄区罗六路（近双月湖路）
电话：0539－3118888
邮编：276022

泰安东尊华美达大酒店★★★★★
地址：泰安市泰山区迎胜东路 16 号
电话：0538－8368888
邮编：271099

四星级

玉泉森信大酒店★★★★
地址：济南市历下区泺源大街 68 号
电话：0531－86938888
邮编：250014

山东中豪大酒店有限公司★★★★
地址：济南市历下区解放路 165 号
电话：0531－86968888
邮编：250014

丽天大酒店★★★★
地址：济南市市中区经一路 66 号
电话：0531－82688888
邮编：250001

贵都大酒店★★★★
地址：济南市市中区升平街 1 号
电话：0531－86900888
邮编：250001

贵友大酒店★★★★
地址：济南市市中区英雄山路 101 号
电话：0531－82980088
邮编：250004

山东新闻大厦★★★★
地址：济南市历下区泺源大街 6 号
电话：0531－86969999
邮编：250014

舜耕山庄★★★★
地址：济南市舜耕路 28 号
电话：0531－82951818
邮编：250001

华能大厦★★★★
地址：济南市泉城路 17 号
电话：0531－86096888
邮编：250001

金都大酒店★★★★
地址：济南市市中区英雄山路 155－1 号
电话：0531－86139000
邮编：250001

良友富临大酒店★★★★
地址：济南市历下区泺源大街 5 号
电话：0531－86956888
邮编：250014

黄台大酒店★★★★
地址：济南市历城区将军路 122 号
电话：0531－88966988
邮编：250131

济南吉华大厦★★★★
地址：济南市天桥区英贤街 19 号
电话：0531－86906888
邮编：250012

济南汇宝大酒店★★★★
地址：济南市市中区经五纬二路 28 号
电话：0531－86051888
邮编：250001

山东银座泉城大酒店★★★★
地址：济南市历下区南门大街 2 号
电话：0531－86921911
邮编：250014

山东东方大厦★★★★
地址：济南市槐荫区经七路 263 号

电话：0531－85185667
邮编：250022

章丘市宏昌千禧龙大酒店★★★★
地址：济南市章丘市明水经济开发区
电话：0531－83319777
邮编：250200

山东天发舜和商务酒店★★★★
地址：济南市天桥区堤口路11号
电话：0531－68800000
邮编：250031

山东百川花园酒店★★★★
地址：济南市经十路3556号
电话：0531－81920088
邮编：250001

章丘银座佳悦酒店★★★★
地址：济南市双大街与鲁宏大道交会处
电话：0531－89937222
邮编：250001

园博园度假酒店★★★★
地址：济南市长清区大学城海棠路6号
电话：0531－87230888
邮编：250001

商河温泉基地★★★★
地址：济南市商河县商西路8号
电话：0531－84800000
邮编：250001

聊城泉林大酒店★★★★
地址：聊城市高唐县北湖路1067号
电话：0635－3959447
邮编：252052

聊城昌润大酒店★★★★
地址：聊城市昌润北路1号
电话：0635－8389088
邮编：252052

聊城正泰东方大酒店★★★★
地址：聊城市茌平县公交路西首
电话：0635－4218888
邮编：252052

临清三和宾舍★★★★
地址：聊城市临清市银河路东首
电话：0635－2356077
邮编：252052

德州贵都大酒店★★★★
地址：德州市解放中大道238号
电话：0534－2652506
邮编：253012

德州美丽华大酒店★★★★
地址：德州市解放东大道758号
电话：0534－2286206
邮编：253012

德州双鸿大酒店★★★★
地址：德州市夏津县双鸿路1号
电话：0534－3688888
邮编：253012

德州凯元温泉度假村★★★★
地址：德州市经济技术开发区
电话：0534－2561888
邮编：253012

平原桃园宾馆★★★★
地址：德州市平原大街东首开发区
电话：0534－2161166
邮编：253012

宁津华府国际酒店★★★★
地址：德州市宁津正阳路228号
电话：0534－5899999
邮编：253012

东营宾馆★★★★
地址：东营市东三路180号
电话：0546－8062999
邮编：257093

新悦大饭店★★★★
地址：东营市西二路181号
电话：0546－7667777
邮编：257093

华泰大厦★★★★
地址：东营市广饶县大王镇
电话：0546－6888800
邮编：257093

大明大厦★★★★
地址：东营市济南路57号
电话：0546－7888888
邮编：257093

淄博饭店★★★★
地址：淄博市张店区金晶大道177号
电话：0533－2180888
邮编：255039

万杰国际大酒店★★★★
地址：淄博市博山岜山村
电话：0533－4652222
邮编：255039

齐都大酒店★★★★
地址：淄博市临淄区闻韶路39号
电话：0533－7198888
邮编：255039

山东鸢飞大酒店★★★★
地址：潍坊市奎文区四平路31号
电话：0536－8068888
邮编：261021

潍坊东方大酒店★★★★
地址：潍坊市高新区东风东街181号
电话：0536－8881111
邮编：261021

潍坊国际金融大酒店★★★★
地址：潍坊市奎文区四平路86号
电话：0536－8218888
邮编：261021

潍坊大酒店★★★★
地址：潍坊市奎文区胜利东街381号
电话：0536－8232188
邮编：261021

寿光阳光温泉大酒店★★★★
地址：潍坊市寿光市开发区温泉路中段
电话：0536－5107888
邮编：261021

潍坊齐鲁饭店★★★★
地址：潍坊市奎文区东风东街343号
电话：0536－8219988
邮编：261021

诸城密州宾馆★★★★
地址：潍坊市诸城市府前街1号
电话：0536－6565213
邮编：261021

潍坊泛海大酒店★★★★
地址：潍坊市潍城区和平路198号
电话：0536－8325680
邮编：261021

山东杨春国际大酒店★★★★
地址：潍坊市诸城市繁荣路西首
电话：0536－6177688
邮编：261021

青州泰和大酒店★★★★
地址：潍坊市青州市泰和旅游风景区
电话：0536－3786771
邮编：261021

青州银座佳悦酒店★★★★
地址：潍坊市青州市海岱中路3999号
电话：0536－3509999
邮编：261021

潍坊丽景酒店★★★★
地址：潍坊市潍城区东风西街111号
电话：0536－8399999
邮编：261021

滨海金辉酒店★★★★
地址：潍坊市滨海区禄海路
电话：0536－5301111
邮编：261021

昌乐鸢飞大酒店★★★★
地址：潍坊市昌乐县新昌路8号
电话：0536－6221888
邮编：261021

寿光凯莱大酒店★★★★
地址：潍坊市寿光市北环路与文家路交叉口
电话：0536－5218888
邮编：261021

诸城华玺酒店★★★★
地址：潍坊市诸城市密州东路16号
电话：0536－6048989
邮编：261021

安丘新东方大酒店★★★★
地址：潍坊市安丘市向阳路东首
电话：0536－4389999
邮编：261021

滨海海正饭店★★★★
地址：潍坊市滨海区海港路57号
电话：0536－7387777
邮编：261021

高密凤都国际大酒店★★★★
地址：潍坊市高密市利群路2899号
电话：0536－2719999
邮编：261021

诸城栗园酒店★★★★
地址：潍坊市诸城市滨河东路188号
电话：0536－6071888
邮编：261021

潍坊钧瀚国际大酒店★★★★
地址：潍坊市坊子区北海路凤凰大街路口
电话：0536－7668888
邮编：261021

寿光凯德华大酒店★★★★
地址：潍坊市寿光市圣城街259号
电话：0536－5192222
邮编：261021

潍坊中恒国际大酒店★★★★
地址：潍坊市潍城区北宫西街8888号
电话：0536－8087887
邮编：261021

潍坊盛宏假日酒店★★★★
地址：潍坊市青州市衡王府路 1766 号
电话：0536-3277999
邮编：261021

昌乐昌城大酒店★★★★
地址：潍坊市昌乐县新昌路 36 号
电话：0536-6802888
邮编：261021

太平洋大酒店★★★★
地址：烟台市芝罘区市府街 74 号
电话：0535-6206888
邮编：264010

金城温泉大酒店★★★★
地址：烟台市招市远温泉路 212 号
电话：0535-8111888
邮编：264010

烟台中心大酒店★★★★
地址：烟台市芝罘区南大街 81 号
电话：0535-6589666
邮编：264010

烟台凤凰山宾馆★★★★
地址：烟台市莱山区桐林路 19 号
电话：0535-6716199
邮编：264010

烟台民航大厦★★★★
地址：烟台市芝罘区大海阳路 78 号
电话：0535-6587777
邮编：264010

莱州新世纪大酒店★★★★
地址：烟台市莱州文化西路 478 号
电话：0535-2213988
邮编：264010

莱阳龙门大酒店★★★★
地址：烟台市龙门东路 26 号
电话：0535-7183888
邮编：264010

烟台虹口大酒店★★★★
地址：烟台市芝罘区大马路 118 号
电话：0535-6585555
邮编：264010

烟台静海大酒店★★★★
地址：烟台市开发区泰山路 16 号
电话：0535-6931777
邮编：264010

龙口海湾大酒店★★★★
地址：烟台市龙口开发区振兴路 369 号
电话：0535-8958888
邮编：264010

莱阳丽都山庄★★★★
地址：烟台市莱阳市旌旗西路 018 号
电话：0535-7266888
邮编：264010

烟台亚细亚大酒店★★★★
地址：烟台市芝罘区南大街 116 号
电话：0535-6588888
邮编：264010

烟台碧海大厦★★★★
地址：烟台市芝罘区南大街 236 号
电话：0535-6585888
邮编：264010

烟台华侨宾馆★★★★
地址：烟台市芝罘区环山路 30 号
电话：0535-6208888
邮编：264010

烟台金沙滩大酒店★★★★
地址：烟台市开发区黄河路 88 号
电话：0535-2169999
邮编：264010

烟台毓璜顶宾馆★★★★
地址：烟台市芝罘区毓西路 17-4 号
电话：0535-6586688
邮编：264010

海阳海怡大酒店★★★★
地址：烟台市海阳凤城度假区东京路南首
电话：0535-3310888
邮编：264010

金山南海度假酒店★★★★
地址：烟台市金山旅游度假区内
电话：0535-85526666
邮编：264010

烟台丽景海湾酒店★★★★
地址：烟台市莱山区枫林路 25 号
电话：0535-7355888
邮编：264010

威海卫大厦★★★★
地址：威海市海港路 82 号
电话：0631-5285888
邮编：264200

威海海都大酒店★★★★
地址：威海市环海路 9 号
电话：0631-5209851
邮编：264200

威海白天鹅宾馆★★★★
地址：威海市文化东路 12 号
电话：0631-5231891
邮编：264200

威海蓝天宾馆★★★★
地址：威海市环海路 1 号
电话：0631-5231670
邮编：264200

威海塔山宾馆★★★★
地址：威海市塔山西路 10 号
电话：0631-5317777
邮编：264200

威海海景花园大酒店★★★★
地址：威海市连林岛路 9 号
电话：0631-5262999
邮编：264200

威海合庆山庄★★★★
地址：威海市连林岛路 1 号
电话：0631-5201668
邮编：264200

威海阳光大厦★★★★
地址：威海市统一路 88 号
电话：0631-5208999
邮编：264200

威海光明花园大酒店★★★★
地址：威海市文化东路 25 号
电话：0631-5286555
邮编：264200

威海抱海大酒店★★★★
地址：威海市海滨中路 29 号
电话：0631-5315888
邮编：264200

威海中心大酒店★★★★
地址：威海市新威路 58 号
电话：0631-5222888
邮编：264200

荣成石岛宾馆★★★★
地址：威海市荣成石岛管理区迎宾路
电话：0631-7388888
邮编：264200

荣成成山友谊宾馆★★★★
地址：威海市荣成成山大道 398 号
电话：0631-7518888
邮编：264200

荣成赤山大酒店★★★★
地址：威海市荣成石岛开发区海景西路 89 号
电话：0631-7369999
邮编：264200

石岛旅游休闲度假村★★★★
地址：威海市荣成石岛开发区西南海村
电话：0631-7358888
邮编：264200

文登昆嵛酒店★★★★
地址：威海市文登天福路 68 号
电话：0631-8456888
邮编：264200

文登德泰大酒店★★★★
地址：威海市文登昆嵛路 1 号
电话：0631-8936688
邮编：264200

乳山国际大酒店★★★★
地址：威海市乳山胜利街东 1 号
电话：0631-6878888
邮编：264200

东方饭店★★★★
地址：青岛市大学路 4 号
电话：0532-82865888
邮编：266001

国敦大酒店★★★★
地址：青岛市香港中路 28 号
电话：0532-85721688
邮编：266001

海情大酒店★★★★
地址：青岛市东海路 61 号
电话：0532-85969888
邮编：266001

泛海名人酒店★★★★
地址：青岛市太平路 29 号
电话：0532-82886699
邮编：266001

黄海饭店★★★★
地址：青岛市延安一路 75 号
电话：0532-82870215
邮编：266001

世纪大酒店★★★★
地址：青岛市胶州市郑州西路 2 号
电话：0532-87269188
邮编：266001

海都大酒店★★★★
地址：青岛市开发区长江中路 218 号
电话：0532-86999888
邮编：266001

索菲亚国际大酒店★★★★
地址：青岛市香港东路 217 号
电话：0532－88971111
邮编：266001

德宝花园大酒店★★★★
地址：青岛市香港中路 122 号
电话：0532－85899898
邮编：266001

复盛大酒店★★★★
地址：青岛市流亭街道民航路东首
电话：0532－84900000
邮编：266001

唐朝世纪海丰大酒店★★★★
地址：青岛市长江中路 459 号
电话：0532－86996666
邮编：266001

北海宾馆★★★★
地址：青岛市海门路 8 号
电话：0532－83868888
邮编：266001

青岛红日宾馆★★★★
地址：青岛市武胜关路 1 号乙
电话：0532－80909999
邮编：266001

山孚大酒店★★★★
地址：青岛市香港中路 96 号
电话：0532－85897888
邮编：266001

华洋大酒店★★★★
地址：青岛市即墨市鹤山路 222 号
电话：0532－87551666
邮编：266001

府新大厦★★★★
地址：青岛市闽江路 5 号
电话：0532－85913688
邮编：266001

广业锦江大酒店★★★★
地址：青岛市李沧区夏庄路 68 号
电话：0532－81938888
邮编：266001

青岛鹰谷万怡酒店★★★★
地址：青岛市湖南路 59 号
电话：0532－82966666
邮编：266001

青岛蓝海金港大饭店★★★★
地址：青岛市开发区长江西路 66 号
电话：0532－86986666
邮编：266001

丽天大酒店★★★★
地址：青岛市香港西路 87 号
电话：0532－83888888
邮编：266001

快通大酒店★★★★
地址：青岛市流亭机场民航路北侧
电话：0532－84716777
邮编：266001

青岛远洋大酒店★★★★
地址：青岛市崂山区秦岭路 18 号
电话：0532－80969998
邮编：266001

青岛多瑙河大酒店★★★★
地址：青岛市城阳区兴阳路 345 号
电话：0532－66967777
邮编：266109

青岛锦茂宾馆★★★★
地址：青岛市即墨市鹤山路 168 号
电话：0532－89066666
邮编：266001

平度宾馆★★★★
地址：青岛市平度同和街道办事处
电话：0532－87312208
邮编：266001

青岛源杰大酒店★★★★
地址：青岛市莱西市上海路 37 号
电话：0532－88407778
邮编：266001

莱西悦海喜来酒店★★★★
地址：青岛市莱西市石岛中路 5 号
电话：0532－66038888
邮编：266001

胶南德泰酒店★★★★
地址：青岛市黄岛子青岛路 15 号
电话：0532－86196868
邮编：266001

青岛世贸海悦大酒店★★★★
地址：青岛市开发区香江路 55 号
电话：0532－86855555
邮编：266001

青岛利群德泰大酒店（城阳）★★★★
地址：青岛市正阳路 155 号
电话：0532－89226868
邮编：266001

青岛宏程粤海大酒店★★★★
地址：青岛市黄岛子海南路 499 号
电话：0532－84199999
邮编：266001

青岛金海大酒店★★★★
地址：青岛市泰安路 14 号
电话：0532－88081102
邮编：266001

雅禾国际大酒店★★★★
地址：日照市兴海路 96 号
电话：0633－3999988
邮编：276800

碧波大酒店★★★★
地址：日照市秦皇岛路 59 号
电话：0633－3668888
邮编：276800

凌海大酒店★★★★
地址：日照市海滨二路 78 号
电话：0633－8380005
邮编：276800

天成酒店★★★★
地址：日照市大连路 588 号
电话：0633－8888877
邮编：276800

陶然居大酒店★★★★
地址：临沂市海关路 16 号
电话：0539－8316888
邮编：276001

荣华大酒店★★★★
地址：临沂市新华路 121 号
电话：0539－8329888
邮编：276001

鲁班沂州宾馆★★★★
地址：临沂市通达路 307 号
电话：0539－3102333
邮编：276001

平邑沂州国际大饭店★★★★
地址：临沂市平邑县浚河路 76 号
电话：0539－4211163
邮编：276001

沂水东方瑞海度假村★★★★
地址：临沂市沂水县新南环路与长安路交会处
电话：0539－2500512
邮编：276001

沂南智圣汤泉度假村★★★★
地址：临沂市沂南县朝阳路北首
电话：0539－3333336
邮编：276001

枣庄大酒店★★★★
地址：枣庄市中区解放北路 139 号
电话：0632－3219388
邮编：277101

贵泉大酒店★★★★
地址：枣庄市中区解放南路 143 号
电话：0632－3361888
邮编：277101

滕州宾馆★★★★
地址：枣庄市滕州市学院路东首
电话：0632－5888888
邮编：277101

峄州大酒店★★★★
地址：枣庄市峄城区承水路西首
电话：0632－7788801
邮编：277101

金尊国际酒店★★★★
地址：枣庄市高新区光明大道 1518 号
电话：0632－8683992
邮编：277101

济宁圣地酒店★★★★
地址：济宁市吴泰闸路 73 号
电话：0537－2935555
邮编：272119

济宁香港大厦★★★★
地址：济宁市火炬路 19 号
电话：0537－2969888
邮编：272119

济宁银座佳悦酒店★★★★
地址：济宁市古槐路 26 号
电话：0537－5169999
邮编：272119

曲阜阙里宾舍★★★★
地址：济宁市曲阜市鼓楼街头 1 号
电话：0537－4866818
邮编：272119

泗水圣源酒店★★★★
地址：济宁市泗水济河路 160 号
电话：0537－4252888
邮编：272119

曲阜铭座杏坛宾馆★★★★
地址：济宁市曲阜市大同路 36 号
电话：0537－3197888
邮编：272119

泰安市泰山华侨大厦★★★★
地址：泰安市东岳大街中段
电话：0538－8228112
邮编：271000

肥城宝盛大酒店★★★★
地址：泰安市龙山路20号
电话：0538－3237888
邮编：271000

丽景广场酒店★★★★
地址：泰安市市政广场东侧
电话：0538－6986666
邮编：271000

华泰大酒店★★★★
地址：泰安市迎胜中路
电话：0538－2105859
邮编：271000

莱芜宾馆★★★★
地址：莱芜市汶阳大街1号
电话：0634－6231199
邮编：271100

龙园宾馆★★★★
地址：莱芜市高新区凤凰路18号
电话：0634－8812000
邮编：271100

莱芜银座佳悦酒店★★★★
地址：莱芜市文化南路8号
电话：0634－6377888
邮编：271100

鹿鸣山庄★★★★
地址：莱芜市房干村
电话：0634－6386009
邮编：271100

山东滨州贵苑大酒店有限责任公司★★★★
地址：滨州市渤海九路520号
电话：0543－3286888
邮编：256619

滨州市银茂大酒店★★★★
地址：滨州市黄河五路513号
电话：0543－3226658
邮编：256619

博兴宾馆★★★★
地址：滨州市博兴博城五路406号
电话：0543－2381899
邮编：256619

邹平雪花山大酒店★★★★
地址：滨州市邹平县城南
电话：0543－4550000
邮编：256619

和平大酒店★★★★
地址：菏泽市中华东路和平广场
电话：0530－5138888
邮编：274020

三星级

济南铁道大酒店★★★
地址：济南市火车站广场北侧
电话：0531－86329999
邮编：250001

济南金马大厦★★★
地址：济南市山大路262－1号
电话：0531－88936688
邮编：250001

丹顶鹤大酒店★★★
地址：济南市国际机场
电话：0531－88730777
邮编：250001

舜德大厦★★★
地址：济南市千佛山南路7号
电话：0531－82960688
邮编：250001

山东民政大厦★★★
地址：济南市南新街66号
电话：0531－86153101
邮编：250001

山东学人大厦★★★
地址：济南市山大南路27号
电话：0531－88563388
邮编：250001

山东林业大厦★★★
地址：济南市花园路302号
电话：0531－86968686
邮编：250001

山东舜和商务酒店★★★
地址：济南市历下区泺源大街53－2号
电话：0531－86138888
邮编：250014

济南鲁能信谊商务酒店（原鲁能大厦）★★★
地址：济南市经四路185号
电话：0531－86907888
邮编：250001

英大国际高尔夫俱乐部★★★
地址：济南市槐荫区美里路158号
电话：0531－85986556
邮编：250001

舜凯大酒店★★★
地址：济南市北园大街228号
电话：0531－88669999
邮编：250001

山东电视大厦★★★
地址：济南市经十路83号
电话：0531－85851888
邮编：250001

山东国际饭店★★★
地址：济南市历下区解放路134号
电话：0531－67868888
邮编：250013

山东学府大酒店★★★
地址：济南市千佛山路6号
电话：0531－82953388
邮编：250001

山东学景大酒店★★★
地址：济南市二环东路7366号
电话：0531－88523388
邮编：250001

济南明丰大酒店★★★
地址：济南市章丘市双山路
电话：0531－83311588
邮编：250001

山东化工宾馆★★★
地址：济南市经十路234号
电话：0531－87937838
邮编：250001

济南军悦大酒店★★★
地址：济南市山大路254号
电话：0531－81798888
邮编：250001

山东舜和天禧商务酒店★★★
地址：济南市经十纬五133号
电话：0531－87068888
邮编：250001

济钢宾馆★★★
地址：济南市工业北路21号
电话：0531－88868042
邮编：250001

济南华联大酒店★★★
地址：济南市经二路571号
电话：0531－82889888
邮编：250001

章丘市百脉泉大酒店★★★
地址：济南市章丘市百脉泉街
电话：0531－81299999
邮编：250001

冶金宾馆★★★
地址：济南市燕山小区东路11号
电话：0531－83190388
邮编：250001

济南群康天雨大酒店★★★
地址：济南市花园路200号
电话：0531－88030888
邮编：250001

济南泉西商务酒店有限公司★★★
地址：济南市经十西路44号
电话：0531－69925555
邮编：250001

济南宾馆★★★
地址：济南市经四路368号
电话：0531－87935981
邮编：250001

山东黄金集团仕湾度假村有限公司★★★
地址：济南市长清区五峰山景区
电话：0531－87311115
邮编：250001

济南华滨环联实业有限公司大酒店★★★
地址：济南市历城区北园大街48号
电话：0531－88976678
邮编：250001

微山湖大饭店★★★
地址：济南市历城区山大路138号
电话：0531－88577777
邮编：250001

济南五岳餐饮娱乐有限公司★★★
地址：济南市二环东路6060号
邮编：250001

山东省教育学术交流中心★★★
地址：济南市历下区历山路49号
电话：0531－82389667
邮编：250001

山东鸿腾三馆商务酒店有限公司会展中心分公司★★★
地址：济南市高新区康虹路与颖秀北路交叉口
电话：0531－88685566
邮编：250001

吉尔宾馆★★★
地址：济南市辛西路15号
电话：0531－81302999
邮编：250001

山东鸿腾三馆商务酒店有限公司★★★
地址：济南市山大北路37号
电话：0531－82319888
邮编：250001

姜仔鸭大酒店★★★
地址：济南市天桥区北园路268号
电话：0531－88966666
邮编：250001

章丘晟泽大饭店★★★
地址：济南市章丘市明水经济开发区东昊工业园
电话：0531－81291888
邮编：250200

济南三旺友和大酒店有限公司★★★
地址：济南市济阳县济北开发区开元大街86号
电话：0531－84237777
邮编：250001

东昌宾馆★★★
地址：聊城市东昌西路119号
电话：0635－8421002
邮编：252052

中苑大酒店★★★
地址：聊城市东昌西路135号
电话：0635－8426868
邮编：252052

新开大酒店★★★
地址：聊城市柳园南路115号
电话：0635－8266888
邮编：252052

阳谷县宾馆★★★
地址：聊城市阳谷县大众街3号
电话：0635－6362155
邮编：252052

凤祥宾馆★★★
地址：聊城市阳谷县凤祥工业区
电话：0635－6772076
邮编：252052

东湖宾馆★★★
地址：聊城市湖南路1号
电话：0635－8230281
邮编：252052

茌平美丽华大酒店★★★
地址：聊城市茌平县振兴西路西首
电话：0635－4215999
邮编：252052

临清宾馆★★★
地址：聊城市临清市新华路中段
电话：0635－2323411
邮编：252052

金宇海天大酒店★★★
地址：聊城市东昌东路95号
电话：0635－6972333
邮编：252052

迎宾大酒店★★★
地址：聊城市莘县振兴街东段29号
电话：0635－7386888
邮编：252052

茌平宾馆★★★
地址：聊城市茌平县新政路20号
电话：0635－4269888
邮编：252052

牛车水大酒店★★★
地址：聊城市花园路99号
电话：0635－2115166
邮编：252052

人缘大酒店★★★
地址：聊城市昌润路东南
电话：0635－8903333
邮编：252052

冠县清泉大酒店★★★
地址：聊城市冠县红旗北路164号
电话：0635－5280966
邮编：252052

东阿宾馆★★★
地址：聊城市东阿县前进街131号
电话：0635－3281121
邮编：252052

华夏一家商务酒店★★★
地址：聊城市前进街88号
电话：0635－5080123
邮编：252052

润荷苑商务酒店★★★
地址：聊城市柳园南路50号
电话：0635－8503999
邮编：252052

阿胶大酒店★★★
地址：聊城市东阿县阿胶街78号
电话：0635－3264127
邮编：252052

喜俪园大酒店★★★
地址：德州市湖滨中大道1186号
电话：0534－2386888
邮编：253012

希森大酒店★★★
地址：德州市东风东路53号
电话：0534－2672999
邮编：253012

启德大酒店★★★
地址：德州市三八中路168号
电话：0534－2181527
邮编：253012

德苑大酒店★★★
地址：德州市解放南大道255号
电话：0534－2623983
邮编：253012

德州大酒店★★★
地址：德州市东方红路112号
电话：0534－2650106
邮编：253012

国泰商务酒店★★★
地址：德州市大学西路德州安全局院内
电话：0534－2272895
邮编：253012

禹城宾馆★★★
地址：德州市禹城市人民路466号
电话：0534－7289100
邮编：253012

禹城明珠酒店★★★
地址：德州市禹城市汉槐路277号
电话：0534－7226688
邮编：253012

禹城东方大厦★★★
地址：德州市禹城市行政街124号
电话：0534－8915566
邮编：253012

夏津晶都宾馆★★★
地址：德州市夏津县电力西苑
电话：0534－3312999
邮编：253012

乐陵汇都酒店★★★
地址：德州市乐陵市振兴东路326号
电话：0534－6291626
邮编：253012

庆云宾馆★★★
地址：德州市庆云县光明路1021号
电话：0534－3329908
邮编：253012

齐河黄河明珠大酒店★★★
地址：德州市齐河县永安大街265号
电话：0534－5508888
邮编：253012

平原宾馆★★★
地址：德州市平原县青年路503号
电话：0534－4298169
邮编：253012

蓝海大饭店（东城）★★★
地址：东营市府前大街158号
电话：0546－8081588
邮编：257093

聚丰大酒店★★★
地址：东营市北一路1232号
电话：0546－8501888
邮编：257093

西城宾馆★★★
地址：东营市淄博路200号
电话：0546－7669999
邮编：257093

广饶宾馆★★★
地址：东营市广饶县迎宾路253号
电话：0546－6680000
邮编：257093

桩西宾馆★★★
地址：东营市河口区仙河镇汉江路13号
电话：0546－8589108
邮编：257093

河口宾馆★★★
地址：东营市河口区海宁路285号
电话：0546－3888888
邮编：257093

大王宾馆★★★
地址：东营市广饶县大王镇
电话：0546－6883098
邮编：257093

利津宾馆★★★
地址：东营市利津县利一路112号
电话：0546－5621315
邮编：257093

蓝海汇洲大酒店★★★
地址：东营市垦利县新区民丰路
电话：0546－2891999
邮编：257093

东方俱乐部★★★
地址：东营市府前大街 120 号
电话：0546－8835239
邮编：257093

白云饭店★★★
地址：东营市北一路 188 号
电话：0546－7660888
邮编：257093

垦利宾馆★★★
地址：东营市垦利县黄河路 22 号
电话：0546－2898666
邮编：257093

淄博鑫泰星大酒店★★★
地址：淄博市张店中心路 1 号
电话：0533－2123888
邮编：255039

淄博蒲泉大酒店★★★
地址：淄博市淄川区松龄路 136 号
电话：0533－5177888
邮编：255039

淄博周村嘉周宾馆★★★
地址：淄博市周村区新建中路 30 号
电话：0533－6411888
邮编：255039

淄博凯悦假日大酒店★★★
地址：淄博市临淄区桓公路 177 号
电话：0533－7198999
邮编：255039

淄博丽景源大酒店★★★
地址：淄博市张店华光路 96 号
电话：0533－3110088
邮编：255039

原山旅游宾馆★★★
地址：淄博市原山国家森林公园（颜山公园路 4 号）
电话：0533－4155561
邮编：255039

淄博顺达饭店★★★
地址：淄博市临淄牛山路 340 号
电话：0533－7178977
邮编：255039

高青迎宾馆★★★
地址：淄博市高青县文化路 30 号
电话：0533－6973999
邮编：255039

山东理工大学学术交流中心大酒店★★★
地址：淄博市共青团西路 88 号
电话：0533－2305111
邮编：255039

淄博玫瑰大酒店★★★
地址：淄博市张店区中心路 1 号
电话：0533－2183121
邮编：255039

张店宾馆★★★
地址：淄博市张店区兴学街 30 号
电话：0533－2185161
邮编：255039

淄博齐林大酒店★★★
地址：淄博市张店区张周路东首
电话：0533－2862888
邮编：255039

沂源盛源大酒店★★★
地址：淄博市沂源县城药玻路南首
电话：0533－3251689
邮编：255039

沂源县友和大酒店★★★
地址：淄博市沂源县城荆山路 87 号
电话：0533－3237788
邮编：255039

淄博翠林园大酒店★★★
地址：淄博市淄川经济开发区胶王路与张博路附线交会处
电话：0533－5419999
邮编：255039

桓台宾馆★★★
地址：淄博市桓台县中心大街 288 号
电话：0533－8180327
邮编：255039

淄博傅山度假村★★★
地址：淄博市开发区卫固镇傅山村
电话：0533－3789777
邮编：255039

淄博市淄川区新星大酒店★★★
地址：淄博市淄川区淄城路 75 号
电话：0533－5171534
邮编：255039

沂源县新城宾馆★★★
地址：淄博市沂源县城胜利路 6 号
电话：0533－3242693
邮编：255039

桓台县渔洋宾馆有限公司★★★
地址：淄博市桓台县索镇建设街 2188 号
电话：0533－2620208
邮编：255039

潭溪山庄★★★
地址：淄博市淄川区太河镇峨庄万事石沟村潭溪山旅游区内
电话：0533－5899999
邮编：255039

潍坊政府接待中心★★★
地址：潍坊市奎文区胜利东街 379 号
电话：0536－8195999
邮编：261041

潍坊汇泉饭店★★★
地址：潍坊市奎文区东风东街 366 号
电话：0536－8195555
邮编：261041

诸城中粮宾馆★★★
地址：潍坊市诸城市兴华东路 31 号
电话：0536－6569828
邮编：261041

诸城华洋大酒店★★★
地址：潍坊市诸城市和平街 6 号
电话：0536－6164288
邮编：261041

青州海龙大酒店★★★
地址：潍坊市青州市火车站西街 368 号
电话：0536－3281753
邮编：261041

昌邑宾馆★★★
地址：潍坊市昌邑市天水路 14 号
电话：0536－7212252
邮编：261041

潍坊东明大酒店★★★
地址：潍坊市高新区东方路 361 号
电话：0536－8102222
邮编：261041

寿光富华大酒店★★★
地址：潍坊市寿光市渤海路 336 号
电话：0536－5218368
邮编：261041

临朐伟成大酒店★★★
地址：潍坊市临朐县龙泉路 16 号
电话：0536－3164688
邮编：261041

寿光在水一方大酒店★★★
地址：潍坊市寿光市圣城路建桥路口
电话：0536－2150999
邮编：261041

潍坊三江大酒店★★★
地址：潍坊市新华路 18 号
电话：0536－8586688
邮编：261041

临朐大酒店★★★
地址：潍坊市临朐县山旺路 28 号
电话：0536－3123500
邮编：261041

潍坊世纪华润商务酒店★★★
地址：潍坊市高新区东方路 2577 号
电话：0536－8069777
邮编：261041

潍坊印象大酒店★★★
地址：潍坊市高新区胜利东街与金马路口
电话：0536－6108888
邮编：261041

潍坊天悦山庄★★★
地址：潍坊市潍城区浮烟山景区
电话：0536－2227766
邮编：261041

昌邑翰林酒店★★★
地址：潍坊市昌邑市解放路东
电话：0536－7123456
邮编：261041

寿光华纳大酒店★★★
地址：潍坊市寿光市圣城街 555 号
电话：0536－5218888
邮编：261041

高密正大商务酒店★★★
地址：潍坊市高密市振兴街 588 号
电话：0536－2855777
邮编：261041

潍坊帝豪大酒店★★★
地址：潍坊市潍城区向阳路中段
电话：0536－8391111
邮编：261041

临朐东镇御苑大酒店★★★
地址：潍坊市临朐县沂山景区南门
电话：0536－3715678
邮编：261041

高密银鹰商务酒店★★★
地址：潍坊市高密市人民大街 1399 号
电话：0536－2789388
邮编：261041

高密凤凰宾馆★★★
地址：潍坊市高密市人民大街 199 号

电话：0536－2323311
邮编：261041

滨海海洋宾馆★★★
地址：潍坊市滨海经济开发区
电话：0536－5328961
邮编：261041

安丘宾馆★★★
地址：潍坊市安丘市商场路中段
电话：0536－4221911
邮编：261041

昌乐阳光会馆★★★
地址：潍坊市昌乐县经济开发区
电话：0536－2181111
邮编：261041

滨海鑫海源大酒店★★★
地址：潍坊市滨海经济开发区西城区
电话：0536－5300999
邮编：261041

诸城福泰华大酒店★★★
地址：潍坊市诸城市和平路33号
电话：0536－2163333
邮编：261041

青州东方颐寿大酒店★★★
地址：潍坊市青州市云门山景区
电话：0536－3276797
邮编：261041

昌乐清林园大酒店★★★
地址：潍坊市昌乐县昌盛街西首2068号
电话：0536－6270008
邮编：261041

昌乐宝城大酒店★★★
地址：潍坊市昌乐县新昌路219号
电话：0536－2180111
邮编：261041

潍坊舜耕假日酒店★★★
地址：潍坊市诸城市密州东路6号
电话：0536－2167777
邮编：261041

寿光香格里拉商务酒店★★★
地址：潍坊市寿光市正阳路36号
电话：0536－5228999
邮编：261041

潍坊君尚假日酒店★★★
地址：潍坊市奎文区北宫东街262号
电话：0536－8661976
邮编：261041

潍坊富豪国际大酒店★★★
地址：潍坊市奎文区新华路23号
电话：0536－8321111
邮编：261041

潍坊普雷思酒店★★★
地址：潍坊市奎文区潍州路与民生东街交叉口西北角
电话：0536－8807111
邮编：261041

寿光市东宇鸿翔大酒店★★★
地址：潍坊市寿光市东宇鸿翔汽车城
电话：0536－5498888
邮编：261041

寿光市言玉大酒店★★★
地址：潍坊市寿光市经济开发区金海路北段
电话：0536－5585777
邮编：261041

诸城市龙韵假日酒店★★★
地址：潍坊市诸城市繁荣东路124号
电话：0536－6150818
邮编：261041

龙口华龙大酒店★★★
地址：烟台市龙口市环海路
电话：0535－8811111
邮编：264010

蓬莱八仙居宾馆★★★
地址：烟台市蓬莱登州路59号
电话：0535－5828888
邮编：264010

海阳方圆大厦★★★
地址：烟台市海阳方圆工业园
电话：0535－3221111
邮编：264010

龙口南山宾馆★★★
地址：烟台市龙口南山集团
电话：0535－8616178
邮编：264010

蓬莱阁大酒店★★★
地址：烟台市蓬莱海滨路3号
电话：0535－5955888
邮编：264010

烟台新闻中心★★★
地址：烟台市芝罘区环山路76号
电话：0535－6225119
邮编：264010

烟台汇泉饭店★★★
地址：烟台市芝罘区青年路33号
电话：0535－6581888
邮编：264010

莱阳锦江春饭店★★★
地址：烟台市莱阳五龙北路188号
电话：0535－7229678
邮编：264010

烟台东方海洋大酒店★★★
地址：烟台市芝罘区滨海北路
电话：0535－6589999
邮编：264010

烟台黄金宫饭店★★★
地址：烟台市牟平养马岛
电话：0535－4765888
邮编：264010

烟台通汇大酒店★★★
地址：烟台市芝罘区西大街67号
电话：0535－6276888
邮编：264010

烟台东海宾馆★★★
地址：烟台市莱山区东方大街38号
电话：0535－6888460
邮编：264010

烟台黄金大酒店★★★
地址：烟台市芝罘区胜利路219号
电话：0535－6633999
邮编：264010

莱州宾馆★★★
地址：烟台市莱州南路71号
电话：0535－2208888
邮编：264010

莱州新悦大酒店★★★
地址：烟台市莱州北路539号
电话：0535－2208188
邮编：264010

烟台天天渔港★★★
地址：烟台市芝罘区胜利路267号
电话：0535－6612666
邮编：264010

烟台颐中大酒店★★★
地址：烟台市莱山区新星北街1号
电话：0535－6705966
邮编：264010

山东机械大厦★★★
地址：烟台市芝罘区解放路62号
电话：0535－6224561
邮编：264010

蓬莱鲁粮宾馆★★★
地址：烟台市蓬莱钟楼东路7号
电话：0535－5643801
邮编：264010

栖霞果都大酒店★★★
地址：烟台市栖霞市霞光路277号
电话：0535－5205888
邮编：264010

栖霞悦心亭宾馆★★★
地址：烟台市栖霞市霞光路449号
电话：0535－5212182
邮编：264010

莱阳交通宾馆★★★
地址：烟台市玉龙北路101号
电话：0535－7212009
邮编：264010

烟台汇丰俱乐部★★★
地址：烟台市黄城怡园路8号
电话：0535－8518888
邮编：264010

烟台岩丰大酒店★★★
地址：烟台市环山路14号
电话：0535－6633333
邮编：264010

烟台龙海大酒店★★★
地址：烟台市养马岛兴岛路13号
电话：0535－4761888
邮编：264010

蓬莱宾馆★★★
地址：烟台市蓬莱钟楼南路11号
电话：0535－5642411
邮编：264010

蓬莱鑫源宾馆★★★
地址：烟台市蓬泉路1号
电话：0535－5643682
邮编：264010

烟台云海大酒店★★★
地址：烟台市养马岛环岛路518号
电话：0535－4799100
邮编：264010

栖霞万达宾馆★★★
地址：烟台市栖霞迎宾路970号
电话：0535－3375888
邮编：264010

长岛万辉大厦★★★
地址：烟台市乐园大街119号

电话：0535－3090001
邮编：264010

长岛世纪假日酒店★★★
地址：烟台市北长山店子村东
电话：0535－3997922
邮编：264010

烟台虹口宾馆★★★
地址：烟台市芝罘区大马路 111 号
电话：0535－6218888
邮编：264010

烟台华宇大饭店★★★
地址：烟台市芝罘岛西路 3 号
电话：0535－2128999
邮编：264010

玲珑集团商务会馆★★★
地址：烟台市招远市金龙路 888 号
电话：0535－8076666
邮编：264010

招远市金都宾馆★★★
地址：烟台市招远迎宾路 110 号
电话：0535－8151105
邮编：264010

招远金海大厦★★★
地址：烟台市罗峰路 158 号
电话：0535－8235684
邮编：264010

招远欣源大酒店★★★
地址：烟台市招远开发区金晖路 299 号
电话：0535－8068888
邮编：264010

烟台观海花园酒店★★★
地址：烟台市莱山区观海路 40 号
电话：0535－6895588
邮编：264010

龙口大酒店★★★
地址：烟台市黄城北大街 565 号
电话：0535－8951366
邮编：264010

龙口东方家园★★★
地址：烟台市龙口龙东路 15 号
电话：0535－8847058
邮编：264010

烟台鸿泰宾馆★★★
地址：烟台市芝罘区建设路 17 号
电话：0535－2978888
邮编：264010

莱阳盛达酒店★★★
地址：烟台市莱阳市五龙北路 117 号
电话：0535－7335888
邮编：264010

蓬莱渤海大酒店★★★
地址：烟台市蓬莱市北关路 135 号
电话：0535－5656788
邮编：264010

艾山温泉度假★★★
地址：烟台市栖霞松山街道艾山汤
电话：0535－5170666
邮编：264010

美都度假村★★★
地址：烟台市长岛北长山方花沟
电话：0535－3993168
邮编：264010

烟台万华宾馆★★★
地址：烟台市芝罘区幸福南路 7 号
电话：0535－6837118
邮编：264010

烟台蓝天大酒店★★★
地址：烟台市开发区长江路 131 号
电话：0535－6372888
邮编：264010

千手缘数字商务酒店★★★
地址：烟台市芝罘区幸福路 12 号
电话：0535－6818181
邮编：264010

莱州东莱宾馆★★★
地址：烟台市莱州文化西路 399 号
电话：0535－2201118
邮编：264010

蓬莱全盛大酒店★★★
地址：烟台市蓬莱公寓路 1 号
电话：0535－5648418
邮编：264010

养马岛天马宾馆★★★
地址：烟台市养马岛东端
电话：0535－4769777
邮编：264010

烟台文豪大酒店★★★
地址：烟台市芝罘区市府街 105 号
电话：0535－6587000
邮编：264010

烟台鸿腾大酒店★★★
地址：烟台市莱山区滨海中路 143 号
电话：0535－7355999
邮编：264010

蓬莱金港湾大饭店★★★
地址：烟台市蓬莱市海港路 80 号
电话：0535－5832277
邮编：264010

招远金都大酒店★★★
地址：烟台市招远罗峰路 159 号
电话：0535－8065999
邮编：264010

招远博览苑大酒店★★★
地址：烟台市招远玲珑镇欧家筐
电话：0535－8368780
邮编：264010

栖霞炫动酒店★★★
地址：烟台市栖霞市民生路 118 号
电话：0535－5209515
邮编：264010

龙口市怡雅商务宾馆★★★
地址：烟台市龙口通海路 406 号
电话：0535－8952666
邮编：264010

栖霞竹园酒店★★★
地址：烟台市栖霞汽车站西
电话：0535－5238701
邮编：264010

烟台虹口商务酒店★★★
地址：烟台市芝罘区大马路 118 号
电话：0535－6585555
邮编：264010

烟台金阳光商务酒店★★★
地址：烟台市开发区泰山路 128 号
电话：0535－6382219
邮编：264010

长岛丽晶假日酒店★★★
地址：烟台市长岛县文化街 20 号
电话：0535－3092888
邮编：264010

安德利度假村★★★
地址：烟台市养马岛益寿路 66 号
电话：0535－4766666
邮编：264010

蓬莱市蓬达大酒店★★★
地址：烟台市蓬莱钟楼东路 94 号
电话：0535－5998811
邮编：264010

烟台三站宾馆★★★
地址：烟台市芝罘区青年路附 13 号
电话：0535－6277999
邮编：264010

海阳观海大酒店★★★
地址：烟台市海阳度假区海滨路 1 号
电话：0535－3303555
邮编：264010

海阳国宾海景酒店★★★
地址：烟台市海阳度假区海滨路 98 号
电话：0535－3319888
邮编：264010

海阳黄金海岸大酒店★★★
地址：烟台市海阳度假区海景路 98 号
电话：0535－3311888
邮编：264010

海阳曦岛国际游艇俱乐部★★★
地址：烟台市海阳度假区海景路
电话：0535－3103888
邮编：264010

蓬莱市登州华侨宾馆★★★
地址：烟台市蓬莱市登州路 40 号
电话：0535－5607188
邮编：264010

烟台观海宾馆★★★
地址：烟台市莱山区滨海路 164 号
电话：0535－6888688
邮编：264010

栖霞华昕商务大酒店★★★
地址：烟台市栖霞迎宾路 184 号
电话：0535－5226789
邮编：264010

栖霞福客假日商务酒店★★★
地址：烟台市栖霞迎宾路西庄园桥
电话：0535－3370678
邮编：264010

蓬莱市永蓬海天酒店★★★
地址：烟台市蓬莱市海滨路 4 号
电话：0535－5831666
邮编：264010

速 8 酒店烟台莱山迎春大街店★★★
地址：烟台市莱山区盛泉东路 23 号
电话：0535－6768666
邮编：264010

海阳地雷战主题酒店★★★
地址：烟台市海阳市烟台街 2 号
电话：0535－3653888
邮编：264010

烟台金融大酒店★★★
地址：烟台市芝罘区胜利路68号
电话：0535－6601888
邮编：264010

蓬莱学府大酒店★★★
地址：烟台市蓬莱海滨西路1001号
电话：0535－3737111
邮编：264010

招远御花园酒店★★★
地址：烟台市招远市初山路23号
电话：0535－2045677
邮编：264010

山花大酒店★★★
地址：威海市和平路113号
电话：0631－5279998
邮编：264200

金海岸大酒店★★★
地址：威海市海滨北路56号
电话：0631－5230088
邮编：264200

圆楼大酒店★★★
地址：威海市昆明路43号
电话：0631－5209888
邮编：264200

玉龙湾大酒店★★★
地址：威海市环海路
电话：0631－5128588
邮编：264200

白云宾馆★★★
地址：威海市东山路22号
电话：0631－5218888
邮编：264200

威胜大酒店★★★
地址：威海市海滨北路47号
电话：0631－5189999
邮编：264200

华海宾馆★★★
地址：威海市环海路王家村
电话：0631－5261888
邮编：264200

伴月山庄大酒店★★★
地址：威海市环海路伴月山庄1号
电话：0631－5261305
邮编：264200

威海电子宾馆★★★
地址：威海市环海路15号
电话：0631－5262500
邮编：264200

敬兰大酒店★★★
地址：威海市世昌大道
电话：0631－5295088
邮编：264200

滨海之星假日酒店★★★
地址：威海市统一路67号
电话：0631－5188858
邮编：264200

顺得国际娱乐城有限公司★★★
地址：威海市统一路407号
电话：0631－5278168
邮编：264200

威海国际商务大厦★★★
地址：威海市海滨北路106号
电话：0631－5318888
邮编：264200

东山宾馆★★★
地址：威海市东山路26号
电话：0631－5269888
邮编：264200

威海景缘商务酒店★★★
地址：威海市纪念路42号
电话：0631－5198333
邮编：264200

威海丽园酒店★★★
地址：威海市统一路34号
电话：0631－5232089
邮编：264200

天外天酒店★★★
地址：威海市文化中路附58号
电话：0631－5817018
邮编：264200

庆威大厦★★★
地址：威海市火炬路196号
电话：0631－5621005
邮编：264200

长威大酒店★★★
地址：威海市文化西路62号
电话：0631－5819442
邮编：264200

中汇大厦★★★
地址：威海市高技术开发区
电话：0631－5623576
邮编：264200

九九大厦★★★
地址：威海市鞍山路1号
电话：0631－5626999
邮编：264200

金俪雅商务酒店★★★
地址：威海市天津路19号
电话：0631－5666776
邮编：264200

威海金猴商务会馆★★★
地址：威海市丹东路88号
电话：0631－5666888
邮编：264200

威海新闻大厦★★★
地址：威海市文化中路68号
电话：0631－3653888
邮编：264200

威海海兴大酒店★★★
地址：威海市海滨南路18号
电话：0631－5985735
邮编：264200

威海丽湾酒店★★★
地址：威海市海滨南路39号
电话：0631－5969399
邮编：264200

威海时代商务大酒店★★★
地址：威海市青岛中路132号
电话：0631－5977188
邮编：264200

亨泰宾馆★★★
地址：威海市齐鲁大道7号
电话：0631－590266
邮编：264200

杨家滩商务酒店★★★
地址：威海市齐鲁大道77号
电话：0631－3630888
邮编：264200

威海昀泰酒店★★★
地址：威海市青岛中路166号
电话：0631－5993636
邮编：264200

华夏会馆★★★
地址：威海市华夏路1号
电话：0631－5906888
邮编：264200

威海海日大酒店★★★
地址：威海市珠海路755号
电话：0631－3678999
邮编：264200

威海凤仪酒店★★★
地址：威海市经济技术开发区凤林珠海路
电话：0631－5976558
邮编：264200

东方宾馆★★★
地址：威海市新威路92号
电话：0631－5223541
邮编：264200

威海宾馆★★★
地址：威海市环海路12号
电话：0631－5262888
邮编：264200

荣成博霞山庄★★★
地址：威海市荣成西霞口
电话：0631－7838888
邮编：264200

荣成华星宾馆二部★★★
地址：威海市荣成市崖头镇成山大道东首
电话：0631－7565888
邮编：264200

荣成天都大酒店★★★
地址：威海市荣成市石岛管理区
电话：0631－7326888
邮编：264200

荣成黄海宾馆★★★
地址：威海市荣成市石岛管理区
电话：0631－7382217
邮编：264200

荣成山海宾馆★★★
地址：威海市荣成市邱家渔业公司
电话：0631－7438121
邮编：264200

荣成荣喜大酒店★★★
地址：威海市荣成市人和山西头
电话：0631－7463666
邮编：264200

荣成港湾大酒店★★★
地址：威海市石岛管理区
电话：0631－7388888
邮编：264200

荣成大酒店★★★
地址：威海市文化东路58号
电话：0631－7573033
邮编：264200

荣成桃园居大酒店★★★
地址：威海市石岛管理区

电话：0631－7388888
邮编：264200

文登西楼富丽华大酒店★★★
地址：威海市文登市西楼村
电话：0631－8939999
邮编：264200

文登西楼喜庆大厦★★★
地址：威海市文登市文山路 93 号
电话：0631－8808888
邮编：264200

威海凯德餐饮有限公司凯德商务酒店★★★
地址：威海市文登市昆嵛路 37－3 号
电话：0631－8458888
邮编：264200

文登劳动大厦★★★
地址：威海市文登市米山路 64 号
电话：0631－8251782
邮编：264200

文登金滩大酒店★★★
地址：威海市文登市南海旅游度假区金乡东路
电话：0631－8961777
邮编：264200

乳山宾馆★★★
地址：威海市乳山市夏村镇
电话：0631－6624561
邮编：264200

银滩大酒店★★★
地址：威海市乳山市银滩管委会
电话：0631－6778888
邮编：264200

乳山望海山庄★★★
地址：威海市乳山市海阳所镇工业园
电话：0631－6793088
邮编：264200

乳山正华山庄★★★
地址：威海市乳山市乳山寨镇
电话：0631－6614046
邮编：264200

乳山东海宾馆★★★
地址：威海市青山路 57 号
电话：0631－6622771
邮编：264200

乳山金海假日酒店★★★
地址：威海市长江路 41 号
电话：0631－3603999
邮编：264200

乳山香榭丽舍大酒店★★★
地址：威海市乳山市宁波路 19 号
电话：0631－6855555
邮编：264200

威海鑫海湾宾馆★★★
地址：威海市文化西路 370 号
电话：0631－3850679
邮编：264200

威海凯瑞假日酒店★★★
地址：威海市海滨北路 48 号
电话：0631－5858888
邮编：264200

文华国际酒店★★★
地址：青岛市上清路 6 号
电话：0532－83631888
邮编：266001

建银大酒店★★★
地址：青岛市贵州路 71 号
电话：0532－82651777
邮编：266001

东晖国际大酒店★★★
地址：青岛市山东路 39 号
电话：0532－85814688
邮编：266001

亚海大酒店★★★
地址：青岛市华阳路 6 号
电话：0532－83826688
邮编：266001

海林山庄★★★
地址：青岛市海安路 24 号
电话：0532－88016688
邮编：266001

维也纳大酒店★★★
地址：青岛市澳门路 9 号
电话：0532－83896688
邮编：266001

新地大酒店★★★
地址：青岛市汕头路 1 号
电话：0532－85966888
邮编：266001

城阳宾馆★★★
地址：青岛市城阳区明阳路 202 号
电话：0532－87868188
邮编：266001

丹顶鹤大酒店★★★
地址：青岛市流亭机场民航路东段
电话：0532－84710777
邮编：266001

胶南国旅大酒店★★★
地址：青岛市黄岛区人民路 211 号
电话：0532－88188968
邮编：266001

华欧集团明珠酒店★★★
地址：青岛市黄岛区崇明岛东路 155 号
电话：0532－86868866
邮编：266001

致远楼宾馆★★★
地址：青岛市珠海路 1 号
电话：0532－85967888
邮编：266001

学苑宾馆★★★
地址：青岛市抚顺路 20 号
电话：0532－85071666
邮编：266001

东航大厦★★★
地址：青岛市燕儿岛路 16 号
电话：0532－85737888
邮编：266001

胶南新泰华大酒店★★★
地址：青岛市黄岛区开发区南通路中段
电话：0532－86613888
邮编：266001

洁神大饭店★★★
地址：青岛市江西路 36 号甲
电话：0532－85821888
邮编：266001

温泉度假村★★★
地址：青岛市即墨温泉镇
电话：0532－86561538
邮编：266001

花园大酒店★★★
地址：青岛市市南区彰化路 6 号
电话：0532－83990888
邮编：266001

金麒玉麟温泉酒店★★★
地址：青岛市即墨温泉镇新兴路 63 号
电话：0532－86578888
邮编：266001

渤海湾大酒店★★★
地址：青岛市城阳区重庆北路 217
电话：0532－84812965
邮编：266001

海尔山庄★★★
地址：青岛市崂山仰口
电话：0532－87849898
邮编：266001

海尔国际培训中心★★★
地址：青岛市崂山王哥庄港东
电话：0532－87912288
邮编：266001

海润国际商务酒店★★★
地址：青岛市香港中路 43 号
电话：0532－86669566
邮编：266001

青岛饭店★★★
地址：青岛市香港中路 26 号
电话：0532－85781888
邮编：266001

皇嘉酒店★★★
地址：青岛市东海西路 32 号
电话：0532－85021888
邮编：266001

华能宾馆★★★
地址：青岛市安徽路 2 号
电话：0532－82860077
邮编：266001

地矿宾馆★★★
地址：青岛市徐州路 79 号
电话：0532－85813842
邮编：266001

兴安大酒店★★★
地址：青岛市如东路 1 号
电话：0532－85816699
邮编：266001

豪邦度假村★★★
地址：青岛市莱西市文化东路 13 号
电话：0532－88471111
邮编：266001

开发区迎宾馆★★★
地址：青岛市开发区长江中路 397 号
电话：0532－86897979
邮编：266001

高校香澜宾馆★★★
地址：青岛市郑州路 57 号
电话：0532－84877788
邮编：266001

惠国宾馆★★★
地址：青岛市瞿塘峡路 32 号

电话：0532－82652888
邮编：266001

前哨大酒店★★★
地址：青岛市洛阳路9号
电话：0532－84850388
邮编：266001

宏运大酒店★★★
地址：青岛市开发区香江路227号
电话：0532－86897888
邮编：266001

瀚源大酒店★★★
地址：青岛市正阳路210
电话：0532－87869555
邮编：266001

德泰大酒店★★★
地址：青岛市崂山路67号
电话：0532－88807990
邮编：266001

胶南丰泽上庄★★★
地址：青岛市黄岛区世纪大道西端
电话：0532－88173000
邮编：266001

青岛齐海大酒店★★★
地址：青岛市香港中路126号
电话：0532－85879500
邮编：266001

紫丁香饭店★★★
地址：青岛市杭州路30号
电话：0532－89077666
邮编：266001

青岛气象度假村★★★
地址：青岛市东海路87号
电话：0532－88011231
邮编：266001

海滨花园大酒店★★★
地址：青岛市市南区彰化路4号
电话：0532－83995888
邮编：266001

青岛海翔大酒店★★★
地址：青岛市开发区紫金山支路8号
电话：0532－86890666
邮编：266001

青岛利客来集团商务酒店★★★
地址：青岛市李沧区京口路52号
电话：0532－87631178
邮编：266001

青岛东海饭店★★★
地址：青岛市汇泉路7号
电话：0532－83863152
邮编：266001

青岛紫晶大酒店★★★
地址：青岛市李沧区峰山路113号
电话：0532－87631888
邮编：266001

青岛海洋宾馆★★★
地址：青岛市徐州路88号
电话：0532－80971111
邮编：266001

青岛市崂山夏日酒店★★★
地址：青岛市崂山区崂山路36号
电话：0532－88800555
邮编：266001

四方大酒店★★★
地址：青岛市温州路1号
电话：0532－83717888
邮编：266001

胶州阳光大厦★★★
地址：青岛市胶州市胶州西路33号
电话：0532－87299118
邮编：266001

青岛城阳秋临大酒店★★★
地址：青岛市流亭街道民航路西端
电话：0532－84717888
邮编：266001

青岛海西大酒店★★★
地址：青岛市黄岛区珠海东路387号
电话：0532－85192506
邮编：266001

青岛宏运东都大酒店★★★
地址：青岛市开发区长江中路118号
电话：0532－86871888
邮编：266001

青岛新康宏大酒店★★★
地址：青岛市开发区天目山路凤凰园2号
电话：0532－86758888
邮编：266001

青岛市人民法院培训服务中心★★★
地址：青岛市香港东路233号
电话：0532－88961222
邮编：266001

青岛蓝鲸湾大酒店★★★
地址：青岛市江西路29号
电话：0532－85818999
邮编：266001

青岛体育之家大酒店★★★
地址：青岛市延安一路311号
电话：0532－82997777
邮编：266001

青岛星程酒店★★★
地址：青岛市延安一路86号
电话：0532－82881888
邮编：266001

总后军交干部培训中心★★★
地址：青岛市崂山区青大三路北端
电话：0532－83977888
邮编：266001

汇海山庄度假酒店★★★
地址：青岛市崂山路7号
电话：0532－88831666
邮编：266001

青岛华外大酒店★★★
地址：青岛市重庆中路399号
电话：0532－66878888
邮编：266001

青岛爱情海酒店★★★
地址：青岛市延安三路212号
电话：0532－82038112
邮编：266001

青岛华侨国际饭店★★★
地址：青岛市香港中路41号
电话：0532－88699988
邮编：266001

青岛鲁检宾馆★★★
地址：青岛市瞿塘峡路70号甲
电话：0532－80885112
邮编：266001

青岛职工之家宾馆★★★
地址：青岛市湛山路2号
电话：0532－83869888
邮编：266001

青岛东莱大酒店★★★
地址：青岛市平度市人民路87号
电话：0532－88363009
邮编：266001

青岛海空苑迎宾馆★★★
地址：青岛市李沧区四流中路2号
电话：0532－58833888
邮编：266001

青岛复盛大酒店二店★★★
地址：青岛市城阳区流亭商业街中段
电话：0532－84900000
邮编：266001

青岛双珠蓝港大酒店★★★
地址：青岛市泊里镇海泊二路2－22号
电话：0532－84189999
邮编：266001

胶州市澳琳商务宾馆★★★
地址：青岛市胶州市澳门路483－26号
电话：0532－87236696
邮编：266001

市南区花自林大饭店★★★
地址：青岛市银川西路17号
电话：0532－80689666
邮编：266001

青岛天威华青大酒店★★★
地址：青岛市长宁路7－4号
电话：0532－80938366
邮编：266001

青岛宏运凤凰酒店★★★
地址：青岛市金沙滩路金沙新村2号
电话：0532－58718815
邮编：266001

青岛金玉堂大酒店★★★
地址：青岛市香港中路141号
电话：0532－83993168
邮编：266001

青岛即墨宾馆★★★
地址：青岛市即墨市朝阳路109号
电话：0532－88569777
邮编：266001

青岛润春来宾馆★★★
地址：青岛市城阳夏庄夏塔路377号
电话：0532－87796678
邮编：266001

青岛董家口大酒店★★★
地址：青岛市黄岛区泊里镇江石路7号
电话：0532－85117888
邮编：266001

青奥蔚蓝假日酒店★★★
地址：青岛市李沧区振华路8号
电话：0532－84665555
邮编：266001

青奥锦绣汇丰假日酒店★★★
地址：青岛市李沧区青山路626号
电话：0532－80929666
邮编：266001

青岛人口和计划生育培训中心★★★
地址：青岛市南区丰县路 8 号
电话：0532－66986802
邮编：266001

山孚大酒店★★★
地址：日照市海曲路 68 号
电话：0633－8220988
邮编：276800

德泰大酒店★★★
地址：日照市昭阳路 18 号
电话：0633－8227788
邮编：276800

览海宾馆★★★
地址：日照市北京路 399 号
电话：0633－3363000
邮编：276800

阳光华府大酒店★★★
地址：日照市黄海二路 22 号
电话：0633－8333511
邮编：276800

东海饭店★★★
地址：日照市黄海二路 59 号
电话：0633－3311989
邮编：276800

怡然酒店★★★
地址：日照市海滨二路 68 号
电话：0633－8333888
邮编：276800

日照大酒店★★★
地址：日照市海滨五路 39 号
电话：0633－8338888
邮编：276800

魏园度假山庄★★★
地址：日照市太公一路中段
电话：0633－2286666
邮编：276800

东辰佳缘大酒店★★★
地址：日照市高科园北园一路
电话：0633－8295888
邮编：276800

百盛商务酒店★★★
地址：日照市森林公园景区内
电话：0633－3680000
邮编：276800

汇源商务酒店★★★
地址：日照市太公一路中段
电话：0633－8315599
邮编：276800

山水大酒店★★★
地址：日照市海滨五路 35 号
电话：0633－3699888
邮编：276800

天宁宾馆★★★
地址：日照市泰安路 55 号
电话：0633－8778588
邮编：276800

文心宾馆★★★
地址：日照市文心中路 8 号
电话：0633－6222706
邮编：276800

华伦国际大酒店★★★
地址：日照市城阳路
电话：0633－6221855
邮编：276800

浮来山庄★★★
地址：日照市浮来山景区内
电话：0633－6622666
邮编：276800

碧波山庄★★★
地址：日照市岚山区巨峰镇
电话：0633－3931888
邮编：276800

嘉豪商务酒店★★★
地址：日照市北京路劳动大厦
电话：0633－8866666
邮编：276800

广电大酒店★★★
地址：日照市烟台路
电话：0633－8803666
邮编：276800

兖矿圣园酒店★★★
地址：日照市济南路
电话：0633－2296888
邮编：276800

翰林酒店★★★
地址：日照市山海天路
电话：0633－8013888
邮编：276800

浮来青生态园★★★
地址：日照市莒县夏庄镇
电话：0633－6868677
邮编：276800

鲁圣大厦★★★
地址：日照市岚山轿顶山
电话：0633－6196699
邮编：276800

杜鹃山庄★★★
地址：日照市五莲山风景区
电话：0633－5407000
邮编：276800

祥云大酒店★★★
地址：日照市青年路 11 号
电话：0633－6880888
邮编：276800

中豪国际饭店★★★
地址：日照市海滨二路南首
电话：0633－8567777
邮编：276800

曲师大商务酒店★★★
地址：日照市曲阜师大日照分校校园内
电话：0633－3980000
邮编：276800

莒县好来商务酒店★★★
地址：日照市莒县城区城阳中段
电话：0633－6666626
邮编：276800

汇东商务酒店★★★
地址：临沂市新华一路 9 号
电话：13864926670
邮编：276001

临沂宾馆★★★
地址：临沂市沂蒙路 123 号
电话：0539－8968888
邮编：276001

恒基海天酒店★★★
地址：临沂市金雀山一路 39 号
电话：0539－8168888
邮编：276001

临沂饭店★★★
地址：临沂市银雀山路 318 号
电话：13853902296
邮编：276001

颐正园★★★
地址：临沂市南坊行政新区
电话：0539－7017888
邮编：276001

临沂宾馆大学城店★★★
地址：临沂市兰山区临西六路与双岭路交会处
电话：0539－8961888
邮编：276001

沂州大厦★★★
地址：临沂市解放路 193 号
电话：0539－8226512
邮编：276001

临沂知春湖（国际）温泉度假村★★★
地址：临沂市河东区汤头办事处驻地
电话：0539－8700027
邮编：276001

三盟商务酒店★★★
地址：临沂市罗庄区罗四路中段
电话：0539－7088888
邮编：276001

沂州府会馆★★★
地址：临沂市罗庄区罗庄镇龙潭路
电话：0539－8244001
邮编：276001

东蒙避暑山庄★★★
地址：临沂市蒙阴县蒙山国家森林公园内
电话：0539－4552088
邮编：276001

蒙阴蒙山宾馆★★★
地址：临沂市蒙阴县城文化路 23 号
电话：0539－4273338
邮编：276001

蒙阴养心园大酒店★★★
地址：临沂市蒙阴蒙山管委会百泉峪村
电话：0539－4557608
邮编：276001

沂河山庄★★★
地址：临沂市沂水县东环路
电话：0539－2238888
邮编：276001

寰宇大酒店★★★
地址：临沂市沂水县沂新路 375 号
电话：0539－2228611
邮编：276001

宝华大酒店★★★
地址：临沂市苍山县南外环路中段
电话：0539－5287888
邮编：276001

郯城宾馆★★★
地址：临沂市郯城县郯东路 175 号
电话：0539－6112036
邮编：276001

沂蒙人家★★★
地址：临沂市平邑县蒙山旅游风景区
电话：0539－4406666
邮编：276001

平邑蒙山度假村★★★
地址：临沂市平邑蒙山景区
电话：0539－4103888
邮编：276001

平邑沂州府乡村会馆★★★
地址：临沂市平邑大洼景区
电话：0539－4336666
邮编：276001

临沭沭河宾馆★★★
地址：临沂市临沭县苍山北路18号
电话：0539－6212202
邮编：276001

沂南华苑商务酒店★★★
地址：临沂市沂南县历山路南首
电话：0539－3225555
邮编：276001

莒南桃源大酒店★★★
地址：临沂市莒南县十泉路十号
电话：0539－7231888
邮编：276001

费县银都商务酒店★★★
地址：临沂市费县和平路134号
电话：0539－7179777
邮编：276001

费县丽都假日大酒店★★★
地址：临沂市费县327国道北塔城路东
电话：0539－7172222
邮编：276001

薛国大酒店★★★
地址：枣庄市薛城区黄河路1号
电话：0632－4416888
邮编：276001

滕州新苑大酒店★★★
地址：枣庄市滕州市荆河中路46号
电话：0632－5688762
邮编：276001

滕州华泰大酒店★★★
地址：枣庄市滕州市新兴中路162号
电话：0632－5625277
邮编：276001

滕州鲁班大饭店★★★
地址：枣庄市滕州市荆河中路60号
电话：0632－5588888
邮编：276001

滕州饭店★★★
地址：枣庄市滕州市善国中路18号
电话：0632－5555999
邮编：276001

丽波大酒店（高新区店）★★★
地址：枣庄市高新区光明大道1588号
电话：0632－7695566
邮编：276001

山亭宾馆★★★
地址：枣庄市山亭区府前路17号
电话：0632－8811411
邮编：276001

古运荷香度假村★★★
地址：枣庄市峄城区古邵镇南4公里206国道西侧
电话：0632－7085878
邮编：276001

台儿庄大酒店★★★
地址：枣庄市台儿庄区兴中路110号
电话：0632－6918555
邮编：276001

枣矿集团接待中心★★★
地址：枣庄市薛城泰山南路107号
电话：0632－4080112
邮编：276001

福兴宾馆★★★
地址：枣庄市峄城区榴园路东首北侧
电话：0632－7788719
邮编：276001

鲁南警官培训中心★★★
地址：枣庄市滕州市善国南路68号
电话：0632－5583154
邮编：276001

济宁运河宾馆★★★
地址：济宁市共青团路45号
电话：0537－2906333
邮编：272119

济宁名雅经纬大饭店★★★
地址：济宁市环城北路1号
电话：0537－3160888
邮编：272119

济宁香江长城商务酒店★★★
地址：济宁市常青路2号
电话：0537－2968188
邮编：272119

济宁江南春宾馆★★★
地址：济宁市海关路3号
电话：0537－2713066
邮编：272119

济宁贵和花园酒店★★★
地址：济宁市吴泰闸路1号
电话：0537－2603333
邮编：272119

济宁影视宾馆★★★
地址：济宁市共青团路43号
电话：0537－2908188
邮编：272119

济宁运河之星酒店★★★
地址：济宁市红星东路99号
电话：0537－2710196
邮编：272119

济宁市翰庭太白酒楼★★★
地址：济宁市金宇路1号
电话：0537－2902555
邮编：272119

济宁汇泉精品饭店★★★
地址：济宁市太白东路39号
电话：0537－2397555
邮编：272119

兖州富平大酒店★★★
地址：济宁市兖州市技校路1号
电话：0537－3482666
邮编：272119

兖州兴隆宾馆★★★
地址：济宁市兖州市实小胡同路6号
电话：0537－3413668
邮编：272119

兖州九州宾馆★★★
地址：济宁市兖州市建设东路3号
电话：0537－3890888
邮编：272119

兖州富都宾馆★★★
地址：济宁市兖州市建设路38号
电话：0537－3450222
邮编：272119

曲阜名雅儒家大饭店★★★
地址：济宁市曲阜市鼓楼北街8号
电话：0537－5050888
邮编：272119

曲阜国际酒店★★★
地址：济宁市曲阜市弘道路2号
电话：0537－4418888
邮编：272119

曲阜迎宾馆★★★
地址：济宁市曲阜市春秋路12号
电话：0537－4496663
邮编：272119

曲阜春秋大酒店★★★
地址：济宁市曲阜市春秋路13号
电话：0537－5051888
邮编：272119

曲阜国宾馆★★★
地址：济宁市曲阜市大成路南首
电话：0537－5050666
邮编：272119

曲阜北苑酒店★★★
地址：济宁市曲阜市林道路8号
电话：0537－4867777
邮编：272119

曲阜九龙宾馆（仁情酒店）★★★
地址：济宁市曲阜市鼓楼大街113号
电话：0537－5052666
邮编：272119

泗水圣源度假村★★★
地址：济宁市泗水县泗张镇安山寺
电话：0537－4386888
邮编：272119

泗水尼山圣源书院宾舍★★★
地址：济宁市泗水县圣水峪镇北东野村
电话：0537－43098888
邮编：272119

邹城国际饭店★★★
地址：济宁市邹城太平西路2269号
电话：0537－5256666
邮编：272119

邹城择邻山庄★★★
地址：济宁市邹城钢山路1571号
电话：0537－5292901
邮编：272119

微山湖宾馆★★★
地址：济宁市微山县奎文路177号
电话：0537－8256666
邮编：272119

微山岛名湖度假酒店★★★
地址：济宁市微山县微山岛乡
电话：0537－8559188
邮编：272119

微山县圣天源大酒店★★★
地址：济宁市微山县东风路 88 号
电话：0537－8296668
邮编：272119

微山南阳水苑度假村★★★
地址：济宁市微山县南阳古镇
电话：0537－8125555
邮编：272119

嘉祥宾馆★★★
地址：济宁市兖兰中路 108 号
电话：0537－6821339
邮编：272119

嘉祥县祥城宾馆★★★
地址：济宁市嘉祥县青年路 35 号
电话：0537－6839888
邮编：272119

汶上联民大酒店★★★
地址：济宁市汶上县中都大街 69 号
电话：0537－7259999
邮编：272119

汶上华鲁大酒店★★★
地址：济宁市汶上县泉河路 58 号
电话：0537－7295599
邮编：272119

汶上圣泽商务大酒店★★★
地址：济宁市汶上县圣泽大街东段 99 号
电话：0537－7168888
邮编：272119

梁山忠韩大酒店★★★
地址：济宁市梁山县水泊中路 108 号
电话：0537－7306179
邮编：272119

梁山杏花村宾馆★★★
地址：济宁市水泊南路 108 号
电话：0537－7316999
邮编：272119

梁山县水泊宾馆★★★
地址：济宁市梁山县水泊中路 57 号
电话：0537－7323258
邮编：272119

梁山县银都宾馆★★★
地址：济宁市梁山县水泊中路 164 号
电话：0537－7507777
邮编：272119

鱼台孔府宴大酒店★★★
地址：济宁市鱼台鱼丰路 198 号
电话：0537－6216666
邮编：272119

泰安市泰山宾馆★★★
地址：泰安市红门路 26 号
电话：0538－8224678
邮编：271000

泰安市御座宾馆★★★
地址：泰安市岱庙北路 50 号
电话：0538－8269999
邮编：271000

泰安市神憩宾馆★★★
地址：泰安市泰山天街 10 号
电话：0538－8223866
邮编：271000

泰安市铁道大厦★★★
地址：泰安市东岳大街
电话：0538－2108086
邮编：271000

泰安市东方假日酒店★★★
地址：泰安市东岳大街中段
电话：0538－8337025
邮编：271000

泰安市金海大酒店★★★
地址：泰安市东岳大街东段
电话：0538－8228899
邮编：271000

泰安市金山度假村★★★
地址：泰安市环山路 137 号
电话：0538－8295066
邮编：271000

虹桥宾馆★★★
地址：泰安市粥店大佛寺
电话：0538－8412111
邮编：271000

泰安市鲁科 88 商务酒店★★★
地址：泰安市东岳大街 43 号
电话：0538－6291299
邮编：271000

泰安市普照宾馆★★★
地址：泰安市擂鼓石大街东段
电话：0538－8226808
邮编：271000

泰山饭店★★★
地址：泰安市岱宗大街 123 号
电话：0538－6361033
邮编：271000

泰安市中泰瑶池大酒店★★★
地址：泰安市虎山东路北首
电话：0538－6203091
邮编：271000

泰安市东都宾馆★★★
地址：泰安市岱宗大街 279 号
电话：0538－8227948
邮编：271000

泰安市迎圣大酒店★★★
地址：泰安市天外村停车场内
电话：0538－6206888
邮编：271000

泰安市五马宾馆★★★
地址：泰安市灵山大街 29 号
电话：0538－8256666
邮编：271000

泰安市泰山印象酒店★★★
地址：泰安市龙潭路北首
电话：0538－6612345
邮编：271000

泰安市格林豪泰大酒店★★★
地址：泰安市府东路 1 号
电话：0538－8480888
邮编：271000

泰安市嘉华城市酒店★★★
地址：泰安市东岳大街 143 号
电话：0538－6295555
邮编：271000

泰安市桃花源度假村★★★
地址：泰安市桃花源
电话：0538－8571326
邮编：271000

新泰杞都宾馆★★★
地址：泰安市青云路中段
电话：0538－7260005
邮编：271000

肥城市泰西宾馆★★★
地址：泰安市北京路 020 号
电话：0538－3230408
邮编：271000

东平迎宾馆★★★
地址：泰安市龙山大街 015 号
电话：0538－2833499
邮编：271000

宁阳宾馆★★★
地址：泰安市长寿路 469 号
电话：0538－5619999
邮编：271000

泰安市圣嘉酒店★★★
地址：泰安市校场街南段
电话：0538－6286032
邮编：271000

泰安市天禧酒店★★★
地址：泰安市龙潭路南段
电话：0538－6623203
邮编：271000

泰安市煤矿工人泰山疗养院★★★
地址：泰安市虎山路 202 号
电话：0538－8238356
邮编：271000

泰安市和平饭店★★★
地址：泰安市岱宗大街 275
电话：0538－2187999
邮编：271000

新兴大厦★★★
地址：莱芜市钢城区友谊大街 78 号
电话：0634－6820609
邮编：271100

翰林商务酒店★★★
地址：莱芜市文化北路 88 号
电话：0634－5628888
邮编：271100

钢都宾馆★★★
地址：莱芜市钢城区府前大街 29 号
电话：0634－6891317
邮编：271100

泰吉商务会馆★★★
地址：莱芜市鲁中东大街 78 号
电话：0634－8898888
邮编：271100

贵都大酒店★★★
地址：莱芜市大桥南路 22 号
电话：0634－8862222
邮编：271100

东方假日酒店★★★
地址：莱芜市汶源东大街东段
电话：0634－6596789
邮编：271100

胜利油田滨南华滨大酒店★★★
地址：滨州市黄河六路 531 号
电话：0543－3478888
邮编：256619

邹平县黛溪山庄有限公司★★★
地址：滨州市邹平县黛溪三路 396 号

电话：0543－4359369
邮编：256619

邹平县东升宾馆★★★
地址：滨州市邹平黛溪三路北首
电话：0543－4361188
邮编：256619

沾化鸿盛温泉大酒店★★★
地址：滨州市沾化县富电路297号
电话：0543－2176888
邮编：256619

沾化明珠大酒店★★★
地址：滨州市沾化县沿河路527号
电话：0543－7338888
邮编：256619

无棣富豪大酒店★★★
地址：滨州市无棣县城东经济开发区（北环路60号）
电话：0543－6335666
邮编：256619

和佳都市商务酒店★★★
地址：滨州市黄河二路761号
电话：0543－3228888
邮编：256619

无棣枣乡大酒店★★★
地址：滨州市无棣县棣新一路28号
电话：0543－6331888
邮编：256619

无棣海顿餐饮有限公司★★★
地址：滨州市无棣县埕口镇鲁北化工南500米
电话：0543－6458888
邮编：256619

武定府大酒店★★★
地址：滨州市惠民县惠民镇程家村
电话：0543－5361100
邮编：256619

花都大酒店★★★
地址：菏泽市中华路466号
电话：0530－5331188
邮编：274020

文亭湖大酒店★★★
地址：菏泽市成武县伯乐大街62号
电话：0530－8622996
邮编：274020

圣达大酒店★★★
地址：菏泽市郓城县东门街南段80号路西
电话：0530－6938888
邮编：274020

牡丹大酒店★★★
地址：菏泽市中华路501号
电话：0530－5292000
邮编：274020

天宏大酒店★★★
地址：菏泽市牡丹南路108号
电话：0530－5139999
邮编：274020

南华大酒店★★★
地址：菏泽市人民路1388号
电话：0530－5599888
邮编：274020

水邑皇家大酒店★★★
地址：菏泽市广福街202号
电话：0530－5276666
邮编：274020

佳合商务大酒店★★★
地址：菏泽市牡丹区牡丹路1200号
电话：0530－5950000
邮编：274020

范蠡大酒店★★★
地址：菏泽市定陶县兴华路中段
电话：0530－2112888
邮编：274020

孙膑大酒店★★★
地址：菏泽市鄄城县古泉北路
电话：0530－2365999
邮编：274020

东方宾馆★★★
地址：菏泽市巨野县青年路中段51号
电话：0530－8226611
邮编：274020

麟州宾馆★★★
地址：菏泽市巨野县人民路70号
电话：0530－8315068
邮编：274020

磐石宾馆★★★
地址：菏泽市曹县新安江路27号
电话：0530－3212112
邮编：274020

商润大酒店★★★
地址：菏泽市东明县黄河路北段
电话：0530－6252222
邮编：274020

湖西水上会务中心★★★
地址：菏泽市单县浮龙湖经济开发区湖心岛
电话：0530－4475888
邮编：274020

二星级

山东学林酒店★★
地址：济南市文化东路80号
电话：0531－82963388
邮编：250001

济南东方大酒店★★
地址：济南市张庄路263号
电话：0531－85979999
邮编：250001

东方航空大酒店★★
地址：济南市经十路408号
电话：0531－87966888
邮编：250001

灵岩宾馆★★
地址：济南市灵岩寺风景区
电话：0531－87468600
邮编：250001

济南市人大机关招待所★★
地址：济南市市中区经五纬二路66号
电话：0531－86046888
邮编：250001

济南铁路局会议中心★★
地址：济南市市中区经一路94号
电话：0531－82427777
邮编：250001

济南国际机场宾馆★★
地址：济南市遥墙国际机场
电话：0531－88730888
邮编：250001

济南科园大酒店★★
地址：济南市西外环济齐路275号
电话：0531－85997777
邮编：250001

莱钢济南大酒店★★
地址：济南市经六纬十二路330号
电话：0531－87062238
邮编：250001

章丘市文化中心宾馆★★
地址：济南市章丘市汇泉路55号
电话：0531－83228780
邮编：250001

济南贵煌维也纳大酒店★★
地址：济南市市中区济微路109号
电话：0531－87959178
邮编：250001

济南铁路经营集团有限公司袁洪峪度假村★★
地址：济南市历城区柳埠镇亓城39号
电话：0531－82843296
邮编：250001

山东省建设厅习习居接待处★★
地址：济南市纬三路24号
电话：0531－86057886
邮编：250001

山东泉西集团有限公司济南餐饮娱乐分公司★★
地址：济南市经十西路121号
电话：0531－83153196
邮编：250001

舜祥商务酒店★★
地址：济南市北园大街655号
电话：0531－81311111
邮编：250001

山东省青少年培训基地★★
地址：济南市历城区柳埠镇大会村
电话：0531－82151366
邮编：250001

章丘市卫校宾馆★★
地址：济南市章丘明水唐王山路23号
电话：0531－83311999
邮编：250001

金象山会议接待中心★★
地址：济南市历城区仲宫镇商家
电话：0531－82813299
邮编：250001

济南高新开发区鸿腾三馆商务酒店★★
地址：济南市高新区工业南路徐家居委会南口
电话：0531－88889996
邮编：250001

济南市彩虹宾馆★★
地址：济南市经二路236号
电话：0531－87066726
邮编：250001

济南市兴龙宾馆★★
地址：济南市经二路260号
电话：0531－82631066

邮编：250001

济南庚辰宏升商务酒店★★
地址：济南市历城区郭店镇西首
电话：0531－88285757
邮编：250001

济南桑园商务宾馆有限公司★★
地址：济南市历城区桑园路 13 号
电话：0531－83179251
邮编：250001

章丘市兆源商务宾馆★★
地址：济南市章丘西环路北段（铁路桥）181 号
电话：0531－83110888
邮编：250001

长丰宾馆★★
地址：济南市槐荫区槐村街 73 号（经四路西口）
电话：0531－88305588
邮编：250001

中通宾馆★★
地址：聊城市建设东路 10 号
电话：0635－8322215
邮编：252052

聊德一庄大酒店★★
地址：聊城市建设西路 98 号
电话：0635－8323999
邮编：252052

莘县鼎盛商务宾馆★★
地址：聊城市莘县通运路 7 号
电话：0635－7360868
邮编：252052

新城广源商务宾馆★★
地址：聊城市东阿县新汽车站向西 150 米路北
电话：0635－3266666
邮编：252052

东阿县新城天禧酒店★★
地址：聊城市东阿县前进街 72 号
电话：0635－2269888
邮编：252052

齐河大齐宾馆★★
地址：德州市齐河县迎宾广场东首
电话：0534－5606688
邮编：253012

齐河齐源宾馆★★
地址：德州市齐河县新华路与永乐街交叉口
电话：0534－5600001
邮编：253012

齐河供销宾馆★★
地址：德州市齐河县齐晏大街 313 号
电话：0534－8996888
邮编：253012

齐河如家宾馆★★
地址：德州市齐河县新华路南首
电话：18605348660
邮编：253012

齐河晏东宾馆★★
地址：德州市齐河县齐晏大街 248 号
电话：0534－5332109
邮编：253012

东营大酒店★★
地址：东营市商河路 71 号
电话：0546－8224777
邮编：257093

金岛宾馆★★
地址：东营市河口区孤岛镇康乐路 2 号
电话：0546－8886168
邮编：257093

丽晶大酒店★★
地址：东营市济南路 40 号
电话：0546－7666166
邮编：257093

海星宾馆★★
地址：东营市河口区仙河镇兴凯湖路 8 号
电话：0546－3982888
邮编：257093

富丽华大酒店★★
地址：东营市广饶县孙武路 95 号
电话：0546－7723333
邮编：257093

凯悦大酒店★★
地址：东营市广饶县丁庄镇政府驻地
电话：0546－6401888
邮编：257093

胜华酒店★★
地址：东营市西二路 467 号
电话：0546－7788033
邮编：257093

新广源渤海接待中心★★
地址：东营市北二路郝家工业园 31 号
电话：0546－7080388
邮编：257093

胜坨宾馆★★
地址：东营市胜坨镇政府办公楼西 200 米
电话：0546－2071166
邮编：257093

临淄迎宾馆★★
地址：淄博市临淄区管仲路 218 号
电话：0533－7180373
邮编：255039

博山万杰俱乐部★★
地址：淄博市博山区沿河东路 38 号
电话：0533－4157201
邮编：255039

凤台大酒店★★
地址：淄博市周村丝绸路 33 号
电话：0533－6170119
邮编：255039

淄博金富华大酒店★★
地址：淄博市张店金晶大道 16 号
电话：0533－2177888
邮编：255039

淄博市环球大酒店★★
地址：淄博市博山区人民路 8 号
电话：0533－4190666
邮编：255039

周村烧饼大酒店★★
地址：淄博市周村周隆路 2668 号
电话：0533－6829898
邮编：255039

淄博颜山旅行社有限公司（宾馆部）★★
地址：淄博市博山区沿河西路 1 号
电话：0533－4130621
邮编：255039

周村金昌兴商务宾馆★★
地址：淄博市周村区东门路 41 号
电话：0533－6430777
邮编：255039

红兴度假村★★
地址：淄博市沂源县张家坡镇北店子村
电话：0533－3366336
邮编：255039

青州宾馆★★
地址：潍坊市青州市范公亭西路 1915 号
电话：0536－3223212
邮编：261041

青州南山大酒店★★
地址：潍坊市青州市南环路 18 号
电话：0536－3278831
邮编：261041

诸城东升大酒店★★
地址：潍坊市诸城市兴华西路 34 号
电话：0536－6212889
邮编：261041

青州惠达宾馆★★
地址：潍坊市青州市范公亭西路 1 号
电话：0536－3270066
邮编：261041

临朐九福来商务宾馆★★
地址：潍坊市临朐县骈邑路
电话：0536－3125999
邮编：261041

临朐沂山茅舍★★
地址：潍坊市临朐县民主路 92 号
电话：0536－3123588
邮编：261041

临朐红叶宾馆★★
地址：潍坊市临朐县新华路 72 号
电话：0536－3213884
邮编：261041

临朐华海大酒店★★
地址：潍坊市临朐县新华路 63 号
电话：0536－3767888
邮编：261041

昌邑丽景酒店★★
地址：潍坊市昌邑市北海路 395 号
电话：0536－7125777
邮编：261041

安丘金润大酒店★★
地址：潍坊市安丘市商场路西段
电话：0536－4297999
邮编：261041

诸城巨环宾馆★★
地址：潍坊市诸城市北外环北石桥 666 号
电话：0536－6172255
邮编：261041

潍坊金旺宾馆★★
地址：潍坊市坊子区北海路双羊街路口
电话：0536－2289167
邮编：261041

烟台望海宾馆★★
地址：烟台市芝罘区环山路 8 号
电话：0535－6888405
邮编：264010

莱阳惠通大酒店★★
地址：烟台市莱阳市五龙北路 53 号

电话：0535－7212520
邮编：264010

蓬莱假日酒店★★
地址：烟台市蓬莱东关路62号
电话：0535－5638151
邮编：264010

栖霞亨太大酒店★★
地址：烟台市栖霞市府路138号
电话：0535－5209898
邮编：264010

牟平海德大酒店★★
地址：烟台市牟平明珠总行
电话：0535－4229991
邮编：264010

蓬莱南海宾馆★★
地址：烟台市蓬莱北关路764号
电话：0535－5663777
邮编：264010

长岛威哥宾馆★★
地址：烟台市长岛海滨路79号
电话：0535－3217790
邮编：264010

蓬莱聚丰宾馆★★
地址：烟台市蓬莱登州路聚财街1号
电话：0535－5617748
邮编：264010

海阳巨龙宾馆★★
地址：烟台市海园路东首
电话：0535－3262222
邮编：264010

海阳市轻工大酒店★★
地址：烟台市海阳路58号
电话：0535－3222299
邮编：264010

海阳市福泰宾馆★★
地址：烟台市海阳市海天路6号
电话：0535－3226888
邮编：264010

蓬莱市万寿宾馆★★
地址：烟台市海阳市钟楼南路155号
电话：0535－5625888
邮编：264010

招远供销社宾馆★★
地址：烟台市招远迎宾路130
电话：0535－8213765
邮编：264010

栖霞颐中宾馆★★
地址：烟台市栖霞金岭路23号
电话：0535－5221298
邮编：264010

烟台以琳快捷酒店★★
地址：烟台市芝罘区环海路6号
电话：0535－6255668
邮编：264010

刘公岛酒店★★
地址：威海市刘公岛丁公路东侧
电话：0631－5160858
邮编：264200

兆龙饭店★★
地址：威海市古寨东路327号
电话：0631－5814999
邮编：264200

清泉大酒店★★
地址：威海市公园路5号
电话：0631－5224112
邮编：264200

威海金鸽大酒店★★
地址：威海市青岛中路136－1号
电话：0631－5968755
邮编：264200

东方雅苑大酒店★★
地址：威海市新威路129号
电话：0631－5322412
邮编：264200

佰锦苑酒店★★
地址：威海市孙家疃镇
电话：0631－5125789
邮编：264200

泰豪大酒店★★
地址：威海市远遥村
电话：0631－5120099
邮编：264200

荣成博霞会馆★★
地址：威海市荣成西霞口
电话：0631－7838888
邮编：264200

近乡别墅大酒店★★
地址：威海市文登小观镇
电话：0631－8852076
邮编：264200

威海建盛大酒店★★
地址：威海市长江街25号
电话：0631－5750889
邮编：264200

宏宇大酒店★★
地址：青岛市新疆路26号
电话：0532－82983079
邮编：266001

琴海大酒店★★
地址：青岛市黄岛区秦皇岛路13号
电话：0532－86941703
邮编：266001

平度供销宾馆★★
地址：青岛市平度市青岛路242号
电话：0532－87362883
邮编：266001

青岛金中太大酒店★★
地址：青岛市黄岛区人民东路8号
电话：0532－85171888
邮编：266001

大华宾馆★★
地址：青岛市长沙路111号
电话：0532－80930111
邮编：266001

市政教育培训宾馆★★
地址：青岛市团岛三路8号
电话：0532－82672707
邮编：266001

双星度假村★★
地址：青岛市即墨岙山卫镇
电话：0532－86551193
邮编：266001

蓝天宾馆★★
地址：青岛市延安路98号
电话：0532－82758999
邮编：266001

海都宾馆★★
地址：青岛市台北路3号
电话：0532－85880102
邮编：266001

新天桥宾馆★★
地址：青岛市肥城路47－51号
电话：0532－82854415
邮编：266001

胶州全州大酒店★★
地址：青岛市胶州市广州南路317号
电话：0532－87223888
邮编：266001

君泰大酒店★★
地址：青岛市开发区武夷山路66号
电话：0532－86885588
邮编：266001

红宇宾馆★★
地址：青岛市广州路46号
电话：0532－82975488
邮编：266001

华商丽都酒店★★
地址：青岛市五台山路618号
电话：0532－86885858
邮编：266001

紫罗兰宾馆★★
地址：青岛市宣化路78号乙
电话：0532－83772099
邮编：266001

裕源宾馆★★
地址：青岛市黄岛区文化路95号
电话：0532－88181490
邮编：266001

燕都宾馆★★
地址：青岛市宁夏路58号甲
电话：0532－83618859
邮编：266001

台东大酒店★★
地址：青岛市台东一路24号
电话：0532－83107666
邮编：266001

梦海圆大酒店★★
地址：青岛市普集路18号
电话：0532－86065777
邮编：266001

老天桥宾馆★★
地址：青岛市保定路12号
电话：0532－82847382
邮编：266001

青岛颐和宾馆★★
地址：青岛市西吴路131号
电话：0532－85082628
邮编：266001

平度物资宾馆★★
地址：青岛市平度市人民路151号
电话：0532－87361372
邮编：266001

青岛中天宾馆★★
地址：青岛市河南路68号
电话：0532－82106896
邮编：266001

青岛盛锡福宾馆★★
地址：青岛市河北路 12 号
电话：0532－82825662
邮编：266001

青岛胶南宾馆★★
地址：青岛市黄岛区人民路 187 号
电话：0532－86615888
邮编：266001

青岛大红楼商务宾馆★★
地址：青岛市武定路 48 号
电话：0532－82825666
邮编：266001

青岛南洋宾馆★★
地址：青岛市洛阳路 28 号
电话：0532－84969288
邮编：266001

青岛良机商务酒店★★
地址：青岛市阜新路 33 号
电话：0532－83711272
邮编：266001

青岛丽莎商务宾馆★★
地址：青岛市崂山路 58 号
电话：0532－88810179
邮编：266001

楼外楼长新宾馆★★
地址：青岛市开发区香江二路 37 号
电话：0532－86972020
邮编：266001

青岛名雅商务会馆★★
地址：青岛市华山一路 888 号
电话：0532－81726789
邮编：266001

青岛金莎商务酒店★★
地址：青岛市市北区延吉路 30 号
电话：0532－83627888
邮编：266011

青岛四方交通旅社★★
地址：青岛市重庆南路 118 号
电话：0532－88255077
邮编：266001

青岛新空间温泉度假村★★
地址：青岛市温泉旅游度假区
电话：0532－51843683
邮编：266001

青岛鸿源御都温泉度假村★★
地址：青岛市即墨市温泉镇
电话：0532－86568666
邮编：266001

胶州市日月居商务宾馆★★
地址：青岛市南坦大街 127 号
电话：0532－83989666
邮编：266001

云波大酒店★★
地址：日照市海曲路东段
电话：0633－8383988
邮编：276800

五莲良友大酒店★★
地址：日照市解放路 72 号
电话：0633－5218841
邮编：276800

沂州府大酒店★★
地址：临沂市银雀山路 52 号
电话：0539－8323222
邮编：276001

沂州宾馆金坛店★★
地址：临沂市金雀山路 63 号
电话：0539－7161166
邮编：276001

金象大酒店★★
地址：临沂市金雀山路 26 号
电话：0539－8051066
邮编：276001

沂州宾馆西部分店★★
地址：临沂市解放路 257 号
电话：0539－8360858
邮编：276001

临沂饭店河东店★★
地址：临沂市河东区东兴路、人民路交会处
电话：0539－4719168
邮编：276001

罗庄丽景假日酒店★★
地址：临沂市罗庄区胡台路 7 号
电话：0539－8266888
邮编：276001

蒙阴中山旅游度假村★★
地址：临沂市蒙阴县坦埠镇中山村
电话：0539－4719168
邮编：276001

蒙阴县沂蒙宾馆★★
地址：临沂市蒙阴县新城路 144 号
电话：0539－7143222
邮编：276001

蒙阴县蒙山大酒店★★
地址：临沂市蒙阴县城蒙山路 046 号
电话：0539－4276227
邮编：276001

沂水县商业宾馆★★
地址：临沂市沂水县长途汽车站对面
电话：0539－2251138
邮编：276001

沂水怡然居大酒店★★
地址：临沂市沂水县院东头乡留虎峪
电话：0539－2599999
邮编：276001

沂水誉源大酒店★★
地址：临沂市沂水县东环路中段
电话：0539－2234789
邮编：276001

沂水蓝天生态园大酒店★★
地址：临沂市沂水县姚店子镇驻地
电话：0539－2550888
邮编：276001

沂州府蒙阴会馆★★
地址：临沂市蒙阴县蒙山路中段
电话：0539－4829988
邮编：276001

沂水天上王城宾馆★★
地址：临沂市沂水县泉庄乡
电话：0539－2698888
邮编：276001

莒南滨海度假村★★
地址：临沂市莒南县南环路大成居南
电话：0539－2128666
邮编：276001

园中园大酒店★★
地址：临沂市郯城县团结路 3 号
电话：0539－6228888
邮编：276001

费县钟罗山宾馆★★
地址：临沂市费县县城和平路 12 号
电话：0539－5221458
邮编：276001

费县叁贰玖汽车营地★★
地址：临沂市费县大田庄乡
电话：0539－5822588
邮编：276001

平邑小瀛洲度假村★★
地址：临沂市平邑大洼景区
电话：0539－4338859
邮编：276001

平邑华氏万顺山庄★★
地址：临沂市平邑大洼景区
电话：0539－4338998
邮编：276001

沂南新星商务酒店★★
地址：临沂市沂南文化路西段
电话：0539－3238295
邮编：276001

枣庄盛泰商务酒店★★
地址：枣庄市中区振兴中路 20 号
电话：0632－3619888
邮编：277101

丽景大酒店★★
地址：枣庄市中区文化西路 18 号
电话：0632－5118555
邮编：277101

兖州陶然居大酒店★★
地址：济宁市兖州火车站广场北侧
电话：0537－3438888
邮编：272119

曲阜旅游宾馆贵宾楼★★
地址：济宁市曲阜市大成路 1 号
电话：0537－4869008
邮编：272119

曲阜裕隆大饭店★★
地址：济宁市曲阜鼓楼北街 1 号
电话：0537－4489239
邮编：272119

曲阜龙泉宾馆★★
地址：济宁市曲阜弘道路 4 号
电话：0537－4493355
邮编：272119

曲阜国铁酒店★★
地址：济宁市曲阜静轩东路 8 号
电话：0537－4868099
邮编：272119

微山微湖宾馆★★
地址：济宁市微山县商业街南首
电话：0537－8253888
邮编：272119

微山县国泰宾馆★★
地址：济宁市微山县东风路 67 号
电话：0537－8230099
邮编：272119

微山岛乡富盛商务酒店★★
地址：济宁市微山岛码头

电话：0537－8551006
邮编：272119

汶上宝相缘大酒店★★
地址：济宁市汶上县宝相寺路中段
电话：0537－7284666
邮编：272119

汶上琵琶山庄宾馆★★
地址：济宁市汶上县军屯乡溢流坝旅游区
电话：0537－7983988
邮编：272119

汶上佛都大酒店★★
地址：济宁市汶上县县城广场路1号
电话：0537－7255999
邮编：272119

金乡金叶大酒店★★
地址：济宁市金乡文峰路60号
电话：0537－8899666
邮编：272119

泗水县泉源商务酒店★★
地址：济宁市泗水县泗河路南首
电话：0537－4233678
邮编：272119

泗水县悦客商务酒店★★
地址：济宁市泗水县中兴路一中南100米路西
电话：0537－431888
邮编：272119

泗水县红森林酒店★★
地址：济宁市泗水县中兴路与外环路交叉口
电话：0537－4376999
邮编：272119

梁山县水泊商场宾馆★★
地址：济宁市梁山县水泊车路
电话：0537－7322372
邮编：272119

梁山县开元大酒店★★
地址：济宁市梁山县工人路13号
电话：0537－7334788
邮编：272119

泰安市府苑宾馆★★
地址：泰安市长城路中段
电话：0538－6622026
邮编：271000

泰安市九星大酒店★★
地址：泰安市灵山大街1号
电话：0538－8275808
邮编：271000

泰安市青松宾馆★★
地址：泰安市龙潭路北段
电话：0538－8292002
邮编：271000

泰安市人福宾馆★★
地址：泰安市普照寺路66号
电话：0538－8228058
邮编：271000

泰安市锦华商务之星商务酒店★★
地址：泰安市普照寺路1号
电话：0538－8539308
邮编：271000

泰安市天东宾馆★★
地址：泰安市红门路16号
电话：0538－8334022
邮编：271000

泰安市太平洋宾馆★★
地址：泰安市东岳大街147号
电话：0538－6999938
邮编：271000

泰安市华鲁宾馆★★
地址：泰安市龙潭路10号
电话：0538－2181386
邮编：271000

泰安市天龙宾馆★★
地址：泰安市泰山大街
电话：0538－8494488
邮编：271000

泰安市富都大酒店★★
地址：泰安市财源大街159号
电话：0538－8299199
邮编：271000

泰安市南天门宾馆★★
地址：泰安市岱顶南天门1号
电话：0538－8330988
邮编：271000

泰安市泰山仙居宾馆★★
地址：泰安市岱顶天街
电话：0538－8332557
邮编：271000

泰安市天街宾馆★★
地址：泰安市岱顶天街
电话：0538－8226695
邮编：271000

泰安市玉液泉宾馆★★
地址：泰安市中天门
电话：0538－8226740
邮编：271000

泰安市天外村宾馆★★
地址：泰安市龙潭路北段
电话：0538－6214839
邮编：271000

泰安市裕隆宾馆★★
地址：泰安市龙潭路17号
电话：0538－6318100
邮编：271000

新泰市青云山庄★★
地址：泰安市青云路东首
电话：0538－7057817
邮编：271000

新泰市海峰宾馆★★
地址：泰安市金斗路45号
电话：0538－7222356
邮编：271000

肥城市金杯大酒店★★
地址：泰安市肥城市新城路049号
电话：0538－2168899
邮编：271000

宁阳县金源宾馆★★
地址：泰安市文化路
电话：0538－6816888
邮编：271000

金缔大厦★★
地址：莱芜市花园南路28号
电话：0634－6281888
邮编：271100

圣雅园酒店★★
地址：莱芜市文化北路9号
电话：0634－6299999
邮编：271100

长运大酒店★★
地址：莱芜市汶河大道206号
电话：0634－8556158
邮编：271100

邹平县白云大酒店★★
地址：滨州市邹平县黄山三路731号
电话：0543－4337068
邮编：256619

阳信宾馆★★
地址：滨州市阳信县瑞鑫路656号
电话：0543－8220822
邮编：256619

惠民心悦商务会馆★★
地址：滨州市惠民县东关转盘
电话：0543－5312888
邮编：256619

假日驿站商务酒店★★
地址：滨州市博兴县博城三路与胜利二路交叉口
电话：0543－2457777
邮编：256619

光明大酒店★★
地址：滨州市惠民县故园南路107号
电话：0543－5318856
邮编：256619

邹平佳驿酒店有限公司★★
地址：滨州市邹平县黄山二路27号
电话：0543－2243001
邮编：256619

尚佳商务酒店★★
地址：滨州市邹平县黄山一路
电话：0543－4863888
邮编：256619

一星级

金泽轩商务宾馆★
地址：东营市垦利县新兴路中段银座商城B座
电话：0546－2777777
邮编：257093

云通大酒店★
地址：东营市振兴路233号康瑞集团院内
电话：15805462929
邮编：257093

淄博宾馆
地址：淄博市淄州区商家镇
电话：0533－5432666
邮编：255188

济南书香世家酒店
地址：济南市高新区天辰大街三庆世纪
电话：0531－66570668
邮编：250001

河　南

HENAN

五星级

河南中州皇冠假日宾馆★★★★★
地址：郑州市金水路 115 号
电话：0371－65950055
邮编：450003

郑州承誉德大酒店★★★★★
地址：郑州市新密市西大街 88 号
电话：0371－69858888
邮编：452370

索菲特国际饭店★★★★★
地址：郑州市城东路 289 号
电话：0371－65950088
邮编：450003

郑州裕达国贸饭店有限公司★★★★★
地址：郑州市中原路中段 220 号
电话：0371－67438888
邮编：450007

河南首旅兴亚（国际）酒店★★★★★
地址：郑州市金水大道东段机场路 86 号
电话：0371－65792222
邮编：450008

洛阳东山宾馆★★★★★
地址：洛阳市龙门东山
电话：0379－64686000
邮编：471023

洛阳钼都利豪国际饭店★★★★★
地址：洛阳市洛龙区开元大道 239 号
电话：0379－65979999
邮编：471000

焦作三维戴斯酒店★★★★★
地址：焦作市民主中路 555 号
电话：0391－2288888
邮编：454000

鹤壁迎宾馆★★★★★
地址：鹤壁市淇滨区鹤媒大道中段
电话：0392－3371888
邮编：458030

开封中州国际饭店★★★★★
地址：开封市大梁路 9 号
电话：0378－3888888
邮编：475004

开封开元名都大酒店★★★★★
地址：开封市经济开发区大梁路
电话：0378－3399999
邮编：475004

许昌三鼎华悦大酒店★★★★★
地址：许昌市文峰中路
电话：0374－2099999
邮编：461000

平顶山蕴海建国饭店★★★★★
地址：平顶山市新城区长安大道与怀仁路交叉口
电话：0375－2638888
邮编：467000

四星级

中原油田郑州金桥宾馆★★★★
地址：郑州市金水路 43 号
电话：0371－63882888
邮编：450012

郑州未来大酒店有限公司★★★★
地址：郑州市未来路 69 号
电话：0371－65612288
邮编：450008

河南新长城置业有限公司长城饭店★★★★
地址：郑州市经三路 14 号
电话：0371－65797777
邮编：450003

河南开来大酒店★★★★
地址：郑州市丰产路 111 号
电话：0371－66767777
邮编：450008

郑州中都饭店★★★★
地址：郑州市航海中路 99 号
电话：0371－68781188
邮编：450005

郑州大河锦江饭店有限公司★★★★
地址：郑州市花园路 66 号
电话：0371－65929999
邮编：450003

郑州丰乐园大酒店★★★★
地址：郑州市南阳路北段宋寨南街
电话：0371－66771188
邮编：450053

河南新华建国饭店★★★★
地址：郑州市人民路 22 号
电话：0371－66287788
邮编：450000

少林国际大酒店★★★★
地址：郑州市登封市少林路 20 号
电话：0371－62866188
邮编：452470

河南龙源大酒店★★★★
地址：郑州市淮河西路 1 号
电话：0371－67906222
邮编：450052

河南登封天中大酒店★★★★
地址：郑州市登封市中岳大街东段 22 号
电话：0371－62898888
邮编：452470

新密市青屏宾馆贵宾楼★★★★
地址：郑州市新密市行政路 9 号
电话：0371－69822188
邮编：452370

郑州光华大酒店★★★★
地址：郑州市高新技术开发区瑞达路 68 号
电话：0371－67992888
邮编：450001

河南瑞贝卡大酒店★★★★
地址：郑州市西大街 198 号
电话：0371－62001777
邮编：450008

平煤郑州商务会馆★★★★
地址：郑州市红专东路 132 号
电话：0371－69518888
邮编：450003

河南大河国际饭店★★★★
地址：郑州市经济技术开发区第三大街 166 号
电话：0371－60106666
邮编：450048

河南天地粤海酒店★★★★
地址：郑州市农业路 41 号
电话：0371－69158888
邮编：450008

郑州鹰城鑫地饭店★★★★
地址：郑州市大学中路 120 号
电话：0371－69385555
邮编：450052

郑州弘润华夏大酒店★★★★
地址：郑州市丰乐路北段 38 号
电话：0371－60208866
邮编：450003

郑州市嵩山饭店天中楼★★★★
地址：郑州市伊河路 156 号
电话：0371－67176677
邮编：450006

登封禅武大酒店★★★★
地址：郑州市登封市大禹西路鹅坡岭
电话：0371－62808888
邮编：452470

郑州黄河谷温泉酒店★★★★
地址：郑州市惠济区江山路北段黄河大堤东 600 米
电话：0371－63773831
邮编：450053

郑州中油花园酒店★★★★
地址：郑州市郑东新区商务外环路 11 号
电话：0371－69099999
邮编：450046

郑州江南春酒店★★★★
地址：郑州市荥阳市广武镇大胡村
电话：0371－85218888
邮编：450103

河南格尔国际饭店★★★★
地址：郑州市经济技术开发区第八大街 106 号
电话：0371－66657777
邮编：450016

灵宝紫金宫国际大酒店★★★★
地址：三门峡市灵宝市长安路中段
电话：0398－8866888
邮编：472500

灵宝宝源大酒店★★★★
地址：三门峡市灵宝市函谷路中段
电话：0398－8851888
邮编：472500

三门峡金泉大酒店★★★★
地址：三门峡市西温塘
电话：0398－3803333
邮编：472143

京安牡丹城宾馆★★★★
地址：洛阳市涧西区南昌路 2 号
电话：0379－64681396
邮编：471003

洛阳大酒店★★★★
地址：洛阳市涧西区周山路 1 号
电话：0379－64363888
邮编：471000

栾川君山饭店★★★★
地址：洛阳市栾川县君山东路 3 号
电话：0379－66810988

邮编：471500

河南枫叶国际大酒店★★★★
地址：洛阳市中州中路329号
电话：0379－63112000
邮编：471003

洛阳牡丹大酒店★★★★
地址：洛阳市中州西路15号
电话：0379－64680000
邮编：471003

洛阳航空城酒店★★★★
地址：洛阳市体育场路8号
电话：0379－63385599
邮编：471009

洛阳颐君大厦★★★★
地址：洛阳市洛龙区洛龙路87号
电话：0379－65979500
邮编：471023

洛阳润峰友谊宾馆★★★★
地址：洛阳市涧西区西苑路6号
电话：0379－64685555
邮编：471003

洛阳雅香金陵大饭店★★★★
地址：洛阳市王城大道与太康路交叉口
电话：0379－65922999
邮编：471000

洛阳欣源国际盛世王城酒店★★★★
地址：洛阳市九都东路300号
电话：0379－63957888
邮编：471000

河南省栾川县重渡沟水景大酒店★★★★
地址：洛阳市栾川县潭头镇重渡村
电话：0379－62988888
邮编：471512

洛阳君悦龙豪大酒店★★★★
地址：洛阳市西工区九都路67号（洛阳市电视台）
电话：0379－63637888
邮编：471000

焦作万方金莎酒店★★★★
地址：焦作市塔南路160号
电话：0391－2285555
邮编：454000

焦作市未来假日酒店★★★★
地址：焦作市武陟县迎宾大道中段555号
电话：0391－7299999
邮编：454950

焦作月季花园酒店★★★★
地址：焦作市果园路48号
电话：0391－2618888
邮编：454001

新乡国际饭店有限公司★★★★
地址：新乡市金穗大道461号
电话：0373－5088888
邮编：453003

新乡宾馆★★★★
地址：新乡市平原路33号
电话：0373－2088888
邮编：453000

新乡市金龙大酒店★★★★
地址：新乡市人民路191号
电话：0373－2699116
邮编：453000

安阳市安阳宾馆★★★★
地址：安阳市友谊路1号
电话：0372－5922219
邮编：455000

中原宾馆★★★★
地址：安阳市北门东街20号
电话：0372－5923235
邮编：455000

林州市中州国际饭店★★★★
地址：安阳市林州市红旗渠大道9号
电话：0372－6888888
邮编：456550

濮阳迎宾馆★★★★
地址：濮阳市濮上路中段
电话：0393－4602999
邮编：457000

开封金源大酒店★★★★
地址：开封市大庆路2号
电话：0378－3975555
邮编：475004

开封黄河迎宾馆★★★★
地址：开封市世纪大道清水湾1号
电话：0378－6677888
邮编：475100

商丘天宇大酒店★★★★
地址：商丘市神火大道中段111号
电话：0370－2206188
邮编：476000

商丘华驰粤海酒店★★★★
地址：商丘市神火大道中段128号
电话：0370－2555555
邮编：476100

许昌迎宾馆★★★★
地址：许昌市八一东路6666号
电话：0374－2966666
邮编：461000

许昌瑞贝卡大酒店★★★★
地址：许昌市建设路1202号
电话：0374－2999999
邮编：461000

禹州市宾馆★★★★
地址：许昌市禹州市迎宾路9号
电话：0374－8179988
邮编：461670

许昌福港大酒店★★★★
地址：许昌市八一路东段1999号
电话：0374－2677777
邮编：461000

禹州市梨园酒店★★★★
地址：许昌市禹州市城东新区
电话：0374－8880888
邮编：461670

禹州市开元中州饭店★★★★
地址：许昌市禹州市禹王大道东段
电话：0374－8369999
邮编：461670

金都大酒店★★★★
地址：漯河市长江路西段
电话：0395－3399999
邮编：462002

平顶山神马大酒店有限责任公司★★★★
地址：平顶山市建设西路北1号
电话：0375－2800888
邮编：467002

汝州市天瑞中州饭店★★★★
地址：平顶山市汝州市广成东路63号
电话：0375－6056800
邮编：467000

鲁山皇姑浴温泉国际酒店★★★★
地址：平顶山市鲁山县下汤镇西街
电话：0375－5668199
邮编：467300

平顶山玉京温泉度假酒店★★★★
地址：平顶山市鲁山县下汤镇新街
电话：0375－5668888
邮编：467335

中能［原名平顶山煤业（集团）平安大厦］大厦★★★★
地址：平顶山市民主路2号
电话：0375－2788888
邮编：467000

舞钢大酒店东华苑★★★★
地址：平顶山市舞钢市湖滨大道东段
电话：0375－8116336
邮编：462500

金凯悦东方酒店★★★★
地址：南阳市张衡路6号
电话：0377－63591666
邮编：473000

鹳河中州国际饭店★★★★
地址：南阳市西峡县城人民路与紫金路交叉口
电话：0377－69696676
邮编：474500

西峡县老界岭避暑山庄★★★★
地址：南阳市西峡县太平镇老界岭旅游度假特区
电话：0377－69915306
邮编：474550

邓州宾馆★★★★
地址：南阳市邓州市新华路与三贤路交叉口
电话：0377－60116666
邮编：474150

河南丹江国际酒店★★★★
地址：南阳市淅川县城渠首大道5号
电话：0377－60956666
邮编：474450

淅川县福森半岛假日酒店★★★★
地址：南阳市淅川县马蹬镇石桥村
电话：0377－69278888
邮编：474450

南阳富唐中州国际酒店★★★★
地址：南阳市312国道与独山大道交会处
电话：0377－62225555
邮编：473000

内乡天贵酒店★★★★
地址：南阳市内乡县滨河路与312国道交会处
电话：0377－62008888
邮编：474350

河南省南阳宾馆★★★★
地址：南阳市滨河路1420号
电话：0377－63323666
邮编：473000

唐河县蓝湾中州国际饭店★★★★
地址：南阳市唐河县龙山路与312国道交会处
电话：0377－60988888
邮编：473000

南阳银都建国酒店★★★★
地址：南阳市中州路268号
电话：0377－63895999
邮编：473000

信阳阳光宾馆★★★★
地址：信阳市新华东路60号
电话：0376－6208666
邮编：464000

河南蓝天度假村★★★★
地址：信阳市光山敖洼经济开发区
电话：0376－8579999
邮编：465430

固始维多利亚国际酒店★★★★
地址：信阳市固始县桃花坞路与麻纺路交叉口
电话：0376－6775898
邮编：465200

固始县国宾大酒店★★★★
地址：信阳市固始县城关廖北路西段
电话：0376－6167888
邮编：465200

新县帝泊森假日酒店★★★★
地址：信阳市新县香山路1号
电话：0376－2938888
邮编：465550

新县鑫海湾国际酒店★★★★
地址：信阳市新县叶林大道（三桥东）入口处
电话：0376－7622222
邮编：465550

信阳友谊宾馆★★★★
地址：信阳市东方红大道129号
电话：0376－3200000
邮编：464000

周口饭店★★★★
地址：周口市五一路12号
电话：0394－8223766
邮编：466000

河南迎君国际酒店★★★★
地址：周口市鹿邑县紫气大道与真源大道交叉口
电话：0394－7223982
邮编：477200

沈丘县锦华大酒店★★★★
地址：周口市沈丘县行政新区和谐路1号
电话：0394－5208888
邮编：466300

郸城中州国际饭店★★★★
地址：周口市郸城县新华路1号
电话：0394－3388888
邮编：477150

天龙大酒店★★★★
地址：驻马店市驿城区文明路289号
电话：0396－2859999
邮编：463000

雅士达酒店★★★★
地址：济源市沁园中路555号
电话：0391－6618888
邮编：459000

济源世纪酒店★★★★
地址：济源市沁园中路561号
电话：0391－6631105
邮编：454650

三星级

航空城物华大酒店★★★
地址：郑州市纬五路38号
电话：0371－69516196
邮编：450003

河南海天大酒店有限公司★★★
地址：郑州市城东路288号
电话：0371－68262999
邮编：450003

河南省龙祥宾馆★★★
地址：郑州市金水路16号
电话：0371－65920132
邮编：450014

河南山河宾馆有限责任公司★★★
地址：郑州市纬五路中段11号
电话：0371－65575000
邮编：450003

金阳光大酒店★★★
地址：郑州市二马路86号
电话：0371－68586999
邮编：450000

天泉大酒店★★★
地址：郑州市西大同路1号
电话：0371－68586888
邮编：450000

豫财宾馆★★★
地址：郑州市金水区政七街10号
电话：0371－65717270
邮编：450008

河南民航大酒店★★★
地址：郑州市金水路3号
电话：0371－65781111
邮编：450003

河南天中大酒店★★★
地址：郑州市未来路与顺河路交叉口
电话：0371－66346888
邮编：450004

安钢大厦★★★
地址：郑州市机场路68号
电话：0371－65968899
邮编：450003

河南信阳羚锐大厦★★★
地址：郑州市政六街19号
电话：0371－65645208
邮编：450008

河南冰熊大厦★★★
地址：郑州市经三路与红专路交叉口
电话：0371－65998866
邮编：450008

郑州豫棉宾馆★★★
地址：郑州市红专路66号
电话：0371－65352888
邮编：450008

河南新世纪大厦★★★
地址：郑州市花园路50号
电话：0371－65700588
邮编：450008

河南宾馆★★★
地址：郑州市金水路26号
电话：0371－63529888
邮编：450003

金河宾馆★★★
地址：郑州市金水路7号
电话：0371－65639002
邮编：450003

华联广州大酒店★★★
地址：郑州市二七路95号
电话：0371－66228846
邮编：450005

河南嵩阳饭店有限公司★★★
地址：郑州市嵩山北路28号
电话：0371－67808888
邮编：450004

杜康大酒店★★★
地址：郑州市桐柏路178号
电话：0371－67676888
邮编：450007

黄河饭店★★★
地址：郑州市中原路106号
电话：0371－67809999
邮编：450052

巩义贝克大酒店★★★
地址：郑州市巩义市人民路92号
电话：0371－64367708
邮编：451200

巩义宾馆★★★
地址：郑州市巩义市新华路31号
电话：0371－64351358
邮编：451200

河南龙门大酒店★★★
地址：郑州市郑花路20号
电话：0371－66770077
邮编：450008

登封丰源大酒店★★★
地址：郑州市登封市中岳大街东段52号
电话：0371－62865080
邮编：452470

郑州生茂饭店有限公司★★★
地址：郑州市兴华北街18号
电话：0371－66776188
邮编：450052

郑州大酒店有限公司★★★
地址：郑州市兴隆街8号
电话：0371－66760027
邮编：450000

嵩山饭店★★★
地址：郑州市伊河路156号
电话：0371－67176677
邮编：450006

河南黄淮宾馆有限公司★★★
地址：郑州市金水路121号
电话：0371－65809988
邮编：450003

上街银都宾馆★★★
地址：郑州市上街区孟津路2号

电话：0371－68914045
邮编：450000

荥阳市龙吟堂大酒店★★★
地址：郑州市荥阳市京城路5号
电话：0371－64617100
邮编：450100

河南金审宾馆★★★
地址：郑州市政七街27号
电话：0371－65510247
邮编：450008

河南农大桃李园大酒店★★★
地址：郑州市农业路与东三街交会处南300米
电话：0371－63555700
邮编：450002

郑州金桥商务酒店★★★
地址：郑州市高新技术开发区科学大道79号
电话：0371－67996588
邮编：450001

河南融和宾馆★★★
地址：郑州市二七路56号
电话：0371－66265101
邮编：450000

新郑市宝恒皇宫大酒店★★★
地址：郑州市新郑市新华路9号
电话：0371－62599999
邮编：451100

郑州烟草科技公寓酒店★★★
地址：郑州市高新技术开发区枫杨街2号
电话：0371－67672999
邮编：450001

河南明珠大酒店★★★
地址：郑州市人民路6号
电话：0371－66289888
邮编：450000

郑州天河大酒店★★★
地址：郑州市金水区二七路110号
电话：0371－66268888
邮编：450000

河南华云宾馆★★★
地址：郑州市金水区政二街3号
电话：0371－65508050
邮编：450003

郑州长江鑫地饭店★★★
地址：郑州市大学南路98号
电话：0371－68186668
邮编：450005

河南饭店★★★
地址：郑州市花园路88号
电话：0371－66763388
邮编：450003

河南中天迎宾馆★★★
地址：郑州市政六街6号
电话：0371－65835777
邮编：450003

河南东方粤海大酒店★★★
地址：郑州市农业路东15号
电话：0371－69397099
邮编：450002

郑州大同宾馆★★★
地址：郑州市大同路3号
电话：0371－66909369
邮编：450000

河南省江河宾馆★★★
地址：郑州市北环路36号
电话：0371－69506766
邮编：450003

河南大河公馆酒店★★★
地址：郑州市红专路129号
电话：0371－67065555
邮编：450003

郑州管城饭店★★★
地址：郑州市商城路205号
电话：0371－62001572
邮编：450000

荥阳嘉盛世纪宾馆★★★
地址：郑州市西15公里郑上路与京城路交叉口处
电话：0371－60256666
邮编：450100

郑州力源宾馆★★★
地址：郑州市工人路与淮河路交叉口
电话：0371－68802521
邮编：450006

登封市武都大酒店★★★
地址：郑州市登封市少林路91号
电话：0371－62868888
邮编：452470

郑州天鹅宾馆★★★
地址：郑州市火车站广场
电话：0371－66768899
邮编：450000

巩义市华丰园大酒店★★★
地址：郑州市巩义市米河镇滨河路
电话：0371－64335888
邮编：451263

巩义市青龙温泉大酒店★★★
地址：郑州市巩义市北山口镇
电话：0371－64115899
邮编：451200

河南省华龙宾馆有限公司★★★
地址：郑州市经五路23号
电话：0371－65782678
邮编：450002

郑州崤山宾馆★★★
地址：郑州市城北路九号
电话：0371－66716866
邮编：450000

新郑市乐谷中州商务酒店★★★
地址：郑州市新郑市天前路中段
电话：0371－62611111
邮编：451150

中牟宾馆★★★
地址：郑州市中牟县青年路46号
电话：0371－62116000
邮编：451450

多文多大酒店★★★
地址：郑州市上街区洛宁路与许昌路交叉处
电话：0371－68939208
邮编：450041

郑州市重阳大酒店★★★
地址：郑州市经开区第八大街135号
电话：0371－55938999
邮编：450016

郑州天基宾馆★★★
地址：郑州市东明路北6号
电话：0371－55659888
邮编：450000

郑州机场温泉大酒店★★★
地址：郑州市机场迎宾大道
电话：0371－68510888
邮编：450000

三门峡明珠宾馆★★★
地址：三门峡市崤山路中段57号
电话：0398－2821508
邮编：472000

渑池县会盟大酒店★★★
地址：三门峡市渑池县会盟大道中段
电话：0398－2222222
邮编：472400

三门峡市黄金大酒店★★★
地址：三门峡市崤山路中段
电话：0398－2958000
邮编：472000

灵宝轩瑞温泉水上乐园酒店★★★
地址：三门峡市灵宝市函谷路中段
电话：0398－8838899
邮编：472500

金玫瑰大酒店★★★
地址：三门峡市北河堤路
电话：0398－2966666
邮编：472000

义马榕花建国宾馆★★★
地址：三门峡市义马市千秋路东段
电话：0398－5882888
邮编：472300

义马市宾馆★★★
地址：三门峡市义马市千秋路9号
电话：0398－5655889
邮编：472300

灵宝市函谷大酒店★★★
地址：三门峡市灵宝市长安路西315号
电话：0398－8662129
邮编：472500

灵宝市电力宾馆★★★
地址：三门峡市灵宝市函谷路中段
电话：0398－8864268
邮编：472500

卢氏迎宾馆★★★
地址：三门峡市卢氏县迎宾路和靖华路交叉口
电话：0398－3077777
邮编：472200

三门峡市香山红叶虢风会馆★★★
地址：三门峡市黄河路东段
电话：0398－2987888
邮编：472300

义马市黄河迎宾馆★★★
地址：三门峡市义马市千秋路中段
电话：0398－2203888
邮编：472300

陕县宾馆★★★
地址：三门峡市西陕州路西段
电话：0398－3837111
邮编：472000

渑池县黄河大酒店★★★
地址：三门峡市渑池县黄河路中段
电话：0398 - 4880000
邮编：472400

三门峡烟草大厦★★★
地址：三门峡市崤山路与上阳路交叉口
电话：0398 - 2925000
邮编：472000

新友谊大酒店★★★
地址：洛阳市涧西区西苑路 6 号
电话：0379 - 64686666
邮编：471003

拙耕园宾馆★★★
地址：洛阳市龙门大道 71 号
电话：0379 - 65526688
邮编：471000

洛阳迎宾馆★★★
地址：洛阳市西工区人民西路 6 号
电话：0379 - 63308788
邮编：471000

偃师宾馆★★★
地址：洛阳市偃师市商城路 69 号
电话：0379 - 67770167
邮编：471900

洛阳国际金融大酒店★★★
地址：洛阳市中州中路 439 号
电话：0379 - 63903888
邮编：471000

小浪底大厦★★★
地址：洛阳市涧西区南昌路 160 号
电话：0379 - 64946688
邮编：471003

洛阳神都大厦★★★
地址：洛阳市九都路立交桥东黄梅路 168 号
电话：0379 - 63485088
邮编：471000

新健隆酒店★★★
地址：洛阳市西工区凯旋东路 1 号
电话：0379 - 63251111
邮编：471023

洛阳九龙宾馆★★★
地址：洛阳市中州中路 56 号
电话：0379 - 63953018
邮编：471000

洛阳鸿泉宾馆★★★
地址：洛阳市芳华路中段
电话：0379 - 64268800
邮编：471000

洛阳航空城商务酒店有限公司★★★
地址：洛阳市体育场路 1 号
电话：0379 - 63399666
邮编：471009

洛阳市东方宾馆★★★
地址：洛阳市涧西区建设路 182 号
电话：0379 - 64960008
邮编：471003

洛阳市洛阳宾馆★★★
地址：洛阳市老城区人民街 23 号
电话：0379 - 62628598
邮编：471000

洛阳国豪商务酒店★★★
地址：洛阳市涧西区南昌路 161 号
电话：0379 - 64315111
邮编：471003

宜阳宾馆★★★
地址：洛阳市宜阳县人民路 30 号
电话：0379 - 68877168
邮编：471600

洛阳市陆浑宾馆★★★
地址：洛阳市陆浑水库北岸
电话：0379 - 66517005
邮编：471412

洛阳银燕商务酒店★★★
地址：洛阳市西工区唐宫西路 13 号
电话：0379 - 63892318
邮编：471000

洛阳市西工区军安大酒店★★★
地址：洛阳市纱厂西路 106 号
电话：0379 - 63175699
邮编：471000

孟津县宾馆★★★
地址：洛阳市孟津县桂花中路 122 号
电话：0379 - 67919200
邮编：471100

洛阳开来大酒店（原名悦华大酒店）★★★
地址：洛阳市西工区行署路 29 号
电话：0379 - 63348888
邮编：471000

伊龙国际大酒店★★★
地址：洛阳市伊川新区杜康大道
电话：0379 - 68360809
邮编：471000

栾川县新亚饭店★★★
地址：洛阳市栾川县兴华中路
电话：0379 - 66833189
邮编：471500

汝阳县杜康大酒店★★★
地址：洛阳市汝阳县杜康大道中段
电话：0379 - 68217008
邮编：471200

新安宾馆★★★
地址：洛阳市新安县隋州大街 98 号
电话：0379 - 67268238
邮编：471800

新安县紫燕大厦★★★
地址：洛阳市新安县新城南京路 2 号
电话：0379 - 67282500
邮编：471800

洛阳中和国际商务酒店★★★
地址：洛阳市洛龙区学子街 6 号
电话：0379 - 65621777
邮编：471000

洛阳全聚德大酒店★★★
地址：洛阳市九都路 69 号
电话：0379 - 65222587
邮编：471000

洛阳市云天宾馆★★★
地址：洛阳市老城区中州东路 450 号
电话：0379 - 65277588
邮编：471002

河南洛阳航空大厦有限公司★★★
地址：洛阳市凯旋西路 25 号
电话：0379 - 63325000
邮编：471009

洛阳市天兴宾馆★★★
地址：洛阳市西工区王城路 14 号
电话：0379 - 63345205
邮编：471000

洛阳市新豫东大酒店★★★
地址：洛阳市涧西区黄河路 15 号
电话：0379 - 65184100
邮编：471003

洛铜宾馆★★★
地址：洛阳市涧西区建设路 50 号
电话：0379 - 64255868
邮编：471039

栾川弘电宾馆★★★
地址：洛阳市栾川县耕莘南路
电话：0379 - 66812990
邮编：471500

洛宁西子湖宾馆★★★
地址：洛阳市洛宁县故县乡寻峪村
电话：0379 - 66033571
邮编：471714

孟津县华泰商务大酒店★★★
地址：洛阳市孟津县城会盟路 300 号
电话：0379 - 65139999
邮编：471100

沁阳市宾馆★★★
地址：焦作市沁阳市怀府东路 2 号
电话：0391 - 5617188
邮编：454550

孟州华鑫宾馆★★★
地址：焦作市孟州市黄河大道西段
电话：0391 - 8169999
邮编：454750

焦作阳光大酒店★★★
地址：焦作市太行中路 59 号
电话：0391 - 3539798
邮编：454002

焦作中州宾馆★★★
地址：焦作市修武县中州铝厂工业区 2 号路北段
电话：0391 - 3506566
邮编：454174

焦作市碧海云天大酒店★★★
地址：焦作市解放中路 1838 号
电话：0391 - 3286666
邮编：454000

修武县度假大酒店★★★
地址：焦作市云台大道与焦辉路交会处
电话：0391 - 2119988
邮编：454361

焦作市星鹏中州度假酒店★★★
地址：焦作市马村安阳城
电话：0391 - 3115888
邮编：454173

焦作煤业（集团）东方宾馆★★★
地址：焦作市解放中路 272 号
电话：0391 - 3532653
邮编：454150

焦作市建港大酒店★★★
地址：焦作市果园路 19 号
电话：0391 - 2682288
邮编：454100

焦作市新花园宾馆（原名新一佳）★★★
地址：焦作市南阳路与丰收路交会处
电话：0391－2992233
邮编：454100

新亚细亚大酒店★★★
地址：焦作市解放中路333号
电话：0391－3973333
邮编：454002

长城饭店（原名焦作市军人接待站）★★★
地址：焦作市民主中路1736号
电话：0391－3278988
邮编：454150

焦作市税苑假日酒店★★★
地址：焦作市塔南路与丰收路交会处市地税局后院
电话：0391－3888588
邮编：454002

孟州市金河阳大酒店★★★
地址：焦作市孟州市大定路南端
电话：0391－8296888
邮编：454750

修武县万水千山大酒店★★★
地址：焦作市修武县云台大道中段99号
电话：0391－7138006
邮编：454350

焦作市泰阁苑商务酒店★★★
地址：焦作市影视大道
电话：0391－3138889
邮编：454000

温县银苑大河商务酒店★★★
地址：焦作市温县黄河路西段103号
电话：0391－6182222
邮编：454850

温县帝苑大酒店★★★
地址：焦作市温县司马大道中段
电话：0391－6161886
邮编：454850

焦作市穆家寨生态度假酒店★★★
地址：焦作市修武县西村乡柿园村
电话：0391－7802666
邮编：454362

修武县岸上乡田园牧歌度假村★★★
地址：焦作市修武县岸上乡岸上村
电话：0391－7709576
邮编：454350

新乡天泉宾馆有限公司★★★
地址：新乡市中原路129号
电话：0373－3728888
邮编：453500

获嘉县国泰酒店★★★
地址：新乡市获嘉县文化路中段
电话：0373－4588888
邮编：453800

河南新乡刘庄大酒店★★★
地址：新乡市新乡县七里营镇刘庄村
电话：0373－5681898
邮编：453731

长垣县宏力大酒店★★★
地址：新乡市长垣县建设路
电话：0373－8856666
邮编：453400

新乡市九州宾馆★★★
地址：新乡市平原路12号
电话：0373－2482022
邮编：453000

辉县市假日大酒店★★★
地址：新乡市辉县市百泉药都路
电话：0373－6231111
邮编：453600

新乡电力宾馆★★★
地址：新乡市宏力大道168号
电话：0373－2888888
邮编：453002

新乡市新飞大酒店★★★
地址：新乡市宏力大道370号
电话：0373－3372888
邮编：453002

新乡长城宾馆★★★
地址：新乡市卫滨区自由街15号
电话：0373－2021108
邮编：453000

原阳康鑫源宾馆★★★
地址：新乡市原阳县京珠高速原阳站东20米路南
电话：0373－7522222
邮编：453500

京华矿泉疗养度假村★★★
地址：新乡市新乡县小冀镇
电话：0373－5583123
邮编：453731

长垣县亿苑大酒店★★★
地址：新乡市长垣县人民路中段63号
电话：0373－8854555
邮编：453400

鹤壁市淇河宾馆★★★
地址：鹤壁市淇滨区兴鹤大街237号
电话：0392－3313800
邮编：458030

鹤壁市东方国际酒店有限公司★★★
地址：鹤壁市淇滨大道中段南侧140号
电话：0392－3312999
邮编：458030

鹤壁市鹤源宾馆★★★
地址：鹤壁市淇滨区淇滨大道东段
电话：0392－3396499
邮编：458000

鹤壁三兴宾馆★★★
地址：鹤壁市淇滨区庞村镇北一公里处
电话：0392－3361511
邮编：458000

鹤壁宾馆★★★
地址：鹤壁市山城区长风路中段
电话：0392－2632222
邮编：458000

鹤壁市开发区益元宾馆★★★
地址：鹤壁市淇滨区兴鹤大街中段
电话：0392－2188888
邮编：458000

鹤壁市鸿源酒店★★★
地址：鹤壁市淇滨区淇滨大道158号
电话：0392－3338333
邮编：458000

浚县大伾山宾馆★★★
地址：鹤壁市浚县城关
电话：0392－2228888
邮编：456250

安钢康乐园★★★
地址：鹤壁市淇县北阳镇西二公里
电话：0392－7721288
邮编：456781

汤阴旋光国际酒店★★★
地址：安阳市汤阴县光明路中段
电话：0372－6225988
邮编：456150

滑县华良宾馆★★★
地址：安阳市滑县解放北路299号
电话：0372－8115388
邮编：456400

安阳市龙腾宾馆★★★
地址：安阳市文明大道与中州路交叉口处
电话：0372－3666666
邮编：455000

安阳飞鹰宾馆★★★
地址：安阳市人民大道119号
电话：0372－5106789
邮编：455000

林州市海鑫源酒店★★★
地址：安阳市林州市长春大道东段路南
电话：0372－－6110800
邮编：456550

内黄县枣乡度假村★★★
地址：安阳市内黄县城二帝大道北段路东
电话：0372－7727188
邮编：456300

丰乐园大酒店（安阳市优创酒店有限责任公司）★★★
地址：安阳市开发区华山大街
电话：0372－3901888
邮编：455000

濮阳宾馆★★★
地址：濮阳市建设路199号
电话：0393－4415806
邮编：457000

濮阳市泽世源大酒店★★★
地址：濮阳市京开大道南段304号
电话：0393－4885533
邮编：457000

濮阳市柏维东苑宾馆★★★
地址：濮阳市大庆路234号
电话：0393－8855666
邮编：457000

濮阳市长城饭店★★★
地址：濮阳市胜利路市公安局西侧
电话：0393－4434666
邮编：457000

濮州宾馆★★★
地址：濮阳市濮城工贸示范区
电话：0393－4840999
邮编：457512

濮阳市聚源酒店★★★
地址：濮阳市开州路南段
电话：0393－4409368
邮编：457000

濮阳市油城宾馆迎宾楼★★★
地址：濮阳市黄河路与玉门路交叉口
电话：0393－8939000
邮编：457000

开封宾馆★★★
地址：开封市自由路中段 66 号
电话：0378－5672266
邮编：475000

航天大酒店★★★
地址：开封市大梁路 99 号
电话：0378－3859999
邮编：475004

开封市金明池大酒店★★★
地址：开封市金明大道中段
电话：0378－3886666
邮编：475002

汴京饭店★★★
地址：开封市东大街
电话：0378－2882020
邮编：475001

开封阳光酒店（原名天中大酒店）★★★
地址：开封市鼓楼街 41 号
电话：0378－5958888
邮编：475000

玉祥大酒店★★★
地址：开封市鼓楼街 68 号
电话：0378－5995588
邮编：475000

开封市开发区景福大酒店★★★
地址：开封市大梁路 1 号
电话：0378－3811888
邮编：475004

开封金元凯悦大酒店★★★
地址：开封市鼓楼区中山路 118 号
电话：0378－5996688
邮编：475000

开封开来大酒店★★★
地址：开封市金明大道中段
电话：0378－3856666
邮编：475004

河南酒店★★★
地址：开封市寺后街 23 号
电话：0378－2282222
邮编：475000

开封京宇宾馆★★★
地址：开封市顺河区东郊火电厂院内
电话：0378－2728096
邮编：475002

兰考县开兰大酒店★★★
地址：开封市兰考县
电话：0378－6995039
邮编：475300

商丘市世纪酒店★★★
地址：商丘市梁园区凯旋中路 306 号
电话：0370－2288999
邮编：476000

翔宇大酒店★★★
地址：商丘市神火大道 65 号
电话：0370－3280888
邮编：476000

民权县东方商务酒店★★★
地址：商丘市民权县消防西路北 500 米
电话：0370－8566999
邮编：476800

永城东苑酒店★★★
地址：商丘市永城市东城区东方大道 036 号
电话：0370－5112588
邮编：476000

商丘市三秋宾馆★★★
地址：商丘市民主中路 356 号
电话：0370－2212977
邮编：476000

商丘市三和元大酒店★★★
地址：商丘市柘城县梁庄乡未来大道东段
电话：0370－6022222
邮编：476200

许昌市许昌大酒店★★★
地址：许昌市七一路中段 888 号
电话：0374－2669966
邮编：461000

长葛市葛天宾馆★★★
地址：许昌市长葛市八七路 198 号
电话：0374－6188888
邮编：461500

许昌市鸿宝大酒店★★★
地址：许昌市颍昌大道
电话：0374－2629999
邮编：461000

许昌市桃园大酒店★★★
地址：许昌市七一路 679 号
电话：0374－2338888
邮编：461000

鄢陵县花都庄园★★★
地址：许昌市鄢陵县开发区 311 国道北侧
电话：0374－7261232
邮编：461200

禹州市梅园酒店★★★
地址：许昌市禹州市钧州大街 366 号
电话：0374－8174681
邮编：461670

襄城宾馆★★★
地址：许昌市襄城县迎宾路西段 239 号
电话：0374－2718388
邮编：461700

禹州市凯瑞国际大酒店★★★
地址：许昌市禹州市药城路与滨河路交会处
电话：0374－8666111
邮编：461670

漯河市金港大酒店★★★
地址：漯河市湘江路 17 号
电话：0395－2626868
邮编：462003

舞阳花园酒店★★★
地址：漯河市舞阳县人民路中段 24 号
电话：0395－3308018
邮编：462400

漯河市黄河假日酒店★★★
地址：漯河市郾城区黄河路中段
电话：0395－3189999
邮编：462000

鲁山县中天大酒店★★★
地址：平顶山市鲁山县鲁平大道
电话：0375－3379999
邮编：467321

龙源大酒店★★★
地址：平顶山市新华路南段 6 号
电话：0375－3963558
邮编：467000

平顶山市鲁山尧山旅游服务中心★★★
地址：平顶山市鲁山县 311 国道北侧
电话：0375－5658988
邮编：467300

宝丰县宝丰迎宾馆★★★
地址：平顶山市宝丰县城南二环路东段路南
电话：0375－6139888
邮编：467400

中泰商务酒店★★★
地址：平顶山市舞钢市钢城路中段
电话：0375－8369999
邮编：462500

二郎山宾馆★★★
地址：平顶山市舞钢市二郎山景区
电话：0375－8255169
邮编：462500

舞钢大酒店（西华苑）★★★
地址：平顶山市舞钢市石漫滩大道中段
电话：0375－8112738
邮编：462500

舞钢矿山大酒店★★★
地址：平顶山市舞钢市朱兰大道西段
电话：0375－3309228
邮编：462500

汝州市瑞源酒店★★★
地址：平顶山市汝州市北环路中段路南
电话：0375－6966811
邮编：467500

豫宛宾馆★★★
地址：南阳市中州路 315 号
电话：0377－60155555
邮编：473000

桐柏县桐柏宾馆★★★
地址：南阳市桐柏县大同路中段 60 号
电话：0377－68188888
邮编：474750

梅溪宾馆★★★
地址：南阳市中州中路 109 号
电话：0377－61655888
邮编：473000

王府饭店★★★
地址：南阳市新华东路 196 号
电话：0377－63329369
邮编：473000

淅川县丹阳迎宾馆★★★
地址：南阳市淅川县人民路 150 号
电话：0377－69258995
邮编：474450

淅川县楚都饭店★★★
地址：南阳市淅川县解放路 149 号
电话：0377－69212038
邮编：474450

南阳国际饭店★★★
地址：南阳市新华西路 796 号
电话：0377－63321666
邮编：473002

西峡县老界岭迎宾馆★★★
地址：南阳市西峡县太平镇老界岭西景区入

口处
电话：0377－69919999
邮编：474500

西峡县碧水云天大酒店★★★
地址：南阳市西峡县312世纪大道与白羽路交会处向东100米
电话：0377－60106666
邮编：474500

南阳市镇平裕隆花园酒店★★★
地址：南阳市镇平县312国道与207国道交叉口
电话：0377－60280288
邮编：474250

南阳丽都花园民族饭店★★★
地址：南阳市人民路319号
电话：0377－63632322
邮编：473000

方城县裕财会计培训有限公司（原财政宾馆）★★★
地址：南阳市方城县裕州北路389号
电话：0377－65078666
邮编：473200

唐河县银花宾馆★★★
地址：南阳市唐河县银花路中段
电话：0377－68955188
邮编：473400

帝都花园商务酒店★★★
地址：南阳市张衡东路武警支队西侧
电话：0377－61521888
邮编：473000

南召县丹霞大酒店★★★
地址：南阳市南召县世纪大道6号
电话：0377－65099999
邮编：474650

南阳三鑫商务酒店★★★
地址：南阳市独山大道与建设路口北200米
电话：0377－67776888
邮编：473000

南阳圣泰假日酒店★★★
地址：南阳市滨河东路2396号
电话：0377－61608888
邮编：473000

南阳市新天洋酒店★★★
地址：南阳市人民北路555号
电话：0377－63313333
邮编：473000

方城县第一宾馆★★★
地址：南阳市方城县人民路335号
电话：0377－67233412
邮编：473000

内乡县方圆商务酒店★★★
地址：南阳市内乡县渚阳大街南段
电话：0377－60686666
邮编：474350

南阳市东湖大酒店★★★
地址：南阳市内乡县大成路与飞龙大道交会处
电话：0377－65223666
邮编：474350

南阳世纪星假日酒店★★★
地址：南阳市北京大道中段
电话：0377－62236666
邮编：473000

南阳市宛城区御园商务酒店★★★
地址：南阳市独山大道与新华路交叉口
电话：0377－60336666
邮编：473000

方城县国泰宾馆有限责任公司★★★
地址：南阳市方城县张骞大道与高速引线交会处
电话：0377－65076868
邮编：473200

唐河迎宾馆餐饮有限公司★★★
地址：南阳市唐河县滨河街道办事处北京大道西段
电话：0377－60328888
邮编：473400

南阳高新区新亚盛世开元酒店服务有限责任公司★★★
地址：南阳市人民北路1363号
电话：0377－60166666
邮编：473000

南阳市南都宾馆★★★
地址：南阳市中州路610号
电话：0377－63392088
邮编：473002

方城县裕东家用电器有限公司御苑宾馆★★★
地址：南阳市方城县凤瑞路中段
电话：0377－67253599
邮编：473200

内乡宝天曼峡谷漂流有限公司天源宾馆★★★
地址：南阳市内乡七里坪乡二道河
电话：0377－65156888
邮编：474350

内乡广电宾馆★★★
地址：南阳市内乡县县衙西路
电话：0377－65337777
邮编：474350

镇平县方圆商务酒店★★★
地址：南阳市镇平县建设大道与校场路交叉口北100米
电话：0377－65976661
邮编：474250

南阳市柏丽商务酒店★★★
地址：南阳市人民北路与312国道交会处
电话：0377－61529666
邮编：473000

社旗县京港国际酒店★★★
地址：南阳市社旗县建设路与滨河路交叉口
电话：0377－67999999
邮编：473002

赊店大酒店★★★
地址：南阳市社旗县马神庙街2号
电话：0377－67861999
邮编：473300

南阳金阳光酒店★★★
地址：南阳市312国道与健康路交叉口
电话：0377－61602666
邮编：473000

南阳高新区圣泉商务酒店★★★
地址：南阳市北京路与中州路交会处北500米
电话：0377－61888666
邮编：473000

唐河县泗水金湾商务大酒店★★★
地址：南阳市唐河县北京大道中段
电话：0377－68998999
邮编：473400

南阳市温州湾酒店★★★
地址：南阳市新华西路612号
电话：0377－67085555
邮编：473000

邓州市豪门花园酒店★★★
地址：南阳市邓州市东一环南端（工业园区）
电话：0377－62562888
邮编：414750

新野县丽晶酒店★★★
地址：南阳市新野县朝阳路与纺织路交会处财富广场
电话：0377－61718888
邮编：473500

南阳粤秀香江园大酒店★★★
地址：南阳市张衡路中段
电话：0377－62379999
邮编：473000

南阳高新区国泰商务酒店★★★
地址：南阳市高新路与明山路交叉口
电话：0377－61566999
邮编：473000

南阳市天景宾馆★★★
地址：南阳市仲景路37号
电话：0377－63205888
邮编：473000

社旗莱邦海逸假日酒店★★★
地址：南阳市社旗县赵河公园湖心岛
电话：0377－67886888
邮编：473000

南阳在水一方商务酒店★★★
地址：南阳市滨河路与建设路交叉口
电话：0377－63030186
邮编：473000

西峡县瑞龙度假山庄★★★
地址：南阳市西峡县双龙镇瓦房坪
电话：0377－69926333
邮编：474563

西峡县老君洞假日酒店★★★
地址：南阳市西峡县二郎坪镇老君洞度假区
电话：0377－60101888
邮编：474500

南阳超凡国际商务饭店★★★
地址：南阳市医圣祠街319号
电话：0377－61176666
邮编：473001

淅川县方圆商务酒店★★★
地址：南阳市淅川县上九路北段
电话：0377－69286666
邮编：473000

淅川县皇冠商务酒店★★★
地址：南阳市淅川县丹阳路535号
电话：0377－60951111
邮编：474450

淅川县港湾商务酒店★★★
地址：南阳市淅川县渠首大道与前进路交叉口

电话：0377－69362888
邮编：474450

浉河宾馆★★★
地址：信阳市解放路 137 号
电话：0376－6221177
邮编：464000

金帝大酒店★★★
地址：信阳市光山县紫水区东三环
电话：0376－8569800
邮编：465450

新县金玉酒店★★★
地址：信阳市光山县新区东三环路北段
电话：0376－8569800
邮编：465450

光山县司马光宾馆★★★
地址：信阳市光山县正大街 318 号
电话：0376－8895566
邮编：415450

锦绣商城迎宾馆★★★
地址：信阳市商城县滨河中路 18 号
电话：0376－7885888
邮编：465350

罗山宾馆★★★
地址：信阳市罗山县迎宾路 2 号
电话：0376－2151019
邮编：464200

龙潭大酒店★★★
地址：信阳市北京大街 245 号
电话：0376－6298199
邮编：464000

信阳市金通大酒店有限责任公司★★★
地址：信阳市人民路 4 号
电话：0376－6285588
邮编：464000

信阳申光宾馆★★★
地址：信阳市人民路 3 号
电话：0376－6286999
邮编：464000

新县宾馆★★★
地址：信阳市新县解放路 89 号
电话：0376－2984888
邮编：465550

信阳市西凤大酒店★★★
地址：信阳市平桥区平西路与平安大道交叉口
电话：0376－3705598
邮编：464100

淮滨县淮河饭店★★★
地址：信阳市淮滨县东湖北路中段
电话：0376－7718099
邮编：464400

固始县锦绣山宾馆★★★
地址：信阳市固始县中山大街与红苏路交叉口
电话：0376－6778888
邮编：465200

固始县国源商务酒店★★★
地址：信阳市固始县红苏路 192 号
电话：0376－4999298
邮编：495200

信阳华祥鹭鸟宾馆★★★
地址：信阳市建设路 173 号
电话：0376－6217331
邮编：464000

新县金鑫大酒店★★★
地址：信阳市新县城关朝阳路 179 号
电话：0376－2961999
邮编：465550

信阳市固始县西九华山会议中心★★★
地址：信阳市固始县陈淋子镇西九华山风景区
电话：0376－4182888
邮编：465250

信阳市固始县锦江商务酒店★★★
地址：信阳市固始县城王审知大道中段
电话：0376－6777555
邮编：465250

信阳市固始县人民政府招待所（蓼城宾馆）★★★
地址：信阳市固始县城关镇迎宾路 12 号
电话：0376－4953555
邮编：465250

固始县华阳湖宾馆★★★
地址：信阳市固始县武庙乡华阳湖生态风景区
电话：0376－4199888
邮编：465200

河南光州酒店★★★
地址：信阳市潢川县跃进东路
电话：0376－3906666
邮编：465150

潢川县九龙大酒店★★★
地址：信阳市潢川县迎宾大道 218 号
电话：0376－3976188
邮编：465150

光山县莫泰国际酒店★★★
地址：信阳市光山县东城牌坊路中段
电话：0376－8861111
邮编：465450

周口迎宾馆★★★
地址：周口市六一路北段 8 号
电话：0394－8922222
邮编：466600

周口平原宾馆★★★
地址：周口市七一路东段 88 号
电话：0394－8224911
邮编：466600

项城市莲花宾馆★★★
地址：周口市项城市莲花大道 27 号
电话：0394－8756188
邮编：466200

南湖宾馆★★★
地址：周口市淮阳县商城东路南段
电话：0394－2687000
邮编：466700

周口锦绣花园酒店★★★
地址：周口市工农路南段 18 号
电话：0394－8397998
邮编：466600

周口粤海假日酒店★★★
地址：周口市大庆路南段
电话：0394－8233388
邮编：466000

太康县新华中州酒店★★★
地址：周口市太康县新城区谢安路西段
电话：0394－6817999
邮编：466600

扶沟中汇酒店★★★
地址：周口市扶沟县新建西路
电话：0394－6238000
邮编：461300

项城市德银饭店★★★
地址：周口市项城市西大街与团结路交叉口
电话：0394－4308866
邮编：466200

周口市国秀大酒店★★★
地址：周口市大庆路与七一路交叉口南 100 米
电话：0394－8287788
邮编：466600

周口市总商会会馆★★★
地址：周口市大庆路与交通路交会处
电话：0394－8684567
邮编：466000

周口市鹿邑饭店★★★
地址：周口市鹿邑县真源大道
电话：0394－7696661
邮编：477200

周口市鹿邑和谐大酒店★★★
地址：周口市鹿邑县卫真路 18 号
电话：0394－7695199
邮编：477200

淮阳皇都大酒店★★★
地址：周口市淮阳县陈州路与新星路交叉口
电话：0394－2680111
邮编：466000

淮阳天运来大酒店★★★
地址：周口市淮阳县西城区周商路与新建路交叉口
电话：0394－2699888
邮编：466000

淮阳县润德酒店★★★
地址：周口市淮阳龙都路与陈州路交会处
电话：0394－2650118
邮编：466700

淮阳迎宾馆★★★
地址：周口市淮阳县大同街 1 号
电话：0394－8766666
邮编：466700

鹿邑县烟草大酒店★★★
地址：周口市鹿邑县真源大道南段 69 号
电话：0394－7229999
邮编：477200

西园宾馆★★★
地址：驻马店市解放路 253 号
电话：0396－2912800
邮编：463000

建苑大厦★★★
地址：驻马店市解放路 68 号
电话：0396－2958888
邮编：463000

山海宾馆★★★
地址：驻马店市中华路与天中山大道交会处
电话：0396－2851100
邮编：463000

中原大酒店★★★
地址：驻马店市解放路68号
电话：0396－2958888
邮编：463000

驻马店市颐和山庄宾馆有限公司★★★
地址：驻马店市高新区文明路北段
电话：0396－2633666
邮编：463000

天驿大酒店★★★
地址：驻马店市雪松路与沿溪路交叉口
电话：0396－2668888
邮编：463000

汝南县东方假日酒店★★★
地址：驻马店市汝南县双星大道
电话：0396－8051777
邮编：463300

遂平电力宾馆★★★
地址：驻马店市遂平县建设路217号
电话：0396－4900909
邮编：463100

新蔡县蔡州宾馆★★★
地址：驻马店市新蔡县政府街8号
电话：0396－5933109
邮编：463500

平舆县平舆宾馆★★★
地址：驻马店市平舆县解放路87号
电话：0396－5029400
邮编：463400

上蔡宾馆★★★
地址：驻马店市上蔡县蔡都大道199号
电话：0396－6922041
邮编：463800

驻马店市金悦酒店★★★
地址：驻马店市解放路东段火车站
电话：0396－2950000
邮编：463000

西平县柏城宾馆★★★
地址：驻马店市西平县柏城大道中段129号
电话：0396－6222771
邮编：463900

确山县薄山湖鱼瑶度假村★★★
地址：驻马店市确山县薄山湖风景区
电话：0396－7267888
邮编：463200

遂平县全宇大酒店★★★
地址：驻马店市遂平县濯阳大道北段
电话：0396－4968888
邮编：463100

河南省平舆县温泉大酒店★★★
地址：驻马店市平舆县清河大道北段
电话：0396－5069999
邮编：463400

汝南县天中山宾馆★★★
地址：驻马店市汝南县行政街52号
电话：0396－8022285
邮编：463300

泌阳县崇学山庄★★★
地址：驻马店市泌阳县铜山湖风景区
电话：0396－7999888
邮编：463700

驻马店市驿城区福源大酒店★★★
地址：驻马店市驿城区练江大道西段
电话：0396－2976789
邮编：463000

遂平县新财苑宾馆★★★
地址：驻马店市遂平县濯阳大道北段
电话：0396－4807888
邮编：463100

王屋山大酒店★★★
地址：济源市天坛路1118号
电话：0391－6915555
邮编：454650

小浪底宾馆★★★
地址：济源市大峪镇桥沟村
电话：0391－63905555
邮编：454681

二星级

河南豫纺宾馆★★
地址：郑州市建设路与桐柏路交叉口向南100米
电话：0371－67696016
邮编：450003

河南禅居国际饭店★★
地址：郑州登封市少林寺景区少林武术馆内
电话：0371－62745666
邮编：452470

河南省兴源宾馆有限公司★★
地址：郑州市红专路117号
电话：0371－65947295
邮编：450008

河南豫旅宾馆★★
地址：郑州市顺河路2号
电话：0371－66367109
邮编：450004

郑州欧亚大酒店★★
地址：郑州市二七区大学路3号
电话：0371－66776688
邮编：450052

新密市青屏宾馆★★
地址：郑州市新密市行政路9号
电话：0371－69822188
邮编：452300

卧龙宾馆★★
地址：郑州市红旗路东段124号
电话：0371－65551111
邮编：450008

荥阳宾馆★★
地址：郑州市荥阳市索河路61号
电话：0371－64662804
邮编：450100

郑州铁路客运旅行社郑州铁道大厦★★
地址：郑州市二马路80号（火车站广场北侧）
电话：0371－68368868
邮编：450000

中信宾馆★★
地址：郑州市中原中路145号
电话：0371－67654616
邮编：450007

郑州太阳城宾馆★★
地址：郑州市工人新村工一街18号
电话：0371－66257711
邮编：450000

河南省祥源宾馆★★
地址：郑州市经五路20号（经五路与丰产路交叉口）
电话：0371－65867333
邮编：450002

郑州城外城酒店服务有限公司★★
地址：郑州市长江西路与三环路、桐柏南路交会处
电话：0371－68953211
邮编：450007

郑州西郊宾馆★★
地址：郑州市工人路45号
电话：0371－67711288
邮编：450007

新密市区龙翔大酒店★★
地址：郑州市文峰路与嵩山路交叉口
电话：0371－69209666
邮编：452370

巩义市新世纪大酒店★★
地址：郑州市巩义市桐本路南段
电话：0371－69535688
邮编：451200

灵宝花园酒店★★
地址：三门峡市灵宝市尹溪路2号
电话：0398－8826122
邮编：472500

渑池宾馆★★
地址：三门峡市渑池县仰韶大街62号
电话：0398－2230789
邮编：472400

灵宝凌冶大厦★★
地址：三门峡市灵宝市尹溪路16号
电话：0398－8856588
邮编：472500

陕县华源宾馆★★
地址：三门峡市陕县高阳路中段
电话：0398－2223888
邮编：472143

义马电力宾馆★★
地址：三门峡市义马市千秋路中段
电话：0398－5655188
邮编：472300

河南三门峡电力温泉宾馆★★
地址：三门峡市西温泉度假区
电话：0398－2968008
邮编：472143

卢氏宾馆★★
地址：三门峡市卢氏县城南大街
电话：0398－7860296
邮编：472200

卢氏县康元大酒店★★
地址：三门峡市卢氏县东城解放路中段141号
电话：0398－7876386
邮编：472500

小浪底航空度假村★★
地址：洛阳市孟津县黄河小浪底水库风景旅游区
电话：0379－67820000
邮编：471141

伊川富丽华大酒店★★
地址：洛阳市伊川县城杜康大道北段
电话：0379－68357863
邮编：471300

洛阳金城宾馆（三门峡）★★
地址：洛阳市西工区行署路3号院
电话：0379－63331008
邮编：471000

栾川弘电宾馆★★
地址：洛阳市栾川县南大街28号
电话：0379－66812999
邮编：471500

洛宁仁和酒店★★
地址：洛阳市洛宁县永宁大道中段
电话：0379－66267778
邮编：471700

洛阳浦江宾馆★★
地址：洛阳市涧西区中州路七里河周城大厦3号
电话：0379－64958188
邮编：471003

洛阳市天兴宾馆★★
地址：洛阳市西工区凯旋西路39号
电话：0379－63345203
邮编：471000

栾川县老君山大酒店★★
地址：洛阳市栾川县君山东路
电话：0379－66821371
邮编：471500

栾川宾馆★★
地址：洛阳市栾川县兴华路630号
电话：0379－66818001
邮编：471000

洛阳市新豫东大酒店★★
地址：洛阳市涧西区黄河路15号
电话：0379－65184100
邮编：471003

栾川县五龙大酒店★★
地址：洛阳市栾川县城君山中路
电话：0379－66833988
邮编：471500

栾川县龙凤祥酒店★★
地址：洛阳市栾川县君山东路
电话：0379－66873866
邮编：471500

洛阳民航大厦★★
地址：洛阳市西工区春都路196号（火车站西纱厂路立交桥北侧）
电话：0379－62328400
邮编：471000

洛阳陆浑旅游度假村★★
地址：洛阳市嵩县陆浑风景区
电话：0379－66517688
邮编：471412

焦作学苑宾馆★★
地址：焦作市解放中路142号
电话：0391－3981588
邮编：454000

武陟县宾馆★★
地址：焦作市武陟县城兴华路97号
电话：0391－7291039
邮编：454950

沁阳市银莎大酒店★★
地址：焦作市沁阳市沁园北路2号
电话：0391－5669588
邮编：454550

焦作市经纬大酒店★★
地址：焦作市工业路与塔南路交叉口
电话：0391－2580000
邮编：454000

孟州市凯泽商务宾馆★★
地址：焦作市孟州市西虢镇金山寺
电话：0391－8519111
邮编：454791

博爱县民族山庄★★
地址：焦作市博爱县中山路84号
电话：0391－8693889
邮编：454450

青天河宾馆★★
地址：焦作市博爱青天河风景名胜区
电话：0391－8922939
邮编：454450

新乡东方宾馆★★
地址：新乡市金穗大道309号
电话：0373－5085338
邮编：453003

新乡宾馆辉县大酒店★★
地址：新乡市辉县市辉薄路东段
电话：0373－6279222
邮编：453600

新乡市新龙宾馆★★
地址：新乡市平原路508号
电话：0373－3726222
邮编：453003

辉县市光明大酒店★★
地址：新乡市辉县市城北街东段
电话：0373－6292073
邮编：453600

安钢附企公司康乐园★★
地址：鹤壁市淇县高云路中段
电话：0392－7721188
邮编：456750

鹤壁市弘阳宾馆★★
地址：鹤壁市淇滨区淇滨大道中段
电话：0392－3316222
邮编：458000

鹤壁市淇园宾馆★★
地址：鹤壁市淇滨区107国道中段东侧
电话：0392－3313766
邮编：458000

林州市林虑宾馆★★
地址：安阳市林州市人民路90号
电话：0372－6812566
邮编：456550

安阳县新大地宾馆★★
地址：安阳市解放大道12号
电话：0372－5986666
邮编：455000

河南省内黄宾馆★★
地址：安阳市内黄县西后街170号
电话：0372－7785888
邮编：456300

安阳市相州宾馆★★
地址：安阳市解放大道68号
电话：0372－5923056
邮编：455000

林州市亚林香村宾馆★★
地址：安阳市林州市太行路27号
电话：0372－6814409
邮编：456550

安阳矿物局西苑宾馆★★
地址：安阳市水冶镇辅岩路中段路北
电话：0372－5853830
邮编：455000

林州市盛世酒店★★
地址：安阳市林州市振林南路中段
电话：0372－6599888
邮编：456550

云海度假村★★
地址：安阳市林州市石板岩村
电话：0372－6081335
邮编：455000

濮阳市桃园大酒店★★
地址：濮阳市胜利西路155号
电话：0393－4603111
邮编：457000

范县宾馆★★
地址：濮阳市范县新区人民大道
电话：0393－5266618
邮编：457500

中原油田宾馆★★
地址：濮阳市兴业路7号
电话：0393－4824797
邮编：457001

中原石油化工有限责任公司乙烯宾馆（中原乙烯宾馆）★★
地址：濮阳市中原路349号
电话：0393－4492401
邮编：457001

河南省中原大化集团有限责任公司大华宾馆★★
地址：濮阳市人民路98号
电话：0393－8952100
邮编：457004

尉氏宾馆★★
地址：开封市尉氏县城西大街55号
电话：0378－7992300
邮编：475500

大金台宾馆★★
地址：开封市鼓楼街22号
电话：0378－2552888
邮编：475001

电业宾馆★★
地址：开封市五福路30号
电话：0378－3902468
邮编：475001

开封空分集团有限公司开空宾馆★★
地址：开封市公园路28号
电话：0378－2558888
邮编：475002

永城市龙宇大酒店★★
地址：商丘市新城区东方大道与文化路交叉口
电话：0370－5160111
邮编：476000

永城市光明宾馆★★
地址：商丘市永城市新城光明路中段
电话：0370－5123122
邮编：476600

永城市永城大酒店★★
地址：商丘市光明路与中原路交叉口
电话：0370－2713999
邮编：476600

丽晶酒店★★
地址：商丘市桂林路88号
电话：0370－2529088
邮编：476000

永城中州永煤宾馆（原名永夏宾馆）★★
地址：商丘市永城市新城区光明路中段010号
电话：0370－5113278
邮编：476600

商丘市华夏明珠宾馆★★
地址：商丘市归德路时代广场A32号
电话：0370－2268888
邮编：476000

禹州市锦阳宾馆★★
地址：许昌市禹州市滨河路西段207号
电话：0374－8348401
邮编：461670

魏都宾馆★★
地址：许昌市魏都区劳动路200号
电话：0374－2776666
邮编：461000

长葛天英宾馆★★
地址：许昌市长葛市东大门长社路东段28号
电话：0374－6216666
邮编：461500

禹州良友大酒店★★
地址：许昌市禹州市远航路3号
电话：0374－8222222
邮编：461670

许昌市电力宾馆★★
地址：许昌市七一路50号
电话：0374－2616666
邮编：461000

许继集团有限公司许继宾馆★★
地址：许昌市许继大道1706号
电话：0374－3211666
邮编：461000

漯河市源汇区晨光酒店★★
地址：漯河市长江路与嵩山路交叉口
电话：0395－3375888
邮编：462000

漯河市中都宾馆★★
地址：漯河市黄河路黄河广场北侧
电话：0395－6181111
邮编：462000

漯河市许慎宾馆★★
地址：漯河市老街18号
电话：0395－2166666
邮编：462000

河南省临颍县南街村宾馆★★
地址：漯河市南街村东方红广场向北100米
电话：0395－8851271
邮编：462600

漯河市电力宾馆★★
地址：漯河市黄河路西段
电话：0395－3081599
邮编：462000

天天饮食酒楼花园快捷酒店★★
地址：平顶山市建设路西段鹰城广场对面
电话：0375－8888666
邮编：467000

平顶山市叶县宾馆★★
地址：平顶山市叶县九龙路1号
电话：0375－8058168
邮编：467200

汝州市阳光快捷宾馆★★
地址：平顶山市汝州市西环路宇华宾馆对面
电话：0375－6055999
邮编：467500

汝州市雅园大酒店★★
地址：平顶山市汝州市城垣北路
电话：0375－6890999
邮编：467500

汝州市满园春大酒店★★
地址：平顶山市汝州市东环路东花坛南100米路西
电话：0375－6881219
邮编：467500

鲁山县阳光大厦大酒店★★
地址：平顶山市鲁山县向阳路北段
电话：0375－5049999
邮编：467300

平顶山市瑞钰商贸有限公司湛河大酒店★★
地址：平顶山市中兴路湛河桥南路东
电话：0375－4919188
邮编：467001

香山大酒店★★
地址：平顶山市中兴路北段
电话：0375－2368888
邮编：467000

汝州市宾馆★★
地址：平顶山市汝州市望嵩南路5号
电话：0375－7162007
邮编：467500

鲁山县天力宾馆★★
地址：平顶山市鲁山县尧山景区内
电话：0375－5791199
邮编：467300

鲁山县宾馆★★
地址：平顶山市鲁山县老城大街中段118号
电话：0375－5043860
邮编：467300

平顶山喜来登大酒店★★
地址：平顶山市湛河区新华路南段路东
电话：0375－3888108
邮编：467000

平顶山金沙湾大酒店★★
地址：平顶山市中兴路北5号
电话：0375－2858888
邮编：467000

平顶山锦绣大酒店★★
地址：平顶山市建设路中段南1号
电话：0375－4998009转21或23
邮编：467000

平顶山方圆商务宾馆★★
地址：平顶山市建设路鹰城文化广场西侧
电话：0375－4943388
邮编：467000

平顶山煤业（集团）物资宾馆★★
地址：平顶山市矿工路中段194号
电话：0375－2795585
邮编：467000

汝州市水上飘香酒店★★
地址：平顶山市汝州市广成西路
电话：0375－6863015
邮编：467500

平顶山龙泰大酒店★★
地址：平顶山市石龙区人民路南5号
电话：0375－2533567
邮编：467045

平顶山广夏新天地大酒店★★
地址：平顶山市开源路北段路东18号
电话：0375－2889731
邮编：467000

南阳物资大厦★★
地址：南阳市新华西路716号
电话：0377－63321099
邮编：473054

南召宾馆★★
地址：南阳市南召县人民路393号
电话：0377－62033888
邮编：474650

南阳市丽都温泉花园宾馆有限公司★★
地址：南阳市白河大道869号
电话：0377－61690888
邮编：473000

南召县新会仙园餐饮服务有限公司★★
地址：南阳市南召县城关镇人民路100号
电话：0377－66915218
邮编：474650

南阳市金沙滩商务酒店★★
地址：南阳市张衡路与工农路交叉口
电话：0377－60278888
邮编：473000

南阳市金沙滩假日酒店★★
地址：南阳市长江路诚发书香苑1号楼
电话：0377－63617777
邮编：473000

南阳方圆酒店有限公司南航店★★
地址：南阳市人民北路107号
电话：0377－61688888
邮编：473000

南阳方圆酒店有限公司枣林店★★
地址：南阳市宛城区华山路中段
电话：0377－62077777
邮编：473000

南阳市瑞泰酒店★★
地址：南阳市工农路286号
电话：0377－61565888
邮编：473000

南阳中方酒店★★
地址：南阳市人民路616号
电话：0377－61678888
邮编：473000

南阳市果岭拾玖号商务酒店★★
地址：南阳市人民路与光武路交叉口

电话：0377－62207888
邮编：473000

南阳欧亚商务酒店★★
地址：南阳市长江西路理工学院向西 300 米
电话：0377－67096777
邮编：473000

唐河县富唐快捷酒店★★
地址：南阳市唐河县新春路中段
电话：0377－68978888
邮编：473400

南阳市昆仑乐居商务酒店★★
地址：南阳市独山大道 793 号
电话：0377－67017999
邮编：473000

南阳方圆商务酒店仲景店★★
地址：南阳市光武中路 25 号
电话：0377－63033333
邮编：473000

西峡宾馆★★
地址：南阳市西峡县礼堂路 32 号
电话：0377－69669059
邮编：474500

银河宾馆★★
地址：南阳市新华西路 165 号
电话：0377－63329666
邮编：473000

镇平县新纪元大酒店★★
地址：南阳市镇平县 312 国道西段
电话：0377－65983986
邮编：474250

唐河泗洲宾馆★★
地址：南阳市唐河县城关建设中路 1237 号
电话：0377－68923552
邮编：473400

南阳航空宾馆★★
地址：南阳市卧龙路三顾桥东 50 米
电话：0377－63073888
邮编：473000

新野县东方宾馆★★
地址：南阳市新野县汉城路 125 号
电话：0377－66288860
邮编：473500

南阳市鸭河御龙山庄★★
地址：南阳市鸭河口水库大坝南端
电话：0377－66628838
邮编：474671

南阳华光宾馆★★
地址：南阳市武侯路 189 号
电话：0377－63867188
邮编：473000

邓州市大河商务酒店★★
地址：南阳市邓州市新华路与东一环交叉口向南 100 米
电话：0377－60110666
邮编：474150

罗山县灵秀山庄★★
地址：信阳市罗山县灵山风景区灵山寺东北 300 米
电话：0376－2255181
邮编：464236

息州宾馆★★
地址：信阳市息县城关
电话：0376－7632111
邮编：464300

太康宾馆★★
地址：周口市太康县谢安路中段
电话：0394－6822487
邮编：461400

周口市汽车运输集团天运大酒店★★
地址：周口市交通路中段
电话：0394－8268800
邮编：466000

商水宾馆★★
地址：周口市商水县行政路中段 29 号
电话：0394－5446009
邮编：466100

淮阳赋阳池宾馆★★
地址：周口市淮阳县淮周路与陈州路交叉口
电话：0394－2681777
邮编：466700

淮阳永博快捷酒店★★
地址：周口市淮阳县西城区新民路南段路东
电话：0394－2676677
邮编：466700

驿都宾馆★★
地址：驻马店市富强路 329 号
电话：0396－2939766
邮编：463000

发时达酒店（原名帝豪招待所）★★
地址：驻马店市南海路 1 号
电话：0396－3823179
邮编：463000

大京都饭店★★
地址：驻马店市驿城区富强路中段 268 号
电话：0396－2952166
邮编：463000

西平宾馆★★
地址：驻马店市西平县西大街 85 号
电话：0396－6222211
邮编：463900

驻马店宾馆★★
地址：驻马店市风光路北段
电话：0396－2998800
邮编：463000

一星级

焦作市恒桥宾馆★
地址：焦作市建设西路 148 号
电话：0391－3681147
邮编：454150

焦作市吉祥快捷酒店★
地址：焦作市太行中路 53 号
电话：0391－2931212
邮编：454002

汝州市欣源宾馆★
地址：平顶山市汝州市洗耳北路
电话：0375－6886188
邮编：467500

淮阳天然居宾馆★
地址：周口市淮阳县西城区康乐路东段
电话：0394－2686608
邮编：466000

河南中州国际集团管理有限公司
地址：郑州市金水路 115 号
电话：0371－65950055
邮编：450003

湖　　北

HUBEI

五星级

楚天粤海国际大酒店 ★★★★★
地址：武汉市武昌区东湖路 181 号
电话：027－86628888
邮编：430077

香格里拉大饭店 ★★★★★
地址：武汉市江岸区建设大道 700 号
电话：027－85806868
邮编：430015

华美达天禄酒店 ★★★★★
地址：武汉市汉口青年路 5 号
电话：027－83630888
邮编：430030

东湖大厦 ★★★★★
地址：武汉市武昌区姚家岭 231 号
电话：027－67813999
邮编：430071

新华诺富特大饭店 ★★★★★
地址：武汉市江汉区建设大道 558 号
电话：027－85551188
邮编：430022

最佳西方五月花大酒店 ★★★★★
地址：武汉市武昌区武珞路 385 号
电话：027－68871588
邮编：430070

武汉华美达光谷大酒店 ★★★★★
地址：武汉市武昌区珞瑜路 726 号
电话：027－87806888
邮编：430074

武汉光明万丽酒店 ★★★★★
地址：武汉市武昌区徐东大街 160 号
电话：027－86621388
邮编：430061

保利白玫瑰大酒店 ★★★★★
地址：武汉市武昌区民主路 788 号
电话：027－68876888
邮编：430061

武汉马哥孛罗酒店 ★★★★★
地址：武汉市江岸区沿江大道 159 号时代广场
电话：027－82778888
邮编：430014

武汉新世界酒店 ★★★★★
地址：武汉市汉口解放大道 630 号
电话：027－ 83808888
邮编：430014

武汉江城明珠豪生酒店 ★★★★★
地址：武汉市汉口沿江大道 182 号
电话：027－82776666
邮编：430014

武汉锦江国际大酒店 ★★★★★
地址：武汉市江汉区建设大道 707 号
电话：027－85786888
邮编：430021

十堰武当雅阁国际大酒店 ★★★★★
地址：十堰市北京北路 78 号
电话：0719－8608888
邮编：442000

咸宁碧桂园凤凰温泉酒店 ★★★★★
地址：咸宁市咸安区温泉潜山公园旁
电话：0715－881999
邮编：437000

荆州晶崴国际大酒店 ★★★★★
地址：荆州市沙市区公园路 12 号
电话：0716－8222222
邮编：434000

四星级

联投湖北新大地酒店 ★★★★
地址：武汉市武昌区武珞路 330 号
电话：027－87814258
邮编：430061

武汉沌口长江大酒店 ★★★★
地址：武汉市经济技术开发区创业道 128 号
电话：027－84555666
邮编：430014

武汉新港国际大酒店 ★★★★
地址：武汉市阳逻经济开发区余泊路特 1 号
电话：027－ 89620888
邮编：430014

武汉海怡天禄酒店 ★★★★
地址：武汉市洪山路特 1 号
电话：027－87126666
邮编：430070

珞珈山国际酒店 ★★★★
地址：武汉市武昌区武珞路 723 号
电话：027－87166666
邮编：430061

亚洲大酒店 ★★★★
地址：武汉市汉口解放大道 616 号
电话：027－83807777
邮编：430030

晴川假日酒店 ★★★★
地址：武汉市汉阳区洗马长街 88 号
电话：027－84716688
邮编：430050

江汉饭店 ★★★★
地址：武汉市汉口胜利街 245 号
电话：027－68825888
邮编：430014

长江大酒店 ★★★★
地址：武汉市汉口解放大道 1131 号
电话：027－83632828
邮编：430030

金盾大酒店 ★★★★
地址：武汉市汉口青年路 350 号
电话：027－68855666
邮编：430030

中原国际大酒店 ★★★★
地址：武汉市江岸区黄埔大街 27 号
电话：027－68829999
邮编：430010

弘毅大酒店 ★★★★
地址：武汉市武昌区东湖路 136 号
电话：027－67819888
邮编：430071

东湖宾馆 ★★★★
地址：武汉市武昌区东湖路 142 号
电话：027－68881888
邮编：430077

安华大酒店 ★★★★
地址：武汉市武昌区紫阳路 281 号
电话：027－88308888
邮编：430064

帅府饭店 ★★★★
地址：武汉市武昌区八一路 98 号
电话：027－87871666/87169879
邮编：430071

高雄大酒店 ★★★★
地址：武汉市汉口建设大道 907 号
电话：027－85492288/85492183
邮编：430015

海怡锦江大酒店 ★★★★
地址：武汉市武昌区洪山路特 1 号
电话：027－87126666
邮编：430071

武钢宾馆 ★★★★
地址：武汉市青山区和平大道 943 号
电话：027－68864888
邮编：430082

梨园大酒店 ★★★★
地址：武汉市武昌区徐东路 343 号
电话：027－86772029
邮编：430071

武汉市职工疗养院 ★★★★
地址：武汉市蔡甸区新农街张家渡
电话：027－84925931
邮编：430101

葛洲坝大酒店 ★★★★
地址：武汉市硚口区解放大道 558 号
电话：027－68835888
邮编：430030

滨湖大厦 ★★★★
地址：武汉市武昌区东湖路 325 号
电话：027－68892222
邮编：430077

木兰湖七星岛大酒店 ★★★★
地址：武汉市黄陂区木兰乡
电话：027－61550006
邮编：430000

中天世纪大酒店 ★★★★
地址：武汉市洪山区南湖大道政院路 1 号
电话：027－87175888
邮编：430070

海滨城度假村 ★★★★
地址：武汉市经济技术开发区洪山西大街特 1 号
电话：027－84222818
邮编：430056

纽宾凯国际酒店 ★★★★
地址：武汉市江汉区新华路 231 号
电话：027－59528888
邮编：430022

武当山宾馆 ★★★★
地址：十堰市武当山旅游经济特区永乐路
电话：0719－5665548
邮编：442000

车城宾馆 ★★★★
地址：十堰市张湾青年广场巷 4 号
电话：0719－8224939

邮编：442001

武当山太和玄武大酒店 ★★★★
地址：十堰市武当山经济特区太和大道31号
电话：0719－5665526
邮编：442000

汉江国际大酒店 ★★★★
地址：襄阳市建华路9号
电话：0710－3276666
邮编：441000

荣华国际大酒店 ★★★★
地址：襄阳市襄阳区荣华路2号
电话：0710－2822222
邮编：441000

凤凰花苑酒店 ★★★★
地址：荆门市掇刀区凤袁路8号
电话：0724－2499999
邮编：434500

帝豪大酒店 ★★★★
地址：荆门市长宁大道
电话：0724－2222888
邮编：448000

京山玉丰国际大酒店 ★★★★
地址：荆门市京山县新市大道特1号
电话：0724－7336999
邮编：431800

孝感市万事达国际大酒店 ★★★★
地址：孝感市黄陂大道17号
电话：0712－2880188
邮编：432100

孝感市天紫湖大酒店 ★★★★
地址：孝感市肖港镇天紫湖生态旅游度假区
电话：0712－2699999
邮编：432100

锦怡大酒店 ★★★★
地址：孝感市城站路227号
电话：0712－2885888
邮编：4240040

应城金港九辉国际大酒店 ★★★★
地址：孝感应城市广场大道99号
电话：0712－3229999
邮编：432400

东源大酒店 ★★★★
地址：黄冈市新港大道二号
电话：0713－8688888
邮编：438000

黄冈市麻城聚豪大酒店 ★★★★
地址：黄冈市麻城市金桥大道118号
电话：0713－ 2521818
邮编：438000

黄梅世纪锦园大酒店 ★★★★
地址：黄冈市黄梅县黄梅大道777号
电话：0713－3118888
邮编：435500

长城花园大酒店 ★★★★
地址：鄂州市滨湖南路36号
电话：0711－5919999
邮编：436000

凤凰山庄 ★★★★
地址：鄂州市凤凰路56号
电话：0711－3850988
邮编：436000

红莲湖高尔夫乡村俱乐部 ★★★★
地址：鄂州市华容区红莲湖旅游开发区
电话：0711－3625888
邮编：436000

磁湖山庄 ★★★★
地址：黄石市杭州东路88号
电话：0714－6353333
邮编：435003

大冶金湾国际酒店 ★★★★
地址：黄石市大冶市东风路特1号
电话：0714－8766666
邮编：435003

温泉国际酒店 ★★★★
地址：咸宁市温泉南昌路一号
电话：0715－8218888
邮编：437100

荆州宾馆 ★★★★
地址：荆州市荆州区迎宾路8号
电话：0716－8467600
邮编：434020

金九龙大酒店 ★★★★
地址：荆州市南环路18号
电话：0716－8478888
邮编：434100

桃花岭饭店 ★★★★
地址：宜昌市云集路29号
电话：0717－6236666
邮编：443000

国际大酒店 ★★★★
地址：宜昌市沿江大道127号
电话：0717－6222888
邮编：443000

三峡工程大酒店（拿云楼）★★★★
地址：宜昌市坝区江峡大道
电话：0717－6613666
邮编：443000

葛洲坝宾馆 ★★★★
地址：宜昌市东山大道82号
电话：0717－8866666
邮编：443000

半岛酒店 ★★★★
地址：宜昌市城东大道25号
电话：0717－6345666
邮编：443000

清江酒店 ★★★★
地址：宜昌市东山大道95号
电话：0717－63188886318532
邮编：443000

盈嘉酒店 ★★★★
地址：宜昌市珍珠路69号
电话：0717－6736666
邮编：443000

金狮宾馆 ★★★★
地址：宜昌市夷陵区夷兴大道71号
电话：0717－8855888
邮编：443100

峡州宾馆（瑞杰楼）★★★★
地址：宜昌市夷陵大道78号
电话：0717－8866888
邮编：443000

兴山昭君山庄 ★★★★
地址：宜昌市兴山县古夫镇昭君路12号
电话：0717－2586666－8167
邮编：443711

炎帝大酒店 ★★★★
地址：随州市烈山大道217号
电话：0722－3315331
邮编：441300

齐星湖休闲村 ★★★★
地址：随州市沿河大道3号
电话：0722－3263800
邮编：441300

随州宾馆 ★★★★
地址：随州市沿河大道113号
电话：0722－3330888
邮编：441300

天怡大酒店 ★★★★
地址：仙桃市沔阳大道37号
电话：0728－3266888
邮编：433000

神农酒店 ★★★★
地址：神农架林区酒壶坪
电话：0719－3456888
邮编：442400

神农山庄 ★★★★
地址：神农架林区木鱼镇
电话：0719－3452555
邮编：442400

恩施国际大酒店 ★★★★
地址：恩施土家族苗族自治州恩施市东风大道264号
电话：0718－ 8229999
邮编：445000

怡和国际大酒店 ★★★★
地址：恩施土家族苗族自治市施州大道30号
电话：0718－8246666
邮编：445000

恩施亚洲大酒店 ★★★★
地址：恩施土家族苗族自治市午阳大街一巷122号
电话：0718－8279888
邮编：445000

富源国宾酒店 ★★★★
地址：恩施土家族苗族自治市航空大道96号
电话：0718－8224483
邮编：445000

利川国际大酒店 ★★★★
地址：恩施土家族苗族自治州利川市清江大道216号
电话：0718－7298188/7266351
邮编：445400

建始茨泉大厦 ★★★★
地址：恩施土家族苗族自治州建始县业州镇茨泉路3号
电话：0718－3321888
邮编：445300

三星级

武汉铁路九州饭店 ★★★
地址：武汉市中山路529号
电话：027－ 51167172

邮编：430014

湖北邮政客户服务接待中心 ★★★
地址：武汉市江汉经济开发区江旺路18号
电话：027－68838088
邮编：430021

武汉市诺琦酒店管理有限公司 ★★★
地址：武汉市武昌区中山路309号
电话：027－68885000
邮编：430061

武汉惠苑大厦酒店管理有限公司 ★★★
地址：武汉市武昌区张之洞路211号
电话：027－50708332
邮编：430061

武汉南天商务酒店 ★★★
地址：武汉市汉南区汉南大道1259号
电话：027－84759888
邮编：430090

凤翔岛国际会议中心 ★★★
地址：武汉市蔡甸区大集凤凰村
电话：027－69543491
邮编：430100

武汉璇宫饭店 ★★★
地址：武汉市汉口江汉一路57号
电话：027－68822588
邮编：430014

长海大酒店 ★★★
地址：武汉市汉口沿江大道111号
电话：027－82818980
邮编：430014

丽江饭店 ★★★
地址：武汉市武昌体育馆1号
电话：027－87813666
邮编：430070

银丰宾馆 ★★★
地址：武汉市汉口中山大道400号
电话：027－85330188
邮编：430031

武汉迎宾馆 ★★★
地址：武汉市汉口惠济路40号
电话：027－82426476
邮编：430010

汇申大酒店 ★★★
地址：武汉市沿江大道234号
电话：027－68826666
邮编：430010

新宜大酒店 ★★★
地址：武汉市武昌区中山路356号
电话：027－68882666
邮编：430064

金穗宾馆 ★★★
地址：武汉市武昌区中华路44号
电话：027－68882888
邮编：430060

宝丰宾馆 ★★★
地址：武汉市硚口区宝丰二路
电话：027－68833999
邮编：430030

长航大酒店 ★★★
地址：武汉市汉口惠济路15号
电话：027－68825188
邮编：430010

清江饭店 ★★★
地址：武汉市武昌区中华路105号
电话：027－88855588
邮编：430060

循礼门饭店 ★★★
地址：武汉市汉口解放大道1413号
电话：027－885772177
邮编：430022

湖北饭店 ★★★
地址：武汉市武昌区洪山路10号
电话：027－87811311
邮编：430071

金三九酒店 ★★★
地址：武汉市汉口惠济二路6号
电话：027－68829999
邮编：430010

新航酒店 ★★★
地址：武汉市汉阳区汉阳大道578号
电话：027－68842188
邮编：430051

三环大酒店 ★★★
地址：武汉市武昌区武珞路356号
电话：027－87833333
邮编：430070

太阳岛国际俱乐部 ★★★
地址：武汉市黄陂区木兰湖风景区
电话：027－61550888
邮编：430014

福星岛度假村 ★★★
地址：武汉市黄陂区木兰湖风景区
电话：027－61551418
邮编：432214

龙安大酒店 ★★★
地址：武汉市洪山区民院路124号
电话：027－87770188
邮编：430074

华云大酒店 ★★★
地址：武汉市江岸区解放大道1558号
电话：027－82902858
邮编：430012

君益宾馆 ★★★
地址：武汉市桥口路166号特1号
电话：027－837879886
邮编：430030

新谷大酒店 ★★★
地址：武汉市东西湖区东西湖大道120号
电话：027－83240157
邮编：430040

民航金海大酒店 ★★★
地址：武汉市江汉区江汉北路97号
电话：027－68852000
邮编：430022

帅府车友酒店 ★★★
地址：武汉市汉阳区二桥路18号
电话：027－84460066
邮编：430051

机场宾馆 ★★★
地址：武汉市天河机场内
电话：027－85818630
邮编：432202

多福度假山庄 ★★★
地址：武汉市蔡甸区大集街
电话：027－69163199
邮编：430113

希木大酒店 ★★★
地址：武汉市江汉区新华路22号
电话：027－85551558
邮编：430015

阳逻山庄 ★★★
地址：武汉市新洲区阳逻经济开发区汉施路
电话：027－86960000
邮编：430415

军安宾馆 ★★★
地址：武汉市江汉区火车站东路金墩街4号
电话：027－50539088
邮编：430023

东湖碧波宾馆 ★★★
地址：武汉市洪山区东湖磨山
电话：027－87510003
邮编：430074

广西大厦 ★★★
地址：武汉市武昌区中山路309号
电话：027－68885000
邮编：430061

财苑大厦 ★★★
地址：武汉市武昌区民主路406号
电话：027－68886888
邮编：430061

卓刀泉大厦 ★★★
地址：武汉市洪山区卓刀泉北路东湖桥24号
电话：027－87881888
邮编：430079

梦天湖山庄 ★★★
地址：武汉市江夏区庙山开发区向阳村
电话：027－81800069
邮编：430200

古龙山庄 ★★★
地址：武汉市江夏区宁港乡灵山
电话：027－87020158
邮编：430200

陆兴大酒店 ★★★
地址：武汉市汉阳区十里铺
电话：027－84888868
邮编：430051

金石花宾馆 ★★★
地址：武汉市武昌区民主二路33号
电话：027－50705556
邮编：430071

鑫东方大酒店 ★★★
地址：武汉市武昌区民主路563号
电话：027－87816688
邮编：430071

金凯东亚酒店 ★★★
地址：武汉市经济技术开发区
电话：027－68842888
邮编：430056

东风宾馆 ★★★
地址：武汉市洪山区武珞路652号
电话：027－87865982
邮编：430070

扬子江饭店竹叶山店 ★★★
地址：武汉市江岸区赵家条北村特1号
电话：027－68820688

邮编：430020

江城大酒店 ★★★
地址：武汉市汉口新火车站北侧
电话：027-85878578
邮编：430030

洪山宾馆 ★★★
地址：武汉市武昌区中北路1号
电话：027-87824112
邮编：430070

侨亚度假村 ★★★
地址：武汉市蔡甸区汉阳大街特8号
电话：027-84921185
邮编：430100

阳逻水乡度假村 ★★★
地址：武汉市新洲区阳逻经济开发区平江东路288号
电话：027-89630088
邮编：430415

小天鹅宾馆 ★★★
地址：武汉市青年路285号
电话：027-83330001
邮编：430015

丰颐大酒店 ★★★
地址：武汉市武昌八一路336号
电话：027-67811219
邮编：430072

凤翔岛度假村 ★★★
地址：武汉市蔡甸区大集凤凰村
电话：027-69543491
邮编：430000

商贸大厦 ★★★
地址：十堰市人民路1号
电话：0719-8100000
邮编：442000

燕良大酒店 ★★★
地址：十堰市人民路38号
电话：0719-8668888
邮编：442000

华中大酒店 ★★★
地址：十堰市人民南路8号
电话：0719-8891899
邮编：442000

金穗宾馆 ★★★
地址：十堰市人民南路19号
电话：0719-8898588
邮编：442000

堰丰宾馆 ★★★
地址：十堰市人民北路42号
电话：0719-8100008
邮编：442000

汉江国际大酒店 ★★★
地址：十堰市北京路北路15号
电话：0719-8488000
邮编：442000

美乐大酒店 ★★★
地址：十堰市人民路46号
电话：0719-8662116
邮编：442000

惠泽宾馆 ★★★
地址：十堰市公园路21号
电话：0719-8671841
邮编：442000

十堰市水电宾馆 ★★★
地址：十堰市小峡路1号
电话：0719-8585301
邮编：442000

十堰市东方国际酒店 ★★★
地址：十堰市贵州路
电话：0719-8011666
邮编：442000

绿苑宾馆 ★★★
地址：十堰市人民南路18号
电话：0719-8886098
邮编：442000

车城明珠大酒店 ★★★
地址：十堰市人民北路36-1号
电话：0719-8117666
邮编：442000

东风神龙宾馆 ★★★
地址：十堰市公园路108-19号
电话：0719-8269150
邮编：442000

太和饭庄 ★★★
地址：十堰市人民北路17号
电话：0719-8663116
邮编：442000

中城大酒店 ★★★
地址：十堰市白浪中路105号
电话：0719-8318868
邮编：442000

皇冠国际商旅酒店 ★★★
地址：十堰市白浪中路37号
电话：0719-8303258
邮编：442013

房县政府宾馆 ★★★
地址：十堰市房陵大道201号
电话：0719-3251111
邮编：442000

琳琅轩大酒店 ★★★
地址：十堰市白浪经济开发区广州路3号
电话：0719-8303000
邮编：442000

丹江口市狮子岩度假村 ★★★
地址：十堰市丹江口市三宫殿办事处狮子岩村
电话：0719-5522288
邮编：442000

丹江口市龙山宾馆 ★★★
地址：十堰市丹江口市上坝路7号
电话：0719-5378188
邮编：442000

丹江口市宾馆 ★★★
地址：十堰市丹江口市人民路8号
电话：0719-5222248
邮编：442000

武当山九龙山庄 ★★★
地址：十堰市丹江口市武当山南岩
电话：0719-5689176
邮编：442000

武当山天禄度假村 ★★★
地址：十堰市丹江口市武当山紫霄宫东侧
电话：0719-5689115
邮编：442000

郧西鸿志大酒店 ★★★
地址：十堰市郧西县城关镇康富大道42号
电话：0719-6226057
邮编：442000

郧县天安电力大酒店 ★★★
地址：十堰市郧县城关镇民族路8号
电话：0719-7302689
邮编：442000

郧阳宾馆 ★★★
地址：十堰市郧县城关解放路46号
电话：0719-7233232
邮编：442000

郧西宾馆 ★★★
地址：十堰市郧西县城关镇郧安路27号
电话：0719-6236188
邮编：442600

竹山县翠园大酒店 ★★★
地址：十堰市竹山县城关镇人民路37号
电话：0719-4221888
邮编：442000

房县桂林宾馆 ★★★
地址：十堰市房县城关镇东城门路1号
电话：0719-3223216
邮编：442000

竹溪宾馆 ★★★
地址：十堰市竹溪县宾馆路1号
电话：0719-2722100
邮编：442300

竹溪县云龙大酒店 ★★★
地址：十堰市竹溪县城关镇建设路494号
电话：0719-2738888
邮编：442300

铁路大酒店 ★★★
地址：襄阳市前进路46号
电话：0710-3220043
邮编：441000

南湖宾馆 ★★★
地址：襄阳市襄城胜利街2号
电话：0710-3600006
邮编：441000

南山宾馆 ★★★
地址：襄阳市檀溪路56号
电话：0710-3552554
邮编：441000

金城大酒店 ★★★
地址：襄阳市前进路19号
电话：0710-3220031
邮编：441000

长虹大酒店 ★★★
地址：襄阳市长虹路112号
电话：0710-3263814
邮编：441000

红宝石大酒店 ★★★
地址：襄阳市襄阳区航空路98号
电话：0710-2829888
邮编：441000

风神宾馆 ★★★
地址：襄阳市前进路36号
电话：0710-3829298
邮编：441000

枣阳市福隆大酒店 ★★★
地址：襄阳市枣阳市沿河东路6号

电话：0710－6222222
邮编：441000

宜城市宜城宾馆 ★★★
地址：襄阳市宜城市北街 27 号
电话：0710－4212644
邮编：441000

宜城市兴宜大酒店 ★★★
地址：襄阳市宜城市襄沙大道 68 号
电话：0710－4227888
邮编：441000

谷城县谷城宾馆 ★★★
地址：襄阳市谷城县府街 45 号
电话：0710－7232451
邮编：441000

荆门市荆门宾馆 ★★★
地址：荆门市海慧路 29 号
电话：0724－2364558
邮编：434500

荆门市国际大酒店 ★★★
地址：荆门市金虾路 128 号
电话：0724－2376555
邮编：434500

东方大酒店 ★★★
地址：荆门市长宁大道
电话：0724－2382800
邮编：434500

常发大酒店 ★★★
地址：荆门市虎牙关大道 60 号
电话：0724－2448488
邮编：434500

华侨宾馆 ★★★
地址：荆门市象山大道
电话：0724－2378819
邮编：434500

金桥大酒店 ★★★
地址：荆门市长宁大道 22 号
电话：0724－ 2355588
邮编：448000

铁路大酒店 ★★★
地址：荆门市车站路 36 号
电话：0724－6054788
邮编：448000

金穗宾馆 ★★★
地址：荆门市象山大道 32 号
电话：0724－2365528
邮编：448000

漳河半岛酒店 ★★★
地址：荆门市漳河镇文卫路 58 号
电话：0724－8682127
邮编：448156

东星客舍 ★★★
地址：荆门市钟祥市大口国家森林公园
电话：0724－4215856
邮编：431900

东星国际大酒店 ★★★
地址：荆门市钟祥市客店镇明灯村 9 组
电话：0724－4240888
邮编：431900

钟祥宾馆 ★★★
地址：荆门市钟祥市郢中镇阳春大街 54 号
电话：0724－4225396
邮编：434500

钟祥阳春大酒店 ★★★
地址：荆门市钟祥市阳春大街 17 号
电话：0724－4222777
邮编：434500

大口宾馆 ★★★
地址：荆门市钟祥市大口林场
电话：0724－4215856
邮编：434500

黄仙洞山庄 ★★★
地址：荆门市钟祥市黄仙洞景区
电话：0724－4237999
邮编：434500

钟祥旅游宾馆 ★★★
地址：荆门市钟祥市郢中镇承天大道东 24 号
电话：0724－4230999
邮编：431900

沙洋天源国际大酒店 ★★★
地址：荆门市沙洋县汉宜路 6 号
电话：0724－8555888
邮编：448200

京仑饭店 ★★★
地址：荆门市京山县城新市大道 1 号
电话：0724－6211666
邮编：431800

合一湖阳光度假村 ★★★
地址：孝感经济开发区孝汉大道 99 号
电话：0712－2458888
邮编：432100

孝感市王朝大酒店 ★★★
地址：孝感市城站路 171 号
电话：0712－2333666
邮编：432100

孝感宾馆 ★★★
地址：孝感市城站路 93 号
电话：0712－2333333
邮编：432100

乾坤大酒店 ★★★
地址：孝感市交通路
电话：0712－2888888
邮编：432100

鹤展大酒店 ★★★
地址：孝感市体育西路特一号
电话：0712－2854015
邮编：432100

应城禾丰宾馆 ★★★
地址：孝感市应城市西大街 67 号
电话：0712－3256888
邮编：432100

白兆山宾馆 ★★★
地址：孝感市安陆市烟店镇白兆山林场
电话：0712－5815555
邮编：432124

德安府宾馆 ★★★
地址：孝感市安陆市德安北路 135 号
电话：0712－5260068
邮编：432600

白云大酒店 ★★★
地址：孝感市汉川市欢乐街 18 号
电话：0712－8293888
邮编：432100

电力培训中心 ★★★
地址：孝感市孝昌县观音湖生态旅游区
电话：0712－4855718
邮编：432100

泉水山庄 ★★★
地址：孝感市大悟县泉水路 92 号
电话：0712－7238566
邮编：432100

大悟全俊大酒店 ★★★
地址：孝感市大悟县府前街上海花园特 1 号
电话：0712－7318888
邮编：432800

大悟泉水山庄 ★★★
地址：孝感市大悟县泉水路 92 号
电话：0712－7238566
邮编：432800

金都宾馆 ★★★
地址：黄冈市麻城市将军路 52 号
电话：0713－2917448
邮编：438000

黄冈市菱湖宾馆 ★★★
地址：黄冈市新港二路 58 号
电话：0713－8669008
邮编：438000

龟山客舍 ★★★
地址：黄冈市麻城市龟山风景区
电话：0713－2886118
邮编：438300

麻城市金源大酒店 ★★★
地址：黄冈市麻城市金桥大道
电话：0713－2950889
邮编：438000

武穴市龙潭宾馆 ★★★
地址：黄冈市武穴市龙潭路 33 号
电话：0713－62226486231688
邮编：438000

武穴市南洋花园酒店 ★★★
地址：黄冈市武穴市民主路 10 号
电话：0713－6259158
邮编：438000

红安县金沙大酒店 ★★★
地址：黄冈市红安县红金龙大道特 1 号
电话：0713－5186688
邮编：438000

红安富家寨山庄 ★★★
地址：黄冈市红安县占店镇
电话：0713－5354129
邮编：438400

红安县天台万松苑酒店 ★★★
地址：黄冈市红安县天台山风景区
电话：0713－5267868
邮编：438400

红安富家寨狩猎山庄 ★★★
地址：黄冈市红安县高桥镇官木塘
电话：0713－5356129
邮编：438401

罗田县天源大酒店 ★★★
地址：黄冈市罗田县万密斋大道
电话：0713－5058818
邮编：438000

罗田县顺达皇朝大酒店 ★★★
地址：黄冈市罗田县凤山镇万密斋大道
电话：0713－5060899
邮编：438600

罗田县天堂白云山庄 ★★★
地址：黄冈市罗田县天堂寨风景区
电话：0713－5788290
邮编：438600

金凤凰山庄 ★★★
地址：黄冈市罗田县天堂寨风景区
电话：0713－5826168
邮编：438600

英山宾馆 ★★★
地址：黄冈市英山县温泉镇广场巷16号
电话：0713－7022222
邮编：438000

蕲春宾馆 ★★★
地址：黄冈市蕲春县漕河大道36号
电话：0713－7227788
邮编：438000

龙全大酒店 ★★★
地址：黄冈市蕲春县蕲州镇二里湖大道100号
电话：0713－7512888
邮编：435300

黄梅县皇家大酒店 ★★★
地址：黄冈市黄梅县黄梅大道500号
电话：0713－3352888
邮编：438000

黄梅九六八大酒店 ★★★
地址：黄冈市黄梅县五祖大道89号
电话：0713－3363888
邮编：435500

龙腾大酒店 ★★★
地址：黄冈市团风县县城
电话：0713－6088816
邮编：438800

世博酒店 ★★★
地址：鄂州市鄂城区古城南路88号
电话：0711－3207777
邮编：436000

银山生态园 ★★★
地址：鄂州市泽林镇银山水库
电话：0711－2338888
邮编：436000

玉龙锦大酒店 ★★★
地址：鄂州市古城南路82号
电话：0711－3838515
邮编：436000

我家宾馆 ★★★
地址：鄂州市古城路44号
电话：0711－38733333
邮编：436000

金花大酒店 ★★★
地址：黄石市颐阳路248号
电话：0711－6225941
邮编：435003

锦轮大酒店 ★★★
地址：黄石市颐阳路99号
电话：0711－6320188
邮编：435003

大冶湛月宾馆 ★★★
地址：黄石市大冶湖滨路8号
电话：0711－8713391
邮编：435003

龙湖山庄 ★★★
地址：黄石市杭州东路128号
电话：0711－6359666
邮编：435003

海观山宾馆名人楼 ★★★
地址：黄石市天津路23号
电话：0714－6225931
邮编：435000

正圆大酒店 ★★★
地址：黄石市黄石大道159号
电话：0714－6298313
邮编：435003

黄石聚宾大酒店 ★★★
地址：黄石市黄石大道952号
电话：0714－6220061
邮编：435000

阳新国贸大酒店 ★★★
地址：黄石市阳新县古商城南门对面
电话：0714－7816666
邮编：435200

阳光酒店 ★★★
地址：咸宁市温泉淦河大道58号
电话：0715－8156888
邮编：437100

蓝海大酒店 ★★★
地址：咸宁市温泉淦河大道76号
电话：0715－8259666
邮编：437100

禄神大酒店 ★★★
地址：咸宁市长安大道298号
电话：0715－8131520
邮编：437100

龙泉山庄 ★★★
地址：咸宁市赤壁市五洪山村
电话：0715－5243088
邮编：437300

金桥国际大酒店 ★★★
地址：咸宁市赤壁市河北大道185号
电话：0715－5355888
邮编：437300

赤壁建行陆水湖度假村 ★★★
地址：咸宁市赤壁市陆水湖风景区二号副坝
电话：0715－5367168
邮编：437300

三湖假日大酒店 ★★★
地址：咸宁市嘉鱼县湖滨路206号
电话：0715－6359999
邮编：437200

崇阳县银海大酒店 ★★★
地址：咸宁市崇阳县桃溪大道
电话：0715－3301111
邮编：437500

崇阳桃溪宾馆 ★★★
地址：咸宁市崇阳县天城镇前进路68号
电话：0715－3377123
邮编：437100

崇阳港都国际大酒店 ★★★
地址：咸宁市崇阳县新区崇阳大道
电话：0715－3064888
邮编：437500

通山县鄂电山庄 ★★★
地址：咸宁市通山县九宫山风景名胜区凤凰岭路32号
电话：0715－2422211
邮编：437627

九宫山庄 ★★★
地址：咸宁市九宫山风景区
电话：0715－2422068
邮编：437626

荆保宾馆 ★★★
地址：荆州市荆州区电大巷1号
电话：0716－8450888
邮编：434020

红苑大酒店 ★★★
地址：荆州市沙市江津路263号
电话：0716－8263388
邮编：434000

锦佳大酒店 ★★★
地址：荆州市沙市江津东路99号
电话：0716－8328999
邮编：434000

华瑞丰大酒店 ★★★
地址：荆州市荆州区东环路68号
电话：0716－8426333
邮编：434020

蔚东花园酒店 ★★★
地址：荆州市荆州区东环路28号
电话：0716－8490777
邮编：434240

恒源大酒店 ★★★
地址：荆州市沙市区江津路280号
电话：0716－4165555
邮编：434000

华泰宾馆 ★★★
地址：荆州市沙市区北京中路332号
电话：0716－8236988
邮编：434000

金凤凰宾馆 ★★★
地址：荆州市荆州区南环路8号
电话：0716－8478828
邮编：434240

金紫荆商务酒店 ★★★
地址：荆州沙市区江津路288号
电话：0716－4166999
邮编：434000

景泰怡商务酒店 ★★★
地址：荆州市沙市区太岳路23号
电话：0716－8258777
邮编：434100

荆东大酒店 ★★★
地址：荆州市沙市区文化宫路4号
电话：0716－8124333
邮编：434000

君越大酒店 ★★★
地址：荆州市荆沙路106号
电话：0716－8468888
邮编：434100

山水酒店 ★★★
地址：荆州市沙市区塔桥路
电话：0716－4109999
邮编：434000

楚源大酒店 ★★★
地址：荆州市石首市笔架山路29号
电话：0716－7299888
邮编：434000

洪湖市文泉花园酒店 ★★★
地址：荆州市洪湖市复兴路 11 号
电话：0716－2448888
邮编：433200

鸳鸯湖大酒店 ★★★
地址：荆州市洪湖市瞿家湾镇蓝田生态园
电话：0716－2743518
邮编：434000

洪湖宾馆 ★★★
地址：荆州市洪湖市宏伟南路 33 号
电话：0716－2425228
邮编：434000

洪湖市瑞泰大酒店 ★★★
地址：荆州市洪湖市荷花广场东侧
电话：0716－2207888
邮编：433200

松滋国际大酒店 ★★★
地址：荆州市松滋市新江口镇民主路 166 号
电话：0716－6668888
邮编：434000

九阳大酒店 ★★★
地址：荆州市公安县潺陵大道 5 号
电话：0716－5152299
邮编：434000

远东大酒店 ★★★
地址：荆州市公安县斗湖堤镇治安路 2 号
电话：0716－5239757
邮编：434000

公安县八号国际大酒店 ★★★
地址：荆州市公安县潺陵大道 37 号
电话：0716－5153085
邮编：434300

监利阳光大酒店 ★★★
地址：荆州市监利县容城玉沙大道与江城大道交会处
电话：0716－3329666
邮编：433300

彝陵饭店 ★★★
地址：宜昌市云集路 41 号
电话：0717－6223611
邮编：443000

南湖宾馆 ★★★
地址：宜昌市福绥路 45 号
电话：0717－8866288
邮编：443000

平湖大酒店 ★★★
地址：宜昌市东山大道 53 号
电话：0717－8867788
邮编：443000

检察官培训中心 ★★★
地址：宜昌市胜利四路 42 号
电话：0717－6470918
邮编：443000

峡州宾馆（梦峡楼）★★★
地址：宜昌市夷陵路 52 号
电话：0717－8866888
邮编：443000

三峡西坝酒店 ★★★
地址：宜昌市西坝建设路 1 号
电话：0717－6276688
邮编：443000

三峡东山酒店 ★★★
地址：宜昌市东山开发区城东大道 26 号
电话：0717－6956999
邮编：443000

利源大厦 ★★★
地址：宜昌市东山大道 11 号
电话：0717－8867799
邮编：443000

龙泉山庄 ★★★
地址：宜昌市峡口风景区
电话：0717－8861818
邮编：443000

康福山庄 ★★★
地址：宜昌市峡口风景区 288 号
电话：0717－8869999
邮编：443000

大桥宾馆 ★★★
地址：宜昌市猇亭大道 12 号
电话：0717－6055099
邮编：443000

灯影峡宾馆 ★★★
地址：宜昌市三峡人家景区
电话：0717－8850599
邮编：443000

美怡假日酒店 ★★★
地址：宜昌市西陵区四新横路 21 号
电话：0717－8866688
邮编：443000

宜昌电力宾馆 ★★★
地址：宜昌市东山大道 132 号
电话：0717－6202740
邮编：443000

宜昌银湾宾馆 ★★★
地址：宜昌市夷陵区港虹路 21 号
电话：0717－7851817
邮编：443100

宜昌市实华商贸有限责任公司实华宾馆 ★★★
地址：宜昌市胜利四路 30 号
电话：0717－6056556
邮编：443000

三峡工程大酒店 ★★★
地址：宜昌市三峡坝区八河口
电话：0717－6613666
邮编：443000

楚江大酒店 ★★★
地址：宜昌市西陵区陶珠路 31 号
电话：0717－6743686
邮编：443000

宜昌饭店 ★★★
地址：宜昌市东山大道 113 号
电话：0717－6441616
邮编：443000

长城宾馆 ★★★
地址：宜昌市珍珠路 91 号
电话：0717－6745000
邮编：443000

枝江国际大酒店 ★★★
地址：宜昌市枝江市胜利路广场
电话：0717－4202888
邮编：443200

宜都大酒店 ★★★
地址：宜昌市宜都市陆城长江大道 86 号
电话：0717－8851088
邮编：443000

宜都市侨梅大酒店 ★★★
地址：宜昌市宜都市陆城园林大道
电话：0717－4830058
邮编：443300

当阳宾馆 ★★★
地址：宜昌市当阳市环城东路
电话：0717－3255999
邮编：443000

长坂坡宾馆 ★★★
地址：宜昌市当阳市玉阳路 53 号
电话：0717－3222550
邮编：443000

当阳国际大酒店 ★★★
地址：宜昌市当阳市南正街 4 号
电话：0717－3258888
邮编：444100

鸣凤宾馆 ★★★
地址：宜昌市远安县
电话：0717－3819888
邮编：443000

香溪大酒店 ★★★
地址：宜昌市兴山县
电话：0717－2586977
邮编：443000

兴山县汉明妃大酒店 ★★★
地址：宜昌市兴山县香溪大道 24 号
电话：0717－2580818
邮编：443711

世纪星酒店 ★★★
地址：宜昌市秭归县新县城长宁大道 22 号
电话：0717－2888888
邮编：443000

海立酒店 ★★★
地址：宜昌市秭归县丹阳路 6 号
电话：0717－2679888
邮编：443000

欧意大酒店 ★★★
地址：宜昌市秭归县平湖大道 10 号
电话：0717－2811088
邮编：443000

秭归长林宾馆 ★★★
地址：宜昌市秭归县城西楚路 56 号
电话：0717－2811666
邮编：443600

隔合岩度假村 ★★★
地址：宜昌市长阳县隔河岩
电话：0717－6316661
邮编：443000

清江花园酒店 ★★★
地址：宜昌市长阳清江路 53 号
电话：0717－5333111
邮编：443000

财苑山庄 ★★★
地址：宜昌市长阳县
电话：0717－5401345
邮编：443000

长阳清江花园酒店 ★★★
地址：宜昌市长阳县龙舟大道 49 号

电话：0717－5333222
邮编：444100

长阳锦龙大酒店 ★★★
地址：宜昌市长阳县龙舟坪镇龙舟大道130号
电话：0717－5323608
邮编：443600

乐都大酒店 ★★★
地址：随州市交通大道177号
电话：0722－3280888
邮编：441300

曾都宾馆 ★★★
地址：随州市烈山大道玉石街6号
电话：0722－3230814
邮编：441300

大洪山林泉生态园假日酒店 ★★★
地址：随州市洪山镇新阳
电话：0722－3667777
邮编：441300

亚华大酒店 ★★★
地址：随州市烈山大道236号
电话：0722－3312270
邮编：441300

花源酒店 ★★★
地址：仙桃市大新路48号
电话：0728－3225668
邮编：433000

仙苑宾馆 ★★★
地址：仙桃市排湖泵站路1号
电话：0728－3236888
邮编：433000

钱沟大酒店 ★★★
地址：仙桃市钱沟路特1号
电话：0728－3247999
邮编：433000

汉江大酒店 ★★★
地址：仙桃市汪州河路1号
电话：0728－3223898
邮编：433000

兰馨酒店 ★★★
地址：仙桃市江汉路18号
电话：0728－3266999
邮编：433000

金穗宾馆 ★★★
地址：天门市陆羽大道26号
电话：0728－5222749
邮编：431700

君佳酒店 ★★★
地址：天门市东湖路12号
电话：0728－5245888
邮编：431700

华侨大酒店 ★★★
地址：天门市园春街5号
电话：0728－5244688
邮编：431700

华康大酒店 ★★★
地址：潜江市潜阳中路3号
电话：0728－6296888
邮编：433100

阳光酒店 ★★★
地址：潜江市章华中路8号
电话：0728－6297111
邮编：433100

神农山庄 ★★★
地址：神农架林区木鱼镇
电话：0719－3452555
邮编：442400

恩施民航大酒店 ★★★
地址：恩施土家族苗族自治州恩施市航空路61号
电话：0718－8307088
邮编：445000

恩施清新酒店 ★★★
地址：恩施土家族苗族自治州恩施市施州大道47－1号
电话：0718－8212001
邮编：445000

恩施铜盆水休闲度假村 ★★★
地址：恩施土家族苗族自治州恩施市屯堡乡轿顶山村
电话：0718－8466543
邮编：445000

来凤宾馆 ★★★
地址：恩施土家族苗族自治州来凤县翔凤镇渝鄂路34号
电话：0718－6282858
邮编：445000

恩施州华德酒店 ★★★
地址：恩施土家族苗族自治州恩施市航空路188号
电话：0718－8210898
邮编：445000

利川市观景酒店 ★★★
地址：恩施土家族苗族自治州利川市清江大道145号
电话：0718－7267210
邮编：445400

利川东方假日酒店 ★★★
地址：恩施土家族苗族自治州利川市清源大道（建设局旁）
电话：0718－7552222
邮编：445400

利川帝苑大酒店 ★★★
地址：恩施土家族苗族自治州利川市六合路62－64号
电话：0718－7016888
邮编：445400

利川市华德酒店 ★★★
地址：恩施土家族苗族自治州利川市体育街57号
电话：0718－7265666
邮编：445400

利川时代酒店 ★★★
地址：恩施土家族苗族自治州利川市体育路1号
电话：0718－7267222
邮编：445400

建始洞天轩商务酒店★★★
地址：恩施土家族苗族自治州建始县业州大道81号
电话：0718－3232699
邮编：445300

建始富临八景酒店 ★★★
地址：恩施土家族苗族自治州建始县业州镇学苑路39号
电话：0718－3519999
邮编：445300

巴东金苑大厦 ★★★
地址：恩施土家族苗族自治州巴东县信陵镇楚天路17号
电话：0718－4334418
邮编：444300

巴东帅巴人酒店 ★★★
地址：恩施州巴东县信陵镇楚天路18号
电话：0718－4333677
邮编：444300

巴东国玖大酒店 ★★★
地址：恩施土家族苗族自治州巴东县信陵镇楚天路25号
电话：0718－4336019
邮编：444300

巴东县沿渡河大酒店 ★★★
地址：恩施土家族苗族自治州巴东县沿渡河镇孔堡村
电话：0718－4413599
邮编：444304

宣恩县新欣大酒店 ★★★
地址：恩施土家族苗族自治州宣恩县珠山镇建设路6号
电话：0718－5831859
邮编：445500

咸丰世纪兴大酒店 ★★★
地址：恩施土家族苗族自治州咸丰县荆南路1号
电话：0718－6825999
邮编：445600

鹤峰县华荣商务酒店 ★★★
地址：恩施土家族苗族自治州恩施市鹤峰县容美镇溇水大道
电话：0718－5283855
邮编：445800

二星级

卓越大酒店★★
地址：武汉市青山区冶金大道3号
电话：027－68866808
邮编：430080

铁四院会议接待中心★★
地址：武汉市武昌区和平大道673号
电话：027－51156001
邮编：430070

九州饭店★★
地址：武汉市武昌区中山路651号
电话：027－51167168
邮编：430072

中南大酒店★★
地址：武汉市武昌区武珞路449号
电话：027－87815912
邮编：430070

中原银海大酒店★★
地址：武汉市汉口江汉二路2号
电话：027－82773939
邮编：430021

热电宾馆★★
地址：武汉市青山红钢城17街12号
电话：027－68866888

邮编：430080

良苑大酒店★★
地址：武汉市武昌区解放路 494 号
电话：027－88855498
邮编：430061

八仙岛度假村★★
地址：武汉市黄陂区木兰湖风景区
电话：027－85017288
邮编：432214

省教院培训中心★★
地址：武汉市黄陂区木兰湖风景区
电话：027－85009000
邮编：432214

江城花园度假村★★
地址：武汉市黄陂区木兰湖风景区
电话：027－61550182
邮编：432214

扬子江饭店黄埔分店★★
地址：武汉市江岸区赵家条 50 号
电话：027－82910539
邮编：430023

扬子江饭店常码头分店★★
地址：武汉市桥口区常码头特 25 号
电话：027－83534134
邮编：430030

扬子江饭店宗观分店★★
地址：武汉市桥口区常码头特 25 号
电话：027－83883003
邮编：430051

京汉大厦★★
地址：武汉市武昌区武珞路 398 号
电话：027－87275700
邮编：430070

新悦大酒店★★
地址：武汉市汉阳区鹦鹉大道 259 号
电话：027－84430008
邮编：430050

天梨阳光酒店★★
地址：武汉市发展大道特 1 号
电话：027－65655388
邮编：430023

亚太大酒店★★
地址：武汉市江夏区庙山小区华泰一路
电话：027－87922028
邮编：430200

江夏宾馆★★
地址：武汉市江夏区纸坊镇新兴街
电话：027－87952824
邮编：430200

武钢四海度假村★★
地址：武汉市新洲区道观河风景区
电话：027－89530715
邮编：430400

金海大酒店★★
地址：武汉市硚口区沿河大道 106 号
电话：027－85682086
邮编：430031

光明大酒店★★
地址：武汉市江汉区天门墩路 3 号
电话：027－85607696
邮编：430015

邮政宾馆★★
地址：武汉市武昌区中山路 385 号
电话：027－88076076
邮编：430061

上海滩饭店★★
地址：武汉市江岸区上海路 14 号
电话：027－82778651
邮编：430014

省水文仪器修试所招待所（水神客舍）★★
地址：武汉市洪山区珞喻路 531 号
电话：027－87809058
邮编：430079

航海宾馆★★
地址：武汉市武昌区中山路 460 号
电话：027－88043396
邮编：430064

金雁饭店★★
地址：武汉市汉口火车站西广场
电话：027－85624060
邮编：430030

凤翔岛度假村★★
地址：武汉市蔡甸区大集街凤凰村
电话：027－69161166
邮编：430113

江汉假日酒店★★
地址：武汉市蔡甸区蔡甸街蔡甸广场
电话：027－69841668
邮编：430100

金虹宾馆★★
地址：武汉市武昌区武珞路七巷 66 号
电话：027－87710010
邮编：430070

长江饭店★★
地址：武汉市江汉区统一街 307 号
电话：027－85666803
邮编：430014

咸丰宾馆★★
地址：武汉市武昌区首义新村 163 号
电话：027－88073261
邮编：430060

泓晟大酒店★★
地址：十堰市人民中路 23 号
电话：0719－8204666
邮编：442000

茅箭宾馆★★
地址：十堰市人民南路 83 号
电话：0719－8881209
邮编：442000

十堰黄龙水电宾馆★★
地址：十堰市小峡路 1 号
电话：0719－8585301
邮编：442000

云鹤大酒店★★
地址：十堰市人民南路 45 号
电话：0719－8884588
邮编：442000

惠和宾馆★★
地址：十堰市人民北路 29 号
电话：0719－8100006
邮编：442000

惠锦宾馆★★
地址：十堰市邮电街 7 号
电话：0719－8110988
邮编：442000

友谊宾馆★★
地址：十堰市张湾大岭路 8 号
电话：0719－8678825
邮编：442000

荣华宾馆★★
地址：十堰市车站路 10 号
电话：0719－8899888
邮编：442000

东风天成宾馆★★
地址：十堰市车城路 17 号
电话：0719－8224913
邮编：442000

武当山百汇山庄★★
地址：十堰市丹江口市武当山南岩
电话：0719－5689191
邮编：442000

武当山银苑宾馆★★
地址：十堰市丹江口市武当山特区太和路 36 号
电话：0719－5665440
邮编：442000

武当山电力培训中心★★
地址：十堰市丹江口市武当山特区
电话：0719－5665524
邮编：442000

武当山玄武宾馆★★
地址：十堰市丹江口市武当山乌鸦岭
电话：0719－5689175
邮编：442000

武当山惠苑宾馆★★
地址：十堰市丹江口市武当山永乐路 31 号
电话：0719－5665458
邮编：442000

武当山财会培训中心★★
地址：十堰市丹江口市武当山永乐路 16 号
电话：0719－5665434
邮编：442000

武当山中心宾馆★★
地址：十堰市丹江口市武当山太和路 2 号
电话：0719－5663996
邮编：442000

武当山太和宾馆★★
地址：十堰市武当山特区乌鸦岭停车场
电话：0719－5689189
邮编：442000

丹江口市水都宾馆★★
地址：十堰市丹江口市丹江大道 36 号
电话：0719－5227779
邮编：442000

丹江口市电力宾馆★★
地址：十堰市丹江口市沙陀营路 171 号
电话：0719－5215400
邮编：442000

丹江闻莺居宾馆★★
地址：十堰市丹江口丹江松涛山城郭
电话：0719－5379977
邮编：442000

竹山九华山避暑山庄★★
地址：十堰市竹山县九华山林场
电话：0719－4661093
邮编：442089

竹溪宾馆★★
地址：十堰市竹溪县城关镇人民路54号
电话：0719－2722100
邮编：442000

郧西人民饭店★★
地址：十堰市郧西县武装部东大街
电话：0719－6225668
邮编：442000

房县恒通宾馆★★
地址：十堰市房县房陵大道142号
电话：0719－3223277
邮编：442000

房县温泉度假村★★
地址：十堰市房县大温泉
电话：0719－3225063
邮编：442000

房县银都宾馆★★
地址：十堰市房县城关神农路103号
电话：0719－3226718
邮编：442000

武当山祥和山庄★★
地址：十堰市丹江口市武当山南岩停车场
电话：0719－5689018
邮编：442714

八一宾馆★★
地址：襄阳市樊城区春园路49号
电话：0710－3804360
邮编：441001

邓城神农园★★
地址：襄阳市樊城区邓城大道
电话：0710－3344186
邮编：441000

金都大酒店★★
地址：襄阳市檀溪路105号
电话：0710－3552883
邮编：441000

友谊宾馆★★
地址：襄阳市大庆东路30号
电话：0710－3405401
邮编：441000

米公饭店★★
地址：襄阳市建设路1号
电话：0710－3454007
邮编：441000

醉仙居宾馆★★
地址：襄阳市人民西路58号
电话：0710－3155559
邮编：441000

五七一三招待所★★
地址：襄阳市前进路229号
电话：0710－3224757
邮编：441000

百洋大酒店★★
地址：襄阳市长征路140号
电话：0710－3456200
邮编：441000

枣阳市枣阳宾馆★★
地址：襄阳市枣阳市阳河路21号
电话：0710－3223793
邮编：441000

保康银河宾馆★★
地址：襄阳市保康县城关镇光千路33号
电话：0710－5817788
邮编：441000

保康县烟草宾馆★★
地址：襄阳市保康县城关镇清溪路101号
电话：0710－5813572
邮编：441000

保康县保康宾馆★★
地址：襄阳市保康县东街122号
电话：0710－5812365
邮编：441000

谷城银盛大酒店★★
地址：襄阳市谷城县筑阳路68号
电话：0710－7232488
邮编：441000

老河口商务宾馆★★
地址：襄阳市老河口市汉口路8号
电话：0710－8226188
邮编：441000

南漳县七彩山庄★★
地址：襄阳市南漳县薛坪镇香水河景区
电话：0710－5381882
邮编：441500

襄电宾馆★★
地址：襄阳市襄城区余家湖火电厂
电话：0710－3698888
邮编：441141

京山温泉山庄★★
地址：荆门市温泉路36号
电话：0724－7339068
邮编：434500

京山宾馆★★
地址：荆门市京山县文峰东路21号
电话：0724－7331944
邮编：434500

荆门邮电宾馆★★
地址：荆门市长宁大道11号
电话：0724－2380388
邮编：434500

荆门市金穗宾馆★★
地址：荆门市象山大道32号
电话：0724－6056628
邮编：434500

荆门市金桥大酒店★★
地址：荆门市长宁大道62号
电话：0724－2355599
邮编：434500

荆门铁路宾馆★★
地址：荆门市车站路36号
电话：0724－6806680
邮编：434500

荆门金鹏电力宾馆★★
地址：荆门市白云大道48号
电话：0724－2366694
邮编：434500

荆门华地宾馆★★
地址：荆门市象山二路9号
电话：0724－2364300
邮编：434500

荆门市避暑山庄★★
地址：荆门市漳河镇迎接村
电话：0724－2383958
邮编：434500

海景绿叶大酒店★★
地址：荆门市金虾路125号
电话：0724－2385599
邮编：434500

漳河宾馆★★
地址：荆门市东宝区漳河镇文卫路
电话：0724－6042805
邮编：434500

葛洲坝东山宾馆★★
地址：荆门市泉口路30号
电话：0724－6080010
邮编：434500

新天地大酒店★★
地址：荆门市象山大道26号
电话：0724－2380410
邮编：434500

华盐宾馆★★
地址：荆门市象山大道53号
电话：0724－2385448
邮编：434500

金色阳光大酒店★★
地址：荆门市白庙路80号
电话：0724－2228006
邮编：434500

掇刀宾馆★★
地址：荆门市虎牙关大道146号
电话：0724－2448222
邮编：434500

九州宾馆★★
地址：荆门市中天街21号
电话：0724－2378500
邮编：434500

星源宾馆★★
地址：荆门市月亮湖路9号
电话：0724－6056899
邮编：434500

荆富宾馆★★
地址：荆门市沙洋县后港镇
电话：0724－8524702
邮编：434500

沙洋宾馆★★
地址：荆门市沙洋县平湖路33号
电话：0724－8551768
邮编：434500

王朝大酒店★★
地址：荆门市沙洋县汉津大道118号
电话：0724－8568888
邮编：434500

龙凤大酒店★★
地址：荆门市沙洋县汉津大道
电话：0724－8568999
邮编：434500

五三宾馆★★
地址：荆门市屈家岭管理区易家岭
电话：0724－7414826
邮编：434500

太子宾馆★★
地址：荆门市京山县太子山林管局石龙路

电话：0724－7461220
邮编：434500

钟祥市鸿雁大酒店★★
地址：荆门市钟祥市郢中镇安陆府路
电话：0724－4263999
邮编：434500

钟祥市胡集宾馆★★
地址：荆门市钟祥市胡集镇襄沙大道 97 号
电话：0724－4858583
邮编：434500

钟祥粮食宾馆★★
地址：荆门市钟祥市郢中镇莫愁湖大道 117 号
电话：0724－4228575
邮编：434500

莫愁湖大酒店★★
地址：荆门市钟祥市郢中镇皇城村
电话：0724－4283777
邮编：434500

钟祥电力宾馆★★
地址：荆门市钟祥市郢中镇
电话：0724－4213351
邮编：424500

阳光大酒店★★
地址：孝感市孝昌县东洪花大道
电话：0712－4762827
邮编：432100

金泉度假村★★
地址：孝感市安陆市金泉路
电话：0712－5222487
邮编：432100

卓洲大酒店★★
地址：孝感市长征路 12 号
电话：0712－2827978
邮编：432100

德安府宾馆★★
地址：孝感市安陆市碧涢路 89 号
电话：0712－5260068
邮编：532100

城西宾馆★★
地址：孝感市槐荫大道 51 号
电话：0712－2845457
邮编：432100

回龙山庄★★
地址：孝感市双峰山旅游度假区
电话：0712－4921487
邮编：432100

观湖山庄★★
地址：孝感市双峰山旅游度假区
电话：0712－4928008
邮编：4321000

大光明饭店★★
地址：孝感市汉川市欢乐街 19 号
电话：0712－8297738
邮编：4321000

梦珠大酒店★★
地址：孝感市云梦县梦泽大道 148 号
电话：0712－4320917
邮编：432100

王朝大酒店★★
地址：孝感市城站路 171 号
电话：0712－2333666
邮编：432100

应城新建宾馆★★
地址：孝感市应城市汉宜大道 33－2 号
电话：0712－3256677
邮编：432400

人和山庄★★
地址：孝感市观音湖生态文化旅游度假区
电话：0712－4853288
邮编：432100

汉川叨汉宾馆★★
地址：孝感市汉川西湖路中段
电话：0712－8279377
邮编：432100

汉川福茗大酒店★★
地址：孝感市汉川霍成大道车站旁
电话：0712－8381288
邮编：432100

云梦白云大酒店★★
地址：孝感市云梦县梦泽大道 162 号
电话：0712－4228222
邮编：432100

双峰山诚成七仙阁休闲山庄★★
地址：孝感市双峰山旅游风景区
电话：0712－4928216
邮编：432100

孝感市梦珠大酒店★★
地址：孝感市城站路 204 号
电话：0712－2884288
邮编：432100

百乐宫大酒店★★
地址：孝感市应城市蒲阳大道 178 号
电话：0712－3222635
邮编：432100

奥都宾馆★★
地址：孝感市应城市粮贸街南路 27 号
电话：0712－3240188
邮编：432100

大悟盛鑫宾馆★★
地址：孝感市大悟县长征中路 45 号
电话：0712－7238388
邮编：432100

黄冈市赤壁宾馆★★
地址：黄冈市阮家凉亭 1 号
电话：0713－8352481
邮编：438000

黄冈市凯顺花园大酒店★★
地址：黄冈市青云街 9 号
电话：0713－8613338
邮编：438000

红安县红烟宾馆★★
地址：黄冈市红安县龙乡大道 1 号
电话：0713－5247888
邮编：438000

浠水宾馆★★
地址：黄冈市浠水县宪司坳街 58 号
电话：0713－4238488
邮编：438000

蕲春红楼宾馆★★
地址：黄冈市蕲春县漕河大道 150 号
电话：0713－7229999
邮编：438000

黄梅御京大酒店★★
地址：黄冈市黄梅县五祖大道 1 号
电话：0713－3333856
邮编：438000

罗田金鹰山庄★★
地址：黄冈市罗田县天堂寨风景区
电话：0713－5826188
邮编：438000

英山龙门度假村★★
地址：黄冈市英山县桃花冲森林公园
电话：13367134198
邮编：438000

英山大别山主峰宾馆★★
地址：黄冈市英山县吴家山森林公园
电话：0713－7988138
邮编：438000

英山紫阳山庄★★
地址：黄冈市英山县吴家山森林公园
电话：0713－7988288
邮编：438000

永宁宾馆★★
地址：黄冈市武穴市永宁大道
电话：0713－6273111
邮编：435400

舒城大酒店★★
地址：黄冈市武穴市民主路民众大厦
电话：0713－6230905
邮编：435400

武穴市武山湖度假村★★
地址：黄冈市武穴市武山湖
电话：0713－6259158
邮编：438000

薄刀峰龙泉山庄★★
地址：黄冈市罗田薄刀峰
电话：0713－5756079
邮编：438600

蕲春县八一大酒店★★
地址：黄冈市蕲春漕河大道 73 号
电话：0713－7213715
邮编：435300

团风县交通宾馆★★
地址：黄冈市团风经济园特 1 号
电话：0713－6158099
邮编：438800

英山楚东宾馆★★
地址：黄冈市英山温泉镇鸡鸣路 29 号
电话：0713－7013283
邮编：438700

新世界商务酒店★★
地址：黄冈市宝塔路 53 号
电话：0713－8389889
邮编：438000

鄂州莲花山九州楼宾馆（天雨山庄）★★
地址：鄂州市莲花山旅游区
电话：0711－5030080
邮编：436000

飞鹅宾馆★★
地址：鄂州市文星大道 17 号
电话：0711－3211166
邮编：436000

武昌鱼大酒店★★
地址：鄂州市南浦路 92 号

电话：0711－3223366
邮编：436000

光明大酒店★★
地址：鄂州市滨湖北路东段
电话：0711－3832708
邮编：436000

星都宾馆★★
地址：鄂州市明塘东路40号
电话：0711－3223111
邮编：436000

南湖大酒店★★
地址：鄂州市文星路34号
电话：0711－3251818
邮编：436000

新凤凰宾馆★★
地址：鄂州市滨湖北路31号
电话：0711－5059228
邮编：436000

聚宾大酒店★★
地址：黄石市黄石大道952号
电话：0714－6220051
邮编：435003

海观山宾馆★★
地址：黄石市天津路2号
电话：0714－6225931
邮编：435003

正园大酒店★★
地址：黄石市黄石大道855号
电话：0714－6298313
邮编：435003

百冠楼宾馆★★
地址：黄石市广场路56号
电话：0714－6220504
邮编：435003

好乐大酒店★★
地址：黄石市黄石大道587号
电话：0714－6225559
邮编：435003

陶然楼宾馆★★
地址：黄石市广场路28号
电话：0714－6223181
邮编：435003

新佳饭店★★
地址：黄石市黄石大道628号
电话：0714－6320698
邮编：435003

家园宾馆★★
地址：黄石市交通路136号
电话：0714－6207777
邮编：435003

长江饭店★★
地址：黄石市交通路26号
电话：0714－6223061
邮编：435003

黄石饭店★★
地址：黄石市交通路107号
电话：0714－6321515
邮编：435003

流星花园大酒店★★
地址：黄石市武汉路26号
电话：0714－6288501
邮编：435003

大冶地质宾馆★★
地址：黄石市大冶市湖滨路10号
电话：0714－8712648
邮编：435003

大冶财苑宾馆★★
地址：黄石市大冶市黄金湖
电话：0714－8870270
邮编：435003

家园宾馆湖滨路分店★★
地址：黄石市湖滨大道38号
电话：0714－6265858
邮编：435000

金世纪大酒店★★
地址：黄石市湖滨大道740号
电话：0714－6321088
邮编：435000

崇阳宾馆★★
地址：咸宁市崇阳县天城镇新建路27号
电话：0715－3394500
邮编：437500

崇阳金路宾馆★★
地址：咸宁市崇阳县天城镇桃溪大道2号
电话：0715－3395339
邮编：437500

崇阳县桃溪宾馆★★
地址：咸宁市崇阳县天城镇前进路68号
电话：0715－3395660
邮编：437500

龙泉大酒店★★
地址：咸宁市赤壁市东街42号
电话：0715－5238291
邮编：437300

金桥中心饭店★★
地址：咸宁市赤壁市金鸡山路4号
电话：0715－5222957
邮编：437300

国源宾馆★★
地址：咸宁市赤壁市陆水大道125号
电话：0715－5358555
邮编：437300

梦馨山庄★★
地址：咸宁市赤壁市沿河大道42号
电话：0715－5250869
邮编：437300

邮政宾馆★★
地址：咸宁市赤壁市金鸡山路3号
电话：0715－5231788
邮编：437300

建行度假村★★
地址：咸宁市赤壁市陆水湖景区沿湖路1号
电话：0715－5356609
邮编：437300

质检宾馆★★
地址：咸宁市赤壁市河北大道222号
电话：0715－5358333
邮编：437300

天丽宾馆★★
地址：咸宁市咸安区
电话：0715－8300916
邮编：437000

咸安汇源宾馆★★
地址：咸宁市咸安区淦河大道59号
电话：0715－8333333
邮编：437000

汉商温泉山庄★★
地址：咸宁市温泉月亮湾路2号
电话：0715－8263770
邮编：437100

东方大酒店★★
地址：咸宁市温泉路43号
电话：0715－8258730
邮编：437100

凤池山宾馆★★
地址：咸宁市通羊镇园林路6号
电话：0715－2395510
邮编：437600

云水山庄★★
地址：咸宁市通山县九宫山铜鼓路3号
电话：0715－2422187
邮编：437600

金叶山庄★★
地址：咸宁市通山县九宫山风景区内
电话：0715－2422075
邮编：437600

九宫山工会疗养院★★
地址：咸宁市通山县九宫山凤岭路2号
电话：0715－2395138
邮编：437600

银湖山庄★★
地址：咸宁市通山县九宫山风景区内
电话：0715－2422184
邮编：437600

新大地饭店★★
地址：咸宁市通山县九宫山风景区内
电话：0715－2422222
邮编：437600

湖北省邮电干休所★★
地址：咸宁市通山县九宫山风景区内
电话：0715－2422105
邮编：437600

通山九宫山大酒店★★
地址：咸宁市通山县九宫山风岭路1号
电话：0715－2422209
邮编：437600

通山新格调假日酒店★★
地址：咸宁市通山县新城路184号
电话：0715－2390000
邮编：437600

通山九宫山秀峰山庄★★
地址：咸宁市通山县九宫山风景区
电话：0715－2422290
邮编：437600

九宫大饭店★★
地址：咸宁市通山县九宫山风景区
电话：0715－2422178
邮编：437600

嘉鱼宾馆★★
地址：咸宁市嘉鱼县迎宾路1号
电话：0715－6329708
邮编：437200

九宫山凤祥楼酒店★★
地址：咸宁市通山县九宫山风景区云湖小区1号
电话：0715－2442028

邮编：437600

荆力商务酒店★★
地址：荆州市沙市区共青路 1 号
电话：0716－8276000
邮编：434000

中博宾馆★★
地址：荆州市江汉南路 38 号
电话：0716－8235777
邮编：434000

洪湖大酒店★★
地址：荆州市洪湖市赤卫路 24 号
电话：0716－2444248
邮编：434000

东方大酒店★★
地址：荆州市北京西路 406 号
电话：0716－8252113
邮编：434000

津源宾馆★★
地址：荆州市沙市区红门路 30 号
电话：0716－8245893
邮编：434000

丽沙饭店★★
地址：荆州市沙市区红门路 23 号
电话：0716－8214721
邮编：434000

华盐宾馆★★
地址：荆州市沙市区北京路 184 号
电话：0716－8315519
邮编：434000

来凤宾馆★★
地址：荆州市荆州区荆东路 42 号
电话：0716－8455855
邮编：434000

三峡宾馆★★
地址：荆州市荆州区荆北路 9 号
电话：0716－8468456
邮编：434000

宾阳宾馆★★
地址：荆州市荆州区荆东路 19 号
电话：0716－8468583
邮编：434000

华泰宾馆★★
地址：荆州市北京中路 332 号
电话：0716－8113000
邮编：434000

沙市饭店★★
地址：荆州市沙市区北京路 235 号
电话：0716－8212001
邮编：434000

荆州饭店★★
地址：荆州市荆州区荆南路 60 号
电话：0716－8467341
邮编：434000

李埠宾馆★★
地址：荆州市荆州区李埠镇
电话：0716－8830168
邮编：434000

阳光宾馆★★
地址：荆州市荆州区人民北路 2 号
电话：0716－8406888
邮编：434000

峡州宾馆（至喜楼）★★
地址：宜昌市夷陵路 52 号
电话：0717－8866888
邮编：443000

长城宾馆★★
地址：宜昌市珍珠路
电话：0717－6745000
邮编：443000

自己人宾馆★★
地址：宜昌市西陵一路 75 路
电话：0717－6330126
邮编：443000

京陵宾馆★★
地址：宜昌市东山大道
电话：0717－6456111
邮编：443000

京宜宾馆★★
地址：宜昌市明珠路 46 号
电话：0717－6714666
邮编：443000

电力宾馆★★
地址：宜昌市东山大道 132 号
电话：0717－6441818
邮编：443000

云集饭店★★
地址：宜昌市云集路
电话：0717－6443104
邮编：443000

天马宾馆★★
地址：宜昌市体育场路 15 号
电话：0717－6488312
邮编：443000

三峡工程大酒店（真淳楼）★★
地址：宜昌市坝区江峡大道
电话：0717－6613666
邮编：443000

江都酒店★★
地址：宜昌市秭归县茅坪长宁大道
电话：0717－2887777
邮编：443000

汇丰大酒店★★
地址：宜昌市秭归县茅坪
电话：0717－2811111
邮编：443000

远安宾馆★★
地址：宜昌市远安县
电话：0717－3815308
邮编：443000

陆逊大酒店★★
地址：宜昌市宜都市城乡路 91 号
电话：0717－4833445
邮编：443000

五峰宾馆★★
地址：宜昌市五峰县
电话：0717－5821638
邮编：443000

三峡人才培训中心★★
地址：宜昌市金家台 6 号
电话：0717－6442031
邮编：443000

长阳县益丰酒店★★
地址：宜昌市长阳县龙舟大道 85 号
电话：0717－5331997
邮编：443500

实华宾馆★★
地址：宜昌市胜利四路 30 号
电话：0717－6056556
邮编：443000

中大饭店★★
地址：宜昌市夷兴大道 73 号
电话：0717－7834888
邮编：443100

维也纳宾馆★★
地址：宜昌市宜都市长江大道 26 号
电话：0717－4831651
邮编：443300

聚龙湾宾馆★★
地址：宜昌市宜都市五宜大道
电话：0717－4560666
邮编：443300

中南宾馆★★
地址：宜昌市宜都市枝城镇丹阳大道
电话：0717－4661691
邮编：443311

大洪山度假村★★
地址：随州市大洪山风景名胜区绿水村二组
电话：13908663811
邮编：441300

曾都宾馆★★
地址：随州市烈山大道玉石街 6 号
电话：0722－3222665
邮编：441300

烈山宾馆★★
地址：随州市烈山大道 240 号
电话：0722－3250888
邮编：441300

铁龙大酒店★★
地址：随州市交通大道 224 号
电话：0722－3221946
邮编：441300

江源宾馆★★
地址：随州市丰江生态旅游区
电话：0722－4579618
邮编：441300

电信培训中心★★
地址：随州市丰江生态旅游区
电话：0722－4579625
邮编：441300

新炎帝大酒店★★
地址：随州市烈山大道 217 号
电话：0722－3315331
邮编：441300

广水宾馆★★
地址：随州市广水市应山办事处广安路
电话：0722－6232560
邮编：441300

湖北交通干部培训中心★★
地址：随州市广水市长岭镇
电话：0722－6711024
邮编：441300

云都大酒店★★
地址：随州市广水市应山办事处永阳大道
电话：0722－6241018
邮编：441300

中大酒店★★
地址：随州市广水市广水办事处中山广场
电话：0722－6413229
邮编：441300

宏森大酒店★★
地址：随州市广水市应山办事处航空北路
电话：0722－6245427
邮编：441300

广水市财政干部培训学校★★
地址：随州市广水市长岭镇
电话：0722－6711007
邮编：441300

仙桃宾馆★★
地址：仙桃市大兴路
电话：0728－3223343
邮编：433000

迎恩楼宾馆★★
地址：仙桃市沔城风景区
电话：0728－2753016
邮编：433000

星云宾馆★★
地址：仙桃市汉江大道1号
电话：0728－3322888
邮编：433000

天马大酒店★★
地址：仙桃市仙桃大道
电话：0728－3201333
邮编：433000

嘉源宾馆★★
地址：仙桃市勉阳大道
电话：0728－3205777
邮编：433000

凤凰酒店★★
地址：仙桃市仙桃大道
电话：0728－3200358
邮编：433000

五湖酒店★★
地址：仙桃市何李路
电话：0728－3243201
邮编：433000

五星宾馆★★
地址：仙桃市汉江大道特1号
电话：0728－3313881
邮编：433000

古楼宾馆★★
地址：仙桃市爱民路
电话：0728－3223328
邮编：433000

金穗宾馆★★
地址：天门市陆羽大道26号
电话：0728－5222749
邮编：431700

神农架大酒店★★
地址：神农架林区松柏镇
电话：0719－3333947
邮编：442400

神农架宾馆★★
地址：神农架林区松柏镇
电话：0719－3332250
邮编：442400

神农度假村★★
地址：神农架林区木鱼镇
电话：0719－3452546
邮编：442400

再发山庄★★
地址：神农架林区木鱼镇
电话：0719－3453128
邮编：442400

香溢宾馆★★
地址：神农架林区木鱼镇
电话：0719－3452389
邮编：442400

木鱼山庄★★
地址：神农架林区木鱼镇
电话：0719－3453498
邮编：442400

金宾大酒店★★
地址：神农架林区木鱼镇
电话：0719－3452269
邮编：442400

神农架山庄★★
地址：神农架林区木鱼镇
电话：0719－3453088
邮编：442400

呼啸山庄★★
地址：神农架林区木鱼镇
电话：0719－3453998
邮编：442400

木鱼饭店★★
地址：神农架林区木鱼镇
电话：0719－3453278
邮编：442400

教育接待中心★★
地址：神农架林区松柏镇
电话：0719－3337438
邮编：442400

神林宾馆★★
地址：神农架林区松柏镇
电话：0719－3332030
邮编：442400

大自然酒店★★
地址：神农架林区木鱼镇
电话：0719－3453666
邮编：442400

满堂春饭店★★
地址：神农架林区木鱼镇
电话：0719－3453918
邮编：442400

青天袍度假村★★
地址：神农架林区木鱼镇
电话：0719－3452609
邮编：442400

恩施民航大酒店★★
地址：恩施土家族苗族自治州恩施市航空路61号
电话：0718－8225370
邮编：445000

恩施州旋宫宾馆★★
地址：恩施土家族苗族自治州恩施市土桥大道55号（州公路局院内）
电话：0718－8222017
邮编：445000

恩施州帅巴人酒店★★
地址：恩施土家族苗族自治州恩施市施州大道119号
电话：0718－8216027
邮编：445000

恩施州晴元酒店★★
地址：恩施土家族苗族自治州恩施市凤凰路192号
电话：0718－8249955
邮编：445000

恩施市天海宾馆★★
地址：恩施土家族苗族自治州恩施市市府路2号
电话：13971891777
邮编：445000

恩施实华宾馆★★
地址：恩施土家族苗族自治州恩施市东风大道117号
电话：13317261839
邮编：445000

利川市电力宾馆★★
地址：恩施土家族苗族自治州利川市清江大道217号
电话：0718－7266351
邮编：445000

利川地税宾馆★★
地址：恩施土家族苗族自治州利川市利北路41号
电话：0718－7287349
邮编：445000

利川宾馆★★
地址：恩施土家族苗族自治州利川市解放西路96号
电话：0718－7282047
邮编：445000

利川长江宾馆★★
地址：恩施土家族苗族自治州利川市清江大道259号
电话：0718－7266488
邮编：445000

巴东金苑大厦★★
地址：恩施土家族苗族自治州巴东县楚天路17号
电话：0718－4334418
邮编：445000

巴东沿渡河大酒店★★
地址：恩施土家族苗族自治州巴东县沿渡河镇
电话：0718－4413599
邮编：445000

巴东神农度假村★★
地址：恩施土家族苗族自治州巴东县东瀼口镇
电话：0718－4463168
邮编：445000

建始武陵大酒楼★★
地址：恩施土家族苗族自治州建始县邺州镇人民大道4号
电话：0718－3224928
邮编：445000

咸丰世纪兴大酒店★★
地址：恩施土家族苗族自治州恩施市咸丰县红旗一路14号
电话：0718－6825999
邮编：445000

来凤滨河宾馆★★
地址：恩施土家族苗族自治州来凤县凤南路21号
电话：0718－6272055
邮编：445000

鹤峰金叶宾馆★★
地址：恩施土家族苗族自治州鹤峰县容美镇车站路15号
电话：0718－5285703
邮编：445000

鹤峰县走马腾龙大酒店★★
地址：恩施土家族苗族自治州鹤峰县走马镇
电话：0718－5688888
邮编：445800

巴东县龙泉宾馆★★
地址：恩施土家族苗族自治州巴东县野三关镇名相路88号
电话：0718－4714798
邮编：444324

建始水苑宾馆★★
地址：恩施土家族苗族自治州建始县建设路34号
电话：0718－3225586
邮编：445300

利川市骄阳酒店★★
地址：恩施土家族苗族自治州利川市清江大道84号
电话：0718－7286111
邮编：445400

宣恩县宣恩宾馆★★
地址：恩施土家族苗族自治州宣恩县珠山镇群益巷1号
电话：0718－5832803
邮编：445500

利川市香山宾馆★★
地址：恩施土家族苗族自治州利川市利北路122号
电话：0718－7260998
邮编：445400

利川市东江宾馆★★
地址：恩施土家族苗族自治州利川市东城路227号
电话：0718－7290366
邮编：445400

利川市雪源宾馆★★
地址：恩施土家族苗族自治州利川市齐岳山景区
电话：0718－7621890
邮编：445400

利川市齐星宾馆★★
地址：恩施土家族苗族自治州利川市齐岳山景区
电话：0718－7621668
邮编：445400

一星级

华大大厦★
地址：武汉市汉阳区二桥玫瑰园路特1号
电话：027－84874353－8420
邮编：430051

东泉宾馆★
地址：武汉市黄陂区木兰山风景区
电话：027－61501017
邮编：430018

竹山庸都大酒店★
地址：十堰市竹山县城关镇人民路143号
电话：0719－4225148
邮编：442000

竹山县神龙宾馆★
地址：十堰市竹山县城关镇人民路98号
电话：0719－4221019
邮编：442000

房县兴和宾馆★
地址：十堰市房县城关镇环城路80号
电话：0719－3244998
邮编：442000

凤雏大厦★
地址：襄阳市襄城陵园路1号
电话：0710－3758988
邮编：441000

谷城县银城宾馆★
地址：襄阳市城关镇府西街58号
电话：0710－8226188
邮编：441000

保康县财培宾馆★
地址：襄阳市保康县沿河西路29号
电话：0710－5811317
邮编：441500

保康县电信宾馆★
地址：襄阳市保康县东沟路
电话：0710－581378
邮编：441500

钟祥市交通宾馆★
地址：荆门市钟祥市郢中镇莫愁湖大道54号
电话：0724－4220199
邮编：434500

西宾楼★
地址：荆门市钟祥市郢中镇东街18号
电话：0724－4229743
邮编：434500

钟祥公路大酒店★
地址：荆门市钟祥市郢中镇石城大道4号
电话：0724－4231800
邮编：434500

鑫晶宾馆★
地址：孝感市应城市汉宜大道光明大市场
电话：0712－3231111
邮编：432100

安陆邮政公寓★
地址：孝感市安陆市碧涢路84号
电话：0712－5225196
邮编：432100

英山桃花山庄★
地址：黄冈市英山县桃花冲森林公园
电话：0713－7013873
邮编：438000

英山云峰山庄★
地址：黄冈市英山县吴家山森林公园
电话：0713－7988198
邮编：438000

陆水花园★
地址：咸宁市赤壁市陆水湖景区内
电话：0715－5354538
邮编：437300

振鸿宾馆★
地址：荆州市沙市区红门路桥北
电话：0716－8236838
邮编：434000

锦江宾馆★
地址：荆州市大庆路38号
电话：0716－8513071
邮编：434000

扬子江酒店★
地址：宜昌市沿江大道152号
电话：0717－6226780
邮编：443000

鹿鸣大酒店★
地址：宜昌市夷陵区
电话：0717－7829917
邮编：443000

银湾宾馆★
地址：宜昌市夷陵区
电话：0717－7835482
邮编：443000

夔龙山庄★
地址：宜昌市秭归县茅坪
电话：0717－2885328
邮编：443000

龙麟山庄★
地址：恩施土家族苗族自治州恩施市高桥坝村
电话：13607248539
邮编：445000

宜昌万达皇冠假日酒店
地址：宜昌市伍家岗区沿江大道特169号
电话：0717－6588888
邮编：443008

襄阳万达皇冠假日酒店
地址：襄阳市长虹北路11号
电话：0710－3288866
邮编：441000

武汉万达威斯汀酒店
地址：武汉市武昌区临江大道96号
电话：027－88168888
邮编：430062

湖　南

HUNAN

五星级

湖南华天大酒店★★★★★
地址：长沙市芙蓉区解放东路 300 号
电话：0731 - 84442888
邮编：410011

长沙神农大酒店★★★★★
地址：长沙市雨花区芙蓉中路 269 号
电话：0731 - 85218888
邮编：410004

长沙通程国际大酒店★★★★★
地址：长沙市芙蓉区韶山北路 159 号
电话：0731 - 84168888
邮编：410011

湖南圣爵菲斯大酒店★★★★★
地址：长沙市开福区浏阳河大桥东
电话：0731 - 84252333
邮编：410008

湖南普瑞温泉酒店★★★★★
地址：长沙市望城区普瑞大道 8 号
电话：0731 - 88388888
邮编：410200

长沙同升湖通程山庄★★★★★
地址：长沙市雨花区洞井镇
电话：0731 - 85168888
邮编：410011

湖南华雅国际大酒店★★★★★
地址：长沙市雨花区万家丽路中路二段 81 号
电话：0731 - 85322222
邮编：410011

长沙运达喜来登酒店★★★★★
地址：长沙市天心区芙蓉中路一段 478 号
电话：0731 - 84888888
邮编：410004

长沙明城国际大酒店★★★★★
地址：长沙市星沙漓湘西路 19 号
电话：0731 - 84651888
邮编：410100

湖南潇湘华天大酒店★★★★★
地址：长沙市开福区芙蓉中路一段 593 号
电话：0731 - 84660888
邮编：410004

浏阳银天大酒店★★★★★
地址：长沙市浏阳市将军路 1 号
电话：0731 - 83688888
邮编：410300

张家界京武铂尔曼酒店★★★★★
地址：张家界市武陵源区画卷路
电话：0744 - 5668888
邮编：427400

张家界青河锦江国际酒店★★★★★
地址：张家界市武陵源区军砥路
电话：0744 - 8188888
邮编：427400

常德共和酒店★★★★★
地址：常德市武陵区柳叶大道东段
电话：0736 - 7138888
邮编：415000

株洲华天大酒店★★★★★
地址：株洲市天元区长江北路 1 号
电话：0731 - 28819999
邮编：412007

湘潭盘龙山庄大酒店★★★★★
地址：湘潭市岳塘区河东大道 1 号
电话：0731 - 52518888
邮编：411101

郴州华天大酒店★★★★★
地址：郴州市北湖区七里大道 108 号
电话：0735 - 2818888
邮编：423000

四星级

湖南金源大酒店★★★★
地址：长沙市开福区芙蓉中路 465 号
电话：0731 - 85558888
邮编：410008

湖南鑫都大酒店★★★★
地址：长沙市雨花区中环路火焰开发区一片
电话：0731 - 84788888
邮编：410011

湖南紫东阁华天大酒店★★★★
地址：长沙市芙蓉区八一西路 68 号
电话：0731 - 82288888
邮编：410011

湖南五华大酒店★★★★
地址：长沙市雨花区芙蓉南路 308 号
电话：0731 - 85528888
邮编：410011

湖南芙蓉华天大酒店★★★★
地址：长沙市芙蓉区五一东路 8 号
电话：0731 - 84401888
邮编：410011

湖南君逸康年大酒店★★★★
地址：长沙市芙蓉区芙蓉中路 508 号
电话：0731 - 82333333
邮编：410011

长沙天玺大酒店★★★★
地址：长沙市芙蓉区芙蓉中路 二段 168 号
电话：0731 - 85169999
邮编：410011

湖南君逸山水大酒店★★★★
地址：长沙市芙蓉区晚报大道 150 号
电话：0731 - 82196666
邮编：410011

长沙时代帝景大酒店★★★★
地址：长沙市岳麓区桐梓坡路 399 号
电话：0731 - 88989999
邮编：410013

长沙顺天·黄金海岸大酒店★★★★
地址：长沙市开福区芙蓉北路福城路 9 号开福区政府旁
电话：0731 - 82883333
邮编：410008

长沙和一大酒店★★★★
地址：长沙市雨花区韶山南路 133 号
电话：0731 - 82811111
邮编：410011

湖南枫林宾馆★★★★
地址：长沙市岳麓区枫林一路 81 号
电话：0731 - 88883001
邮编：410013

湖南和一国际大酒店★★★★
地址：长沙市天心区劳动西路 256 号
电话：0731 - 82828111
邮编：410004

湖南华悦大酒店★★★★
地址：长沙市开福区芙蓉中路一段二号
电话：0731 - 884815888
邮编：410008

湖南宾馆★★★★
地址：长沙市芙蓉区营盘东路 193 号
电话：0731 - 884404888
邮编：410011

湖南金辉大酒店★★★★
地址：长沙市雨花区雨花路 181 号
电话：0731 - 85608000
邮编：410011

湖南省大华宾馆★★★★
地址：长沙市天心区劳动西路 528 号
电话：0731 - 85509888
邮编：410004

湖南茉莉花大酒店★★★★
地址：长沙市岳麓区金星中路
电话：0731 - 88229999
邮编：410013

湖南星沙华天大酒店★★★★
地址：长沙市长沙县星沙漓湘路
电话：0731 - 88428888
邮编：410100

湖南富丽华大酒店★★★★
地址：长沙市芙蓉区八一东路 88 号
电话：0731 - 82298888
邮编：410011

长沙海程大酒店★★★★
地址：长沙市芙蓉区八一路 58 号
电话：0731 - 82290881
邮编：410011

张家界国际大酒店★★★★
地址：张家界市永定区三角坪 42 号
电话：0744 - 8222888
邮编：427000

张家界湘电国际酒店★★★★
地址：张家界市武陵源区张家界国家森林公园门口
电话：0744 - 5712999
邮编：427400

张家界蓝天大酒店★★★★
地址：张家界市永定区崇文路
电话：0744 - 8278088
邮编：427000

张家界通达国际酒店★★★★
地址：张家界市永定区永定大道鹭鸶弯桥头
电话：0744 - 8259999
邮编：427000

张家界专家村宾馆★★★★
地址：张家界市武陵源区武陵大道
电话：0744 - 5618388
邮编：427400

张家界江汉山庄★★★★
地址：张家界市武陵源区军地坪
电话：0744－5618122
邮编：427400

常德华天大酒店★★★★
地址：常德市武陵区武陵大道南段
电话：0736－7258888
邮编：415000

常德国际大酒店★★★★
地址：常德市武陵区武陵大道北段
电话：0736－7778888
邮编：415000

常德金悦国际大酒店★★★★
地址：常德市武陵区沅安东路滨江豪庭
电话：0736－2911111
邮编：415000

益阳华天大酒店★★★★
地址：益阳市赫山区康复北路2号
电话：0737－4228888
邮编：413002

安化银莲国际大酒店★★★★
地址：益阳市安化县城南区商贸街
电话：0737－2791888
邮编：413500

岳阳南湖宾馆★★★★
地址：岳阳市岳阳楼区南湖邕园路36号
电话：0730－8841819
邮编：414000

岳阳华天大酒店★★★★
地址：岳阳市岳阳楼区南湖大道587号
电话：0730－8885819
邮编：414000

岳阳泰和大酒店★★★★
地址：岳阳市岳阳楼区巴陵中路
电话：0730－8279288
邮编：414000

岳阳国贸邦臣大酒店★★★★
地址：岳阳市岳阳楼区南湖大道329号
电话：0730－8250289
邮编：414000

岳阳云梦宾馆★★★★
地址：岳阳市岳阳楼区云梦路121号
电话：0730－8330880
邮编：414000

株洲国宾酒店★★★★
地址：株洲市芦淞区建设南路58号
电话：0731－28268888
邮编：412000

株洲九方大酒店★★★★
地址：株洲市石峰区田心小东门1号
电话：0731－28441111
邮编：412005

株洲醴陵东风大酒店★★★★
地址：株洲市醴陵市滨河路新街口55号
电话：0731－23219999
邮编：412200

湘潭华都国际大酒店★★★★
地址：湘潭市岳塘区建设南路328号
电话：0731－58558888
邮编：411101

湘潭韶山德盛宾馆★★★★
地址：湘潭市韶山市车站路1号
电话：0731－55680088
邮编：411300

湘潭华宇国际大酒店★★★★
地址：湘潭市岳塘区建设南路68号
电话：0731－52888888
邮编：411101

湘潭县鑫田国际大酒店★★★★
地址：湘潭市湘潭县易俗河天易大道1号
电话：0731－56799999
邮编：411228

衡阳雁城宾馆★★★★
地址：衡阳市蒸湘区解放路91号
电话：0734－8211288
邮编：421001

衡阳神龙大酒店★★★★
地址：衡阳市蒸湘区蒸湘北路3号
电话：0734－8988888
邮编：421001

衡阳华天大酒店★★★★
地址：衡阳市蒸湘区解放路55号
电话：0734－8188888
邮编：421001

神洲明珠大酒店★★★★
地址：衡阳市耒阳市神农路499号
电话：0734－4399999
邮编：421800

神龙·寿岳国际大酒店★★★★
地址：衡阳市南岳区祝融南路
电话：0734－5665678
邮编：421900

衡东恒瑞国际大酒店★★★★
地址：衡阳市衡东县创大西路
电话：0734－2826888
邮编：421400

耒阳神龙·新世界大酒店★★★★
地址：衡阳市耒阳市城北路
电话：0734－4898888
邮编：421800

郴州国际大酒店★★★★
地址：郴州市北湖区人民西路17号
电话：0735－2320232
邮编：423000

郴州宜章和一大酒店★★★★
地址：郴州市宜章县南京路5号
电话：0735－3760888
邮编：424200

永州南华大酒店★★★★
地址：永州市冷水滩区潇湘路33号
电话：0746－8328888
邮编：425100

永州红太阳大酒店★★★★
地址：永州市零陵区南津中路1号
电话：0746－6688888
邮编：425100

永州鑫利大酒店★★★★
地址：永州市祁阳县中兴路8号
电话：0746－3222222
邮编：426100

永州万喜登大酒店★★★★
地址：永州市冷水滩区零陵中路399号
电话：0746－8688888
邮编：425100

隆回恒丰假日酒店★★★★
地址：邵阳市隆回县桃花路
电话：0739－8188888
邮编：422200

邵阳和一宝庆山庄★★★★
地址：邵阳市大祥区宝庆中路市委大院内
电话：0739－5111111
邮编：422000

邵阳白公城建民大酒店★★★★
地址：邵阳市大祥区城北路62号
电话：0739－5468888
邮编：422000

邵东金利华大酒店★★★★
地址：邵阳市邵东县昭阳大道与金龙路交会处
电话：0739－2866666
邮编：422800

湘西州民族宾馆★★★★
地址：湘西土家族苗族自治州吉首市人民中路7号
电话：0743－8562507
邮编：416000

凤凰县天下凤凰大酒店★★★★
地址：湘西土家族苗族自治州凤凰县凤凰路1号
电话：0743－3502999
邮编：416200

三星级

长沙新天宾馆★★★
地址：长沙市芙蓉区八一西路32号
电话：0731－82299661
邮编：410011

湖南今朝大酒店★★★
地址：长沙市芙蓉区车站北路138号
电话：0731－82289999
邮编：410011

湖南陋园宾馆★★★
地址：长沙市开福区湘春中路111号
电话：0731－84841088
邮编：410008

湖南金叶大酒店★★★
地址：长沙市雨花区曙光中路248号
电话：0731－85481188
邮编：410011

湖南银华大酒店★★★
地址：长沙市芙蓉区五一大道618号
电话：0731－84308188
邮编：410011

湖南新闻大酒店★★★
地址：长沙市芙蓉区芙蓉中路27号
电话：0731－82321888
邮编：410011

湖南迎宾楼·欧雅大酒店★★★
地址：长沙市雨花区韶山南路12号
电话：0731－85570399
邮编：410011

湖南金赋大酒店★★★
地址：长沙市芙蓉区芙蓉中路三段5号
电话：0731－85555499
邮编：410011

湖南南枫大酒店★★★
地址：长沙市天兴区劳动西路 499 号
电话：0731－85549999
邮编：410011

湖南留芳宾馆★★★
地址：长沙市开福区留芳岭 14 号
电话：0731－82858888
邮编：410008

长沙银河大酒店★★★
地址：长沙市芙蓉区五一大道 59 号
电话：0731－84111818
邮编：410011

长沙通程麓山大酒店★★★
地址：长沙市岳麓区枫林路 2 号
电话：0731－88883071
邮编：410013

长沙三九楚云大酒店★★★
地址：长沙市芙蓉区车站中路 239 号
电话：0731－84191999
邮编：410011

湖南开元大酒店★★★
地址：长沙市长沙县长沙经济技术开发区开元路 17 号
电话：0731－84650888
邮编：410100

长沙晚报大酒店★★★
地址：长沙市芙蓉区晚报大道 259 号
电话：0731－882204888
邮编：410011

湖南友谊宾馆★★★
地址：长沙市芙蓉区黄兴中路 55 号
电话：0731－82345678
邮编：410011

长沙星电宾馆★★★
地址：长沙市天心区白沙南路
电话：0731－85918888
邮编：410004

长沙天成大酒店★★★
地址：长沙市长沙县星沙区振兴建材大市场 1 栋
电话：0731－84021288
邮编：410100

长沙金枫大酒店★★★
地址：长沙市岳麓区枫林二路 139 号
电话：0731－88811888
邮编：410013

湖南华信宾馆★★★
地址：长沙市芙蓉区车站北路 126 号
电话：0731－82276168
邮编：410011

长沙市华宇大酒店★★★
地址：长沙市雨花区劳动中路 87 号
电话：0731－85388688
邮编：410011

湖南新海悦大酒店★★★
地址：长沙市雨花区东二环一段 668 号
电话：0731－84781788
邮编：410011

长沙市天洋大酒店★★★
地址：长沙市雨花区劳动中路 98 号
电话：0731－85508688
邮编：410011

长沙市华夏大酒店★★★
地址：长沙市芙蓉区营盘东路 82 号
电话：0731－84437188
邮编：410011

长沙浏阳河大酒店★★★
地址：长沙市浏阳市新文路 81 号
电话：0731－83612618
邮编：410300

湖南神禹大酒店★★★
地址：长沙市雨花区劳动西路 529 号
电话：0731－82776888
邮编：410011

湖南健铭大酒店★★★
地址：长沙市天心区书院路 280 号
电话：0731－85178888
邮编：410004

湖南西野酒店（青园分店）★★★
地址：长沙市天心区五凌路 168 号
电话：0731－85893099
邮编：410004

长沙同发大酒店★★★
地址：长沙市芙蓉区芙蓉中路二段 116 号
电话：0731－82800111
邮编：410011

长沙浏阳绿之韵大酒店★★★
地址：长沙市浏阳市长沙国家生物产业基地绿之韵路 36 号
电话：0731－83283888
邮编：410300

湖南南海宾馆★★★
地址：长沙市芙蓉区八一路 56 号
电话：0731－82297888
邮编：410011

长沙宁乡美维雅大酒店★★★
地址：长沙市宁乡县玉潭镇花明路 1 号
电话：0731－87859999
邮编：410600

长沙宁乡天元大酒店★★★
地址：长沙市宁乡县玉潭镇花明北路县政中心旁
电话：0731－87809778
邮编：410600

湖南新农大酒店★★★
地址：长沙市芙蓉区湖南农业大学内
电话：0731－84673799
邮编：410011

湖南林大橙子酒店★★★
地址：长沙市雨花区韶山南路 498 号
电话：0731－85289888
邮编：410011

湖南西野酒店（五强总店）★★★
地址：长沙市岳麓区高新开发区麓天路 2 号
电话：0731－88991688
邮编：410013

长沙社院和一大酒店★★★
地址：长沙市芙蓉区马王堆嘉雨路 148 号（社会主义学院内）
电话：0731－888222111
邮编：410011

湖南军转大酒店★★★
地址：长沙市开福区中山路教育街
电话：0731－84444188
邮编：410008

望城红星大酒店★★★
地址：长沙市望城区高塘岭镇莲湖路 46 号
电话：0731－88065577
邮编：410200

湖南兴湘国际商务大酒店★★★
地址：长沙市芙蓉区火星镇纬二路 106 号
电话：0731－84135208
邮编：410011

张家界市琵琶溪宾馆★★★
地址：张家界市国家森林公园门口
电话：0744－5718888
邮编：427401

张家界金都大酒店★★★
地址：张家界市永定区子午东路 1 号
电话：0744－8236688
邮编：427099

张家界南航富利来大酒店★★★
地址：张家界市区子午路 30 号
电话：0744－2128888
邮编：427099

张家界武陵源宾馆★★★
地址：张家界市武陵源区武陵大道 319 号
电话：0744－5615888
邮编：427400

张家界湘水宾馆★★★
地址：张家界市武陵源区军地坪 83 号
电话：0744－5625688
邮编：427400

张家界天子大酒店★★★
地址：张家界市武陵源区武陵大道中段
电话：0744－5622888
邮编：427400

张家界百丈峡大酒店★★★
地址：张家界市武陵源区百丈峡风景区
电话：0744－5622666
邮编：427400

张家界亘立国际酒店★★★
地址：张家界市武陵源区武陵大道中段
电话：0744－2158888
邮编：427400

张家界邮电公寓★★★
地址：张家界市教场路 17 号
电话：0744－8222898
邮编：427099

张家界民俗大酒店★★★
地址：张家界市武陵源区国家森林公园刘家拐
电话：0744－5719388
邮编：427000

张家界江垭温泉度假村★★★
地址：张家界市慈利县江垭镇
电话：0744－3355888
邮编：427200

张家界北斗星大酒店★★★
地址：张家界市永定区教场路 30 号
电话：0744－2118118
邮编：427099

张家界阳光酒店★★★
地址：张家界市永定区永定大道 2 号
电话：0744－8212188
邮编：427000

张家界云海宾馆★★★
地址：张家界市武陵源区武陵源大道
电话：0744－5615588
邮编：427400

张家界红河谷酒店★★★
地址：张家界市武陵源区国家森林公园锣鼓塔
电话：0744－5719297
邮编：427000

张家界迎宾馆★★★
地址：张家界市委机关大院内
电话：0744－8221682
邮编：427000

张家界金豪大酒店★★★
地址：张家界市桑植县澧源镇文明路
电话：0744－6246288
邮编：427100

张家界大华酒店★★★
地址：张家界市武陵源区未央路
电话：0744－5611588
邮编：427400

张家界天恒大酒店★★★
地址：张家界市武陵源区军砥路
电话：0744－5625888
邮编：427400

张家界博海大酒店★★★
地址：张家界市武陵源区喻家嘴镇
电话：0744－5616288
邮编：427400

张家界古都大酒店★★★
地址：张家界市桑植县和平路
电话：0744－6245088
邮编：427100

张家界天鸿大酒店★★★
地址：张家界市永定区子午西路916号
电话：0744－8231188
邮编：427000

张家界风云假日酒店★★★
地址：张家界市永定区南庄坪
电话：0744－8276999
邮编：427099

张家界金樽酒店★★★
地址：张家界市武陵源区高云小区
电话：0744－2152111
邮编：427400

张家界民航大酒店★★★
地址：张家界市永定区大桥路1号
电话：0744－8253677
邮编：427099

张家界港源大酒店★★★
地址：张家界市武陵源区军砥路
电话：0744－2155268
邮编：427400

张家界远洋宾馆★★★
地址：张家界永定区天门路349
电话：0744－8396668
邮编：427000

张家界银源山庄★★★
地址：张家界市武陵源区武陵大道103号
电话：0744－5555198
邮编：427400

张家界御笔峰大酒店★★★
地址：张家界武陵源区驼峰路
电话：0744－5556699
邮编：427400

张家界凯天国际酒店★★★
地址：张家界市武陵源区军邸坪
电话：0744－5666666
邮编：427400

张家界金洲大酒店★★★
地址：张家界市永定区崇文路18号
电话：0744－8326888
邮编：427099

张家界锦天大酒店★★★
地址：张家界市武陵源区武陵大道8号
电话：0744－5666878
邮编：427400

八百里大酒店★★★
地址：常德市武陵区武陵大道北段
电话：0736－7715888
邮编：415000

芷园宾馆★★★
地址：常德市武陵区芷园路92号
电话：0736－7955888
邮编：415000

桃花滩宾馆★★★
地址：常德市澧县澧州大道
电话：0736－3333888
邮编：415500

德华宾馆★★★
地址：常德市武陵区武陵大道与洞庭大道交会处
电话：0736－7766888
邮编：415000

金穗宾馆★★★
地址：常德市临澧县朝阳路
电话：0736－5828588
邮编：415200

鑫湖缘宾馆★★★
地址：常德市鼎城区西洞庭祝丰镇庆丰路
电话：0736－7508055
邮编：415001

兰苑宾馆★★★
地址：常德市津市车胤大道402号
电话：0736－4248888
邮编：415400

凯悦大酒店★★★
地址：常德市武陵区武陵大道北段19号
电话：0736－7788888
邮编：415000

鹏程大酒店★★★
地址：常德市武陵区武陵大道南段
电话：0736－7158888
邮编：415000

龙阳国际大酒店★★★
地址：常德市汉寿县城关镇
电话：0736－2333333
邮编：415900

汤臣·万豪酒店★★★
地址：常德市武陵区武陵大道
电话：0736－4699999
邮编：415000

石门国际大酒店★★★
地址：常德市石门县宝峰开发区
电话：0736－5165888
邮编：415300

长鹰国际大酒店★★★
地址：常德市安乡县香港路商业步行街
电话：0736－4338888
邮编：415600

花源大酒店★★★
地址：常德市桃源县漳江中路31号
电话：0736－6617888
邮编：415700

金龙玉凤饭店★★★
地址：常德市澧县澧州大道东段
电话：0736－3339999
邮编：415500

金帝大酒店★★★
地址：常德市临澧县澧阳南路
电话：0736－5777777
邮编：415200

雅康大酒店★★★
地址：常德市武陵区洞庭大道西段
电话：0736－7195888
邮编：415000

九重天大酒店★★★
地址：常德市临澧县合口镇人民西路69号
电话：0736－7799999
邮编：415213

城头山国际大酒店★★★
地址：常德市澧县澧阳镇翊武中路
电话：0736－3268198
邮编：415500

清真第一春宾馆★★★
地址：常德市武陵区人民路1503号
电话：0736－7283333
邮编：415000

天鹅湖国际大酒店★★★
地址：常德市临澧县安福东路97号
电话：0736－5555999
邮编：415200

鼎喜万和大酒店★★★
地址：常德市武陵区洞庭大道与龙港路交会处
电话：0736－2699999
邮编：415000

益阳中信大酒店★★★
地址：益阳市赫山区桃花仑西路18号
电话：0737－2618888
邮编：413002

沅江金鑫大酒店★★★
地址：益阳市沅江市桔城南路18号
电话：0737－2853888
邮编：413100

益阳华信大酒店★★★
地址：益阳市资阳区马良路1号
电话：0737－3808888
邮编：413001

安化蓝谷假日酒店★★★
地址：益阳市安化县江南镇高城村
电话：0737－7818888
邮编：413500

桃江广通大酒店★★★
地址：益阳市桃江县桃花江镇芙蓉路
电话：0737 - 8820188
邮编：413400

益阳旺府商务酒店★★★
地址：益阳市赫山区益阳大道东 178 号
电话：0737 - 2268888
邮编：413002

益阳华天假日酒店★★★
地址：益阳市赫山区龙洲北路 298 号
电话：0737 - 4399999
邮编：413002

益阳万豪大酒店★★★
地址：益阳市赫山区金山路 67 号
电话：0737 - 2263888
邮编：413099

桃江中海城大酒店★★★
地址：益阳市桃江县芙蓉路 78 号
电话：0737 - 8222222
邮编：413400

益阳都市壹佰连锁酒店★★★
地址：益阳市赫山区康富南路 303 号
电话：0737 - 3100100
邮编：413099

湖南益兴源国际大酒店★★★
地址：益阳市赫山区金山南路 700 号
电话：0737 - 2220888
邮编：413099

岳阳金海大酒店★★★
地址：岳阳市岳阳楼区南湖大道 320 号
电话：0730 - 8241709
邮编：414021

岳阳沃顿电力酒店★★★
地址：岳阳市岳阳楼区站前东路 493 号
电话：0730 - 8252808
邮编：414021

岳阳中银大酒店★★★
地址：岳阳市岳阳楼区站前西路 203 号
电话：0730 - 8262119
邮编：414021

岳阳和一大酒店★★★
地址：岳阳市岳阳楼区站前西路 136 号
电话：0730 - 8275987
邮编：414021

岳阳华容宾馆★★★
地址：岳阳市华容县迎宾路 1 号
电话：0730 - 4252005
邮编：414200

岳阳汨罗中信大酒店★★★
地址：岳阳市汨罗市建设西路 1 号
电话：0730 - 5240958
邮编：414400

岳阳汨罗慧友大酒店★★★
地址：岳阳市汨罗市建设中路 63 号
电话：0730 - 5232888
邮编：414400

岳阳君山明月大酒店★★★
地址：岳阳市君山区旅游路 1 号
电话：0730 - 8116333
邮编：414005

岳阳云溪中朝宾馆★★★
地址：岳阳市云溪区新埠西路 108 号
电话：0730 - 8418003
邮编：414009

岳阳长岭接待会议中心★★★
地址：岳阳市云溪区长炼
电话：0730 - 8454061
邮编：414009

岳阳锦华中铁大酒店★★★
地址：岳阳市岳阳楼区站前路火车站广场东侧
电话：0730 - 8276588
邮编：414021

岳阳金东门大酒店★★★
地址：岳阳市岳阳楼区金鹗东路 11 号
电话：0730 - 8632988
邮编：414022

岳阳晓朝宾馆★★★
地址：岳阳市岳阳楼区炮台山路 88 号
电话：0730 - 8223366
邮编：414021

岳阳临湘富临宾馆★★★
地址：岳阳市临湘市长安西路 9 号
电话：0730 - 3730578
邮编：414300

岳阳华容银河大酒店★★★
地址：岳阳市华容县城关镇东正街
电话：0730 - 4285198
邮编：414200

岳阳平江和一大酒店★★★
地址：岳阳市平江县天岳大道 1 号
电话：0730 - 6296111
邮编：414500

岳阳金叶大酒店★★★
地址：岳阳市岳阳楼区巴陵东路金叶小区
电话：0730 - 8713298
邮编：414022

岳阳临湘华天宾馆★★★
地址：岳阳市临湘市南正街
电话：0730 - 3729933
邮编：414300

岳阳临湘大酒店★★★
地址：岳阳市临湘市清水塘转盘处
电话：0730 - 3753888
邮编：414300

岳阳华容长城宾馆★★★
地址：岳阳市华容县迎宾南路 1 号
电话：0730 - 4286989
邮编：414200

岳阳兴天大酒店★★★
地址：岳阳市岳阳楼区巴陵中路 648 号
电话：0730 - 9290718
邮编：414021

岳阳平江电力宾馆★★★
地址：岳阳市平江县开发区
电话：0730 - 6265888
邮编：414500

岳阳万福来宾馆★★★
地址：岳阳市岳阳县天鹅中路 51 号
电话：0730 - 7640529
邮编：414100

岳阳湘阴新时空大酒店★★★
地址：岳阳市湘阴县江东中路
电话：0730 - 2346599
邮编：414600

岳阳湘阴左宗棠大酒店★★★
地址：岳阳市湘阴县东茅路
电话：0730 - 23455678
邮编：414600

岳阳湘阴宾馆★★★
地址：岳阳市湘阴县新世纪大道 8 号
电话：0730 - 2668888
邮编：414600

岳阳富雅大酒店★★★
地址：岳阳市岳阳县东方路 107 号
电话：0730 - 7758888
邮编：414100

岳阳湘阴华泰大酒店★★★
地址：岳阳市湘阴县太傅南路华泰大厦 B 栋
电话：0730 - 2973333
邮编：414600

岳阳和一宾馆★★★
地址：岳阳市岳阳楼区巴陵中路 322 号
电话：0730 - 2991111
邮编：414021

岳阳金辉酒店★★★
地址：岳阳市经济技术开发区屈原路 285 号金辉综合楼
电话：0730 - 8825888
邮编：414000

西苑宾馆★★★
地址：株洲市天元区河西税务大楼后院
电话：0731 - 28890761
邮编：412007

金龙大酒店★★★
地址：株洲市芦淞区建设南路 255 号
电话：0731 - 28271001
邮编：412000

紫荆花大酒店★★★
地址：株洲市茶陵县炎帝路
电话：0731 - 25236666
邮编：412400

攸县海悦国际酒店★★★
地址：株洲市攸县文化路海昌花园
电话：0731 - 24216888
邮编：412300

明峰宾馆★★★
地址：株洲市石峰区建设北路 141 号
电话：0731 - 22628888
邮编：412005

银城大酒店★★★
地址：株洲市天元区泰山路 80 号
电话：0731 - 28818888
邮编：412007

攸县东风大酒店★★★
地址：株洲市攸县攸州大道
电话：0731 - 24319999
邮编：412300

天伦商务酒店★★★
地址：株洲市天元区长江北路 8 号
电话：0731 - 22999999
邮编：412007

金锦海悦酒店★★★
地址：株洲市天元区黄河南路 399 号
电话：0731 - 28571111

邮编：412007

炎陵龙井大酒店★★★
地址：株洲市炎陵县霞阳镇解放路4号
电话：0731－26239990
邮编：412500

大中华酒店★★★
地址：株洲市天元区天台路188号
电话：0731－22897133
邮编：412007

东都大酒店★★★
地址：株洲市荷塘区红旗中路9号
电话：0731－28348888
邮编：412000

金锦嘉悦酒店★★★
地址：株洲市芦淞区建设中路459号
电话：0731－22571111
邮编：412000

天域大酒店★★★
地址：株洲市芦淞区太子路1788号
电话：0731－28780000
邮编：412000

坤龙大酒店★★★
地址：株洲市攸县中心大道
电话：0731－24326666
邮编：412300

优生活大酒店★★★
地址：株洲市荷塘区新华西路113号
电话：0731－22208888
邮编：412000

新天大酒店★★★
地址：株洲市天元区长江中路保利大厦
电话：0731－22872999
邮编：412007

醴陵外贸大酒店★★★
地址：株洲市醴陵市瓷城大道70号
电话：0731－23336789
邮编：412200

华地宾馆★★★
地址：株洲市荷塘区新华西路76号
电话：0731－22639999
邮编：412000

格兰春天大酒店★★★
地址：株洲市茶陵县云阳路
电话：0731－25269955
邮编：412400

湘潭嘉园大酒店★★★
地址：湘潭市雨湖区韶山东路18号
电话：0731－52877777
邮编：411100

湘潭韶山港越大酒店★★★
地址：湘潭市韶山市银河路18号
电话：0731－55687468
邮编：411300

湘潭湘乡华泰大酒店★★★
地址：湘潭市湘乡市汽车站广场
电话：0731－56668888
邮编：411400

湘潭湘乡明月山庄★★★
地址：湘潭市湘乡市东山办事处张江村八组
电话：0731－56403333
邮编：411400

湘潭县润玉酒店★★★
地址：湘潭市湘潭县易俗河镇海棠北路308号
电话：0731－57238888
邮编：411228

湘潭县长江宾馆★★★
地址：湘潭市湘潭县易俗河大鹏东路雪松园183号
电话：0731－57999111
邮编：411228

湘潭湘乡龙城宾馆★★★
地址：湘潭市湘乡市大正街35号
电话：0731－56710623
邮编：411400

南岳电信宾馆★★★
地址：衡阳市南岳区祝融路173号
电话：0734－5678888
邮编：421900

耒阳新华大酒店★★★
地址：衡阳市耒阳市五一东路37号
电话：0734－2811999
邮编：421800

西湖山庄★★★
地址：衡阳市石鼓区古汉大道29号
电话：0734－8170088
邮编：421001

船山宾馆★★★
地址：衡阳市石鼓区蒸阳北路16号
电话：0734－8190188
邮编：421001

神龙·百度大酒店★★★
地址：衡阳市石鼓区中山南路2号
电话：0734－8811111
邮编：421001

德泉大酒店★★★
地址：衡阳市珠晖区东风支路1号
电话：0734－8331411
邮编：421002

祁东湘江大酒店★★★
地址：衡阳市祁东县永安路
电话：0734－6386588
邮编：421600

创富大酒店★★★
地址：衡阳市珠晖区东风南路1号
电话：0734－8333333
邮编：421002

衡山麓园大酒店★★★
地址：衡阳市衡山县衡山大道
电话：0734－5806666
邮编：421300

祁东红火大酒店★★★
地址：衡阳市祁东县祁丰大道
电话：0734－6325888
邮编：421600

郴州五连冠酒店★★★
地址：郴州市北湖区人民西路12号
电话：0735－2230188
邮编：423000

郴州资兴宾馆★★★
地址：郴州市资兴市晋宁路87号
电话：0735－3322591
邮编：423400

郴州桂东新东方大酒店★★★
地址：郴州市桂阳县迎宾路83号
电话：0735－4498988
邮编：424400

郴州苏仙宾馆★★★
地址：郴州市苏仙区苏仙南路38号
电话：0735－2852888
邮编：423000

郴州资兴东江湖度假山庄★★★
地址：郴州市资兴市东江湖内
电话：0735－3205888
邮编：423400

郴州永兴永昌兴宾馆★★★
地址：郴州市永兴县人民大道1号
电话：0735－5539995
邮编：423300

郴州王朝大酒店★★★
地址：郴州市北湖区骆仙路中路
电话：0735－2339666
邮编：423000

郴州宜章莽山大酒店★★★
地址：郴州市宜章县莽山风景区
电话：0735－3999998
邮编：424200

郴州安仁永乐大酒店★★★
地址：郴州市安仁县五一南路
电话：0735－5228282
邮编：423600

郴州资兴鲤鱼江大酒店★★★
地址：郴州市资兴市鲤鱼江大兴东路
电话：0735－3239006
邮编：423400

郴州桂东联达★★★
地址：郴州市桂东县城关镇维夏路15号
电话：0735－8666666
邮编：423500

郴州资兴人和大酒店★★★
地址：郴州市资兴市东江中路299号
电话：0735－3330369
邮编：423400

郴州嘉禾天禧大酒店★★★
地址：郴州市嘉禾县晋屏北路98号
电话：0735－6893666
邮编：424500

郴州桂东宾馆★★★
地址：郴州市桂东县城关镇维夏路10号
电话：0735－8625428
邮编：423500

郴州宾馆★★★
地址：郴州市北湖区人民东路7号
电话：0735－2361188
邮编：423099

郴州永兴山水银都度假村酒店★★★
地址：郴州市永兴县城关镇水南村
电话：0735－556999
邮编：423300

郴州万豪大酒店★★★
地址：郴州市北湖区骆仙中路
电话：0735－6669898
邮编：423099

郴州丰豪大酒店★★★
地址：郴州市北湖区北湖路9号

电话：0735－2332088
邮编：423000

郴州宜章红都大酒店★★★
地址：郴州市宜章县城关镇文明北路 13－3 号
电话：0735－3883888
邮编：424200

郴州资兴林海城大酒店★★★
地址：郴州市资兴市鲤鱼江大兴东路
电话：0735－2498188
邮编：423400

郴州汝城鼎天宾馆★★★
地址：郴州市汝城县环城西路 88 号
电话：0735－2135900
邮编：424100

郴州桂阳芙蓉香格里拉酒店★★★
地址：郴州市桂阳县迎宾路 51 号
电话：0735－4496555
邮编：424400

郴州桂阳朋泰大酒店★★★
地址：郴州市桂阳县宝山路
电话：0735－7577666
邮编：424400

柳子大酒店★★★
地址：永州市零陵区潇湘中路 113 号
电话：0746－6245988
邮编：425100

宁远国际大酒店★★★
地址：永州市宁远县冷江路 138 号
电话：0746－7237666
邮编：425600

莲花华天商务酒店★★★
地址：永州市宁远县冷江路 88 号
电话：0746－7236666
邮编：425600

爱塞丽雅国际大酒店★★★
地址：永州市江华瑶族自治县阳华路中心花坛
电话：0746－2331998
邮编：425500

永州国际酒店★★★
地址：永州市冷水滩区河西凤凰园城标旁
电话：0746－8221111
邮编：425100

永州欧利豪廷国际大酒店★★★
地址：永州市冷水滩区清桥路 13 号
电话：0746－8728888
邮编：425100

宁远县九疑山瑶族乡生态大酒店★★★
地址：永州市宁远县九嶷山舜源峰景区
电话：0746－7237666
邮编：425600

邵东县龙城宾馆★★★
地址：邵阳市邵东县兴和大道 328 号
电话：0739－2888882
邮编：422800

金龙大酒店★★★
地址：邵阳市双清区东大路 22 号
电话：0739－5011098
邮编：422001

新宁县崀泉宾馆★★★
地址：邵阳市新宁县崀山镇崀笏街

电话：0739－4705118
邮编：422700

隆回高州温泉度假村★★★
地址：邵阳市隆回县金石桥镇热泉村
电话：0739－8805999
邮编：422200

友谊国际大酒店★★★
地址：邵阳市双清区宝庆东路
电话：0739－2260999
邮编：422001

隆回阳光大酒店★★★
地址：邵阳市隆回县桃洪镇
电话：0739－8185999
邮编：422200

隆回花瑶概念山庄★★★
地址：邵阳市隆回县城西猫头岩
电话：0739－8160588
邮编：422200

洞口县洞口宾馆★★★
地址：邵阳市洞口县雪峰广场东侧
电话：0739－7238888
邮编：422300

城步儒林大酒店★★★
地址：邵阳市城步苗族自治县人民路 32 号
电话：0739－7368888
邮编：422500

隆回县友谊宾馆★★★
地址：邵阳市隆回县桃洪镇桃洪西路
电话：0739－8241222
邮编：422200

魏源国际大酒店★★★
地址：邵阳市大祥区火车南站旁
电话：0739－5366666
邮编：422000

铖景泰大酒店★★★
地址：邵阳市双清区东风路 82 号
电话：0739－2296335
邮编：422001

丽都大酒店★★★
地址：怀化市鹤城区迎丰西路 156 号
电话：0745－2238888
邮编：418000

西南宾馆★★★
地址：怀化市鹤城区迎丰中路 328 号
电话：0745－2730888
邮编：418000

金苑宾馆★★★
地址：怀化市鹤城区迎丰中路 99 号
电话：0745－2290888
邮编：418000

怀化大酒店★★★
地址：怀化市鹤城区鹤州北路 18 号
电话：0745－2269888
邮编：418000

怀化迎宾馆★★★
地址：怀化市鹤城区迎丰中路 665 号
电话：0745－2718888
邮编：418099

怀化宾馆★★★
地址：怀化市鹤城区人民北路 70 号
电话：0745－2245888
邮编：418099

辰溪武陵城大酒店★★★
地址：怀化市辰溪县东风路 1 园台
电话：0745－5221003
邮编：419500

园中园大酒店★★★
地址：怀化市鹤城区迎丰东路教师新苑 12 栋
电话：0745－2731222
邮编：418000

王府大酒店★★★
地址：怀化市鹤城区迎丰西路 153 号
电话：0745－2238588
邮编：418099

金凤宾馆★★★
地址：怀化市沅陵县辰州东街 2 号
电话：0745－4498888
邮编：419600

千里长河大酒店★★★
地址：怀化市麻阳苗族自治县富州南路一桥头
电话：0745－5852888
邮编：419400

武陵城大酒店★★★
地址：怀化市鹤城区湖天开发区花溪路世纪花园旁
电话：0745－2397888
邮编：418000

锦江宾馆★★★
地址：怀化市麻阳苗族自治县富州北路 23 号
电话：0745－5822808
邮编：419400

溆园宾馆★★★
地址：怀化市溆浦县警予路
电话：0745－3324061
邮编：419300

沅陵宾馆★★★
地址：怀化市沅陵县迎宾馆北路 71 号
电话：0745－4228888
邮编：419600

芷江宾馆★★★
地址：怀化市芷江侗族自治县北正街 209 号
电话：0745－6829452
邮编：419100

明珠大酒店★★★
地址：怀化市鹤城区河西开发区舞阳大道 8 号
电话：0745－2318118
邮编：418099

会同武陵城酒店★★★
地址：怀化市会同县林城镇将军中路武陵城广场
电话：0745－8856988
邮编：418300

汇源大酒店★★★
地址：怀化市沅陵县迎宾北路 26 号
电话：0745－2518977
邮编：519600

洪江宾馆★★★
地址：怀化市洪江市幸福路 17 号
电话：0745－7661999
邮编：418100

铜锣湾大酒店★★★
地址：怀化市中方县生态城怀黔公路旁
电话：0745－2813888
邮编：418005

维多利亚大酒店★★★
地址：怀化市溆浦县卢峰镇屈原路208号
电话：0745－3326888
邮编：419300

夜郎宾馆★★★
地址：怀化市新晃侗族自治县人民路42号
电话：0745－6230888
邮编：419200

君瀚依家大酒店★★★
地址：怀化市新晃侗族自治县解放路48号
电话：0745－6261888
邮编：419200

海天大酒店★★★
地址：怀化市辰溪县东风路一圆台
电话：0745－5259751
邮编：419500

德龙大酒店★★★
地址：怀化市鹤城区正清路226号
电话：0745－2283333
邮编：418000

金洲大酒店★★★
地址：怀化市洪江市黔城镇雪峰大道
电话：0745－7738888
邮编：418100

金香大酒店★★★
地址：娄底市娄星区乐坪东街3号
电话：0738－8211688
邮编：417099

娄底迎宾馆★★★
地址：娄底市娄星区长青中街12号
电话：0738－8312119
邮编：417099

娄底宾馆★★★
地址：娄底市娄星区乐坪东街9号
电话：0738－8312189
邮编：417099

清泉大酒店★★★
地址：娄底市娄星区氐星路22号
电话：0738－8312888
邮编：417099

鸿宇大酒店★★★
地址：娄底市新化县上梅东路36号
电话：0738－3228222
邮编：417600

恒丰大酒店★★★
地址：娄底市娄星区乐坪东街22号
电话：0738－8277777
邮编：417099

金丰大酒店★★★
地址：娄底市娄星区乐坪西街6号
电话：0738－8808555
邮编：417099

鹏泰和一大酒店★★★
地址：娄底市娄星区长青中街37号
电话：0738－8931111
邮编：417099

新化宾馆★★★
地址：娄底市新化县上梅镇迎宾馆39号
电话：0738－3548888
邮编：417600

涟源宾馆★★★
地址：娄底市涟源市人民路67号
电话：0738－4459999
邮编：417100

海天大酒店★★★
地址：娄底市新化县上梅镇天华中路10号
电话：0738－3330999
邮编：417600

云峰大酒店★★★
地址：娄底市新化县梅苑开发区铁牛村
电话：0738－3269999
邮编：417600

宏腾大酒店★★★
地址：娄底市娄星区氐星路19号
电话：0738－8551111
邮编：417000

龙山宾馆★★★
地址：娄底市涟源市龙山国家森林公园
电话：0738－4150999
邮编：417100

新化县和一大酒店★★★
地址：娄底市新化县梅苑开发区梅苑北路
电话：0738－3561111
邮编：417600

冷江宾馆★★★
地址：娄底市冷水江市锑都中路29号
电话：0738－5212316
邮编：417500

湘军大酒店★★★
地址：娄底市双峰县城中路12号
电话：0738－6668666
邮编：417700

洞庭春大酒店★★★
地址：娄底市双峰县经济开发区
电话：0738－6229888
邮编：417700

馨德宾馆★★★
地址：娄底市双峰县永丰镇天青街59号
电话：0738－6820888
邮编：417700

双峰宾馆★★★
地址：娄底市双峰县永丰镇书院路50号
电话：0738－6837168
邮编：417700

湘西民族影视文化中心酒店★★★
地址：湘西土家族苗族自治州吉首市团结广场
电话：0743－2121336
邮编：416000

凤凰县锦绣凤凰国际大酒店★★★
地址：湘西土家族苗族自治州凤凰县凤凰路
电话：0743－3506000
邮编：416200

吉首市开元大酒店★★★
地址：湘西土家族苗族自治州吉首市政法街
电话：0743－8750099
邮编：416000

吉首市金领国际大酒店★★★
地址：湘西土家族苗族自治州吉首市人民北路7号
电话：0743－8729999
邮编：416000

凤凰县政府宾馆★★★
地址：湘西土家族苗族自治州凤凰县沱江镇西门坡5号
电话：0743－3221690
邮编：416200

凤凰县江天旅游度假村★★★
地址：湘西土家族苗族自治州凤凰县虹桥东路2号
电话：0743－3261998
邮编：416200

永顺县猛洞河大酒店★★★
地址：湘西土家族苗族自治州永顺县灵溪镇府正街78号
电话：0743－5225503
邮编：416700

保靖县香茗泉大酒店★★★
地址：湘西土家族苗族自治州保靖县迁陵镇建新路26路
电话：0743－7718999
邮编：416500

龙山县民族宾馆★★★
地址：湘西土家族苗族自治州龙山县民安镇新建路
电话：0743－6224381
邮编：416800

泸溪县长城大酒店★★★
地址：湘西土家族苗族自治州泸溪县建设路2号
电话：0743－4269888
邮编：416100

二星级

湖南晶鑫大酒店★★
地址：长沙市岳麓区枫林二路478号
电话：0731－88869555
邮编：410205

长沙太平洋大酒店★★
地址：长沙市芙蓉区远大一路290号
电话：0731－884722469
邮编：410011

长沙美仑和一大酒店★★
地址：长沙市芙蓉区东二环一段632号
电话：0731－82815111
邮编：410011

湖南华云大酒店★★
地址：长沙市雨花区雨花路163号
电话：0731－82940488
邮编：410021

湖南省大围山国家森林公园宾馆★★
地址：长沙市浏阳市大围山森林公园
电话：0731－83488288
邮编：410300

长沙浏阳教育宾馆★★
地址：长沙市浏阳市世纪大道（集里办事处袭家桥教师新村）
电话：0731－83682088
邮编：410300

长沙浏阳蓝都宾馆★★
地址：长沙市浏阳市张坊镇政府广场

电话：0731－83012888
邮编：410300

浏阳映山红山庄★★
地址：长沙市浏阳市大围山镇都家村
电话：0731－83487888
邮编：410300

张家界石化山庄★★
地址：张家界市武陵源区国家森林公园卸甲峪
电话：0744－5712384
邮编：427400

张家界金玉国际酒店★★
地址：张家界市武陵源区宝峰路入口
电话：0744－5558111
邮编：427400

张家界度假酒店★★
地址：张家界市武陵源区宝峰路 8 号
电话：0744－5558888
邮编：427400

兰园宾馆★★
地址：常德市石门县文庙路
电话：0736－5339888
邮编：415300

华云宾馆★★
地址：常德市临澧县合口镇人民中路 298 号
电话：0736－7957758
邮编：415213

长城宾馆★★
地址：常德市武陵区朗州北路 101 号
电话：0736－7705333
邮编：415000

金沙大酒店★★
地址：常德市武陵区武陵大道 438 号
电话：0736－7760888
邮编：415000

美景宾馆★★
地址：常德市武陵区武陵大道中段
电话：0736－7911698
邮编：415000

新华宾馆★★
地址：常德市武陵区武陵大道 178 号
电话：0736－7837999
邮编：415000

佳和大酒店★★
地址：常德市武陵区洞庭大道西段 2 号
电话：0736－2566666
邮编：415000

常德宾馆★★
地址：常德市临澧县合口镇人民中路 99 号
电话：0736－2999618
邮编：415213

玉玺大酒店★★
地址：常德市武陵区汽车总站对面
电话：0736－2980088
邮编：415000

桥南宾馆★★
地址：常德市鼎城区鼎城路
电话：0736－7381688
邮编：415101

龙港宾馆★★
地址：常德市临澧县合口镇人民西路龙港巷工贸市场内

电话：0736－7195192
邮编：415213

天合宾馆★★
地址：常德市武陵区沅安路 865 号
电话：0736－7198356
邮编：415000

瑞丰宾馆★★
地址：常德市鼎城区大圆盘
电话：0736－7399999
邮编：415101

紫云天商务酒店★★
地址：常德市武陵区武陵大道中段
电话：0736－7838888
邮编：415000

鹏远宾馆★★
地址：常德市鼎城区车站路
电话：0736－7389555
邮编：415101

兰国宾馆★★
地址：常德市澧县澧州大道西段
电话：0736－3137565
邮编：415500

楚添和大酒店★★
地址：常德市鼎城区小圆盘
电话：0736－7358888
邮编：415101

栀子花商务酒店★★
地址：常德市临澧县合口镇人民中路
电话：0736－2918888
邮编：415213

凯乐大酒店★★
地址：常德市安乡县深柳大道
电话：0736－4338786
邮编：415600

东汉大酒店★★
地址：常德市石门县壶瓶山镇
电话：0736－5422788
邮编：415300

金源宾馆★★
地址：常德市安乡县深柳镇
电话：0736－4618999
邮编：415600

福阳商务酒店★★
地址：常德市武陵区洞庭大道
电话：0736－7089888
邮编：415000

晨光宾馆★★
地址：常德市安乡县深柳大道南侧
电话：0736－4777888
邮编：415600

益阳碧云宾馆★★
地址：益阳市赫山区桃花仑东路 50 号
电话：0737－4433333
邮编：413002

益阳桃花宾馆★★
地址：益阳市赫山区长坡路 126 号
电话：0737－4204228
邮编：413002

益阳南县大世界宾馆★★
地址：益阳市南县填南洲东路
电话：0737－5232108
邮编：413200

益阳东方红宾馆★★
地址：益阳市赫山区桃花仑西路 970 号
电话：0737－4247268
邮编：413002

安化晶鑫大酒店★★
地址：益阳市安化县东坪镇沿江路 23 号
电话：0737－7888649
邮编：413500

沅江南天宾馆★★
地址：益阳市沅江市琼湖中路
电话：0737－2817888
邮编：413100

益阳凯莱商务大酒店★★
地址：益阳市赫山区龙洲北路 249 号
电话：0737－4226666
邮编：413002

大通湖区郁湘宾馆★★
地址：益阳市南县大通湖区河坝镇
电话：0737－5662666
邮编：413207

桃江东城大酒店★★
地址：益阳市桃江县迎宾路 1 号
电话：0737－2639888
邮编：413400

桃江锦龙大酒店★★
地址：益阳市桃江县芙蓉路 2 号
电话：0737－8881888
邮编：413400

桃江通通大酒店★★
地址：益阳市桃江县花桥路步行街
电话：0737－8883666
邮编：413400

益阳浏阳河大酒店★★
地址：益阳市资阳区五一西路 326 号
电话：0737－3338898
邮编：413001

益阳汇源大酒店★★
地址：益阳市赫山区金山南路 299 号
电话：0737－2177777
邮编：413099

桃江紫东轩大酒店★★
地址：益阳市桃江县桃花江镇芙蓉路
电话：0737－8528888
邮编：413400

瑞嘉城市商务宾馆★★
地址：益阳市赫山区龙洲路 379 号
电话：0737－2638888
邮编：413002

益阳嘉天宾馆★★
地址：益阳市资阳区五一西路 82 号
电话：0737－4324999
邮编：413001

益阳朝阳大雅酒店★★
地址：益阳市南县迎宾路维克市场旁
电话：0737－6189198
邮编：413200

盛世今朝商务宾馆★★
地址：益阳市赫山区桃花仑西路 295 号
电话：0737－4406888
邮编：413002

桃花江维多利亚大酒店★★
地址：益阳市桃江县芙蓉路 67 号

电话：0737－8780888
邮编：413400

桃江县金座大酒店★★
地址：益阳市桃江县近桃路169号
电话：0737－8118666
邮编：413400

益阳桃江万香大酒店★★
地址：益阳市桃江县太平路77号
电话：0737－8829850
邮编：413400

岳阳君山宾馆★★
地址：岳阳市君山区君山大道38号
电话：0730－8177346
邮编：414005

岳阳农委宾馆★★
地址：岳阳市岳阳楼区金鹗中路461号
电话：0730－8613600
邮编：414000

岳阳万佳酒店★★
地址：岳阳市岳阳楼区站前路342号
电话：0730－3225666
邮编：414000

岳阳县云龙大酒店★★
地址：岳阳市岳阳县城关镇南路
电话：0730－7620346
邮编：414100

岳阳县锦锈阳光大酒店★★
地址：岳阳市岳阳县东方路52号
电话：0730－7668657
邮编：414100

岳阳中兴宾馆★★
地址：岳阳市岳阳楼区南湖大道8号
电话：0730－3229699
邮编：414000

箭台宾馆★★
地址：株洲市株洲县学堂路
电话：0731－27611534
邮编：412100

金丰宾馆★★
地址：株洲市株洲县渌口镇向阳北路1号
电话：0731－27688299
邮编：412100

炎陵大华宾馆★★
地址：株洲市炎陵县坎坪路2号
电话：0731－26228889
邮编：412500

京峰园宾馆★★
地址：株洲市株洲县大京风景区
电话：0731－27460108
邮编：412100

茶陵城西宾馆★★
地址：株洲市茶陵县炎帝南路
电话：0731－25249966
邮编：412400

神农宾馆★★
地址：株洲市炎陵县井冈中路6号
电话：0731－26238888
邮编：412500

绿园大酒店★★
地址：株洲市芦淞区建设南路288号
电话：0731－28252049
邮编：412000

鄷峰宾馆★★
地址：株洲市炎陵县县委院内
电话：0731－26228168
邮编：412500

炎陵邮缘宾馆★★
地址：株洲市炎陵县井冈东路42号
电话：0731－26220388
邮编：412500

炎陵华苑宾馆★★
地址：株洲市炎陵县解放路46号
电话：0731－26228788
邮编：412500

江天宾馆★★
地址：株洲市芦淞区建设南路20号
电话：0731－22681000
邮编：412000

醴陵天伦大酒店★★
地址：株洲市醴陵市解放东路10号
电话：0731－23223588
邮编：412200

攸州西苑宾馆★★
地址：株洲市攸县城关镇国税局院内
电话：0731－24229399
邮编：412300

荷塘宾馆★★
地址：株洲市荷塘区新华东路1492号
电话：0731－28461111
邮编：412000

芙蓉宾馆★★
地址：株洲市炎陵县霞阳镇文化南路42号
电话：0731－26222145
邮编：412500

湘潭湘乡花园酒店★★
地址：湘潭市湘乡市解放路3号
电话：0731－56788888
邮编：411400

湘潭韶山天骄大酒店★★
地址：湘潭市韶山市迎宾路18号
电话：0731－55680900
邮编：411300

湘潭琅岛连锁酒店红旗店★★
地址：湘潭市岳塘区河东大道78号
电话：0731－52860666
邮编：411101

湘潭雨湖通程宾馆★★
地址：湘潭市雨湖区建设北路168号
电话：0731－58210333
邮编：411199

湘潭志成宾馆旗舰店★★
地址：湘潭市岳塘区河东大道38号
电话：0731－58592888
邮编：411101

湘潭金鑫大酒店★★
地址：湘潭市雨湖区解放北路20号
电话：0731－58287300
邮编：411199

湘潭佳帝宾馆韶西店★★
地址：湘潭市雨湖区韶山西路697号
电话：0731－58560888
邮编：411199

湘潭华泽酒店★★
地址：湘潭市湘乡市湖湘西路总工会内
电话：0731－52668888
邮编：411499

湘潭佳帝宾馆岳塘店★★
地址：湘潭市岳塘区板塘铺路口金源大厦
电话：0731－52690888
邮编：411101

乐福大酒店★★
地址：衡阳市蒸湘区北路75号
电话：0734－8846388
邮编：421001

东方大酒店★★
地址：衡阳市蒸湘区解放路101号
电话：0734－8266889
邮编：421009

耒阳温泉山庄★★
地址：衡阳市耒阳市东湖汤泉度假村
电话：0734－4883339
邮编：421800

邮政宾馆★★
地址：衡阳市珠晖区湖南号3号
电话：0734－8389699
邮编：421002

教育酒店★★
地址：衡阳市石鼓区常胜中路33号
电话：0734－2599188
邮编：421005

中建大酒店★★
地址：衡阳市蒸湘区解放路57号
电话：0734－8266288
邮编：421009

衡山宾馆★★
地址：衡阳市衡山县人民中路70号
电话：0734－5889888
邮编：421300

电力宾馆★★
地址：衡阳市蒸湘区船山西路1号
电话：0734－8252226
邮编：421009

金衡大酒店★★
地址：衡阳市雁峰区华新开发区长湖路17号
电话：0734－8893888
邮编：421001

湘江宾馆★★
地址：衡阳市珠晖区广东路8号
电话：0734－3161118
邮编：421002

祁东振新商务酒店★★
地址：衡阳市祁东县县正东路49号
电话：0734－6291888
邮编：421600

先锋宾馆★★
地址：衡阳市珠晖区先锋路40号
电话：0734－8189999
邮编：421002

祁东中心宾馆★★
地址：衡阳市祁东县中心市场
电话：0734－6260628
邮编：421600

衡山鑫都宾馆★★
地址：衡阳市衡山县衡山大道11号
电话：0734－5809111

邮编：421300

衡山君城大酒店★★
地址：衡阳市衡山县解放南路 23 号
电话：0734－2401189
邮编：421300

多美大酒店★★
地址：衡阳市雁峰区中山南路 55 号
电话：0734－8155555
邮编：421001

郴州电力宾馆★★
地址：郴州市桔井路 28 号
电话：0735－2873287
邮编：423000

郴州苏园宾馆★★
地址：郴州市苏仙区苏园西路 17 号
电话：0735－2332618
邮编：423001

郴州资兴东江宾馆★★
地址：郴州市资兴市东江开发区迎宾路
电话：0735－2498888
邮编：423400

香穗大酒店★★
地址：永州市江永县五一路 212 号
电话：0746－5751212
邮编：425400

鑫泉大酒店★★
地址：永州市冷水滩区双洲路 92 号
电话：0746－8366222
邮编：425100

万寿宫宾馆★★
地址：永州市祁阳县湘粤路 209 号
电话：0746－2222360
邮编：426100

汉诺威大酒店★★
地址：永州市双牌县紫金中路 30 号
电话：0746－7726688
邮编：425200

道县鑫都宾馆★★
地址：永州市道县潇水中路
电话：0746－5223569
邮编：425300

银河大酒店★★
地址：永州市冷水滩区双洲路北路 230 号
电话：0746－8812888
邮编：425100

阳光大酒店★★
地址：永州市新田县新华东路 11 号
电话：0746－4728888
邮编：425700

鑫都大酒店★★
地址：永州市宁远县舜陵镇泠江东路
电话：0746－7229666
邮编：425600

蓝天大酒店★★
地址：永州市宁远县泠江东路 55 号
电话：0746－7326668
邮编：425600

芙蓉国际大酒店★★
地址：永州市零陵区南津北路 3 号
电话：0746－6777999
邮编：425100

道县广业大酒店★★
地址：永州市道县潇水中路文化广场
电话：0746－5223189
邮编：425300

双牌阳光大酒店★★
地址：永州市双牌县紫金中路 26 号
电话：0746－8868888
邮编：425200

永州东安锦华宾馆★★
地址：永州市东安县大庙口镇舜皇岩路
电话：0746－4613898
邮编：425900

永州江华维多利亚大酒店★★
地址：永州市江华瑶族自治县萌渚路 43 号
电话：0746－2333933
邮编：425500

洞口县桔城宾馆★★
地址：邵阳市洞口县城关镇
电话：0739－7220969
邮编：422300

洞口县帝豪宾馆★★
地址：邵阳市洞口县城关镇
电话：0739－7234101
邮编：422300

邵阳市建民宾馆★★
地址：邵阳市双清区宝庆东路 461 号
电话：0739－5161998
邮编：422001

洞口县中天宾馆★★
地址：邵阳市洞口县桔城东路
电话：0739－7224555
邮编：422300

市同天大酒店★★
地址：邵阳市大祥区火车南站 24－2 号
电话：0739－5638888
邮编：422000

洞口县新华宾馆★★
地址：邵阳市洞口县桔城东路 376 号
电话：0739－7235008
邮编：422300

新宁县丹霞宾馆★★
地址：邵阳市新宁县金石镇大兴路
电话：0739－4922888
邮编：422700

邵阳市鸿林宾馆★★
地址：邵阳市大祥区宝庆中路 614 号
电话：0739－5505555
邮编：422099

邵阳市国安大酒店★★
地址：邵阳市隆回县资江北路
电话：0739－5628330
邮编：422200

邵阳市中恒宾馆★★
地址：邵阳市双清区东大路 229 号
电话：0739－5228188
邮编：422001

武冈鑫源大酒店★★
地址：邵阳市武冈市汽车西站
电话：0739－4228888
邮编：422400

邵阳市长城大酒店★★
地址：邵阳市洞口县红旗路 214 号
电话：0739－5457333
邮编：422300

锦绣天源大酒店★★
地址：邵阳市大祥区魏源广场东侧
电话：0739－5258888
邮编：422000

金帝康年大酒店★★
地址：邵阳市大祥区宝庆中路电影公司
电话：0739－5484040
邮编：422099

邵阳市人大宾馆★★
地址：邵阳市大祥区宝庆中路人大院内
电话：0739－5484040
邮编：422099

邵阳市荣泰宾馆★★
地址：邵阳市大祥区敏洲西路口
电话：0739－8922222
邮编：422000

市广通大酒店★★
地址：邵阳市大祥区火车南站
电话：0739－5158888
邮编：422000

华龙 168 商务酒店★★
地址：邵阳市洞口县雪峰广场双龙路
电话：0739－7111555
邮编：422300

雪峰商务宾馆★★
地址：邵阳市洞口县砚龙路
电话：0739－7145111
邮编：422300

洞口和天宾馆★★
地址：邵阳市洞口县汽车总站中心广场
电话：0739－7120333
邮编：422300

城步大酒店★★
地址：邵阳市城步苗族自治县武装部内
电话：0739－7355566
邮编：422500

科良宾馆★★
地址：邵阳市大祥区红旗路乾元巷 9 号
电话：0739－2511111
邮编：422000

银城宾馆★★
地址：邵阳市新宁县金石镇春风路
电话：0739－4811111
邮编：422700

小百花宾馆★★
地址：邵阳市新宁县金石镇解放路 69 号
电话：0739－4827838
邮编：422700

城步栋梁华程酒店★★
地址：邵阳市城步苗族自治县儒林镇人民大道
电话：0739－7382988
邮编：422500

丽景大酒店★★
地址：怀化市鹤城区迎丰中路 1 号
电话：0745－2246888
邮编：418000

鸿运宾馆★★
地址：怀化市靖州苗族侗族自治县城渠阳中路 18 号

电话：0745－8252118
邮编：418400

世雄大酒店★★
地址：怀化市鹤城区团结巷18号
电话：0745－2263388
邮编：418099

汇丰宾馆★★
地址：怀化市芷江侗族自治县城西街29号
电话：0745－6821348
邮编：419100

怀林宾馆★★
地址：怀化市鹤城区迎丰西路7号
电话：0745－2179188
邮编：418000

古商城洪江大酒店★★
地址：怀化市洪江市新民路50号
电话：0745－7662999
邮编：418100

怀仁宾馆★★
地址：怀化市鹤城区迎丰西路31号
电话：0745－2268999
邮编：418000

凤滩宾馆★★
地址：怀化市沅陵县凤滩电厂
电话：0745－4492339
邮编：419600

通道宾馆★★
地址：怀化市通道侗族自治县双江镇长征中路37号
电话：0745－8623101
邮编：418500

大唐飞歌大酒店★★
地址：怀化市新晃侗族自治县县人民路8号
电话：0745－6229333
邮编：419200

芙蓉大酒店★★
地址：怀化市洪江市黔城镇步行街口
电话：0745－2401999
邮编：418100

祥园大酒店★★
地址：怀化市新晃侗族自治县县中山路（城标广场旁）
电话：0745－6221888
邮编：419200

梅林宾馆★★
地址：怀化市靖州苗族侗族自治县梅林路
电话：0745－8259918
邮编：418400

洪江市大华宾馆★★
地址：怀化市洪江市安江镇中山路
电话：0745－7212459
邮编：418100

芷江迎宾馆★★
地址：怀化市芷江侗族自治县凯旋路（三里坪转盘旁）
电话：0745－6841888
邮编：419100

三龙大酒店★★
地址：怀化市沅陵县辰州东街16号
电话：0745－4210368
邮编：419600

靖州普天宾馆★★
地址：怀化市靖州苗族侗族自治县梅林中路
电话：0745－8658555
邮编：418400

涟钢宾馆★★
地址：娄底市娄星区涟钢大桥广场
电话：0738－8664236
邮编：417000

星源酒店★★
地址：娄底市娄星区贤童街2号
电话：0738－8310080
邮编：417000

盛源大酒店★★
地址：娄底市冷水江市锑都中路17号
电话：0738－5236888
邮编：417500

鹏天大酒店★★
地址：娄底市娄星区火车站站前路10号
电话：0738－8938902
邮编：417000

光阳大酒店★★
地址：娄底市娄星区春园北路
电话：0738－8320888
邮编：417099

三间房精品连锁酒店★★
地址：娄底市新化县明源广场B区
电话：0738－3591788
邮编：417600

达盛假日酒店★★
地址：娄底市娄星区湘阳街金谷市场南门
电话：0738－8125999
邮编：417000

富厚大酒店★★
地址：娄底市双峰县永丰镇复兴西路168号
电话：0738－6884888
邮编：417700

天添宾馆★★
地址：娄底市娄星区娄星北路
电话：0738－8916888
邮编：417009

中铁大酒店★★
地址：娄底市娄星区湘阳路8号
电话：0738－8226666
邮编：417000

新化县假日大酒店★★
地址：娄底市新化县天华南路57号
电话：0738－3661888
邮编：417600

锦宏大酒店★★
地址：娄底市涟源市人民东路
电话：0738－4420111
邮编：417100

梦幻神话家园宾馆★★
地址：娄底市新化县天华南路16栋
电话：0738－3333888
邮编：417600

吉首市汇丰酒店★★
地址：湘西土家族苗族自治州吉首市团结西路14号
电话：0743－8711105
邮编：416000

吉首市华银大酒店★★
地址：湘西土家族苗族自治州吉首市光明西路15号
电话：0743－2111000
邮编：416000

吉首市友谊宾馆★★
地址：湘西土家族苗族自治州吉首市团结西路厂坪1号
电话：0743－8236888
邮编：416000

凤凰县湘州凤凰大酒店★★
地址：湘西土家族苗族自治州凤凰县建设路26号
电话：0743－3211111
邮编：416200

吉首市湘西大酒店★★
地址：湘西土家族苗族自治州吉首市红旗门
电话：0743－8758808
邮编：416000

花垣县天丰宾馆★★
地址：湘西土家族苗族自治州花垣县物资建材市场内
电话：0743－7222111
邮编：416400

龙山县锦泰宾馆★★
地址：湘西土家族苗族自治州龙山县民安镇民族路
电话：0743－6235666
邮编：416800

龙山县龙山大酒店★★
地址：湘西土家族苗族自治州龙山县民安镇民族路
电话：0743－2821888
邮编：416800

泸溪溪辛女大酒店★★
地址：湘西土家族苗族自治州泸溪县白沙镇朝阳东路
电话：0743－4264863
邮编：416100

吉首市竹园宾馆★★
地址：湘西土家族苗族自治州吉首市光明西路5号
电话：0743－8728801
邮编：416000

龙山县时代大酒店★★
地址：湘西土家族苗族自治州龙山县民安镇长沙路
电话：0743－6222088
邮编：416800

龙山县欧泰宾馆★★
地址：湘西土家族苗族自治州龙山县民安镇朝阳路
电话：0743－6767676
邮编：416800

永顺县水电宾馆★★
地址：湘西土家族苗族自治州永顺县湘潭路水利局
电话：0743－5237818
邮编：416700

古丈县新华大酒店★★
地址：湘西土家族苗族自治州古丈县古阳镇
电话：0743－4727668

邮编：416300

凤凰县新辉国际大酒店★★
地址：湘西土家族苗族自治州凤凰县建设路198号
电话：0743－3229000
邮编：416200

龙山县湘西明珠宾馆★★
地址：湘西土家族苗族自治州龙山县民安镇民族路
电话：0743－2820188
邮编：416800

龙山县秦城郡都宾馆★★
地址：湘西土家族苗族自治州龙山县里耶镇辟疆街
电话：0743－6613388
邮编：416800

龙山县紫阳宾馆★★
地址：湘西土家族苗族自治州龙山县民安镇长沙路
电话：0743－6228818
邮编：416800

龙山县锦华宾馆★★
地址：湘西土家族苗族自治州龙山县民安镇民族路
电话：0743－6222868
邮编：416800

凤凰县金城宾馆★★
地址：湘西土家族苗族自治州凤凰县新田垅大转盘
电话：0743－3502288
邮编：416200

古丈县民族大酒店★★
地址：湘西土家族苗族自治州古丈县罗依溪镇
电话：0743－4922346
邮编：416300

龙山县百川宾馆★★
地址：湘西土家族苗族自治州龙山县民安镇民族路
电话：0743－6236878
邮编：416800

龙山县四海宾馆★★
地址：湘西土家族苗族自治州龙山县民安镇长沙路
电话：0743－6230939
邮编：416800

吉首市丽华大酒店★★
地址：湘西土家族苗族自治州吉首市人民北路72号
电话：0743－2122588
邮编：416000

凤凰县苗江大酒店★★
地址：湘西土家族苗族自治州凤凰县新田垅大转盘
电话：0743－3505388
邮编：416200

凤凰县名都大酒店★★
地址：湘西土家族苗族自治州凤凰县南华路14号
电话：0743－3500899
邮编：416200

凤凰县新华大酒店★★
地址：湘西土家族苗族自治州凤凰县新田垅大转盘
电话：0743－3506228
邮编：416200

吉首市民政宾馆★★
地址：湘西土家族苗族自治州吉首市团结东路45号
电话：0743－8735218
邮编：416000

吉首市云瑞大酒店★★
地址：湘西土家族苗族自治州吉首市乾州新区市房产局旁
电话：0743－5818858
邮编：416000

吉首市今朝宾馆★★
地址：湘西土家族苗族自治州吉首市人民南路120号
电话：0743－2142001
邮编：416000

龙山县天雄宾馆★★
地址：湘西土家族苗族自治州龙山县民安镇新建路
电话：0743－6228699
邮编：416800

龙山县金蝶宾馆★★
地址：湘西土家族苗族自治州龙山县民安镇湘鄂路
电话：0743－6223408
邮编：416800

永顺县华天宾馆★★
地址：湘西土家族苗族自治州永顺县灵溪镇河西街
电话：0743－2196888
邮编：416700

吉首市金土地宾馆★★
地址：湘西土家族苗族自治州吉首市乾州新区世纪大道
电话：0743－8516888
邮编：416000

凤凰县今天连锁酒店★★
地址：湘西土家族苗族自治州凤凰县南华路8号
电话：0743－3218555
邮编：416200

凤凰县世景商务酒店★★
地址：湘西土家族苗族自治州凤凰县二桥桥头
电话：0743－3501001
邮编：416200

吉首市君庭酒店★★
地址：湘西土家族苗族自治州吉首市人民北路市交警队对面
电话：0743－8751333
邮编：416000

吉首市金煌大酒店★★
地址：湘西土家族苗族自治州吉首市光明西路
电话：0743－8729188
邮编：416000

吉首市电信宾馆★★
地址：湘西土家族苗族自治州吉首市团结西路3号
电话：0743－8722222
邮编：416000

龙山县小南京宾馆★★
地址：湘西土家族苗族自治州龙山县里耶镇
电话：0743－6612828
邮编：416800

龙山县锦华之星宾馆★★
地址：湘西土家族苗族自治州龙山县民安镇南门二桥
电话：0743－6228018
邮编：416800

吉首市东方大酒店★★
地址：湘西土家族苗族自治州吉首市武陵东路67号
电话：0743－2818168
邮编：416000

永顺县思城大酒店★★
地址：湘西土家族苗族自治州永顺县城南大桥街
电话：0743－5221111
邮编：416700

泸溪县晨庄宾馆★★
地址：湘西土家族苗族自治州泸溪县白沙镇建设中路
电话：0743－4266718
邮编：416100

龙山县鸿运楼宾馆★★
地址：湘西土家族苗族自治州龙山县民安镇湘鄂路
电话：0743－2155668
邮编：416800

永顺县昊天宾馆★★
地址：湘西土家族苗族自治州永顺县灵溪镇湘潭路移动公司对面
电话：0743－5221988
邮编：416700

吉首市蓝色港湾商务酒店★★
地址：湘西土家族苗族自治州吉首市团结西路11号
电话：0743－8751209
邮编：416000

一星级

郴州资兴麒麟酒店★
地址：郴州市资兴市唐洞新区大全路
电话：0735－3329999
邮编：423400

郴州安仁宾馆★
地址：郴州市安仁县城关镇五一南路48号
电话：0735－5201212
邮编：423600

新宁罗师傅宾馆★
地址：邵阳市新宁县春风路商贸街85号
电话：0739－4929888
邮编：422700

洞口喜来登宾馆★
地址：邵阳市洞口县雪峰中路6号
电话：0739－7233456
邮编：422300

武冈市湘汇宾馆★
地址：邵阳市武冈市解放路47号
电话：0739－4234888
邮编：422400

武冈市欧阳大酒店★
地址：邵阳市武冈市乐洋路城步岭 48 号
电话：0739－4361999
邮编：422400

武冈金海阁水会酒店★
地址：邵阳市武冈市庆丰西路电信大楼旁
电话：0739－4387777
邮编：422400

通道教育宾馆★
地址：怀化市通道侗族自治县双江镇长征中路
电话：0745－8626875
邮编：418500

龙山县锦阳宾馆★
地址：湘西土家族苗族自治州龙山县民安镇民族北路
电话：0743－6225108
邮编：416800

龙山县青松园宾馆★
地址：湘西土家族苗族自治州龙山县长沙路西段
电话：0743－6233793
邮编：416800

广　东

GUANGDONG

五星级

广州花园酒店（白金五星）★★★★★
地址：广州市环市东路 368 号
电话：020－83338989
邮编：510064

白天鹅宾馆★★★★★
地址：广州市沙面南街 1 号
电话：020－81886968
邮编：510133

中国大酒店★★★★★
地址：广州市流花路 122 号
电话：020－86666888
邮编：510015

东方宾馆★★★★★
地址：广州市流花路 120 号
电话：020－86669900
邮编：510016

广东亚洲国际大酒店★★★★★
地址：广州市环市东路 326 号之一
电话：020－61288888
邮编：510060

广州碧桂园凤凰城酒店★★★★★
地址：广州市广园东路新塘路段
电话：020－82808888
邮编：511340

广州建国酒店★★★★★
地址：广州市天河区林和中路 172 号
电话：020－83936388
邮编：510610

嘉逸国际酒店★★★★★
地址：广州市天河北路 468 号
电话：020－38803333
邮编：510635

白云宾馆★★★★★
地址：广州市环市东路 367 号
电话：020－83333998
邮编：510065

香格里拉大酒店★★★★★
地址：广州市海珠区会展东路 1 号
电话：020－89178888
邮编：510308

南沙大酒店★★★★★
地址：广州市南沙海滨新城商贸大道南二路 1 号
电话：020－39308888
邮编：511458

广州天誉威斯汀酒店★★★★★
地址：广州市天河区林和中路 6 号
电话：020－28866868
邮编：510610

白云机场铂尔曼大酒店★★★★★
地址：广州市新白云机场内
电话：020－36068866
邮编：510470

星河湾酒店★★★★★
地址：广州市番禺区迎宾路
电话：020－39936688
邮编：511430

富力君悦大酒店★★★★★
地址：广州市天河区珠江西路 12 号
电话：020－83961234
邮编：510623

科尔海悦酒店★★★★★
地址：广州市番禺区市桥清河东路 288 号
电话：020－34628888
邮编：511400

富力丽思卡尔顿酒店★★★★★
地址：广州市天河区珠江新城兴安路 3 号
电话：020－38136688
邮编：510623

广东威尔登酒店★★★★★
地址：广州市萝区永和大道花轮一路 1 号
电话：020－32228888
邮编：511356

广州九龙湖公主酒店★★★★★
地址：广州市花都区花东镇九龙湖社区
电话：020－36908888
邮编：510897

广州金叶子温泉度假酒店★★★★★
地址：广州市增城市白水寨风景区
电话：020－82829999
邮编：511300

广州翡翠皇冠假日酒店★★★★★
地址：广州市高新技术产业开发区广州科学城凝彩路 28 号
电话：020－88800999
邮编：510663

碧桂园假日半岛酒店★★★★★
地址：清远市清城区交界（城郊度假区）
电话：0763－3836688
邮编：511545

莱斯大酒店★★★★★
地址：韶关市浈江区启明北路
电话：0751－8198888
邮编：512022

翔丰国际酒店★★★★★
地址：河源市源城区沿江东路 1 号
电话：0762－3299999
邮编：517000

客天下国际大酒店★★★★★
地址：梅州市梅江区客天下旅游产业园
电话：0753－2118888
邮编：514021

金沙湾圣廷苑酒店★★★★★
地址：梅州市江南沿江西路
电话：0753－8668888
邮编：514022

金海湾大酒店★★★★★
地址：汕头市金砂东路
电话：0754－88263263
邮编：515041

帝豪酒店★★★★★
地址：汕头市金砂东路 188 号
电话：0754－88199888
邮编：515041

君华大酒店★★★★★
地址：汕头市金砂东路 97 号
电话：0754－88191188
邮编：515041

榕江大酒店★★★★★
地址：揭阳市东山区黄岐山大道（市政府西侧）
电话：0663－8222888
传真：0663－8222318
邮编：522000
网址：www. rongjianghotel. com
邮箱：sales－mktg@ rongjianghotel. com

巴黎半岛酒店★★★★★
地址：汕尾市城区汕尾大道中段
电话：0660－3216888
邮编：516600

罗浮山宝田国际度假会议中心★★★★★
地址：惠州市博罗县罗浮山风景区
电话：0752－6891111
邮编：516133

康帝国际酒店★★★★★
地址：惠州市环城西一路 18 号
电话：0752－2688888
邮编：516001

家路国际大酒店★★★★★
地址：惠州市惠阳区中山四路
电话：0752－3188888
邮编：516211

金海湾喜来登度假酒店★★★★★
地址：惠州市惠东金海湾金海路 1 号
电话：0752－8328888
邮编：516367

惠国大酒店★★★★★
地址：惠州市惠东县黄埠镇吉黄大道 48 号
电话：0752－8118888
邮编：516353

凤岗金凯悦大酒店★★★★★
地址：东莞市凤岗镇凤深大道 66－68 号
电话：0769－87759888
邮编：523690

豪门大饭店★★★★★
地址：东莞市虎门镇港口路
电话：0769－85117888
邮编：523907

嘉华大酒店★★★★★
地址：东莞市厚街镇家具大道 1 号
电话：0769－85928888
邮编：523949

富盈酒店★★★★★
地址：东莞市厚街广深高速公路东莞出口
电话：0769－85888888
邮编：523940

御景湾酒店★★★★★
地址：东莞市东城区迎宾路 8 号
电话：0769－22698888
邮编：523129

长安国际酒店★★★★★
地址：东莞市长安镇锦绣路 1 号
电话：0769－85333333
邮编：523843

长安海悦花园大酒店★★★★★
地址：东莞市长安镇霄边管理区德镇中路 129 号
电话：0769－85318888
邮编：523850

长安莲花山庄★★★★★
地址：东莞市长安镇莲花山边
电话：0769－85538388
邮编：523846

石龙金凯悦大酒店★★★★★
地址：东莞市石龙镇莞龙公路西湖路段
电话：0769－86188888
邮编：523325

喜来登大酒店★★★★★
地址：东莞市厚街镇 S256 省道（原 107 国道）莞太路
电话：0769－85988888
邮编：523962

新都会怡景酒店★★★★★
地址：东莞市塘厦镇环市东路 6 号
电话：0769－87883888
邮编：523712

太子酒店★★★★★
地址：东莞市黄江镇江北路
电话：0769－83363333
邮编：523749

塘厦三正半山酒店★★★★★
地址：东莞市塘厦镇迎宾大道
电话：0769－87299333
邮编：523710

汇华国际饭店★★★★★
地址：东莞市常平镇常平大道
电话：0769－83938888
邮编：523560

丰泰花园酒店★★★★★
地址：东莞市虎门镇树田村横圳水库侧
电话：0769－8570888
邮编：523900

帝豪花园酒店★★★★★
地址：东莞市大朗美景中路 769 号
电话：0769－83122222
邮编：523788

华尔登国际酒店★★★★★
地址：东莞市桥头镇广场路 3 号
电话：0769－81028888
邮编：523538

桥头三正半山酒店★★★★★
地址：东莞市桥头镇碧莲路
电话：0769－83341868
邮编：523520

悦莱花园酒店★★★★★
地址：东莞市寮步镇香市路 8 号
电话：0769－81118888
邮编：523400

欧亚国际酒店★★★★★
地址：东莞市常平镇常东路 8 号
电话：0769－82838888
邮编：523573

阳光酒店★★★★★
地址：深圳市嘉宾路 1 号
电话：0755－82233888
邮编：518005

香格里拉大酒店★★★★★
地址：深圳市建设路火车站东侧
电话：0755－82330888
邮编：518001

富苑酒店★★★★★
地址：深圳市南湖路 3018 号
电话：0755－82172288
邮编：518001

富临大酒店★★★★★
地址：深圳市和平路 67 号
电话：0755－25586333
邮编：518010

骏豪酒店★★★★★
地址：深圳市宝安区观澜镇高尔夫大道
电话：0755－28020888
邮编：518110

南海酒店★★★★★
地址：深圳市蛇口工业区工业一路
电话：0755－26692888
邮编：518069

彭年酒店★★★★★
地址：深圳市罗湖区嘉宾路 2002 号
电话：0755－25185888
邮编：518001

威尼斯酒店★★★★★
地址：深圳市深南大道 9026 号华侨城
电话：0755－26936888
邮编：518053

圣廷苑酒店★★★★★
地址：深圳市福田区华强北路 4002 号
电话：0755－82078888
邮编：518028

恒丰海悦国际酒店★★★★★
地址：深圳市宝安区宝城 80 区新城广场大厦
电话：0755－27922222
邮编：518102

百合酒店★★★★★
地址：深圳市龙岗区布吉镇百鸽路
电话：0755－89969999
邮编：518112

大梅沙京基喜来登度假酒店★★★★★
地址：深圳市盐田区大梅盐葵路 9 号（大梅沙段）
电话：0755－88886688
邮编：518083

深圳华侨城洲际大酒店★★★★★
地址：深圳市华侨城深南大道 9009 号
电话：0755－33993388
邮编：518053

深航国际酒店★★★★★
地址：深圳市福田区深南大道 6035 号
电话：0755－88819999
邮编：518040

马可孛罗好日子酒店★★★★★
地址：深圳市福田区民田路 168 号
电话：0755－82989888
邮编：518048

宝利来国际大酒店★★★★★
地址：深圳市宝安区福永街道福永大道
电话：0755－27388888
邮编：518103

求水山酒店★★★★★
地址：深圳市龙岗区南湾街道南岭村
电话：0755－88888999
邮编：518123

东方银座美爵酒店★★★★★
地址：深圳市福田区深南大道竹子林
电话：0755－ 83500888
邮编：518040

中邦艺术酒店★★★★★
地址：珠海市情侣中路 33 号
电话：0756－3220333
邮编：519015

银都酒店★★★★★
地址：珠海市拱北粤海东路 11520 号
电话：0756－8883388
邮编：519020

海湾大酒店★★★★★
地址：珠海市拱北水湾路 245 号
电话：0756－8877998
邮编：519020

珠海度假村酒店★★★★★
地址：珠海市吉大石花东路 9 路
电话：0756－3333838
邮编：519015

珠海德翰大酒店★★★★★
地址：珠海市吉大情侣中路
电话：0756－3329988
邮编：519015

粤财假日酒店★★★★★
地址：珠海市吉大景山路 188 号
电话：0756－3228888
邮编：519015

昌安假日酒店★★★★★
地址：珠海市粤海中路 2130 号
电话：0756－8866888
邮编：519020

来魅力假日酒店★★★★★
地址：珠海市拱北围基路 32 号
电话：0756－8338888
邮编：519020

庆华国际大酒店★★★★★
地址：珠海市情侣南路 309 号
电话：0756－8808888
邮编：519015

国际酒店★★★★★
地址：中山市中山一路 142 号
电话：0760－88633388
邮编：528401

中山古镇国贸大酒店★★★★★
地址：中山市古镇中兴大道
电话：0760－22345678
邮编：528421

香格里拉大酒店★★★★★
地址：中山市起湾道北 16 号
电话：0760－88386888
邮编：528403

潭江半岛酒店★★★★★
地址：江门市开平市中银路 2 号
电话：0750－2333333
邮编：529300

逸豪酒店★★★★★
地址：江门市迎宾大道中 118 号
电话：0750－3928888
邮编：529000

鹤山市碧桂园凤凰酒店★★★★★
地址：江门市鹤山市沙坪镇鹤山大道 623 号

电话：0750－8866388
邮编：529700

丽宫国际酒店★★★★★
地址：江门市东华二路 28 号
电话：0750－8233388
邮编：529000

名冠金凯悦大酒店★★★★★
地址：江门市北新区
电话：0750－3938888
邮编：529000

台山碧桂园凤凰酒店★★★★★
地址：江门市台山城镇沙岗湖开发区
电话：0750－5688688
邮编：529200

哥顿酒店★★★★★
地址：佛山市顺德区容桂大道中 38 号
电话：0757－28386888
邮编：528305

财神酒店★★★★★
地址：佛山市顺德区乐从大道东 82 号
电话：0757－28838888
邮编：528315

皇冠假日酒店★★★★★
地址：佛山市汾江中路 118 号
电话：0757－82986881
邮编：528000

华夏新中源大酒店★★★★★
地址：佛山市禅城区西庄镇陶博大道 8 座 10 座
电话：0757－85318888
邮编：528061

名都大酒店★★★★★
地址：佛山市南海区大沥镇广佛路平地路段南 68 号
电话：0757－85788888
邮编：528247

保利洲际酒店★★★★★
地址：佛山市南海区灯湖东路 20 号
电话：0757－86268888
邮编：528200

金太阳酒店★★★★★
地址：佛山市三水区广海大道东 6 号
电话：0757－87783333
邮编：528100

三水花园酒店★★★★★
地址：佛山市三水区西南街道广海大道中路 39 号
电话：0757－87799999
邮编：528100

高明碧桂园凤凰城酒店★★★★★
地址：佛山市高明区碧桂大道三洲碧桂园
电话：0757－88611111
邮编：528500

阳江温泉度假村酒店★★★★★
地址：阳江市阳东县合山镇 325 国道旁
电话：0662－6388888
邮编：529935

碧桂园阳江凤凰酒店★★★★★
地址：阳江市阳东湖滨西路（阳东碧桂园内）
电话：0662－6666666
邮编：529900

阳春东湖国际大酒店★★★★★
地址：阳江市阳春市东湖东路 213 号
电话：0662－7888888
邮编：529600

国际大酒店★★★★★
地址：茂名市双山三路 99 号
电话：0668－2986888
邮编：525000

皇冠假日酒店★★★★★
地址：湛江市乐山大道 31 号
电话：0759－3188888
邮编：524022

恒逸国际酒店★★★★★
地址：湛江市经济技术开发区乐山大道 60 号
电话：0759－2299999
邮编：524033

四星级

广信江湾大酒店★★★★
地址：广州市沿江中路 298 号
电话：020－83839888
邮编：510100

广东迎宾馆★★★★
地址：广州市解放北路 603 号
电话：020－83332950
邮编：510030

华厦大酒店★★★★
地址：广州市侨光路 8 号
电话：020－83355988
邮编：510115

广州凯旋华美达酒店★★★★
地址：广州市东山区明月一路 9 号
电话：020－87372988
邮编：510600

广州远洋宾馆★★★★
地址：广州市环市东路 412 号
电话：020－87765988
邮编：510061

广东胜利宾馆（主楼）★★★★
地址：广州市沙面北街 53 号
电话：020－81862622
邮编：510130

广州文化假日酒店★★★★
地址：广州市华侨新村光明路 28 号
电话：020－87766999
邮编：510095

广东大厦★★★★
地址：广州市东风中路 309 号
电话：020－83339933
邮编：510045

番禺宾馆★★★★
地址：番禺区桥镇大北路 130 号
电话：020－84822127
邮编：511400

花都新世纪酒店★★★★
地址：广州市花都市秀全大道 43 号
电话：020－86832922
邮编：510800

增城宾馆★★★★
地址：广州市增城市荔城雁塔大道
电话：020－82619888
邮编：511300

广州大厦★★★★
地址：广州市北京路 374 号
电话：020－83189888
邮编：510030

百花山庄度假村★★★★
地址：广州市增城市百花山庄度假村
电话：020－82618888
邮编：511300

全球通大酒店★★★★
地址：广州市越秀南路 208 号
电话：020－83898888
邮编：510100

太阳城大酒店★★★★
地址：广州市增城新塘群星路 1 号
电话：020－82706888
邮编：511340

嘉逸豪庭酒店★★★★
地址：广州市天河区林和中路 148 号
电话：020－38840968
邮编：510610

广州珀丽酒店★★★★
地址：广州市江南大道中 348 号
电话：020－84418888
邮编：510245

华威达酒店★★★★
地址：广州市黄埔大道西 499 号
电话：020－38908888
邮编：510630

新港明珠大酒店★★★★
地址：广州市经济开发区夏港大道 721 号
电话：020－82226688
邮编：510730

东方国际饭店★★★★
地址：广州市大道中 618 号
电话：020－37233888
邮编：510500

皇家国际饭店★★★★
地址：广州市天河区天河路 89 号
电话：020－61218888
邮编：510620

祁福酒店★★★★
地址：广州市番禺区市广路
电话：020－34710088
邮编：511495

流花宾馆★★★★
地址：广州市环市西路 194 号
电话：020－86668800
邮编：510017

云山大酒店★★★★
地址：广州市先烈中路云鹤北 8 号
电话：020－38377188
邮编：510075

南航明珠大酒店★★★★
地址：广州市新白云国际机场南工作区空港五路
电话：020－86138868
邮编：510406

鼎龙国际大酒店★★★★
地址：广州市广州大道北 63 号
电话：020－87748999

邮编：510040

金桥酒店★★★★
地址：广州市越秀区寺右新马路93号
电话：020－83918868
邮编：510600

新珠江大酒店★★★★
地址：广州市滨江东路795号
电话：020－34255335
邮编：510300

广州十甫假日酒店★★★★
地址：广州市荔湾区第十甫路188号
电话：020－81380088
邮编：510140

珠江帝景酒店★★★★
地址：广州市艺州路灏景街1号
电话：020－61299888
邮编：510130

燕岭大厦★★★★
地址：广州市天河燕岭路29号
电话：020－37232288
邮编：510507

华厦国际商务酒店★★★★
地址：广州市林乐路39－49号
电话：020－78855988
邮编：510610

广州东方夏湾拿豪生酒店★★★★
地址：广州市从化市太平镇莲塘村东方夏湾拿花园夏湾拿大道1号
电话：020－61701188
邮编：510990

广州市科学城华厦国际商务酒店★★★★
地址：广州市萝区科学城揽月路1号
电话：020－61022888
邮编：510663

广州碧水湾温泉度假村★★★★
地址：广州市从化良口流溪温泉度假区
电话：020－87842888
邮编：510960

越秀宾馆★★★★
地址：广州市越秀区小北路198号
电话：020－83108888
邮编：510045

华冠大酒店★★★★
地址：清远市新城6号区凤鸣路8号
电话：0763－3878888
邮编：511515

嘉华大酒店★★★★
地址：清远市新城二号区2－9号
电话：0763－3373038
邮编：511515

连州大厦★★★★
地址：清远市连州市东门中路31号
电话：0763－6633333
邮编：513400

英德海螺国际大酒店★★★★
地址：清远市英德市浈阳东路一号
电话：0763－2788188
邮编：513000

仁鑫大酒店★★★★
地址：清远市英德市浈阳东路
电话：0763－2666129
邮编：513000

流花宾馆★★★★
地址：韶关市西河新华北路138号
电话：0751－8636668
邮编：512026

方圆民族温矿泉酒店★★★★
地址：韶关市乳源瑶族自治县城鹰峰西路50号
电话：0751－5222222
邮编：512700

曹溪温泉假日度假村★★★★
地址：韶关市曲江区马坝镇转溪桥
电话：0751－6658999
邮编：512126

龙翔大酒店★★★★
地址：韶关市翁源县
电话：0751－6128977
邮编：512600

乐昌迎宾大酒店★★★★
地址：韶关市乐昌市金融路52号
电话：0751－5555555
邮编：512000

友好温泉商务酒店★★★★
地址：韶关市曲江区马坝城东路段
电话：0751－6678888
邮编：512100

假日酒店★★★★
地址：河源市宝源山庄沿江路10号
电话：0762－3380999
邮编：517000

滨江金利大酒店★★★★
地址：河源市城区碧水居地段
电话：0762－3399999
邮编：517000

千江温泉酒店★★★★
地址：梅州市丰顺县雄风大道金河桥头
电话：0753－6688888
邮编：514300

金雁富源大酒店★★★★
地址：梅州市丽都西路
电话：0753－2166666
邮编：514021

瑞锦酒店★★★★
地址：梅州市大埔县内环西路龙山2街
电话：0753－5185688
邮编：514200

潮州迎宾馆★★★★
地址：潮州市潮枫路中段
电话：0768－2399888
邮编：521000

潮州宾馆★★★★
地址：潮州市潮枫路1号
电话：0768－2333333
邮编：521000

乐声大酒店★★★★
地址：潮州市潮安县庵埠亨利北路
电话：0768－6669338
邮编：515638

海逸大酒店★★★★
地址：潮州市潮安县开发区东片A区
电话：0768－5812338
邮编：515638

宝华酒店★★★★
地址：潮州市新洋路3号
电话：0768－2306666
邮编：521000

安南大酒店★★★★
地址：潮州市潮安县城区安南路口
电话：0768－6619888
邮编：515638

国际大酒店★★★★
地址：汕头市金砂东路
电话：0754－8251212
邮编：515041

龙湖宾馆★★★★
地址：汕头市迎宾路
电话：0754－8260706
邮编：515041

澄海花园酒店★★★★
地址：汕头市澄海区文冠路
电话：0754－5868888
邮编：515800

中信度假村酒店★★★★
地址：汕头市河蒲区中信大道
电话：0754－7900888
邮编：515098

金佳诚酒店★★★★
地址：汕头市潮南区广祥路中段
电话：0754－7773666
邮编：515144

金城大酒店★★★★
地址：汕头市广汕公路司马浦西段
电话：0754－7730999
邮编：515149

皇都大酒店★★★★
地址：汕头市潮南区两英环城乐路中段
电话：0754－85576888
邮编：515141

特美思大酒店★★★★
地址：揭阳市东山区2号路与7号街交会处
电话：0663－8223888
邮编：522000

阳美国际大酒店★★★★
地址：揭阳市东山区阳美路
电话：0663－8829888
邮编：522071

揭西特美思度假村★★★★
地址：揭阳市揭西县河婆镇城东
电话：0663－5588688
邮编：515400

揭东金叶酒店★★★★
地址：揭阳市揭东区城西一路
电话：0663－3271888
邮编：515500

惠来宾馆★★★★
地址：揭阳市惠来县城南环一路
电话：0663－6625555
邮编：515200

莲花山度假村★★★★
地址：汕尾市海丰县莲花山森林公园龙喷须
电话：0660－6728888
邮编：516400

东陆酒店★★★★
地址：汕尾市陆丰市东海镇洛洲东路3号

电话：0660-8830988
邮编：516500

惠州宾馆★★★★
地址：惠州市环城西二路 17 号
电话：0752-2181333
邮编：516001

凯旋假日酒店★★★★
地址：惠州市麦兴路 11 号
电话：0752-2088999
邮编：516008

丽景花园酒店★★★★
地址：惠州市惠阳区淡水南门西街
电话：0752-3818888
邮编：516211

金华悦国际大酒店★★★★
地址：惠州市下埔大道 28 号
电话：0752-2088888
邮编：516000

金世纪假日酒店★★★★
地址：惠州市惠城区沥林镇惠樟路
电话：0752-3868888
邮编：516735

万事达华侨酒店★★★★
地址：惠州市惠东县城
电话：0752-8163888
邮编：516300

新都会大酒店★★★★
地址：惠州市惠阳区白云路 50 号
电话：0752-3769999
邮编：516211

隆泰金都酒店★★★★
地址：惠州市花边南路
电话：0752-2678888
邮编：516001

恒升国际大酒店★★★★
地址：惠州市惠东县惠东大道 526 号
电话：0752-8168888
邮编：516300

新丽晶大酒店★★★★
地址：惠州市惠阳区淡水镇开城大道
电话：0752-3822822
邮编：516211

世纪华园大饭店★★★★
地址：惠州市惠阳区淡水镇东华大道 1 号
电话：0752-3828888
邮编：516211

寮步金凯悦大酒店★★★★
地址：东莞市寮步镇教育路 1 号
电话：0769-83326328
邮编：523400

文华大酒店★★★★
地址：东莞市厚街镇太路新塘路段
电话：0769-85911111
邮编：523949

东莞宾馆★★★★
地址：东莞市城区东正路 11 号
电话：0769-22222222
邮编：523005

江龙大酒店★★★★
地址：东莞市厚街镇 107 国道旁
电话：0769-85838888
邮编：523962

新都会酒店★★★★
地址：东莞市樟木头镇维多利亚商业大道 38 号
电话：0769-87713333
邮编：511741

汇美大酒店★★★★
地址：东莞市常平镇中元街 9 号
电话：0769-83918888
邮编：523560

宏远酒店★★★★
地址：东莞市宏远路 1 号
电话：0769-22418888
邮编：523070

花园酒店★★★★
地址：东莞市樟木头镇南城广场
电话：0769-87799888
邮编：523618

东莞长安酒店★★★★
地址：东莞市长安镇中心 107 国道旁
电话：0769-85532388
邮编：523850

业丰大酒店★★★★
地址：东莞市大朗镇莞樟路金朗大道 23 号
电话：0769-83113888
邮编：523770

丽池海悦酒店★★★★
地址：东莞市厚街镇厚街大道东
电话：0769-85885888
邮编：523960

新世纪酒店★★★★
地址：东莞市常平镇常平大道 8 号
电话：0769-83338888
邮编：523560

司马假日酒店★★★★
地址：东莞市常平镇司马管理区 1 号
电话：0769-83391888
邮编：523570

梵尔赛酒店★★★★
地址：东莞市常平镇下墟梵尔赛路
电话：0769-83816888
邮编：523560

汇源海逸大酒店★★★★
地址：东莞市虎门镇虎门大道
电话：0769-85244888
邮编：523907

万盈酒店★★★★
地址：东莞市麻涌镇麻涌大道
电话：0769-88828888
邮编：523130

中汇文华大酒店★★★★
地址：东莞市高埗镇振兴路
电话：0769-88788888
邮编：523270

华禧酒店★★★★
地址：东莞市长安镇 107 国道边上沙路段
电话：0769-85383888
邮编：523869

半岛酒店★★★★
地址：东莞市常平镇北环路口
电话：0769-83988888
邮编：523562

方中假日酒店★★★★
地址：东莞市茶山镇茶山大道西 28 号
电话：0769-86866666
邮编：523399

嘉辉会酒店★★★★
地址：东莞市凤岗镇官井头嘉辉路
电话：0769-87563388
邮编：523709

美怡登酒店★★★★
地址：东莞市常平镇中元路
电话：0769-83028888
邮编：523560

天悦酒店★★★★
地址：东莞市石碣崇焕路 18 号
电话：0769-81812222
邮编：523290

华庭花园酒店★★★★
地址：东莞市厚街镇溪头村东溪西路 68 号
电话：0769-81633333
邮编：523952

新都会璜玛酒店★★★★
地址：东莞市谢岗镇花园大道 73 号
电话：0769-87633338
邮编：523597

晶都酒店★★★★
地址：深圳市红岭南路金融中心
电话：0755-82247000
邮编：518001

新都酒店★★★★
地址：深圳市建设路 309 号
电话：0755-82320888
邮编：518001

都之都大酒店★★★★
地址：深圳市宝安区九区
电话：0755-27783888
邮编：518101

圣延苑酒店世纪楼★★★★
地址：深圳市福田区华强北路
电话：0755-83220088
邮编：518028

庐山国际大酒店★★★★
地址：深圳市春风路 66 号
电话：0755-82338888
邮编：818005

东华假日酒店★★★★
地址：深圳市南山区南油大道东华园
电话：0755-26416688
邮编：518054

格兰云天大酒店★★★★
地址：深圳市深南中路 3024 号
电话：0755-83689999
邮编：518041

明华国际会议中心★★★★
地址：深圳市蛇口工业区龟山路 8 号
电话：0755-26689968
邮编：518067

宝明城花园酒店★★★★
地址：深圳市宝安区公明镇建设路
电话：0755-27100888
邮编：518106

廷苑酒店★★★★
地址：深圳市龙华镇人民北路 33 号

电话：0755－27708888
邮编：518109

中南海滨大酒店★★★★
地址：深圳市南山区南新路18号
电话：0755－26668736
邮编：518052

金碧酒店★★★★
地址：深圳市春风路3002号
电话：0755－82252888
邮编：518005

雅兰酒店★★★★
地址：深圳市盐田区大梅沙
电话：0755－25062299
邮编：518083

华侨城海景酒店★★★★
地址：深圳市华侨城海景酒店
电话：0755－26602222
邮编：518053

大梅沙海景酒店★★★★
地址：深圳市盐田区盐梅路10号
电话：0755－25061688
邮编：518083

圣德堡大酒店★★★★
地址：深圳市龙岗区横岗街道六约社区深惠路408号
电话：0755－33618888
邮编：518173

芭堤雅酒店★★★★
地址：深圳市盐田区大梅沙内环路
电话：0755－25252888
邮编：518083

君逸酒店★★★★
地址：深圳市龙岗区横岗为民路8号
电话：0755－28661888
邮编：518115

中油大厦酒店★★★★
地址：深圳市区南山大道1110号
电话：0755－26528333
邮编：518054

长丰酒店★★★★
地址：深圳市宝安区沙井新桥北环路口
电话：0755－27228888
邮编：518125

华丽城酒店★★★★
地址：深圳市龙岗区平湖街道华南大道
电话：0755－89633333
邮编：518111

宝晖商务酒店★★★★
地址：深圳市宝安区45区自由路2号
电话：0755－61158888
邮编：518133

金晖嘉柏酒店★★★★
地址：深圳市深南大道国际市长交流中心
电话：0755－86100888
邮编：518053

花园格兰云天大酒店★★★★
地址：深圳市深南中路4028号
电话：0755－82816666
邮编：518026

万悦国际酒店★★★★
地址：深圳市宝安21区前进一路90号
电话：0755－27881888
邮编：518101

丽湾酒店★★★★
地址：深圳市龙岗区龙岗街道新生社区新生路1号
电话：0755－8484000
邮编：518116

长丰花园酒店★★★★
地址：深圳市宝安区石岩街浪心社区
电话：0755－29008888
邮编：518108

粤海酒店★★★★
地址：珠海市拱北粤海东路1145号
电话：0756－8888128
邮编：519020

华骏大酒店★★★★
地址：珠海市夏湾区侨光西路328号
电话：0756－8118999
邮编：519020

御温泉度假村★★★★
地址：珠海市斗门县斗门镇
电话：0756－5797128
邮编：519110

骏德会酒店★★★★
地址：珠海市拱北联安路188号9栋
电话：0756－8155558
邮编：519020

南油大酒店★★★★
地址：珠海市水湾路368号
电话：0756－3322188
邮编：519015

2000年大酒店★★★★
地址：珠海市香洲人民东路121号
电话：0756－2122998
邮编：519000

西藏大厦★★★★
地址：珠海市梅华西路166号
电话：0756－2669988
邮编：519000

星城大酒店★★★★
地址：珠海市吉大景山路88号
电话：0756－3220888
邮编：519015

富华酒店★★★★
地址：中山市西区富华道一号
电话：0760－88638888
邮编：528401

中山温泉宾馆★★★★
地址：中山市三乡镇雍陌村
电话：0760－86683888
邮编：528463

小榄旅游大酒店★★★★
地址：中山市小榄镇文化路
电话：0760－22266888
邮编：528415

真善美大酒店★★★★
地址：中山市三角镇金三大道99号
电话：0760－85401888
邮编：528445

汇景酒店★★★★
地址：中山市东升镇龙昌路同乐大街交会处
电话：0760－22222222
邮编：528414

长命水海逸酒店★★★★
地址：中山市长命水大街9号
电话：0760－88202222
邮编：528458

银晶国际酒店★★★★
地址：江门市港口路22号
电话：0750－3183288
邮编：529051

龙泉度假酒店★★★★
地址：江门市新会区圭峰山龙潭景区
电话：0750－6182222
邮编：529100

仙泉酒店★★★★
地址：佛山市顺德区顺峰山旅游区
电话：0757－22293333
邮编：528333

新世界万怡酒店★★★★
地址：佛山市顺德区大良镇清晖路150号
电话：0757－22218333
邮编：528300

碧桂园度假村★★★★
地址：佛山市顺德区北滘镇碧江大桥侧
电话：0757－26332228
邮编：528312

碧桂花城大酒店★★★★
地址：佛山市顺德区陈村镇佛陈大桥侧
电话：0757－23836688
邮编：528312

鹿茵酒店★★★★
地址：佛山市顺德区桂州大道中1号
电话：0757－28321688
邮编：528303

新君悦酒店★★★★
地址：佛山市顺德区陈村镇佛陈路口
电话：0757－23836888
邮编：528313

福盈酒店★★★★
地址：佛山市顺德区大良环市北路38号
电话：0757－22330338
邮编：528300

君豪酒店★★★★
地址：佛山市顺德区容桂容奇大道中24号
电话：0757－28387888
邮编：528303

君莱酒店★★★★
地址：佛山市顺德区大良街鉴海南路14号
电话：0757－22608888
邮编：528300

骏景酒店★★★★
地址：佛山市顺德区均安镇翠湖路2号
电话：0757－25508888
邮编：528329

中恒金都大酒店★★★★
地址：佛山市机场路口
电话：0757－85558328
邮编：528231

金城大酒店★★★★
地址：佛山市汾江南路48号
电话：0757－83357228
邮编：528000

佳宁娜大酒店★★★★
地址：佛山市祖庙路14号

电话：0757－82223828
邮编：528000

云影琼楼酒店★★★★
地址：佛山市南海区西樵山白云洞风景区内
电话：0757－6886799
邮编：528211

新阳光酒店★★★★
地址：佛山市南海区广佛公路盐步平地广佛路段南
电话：0757－8570111
邮编：528247

祈福（仙湖）酒店★★★★
地址：佛山市南海丹灶镇仙湖度假区
电话：0757－85449988
邮编：528216

凯迪威酒店★★★★
地址：佛山市三水区乐平镇乐平大道35号
电话：0757－87398888
邮编：528137

醉然居假日酒店★★★★
地址：肇庆市德庆县德城镇青云路
电话：0758－7781111
邮编：526600

翔顺大酒店★★★★
地址：云浮市新兴县龙山旅游区
电话：0766－2691618
邮编：527431

凯旋酒店★★★★
地址：云浮市云城区建设北路11号
电话：0766－8188888
邮编：527300

翔顺花园酒店★★★★
地址：云浮市新兴县翔顺花园二区
电话：0766－2933333
邮编：527400

好莱湾酒店★★★★
地址：云浮市罗定市兴华一路2号
电话：0766－3881188
邮编：527200

悦华大酒店★★★★
地址：阳江市阳春市东湖西路40号之二
电话：0662－7768888
邮编：529600

阳江长江国际酒店★★★★
地址：阳江市东风一路东岳公园内
电话：0662－2345678
邮编：529500

高州大酒店★★★★
地址：茂名市高州市高凉东路636号
电话：0668－6383388
邮编：525200

华海酒店★★★★
地址：茂名市新福二路9号
电话：0668－3918888
邮编：525000

新城国际大酒店★★★★
地址：茂名市信宜市迎宾大道
电话：0668－8898888
邮编：525300

银海酒店★★★★
地址：湛江市人民大道中52号
电话：0759－3380688
邮编：524022

海滨宾馆★★★★
地址：湛江市海滨三路32号
电话：0759－2286888
邮编：524005

中国城酒店★★★★
地址：湛江市开发区乐山大道中48号
电话：0759－3199999
邮编：524022

金辉煌酒店★★★★
地址：湛江市人民大道中15号
电话：0759－2368888
邮编：524022

南海宾馆★★★★
地址：湛江市坡头区17号
电话：0759－3950388
邮编：524057

丽波度假村★★★★
地址：湛江市廉江市海军塘山岭边
电话：0759－6618888
邮编：524400

皇家国际酒店★★★★
地址：湛江市遂溪县建设路163号
电话：0759－7777888
邮编：524300

廉江市罗二酒店★★★★
地址：湛江市廉江市人民大道东42号
电话：0759－6666666
邮编：524400

三星级

爱群大酒店★★★
地址：广州市沿江西路113号
电话：020－81866668
邮编：510120

广东新大地宾馆★★★
地址：广州市站前路108－122号
电话：020－86221638
邮编：510010

广州宾馆★★★
地址：广州市起义路2号
电话：020－83338168
邮编：510015

番禺美丽华大酒店★★★
地址：广州市番禺区桥清河中路8号
电话：020－84826832
邮编：511400

湖天宾馆★★★
地址：广州市东风西路156号
电话：020－81080888
邮编：510170

三禺宾馆★★★
地址：广州市三育路23号
电话：020－87756888
邮编：510080

东方丝绸大厦★★★
地址：广州市东风东路752号
电话：020－87762888
邮编：510080

湛江大厦★★★
地址：广州市站前路88号
电话：020－86681688
邮编：510160

广东华侨友谊酒店★★★
地址：广州市天河南二路42－44号
电话：020－85513298
邮编：510620

广东温泉宾馆★★★
地址：广州市从化市温泉镇温泉东路80号
电话：020－87830888
邮编：510970

广州总统大酒店★★★
地址：广州市天河区天河路586号
电话：020－85512988
邮编：510630

广州白云国际机场宾馆★★★
地址：广州市白云国际机场
电话：020－86638838
邮编：510406

远洋大厦★★★
地址：广州市天河龙口东路6号
电话：020－87596988
邮编：510630

丽江渡假花园酒店★★★
地址：广州市番禺区石楼镇
电话：020－84864848
邮编：511447

花都丽美大酒店★★★
地址：广州市花都区商业大道53号
电话：020－86819888
邮编：510800

番禺香江大酒店★★★
地址：广州市番禺区大石迎宾路
电话：020－84786888
邮编：511430

新世界大酒店★★★
地址：广州市人民北路520号
电话：020－81099888
邮编：510180

番禺合力大酒店★★★
地址：广州市番禺区市桥镇坑口路106－108号
电话：020－84611488
邮编：511400

金湖酒店★★★
地址：广州市花都区建设南路4号
电话：020－86808100
邮编：510800

世昌宾馆★★★
地址：广州市番禺区市桥镇迎宾路富都城侧
电话：020－84807777
邮编：511400

从化天伦酒店★★★
地址：广州市从化市街口镇河溪南路38号
电话：020－87966198
邮编：510900

新天河宾馆★★★
地址：广州市天河路178－188号
电话：020－85595888
邮编：510620

华海大酒店★★★
地址：广州市江南大道中 232 号
电话：020-84415555
邮编：510245

天龙大酒店★★★
地址：广州市大道北路 118 号
电话：020-87589988
邮编：510075

双湖酒店★★★
地址：广州市从化吕田小杉
电话：020-87836998
邮编：510950

广州新好景饮食娱乐中心★★★
地址：广州市广深公路新塘路段
电话：020-82704888
邮编：511300

丽都大酒店★★★
地址：广州市北京路 182 号
电话：020-83321988
邮编：510115

莲花山粤海度假村★★★
地址：广州市番禺区莲花山旅游区
电话：020-84862788
邮编：511440

越天酒店★★★
地址：广州市解放北路 960 号
电话：020-86665666
邮编：510040

（广州）珠海特区大酒店★★★
地址：广州市海珠北路 11-15 号
电话：020-81082933
邮编：510180

广东邮电大厦★★★
地址：广州市中山二路 18 号
电话：020-87618888
邮编：510080

惠福大酒店★★★
地址：广州市惠福西路 38 号
电话：020-81309888
邮编：510120

民航大酒店★★★
地址：广州市机场路 276 号
电话：020-86128680
邮编：510406

世昌大酒店★★★
地址：广州市番禺区市桥繁华路 3 号
电话：020-84888333
邮编：511400

五羊城酒店★★★
地址：广州市人民中路 322 号
电话：020-81889889
邮编：510120

京华酒店★★★
地址：广州市花都区新华镇云山大道 55 号
电话：020-36810333
邮编：510800

鸿福门酒店★★★
地址：广州市黄埔东路 3729 号
电话：020-82232413
邮编：510760

星都大酒店★★★
地址：广州市昌岗中路 172 号
电话：020-84318888
邮编：510250

华金盾大酒店★★★
地址：广州市中山大道 368 号
电话：020-82308838
邮编：510660

冰花酒店★★★
地址：广州市天河区天河北路 2 号
电话：020-87502888
邮编：510620

从化湖光度假山庄★★★
地址：广州市从化黄竹塱
电话：020-87843388
邮编：510956

广州江悦酒店★★★
地址：广州市滨江西路 20 号
电话：020-84336060
邮编：510235

龙泉大酒店★★★
地址：广州市番禺区大北路 99 号
电话：020-84826288
邮编：511400

广东蓄能大厦★★★
地址：广州市天河龙口东路 32 号
电话：020-87518168
邮编：510630

华辉度假村★★★
地址：广州市从化市桃园镇云星大道
电话：020-87832388
邮编：510970

广蓄电站专家村★★★
地址：广州市从化市温泉康复路 17 号
电话：020-87838699
邮编：510970

广州华茂中心★★★
地址：广州市盘福路 63 号
电话：020-81363322
邮编：510180

广轩大厦★★★
地址：广州市海珠区沥滘振兴大街九号
电话：020-84174688
邮编：510288

南方毅源大酒店★★★
地址：广州市番禺区迎宾大道南大路 8 号
电话：020-34764888
邮编：511431

广州喜悦度假酒店★★★
地址：广州市番禺区市桥镇光明北路 223 号
电话：020-84892888
邮编：511400

金苑山庄★★★
地址：广州市恒福路 117 号
电话：020-83581688
邮编：510095

广州石化明珠宾馆★★★
地址：广州市黄埔区石化路振兴街 18 号
电话：020-82121100
邮编：510726

东悦酒店★★★
地址：广州市麓景路 8 号
电话：020-83500888
邮编：510091

广州长城酒店★★★
地址：广州市越秀区寺右新马路 19 号
电话：020-87612888
邮编：510600

花都大酒店★★★
地址：广州市花都区新华路镇 44 号
电话：020-86838582
邮编：510800

广州雍富大酒店★★★
地址：广州市南沙区大岗镇豪岗路 3 号
电话：020-34992238
邮编：511470

西湖苑宾馆★★★
地址：广州市天河区五山华南理工大学
电话：020-38673008
邮编：510641

银河大酒店★★★
地址：广州市天河区沙太路 268 号
电话：020-61089688
邮编：510507

广州汇东假日酒店★★★
地址：广州市广汕一路 1 号
电话：020-87032888
邮编：510520

中华酒店★★★
地址：广州市花都区站前路 33 号
电话：020-86822222
邮编：510800

广武酒店★★★
地址：广州市天河区天沙路 603 号
电话：020-61213888
邮编：510630

鼎福休闲酒店★★★
地址：广州市天河区大观面路 2 号
电话：020-61219888
邮编：510660

广东博斯坦宾馆★★★
地址：广州市天河北路 76 号
电话：020-38782888
邮编：510620

山西大厦★★★
地址：广州市三元里大道
电话：020-22293788
邮编：510400

怡凯酒店★★★
地址：广州市工业大道南石岗路 90 号
电话：020-84369888
邮编：510288

广东南洋长胜酒店★★★
地址：广州市天河区天平架兴华路 38 号
电话：020-61368888
邮编：510507

新凤凰酒店★★★
地址：广州市花都区迎宾大道大华二路 38 号
电话：020-86966222
邮编：510800

丽盈大酒店★★★
地址：广州市花都区茶园路 9 号
电话：020-36820555
邮编：510800

龙逸山庄度假村★★★
地址：广州市天河区龙洞迎龙路 1203 号
电话：020 - 87022732
邮编：510520

大华酒店★★★
地址：广州市天河路 625 号天娱广场东塔
电话：020 - 87576888
邮编：510630

景观酒店★★★
地址：广州市花都区芙蓉嶂旅游度假区
电话：020 - 86982999
邮编：510800

嘉福利晶酒店★★★
地址：广州市天河区长兴路 8 号
电话：020 - 37213088
邮编：510650

牡丹大酒店★★★
地址：广州市花都区新华街站前路 34 号
电话：020 - 36807888
邮编：510800

友田酒店★★★
地址：广州市花都狮岭镇东升路与盘大路交界
电话：020 - 22689999
邮编：510850

悦海酒店★★★
地址：广州市黄埔区海员路 39 号
电话：020 - 82288088
邮编：510700

广东奥体大酒店★★★
地址：广州市天河东圃大观路广东奥林匹克体育中心北 A4 门
电话：020 - 82169999
邮编：510663

金之鼎酒店★★★
地址：广州市花都区新华镇天贵南路
电话：020 - 86801666
邮编：510800

合神酒店★★★
地址：广州市天河区沙太路陶庄 1 号
电话：020 - 87631288
邮编：510517

华悦酒店★★★
地址：广州市花都区新华街建设北路 128 号
电话：020 - 36883888
邮编：510800

锦都商务大酒店★★★
地址：广州市花都区新华街滨湖路 1 号
电话：020 - 86819999
邮编：510800

荣威酒店★★★
地址：广州市花都区新华镇新都大道 13 号
电话：020 - 86889888
邮编：510800

阳光酒店★★★
地址：广州市花都区新华镇建设北路 119 号
电话：020 - 86896333
邮编：510800

金怡酒店★★★
地址：广州市番禺区市桥禺山西路大富村口
电话：020 - 22879388
邮编：511490

金宝酒店★★★
地址：广州市花都区新华街凤凰北路
电话：020 - 86895122
邮编：510800

正和大酒店★★★
地址：广州市番禺区市桥桥南街陈涌村金业街 1 号
电话：020 - 23883333
邮编：511400

三茂大酒店★★★
地址：广州市环市东路 374 号
电话：020 - 61321614
邮编：510060

豪悦酒店★★★
地址：广州市番禺区桥南街桥南路 196 号
电话：020 - 84832222
邮编：511400

广东南洋冠盛酒店★★★
地址：广州市天河区天府路 11 号
电话：020 - 61398888
邮编：510630

红叶酒店★★★
地址：广州市机场西乐嘉路 8 号
电话：020 - 86348988
邮编：510403

合兴大酒店★★★
地址：广州市花都区建设北路 213 号
电话：020 - 36996888
邮编：510800

红帆酒店★★★
地址：广州市珠海区革新路 126 号之一
电话：020 - 89607999
邮编：510250

合成大酒店★★★
地址：广州市花都狮岭大道中 1 号
电话：020 - 36919168
邮编：510800

江南商务酒店★★★
地址：广州市白云区增槎路 789 - 828 号
电话：020 - 81996688
邮编：510475

新港假日酒店★★★
地址：广州市海珠区新港东路二号
电话：020 - 89239900
邮编：510260

广东广天大厦★★★
地址：广州市黄埔大道西 243 号
电话：020 - 28389888
邮编：510620

悦来登大宾馆★★★
地址：广州市增城新塘东坑三横号
电话：020 - 82700888
邮编：511340

中濠大酒店★★★
地址：广州市增城石滩增滩公路横岭开发区
电话：020 - 82996666
邮编：511330

南洲大酒店★★★
地址：广州市海珠区南洲路 188 号
电话：020 - 84010328
邮编：510788

八骏酒店★★★
地址：广州市花都区新华街三东大道 26 号
电话：020 - 86971788
邮编：510800

琶洲酒店★★★
地址：广州市珠海区新港东路 37 号
电话：020 - 22085888
邮编：510308

英伦公馆酒店★★★
地址：广州市天河东路 220 号
电话：020 - 38900000
邮编：510620

大塘宾馆★★★
地址：广州市海珠区聚德西路 1 号
电话：020 - 84055388
邮编：510305

大舜晶华商务酒店★★★
地址：广州市天河区中山大道西 277 号
电话：020 - 85551888
邮编：510665

广州山水时尚酒店黄埔店★★★
地址：广州市黄埔东路 727 号
电话：020 - 62661111
邮编：510725

乐涛居酒店★★★
地址：广州市增城新塘镇港口大道
电话：020 - 82775888
邮编：511340

凯利登大酒店★★★
地址：广州市花都区天贵路 92 号
电话：020 - 28600888
邮编：510800

翠岛水电度假村★★★
地址：广州市从化市温泉镇温泉西路 20 号
电话：020 - 87836638
邮编：510970

银座大酒店★★★
地址：广州市番禺区市桥街禺山大道 228 号
电话：020 - 39999111
邮编：511400

圣玛登酒店★★★
地址：广州市中山八路 19 号
电话：020 - 81818888
邮编：510175

怡东酒店★★★
地址：广州市白云区人和镇凤和村广花路 16 - 20 号
电话：020 - 86455880
邮编：510470

广州晨悦酒店★★★
地址：广州市天河区天源路 961 号
电话：020 - 22023888
邮编：510520

临海酒店★★★
地址：广州市南沙区龙穴大道中
电话：020 - 22886668
邮编：511462

增城华侨酒店★★★
地址：广州市增城荔城镇西园南路 103 号
电话：020 - 82643888
邮编：511300

广州清音酒店★★★
地址：广州市从化温泉镇温泉西路38－39号
电话：020－87837388
邮编：510940

亨利酒店★★★
地址：广州市花都区新华街宝华路26号
电话：020－36812888
邮编：510800

凤凰山宾馆★★★
地址：广州市天河区广汕一路332号
电话：020－87028998
邮编：510520

卓悦商务酒店★★★
地址：广州市白云区新市南街33号
电话：020－36218228
邮编：510410

天豪酒店★★★
地址：广州市天河区科韵路大盛工业区A栋综合楼
电话：020－85666668
邮编：510665

嘉信酒店★★★
地址：广州市白云区同泰路98号
电话：020－62855555
邮编：510515

锦廷商务酒店★★★
地址：广州市从化街口街新城乐路2号
电话：020－87959999
邮编：510900

君御酒店★★★
地址：广州市番禺区石镇泰兴路133号
电话：020－23881888
邮编：511400

天麓骑术俱乐部★★★
地址：广州市经济技术开发区（原白云区萝岗镇）黄陂村北面
电话：020－87265002
邮编：510530

瀛丰商务酒店★★★
地址：广州市天河区东圃镇旭景西路
电话：020－61209998
邮编：510660

永栩酒店★★★
地址：广州市增城市新塘镇广深公路太阳城对面
电话：020－82693888
邮编：511340

天逸酒店★★★
地址：广州市天河区龙口西路183号
电话：020－62816888
邮编：510630

裕华大厦★★★
地址：广州市越秀区环市东路320号
电话：020－83863381
邮编：510060

金瑞峰温泉酒店★★★
地址：广州市增城市派谭镇大丰门林场
电话：020－82821888
邮编：511385

高滩温泉酒店★★★
地址：广州市增城市派谭镇高滩村
电话：020－32902831
邮编：511385

石牌酒店★★★
地址：广州市天河东路168号
电话：020－85510838
邮编：510620

东江大酒店★★★
地址：广州市白云区三元里大道838号
电话：020－86273328
邮编：510403

广东白云城市酒店★★★
地址：广州市环市西路179号
电话：020－86666889
邮编：510010

东海大厦★★★
地址：广州市环市东路318号之一
电话：020－83839966
邮编：510060

毅华假日酒店★★★
地址：广州市从化温泉镇碧泉路15号
电话：020－87839668
邮编：510970

光华假日酒店★★★
地址：广州市番禺区市桥平康路沙圩一村云山大街16号
电话：020－84603333
邮编：511400

新华大酒店★★★
地址：广州市人民南路2－6号
电话：020－81882688
邮编：510130

白云温泉山庄★★★
地址：清远市佛冈县汤塘黄花湖度假区
电话：0763－ 4632998
邮编：511675

红楼宾馆★★★
地址：清远市连州市人民路238号
电话：0763－6664888
邮编：513400

环城步步高酒店★★★
地址：清远市环城一路10号
电话：0763－3826666
邮编：511500

湖滨步步高酒店★★★
地址：清远市曙光一路88号
电话：0763－3350088
邮编：511500

天泉度假村（酒店）★★★
地址：清远市阳山县称架镇
电话：0763－7391933
邮编：513138

龙城大酒店★★★
地址：清远市石角镇府前路218号
电话：0763－3207000
邮编：511545

伟顺酒店★★★
地址：清远市新城东24号小区
电话：0763－3375555
邮编：511500

英州大酒店★★★
地址：清远市英德市百花路1号
电话：0763－2222388
邮编：513000

翠苑宾馆★★★
地址：清远市滨江路
电话：0763－3868008
邮编：511515

鸿都大酒店★★★
地址：清远市连州市番禺路226－230号
电话：0763－7881818
邮编：513400

雄风大酒店★★★
地址：清远市阳山县陵园路69号
电话：0763－6661189
邮编：513000

星光大酒店★★★
地址：清远市佛冈县星光大酒店
电话：0763－4285558
邮编：511600

阳山宾馆★★★
地址：清远市阳山县电塔路2号
电话：0763－7883541
邮编：513100

粮香大酒店★★★
地址：清远市英德市建设路59号
电话：0763－2222098
邮编：513000

英德市小岛宾馆★★★
地址：清远市英德市英洲大道长线街1号
电话：0763－2288168
邮编：513000

英德市迎宾馆★★★
地址：清远市英德市利民路3号
电话：0763－2222390
邮编：513000

卓代花园酒店★★★
地址：清远市阳山县城阳山大道北
电话：0763－7888888
邮编：513100

侨丰宾馆★★★
地址：清远市先锋东路1号
电话：0763－3834038
邮编：511500

东方大酒店★★★
地址：清远市建设路口
电话：0763－2233998
邮编：513000

雄风宾馆★★★
地址：清远市阳山县城南大道76号
电话：0763－7886228
邮编：513100

凯逸假日酒店★★★
地址：清远市阳山县北门路城市广场
电话：0763－7885500
邮编：513100

清新丽晶酒店★★★
地址：清远市清新区清新大道21号
电话：0763－3136888
邮编：511800

凤凰阁饭店★★★
地址：清远市阳山县阳城镇光明大道176号
电话：0763－78956228
邮编：513100

迎宾大酒店★★★
地址：清远市连山县吉田镇勤政路 12 号
电话：0763－8736688
邮编：513201

清新爵士酒店★★★
地址：清远市清新区清新大道 88 号
电话：0763－3133788
邮编：511800

双龙城商务酒店★★★
地址：清远市佛冈县石角镇 106 国道 38 路段
电话：0763－4383388
邮编：511600

南雄市珠玑大酒店★★★
地址：韶关市南雄市建设路 12 号
电话：0751－3830888
邮编：512400

韶关小岛饭店★★★
地址：韶关市西堤路 27 号
电话：0751－8912288
邮编：512000

乳源小岛饭店★★★
地址：韶关市乳源县解放北路 2 号
电话：0751－5389888
邮编：512700

丽晶酒店★★★
地址：韶关市江区北江路 2 号
电话：0751－8210218
邮编：512023

湖心宾馆★★★
地址：韶关市工业东路 17 号
电话：0751－8761570
邮编：512026

丹霞山和景酒店★★★
地址：韶关市丹霞山风景区
电话：0751－6292168
邮编：512300

南雄迎宾馆★★★
地址：韶关市南雄市建设路 6 号
电话：0751－3822032
邮编：512400

北苑宾馆★★★
地址：韶关市风度北路 122 号
电话：0751－8188838
邮编：512002

新丰交通大酒店★★★
地址：韶关市新丰县城 105 国道旁
电话：0751－2299888
邮编：511100

坪石富丽酒店★★★
地址：韶关市乐昌市坪石岭南路 69 号
电话：0751－5523488
邮编：512229

曲江迎宾馆★★★
地址：韶关市曲江区府前中路
电话：0751－6666977
邮编：512100

新华宾馆★★★
地址：韶关市始兴县振兴路 128 号
电话：0751－3324888
邮编：512500

国林宾馆★★★
地址：韶关市浈江区站南路口
电话：0751－8251244
邮编：512023

金源酒店★★★
地址：韶关市风采路 66 号
电话：0751－8189988
邮编：512000

聚雅轩酒店★★★
地址：韶关市北江区解放路 126 号
电话：0751－8189333
邮编：512000

翁源县富源大酒店★★★
地址：韶关市翁源县建设一路 368 号
电话：0751－2873333
邮编：512600

君临酒店★★★
地址：韶关市浈江南路 75 号
电话：0751－8885111
邮编：512000

金雄鹰宾馆★★★
地址：韶关市南雄市雄中路 55 号
电话：0751－3868888
邮编：512400

泉景酒店★★★
地址：韶关市环园西路 1 号
电话：0751－8186279
邮编：512000

星之光大酒店★★★
地址：韶关市乐昌市解放东路 57 号
电话：0751－5555288
邮编：512200

南华温泉酒店★★★
地址：韶关市曲江区马坝镇马坝大道南
电话：0751－6646666
邮编：512100

粤源大酒店★★★
地址：韶关市翁源县沿江路 3 号
电话：0751－2819838
邮编：512600

金鸡宾馆★★★
地址：韶关市乐昌市坪石镇金鸡路 4 号
电话：0751－5528888
邮编：512229

远东酒店★★★
地址：韶关市始兴县城兴平路 1 号
电话：0751－3339301
邮编：512500

百乐宫大酒店★★★
地址：韶关市新丰县丰城大道东 10 号
电话：0751－2267888
邮编：511100

濠景酒店★★★
地址：韶关市解放路 124 号
电话：0751－8186666
邮编：521000

丛林山庄★★★
地址：韶关市浈江区生态路 11 号
电话：0751－8282128
邮编：512000

金海洋假日酒店★★★
地址：韶关市乐昌市长乐路 88 号
电话：0751－5568688
邮编：512200

幸福华庭酒店★★★
地址：韶关市武江区惠城南路 122 号
电话：0751－8611188
邮编：512026

丹霞假日山庄★★★
地址：韶关市仁化县丹霞山金霞小区霞兴南路 18 号
电话：0751－6800999
邮编：512300

锦城宾馆★★★
地址：韶关市仁化县新城路 2 号
电话：0751－6356666
邮编：512300

绿苑酒店★★★
地址：韶关市西堤北路 12 号
电话：0751－8803333
邮编：512000

顺丰楼酒店★★★
地址：韶关市始兴县司前镇司前大街 1 号
电话：0751－3288288
邮编：512532

汇丰酒店★★★
地址：韶关市乐昌市人民南路 3 号
电话：0751－5500333
邮编：512200

雄州大酒店★★★
地址：韶关市南雄市雄中路雄州大酒店
电话：0751－3818199
邮编：512400

正星商务酒店★★★
地址：韶关市曲江区马坝大道北 128 号
电话：0751－6911888
邮编：512100

云锦山庄★★★
地址：韶关市乳源县天井山林场
电话：0751－5468388
邮编：512726

翁源县新世纪酒店★★★
地址：韶关市翁源县紫荆路 1 号
电话：0751－69128333
邮编：512600

翁源县雅园大酒店★★★
地址：韶关市翁源县龙英路
电话：0751－2816666
邮编：512600

昇东商务酒店★★★
地址：韶关市翁源县官渡镇桉西路
电话：0751－2888028
邮编：512600

新丰江源温泉旅游度假山庄★★★
地址：韶关市新丰县梅坑镇梅东村
电话：0751－2381997
邮编：511100

宁泰商务酒店★★★
地址：韶关市乳源县迎宾南路东侧
电话：0751－6120666
邮编：512720

龙川县旅游大酒店★★★
地址：河源市龙川县经济开发区 5 号小区
电话：0762－2821888

邮编：517300

明珠银发大酒店★★★
地址：河源市河源大道13号
电话：0762－3318888
邮编：517000

紫金宾馆★★★
地址：河源市紫金县紫城镇秋江路36号
电话：0762－7826883
邮编：517400

新华信大酒店★★★
地址：河源市兴源西路1号
电话：0762－3393388
邮编：517000

金利大酒店★★★
地址：河源市河源大道17号
电话：0762－3396288
邮编：517000

霍山宾馆★★★
地址：河源市龙川县老隆镇老龙大道
电话：0762－6758328
邮编：517300

南方酒店★★★
地址：河源市连平县城官灯公路与105国道交会处
电话：0762－4321111
邮编：517100

华达大厦★★★
地址：河源市河源大道南71号
电话：0762－3396393
邮编：517000

新江大酒店★★★
地址：河源市大道北新城汽车站对面
电话：0762－3365999
邮编：517000

和平世纪大酒店★★★
地址：河源市和平县城和平大道88号
电话：0762－5669888
邮编：517200

新丽源大酒店★★★
地址：河源市新市区红星路与大同路交会处
电话：0762－31811888
邮编：517000

连平江都大酒店★★★
地址：河源市连平县忠信镇沿江中路忠信人民广场侧
电话：0762－4557888
邮编：517139

和润假日酒店★★★
地址：河源市紫金县城金山大道
电话：0762－7839388
邮编：517400

星悦湾酒店★★★
地址：河源市连平县滨河路1号
电话：0762－4322888
邮编：517100

友谊宾馆★★★
地址：梅州市彬芳大道29号
电话：0753－2310888
邮编：514021

客都大酒店★★★
地址：梅州市丽都西路
电话：0753－2190288
邮编：514021

金帆大酒店★★★
地址：梅州市大埔县城文明路138号
电话：0753－5523022
邮编：514200

梅县栢丽酒店★★★
地址：梅州市华侨城宪梓大道
电话：0753－2500888
邮编：514031

丰顺县风度温泉大酒店★★★
地址：梅州市丰顺县汤坑镇东山路1号
电话：0753－6666666
邮编：514300

田园大酒店★★★
地址：梅州市江南路35号
电话：0753－2163888
邮编：514021

迎宾楼大酒店★★★
地址：梅州市五华县水寨镇华兴中路13号
电话：0753－4430833
邮编：514400

金叶大酒店★★★
地址：梅州市兴宁市205国道文峰路口
电话：0753－3181168
邮编：514500

长潭旅游度假村酒店★★★
地址：梅州市蕉岭县长潭大道2－3号
电话：0753－7513188
邮编：514185

逢源温泉酒店★★★
地址：梅州市丰顺县汤坑镇汤坑路49号
电话：0753－6696299
邮编：514300

平远迎宾馆★★★
地址：梅州市平远县城羊甸街31号
电话：0753－8824278
邮编：514600

交通大酒店★★★
地址：梅州市大埔县义招路89号
电话：0753－5186888
邮编：514200

梅县天地人宾馆★★★
地址：梅州市梅县大新城盘古步行街1A
电话：0753－2566666
邮编：514700

梅花湾酒店★★★
地址：梅州市江南新中东路6号
电话：0753－2111111
邮编：514021

兴宁市华侨大厦★★★
地址：梅州市兴宁市兴华路31号
电话：0753－3311138
邮编：514500

金日温泉度假村★★★
地址：梅州市丰顺县丰良镇丰良大桥北端西侧A块
电话：0753－6222222
邮编：514341

名杨村大酒店★★★
地址：梅州市S223线西村府前大道
电话：0753－2836666
邮编：514762

远南大酒店★★★
地址：梅州市平远县平城中路49号
电话：0753－8333888
邮编：514600

金融信托大厦★★★
地址：潮州市潮枫路79号
电话：0768－2268889
邮编：521000

汇侨大酒店★★★
地址：潮州市潮枫路中段
电话：0768－2268898
邮编：521011

金龙宾馆★★★
地址：潮州市环城南路35－37号
电话：0768－2261881
邮编：521000

饶平大酒店★★★
地址：潮州市饶平大道168号
电话：0768－7800000
邮编：515700

金叶大厦★★★
地址：汕头市潮阳市棉新大道
电话：0754－8828888
邮编：515100

金苑假日酒店★★★
地址：汕头市潮阳市峡山镇广祥路
电话：0754－7772888
邮编：515100

舵岛宾馆★★★
地址：汕头市金砂路
电话：0754－8316668
邮编：515041

金海鸥酒店★★★
地址：汕头市汕樟路下蓬169号
电话：0754－515065
邮编：8330998

南海大酒店★★★
地址：汕头市潮阳市峡山广汕路
电话：0754－7769888
邮编：515144

华侨大厦★★★
地址：汕头市汕樟路41号
电话：0754－8629888
邮编：515041

花园宾馆★★★
地址：汕头市汕汾路与衡汕路交界处
电话：0754－8860666
邮编：515041

民航大酒店★★★
地址：汕头市珠江路中段
电话：0754－8850088
邮编：515041

南澳县海湾宾馆★★★
地址：汕头市南澳县青澳湾
电话：0754－6997811
邮编：515920

榆园大厦★★★
地址：汕头市金陵路8号
电话：0754－8625515
邮编：515041

天马大酒店★★★
地址：汕头市潮南区司马浦镇司下公路边

电话：0754－7735888
邮编：515149

青澳湾度假村酒店★★★
地址：汕头市南澳县青澳旅游区
电话：0754－6997437
邮编：515920

南钟天酒店★★★
地址：汕头市潮南陈店陈沙路口
电话：0754－4491888
邮编：515152

丰盛发酒店★★★
地址：汕头市潮阳区谷饶镇
电话：0754－7619666
邮编：515159

和平大酒店★★★
地址：汕头市潮阳区和平镇和惠新路中段
电话：0754－2252888
邮编：515154

旅侨大酒店★★★
地址：汕头市澄海区中山北路
电话：0754－5732888
邮编：515800

南海阁大酒店★★★
地址：汕头市南澳县后宅镇海滨路
电话：0754－6818888
邮编：515900

东方明珠大酒店★★★
地址：汕头市潮阳区城北一路中段
电话：0754－3838555
邮编：515100

钱澳湾旅游度假村★★★
地址：汕头市南澳钱澳湾路
电话：0754－6801111
邮编：515900

普宁金叶大厦★★★
地址：揭阳市普宁市流沙河西路
电话：0663－2236889
邮编：515300

东湖大酒店★★★
地址：揭阳市榕城区望江北路南东湖公园西北向
电话：0663－8706666
邮编：522000

东海宾馆★★★
地址：揭阳市揭东区206国道炮台收费站旁
电话：0663－3905888
邮编：515559

华南大酒店★★★
地址：揭阳市东山区206国道蓝田路口
电话：0663－8739888
邮编：522000

金皇名庭大酒店★★★
地址：揭阳市普宁市广达北路与长春路交会处
电话：0663－2788888
邮编：515300

惠来富林大酒店★★★
地址：揭阳市惠来县惠城镇南门东路83号
电话：0663－6694488
邮编：515200

汕尾友谊宾馆★★★
地址：汕尾市政府办公楼西侧
电话：0660－3366333
邮编：516600

美丽华大酒店★★★
地址：汕尾市汕尾大道中段
电话：0660－3363666
邮编：516600

陆丰大酒店★★★
地址：汕尾市陆丰市北提路11号
电话：0660－8835668
邮编：516500

得胜宾馆★★★
地址：汕尾市红海湾遮浪办事处
电话：0660－3451666
邮编：516623

龙山宾馆★★★
地址：汕尾市陆丰市龙山大道18号
电话：0660－8989888
邮编：516500

蓝岛假日酒店★★★
地址：汕尾市城区通航路128号
电话：0660－3321999
邮编：516600

瑞龙庄园★★★
地址：汕尾市陆河县上护镇樟河榜榜响开发区
电话：0660－5581666
邮编：516700

富之城酒店★★★
地址：汕尾市海丰县城广富路439号
电话：0660－6692888
邮编：516400

新洲宾馆★★★
地址：汕尾市区汕尾大道中段西侧
电话：0660－3333666
邮编：516600

泰林酒店★★★
地址：汕尾市区汕尾大道中段东侧
电话：0660－3368071
邮编：516600

西湖宾馆★★★
地址：惠州市西湖芸华洲
电话：0752－2228111
邮编：516001

金叶大厦★★★
地址：惠州市鹅岭南路3号
电话：0752－2261118
邮编：516001

大亚湾中海酒店★★★
地址：惠州市大亚湾澳头镇新澳大道1号
电话：0752－5552288
邮编：516081

君豪大酒店★★★
地址：惠州市下角南路3号
电话：0752－2228899
邮编：516001

西湖大酒店★★★
地址：惠州市环城西二路10－11号
电话：0752－2226666
邮编：516001

海湖大酒店★★★
地址：惠州市南坛路8号
电话：0752－2223888
邮编：516001

惠阳百老汇酒店★★★
地址：惠州市惠阳市淡水开城大道88号
电话：0752－3366551
邮编：516211

园洲宾馆★★★
地址：惠州市博罗县园洲镇兴园三路
电话：0752－6680888
邮编：516123

中惠大酒店★★★
地址：惠州市惠阳市淡水镇土湖工业路1号
电话：0752－3822888
邮编：516211

星旗宾馆★★★
地址：惠州市惠阳市淡水镇中山二路39号
电话：0752－3823999
邮编：516211

广成酒店★★★
地址：惠州市惠阳市淡水镇南门大街1号
电话：0752－3351338
邮编：516211

南方大酒店★★★
地址：惠州市鹅岭北路12号
电话：0752－2380288
邮编：516001

麦雅商务酒店★★★
地址：惠州市麦地路30号
电话：0752－8335666
邮编：516001

德泽园（嘉柏）假日酒店★★★
地址：惠州市惠东县巽寮松园湾海滨度假区
电话：0752－2281889
邮编：516367

嘉宾园度假村★★★
地址：惠州市博罗县福田镇桥东路
电话：0752－6882288
邮编：516131

金鑫酒店★★★
地址：惠州市惠城区麦地南东二路2号
电话：0752－2561888
邮编：516001

一景酒店★★★
地址：惠州市惠东县平山镇新华路
电话：0752－8884888
邮编：516300

天外天大酒店★★★
地址：惠州市鹅岭南路2号
电话：0752－2380666
邮编：516001

凯雅酒店★★★
地址：惠州市麦地南路11号
电话：0752－2662000
邮编：516003

京联宾馆★★★
地址：惠州市博罗县城博义路3号
电话：0752－6299888
邮编：516100

金鑫商务酒店★★★
地址：惠州市麦地路16号
电话：0752－2381888
邮编：516001

日华大酒店★★★
地址：惠州市惠阳淡水开城大道
电话：0752－3872888
邮编：516211

柏林利商务酒店★★★
地址：惠州市惠东县平山镇新华路91号
电话：0752－8880888
邮编：516300

万汇徕大酒店★★★
地址：惠州市惠阳区淡水镇人民主路33号
电话：0752－3773333
邮编：516211

大富贵酒店★★★
地址：惠州市大湖溪广汕路
电话：0752－2078868
邮编：516000

龙朝大酒店★★★
地址：惠州市龙门县城太平新路33号
电话：0752－7888888
邮编：516800

鲁惠大酒店★★★
地址：惠州市惠阳区淡水镇开城大道21号
电话：0752－3822999
邮编：516211

明月湖大酒店★★★
地址：惠州市黄塘路118号部队综合楼
电话：0752－2389688
邮编：516000

千帆阁酒店★★★
地址：惠州市大亚湾经济技术开发区霞涌
电话：0752－5598888
邮编：516082

时代假日酒店★★★
地址：惠州市惠城区龙丰路3号
电话：0752－2676888
邮编：516008

南城商务酒店★★★
地址：惠州市河南白泥路
电话：0752－2556222
邮编：516007

景新酒店★★★
地址：惠州市龙门县城百乐路
电话：0752－7788888
邮编：516800

华尔富商务酒店★★★
地址：惠州市江北5号小区期湖塘路3号
电话：0752－5331888
邮编：516001

望海楼酒店★★★
地址：惠州市大亚湾澳头镇龙海街47号
电话：0752－5559222
邮编：516081

康之源商务酒店★★★
地址：惠州市惠城区下角丰山路3－3号
电话：0752－2688333
邮编：516000

新富豪酒店★★★
地址：惠州市惠阳市淡水镇南门南路68号
电话：0752－3812333
邮编：516211

金凯酒店★★★
地址：惠州市仲恺高新区和畅五路
电话：0752－2637888
邮编：516006

富壕园大酒店★★★
地址：惠州市江北乌三石路1号
电话：0752－2856666
邮编：516023

金鑫国际酒店★★★
地址：惠州市陈江大道吉山零星小区A1栋
电话：0752－3139999
邮编：516229

鑫元大酒店★★★
地址：惠州市大亚湾新澳大道四街6号
电话：0752－5558866
邮编：516084

星光大酒店★★★
地址：惠州市惠阳区淡水立交桥西侧
电话：0752－3815888
邮编：516211

金殿大酒店★★★
地址：惠州市鹅岭南路仲凯大道8号
电话：0752－2050999
邮编：516108

月亮宫大酒店★★★
地址：惠州市惠阳区上塘石园东街118号
电话：0752－3727888
邮编：516211

四季酒店★★★
地址：东莞市望牛墩镇中大道新电城A8座
电话：0769－88566666
邮编：523196

宏信假日酒店★★★
地址：东莞市清溪镇浮岗香芒大道
电话：0769－87363888
邮编：523658

美景湾酒店★★★
地址：东莞市横沥镇沿江路1号
电话：0769－83739888
邮编：523460

富豪酒店★★★
地址：东莞市常平镇金美路256号
电话：0769－83998888
邮编：523579

天鹅湖酒店★★★
地址：东莞市常平镇木伦村
电话：0769－83338388
邮编：523562

亚都酒店★★★
地址：东莞市长安镇长中路115号
电话：0769－85343888
邮编：523800

金沙亚都酒店★★★
地址：东莞市长安镇靖海中路36号
电话：0769－85413888
邮编：523861

中青旅山水设计师酒店★★★
地址：东莞市东城区东纵大道189号
电话：0769－2198888
邮编：523000

广彩城酒店★★★
地址：东莞市莞太大道篁村新基
电话：0769－22402088
邮编：523077

石碣豪华大酒店★★★
地址：东莞市石碣镇新城区
电话：0769－86633333
邮编：523290

金湖粤海酒店★★★
地址：东莞市塘厦镇塘厦大道南99号
电话：0769－87869888
邮编：523710

莲城酒店★★★
地址：东莞市长安镇莲峰路口
电话：0769－85536888
邮编：523847

黄江假日酒店★★★
地址：东莞市黄江镇黄江大道3号
电话：0769－83362888
邮编：523750

西湖大酒店★★★
地址：东莞市篁村西湖乐园
电话：0769－22403788
邮编：523083

明苑度假村★★★
地址：东莞市虎门镇龙大道南
电话：0769－85122918
邮编：523908

篁胜渔村酒店★★★
地址：东莞市篁村区胜和体育路11号
电话：0769－22463888
邮编：523009

恒丰酒店★★★
地址：东莞市桥头镇恒丰新村2号
电话：0769－23343333
邮编：523520

宝石大酒店★★★
地址：东莞市企石镇振华路1号
电话：0769－86662188
邮编：523500

金岛山庄★★★
地址：东莞市塘厦镇128工业区
电话：0769－87729016
邮编：523710

绿洲酒店★★★
地址：东莞市道滘镇振兴路156号
电话：0769－88832788
邮编：523170

华通城大酒店★★★
地址：东莞市企石镇东山区湖滨路口
电话：0769－86781228
邮编：523500

沙头酒店★★★
地址：东莞市长安镇107国道沙头路段
电话：0769－85545002
邮编：523863

丰田酒店★★★
地址：东莞市凤岗镇雁田管理区
电话：0769－87772888
邮编：523699

嘉福海港酒店★★★
地址：东莞市沙田镇新城中心区
电话：0769－88682888
邮编：523981

中朗酒店★★★
地址：东莞市中堂镇新兴路1号

电话：0769－88883688
邮编：523220

万江篁胜酒店★★★
地址：东莞市万江区107国道拨跤窝路段
电话：0769－22186888
邮编：523045

莱莉雅酒店★★★
地址：东莞市凤岗镇永盛商业大街
电话：0769－87507888
邮编：523690

东逸酒店★★★
地址：东莞市长安镇莲峰路103号
电话：0769－85396388
邮编：523847

鸿茂酒店★★★
地址：东莞市常平镇常黄路
电话：0769－83508888
邮编：523560

东湖宾馆★★★
地址：深圳市水库
电话：0755－25400088
邮编：518021

粤海酒店★★★
地址：深圳市深南东路130号
电话：0755－82228339
邮编：518001

竹园宾馆★★★
地址：深圳市东门北路29号
电话：0755－25533138
邮编：518020

小梅沙大酒店★★★
地址：深圳市小梅沙156号
电话：0755－25060000
邮编：518083

寰宇大酒店★★★
地址：深圳市红岭中路3号
电话：0755－25595024
邮编：518001

罗湖大酒店★★★
地址：深圳市南湖路3号
电话：0755－82252938
邮编：518001

迎宾馆★★★
地址：深圳市新园路6号
电话：0755－82226333
邮编：518001

京鹏宾馆★★★
地址：深圳市深南东路57号
电话：0755－82227190
邮编：518001

国宾大酒店★★★
地址：深圳市深南东路
电话：0755－25118388
邮编：518002

海燕大酒店★★★
地址：深圳市嘉宾路
电话：0755－82232828
邮编：518001

长城大酒店★★★
地址：深圳市红桂路4号
电话：0755－25583369
邮编：518001

帝豪酒店★★★
地址：深圳市宝安北路1号
电话：0755－82260888
邮编：518021

银湖旅游中心★★★
地址：深圳市罗湖区笔架山
电话：0755－82431111
邮编：518026

友谊酒店★★★
地址：深圳市嘉宾路3号
电话：0755－82238286
邮编：518001

长安大酒店★★★
地址：深圳市深南东路文锦路口
电话：0755－25112500
邮编：518002

丽都酒店★★★
地址：深圳市东门南路45号
电话：0755－82259988
邮编：518001

晶都城酒店★★★
地址：深圳市平湖镇平湖大道
电话：0755－28851888
邮编：518111

鸿波酒店★★★
地址：深圳市华侨城侨城西街10号
电话：0755－26949448
邮编：518053

芙蓉宾馆★★★
地址：深圳市罗湖区东门南路
电话：0755－82235966
邮编：518001

上海宾馆★★★
地址：深圳市深南中路46号
电话：0755－83365288
邮编：518031

名兰苑酒店★★★
地址：深圳市南山区蛇口工业八路68号
电话：0755－26811888
邮编：518067

凯利宾馆★★★
地址：深圳市嘉宾东路2027号
电话：0755－82376188
邮编：518001

潭海酒店★★★
地址：深圳市广深公路松岗段44号
电话：0755－27083333
邮编：518105

景明达酒店★★★
地址：深圳市福田区景田商报东路83号
电话：0755－83548000
邮编：518034

南方联合大酒店★★★
地址：深圳市深南东路2002号
电话：0755－82256728
邮编：518001

北方大酒店★★★
地址：深圳市福田区深南中路北方大厦
电话：0755－ 83278001
邮编：518033

上园大酒店★★★
地址：深圳市沙井广深公路沙井段473号
电话：0755－ 27282222
邮编：518125

四川宾馆★★★
地址：深圳市红荔路2001号四川大厦
电话：0755－ 83673400
邮编：518028

投资大厦宾馆★★★
地址：深圳市福田中心区深南大道4009号
电话：0755－ 83883888
邮编：518048

老地方酒店★★★
地址：深圳市东门南路1033号食品大厦
电话：0755－ 82343222
邮编：518001

国丰大酒店★★★
地址：深圳市彩田路12号
电话：0755－ 83371888
邮编：518026

火车站大酒店★★★
地址：深圳市罗湖区建设路火车站大厦
电话：0755－ 82321168
邮编：518001

青海大酒店★★★
地址：深圳市福田区北环大道7043号青海大厦
电话：0755－ 83547744
邮编：518034

山水大酒店★★★
地址：深圳市福田区上梅林中康路25号
电话：0755－ 83110000
邮编：518049

河东宾馆★★★
地址：深圳市沿河东路19号人民桥侧
电话：0755－ 25593253
邮编：518001

丽苑大酒店★★★
地址：深圳市罗湖区东门中路2048号
电话：0755－ 82226688
邮编：518001

泰然宾馆★★★
地址：深圳市深南中路车公庙泰然工贸园
电话：0755－ 33366999
邮编：518040

金鹏大酒店★★★
地址：深圳市宝安区龙华镇人民路
电话：0755－ 27700000
邮编：518109

广深宾馆★★★
地址：深圳市深南东路广深大厦86号
电话：0755－ 82352668
邮编：518002

沙嘴酒店★★★
地址：深圳市福田沙嘴路与福强路交会处
电话：0755－ 83878333
邮编：518048

迪富宾馆★★★
地址：深圳市福田区振华路111号
电话：0755－ 83350568
邮编：518031

三九大酒店★★★
地址：深圳市深南东路2号
电话：0755－ 5128888

邮编：518002

吉盛酒店★★★
地址：深圳市宝安观澜街道办观澜大道中
电话：0755－28031888
邮编：518110

航空大酒店★★★
地址：深圳市深南东路3027号
电话：0755－82237999
邮编：518001

广深铁路大酒店★★★
地址：深圳市罗湖区和平路1023号
电话：0755－25573138
邮编：518010

蔡屋围大酒店★★★
地址：深圳市罗湖区解放西路4058号
电话：0755－25566666
邮编：518001

湖北宾馆★★★
地址：深圳市罗湖区解放路3034号
电话：0755－25560888
邮编：518001

世纪华源酒店★★★
地址：深圳市福田区八卦一路
电话：0755－61621888
邮编：518029

汉永酒店★★★
地址：深圳市宝安区福永街道文化艺术中心侧
电话：0755－27333888
邮编：518103

梧桐山宾馆★★★
地址：深圳市沙头角梧桐路2002号
电话：0755－25350791
邮编：518081

金鹏大酒店★★★
地址：深圳布吉镇布吉街金鹏路26号
电话：0755－518112
邮编：28527777

六联酒店★★★
地址：深圳市龙岗区深汕路
电话：0755－84288999
邮编：518118

财富酒店★★★
地址：深圳市福田区华强南路3021号
电话：0755－83199999
邮编：518033

翠珊园酒店★★★
地址：深圳市宝安区石岩街道
电话：0755－29682888
邮编：518108

吉盛酒店★★★
地址：深圳市龙岗区盛平南路1号
电话：0755－89568888
邮编：518116

吉盛宾馆★★★
地址：深圳市宝安区民治街道民治大道吉盛楼
电话：0755－28192888
邮编：518109

东星汉永酒店★★★
地址：深圳市宝安区沙井街道中心路
电话：0755－29938888
邮编：518104

实华酒店★★★
地址：深圳市北环大道7001号（开元大厦）
电话：0755－83546988
邮编：518034

金帝都大酒店★★★
地址：深圳市宝安区松岗大道与东方大道交会处
电话：0755－27097888
邮编：581105

启腾奥林宾馆★★★
地址：深圳市龙岗区龙翔大道北体育中心赛场路
电话：0755－28937666
邮编：518172

观悦酒店★★★
地址：深圳市宝安区观兰街道观光路
电话：0755－29002288
邮编：518110

东涌酒店★★★
地址：深圳市龙岗区南澳镇东涌社区冲街0330号
电话：0755－84420999
邮编：518121

新地假日海湾酒店★★★
地址：深圳市龙岗大鹏黄少年度假营内
电话：0755－84314688
邮编：518120

茗兰酒店★★★
地址：深圳市龙岗街道新生社龙贤路3号
电话：0755－84840888
邮编：518116

石岩吉盛酒店★★★
地址：深圳市石岩街道宝石东路塘坑路口东1号
电话：0755－27761888
邮编：518108

威尔斯酒店★★★
地址：深圳市宝安区福永街道富桥工业区蚝业路1号
电话：0755－29912888
邮编：518109

易乐园度假村★★★
地址：珠海市斗门县白藤湖风景区内
电话：0756－5566488
邮编：519125

金叶酒店★★★
地址：珠海市迎宾大道
电话：0756－8882668
邮编：519020

步步高大酒店★★★
地址：珠海市粤海路2号
电话：0756－8886628
邮编：519020

华侨宾馆★★★
地址：珠海市拱北迎宾大道
电话：0756－8886288
邮编：519020

金凤凰酒店★★★
地址：珠海市香洲凤凰南路
电话：0756－2112288
邮编：519000

国泰大酒店★★★
地址：珠海市拱北侨光路37号
电话：0756－8883599
邮编：519020

歧关大酒店★★★
地址：珠海市拱北昌盛路66号
电话：0756－8873188
邮编：519020

红山楼酒店★★★
地址：珠海市梅华东路26号
电话：0756－2616000
邮编：519000

好世界酒店★★★
地址：珠海市拱北莲花路327号
电话：0756－8880222
邮编：519020

南航明珠大酒店★★★
地址：珠海市吉大石花西路
电话：0756－3331788
邮编：519015

望海楼★★★
地址：珠海市海滨北路3号
电话：0756－2222539
邮编：519000

碧海酒店★★★
地址：珠海市香州区碧海路1号
电话：0756－2121666
邮编：519000

北京酒店★★★
地址：珠海市翠前南路1号
电话：0756－8633006
邮编：519070

旅游大酒店★★★
地址：珠海市吉大海滨南路56号
电话：0756－519015
邮编：3366908

永通酒店★★★
地址：珠海市拱北友谊路219号
电话：0756－8888887
邮编：519020

鸿都酒店★★★
地址：珠海市拱北粤海东路1138号
电话：0756－8131188
邮编：519020

昌安酒店★★★
地址：珠海市拱北莲花路37号
电话：0756－8118828
邮编：519020

友谊酒店★★★
地址：珠海市拱北友谊路46号
电话：0756－8131818
邮编：519020

新昌安酒店★★★
地址：珠海市九洲大道中段1023号
电话：0756－3377668
邮编：519015

聚龙酒店★★★
地址：珠海市唐家商业广场
电话：0756－3317888
邮编：519080

侨苑酒店★★★
地址：珠海市香洲海滨北路4号

电话：0756－2223291
邮编：519000

金都酒店★★★
地址：珠海市拱北粤海东路 1062 号
电话：0756－8111888
邮编：519020

香江酒店★★★
地址：珠海市拱北迎宾南路 2126 号
电话：0756－8873288
邮编：519020

愉景酒店★★★
地址：珠海市香洲康宁路 68 号
电话：0756－2253388
邮编：519000

中天酒店★★★
地址：珠海市吉大景山路 62 号
电话：0756－3366888
邮编：519015

民安酒店★★★
地址：珠海市香洲湖海路 52 号
电话：0756－2278888
邮编：519000

六和商务酒店★★★
地址：珠海市人民东路 228 号
电话：0756－2221999
邮编：519000

芙蓉王酒店★★★
地址：珠海市拱北粤海中路 2007 号
电话：0756－8113333
邮编：519020

嘉利万豪酒店★★★
地址：珠海市拱北粤海中路 1039 号
电话：0756－8891638
邮编：519020

濠天度假酒店★★★
地址：珠海市湾仔南湾南路 5009 号
电话：0756－8817888
邮编：519030

珠海新海利大酒店★★★
地址：珠海市拱北夏湾粤华路 271－277 号
电话：0756－8899388
邮编：519000

东方凯悦酒店★★★
地址：珠海市九洲大道东 1043 号
电话：0756－3263888
邮编：519015

扬名酒店★★★
地址：珠海市香洲翠香路 227 号
电话：0756－2226168
邮编：519000

南湾国际大酒店★★★
地址：珠海市南屏镇环屏路一号
电话：0756－8828888
邮编：519060

四海商务酒店★★★
地址：珠海市拱北粤海中路 2300 号
电话：0756－8132628
邮编：519020

翡翠宫酒店★★★
地址：珠海市香洲区凤凰南路 1126 号
电话：0756－2252222
邮编：519000

满庭湘酒店★★★
地址：珠海市前山明珠南路 1032 号
电话：0756－8521088
邮编：519070

昌安华策酒店★★★
地址：珠海市拱北侨光路 5 号
电话：0756－8899668
邮编：519020

风景酒店★★★
地址：珠海市前山翠仙路 211 号
电话：0756－8666222
邮编：519070

伙工殿酒店★★★
地址：珠海市拱北北岭侨岭街 34 号
电话：0756－8801688
邮编：519020

豪庭商务酒店★★★
地址：珠海市前山逸仙路 21 号
电话：0756－8669999
邮编：519000

木棉花酒店★★★
地址：珠海市拱北侨光路 3 号边检大院内
电话：0756－8804000
邮编：519000

金色假日酒店★★★
地址：珠海市吉大景和街 71 号
电话：0756－3263333
邮编：519015

桃园商务酒店★★★
地址：珠海市斗门环湖北路 8 号
电话：0756－5570333
邮编：519000

金莎度假村★★★
地址：珠海市斗门月白藤湖湖滨一区 8 号
电话：0756－5568668
邮编：519125

大金山酒店★★★
地址：珠海市前山鞍莲路 2 号
电话：0756－8669988
邮编：519070

银湖假日酒店★★★
地址：珠海市白藤湖湖滨二区 75 号
电话：0756－5566388
邮编：519100

迈豪国际酒店★★★
地址：珠海市香洲区大情侣中路 91 号
电话：0756－3288888
邮编：519100

君临酒店★★★
地址：珠海市香洲区翠微东路 68 号
电话：0756－2882222
邮编：519100

金岸酒店★★★
地址：珠海市斗门区井岸镇连桥路 38 号
电话：0756－5503111
邮编：519100

晶都酒店★★★
地址：珠海市香洲华海路 144 号
电话：0756－2156888
邮编：519100

金茂酒店★★★
地址：珠海市金湾区金海岸花园中路
电话：0756－3991188
邮编：519040

鸿银酒店★★★
地址：珠海市金湾区三灶镇金海大道南
电话：0756－3986688
邮编：519040

学苑宾馆★★★
地址：珠海市香洲梅华东路 276 号
电话：0756－2152788
邮编：519000

五月天酒店★★★
地址：珠海市前山明珠北路 383 号
电话：0756－8586888
邮编：519070

优派酒店★★★
地址：珠海市香洲区红山路 163 号
电话：0756－2666555
邮编：519000

千鹏酒店★★★
地址：珠海市香洲区人民西路 366 号
电话：0756－2666999
邮编：519000

桃园假日酒店★★★
地址：珠海市斗门区白藤湖湖滨一区 17 号
电话：0756－3939333
邮编：519100

福泉大酒店★★★
地址：珠海市平沙镇平沙三路 1068 号
电话：0756－7266333
邮编：519055

桃园帝豪大酒店★★★
地址：珠海市斗门井岸镇新青二路 9 号
电话：0756－5121888
邮编：519100

佳多利酒店★★★
地址：珠海市斗门井岸镇西堤路 2273 号
电话：0756－6811888
邮编：519100

怡海楼酒店★★★
地址：珠海市九洲大道东 1023 号
电话：0756－3332893
邮编：519015

招商局会所★★★
地址：中山市三乡镇雍陌村
电话：0760－86687888
邮编：528463

金岛酒店★★★
地址：中山市东风大道吧 22 号
电话：0760－22606888
邮编：528425

小榄大酒店★★★
地址：中山市小榄海傍路沙口 1 号
电话：0760－22118388
邮编：528415

汇昌酒店★★★
地址：中山市坦洲镇南坦路 245 号
电话：0760－86213388
邮编：528467

丽阁花园酒店★★★
地址：中山市南头镇永兴路 1 号
电话：0760－23116668
邮编：528427

金煌大酒店★★★
地址：中山市三乡镇文昌路42号
电话：0760－86680188
邮编：528463

东悦酒店★★★
地址：中山市沙溪镇沙溪南路38号
电话：0760－87322668
邮编：528471

小榄花城酒店★★★
地址：中山市小榄镇新市路89号
电话：0760－22258818
邮编：528415

乡泉别墅★★★
地址：中山市三乡镇
电话：0760－86684999
邮编：528463

莲兴酒店★★★
地址：中山市石歧区莲塘东路13号
电话：0760－88712668
邮编：528400

菊城宾馆★★★
地址：中山市小榄镇红山路46号
电话：0760－22254988
邮编：528415

紫来轩酒店★★★
地址：中山市石岐区天门天乐街8－10号
电话：0760－88703333
邮编：528400

乐天酒店★★★
地址：中山市三角镇南三公路旁（三角镇政府对面）
电话：0760－85542888
邮编：5284445

龙泉酒店★★★
地址：中山市古镇横古公路18号
电话：0760－22351888
邮编：528421

好世界酒店★★★
地址：中山市神湾镇神湾大道215号
电话：0760－86608299
邮编：528462

金莎商务酒店★★★
地址：中山市城区康华路43号
电话：0760－88727888
邮编：528400

大观园商务酒店★★★
地址：中山市小榄镇民安南路66号
电话：0760－22553311
邮编：528415

汇泉酒店★★★
地址：中山市东区起湾南道3号
电话：0760－88663388
邮编：528400

御创酒店★★★
地址：中山市民众大道广场侧
电话：0760－85700288
邮编：528441

冈州宾馆★★★
地址：江门市新会市会城圭峰路9号
电话：0750－6178888
邮编：529100

北湖宾馆★★★
地址：江门市鹤山市沙坪镇北湖路1号
电话：0750－8883488
邮编：529700

富尔文华酒店★★★
地址：江门市迎宾三路天龙三街25座
电话：0750－3228888
邮编：529000

新乔都大酒店★★★
地址：江门市紫茶路18号
电话：0750－3335233
邮编：529000

开平三埠海景酒店★★★
地址：江门市开平市三埠新昌潭江西路15号
电话：0750－2388888
邮编：529300

王府洲别墅度假村★★★
地址：江门市台山市下川王府洲度假村
电话：0750－5756183
邮编：529266

华安阁酒店★★★
地址：江门市鹤山市雅瑶镇
电话：0750－8288666
邮编：529724

恩平侨联大酒店★★★
地址：江门市恩平市恩城镇南堤西路33号
电话：0750－7780088
邮编：529400

台山富城大酒店★★★
地址：江门市台山市台城侨光大道1号
电话：0750－5577166
邮编：529200

台山下川海湾胜景酒店★★★
地址：江门市台山市下川镇王府洲旅游区
电话：0750－5756888
邮编：529266

台山下川桂园酒店★★★
地址：江门市台山市下川镇王府洲旅游区
电话：0750－5757638
邮编：529266

台山下川帝苑别墅度假村★★★
地址：江门市台山市下川镇王府洲旅游区
电话：0750－5757828
邮编：529266

鹤山叠翠山庄★★★
地址：江门市鹤山市大雁山风景旅游区
电话：0750－8820088
邮编：529700

海角城大酒店★★★
地址：江门市台山市赤溪镇田头铜鼓渔塘湾海角城旅游度假中心
电话：0750－5279382
邮编：529228

新会区金田大酒店★★★
地址：江门市新会区会城中心路15号
电话：0750－6622898
邮编：529100

园林大酒店★★★
地址：江门市荷塘镇瑞丰路11号
电话：0750－3737888
邮编：529000

君威酒店★★★
地址：江门市鹤山市桃源镇325国道
电话：0750－8212228
邮编：529725

锦江大酒店★★★
地址：江门市台山市下川岛镇
电话：0750－5751888
邮编：529266

爱依华酒店★★★
地址：江门市新会区会城镇冈州大道西6号
电话：0750－6703333
邮编：529100

天富文华酒店★★★
地址：江门市台山市台城桥湖路70号
电话：0750－5518888
邮编：529200

雅致酒店★★★
地址：江门市开平市三埠长沙曙光东路178号二幢
电话：0750－2270988
邮编：529300

皇帝酒店★★★
地址：佛山市顺德区大良镇锦龙路118号
电话：0757－22270888
邮编：528300

容莲宾馆★★★
地址：佛山市顺德容奇江南大道23号
电话：0757－26628668
邮编：528303

高陞酒店★★★
地址：佛山市顺德区北滘镇五长沙18号
电话：0757－26333388
邮编：528311

时代大厦酒店★★★
地址：佛山市顺德区大良新宁路60号
电话：0757－22387888
邮编：528300

帝庭酒店★★★
地址：佛山市顺德区勒流镇银捷路23号
电话：0757－25336688
邮编：528322

万里来大酒店★★★
地址：佛山市顺德区勒流镇政和路10号
电话：0757－22533111
邮编：528322

长鹿度假酒店★★★
地址：佛山市顺德区伦教三洲建设东路
电话：0757－27331111
邮编：528308

西樵山大酒店★★★
地址：佛山市南海区西樵山白云洞风景区内
电话：0757－86886799
邮编：528211

尖东酒店★★★
地址：佛山市南海区平洲平西大道
电话：0757－86772700
邮编：528200

禅城酒店★★★
地址：佛山市汾江中路103号
电话：0757－82226733
邮编：528000

中旅华厦酒店★★★
地址：佛山市三水区新华北路 54 号
电话：0757－87738888
邮编：528100

金湖酒店★★★
地址：佛山市普兰二路 23 号
电话：0757－83399338
邮编：528000

南海迎宾馆★★★
地址：佛山市南海区桂城南海大道市政府大院内
电话：0757－86336888
邮编：528200

旋宫酒店★★★
地址：佛山市祖庙路 1 号
电话：0757－82285622
邮编：528000

石湾宾馆★★★
地址：佛山市汾江四路 15 号
电话：0757－83328813
邮编：528000

金泉大酒店★★★
地址：佛山市南海区西樵樵高路 D 座 1 号
电话：0757－86897999
邮编：528211

君悦酒店★★★
地址：佛山市三水区西南镇健力宝南路 5 号
电话：0757－87738123
邮编：528100

恒威大酒店★★★
地址：佛山市高明区河江工业区
电话：0757－88222111
邮编：528500

南海君悦大酒店★★★
地址：佛山市南海区九江镇儒林东路口
电话：0757－86552238
邮编：528203

柏安大酒店★★★
地址：佛山市三水区广海大道西 30 号
电话：0757－87821333
邮编：528100

平洲宾馆★★★
地址：佛山市平洲区永安路 8 号
电话：0757－86776688
邮编：528251

鸿业酒店★★★
地址：佛山市大沥镇广佛高速路口对面芦村路口西侧
电话：0757－85518888
邮编：528231

鸿南大酒店★★★
地址：佛山市三水区新华路 23 号
电话：0757－87728888
邮编：528100

辉利大酒店★★★
地址：佛山市南海区九江镇儒林西路 48 号
电话：0757－86558888
邮编：528203

鸿运酒店★★★
地址：佛山市汾江中路 5 号
电话：0757－82230000
邮编：528000

力之源大酒店★★★
地址：佛山市南海区长堤路 5 号
电话：0757－86331631
邮编：528200

金懋大酒店★★★
地址：佛山市南海区西樵镇西樵轻纺城广厦路 1 号
电话：0757－86803332
邮编：528211

贵都酒店★★★
地址：佛山市南海区桂城佛平路车南回路段
电话：0757－86280001
邮编：528200

蓝澳酒店★★★
地址：佛山市季华四路国际陶瓷展览中心 B 馆 1 号
电话：0757－83960333
邮编：528000

康颐酒店★★★
地址：佛山市南海桂城佛平三路夏西工业区
电话：0757－86789118
邮编：528200

福裕酒店★★★
地址：佛山市南海桂城桂澜路东侧海六路南
电话：0757－86393981
邮编：528251

金银酒店★★★
地址：佛山市汾江西路 4 号
电话：0757－83350239
邮编：528000

世纪星酒店★★★
地址：佛山市商明区荷城街道文华路 455 号
电话：0757－88886633
邮编：528500

华泰大酒店★★★
地址：佛山市南海区盐步广佛路平地段 78 号
电话：0757－88782828
邮编：528247

新建豪酒店★★★
地址：佛山市南海区官窑瑶平路段
电话：0757－81192888
邮编：528237

明苑迎宾馆★★★
地址：佛山市高明区荷城𦈡街道文汇路 9 号
电话：0757－88232222
邮编：528500

中联大酒店★★★
地址：佛山市南海区盐步区广佛横江关边村路段 82 号
电话：0757－85783888
邮编：528247

皇都酒店★★★
地址：佛山市佛平路 19 号
电话：0757－86128333
邮编：528000

百盛达商务酒店★★★
地址：佛山市南海区桂城海大路 4 号
电话：0757－86311111
邮编：528200

天豪酒店★★★
地址：佛山市南海区松岗松夏工业园工业大道万和路口
电话：0757－85200888
邮编：528234

大金地假日酒店★★★
地址：佛山市南海区黄岐广佛路 29 号
电话：0757－85931888
邮编：528248

珀丽酒店★★★
地址：佛山市文华北路 111 号
电话：0757－83377488
邮编：528000

阳光假日酒店★★★
地址：佛山市三水区西南街三达路 16 号
电话：0757－87812888
邮编：528100

登喜来大酒店★★★
地址：佛山市禅城区文华北路 77 号
电话：0757－82803188
邮编：528000

君宇酒店★★★
地址：佛山市南海区大沥禅炭路沥西西海桥侧
电话：0757－81180288
邮编：528231

金帝豪大酒店★★★
地址：佛山市禅城区张槎四路 39 号
电话：0757－82101888
邮编：528000

华侨大厦★★★
地址：肇庆市天宁北路 90 号
电话：0758－2232952
邮编：526040

新松涛宾馆★★★
地址：肇庆市七星岩风景区内
电话：0758－2302288
邮编：526040

湖滨大酒店★★★
地址：肇庆市天宁北路 82 号
电话：0758－2225981
邮编：526040

四会贞山宾馆★★★
地址：肇庆市四会市贞山旅游区
电话：0758－3308319
邮编：526200

新长讯宾馆★★★
地址：肇庆市康乐北路 38 号
电话：0758－2818388
邮编：526040

波海楼★★★
地址：肇庆市星湖西路
电话：0758－2233191
邮编：526020

腾业大酒店★★★
地址：肇庆市怀集县怀城镇西区
电话：0758－5519933
邮编：526400

德庆新丽都大酒店★★★
地址：肇庆市德庆县德城镇文兰北路
电话：0758－7799999
邮编：526600

新世界大酒店★★★
地址：肇庆市怀集县解放北路

电话：0758－5518888
邮编：526400

德庆县登云酒店★★★
地址：肇庆市德庆县康城大道东128号
电话：0758－7787777
邮编：526600

南粤苑度假中心★★★
地址：肇庆市七星岩万松岗
电话：0758－2283238
邮编：526020

广宁华侨大酒店★★★
地址：肇庆市广宁县南街镇南东一路37号
电话：0758－8636688
邮编：526300

万豪裕龙大酒店★★★
地址：肇庆市西江南路23号
电话：0758－2819188
邮编：526020

高尔夫度假村会所酒店★★★
地址：肇庆市高要市回龙镇
电话：0758－8162168
邮编：526112

君悦大酒店★★★
地址：肇庆市德庆县德城大道西路西侧
电话：0758－7797777
邮编：526600

杏花宾馆★★★
地址：肇庆市封开县江口镇河堤一路28号
电话：0758－6688168
邮编：526500

光明大酒店★★★
地址：云浮市云城区
电话：0766－8216789
邮编：527328

华盛大酒店★★★
地址：云浮市郁南县都城镇中山路22号
电话：0766－7332788
邮编：527100

新永光大酒店★★★
地址：云浮市郁南县都城镇中山路2号
电话：0766－7331088
邮编：527100

新丽晶大酒店★★★
地址：云浮市区河滨东路232号
电话：0766－8981177
邮编：527300

卓成大酒店★★★
地址：云浮市云城区建兴云东路241号
电话：0766－8986888
邮编：527300

金鹏大酒店★★★
地址：云浮市云城区建兴云中路5号
电话：0766－8987666
邮编：527300

华立龙山温泉度假村★★★
地址：云浮市新兴县六祖镇龙山温泉度假村
电话：0766－2691111
邮编：527431

阳春金鹏大酒店★★★
地址：阳江市阳春市城东大道2号
电话：0662－7738889
邮编：529600

粤海酒店★★★
地址：阳江市登峰东路16号
电话：0662－3322222
邮编：529500

金海利大酒店★★★
地址：阳江市海陵岛闸坡镇海滨路23号
电话：0662－3896688
邮编：529536

闸坡浪琴湾酒店★★★
地址：阳江市闸坡镇旅游大道南碧涛村16号
电话：0662－3892222
邮编：529500

海陵岛小港湾山庄★★★
地址：阳江市海陵岛闸坡镇
电话：0662－3896666
邮编：529536

华坚宾馆★★★
地址：阳江市了岗路1号
电话：0662－3266666
邮编：529500

海陆空火锅城大酒店★★★
地址：阳江市东风二路7号
电话：0662－3316361
邮编：529500

粤法酒店★★★
地址：阳江市闸坡旅游大道东
电话：0662－3895555
邮编：529536

登宝酒店★★★
地址：阳江市阳春市春城镇南新大道
电话：0662－7742833
邮编：529600

富华大酒店★★★
地址：阳江市石湾北路143号
电话：0662－8883333
邮编：529500

莱茵堡酒店★★★
地址：阳江市建设路239号
电话：0662－3188888
邮编：529500

新朗商务酒店★★★
地址：阳江市阳春市东湖西路47号
电话：0662－8878888
邮编：529600

天堡商务酒店★★★
地址：阳江市东风一路42号
电话：0662－3299888
邮编：529500

名濠饭店★★★
地址：阳江市东风二路1号
电话：0662－3319999
邮编：529500

逸华宾馆★★★
地址：阳江市吉祥东路9号
电话：0662－3298888
邮编：529500

海逸酒店★★★
地址：阳江市东风二路2号之十三
电话：0662－2229888
邮编：529500

三汇酒店★★★
地址：阳江市建设一路333号
电话：0662－8838888
邮编：529500

阳春市金达来酒店★★★
地址：阳江市阳春市南新大道6号
电话：0662－7768899
邮编：529600

飞龙宾馆★★★
地址：茂名市化州市下部区乐园路
电话：0668－7391888
邮编：525100

南国大酒店★★★
地址：茂名市光华北路218号
电话：0668－2929888
邮编：525000

嘉燕大酒店★★★
地址：茂名市双山一路89号
电话：0668－2988888
邮编：525000

西江温泉度假村★★★
地址：茂名市信宜市北界镇西江河畔
电话：0668－8516318
邮编：525349

金龙泉大酒店★★★
地址：茂名市电白县水东镇向阳大道88号
电话：0668－5119999
邮编：525400

玉湖宾馆★★★
地址：茂名市高州市长坡镇
电话：0668－6730450
邮编：525242

沿江大酒店★★★
地址：茂名市江东中路168号
电话：0668－2299666
邮编：525000

湛江迎宾馆★★★
地址：湛江市赤坎区跃进路3号
电话：0759－3315388
邮编：524038

新蔡都大酒店★★★
地址：湛江市霞山区人民大道73号
电话：0759－2210188
邮编：524100

锦华大酒店★★★
地址：湛江市海翔路16号
电话：0759－3152188
邮编：524044

新新格里拉酒店★★★
地址：湛江市霞区山解放西路10号
电话：0759－2238888
邮编：524001

富丽华大酒店★★★
地址：湛江市椹川北路160号
电话：0759－3369888
邮编：524043

金海大酒店★★★
地址：湛江市赤坎海田路288号
电话：0759－3150188
邮编：524043

中国园酒店★★★
地址：湛江市雷州市西湖大道198号

电话：0759－8880999
邮编：524200

洪都大酒店★★★
地址：湛江市雷州市西湖大道六横路 001 号
电话：0759－8880222
邮编：524200

南油迎宾馆★★★
地址：湛江市坡头区南调路
电话：0759－3901911
邮编：524057

美丽华大酒店★★★
地址：湛江市霞山解放西路 36 号
电话：0759－2662888
邮编：524013

镇海大酒店★★★
地址：湛江市霞山区绿塘路 93 号
电话：0759－3567288
邮编：524002

园府酒店★★★
地址：湛江市赤坎区寸金路 29 号
电话：0759－3183500
邮编：524048

运通宾馆★★★
地址：湛江市赤坎椹川大道北 99 号
电话：0759－3198168
邮编：524033

怡心大酒店★★★
地址：湛江市廉江市新风路 1 号
电话：0759－6689996
邮编：524400

松源酒店★★★
地址：湛江市遂溪县迎宾大道 1 号
电话：0759－7773688
邮编：524300

康龙度假村★★★
地址：湛江市东海岛龙海天涛声南路
电话：0759－2389666
邮编：524076

银塔大酒店★★★
地址：湛江市遂溪县城新凤路 88 号
电话：0759－7779888
邮编：524300

东海培训中心★★★
地址：湛江市东海岛涛声北路
电话：0759－2389843
邮编：524072

南海西部石油伊甸园度假村★★★
地址：湛江市南三镇林场东南海岸天然
电话：0759－3930888
邮编：524067

中南酒店★★★
地址：湛江市人民大道中 29 号
电话：0759－3252888
邮编：524022

聚雅酒店★★★
地址：湛江市徐闻县徐海路 76 号
电话：0759－4855720
邮编：524100

园中园迎宾馆★★★
地址：湛江市雷州市雷城镇西湖大道 37 号
电话：0759－8851888
邮编：524200

二星级

石基酒店★★
地址：广州市番禺区石基镇莲江路南
电话：020－84855268
邮编：511450

沙河宾馆★★
地址：广州市先烈东路 296 号
电话：020－87728998
邮编：510500

德政大厦★★
地址：广州市德政南路 48 号
电话：020－83334927
邮编：510110

海珠酒店★★
地址：广州市江南大道北 4 号
电话：020－84480082
邮编：510240

梅州大厦★★
地址：广州市恒福路 338 号
电话：020－83586998
邮编：510095

重庆大厦宾馆★★
地址：广州市东山区农林下路 76－1 号
电话：020－87767210
邮编：510080

广州市国茂大酒店★★
地址：广州市天河区瘦狗岭路 303 号
电话：020－87220566
邮编：510610

依家宾馆★★
地址：广州市芳村区东湫北路 560－562 号
电话：020－81588288
邮编：510370

花都东亚酒店★★
地址：广州市花都区建设北路 91 号
电话：020－86893888
邮编：510800

粤罗酒店★★
地址：广州市中山八路新虹街 32 号
电话：020－81818668
邮编：510175

华美大酒店★★
地址：广州市花都区站前路 21 号伍座
电话：020－36837666
邮编：510800

广视大厦★★
地址：广州市麓湖路 8 号
电话：020－83591288
邮编：510095

鸿运大厦★★
地址：广州市站西路 37 号
电话：020－86508668
邮编：510011

吉林大酒店★★
地址：广州市中山一路 48 号
电话：020－87775445
邮编：510080

芳村花地大厦★★
地址：广州市芳村区荣兴路 19 号
电话：020－81571901
邮编：510370

华建大酒店★★
地址：广州市先烈中路 102 号之二
电话：020－87760888
邮编：510070

凯悦酒店★★
地址：广州市番禺区市莲公路傍西郁口 1 号
电话：020－84851818
邮编：511450

龙口明珠大酒店★★
地址：广州市天河区龙口西路 91 号
电话：020－61211888
邮编：510635

新粤新酒店★★
地址：广州市环市东路 329 号
电话：020－83593777
邮编：510095

天河酒店★★
地址：广州市天河路 633 号
电话：020－85512138
邮编：510630

华粤大厦★★
地址：广州市先烈南路 33 号
电话：020－87773288
邮编：510060

白宫酒店★★
地址：广州市人民南路 17 号
电话：020－81882313
邮编：510130

新亚大酒店★★
地址：广州市人民南路 10－12 号
电话：020－81884722
邮编：510130

北京大酒店★★
地址：广州市西豪二马路 10 号
电话：020－81884988
邮编：510120

广东大酒店★★
地址：广州市长堤路 294 号
电话：020－81883601
邮编：510120

南方大厦酒店★★
地址：广州市西堤二马路 74 号
电话：020－81888133
邮编：510134

东亚大酒店★★
地址：广州市长堤路 320 号
电话：020－81884813
邮编：510120

新侨酒店★★
地址：广州市中山二路 40 号
电话：020－61290098
邮编：510080

广钢大厦★★
地址：广州市芳村大道 12 号
电话：020－81892563
邮编：510381

湖北对外经贸服务中心★★
地址：广州市黄沙大道 144 号
电话：020－81828888
邮编：510150

金川宾馆★★
地址：广州市西华路525号
电话：020-81865348
邮编：510170

广州河北大厦★★
地址：广州市广源中路1097-1099号
电话：020-86598228
邮编：510405

粤桂宾馆★★
地址：广州市西华路523号
电话：020-81082208
邮编：510170

东风宾馆★★
地址：广州市白云区三元里大道716号
电话：020-86344581
邮编：510403

正鑫大酒店★★
地址：清远市新城四号区之二栋
电话：0763-3863283
邮编：511515

福临门大酒店★★
地址：清远市阳山县城镇南连江大道143号
电话：0763-7803201
邮编：513000

荣华宾馆★★
地址：清远市阳山县光明路98号
电话：0763-7896318
邮编：513100

乳泉县白云天宾馆★★
地址：韶关市乳源县城磨峰东路
电话：0751-5387888
邮编：512700

港都大酒店★★
地址：韶关市火车站广场
电话：0751-8881122
邮编：512023

星光之光商务酒店★★
地址：韶关市乳源县环城西路24号
电话：0751-5380888
邮编：512700

兴华宾馆★★
地址：韶关市乐昌市人民中路139号
电话：0751-5579111
邮编：512200

联城酒店★★
地址：韶关市仁化县董镇连塘路27-35号
电话：0751-6366001
邮编：512300

新港大酒店★★
地址：河源市龙川县老隆大道123号
电话：0762-6756188
邮编：517300

花苑宾馆★★
地址：河源市龙川县老隆镇东风路15号
电话：0762-6752896
邮编：517300

诚丰酒店★★
地址：河源市河源大道138号
电话：0762-3392288
邮编：517000

海天大厦★★
地址：河源市和平县城东山路101号
电话：0762-5636988
邮编：517200

新丰江水电培训中心★★
地址：河源市新丰江水电厂内
电话：0762-3381168
邮编：517021

雄达大酒店★★
地址：河源市河源大道北
电话：0762-3339992
邮编：517002

洪都大酒店★★
地址：梅州市兴宁市宁江路8号
电话：0753-3338888
邮编：514500

蕉岭县桂岭宾馆★★
地址：梅州市蕉岭县蕉城镇北街10号
电话：0753-7872874
邮编：514100

梅县青云山庄★★
地址：梅州市梅县雁洋镇五指峰
电话：0753-2839888
邮编：514759

梅县嘉运宾馆★★
地址：梅州市嘉应中路西桥公园侧
电话：0753-2180988
邮编：514021

五华县新世纪大酒店★★
地址：梅州市五华县水寨镇华侨直街149号
电话：0753-4432638
邮编：514400

兴宁港兴宾馆★★
地址：梅州市兴宁市宁江路
电话：0753-3333335
邮编：514500

桃源酒店★★
地址：梅州市宪梓大道客家文化城
电话：0753-2512680
邮编：514031

鸿华酒店★★
地址：梅州市梅江区江南嘉应中路13号
电话：0753-2255333
邮编：514021

梅县龙华宾馆★★
地址：梅州市梅县大新城新地街中段
电话：0753-2586898
邮编：514700

华侨大厦★★
地址：潮州市环城西路34号
电话：0768-2228899
邮编：521000

鸿运酒店★★
地址：潮州市潮枫路2号
电话：0768-2206052
邮编：521500

云和大酒店★★
地址：潮州市西河路26号
电话：0768-2136128
邮编：521011

新华酒店★★
地址：汕头市外马路
电话：0754-8276734
邮编：515031

粤东大酒店★★
地址：汕头市东厦南路1号
电话：0754-8562838
邮编：515041

抽纱大厦★★
地址：汕头市海滨路16号
电话：0754-8554037
邮编：515031

华都宾馆★★
地址：汕头市金砂东路中段
电话：0754-8616621
邮编：515041

侨联大厦★★
地址：汕头市汕樟路35号
电话：0754-8259109
邮编：515041

惠来县文昌大酒店★★
地址：揭阳市惠来县城南门东路1号
电话：0663-6682288
邮编：515200

博罗县新世纪大酒店★★
地址：惠州市博罗县罗阳镇北门路25号
电话：0752-6737333
邮编：516100

博罗县狮峰宾馆★★
地址：惠州市博罗县罗浮山床明洞
电话：0752-6668178
邮编：516133

新美丽酒店★★
地址：惠州市龙门县百担新城区百合路
电话：0752-7795163
邮编：516800

七星宾馆★★
地址：惠州市惠阳区新墟镇
电话：0752-3333222
邮编：516223

金澳花园酒店★★
地址：东莞市东城大道金澳花园A座
电话：0769-22496966
邮编：523008

耀豪酒店★★
地址：东莞市沙田镇中心区
电话：0769-88865888
邮编：523981

银星酒店★★
地址：东莞市常平镇水枪大道9号
电话：0769-83987333
邮编：523560

雄狮大酒店★★
地址：东莞市常平镇振兴路1号
电话：0769-83332198
邮编：523560

盈丰酒店★★
地址：东莞市常平镇振兴路盈丰大厦
电话：0769-83333333
邮编：523560

新港大酒店★★
地址：东莞市常平镇新市一街6号
电话：0769-83331000
邮编：523560

悦华大酒店★★
地址：东莞市常平镇东兴路275号

电话：0769－83336888
邮编：523560

海霞酒店★★
地址：东莞市常平镇板石霞村
电话：0769－83815111
邮编：523560

昇平酒店★★
地址：东莞市常平镇中元街
电话：0769－83812888
邮编：523560

龙源大酒店★★
地址：东莞市虎门镇107国道北栅路段
电话：0769－85551028
邮编：523925

冠城酒店★★
地址：东莞市常平镇中元街常平广场三、四楼
电话：0769－83337788
邮编：523560

恒安酒店★★
地址：东莞市沙田镇横流区
电话：0769－88868868
邮编：523981

海月酒店★★
地址：东莞市厚街镇涌口海月公园侧
电话：0769－85926888
邮编：523947

石龙宾馆★★
地址：东莞市石龙镇绿化中路2号
电话：0769－86613333
邮编：523721

上林苑酒店★★
地址：深圳市福田区八卦二路
电话：0755－82262082
邮编：518029

西湖宾馆★★
地址：深圳市宝安路松园东1巷2号
电话：0755－25586655
邮编：518001

兴华宾馆★★
地址：深圳市福田区深南中路22号
电话：0755－83350483
邮编：518031

广信酒店★★
地址：深圳市人民南路国商大厦东座10－17楼
电话：0755－82238945
邮编：518016

永安大酒店★★
地址：深圳市红岭中路13号
电话：0755－25594999
邮编：518008

新新地酒店★★
地址：深圳市水贝二路
电话：0755－25616138
邮编：518020

联城酒店★★
地址：深圳市文锦南口岸
电话：0755－ 25111111
邮编：518002

江苏宾馆★★
地址：深圳市福田区彩田路2066号
电话：0755－ 83393868
邮编：518026

华强宾馆★★
地址：深圳市福田区振华路100号
电话：0755－ 83216666
邮编：518031

金地宾馆★★
地址：深圳市福田区沙嘴路
电话：0755－ 83309800
邮编：518048

华联宾馆★★
地址：深圳市深中南路2008号华联大厦
电话：0755－ 83351000
邮编：518031

振兴宾馆★★
地址：深圳市红荔西路3007号
电话：0755－ 83365128
邮编：518028

燕晗山酒店★★
地址：深圳市华侨城生态广场内
电话：0755－ 26900288
邮编：518053

华侨酒店★★
地址：深圳市和平路1009号
电话：0755－ 25596688
邮编：518010

凤凰酒店★★
地址：深圳市罗湖区凤凰路11号
电话：0755－ 25548888
邮编：518003

闽江宾馆★★
地址：深圳市福田区彩田南路福建大厦
电话：0755－ 82893888
邮编：518026

科苑宾馆★★
地址：深圳市深南大道农业科技观光园内
电话：0755－ 83707079
邮编：518040

锦湖宾馆★★
地址：深圳市文锦中路1005号
电话：0755－ 82253711
邮编：518001

三星大酒店★★
地址：深圳市宝安区观澜镇大道东
电话：0755－ 28086888
邮编：518110

穆斯林宾馆★★
地址：深圳市文锦南路2013号
电话：0755－ 82228207
邮编：518002

华登宾馆★★
地址：深圳市罗湖区和平路沿河东13路
电话：0755－ 25573028
邮编：518001

松园南宾馆★★
地址：深圳市罗湖区松园南街26号
电话：0755－82112889
邮编：518001

交通大厦★★
地址：珠海市拱北水湾路19号
电话：0756－8884474
邮编：519020

东澳度假村★★
地址：珠海市东澳岛
电话：0756－8858143
邮编：519000

广信海湾酒店★★
地址：珠海市香洲乐园路1号
电话：0756－2223448
邮编：519000

桂山酒店★★
地址：珠海市桂山岛
电话：0756－8851125
邮编：519004

丽苑酒店★★
地址：中山市民众镇民众大道1号
电话：0760－85702388
邮编：528441

卓旗山庄★★
地址：中山市大涌镇叠石卓旗山
电话：0760－23370000
邮编：528476

新金田酒店★★
地址：中山市石岐区富华道岐沙路223号
电话：0760－88611883
邮编：528401

月亮酒店★★
地址：江门市开平市水口镇新南路13号一幢
电话：0750－2728888
邮编：529321

开平市华侨大厦★★
地址：江门市开平市长沙西郊路5号
电话：0750－2223318
邮编：529300

小逢莱宾馆★★
地址：佛山市顺德区北滘镇蓬莱一路20号
电话：0757－26655099
邮编：528311

豪泉酒店★★
地址：佛山市顺德区乐从镇325国道
电话：0757－28333333
邮编：528315

伦教侨联大厦华苑迎宾馆★★
地址：佛山市顺德区伦教新丰路
电话：0757－27331333
邮编：528308

顺德凯逸★★
地址：佛山市顺德区乐从广湛公路新隆路口
电话：0757－28918883
邮编：528315

半岛酒店★★
地址：佛山市顺德区乐从镇乐西路
电话：0757－28336899
邮编：528315

大绅酒店★★
地址：佛山市顺德区乐从镇大新家私城A座（沙滘路段）
电话：0757－28335555
邮编：528316

雅苑酒店★★
地址：佛山市顺德区乐从镇
电话：0757－28336238
邮编：528315

永安大酒店★★
地址：佛山市南海西樵山旅游度假区江浦东路36号
电话：0757－86896333
邮编：528211

珠江大酒店★★
地址：佛山市亲仁路1号
电话：0757－82287512
邮编：528000

高明区联昌大酒店★★
地址：佛山市高明区荷城沧江路89号
电话：0757－88886888
邮编：528500

滨利酒店★★
地址：佛山市华远街32号
电话：0757－83990666
邮编：528000

力源大酒店★★
地址：佛山市亲仁西路30号
电话：0757－82299038
邮编：528000

今日城酒店★★
地址：佛山市禅城区张槎四路
电话：0757－82212288
邮编：528051

华盛酒店★★
地址：佛山市汾江中路3号
电话：0757－82230000
邮编：528000

远航酒店★★
地址：佛山市汾江中路58号
电话：0757－82288811
邮编：528000

中联宾馆★★
地址：佛山市南海黄岐鄱阳西路38号
电话：0757－8596888
邮编：528247

泮泉酒店★★
地址：佛山市南海区桂城叠滘大道茶基村115号
电话：0757－86267888
邮编：528200

金腾大酒店★★
地址：佛山市禅城区澜江中路58号
电话：0757－82969338
邮编：528000

黄岐第一城会所★★
地址：佛山市南海区黄岐沿江路168号
电话：0757－85961133
邮编：528248

江滨酒店★★
地址：肇庆市封开县江口镇河堤二路2号
电话：0758－6688833
邮编：526500

蓝宫宾馆★★
地址：肇庆市天宁北路76号
电话：0758－2278800
邮编：526040

商业大厦花园酒店★★
地址：肇庆市建设三路46号
电话：0758－2290888
邮编：526040

宾悦大酒店★★
地址：肇庆市封开县江口镇大塘一路26号
电话：0758－6668888
邮编：526500

金叶大厦★★
地址：肇庆市工农北路6号
电话：0758－2221338
邮编：526060

鼎湖避暑山庄★★
地址：肇庆市鼎湖风景管理区
电话：0758－2621668
邮编：526070

封州宾馆★★
地址：肇庆市封开县江口镇建设一路8号
电话：0758－6688818
邮编：526500

东南大酒店★★
地址：肇庆市四会市城中区汇源路64号
电话：0758－6826600
邮编：526200

新兴县新中旅大酒店★★
地址：云浮市新兴县城中山路95号
电话：0766－2920138
邮编：527400

郁南县连滩宾馆★★
地址：云浮市郁南县连滩镇建设路
电话：0766－7660888
邮编：527100

得利宾馆★★
地址：云浮市城区浩林东路
电话：0766－8983008
邮编：527201

罗定市龙城大酒店★★
地址：云浮市罗定市泷洲南路31号
电话：0766－3822888
邮编：527200

锦绣宾馆★★
地址：云浮市云城区锦绣路（与南山路交会处）
电话：0766－8929889
邮编：527300

海鸥大酒店★★
地址：阳江市上坑路2号
电话：0662－3225588
邮编：529500

坚都酒店★★
地址：阳江市东风一路32号
电话：0662－3236688
邮编：529500

东悦假日酒店★★
地址：阳江市阳东县东城镇东广路3号
电话：0662－6616662
邮编：529931

华夏大酒店★★
地址：阳江市阳春市南新大道8号
电话：0662－7715858
邮编：529600

湖滨宾馆★★
地址：阳江市沿湖路8号
电话：0662－3333345
邮编：529500

东山宾馆★★
地址：阳江市江城区北环路196号
电话：0662－3102222
邮编：529500

海湾宾馆★★
地址：湛江市霞山区人民南路6号
电话：0759－2222266
邮编：524001

赤坎宾馆★★
地址：湛江市赤坎区跃进路2号
电话：0759－3337611
邮编：524038

吴川吉兆湾椰林度假村★★
地址：湛江市吴川市吉兆湾省级
电话：0759－5128399
邮编：524543

金马大酒店★★
地址：湛江市霞山区解放西路18号
电话：0759－2172638
邮编：524003

仁达宾馆★★
地址：湛江市人民大道南32号
电话：0759－2292938
邮编：524001

一星级

始兴县平湖山庄★
地址：韶关市始兴县花山水库
电话：0751－3412328
邮编：512521

笑傲山庄★
地址：韶关市乳源县南岭国家森林公园
电话：0751－5232555
邮编：512727

粤东农垦大厦★
地址：汕头市潮汕路14号
电话：0754－8212453
邮编：515041

悦凯酒店★
地址：东莞市常平镇东元东路28号
电话：0769－83398808
邮编：523560

豪景酒店★
地址：中山市富华道云汉路段8号
电话：0760－87313883
邮编：528401

雅怡酒店★
地址：中山市横栏镇西冲中路90号
电话：0760－87616111
邮编：528478

新纪豪酒店★
地址：佛山市顺德区乐从镇南村工业区
电话：0757－28336388
邮编：528316

四会市华侨大厦★
地址：肇庆市四会市新风路8号
电话：0758－3324391
邮编：526200

广西
GUANGXI

五星级

广西沃顿国际大酒店 ★★★★★
地址：南宁市民族大道 88 号
电话：0771－2111888
邮编：530022

南宁市邕江宾馆 ★★★★★
地址：南宁市江滨东路 41 号
电话：0771－2180888
邮编：530012

广西南宁市桂景大酒店 ★★★★★
地址：南宁市琅东区文信路 1 号
电话：0771－5806666
邮编：530022

广西南宁红林大酒店 ★★★★★
地址：南宁市民族大道 129 号
电话：0771－2021688
邮编：530028

阳朔碧莲江景大酒店 ★★★★★
地址：桂林市阳朔县观莲路 1 号
电话：0773－8886666
邮编：541900

桂林喜来登饭店 ★★★★★
地址：桂林市滨江南路
电话：0773－2825588
邮编：541001

桂林帝苑酒店 ★★★★★
地址：桂林市临江路 186－1 号
电话：0773－3118888
邮编：541002

桂林漓江大瀑布饭店 ★★★★★
地址：桂林市杉湖北路 1 号
电话：0773－2822881
邮编：541002

兴安乐满地度假酒店 ★★★★★
地址：桂林市兴安县志玲路
电话：0773－6229898
邮编：541300

柳州饭店 ★★★★★
地址：柳州市友谊路 1 号
电话：0772－2828336
邮编：545001

钦州白海豚国际酒店 ★★★★★
地址：钦州市永福西大街 68 号
电话：0777－2881888
邮编：535000

北海香格里拉大饭店 ★★★★★
地址：北海市茶亭路 33 号
电话：0779－2062288
传真：0779－2050085
邮编：536000

四星级

南宁跨世纪大酒店 ★★★★
地址：南宁市民族大道东段 111 号
电话：0771－5519200
邮编：530028

广西南宁明园饭店 ★★★★
地址：南宁市新民路 38 号
电话：0771－2118668
邮编：530022

广西锦华大酒店 ★★★★
地址：南宁市东葛路 1 号
电话：0771－2088888
邮编：530012

广西南宁凤凰宾馆 ★★★★
地址：南宁市朝阳路 63 号
电话：0771－2119888
邮编：530011

南宁市现代东盟国际大酒店 ★★★★
地址：南宁市邕五路 1 号
电话：0771－5803988
邮编：530012

南宁市万锦大酒店 ★★★★
地址：南宁市星湖路 27 号
电话：0771－5818333
邮编：530022

广西凯宾皇冠大酒店 ★★★★
地址：南宁市民族大道 98－1 号
电话：0771－5813600
邮编：530022

南宁圣展酒店 ★★★★
地址：南宁市琅东金湖南路 49 号
电话：0771－2026838
邮编：530028

南宁喜相逢大酒店 ★★★★
地址：南宁市长湖路 28 号
电话：0771－6110888
邮编：530022

南宁市世纪君悦大酒店 ★★★★
地址：南宁市金湖路 71 号
电话：0771－2119888
邮编：530011

南宁金花园景都大酒店 ★★★★
地址：南宁市茶花园路 31－1 号
电话：0771－2280888
邮编：530031

精通桂林大酒店 ★★★★
地址：桂林市中山北路 1 号
电话：0773－2820588
邮编：541001

桂林市榕湖饭店 ★★★★
地址：桂林市榕湖北路 17 号
电话：0773－2893811
邮编：541001

桂林市桂湖饭店 ★★★★
地址：桂林市螺蛳山 1 号
电话：0773－2558899
邮编：541001

桂林市桂山大酒店 ★★★★
地址：桂林市穿山路 42 号
电话：0773－5813388
邮编：541002

桂林观光酒店 ★★★★
地址：桂林市漓江路 20 号
电话：0773－5882688
邮编：541001

桂林宾馆 ★★★★
地址：桂林市榕湖南路 14 号
电话：0773－2823950
邮编：541002

桂林阳朔唐人街大酒店 ★★★★
地址：桂林市观莲路 8 号
电话：0773－8818999
邮编：541900

阳朔百乐来度假饭店 ★★★★
地址：桂林市阳朔县阳朔西街 116 号
电话：0773－8822109
邮编：541900

桂林阳朔新世纪酒店 ★★★★
地址：桂林市阳朔县蟠桃路阳朔公园旁
电话：0773－8829703
邮编：541900

桂林阳朔县桂福大酒店 ★★★★
地址：桂林市阳朔县抗战路 2 号
电话：0773－8880000
邮编：541900

资源县盛源大酒店 ★★★★
地址：桂林市资源县城北开发区
电话：0773－4368888
邮编：541400

桂林龙脊温泉中心酒店 ★★★★
地址：桂林市龙胜温泉度假中心
电话：0773－7482888
邮编：541709

柳州丽晶大酒店 ★★★★
地址：柳州市龙城路 32 号
电话：0772－2808888
邮编：525001

柳州京都宾馆 ★★★★
地址：柳州市跃进路 40 号
电话：0772－2300188
邮编：545001

柳州市南疆宾馆 ★★★★
地址：柳州市飞鹅路 304 号
电话：0772－3612988
邮编：545007

柳州宾馆 ★★★★
地址：柳州市龙城路 2 号
电话：0772－2308888
邮编：545001

柳钢宾馆 ★★★★
地址：柳州市北雀路 117 号
电话：0772－2560088
邮编：545002

柳州望泰国际大酒店 ★★★★
地址：柳州市鱼峰区驾鹤路 95 号
电话：0772－8808888
邮编：545005

柳州市华禹大酒店 ★★★★
地址：柳州市鹿寨县民生路 21 号
电话：0772－6863888
邮编：545600

梧州金苑大酒店 ★★★★
地址：梧州市新兴三路 3 号
电话：0774－6023888
邮编：543002

梧州江滨国际大酒店 ★★★★
地址：梧州市奥奇丽路 3 号
电话：0774－3869999
邮编：543002

贵港国际大酒店 ★★★★
地址：贵港市金湾大道 838 号

电话：0775－4558888
邮编：537100

桂平市乳泉井酒店 ★★★★
地址：贵港市桂平市人民西路
电话：0775－3369994
邮编：537200

桂平市宇洋国际大酒店 ★★★★
地址：贵港市桂平市西山路口
电话：0775－3699988
邮编：537200

玉林花园国际大酒店 ★★★★
地址：玉林市一环东路48号
电话：0775－2333333
邮编：537000

玉林宾馆 ★★★★
地址：玉林市公园路1号
电话：0775－2835988
邮编：537000

玉林丽晶国际大酒店 ★★★★
地址：玉林市人民东路263号
电话：0775－2889888
邮编：537000

钦州市恒商大酒店 ★★★★
地址：钦州市文峰北路160号
电话：0777－2862888
邮编：535000

北海嘉莱度假酒店★★★★
地址：北海市云南路
电话：0779－6806666
传真：0779－6805555
邮编：536000

北海真龙国际大酒店★★★★
地址：北海市北海大道186号
电话：0779－3065666
传真：0779－3063808
邮编：536000

北海海滩大酒店 ★★★★
地址：北海市银滩大道海滩公园对面
电话：0779－3888888
传真：0779－3898168
邮编：536000

北海荔珠国际大酒店 ★★★★
地址：北海市长青路11号
电话：0779－3080888
传真：0779－3080800
邮编：536000

合浦红林大酒店 ★★★★
地址：北海市合浦县廉州广场旁
电话：0779－7200608
邮编：536100

防城港市万海大酒店 ★★★★
地址：防城港市港口区友谊路9号
电话：0770－2203333
邮编：538001

防城港京岛酒店 ★★★★
地址：防城港市东兴风景名胜区
电话：0770－7222688
邮编：538100

东兴锦华饭店 ★★★★
地址：防城港市东兴市兴东路
电话：0770－7679888
邮编：538100

凭祥园林国际大酒店 ★★★★
地址：崇左市凭祥市新华路105号
电话：0771－5977888
邮编：532600

百色恒升大酒店 ★★★★
地址：百色市兴新路恒升大厦
电话：0776－2865288
邮编：533000

平果国际大酒店 ★★★★
地址：百色市平果县教育路518号
电话：0776－5889888
邮编：531400

河池市河池大酒店 ★★★★
地址：河池市新建路102号
电话：0778－2283333
邮编：547000

天峨县五吉大酒店 ★★★★
地址：河池市天峨县塘英开发区
电话：0778－7827888
邮编：547300

凤山县恒升大酒店 ★★★★
地址：河池市凤山县西环路迎龙广场旁
电话：0778－6815988
邮编：547300

广西巴马寿乡国际大酒店 ★★★★
地址：河池市巴马县寿乡大道488号
电话：0778－6228688
邮编：547500

来宾裕达国际酒店 ★★★★
地址：来宾市人民路西288号
电话：0772－6688999
邮编：546100

武宣国际大酒店 ★★★★
地址：来宾市武宣县城北路666号
电话：0772－5292888
邮编：545900

贺州国际酒店 ★★★★
地址：贺州市建设东路183号
电话：0774－5101188
邮编：542800

三星级

广西南宁邕州饭店 ★★★
地址：南宁市新民路59号
电话：0771－2101088
邮编：530022

广西南宁翔云大酒店 ★★★
地址：南宁市新民路59号
电话：0771－2101999
邮编：530022

广西南宁天湖酒店 ★★★
地址：南宁市杭州路3号
电话：0771－2195588
邮编：530011

南宁市银河大酒店 ★★★
地址：南宁市朝阳路84号
电话：0771－2116688
邮编：530011

南宁万兴酒店 ★★★
地址：南宁市共和路174号
电话：0771－2102888
邮编：530012

广西南宁市昌龙大酒店 ★★★
地址：南宁市园湖路26－1号
电话：0771－2269888
邮编：530023

南宁市恒川大酒店 ★★★
地址：南宁市杭州路5号
电话：0771－2198388
邮编：530011

南宁金禾宫大酒店 ★★★
地址：南宁市桂春路13号
电话：0771－2187399
邮编：530022

广西三月花大酒店 ★★★
地址：南宁市东葛路119号
电话：0771－5703036
邮编：530023

广西福彩宾馆 ★★★
地址：南宁市葛村路23号
电话：0771－2235988
邮编：530023

南宁市富满地大酒店 ★★★
地址：南宁市桃源路43号
电话：0771－2195888
邮编：530021

广西新华大酒店 ★★★
地址：南宁市民族大道69号
电话：0771－2085818
邮编：530022

南宁华星酒店 ★★★
地址：南宁市七星路125号
电话：0771－2621419
邮编：530022

南宁市凯莱大酒店 ★★★
地址：南宁市中华路48号
电话：0771－2088088
邮编：530001

广西绿都大酒店 ★★★
地址：南宁市七星路133号
电话：0771－2020888
邮编：530021

广西天妃商务酒店 ★★★
地址：南宁市明秀东路238号
电话：0771－2080888
邮编：530001

南宁大王滩度假村 ★★★
地址：南宁市那马镇大王滩风景区
电话：0771－4778533
邮编：530218

南宁市金茶花大酒店 ★★★
地址：南宁市中华二支路1号
电话：0771－2238688
邮编：530011

广西博宾酒店 ★★★
地址：南宁市友爱路16号
电话：0771－5800888
邮编：530001

广西满江红大酒店 ★★★
地址：南宁市祥宾路63号
电话：0771－5752688
邮编：530021

南宁永凯大酒店有限公司 ★★★
地址：南宁市友爱南路 43 – 2 号
电话：0771 – 3936089
邮编：530001

南宁市状元坡宾馆有限公司 ★★★
地址：南宁市秀灵路 77 – 1 号
电话：0771 – 5758088
邮编：530001

南宁湄公河大酒店 ★★★
地址：南宁市竹溪大道 98 号
电话：0771 – 2022811
邮编：530021

广西发改委培训中心 ★★★
地址：南宁市葛村路 1 号
电话：0771 – 2282388
邮编：530022

广西阳光假日酒店 ★★★
地址：南宁市中华路 17 – 1 号
电话：0771 – 5810388
邮编：530011

钻石海岸海鲜大酒店 ★★★
地址：南宁市双拥路南湖南广场旁
电话：0771 – 2028988
邮编：530021

南宁振宁大酒店 ★★★
地址：南宁市新阳路 286 号
电话：0771 – 2117888
邮编：530003

广西南宁嘉年华大酒店 ★★★
地址：南宁市民族大道 135 号
电话：0771 – 6111888
邮编：530028

广西景湖假日大酒店 ★★★
地址：南宁市星湖路 59 号
电话：0771 – 5802323
邮编：530022

南宁市银林山庄 ★★★
地址：南宁市邕武路 23 号
电话：0771 – 2022288
邮编：530002

桂林市鸿景大酒店 ★★★
地址：桂林市中山路 74 号
电话：0773 – 2151888
邮编：541001

桂林市教育宾馆 ★★★
地址：桂林市雉山路 7 号
电话：0773 – 3816098
邮编：541001

漓峰饭店 ★★★
地址：桂林市雉山路 108 号
电话：0773 – 3556683
邮编：541002

桂林中山大酒店 ★★★
地址：桂林市中山中路 2 号
电话：0773 – 2882999
邮编：541002

桂林阳光栖霞酒店 ★★★
地址：桂林市七星区栖霞路 48 号
电话：0773 – 5888780
邮编：541004

桂林烟贸大酒店 ★★★
地址：桂林市瓦窑西路 15 号
电话：0773 – 2864299
邮编：541001

桂林新桂大酒店 ★★★
地址：桂林市银锭路 1 号
电话：0773 – 3850000
邮编：541002

桂林市新凯悦饭店 ★★★
地址：桂林市中山南路 72 号
电话：0773 – 2158888
邮编：541002

桂林市香江饭店 ★★★
地址：桂林市西环一路 141 号
电话：0773 – 3866666
邮编：541002

桂林市天鹅宾馆 ★★★
地址：桂林市苗圃路 18 号
电话：0773 – 3559988
邮编：541002

桂林市台联酒店 ★★★
地址：桂林市中山中路 12 号
电话：0773 – 2892888
邮编：541002

桂林市杉湖大酒店 ★★★
地址：桂林市中山中路 24 号
电话：0773 – 2890089
邮编：541001

桂林市山水大酒店 ★★★
地址：桂林市七星路 48 号
电话：0773 – 5815151
邮编：541004

桂林市凯宁七星大酒店 ★★★
地址：桂林市漓江路 17 号
电话：0773 – 5812311
邮编：541004

桂林市名城大酒店 ★★★
地址：桂林市正阳路 6 号
电话：0773 – 2828331
邮编：541001

桂林市民航大厦 ★★★
地址：桂林市上海路安新洲 18 号
电话：0773 – 3861111
邮编：541002

桂林市景秀大酒店 ★★★
地址：桂林市临桂路 8 号
电话：0773 – 2869818
邮编：541002

桂林市京都大酒店 ★★★
地址：桂林市翠竹路 8 号
电话：0773 – 3559998
邮编：541003

桂林市金嗓子大酒店 ★★★
地址：桂林市栖霞路 6 号
电话：0773 – 5815629
邮编：541004

桂林市环球大酒店 ★★★
地址：桂林市解放东路 1 号
电话：0773 – 2828228
邮编：541001

桂林市好利来大酒店 ★★★
地址：桂林市翠竹路 15 号
电话：0773 – 3866999
邮编：541002

桂林市桂星酒店 ★★★
地址：桂林市七星路 18 号
电话：0773 – 5815400
邮编：541004

桂林市伏波山大酒店 ★★★
地址：桂林市滨江路 121 号
电话：0773 – 2569898
邮编：541001

桂林市丹桂大酒店 ★★★
地址：桂林市中山南路 77 号
电话：0773 – 3834300
邮编：541002

桂林市达尔曼酒店 ★★★
地址：桂林市红岭路 1 号
电话：0773 – 3822333
邮编：541002

桂林金埔大酒店 ★★★
地址：桂林市解放东路 137 号
电话：0773 – 2812999
邮编：541001

桂林核工饭店 ★★★
地址：桂林市漓江路 47 号
电话：0773 – 5611188
邮编：541004

桂林桂晌饭店 ★★★
地址：桂林市翠竹路 19 号
电话：0773 – 2151366
邮编：541002

桂林贵客 0773 酒店 ★★★
地址：桂林市文明路 31 号
电话：0773 – 2283388
邮编：541002

桂林柏丽商务酒店 ★★★
地址：桂林市解放东路 2 号 1 – 5 楼
电话：0773 – 3111111
邮编：541001

桂花香大酒店 ★★★
地址：桂林市中山南路 78 号 1 巷 1 楼
电话：0773 – 2154658
邮编：541002

桂林阳朔漓江饭店 ★★★
地址：桂林市阳朔县蟠桃路 93 号
电话：0773 – 8816968
邮编：541900

阳朔丽景假日宾馆 ★★★
地址：桂林市阳朔县阳朔西街 117 号
电话：0773 – 8817198
邮编：541900

阳朔宝峰大酒店 ★★★
地址：桂林市阳朔县大村门开发区
电话：0773 – 8813888
邮编：541900

全州博宇大酒店 ★★★
地址：桂林市全州县镇中正北路 1 号
电话：0773 – 8681111
邮编：541500

桂林景泰大酒店 ★★★
地址：桂林市兴安县双灵路 240 号
电话：0773 – 6211898
邮编：541300

兴安县兴都商务大酒店 ★★★
地址：桂林市兴安县兴安镇兴桂中路

电话：0773－6213658
邮编：541300

兴安兴怡度假山庄 ★★★
地址：桂林市兴安县崔家乡长冲村
电话：0773－6255667
邮编：541300

兴安县兴都商务大酒店 ★★★
地址：桂林市兴安县兴安镇兴桂中路
电话：0773－6213658
邮编：541300

永福金海岸商务酒店 ★★★
地址：桂林市永福县连江路26号
电话：0773－8513333
邮编：541800

荔浦丰渔岩度假村 ★★★
地址：桂林市荔浦县丰渔岩旅游度假区
电话：0773－7128198
邮编：546609

荔浦丰渔岩宾馆贵宾楼 ★★★
地址：桂林市荔浦县三河乡丰渔岩
电话：0773－7122192
邮编：546609

龙胜碧莲大酒店 ★★★
地址：桂林市龙胜县城武装部
电话：0773－7518077
邮编：541700

柳州宜家商务酒店 ★★★
地址：柳州市城站路381号
电话：0772－3305699
邮编：545007

柳州宜家静兰酒店 ★★★
地址：柳州市西江路57号
电话：0772－5350666
邮编：545005

柳州鑫源饭店 ★★★
地址：柳州市南站路4－1号
电话：0772－2098881
邮编：545007

柳州延安大酒店 ★★★
地址：柳州市飞鹅路304号
电话：0772－3615008
邮编：545007

柳州市中交大酒店 ★★★
地址：柳州市解放北路
电话：0772－2832888
邮编：545001

柳州市泽丰大酒店 ★★★
地址：柳州市莲塘路23号
电话：0772－2800288
邮编：545001

柳州市华锡大厦 ★★★
地址：柳州市桂中大道
电话：0772－2628259
邮编：545006

柳州市瑞通大酒店 ★★★
地址：柳州市文笔路3号
电话：0772－3832486
邮编：545005

柳州南天大酒店 ★★★
地址：柳州市飞鹅路55－1号
电话：0772－3300188
邮编：545005

柳州屏山宾馆 ★★★
地址：柳州市屏山大道286号
电话：0772－3832468
邮编：545005

柳城国际大酒店 ★★★
地址：柳州市柳城县大埔镇河东大道99号
电话：0772－7632888
邮编：545200

鹿州大酒店 ★★★
地址：柳州市鹿寨县鹿寨镇西闸路19号
电话：0772－6811744
邮编：545600

融安国际大酒店 ★★★
地址：柳州市融安县长富镇融江北路261号
电话：0772－5300999
邮编：545400

三江县三江饭店 ★★★
地址：柳州市三江县新华路2号
电话：0772－8626311
邮编：545500

三江风雨桥国际大酒店 ★★★
地址：柳州市三江县古宜镇河东观鱼小区（鼓楼旁）
电话：0772－8580866
邮编：545500

融水大酒店 ★★★
地址：柳州市融水县融水镇朝阳西路
电话：0772－5136666
邮编：545300

梧州市中鼎商务酒店 ★★★
地址：梧州市新兴二路135－1号
电话：0774－6018888
邮编：543002

梧州市清华苑大酒店 ★★★
地址：梧州市新兴二路5－4号
电话：0774－3822588
邮编：543002

梧州新世界大酒店 ★★★
地址：梧州市中山路8号
电话：0774－2812333
邮编：543000

梧州怡景酒店 ★★★
地址：梧州市蝶山一路3号
电话：0774－5848888
邮编：543002

梧州大酒店 ★★★
地址：梧州市西江三路2号
电话：0774－2048888
邮编：543000

梧州市华天大酒店 ★★★
地址：梧州市新兴2路116号
电话：0774－6023668
邮编：543002

广西福兴大酒店 ★★★
地址：梧州市红岭路7号
电话：0774－3892988
邮编：543002

岑溪阿里香大酒店 ★★★
地址：梧州市岑溪市工农路81号
电话：0774－8232780
邮编：543218

岑溪榕湖饭店 ★★★
地址：梧州市岑溪市广场旁
电话：0774－8219668
邮编：543200

梧州市岑溪市华辉酒店 ★★★
地址：梧州市岑溪市解放路49号
电话：0774－8218238
邮编：543200

岑溪市大酒店 ★★★
地址：梧州市岑溪市工农路11号
电话：0774－8238028
邮编：543200

苍梧县佛子大酒店 ★★★
地址：梧州市苍梧县城西大道58号
电话：0774－2668888
邮编：543100

苍梧帝龙大酒店 ★★★
地址：梧州市苍梧县龙圩镇龙城南路1号
电话：0774－2726666
邮编：543100

贵港大酒店 ★★★
地址：贵港市和平路汕塘1号
电话：0775－4210088
邮编：537100

贵港江北宾馆 ★★★
地址：贵港市江北大道
电话：0775－2922585
邮编：537100

贵港凯悦宾馆 ★★★
地址：贵港市金湾大道中段
电话：0775－4296988
邮编：537100

贵港芙蓉宾馆 ★★★
地址：贵港市江北大道中段
电话：0775－4211222
邮编：537100

贵港市西江宾馆 ★★★
地址：贵港市和平路168号
电话：0775－4210928
邮编：537100

贵港明珠宾馆 ★★★
地址：贵港市金港大道城五路口
电话：0775－4202518
邮编：537100

贵港世纪大酒店 ★★★
地址：贵港市中山北路35号
电话：0775－4202888
邮编：537100

贵港明兴大酒店 ★★★
地址：贵港市中山路2198号
电话：0775－4202188
邮编：537100

桂平市华联商务大酒店 ★★★
地址：贵港市桂平市城区沙岗路
电话：0775－3390088
邮编：537200

桂平饭店 ★★★
地址：贵港市桂平市人民路7号
电话：0775－3369333
邮编：537200

桂平功德山庄 ★★★
地址：贵港市桂平市西山风景区

电话：0775－3393399
邮编：537200

平南宾馆 ★★★
地址：贵港市平南县城西路 175 号
电话：0775－7826688
邮编：537300

玉林市意景宾馆 ★★★
地址：玉林市人民东路 727 号
电话：0775－2880101
邮编：537000

玉林得利宾馆 ★★★
地址：玉林市一环路 323 号
电话：0775－2391463
邮编：537000

玉林博白海德大酒店 ★★★
地址：玉林市南洲南路
电话：0775－8235018
邮编：537000

北流市精通大酒店 ★★★
地址：玉林市北流市城南二路
电话：0775－6352029
邮编：537800

玉林振林宾馆 ★★★
地址：玉林市郁洲路 168 号
电话：0775－2832388
邮编：537000

玉林东方世纪大酒店 ★★★
地址：玉林市江岸路 98 号
电话：0775－2885588
邮编：537000

玉林锦源大酒店 ★★★
地址：玉林市一环路 848 号
电话：0775－2888889
邮编：537000

陆川温泉九龙山庄 ★★★
地址：玉林市陆川县城凤凰 1 巷
电话：0775－2942388
邮编：537000

钦州金湾大酒店 ★★★
地址：钦州市人民路 13 号
电话：0777－2886521
邮编：535000

钦州正元大酒店 ★★★
地址：钦州港经济开发区
电话：0777－3888103
邮编：535008

钦州泉城大酒店 ★★★
地址：钦州市南珠西大街 7 号
电话：0777－2870188
邮编：535000

钦州市鑫兴大酒店 ★★★
地址：钦州市子材西大街
电话：0777－2882888
邮编：535000

钦州市幸福大酒店 ★★★
地址：钦州市永福西大街 29 号
电话：0777－2832002
邮编：535000

钦州宾馆 ★★★
地址：钦州市文峰北路 2 号
电话：0777－2897888
邮编：535000

钦州市嘉园酒店 ★★★
地址：钦州市南珠西大街 108 号
电话：0777－2848138
邮编：535000

高岭商务酒店 ★★★
地址：钦州市钦州湾大道 71 号
电话：0777－3682999
邮编：535000

钦州颐豪大酒店 ★★★
地址：钦州市钦州港 3 号路旁
电话：0777－3883999
邮编：535008

钦州市钱庄大酒店 ★★★
地址：钦州市向阳路 8－2 号
电话：0777－2892208
邮编：535000

钦州海豚大酒店 ★★★
地址：钦州市北部湾大道 68 号
电话：0777－2871888
邮编：535000

钦州市康熙大酒店 ★★★
地址：钦州市南珠西大街 163 号
电话：0777－3608188
邮编：535000

钦州市广美商务酒店 ★★★
地址：钦州市南珠西大街 95 号
电话：0777－2824888
邮编：535000

钦州红树林大酒店 ★★★
地址：钦州市钦州湾大道 60 号
电话：0777－2828888
邮编：535000

钦州名典商旅酒店 ★★★
地址：钦州市钦州湾大道与宫保街交会处
电话：0777－3609888
邮编：535000

钦州市景泰大酒店 ★★★
地址：钦州市钦州湾大道 66 号
电话：0777－2896999
邮编：535000

钦州金花茶饭店 ★★★
地址：钦州市钦州湾大道 13 号
电话：0777－2835528
邮编：535000

钦州中青国际酒店 ★★★
地址：钦州市蓬莱大道中青乒羽训练基地
电话：0777－3270888
邮编：535000

灵山县六峰宾馆 ★★★
地址：钦州市灵山县六峰路 12 路
电话：0777－6522551
邮编：535400

灵山县财富大酒店 ★★★
地址：钦州市灵山县云峰路财富广场
电话：0777－6983999
邮编：535400

浦北县诚义信大酒店 ★★★
地址：钦州市浦北县小江镇民兴路 38 号诚义信大酒店
电话：0777－8311789
邮编：535300

浦北县广源大酒店 ★★★
地址：钦州市浦北县小江镇滨河路 3 号
电话：0777－8365222
邮编：535300

北海利源国际大酒店 ★★★
地址：北海市重庆路
电话：0779－3202285
传真：0779－3202286
邮编：536000

北海海之韵大酒店 ★★★
地址：北海市北海大道
电话：0779－3188888
邮编：536000

北海中玉酒店 ★★★
地址：北海市北部湾西路 33 号
电话：0779－3903388
传真：0779－3909999
邮编：536000

北海石林大酒店 ★★★
地址：北海市北部湾西路 35 号
电话：0779－3908088
传真：0779－3905016
邮编：536000

北海路海宾馆 ★★★
地址：北海市侨港镇港口路 1 号
电话：0779－2212010
传真：0779－2212128
邮编：536000

北海新皇都大酒店 ★★★
地址：北海市贵州路
电话：0779－3033388
邮编：536000

北海迎宾馆 ★★★
地址：北海市北部湾中路
电话：0779－2080880
邮编：536000

北海梦之岛大酒店 ★★★
地址：北海市北部湾西路 1 号
电话：0779－3922088
邮编：536000

北海银滩度假村 ★★★
地址：北海市银滩 8 号路
电话：0779－3899388
邮编：536000

北海良港大酒店 ★★★
地址：北海市北部湾东路 10 号
电话：0779－2086663
传真：0779－2050006
邮编：536000

北海金港酒店 ★★★
地址：北海市银滩大道 8 号
电话：0779－3897288
邮编：536000

北海佳家宾馆 ★★★
地址：北海市北海大道与北京路交会处
电话：0779－3087588
邮编：536000

北海国发华联酒店 ★★★
地址：北海市北部湾西路 1 号
电话：0779－3087888
邮编：536000

北海明都大酒店 ★★★
地址：北海市北部湾西路
电话：0779－3996666
邮编：536000

北海农垦宾馆 ★★★
地址：北海市贵州路29号
电话：0779－3996888
邮编：536000

北海银滩阳光假日酒店 ★★★
地址：北海市银滩大道2号
电话：0779－3895555
邮编：536000

北海明珠大酒店 ★★★
地址：北海市银滩公园大门口对面
电话：0779－3893938
邮编：536000

北海彩云宾馆 ★★★
地址：北海市侨港镇
电话：0779－3899500
邮编：536000

防城港南城大酒店 ★★★
地址：防城港市防城区防邕路
电话：0770－3299999
邮编：538021

防城天益大酒店 ★★★
地址：防城港市防城区防邕路
电话：0770－3298888
邮编：538021

防城港恒泰酒店 ★★★
地址：防城港市港口区友谊路5号
电话：0770－2800888
邮编：538001

防城港市国际迎宾馆 ★★★
地址：防城港市港口区友谊大道8号
电话：0770－2800367
邮编：538001

防城港市金湾宾馆 ★★★
地址：防城港市港口区中华大道2号
电话：0770－2800888
邮编：538001

深澳酒店 ★★★
地址：防城港市港口区兴港大道88号
电话：0770－2881330
邮编：538001

国正酒店 ★★★
地址：防城港市防城区防范大道369号
电话：0770－6188666
邮编：538021

防城港世纪利源酒店 ★★★
地址：防城港市港口区四川路83号
电话：0770－2202222
邮编：538001

防城港德城宾馆 ★★★
地址：防城港市港口区企沙镇新港路
电话：0770－6109688
邮编：538002

防城港海悦商务酒店 ★★★
地址：防城港市防城区防港大道164号
电话：0770－3298288
邮编：538021

防城港金海岸宾馆 ★★★
地址：防城港市港口区友谊路20号
电话：0770－2823411
邮编：538001

防城港天之龙酒店 ★★★
地址：防城港市港口区贵州路5号
电话：0770－6106888
邮编：538001

东兴桂源商务酒店 ★★★
地址：防城港市东兴市兴东路369号
电话：0770－7653666
邮编：538100

东兴冠都饭店 ★★★
地址：防城港市东兴市柑子岭路305号
电话：0770－7659988
邮编：538100

东兴市东海大酒店 ★★★
地址：防城港市东兴市新华路212号
电话：0770－7687888
邮编：538001

东兴王朝大酒店 ★★★
地址：防城港市东兴市北仑大道366号
电话：0770－7683333
邮编：538100

东兴银海大酒店 ★★★
地址：防城港市东兴市新华路230号
电话：0770－7688011
邮编：538001

东兴东润大酒店 ★★★
地址：防城港市东兴市北伦大道229号
电话：0770－7661888
邮编：538001

东兴浙江商业城大酒店 ★★★
地址：防城港市东兴市浙江商业城内
电话：0770－7672927
邮编：538001

崇左市左江宾馆有限公司 ★★★
地址：崇左市新民路27号
电话：0771－5967708
邮编：532200

凭祥中越国际大酒店 ★★★
地址：崇左市凭祥市新华路3号
电话：0771－8539888
邮编：532600

凭祥广越国际大酒店 ★★★
地址：崇左市凭祥市南大路373号
电话：0771－5093138
邮编：532600

凭祥市绿洲假日酒店 ★★★
地址：崇左市凭祥市青山路2号
电话：0771－5970990
邮编：532600

扶绥县景阳楼宾馆 ★★★
地址：崇左市扶绥县扶绥大道339号
电话：0771－7515990
邮编：532100

大新县硕龙假日酒店 ★★★
地址：崇左市大新县硕龙镇
电话：0771－3773768
邮编：532314

崇左大新县新大酒店 ★★★
地址：崇左市大新县德天大道5区15号
电话：0771－3627115
邮编：532300

大新鑫丰大酒店 ★★★
地址：崇左市大新县富康路2号
电话：0771－3636888
邮编：532300

崇左宁明县江滨大酒店 ★★★
地址：崇左市宁明县兴宁大道东1号
电话：0771－8688888
邮编：532500

龙州县龙嘉大酒店 ★★★
地址：崇左市龙州县城北路10号
电话：0771－8832888
邮编：532400

龙州县天之鹅大酒店 ★★★
地址：崇左市龙州县城北路3－1号
电话：0771－8815788
邮编：532400

百色市四川大酒店 ★★★
地址：百色市右江区城东拉域开发区
电话：0776－2931898
邮编：533000

百色市金都大酒店 ★★★
地址：百色市右江区城北一路29号
电话：0776－2881180
邮编：533000

百色市瑞丰大酒店 ★★★
地址：百色市右江区城北二路5号
电话：0776－2881688
邮编：533000

百色中天大酒店 ★★★
地址：百色市火车站进站大道左侧（交通局大楼）
电话：0776－2986198
邮编：533000

田阳宾馆 ★★★
地址：百色市田阳县解放中路31号
电话：0776－3212415
邮编：533600

平果铝宾馆 ★★★
地址：百色市平果县平果铝公司含笑小区
电话：0776－5805990
邮编：531400

平果名典酒店 ★★★
地址：百色市平果县新兴街1号
电话：0776－5838888
邮编：531400

靖西鑫都大酒店 ★★★
地址：百色市靖西县城西路196号
电话：0776－6220308
邮编：533800

靖西华西国际大酒店 ★★★
地址：百色市靖西县城西路971号
电话：0776－6210688
邮编：533800

靖西壮锦大酒店 ★★★
地址：百色市靖西县城中路60－2号
电话：0776－6210388
邮编：533800

凌云县迎晖山庄 ★★★
地址：百色市凌云县城中心
电话：0776－7611888
邮编：533100

乐业金源国际酒店 ★★★
地址：百色市乐业县元乐街 173 号
电话：0776－2558888
邮编：533200

河池金城江盛源大酒店 ★★★
地址：河池市南新西路 48 号
电话：0778－2201681
邮编：547000

金城江运威大酒店 ★★★
地址：河池市西环路 120－2 号
电话：0778－2598388
邮编：547000

河池市丽江大酒店 ★★★
地址：河池市南新东路 485 号
电话：0778－2303588
邮编：547000

河池市锦都大酒店（党校宾馆） ★★★
地址：河池市市委党校内（城东建材市场旁）
电话：0778－2323860
邮编：547000

河池市顺泰大酒店 ★★★
地址：河池市文体路 108 号
电话：0778－2289888
邮编：547000

宜州君怡大酒店 ★★★
地址：河池市宜州市龙江路 2 号
电话：0778－3222888
邮编：546300

宜州市刘三姐度假山庄 ★★★
地址：河池市宜州市下枧河旅游区
电话：0778－3318188
邮编：546323

宜州宾馆 ★★★
地址：河池市宜州市城中中路 2 号
电话：0778－3210188
邮编：546300

宜州市裕华大酒店 ★★★
地址：河池市宜州市庆远镇解放路 4 号
电话：0778－3224188
邮编：546300

南丹大厂宾馆 ★★★
地址：河池市南丹县大厂镇樱花路
电话：0778－7577177
邮编：547205

南丹迎宾馆 ★★★
地址：河池市南丹县城关镇民生路 108 号
电话：0778－7238111
邮编：547200

南丹阿尔卑斯大酒店 ★★★
地址：河池市南丹县河东路 128 号
电话：0778－7282888
邮编：547200

南丹东谋大酒店 ★★★
地址：河池市南丹县民治街华星大厦
电话：0778－7232666
邮编：547200

天峨金港商务大酒店 ★★★
地址：河池市天峨县民族路 488 号
电话：0778－6212625
邮编：547500

天峨行通大酒店 ★★★
地址：河池市天峨县六排镇城西路 159 号
电话：0778－7831068
邮编：547300

天峨林朵大酒店 ★★★
地址：河池市天峨县六排镇城东路 128 号
电话：0778－7822646
邮编：547300

东兰大酒店 ★★★
地址：河池市东兰县东兰镇陵园街 59 号
电话：0778－6331999
邮编：547400

巴马华昱假日酒店 ★★★
地址：河池市巴马县政府大院内
电话：0778－6217088
邮编：547500

巴马开心酒店 ★★★
地址：河池市巴马县寿乡大道（新汽车总站对面）
电话：0778－6215528
邮编：547500

巴马大酒店 ★★★
地址：河池市巴马县民族路 600 号
电话：0778－6211147
邮编：547500

光明宾馆 ★★★
地址：河池市大化县岩滩镇
电话：0778－5612008
邮编：530811

巴马明都大酒店 ★★★
地址：河池市巴马县巴马镇南环路 118 号
电话：0778－6228888
邮编：547500

都安大酒店 ★★★
地址：河池市都安县安阳镇大桥街 52 号
电话：0778－5118138
邮编：530700

大化县电都大酒店 ★★★
地址：河池市大化县江滨路
电话：0778－5890088
邮编：530800

大化县俊美大化大酒店 ★★★
地址：河池市大化县建丰路 1 号
电话：0778－5829666
邮编：530800

罗城香格里拉大酒店 ★★★
地址：河池市罗城县东门镇德山路 26 号
电话：0778－8361888
邮编：546400

罗城茂源酒店 ★★★
地址：池河市罗城县东门镇解放路 115 号
电话：0778－8212211
邮编：546400

环江上东美林大酒店 ★★★
地址：河池市环江县桥西路 43 号
电话：0778－8872111
邮编：547100

环江宾馆 ★★★
地址：河池市环江县迎宾路 1 号
电话：0778－8822222
邮编：547100

来宾锦江大酒店 ★★★
地址：来宾市溪江北路与祥和路交会处
电话：0772－4293888
邮编：546100

来宾市森明大厦 ★★★
地址：来宾市柳来路 167 号
电话：0772－4233588
邮编：546100

来宾市盈丰大酒店 ★★★
地址：来宾市柳来路 268 号
电话：0772－4212266
邮编：546100

来宾宾馆 ★★★
地址：来宾市中南路 118 号
电话：0772－4228178
邮编：546100

合山红河酒店 ★★★
地址：来宾市合山市人民南路 57 号
电话：0772－8919888
邮编：546500

象州大酒店 ★★★
地址：来宾市象州县温泉大道 55 号
电话：0772－4366668
邮编：545800

贺州市喜悦城市酒店 ★★★
地址：贺州市平安西路 117 号
电话：0774－5101588
邮编：542800

贺州市将军山大酒店 ★★★
地址：贺州市贺州大道畔山雅园附近
电话：0774－3316888
邮编：542800

贺州花园大酒店 ★★★
地址：贺州市新兴北路 32 号
电话：0774－5279066
邮编：542800

贺州利源酒店 ★★★
地址：贺州市建设中路 16 号
电话：0774－5100878
邮编：542800

贺州金港酒店 ★★★
地址：贺州市太白西路 50 号
电话：0774－5103680
邮编：542800

贺州华圣商务酒店 ★★★
地址：贺州市灵峰北路 6 号
电话：0774－3308666
邮编：5428000

贺州温泉宾馆 ★★★
地址：贺州市黄田镇路花村
电话：0774－5109186
邮编：542808

八步永丰宾馆 ★★★
地址：贺州市贺州大道南段 73 号
电话：0774－5101998
邮编：542800

八步粤港假日酒店 ★★★
地址：贺州市建设中路 31 号
电话：0774－5108888
邮编：542800

贺州市新都酒店 ★★★
地址：贺州市建设西路

电话：0774－5223334
邮编：542800

钟山迎宾馆 ★★★
地址：贺州市钟山县城广场路17号
电话：0774－8987388
邮编：542600

钟山大世界酒店 ★★★
地址：贺州市钟山县兴钟中路
电话：0774－8989888
邮编：542600

二星级

南宁市宝临宾馆有限公司★★
地址：南宁市东葛路95－97号
电话：0771－5752999
邮编：530023

菩提山庄★★
地址：南宁市友谊路78号良凤江
电话：0771－4842742
邮编：530031

南宁威宁生态园有限责任公司乡村大世界★★
地址：南宁市邕宾路三塘镇
电话：0771－2025358
邮编：530024

广西南宁金时代酒店★★
地址：南宁市中华路112号
电话：0771－2205588
邮编：530011

南宁市丹鹅宾馆★★
地址：南宁市建政路20号
电话：0771－5659023
邮编：530023

南宁香格里大酒店★★
地址：南宁市友爱北路11－1号
电话：0771－5812088
邮编：530001

广西南宁运招大厦★★
地址：南宁市华东路67号
电话：0771－2191918
邮编：530011

南宁右江酒店责任公司★★
地址：南宁市华东路86号
电话：0771－2028188
邮编：530011

富丽假日酒店★★
地址：南宁市良庆区银海大道1031号
电话：0771－4012000
邮编：530021

南宁圣天宝宾馆★★
地址：南宁市天雹路天雹水库景区
电话：0771－2097666
邮编：530007

南宁市海天宾馆★★
地址：南宁市桃源路40－1号
电话：0771－2188668
邮编：530022

南宁市文丽宾馆★★
地址：南宁市青山路15号
电话：0771－2350098
邮编：530022

南宁南华大厦★★
地址：南宁市人民中路1号
电话：0771－2183888
邮编：530012

南宁市迎宾饭店★★
地址：南宁市朝阳路71号
电话：0771－2116288
邮编：530012

南宁铁道饭店★★
地址：南宁市中华路84号
电话：0771－2117188
邮编：530011

南宁振宁宾馆★★
地址：南宁市新民路3号
电话：0771－2618088
邮编：530022

南宁市江南宾馆★★
地址：南宁市江南路40号
电话：0771－4821054
邮编：530031

南宁市新万通酒店★★
地址：南宁市人民西路80号
电话：0771－2187988
邮编：530011

广西盐业职工培训中心（桂盐宾馆）★★
地址：南宁市华西路11号
电话：0771－2410431
邮编：530011

南宁市迎宾楼宾馆★★
地址：南宁市江南路68号凤凰小区
电话：0771－4516200
邮编：530031

南宁市银林山庄★★
地址：南宁市邕武路23号
电话：0771－2022228
邮编：530001

广西科学活动中心科技宾馆★★
地址：南宁市新竹路20号
电话：0771－2093888
邮编：530022

南宁教育宾馆★★
地址：南宁市桃源路64号
电话：0771－2806056
邮编：530021

南宁现代联华宾馆★★
地址：南宁市安吉路2号
电话：0771－2193999
邮编：530004

广西区百货公司宾馆★★
地址：南宁市桃源路57号
电话：0771－2191038
邮编：530021

南宁市园湖饭店★★
地址：南宁市园湖北路27号
电话：0771－2102183
邮编：530023

南宁军供服务大厦★★
地址：南宁市中华路54号
电话：0771－2083084
邮编：530011

南宁市陆邕大酒店★★
地址：南宁市友爱路42号
电话：0771－3133282
邮编：530001

南宁蕾雨宾馆★★
地址：南宁市明秀路衡秀里30号
电话：0771－3134686
邮编：530001

南宁糖业宾馆★★
地址：南宁市衡阳东路7号
电话：0771－2107999
邮编：530001

圣安宝宾馆★★
地址：南宁市安吉祥大道35－1号
电话：0771－2097488
邮编：530000

广西林苑宾馆★★
地址：南宁市华西路48号
电话：0771－2426839
邮编：530011

武鸣宾馆★★
地址：南宁市武鸣县兴武大道107号
电话：0771－6222866
邮编：530100

宾阳金世纪大酒店★★
地址：南宁市宾阳县商贸大道
电话：0771－8239168
邮编：530409

横县牡丹大酒店★★
地址：南宁市横县环城西路148号
电话：0771－7226828
邮编：530100

横县茉莉花宾馆★★
地址：南宁市横县横州镇长安路291号
电话：0771－7200888
邮编：530300

隆安电力大厦★★
地址：南宁市隆安县蝶城路
电话：0771－6523698
邮编：532700

桂林铁道饭店★★
地址：桂林市上海路22号
电话：0773－3832308
邮编：541002

桂林泰和饭店★★
地址：桂林市中山南路65号
电话：0773－3835504
邮编：541002

桂林市泰和楼酒店★★
地址：桂林市东安街81#－91#
电话：0773－3557402
邮编：541001

桂林市临桂大酒店★★
地址：桂林市中山南路78号
电话：0773－3835662
邮编：541002

桂林市粮贸大酒店★★
地址：桂林市中山中路1号
电话：0773－2835543
邮编：541002

桂林市华侨大厦★★
地址：桂林市中山南路13号

电话：0773－3830212
邮编：541002

桂林南园宾馆★★
地址：桂林市中山路 23 号
电话：0773－3832609
邮编：541002

兴安弘立大酒店★★
地址：桂林市兴安县兴桂路 11 号
电话：0773－6216668
邮编：541300

平乐野牛宾馆★★
地址：桂林市平乐县城黄埔路 56 号
电话：0773－7880333
邮编：542400

龙胜县龙胜宾馆★★
地址：桂林市龙胜县城盛园路
电话：0773－7512503
邮编：541712

龙胜大酒店★★
地址：桂林市龙胜县城兴龙中路
电话：0773－7517718
邮编：541712

灵川新桂苑大酒店★★
地址：桂林市灵川县八里街大市场
电话：0773－2639258
邮编：541200

灵川北极星酒店★★
地址：桂林市灵川县定江镇
电话：0773－2175188
邮编：541213

资源天门宾馆★★
地址：桂林市资源县西延路 7 号
电话：0773－4316868
邮编：541400

兴安鸿源大酒店★★
地址：桂林市兴安县灵湖路
电话：0773－6217882
邮编：541300

恭城新华酒店★★
地址：桂林市恭城县恭城镇拱辰街
电话：0773－8218788
邮编：542500

柳州市天龙大酒店★★
地址：柳州市八一路
电话：0772－2831808
邮编：545001

柳州市五菱宾馆★★
地址：柳州市河西路 18 号
电话：0772－3750392
邮编：545007

东方大酒店★★
地址：柳州市屏山大道 218 号
电话：0772－3833369
邮编：545005

柳州市鑫源大酒店★★
地址：柳州市火车站
电话：0772－2098899
邮编：545007

融安九重天大酒店★★
地址：柳州市融安县大桥东路 61 号
电话：0772－8112878
邮编：545400

融水金林大厦★★
地址：柳州市融水县融水镇香山路 21 号
电话：0772－5135166
邮编：545300

柳州市老树宾馆★★
地址：柳州市北站路 114 号
电话：0772－3987688
邮编：545001

柳州核工大酒店★★
地址：柳州市北航路 1 号
电话：0772－3231166
邮编：545005

梧州工会宾馆★★
地址：梧州市中山路 3 号
电话：0774－2026618
邮编：543000

梧州新兴珠宝宾馆★★
地址：梧州市珠宝路 18 号
电话：0774－3837888
邮编：543002

梧州富祥宾馆★★
地址：梧州市西江路 11 号
电话：0774－2025588
邮编：543000

蒙山永安州宾馆★★
地址：梧州市蒙山县民主街
电话：0774－6282060
邮编：546700

藤县东信宾馆★★
地址：梧州市藤县藤州大道
电话：0774－7298888
邮编：543300

苍梧县沙头金沙大酒店★★
地址：梧州市苍梧县沙头镇西南街 13 号
电话：0774－2980855
邮编：543117

盐业宾馆★★
地址：贵港市江北大道中段
电话：0775－4210299
邮编：537100

平天山森林宾馆★★
地址：贵港市平天山林场
电话：0775－4250063
邮编：537100

贵港市东昇宾馆★★
地址：贵港市金港大道
电话：0775－4293399
邮编：537100

桂平饭店★★
地址：贵港市桂平市人民路 7 号
电话：0775－3369399
邮编：537200

平南鱼洲宾馆★★
地址：贵港市平南县朝阳路
电话：0775－7829388
邮编：537300

桂平金龙大酒店★★
地址：贵港市桂平市郁江东路
电话：0775－3368112
邮编：537200

玉林玉供电力大厦★★
地址：玉林市人民东路 299 号
电话：0775－2825358
邮编：537000

玉林小天鹅宾馆★★
地址：玉林市人民东路 825 号
电话：0775－2807733
邮编：537000

玉林市青云大酒店★★
地址：玉林市东龙路 299 号
电话：0775－3131618
邮编：537500

玉林玉柴大酒店★★
地址：玉林市天桥路 168 号
电话：0775－3289410
邮编：537000

玉州宾馆★★
地址：玉林市人民中路 98 号
电话：0775－2883515
邮编：537000

容县华侨大厦★★
地址：玉林市容县容城镇西上街 152 号
电话：0775－5322216
邮编：537900

博白县新华大厦★★
地址：玉林市博白县兴隆中路 060 号
电话：0775－8833318
邮编：537800

陆川县金川宾馆★★
地址：玉林市陆川县陆兴路 239 号
电话：0775－7223217
邮编：537800

容县长江大酒店★★
地址：玉林市容县燕塘街 54 号
电话：0775－5328726
邮编：537500

钦州市金花茶饭店★★
地址：钦州市钦州湾大道 13 号
电话：0777－2835408
邮编：535000

钦州市金福大酒店★★
地址：钦州市南珠西大街 95 号
电话：0777－2802883
邮编：535000

钦州宾馆★★
地址：钦州市文峰北路 2 号
电话：0777－2897888
邮编：535000

钦州市钱庄大酒店★★
地址：钦州市向阳路 8－2 号
电话：0777－2892208
邮编：535000

钦州红树林大酒店★★
地址：钦州市钦州湾大道 60 号
电话：0777－2828888
邮编：535000

钦州金都宾馆★★
地址：钦州市永福大道西大街 46 号
电话：0777－2869888
邮编：535000

钦州新东园大酒店★★
地址：钦州市灵山县燕山路
电话：0777－6520888
邮编：535400

北海银瑞大酒店★★
地址：北海市北部湾中路 19 号
电话：0779－2090888
邮编：536000

北海银谷湾大酒店★★
地址：北海市银滩大道四号路
电话：0779－3881611
邮编：536000

北海阳光大酒店★★
地址：北海市北部湾中路
电话：0779－6802888
邮编：536000

北海海天宾馆★★
地址：北海市银滩大道 6 号
电话：0779－3885868
邮编：536000

北海锦晖酒店★★
地址：北海市长青路
电话：0779－3054499
邮编：536000

北海金园宾馆★★
地址：北海市北部湾西路卫生局大院
电话：0779－3087225
邮编：536000

北海民航大酒店★★
地址：北海市北部湾西路
电话：0779－3082000
邮编：536000

北海桂新大厦★★
地址：北海市广东路 83 号
电话：0779－2058908
邮编：536000

北海振林大厦★★
地址：北海市贵州路 36 号
电话：0779－3038336
邮编：536000

北海市中油酒店★★
地址：北海市化工路 7 号
电话：0779－6892866
邮编：536000

北海中龙海酒店★★
地址：北海市广东路 18 号
电话：0779－2025308
邮编：536000

北海铁道宾馆★★
地址：北海市北京路火车站大厦
电话：0779－2220000
邮编：536000

北海广州湾宾馆★★
地址：北海市长青路 6 号
电话：0779－3087388
邮编：536000

北海天盛酒店★★
地址：北海市广东路 85 号
电话：0779－2084888
邮编：536000

北海合浦东园饭店★★
地址：北海市合浦县廉东大道
电话：0779－7191999
邮编：536100

崇左市金凤凰宾馆★★
地址：崇左市江南路 12 号
电话：0771－7837118
邮编：532200

崇左市世纪星大酒店★★
地址：崇左市江州区太平镇江南路
电话：0771－7822699
邮编：532200

崇左公路宾馆★★
地址：崇左市丽江路 17 号
电话：0771－7828326
邮编：532200

崇左阳光大酒店★★
地址：崇左市江南路 36 号
电话：0771－7840501
邮编：532200

崇左神州宾馆★★
地址：崇左市江中区新民路
电话：0771－7820798
邮编：532200

凭祥市祥兴宾馆★★
地址：崇左市凭祥市南大路 7 号
电话：0771－8521031
邮编：532600

凭祥金祥大酒店★★
地址：崇左市凭祥市北大路 1 支 5 号
电话：0771－8521807
邮编：532600

凭祥市金外滩大酒店★★
地址：崇左市凭祥市北环路 59 号
电话：0771－8522976
邮编：532600

扶绥同正宾馆★★
地址：崇左市扶绥县新宁镇南密路 171 号
电话：0771－7538093
邮编：532100

大新县硕龙假日酒店★★
地址：崇左市大新县硕龙镇
电话：0771－3773768
邮编：532314

大新县大新迎宾馆★★
地址：崇左市大新县桃城镇民升街 83 号
电话：0771－3623938
邮编：532300

大新金谷山庄★★
地址：崇左市大新县下雷镇仁爱村
电话：0771－3783991
邮编：532300

百色市新世界大酒店★★
地址：百色市右江区城北二路
电话：0776－2881208
邮编：533000

百色市供销大厦★★
地址：百色市右江区城北二路 36 号
电话：0776－2824292
邮编：533000

百色市国防培训中心★★
地址：百色市火车站西侧
电话：0776－2686168
邮编：533000

百色宾馆★★
地址：百色市右江区新兴路 3 号
电话：0776－2883167
邮编：533000

田阳宾馆★★
地址：百色市田阳县解放路 17 号
电话：0776－3212415
邮编：536000

平果铝城饭店★★
地址：百色市平果县马头镇新兴街 105 号
电话：0776－5838299
邮编：531400

平果名都大酒店★★
地址：百色市平果县马头镇新兴街 189 号
电话：0776－5838089
邮编：531400

靖西大酒店★★
地址：百色市靖西县城中路 99 号
电话：0776－6217888
邮编：533800

田林大酒店★★
地址：百色市田林县新市街 109 号
电话：0776－7272300
邮编：533300

河池佳家大酒店★★
地址：河池市新建路 242 号
电话：0778－2287453
邮编：547000

河池金城大厦★★
地址：河池市金城东路 2 号
电话：0778－2251100
邮编：547000

南丹金南海大酒店★★
地址：河池市南丹县地程大楼
电话：0778－7215868
邮编：547200

宜州市盐业大酒店★★
地址：河池市宜州市东江路 12 号
电话：0778－3218433
邮编：546300

罗城大酒店★★
地址：河池市罗城县东门镇　平路 58 号
电话：0778－8211818
邮编：546400

东兰铭源大酒店★★
地址：河池市东兰县曲江路二所对面
电话：0778－7215242
邮编：547200

河池电力大酒店★★
地址：河池市解放路 181 号
电话：0778－7215242
邮编：547000

都安银塔宾馆★★
地址：河池市都安县大桥街
电话：0778－5220054
邮编：530700

东兰国防宾馆★★
地址：河池市东兰县新城街
电话：0778－6328848
邮编：547400

宜州市海悦大酒店★★
地址：河池市宜州市城中西路 43 号
电话：0778－3217818
邮编：546300

金秀县瑶族避暑山寨★★
地址：来宾市金秀瑶族自治县金秀镇公园路

30 号
电话：0772－6213283
邮编：545700

金秀金都宾馆★★
地址：来宾市金秀瑶族自治县金秀镇功德路6号
电话：0772－6215838
邮编：545700

武宣县银宇宾馆★★
地址：来宾市武宣县武宣镇城北路110号
电话：0772－5226668
邮编：545900

贺州市贵宾楼宾馆★★
地址：贺州市新兴南路2号
电话：0774－5211268
邮编：542800

贺州穗丰酒店★★
地址：贺州市新兴北路32号
电话：0774－5283300
邮编：542800

姑婆山森林宾馆★★
地址：贺州市姑婆山林场
电话：0774－5236886
邮编：542800

贺州银都大酒店★★
地址：贺州市新兴北路88号
电话：0774－5295732
邮编：542800

贺州花园酒店★★
地址：贺州市新兴北路32号
电话：0774－5288688
邮编：542800

贺州金鼎酒店★★
地址：贺州市灵峰北路3号
电话：0774－5271111
邮编：542800

一星级

梧州谊苑宾馆★
地址：梧州市钱鉴路45号
电话：0774－5822167
邮编：543002

梧州金山酒店★
地址：梧州市中山路1号
电话：0774－2812078
邮编：543000

梧州市新嘉丰宾馆★
地址：梧州市新兴二路99－2号
电话：0774－3837608
邮编：543002

凭祥市样香宾馆★
地址：崇左市凭祥市南大路161号
电话：0771－8533663
邮编：532600

南丹书香宾馆★
地址：河池市南丹县城关镇新城区民航道
电话：0778－7215242
邮编：547200

海 南

HAINAN

五星级

海口明光海航大酒店 ★★★★★
地址：海口市南海大道9号明光国际大厦
电话：0898－36638888
邮编：570145

海南文华大酒店 ★★★★★
地址：海口市文华路18号
电话：0898－68548888
邮编：570105

海口新国宾馆 ★★★★★
地址：海口市滨海西路111号
电话：0898－68715666
邮编：570206

海口天佑大酒店 ★★★★★
地址：海口市滨海大道239号
电话：0898－31688855
邮编：570311

海口喜来登温泉度假酒店 ★★★★★
地址：海口市滨海大道199号
电话：0898－68708888
邮编：570311

海南皇冠滨海温泉酒店 ★★★★★
地址：海口市江东新区琼山大道1号
电话：0898－65966888
邮编：571100

三亚山海天大酒店 ★★★★★
地址：三亚市鹿岭路
电话：0898－88211688
邮编：572021

三亚亚龙湾海景国际酒店 ★★★★★
地址：三亚市亚龙湾国家旅游度假区
电话：0898－88565666
邮编：572000

三亚喜来登度假酒店 ★★★★★
地址：三亚市亚龙湾国家旅游度假区
电话：0898－88558855
邮编：572000

三亚银泰度假酒店 ★★★★★
地址：三亚市大东海
电话：0898－88210888
邮编：572000

三亚万豪度假酒店 ★★★★★
地址：三亚市亚龙湾国家旅游度假区
电话：0898－88568888
邮编：572000

金茂三亚希尔顿大酒店 ★★★★★
地址：三亚市亚龙湾国家旅游度假区
电话：0898－88588888
邮编：572000

海南天域度假酒店 ★★★★★
地址：三亚市亚龙湾国家旅游度假区
电话：0898－88567888
邮编：572000

海南亚龙湾红树林度假酒店 ★★★★★
地址：三亚市亚龙湾国家旅游度假区
电话：0898－88558888
邮编：572000

三亚维景国际度假酒店 ★★★★★
地址：三亚市亚龙湾国家旅游度假区
电话：0898－88598888
邮编：572016

博鳌金海岸温泉大酒店 ★★★★★
地址：三亚市博鳌镇金海岸大道8号
电话：0898－62778888
邮编：571434

三亚阳光大酒店 ★★★★★
地址：三亚市三亚湾路196号
电话：0898－88599999
邮编：572000

三亚君澜度假酒店 ★★★★★
地址：三亚市三亚湾路236号
电话：0898－38898888
邮编：572000

金茂三亚丽思卡尔顿酒店 ★★★★★
地址：三亚市亚龙湾国家旅游度假区
电话：0898－88988888
邮编：572000

博鳌亚洲论坛大酒店 ★★★★★
地址：琼海市博鳌旅游区
电话：0898－62966888
邮编：571400

兴隆康乐园大酒店 ★★★★★
地址：万宁市兴隆温泉旅游城
电话：0898－62568888
邮编：571533

石梅湾艾美度假酒店 ★★★★★
地址：万宁市石梅湾旅游度假区
电话：0898－62528888
邮编：571500

四星级

海南万利隆商务酒店 ★★★★
地址：海口市金龙路51号
电话：0898－68569666
邮编：570125

海南新奥斯罗克酒店 ★★★★
地址：海口市海秀路12号
电话：0898－66530666
邮编：570206

海南鸿运大酒店 ★★★★
地址：海口市海秀大道15号
电话：0898－66537777
邮编：570206

海南赛仑吉地大酒店 ★★★★
地址：海口市海秀路52号
电话：0898－66778888
邮编：570106

海南宝华海景大酒店 ★★★★
地址：海口市滨海大道69号
电话：0898－68536699
邮编：570105

海南海航国际商务酒店 ★★★★
地址：海口市大同路38号
电话：0898－66796999
邮编：570102

海口黄金海景大酒店 ★★★★
地址：海口市滨海大道67号
电话：0898－68519988
邮编：570105

海南金银岛大酒店 ★★★★
地址：海口市蓝天路16号
电话：0898－66763388
邮编：570203

海南新温泉大酒店 ★★★★
地址：海口市龙昆北路50号
电话：0898－66711111
邮编：570105

海南鑫源温泉大酒店 ★★★★
地址：海口市海秀东路18－8号
电话：0898－66735111
邮编：570206

海南太阳城大酒店 ★★★★
地址：海口市龙华路16号甲
电话：0898－66243333
邮编：570102

海南椰海大酒店 ★★★★
地址：海口市金融贸易区玉沙路46号
电话：0898－68598888
邮编：570125

海南凯威大酒店 ★★★★
地址：海口市海港路20号
电话：0898－68628288
邮编：570311

海口望海国际大酒店 ★★★★
地址：海口市海秀东路6号
电话：0898－66773381
邮编：570206

海口湘天源温泉大酒店 ★★★★
地址：海口市龙昆北路9号
电话：0898－66799988
邮编：570105

三亚金凤凰海景酒店 ★★★★
地址：三亚市三亚湾路海月广场
电话：0898－88661888
邮编：572000

三亚南中国大酒店 ★★★★
地址：三亚市大东海
电话：0898－88219888
邮编：572000

三亚东方海景大酒店 ★★★★
地址：三亚市解放四路13号
电话：0898－88663293
邮编：572000

三亚珠江花园酒店 ★★★★
地址：三亚市大东海
电话：0898－88211888
邮编：572000

三亚海天大酒店 ★★★★
地址：三亚市榆亚大道
电话：0898－88211666
邮编：572021

三亚果喜大酒店 ★★★★
地址：三亚市解放四路13号
电话：0898－88254888
邮编：572000

三亚金棕榈度假酒店 ★★★★
地址：三亚市亚龙湾国家旅游区
电话：0898－88569988
邮编：572000

三亚明珠海景大酒店 ★★★★
地址：三亚市大东海

电话：0898－88213838
邮编：572021

三亚丽景海湾酒店 ★★★★
地址：三亚市大东海
电话：0898－88228666
邮编：572000

三亚金凤凰海景酒店 ★★★★
地址：三亚市滨海大道海月广场
电话：0898－88661888
邮编：572000

三亚豪威麒麟大酒店 ★★★★
地址：三亚市河东一路26号
电话：0898－88988999
邮编：572000

三亚华源海景温泉度假酒店 ★★★★
地址：三亚市海坡旅游区
电话：0898－88333999
邮编：572000

三亚林达海景酒店 ★★★★
地址：三亚市榆亚大道
电话：0898－31808888
邮编：572000

三亚玉华苑锦江度假酒店 ★★★★
地址：三亚市大东海鹿岭路
电话：0898－88228888
邮编：572000

三亚豪威海景大酒店 ★★★★
地址：三亚市解放三路8号
电话：0898－88285888
邮编：572000

三亚新兴花园大酒店 ★★★★
地址：三亚市月川一环路
电话：0898－88681888
邮编：572000

三亚南山休闲会馆 ★★★★
地址：三亚市南山文化旅游区
电话：0898－88837888
邮编：572025

三亚力合度假养生中心 ★★★★
地址：三亚市三亚湾旅游度假区
电话：0898－88337788
邮编：570200

三亚海虹大酒店 ★★★★
地址：三亚市榆亚大道
电话：0898－88286555
邮编：572019

三亚海悦湾度假酒店 ★★★★
地址：三亚市海坡开发区
电话：0898－88337888
邮编：572000

琼海金芙蓉度假村 ★★★★
地址：琼海市博鳌旅游区
电话：0898－62777888
邮编：571400

琼海官塘温泉休闲中心 ★★★★
地址：琼海市官塘温泉旅游区
电话：0898－62802888
邮编：571436

锦江温泉大酒店 ★★★★
地址：琼海市博鳌旅游区
电话：0898－62778588
邮编：571400

兴隆明珠温泉酒店 ★★★★
地址：万宁市兴隆明珠大道
电话：0898－62555999
邮编：571533

兴隆金叶桃源温泉度假村 ★★★★
地址：万宁市兴隆温泉旅游城
电话：0898－62565999
邮编：571533

万宁银湖温泉假日酒店 ★★★★
地址：万宁市兴隆温泉旅游城
电话：0898－62573888
邮编：571533

兴隆明阳山庄 ★★★★
地址：万宁市兴隆温泉旅游城
电话：0898－62553777
邮编：571533

海南兴隆明月假日酒店 ★★★★
地址：万宁市兴隆温泉旅游城
电话：0898－62556888
邮编：571533

万宁正昊寿仙温泉大酒店 ★★★★
地址：万宁市兴隆温泉旅游城
电话：0898－62555666
邮编：571533

兴隆鑫桥温泉度假酒店 ★★★★
地址：万宁市兴隆温泉旅游城
电话：0898－36229999
邮编：571533

兴隆温泉宾馆 ★★★★
地址：万宁市兴隆农场
电话：0898－62552728
邮编：571533

兴隆温泉金日酒店 ★★★★
地址：万宁市兴隆旅游区
电话：0898－62561866
邮编：571533

五指山华爵商务酒店 ★★★★
地址：五指山市越丰路
电话：0898－86666668
邮编：572200

三星级

海南华侨宾馆 ★★★
地址：海口市滨海大道华信路3号
电话：0898－66772776
邮编：570105

海南汇通酒店 ★★★
地址：海口市国贸大道26号
电话：0898－68531881
邮编：570125

海南明阳荷泰商务大酒店 ★★★
地址：海口市海秀东路25号
电话：0898－66797999
邮编：570206

海口滨海大酒店 ★★★
地址：海口市龙昆北路1号
电话：0898－66795033
邮编：570105

海口国宾大酒店 ★★★
地址：海口市海秀东路38号
电话：0898－66773606
邮编：570206

海南金景湾大酒店 ★★★
地址：海口市景湾路8号
电话：0898－66798100
邮编：570105

海南丽都假日酒店 ★★★
地址：海口市海秀大道12号
电话：0898－66777808
邮编：570206

海南大酒店 ★★★
地址：海口市海府路51号
电话：0898－65378868
邮编：570203

海口嘉正海外国际酒店 ★★★
地址：海口市机场东路11号
电话：0898－65365999
邮编：570105

海口铁道温泉宾馆 ★★★
地址：海口市海府路五公祠东侧
电话：0898－65851111
邮编：570203

海口万华大酒店 ★★★
地址：海口市万华路18号
电话：0898－66775588
邮编：570206

海南金海棠商务酒店 ★★★
地址：海口市海府路54号
电话：0898－65390222
邮编：570203

海南龙泉大酒店 ★★★
地址：海口市大同路22号
电话：0898－66751117
邮编：570203

海南华侨大厦 ★★★
地址：海口市大同路17号
电话：0898－66773288
邮编：570102

海南龙泉花园酒店 ★★★
地址：海口市海秀路3号
电话：0898－66786111
邮编：570206

海南龙泉宾馆 ★★★
地址：海口市龙昆南路18号
电话：0898－66775111
邮编：570206

海南宇海温泉大厦 ★★★
地址：海口市五指山路11号
电话：0898－65344888
邮编：570206

海南华庄大酒店 ★★★
地址：海口市南宝路35号
电话：0898－66715666
邮编：570206

海南鑫海港大酒店 ★★★
地址：海口市新港路35号
电话：0898－66211288
邮编：570105

海南金誉大酒店 ★★★
地址：海口市海府路7号
电话：0898－65339168
邮编：570203

海口美京海景大酒店 ★★★
地址：海口市滨海大道 16 号
电话：0898－66206888
邮编：570105

海南中能化度假村 ★★★
地址：海口市美兰区桂林洋海滨
电话：0898－65719900
邮编：571127

海口茅台迎宾酒店 ★★★
地址：海口市凤翔路 26 号
电话：0898－65916699
邮编：571100

海南兵工大酒店 ★★★
地址：海口市海秀路 180 号
电话：0898－68629996
邮编：570311

海南海鹰度假村 ★★★
地址：海口市桂林洋开发区滨海路
电话：0898－65711222
邮编：571127

海南华盈酒店 ★★★
地址：海口市白龙路 38 号
电话：0898－65385138
邮编：570203

海口明月宾馆 ★★★
地址：海口市明月路 6 号
电话：0898－66573188
邮编：570206

海口禧龙商务酒店 ★★★
地址：海口市龙昆南路 88 号
电话：0898－65881112
邮编：571100

海口花开四季温泉度假村 ★★★
地址：海口市海甸岛海景路 9 号
电话：0898－66296999
邮编：570208

海口琼山宗恒楼 ★★★
地址：海口市琼州大道 53 号
电话：0898－65871133
邮编：571100

海口新标榜休闲度假酒店 ★★★
地址：海口市国贸三横路
电话：0898－68523333
邮编：571025

海口龙泉人之星白龙酒店 ★★★
地址：海口市白龙路 58 号
电话：0898－65201608
邮编：570203

海口民航宾馆★★★
地址：海口市海秀大道 9 号
电话：0898－66506888
邮编：570206

锦江之星海口店 ★★★
地址：海口市文明东路 36 号
电话：0898－65361388
邮编：570203

海南山海度假村 ★★★
地址：海口市桂林洋经济区
电话：0898－65859222
邮编：570105

三亚金陵度假村 ★★★
地址：三亚市鹿岭路
电话：0898－88228088
邮编：572000

三亚度假村 ★★★
地址：三亚市三亚湾海滨
电话：0898－88331328
邮编：572000

三亚经纬大酒店 ★★★
地址：三亚市滨海路四更园
电话：0898－88290788
邮编：572000

三亚夏威夷大酒店 ★★★
地址：三亚市榆亚大道
电话：0898－88227688
邮编：572021

三亚富华大酒店 ★★★
地址：三亚市河东路 22 号
电话：0898－88272888
邮编：572000

三亚南都大酒店 ★★★
地址：三亚市榆林大道
电话：0898－88286555
邮编：572000

三亚长江大酒店 ★★★
地址：三亚市滨海大道正南路
电话：0898－88254588
邮编：572000

三亚海底世界酒店 ★★★
地址：三亚市亚龙湾
电话：0898－88565588
邮编：572016

三亚湾银苑度假村 ★★★
地址：三亚市海坡开发区
电话：0898－88331301
邮编：572000

三亚银海大酒店 ★★★
地址：三亚市金鸡岭路
电话：0898－88278888
邮编：572021

三亚新兴海景大酒店 ★★★
地址：三亚市解放一路
电话：0898－88895888
邮编：572000

三亚新城酒店 ★★★
地址：三亚市榆亚大道
电话：0898－88227788
邮编：572000

三亚华鸿大酒店 ★★★
地址：三亚市解放四路 59 号
电话：0898－88898188
邮编：572000

三亚椰海大酒店 ★★★
地址：三亚市三亚湾路
电话：0898－88298088
邮编：572000

三亚民航宾馆 ★★★
地址：三亚市解放四路
电话：0898－88290628
邮编：572000

三亚豪门山庄 ★★★
地址：三亚市榆林大道
电话：0898－88210555
邮编：572000

三亚中洋酒店 ★★★
地址：三亚市榆亚大道 135 号
电话：0898－38224999
邮编：572000

三亚新好景大酒店 ★★★
地址：三亚市河西路
电话：0898－88360888
邮编：572000

三亚东港海景酒店 ★★★
地址：三亚市胜利路
电话：0898－31898888
邮编：572000

三亚华信海景大酒店 ★★★
地址：三亚市大东海海花路 13 号
电话：0898－88677888
邮编：572000

三亚望海花园大酒店 ★★★
地址：三亚市胜利路 18 号
电话：0898－38239888
邮编：572000

三亚金宇海景酒店 ★★★
地址：三亚市新风路光大大厦
电话：0898－88678188
邮编：572000

三亚凤凰大酒店 ★★★
地址：三亚市机场路 8 号
电话：0898－88392777
邮编：572000

三亚汇源恒河大酒店 ★★★
地址：三亚市解放路 17 号
电话：0898－88682999
邮编：572000

三亚海霞湾度假村 ★★★
地址：三亚市海坡开发区
电话：0898－38295888
邮编：572000

三亚榆海海景大酒店 ★★★
地址：三亚市大东海
电话：0898－38226666
邮编：572021

三亚水业海景大酒店 ★★★
地址：三亚市榆亚大道
电话：0898－88815888
邮编：572000

文昌东郊百莱玛度假村 ★★★
地址：文昌市东郊椰林
电话：0898－63538223
邮编：571334

文昌经纬花园 ★★★
地址：文昌市清澜经济开发区旅游大道
电话：0898－63326272
邮编：571339

文昌高隆金融度假中心 ★★★
地址：文昌市清澜镇高隆湾
电话：0898－63329681
邮编：571339

文昌龙园酒店 ★★★
地址：文昌市文昌镇文新路 86 号
电话：0898－63236666
邮编：571300

琼海源源居酒店 ★★★
地址：琼海市爱华西路 29 号

电话：0898－62806833
邮编：571400

琼海宾馆 ★★★
地址：琼海市加积镇人民路
电话：0898－62824205
邮编：571400

琼海宏达大厦 ★★★
地址：琼海市银海路
电话：0898－62836666
邮编：571400

琼海市官塘官泉谷温泉度假村 ★★★
地址：琼海市温泉旅游区
电话：0898－62802088
邮编：571436

琼海金通大酒店 ★★★
地址：琼海市银海路
电话：0898－62931111
邮编：571400

琼海椰庄度假酒店 ★★★
地址：琼海市爱华路
电话：0898－62833628
邮编：571400

琼海大庆宾馆 ★★★
地址：琼海市博鳌镇
电话：0898－62777858
邮编：571434

琼海华田酒店 ★★★
地址：琼海市东风路
电话：0898－62831888
邮编：571400

琼海金日大酒店 ★★★
地址：琼海市金海路
电话：0898－62838888
邮编：571400

琼海文泰大酒店 ★★★
地址：琼海市东风路 6 号
电话：0898－62811888
邮编：571400

琼海金银岛大酒店 ★★★
地址：琼海市银海路
电话：0809－36831222
邮编：571400

琼海泰和大酒店 ★★★
地址：琼海市加积镇富海路
电话：0898－66695555
邮编：571400

琼海银海金宝莱宾馆 ★★★
地址：琼海市银海路
电话：0898－62629966
邮编：571400

兴隆东方花园大酒店 ★★★
地址：万宁市兴隆温泉旅游城
电话：0898－62555188
邮编：571533

兴隆太阳岛度假酒店 ★★★
地址：万宁市兴隆温泉旅游城
电话：0898－62554888
邮编：571533

万宁大酒店 ★★★
地址：万宁市万城文明北路
电话：0898－62229999
邮编：571500

兴隆天健花园酒店 ★★★
地址：万宁市兴隆温泉旅游城
电话：0898－62562888
邮编：571533

兴隆慧康假日酒店 ★★★
地址：万宁市兴隆温泉旅游城
电话：0898－62555868
邮编：571533

兴隆绿园温泉酒店 ★★★
地址：万宁市兴隆温泉旅游城
电话：0898－62555988
邮编：571533

兴隆银潮度假村 ★★★
地址：万宁市兴隆温泉旅游城
电话：0898－62562288
邮编：571533

万宁万都大酒店 ★★★
地址：万宁市红专西街
电话：0898－62228888
邮编：571500

兴隆安富旅游度假村 ★★★
地址：万宁市兴隆华侨农场 51 队
电话：0898－62571688
邮编：571533

万宁绿春园大酒店 ★★★
地址：万宁市万州大道西侧
电话：0898－62238274
邮编：571500

兴隆南山温泉度假村 ★★★
地址：万宁市兴隆旅游城
电话：0898－62565888
邮编：571533

兴隆金叶温泉酒店 ★★★
地址：万宁市兴隆农场
电话：0898－62551188
邮编：571533

兴隆温泉迎宾馆 ★★★
地址：万宁市兴隆农场
电话：0898－62552728
邮编：571533

兴隆忆云山水温泉度假酒店 ★★★
地址：万宁市兴隆温泉旅游城
电话：0898－62552125
邮编：571533

兴隆冠煌酒店 ★★★
地址：万宁市兴隆温泉旅游城
电话：0898－62556688
邮编：571533

万宁兴隆乐金宵大酒店 ★★★
地址：万宁市兴隆温泉旅游城
电话：0898－62576666
邮编：571533

万宁兴隆碧海温泉酒店 ★★★
地址：万宁市兴隆温泉旅游城
电话：0898－62567999
邮编：571533

万宁兴隆温泉鑫兴假日酒店 ★★★
地址：万宁市兴隆温泉旅游城
电话：0898－62568668
邮编：571533

兴隆温泉云祥酒店 ★★★
地址：万宁市兴隆温泉旅游城
电话：0898－62568333
邮编：571533

海南太阳河温泉旅游度假中心 ★★★
地址：万宁市兴隆温泉旅游城
电话：0898－62567277
邮编：571533

兴隆天元温泉酒店 ★★★
地址：万宁市兴隆温泉旅游城
电话：0898－62579888
邮编：571533

五指山旅游山庄 ★★★
地址：五指山市河北西路
电话：0898－86623188
邮编：572000

五指山国际度假寨 ★★★
地址：五指山市省级自然保护区
电话：0898－86550001
邮编：572200

五指山宾馆 ★★★
地址：五指山市爱民路
电话：0898－86622981
邮编：572200

五指山翡翠山城假日酒店 ★★★
地址：五指山市河北西路
电话：0898－86630888
邮编：572200

东方云天大酒店 ★★★
地址：东方市东海路 4 号
电话：0898－25538666
邮编：572600

东方市鸿信大酒店 ★★★
地址：东方市八所镇东方大道
电话：0898－25581888
邮编：572600

东方绿宝大酒店 ★★★
地址：东方市八所东海路
电话：0898－25522690
邮编：572600

儋州市蓝洋温泉度假村 ★★★
地址：儋州市蓝洋农场
电话：0898－23355988
邮编：571700

儋州蓝洋海港温泉度假村 ★★★
地址：儋州市蓝洋镇
电话：0898－23355666
邮编：571722

儋州荣兴大酒店 ★★★
地址：儋州市中兴大道中段
电话：0898－23331188
邮编：571700

儋州顺龙大酒店 ★★★
地址：儋州市中兴大道
电话：0898－23881888
邮编：571700

东方云天大酒店 ★★★
地址：东方市东海路 4 号
电话：0898－25538666
邮编：572600

临高鸿运来大酒店 ★★★
地址：临高县文明东路县委旁
电话：0898－28263210
邮编：571800

定安丽湖水庄 ★★★
地址：定安县南丽湖风景区
电话：0898－63982688
邮编：571238

琼中宾馆 ★★★
地址：琼中黎族自治县营根街95号
电话：0898－86222840
邮编：572900

庆隆达酒店 ★★★
地址：陵水黎族自治县陵城镇
电话：0898－83311111
邮编：572400

二星级

海口民航宾馆★★
地址：海口市海秀大道9号
电话：0898－66772608
邮编：570206

海南绿洲大酒店★★
地址：海口市海秀路91号
电话：0898－68914150
邮编：570206

海南信通大酒店★★
地址：海口市龙昆南路8号
电话：0898－66777431
邮编：570206

海口海油大厦★★
地址：海口市滨海大道华信路4号
电话：0898－66779860
邮编：570105

海南银州宾馆★★
地址：海口市龙昆北路18号
电话：0898－66715300
邮编：570105

海口白龙大酒店★★
地址：海口市白龙南路63号
电话：0898－65340111
邮编：570203

海南柏宁大酒店★★
地址：海口市大英街6号
电话：0898－66705300
邮编：570206

海口金亚美大酒店★★
地址：海口市蓝天路3号
电话：0898－66530000
邮编：570102

海口金岛雷州宾馆★★
地址：海口市大同路20号
电话：0898－66708188
邮编：570102

海口义龙酒店★★
地址：海口市义龙西路26号
电话：0898－66702530
邮编：570105

海南乡贤大酒店★★
地址：海口市秀英大道11号
电话：0898－68663888
邮编：570311

海口金银洲宾馆★★
地址：海口市大同一横路3号
电话：0898－66533566
邮编：570102

海南凯风酒店★★
地址：海口市滨海大道23号
电话：0898－66203588
邮编：570102

海南洪城酒店★★
地址：海口市滨海大道9号
电话：0898－66222866
邮编：570105

海南喜来假日酒店★★
地址：海口市玉沙路13号
电话：0898－68533378
邮编：571000

海口美兰金绿洲酒店★★
地址：海口市海甸三东路24号
电话：0898－66292168
邮编：570208

海南昌隆酒店★★
地址：海口市蓝天路西19号
电话：0898－36312366
邮编：570206

海口华景大酒店★★
地址：海口市盐灶路188号
电话：0898－66523636
邮编：570105

海口金洲宾馆★★
地址：海口市龙华路34号
电话：0898－36386668
邮编：570102

三亚兆豪大酒店★★
地址：三亚市一环路
电话：0898－88285188
邮编：572000

三亚禧天香港城酒店★★
地址：三亚市河东一路20号
电话：0898－88260088
邮编：572000

三亚宏湾宾馆★★
地址：三亚市解放一路
电话：0898－88268330
邮编：572000

三亚海上明月花园度假村★★
地址：三亚市海坡旅游区
电话：0898－88331666
邮编：572000

三亚新茶苑宾馆★★
地址：三亚市解放四路177号
电话：0898－88297160
邮编：572000

三亚水业海景大酒店★★
地址：三亚市榆林大道
电话：0898－88223172
邮编：572000

三亚天都大酒店★★
地址：三亚市滨海路
电话：0898－38252123
邮编：572000

三亚华云度假村★★
地址：三亚市海坡旅游区
电话：0898－88331885
邮编：572000

三亚川亚宾馆★★
地址：三亚市大东海榆亚大道
电话：0898－88212905
邮编：572000

三亚科宝大酒店★★
地址：三亚市解放二路55号
电话：0898－88268758
邮编：572000

三亚天瑞宾馆★★
地址：三亚市河东区新风路
电话：0898－38286666
邮编：572000

三亚海华酒店★★
地址：三亚市金瑞岭路
电话：0898－31895555
邮编：572000

三亚宁海大酒店★★
地址：三亚市河西路政府二办楼对面
电话：0898－31890000
邮编：572000

三亚宏远酒店★★
地址：三亚市解放三路18号
电话：0898－31890088
邮编：572000

三亚金鹏酒店★★
地址：三亚市河东路10号
电话：0898－88985888
邮编：572000

三亚盛朝酒店★★
地址：三亚市解放二路70号
电话：0898－88277878
邮编：572000

三亚丽都酒店★★
地址：三亚市河西路
电话：0898－31893999
邮编：572000

三亚飞龙宾馆★★
地址：三亚市解放三路
电话：0898－31507777
邮编：572000

三亚泰佳酒店★★
地址：三亚市河东区新风路
电话：0898－88686700
邮编：572000

三亚贵景春酒店★★
地址：三亚市河东区61号
电话：0898－38286188
邮编：572000

三亚富斯商务酒店★★
地址：三亚市榕根开发区一区
电话：0898－88665999
邮编：572000

文昌市京都大酒店★★
地址：文昌市文建路
电话：0898－63221889
邮编：571321

琼海泰和大酒店★★
地址：琼海市加积镇富海路
电话：0898－62836555
邮编：571400

琼海国际金融大厦★★
地址：琼海市加积镇

电话：0898－62824596
邮编：571400

万宁新明园酒店★★
地址：万宁市兴隆明珠大道
电话：0898－62555788
邮编：571533

兴隆邮电度假村★★
地址：万宁市兴隆温泉旅游城
电话：0898－62552053
邮编：571533

兴隆温泉五洲酒店★★
地址：万宁市兴隆温泉旅游城
电话：0898－62553129
邮编：571533

兴隆温泉金凤度假村★★
地址：万宁市兴隆温泉旅游城
电话：0898－62552089
邮编：571533

兴隆巨龙（中水）宾馆★★
地址：万宁市兴隆温泉旅游城
电话：0898－62561008
邮编：571533

万宁琼州国际大酒店★★
地址：万宁市万城镇文明南路
电话：0898－62221888
邮编：571533

东方绿宝大酒店★★
地址：东方市八所东海路
电话：0898－25522690
邮编：572600

东方金海大酒店★★
地址：东方市八所港芒果路
电话：0898－25527300
邮编：572600

儋州市中旅宾馆★★
地址：儋州市人民大道4号
电话：0898 23325888
邮编：571700

陵水怡园大酒店★★
地址：陵水黎族自治县陵城镇
电话：0898－83311000
邮编：572400

海南七仙岭君澜度假酒店★★
地址：保亭黎族苗族自治县七仙岭温泉区
电话：0898－83607448
邮编：572300

一星级

三亚时运大酒店★
地址：三亚市解放四路
电话：0898－88898880
邮编：572000

三亚瑞海宾馆★
地址：三亚市解放三路
电话：0898－88898588
邮编：572000

三亚天成海景酒店★
地址：三亚市河东路
电话：0898－31898899
邮编：572000

三亚嘉辉海景宾馆★
地址：三亚市金鸡岭路
电话：0898－88294880
邮编：572000

三亚南方海韵酒店★
地址：三亚市河西区春园安置区
电话：0898－88274988
邮编：572000

三亚椰华酒店★
地址：三亚市解放四路19号
电话：0898－88285000
邮编：572000

文昌椰林湾国际大酒店★
地址：文昌市东郊椰林
电话：0898－63538100
邮编：571334

琼海富丽华酒店★
地址：琼海市加积镇爱华西路
电话：0898－62825001
邮编：571400

琼海东园宾馆★
地址：琼海市加积镇教育路
电话：0898－62828305
邮编：571400

五指山金源大酒店★
地址：五指山市海榆北路17号
电话：0898－86622942
邮编：572200

五指山林苑宾馆★
地址：五指山市迎宾大道
电话：0898－86639558
邮编：572200

儋州市松涛明珠宾馆★
地址：儋州市人民大道2号
电话：0898－23327518
邮编：571700

海南铁矿迎宾馆★
地址：昌江黎族自治县石碌镇
电话：0898－26608472
邮编：572700

三亚天通国际酒店
地址：三亚市三亚湾路199号
电话：0898－88299999
邮编：572000

七仙岭君澜度假酒店
地址：保亭黎族苗族自治县七仙岭国家森林公园
电话：0898－83888888
邮编：572300

三亚和怡阳光大酒店
地址：三亚市三亚湾路196号
电话：0898－88599999
邮编：572099

重　　庆

CHONGQING

五星级

万豪酒店★★★★★
地址：渝中区青年路 77 号
电话：023－63888888
邮编：400010

海逸酒店★★★★★
地址：渝中区五一路
电话：023－63700888
邮编：400010

洲际酒店★★★★★
地址：渝中区民族路 101 号
电话：023－89066888
邮编：400010

重庆国贸豪生大酒店★★★★★
地址：渝中区青年路 66 号
电话：023－63666666
邮编：400010

重庆希尔顿酒店★★★★★
地址：渝中区中山三路 139 号
电话：023－89039999
邮编：400015

世纪金源大饭店★★★★★
地址：江北区建新北路二支路 1 号
电话：023－67958888
邮编：400020

君豪大饭店★★★★★
地址：江北区滨江路 368 号
电话：023－86338888
邮编：400020

重庆申基索菲特大酒店★★★★★
地址：九龙坡区科园二路 137 号
电话：023－68639999
邮编：400039

南方君临酒店★★★★★
地址：九龙坡区科园四路 259 号
电话：023－68066806
邮编：400041

贝迪颐园温泉度假酒店★★★★★
地址：九龙坡区白市驿农科大道
电话：023－65718888
邮编：401329

重庆上邦戴斯酒店★★★★★
地址：九龙坡区金凤镇上邦路 3 号
电话：023－86638888
邮编：401329

万达艾美酒店★★★★★
地址：南岸区南坪万达广场万达艾美酒店一楼
电话：023－86388888
邮编：400060

重庆海宇温泉大酒店★★★★★
地址：北碚区双元大道 198 号
电话：023－63179999
邮编：400711

欧瑞锦江大酒店★★★★★
地址：渝北区西湖路 6 号
电话：023－67306666
邮编：401120

金科大酒店★★★★★
地址：渝北区北部新区黄山大道
电话：023－89136666
邮编：401121

天来大酒店★★★★★
地址：渝北区北部新区金开大道 7 号
电话：023－67888888
邮编：401121

重庆维景国际大酒店★★★★★
地址：渝北区金开大道 1598 号
电话：023－63118888
邮编：401160

江鸿国际大饭店★★★★★
地址：永川区经济开发新区
电话：023－49666666
邮编：402160

重庆名豪国际酒店★★★★★
地址：永川区萱花路 108 号
电话：023－49848888
邮编：402160

四星级

万友康年大酒店★★★★
地址：渝中区大坪长江二路 77 号
电话：023－68718888
邮编：400042

大世界酒店★★★★
地址：渝中区邹容路 118 号
电话：023－63781111
邮编：400010

雾都宾馆★★★★
地址：渝中区上曾家岩 24 号
电话：023－63851788
邮编：400015

东方花苑酒店★★★★
地址：渝中区学田湾正街 55 号
电话：023－63892666
邮编：400015

银河大酒店★★★★
地址：渝中区大同路 49 号
电话：023－63808585
邮编：400010

扬子岛酒店★★★★
地址：渝中区邹容路 82 号附 1 号
电话：023－86308888
邮编：400010

洪崖洞大酒店★★★★
地址：渝中区沧白路 56 号
电话：023－63992888
邮编：400010

大礼堂酒店★★★★
地址：渝中区人民路 173 号
电话：023－86527666
邮编：400015

重庆市鹅岭酒店★★★★
地址：渝中区鹅岭正街 181 号
电话：023－63677888
邮编：400012

两江丽景酒店★★★★
地址：渝中区黄花园双钢路 3 号
电话：023－89065555
邮编：400013

广场宾馆★★★★
地址：渝中区学田湾正街 2 号
电话：023－63558999
邮编：400015

丽苑大酒店★★★★
地址：沙坪坝区天陈路 15 号
电话：023－65316666
邮编：400030

劲力酒店★★★★
地址：九龙坡区石桥铺科园二路 9 号
电话：023－68518888
邮编：400039

海兰云天会务中心（海琴酒店）★★★★
地址：九龙坡区金凤镇海兰湖
电话：023－65746666
邮编：401329

富丽大酒店★★★★
地址：九龙坡区高新区石杨路 33 号
电话：023－68199999
邮编：400039

杨馨大酒店★★★★
地址：九龙坡区杨家坪前进路 18 号
电话：023－68652888
邮编：400050

佳宇英皇酒店★★★★
地址：九龙坡区杨家坪直港大道 206 号
电话：023－68129999
邮编：400050

金鹰度假酒店★★★★
地址：南岸区南山（大金鹰公园）旁
电话：023－62478388
邮编：400065

拉斐皇廷酒店★★★★
地址：南岸区四公里学府大道旁
电话：023－86387777
邮编：400067

丽华酒店★★★★
地址：南岸区南坪正街 1 号
电话：023－62608888
邮编：400060

德信度假酒店★★★★
地址：綦江区横山镇
电话：023－48406258
邮编：401428

万盛国际大酒店★★★★
地址：綦江区红枫路 1 号
电话：023－48339999
邮编：400800

东和花园酒店★★★★
地址：渝北区龙溪镇红黄路 99 号
电话：023－67531888
邮编：401147

和府饭店★★★★
地址：渝北区红锦大道 2 号
电话：023－67533333
邮编：400020

创世纪宾馆★★★★
地址：渝北区新牌坊路 1 号
电话：023－67788888
邮编：401120

逸安酒店★★★★
地址：渝北区北部新区黄山大道188号
电话：023-67688888
邮编：401121

奥蓝酒店★★★★
地址：渝北区双龙大道218号
电话：023-67583999
邮编：401120

重庆长都假日酒店★★★★
地址：渝北区五红路96号
电话：023-67864888
邮编：400023

君顿两江酒店★★★★
地址：渝北区北部新区龙帆路1号
电话：023-67683333
邮编：401122

典雅戴斯酒店★★★★
地址：巴南区渝南大道70号
电话：023-86956666
邮编：400054

万州尼斯大酒店★★★★
地址：万州区白岩路3号
电话：023-58159999
邮编：404000

万州国际大酒店★★★★
地址：万州区五桥安宁路66号
电话：023-58548888
邮编：404000

万州凯莱大酒店★★★★
地址：万州区太白路91-97号
电话：023-58158855
邮编：404000

太极大酒店★★★★
地址：涪陵区体育南路
电话：023-72888888
邮编：408000

涪陵饭店★★★★
地址：涪陵区兴华中路
电话：023-72259999
邮编：408000

建涪宾馆★★★★
地址：涪陵区高笋塘1号
电话：023-72299999
邮编：408000

金凤山大酒店★★★★
地址：长寿区长寿路191号
电话：023-40258888
邮编：401220

中华茶艺山庄★★★★
地址：永川区昌州大道西段6号
电话：023-49890999
邮编：402160

天星大酒店★★★★
地址：南川区金佛山西坡风景区
电话：023-71665555
邮编：408400

铜梁大酒店（润龙宾馆）★★★★
地址：铜梁县迎宾大道1号
电话：023-45690888
邮编：402560

和庭酒店★★★★
地址：荣昌县昌州大道东段39号
电话：023-46799999
邮编：402460

湖上大酒店★★★★
地址：璧山县奥康工业园区璧青路868号
电话：023-41639888
邮编：402760

新华酒店★★★★
地址：垫江县桂西大道南阳内转盘
电话：023-74636666
邮编：408300

鼎发酒店★★★★
地址：垫江县工农路296号
电话：023-74635555
邮编：408300

瑜珠花园酒店★★★★
地址：武隆县城芙蓉西路16号
电话：023-77799888
邮编：408500

长松国际大酒店★★★★
地址：武隆县仙女山国家森林公园内
电话：023-77738888
邮编：408500

学府大酒店★★★★
地址：武隆县仙女山国家森林公园内
电话：023-77707777
邮编：408500

重庆宏福饭店★★★★
地址：武隆县巷口镇柏杨路2号
电话：023-64501066
邮编：408500

宏声贵宾楼★★★★
地址：丰都县新县城平都大道西段88号
电话：023-70726666
邮编：408200

茂田大酒店★★★★
地址：丰都县三合镇名山大道39号
电话：023-70758888
邮编：408200

名豪酒店★★★★
地址：梁平县梁山镇人民南路666号
电话：023-53666666
邮编：405200

御金洲大酒店★★★★
地址：开县新城开州大道中段
电话：023-52866666
邮编：405400

渝豪酒店★★★★
地址：开县金贸路247号
电话：023-52252888
邮编：405400

乌江明珠大酒店★★★★
地址：彭水苗族土家族自治县汉葭镇滨江路
电话：023-85028888
邮编：409600

锰都大酒店★★★★
地址：秀山土家族苗族自治县南部新城滨江路
电话：023-76866666
邮编：409900

三星级

重庆饭店★★★
地址：渝中区新华路41号
电话：023-63916666
邮编：400010

渝都大酒店★★★
地址：渝中区八一路168号
电话：023-63828888
邮编：400010

中天大酒店★★★
地址：渝中区青年路18号
电话：023-63739898
邮编：400010

金燕大酒店★★★
地址：渝中区南区路188号
电话：023-63635333
邮编：400014

美渝大酒店★★★
地址：渝中区南区路232号
电话：023-61686666
邮编：400014

工会大厦★★★
地址：渝中区中山三路157号
电话：023-63555878
邮编：400015

9号商务酒店★★★
地址：渝中区朝天门信义街29号
电话：023-63770909
邮编：400011

天友大酒店★★★
地址：渝中区中山三路121号
电话：023-63859888
邮编：400015

重庆博圣酒店★★★
地址：大渡口区文体支路52号
电话：023-86191666
邮编：400084

小天鹅宾馆★★★
地址：江北区建新北路78号
电话：023-67868888
邮编：400020

阳光酒店（原凯源大酒店）★★★
地址：江北区大石坝大庆村红石支路299号
电话：023-67310666
邮编：400021

机场宾馆★★★
地址：江北区国际机场
电话：023-67156666
邮编：401120

重庆蓝箭宾馆★★★
地址：江北区大石坝大路村85号
电话：023-67892999
邮编：400021

燕山酒店★★★
地址：江北区大石坝7村200号
电话：023-67079888
邮编：400021

重庆大酒店★★★
地址：沙坪坝区小龙坎新街84号

电话：023－65339888
邮编：400030

嘉陵宾馆★★★
地址：沙坪坝区双碑詹家溪
电话：023－65192518
邮编：400032

科苑大酒店★★★
地址：沙坪坝区沙北路 83 号重大科技广场
电话：023－65128888
邮编：400045

华山宾馆★★★
地址：沙坪坝区汉渝路 19 号
电话：023－65455383
邮编：400015

白鹭大庄园★★★
地址：九龙坡区白市驿镇三多桥村
电话：023－65740466
邮编：401329

南方花园酒店★★★
地址：九龙坡区南方花园科园四路 198 号
电话：023－68521111
邮编：400039

阳光和平大酒店★★★
地址：九龙坡区高新区石桥铺石杨路 42 号
电话：023－67320999
邮编：400039

桃都城市酒店★★★
地址：九龙坡区杨家坪西郊路 21 号
电话：023－68781818
邮编：400050

天醉园酒店★★★
地址：九龙坡区西彭镇石塔村 15 号
电话：023－65822389
邮编：400050

福星大酒店★★★
地址：九龙坡区龙泉路 129 号
电话：023－68877888
邮编：400050

圣杰酒店★★★
地址：九龙坡区朵力名都 8 号
电话：023－68839777
邮编：400080

香山大酒店★★★
地址：南岸区南坪正街 66 号
电话：023－62906888
邮编：400060

宏声大酒店★★★
地址：南岸区南坪南兴路 1 号
电话：023－62909888
邮编：400060

邮电会训宾馆★★★
地址：南岸区黄桷垭堡上园 1 号
电话：023－62461800
邮编：400065

星宇心悦大酒店★★★
地址：南岸区南坪东路 11 号
电话：023－62963000
邮编：400060

岚苑度假村★★★
地址：南岸区黄桷垭文峰段 94 号
电话：023－61987600
邮编：400065

天香苑度假酒店★★★
地址：北碚区北泉村松树堡社缙云山
电话：023－68221999
邮编：400700

川仪大酒店★★★
地址：北碚区碚峡路 130 号
电话：023－68868888
邮编：400700

海旭花园酒店★★★
地址：北碚区双碚路
电话：023－68359888
邮编：400700

西南大学桂园酒店★★★
地址：北碚区天生路 2 号
电话：023－68293000
邮编：400700

泉外楼宾馆★★★
地址：北碚区中山路 85 号
电话：023－68358899
邮编：400070

缙云山宾馆★★★
地址：北碚区彝云山 27 号
电话：023－68347100
邮编：400702

和谐天香度假酒店★★★
地址：北碚区静观镇
电话：023－68237979
邮编：400717

重庆云登假日酒店★★★
地址：北碚区北泉村范家沟
电话：023－68220777
邮编：400702

新百利酒店★★★
地址：綦江区古南镇九龙大道 34 号
电话：023－48621666
邮编：401420

馨都商务酒店★★★
地址：綦江区古南镇北街 68 号
电话：023－48677888
邮编：401420

黑山天堂谷酒店（原黑山交通宾馆）★★★
地址：綦江区景星乡北门村
电话：13368404388
邮编：400800

九锅箐宾馆★★★
地址：綦江区关坝镇九锅箐
电话：023－48266781
邮编：400805

汇鑫假日酒店★★★
地址：綦江区子如广场南楼
电话：023－48295333
邮编：400800

联谊宾馆★★★
地址：大足区龙水湖
电话：023－43628008
邮编：402368

海棠香国酒店★★★
地址：大足区南环路
电话：023－43735555
邮编：402360

渝通宾馆★★★
地址：渝北区红旗河沟红锦大道 18 号
电话：023－67890000
邮编：400020

统景温泉度假村★★★
地址：渝北区统景风景区内
电话：023－67288999
邮编：401124

犀牛宾馆★★★
地址：渝北区胜利路 190 号
电话：023－67825888
邮编：401120

新华宾馆★★★
地址：渝北区双龙大道 138 号
电话：023－67801376
邮编：401120

海螺宾馆★★★
地址：渝北区统景风景区内
电话：023－67288211
邮编：401142

雾都宾馆太阳城★★★
地址：渝北区龙溪镇街道红叶路 1 号
电话：023－67620222
邮编：401140

龙景温泉度假酒店★★★
地址：渝北区玉峰山森林公园
电话：023－67165049
邮编：401124

重庆雅世艺酒店★★★
地址：渝北区回兴宝圣西路 399 号
电话：023－67838999
邮编：401120

东方酒店★★★
地址：巴南区花溪镇
电话：023－62589888
邮编：400054

渝东民俗温泉旅游度假酒店★★★
地址：巴南区东温泉镇正街 3 号
电话：023－66459390
邮编：401342

秀泉映月酒店★★★
地址：巴南区东温泉镇正街 102 号
电话：023－66450999
邮编：401342

千禧酒店★★★
地址：万州区太白路 136 号
电话：023－58104999
邮编：404000

长江大酒店★★★
地址：万州区太白路 218 号
电话：023－58140088
邮编：404000

长城长大酒店★★★
地址：万州区白岩书院 74 号
电话：023－58100788
邮编：404000

太白宾馆★★★
地址：万州区白岩路 232 号
电话：023－58223976
邮编：404000

锦丽酒店★★★
地址：万州区王牌路 398 号

电话：023－58116666
邮编：404000

重庆赛菲尔酒店★★★
地址：万州区新城路2巷6号
电话：023－58681888
邮编：404000

涪陵金三峡宏声度假村★★★
地址：涪陵市望州路100号
电话：023－72244666
邮编：400032

凯元大酒店★★★
地址：涪陵区兴华中路53号
电话：023－87888888
邮编：408000

天龙大酒店★★★
地址：黔江区解放路791号
电话：023－79237768
邮编：409000

弘扬大酒店★★★
地址：黔江区新华大道西段289号
电话：023－85087777
邮编：408500

黔州宾馆★★★
地址：黔江区黔龙街沙坝路110号
电话：023－79310572
邮编：409000

学苑宾馆★★★
地址：黔江区文体路99号
电话：023－79311666
邮编：409000

寿星大酒店★★★
地址：长寿区望江路
电话：023－40238888
邮编：401220

长寿湖度假酒店★★★
地址：长寿区长寿湖
电话：023－40360219
邮编：401248

江舟大酒店★★★
地址：江津区滨江中路12号
电话：023－47526888
邮编：402260

星宿丽景酒店★★★
地址：江津区四面山
电话：023－47663688
邮编：402260

荣华大酒店★★★
地址：江津区荣华路
电话：023－47551888
邮编：402260

思齐园宾馆★★★
地址：江津区翠屏路4号
电话：023－47666230
邮编：402296

四面山大酒店★★★
地址：江津区四面山镇
电话：023－47666888
邮编：402296

江城明珠大酒店★★★
地址：合川区南办处振兴路246号
电话：023－64286669
邮编：401519

川龙大酒店（龙腾宾馆）★★★
地址：永川区英井路311号
电话：023－49816188
邮编：402160

永川大酒店★★★
地址：永川区三江路2号
电话：023－61186999
邮编：402160

东方宾馆★★★
地址：永川区渝西大道中段1148号
电话：023－49894888
邮编：402160

亨通大酒店★★★
地址：永川区渝西大道中段1351号
电话：023－49864677
邮编：402160

桃花源度假酒店★★★
地址：永川区南大街黄瓜山村白岩槽
电话：023－49688399
邮编：402160

香海温泉度假村酒店★★★
地址：永川区胜利路408号香海温泉
电话：023－49887777
邮编：402160

南川宾馆★★★
地址：南川区南大街11号
电话：023－87851888
邮编：408400

天河酒店★★★
地址：南川区南城街道办事处金佛大道158号
电话：023－71409999
邮编：408400

艺诚商务大酒店★★★
地址：南川区北腊口94号
电话：023－71419999
邮编：408400

金川大酒店★★★
地址：南川区金佛大道龙园路口
电话：023－71618888
邮编：408400

卧龙潭宾馆★★★
地址：南川区三泉镇卧龙潭
电话：023－71485270
邮编：408400

南川新华酒店★★★
地址：南川区新华路9号
电话：023－85620001
邮编：408400

乐普生酒店★★★
地址：南川区立新路2号
电话：023－71625555
邮编：408400

诚信大酒店★★★
地址：南川区西大街145号
电话：023－71636666
邮编：408400

亿度宾馆★★★
地址：南川区南城街道办事处金光大道13号满庭芳1栋1－5
电话：023－85634777
邮编：408400

龙城大酒店★★★
地址：南川区南城街道办事处金光大道7号龙城花园1栋
电话：023－71450000
邮编：408400

凯特酒店★★★
地址：南川区金佛大道153号
电话：023－71699997
邮编：408400

佛星客栈★★★
地址：南川区三汇存六社天星小镇B7栋
电话：023－71662999
邮编：408400

金晶商务酒店★★★
地址：南川区火车站大道3号
电话：023－71418888
邮编：408400

潼南大酒店★★★
地址：潼南县石院街38号
电话：023－44550988
邮编：402660

天宝大酒店★★★
地址：潼南县梓桐镇石院街88号
电话：023－85119666
邮编：402660

金能大酒店（原渝西大酒店）★★★
地址：荣昌县昌园镇宝城路4号
电话：023－46791111
邮编：402460

金昌大酒店★★★
地址：荣昌县南大街6号
电话：023－46793515
邮编：402460

明珠宾馆★★★
地址：荣昌县广场路111号
电话：023－46734498
邮编：402460

静月湾度假酒店★★★
地址：荣昌县荣隆镇高田村麻雀岩水库
电话：023－46558666
邮编：402460

海棠大酒店★★★
地址：荣昌县玉屏路
电话：023－46788958
邮编：402460

君悦商务大酒店★★★
地址：璧山县璧城街道中山南路181号
电话：023－41446666
邮编：402760

帝都大酒店★★★
地址：垫江县工农路八一桥
电话：023－64621333
邮编：408300

牡丹源酒店★★★
地址：垫江县桂溪镇工农路321号
电话：023－85656666
邮编：408300

香榭里饭店★★★
地址：武隆县乌江三桥南桥头龙湖路55号
电话：023－77722222
邮编：408500

金海大酒店★★★
地址：武隆县巷口镇建设中路 2 号
电话：023－77714268
邮编：408500

红五星酒店★★★
地址：武隆县巷口镇芙蓉西路 2 号
电话：023－77714111
邮编：408500

凯迪酒店★★★
地址：武隆县五龙商都商务楼
电话：023－77759777
邮编：408500

丽龙酒店★★★
地址：武隆县巷口镇柏杨路 50 号
电话：023－85611111
邮编：408500

皇都大酒店★★★
地址：丰都县三合镇平都大道
电话：023－70707888
邮编：408200

致远酒店★★★
地址：丰都县三合镇平都大道西段 226 号
电话：023－70734444
邮编：408200

梁平大酒店★★★
地址：梁平县梁山镇名豪商贸区 11 幢
电话：023－53333666
邮编：405200

和浦酒店★★★
地址：梁平县双桂路 398 号
电话：023－53369666
邮编：405200

蓝色港湾商务宾馆★★★
地址：梁平县机场路 737 号
电话：023－53338666
邮编：409000

皇冠大酒店★★★
地址：开县迎宾路教委培训中心
电话：023－85939999
邮编：405400

巫溪大酒店★★★
地址：巫溪县城厢镇滨河南路 2 号
电话：023－51533858
邮编：405800

铭洋大酒店★★★
地址：巫溪县城厢镇马镇坝春电大道 46 号
电话：023－51811111
邮编：405800

巫山鸿都大酒店★★★
地址：巫山县新城集仙中路
电话：023－57689999
邮编：404700

巫山国宾酒店★★★
地址：巫山县平湖路 239 号
电话：023－87616666
邮编：404700

凤凰大酒店★★★
地址：奉节县诗城文化广场
电话：023－85988888
邮编：404600

太和大酒店★★★
地址：奉节县夔州路 460 号
电话：023－56558123
邮编：404600

云阳县三峡风大酒店★★★
地址：云阳县青龙路 38 号
电话：023－55166666
邮编：404500

重云大酒店★★★
地址：云阳县新城去江大道 936 号－008
电话：023－55666666
邮编：404500

三峡风大酒店★★★
地址：忠县忠州果园路 11 号
电话：023－54248888
邮编：404300

成名日月大酒店★★★
地址：忠县忠州镇乐天路 9 号
电话：023－54455555
邮编：404300

石柱人民宾馆★★★
地址：石柱土家族自治县南宾镇新开路 60 号
电话：023－73332966
邮编：409100

石柱黄水避暑山庄★★★
地址：石柱土家族自治县黄水镇
电话：023－73392568
邮编：409108

紫藤大酒店★★★
地址：彭水苗族土家族自治县汉葭镇河堡街亦君小区小栋
电话：023－78841899
邮编：409600

龚滩仁义酒店★★★
地址：酉阳土家族苗族自治县龚滩镇新华社区 11 号
电话：023－85065999
邮编：409800

利斯卡尔酒店★★★
地址：酉阳土家族苗族自治县桃花源镇西兴路 100 号
电话：023－85064888
邮编：409800

时代国际大酒店★★★
地址：酉阳土家族苗族自治县钟多镇城北新区 17 号
电话：023－7556999
邮编：409800

酉洲大酒店★★★
地址：酉阳土家族苗族自治县钟多镇城南开发区
电话：023－75588555
邮编：409800

二星级

白象宾馆★★
地址：渝中区白象街 18 号
电话：023－63834640
邮编：400023

富苑宾馆★★
地址：渝中区菜园坝正街 38 号
电话：023－63601360
邮编：400014

山城饭店★★
地址：渝中区南区路 238 号
电话：023－63555800
邮编：400014

钢花大酒店★★
地址：大渡口区钢花路 55 号
电话：023－68839047
邮编：400084

长安宾馆（银谷酒店）★★
地址：江北区建新东路 260 号
电话：023－67591698
邮编：400020

银海酒店★★
地址：江北区建新北路 18 号
电话：023－67866202
邮编：400020

潇江酒店★★
地址：沙坪坝区火车站东路 152 号
电话：023－65305058
邮编：400030

月光大酒店★★
地址：沙坪坝区天星桥正街 104 号
电话：023－65317755
邮编：400032

榕湖宾馆★★
地址：沙坪坝区天陈路 52 号
电话：023－65328400
邮编：400030

金台宾馆★★
地址：南岸区南坪万寿二村 10 号
电话：023－62901198
邮编：400060

万盛宾馆★★
地址：綦江区矿山路 42 号
电话：023－48270487
邮编：400800

樱花温泉度假村★★
地址：綦江区南桐镇温塘
电话：023－48304147
邮编：400803

通力宾馆★★
地址：綦江区古南镇开发区二级车站
电话：023－48624888
邮编：401420

鸿翔大酒店★★
地址：大足区龙岗镇滨河路 7 号
电话：023－43724200
邮编：402360

中发酒店★★
地址：大足区龙水镇
电话：023－43622098
邮编：402360

君逸宾馆★★
地址：大足区龙水镇工业园区 1－48
电话：023－43640555
邮编：402360

鸿兴商务宾馆★★
地址：大足区北环东路棠香街道办事处 393 号
电话：023－43723666
邮编：402360

大竹林宾馆★★
地址：渝北区大竹林镇
电话：023－67682188
邮编：401123

东温泉光中温泉山庄★★
地址：巴南区东温泉正街539号
电话：023－66459126
邮编：401342

万州外贸大厦★★
地址：万州区太白路3号
电话：023－58132821
邮编：404000

万州新闻酒店★★
地址：万州区新城路128号
电话：023－58104548
邮编：404000

万州邮电宾馆★★
地址：万州区电报路265号
电话：023－58219188
邮编：404000

云顶避暑山庄★★
地址：涪陵区武陵山国家森林公园
电话：023－72712366
邮编：408000

石夹沟游客接待中心宾馆★★
地址：涪陵区石夹沟风景区
电话：023－72712188
邮编：408019

黔江宾馆★★
地址：黔江县交通北路62号
电话：023－79310508
邮编：409000

富丽大酒店★★
地址：长寿县长寿路73号
电话：023－40254142
邮编：401220

长寿狮子滩大酒店★★
地址：长寿区狮子滩长寿湖风景区
电话：023－40361314
邮编：401248

津粮大厦★★
地址：江津区几江街道办事处前进街22号
电话：023－47525460
邮编：402260

孙宾馆酒店★★
地址：江津区白沙镇龙江巷48号
电话：023－47343888
邮编：402289

友缘山庄★★
地址：合川区南办处南坪村三社
电话：023－42752210
邮编：401520

云雾坪山庄★★
地址：永川区和埂镇石笋山云雾坪
电话：023－49508888
邮编：402185

金佛山大酒店★★
地址：南川区隆化镇西大街27号
电话：023－71422839
邮编：408400

楠竹山宾馆★★
地址：南川区铁村乡
电话：023－71639203
邮编：408407

新世纪宾馆★★
地址：南川区世纪广场嘉仕苑五单元14号
电话：023－71998000
邮编：408400

太阳宾馆★★
地址：铜梁县巴川镇龙都路125号
电话：023－45690690
邮编：462560

龙都宾馆★★
地址：铜梁县巴川镇小北街31号
电话：023－45659698
邮编：402560

华东大酒店★★
地址：荣昌县昌州中段152号
电话：023－46782808
邮编：408200

盐井峡温泉度假村★★
地址：武隆县羊角镇
电话：023－77751850
邮编：408500

仙家宾馆★★
地址：丰都县三合镇平都大道西段230号
电话：023－70723333
邮编：408200

富宁大酒店★★
地址：丰都县三合镇平都大道东段277号
电话：023－70750888
邮编：408200

双桂游客接待中心★★
地址：梁平县金带镇双桂路86号
电话：023－53379588
邮编：405227

九龙宾馆★★
地址：开县开洲大道中段227号
电话：023－52359999
邮编：405400

凯悦宾馆★★
地址：开县开州大道196号
电话：023－52666888
邮编：405400

栖凤大酒店★★
地址：巫溪县城厢镇人民街88号
电话：023－51529666
邮编：405800

金三角宾馆★★
地址：巫溪县城厢镇裕宁街裕宁商城2号楼
电话：023－51525868
邮编：405800

巫山县渝穗宾馆★★
地址：巫山县巫峡镇平湖西路
电话：023－57690988
邮编：404700

龙凤苑度假村★★
地址：奉节县兴隆镇石乳村
电话：023－56557259
邮编：404600

腾龙大酒店★★
地址：奉节县兴隆镇清泉街
电话：023－56788099
邮编：404604

凭德大酒店★★
地址：云阳县云江大道1387号
电话：023－55185999
邮编：404500

香山宾馆★★
地址：忠县忠州镇健康路49号
电话：023－54241201
邮编：404300

黄水宾馆★★
地址：石柱土家族自治县黄水镇川鄂街
电话：023－73392456
邮编：409108

金麒麟酒店★★
地址：彭水苗族土家族自治县汉家镇北大街金山广场
电话：023－78413888
邮编：409600

金叶宾馆★★
地址：彭水苗族土家族自治县汉葭镇河堡街
电话：023－78848888
邮编：409600

山谷宾馆★★
地址：彭水苗族土家族自治县鼓楼街42号
电话：023－78845558
邮编：409600

天天假日宾馆★★
地址：彭水苗族土家族自治县汉葭镇石街商
电话：023－78412555
邮编：409600

金汇宾馆★★
地址：酉阳土家族苗族自治县钟多镇十字街125号
电话：023－75558888
邮编：409800

工会商务宾馆★★
地址：酉阳土家族苗族自治县桃花源镇锦绣桃花A区
电话：023－85068666
邮编：409800

明德大酒店★★
地址：酉阳土家族苗族自治县城南石柱溪
电话：023－75686888
邮编：409800

一星级

桃园宾馆★
地址：巫溪县解放街37号
电话：023－51522428
邮编：405800

四　川

SICHUAN

五星级

锦江宾馆★★★★★
地址：成都市人民南路二段 80 号
电话：028－85582222
邮编：610021

总府皇冠假日酒店★★★★★
地址：成都市总府路 31 号
电话：028－86786666
邮编：610016

天府丽都喜来登饭店★★★★★
地址：成都市人民中路一段 15 号
电话：028－86768999
邮编：610015

成都索菲特万达大酒店★★★★★
地址：成都市滨江中路 15 号
电话：028－66669999
邮编：610016

成都家园国际酒店★★★★★
地址：成都市机场路 181 号美好花园
电话：028－82936666
邮编：610225

成都望江宾馆★★★★★
地址：成都市下沙河铺 42 号
电话：028－84790000
邮编：610066

西藏饭店★★★★★
地址：成都市人民北路一段 10 号
电话：028－83183388
邮编：610081

成都凯宾斯基饭店★★★★★
地址：成都市人民南路四段 42 号
电话：028－85269999
邮编：610041

成都香格里拉大酒店★★★★★
地址：成都市滨江东路 9 号
电话：028－88889999
邮编：610021

青城（豪生）国际酒店★★★★★
地址：成都市都江堰市青城山镇青城大道 88 号
电话：028－88988888
邮编：611844

成都城市名人酒店★★★★★
地址：成都市人民南路一段 122－124 号
电话：028－86833333
邮编：610061

成都世纪城天堂洲际大酒店★★★★★
地址：成都市世纪城路 88 号
电话：028－85349999
邮编：610041

四川岷山饭店★★★★★
地址：成都市人民南路二段 55 号
电话：028－85583333
邮编：610016

富乐山九洲国际酒店★★★★★
地址：绵阳市芙蓉路一段 1 号
电话：0816－2284888
邮编：621000

四川广安思源大酒店★★★★★
地址：广安市城南五湖西路 301 号
电话：0826－2358888
邮编：638000

红珠山宾馆★★★★★
地址：乐山市峨眉山报国寺
电话：0833－5525888
邮编：614200

四川泸州酒城宾馆★★★★★
地址：泸州市上平远路 71 号
电话：0830－3159999
邮编：646000

宜宾竹海世外桃源度假酒店★★★★★
地址：宜宾市长宁竹海镇
电话：0831－4999999
邮编：644304

岷江东湖国际酒店★★★★★
地址：眉山市东坡区环岛路 1 号
电话：028－38666033
邮编：620020

九寨沟喜来登国际大酒店★★★★★
地址：阿坝藏族羌族自治州九寨沟县风景区
电话：0837－7739988
邮编：623402

九寨天堂国际会议度假中心★★★★★
地址：阿坝藏族羌族自治州九寨沟县漳扎镇甘海子
电话：0837－7789999
邮编：623402

四星级

成都天仁大酒店★★★★
地址：成都市三洞桥街 18 号
电话：028－82968888
邮编：610031

成都天府阳光酒店★★★★
地址：成都市太升北路 2 号
电话：028－86922233
邮编：610017

四川绿洲大酒店★★★★
地址：成都市忠烈祠街 99 号
电话：028－82938899
邮编：610016

四川新华国际酒店★★★★
地址：成都市古中寺街 8 号
电话：028－86615858
邮编：610016

四川国堰宾馆★★★★
地址：成都市都江堰市观景路中段
电话：028－87146666
邮编：611830

成都博瑞花园酒店★★★★
地址：成都市龙泉驿区龙都北路
电话：028－84839888
邮编：610103

成都天伦国际大酒店★★★★
地址：成都市龙泉驿区平安镇阳光城
电话：028－84885688
邮编：610103

成都罗曼假日大酒店★★★★
地址：成都市人民中路二段 22 号
电话：028－82929999
邮编：610031

郫县镜湖园宾馆★★★★
地址：成都市郫县皮筒镇望丛中路 63 号
电话：028－87929888
邮编：611730

成都京川宾馆★★★★
地址：成都市一环路西一段 144 号
电话：028－86089888
邮编：610072

成都金玉阳光大酒店★★★★
地址：成都市双林路 88 号
电话：028－66138888
邮编：610066

四川芙蓉丽庭酒店★★★★
地址：成都市一环路北二段西二路 17 号
电话：028－83172222
邮编：610081

世代锦江国际酒店★★★★
地址：成都市下南大街 59 号
电话：028－86090888
邮编：610041

四川星逸酒店★★★★
地址：成都市德盛路 33 号
电话：028－86919999
邮编：610017

成都宇豪金港湾酒店★★★★
地址：成都市金牛区二环路西三段 119 号
电话：028－87746666
邮编：610031

沃特酒店★★★★
地址：成都市太升南路 53－57 号
电话：028－82988888
邮编：610016

四川岷山拉萨大酒店★★★★
地址：成都市肖家河北街 88 号
电话：028－85198998
邮编：610041

四川新良大酒店★★★★
地址：成都市上东大街 53 号
电话：028－86739999
邮编：610016

成都喜玛拉雅大酒店★★★★
地址：成都市二环路北一段 17 号
电话：028－86319988
邮编：610031

四川向阳房产向阳大厦★★★★
地址：成都市二环路南二段 23 号
电话：028－85239999
邮编：610041

成都润邦国际酒店★★★★
地址：成都市蜀汉路 249 号
电话：028－87529888
邮编：610036

成都瑞城名人酒店★★★★
地址：成都市青羊区人民中路二段 68 号
电话：028－88033333
邮编：610061

四川铁道大酒店★★★★
地址：成都市人民北路二段 9 号
电话：028－83177866
邮编：610081

合江亭翰文大酒店★★★★
地址：成都市滨江东路138号
电话：028－88822222
邮编：610021

成都银河王朝大酒店★★★★
地址：成都市顺城大街88号
电话：028－86618888
邮编：610016

新都桂湖国际大酒店★★★★
地址：成都市新都区桂湖西路20号
电话：028－67338888
邮编：610500

成都长盛帝都国际酒店★★★★
地址：成都市永丰路45号
电话：028－65515555
邮编：610041

成都怡东国际酒店★★★★
地址：成都市二仙桥东三路1号
电话：028－65561111
邮编：610039

青白江凤凰湖天泉酒店★★★★
地址：成都市青白江区石家碾中路88号
电话：028－83633333
邮编：610300

波尔菲特酒店★★★★
地址：成都市武侯区佳灵路75号
电话：028－65517000
邮编：610043

广元国际大酒店★★★★
地址：广元市东城开发区苴国路555号
电话：0839－3296222
邮编：628017

四川苍溪国际大酒店★★★★
地址：广元市苍溪县滨江路328号
电话：0839－5888888
邮编：628400

绵阳绵州酒店★★★★
地址：绵阳市临园路东段62号
电话：0816－6350999
邮编：621000

绵阳王子大酒店★★★★
地址：绵阳市临园路西段25号
电话：0816－6358999
邮编：621000

绵阳长虹国际酒店★★★★
地址：绵阳市高新区西街北段89号
电话：0816－2416666
邮编：621000

绵阳绵州温泉酒店★★★★
地址：绵阳市安县罗浮山
电话：0816－4636666
邮编：622650

绵阳梓州国际大酒店★★★★
地址：绵阳市三台县解放上街49号
电话：0816－5899999
邮编：621100

绵阳顺辉·世纪巴登酒店★★★★
地址：绵阳市涪城区临园路西段28号
电话：0816－6353333
邮编：621000

绵阳新北川宾馆★★★★
地址：绵阳市北川县尔玛路25号
电话：0816－4229999
邮编：622750

德阳宏达金桥大酒店★★★★
地址：德阳市什邡市亭江东路
电话：0838－8200888
邮编：618400

德阳旌湖宾馆★★★★
地址：德阳市长江西路一段1号
电话：0838－2303888
邮编：618000

南充北湖宾馆★★★★
地址：南充市文化路301号
电话：0817－2229999
邮编：637000

南充万泰大酒店★★★★
地址：南充市铁荣路1号
电话：0817－2311888
邮编：637000

南充宇豪酒店★★★★
地址：南充市顺庆区文化路1号
电话：0817－2266666
邮编：637000

南充营山天胜★★★★
地址：南充市营山县兴隆路258号
电话：0817－8218888
邮编：637700

广安岷山世纪大饭店★★★★
地址：广安市金广大道88号
电话：0826－2336666
邮编：638000

广安东阳国际酒店★★★★
地址：广安市建安中路136号
电话：0826－5100888
邮编：638000

广安华蓥山大酒店★★★★
地址：广安市华蓥山旅游区
电话：0826－4330178
邮编：638000

广安武胜印山假日酒店★★★★
地址：广安市武胜县沿口镇临江街2号
电话：0826－6680006
邮编：638400

遂宁明星康年酒店★★★★
地址：遂宁市开发区明日路88号
电话：0825－2210998
邮编：629000

遂宁万和大酒店★★★★
地址：遂宁市蓬溪县蜀北下路
电话：0825－5421888
邮编：629100

子昂金都国际酒店★★★★
地址：遂宁市射洪县沱牌大道66号
电话：0825－6188888
邮编：629200

大英县东方国际酒店★★★★
地址：遂宁市大英县
邮编：629300

内江运亨酒店★★★★
地址：内江市市中区双苏路123号
电话：0832－2200066
邮编：641000

资中顺通大酒店★★★★
地址：内江市资中城南开发区苌弘路296号
电话：0832－5577777
邮编：641200

内江隆昌东方宾馆★★★★
地址：内江市隆昌县金鹅镇隆泸大道
电话：0832－3956888
邮编：642150

峨眉山华生酒店★★★★
地址：乐山市峨眉山市佛光南路
电话：0833－5546999
邮编：614200

峨眉山大酒店★★★★
地址：乐山市峨眉山市报国寺
电话：0833－5526888
邮编：614200

峨眉山温泉饭店★★★★
地址：乐山市峨眉山报国寺
电话：0833－5590518
邮编：614201

乐山金海棠酒店★★★★
地址：乐山市中区海棠路
电话：0833－2128888
邮编：614000

峨眉山月花园酒店★★★★
地址：乐山市夹江县夹峨公路夹江大桥
电话：0833－5682222
邮编：614100

自贡汇东大酒店★★★★
地址：自贡市汇东路东段16号
电话：0813－8288888
邮编：643000

自贡雄飞假日酒店★★★★
地址：自贡市自流井区解放路193号
电话：0813－2118888
邮编：643000

自贡英祥酒店★★★★
地址：自贡市汇兴路333号
电话：0813－8233333
邮编：643000

泸州南苑宾馆★★★★
地址：泸州市江阳区大山坪
电话：0830－3158888
邮编：646000

泸州伊顿饭店★★★★
地址：泸州市江阳区江阳西路25号（天益广场）
电话：0830－3156666
邮编：646000

泸州四川兰尊大酒店★★★★
地址：泸州市古蔺县金兰大道
电话：0830－7770888
邮编：646500

泸州王氏大酒店★★★★
地址：泸州市龙马潭区南龙路26号
电话：0830－2518888
邮编：646000

宜宾华荣酒店★★★★
地址：宜宾市长江大道东段68号
电话：0831－2399999
邮编：644002

宜宾酒都饭店★★★★
地址：宜宾市专署街 50 号
电话：0831－8188888
邮编：644000

宜宾银龙戎州大厦宾馆★★★★
地址：宜宾市长江北五粮液大道旧州路 15 号
电话：0831－5195818
邮编：644007

攀枝花川惠大酒店★★★★
地址：攀枝花市炳草岗人民街 118 号
电话：0812－6348888
邮编：617000

攀枝花宾馆★★★★
地址：攀枝花市东区人民街 32 号
电话：0812－3332869
邮编：617000

攀枝花安宁明珠大酒店★★★★
地址：攀枝花市米易县城北新区
电话：0812－8188888
邮编：617200

攀枝花金沙明珠大酒店★★★★
地址：攀枝花市东区江边街 50 号
电话：0812－2230000
邮编：617000

攀枝花学府大酒店★★★★
地址：攀枝花市机场路 10 号
电话：0812－3370888
邮编：617000

米易宁泽阳光酒店★★★★
地址：攀枝花市米易县安宁路 193 号
电话：812－8188111
邮编：617200

达州东湖大酒店★★★★
地址：达州市东湖公园内
电话：0818－6136999
邮编：635100

达州宾馆★★★★
地址：达州市荷叶街 163 号
电话：0818－2122348
邮编：635000

达州华夏康年大酒店★★★★
地址：达州市达县南外镇华蜀南路 366 号
电话：0818－2127777
邮编：635000

达州高望都大酒店★★★★
地址：达州市通川区凤凰大道
电话：0818－8011111
邮编：635000

达州华阳大酒店★★★★
地址：达州市通川区红旗路 76 号
电话：0818－2638111
邮编：635000

渠县万兴大酒店★★★★
地址：达州市渠县渠江镇迎宾路 8 号
电话：0818－8898888
邮编：635200

资阳锦江蜀亨大酒店★★★★
地址：资阳市资阳大道西段
电话：0832－6120300
邮编：641300

资阳乐至鑫鹏大酒店★★★★
地址：资阳市乐至县仙鹤观村四社
电话：028－23133006
邮编：641500

四川宾馆★★★★
地址：眉山市成都总府路 31 号
电话：028－86755555
邮编：610016

青神大酒店★★★★
地址：眉山市青神县青衣大道东段 1 号
电话：028－38855555
邮编：620460

雅安四川梦温泉酒店★★★★
地址：雅安市周公山温泉开发区
电话：0835－2312388
邮编：625000

雅安倍特星月宾馆★★★★
地址：雅安市雨城区张家山路 10 号
电话：0835－2225888
邮编：625000

楠水阁温泉度假会议中心★★★★
地址：雅安市周公山温泉公园
电话：0835－2329999
邮编：625000

雅安红珠宾馆★★★★
地址：雅安市陇西路 88 号
电话：0835－8018888
邮编：625000

新四姑娘山庄★★★★
地址：阿坝藏族羌族自治州小金县日隆镇双桥沟口
电话：0837－2796888
邮编：624200

九寨沟星宇大酒店★★★★
地址：阿坝藏族羌族自治州九寨沟漳扎镇
电话：0837－7766888
邮编：623402

九寨沟格桑宾馆★★★★
地址：阿坝藏族羌族自治州九寨沟县漳扎镇
电话：0837－7734958
邮编：623402

九寨沟千鹤国际大酒店★★★★
地址：阿坝藏族羌族自治州九寨沟县漳扎镇龙康村火地坝
电话：0837－7739188
邮编：623402

四川广旺旅游有限责任公司九寨度假村★★★★
地址：阿坝藏族羌族自治州九寨沟县漳扎镇龙康村
电话：0837－7739929
邮编：623402

九寨沟九龙宾馆★★★★
地址：阿坝藏族羌族自治州九寨沟县彭丰村
电话：0837－7734567
邮编：623402

康巴大酒店★★★★
地址：甘孜藏族自治州康定新区榆林路 9 号
电话：0836－2818888
邮编：626000

西昌岷山饭店★★★★
地址：凉山彝族自治州西昌市胜利南路 88 号
电话：0834－3200888
邮编：615000

太平洋国际大酒店★★★★
地址：凉山彝族自治州西昌市长安南路海河桥头
电话：0834－2507686
邮编：615000

西昌茗仁大酒店★★★★
地址：凉山彝族自治州西昌市航天大道西河桥头
电话：0834－8888898
邮编：615000

泸沽湖假日酒店★★★★
地址：凉山彝族自治州盐源县泸沽湖镇
电话：0834－6391111
邮编：615715

会理瀛洲园酒店★★★★
地址：凉山彝族自治州会理县城关西街 185 号
电话：0834－3338866
邮编：615100

三星级

成都心族宾馆★★★
地址：成都市人民南路四段 34 号
电话：028－85520808
邮编：610041

成都大酒店★★★
地址：成都市人民北路二段 29 号
电话：028－83173888
邮编：610081

成都金河大酒店★★★
地址：成都市金河街 18 号
电话：028－86642888
邮编：610031

明珠国际酒店★★★
地址：成都市解放路二段 329 号
电话：028－86429188
邮编：610081

喀秋莎大饭店★★★
地址：成都市解放路二段 237 号
电话：028－83313888
邮编：610081

朝阳湖酒店★★★
地址：成都市浦江县朝阳镇
电话：028－88591108
邮编：611630

民航大厦★★★
地址：成都市北新街 31 号
电话：028－86716688
邮编：610016

灵岩山庄★★★
地址：成都市都江堰市灵岩村月亮湾
电话：028－87127998
邮编：611830

云龙酒店★★★
地址：成都市罗锅巷 122 号
电话：028－86780888
邮编：610017

九寨沟饭店★★★
地址：成都市二环路三段30号
电话：028－87520999
邮编：610036

九龙宾馆★★★
地址：成都市八宝街90号
电话：028－86399999
邮编：610031

翠月湖宾馆★★★
地址：成都市都江堰市翠月湖
电话：028－87194000
邮编：611830

航天宾馆★★★
地址：成都市龙泉驿区航天北路
电话：028－84883000
邮编：610100

泸天化大厦酒店★★★
地址：成都市中同仁路220号
电话：028－86633338
邮编：610031

菱彩酒店★★★
地址：成都市二环路南三段27号
电话：028－86311888
邮编：610041

成飞宾馆★★★
地址：成都市青羊区黄田坝
电话：028－87415648
邮编：610091

五粮液大酒店★★★
地址：成都市新华大道双林路100号
电话：028－84336128
邮编：610061

太阳城园林宾馆★★★
地址：成都市双流华阳华新下街68号
电话：028－85622889
邮编：610213

华西天使宾馆★★★
地址：成都市电信南街10号
电话：028－85422050
邮编：610041

四川花园宾馆★★★
地址：成都市走马街47号
电话：028－86667421
邮编：610021

四川福德酒店★★★
地址：成都市新华大道玉沙路155号
电话：028－86961888
邮编：610017

康定酒店★★★
地址：成都市武侯祠横街2号
电话：028－85562106
邮编：610041

人口宾馆★★★
地址：成都市东城根下街24号
电话：028－86634288
邮编：610031

白芙蓉宾馆★★★
地址：成都市营门口路107号
电话：028－87658044
邮编：610031

毓秀苑宾馆★★★
地址：成都市一环路西一段大石东路
电话：028－66033999
邮编：610072

蜀都大厦宾馆★★★
地址：成都市署袜北三街20号
电话：028－86753888
邮编：610016

成都天辰楼宾馆★★★
地址：成都市青华路39号
电话：028－87319205
邮编：610016

新都流花宾馆★★★
地址：成都市新都区宝光大街169号
电话：028－83979999
邮编：610500

二王庙宾馆★★★
地址：成都市都江堰二王庙观景路
电话：028－87113888
邮编：611380

蜀汉酒店★★★
地址：成都市武侯祠大街258号
电话：028－85556988
邮编：610041

蜀兰大酒店★★★
地址：成都市一环路西一段169号
电话：028－87018888
邮编：610072

滨江饭店★★★
地址：成都市滨江中路16号
电话：028－86656451
邮编：610021

川音爱乐酒店★★★
地址：成都市一环路南一段47号
电话：028－85490999
邮编：610021

峨眉山饭店★★★
地址：成都市洗面桥街10号
电话：028－85510988
邮编：610041

八宝大酒店★★★
地址：成都市八宝街28号
电话：028－86635858
邮编：610031

金堂金裕大酒店★★★
地址：成都市金堂十里大道（成都野生世界对面）
电话：028－84921118
邮编：610400

崇州大酒店★★★
地址：成都市崇州市蜀洲北路
电话：028－86543888
邮编：611230

棠湖宾馆★★★
地址：成都市双流县东升镇棠湖南路一段1号
电话：028－85823088
邮编：610200

电子科技大学宾馆★★★
地址：成都市建设北路二段2号
电话：028－83206666
邮编：610054

天台山大酒店★★★
地址：成都市邛崃市天台山镇马坪村二组
电话：028－89233111
邮编：611543

十八步岛大酒店★★★
地址：成都市双流县中和镇
电话：028－85650008
邮编：610212

四川金地饭店★★★
地址：成都市新华大道德盛路89号
电话：028－86915339
邮编：610017

大庆石油大厦★★★
地址：成都市成都外西罗家碾大庆路99号
电话：028－87322988
邮编：610072

成都芙蓉饭店★★★
地址：成都市青羊区
电话：028－68086666
邮编：610031

成都花水湾泛旅樱花宾馆★★★
地址：成都市大邑县花水湾镇
电话：028－88390550
邮编：611345

江口醇惠山宾馆★★★
地址：成都市大邑晋原镇
电话：028－88209066
邮编：611330

成都和润商务酒店★★★
地址：成都市二环路南四段46号
电话：028－85093333
邮编：610041

新津五津丽津酒店★★★
地址：成都市新津太中东路100号
电话：028－82522665
邮编：611430

鹤都家园酒店★★★
地址：成都市蒲江县鹤山湾顺城路
电话：028－88553666
邮编：611630

金强华亨酒店★★★
地址：成都市温江区南熏大道四段356号
电话：028－82733777
邮编：611130

成都天湖宾馆★★★
地址：成都市五丁路17号
电话：028－83180651
邮编：610081

成都蜀峰花园酒店★★★
地址：成都市武侯祠大街236号
电话：028－85530606
邮编：610041

成都阳光酒店★★★
地址：成都市星辉东路10号
电话：028－83340666
邮编：610081

成都青城山培训中心★★★
地址：成都市都江堰市青城前山风景区
电话：028－87288056
邮编：611830

金桂公馆酒店★★★
地址：成都市大邑县安仁镇金桂街
电话：028－88317000
邮编：611311

城市仁德酒店★★★
地址：成都市成华区新鸿路 34 号
电话：028－84332222
邮编：610051

实久宾馆★★★
地址：成都市都江堰大道 18 号
电话：028－61929668
邮编：611830

成都博力假日酒店★★★
地址：成都市金牛区迎宾大道
电话：028－87501888
邮编：610036

成都香溪宾馆★★★
地址：成都市解放北路一段田家巷 5 号
电话：028－86010348
邮编：610081

成都邮电宾馆★★★
地址：成都市锦里中路 18 号
电话：028－86113988
邮编：610041

成都犀浦大酒店★★★
地址：成都市郫县犀浦镇迪康大道北一段
电话：028－87856008
邮编：611731

成都盛世华夏国际酒店★★★
地址：成都市都江堰市玉带桥街华夏广场
电话：028－67666666
邮编：611830

世纪云锦酒店★★★
地址：成都市都江堰市都江堰大道 221 号
电话：028－61720320
邮编：611830

成都市金沙鸟巢酒店★★★
地址：成都市都江堰市凤翔路中段
电话：028－67626688
邮编：611830

成都珍发达酒店★★★
地址：成都市都江堰市青城桥北头
电话：028－87277876
邮编：611830

成都新花溪鱼港大酒店★★★
地址：成都市都江堰市玉堂镇青城桥头临江花园
电话：028－87277110
邮编：611830

旺苍宾馆★★★
地址：广元市旺苍县新华街 33 号
电话：0839－4200000
邮编：628200

广元天豪酒店★★★
地址：广元市利州经济开发区敬国路
电话：0839－3511888
邮编：628000

剑门关酒店★★★
地址：广元市剑阁县新城修城园区
电话：0839－6603111
邮编：628317

米仓山大酒店★★★
地址：广元市旺苍县红星北路 86 号
电话：0839－4310777
邮编：628200

广元利州大酒店★★★
地址：广元市利州区政府街 109 号
电话：0839－3218369
邮编：628000

广元剑阁宾馆★★★
地址：广元市剑阁县普安镇小东街 9 号
电话：0839－6665416
邮编：628300

广元国森大酒店★★★
地址：广元市苍溪县红军路中段 2 号
电话：0839－2977777
邮编：628400

广元瑞城酒店★★★
地址：广元市利州区北京路
电话：0839－3229999
邮编：628000

绵阳桃源大酒店★★★
地址：绵阳市临园路中段 76 号
电话：0816－6358888
邮编：621000

绵阳九龙宾馆★★★
地址：绵阳市科学城一区
电话：0816－2488888
邮编：621000

江油国际大酒店★★★
地址：绵阳市江油市花园路北段 1 号
电话：0816－3233333
邮编：621700

江油明华饭店★★★
地址：绵阳市江油市太白路 2 号
电话：0816－3666666
邮编：621700

江油太白大酒店★★★
地址：绵阳市江油市太白中路 49 号
电话：0816－3222888
邮编：621700

七曲山大酒店★★★
地址：绵阳市梓潼县七曲山大庙风景区
电话：0816－8229999
邮编：622150

绵州开元酒店★★★
地址：绵阳市剑南路东段 209 号
电话：0816－2993888
邮编：621000

江油宾馆★★★
地址：绵阳市江油市东大街 169 号
电话：0816－3277777
邮编：621700

绵阳启明星温泉酒店★★★
地址：绵阳市安县罗浮山风景区
电话：0816－4638999
邮编：622650

三台金喜登大酒店★★★
地址：绵阳市三台县潼川镇金牛大道金牛市场
电话：0816－5668888
邮编：621100

子云大酒店★★★
地址：绵阳市临园路西段 26 号
电话：0816－2371489
邮编：621000

德阳大酒店★★★
地址：德阳市长江西路一段 320 号
电话：0838－2204888
邮编：618000

绵竹市剑南春大酒店★★★
地址：德阳市绵竹市大东街 23 号
电话：0838－6201688
邮编：618200

德阳晶熙大酒店★★★
地址：德阳市河东开发区沂河街
电话：0838－2517333
邮编：618000

明宇大酒店（海洋世纪酒店）★★★
地址：南充市北湖路 9 号
电话：0817－2221111
邮编：637000

天龙大酒店★★★
地址：南充市果州大道金鱼岭路 292 号
电话：0817－2690888
邮编：637000

东华大厦★★★
地址：南充市御林路 189 号
电话：0817－2806088
邮编：637000

金龙大酒店★★★
地址：南充市阆中市商城路 8 号
电话：0817－6268222
邮编：637400

桃园国际大酒店★★★
地址：南充市阆中市保宁醋街 36 号
电话：0817－6251999
邮编：637400

安阁瑞酒店★★★
地址：南充市阆中市张飞大道 94 号
电话：0817－6269999
邮编：637400

金都大酒店★★★
地址：南充市南部县新华路 186 号
电话：0817－5586666
邮编：637400

陵江宾馆★★★
地址：南充市南部县西街 48 号
电话：0817－5521903
邮编：637300

蓬安相如宾馆★★★
地址：南充市蓬安县相如大道 84 号
电话：0817－8631888
邮编：638250

阆中宾馆★★★
地址：南充市阆中市张飞南路 27 号
电话：0817－6221333
邮编：637400

南充团结商务酒店★★★
地址：南充市金鱼岭路 2 号
电话：0817－8129988
邮编：637000

南充大酒店★★★
地址：南充市丝绸路 68 号
电话：0817－2818666
邮编：637000

南充东江大酒店★★★
地址：南充市西充县府安东路 2 号
电话：0817－4203236
邮编：637200

杜家客栈★★★
地址：南充市阆中市下新街63号
电话：0817－6224436
邮编：637400

西充凤凰大酒店★★★
地址：南充市西充县晋城镇凤凰街5号
电话：0817－4239999
邮编：637200

阆中丽景商务酒店★★★
地址：南充市阆中市城中心张飞大道27号
电话：0817－6222060
邮编：637400

南充长青大酒店★★★
地址：南充市南部县东风路296号
电话：0817－5681988
邮编：637300

南充仪陇花园酒店★★★
地址：南充市仪陇县南北中心大道中段1号
电话：0817－7217777
邮编：637000

天府饭店★★★
地址：广安市劳动街1号
电话：0826－2330188
邮编：638000

喜来大酒店★★★
地址：广安市邻水县古邻大道东1号
电话：0826－3210098
邮编：638500

武胜大酒店★★★
地址：广安市武胜县沿口镇弘武大道142号
电话：0826－6234088
邮编：638400

丰华假日酒店★★★
地址：广安市人民路21号
电话：0826－2298888
邮编：638000

广安瑞苑大酒店★★★
地址：广安市城南兴安下街83号
电话：0826－2348488
邮编：638000

广安岳池花园大酒店★★★
地址：广安市岳池九龙镇大西街东段
电话：0826－5207888
邮编：638300

遂宁信合大酒店★★★
地址：遂宁市嘉禾西路1号
电话：0825－8887778
邮编：629000

广来福宾馆★★★
地址：遂宁市遂州北路189号
电话：0825－8887711
邮编：629110

四川双发大酒店★★★
地址：遂宁市船山区和平东路26号
电话：0825－2660099
邮编：629000

遂宁兴源大酒店★★★
地址：遂宁市嘉禾西路169号
电话：0825－6866666
邮编：629000

资中龙都酒店★★★
地址：内江市资中县城南开发区电信大楼
电话：0832－5602222
邮编：641200

资中博希宾馆★★★
地址：内江市资中重龙商业广场
电话：0832－5316666
邮编：641200

金鹅宾馆★★★
地址：内江市隆昌县古湖街道办事处顺河街11号
电话：0832－3928888
邮编：642150

威远鑫宏大酒店★★★
地址：内江市威远县兰草街189号
电话：0832－8222555
邮编：642450

峨眉山金顶大酒店★★★
地址：乐山市峨眉山金顶
电话：0833－5098088
邮编：614200

峨眉山雄秀宾馆★★★
地址：乐山市峨眉山金顶一山亭旁
电话：0833－5523888
邮编：614200

乐山嘉州宾馆★★★
地址：乐山市中区白塔街
电话：0833－2139888
邮编：614000

峨眉山嘉泰美大酒店★★★
地址：乐山市峨眉山市名山路东段181号
电话：0833－5532888
邮编：614200

沙湾天泉湖宾馆★★★
地址：乐山市沙湾区丰都路6号
电话：0833－3493888
邮编：614900

五通桥丽源宾馆★★★
地址：乐山市五通桥区文化街
电话：0833－3354818
邮编：614800

乐山金叶大酒店★★★
地址：乐山市嘉定北路61号
电话：0833－2444222
邮编：614000

乐山富丽华大酒店★★★
地址：乐山市中区通江路12号
电话：0833－2600901
邮编：614000

峨眉山神龙大酒店★★★
地址：乐山市峨眉山绥山镇佛光南路
电话：0833－5535666
邮编：614200

峨眉山市银华大酒店★★★
地址：乐山市峨眉山市佛光南路543号
电话：0833－5521666
邮编：614200

犍为县天波大酒店★★★
地址：乐山市犍为县玉津镇凤石街北段664号
电话：0833－4234009
邮编：614400

峨眉山金佛宾馆★★★
地址：乐山市峨眉山市名山路南段112号
电话：0833－5523237
邮编：614200

峨眉山电力宾馆★★★
地址：乐山市峨眉山市名山路东段48号
电话：0833－5367777
邮编：614200

峨眉山宾馆★★★
地址：乐山市峨眉山市名山路南段22号
电话：0833－5533888
邮编：614200

大峡谷宾馆★★★
地址：乐山市金口河区滨河路一段99号
电话：0833－2715999
邮编：614700

峨眉山秀园宾馆★★★
地址：乐山市峨眉山市绥山镇名山路东段84号
电话：0833－5521214
邮编：614200

秀湖国际度假大酒店★★★
地址：乐山市峨眉山峨秀镇秀湖旁
电话：0833－5523306
邮编：614200

荣县翠湖大酒店★★★
地址：自贡市荣县双溪水库
电话：0813－6288276
邮编：643100

富顺富华大酒店★★★
地址：自贡市富顺县釜江大道西段157号
电话：0813－7217006
邮编：643200

泸州大酒店★★★
地址：泸州市江阳区江阳北路69号
电话：0830－2293537
邮编：646000

泸州汇丰饭店★★★
地址：泸州市新区龙南路46号
电话：0830－2570570
邮编：646000

泸州山海大饭店★★★
地址：泸州市龙马潭区蜀泸大道1号
电话：0830－2583333
邮编：646000

泸州帝都大酒店★★★
地址：泸州市龙马区龙马大道2段32号
电话：0830－2501166
邮编：646000

泸州龙城大酒店★★★
地址：泸州市泸县福集商业一街
电话：0830－8186668
邮编：646106

洞宫大酒店★★★
地址：泸州市龙马潭区罗汉镇群丰村
电话：0830－2759902
邮编：646000

远能大饭店★★★
地址：宜宾市南岸长江大道中段17号
电话：0831－2185000
邮编：644002

长宁蜀南宾馆★★★
地址：宜宾市长宁县万岭镇小桥
电话：0831－4980555

邮编：644304

翡翠度假村★★★
地址：宜宾市长宁县万岭镇
电话：0831－4970111
邮编：644304

华能符江宾馆★★★
地址：宜宾市高县庆符镇河滨路
电话：0831－5419999
邮编：644501

僰都大酒店★★★
地址：宜宾市珙县巡场镇新桥街 56 号
电话：0831－4012555
邮编：645154

叙府宾馆★★★
地址：宜宾市鲁家园街 14 号
电话：0831－8189999
邮编：644000

蓝天宾馆★★★
地址：宜宾市二二四翠柏商城
电话：0831－6666688
邮编：644600

宜宾永安大酒店★★★
地址：宜宾市江安县北正街 40 号
电话：0831－8889111
邮编：644200

银峰宾馆★★★
地址：宜宾市兴文县中城镇中山路
电话：0831－8828888
邮编：644400

南山宾馆★★★
地址：攀枝花市攀钢南山村
电话：0812－2321304
邮编：617067

红格温泉宾馆★★★
地址：攀枝花市红格镇
电话：0812－8782666
邮编：617000

新视窗仁和宾馆★★★
地址：攀枝花市仁和区宝兴路
电话：0812－2915555
邮编：617026

金沙来大酒店★★★
地址：攀枝花市西区格沙拉大道 132 号
电话：0812－8888877
邮编：617068

攀枝花西城佳园宾馆★★★
地址：攀枝花市西城苏铁中路 256 号
电话：0812－5530013
邮编：617068

江北宾馆★★★
地址：巴中市江北大道中段
电话：0827－5268941
邮编：636000

恒丰酒店★★★
地址：巴中市江北大道中段
电话：0827－5269898
邮编：636000

秦源雪大酒店★★★
地址：巴中市南江县光雾山大道断渠桥头
电话：0827－8633333
邮编：636600

华夏大酒店★★★
地址：达州市通州区大北街 184 号
电话：0818－2128888
邮编：635000

达州莲湖山庄★★★
地址：达州市莲花湖旅游风景区
电话：0818－2630398
邮编：635000

宣宾假日酒店★★★
地址：达州市宣汉县东街 78 号
电话：0818－5236222
邮编：636150

达州聚鑫商务酒店★★★
地址：达州市宣汉解放中路 643 号
电话：0818－5233333
邮编：636150

达州市凯悦酒店★★★
地址：达州市通川南路 5 号
电话：0818－2399999
邮编：635000

达州万源大酒店★★★
地址：达州市万源市银河路
电话：0818－8603002
邮编：636350

鹏飞天际大酒店★★★
地址：达州市西外新区金兰路 583 号
电话：0818－5918999
邮编：635000

花岛度假酒店★★★
地址：资阳市简阳市三岔湖花岛
电话：400－067－6128
邮编：641418

安岳宾馆★★★
地址：资阳市安岳县正北街 117 号
电话：028－24522888
邮编：642350

资阳金迪大酒店★★★
地址：资阳市体育路 32 号
电话：028－23012003
邮编：641300

眉山宾馆★★★
地址：眉山市东坡区下西街 45 号
电话：028－38226666
邮编：620020

仁寿华生宾馆★★★
地址：眉山市仁寿县江家坝群英街 20 号
电话：028－36212700
邮编：620500

彭山兴铁宾馆★★★
地址：眉山市彭山县彭祖大道北段 1 号
电话：028－37628628
邮编：612760

雨都饭店★★★
地址：雅安市挺进路 20 号
电话：0835－2601999
邮编：625000

天府温泉宾馆★★★
地址：雅安市孔坪乡
电话：0835－2312588
邮编：625000

茗都花园酒店★★★
地址：雅安市名山区平桥新区
电话：0835－3225555
邮编：625100

石棉大酒店★★★
地址：雅安市石棉县电力路 29 号
电话：0835－8863666
邮编：625400

荥经饭店★★★
地址：雅安市荥经县繁荣下街 45 号
电话：0835－7629888
邮编：625200

西康大酒店★★★
地址：雅安市临江路 8 号
电话：0835－2239333
邮编：625000

二郎山宾馆★★★
地址：雅安市天全县安居南路 1 号
电话：0835－8686666
邮编：625500

天全县川达宾馆★★★
地址：雅安市天全县向阳大道 142 号
电话：0835－7222796
邮编：625500

天全县明康大酒店★★★
地址：雅安市天全县向阳大道东段南侧
电话：0835－7390888
邮编：625500

夹金山大酒店★★★
地址：雅安市宝兴县穆坪镇沿江路 38 号
电话：0835－6829888
邮编：624700

桂园酒店★★★
地址：雅安市汉源县富泉集镇
电话：0835－8952333
邮编：625300

九寨沟宾馆★★★
地址：阿坝藏族羌族自治州九寨沟县漳扎镇
电话：0837－7734023
邮编：623402

九寨山庄★★★
地址：阿坝藏族羌族自治州九寨沟县漳扎镇
电话：0837－7734360
邮编：623402

九鑫山庄★★★
地址：阿坝藏族羌族自治州九寨沟县漳扎镇
电话：0837－7739588
邮编：623402

华缘山庄★★★
地址：阿坝藏族羌族自治州九寨沟县漳扎镇龙康坝
电话：0837－7739788
邮编：623402

麟翔源宾馆★★★
地址：阿坝藏族羌族自治州九寨沟县漳扎镇
电话：0837－7734030
邮编：623400

川主国际饭店★★★
地址：阿坝藏族羌族自治州松潘县川主寺镇
电话：0837－7242333
邮编：623300

古尔沟温泉山庄★★★
地址：阿坝藏族羌族自治州理县古尔沟镇
电话：0837－6838888

邮编：623100

潘达尔森林大酒店★★★
地址：阿坝藏族羌族自治州汶川县三江景区
电话：0837－6339111
邮编：623000

九寨沟红宝石大酒店★★★
地址：阿坝藏族羌族自治州九寨沟县漳扎镇
电话：0837－7734118
邮编：642302

岷源山庄★★★
地址：阿坝藏族羌族自治州松潘县川主寺镇
电话：0837－7242238
邮编：623300

若尔盖大藏阳光酒店★★★
地址：阿坝藏族羌族自治州若尔盖县精品街88号
电话：0837－2292999
邮编：624500

阿坝州汶川凯逸酒店★★★
地址：阿坝藏族羌族自治州汶川县大桥路明珠广场
电话：0837－6229172
邮编：623000

阿坝州新国旅大酒店★★★
地址：阿坝藏族羌族自治州汶川县威州镇较场下街77号
电话：0837－6224828
邮编：623000

格萨尔酒店★★★
地址：甘孜藏族自治州康定县西大街
电话：0836－2825777
邮编：626000

贡嘎宾馆★★★
地址：甘孜藏族自治州泸定县磨西镇
电话：0836－3266665
邮编：626000

金山饭店★★★
地址：甘孜藏族自治州泸定县磨西镇
电话：0836－3266433
邮编：626000

乡城县巴姆山大酒店★★★
地址：甘孜藏族自治州乡城县香巴拉大道
电话：0836－5825999
邮编：627850

稻城亚丁温泉大酒店★★★
地址：甘孜藏族自治州稻城县金珠镇贡巴路二段36号
电话：0836－5727522
邮编：627750

金桥酒店★★★
地址：凉山彝族自治州西昌市胜利路
电话：0834－3220088
邮编：615000

喜德阳光温泉大酒店★★★
地址：凉山彝族自治州喜德县拉克乡幸福村
电话：0834－7449555
邮编：616750

西昌明珠大酒店★★★
地址：凉山彝族自治州西昌市航天大道
电话：0834－2503333
邮编：615000

西昌醉太平酒店★★★
地址：凉山彝族自治州西昌市海滨路
电话：0834－3951800
邮编：615000

金沙江酒店★★★
地址：凉山彝族自治州雷波县环城路中段
电话：0834－8825678
邮编：616550

木里卡卓大酒店★★★
地址：凉山彝族自治州木里县齐瓦镇龙钦南街75号
电话：0834－6522888
邮编：615800

木里香巴拉大酒店★★★
地址：凉山彝族自治州木里县扎昌街36号
电话：0834－6522666
邮编：615800

二星级

红楼大酒店★★
地址：成都市邛崃市文星街335号
电话：028－88795336
邮编：611530

攀钢蓉城大厦★★
地址：成都市一环路北三段167号
电话：028－83393300
邮编：610081

成都花园饭店★★
地址：成都市东风路27号
电话：028－84445555
邮编：610061

铁路宾馆★★
地址：成都市火车北站西北桥东街4号
电话：028－83188011
邮编：610081

金牛山庄★★
地址：成都市金牛大道金苏路1号
电话：028－87509999
邮编：610036

雷剑宾馆★★
地址：成都市武侯祠大街87号
电话：028－85571108
邮编：610041

川影宾馆★★
地址：成都市青年路21号
电话：028－86650921
邮编：610016

蓉城饭店★★
地址：成都市陕西街130号
电话：028－86112933
邮编：610041

机场宾馆★★
地址：成都市双流国际机场
电话：028－85703396
邮编：610214

太极商务宾馆★★
地址：成都市建设路58号
电话：028－84333983
邮编：610051

华阳大酒店★★
地址：成都市双流县华阳镇丁字街1号
电话：028－85630888
邮编：610213

创耀保健度假村★★
地址：成都市崇州市街子镇
电话：028－82294225
邮编：611242

金领宾馆★★
地址：成都市玉沙路80号
电话：028－86745588
邮编：610017

蜀秀宾馆★★
地址：成都市浦江县朝阳镇
电话：028－88591024
邮编：611630

珠峰宾馆★★
地址：成都市上西顺城街107号
电话：028－86539696
邮编：610015

社保宾馆★★
地址：成都市西大街258号
电话：028－86242226
邮编：610031

四川地税瑞丰苑宾馆★★
地址：成都市新南路3号
电话：028－85459958
邮编：610000

川视宝光宾馆★★
地址：成都市新都宝光大街126号
电话：028－83974441
邮编：610500

崇州琴华苑运动休闲公司★★
地址：成都市崇州市永康西路601号
电话：028－82201000
邮编：611230

滴水琴太酒店★★
地址：成都市武侯大道18号
电话：028－85070168
邮编：610052

四川花水湾温泉第一村★★
地址：成都市大邑县花水湾镇
电话：028－88390308
邮编：611345

成都圣地阳光宾馆★★
地址：成都市武侯区洗面桥横街10号
电话：028－85533380
邮编：610041

成都浣花启明宾馆★★
地址：成都市浣花北路1号
电话：028－87499999
邮编：610072

成都交通饭店★★
地址：成都市临江路77号
电话：028－85451017
邮编：610041

华西饭店★★
地址：成都市都江堰江安路181号
电话：028－87281888
邮编：611830

广元市劳动大厦★★
地址：广元市利州东路667号

电话：0839－3304000
邮编：628017

广元中源宾馆★★
地址：广元市转盘路利州西路 32 号
电话：0839－3217002
邮编：628000

广元丽晶商务酒店★★
地址：广元市蜀门南路 55 号
电话：0839－3564666
邮编：628000

广元快捷酒店★★
地址：广元市蜀门南路 2 号
电话：0839－3277888
邮编：628000

苍溪梨州大酒店★★
地址：广元市苍溪县北门路 6 号
电话：0839－5222999
邮编：628000

苍溪县御荷源商务会馆★★
地址：广元市苍溪县北解放路现代商城三楼
电话：0839－5898888
邮编：628400

广元金财酒店★★
地址：广元市剑阁县修城坝财政大厦
电话：0839－6601119
邮编：628300

长虹·君怡酒店★★
地址：绵阳市跃进路 36 号
电话：0816－2333938
邮编：621000

新华饭店★★
地址：绵阳市警钟街 7 号
电话：0816－2222398
邮编：621000

银河大酒店★★
地址：绵阳市临园路西段 33 号
电话：0816－2366555
邮编：621000

子云大酒店★★
地址：绵阳市临园路西段 26 号
电话：0816－2371489
邮编：621000

平武宾馆★★
地址：绵阳市平武县龙安镇政府街 19 号
电话：0816－8822022
邮编：622550

富华大酒店★★
地址：绵阳市平武县小春坝开发区
电话：0816－8825888
邮编：622550

三台大酒店★★
地址：绵阳市三台县北坝镇文化路 9 号
电话：0816－5333720
邮编：621100

信合大酒店★★
地址：绵阳市梓潼县文昌路南段
电话：0816－8260999
邮编：622150

嫘祖宾馆★★
地址：绵阳市盐亭县新东街 87 号
电话：0816－7220018
邮编：621600

东津酒店★★
地址：绵阳市东津路 45 号
电话：0816－2291123
邮编：621000

中洋仙泉酒店★★
地址：绵阳市安县罗浮山风景区
电话：0816－4638666
邮编：622654

金叶迎宾馆★★
地址：绵阳市三台县上东街
电话：0816－5260912
邮编：621100

德阳东电宾馆★★
地址：德阳市黄河西路 189 号
电话：0838－2411520
邮编：618000

德阳市华西宾馆★★
地址：德阳市岷山路 76 号
电话：0838－2342221
邮编：618000

中江美迪花园饭店★★
地址：德阳市中江县小东街 181 号
电话：0838－7202380
邮编：618100

中江新伍城大酒店★★
地址：德阳市中江伍城东路 15 号
电话：0838－7209888
邮编：618100

阆中百瑞宾馆★★
地址：南充市阆中张飞路南段 16 号
电话：0817－6223222
邮编：637400

阆中瑞年大酒店★★
地址：南充市阆中张飞南路 12 号
电话：0817－6383888
邮编：637400

南充新华商务酒店★★
地址：南充市顺庆人民北路 112 号
电话：0817－2267888
邮编：637000

南充锦江酒店★★
地址：南充市仪陇新政镇滨江大道中段
电话：0817－7897999
邮编：637000

紫金山大酒店★★
地址：广安市城北建华路 1 号
电话：0826－2220019
邮编：638000

北辰宾馆★★
地址：广安市区洪州大道东段 16 号
电话：0826－2239799
邮编：638000

邻水梓园宾馆★★
地址：广安市邻水县古邻大道 47 号
电话：0826－3233730
邮编：638000

广安金梅大酒店★★
地址：广安市城南广宁路 509 号
电话：0826－2391777
邮编：638000

万友商务酒店★★
地址：广安市邻水县鼎屏镇汉渝巷 1 号
电话：0826－3220998
邮编：638500

锦苑宾馆★★
地址：广安市武胜县弘武大道 8 号
电话：0826－6660888
邮编：638400

临水富安商务酒店★★
地址：广安市邻水县人民中路 4 号
电话：0826－3227557
邮编：638500

好客风尚酒店★★
地址：广安市城北龙头街 8 号
电话：0826－5129777
邮编：638000

武胜好客酒店★★
地址：广安市武胜县建设南路 31 号
电话：0826－6668699
邮编：638000

射洪县泰和大酒店★★
地址：遂宁市射洪县太和大道中段 2 号
电话：0825－6636666
邮编：629200

椰岛大酒店★★
地址：遂宁市大英天保街
电话：0825－7820888
邮编：629300

遂宁大英雅乐轩大酒店★★
地址：遂宁市大英县金元街 73 号
电话：0825－7821500
邮编：629300

遂宁瑞丰宾馆★★
地址：遂宁市遂州中路 716 号
电话：0825－2323991
邮编：629000

大英县新华宾馆★★
地址：遂宁市大英县交通街 58 号
电话：0825－5967888
邮编：629100

广来福宾馆（北极星店）★★
地址：遂宁市遂州中路 301 号
电话：0825－8887711
邮编：629000

佳和宾馆★★
地址：遂宁市遂州北路 1 号
电话：0825－8889911
邮编：629000

遂宁市军分区贤名缘大酒店★★
地址：遂宁市公园西路 42 号
电话：0825－5802666
邮编：629000

吉祥宾馆★★
地址：遂宁市遂州北路 66 号
电话：0825－2216733
邮编：629000

遂宁中南宾馆★★
地址：遂宁市盐市街 56 号
电话：0825－2226133
邮编：629000

蓬溪县天丽花园酒店★★
地址：遂宁市蓬溪县赤城镇天利商业街
电话：0825－5478688
邮编：629100

蓬溪县春韵商务酒店★★
地址：遂宁市蓬溪县中河街武装部内
电话：0825－5427373
邮编：629100

遂宁华丽大酒店★★
地址：遂宁市蓬溪县鸡市街
电话：0825－8876888
邮编：629100

遂宁金樽大酒店★★
地址：遂宁市蓬溪县蜀北中路
电话：0825－8435978
邮编：629100

内江宾馆（新楼）★★
地址：内江市市中区玉带街80－84号
电话：0832－5085819
邮编：641000

隆昌金谷大酒店★★
地址：内江市隆昌县隆泸大道10号
电话：0832－3955555
邮编：642150

夹江宾馆★★
地址：乐山市夹江县建设路
电话：0833－5664000
邮编：614100

乐山颐园宾馆★★
地址：乐山市中区茶坊小区
电话：0833－2494437
邮编：614000

峨眉山万年宾馆★★
地址：乐山市峨眉山万年镇
电话：0833－5090394
邮编：614200

峨眉山天秀饭店★★
地址：乐山市峨眉山雷洞坪停车场
电话：0833－5098051
邮编：614200

乐山九鼎宾馆★★
地址：乐山市中区篦子街钓鱼台1台
电话：0833－2161868
邮编：614000

峨眉山雷洞坪山庄★★
地址：乐山市峨眉山雷洞坪停车场
电话：0833－5098053
邮编：614200

峨眉山奇秀居饭店★★
地址：乐山市峨眉山雷洞坪停车场
电话：0833－5098018
邮编：614200

峨眉山民生饭店★★
地址：乐山市峨眉山峨山镇黄湾乡雷洞平26号
电话：0833－5098188
邮编：614200

峨眉山红旗饭店★★
地址：乐山市峨眉山万年村五组80号
电话：0833－5090033
邮编：614200

荣县高峰宾馆★★
地址：自贡市荣县旭阳镇桂林街32号
电话：0813－6221708
邮编：643100

春熙宾馆★★
地址：自贡市自井区五星街81号
电话：0813－2110111
邮编：643000

富顺花园酒店★★
地址：自贡市富顺县富州花园林达路1号
电话：0813－7166888
邮编：643200

天池山庄★★
地址：泸州市方山景区
电话：0830－3710178
邮编：646000

泸天化宾馆★★
地址：泸州市纳溪友谊路200号
电话：0830－4122461
邮编：646300

回归宾馆★★
地址：泸州市合江县少岷路中段
电话：0830－5269000
邮编：646200

龙马宾馆★★
地址：泸州市龙马大道
电话：0830－2589189
邮编：646000

金虹宾馆★★
地址：泸州市合江九支
电话：0830－5905618
邮编：646200

泸州金山阳光假日酒店★★
地址：泸州市纳溪区友谊路222号
电话：0830－4123167
邮编：646300

玉兰山度假村★★
地址：泸州市福宝国家森林公园中心
电话：0830－5799001
邮编：646200

茅山大酒店★★
地址：泸州市泸县福集镇花园路104号
电话：0830－8191388
邮编：646100

天华宾馆★★
地址：泸州市合江县榕山镇
电话：0830－5482008
邮编：646207

龙头宾馆有限责任公司★★
地址：泸州市合江县光坝镇
电话：0830－5633888
邮编：646204

虹桥宾馆★★
地址：泸州市合江县建设路21号
电话：0830－5224953
邮编：646000

泸州叙永胜利商务酒店★★
地址：泸州市叙永县环城大道胜利桥头
电话：0830－6235169
邮编：646400

泸州纳溪宾馆★★
地址：泸州市纳溪顺江街99号
电话：0830－4219988
邮编：646300

天河宾馆★★
地址：泸州市龙马潭区龙马大道二段45号
电话：0830－2513666
邮编：646400

宜宾大酒店★★
地址：宜宾市仁和街1号
电话：0831－8186666
邮编：644000

金沙江宾馆★★
地址：宜宾市南岸蜀南大道西段
电话：0831－2338088
邮编：644006

江南宾馆★★
地址：宜宾市蜀南大道中段
电话：0831－2379555
邮编：644002

竹海宾馆★★
地址：宜宾市长宁县万岭镇小桥
电话：0831－4980000
邮编：644304

君子宾馆★★
地址：宜宾市长宁县建设路83号
电话：0831－4620000
邮编：644300

桔湘宾馆★★
地址：宜宾市长宁县竹海路2段
电话：0831－4629000
邮编：644300

竹海大酒店★★
地址：宜宾市长宁县竹海路234号
电话：0831－4630000
邮编：644300

兴文大酒店★★
地址：宜宾市兴文县中城镇建国大道
电话：0831－8834666
邮编：644400

宜宾建中宾馆★★
地址：宜宾市273信箱
电话：0831－8282077
邮编：644000

宜宾洞乡大酒店★★
地址：宜宾市兴文县香山路221号
电话：0831－8828777
邮编：644400

邮政宾馆★★
地址：宜宾市幸文县香山西路508号
电话：0831－8820999
邮编：644400

鑫鑫大酒店★★
地址：宜宾市南岸长江大道中段15号附15号
电话：0831－2330222
邮编：644000

昊川假日酒店★★
地址：宜宾市兴文县旅游一条街
电话：0831－8533333
邮编：6444400

新视窗阳光酒店★★
地址：攀枝花市大道中段东阳巷20号
电话：0812－2232355
邮编：617000

米易科技宾馆★★
地址：攀枝花市米易县城中街81号
电话：0812－8172131
邮编：617200

太阳风酒店★★
地址：攀枝花市火车站对面
电话：0812－6600185
邮编：617064

攀枝花宝山大酒店★★
地址：攀枝花市江南三路 140 号
电话：0812－2271088
邮编：617000

攀电宾馆★★
地址：攀枝花市东区
电话：0812－2705959
邮编：617067

迎来君宾馆★★
地址：攀枝花市盐边县东城街晨宇大厦 3 楼
电话：0812－8656669
邮编：617100

东华宾馆★★
地址：巴中市东城街 123 号
电话：0827－5237777
邮编：636000

金穗宾馆★★
地址：巴中市平昌县江口镇建设路 39 号
电话：0827－6231555
邮编：635400

南江县金惠宾馆★★
地址：巴中市南江县南江镇光雾山大道 26 号
电话：0827－8222955
邮编：636600

巴中市明珠饭店★★
地址：巴中市江北大道中段
电话：0827－7700000
邮编：635500

光雾山大酒店★★
地址：巴中市南江县光雾山镇
电话：0827－8861136
邮编：636688

枫叶大酒店★★
地址：巴中市南江县光雾山镇
电话：0827－8861222
邮编：636688

高望都宾馆★★
地址：巴中市江北大道中段 1 号
电话：0827－7700333
邮编：636000

宏博宾馆★★
地址：巴中市通江县诺水中路
电话：0827－7238688
邮编：636700

家园酒店★★
地址：巴中市江北宋家坝
电话：0827－5011888
邮编：636000

悦华大酒店★★
地址：达州市通川中路 15 号
电话：0818－2126825
邮编：635000

德隆宾馆★★
地址：达州市渠县渠江镇工农街 2 号
电话：0818－7224135
邮编：635200

天封宾馆★★
地址：达州市龙谭河风景区
电话：0818－8634015
邮编：636366

奥林宾馆★★
地址：资阳市简阳市建设中路 35 号
电话：028－27014288
邮编：641400

晨风大酒店★★
地址：资阳市车城小区
电话：028－26282891
邮编：641300

银都大酒店★★
地址：资阳市正东街 18 号
电话：028－26223888
邮编：641300

阳光大酒店★★
地址：资阳市雁城路北段
电话：028－26762108
邮编：641300

金龙山庄★★
地址：资阳市简阳市龙泉湖 2 号半岛
电话：028－27231068
邮编：641402

资阳金蓉大酒店★★
地址：资阳市雁江区资溪花园
电话：028－26183908
邮编：641300

四川省水电职工疗养中心★★
地址：资阳市简阳市石盘镇龙泉湖
电话：028－22732082
邮编：641423

资阳新华宾馆★★
地址：资阳市雁江路广厦路
电话：028－26655032
邮编：641300

简阳市三岔镇嘉苑酒店★★
地址：资阳市简阳市三岔镇清水三社
电话：028－27828355
邮编：641418

洪雅万宏大酒店★★
地址：眉山市洪雅县滨河路东段 32 号
电话：028－37555666
邮编：610230

眉山润丰酒店★★
地址：眉山市东坡区凤翔路北段 55 号
电话：028－38290168
邮编：620010

彭山仙女湖山庄★★
地址：眉山市彭山县江口镇
电话：028－37687088
邮编：612760

彭山凯涞酒店★★
地址：眉山市彭山县凤鸣中路 232 号
电话：028－37624138
邮编：620860

美客美家宾馆★★
地址：雅安市挺进路 266 号
电话：0835－2635176
邮编：625000

龙井泉水山庄★★
地址：雅安市蒙顶山
电话：0835－3232049
邮编：625100

石棉宾馆★★
地址：雅安市石棉县人民路 81 号
电话：0835－8862366
邮编：625400

荥经古城大酒店★★
地址：雅安市荥经县荥兴路西一段 159 号
电话：0835－7623688
邮编：625200

雅安石棉大渡河酒店★★
地址：雅安市石棉县文化路三段 128 号
电话：0835－8856888
邮编：625400

雅安汉源梨都大酒店★★
地址：雅安市汉源县九襄镇交通北路
电话：0835－4388686
邮编：625300

炉霍县康北宾馆★★
地址：甘孜藏族自治州炉霍县新都镇商业街
电话：0836－7322332
邮编：626500

炉霍县卡萨大酒店★★
地址：甘孜藏族自治州炉霍县团结路
电话：0836－7323666
邮编：626500

巴塘县雪域扎西宾馆★★
地址：甘孜藏族自治州巴塘县安康大道
电话：0836－5623222
邮编：627650

冕宁宾馆★★
地址：凉山彝族自治州冕宁县人民路 26 号
电话：0834－6724808
邮编：615600

雷波溪洛渡大酒店★★
地址：凉山彝族自治州雷波县城
电话：0834－8821777
邮编：616550

冕宁邮缘宾馆★★
地址：凉山彝族自治州冕宁县北街 106 号
电话：0834－6725802
邮编：615600

泸沽湖蓝天湖民俗园★★
地址：凉山彝族自治州盐源县泸沽湖镇
电话：0834－6390289
邮编：615000

西昌市新天恒酒店★★
地址：凉山彝族自治州西昌城南大道一段长富路下街
电话：0834－5131000
邮编：615000

会理县望帝酒店★★
地址：凉山彝族自治州会理县滨河路 87－90 号
电话：0834－5631569
邮编：615100

一星级

香颂丽景酒店★
地址：成都市天仙桥南路 8 号

电话：028－68096666
邮编：610017

成都嘉立酒店★
地址：成都市三圣街34号
电话：028－86721000
邮编：610021

庆云宾馆★
地址：成都市庆云南街76号
电话：028－86787666
邮编：610021

安州宾馆★
地址：绵阳市安县安昌镇大西街79号
电话：0816－4222681
邮编：622650

马记大酒店★
地址：绵阳市江油市北大街西段昌明路
电话：0816－3255788
邮编：621700

盘江宾馆★
地址：绵阳市江油市含增镇
电话：0816－3657251
邮编：621700

荣县荣州宾馆★
地址：自贡市荣县桂林街125号
电话：0813－6288076
邮编：643100

康定塔公宾馆★
地址：甘孜藏族自治州康定塔公
电话：0836－2866988
邮编：626006

高城宾馆★
地址：甘孜藏族自治州理塘县
电话：0836－5322706
邮编：627550

理塘高原明珠酒店★
地址：甘孜藏族自治州理塘县
电话：0836－5323088
邮编：627550

贵　州

GUIZHOU

五星级

贵州天怡豪生大酒店★★★★★
地址：贵阳市云岩区枣山路 29 号
电话：0851－6518888
邮编：550001

喜来登贵航大酒店★★★★★
地址：贵阳市南明区中华南路 49 号
电话：0851－5888888
邮编：550001

贵阳世纪金源大饭店★★★★★
地址：贵阳市观山湖区金阳新区金阳南路 6 号
电话：0851－3928888
邮编：550018

黔西南州金州翠湖宾馆★★★★★
地址：黔西南布依族苗族自治州兴义市瑞金南路 60 号
电话：0859－3619999
邮编：562499

四星级

贵州饭店★★★★
地址：贵阳市云岩区北京路 66 号
电话：0851－6823888
邮编：550001

贵州鲜花酒店★★★★
地址：贵阳市南明区中华南路 1 号
电话：0851－5867888
邮编：550001

贵州柏顿酒店★★★★
地址：贵阳市云岩区延安东路 18 号
电话：0851－5827888
邮编：550001

贵州丽豪大饭店★★★★
地址：贵阳市云岩区瑞金北路 115 号
电话：0851－6521888
邮编：550001

贵龙饭店★★★★
地址：贵阳市南明区神奇路 52 号
电话：0851－5593888
邮编：550001

能辉酒店★★★★
地址：贵阳市南明区瑞金南路 38 号
电话：0851－5898888
邮编：550001

贵州武岳酒店★★★★
地址：贵阳市南明区南厂路 1 号
电话：0851－8651777
邮编：550001

贵州雅迪尔国际大酒店★★★★
地址：贵阳市南明区中华南路 7 号
电话：0851－5578888
邮编：550001

贵州峰润喀斯特酒店★★★★
地址：贵阳市南明区神奇路 1 号
电话：0851－8196888
邮编：550001

金芦笙小镇精品特色酒店★★★★
地址：贵阳市南明区宝山南路 88 号
电话：0851－5623999
邮编：550001

贵州民族大酒店★★★★
地址：贵阳市南明区箭道街 23 号
电话：0851－5571888
邮编：550001

贵阳蓝天宾馆★★★★
地址：贵阳市南明区解放路 158 号
电话：0851－5795988
邮编：550001

西苑锦润酒店★★★★
地址：贵阳市花溪区锦江路 5 号
电话：0851－5975555
邮编：550009

西湖花园大酒店★★★★
地址：贵阳市云岩区宝山北路 133 号
电话：0851－5292802
邮编：550001

都市怡景酒店★★★★
地址：贵阳市南明区都司路 122 号
电话：0851－5848888
邮编：550001

贵州铝厂宾馆★★★★
地址：贵阳市白云区刚玉街 57 号
电话：0851－4896111
邮编：550014

贵阳夏日康桥酒店★★★★
地址：贵阳市白云区白云南路 299 号
电话：0851－4439655
邮编：550014

贵阳诺富特酒店★★★★
地址：贵阳市南明区中华南路 8 号
电话：0851－5881888
邮编：550001

贵阳林城万宜酒店★★★★
地址：贵阳市南明区遵义路 326 号
电话：0851－6878888
邮编：550001

六盘水时代假日酒店★★★★
地址：六盘水市钟山区钟山中路 66 号
电话：0858－8108888
邮编：553000

六盘水凤凰祥林大酒店★★★★
地址：六盘水市钟山区凤凰新区青峰路 18 号
电话：0858－8296789
邮编：553000

六盘水红果大酒店★★★★
地址：六盘水市盘县红果经济开发区凤鸣路
电话：0858－3631888
邮编：561601

牂牁江假日酒店★★★★
地址：六盘水市六枝特区人民路 22 号
电话：0858－8101666
邮编：553400

遵义大世界酒店★★★★
地址：遵义市汇川区珠海路 1 号
电话：0852－8666666
邮编：563000

遵义东方酒店★★★★
地址：遵义市红花岗区中华南路 2 号
电话：0852－8867777
邮编：563000

赤水中悦大酒店★★★★
地址：遵义市赤水市南正街 22 号
电话：0852－2823888
邮编：564700

遵义森林大酒店★★★★
地址：遵义市汇川区深圳路新客运大楼
电话：0852－8988888
邮编：563000

遵义金城大酒店★★★★
地址：遵义市汇川区香港路中段
电话：0852－8621666
邮编：563000

国酒门温泉酒店★★★★
地址：遵义市仁怀市盐津河风景区国酒门旁
电话：0852－2316666
邮编：564500

金黔嘉华大酒店★★★★
地址：遵义市桐梓县娄山关镇河滨大道南段 888 号
电话：0852－6666666
邮编：563200

遵义市丽都酒店★★★★
地址：遵义市汇川区香港路 638 号
电话：0852－8959999
邮编：563000

安顺凯旋大酒店★★★★
地址：安顺市西秀区开发区南马广场
电话：0853－3461999
邮编：561000

泰翔柏丽酒店★★★★
地址：安顺市西秀区开发区西航路
电话：0853－8186666
邮编：561000

关岭坝陵酒店★★★★
地址：安顺市关岭布依族苗族自治县关索镇大龙滩高速公路出口
电话：0853－7116888
邮编：561300

毕节腾龙凯悦酒店★★★★
地址：毕节市七星关区桂花路 2 号
电话：0857－8291111
邮编：551700

毕节大酒店★★★★
地址：毕节市七星关区砂石路
电话：0857－8689999
邮编：551700

宏洲国际大酒店★★★★
地址：毕节市织金县城关镇金北路 151 号
电话：0857－7758888
邮编：552100

毕节大众国际酒店★★★★
地址：毕节市翠屏路 12 号
电话：0857－8933333
邮编：551799

铜仁宝鑫大酒店★★★★
地址：铜仁市东太大道 88 号
电话：0856－5937888
邮编：554399

松桃松闽大酒店★★★★
地址：铜仁市松桃县麻阳街 24 号
电话：0856－6966666

邮编：554199

铜仁温州大酒店★★★★
地址：铜仁市大庆北路85号
电话：0856－6968888
邮编：554399

铜仁江华国际大酒店★★★★
地址：铜仁市火车站转盘
电话：0856－5266091
邮编：554399

凯里嘉瑞禾腾龙酒店★★★★
地址：黔东南苗族侗族自治州凯里市宁波东路
电话：0855－8066666
邮编：556099

凯里金冠酒店★★★★
地址：黔东南苗族侗族自治州凯里市友庄路18号
电话：0855－8068888
邮编：556099

金凯帝豪酒店★★★★
地址：黔东南苗族侗族自治州凯里市北京西路
电话：0855－8276688
邮编：556099

天柱大酒店★★★★
地址：黔东南苗族侗族自治州天柱县凤城镇北部新区1号
电话：0855－7821888
邮编：556699

荔波县三力酒店★★★★
地址：黔南布依族苗族自治州荔波县玉屏镇思铭大道
电话：0854－3615888
邮编：558499

贵侯苑商务大酒店★★★★
地址：黔南布依族苗族自治州都匀市开发区龙山大道
电话：0854－7121111
邮编：558000

金鹏国际酒店★★★★
地址：黔南布依族苗族自治州都匀市剑江中路67号
电话：0854－7127777
邮编：558099

伯爵花园酒店★★★★
地址：黔南布依族苗族自治州都匀市开发区斗篷山路
电话：0854－8199999
邮编：558000

三都福丰假日酒店★★★★
地址：黔南布依族苗族自治州三都县三合镇龙嘴角移民新村
电话：0854－3029999
邮编：558199

福泉大酒店★★★★
地址：黔南布依族苗族自治州福泉市金山办事处洒金北路174号
电话：0854－2212888
邮编：550599

三星级

贵州华联酒店★★★
地址：贵阳市云岩区中华中路137号
电话：0851－5810999
邮编：550001

黔灵大酒店★★★
地址：贵阳市云岩区北京路225号
电话：0851－8271521
邮编：550004

贵阳神奇星岛酒店★★★
地址：贵阳市云岩区贵开路1号
电话：0851－6751888
邮编：550004

贵州立云酒店★★★
地址：贵阳市云岩区浣沙路5号
电话：0851－8126666
邮编：550003

紫林宾馆★★★
地址：贵阳市云岩区延安中路110号
电话：0851－5283000
邮编：550001

久远饭店★★★
地址：贵阳市南明区瑞金南路36号
电话：0851－5849999
邮编：550003

修文珍珠岛度假中心★★★
地址：贵阳市修文县久长镇
电话：0851－2436002
邮编：550200

贵阳市金品大酒店★★★
地址：贵阳市南明区朝阳洞路建材巷1号
电话：0851－8216666
邮编：550007

贵阳南翔酒店★★★
地址：贵阳市云岩区延安西路185号
电话：0851－6522888
邮编：550003

贵州宏业宾馆★★★
地址：贵阳市南明区解放路87号
电话：0851－5566755
邮编：550007

贵阳久泰大酒店★★★
地址：贵阳市云岩区瑞金北路116号
电话：0851－6685998
邮编：550004

花溪溪山酒店★★★
地址：贵阳市花溪区迎宾路
电话：0851－3630166
邮编：550025

贵阳鸿鼎大酒店★★★
地址：贵阳市南明区沙冲路198号
电话：0851－3839988
邮编：550007

新联大厦★★★
地址：贵阳市云岩区外环东路227号
电话：0851－6765555
邮编：550001

金泉酒店★★★
地址：贵阳市花溪区花谷路6号
电话：0851－3851484
邮编：550025

贵阳方源酒店★★★
地址：贵阳市花溪区香江路6号
电话：0851－8316655
邮编：550009

贵阳机场宾馆★★★
地址：贵阳市南明区龙洞堡机场内
电话：0851－5498585
邮编：550000

黔景宾馆★★★
地址：贵阳市南明区沙冲南路198号
电话：0851－3990188
邮编：550007

京瑞宾馆★★★
地址：贵阳市云岩区北京路194号
电话：0851－6891602
邮编：550004

贵阳瑞金酒店★★★
地址：贵阳市南明区瑞金南路62号
电话：0851－5209999
邮编：550003

贵州铁路通达饭店★★★
地址：贵阳市南明区遵义路86号
电话：0851－8213888
邮编：550002

贵阳益宏酒店有限公司★★★
地址：贵阳市油南明区榨街2号
电话：0851－3818888
邮编：550005

云岩浣溪假日大酒店★★★
地址：贵阳市云岩区浣沙路104号
电话：0851－8598888
邮编：550003

花溪玉龙宾馆★★★
地址：贵阳市花溪区大吉路1号
电话：0851－3863865
邮编：550000

聚鑫酒店★★★
地址：贵阳市云岩区环城北路228号
电话：0851－6851999
邮编：550004

贵武花园大酒店★★★
地址：贵阳市观山湖区金阳新区云潭南路
电话：0851－5625678
邮编：550023

水云天酒店★★★
地址：贵阳市南明区翠微巷60号
电话：0851－5515666
邮编：550002

南江度假酒店★★★
地址：贵阳市开阳县南江大峡谷景区内
电话：0851－7524089
邮编：550300

红枫湖旅游度假村★★★
地址：贵阳市清镇市望城坡
电话：0851－8575042
邮编：551400

清镇皇朝大酒店★★★
地址：贵阳市清镇市云岭东路
电话：0851－2581888
邮编：551499

贵州林都酒店★★★
地址：贵阳市云岩区延安西路 2 号
电话：0851－5360367
邮编：550003

贵阳腾晖酒店★★★
地址：贵阳市修文县翠屏路
电话：0851－2327777
邮编：550200

六盘水金三角大酒店★★★
地址：六盘水市钟山区明湖路 3 号
电话：0858－8233888
邮编：553004

雨田酒店★★★
地址：六盘水市钟山西路 48 号
电话：0858－8261888
邮编：553099

黔锦假日酒店★★★
地址：六盘水市盘县红果经济开发区
电话：0858－3668995
邮编：553537

兴凯花园酒店★★★
地址：六盘水市盘县红果镇杜鹃西路 1 号
电话：0858－3635059
邮编：553537

遵义港澳大酒店★★★
地址：遵义市汇川区澳门路 8 号
电话：0852－8716655
邮编：563099

遵义宾馆★★★
地址：遵义市红花岗区石龙路 3 号
电话：0852－8224902
邮编：563099

遵义京腾丽湾酒店★★★
地址：遵义市红花岗区北京路
电话：0852－8649898
邮编：563099

茅园宾馆★★★
地址：遵义市仁怀市茅台镇
电话：0852－2386290
邮编：564501

习水绿洲酒店★★★
地址：遵义市习水县经济开发区
电话：0852－2732100
邮编：564600

遵义县顺天酒店★★★
地址：遵义市遵义县南白镇万寿广场
电话：0852－7232188
邮编：563100

广电酒店★★★
地址：遵义市红花岗区中华北路广电大厦
电话：0852－8700888
邮编：563000

仁怀市名酒宾馆★★★
地址：遵义市仁怀市国酒大道
电话：0852－564599
邮编：3226999

嘉联宾馆★★★
地址：遵义市赤水市人民南路运管大厦
电话：0852－2820222
邮编：564799

鹏程大酒店★★★
地址：遵义市余庆县城内
电话：0852－4625868
邮编：564400

赤天化宾馆★★★
地址：遵义市赤水市化工路东皇坡
电话：0852－2887081
邮编：564707

湄潭大酒店★★★
地址：遵义市湄潭县兴湄北路 35 号
电话：0852－4366595
邮编：564199

金竹大酒店★★★
地址：遵义市赤水市文化办财神沱
电话：0852－2853555
邮编：564700

佳乐家酒店★★★
地址：遵义市大连路
电话：0852－4626888
邮编：563099

余庆广电酒店★★★
地址：遵义市余庆县香港路
电话：0852－3195555
邮编：564499

安顺西秀山宾馆★★★
地址：安顺市西秀区南华路 48 号
电话：0853－3223900
邮编：561099

神奇福运大酒店★★★
地址：安顺市外环西南路 3 号
电话：0853－3290000
邮编：561099

黔中大厦★★★
地址：安顺市西秀区南华路 68 号
电话：0853－3292019
邮编：561099

白马湖山庄★★★
地址：安顺市镇宁县白马哨
电话：0853－6791111
邮编：561200

安顺若飞宾馆★★★
地址：安顺市西秀区南华路 48 号
电话：0853－3225325
邮编：561099

龙宫酒店★★★
地址：安顺市龙宫风景名胜区
电话：0853－3661388
邮编：550000

关岭黔岭宾馆★★★
地址：安顺市关岭布依族苗族自治县外环路 128 号
电话：0853－7228888
邮编：561300

安顺纽曼皇朝宾馆★★★
地址：安顺市西秀区西航路
电话：0853－3467777
邮编：561099

龙宫水电宾馆★★★
地址：安顺市龙宫风景名胜区
电话：0853－3661166
邮编：550000

廊桥华油酒店★★★
地址：安顺市西秀区塔山西路 15 号
电话：0853－8118111
邮编：561099

平坝白云大酒店★★★
地址：安顺市平坝县城关镇高新区
电话：0853－4222888
邮编：561100

安顺凤凰山大酒店★★★
地址：安顺市西秀区塔山东路 58 号
电话：0853－3225998
邮编：561099

君临大酒店★★★
地址：安顺市西秀区新大十字塔山西路 1 号
电话：0853－3350777
邮编：561000

紫鑫酒店★★★
地址：安顺市西秀区黄果树大街消防支队内
电话：0853－3332777
邮编：561000

新华宾馆★★★
地址：安顺市开发区西航路 138 号
电话：0853－3459888
邮编：561000

鑫焰酒店★★★
地址：安顺市平坝县南客运站大楼
电话：0853－4616789
邮编：561100

汇景酒店★★★
地址：安顺市普定县龙潭加油站对面
电话：0853－8718888
邮编：562100

毕节天工大酒店★★★
地址：毕节市七星关区洪山路 60 号
电话：0857－2136188
邮编：551799

威宁县黑颈鹤大酒店★★★
地址：毕节市威宁彝族回族苗族自治县建设东路 79 号
电话：0857－6224426
邮编：553100

金沙县黄金大酒店★★★
地址：毕节市金沙县长安街 138 号
电话：0857－7258888
邮编：551500

洪南大酒店★★★
地址：毕节市黔西县迎宾大道
电话：0857－8292888
邮编：551500

赫章夜郎大酒店★★★
地址：毕节市赫章县城南路
电话：0857－3238998
邮编：553200

煌都帝豪酒店★★★
地址：毕节市黔西县城内
电话：0857－4888888
邮编：551500

黔西化屋度假酒店★★★
地址：毕节市黔西县新仁乡化屋村
电话：0857－4634166
邮编：551500

纳雍华熙酒店★★★
地址：毕节市纳雍县城南大道
电话：0857－3685777
邮编：553300

金海大酒店★★★
地址：毕节市七星关区洪南路
电话：0857－8615555
邮编：551799

草海大酒店★★★
地址：毕节市威宁彝族回族苗族自治县威双大道
电话：0857－7115388
邮编：553100

红楼酒店★★★
地址：毕节市大方县奢香大道南段
电话：0857－5233712
邮编：551600

和泰大酒店★★★
地址：毕节市大方县城利民路中段
电话：0857－5250998
邮编：551600

金龙酒店★★★
地址：毕节市织金县金北路
电话：0857－7755777
邮编：552100

奢香大酒店★★★
地址：毕节市七星关区清毕路长弘花苑内
电话：0857－8631888
邮编：551700

源丰商务酒店★★★
地址：铜仁市碧江区锦江南路1号
电话：0856－5222222
邮编：554399

思南远航大酒店★★★
地址：铜仁市思南县城北街29号
电话：0856－7220777
邮编：565100

江口县索菲特大酒店★★★
地址：铜仁市江口县三星西路17号
电话：0856－6622288
邮编：554400

德江县金平大酒店★★★
地址：铜仁市德江县清龙镇
电话：0856－8527555
邮编：565200

铜仁市金顶酒店★★★
地址：铜仁市碧江区清水大道80号
电话：0856－5211168
邮编：554399

铜仁市梵天索菲特酒店★★★
地址：铜仁市碧江区锦江大道8号
电话：0856－5218888
邮编：554399

沿河沙洲大酒店★★★
地址：铜仁市沿河土家族自治县沙坨电站
电话：0856－6998666
邮编：565300

玉屏宾馆★★★
地址：铜仁市玉屏侗族自治县平溪镇人民路333号
电话：0856－3227888
邮编：554004

沿河金红大酒店★★★
地址：铜仁市沿河土家族自治县城南路
电话：0856－8228055
邮编：565300

龙都大酒店★★★
地址：铜仁市碧江区清水大道128号
电话：0856－4133333
邮编：554399

松桃世纪华园大酒店★★★
地址：铜仁市松桃苗族自治县大十字
电话：0856－2681555
邮编：554100

铜仁盛世佳华酒店★★★
地址：铜仁市碧江区清水路火车站旁
电话：0856－6903888
邮编：554399

铜仁世纪大酒店★★★
地址：铜仁市碧江区清水南路公园道1号
电话：0856－5629999
邮编：554399

铜仁亨达酒店★★★
地址：铜仁市碧江区清水路火车站旁
电话：0856－5230999
邮编：554399

凯里凯莱酒店★★★
地址：黔东南苗族侗族自治州凯里市韶山南路21号
电话：0855－8277888
邮编：556000

凯里鸿祺宾馆★★★
地址：黔东南苗族侗族自治州凯里市韶山南路3号
电话：0855－8275555
邮编：556000

黎平大酒店★★★
地址：黔东南苗族侗族自治州黎平县德凤镇富民北路
电话：0855－6210666
邮编：557300

贵州清酒醉翁宾馆★★★
地址：黔东南苗族侗族自治州镇远县
电话：0855－5823238
邮编：557700

施秉县三丰迎宾馆★★★
地址：黔东南苗族侗族自治州施秉县平宁桥
电话：0855－4227188
邮编：556200

凯铁大酒店★★★
地址：黔东南苗族侗族自治州凯里市清江路
电话：0855－3811999
邮编：556000

凯里大酒店★★★
地址：黔东南苗族侗族自治州凯里市韶山北路
电话：0855－8277778
邮编：556000

忠德园假日酒店★★★
地址：黔东南苗族侗族自治州凯里市环城东路
电话：0855－8538888
邮编：556000

港赛大酒店★★★
地址：黔东南苗族侗族自治州黎平县城内
电话：0855－6230888
邮编：557300

久格里吉温泉度假酒店★★★
地址：黔东南苗族侗族自治州剑河县温泉风景区内
电话：0855－5158288
邮编：556400

清源酒店★★★
地址：黔东南苗族侗族自治州麻江县下司镇皮划艇激流回旋训练基地
电话：0855－2685666
邮编：557602

营盘坡民族宾馆★★★
地址：黔东南苗族侗族自治州凯里市营盘东路53号
电话：0855－3837779
邮编：556000

凯里市天华宾馆★★★
地址：黔东南苗族侗族自治州凯里市营盘东路6号
电话：0855－8276411
邮编：556000

镇远县铁溪度假酒店★★★
地址：黔东南苗族侗族自治州镇远县铁溪景区一公里处
电话：0855－5721888
邮编：557700

剑河县馨泉山庄★★★
地址：黔东南苗族侗族自治州剑河县城20公里的320国道公路旁
电话：0855－5158168
邮编：556400

凯里宾馆★★★
地址：黔东南苗族侗族自治州凯里市广场路3号
电话：0855－8066100
邮编：556000

从江县奥悦酒店★★★
地址：黔东南苗族侗族自治州从江县
电话：0855－6411808
邮编：557400

金正酒店★★★
地址：黔东南苗族侗族自治州凯里市经济开发区
电话：0855－8558988
邮编：556000

麻江县怡景湾酒店★★★
地址：黔东南苗族侗族自治州麻江县下司镇
电话：0855－2684777
邮编：557600

华侨大酒店★★★
地址：黔东南苗族侗族自治州三穗县
电话：0855－3855555
邮编：556500

柏悦酒店★★★
地址：黔东南苗族侗族自治州凯里市
电话：0855－8270000
邮编：556000

万豪酒店★★★
地址：黔东南苗族侗族自治州凯里市环城西路24号
电话：0855－8603999
邮编：556000

镇远府城宾馆★★★
地址：黔东南苗族侗族自治州镇远县兴隆街

电话：0855－5711888
邮编：557700

台江金红阳生态园★★★
地址：黔东南苗族侗族自治州台江县国家级南宫森林公园景区 18 号
电话：0855－5478077
邮编：556300

杉木河酒店★★★
地址：黔东南苗族侗族自治州施秉县舞阳河路
电话：0855－4221177
邮编：556200

西江黔森大酒店★★★
地址：黔东南苗族侗族自治州雷山县西江千户苗寨黔森路 1 号
电话：0855－3347909
邮编：557100

都匀港龙大酒店★★★
地址：黔南布依族苗族自治州都匀市河滨路 134 号
电话：0854－8222895
邮编：558099

金利源大酒店★★★
地址：黔南布依族苗族自治州都匀市民族路
电话：0854－3619188
邮编：558000

五月花景山酒店★★★
地址：黔南布依族苗族自治州都匀市剑江中路 112 号
电话：0854－ 8756999
邮编：558000

西苑假日酒店★★★
地址：黔南布依族苗族自治州都匀市开发区
电话：0854－8758888
邮编：558000

锦绣园★★★
地址：黔南布依族苗族自治州龙里县城郊
电话：0854－5669508
邮编：551200

顺庆大酒店★★★
地址：黔南布依族苗族自治州荔波县樟江北街
电话：0854－3610388
邮编：558400

荔波吉妮丽吉大酒店★★★
地址：黔南布依族苗族自治州荔波县教师新村
电话：0854－ 3619666
邮编：558400

神泉大酒店★★★
地址：黔南布依族苗族自治州罗甸县政府路
电话：0854－7620758
邮编：550100

都匀市桥城宾馆★★★
地址：黔南布依族苗族自治州都匀市文明路 50 号
电话：0854－8222189
邮编：558000

独山县南方大酒店★★★
地址：黔南布依族苗族自治州独山县四通路 18 号
电话：0854－3238525
邮编：558200

荔波县金谷宾馆★★★
地址：黔南布依族苗族自治州荔波县樟江北路
电话：0854－3613888
邮编：558400

纪龙大酒店★★★
地址：黔南布依族苗族自治州龙里县
电话：0854－5620333
邮编：551200

贵定县环岛大酒店★★★
地址：黔南布依族苗族自治州贵定县城关镇八一村
电话：0854－5221000
邮编：551300

瓮安县金福大酒店★★★
地址：黔南布依族苗族自治州瓮安县文峰中路
电话：0854－2635100
邮编：550400

荔波县大鹏商务酒店★★★
地址：黔南布依族苗族自治州荔波县漳江中路 12 号
电话：0854－3615499
邮编：558400

独山县翠泉宾馆★★★
地址：黔南布依族苗族自治州独山县
电话：0854－558200
邮编：3239018

三江宏晟度假酒店★★★
地址：黔南布依族苗族自治州福泉市金山办事处双桥村金鸡山
电话：0854－2210999
邮编：550500

怡景苑宾馆★★★
地址：黔南布依族苗族自治州荔波县漳江北街 42 号
电话：0854－3618300
邮编：558400

华通大酒店★★★
地址：黔南布依族苗族自治州独山县五星花园二期
电话：0854－3222399
邮编：558200

夜郎大酒店★★★
地址：黔南布依族苗族自治州惠水县和平镇建设路
电话：0854－6234567
邮编：550600

桂花园度假酒店★★★
地址：黔南布依族苗族自治州都匀市大河村村卫生院对面
电话：0854－8190559
邮编：558000

九九大酒店★★★
地址：黔南布依族苗族自治州长顺县和平西路
电话：0854－6898888
邮编：550700

瓮安灵江大酒店★★★
地址：黔南布依族苗族自治州瓮安县新区武装部
电话：0854－2776666
邮编：550400

城城大厦★★★
地址：黔西南布依族苗族自治州兴义市神奇路 159 号
电话：0859－3112222
邮编：562400

龙宇大酒店★★★
地址：黔西南布依族苗族自治州兴义市神奇西路 26 号
电话：0859－3126888
邮编：562400

盘江宾馆★★★
地址：黔西南布依族苗族自治州兴义市盘江西路 4 号
电话：0859－3223456
邮编：562400

兴义神禧大酒店★★★
地址：黔西南布依族苗族自治州兴义市坪东路
电话：0859－3818188
邮编：562400

贞丰县贞丰宾馆★★★
地址：黔西南布依族苗族自治州贞丰县金丰大道 29 号
电话：0859－6777777
邮编：562200

贞丰县怡景酒店★★★
地址：黔西南布依族苗族自治州贞丰县
电话：0859－6613777
邮编：562200

兴义市三生酒店★★★
地址：黔西南布依族苗族自治州兴义市瑞金北路中段
电话：0859－3244888
邮编：562400

安龙泰安宾馆★★★
地址：黔西南布依族苗族自治州安龙县西区开发大道
电话：0859－5555222
邮编：552400

海钰酒店★★★
地址：黔西南布依族苗族自治州兴义市瑞金北路 10 号
电话：0859－8711111
邮编：562400

二星级

枫叶山庄★★
地址：贵阳市红枫发电总厂内
电话：0851－2554168
邮编：551417

天洋楼大酒店★★
地址：贵阳市云岩区民权路 5 号
电话：0851－5832088
邮编：550001

贵州民族宾馆★★
地址：贵阳市云岩区市北路 68 号
电话：0851－8633666
邮编：550004

开阳金都宾馆★★
地址：贵阳市开阳县环城北路
电话：0851－5832088
邮编：550300

仁达饭店★★
地址：贵阳市云岩区中华北路319号
电话：0851-6825301
邮编：550004

开阳尚怡宾馆★★
地址：贵阳市开阳县开洲大道
电话：0851-7251666
邮编：550300

开阳江南宾馆★★
地址：贵阳市开阳县城关镇环城北路
电话：0851-7224688
邮编：550300

万乐商务酒店★★
地址：贵阳市白云区同心路1号
电话：0851-6617999
邮编：550014

一家快捷酒店★★
地址：贵阳市白云区白云南路402号
电话：0851-4485308
邮编：550014

君安宾馆★★
地址：贵阳市云岩区黔灵西路62号
电话：0851-6816999
邮编：550001

七天连锁酒店花溪行政中心店★★
地址：贵阳市花溪区清溪路493号
电话：0851-8516677
邮编：550025

新怡龙湾酒店★★
地址：贵阳市清镇市云岭西路
电话：0851-2600678
邮编：551400

平达快捷酒店★★
地址：贵阳市开阳县城关镇环城北路68号
电话：0851-7228369
邮编：550300

温馨宾馆★★
地址：贵阳市开阳县城关镇三中小区
电话：0851-7250839
邮编：550300

南江农庄★★
地址：贵阳市开阳县南江乡杉木冲
电话：13595005415
邮编：550300

开阳舜熙酒店★★
地址：贵阳市开阳县城关镇吉祥路
电话：0851-7315399
邮编：550300

贵阳金关大酒店★★
地址：贵阳市云岩区金关村
电话：0851-4766665
邮编：550001

钟山宾馆★★
地址：六盘水市钟山中路52号
电话：0858-8223285
邮编：553000

六枝工矿迎宾馆★★
地址：六盘水市六枝特区团结路13号
电话：0858-5713548
邮编：553400

凯豪大酒店★★
地址：六盘水市六枝特区交通西路
电话：0858-531999
邮编：553400

六枝宾馆★★
地址：六盘水市六枝特区平寨镇友谊路
电话：0858-5322660
邮编：553400

丰鑫假日酒店★★
地址：六盘水市六枝特区团结路5号
电话：0858-5898888
邮编：553400

瑞海酒店★★
地址：遵义市红花岗区外环路沙坝
电话：0852-8866333
邮编：563000

名族酒店★★
地址：遵义市红花岗区武装部
电话：0852-8433888
邮编：563000

蓝天宾馆★★
地址：遵义市红花岗区北京路99号
电话：0852-8622916
邮编：563000

通达酒店★★
地址：遵义市红花岗区北京路134号
电话：0852-8822925
邮编：563000

正华大酒店★★
地址：遵义市桐梓县娄山关镇
电话：0852-6657869
邮编：563200

利永宾馆★★
地址：遵义市仁怀市国酒中路
电话：0852-2250882
邮编：564500

聚贤楼宾馆★★
地址：遵义市绥阳县博雅苑陈列馆内
电话：0852-6233848
邮编：563300

娄山关生态乐园酒店★★
地址：遵义市桐梓县娄山关镇娄山村
电话：0852-6825333
邮编：563200

彩阳酒店★★
地址：遵义市桐梓县城
电话：0852-3208788
邮编：563200

金马大酒店★★
地址：遵义市桐梓县河滨大道南大门
电话：0852-6661118
邮编：563200

博雅宾馆★★
地址：遵义市绥阳县北大街
电话：0852-6223855
邮编：563300

香山宾馆★★
地址：遵义市红花岗区大兴路狮子桥头
电话：0852-8234444
邮编：563000

赤水大酒店★★
地址：遵义市赤水市西内环路106号
电话：0852-2821334
邮编：564700

云门囤宾馆★★
地址：遵义市遵义县三渡镇花桥村
电话：0852-6581555
邮编：563100

枫香温泉★★
地址：遵义市遵义县枫香镇
电话：0852-7572608
邮编：563100

凤岗宾馆★★
地址：遵义市凤冈县县府路
电话：0852-5224567
邮编：564200

恒源酒店★★
地址：遵义市凤冈县政通路
电话：0852-5222768
邮编：564200

明星宾馆★★
地址：遵义市凤冈县商贸街
电话：0852-5220088
邮编：564200

腾达酒店★★
地址：安顺市紫云苗族布依族自治县外环路黔岭宾馆对面
电话：0853-7228886
邮编：550800

安顺情源宾馆★★
地址：安顺市普定县城内
电话：0853-8221999
邮编：562100

长城宾馆★★
地址：安顺市平坝县武装部
电话：0853-4227333
邮编：561100

龙潭酒店★★
地址：安顺市关岭布依族苗族自治县关索镇大龙潭
电话：13985302309
邮编：561300

福源酒店★★
地址：安顺市西秀区开发区北航路广电大楼旁
电话：0853-3320666
邮编：561000

洪山宾馆★★
地址：毕节市洪山路1号
电话：0857-8251829
邮编：551799

黔西雍和酒店★★
地址：毕节市黔西县城内
电话：0857-4220888
邮编：551500

金辉酒店★★
地址：毕节市金沙县城内
电话：0857-7251999
邮编：551800

毕节迎宾馆★★
地址：毕节市七星关区环东路1号
电话：0857-8312222
邮编：551799

织金平远酒店★★
地址：毕节市织金县沿河路
电话：0857-7636999

邮编：552100

威宁明珠酒店★★
地址：毕节市威宁彝族回族苗族自治县开发区
电话：0857－6233088
邮编：553100

威宁穗苑宾馆★★
地址：毕节市威宁彝族回族苗族自治县星光路
电话：0857－6282222
邮编：553100

赫章维尔乐宾馆★★
地址：毕节市赫章县南环路
电话：0857－3239898
邮编：553200

纳雍良源大酒店★★
地址：毕节市纳雍县农贸街1号（法院旁）
电话：0857－3536116
邮编：553300

金沙富豪大酒店★★
地址：毕节市金沙县新武装部旁
电话：0857－7235555
邮编：551800

名望宾馆★★
地址：毕节市赫章县城关镇环城路
电话：0857－3221513
邮编：553200

印江腾龙大酒店★★
地址：铜仁市印江土家族苗族自治县城西环开发区
电话：0856－6228888
邮编：555200

石阡宾馆★★
地址：铜仁市石阡县汤山镇
电话：0856－7652777
邮编：555100

石阡临江宾馆★★
地址：铜仁市石阡县汤山镇河西街
电话：0856－8957399
邮编：555100

沿河天龙大酒店★★
地址：铜仁市沿河土家族自治县城南路23号
电话：0856－8228054
邮编：565300

思南县明星宾馆★★
地址：铜仁市思南县民政局内
电话：0856－7225085
邮编：565100

玉屏贵阳大酒店★★
地址：铜仁市玉屏侗族自治县玉屏火车站附近
电话：0856－3228886
邮编：554004

沿河壹佳怡假日酒店★★
地址：铜仁市沿河土家族自治县开发区团结大道东段
电话：0856－8230000
邮编：565300

天生桥假日酒店★★
地址：铜仁市碧江区川东镇云盘村32号
电话：13668562598
邮编：554300

滨江假日酒店★★
地址：铜仁市松桃苗族自治县滨江花园D区6号
电话：0856－2835899
邮编：554100

黔闽商务酒店★★
地址：铜仁市松桃苗族自治县滨江花园A区2号
电话：0856－2323888
邮编：554100

凯里市西湖大酒店★★
地址：黔东南苗族侗族自治州凯里市北京西路74号
电话：0855－3826888
邮编：556000

国穗大酒店★★
地址：黔东南苗族侗族自治州凯里市国税务局大院内
电话：0855－8276888
邮编：556000

岑巩县凯华大酒店★★
地址：黔东南苗族侗族自治州岑巩县新城振兴大道下段
电话：0855－3895988
邮编：557800

从江宾馆★★
地址：黔东南苗族侗族自治州从江县城关江东南路9号
电话：0855－6418669
邮编：557400

仁和大酒店★★
地址：黔东南苗族侗族自治州从江县
电话：0855－6412900
邮编：557400

雷山县圣城嘉源酒店★★
地址：黔东南苗族侗族自治州雷山县
电话：0855－3336718
邮编：557100

麻江县下司第一楼★★
地址：黔东南苗族侗族自治州麻江县
电话：0855－2684000
邮编：557600

金鼎龙大酒店★★
地址：黔东南苗族侗族自治州雷山县城关镇
电话：0855－5158168
邮编：557100

剑河温泉剑泉山庄★★
地址：黔东南苗族侗族自治州剑河县
电话：0855－5158088
邮编：556400

马家岩大酒店★★
地址：黔东南苗族侗族自治州黄平县
电话：0855－2431199
邮编：556100

凯里香山大酒店★★
地址：黔东南苗族侗族自治州凯里市北京西路39号
电话：0855－8601099
邮编：556000

施秉县王府酒店★★
地址：黔东南苗族侗族自治州施秉县城关镇中沙大道
电话：0855－4326999
邮编：556200

西苑酒店★★
地址：黔南布依族苗族自治州都匀市剑江中路
电话：0854－8682132
邮编：558000

都匀丽都酒店★★
地址：黔南布依族苗族自治州都匀市州地税局培训中心
电话：0854－8318869
邮编：558000

樟江大厦★★
地址：黔南布依族苗族自治州荔波县城内
电话：0854－3618888
邮编：558400

荔波宾馆★★
地址：黔南布依族苗族自治州荔波县政府大院内
电话：0854－3612169
邮编：558400

鲁黔宾馆★★
地址：黔南布依族苗族自治州荔波县樟江中路
电话：0854－3617098
邮编：558400

政协宾馆★★
地址：黔南布依族苗族自治州荔波县城内
电话：0854－3615573
邮编：558400

锦源宾馆★★
地址：黔南布依族苗族自治州荔波县广场东路
电话：0854－3618818
邮编：558400

水上人间★★
地址：黔南布依族苗族自治州荔波县内
电话：0854－8939979
邮编：558400

松源宾馆★★
地址：黔南布依族苗族自治州荔波县内
电话：0854－8967651
邮编：558400

东方宾馆★★
地址：黔南布依族苗族自治州荔波县内
电话：0854－3618968
邮编：558400

青旅大酒店★★
地址：黔南布依族苗族自治州荔波县广场东路
电话：0854－3613158
邮编：558400

再富酒店★★
地址：黔南布依族苗族自治州荔波县城樟江北街
电话：0854－3618118
邮编：558400

晟圆酒店★★
地址：黔南布依族苗族自治州荔波县广场东路
电话：0854－8971162
邮编：558400

蓝天宾馆★★
地址：黔南布依族苗族自治州荔波县城
电话：0854－3619831
邮编：558400

荔伊宾馆★★
地址：黔南布依族苗族自治州荔波县城樟江北街
电话：0854－8808668
邮编：558400

荔波南江宾馆★★
地址：黔南布依族苗族自治州荔波县
电话：13985787238
邮编：558400

荔波前锦宾馆★★
地址：黔南布依族苗族自治州荔波县
电话：13595418295
邮编：558400

怡心宾馆★★
地址：黔南布依族苗族自治州三都水族自治县三启镇县府路
电话：0854－3927818
邮编：558100

望月宾馆★★
地址：黔南布依族苗族自治州罗甸县委
电话：0854－7611554
邮编：550100

沙梨园宾馆★★
地址：黔南布依族苗族自治州荔波县城
电话：0854－3618258
邮编：558400

腾龙宾馆★★
地址：黔南布依族苗族自治州平塘县
电话：0854－7222888
邮编：558300

银河大酒店★★
地址：黔南布依族苗族自治州平塘县
电话：0854－7230988
邮编：558300

金胜宾馆★★
地址：黔南布依族苗族自治州平塘县
电话：0854－7223688
邮编：558300

富源宾馆★★
地址：黔南布依族苗族自治州荔波县
电话：0854－3619298
邮编：558400

金容宾馆★★
地址：黔南布依族苗族自治州荔波县
电话：0854－3613818
邮编：558400

祥和宾馆★★
地址：黔南布依族苗族自治州荔波县
电话：0854－3616177
邮编：558400

金林宾馆★★
地址：黔南布依族苗族自治州荔波县
电话：0854－3619780
邮编：558400

玉屏镇信合宾馆★★
地址：黔南布依族苗族自治州荔波县
电话：0854－3615828
邮编：558400

东篱宾馆★★
地址：黔南布依族苗族自治州荔波县
电话：0854－3619758
邮编：558400

名豪大酒店★★
地址：黔南布依族苗族自治州瓮安县
电话：0854－2625555
邮编：550400

东利酒店★★
地址：黔南布依族苗族自治州瓮安县
电话：0854－2621889
邮编：550400

水电宾馆★★
地址：黔南布依族苗族自治州瓮安县
电话：0854－2624584
邮编：550400

杜鹃苑宾馆★★
地址：黔南布依族苗族自治州长顺县
电话：0854－6936222
邮编：550700

凤凰宾馆★★
地址：黔南布依族苗族自治州三都水族自治县
电话：0854－3927898
邮编：558100

都柳江宾馆★★
地址：黔南布依族苗族自治州三都水族自治县
电话：0854－3928888
邮编：558100

三林时尚酒店★★
地址：黔南布依族苗族自治州都匀市
电话：0854－8239828
邮编：558100

惠水县百联商务酒店★★
地址：黔南布依族苗族自治州惠水县涟江中路中段
电话：0854－6283989
邮编：550600

荔波县溪桥宾馆★★
地址：黔南布依族苗族自治州荔波县樟江东路17号
电话：0854－3618666
邮编：558400

荔波县齐鲁宾馆★★
地址：黔南布依族苗族自治州荔波县玉屏镇文明路24号
电话：0854－3617118
邮编：558400

贵储酒店★★
地址：黔南布依族苗族自治州贵定县
电话：0854－5236666
邮编：551300

贵定飞龙大酒店★★
地址：黔南布依族苗族自治州贵定县
电话：0854－5233298
邮编：551300

三都地中海宾馆★★
地址：黔南布依族苗族自治州三都水族自治县城中心
电话：0854－3028777
邮编：558100

三都润丰宾馆★★
地址：黔南布依族苗族自治州三都水族自治县三合镇团结路
电话：0854－3929123
邮编：558100

祥华酒店★★
地址：黔南布依族苗族自治州龙里县龙山镇青龙路
电话：0854－5636088
邮编：551200

馨豪酒店★★
地址：黔南布依族苗族自治州龙里县龙山镇兴龙路
电话：0854－5635789
邮编：551200

育才宾馆★★
地址：黔南布依族苗族自治州荔波县建设西路41号
电话：0854－3619852
邮编：558400

虹泰宾馆★★
地址：黔南布依族苗族自治州平塘县平湖镇环城路
电话：0854－7225888
邮编：558300

聚丰园宾馆★★
地址：黔南布依族苗族自治州平塘县新区大道
电话：0854－7230568
邮编：558300

银都宾馆★★
地址：黔南布依族苗族自治州贵定县红旗大道1号
电话：0854－5231878
邮编：551300

惠馨时尚酒店★★
地址：黔南布依族苗族自治州惠水县和平镇涟江北路
电话：0854－6225333
邮编：550600

乐喜商务酒店★★
地址：黔南布依族苗族自治州都匀市开发区沙坝供销社综合楼
电话：0854－8518688
邮编：558000

尚客优酒店★★
地址：黔南布依族苗族自治州独山县城关镇四通路秀山商城
电话：0854－3233666
邮编：558200

安龙县麗月鸿钰酒店★★
地址：黔西南布依族苗族自治州安龙县
电话：0859－5216111
邮编：552400

南昆宾馆★★
地址：黔西南布依族苗族自治州兴义市顶效开发区
电话：0859－2282188
邮编：562400

兴义市心意酒店★★
地址：黔西南布依族苗族自治州兴义市
电话：0859－3811658
邮编：562400

盘江紫薇园宾馆★★
地址：黔西南布依族苗族自治州安龙县
电话：0859－5211888
邮编：552400

安龙招堤宾馆★★
地址：黔西南布依族苗族自治州安龙县
电话：0859－5210721
邮编：552400

黔西南州隆泰酒店★★
地址：黔西南布依族苗族自治州兴义市
电话：0859－329055
邮编：562400

一星级

天竹名人酒店★
地址：贵阳市乌当区航天大道1号
电话：0851－6402020
邮编：550018

港湾快捷酒店★
地址：贵阳市白云区建设路4号
电话：0851－4611112
邮编：550014

赛菲尔商务宾馆★
地址：贵阳市白云区金塘北街四合院
电话：0851－4480899
邮编：550014

博纳快捷酒店★
地址：贵阳市白云区大山洞尖山路
电话：0851－5619999
邮编：550014

三江商务宾馆★
地址：贵阳市花溪区清水江路71号
电话：0851－3845709
邮编：550009

鸿雁宾馆★
地址：毕节市黔西县东路
电话：0857－4225666
邮编：551500

思南县电力宾馆★
地址：铜仁市思南县中山街55号
电话：0856－7229948
邮编：565100

从江文广宾馆★
地址：黔东南苗族侗族自治州从江县
电话：0855－6418316
邮编：557400

从江观音阁山庄★
地址：黔东南苗族侗族自治州从江县
电话：0855－6418488
邮编：557400

黄平谦和大酒店★
地址：黔东南苗族侗族自治州黄平县
电话：0855－2436366
邮编：556100

黄平丰丰宾馆★
地址：黔东南苗族侗族自治州黄平县
电话：0855－2438298
邮编：556100

岑巩兴岑大酒店★
地址：黔东南苗族侗族自治州岑巩县
电话：0855－3575333
邮编：557800

岑巩万向宾馆★
地址：黔东南苗族侗族自治州岑巩县
电话：0855－3573086
邮编：557800

亲情宾馆★
地址：黔南布依族苗族自治州平塘县
电话：13985085075
邮编：558300

玖玖宾馆★
地址：黔南布依族苗族自治州平塘县
电话：13385185973
邮编：558300

紫金大酒店★
地址：黔南布依族苗族自治州平塘县
电话：13885455082
邮编：558300

青松宾馆★
地址：黔南布依族苗族自治州罗甸县
电话：0854－7620518
邮编：550100

瑞权宾馆★
地址：黔西南布依族苗族自治州兴义市坪东西段49号
电话：0859－3815588
邮编：562400

贵州华联大酒店★
地址：贵阳市云岩区中华中路137号
电话：0851－5810999
传真：0851－5200288 邮编：550001

云 南

YUNNAN

五星级

世纪金源大饭店★★★★★
地址：昆明市昆洛路世纪城
电话：0871－7388888
邮编：650000

翠湖宾馆★★★★★
地址：昆明市翠湖南路6号
电话：0871－5158888
邮编：650031

佳华广场酒店★★★★★
地址：昆明市北京路577号
电话：0871－3562828
邮编：650011

昆明君乐酒店★★★★★
地址：昆明市洪华桥20号
电话：0871－5386688
邮编：650031

绿洲大酒店★★★★★
地址：昆明市拓东路80号
电话：0871－3189999
邮编：650041

天恒大酒店★★★★★
地址：昆明市青年路432号
电话：0871－3186666
邮编：650021

官房大酒店★★★★★
地址：曲靖市麒麟区南城门外
电话：0874－3226666
邮编：655000

腾冲官房大酒店★★★★★
地址：保山市腾冲县腾越镇红星小区1号
电话：0875－5199999
邮编：679100

官房大酒店★★★★★
地址：丽江市古城区香格里大道966号
电话：0888－5188888
邮编：674100

大港旺宝大酒店★★★★★
地址：丽江市古城区香格里大道
电话：0888－3116688
邮编：674100

芒市宾馆★★★★★
地址：德宏傣族景颇族自治州芒市菩提街1号
电话：0692－2290888
传真：0692－229066
邮编：678400
网址：www. mshotel. com

天界神川大酒店★★★★★
地址：迪庆藏族自治州香格里拉县长征路中段
电话：0887－8228008
邮编：674400

漫湾大酒店★★★★★
地址：大理州大理经济开发区沧浪路
电话：0872－2188188
邮编：671000

风花雪月大酒店★★★★★
地址：大理州大理古城玉洱路大丽路旁
电话：0872－2666666
邮编：671003

红河官房大酒店★★★★★
地址：红河哈尼族彝族自治州蒙自南湖南路8号
电话：0873－3660999
邮编：661100

四星级

滇池大酒店★★★★
地址：昆明市国家旅游度假区
电话：0871－4332400
邮编：650228

滇池温泉花园酒店★★★★
地址：昆明市滇池路9公里
电话：0871－4334666
邮编：650228

官渡大酒店★★★★
地址：昆明市关上南路
电话：0871－7169988
邮编：650200

昆明海天酒店★★★★
地址：昆明市拓东路3号
电话：0871－3133588
邮编：650011

云南华地王朝酒店★★★★
地址：昆明市高新区科医路52号
电话：0871－8115555
邮编：650106

金龙饭店★★★★
地址：昆明市北京路575号
电话：0871－3133015
邮编：650011

经贸宾馆★★★★
地址：昆明市青年路298号
电话：0871－3190888
邮编：650031

昆明饭店★★★★
地址：昆明市东风东路52号
电话：0871－3162063
邮编：650051

昆明锦江大酒店★★★★
地址：昆明市北京路98号
电话：0871－3138888
邮编：650011

昆明中玉酒店★★★★
地址：昆明市新民航中心区
电话：0871－7155188
邮编：650200

朗威酒店★★★★
地址：昆明市春城路299号
电话：0871－7123333
邮编：650200

泰丽国际酒店★★★★
地址：昆明市环城南路39号
电话：0871－3305888
邮编：650041

泰隆宏瑞饭店★★★★
地址：昆明市春城路179号
电话：0871－3559999
邮编：650041

威龙饭店★★★★
地址：昆明市沿河路42号
电话：0871－650032
邮编：3616688

希桥酒店★★★★
地址：昆明市江滨西路1号
电话：0871－5116666
邮编：650021

新纪元大酒店★★★★
地址：昆明市东风西路99号
电话：0871－3624999
邮编：650021

樱花酒店★★★★
地址：昆明市东风东路
电话：0871－3165888
邮编：650011

望湖宾馆★★★★
地址：昆明市滇池度假区红塔西路15号
电话：0871－4328888
邮编：650228

金泉大酒店★★★★
地址：昆明市人民东路93号
电话：0871－3196888
邮编：650051

怡景园度假酒店★★★★
地址：昆明市滇池路6公里处
电话：0871－4313338
邮编：650228

高原明珠大酒店★★★★
地址：昆明市经济技术开发区永中路88号（官渡园大商圈）
电话：0871－7380333
邮编：650214

东川泰隆商务酒店★★★★
地址：昆明市东川区凯通路30号
电话：0871－2569999
邮编：654100

丽景大酒店★★★★
地址：曲靖市子午路
电话：0874－3219900
邮编：655600

石林国际大酒店★★★★
地址：曲靖市园林路
电话：0874－3318888
邮编：655000

红塔大酒店★★★★
地址：玉溪市红塔大道32号
电话：0877－2066666
邮编：653100

中玉酒店★★★★
地址：玉溪市聂耳路62号
电话：0877－2053888
邮编：653100

阳光海岸酒店★★★★
地址：玉溪市江川县江城镇村委会孤山旅游区
电话：0877－8551999
邮编：652601

锦程大酒店★★★★
地址：保山市腾冲县华严路遇保腾路口
电话：0875－5161888
邮编：679100

玉都大酒店★★★★
地址：保山市腾冲县观音塘社区滨河小区15号
电话：0875－5138666
邮编：679100

保山兰都饭店★★★★
地址：保山市保岫西路中段
电话：0875－2121888
邮编：678000

腾冲空港观光酒店★★★★
地址：保山市腾冲县观音堂社区河畔小区258号
电话：0875－5197777
邮编：679100

滇菌王大酒店★★★★
地址：丽江市古城区长水路
电话：0888－5120666
邮编：674100

阿丹阁酒店★★★★
地址：丽江市古城区香格里大道
电话：0888－5166666
邮编：674100

观光酒店★★★★
地址：丽江市古城区香格里大道南段
电话：0888－5160188
邮编：674100

印象古城文苑★★★★
地址：丽江市古城区古城光义街8号
电话：0888－5102222
邮编：674100

金泉酒店★★★★
地址：丽江市古城区香格里大道
电话：0888－5152888
邮编：674100

和玺酒店★★★★
地址：丽江市古城区南门
电话：0888－6877777
邮编：674100

王府饭店★★★★
地址：丽江市古城区南门
电话：0888－5189666
邮编：674100

丽苑酒店★★★★
地址：丽江市古城区香格里大道
电话：0888－5169999
邮编：674100

康年丽水阳光酒店★★★★
地址：丽江市古城区束河古镇
电话：0888－5197777
邮编：674100

侨鑫酒店★★★★
地址：丽江市古城区香格里大道
电话：0888－5134999
邮编：674100

实力大酒店★★★★
地址：丽江市古城区香格里大道
电话：0888－3107777
邮编：674100

丽王大酒店★★★★
地址：丽江市古城区南门
电话：0888－5371888
邮编：674100

涵三阁酒店★★★★
地址：丽江市古城区南门
电话：0888－5148888
邮编：674100

丽江新凯达大酒店★★★★
地址：丽江市古城区长水路金凯广场C1幢
电话：0888－3102684
邮编：674100

圣安迪酒店★★★★
地址：普洱市思茅区茶苑路38号
电话：0879－2309777
邮编：665000

金凤大酒店★★★★
地址：普洱市思茅区人民东路8号
电话：0879－2138777
邮编：665000

临通大酒店★★★★
地址：临沧市临翔区世纪路
电话：0883－2156888
邮编：677000

景成大酒店★★★★
地址：德宏傣族景颇族自治州瑞丽市卯喊路中段
电话：0692－4159999
邮编：678600

观光酒店★★★★
地址：迪庆藏族自治州香格里拉县和平路中段
电话：0887－8230698
邮编：674400

实力酒店★★★★
地址：迪庆藏族自治州香格里拉县长征路
电话：0887－8222233
邮编：674400

美登大酒店★★★★
地址：大理白族自治州大理市下关苍山路116号
电话：0872－2138999
邮编：671000

祥和大酒店★★★★
地址：大理白族自治州大理市经济开发区云岭大道
电话：0872－2327888
邮编：671000

苍山饭店★★★★
地址：大理白族自治州大理市下关苍山路19号
电话：0872－2171999
邮编：671000

大理鸿元戴斯酒店★★★★
地址：大理白族自治州大理市息龙路
电话：0872－2324300
邮编：671000

兰林阁酒店★★★★
地址：大理白族自治州大理古城玉洱路96号
电话：0872－2666188
邮编：671003

雄宝酒店★★★★
地址：楚雄彝族自治州楚雄市鹿城东路247号
电话：0878－6161888
邮编：675000

彝人古镇大酒店★★★★
地址：楚雄彝族自治州楚雄市彝人古镇内
电话：0878－3379999
邮编：675000

个旧世纪广场酒店★★★★
地址：红河哈尼族彝族自治州个旧市中山路21－6号
电话：0873－2169137
邮编：661000

蒙自天源大酒店★★★★
地址：红河哈尼族彝族自治州蒙自县天马路42号
电话：0873－3728888
邮编：661100

弥勒湖泉花园B座（红烟宾馆）★★★★
地址：红河哈尼族彝族自治州桃园路50号
电话：0873－6196996
邮编：652300

傣园酒店★★★★
地址：西双版纳傣族自治州景洪市民航路61号
电话：0691－2166999
邮编：666100

观光酒店★★★★
地址：西双版纳傣族自治州景洪市勐龙路6号
电话：0691－2144888
邮编：666100

景兰大酒店★★★★
地址：西双版纳傣族自治州景洪市景德路6号
电话：0691－2129999
邮编：666100

活发大酒店有限公司★★★★
地址：西双版纳傣族自治州景洪市勐龙路8号
电话：0691－2166888
邮编：666100

三星级

春城花园酒店★★★
地址：昆明市人民西路447号
电话：0871－6158888
邮编：650118

春城花园天鸿酒店★★★
地址：昆明市西昌路省总工会大门
电话：0871－6260888
邮编：650032

金鹰大酒店★★★
地址：昆明市关上金晖路
电话：0871－7019999
邮编：650200

昆明莲花宾馆★★★
地址：昆明市学府路145号
电话：0871－5192108
邮编：650223

云华宾馆★★★
地址：昆明市东风东路118号
电话：0871－3368088
邮编：650041

昆明金茂酒店★★★
地址：昆明市永胜路
电话：0871－3566598
邮编：650011

昆明大观酒店★★★
地址：昆明市大观路 232 号
电话：0871－5311503
邮编：650032

电网公司白云培训中心★★★
地址：昆明市东风东路 112 号
电话：0871－3188688
邮编：650011

金孔雀大酒店★★★
地址：昆明市滇池路 1 公里处
电话：0871－ 8881888
邮编：650228

云南齐宝酒店★★★
地址：昆明市穿金路 156 号
电话：0871－5628888
邮编：650225

昆明国际会展中心酒店★★★
地址：昆明市关上双福路 401－01 号
电话：0871－7157999
邮编：650200

桂花大厦★★★
地址：昆明市滇池路严家地
电话：0871－6178699
邮编：650034

云南电网耀龙培训中心★★★
地址：昆明市春城路 22 号
电话：0871－3141188
邮编：650011

天和大酒店★★★
地址：昆明市环城北路 33 号
电话：0871－5168818
邮编：650051

宝善大酒店★★★
地址：昆明市宝善街 52 号
电话：0871－3191988
邮编：650022

海昆大酒店★★★
地址：昆明市北京路北段 620 号
电话：0871－3016666
邮编：650021

兴华国际度假酒店★★★
地址：昆明市滇池度假区怡景路 3 号
电话：0871－4311129
邮编：650228

锦泰大酒店★★★
地址：昆明市环城南路 118 号
电话：0871－3333918
邮编：650041

金融科技培训中心★★★
地址：昆明市长春路象眼街 1 号
电话：0871－3625568
邮编：650021

方舟大酒店★★★
地址：昆明市滇池路口
电话：0871－4101188
邮编：650028

龙腾大酒店★★★
地址：昆明市北京路 632 号
电话：0871－3168999
邮编：650051

怡景园培训中心★★★
地址：昆明市滇池路 7 公里处
电话：0871－4336699
邮编：650028

昆明华油大酒店★★★
地址：昆明市东郊路 168 号
电话：0871－6143668
邮编：650041

东煌酒店★★★
地址：昆明市东效东路 63 号
电话：0871－3328250
邮编：650041

石林大酒店★★★
地址：昆明市石林风景区
电话：0871－7798888
邮编：652200

兴亚风情园有限公司★★★
地址：昆明市石林风景区岔口
电话：0871－7710066
邮编：652211

石林天奇阿诗玛大酒店★★★
地址：昆明市石林风景区
电话：0871－7719988
邮编：652211

石林会议中心★★★
地址：昆明市石林县石林中路 221 号
电话：0871－7787887
邮编：652200

景谷大酒店★★★
地址：昆明市关渡区老民航路
电话：0871－7019188
邮编：650200

晋宁三和大酒店★★★
地址：昆明市晋宁县昆阳街 71 号
电话：0871－7801888
邮编：650600

宜良春城花园酒店★★★
地址：昆明市宜良县城
电话：0871－6186888
邮编：652100

海棠饭店★★★
地址：昆明市环城东路 1 号
电话：0871－6174599
邮编：650041

锦华国际公寓酒店★★★
地址：昆明市北京路 98 号
电话：0871－3526666
邮编：650011

景鑫兰坪酒店★★★
地址：昆明市广福路 138 号
电话：0871－4632999
邮编：650228

昆明职工之家酒店★★★
地址：昆明市书林街 139 号
电话：0871－3120196
邮编：650041

昆明华怡商务酒店★★★
地址：昆明市呈贡新城路 11 号
电话：0871－7484777
邮编：650500

云大宾馆★★★
地址：昆明市一二一大街天君殿巷
电话：0871－5034189
邮编：650091

银利大酒店★★★
地址：曲靖市麒麟北路 2 号
电话：0874－3292888
邮编：655000

罗曼大酒店★★★
地址：曲靖市寥廓南路 183 号
电话：0874－3362078
邮编：655000

翠峰大酒店★★★
地址：曲靖市翠峰路 5 号
电话：0874－3367888
邮编：655000

滇东温泉度假村★★★
地址：曲靖市麒麟区三宝镇
电话：0874－3982088
邮编：655000

罗平鑫源宾馆★★★
地址：曲靖市罗平县文笔路
电话：0874－8227888
邮编：655800

罗平多依河宾馆★★★
地址：曲靖市罗平县九龙大道
电话：0874－8256051
邮编：655800

陆良桂花花园酒店★★★
地址：曲靖市陆良县北门街 88 号
电话：0874－6868008
邮编：655600

陆良振华大酒店★★★
地址：曲靖市陆良县同乐大道
电话：0874－6338968
邮编：655600

会泽聚宝大酒店★★★
地址：曲靖市会泽县通宝路 619 号
电话：0874－5628888
邮编：654200

会泽以礼河大酒店★★★
地址：曲靖市会泽县通宝路 609 号
电话：0874－5686653
邮编：654200

龙马大酒店★★★
地址：玉溪市红塔大道 48 号
电话：0877－2064435
邮编：653100

汇龙温泉大酒店★★★
地址：玉溪市大营街玉泉路 1 号
电话：0877－2773629
邮编：653100

天子苑酒店★★★
地址：玉溪市峨山县小街镇年景村
电话：0877－4062066
邮编：632100

熙苑宾馆★★★
地址：玉溪市通海县秀山镇秀山沟接缘小坝
电话：0877－3021123
邮编：652700

西都大酒店★★★
地址：玉溪市凤麓镇仙湖路东 27 号

电话：0877－6911600
邮编：652500

象山宾馆★★★
地址：玉溪市澂江县右所矣旧村委会象鼻岭
电话：0877－6710025
邮编：652500

凯迪宾馆★★★
地址：玉溪市元江县文化路13号
电话：0877－6018999
邮编：653300

江川瑞文酒店★★★
地址：玉溪市江川县江城镇孤山风景区
电话：0877－8551666
邮编：652601

江川玉波苑阳光酒店★★★
地址：玉溪市江川县江城孤山风景区
电话：0877－8551801
邮编：652601

保山明和大酒店★★★
地址：保山市九龙路323号
电话：0875－2218888
邮编：678000

腾冲雷华酒店★★★
地址：保山市腾冲县腾越镇秀峰社区泰安小区217号
电话：0875－5151888
邮编：679100

腾冲驼峰酒店★★★
地址：保山市腾冲县腾越镇山源社区范家坡小区9号
电话：0875－3028888
邮编：679100

腾冲兴华大酒店★★★
地址：保山市腾冲县腾越镇山源社区团坡小区7号
电话：0875－5132688
邮编：679100

画苑宾馆★★★
地址：昭通市昭阳区凤霞路50号
电话：0870－2238888
邮编：657000

白云宾馆★★★
地址：昭通市水富县明月路78号
电话：0870－8637785
邮编：657800

格兰酒店★★★
地址：丽江市古城区古城玉河走廊
电话：0888－5128888
邮编：674100

丽特酒店★★★
地址：丽江市古城区福慧路
电话：0888－5166999
邮编：674100

古云杉酒店★★★
地址：丽江市古城区香格里大道
电话：0888－3106666
邮编：674100

香江商务酒店★★★
地址：丽江市古城区福慧路
电话：0888－5159999
邮编：674100

丽江宾馆★★★
地址：丽江市古城区福慧路
电话：0888－5175018
邮编：674100

金穗宾馆★★★
地址：丽江市古城区福慧路
电话：0888－5121666
邮编：674100

龙江花园酒店★★★
地址：丽江市古城区象山西路
电话：0888－6199999
邮编：674100

凯天酒店★★★
地址：丽江市古城区香格里大道
电话：0888－5165555
邮编：674100

锦丽来酒店★★★
地址：丽江市古城区安通路
电话：0888－3109679
邮编：674100

龙耀祥酒店★★★
地址：丽江市古城区香格里大道
电话：0888－5154999
邮编：674100

太安酒店★★★
地址：丽江市古城区安通路
电话：0888－5153666
邮编：674100

泰鑫酒店★★★
地址：丽江市古城区香格里大道南段
电话：0888－5110022
邮编：674100

锦天酒店★★★
地址：丽江市古城区七星街
电话：0888－5137777
邮编：674100

南轩酒店★★★
地址：丽江市古城区古城南门
电话：0888－5152337
邮编：674100

玉龙山酒店★★★
地址：丽江市古城区福慧路
电话：0888－5150555
邮编：674100

玉元酒店★★★
地址：丽江市古城区丽大路口
电话：0888－3105466
邮编：674100

云龙大酒店★★★
地址：丽江市古城区香格里大道
电话：0888－3101666
邮编：674100

人行金融培训中心（原家园酒店）★★★
地址：丽江市古城区香格里大道
电话：0888－3101666
邮编：674100

龙峰大酒店★★★
地址：丽江市古城区七星街
电话：0888－5161488
邮编：674100

雅苑南门酒店★★★
地址：丽江市古城区古城南门
电话：0888－5185886
邮编：674100

天乐酒店★★★
地址：丽江市古城区象山西路
电话：0888－8888808
邮编：674100

大东巴酒店★★★
地址：丽江市古城区七星街
电话：0888－5119669
邮编：674100

和木酒店★★★
地址：丽江市古城区七星街
电话：0888－5303366
邮编：674100

邮电宾馆★★★
地址：丽江市古城区民主路
电话：0888－5185588
邮编：674100

古城源酒店★★★
地址：丽江市古城区古城口
电话：0888－5114789
邮编：674100

景观酒店★★★
地址：丽江市古城区象山西路
电话：0888－5166038
邮编：674100

太和酒店★★★
地址：丽江市古城区七星街
电话：0888－3102222
邮编：674100

瑞鑫酒店★★★
地址：丽江市古城区香格里拉大道
电话：0888－5155455
邮编：674100

虎跳峡酒店★★★
地址：丽江市古城区福慧路
电话：0888－3102888
邮编：674100

东府酒店★★★
地址：丽江市古城区东界河
电话：0888－3118388
邮编：674100

丽香苑酒店★★★
地址：丽江市古城区祥和路
电话：0888－5197888
邮编：674100

曜源酒店★★★
地址：丽江市古城区古城南门
电话：0888－5131996
邮编：674100

云武宾馆★★★
地址：丽江市古城区祥和路
电话：0888－5155555
邮编：674100

美域酒店★★★
地址：丽江市古城区瓜玳国
电话：0888－5395888
邮编：674100

束河柔软时光★★★
地址：丽江市古城区束河古镇
电话：0888－5166466
邮编：674100

女儿国酒店★★★
地址：丽江市宁蒗县
电话：0888－5881266
邮编：674100

泸沽湖宾馆★★★
地址：丽江市宁蒗县
电话：0888－5886488
邮编：674100

天保酒店★★★
地址：丽江市宁蒗县
电话：0888－5528199
邮编：674100

锦天酒店分店★★★
地址：丽江市古城区长水路
电话：0888－5177666
邮编：674100

彩路酒店★★★
地址：丽江市古城区民主路
电话：0888－3108333
邮编：674100

阳光一百商务酒店★★★
地址：丽江市古城区象山西路
电话：0888－5156666
邮编：674100

金安缘酒店★★★
地址：丽江市古城区康仲路
电话：0888－5117870
邮编：674100

七彩龙凤别墅酒店★★★
地址：丽江市古城区瓜玳国
电话：0888－8895996
邮编：674100

锦泰酒店★★★
地址：丽江市古城区香江路与玉泉路交叉口
电话：0888－5171366
邮编：674100

泊龙居酒店★★★
地址：丽江市古城区寨后下村 69 号
电话：0888－5126921
邮编：674100

泰顺酒店★★★
地址：丽江市古城区寨后上村 104 号
电话：0888－8887778
邮编：674100

鹏程大酒店★★★
地址：丽江市古城区民主路延长线
电话：0888－5177399
邮编：674100

茶花大酒店★★★
地址：丽江市古城区寨后上村 69 号
电话：0888－5333555
邮编：674100

兰亭居酒店★★★
地址：丽江市古城区瓜玳国
电话：0888－5122188
邮编：674100

司岗里大酒店★★★
地址：普洱市龙潭路 388 号
电话：0879－8345888
邮编：665700

金一水酒店★★★
地址：普洱市绿苑路
电话：0879－3728888
邮编：665900

昆曼大酒店★★★
地址：普洱市思茅区茶园路 29 号
电话：0879－2311888
邮编：665000

建华酒店★★★
地址：普洱市人民东路
电话：0879－2168588
邮编：665000

永信酒店★★★
地址：普洱市茶城大道
电话：0879－2208888
邮编：665000

添翼酒店★★★
地址：普洱市振兴南路 112 号
电话：0879－2839966
邮编：665000

威江园酒店★★★
地址：普洱市芒乡大道 88 号
电话：0879－5111757
邮编：666400

银生大酒店★★★
地址：普洱市凌云路 83 号
电话：0879－6226877
邮编：676200

金丰大酒店★★★
地址：普洱市凌云路 74 号
电话：0879－6222266
邮编：676200

新茂酒店★★★
地址：普洱市镇沅绿海路
电话：0879－5811448
邮编：666500

茶源酒店★★★
地址：普洱市绿海路
电话：0879－5817988
邮编：666500

茶乡大酒店★★★
地址：普洱市宁洱东山东路 76 号
电话：0879－3239399
邮编：665100

朝林大酒店★★★
地址：普洱市柏枝林路 18 号
电话：0879－2158991
邮编：665000

凤凰大酒店★★★
地址：普洱市人民路
电话：0879－8879888
邮编：666500

华隆大酒店★★★
地址：普洱市澜沧县民族街
电话：0879－7236999
邮编：665600

佤山王朝酒店★★★
地址：临沧市沧源县勐懂镇
电话：0883－7124888
邮编：677400

温泉花园酒店★★★
地址：临沧市临翔区温泉路
电话：0883－2137198
邮编：677000

佤赛酒店★★★
地址：临沧市临翔区世纪路
电话：0883－2141888
邮编：677000

金汇源大酒店★★★
地址：临沧市云县草皮街
电话：0883－3214999
邮编：675803

白马大酒店★★★
地址：临沧市耿马县孟定镇
电话：0883－6518999
邮编：677506

恒通大酒店★★★
地址：临沧市镇康县南伞镇
电话：0883－6983888
邮编：677704

边侨花园酒店★★★
地址：德宏傣族景颇族自治州盈江县平原镇勐腊路 486 号
电话：0692－8120999
邮编：679300

龙瑞宾馆★★★
地址：德宏傣族景颇族自治州瑞丽市姐岗路
电话：0692－4156798
邮编：678600

德安酒店★★★
地址：德宏傣族景颇族自治州芒市阔时路 62 号
电话：0692－2211288
邮编：678400

新凯通国际大酒店★★★
地址：德宏傣族景颇族自治州瑞丽市边城街 150 号
电话：0692－4157777
邮编：678600

神州酒店★★★
地址：德宏傣族景颇族自治州盈江县平原镇永胜路 1 号
电话：0692－8188888
邮编：679300

君悦酒店★★★
地址：德宏傣族景颇族自治州芒市勐焕路 69 号
电话：0692－2286688
邮编：678400

中欧大酒店★★★
地址：德宏傣族景颇族自治州瑞丽市东城街 10 号
电话：0692－6888888
邮编：678600

腾隆大酒店★★★
地址：德宏傣族景颇族自治州瑞丽市卯喊路中段
电话：0692－4108889
邮编：678600

昌盛大酒店★★★
地址：德宏傣族景颇族自治州瑞丽市姐岗南路 112 号
电话：0692－4154888
邮编：678600

彩龙大酒店★★★
地址：德宏傣族景颇族自治州瑞丽市姐岗南路 94 号

电话：0692－4141876
邮编：678600

瑞昌大酒店★★★
地址：德宏傣族景颇族自治州瑞丽市卯喊路16号
电话：0692－4101888
邮编：678600

泰隆宾馆★★★
地址：德宏傣族景颇族自治州芒市大街58号
电话：0692－2210588
邮编：678400

荣丰酒店★★★
地址：德宏傣族景颇族自治州瑞丽市卯喊路
电话：0692－4140827
邮编：678600

泰达大酒店★★★
地址：德宏傣族景颇族自治州陇川县章凤友谊路中段
电话：0692－7108888
邮编：678700

环太酒店★★★
地址：迪庆藏族自治州香格里拉县建塘东路头
电话：0887－8229999
邮编：674400

萨龙酒店★★★
地址：迪庆藏族自治州香格里拉县江克路
电话：0887－8227858
邮编：674400

新华酒店★★★
地址：迪庆藏族自治州香格里拉县长征路
电话：0887－8288111
邮编：674400

顺鑫商务酒店★★★
地址：迪庆藏族自治州香格里拉县香乡路
电话：0887－8228888
邮编：674400

交通宾馆★★★
地址：迪庆藏族自治州香格里拉县香乡路
电话：0887－8289458
邮编：674400

达灵客栈★★★
地址：迪庆藏族自治州香格里拉县古城
电话：0887－8227958
邮编：674400

阳光假日大酒店★★★
地址：迪庆藏族自治州香格里拉县环东路
电话：0887－8233888
邮编：674400

洱海宾馆★★★
地址：大理白族自治州大理市下关人民北路212号
电话：0872－2166777
邮编：671000

明珠宾馆★★★
地址：大理白族自治州大理市经济开发区云岭大道明珠广场旁
电话：0872－2329699
邮编：671000

金汇假日酒店★★★
地址：大理白族自治州大理经济开发区滇源路南侧
电话：0872－2315100
邮编：671000

龙山酒店★★★
地址：大理白族自治州大理经济开发区苍山东路
电话：0872－2318666
邮编：671000

腾越酒店★★★
地址：大理白族自治州大理经济开发区沧浪路
电话：0872－2315696
邮编：671000

天龙酒店★★★
地址：大理白族自治州大理市下关榆宾路2号
电话：0872－2209888
邮编：671000

金达酒店★★★
地址：大理白族自治州大理经济开发区沧浪路中段
电话：0872－2191888
邮编：671000

顺兴大酒店★★★
地址：大理白族自治州大理经济开发区滇源路
电话：0872－3101888
邮编：671000

大禹酒店★★★
地址：大理白族自治州大理市下关双鸳路20号
电话：0872－3140588
邮编：671000

泛美酒店★★★
地址：大理白族自治州大理经济开发区沧浪路南段
电话：0872－3103888
邮编：671000

山水大酒店★★★
地址：大理白族自治州大理市双鸳路
电话：0872－2328388
邮编：671000

茂元大酒店★★★
地址：大理白族自治州祥云县龙翔路9号
电话：0872－3129299
邮编：672100

宏强酒店★★★
地址：大理白族自治州宾川金牛镇中心街198号
电话：0872－7153088
邮编：671600

鹤庆宾馆★★★
地址：大理白族自治州鹤庆县云鹤镇兴鹤路16号
电话：0872－4126666
邮编：671500

鑫亚酒店★★★
地址：大理白族自治州宾川县金牛路146号
电话：0872－7311676
邮编：671600

天赐大酒店★★★
地址：大理白族自治州大理市宾川路268号
电话：0872－2318899
邮编：671000

君山大酒店★★★
地址：大理白族自治州剑川老君山镇
电话：0872－4735639
邮编：671300

云龙宾馆★★★
地址：大理白族自治州云龙县诺邓镇虎山路198号
电话：0872－5524928
邮编：672700

新华酒店★★★
地址：大理白族自治州大理市经济开发区沧浪路中段
电话：0872－2325477
邮编：671000

庆远楼★★★
地址：大理白族自治州宾川县金牛镇金牛路238号
电话：0872－7311886
邮编：671600

锦瑞酒店★★★
地址：大理白族自治州大理市建设路53号
电话：0872－2322638
邮编：671000

三塔苑酒店★★★
地址：大理白族自治州大理古城三塔公园旁
电话：0872－2676521
邮编：671000

新世纪大酒店★★★
地址：大理白族自治州大理市滇源路火车站以东
电话：0872－2321588
邮编：671000

永兴大酒店★★★
地址：楚雄彝族自治州楚雄市开发区鹿城北路131号
电话：0878－3391999
邮编：675000

锦星酒店★★★
地址：楚雄彝族自治州楚雄市开发区丰胜路
电话：0878－3392888
邮编：675000

楚雄州宾馆★★★
地址：楚雄彝族自治州楚雄市龙泉路102号
电话：0878－6129999
邮编：675000

云华酒店★★★
地址：楚雄彝族自治州楚雄市开发区龙江路159号
电话：0878－3393888
邮编：675000

彝映象酒店★★★
地址：楚雄彝族自治州楚雄市开发区育才路126号
电话：0878－3377999
邮编：675000

兴达天福酒店★★★
地址：楚雄彝族自治州楚雄市开发区火车站旁
电话：0878－3377524
邮编：675000

滇南大酒店★★★
地址：红河哈尼族彝族自治州开远市灵泉西219号
电话：0873－7133888
邮编：661600

建水酒店★★★
地址：红河哈尼族彝族自治州北正街75号
电话：0873－3186888
邮编：654300

昌源大酒店★★★
地址：红河哈尼族彝族自治州建水大道645号
电话：0873－7621888
邮编：654300

泸西县虎城宾馆★★★
地址：红河哈尼族彝族自治州泸西县阿庐大街中段
电话：0873－6650388
邮编：652400

石屏天源酒店★★★
地址：红河哈尼族彝族自治州石屏县异龙镇西山路31号
电话：0873－4853456
邮编：662200

云锡宾馆★★★
地址：红河哈尼族彝族自治州个旧市金湖东路121号
电话：0873－3119655
邮编：661000

国际公寓★★★
地址：红河哈尼族彝族自治州河口县人民路
电话：0873－3422222
邮编：661300

红河州银河大酒店★★★
地址：红河哈尼族彝族自治州蒙自县银河路17号
电话：0873－3721188
邮编：661100

蒙自观宝大酒店★★★
地址：红河哈尼族彝族自治州蒙自县天马路49号
电话：0873－3721666
邮编：661100

经贸大酒店★★★
地址：红河哈尼族彝族自治州元阳县常青路
电话：0873－5642598
邮编：662400

云梯大酒店★★★
地址：红河哈尼族彝族自治州元阳县新街镇
电话：0873－5624858
邮编：662400

弥勒佳信大酒店★★★
地址：红河哈尼族彝族自治州冉翁路延长线
电话：0873－6220888
邮编：652300

弥勒金鼎大酒店★★★
地址：红河哈尼族彝族自治州温泉路中段
电话：0873－6223786
邮编：652300

建水国泰酒店★★★
地址：红河哈尼族彝族自治州建水大道
电话：0873－7626888
邮编：654300

瑞和大酒店★★★
地址：文山壮族苗族自治州丘北人民路1号
电话：0876－4125666
邮编：663200

文汇大酒店★★★
地址：文山壮族苗族自治州文山市河西路86号
电话：0876－2181888
邮编：663000

民族文化中心★★★
地址：文山壮族苗族自治州文山市学海巷18号
电话：0876－2122551
邮编：663000

普阳大酒店★★★
地址：文山壮族苗族自治州文山市普阳路113号
电话：0876－2180999
邮编：663000

普者黑度假村★★★
地址：文山壮族苗族自治州丘北普者黑景区内
电话：0876－2180999
邮编：663200

海威尔酒店★★★
地址：文山壮族苗族自治州文山市普阳路11号
电话：0876－2181388
邮编：663000

国豪大酒店★★★
地址：文山壮族苗族自治州麻栗坡玉尔贝路190号
电话：0876－6629888
邮编：663600

皇冠大酒店★★★
地址：西双版纳傣族自治州景洪市勐泐大道70号
电话：0691－2199888
邮编：666100

财鑫大酒店★★★
地址：西双版纳傣族自治州景洪市勐泐大道88号
电话：0691－2162888
邮编：666100

大连酒店★★★
地址：西双版纳傣族自治州景洪市勐龙路10号
电话：0691－2130999
邮编：666100

锦都大酒店★★★
地址：西双版纳傣族自治州景洪市勐泐大道61号
电话：0691－2140888
邮编：666100

金版纳酒店★★★
地址：西双版纳傣族自治州景洪市勐泐大道55号
电话：0691－2136666
邮编：666100

金凤宾馆★★★
地址：西双版纳傣族自治州景洪市勐泐大道72号
电话：0691－2193888
邮编：666100

永兴大饭店★★★
地址：西双版纳傣族自治州景洪市民航路9号
电话：0691－2198688
邮编：666100

辉煌都畅大饭店★★★
地址：西双版纳傣族自治州景洪市勐泐大道68号
电话：0691－2199999
邮编：666100

山西大酒店★★★
地址：西双版纳傣族自治州景洪市易武路2号
电话：0691－2163666
邮编：666100

天城大酒店★★★
地址：西双版纳傣族自治州景洪市嘎兰中路23号
电话：0691－2156888
邮编：666100

泰都大酒店★★★
地址：西双版纳傣族自治州景洪市民航路26号
电话：0691－2137888
邮编：666100

绿桥饭店★★★
地址：西双版纳傣族自治州景洪市宣慰大道144号
电话：0691－2141888
邮编：666100

凰苑大酒店★★★
地址：西双版纳傣族自治州景洪市勐泐大道71号
电话：0691－2152333
邮编：666100

傣泐大酒店★★★
地址：西双版纳傣族自治州景洪市么龙路20号
电话：0691－2750188
邮编：666100

二星级

金穗大厦★★
地址：昆明市东风东路177号
电话：0871－5310998
邮编：650031

云粮金泉大酒店★★
地址：昆明市北京路623号
电话：0871－6177188
邮编：650051

嘉禾大酒店★★
地址：昆明市茭菱路3号
电话：0871－5423888
邮编：650031

华城饭店★★
地址：昆明市环城南路521号
电话：0871－3195668
邮编：650034

海狮酒店★★
地址：昆明市前卫镇马家营
电话：0871－8899888
邮编：650228

星宫酒店★★
地址：昆明市人民东路19号
电话：0871－3195758
邮编：650011

昆铁会议中心★★
地址：昆明市滇池路七公里处
电话：0871－4311680
邮编：650228

友谊宾馆★★
地址：昆明市人民东路302号
电话：0871－3401088
邮编：650041

工商大厦★★
地址：昆明市西华小区北区
电话：0871－4126126
邮编：650032

瑞驰达大酒店★★
地址：昆明市白云路119号
电话：0871－5199966
邮编：650231

联盟大酒店★★
地址：昆明市白云路157号
电话：0871－5626155
邮编：650233

兰花宾馆★★
地址：昆明市环城南路346号
电话：0871－3535553
邮编：650011

三叶饭店★★
地址：昆明市北京路83号
电话：0871－3566888
邮编：650011

兴明饭店★★
地址：昆明市春城路212号
电话：0871－3544888
邮编：650041

昆明机场宾馆★★
地址：昆明市昆明国际机场
电话：0871－7176965
邮编：650200

昆明理工大专家楼宾馆★★
地址：昆明市环城东路50号
电话：0871－3317508
邮编：650051

新元酒家★★
地址：昆明市新迎北区八组团
电话：0871－3342818
邮编：650224

友联宾馆★★
地址：昆明市永安路120号
电话：0871－3559988
邮编：650011

昆明大明酒店★★
地址：昆明市西山区近华浦路
电话：0871－8337688
邮编：650118

旺穗酒店★★
地址：昆明市民航路26号
电话：0871－3318668
邮编：650041

海鸥宾馆★★
地址：昆明市翠湖南路112号
电话：0871－5315388
邮编：650031

茶花宾馆★★
地址：昆明市东风东路96号
电话：0871－3163000
邮编：650041

船舶酒店★★
地址：昆明市北京路499号
电话：0871－3119166
邮编：650051

石林连宏酒店★★
地址：昆明市石林县东山路西段
电话：0871－7786909
邮编：652200

曲靖宾馆★★
地址：曲靖市文昌街65号
电话：0874－3124490
邮编：655000

兴诚迎宾馆★★
地址：曲靖市麒麟南路103号
电话：0874－3117888
邮编：655000

山水大酒店★★
地址：曲靖市寥廓北路
电话：0874－3386788
邮编：655000

红屋酒店★★
地址：曲靖市文化路延长线289号
电话：0874－3311066
邮编：655000

颐安酒店★★
地址：曲靖市南宁南路金牛塘
电话：0874－3219966
邮编：655000

昆曲大酒店★★
地址：曲靖市西关街131号
电话：0874－3312378
邮编：655000

沾化宾馆★★
地址：曲靖市沾益县盘江镇花山工业园区
电话：0874－3065006
邮编：655331

沾益玉龙宾馆★★
地址：曲靖市沾益县玉龙小区东风北路
电话：0874－3028888
邮编：655331

云山宾馆★★
地址：曲靖市陆良县同乐大道252号
电话：0874－6866333
邮编：655600

国福酒楼★★
地址：曲靖市陆良县同乐大道189号
电话：0874－6336298
邮编：655600

师宗大酒店★★
地址：曲靖市师宗县丹凤西路05号
电话：0874－5733077
邮编：655700

进达宾馆★★
地址：曲靖市师宗县河湾子商业区
电话：0874－5760269
邮编：655700

罗平华禄宾馆★★
地址：曲靖市罗平县九龙大道
电话：0874－6136567
邮编：655800

会泽宾馆★★
地址：曲靖市会泽县金钟镇钟屏街214号
电话：0874－5122557
邮编：654200

富源宾馆★★
地址：曲靖市富源县中安街254号
电话：0874－4626779
邮编：655500

富源宏业酒店★★
地址：曲靖市富源县金城路169号
电话：0874－4617979
邮编：655500

云溪宾馆★★
地址：玉溪市凤凰路8号
电话：0877－2023139
邮编：563100

宏盛酒店★★
地址：玉溪市凤凰路58号
电话：0877－2021698
邮编：563100

贵元酒店★★
地址：玉溪市龙马路7号
电话：0877－2023139
邮编：563100

凤凰酒店★★
地址：玉溪市太极路7号
电话：0877－2618098
邮编：563100

天运温泉度假村★★
地址：玉溪市峨山县小街镇年景村
电话：0877－4061492
邮编：653200

天泉酒店★★
地址：玉溪市峨山县小街镇年景村
电话：0877－4061556
邮编：653200

易门龙泉山庄★★
地址：玉溪市易门龙泉公园内
电话：0877－4965888
邮编：651100

笔架山庄★★
地址：玉溪市澂江县龙街镇禄充波息路1号
电话：0877－6610000
邮编：652500

澂江大酒店★★
地址：玉溪市澂江县凤麓镇凤翔路南2号
电话：0877－6912001
邮编：652500

绿苑宾馆★★
地址：玉溪市禄充风景区翰林路185号
电话：0877－6610888
邮编：652500

高原明珠假日酒店★★
地址：玉溪市澂江县凤麓镇澂波路19号
电话：0877－6912900
邮编：652500

交通培训中心★★
地址：玉溪市澂江县右所镇新河口

电话：0877－6769221
邮编：652500

仙湖宾馆★★
地址：玉溪市澂江县凤麓镇人民东路35号
电话：0877－6913006
邮编：652500

云安宾馆★★
地址：玉溪市元江县澧江路115号
电话：0877－6011189
邮编：653300

向阳酒店★★
地址：玉溪市元江县向阳路12号
电话：0877－6012998
邮编：653300

红宝石酒店★★
地址：玉溪市元江县凤凰路9号
电话：0877－6011836
邮编：653300

新平宾馆★★
地址：玉溪市新平县桂山镇桂山路101号
电话：0877－7017479
邮编：653400

惠通酒店★★
地址：玉溪市新平县桂山镇西园路5号
电话：0877－7019820
邮编：653400

大云酒店★★
地址：玉溪市新平县新平大道21号
电话：0877－7010775
邮编：653400

傣苑饮食文化城★★
地址：玉溪市新平县戛洒镇戛洒江边
电话：0877－7394050
邮编：653405

凯登酒店★★
地址：玉溪市新平县戛洒大道5号
电话：0877－7391997
邮编：653405

江川宾馆★★
地址：玉溪市江川县城宁海路36号
电话：0877－8011745
邮编：652600

江川环玉山庄★★
地址：玉溪市江川县江城镇孤山岛
电话：0877－8551221
邮编：652601

江川玉带河宾馆★★
地址：玉溪市江川县江城镇隔阿村
电话：0877－8551168
邮编：652601

华宁象鼻温泉度假村★★
地址：玉溪市华宁县宁州镇象鼻山
电话：0877－5611058
邮编：652800

云茶山庄★★
地址：玉溪市高香万亩生态茶文化旅游区
电话：0877－4075048
邮编：653200

保山顺天酒店★★
地址：保山市同仁街104号
电话：0875－2162888
邮编：678000

保山隆阳大酒店★★
地址：保山市九龙路39号
电话：0875－2148888
邮编：678000

保山运动员公寓★★
地址：保山市太保南路17号
电话：0875－2223986
邮编：678000

保山花城宾馆★★
地址：保山市九龙路兰苑巷1号
电话：0875－2203999
邮编：678000

腾冲和春酒店★★
地址：保山市腾冲县腾越镇满邑社区华严小区1号
电话：0875－5165138
邮编：679100

腾冲宏粮酒店★★
地址：保山市腾冲县腾越镇天成社区银河小区1号
电话：0875－5137888
邮编：679100

腾冲宏盛大酒店★★
地址：保山市腾冲县腾越镇火山社区宏盛小区99号
电话：0875－5168666
邮编：679100

腾冲林业大厦★★
地址：保山市腾冲县腾越镇满邑社区上村小区216号
电话：0875－5164057
邮编：679100

腾冲人大服务中心★★
地址：保山市腾冲县腾越镇观音塘社区红星小区187号
电话：0875－5139666
邮编：679100

腾冲映春宾馆★★
地址：保山市腾冲县腾越镇观音塘社区滨河小区70号
电话：0875－5135211
邮编：679100

腾冲金凤酒店★★
地址：保山市腾冲县腾越镇火山社区双坡小区124号
电话：0875－5192888
邮编：679100

腾冲锦越酒店★★
地址：保山市腾冲县腾越镇观音塘社区滨河小区74号
电话：0875－5135118
邮编：679100

龙陵宾馆★★
地址：保山市龙陵县龙山镇长庚路57号
电话：0875－8992888
邮编：678300

龙陵永顺酒店★★
地址：保山市龙陵县龙山镇兴农路18号
电话：0875－6125988
邮编：678300

施甸隆阳大酒店★★
地址：保山市施甸县甸阳镇甸阳路
电话：0875－8126666
邮编：678200

施甸石瓢温泉宾馆★★
地址：保山市施甸县太平镇大坪子村石瓢景区
电话：0875－8816929
邮编：678200

昌宁糖缘大酒店★★
地址：保山市昌宁县田园镇宝丰路右文岔路口
电话：0875－7130368
邮编：678100

昌宁茗苑宾馆★★
地址：保山市昌宁县田园镇兴宁街
电话：0875－7138688
邮编：678100

昌宁白云宾馆★★
地址：保山市昌宁县田园镇福惠路东侧
电话：0875－7129866
邮编：678100

昌宁宁馨宾馆★★
地址：保山市昌宁县田园镇右甸东路13号
电话：0875－7132888
邮编：678100

龙都宾馆★★
地址：昭通市昭阳区龙泉路66号
电话：0870－2123333
邮编：657000

永宏水上娱乐城★★
地址：昭通市昭阳区民航路中段
电话：0870－2167999
邮编：657000

金鼎大酒店★★
地址：昭通市昭阳区月牙路口
电话：0870－2229333
邮编：657000

鸿达宾馆★★
地址：昭通市盐津县老街
电话：0870－6624868
邮编：657500

欧亚宾馆★★
地址：昭通市盐津县老街
电话：0870－6622868
邮编：657500

金江宾馆★★
地址：昭通市水富县金江宾馆
电话：0870－8632138
邮编：657800

九龙溪大酒店★★
地址：昭通市威信县九龙路139号
电话：0870－6120518
邮编：657900

汇丰宾馆★★
地址：昭通市威信县朝阳路西段
电话：0870－6129288
邮编：657900

鸿际宾馆★★
地址：昭通市威信县扎西镇环城东路
电话：0870－6120777
邮编：657900

玉缘酒店★★
地址：丽江市古城区新大街
电话：0888－5150999

邮编：674100

百鹤宾馆★★
地址：丽江市古城区福慧路
电话：0888－5495888
邮编：674100

云岭宾馆★★
地址：丽江市古城区新大街
电话：0888－8894088
邮编：674100

丽江大酒店★★
地址：丽江市古城区新大街
电话：0888－5151888
邮编：674100

神农酒店★★
地址：丽江市古城区民主路
电话：0888－5175618
邮编：674100

福慧饭店★★
地址：丽江市古城区福慧路
电话：0888－3107222
邮编：674100

金虹酒店★★
地址：丽江市古城区金虹路
电话：0888－5175166
邮编：674100

玉璧金川酒店★★
地址：丽江市古城区民主路
电话：0888－5175741
邮编：674100

彩路酒店★★
地址：丽江市古城区民主路
电话：0888－5392777
邮编：674100

大港酒店★★
地址：丽江市古城区香格里大道
电话：0888－5125066
邮编：674100

纳西大酒店★★
地址：丽江市古城区长水路
电话：0888－5177717
邮编：674100

七星酒店★★
地址：丽江市古城区七星街
电话：0888－5101178
邮编：674100

文笔峰酒店★★
地址：丽江市古城区香格里大道
电话：0888－5127505
邮编：674100

鑫安酒店★★
地址：丽江市古城区新大街
电话：0888－3103119
邮编：674100

丽水酒店★★
地址：丽江市古城区香格里大道
电话：0888－5169881
邮编：674100

龙江古城宾馆★★
地址：丽江市古城区古城口
电话：0888－5121557
邮编：674100

光辉酒店★★
地址：丽江市古城区七星街
电话：0888－5118888
邮编：674100

锦苑酒店★★
地址：丽江市古城区七星街
电话：0888－5110887
邮编：674100

凯迪宾馆★★
地址：丽江市古城区七星街
电话：0888－5111188
邮编：674100

林峰酒店★★
地址：丽江市古城区东界河北段
电话：0888－3114333
邮编：674100

三叠水酒店★★
地址：丽江市古城区香格里大道
电话：0888－5156966
邮编：674100

和信酒店★★
地址：丽江市古城区古城南门
电话：0888－5153656
邮编：674100

嘉华客栈★★
地址：丽江市古城区古城南门
电话：0888－5119388
邮编：674100

金洋宾馆★★
地址：丽江市古城区古城南门
电话：0888－5152409
邮编：674100

京丽宾馆★★
地址：丽江市古城区东界河南段
电话：0888－5157111
邮编：674100

清福缘酒店★★
地址：丽江市古城区古城南门
电话：0888－5118462
邮编：674100

清和第酒店★★
地址：丽江市古城区古城
电话：0888－5125588
邮编：674100

逸都苑★★
地址：丽江市古城区香格里大道延伸线
电话：0888－5158558
邮编：674100

中玉宾馆★★
地址：丽江市古城区白龙潭村
电话：0888－3100299
邮编：674100

滇西明珠荣华苑★★
地址：丽江市古城区香格里大道延伸线
电话：0888－5104888
邮编：674100

滇西明珠玉荷苑★★
地址：丽江市古城区香格里大道延伸线
电话：0888－5133858
邮编：674100

滇西明珠明珠苑★★
地址：丽江市古城区香格里大道延伸线
电话：0888－5183108
邮编：674100

福慧宾馆★★
地址：丽江市古城区福慧路
电话：0888－5153555
邮编：674100

瓜玳国馨安居★★
地址：丽江市古城区香格里大道
电话：0888－5129866
邮编：674100

恒丰宾馆★★
地址：丽江市古城区七星街
电话：0888－5112688
邮编：674100

雅阁芭酒店★★
地址：丽江市古城区七星街
电话：0888－5125777
邮编：674100

杨记福兴隆★★
地址：丽江市古城区古城南门
电话：0888－5112766
邮编：674100

金诚商务酒店★★
地址：丽江市古城区香格里大道
电话：0888－5158710
邮编：674100

紫云居酒店★★
地址：丽江市古城区花马街
电话：0888－5122509
邮编：674100

继贤宾馆★★
地址：丽江市古城区玉河中村教育路
电话：0888－5106366
邮编：674100

天雨楼★★
地址：丽江市古城南门
电话：0888－3199998
邮编：674100

清荷韵酒店★★
地址：丽江市古城区瓜玳国
电话：0888－3116640
邮编：674100

千里走单骑★★
地址：丽江市古城区南口路
电话：0888－5151919
邮编：674100

品初酒店★★
地址：丽江市古城区象山东路
电话：0888－5155859
邮编：674100

蓝天宾馆★★
地址：丽江市古城区香格里大道
电话：0888－5161270
邮编：674100

国风酒店★★
地址：丽江市古城区七星街
电话：0888－5159138
邮编：674100

鹍鹏酒店★★
地址：丽江市古城区七星街
电话：0888－5129999
邮编：674100

鸿旺酒店★★
地址：丽江市古城区香格里大道
电话：0888－5175888
邮编：674100

嘉华宾馆★★
地址：丽江市古城区福慧路
电话：0888－5170998
邮编：674100

仟禧宾馆★★
地址：丽江市古城区花马街
电话：0888－5177988
邮编：674100

达林酒店★★
地址：丽江市古城区安通路
电话：0888－3103588
邮编：674100

虎跳峡酒店★★
地址：丽江市古城区福慧路
电话：0888－3105666
邮编：674100

海鑫酒店★★
地址：丽江市古城区香格里大道
电话：0888－3107799
邮编：674100

大东巴酒店★★
地址：丽江市古城区民主路
电话：0888－5103055
邮编：674100

达八渡宾馆★★
地址：丽江市古城区西安街寨后下村
电话：0888－8893799
邮编：674100

和瑞园酒店★★
地址：丽江市古城区香格里大道
电话：0888－5187878
邮编：674100

德鑫酒店★★
地址：丽江市古城区古城南门
电话：0888－5111466
邮编：674100

雅纳时尚酒店★★
地址：丽江市古城区花马街
电话：0888－5183777
邮编：674100

汝亨家园★★
地址：丽江市宁蒗县泸沽湖
电话：0888－5886188
邮编：674100

新华宾馆★★
地址：丽江市古城区新大街
电话：0888－5156518
邮编：674100

博亚酒店★★
地址：丽江市古城区七星街
电话：0888－5163999
邮编：674100

恒泰宾馆★★
地址：丽江市古城区七星街
电话：0888－5119988
邮编：674100

军达酒店★★
地址：丽江市古城区香格里大道
电话：0888－5154828
邮编：674100

麒麟宾馆★★
地址：丽江市古城区七星街
电话：0888－5106918
邮编：674100

红莲酒店★★
地址：丽江市古城区七星街
电话：0888－5117066
邮编：674100

仁和昌酒店★★
地址：丽江市古城区古城南门
电话：0888－5112269
邮编：674100

纳西宾馆★★
地址：丽江市古城区民主路
电话：0888－5109710
邮编：674100

龙祥酒店★★
地址：丽江市古城区七星街
电话：0888－5167822
邮编：674100

金牛宾馆★★
地址：丽江市古城区七星街
电话：0888－5189798
邮编：674100

林祥酒店★★
地址：丽江市古城区七星街
电话：0888－3108838
邮编：674100

祥和酒店（龙峰B座）★★
地址：丽江市古城区七星街
电话：0888－5153313
邮编：674100

鑫交运酒店★★
地址：丽江市古城区民主路狮子山
电话：0888－5188666
邮编：674100

北门苑客栈★★
地址：丽江市古城区北门街子云巷24号
电话：0888－8884616
邮编：674100

日月和酒店★★
地址：丽江市古城区祥和路
电话：0888－3110799
邮编：674100

丹妮酒店★★
地址：丽江市古城区民主路
电话：0888－5150077
邮编：674100

洋河酒店★★
地址：丽江市古城区新大街
电话：0888－511296
邮编：674100

岁月滇西明珠★★
地址：丽江市古城区香格里大道延伸线
电话：0888－5308688
邮编：674100

民族宾馆★★
地址：丽江市古城区民主路
电话：0888－5301899
邮编：674100

海龙云鹤酒店★★
地址：丽江市古城区寨后街寨后下段97号
电话：0888－8888799
邮编：674100

锦泰商务酒店★★
地址：丽江市古城区民主路延长线
电话：0888－8888088
邮编：674100

欣隆酒店★★
地址：丽江市古城区民主路延长线42号
电话：0888－5128870
邮编：674100

一品祥和酒店★★
地址：丽江市古城区丽鹤路
电话：0888－5188256
邮编：674100

可尔酒店★★
地址：丽江市古城区香格里大道寨后街12号
电话：0888－8881377
邮编：674100

聚忆时光酒店★★
地址：丽江市古城区寨后上村90号
电话：0888－5129889
邮编：674100

祥元酒店★★
地址：丽江市古城区民主路（原三联公寓）
电话：0888－5188867
邮编：674100

天悦酒店★★
地址：丽江市古城区寨后上村74号
电话：0888－8886660
邮编：674100

嘉鑫大酒店★★
地址：丽江市古城区福慧路542号
电话：0888－5165757
邮编：674100

玉雪酒店★★
地址：丽江市古城区寨后上村108号
电话：0888－3103999
邮编：674100

丽缘别墅酒店★★
地址：丽江市古城区吉祥路上段丽景湾
电话：0888－5108567
邮编：674100

飞龙商务酒店★★
地址：丽江市古城区寨后上村82号
电话：0888－3198889
邮编：674100

昌云宾馆★★
地址：丽江市古城区吉祥东路下段
电话：0888－5100688
邮编：674100

情缘宾馆★★
地址：丽江市古城区祥云村太和东村25号
电话：0888－3108378
邮编：674100

丽安酒店★★
地址：丽江市古城区寨后上村62号
电话：0888－5336333
邮编：674100

丽江名钥大酒店★★
地址：丽江市古城区雪山路寨后下村 62 号
电话：0888－3102999
邮编：674100

中金酒店★★
地址：丽江市祥云办事处康仲村 21 号
电话：0888－5177585
邮编：674100

丽塔宾馆★★
地址：丽江市古城区祥和卿云村 72 号
电话：0888－5172088
邮编：674100

姣姣宾馆★★
地址：丽江市古城区七星街
电话：0888－5184230
邮编：674100

家怡酒店★★
地址：丽江市古城区玉河古路坞 34 号
电话：0888－5187666
邮编：674100

泰瑞来商务酒店★★
地址：丽江市古城区玉峰大道 278 号
电话：0888－5396099
邮编：674100

恒裕酒店★★
地址：丽江市古城区寨后上村 73 号
电话：0888－5179666
邮编：674100

阳春白雪假日酒店★★
地址：丽江市古城区寨后上村 90 号
电话：0888－5183788
邮编：674100

元亨酒店★★
地址：丽江市古城区寨后上村 76 号
电话：0888－8888288
邮编：674100

康乐商务酒店★★
地址：丽江市古城区太和东村
电话：0888－5174329
邮编：674100

万泰酒店★★
地址：丽江市古城区寨后上村 117 号
电话：0888－5303886
邮编：674100

梦之都商务酒店★★
地址：丽江市古城区下八河
电话：0888－5111877
邮编：674100

江都宾馆★★
地址：丽江市古城区寨后上村 10 号
电话：0888－8880099
邮编：674100

财培中心★★
地址：普洱市思茅区鱼水路 9 号
电话：0879－2305858
邮编：665000

万达大酒店★★
地址：普洱市思茅区振兴路 15 号
电话：0879－2124800
邮编：665000

玉都酒店★★
地址：普洱市环城北路 19 号
电话：0879－2206666
邮编：665000

锦云酒店★★
地址：普洱市振兴大道 95 号
电话：0879－2122778
邮编：665000

龙阁酒店★★
地址：普洱市振兴大道 115 号
电话：0879－2301968
邮编：665000

凯华大酒店★★
地址：普洱市凌云路 13 号
电话：0879－6229686
邮编：676200

南洋河酒店★★
地址：普洱市景东凌云路 138 号
电话：0879－6220933
邮编：676200

云海大酒店★★
地址：普洱市景东银生路 12 号
电话：0879－6224951
邮编：676200

金富酒店★★
地址：普洱市澜沧环城东路
电话：0879－7231998
邮编：665600

滇西苑宾馆★★
地址：普洱市澜沧勐朗路
电话：0879－7234567
邮编：665600

小康温泉宾馆★★
地址：普洱市澜沧东朗路
电话：0879－7227008
邮编：665600

华泰酒店★★
地址：普洱市绿苑路
电话：0879－3727777
邮编：665900

花园酒店★★
地址：普洱市江城勐烈东路
电话：0879－3727188
邮编：665900

镇沅大酒店★★
地址：普洱市镇沅迎宾路
电话：0879－5815555
邮编：666500

天福酒店★★
地址：普洱市镇沅绿海路
电话：0879－5816777
邮编：666500

宁洱宾馆★★
地址：普洱市宁洱东山东路 1 号
电话：0879－3232772
邮编：665100

交通大酒店★★
地址：普洱市宁洱东山路 125 号
电话：0879－3233111
邮编：665100

天溪宾馆★★
地址：普洱市墨江新建路 76 号
电话：0879－4236818
邮编：654800

紫金宾馆★★
地址：普洱市墨江新建路 59 号
电话：0879－4232940
邮编：654800

回归大酒店★★
地址：普洱市墨江新建路 69 号
电话：0879－4234988
邮编：654800

交通宾馆★★
地址：普洱市墨江南片区开发区
电话：0879－4236999
邮编：654800

他郎宾馆★★
地址：普洱市墨江新建路 27 号
电话：0879－4235226
邮编：654800

鑫海宾馆★★
地址：普洱市海关路
电话：0879－8725888
邮编：665800

教育宾馆★★
地址：普洱市教育巷
电话：0879－8728958
邮编：665800

天龙大酒店★★
地址：普洱市人民路 6 号
电话：0879－8887988
邮编：665000

展誉酒店★★
地址：普洱市思茅北郊
电话：0879－2201136
邮编：665000

交通宾馆★★
地址：普洱市振兴大道 16 号
电话：0879－2138961
邮编：665000

金德酒店★★
地址：普洱市人民西路 71 号
电话：0879－8255558
邮编：665000

广利酒店★★
地址：普洱市振兴大道 131 号
电话：0879－2309699
邮编：665000

春红酒店★★
地址：普洱市机场路
电话：0879－2124389
邮编：665000

高园酒店★★
地址：普洱市人民路 23 号
电话：0879－2135149
邮编：665000

太阳宾馆★★
地址：普洱市联珠大道 E 区
电话：0879－4238881
邮编：654800

凌云大酒店★★
地址：普洱市凌云路 85 号
电话：0879－6239399
邮编：676200

蓝天宾馆★★
地址：普洱市玉屏路 2 号

电话：0879－6229999
邮编：676200

云海商务酒店★★
地址：普洱市凤山路 43 号
电话：0879－5118999
邮编：666400

泰利大酒店★★
地址：普洱市石板村大桥头
电话：0879－5116444
邮编：666400

坤华宾馆★★
地址：普洱市振兴路 49 号
电话：0879－5112228
邮编：666400

海天酒店★★
地址：普洱市文明路 23 号
电话：0879－5111666
邮编：666400

金登大酒店★★
地址：普洱市金鑫小区
电话：0879－5224777
邮编：666400

富寓大酒店★★
地址：普洱市文明路 11 号
电话：0879－5222266
邮编：666400

德谊大酒店★★
地址：普洱市响水路 8 号
电话：0879－5118518
邮编：666400

鹏鹄宾馆★★
地址：普洱市金山路
电话：0879－5814888
邮编：665000

金城酒店★★
地址：普洱市民族街
电话：0879－7233688
邮编：665600

江三木罗酒店★★
地址：普洱市勐卡路 137 号
电话：0879－8344998
邮编：665700

军供宾馆★★
地址：普洱市东门路 2 号
电话：0879－3232742
邮编：665100

墨江宾馆★★
地址：普洱市墨江新建路 14 号
电话：0879－4232955
邮编：654800

金太阳酒店★★
地址：普洱市回归大道
电话：0879－4234888
邮编：654800

鑫宏大酒店★★
地址：普洱市联谊路
电话：0879－3723168
邮编：665900

扎娜惬阁★★
地址：普洱市建设路
电话：0879－7221656
邮编：665600

专家公寓★★
地址：临沧市临翔区温泉路
电话：0883－2139449
邮编：677000

天泉酒店★★
地址：临沧市临翔区南天路
电话：0883－2159666
邮编：677000

北回宾馆★★
地址：临沧市临翔区南天路
电话：0883－2136588
邮编：677000

云县宾馆★★
地址：临沧市云县县城
电话：0883－3225188
邮编：675800

凤庆宾馆★★
地址：临沧市凤庆县城
电话：0883－4211052
邮编：675900

汇通大酒店★★
地址：临沧市凤庆县城
电话：0883－4218958
邮编：675900

裕恒昌温泉酒店★★
地址：临沧市临翔区凤翔镇南信桥
电话：0883－2140318
邮编：677000

阿佤山大酒店★★
地址：临沧市沧源佤族自治县孟懂镇广允路
电话：0883－7124888
邮编：677400

耿马宾馆★★
地址：临沧市耿马县城
电话：0883－6125266
邮编：677500

金孔雀大酒店★★
地址：临沧市耿马县城
电话：0883－6122988
邮编：677500

永德宾馆★★
地址：临沧市永德县德党镇
电话：0883－5211114
邮编：677600

康乐酒楼★★
地址：临沧市沧源勐懂镇
电话：0883－7122288
邮编：677400

瑞丽江大酒店★★
地址：德宏傣族景颇族自治州瑞丽市边城街 130 号
电话：0692－4155985
邮编：678600

梁河宾馆★★
地址：德宏傣族景颇族自治州梁河县南甸路 159 号
电话：0692－6166002
邮编：679200

太和园宾馆★★
地址：德宏傣族景颇族自治州盈江县平原镇赏建路 19 号
电话：0692－5128219
邮编：679300

华玉宾馆★★
地址：德宏傣族景颇族自治州盈江县平原镇赏建路
电话：0692－8128518
邮编：679300

祥和宾馆★★
地址：德宏傣族景颇族自治州盈江县平原镇赏建路 23 号
电话：0692－8128288
邮编：679300

长江宾馆★★
地址：德宏傣族景颇族自治州芒市目瑙纵歌路 9 号
电话：0692－2286055
邮编：678400

宏顺酒店★★
地址：德宏傣族景颇族自治州芒市大街 77 号
电话：0692－2133898
邮编：678400

交通旅游宾馆★★
地址：德宏傣族景颇族自治州芒市勐焕路 62 号
电话：0692－2212444
邮编：678400

乔瑞饭店★★
地址：德宏傣族景颇族自治州瑞丽市瑞京路 1 号
电话：0692－4156699
邮编：678600

八达温泉宾馆★★
地址：德宏傣族景颇族自治州瑞丽市南卯街 11 号
电话：0692－4157688
邮编：678600

新世纪宾馆★★
地址：德宏傣族景颇族自治州瑞丽市卯喊路 38 号
电话：0692－4146390
邮编：678600

九洲饭店★★
地址：德宏傣族景颇族自治州瑞丽市边城街
电话：0692－4153402
邮编：678600

凯邦宾馆★★
地址：德宏傣族景颇族自治州盈江县赏建路 102 号
电话：0692－8114128
邮编：679300

佳佳乐大酒店★★
地址：德宏傣族景颇族自治州陇川县章凤镇友谊路 2 号
电话：0692－7179070
邮编：678700

鸿运酒店★★
地址：德宏傣族景颇族自治州陇川县章凤三象北路中段
电话：0692－7176868
邮编：678700

鑫源大酒店★★
地址：德宏傣族景颇族自治州陇川县章凤镇卫国路与新城路交叉口

电话：0692－7179116
邮编：678700

新客来宾馆★★
地址：德宏傣族景颇族自治州瑞丽市南卯街下段
电话：0692－4156718
邮编：678600

轩益宾馆★★
地址：德宏傣族景颇族自治州芒市目瑙纵歌路25号
电话：0692－2132258
邮编：678400

竹林花园温泉酒店★★
地址：德宏傣族景颇族自治州瑞丽市人民路下段
电话：0692－4123999
邮编：678600

大陆酒店★★
地址：德宏傣族景颇族自治州芒市大街
电话：0692－2286858
邮编：678400

飞虎客栈★★
地址：德宏傣族景颇族自治州芒市勐焕路38号
电话：0692－2216611
邮编：678400

东苑宾馆★★
地址：德宏傣族景颇族自治州芒市榕树南路38号
电话：0692－2216088
邮编：678400

钟瑞宾馆★★
地址：德宏傣族景颇族自治州瑞丽市南卯街1号
电话：0692－4100555
邮编：678600

吉祥宾馆★★
地址：德宏傣族景颇族自治州瑞丽市农垦路2－1号
电话：0692－4104666
邮编：678600

电力宾馆★★
地址：德宏傣族景颇族自治州梁河县遮岛镇南甸路52号
电话：0692－6166898
邮编：679200

国门大酒店★★
地址：德宏傣族景颇族自治州瑞丽市姐告口岸
电话：0692－4666000
邮编：678600

永乐大酒店★★
地址：怒江傈僳族自治州六库镇江西向阳南路103号
电话：0886－3628448
邮编：673100

千禧宾馆★★
地址：怒江傈僳族自治州兰坪白族普米族自治县县城沧江路123号
电话：0886－3215959
邮编：671400

三江花园大酒店（三江宾馆）★★
地址：怒江傈僳族自治州兰坪白族普米族自治县县城人民路13号
电话：0886－3213008
邮编：671400

锌都大酒店★★
地址：怒江傈僳族自治州兰坪白族普米族自治县城沧江路47号
电话：0886－3215888
邮编：671400

香巴拉酒店★★
地址：迪庆藏族自治州香格里拉县长征路中段
电话：0887－8222190
邮编：674400

阿墩子酒店★★
地址：迪庆藏族自治州德钦县升平镇
电话：0887－8413378
邮编：674500

财鑫大酒店★★
地址：迪庆藏族自治州德钦县升平镇南坪
电话：0887－8413878
邮编：674500

雪域酒店★★
地址：迪庆藏族自治州香格里拉县小龟山
电话：0887－8231588
邮编：674400

宏达花园酒店★★
地址：迪庆藏族自治州香格里拉县环东路
电话：0887－8288599
邮编：674400

白水台酒店★★
地址：迪庆藏族自治州香格里拉县红旗路
电话：0887－8289198
邮编：674400

农发行培训中心★★
地址：迪庆藏族自治州香格里拉县建塘东路
电话：0887－8223328
邮编：674400

彩虹酒店★★
地址：迪庆藏族自治州德钦县升平镇
电话：0887－8414248
邮编：674500

达圣酒店★★
地址：迪庆藏族自治州德钦县升平镇
电话：0887－8413838
邮编：674500

鸿洋酒店★★
地址：迪庆藏族自治州香格里拉县红旗路
电话：0887－8289469
邮编：674400

富顺酒店★★
地址：迪庆藏族自治州香格里拉县三号路
电话：0887－8233588
邮编：674400

卓玛酒店★★
地址：迪庆藏族自治州香格里拉县向阳路
电话：0887－8224188
邮编：674400

香苑宾馆★★
地址：迪庆藏族自治州香格里拉县香乡路
电话：0887－8228559
邮编：674400

香旺酒店★★
地址：迪庆藏族自治州香格里拉县红旗路
电话：0887－8229891
邮编：674400

天圆大酒店★★
地址：迪庆藏族自治州香格里拉县红旗路
电话：0887－8288699
邮编：674400

次仁酒店★★
地址：迪庆藏族自治州香格里拉县环东路
电话：0887－8225568
邮编：674400

明珠酒店★★
地址：迪庆藏族自治州德钦县升平镇飞来寺
电话：0887－8414688
邮编：674500

神山酒店★★
地址：迪庆藏族自治州德钦县升平镇飞来寺
电话：0887－8414699
邮编：674500

达瓦风情园酒店★★
地址：迪庆藏族自治州香格里拉县香乡路
电话：0887－8231369
邮编：674400

南卡酒店★★
地址：迪庆藏族自治州德钦县升平镇飞来寺
电话：0887－8414888
邮编：674500

世纪大饭店★★
地址：大理白族自治州大理市滇源路火车站以东
电话：0872－2321588
邮编：671000

海玉酒店★★
地址：大理白族自治州大理市下关茫涌路中段
电话：0872－2282898
邮编：671000

地质宾馆★★
地址：大理白族自治州大理市下关兴盛路14号
电话：0872－314128
邮编：671000

大理饭店★★
地址：大理白族自治州大理市下关建设西路1号
电话：0872－2179998
邮编：671000

下关宾馆★★
地址：大理白族自治州大理市下关建设西路人民街1号
电话：0872－2119968
邮编：671000

文华酒店★★
地址：大理白族自治州大理市下关泰安路北段
电话：0872－2270688
邮编：671000

茶花酒店★★
地址：大理白族自治州大理市下关经济开发区文昌街（苍山路）中段
电话：0872－2318999
邮编：671000

金荣宾馆★★
地址：大理白族自治州大理市下关宾川路
电话：0872－2326217
邮编：671000

集盛酒店★★
地址：大理白族自治州大理市建设东路 61 号
电话：0872－2323918
邮编：671000

明珠酒店★★
地址：大理白族自治州大理市下关人民南路 156 号
电话：0872－2162388
邮编：671000

银盛大酒店★★
地址：大理白族自治州大理经济开发区苍山路
电话：0872－2310350
邮编：671000

宏祥酒店★★
地址：大理白族自治州大理市下关环城（西）路 1 号
电话：0872－2188768
邮编：671000

金利酒店★★
地址：大理白族自治州大理经济开发区沧浪路口
电话：0872－2327555
邮编：671000

西电宾馆★★
地址：大理白族自治州大理市下关文化路 51 号
电话：0872－2153000
邮编：671000

八鑫楼酒店★★
地址：大理白族自治州大理市经济开发区苍山东路
电话：0872－2320927
邮编：671000

香苑酒店★★
地址：大理白族自治州大理经济开发区沧浪路
电话：0872－2170682
邮编：671000

兴邮酒店★★
地址：大理白族自治州大理市下关龙溪路东段
电话：0872－2163888
邮编：671000

军供宾馆★★
地址：大理白族自治州大理市下关幸福路 10 号
电话：0872－2122846
邮编：671000

文献酒店★★
地址：大理白族自治州大理古城博爱路 160 号
电话：0872－2662416
邮编：671003

瑞和酒店★★
地址：大理白族自治州大理市建设东路 59 号
电话：0872－2324240
邮编：671000

金鹰大酒店★★
地址：大理白族自治州大理市下关滇源路
电话：0872－2321115
邮编：671000

龙园酒店★★
地址：大理白族自治州大理古城绿玉小区
电话：0872－2664380
邮编：671003

泛亚酒店★★
地址：大理白族自治州大理市经济开发区苍山路东延长线
电话：0872－2321988
邮编：671000

玉鑫酒店★★
地址：大理白族自治州大理古城绿玉路 36 号
电话：0872－2671518
邮编：671003

榆城酒店★★
地址：大理白族自治州大理古城博爱路 181 号
电话：0872－2669088
邮编：671003

迎宾酒店★★
地址：大理白族自治州大理古城西门外水碓村
电话：0872－2679818
邮编：671003

银华酒店★★
地址：大理白族自治州大理市经济开发区金贝商业城 36 幢
电话：0872－2322896
邮编：671000

大运宾馆★★
地址：大理白族自治州大理市下关建设路 12 号
电话：0872－2176818
邮编：671000

瑞祥酒店★★
地址：大理白族自治州大理市下关万花路中段
电话：0872－2145299
邮编：671000

锦鑫酒店★★
地址：大理白族自治州鹤庆县云鹤镇大丽路 137 公里处
电话：0872－4126786
邮编：671500

春玉大酒店★★
地址：大理白族自治州鹤庆县大丽路东环路鹤庆烟草公司对面
电话：0872－4129099
邮编：671500

鹤庆大酒店★★
地址：大理白族自治州鹤庆云鹤镇东环路
电话：0872－4121838
邮编：671500

鹤庆饭店★★
地址：大理白族自治州鹤庆云鹤镇南大街
电话：0872－4122222
邮编：671500

祥云宾馆★★
地址：大理白族自治州祥云县祥城镇红星街 16 号
电话：0872－3121166
邮编：672100

锦兴酒店★★
地址：大理白族自治州祥云县祥城镇八里路南段
电话：0872－3128666
邮编：672100

大栗树茶苑宾馆★★
地址：大理白族自治州云龙县诺邓镇虎山路 4 号
电话：0872－5522019
邮编：672700

宾川宾馆★★
地址：大理白族自治州宾川县金牛路 26 号
电话：0872－7153166
邮编：671600

南涧宾馆★★
地址：大理白族自治州南涧县城振兴北路 2 号
电话：0872－8521461
邮编：675700

小湾宾馆★★
地址：大理白族自治州南涧县金龙路 1 号
电话：0872－8790037
邮编：675700

巍山宾馆★★
地址：大理白族自治州巍山县文华镇东新街 51 号
电话：0872－6124309
邮编：672400

巍山云馨兰酒店★★
地址：大理白族自治州巍山南诏镇红河源北路
电话：0872－6352888
邮编：672400

巍山龙溪酒店★★
地址：大理白族自治州巍山古城环城东路
电话：0872－6123748
邮编：672400

九气台温泉宾馆★★
地址：大理白族自治州洱源县城腾飞路
电话：0872－5125298
邮编：671200

洱海源温泉宾馆★★
地址：大理白族自治州洱源县城茈碧路
电话：0872－5121666
邮编：671200

好常来酒店★★
地址：大理白族自治州漾濞县苍山西路 33 号
电话：0872－7525369
邮编：672500

方圆酒店★★
地址：大理白族自治州剑川县金华镇剑阳大街
电话：0872－4777368
邮编：671300

永昌宾馆★★
地址：大理白族自治州剑川县金华镇东门社区 214 线旁
电话：0872－4777288
邮编：671300

佳丽大酒店★★
地址：大理白族自治州剑川县城北新区
电话：0872－4777177
邮编：671300

弥渡宾馆★★
地址：大理白族自治州弥渡县弥城镇建设路50号
电话：0872－8169352
邮编：675600

鸿林宾馆★★
地址：大理白族自治州弥渡县花灯广场旁
电话：0872－8169999
邮编：675600

世纪大饭店★★
地址：大理白族自治州大理经济开发区三茂街
电话：0872－2328937
邮编：671000

忠鹤大酒店★★
地址：大理白族自治州大理市下关沧浪路
电话：0872－2320991
邮编：671000

雄丰酒店★★
地址：大理白族自治州大理市下关宾川路
电话：0872－2328088
邮编：671000

风发酒店★★
地址：大理白族自治州大理市凤仪镇凤中路17号
电话：0872－5366888
邮编：671000

竹溪大酒店★★
地址：大理白族自治州大理古城绿玉小区
电话：0872－2664388
邮编：671003

龙泉酒店★★
地址：大理白族自治州大理市周城商贸旅游一条街
电话：0872－2431596
邮编：671004

伊利宾馆★★
地址：大理白族自治州大理经济开发区沧浪路
电话：0872－3103533
邮编：671000

云信宾馆★★
地址：大理白族自治州祥云县祥城镇龙翔路90号
电话：0872－3129888
邮编：672100

缘友酒店★★
地址：大理白族自治州大理市榆华路广华小区旁边
电话：0872－2198106
邮编：671000

海悦度假酒店★★
地址：大理白族自治州大理市锦云路
电话：0872－8888996
邮编：671000

银鑫酒店★★
地址：大理白族自治州巍山路288号
电话：0872－31878888
邮编：671000

广怡大酒店★★
地址：楚雄彝族自治州楚雄市北浦路241号
电话：0878－6115388
邮编：675000

腾达酒店★★
地址：楚雄彝族自治州楚雄市经济开发区
电话：0878－3396899
邮编：675000

电信宾馆★★
地址：楚雄彝族自治州楚雄市开发区龙江路
电话：0878－3394888
邮编：675000

楚电宾馆★★
地址：楚雄彝族自治州楚雄市团结路270号
电话：0878－3204166
邮编：675000

朝阳宾馆★★
地址：楚雄彝族自治州楚雄市鹿城东路
电话：0878－3114188
邮编：675000

泰和园酒店★★
地址：楚雄彝族自治州元谋县龙川街
电话：0878－8316557
邮编：651300

盈泰酒店★★
地址：楚雄彝族自治州元谋县凤翔街
电话：0878－8317988
邮编：651300

云南省农科院热区所专家楼宾馆★★
地址：楚雄彝族自治州元谋县城南郊
电话：0878－8212768
邮编：651300

禄丰宾馆★★
地址：楚雄彝族自治州禄丰县金山镇文瑞街19号
电话：0878－4121266
邮编：651200

大华酒店★★
地址：楚雄彝族自治州禄丰县金山镇金源街
电话：0878－4141111
邮编：651200

南华宾馆★★
地址：楚雄彝族自治州南华县龙川镇南街
电话：0878－7221968
邮编：675200

嘉鑫宾馆★★
地址：楚雄彝族自治州南华县城龙泉路34号
电话：0878－7213788
邮编：675200

华泰龙宾馆★★
地址：楚雄彝族自治州南华县城龙泉东路
电话：0878－7211960
邮编：675200

蛉烟酒店★★
地址：楚雄彝族自治州大姚县金碧路58号
电话：0878－6226099
邮编：675400

虎鹏酒店★★
地址：楚雄彝族自治州大姚县城金碧路
电话：0878－6226888
邮编：675400

姚安宾馆★★
地址：楚雄彝族自治州姚安县栋川镇南正街20号
电话：0878－5712323
邮编：675300

永仁宾馆★★
地址：楚雄彝族自治州永仁县环城南路13号
电话：0878－6711681
邮编：651400

鑫圣大酒店★★
地址：楚雄彝族自治州牟定县城新南路
电话：0878－5216998
邮编：675500

新泰酒店★★
地址：楚雄彝族自治州双柏县城东兴路19号
电话：0878－7720888
邮编：675100

武定宾馆★★
地址：楚雄彝族自治州武定县城中山路
电话：0878－8712838
邮编：651600

牡丹饭店★★
地址：楚雄彝族自治州武定狮子山
电话：0878－8711222
邮编：651600

君再来饭店★★
地址：楚雄彝族自治州武定县城明惠路
电话：0878－8715067
邮编：651600

剑达酒店★★
地址：楚雄彝族自治州武定县城中山路
电话：0878－8712999
邮编：651600

秀坤山庄★★
地址：楚雄彝族自治州武定县狮子山
电话：0878－8713149
邮编：651600

牟定金信酒店★★
地址：楚雄彝族自治州牟定县城新南路
电话：0878－5217800
邮编：675500

泸西县烟草宾馆★★
地址：红河哈尼族彝族自治州泸西县阿庐大街中段
电话：0873－6623216
邮编：652400

泸西县银丰宾馆★★
地址：红河哈尼族彝族自治州泸西县中枢镇新街14号
电话：0873－6621078
邮编：652400

泸西县金辉宾馆★★
地址：红河哈尼族彝族自治州泸西县阿庐大街北段
电话：0873－6651066
邮编：652400

泸西五者宾馆★★
地址：红河哈尼族彝族自治州泸西县白水镇小五者村
电话：0873－6925018
邮编：652400

开远东启宾馆★★
地址：红河哈尼族彝族自治州开远市灵泉东路1号
电话：0873－7220816
邮编：661600

开远大酒店★★
地址：红河哈尼族彝族自治州开远市西北路138号
电话：0873－8864666
邮编：661600

开远红疆饭店★★
地址：红河哈尼族彝族自治州开远市人民中路57号
电话：0873－7122590
邮编：661600

兴富酒店★★
地址：红河哈尼族彝族自治州建水大道231号
电话：0873－7620599
邮编：654300

朝阳大酒店★★
地址：红河哈尼族彝族自治州临安镇城隍庙街6号
电话：0873－7656322
邮编：654300

鹏远宾馆★★
地址：红河哈尼族彝族自治州迎晖路客运站对面
电话：0873－7658588
邮编：654300

金平县西隆酒店★★
地址：红河哈尼族彝族自治州金平县环城南路18号
电话：0873－5221864
邮编：661500

金平县金运宾馆★★
地址：红河哈尼族彝族自治州金平县城南正路12号
电话：0873－5221167
邮编：661500

金平县正丰大酒店★★
地址：红河哈尼族彝族自治州金平县城前哨南路160号
电话：0873－5227688
邮编：661500

石屏县良黎酒店★★
地址：红河哈尼族彝族自治州石屏县异龙镇龙泉路9号
电话：0873－4859416
邮编：662200

个旧宾馆★★
地址：红河哈尼族彝族自治州个旧市金湖南路5号
电话：0873－2122668
邮编：661000

红河大酒店★★
地址：红河哈尼族彝族自治州个旧市人民路55号
电话：0873－2155680
邮编：661000

个旧市广隆酒店★★
地址：红河哈尼族彝族自治州个旧市体育馆北段91号
电话：0873－3153777
邮编：661000

星光大酒店★★
地址：红河哈尼族彝族自治州河口滨河口路中段
电话：0873－3426999
邮编：661300

东方大酒店★★
地址：红河哈尼族彝族自治州河口县人民路140号
电话：0873－3424608
邮编：661300

吉庆大酒店★★
地址：红河哈尼族彝族自治州河口县滨河路
电话：0873－3422541
邮编：661300

河口宾馆★★
地址：红河哈尼族彝族自治州河口县迎宾路23号
电话：0873－3423333
邮编：661300

茶树广场酒店★★
地址：红河哈尼族彝族自治州元阳县新街镇水卜龙茶场
电话：0873－5623456
邮编：662400

弥勒锦绣大酒店★★
地址：红河哈尼族彝族自治州吉山南路211号
电话：0873－3020384
邮编：652300

弥勒湖泉花园A座★★
地址：红河哈尼族彝族自治州冉翁西路68号
电话：0873－6128555
邮编：652300

枫雨红楼宾馆★★
地址：红河哈尼族彝族自治州弥勒市吉山北路25号
电话：0873－6136488
邮编：652300

交通宾馆★★
地址：文山壮族苗族自治州文山市环城北路1号
电话：0876－2195518
邮编：663000

丰园大酒店★★
地址：文山壮族苗族自治州丘北普者黑大街73号
电话：0876－4129168
邮编：663200

电力宾馆★★
地址：文山壮族苗族自治州丘北彩云路15号
电话：0876－4129458
邮编：663200

三联酒店★★
地址：文山壮族苗族自治州砚山砚华西路16号
电话：0876－3127918
邮编：663100

普厅大酒店★★
地址：文山壮族苗族自治州富宁迎宾路67号
电话：0876－6126999
邮编：663400

博大宾馆★★
地址：文山壮族苗族自治州麻栗坡县河宾路116号附2号
电话：0876－6622999
邮编：663600

金恒宾馆★★
地址：文山壮族苗族自治州麻栗坡县天保口岸
电话：0876－6550453
邮编：663600

鸿鑫宾馆★★
地址：文山壮族苗族自治州麻栗坡县天保口岸
电话：0876－6550219
邮编：663600

禾源宾馆★★
地址：文山壮族苗族自治州麻栗坡林业局对面
电话：0876－6624998
邮编：663600

丽兴宾馆★★
地址：文山壮族苗族自治州麻栗坡城建局下面
电话：0876－6629333
邮编：663600

邮电宾馆★★
地址：西双版纳傣族自治州景洪市宣慰大道75号
电话：0691－2195888
邮编：666100

景洪宾馆★★
地址：西双版纳傣族自治州景洪市嘎兰中路53号
电话：0691－2169888
邮编：666100

书苑酒楼★★
地址：西双版纳傣族自治州景洪市勐泐大道31号
电话：0691－2169719
邮编：666100

川渝大酒店★★
地址：西双版纳傣族自治州景洪市勐腊路9号
电话：0691－2138922
邮编：666100

消防宾馆★★
地址：西双版纳傣族自治州景洪市景德路15号
电话：0691－2122228
邮编：666100

龙盛大酒店★★
地址：西双版纳傣族自治州景洪市勐海路70号
电话：0691－2147333
邮编：666100

孔雀岭饭店★★
地址：西双版纳傣族自治州景洪市勐泐大道5号
电话：0691－2123333
邮编：666100

公主饭店★★
地址：西双版纳傣族自治州景洪市勐泐大道3号
电话：0691－2169455
邮编：666100

三江大酒店★★
地址：西双版纳傣族自治州景洪市曼听路2号
电话：0691－2160399
邮编：666100

绿宝石饭店★★
地址：西双版纳傣族自治州勐腊南路
电话：0691－8126888
邮编：666300

锦绣大酒店★★
地址：西双版纳傣族自治州勐腊正街
电话：0691－8128688
邮编：666300

亚轩酒店★★
地址：西双版纳傣族自治州勐海县打洛镇开发区
电话：0691－5561388
邮编：666212

南门大酒店★★
地址：西双版纳傣族自治州勐海县佛双路1号
电话：0691－5123886
邮编：666200

双佛大酒店★★
地址：西双版纳傣族自治州勐海县双佛路
电话：0691－5198218
邮编：666200

新达路大酒店★★
地址：西双版纳傣族自治州勐海县打洛镇
电话：0691－5566999
邮编：666212

茶乡大酒店★★
地址：西双版纳傣族自治州勐海县南海路12号
电话：0691－8990888
邮编：666200

电力宾馆★★
地址：西双版纳傣族自治州勐海县佛双路23号
电话：0691－5190277
邮编：666200

一星级

铁路大厦★
地址：昆明市昆明火车站
电话：0871－3511996
邮编：650011

滇东酒店★
地址：曲靖市麒麟西路188号
电话：0874－3391166
邮编：655000

师宗能源宾馆★
地址：曲靖市师宗县丹凤西路26号
电话：0874－5760068
邮编：655700

师宗云海酒楼★
地址：曲靖市师宗县丹凤西路25号
电话：0874－5758888
邮编：655700

波息湾度假村★
地址：玉溪市澂江县龙街镇禄充波息路2号
电话：0877－6610508
邮编：652500

龙锦宾馆★
地址：丽江市古城区七星街
电话：0888－5111588
邮编：674100

李豪酒店★
地址：丽江市古城区七星街
电话：0888－5158711
邮编：674100

凤祥客栈★
地址：丽江市古城区古城南门
电话：0888－5115066
邮编：674100

古南门客栈★
地址：丽江市古城区古城南门
电话：0888－5110015
邮编：674100

鸿雁园酒店★
地址：丽江市古城区义和办事处卿云村
电话：0888－5186762
邮编：674100

金丽宾馆★
地址：丽江市古城区古城南门
电话：0888－5118996
邮编：674100

金苹果宾馆★
地址：丽江市古城区七星街
电话：0888－5103412
邮编：674100

南阳宾馆★
地址：丽江市古城区古城南门
电话：0888－5307440
邮编：674100

南缘酒店★
地址：丽江市古城区古城南门
电话：0888－8895775
邮编：674100

阳光宾馆★
地址：丽江市古城区七星街
电话：0888－3110333
邮编：674100

在明商务酒店★
地址：丽江市古城区雪山路寨后上村77号
电话：0888－8888808
邮编：674100

丽景苑别墅酒店★
地址：丽江市古城区吉祥路上段丽景湾
电话：0888－5109866
邮编：674100

泽富酒店★
地址：丽江市古城区康仲路新客运站对面
电话：0888－5177699
邮编：674100

金红酒店★
地址：丽江市祥和丽城太和村市政府往北
电话：0888－5101588
邮编：674100

金镶钰酒店★
地址：丽江市古城区雪山路寨后上村88号
电话：0888－5105802
邮编：674100

虹雨宾馆★
地址：丽江市古城区七星街
电话：0888－5185158
邮编：674100

新泉酒店★
地址：丽江市古城区福慧路352号
电话：0888－5180166
邮编：674100

南疆酒店★
地址：普洱市思茅区振兴中路27号
电话：0879－2137889
邮编：665000

亚粮大酒店★
地址：普洱市澜沧东朗路
电话：0879－7222756
邮编：665600

锦凤宾馆★
地址：普洱市景东凤御路48号
电话：0879－6225768
邮编：676200

交通宾馆★
地址：普洱市江城勐烈大街
电话：0879－3726920
邮编：665900

锦江宾馆★
地址：普洱市绿苑路
电话：0879－3721877
邮编：665900

银丰宾馆★
地址：普洱市江城滨河路
电话：0879－3726426
邮编：665900

兴客隆宾馆★
地址：普洱市江城民街33号
电话：0879－3723611
邮编：665900

园缤酒店★
地址：普洱市江城勐烈东路
电话：0879－3722011
邮编：665900

普洱宾馆★
地址：普洱市宁洱凤新街118号
电话：0879－3232361
邮编：665100

新城宾馆★
地址：普洱市绿海路
电话：0879－5817988
邮编：665000

鑫宏大酒店★
地址：普洱市江城联谊路59号
电话：0879－3723168
邮编：665900

龙马酒店★
地址：普洱市绿苑路
电话：0879－3721677
邮编：665900

佤山宾馆★
地址：临沧市沧源勐懂镇
电话：0883－7124988
邮编：677400

松华酒店★
地址：大理白族自治州鹤庆云鹤镇东环路
电话：0872－4121860
邮编：671500

彩云酒店★
地址：大理白族自治州鹤庆云鹤镇兴鹤路15号
电话：0872－4121630
邮编：671500

来利酒店★
地址：楚雄彝族自治州元谋县发祥路
电话：0878－8216666
邮编：651300

宏强宾馆★
地址：楚雄彝族自治州南华县城龙山路77号
电话：0878－7214074
邮编：675200

红运酒店★
地址：红河哈尼族彝族自治州建水永祯路1号
电话：0873－7658648
邮编：654300

石屏县景星大酒店★
地址：红河哈尼族彝族自治州石屏县异龙镇喜燕街81号
电话：0873－3172389
邮编：662200

双龙酒店★
地址：红河哈尼族彝族自治州元阳县常青路
电话：0873－5644666
邮编：662400

邮电宾馆★
地址：西双版纳傣族自治州曼它拉路
电话：0691－8128888
邮编：666300

景洪假日宾馆★
地址：西双版纳傣族自治州景洪市澜沧江路29号
电话：0691－2212666
邮编：666100

西藏

TIBET

五星级

拉萨瑞吉度假酒店 ★★★★★
地址：拉萨市江苏路 22 号
电话：0891 - 6808888
邮编：850000

拉萨饭店 ★★★★★
地址：拉萨市民族路 1 号
电话：0891 - 6832221
邮编：850001

四星级

神湖酒店 ★★★★
地址：拉萨市贡布唐路阳城
电话：0891 - 6301111
邮编：850000

西藏宾馆 ★★★★
地址：拉萨市北京中路 196 号
电话：0891 - 6834966
邮编：850000

雅鲁藏布大酒店 ★★★★
地址：拉萨市贡布塘路阳城
电话：0891 - 6309999
邮编：850000

新鼎大酒店 ★★★★
地址：拉萨市中和国际城内
电话：0891 - 6808555
邮编：850000

雅汀舍丽酒店 ★★★★
地址：拉萨市金珠西路 60 号
电话：0891 - 6936666
邮编：850000

福朋喜来登酒店★★★★
地址：拉萨市林廓东路 1 巷 5 号
电话：0891 - 6348888
邮编：850000

圣瑞斯大酒店 ★★★★
地址：拉萨市金珠西路 75 号
电话：0891 - 6806000
邮编：850000

太阳岛大酒店 ★★★★
地址：拉萨市中和国际城内
电话：0891 - 6871111
邮编：850000

国际大酒店 ★★★★
地址：拉萨市民族南路 1 号
电话：0891 - 6832888
邮编：850000

西藏民族饭店 ★★★★
地址：拉萨市扎基路 4 号
电话：0891 - 6908999
邮编：850000

西藏拉威国际酒店 ★★★★
地址：拉萨市德吉北路 38 号
电话：0891 - 6855888
邮编：850000

林芝宾馆★★★★
地址：林芝地区八一镇川藏路
电话：0894 - 5821300
邮编：850400

林芝大酒店★★★★
地址：林芝地区八一镇广州大道
电话：0894 - 5833333
邮编：850400

西藏泽当饭店 ★★★★
地址：山南地区泽当镇乃东路 2 号
电话：0893 - 7825555
邮编：856000

雅砻河大酒店 ★★★★
地址：山南地区泽当镇湖北大道 18 号
电话：0893 - 7800383
邮编：856100

日喀则饭店★★★★
地址：日喀则地区上海中路 12 号
电话：0892 - 8800336
邮编：857000

久木亚美饭店★★★★
地址：日喀则地区年河北路 3 号
电话：0892 - 8837000
邮编：857000

三星级

国圣宾馆★★★
地址：拉萨市德吉北路
电话：0891 - 6808811
邮编：850000

廓尔喀饭店 ★★★
地址：拉萨市林廓南路 45 号
电话：0891 - 6272222
邮编：850000

天海宾馆 ★★★
地址：拉萨市天海路 6 号
电话：0891 - 6824888
邮编：850000

宝发酒店 ★★★
地址：拉萨市红旗西路 6 号
电话：0891 - 6712222
邮编：850000

雪莲宾馆 ★★★
地址：拉萨市生态路
电话：0891 - 6306666
邮编：850000

纳木措宾馆 ★★★
地址：拉萨市团结新村
电话：0891 - 6302399
邮编：850000

拉萨泽当饭店 ★★★
地址：拉萨市北京中路 54 号
电话：0891 - 6820999
邮编：850000

西藏社院大厦 ★★★
地址：拉萨市色拉路 40 号
电话：0891 - 6389905
邮编：850000

西藏庄园酒店 ★★★
地址：拉萨市林聚南路 21 号
电话：0891 - 6910000
邮编：850000

满斋酒店 ★★★
地址：拉萨市生态路
电话：0891 - 6367666
邮编：850000

德康酒店 ★★★
地址：拉萨市生态路
电话：0891 - 6308855
邮编：850000

金蕃宾馆 ★★★
地址：拉萨市林廓东路 107 号
电话：0891 - 6222666
邮编：850000

帝人宾馆★★★
地址：拉萨市雪新村
电话：0891 - 6278888
邮编：850000

金藏假日酒店 ★★★
地址：拉萨市金珠西路 54 路
电话：0891 - 6804888
邮编：850000

金鑫大酒店 ★★★
地址：拉萨市北京中路 29 号
电话：0891 - 6302238
邮编：850000

唐卡酒店 ★★★
地址：拉萨市宇拓路 38 号
电话：0891 - 6308866
邮编：850000

红山饭店 ★★★
地址：拉萨市北京中路 41 号
电话：0891 - 6926080
邮编：850000

凯拉斯酒店 ★★★
地址：拉萨市北京东路 143 号
电话：0891 - 6306999
邮编：850000

百益大酒店★★★
地址：拉萨市北京中路 46 号
电话：0891 - 6805577
邮编：850000

燃木其大酒店 ★★★
地址：拉萨市小昭寺路 24 号
电话：0891 - 6765999
邮编：850000

拉萨河酒店 ★★★
地址：拉萨市中和国际城滨河路
电话：0891 - 6909999
邮编：850000

明圣大酒店 ★★★
地址：拉萨市曲米路中段
电话：0891 - 6859699
邮编：850000

生态园大酒店 ★★★
地址：拉萨市仙足岛开发区
电话：0891 - 6321555
邮编：850000

远丰河北大饭店 ★★★
地址：拉萨市中和国际城滨河路
电话：0891 - 6806688
邮编：850000

盛缘宾馆 ★★★
地址：拉萨市色拉路

电话：0891－6859699
邮编：850000

昆仑商务酒店 ★★★
地址：拉萨市八一南路
电话：0891－6321555
邮编：850000

福鑫源大酒店 ★★★
地址：拉萨市金珠西路
电话：0891－6905555
邮编：850000

电建宾馆 ★★★
地址：拉萨市夺底路17号
电话：0891－6304777
邮编：850000

藏香溢酒店 ★★★
地址：拉萨市民族北路9号
电话：0891－6807333
邮编：850000

罗林酒店★★★
地址：拉萨市色拉路
电话：0891－6361888
邮编：850000

拉萨刚坚饭店 ★★★
地址：拉萨市北京中路83号
电话：0891－6305555
邮编：850000

亚旅馆 ★★★
地址：拉萨市北京东路100号
电话：0891－6323496
邮编：850000

赛康大酒店★★★
地址：拉萨市北京东路25号
电话：0891－6362888
邮编：850000

西藏邮政酒店 ★★★
地址：拉萨市北京中路33号
电话：0891－6241322
邮编：850000

圣江饭店★★★
地址：拉萨市北京中路44号
电话：0891－6806888
邮编：850000

西藏大厦 ★★★
地址：拉萨市北京中路67号
电话：0891－6816666
邮编：850000

敦固宾馆 ★★★
地址：拉萨市北京中路冲赛康夏莎苏19号
电话：0891－6322555
邮编：850000

香巴拉酒店 ★★★
地址：拉萨市丹杰林路1号
电话：0891－6323888
邮编：850000

西藏边防大厦★★★
地址：拉萨市德吉北路18号
电话：0891－6809999
邮编：850000

雄巴拉大酒店 ★★★
地址：拉萨市江苏路28号
电话：0891－6338888
邮编：850000

西藏金蕃大酒店 ★★★
地址：拉萨市林廓北路12号
电话：0891－6273888
邮编：850000

新气象宾馆 ★★★
地址：拉萨市林廓北路2号
电话：0891－6300300
邮编：850000

喜马拉雅饭店 ★★★
地址：拉萨市林廓东路6号
电话：0891－6321111
邮编：850000

仙足岛假日庄园宾馆 ★★★
地址：拉萨市生态路
电话：0891－6715888
邮编：850000

那曲饭店 ★★★
地址：那曲地区那曲镇色尼东路262号
电话：0896－3821898
邮编：852000

仲青塘拉大酒店 ★★★
地址：那曲地区那曲县超丹中路1号
电话：0896－3828888
邮编：852000

友谊酒店 ★★★
地址：昌都地区那曲县电力公司侧
电话：0895－4846888
邮编：854000

西藏昌都饭店 ★★★
地址：昌都地区昌都县西路22号
电话：0895－4825998
邮编：854000

假日酒店 ★★★
地址：林芝地区林芝县八一镇广东路
电话：0894－5820222
邮编：850400

山水宾馆 ★★★
地址：林芝地区林芝县八一镇工布路
电话：0894－5831850
邮编：850400

风情大酒店 ★★★
地址：林芝地区林芝县八一镇福建路
电话：0894－5831699
邮编：850400

圣浓宾馆★★★
地址：林芝地区林芝县学院路8号
电话：0894－5825618
邮编：850400

贡布大酒店★★★
地址：林芝地区林芝县八一镇沿河路
电话：0894－5886899
邮编：850400

名人商务宾馆★★★
地址：林芝地区八一镇八一大街177号
电话：0894－5888889
邮编：850400

南迦巴瓦大酒店★★★
地址：林芝地区米林县
电话：0894－5458818
邮编：850500

明旺大酒店 ★★★
地址：林芝地区八一镇福建路2号
电话：0894－5888899
邮编：860000

林芝香帕拉酒店 ★★★
地址：林芝地区八一镇奇正路
电话：0894－5835555
邮编：860000

雪鸽宾馆 ★★★
地址：山南地区泽当镇湖北路1号
电话：0893－7827777
邮编：856000

裕龙假日大酒店 ★★★
地址：山南地区泽当镇乃东路30号
电话：0893－7832888
邮编：856000

龙马宾馆 ★★★
地址：山南地区泽当镇萨热路5号
电话：0893－7835388
邮编：857000

矿业宾馆 ★★★
地址：日喀则地区珠峰路67号
电话：0892－8822999
邮编：857000

圣康饭店 ★★★
地址：日喀则地区山东路106号
电话：0892－8822922
邮编：857000

上海广场大酒店 ★★★
地址：日喀则地区珠峰路22号
电话：0892－8824120
邮编：857000

阳孜饭店 ★★★
地址：日喀则地区黑龙江路
电话：0892－8839998
邮编：857000

西藏日喀则泰兴宾馆★★★
地址：日喀则地区扎德动路4号
电话：0892－8820688
邮编：857000

神湖酒店 ★★★
地址：日喀则地区青岛路2号
电话：0892－8839999
邮编：857000

山东大厦 ★★★
地址：日喀则地区山东路5号
电话：0892－8826138
邮编：857000

乌孜大酒店 ★★★
地址：日喀则地区四川南路中段
电话：0892－8838666
邮编：857000

江孜饭店 ★★★
地址：日喀则地区江孜县江孜镇
电话：0892－8172222
邮编：857400

二星级

吉曲饭店★★
地址：拉萨市北京东路149号
电话：0891－6338824
邮编：850000

山水宾馆 A 区★★
地址：拉萨市北京中路 29 号
电话：0891－6342422
邮编：850000

雪域宾馆★★
地址：拉萨市藏医院路 4 号
电话：0891－6327145
邮编：850000

拉萨琅赛宾馆★★
地址：拉萨市当热东路
电话：0891－6326882
邮编：850000

东圣宾馆★★
地址：拉萨市江苏东路
电话：0891－6353111
邮编：850000

拉威宾馆★★
地址：拉萨市林廓北路
电话：0891－6346002
邮编：850000

吉祥宝马宾馆★★
地址：拉萨市林廓北路 24 号
电话：0891－6324741
邮编：850000

罗林宾馆★★
地址：拉萨市色拉路 25 号附 1 号
电话：0891－6342198
邮编：850000

嘎吉林宾馆★★
地址：拉萨市团结新村
电话：0891－6338940
邮编：850000

雪莲花宾馆★★
地址：拉萨市城关区雪新村路 1 号
电话：0891－6562299
邮编：850000

金谷饭店★★
地址：拉萨市宇拓路 14 号
电话：0891－6330567
邮编：850000

那曲饭店★★
地址：那曲地区那曲镇色尼东路 262 号
电话：0896－3821898
邮编：852000

昌都大酒店★★
地址：昌都地区西路 19 号
电话：0895－4844886
邮编：854000

昌都康圣宾馆★★
地址：昌都地区昌都西路 10 号
电话：0895－4824710
邮编：854000

芒康康圣宾馆★★
地址：昌都地区芒康县嘎拓街
电话：0895－4542668
邮编：854000

新世纪大酒店★★
地址：林芝地区水景路
电话：0894－5887229
邮编：860000

林芝邮政大酒店★★
地址：林芝地区八一镇林荫路
电话：0894－5823159
邮编：860000

林芝地区迎宾馆★★
地址：林芝地区八一镇双拥路 12 号
电话：0894－5824163
邮编：860000

雪源宾馆★★
地址：林芝地区八一镇沿河路
电话：0894－5828291
邮编：860000

山南邮政大酒店★★
地址：山南地区泽当镇乃东路 10 号
电话：0893－7821588
邮编：856000

山南宾馆★★
地址：山南地区泽当镇乃东路 13 号
电话：0893－7826168
邮编：856000

府上府大酒店★★
地址：日喀则地区旅游局年河中路 7 号
电话：0892－8800099
邮编：857000

樟木宾馆★★
地址：日喀则地区中尼路 2 号
电话：0892－8742220
邮编：858400

日喀则刚坚宾馆★★
地址：日喀则地区珠峰路
电话：0892－8830171
邮编：857000

桑珠孜饭店★★
地址：日喀则地区青岛西路 2 号
电话：0892－8821135
邮编：857000

日喀则圣康饭店★★
地址：日喀则地区山东路 5 号
电话：0892－8821900
邮编：857000

旦增宾馆★★
地址：日喀则地区帮加孔帮加林 8 号
电话：0892－8822018
邮编：857000

日喀则电信宾馆★★
地址：日喀则地区青岛路 2 号
电话：0892－8826666
邮编：857000

日喀则邮政宾馆★★
地址：日喀则地区上海中路 12 号
电话：0892－8822938
邮编：857000

日喀则国土大酒店★★
地址：日喀则地区四川路
电话：0892－8837025
邮编：857000

江孜建藏饭店★★
地址：日喀则地区江孜县
电话：0892－8173910
邮编：857400

明湖饭店★★
地址：日喀则地区江孜县上海路 1 号
电话：0892－8172262
邮编：8574000

定日珠峰宾馆★★
地址：日喀则地区定日县
电话：0892－8262818
邮编：8572000

神湖萨迦宾馆★★
地址：日喀则地区萨迦县格桑西路 1 号
电话：0892－8242777
邮编：8578000

阿里狮泉河宾馆★★
地址：阿里地区狮泉河镇
电话：0897－2890124
邮编：859000

一星级

满斋酒店★
地址：拉萨市八廓南街
电话：0891－6324787
邮编：850000

高原宾馆★
地址：拉萨市当热路
电话：0891－6326084
邮编：850000

山南长沙宾馆★
地址：山南地区贡嘎县德吉路
电话：0893－7393000
邮编：856000

珠峰友谊宾馆★
地址：日喀则地区德庆颇章路 14 号
电话：0892－8822984
邮编：857000

陕　西

SHAANXI

五星级

西安（阿房宫）维景国际大酒店 ★★★★★
地址：西安市东大街 158 号
电话：029－87691234
邮编：710001

喜来登大酒店 ★★★★★
地址：西安市沣镐东路 262 号
电话：029－84261888
邮编：710077

西安香格里拉金花饭店 ★★★★★
地址：西安市长乐西路 8 号
电话：029－83232981
邮编：710032

西安君乐城堡酒店 ★★★★★
地址：西安市环城南路西段 12 号
电话：029－87608888
邮编：710068

西安索菲特人民大厦 ★★★★★
地址：西安市新城区东新街 319 号
电话：029－87928888
邮编：710004

西安香格里拉大酒店 ★★★★★
地址：西安市科技路 38 号乙
电话：029－88758888
邮编：710075

陕西世纪金源大饭店 ★★★★★
地址：西安市新城区建功路 91 号
电话：029－68608858
邮编：710043

西安天域凯莱大酒店 ★★★★★
地址：西安市雁塔北路 15 号
电话：029－87868855
邮编：710054

西安建国饭店 ★★★★★
地址：西安市互助路 2 号
电话：029－82598888
邮编：710048

永昌国际酒店 ★★★★★
地址：榆林市经济开发区阳光广场东侧
电话：0912－8177999
邮编：719000

四星级

唐华宾馆 ★★★★
地址：西安市曲江新区雁引路 40 号
电话：029－87601111
邮编：710061

古都新世界大酒店 ★★★★
地址：西安市莲湖路 172 号
电话：029－87216868
邮编：710002

西安宾馆 ★★★★
地址：西安市长安北路 58 号
电话：029－87666666
邮编：710061

西安骊苑大酒店 ★★★★
地址：西安市劳动南路 8 号
电话：029－84263388
邮编：710068

西安唐城宾馆 ★★★★
地址：西安市含光路 229 号
电话：029－85209966
邮编：710065

陕西好世界大酒店 ★★★★
地址：西安市莲湖路 108 号
电话：029－87351188
邮编：710003

皇城豪门酒店 ★★★★
地址：西安东大街 334 号
电话：029－87690000
邮编：710001

西安钟楼饭店 ★★★★
地址：西安市南大街 110 号
电话：029－87600000
邮编：710001

西安东方大酒店 ★★★★
地址：西安市朱雀大街 393 号
电话：029－87654321
邮编：710061

润天宾馆 ★★★★
地址：西安市阎良区润天大道 15 号
电话：029－86831188
邮编：710089

西安紫金山凯思特大酒店 ★★★★
地址：西安市环城西路 328 号
电话：029－87668888
邮编：710082

陕西高速神州酒店 ★★★★
地址：西安市环城东路 9 号
电话：029－83233888
邮编：710048

陕西奥罗国际大酒店 ★★★★
地址：西安市南心街 30 号
电话：029－87672888
邮编：710004

西京国际饭店 ★★★★
地址：西安市西大街 241 号
电话：029－62678000
邮编：710002

西安天翼新商务酒店有限公司 ★★★★
地址：西安市西二环南段 281 号
电话：029－84680038
邮编：710077

西安人民大厦 ★★★★
地址：西安市东新街 319 号
电话：029－87928888
邮编：710004

西安富凯酒店 ★★★★
地址：西安市南新街 27 号
电话：029－87483761
邮编：710002

西安志诚丽柏酒店 ★★★★
地址：西安市高新路 46 号
电话：029－88226699
邮编：710075

万年饭店 ★★★★
地址：西安市长乐中路 93 号
电话：029－82596666
邮编：710032

陕西中江之旅时代大酒店 ★★★★
地址：西安市未央区文景路 18 号
电话：029－86281111
邮编：710016

西安皇后大酒店 ★★★★
地址：西安市兴庆路 45 号
电话：029－83232999
邮编：710048

西安美华金唐国际酒店 ★★★★
地址：西安市西大街 79 号
电话：029－87616666
邮编：710002

唐朝酒店 ★★★★
地址：西安市经济技术开发区凤城三路 198 号
电话：029－86533399
邮编：710021

西安军安王朝大酒店 ★★★★
地址：西安市大庆路 1 号
电话：029－88659999
邮编：710082

西安绿地假日酒店 ★★★★
地址：西安市锦业路 5 号
电话：029－68689999
邮编：710065

陕西海景国际酒店 ★★★★
地址：西安市兴庆北路 219 号
电话：029－88130000
邮编：710032

西安雁塔国际大酒店 ★★★★
地址：西安市西影路西段
电话：029－68663333
邮编：710054

延安宾馆 ★★★★
地址：延安市中心街
电话：0911－2886688
邮编：716000

延安旅游大厦 ★★★★
地址：延安市十字街
电话：0911－2138666
邮编：716000

延安丽森酒店 ★★★★
地址：延安市双拥大道
电话：0911－2999999
邮编：716000

黄陵桥山滨湖国际酒店 ★★★★
地址：延安市黄帝陵西侧
电话：0911－5408888
邮编：727300

正阳国际酒店 ★★★★
地址：铜川市新区正阳路 16 号
电话：0919－3196666
邮编：727031

光明大酒店 ★★★★
地址：渭南市朝阳大街 82 号
电话：0913－2125563
邮编：714000

红螺湾酒店 ★★★★
地址：咸阳市渭阳西路中段福园广场西侧
电话：029－33578845
邮编：712000

杨凌国际会展中心 ★★★★
地址：咸阳市杨凌新桥北路1号
电话：029－87036888
邮编：712100

怡和酒店 ★★★★
地址：宝鸡市火炬路10号
电话：0917－3315959/3318868
邮编：721006

汉中邮政大酒店 ★★★★
地址：汉中市天汉大道中段
电话：0916－2118888
邮编：723000

汉中红叶大酒店 ★★★★
地址：汉中市劳动东路33号
电话：0916－2383976
邮编：723000

亚华商务酒店 ★★★★
地址：榆林市神木县东新街南端
电话：0912－8399999
邮编：719300

明江国际酒店 ★★★★
地址：安康市滨江大道3号
电话：0915－8188888
邮编：725000

三星级

秦安大酒店 ★★★
地址：西安市临潼区秦陵北路199号
电话：029－83888866
邮编：710600

西安渭水园温泉度假村 ★★★
地址：西安市北郊经开区草滩生态产业园
电话：029－86601375
邮编：710018

新疆饭店 ★★★
地址：西安市尚德路红十字会巷3号
电话：029－87681798
邮编：710004

西安巴蜀商务酒店 ★★★
地址：西安市自强西路52号
电话：029－86280168
邮编：710014

祥裕绿园山庄 ★★★
地址：西安市东大街办祥峪沟村
电话：029－85865688
邮编：710001

中心戴斯酒店 ★★★
地址：西安市北大街99号
电话：029－87398800
邮编：710003

德桂园大酒店 ★★★
地址：西安市环城南路90号
电话：029－88403333
邮编：710068

五龙大酒店 ★★★
地址：西安市长安产业园1号
电话：029－85671929
邮编：710119

如春酒店 ★★★
地址：西安市大兴东路88号
电话：029－84418999
邮编：710016

蕾德曼酒店 ★★★
地址：西安市朱雀门里广济街36号
电话：029－87618283
邮编：710002

陕西天龙酒店 ★★★
地址：西安市临潼区人民西路南侧
电话：029－83810899
邮编：710600

陕西唐圣阁快捷酒店 ★★★
地址：西安市莲湖区习武园8号
电话：029－87332632
邮编：710003

西安市华西置业有限责任公司指南针快捷酒店 ★★★
地址：西安市新民街38号
电话：029－87261318
邮编：710004

西安城市酒店 ★★★
地址：西安市南大街70号
电话：029－87219988
邮编：710002

秦都酒店 ★★★
地址：西安市环城西路北段55号
电话：029－88626262
邮编：710082

西安陇海大酒店 ★★★
地址：西安市解放路306号
电话：029－87416090
邮编：710004

陕西省止园饭店 ★★★
地址：西安市青年路111号
电话：029－87686888
邮编：710003

西北饭店有限责任公司 ★★★
地址：西安市长安区西长安街52号
电话：029－85678888
邮编：710100

钟鼓楼大酒店 ★★★
地址：西安市莲湖区社会路1号
电话：029－88128333
邮编：710003

西安长庆宾馆 ★★★
地址：西安市北郊未央路151号
电话：029－86594000
邮编：710018

陕西延炼商务酒店 ★★★
地址：西安市南二环东段3号
电话：029－85235000
邮编：710061

阳光长缨宾馆 ★★★
地址：西安市长缨东路233号
电话：029－82536633
邮编：710032

西北民航大厦 ★★★
地址：西安市劳动南路296号
电话：029－82123333
邮编：710018

西安尚德大厦 ★★★
地址：西安市尚德路155号
电话：029－87445566
邮编：710004

西安鸿业通信有限公司鸿业大酒店 ★★★
地址：西安市含光路137号
电话：029－88108888
邮编：710068

西安黄河宾馆 ★★★
地址：西安市新城区幸福北路1号
电话：029－82162411
邮编：710043

文商大厦 ★★★
地址：西安市骡马市30号
电话：029－87255118
邮编：710001

锦苑双龙大饭店 ★★★
地址：西安市未央路95号
电话：029－86226669
邮编：710016

陕西凯瑞交通职工培训大厦 ★★★
地址：西安市友谊西路352号
电话：029－88484888
邮编：710068

房地大酒店 ★★★
地址：西安市东五路75号
电话：029－84057779
邮编：710005

陕西华浮宫酒店 ★★★
地址：西安市未央区未央湖旅游经济开发区阳光大道
电话：029－86677777
邮编：710021

西安阳光秦大饭店 ★★★
地址：西安市东大街130号
电话：029－87424838
邮编：710001

国宾大酒店 ★★★
地址：西安市环城东路中段1号
电话：029－82403689
邮编：710048

解放饭店 ★★★
地址：西安市解放路181号
电话：029－87698888
邮编：710005

半坡湖度假村 ★★★
地址：西安市咸宁东路产河西岸
电话：029－83389000
邮编：710043

美伦酒店 ★★★
地址：西安市西大街86号
电话：029－87288888
邮编：710002

陕西榴花宾馆 ★★★
地址：西安市环城西路北段288号
电话：029－84699999
邮编：710082

临潼宾馆 ★★★
地址：西安市临潼区东关83号
电话：029－83829008
邮编：710600

秦丰大酒店 ★★★
地址：西安市经济技术开发区凤城二路6号
电话：029－86522221
邮编：710016

陕西未央湖大酒店 ★★★
地址：西安市未央湖旅游开发区阳光大道3号
电话：029－86671111
邮编：710021

锦苑明阳酒店 ★★★
地址：西安市莲湖路30号
电话：029－87324688
邮编：710003

金陵大酒店 ★★★
地址：西安市泾河工业园泾渭东路
电话：029－86031666
邮编：710200

陕西警苑饭店 ★★★
地址：西安市青年路二巷三号
电话：029－87316390
邮编：710003

江河大厦 ★★★
地址：西安市西七路198号
电话：029－87483824
邮编：710004

西安常宁宫休闲山庄 ★★★
地址：西安市长安区鱼鲍头村甲字1号
电话：029－85679888
邮编：710100

吐哈石油大厦 ★★★
地址：西安市含光南路232号
电话：029－88279888
邮编：710065

陕西锦城宾馆 ★★★
地址：西安市南关正街89号
电话：029－87826000
邮编：710068

西安市临潼勇卿大酒店 ★★★
地址：西安市临潼开发区银桥大道5号
电话：029－83888888
邮编：710600

陕西文苑大酒店 ★★★
地址：西安市社会路8号（钟鼓楼广场）
电话：029－83103000
邮编：710003

万嘉国际商务酒店 ★★★
地址：西安市高新区科技路1号
电话：029－88265666
邮编：710075

陕西蓝泰商务酒店 ★★★
地址：西安市莲湖路323号
电话：029－84035888
邮编：710003

西安新荣基酒店 ★★★
地址：西安市莲湖区西二环南段22号
电话：029－88110088
邮编：710077

陕西君山台湾大酒店 ★★★
地址：西安市莲湖路206号（玉祥门内）
电话：029－82199999
邮编：710003

申鹏国际商务酒店 ★★★
地址：西安市东大街132号
电话：029－87480288
邮编：710001

教育宾馆 ★★★
地址：西安市莲湖路103号
电话：029－82077066
邮编：710003

陕西玉祥酒店 ★★★
地址：西安市莲湖区习武园39号
电话：029－84035688
邮编：710003

上林宫酒店 ★★★
地址：西安市长安区滦镇
电话：029－85670016
邮编：710109

建工金华酒店 ★★★
地址：西安市金花北路16号
电话：029－84755601
邮编：710032

陕西广电网络大酒店 ★★★
地址：西安市太白南路363号
电话：029－62661111
邮编：710068

陕西铁通商务酒店 ★★★
地址：西安市南二环南路西段98号
电话：029－82333888
邮编：710065

陕西中祥大厦 ★★★
地址：西安市北大街444号
电话：029－87264647
邮编：710003

西安顺唐商务酒店 ★★★
地址：西安市幸福中路9号
电话：029－83298001
邮编：710043

西安旅游股份有限公司西北大酒店 ★★★
地址：西安市东大街392号
电话：029－87268288
邮编：710001

西安骊天酒店 ★★★
地址：西安市临潼区书院东路3号
电话：029－83890209
邮编：710600

陕西吉庆博通商务酒店 ★★★
地址：西安市案板街18号
电话：029－87207666
邮编：710001

陕西金座大酒店 ★★★
地址：西安市雁塔路北段78号
电话：029－62287888
邮编：710054

陕西瑛煌酒店 ★★★
地址：西安市户县人民路十字路口
电话：029－8488000
邮编：710300

西安关中饭店 ★★★
地址：西安市南新街吉贤巷10号
电话：029－87688521
邮编：710004

西安天河酒店 ★★★
地址：西安市临潼区北环路79号
电话：029－83885118
邮编：710600

陕西省老干部临潼疗养中心 ★★★
地址：西安市临潼区健康路5号
电话：029－83827662
邮编：710600

西安浙商宾馆 ★★★
地址：西安市长缨西路369号
电话：029－82581700
邮编：710032

陕西国际展览中心商务酒店 ★★★
地址：西安市长安北路14号
电话：029－85251818
邮编：710061

西安军展大厦 ★★★
地址：西安市西一路53号
电话：029－87693138
邮编：710004

陕西五洋餐饮娱乐有限公司汤峪湖酒店 ★★★
地址：西安市蓝田县汤峪镇汤峪湖森林公园
电话：029－82838001
邮编：710516

延安窑洞宾馆 ★★★
地址：延安市迎宾大道
电话：0911－2219555
邮编：716000

延安万花山庄 ★★★
地址：延安市宝塔区万花山景区
电话：0911－8250005
邮编：716000

延安圣通大酒店 ★★★
地址：延安市东关街
电话：0911－2880006
邮编：716000

延安宝塔宾馆 ★★★
地址：延安市迎宾大道中段
电话：0911－2889288
邮编：716000

延安交际宾馆 ★★★
地址：延安市南关街67号
电话：0911－2137757
邮编：716000

延安杨家岭石窑宾馆 ★★★
地址：延安市杨家岭
电话：0911－2330836
邮编：716000

延安百合商务酒店 ★★★
地址：延安市区中心街
电话：0911－2889688
邮编：716000

延安家和大酒店 ★★★
地址：延安市区杨家岭
电话：0911－2859282
邮编：716000

延川宾馆 ★★★
地址：延安市延川县城中心广场
电话：0911－8119089
邮编：717200

延安兴和酒店 ★★★
地址：延安市区嘉岭桥南侧
电话：0911－2900888
邮编：716000

延安亚圣大酒店 ★★★
地址：延安市二道街
电话：0911－2666266

邮编：716000

延安君悦凯莱酒店 ★★★
地址：延安市北关正街
电话：0911－8228688
邮编：716000

延安抗大宾馆 ★★★
地址：延安市二道街
电话：0911－2889996
邮编：716000

宏泰假日酒店 ★★★
地址：延安市罗家坪百米大道东段
电话：0911－8201117
邮编：716000

泰德大酒店 ★★★
地址：延安市宝塔区圣地路西沟桥头
电话：0911－2338115
邮编：716000

粤海湾大酒店 ★★★
地址：延安市玉泉西路
电话：0911－33551222
邮编：712000

安塞王子商务酒店 ★★★
地址：延安市安塞县城北开发区
电话：0911－8308888
邮编：717400

安塞郡府大酒店 ★★★
地址：延安市安塞县郝家庄小区
电话：0911－6218888
邮编：717400

甘泉宾馆 ★★★
地址：延安市甘泉县城内
电话：0911－4518000
邮编：716100

宜川电力大厦 ★★★
地址：延安市宜川县城内
电话：0911－4627005
邮编：716200

宜川宾馆 ★★★
地址：延安市宜川县城内
电话：0911－4627888
邮编：716200

延安壶口观瀑舫大酒店 ★★★
地址：延安市宜川县壶口景区
电话：0911－4839000
邮编：716200

新懋酒店 ★★★
地址：铜川市新区长虹北路6号
电话：0919－3181868
邮编：727031

耀州宾馆 ★★★
地址：铜川市耀州区耀州路中段10号
电话：0919－6181233
邮编：727100

铜川饭店 ★★★
地址：铜川市红旗街25号
电话：0919－2891005
邮编：727001

银河大酒店 ★★★
地址：铜川市新区咸丰路
电话：0919－3456525
邮编：727031

花园饭店 ★★★
地址：铜川市耀州区北新街1号
电话：0919－6285601
邮编：727100

红玫瑰大酒店 ★★★
地址：铜川市红旗街58号
电话：0919－2167029
邮编：727000

铜川交通大厦 ★★★
地址：铜川市新区长虹路
电话：0919－3588888
邮编：727031

华山金榕宾馆 ★★★
地址：渭南市华山玉泉路东段
电话：0913－4369663
邮编：714200

渭河花园饭店 ★★★
地址：渭南市高新区东风街
电话：0913－2108888
邮编：714000

祥龙宾馆 ★★★
地址：渭南市朝阳大街中段
电话：0913－2131888
邮编：714000

华山景苑酒店 ★★★
地址：渭南市华山游客中心
电话：0913－4360201
邮编：714200

韩城银河大酒店 ★★★
地址：渭南市韩城市新城区龙门大街南段
电话：0913－5292828
邮编：715400

莲花山庄 ★★★
地址：渭南市华山东山门西侧
电话：0913－4368088
邮编：715400

禹龙宾馆 ★★★
地址：渭南市韩城市太史大街东段
电话：0913－5295099
邮编：715400

大荔黄河宾馆 ★★★
地址：渭南市大荔县西环路32号
电话：0913－3222746
邮编：715100

兴隆温泉大厦 ★★★
地址：渭南市蒲城县东风路东段
电话：0913－7207777
邮编：715500

盛源大酒店 ★★★
地址：渭南市蒲城县延安路中段
电话：0913－7209931
邮编：715500

蒲城京海大酒店 ★★★
地址：渭南市蒲城县老街
电话：0913－7257800
邮编：715500

蒲城宾馆 ★★★
地址：渭南市蒲城县延安路东段60号
电话：0913－7207596
邮编：715500

澄城华元大厦 ★★★
地址：渭南市澄城县古徵街西路口
电话：0913－6755888
邮编：715200

澄城新纪元大酒店 ★★★
地址：渭南市澄城县古徵街八路南
电话：0913－6868188
邮编：715200

白水圣都酒店 ★★★
地址：渭南市白水县仓颉路南段
电话：0913－6165801
邮编：715600

洽川宾馆 ★★★
地址：渭南市合阳县金水路南段
电话：0913－5515888
邮编：715300

富尔大酒店 ★★★
地址：渭南市富平县东新街118号
电话：0913－8228508
邮编：711700

富平陶艺村 ★★★
地址：渭南市富平县乔山路1号
电话：0913－8228188
邮编：711700

彩虹宾馆 ★★★
地址：咸阳市彩虹路1号
电话：029－33332666
邮编：712000

机场航空大酒店 ★★★
地址：咸阳市国际机场
电话：029－88797000
邮编：712035

机场宾馆 ★★★
地址：咸阳市国际机场
电话：029－88798681
邮编：712035

天一酒店 ★★★
地址：咸阳市玉泉西路5号
电话：029－33560101
邮编：712000

云锦园宾馆 ★★★
地址：咸阳市人民路14号
电话：029－33289999
邮编：712000

昭陵饭店 ★★★
地址：咸阳市礼泉县312国道旁
电话：029－35633829
邮编：713200

新好望角大酒店 ★★★
地址：咸阳市民生东路火车站
电话：029－33241528
邮编：712000

皇都酒店 ★★★
地址：咸阳市乐育南路
电话：029－33276666
邮编：712000

东方宾馆 ★★★
地址：咸阳市渭阳西路
电话：029－33578888
邮编：712000

咸阳女皇大酒店 ★★★
地址：咸阳市文汇西路14号
电话：029－33257888
邮编：712000

铁原宾馆 ★★★
地址：咸阳市新兴北路
电话：029－33784619
邮编：712000

杨凌田园山庄 ★★★
地址：咸阳市杨凌邰城路1号
电话：029－87072000
邮编：712100

新天地酒店 ★★★
地址：咸阳市杨凌邰城路中段
电话：029－87071666
邮编：712100

神农度假村 ★★★
地址：咸阳市杨凌神农路
电话：029－87032000
邮编：712100

茂林大酒店 ★★★
地址：咸阳市兴平市南关西路49号
电话：029－38811180
邮编：713100

陕柴宾馆 ★★★
地址：咸阳市兴平市西城区
电话：029－38313900
邮编：713105

明德亭大酒店 ★★★
地址：咸阳市三原县东四路201号
电话：029－32268000
邮编：713800

泾阳花园酒店 ★★★
地址：咸阳市泾阳县泾干大街东段
电话：029－36201888
邮编：713700

咸阳海鑫大酒店 ★★★
地址：咸阳市彬县公刘街25号
电话：029－34966666
邮编：713500

淳化甘泉宫大酒店 ★★★
地址：咸阳市淳化县甘泉湖东
电话：029－32779999
邮编：711200

宝鸡国贸大酒店 ★★★
地址：宝鸡市经二路115号
电话：0917－3249138
邮编：721000

宝鸡铁苑宾馆 ★★★
地址：宝鸡市大庆路中段
电话：0917－2823888
邮编：721004

宝鸡嘉信商务大厦 ★★★
地址：宝鸡市广元路10号
电话：0917－3247788
邮编：721000

宝鸡公爵饭店 ★★★
地址：宝鸡市宝烟路1号
电话：0917－3469002
邮编：721000

宝成航空宾馆 ★★★
地址：宝鸡市清姜路70号
电话：0917－3629800
邮编：721006

宝鸡西凤大酒店 ★★★
地址：宝鸡市西凤路6号
电话：0917－3217621
邮编：721000

西虢宾馆 ★★★
地址：宝鸡市陈仓区虢镇北大街
电话：0917－6212021
邮编：721300

宝鸡天外天大酒店 ★★★
地址：宝鸡市陈仓区虢镇北大街
电话：0917－6215943
邮编：721300

宝鸡怡园宾馆 ★★★
地址：宝鸡市经二路45号
电话：0917－2896999
邮编：721000

万全宾馆 ★★★
地址：宝鸡市经二路58号
电话：0917－3270690
邮编：721000

白云宾馆 ★★★
地址：宝鸡市经二路12号
电话：0917－3252648
邮编：721000

凤皇大酒店 ★★★
地址：宝鸡市姜谭路10号
电话：0917－3398900
邮编：721008

华润之星宝鸡大酒店 ★★★
地址：宝鸡市中山西路210号
电话：0917－3526621
邮编：721001

美伦大酒店 ★★★
地址：宝鸡市火炬路
电话：0917－3605198/3605196
邮编：721006

凤翔西凤大酒店 ★★★
地址：宝鸡市凤翔县雍新路
电话：0917－7280888/7280018
邮编：721401

岐山关中大厦 ★★★
地址：宝鸡市岐山县北大街12号
电话：0917－8212666
邮编：722400

关中风情园 ★★★
地址：宝鸡市扶风县县城新区
电话：0917－5218888/5218808
邮编：722200

太白度假村 ★★★
地址：宝鸡市眉县汤峪太白山国家森林公园
电话：0917－5711090/5711091
邮编：722305

太白山国际俱乐部 ★★★
地址：宝鸡市眉县汤峪太白山国家森林公园
电话：0917－5711064
邮编：722305

青园山庄 ★★★
地址：宝鸡市眉县汤峪太白山国家森林公园
电话：0917－5711139
邮编：722305

金江大酒店 ★★★
地址：汉中市人民路北段123号
电话：0916－2238588
邮编：723000

田园大酒店 ★★★
地址：汉中市汉台区劳动东路1号
电话：0916－2238989
邮编：723000

古月大酒店 ★★★
地址：汉中市人民路北段
电话：0916－2236999
邮编：723000

石狮大酒店 ★★★
地址：汉中市天汉大道中段
电话：0916－2302700
邮编：723000

三国大酒店 ★★★
地址：汉中市区西环路中段
电话：0916－2619688
邮编：723000

光明大酒店 ★★★
地址：汉中市区兴汉路东段14号
电话：0916－2249500
邮编：723000

望江大酒店 ★★★
地址：汉中市南郑县大河坎镇江南路中段
电话：0916－2380808
邮编：723100

城固燎原商务酒店 ★★★
地址：汉中市城固县张骞路18号
电话：0916－7206631
邮编：723200

洋县白云宾馆 ★★★
地址：汉中市洋县文明东路
电话：0916－8301999
邮编：723300

洋县朱鹮大酒店 ★★★
地址：汉中市洋县文明东路
电话：0916－8301888
邮编：723300

西乡鑫隆大酒店 ★★★
地址：汉中市西乡县安居广场
电话：0916－7879899
邮编：723500

西乡新华酒店 ★★★
地址：汉中市西乡金牛路中段
电话：0916－6323666
邮编：723500

勉县万邦大酒店 ★★★
地址：汉中市勉县勉阳镇旧州
电话：0916－3283555
邮编：724200

略阳嘉陵宾馆 ★★★
地址：汉中市略阳县南环路嘉陵广场
电话：0916－4825999
邮编：724300

略阳象山宾馆 ★★★
地址：汉中市略阳县城北大街
电话：0916－4869111
邮编：724300

留坝宾馆 ★★★
地址：汉中市留坝县城关镇老街86号
电话：0916－3921529
邮编：724100

双维宾馆 ★★★
地址：汉中市佛坪县熊猫大道中段

电话：0916－8916269
邮编：724100

银河大酒店 ★★★
地址：榆林市长城路中段
电话：0912－3239000
邮编：719000

金龙大酒店 ★★★
地址：榆林市西沙常乐路与青山路十字路口
电话：0912－3831919
邮编：719000

榆林今日潮大酒店 ★★★
地址：榆林市肤施路163号
电话：0912－3363328
邮编：719000

榆林海纳度假酒店 ★★★
地址：榆林市肤施路亮馨大厦
电话：0912－3686997
邮编：719000

东洲世纪大酒店 ★★★
地址：榆林市湖滨路6号
电话：0912－3233666
邮编：719000

四海大酒店 ★★★
地址：榆林市新建南路24号
电话：0912－3823333
邮编：719000

神木天都大酒店 ★★★
地址：榆林市神木县东兴街
电话：0912－8398201
邮编：719300

神木亚华宾馆 ★★★
地址：榆林市神木县东兴街北街
电话：0912－8368009
邮编：719300

神木红碱淖宾馆 ★★★
地址：榆林市神木县红碱淖
电话：0912－8482209
邮编：719318

锦界宾馆 ★★★
地址：榆林市神木县锦界工业园
电话：0912－2381488
邮编：719319

神朔大酒店 ★★★
地址：榆林市神木县店塔镇
电话：0912－8252555
邮编：719300

东奥大酒店 ★★★
地址：榆林市神木县东兴街北段
电话：0912－8012653
邮编：719300

府谷滨苑酒店 ★★★
地址：榆林市府谷县河滨路大桥头东侧
电话：0912－8800004
邮编：719400

宝龙大酒店 ★★★
地址：榆林市靖边县长庆路中段
电话：0912－4645588
邮编：718500

榆炼大酒店 ★★★
地址：榆林市靖边县城河东
电话：0912－4610668
邮编：718500

定边金龙大酒店 ★★★
地址：榆林市定边县关镇新区广场
电话：0912－4217777
邮编：718600

榆林阳光电力大酒店 ★★★
地址：榆林市定边县新区
电话：0912－4219999
邮编：718600

绥德心康大酒店 ★★★
地址：榆林市绥德县龙湾开发区北段
电话：0912－5644000
邮编：718000

安康宾馆 ★★★
地址：安康市育才路100号
电话：0915－3183888
邮编：725000

大禹酒店 ★★★
地址：安康市汉滨区大桥路桥西广场
电话：0915－3196666
邮编：725000

天龙大酒店 ★★★
地址：安康市大桥南路88号
电话：0915－3204148
邮编：725000

民航大酒店 ★★★
地址：安康市汉滨区兴安西路94号
电话：0915－3181888
邮编：725000

翠屏山庄 ★★★
地址：安康市瀛湖镇翠屏山庄
电话：0915－3020116
邮编：725000

九华饭店 ★★★
地址：安康市江北大道中段
电话：0915－2236048
邮编：725000

金苑大厦 ★★★
地址：安康市大桥路2号
电话：0915－3265899
邮编：725000

邮政大酒店 ★★★
地址：安康市金州路59号
电话：0915－3232828
邮编：725000

金州大酒店 ★★★
地址：安康市汉滨区大桥路中段
电话：0915－3230796
邮编：725000

金扬宾馆 ★★★
地址：安康市黄沟路1号
电话：0915－3438666
邮编：725000

石泉江景酒店 ★★★
地址：安康市石泉县火车站进站路口
电话：0915－6615111
邮编：725200

旬阳美华大酒店 ★★★
地址：安康市旬阳县新城祝儿尔慷大道西段
电话：0915－7208008
邮编：725700

旬阳河源大酒店 ★★★
地址：安康市旬阳祝尔康大道北段
电话：0915－7209888
邮编：725600

商洛金叶大酒店 ★★★
地址：商洛市工农路
电话：0914－2325888
邮编：726000

商洛丹鹤大酒店 ★★★
地址：商洛市北新街139号
电话：0914－2108108
邮编：726000

商洛香菊大酒店 ★★★
地址：商洛市北新街中段
电话：0914－2331919
邮编：726000

丹江漂流威尼斯酒店 ★★★
地址：商洛市丹凤县江滨北路西段
电话：0914－3389888
邮编：726200

商南县秦东宾馆 ★★★
地址：商洛市商南县长新路
电话：0914－6371468
邮编：726300

商南县海天金丝峡大酒店 ★★★
地址：商洛市商南县长新东路607号
电话：0914－6366666
邮编：726300

山阳丰阳大酒店 ★★★
地址：商洛市山阳县人民广场东侧
电话：0914－8666655
邮编：726400

二星级

体育宾馆★★
地址：西安市长安北路14号省体育场内
电话：029－85261343
邮编：710061

夏威夷酒店★★
地址：西安市友谊东路150号
电话：029－82258188
邮编：710054

周至宾馆★★
地址：西安市周至县二曲镇中心东街25号
电话：029－87123401
邮编：710400

光华酒店★★
地址：西安市尚德路255号
电话：029－87481111
邮编：710004

钟楼邮政酒店★★
地址：西安市东大街619号
电话：029－87238888
邮编：710003

陕西电子商务酒店★★
地址：西安市金花北路176号
电话：029－83233333
邮编：710032

西安西丽酒店★★
地址：西安市东大街273号
电话：029－87438144
邮编：710004

西安西佳大厦★★
地址：西安市友谊东路 16 号
电话：029－82218899
邮编：710054

陕西龙洲饮食有限责任公司★★
地址：西安市方新村二府庄路 11 号
电话：029－82129918
邮编：710016

西安北海酒店★★
地址：西安市西三路东口 12 号
电话：029－87543310
邮编：710004

西安地矿宾馆★★
地址：西安市友谊东路 472 号
电话：029－82073900
邮编：710054

西安丰禾人民公寓★★
地址：西安市莲湖区丰禾路 9 号
电话：029－86240349
邮编：710111

西安雪莲宾馆★★
地址：西安西七路六谷庄 2 号
电话：029－87442002
邮编：710003

延安凤凰宾馆★★
地址：延安市内中心街
电话：0911－2124994
邮编：716000

延安地矿宾馆★★
地址：延安市北关师范路
电话：0911－2385982
邮编：716000

延安金融宾馆★★
地址：延安市二道街
电话：0911－2885089
邮编：716000

延安延河宾馆★★
地址：延安市北关师范路
电话：0911－2569992
邮编：716000

黄陵华辕大酒店★★
地址：延安市黄陵县城东
电话：0911－5508232
邮编：727300

宜川大禹宾馆★★
地址：延安市宜川县城内
电话：0911－4626451
邮编：716200

安塞宾馆★★
地址：延安市安塞县城内
电话：0911－6212737
邮编：717400

志丹宾馆★★
地址：延安市志丹县城内
电话：0911－6633496
邮编：717500

黄龙宾馆★★
地址：延安市黄龙县城内
电话：0911－5621464
邮编：717500

延长宾馆★★
地址：延安市延长县城内
电话：0911－8612061
邮编：717100

洛川宾馆★★
地址：延安市洛川县城内
电话：0911－3622404
邮编：727400

黄龙锡龙大酒店★★
地址：延安市黄龙县城内
电话：0911－5625088
邮编：715700

宜君宾馆★★
地址：铜川市宜君县玉华路 1 号
电话：0919－5909777
邮编：727200

铜川宾馆★★
地址：铜川市红旗街 32 号
电话：0919－2181837
邮编：727000

铜川饭店★★
地址：铜川市红旗街 25 号
电话：0919－2183777
邮编：727000

万家灯大酒店★★
地址：铜川市三里洞路 15 号
电话：0919－2607424
邮编：727000

新世纪大酒店★★
地址：铜川市王益区云梦堤 1 号
电话：0919－2159171
邮编：727000

服务楼大酒店★★
地址：铜川市王益区老火车站对面
电话：0919－2698086
邮编：727000

金陡宾馆★★
地址：渭南市潼关县和平路南段 69 号
电话：0913－3866118
邮编：714300

韩城宾馆★★
地址：渭南市韩城市太史大街中段
电话：0913－5212600
邮编：715400

龙首宾馆★★
地址：渭南市澄城县西大街 24 号
电话：0913－6868297
邮编：715200

银花宾馆★★
地址：渭南市澄城县西六路 2 号
电话：0913－6868659
邮编：715200

金穗宾馆★★
地址：渭南市华阴市金渤路
电话：0913－4366000
邮编：714200

金塔宾馆★★
地址：渭南市韩城市金塔路西段
电话：0913－5299008
邮编：715400

通易宾馆★★
地址：渭南市前进路北段
电话：0913－2158799
邮编：714000

交通宾馆★★
地址：渭南市华县子仪大街十字路口
电话：0913－4732668
邮编：714100

新华宾馆★★
地址：渭南市潼关县中心广场西侧
电话：0913－3812976
邮编：714300

市政府招待所★★
地址：渭南东风街 71 号
电话：0913－2158269
邮编：714000

旺源酒店★★
地址：渭南市韩城市状元街东段
电话：0913－8389000
邮编：715400

伊兰宾馆★★
地址：咸阳市新兴南路大道
电话：029－33151061
邮编：712000

泾阳宾馆★★
地址：咸阳市泾阳县县城二条街
电话：029－36222557
邮编：713700

华兴宾馆★★
地址：咸阳市兴平市秦岭公司 514 厂
电话：029－38249219
邮编：713100

金谷大酒店★★
地址：咸阳市兴平市槐里路
电话：029－38826135
邮编：713100

乾陵大酒店★★
地址：咸阳市乾县县城东新街 73 号
电话：029－35521420
邮编：713300

聚龙苑大酒店★★
地址：咸阳市礼泉县县城
电话：029－35627002
邮编：713200

燕原宾馆★★
地址：咸阳市毕塬东路
电话：029－33787884
邮编：712000

兴平秦岭宾馆★★
地址：咸阳市兴平市西城秦岭一路
电话：029－38243201
邮编：713107

红原宾馆★★
地址：咸阳市三原县鲁桥
电话：029－32422111
邮编：713801

化建大酒店★★
地址：咸阳市杨凌康乐路 32 号
电话：029－87016600
邮编：712100

中欣酒店★★
地址：咸阳市杨凌西农路 6 号
电话：029－87011311
邮编：712100

宝鸡市宝陵大厦★★
地址：宝鸡市汉中路 205 号

电话：0917－3252308
邮编：721000

烽火宾馆★★
地址：宝鸡市清姜路72号
电话：0917－3624134
邮编：721006

华康宾馆★★
地址：宝鸡市经二路93号附1号
电话：0917－3270080
邮编：721000

岐山宾馆★★
地址：宝鸡市岐山县凤鸣镇凤鸣西路21号
电话：0917－8212807
邮编：722401

千阳宾馆★★
地址：宝鸡市千阳县东大街15号
电话：0917－424998
邮编：721100

凤县宾馆★★
地址：宝鸡凤县新建路159号
电话：0917－4762621
邮编：721700

佳庆宾馆★★
地址：宝鸡市中山东路
电话：0917－3529813
邮编：721001

陇州宾馆★★
地址：宝鸡市陇县南道巷29号
电话：0917－4601654
邮编：721200

凤凰宾馆★★
地址：宝鸡市凤翔县南大街6号
电话：0917－7212846
邮编：721400

东湖宾馆★★
地址：宝鸡市凤翔县东湖路
电话：0917－7217007
邮编：721400

桃源山庄★★
地址：宝鸡市眉县汤峪太白山国家森林公园
电话：0917－5711050
邮编：722305

国税太白山庄★★
地址：宝鸡市眉县汤峪太白山国家森林公园
电话：0917－5711778
邮编：722305

太白酒业宾馆★★
地址：宝鸡市眉县汤峪太白山国家森林公园
电话：0917－5711034
邮编：722305

太白水培中心★★
地址：宝鸡市眉县汤峪太白山国家森林公园
电话：0917－5711020
邮编：722305

秦龙度假村★★
地址：宝鸡市眉县营头红河谷森林公园
电话：0917－5791088
邮编：722308

太白宾馆★★
地址：宝鸡市太白县东大街
电话：0917－4955800
邮编：721600

汉中新华宾馆★★
地址：汉中市区北街口
电话：0916－2615333
邮编：723000

南湖宾馆★★
地址：汉中市南郑县南湖景区
电话：0916－5696739
邮编：723100

宁强汉源宾馆★★
地址：汉中市宁强县汉源镇北大街
电话：0916－4221143
邮编：724400

勉县石化商务大酒店★★
地址：汉中市勉县和平路东段
电话：0916－3216999
邮编：724200

宁强飞鹿大酒店★★
地址：汉中市宁强县羌州南路
电话：0916－4221276
邮编：724400

城固宾馆★★
地址：汉中市城固县东环路中段
电话：0916－7212256
邮编：723200

洋县宾馆★★
地址：汉中市洋县文化巷51号
电话：0916－8212361
邮编：723300

城固东方大酒店★★
地址：汉中市城固县世纪广场东侧
电话：0916－7237888
邮编：723200

西乡山河大酒店★★
地址：汉中市西乡县北大街136号
电话：0916－2878998
邮编：723500

勉县聚仙楼酒店★★
地址：汉中市勉县和平路西段
电话：0916－3216666
邮编：724200

勉县定军山宾馆★★
地址：汉中市勉县和平路中段
电话：0916－3212178
邮编：724200

定边宾馆★★
地址：榆林市定边县东正街
电话：0912－4215657
邮编：718600

府谷天桥大厦★★
地址：榆林市府谷县天化路123号
电话：0912－8726666
邮编：719400

靖边宾馆★★
地址：榆林市靖边县西街
电话：0912－4264931
邮编：718500

神木龙海宾馆★★
地址：榆林市神木县东兴街北段
电话：0912－8331918
邮编：719300

神木龙华宾馆★★
地址：榆林市神木县人民广场西侧
电话：0912－8336698
邮编：719300

榆林明德楼宾馆★★
地址：榆林市榆林区长城北路
电话：0912－3254111
邮编：719000

五洲红宾馆★★
地址：榆林市长城北路59号
电话：0912－3258701
邮编：719000

四海明珠大酒店★★
地址：榆林市长城南路47号
电话：0912－8123333
邮编：719000

胜利宾馆★★
地址：榆林市航宇路
电话：0912－3894189
邮编：719000

榆林宾馆★★
地址：榆林市湖滨南路4号
电话：0912－3681000
邮编：719000

凌霄宾馆★★
地址：榆林市榆阳区上郡路北段
电话：0912－3681180
邮编：719000

榆溪大酒店★★
地址：榆林市西人民路45号
电话：0912－3522999
邮编：719000

广济大厦★★
地址：榆林市西人民路十字路口
电话：0912－3895158
邮编：719000

金龙宾馆★★
地址：榆林市榆阳西路20号
电话：0912－3898881
邮编：719000

榆林红石峡生态公园假日酒店★★
地址：榆林市红石峡公园
电话：13991085555
邮编：719000

安康汉江宾馆★★
地址：安康市汉滨区大桥路3号
电话：0915－3180088
邮编：725000

银湖大酒店★★
地址：安康市汉滨区大桥路79号
电话：0915－3210888
邮编：725000

旬阳翠园饭店★★
地址：安康市旬阳县小河北桥头
电话：0915－7210112
邮编：725700

旬阳滨江大酒店★★
地址：安康市旬阳县城关镇滨江南15号
电话：0915－7210100
邮编：725700

岚皋宾馆★★
地址：安康市岚皋县新街228号
电话：0915－2528998
邮编：725400

汉阴宾馆★★
地址：安康市汉阴县和平街
电话：0915－5212697
邮编：725100

汉阴信合大酒店★★
地址：安康市汉阴县北城街 42 号
电话：0915－5219888
邮编：725100

汉阴金鑫大酒店★★
地址：安康市汉阴县北城街 65 号
电话：0915－5211111
邮编：725100

平利长兴宾馆★★
地址：安康市平利县新镇街
电话：0915－8428606
邮编：725500

宁陕三星宾馆★★
地址：安康市宁陕县城关镇三路 7 号
电话：0915－6823420
邮编：711600

旬阳金世纪大酒店★★
地址：安康市旬阳县城关镇振旬路 2 号
电话：0915－7200310
邮编：725700

成鹏商务酒店★★
地址：安康市汉滨区巴山东路 8 号
电话：0915－3333336
邮编：725000

税务宾馆★★
地址：安康市汉滨区大桥南路 15 号
电话：0915－3330111
邮编：725000

乾元宾馆★★
地址：商洛市名人街
电话：0914－2323480
邮编：726000

开元大酒店★★
地址：商洛市镇安县永安路 34 号
电话：0914－5324640
邮编：711500

丹凤新世纪大酒店★★
地址：商洛市丹凤县陵园路
电话：0914－3378888
邮编：726200

丹凤假日酒店★★
地址：商洛市丹凤县月日滩
电话：0914－3389087
邮编：726200

金丝峡大林度假村★★
地址：商洛市金丝峡景区内
电话：0914－6566601
邮编：726300

西安阳光国际大酒店
地址：西安市新城区解放路 177 号
电话：029－87358866
邮编：710004

甘　肃

GANSU

五星级

甘肃阳光大酒店★★★★★
地址：兰州市城关区庆阳路 428 号
电话：0931－4608888
邮编：730030

酒泉宾馆★★★★★
地址：酒泉市肃州区解放路 33 号
电话：0937－2618000
邮编：735000

敦煌阳光沙州大酒店★★★★★
地址：酒泉市敦煌市阳关西路
电话：0937－8862669
邮编：736200

平凉广成大酒店★★★★★
地址：平凉市崆峒区崆峒镇寨子街村
电话：0933－8518888
邮编：744000

四星级

兰州飞天大酒店★★★★
地址：兰州市城关区天水南路 529 号
电话：0931－8532888
邮编：730000

兰州市西兰国际大酒店★★★★
地址：兰州市城关区定西路 39 号
电话：0931－8628998
邮编：730000

兰州市锦江阳光酒店★★★★
地址：兰州市城关区东岗西路 589 号
电话：0931－8805511
邮编：730000

兰州饭店★★★★
地址：兰州市城关区东岗西路 486 号
电话：0931－8416321
邮编：730000

兰州市金轮宾馆★★★★
地址：兰州市城关区和政路 72 号
电话：0931－4921111
邮编：730000

兰州海航空港酒店★★★★
地址：兰州市城关区嘉峪关西路 399 号
电话：0931－8166666
邮编：730020

兰州蓝宝石大酒店★★★★
地址：兰州市城关区民主西路 37 号
电话：0931－8849999
邮编：730000

兰州华联宾馆★★★★
地址：兰州市城关区天水路 1－3 号
电话：0931－4992000
邮编：730000

甘肃天源温泉大酒店★★★★
地址：兰州市七里河区安西路 100 号
电话：0931－2649888
邮编：730050

甘肃长信国际酒店★★★★
地址：兰州市七里河区西津西路 788 号
电话：0931－2558888
邮编：730050

嘉峪关宾馆★★★★
地址：嘉峪关市新华北路 1 号
电话：0937－6226983
邮编：735100

嘉峪关市长城宾馆★★★★
地址：嘉峪关市建设西路 6 号
电话：0937－6225288
邮编：735100

酒钢宾馆★★★★
地址：嘉峪关市雄关西路 2 号
电话：0937－6201777
邮编：735100

金昌市龙首山庄★★★★
地址：金昌市金川区金川西路 16 号
电话：0935－8611451
邮编：737104

白银市万盛大酒店★★★★
地址：白银市白银区万盛路 8 号
电话：0943－8660420
邮编：730900

白银饭店★★★★
地址：白银市白银区红星街 269 号
电话：0943－8261650
邮编：730900

天水金色阳光饭店★★★★
地址：天水市秦州区中华西路 19 号
电话：0938－8277777
邮编：741000

天水南苑山庄★★★★
地址：天水市秦州区南郭寺景区
电话：0938－8622555
邮编：741000

天水市华辰大酒店★★★★
地址：天水市秦城区岷山路西段
电话：0938－8611111
邮编：741000

天水市植物园山庄★★★★
地址：天水市麦积区麦积山景区
电话：0938－2231025
邮编：741026

天水山水苑酒店★★★★
地址：天水市麦积区埠南路 93 号
电话：0938－2652900
邮编：741020

酒泉市世纪大酒店★★★★
地址：酒泉市肃州区世纪大道 53 号
电话：0937－2668186
邮编：735000

酒泉东方国际大酒店★★★★
地址：酒泉市肃州区仓门街 6 号
电话：0937－2699999
邮编：735000

玉门裕盛山庄★★★★
地址：酒泉市玉门市新市区柳河乡
电话：0937－3336555
邮编：735211

敦煌市太阳大酒店★★★★
地址：酒泉市敦煌市沙州北路 5 号
电话：0937－8829998
邮编：736200

敦煌宾馆★★★★
地址：酒泉市敦煌市阳关东路 14 号
电话：0937－8822008
邮编：736200

敦煌山庄★★★★
地址：酒泉市敦煌市敦月路
电话：0937－8882088
邮编：736200

敦煌市飞天大酒店★★★★
地址：酒泉市敦煌市阳关中路
电话：0937－8853999
邮编：736200

敦煌市莫高大酒店★★★★
地址：酒泉市敦煌市五墩乡苏家堡村
电话：0937－8868586
邮编：736200

敦煌太阳温泉酒店★★★★
地址：酒泉市敦煌市机场路中段
电话：0937－8868688
邮编：736200

敦煌市金叶宾馆★★★★
地址：酒泉市敦煌市鸣山路 37 号
电话：0937－8853338
邮编：736200

敦煌天润国际大酒店★★★★
地址：酒泉市敦煌市沙州镇鸣山路 309 号
电话：0937－8818888
邮编：736200

酒泉创通商务大酒店★★★★
地址：酒泉市新城区莫高路 2 号
电话：0937－2801111
邮编：735000

张掖华辰国际大酒店★★★★
地址：张掖市甘州区东大街 20 号
电话：0936－8277588
邮编：734000

张掖市电力大厦★★★★
地址：张掖市西大街 246 号
电话：0936－8858888
邮编：734000

张掖市天域国际酒店★★★★
地址：张掖市甘州区南大街甘泉文化广场
电话：0936－8516666
邮编：734000

张掖市嘉亨大酒店★★★★
地址：张掖市县府街延伸段
电话：0936－8363635
邮编：734000

庆化大酒店★★★★
地址：庆阳市西峰区长庆南路
电话：0934－8685207
邮编：745000

陇上明珠正阳国际酒店★★★★
地址：庆阳市西峰区长庆北路
电话：0934－6666666
邮编：745000

庆城宾馆★★★★
地址：庆阳市庆城县南大街
电话：0934－3211000
邮编：745100

嘉馨国际饭店★★★★
地址：庆阳市西峰区西大街 12 号

电话：0934－8885999
邮编：745000

泾川温泉宾馆★★★★
地址：平凉市泾川县何家坪温泉开发区
电话：0933－3335326
邮编：744300

灵台宾馆★★★★
地址：平凉市灵台县东大街26号
电话：0933－3625418
邮编：744400

平凉华辰大酒店★★★★
地址：平凉市崆峒区盘旋东路9号
电话：0933－8612226
邮编：744000

平凉宾馆★★★★
地址：平凉市崆峒区西大街86号
电话：0933－8253016
邮编：744000

陇南饭店★★★★
地址：陇南市武都区下教场
电话：0939－8215321
邮编：746000

成州国际大酒店★★★★
地址：陇南市成县滨河北路
电话：0939－3221460
邮编：742500

成县宇丰大酒店★★★★
地址：陇南市成县城关镇
电话：0939－3202618
邮编：742500

礼县秦都大酒店★★★★
地址：陇南市礼县城关镇东大街
电话：0939－4488988
邮编：742200

东润国际大酒店★★★★
地址：陇南市武都区莲湖路
电话：0939－8656666
邮编：746000

永靖县鸿瑞假日大酒店★★★★
地址：临夏回族自治州永靖县黄河路58号
电话：0930－8833393
邮编：731600

赛日隆大酒店★★★★
地址：甘南藏族自治州玛曲县格萨尔西街
电话：0941－6128888
邮编：747300

拉尕山庄★★★★
地址：甘南藏族自治州舟曲县立节乡拉尕村
电话：0941－5126580
邮编：746303

拉卜楞民航大酒店★★★★
地址：甘南藏族自治州 夏河县人民东街12号
电话：0941－7128888
邮编：747100

三星级

兰州市金城宾馆★★★
地址：兰州市城关区天水中路3号
电话：0931－8416638
邮编：730000

兰州市西北宾馆★★★
地址：兰州市城关区南昌路649号
电话：0931－4815000
邮编：730000

兰州市新胜利宾馆★★★
地址：兰州市城关区庆阳路285号
电话：0931－8436480
邮编：730030

兰州市新世纪宾馆★★★
地址：兰州市城关区火车站东路109－1号
电话：0931－8615888
邮编：730000

兰州市东方大酒店★★★
地址：兰州市城关区天水路523号
电话：0931－8833555
邮编：730000

兰州市中山宾馆★★★
地址：兰州市城关区中山路116号
电话：0931－4813098
邮编：730030

兰州市紫荆花酒店★★★
地址：兰州市城关区天水南路36号
电话：0931－8792201
邮编：730000

兰州市华辰大厦★★★
地址：兰州市城关区天水路469号
电话：0931－8726179
邮编：730000

兰州市华联宾馆★★★
地址：兰州市城关区天水路7－9号
电话：0931－4995021
邮编：730000

兰州市华瑞大厦★★★
地址：兰州市城关区金昌南路353号
电话：0931－8413841
邮编：730000

泰和美达商务酒店★★★
地址：兰州市城关区白银路383号
电话：0931－8101333
邮编：730000

兰州市迎宾饭店★★★
地址：兰州市城关区天水南路35号
电话：0931－8878111
邮编：730000

兰州华辰宾馆★★★
地址：兰州市城关区东岗东路1315号
电话：0931－2165658
邮编：730020

兰州市农垦宾馆★★★
地址：兰州市城关区平凉路8号
电话：0931－8412878
邮编：730000

兰州市昆仑宾馆★★★
地址：兰州市城关区南昌路888号
电话：0931－8984720
邮编：730000

甘肃国际大酒店★★★
地址：兰州市城关区庆阳路324号
电话：0931－8457188
邮编：730000

兰州市人民饭店★★★
地址：兰州市城关区张掖路127号
电话：0931－4806626
邮编：730000

兰州市职工大厦★★★
地址：兰州市城关区东郊巷22号
电话：0931－8858296
邮编：730000

兰州市华宇宾馆★★★
地址：兰州市城关区南昌路435号
电话：0931－4586118
邮编：730000

兰州市虹云宾馆★★★
地址：兰州市城关区皋兰路7号
电话：0931－8734025
邮编：730000

省农发行培训中心★★★
地址：兰州市城关区张掖路86号
电话：0931－8445086
邮编：730030

兰州市庆阳大厦★★★
地址：兰州市城关区科技街1号
电话：0931－8266221
邮编：730000

兰州市石油科技宾馆★★★
地址：兰州市城关区雁儿湾路535号
电话：0931－8686190
邮编：730020

兰州市石油大厦★★★
地址：兰州市七里河区滨河中路1号
电话：0931－2614920
邮编：730050

兰州市友谊宾馆★★★
地址：兰州市七里河区西津西路16号
电话：0931－2689360
邮编：730050

兰州市海天大酒店★★★
地址：兰州市七里河区西津东路678号
电话：0931－2602222
邮编：730050

兰州市金百合宾馆★★★
地址：兰州市七里河区西津西路496号
电话：0931－2663199
邮编：730050

甘肃西湖培训服务大厦★★★
地址：兰州市七里河区西津东路458号
电话：0931－2661520
邮编：730050

甘肃兴隆山宾馆★★★
地址：兰州市榆中县兴隆山
电话：0931－5251188
邮编：730100

兰州大桥饭店★★★
地址：兰州市佛慈大街2号
电话：0931－8363521
邮编：730000

兰州王府饭店★★★
地址：兰州市安宁区安宁西路515号
电话：0931－7662666
邮编：730070

榆中名园休闲娱乐会所★★★
地址：兰州市榆中县兴隆山

电话：0931－5251588
邮编：730100

嘉峪关市国泰大酒店★★★
地址：嘉峪关市新华南路 1669 号
电话：0937－6326699
邮编：735100

嘉峪关市青年宾馆★★★
地址：嘉峪关市建设西路 3 号
电话：0937－6201000
邮编：735100

嘉峪关市东方宾馆★★★
地址：嘉峪关市迎宾西路
电话：0937－6301026
邮编：735100

嘉峪关市汇力公寓★★★
地址：嘉峪关市雄关广场西侧
电话：0937－6202571
邮编：735100

嘉峪关市天东宾馆★★★
地址：嘉峪关市迎宾东路
电话：0937－6706889
邮编：735100

嘉峪关市林苑大酒店★★★
地址：嘉峪关市新华中路 32 号
电话：0937－6203555
邮编：735100

嘉峪关市峪达大酒店★★★
地址：嘉峪关市迎宾湖西南侧
电话：0937－6303868
邮编：735100

嘉峪关市泰和大酒店★★★
地址：嘉峪关市迎宾东路 726－1 号
电话：0937－6303333
邮编：735100

金昌饭店★★★
地址：金昌市金川区新华东路 84 号
电话：0935－8610165
邮编：737100

金昌市金川宾馆★★★
地址：金昌市金川区北京路 35 号
电话：0935－8677808
邮编：737100

白银市百源商贸大酒店★★★
地址：白银市平川区长征火车站南
电话：0943－6638999
邮编：730913

靖远县田园大酒店★★★
地址：白银市靖远乌兰镇北城区滨河路 1 号
电话：0943－6258006
邮编：730600

会宁县南苑大酒店★★★
地址：白银市会宁县长征南路 26 号
电话：0943－3228128
邮编：730700

景泰三福大酒店★★★
地址：白银市景泰县火车站路 224 号
电话：0943－5532789
邮编：730400

景泰县景电宾馆★★★
地址：白银市景泰县一条山镇
电话：0943－5539806
邮编：730400

景泰宾馆★★★
地址：白银市景泰县 705 路
电话：0943－5533888
邮编：730400

平川如意阳光大酒店★★★
地址：白银市平川区兴平北路 2 号
电话：0943－6676888
邮编：730913

天水宾馆★★★
地址：天水市秦州区迎宾路
电话：0938－8615555
邮编：741000

天水天辰大酒店★★★
地址：天水市秦州区重新街 1 号
电话：0938－8391830
邮编：741000

天水市金龙大酒店★★★
地址：天水市秦州区广场西侧
电话：0938－8271188
邮编：741000

天水市天河大酒店★★★
地址：天水市秦州区滨河北路
电话：0938－8287666
邮编：741000

天水市和平大酒店★★★
地址：天水市秦州区新华路 7 号
电话：0938－6812200
邮编：741000

天水市华联大酒店★★★
地址：天水市秦州区广场北侧
电话：0938－8215501
邮编：741000

天水市凯悦大酒店★★★
地址：天水市秦州区民主东路 94 号
电话：0938－8215888
邮编：741000

天水迎宾馆★★★
地址：天水市秦州区建设路 88 号
电话：0938－8212921
邮编：741000

天水饭店★★★
地址：天水市秦州区泰山路 18 号
电话：0938－8214056
邮编：741000

天水市东安饭店★★★
地址：天水市麦积区陇昌路 11 号
电话：0938－2613333
邮编：741000

天水绿岛大酒店★★★
地址：天水市麦积区开发区泉湖路
电话：0938－2728208
邮编：741020

天水市东方宾馆★★★
地址：天水市麦积区陇昌路 3 号
电话：0938－2721288
邮编：741020

天水蓝琴酒店★★★
地址：天水市麦积区渭河南路 32 号
电话：0938－2726999
邮编：741020

天水万利大酒店★★★
地址：天水市麦积区埠南路 24 号
电话：0938－2651188
邮编：741020

清水温泉度假村★★★
地址：天水市清水县暖弯村
电话：0938－7400022
邮编：741415

秦安县秦融大酒店★★★
地址：天水市秦安县成纪大道
电话：0938－6521669
邮编：741600

甘谷饭店★★★
地址：天水市甘谷县大像山镇东大街 1 号
电话：0938－5636989
邮编：741200

武威市天马宾馆★★★
地址：武威市凉州区西大街 41 号
电话：0935－2267829
邮编：733000

武威市荣华宾馆★★★
地址：武威市凉州区荣华路
电话：0935－6153889
邮编：733000

武威大酒店★★★
地址：武威市凉州区北关西路 24 号
电话：0935－2218888
邮编：733000

武威西凉大酒店★★★
地址：武威市凉州区建设南路 58 号
电话：0935－5965599
邮编：733000

武威商务大酒店★★★
地址：武威市凉州区北关中路 167 号
电话：0935－6130666
邮编：733000

古浪县玉红大酒店★★★
地址：武威市古浪县世纪路
电话：0935－5121622
邮编：733100

天祝华瑞大酒店★★★
地址：武威市天祝县团结路
电话：0935－3138899
邮编：733000

阳光假日大酒店★★★
地址：武威市西关街公园路 19 号
电话：0935－6128888
邮编：733000

武威宾馆★★★
地址：武威市凉州区胜利街 7 号
电话：0935－2269000
邮编：733000

酒泉市航天饭店★★★
地址：酒泉市肃州区仓门街 42 号
电话：0937－2671000
邮编：735000

酒泉龙腾宾馆★★★
地址：酒泉市肃州区东环南路 31 号
电话：0937－2612491
邮编：735000

酒泉市肃州宾馆★★★
地址：酒泉市肃州区小西街 2 号
电话：0937－2613988
邮编：735000

酒泉饭店★★★
地址：酒泉市肃州区南大街30号
电话：0937－2671888
邮编：735000

酒泉鹏飞宾馆★★★
地址：酒泉市肃州区飞天路33号
电话：0937－2671948
邮编：735000

酒泉市光明大厦★★★
地址：酒泉市肃州区肃州路2号
电话：0937－2671556
邮编：735000

酒泉汗王大酒店★★★
地址：酒泉市肃州区花园路5号
电话：0937－2675222
邮编：735000

金塔电力宾馆★★★
地址：酒泉市金塔县解放路410号
电话：0937－4421086
邮编：735300

金塔宾馆★★★
地址：酒泉市金塔县解放路375号
电话：0937－4410688
邮编：735300

瓜州宾馆★★★
地址：酒泉市瓜州县县府街77号
电话：0937－5522949
邮编：736100

瓜州县榆林宾馆★★★
地址：酒泉市瓜州县县府街31号
电话：0937－5515099
邮编：736100

瓜州县宏金源大酒店★★★
地址：酒泉市瓜州县瓜州中路399号
电话：0937－5586144
邮编：736100

阿克塞县政府招待所★★★
地址：酒泉市阿克塞哈萨克族自治县红柳湾镇金山路9号
电话：0937－8322063
邮编：736400

玉门油田祁连宾馆★★★
地址：酒泉市玉门市南坪区
电话：0937－3244804
邮编：735200

玉门宾馆★★★
地址：酒泉市玉门市玉苑路2号
电话：0937－3361168
邮编：735211

敦煌大酒店★★★
地址：酒泉市敦煌市阳关中路16号
电话：0937－8825818
邮编：736200

敦煌四方宾馆★★★
地址：酒泉市敦煌市七里镇大庆路口
电话：0937－8956000
邮编：736200

敦煌大厦★★★
地址：酒泉市敦煌市沙洲南路15号
电话：0937－8825008
邮编：736200

敦煌市阳关大酒店★★★
地址：酒泉市敦煌市沙洲南路7号
电话：0937－8851002
邮编：736200

敦煌饭店★★★
地址：酒泉市敦煌市鸣山路16号
电话：0937－8822413
邮编：736200

敦煌市莫高宾馆★★★
地址：酒泉市敦煌市鸣山路10号
电话：0937－8851777
邮编：736200

敦煌广源大酒店★★★
地址：酒泉市敦煌市鸣山路23号
电话：0937－8823119
邮编：736200

敦煌市阳光大酒店★★★
地址：酒泉市敦煌市阳关西路26号
电话：0937－8855044
邮编：736200

敦煌市九色鹿宾馆★★★
地址：酒泉市敦煌市阳关西路5号
电话：0937－8853188
邮编：736200

敦煌飞天宾馆★★★
地址：酒泉市敦煌市鸣山路22号
电话：0937－8852318
邮编：736200

丝路宾馆★★★
地址：酒泉市敦煌市环城东路6号
电话：0937－8823807
邮编：736200

敦煌市电力宾馆★★★
地址：酒泉市敦煌市沙洲北路2号
电话：0937－8852398
邮编：736200

敦煌市广源商务大酒店★★★
地址：酒泉市敦煌市阳光西路9号
电话：0937－8852928
邮编：736200

宏金源大酒店★★★
地址：酒泉市瓜州县瓜州中路399号
电话：0937－5586144
邮编：736100

庆阳市陇上明珠大酒店★★★
地址：庆阳市长庆南路73号
电话：0934－8272829
邮编：745000

环县富来大酒店★★★
地址：庆阳市环县翼龙路72号
电话：0934－4460222
邮编：745700

合水宾馆★★★
地址：庆阳合水县蟋东路
电话：0934－5526888
邮编：745400

平凉市陇东明珠宾馆★★★
地址：平凉市崆峒区崆峒东路460号
电话：0933－8612588
邮编：744000

平凉市正宇宾馆★★★
地址：平凉市崆峒区来远路16号
电话：0933－8715678
邮编：744000

平凉天正大酒店★★★
地址：平凉市崆峒区玄鹤北路1号
电话：0933－8718600
邮编：744000

五味宫酒店★★★
地址：平凉市崆峒古镇
电话：0933－8888998
邮编：744000

华亭县华砚宾馆★★★
地址：平凉市华亭县仪洲大道中段
电话：0933－7728909
邮编：744100

华亭县金华大厦★★★
地址：平凉市华亭县南大街24号
电话：0933－7731703
邮编：744100

华都商务宾馆★★★
地址：平凉市华亭县仪州大道西段
电话：0933－7706888
邮编：744100

庄浪县紫荆宾馆★★★
地址：平凉市庄浪县东路2号
电话：0933－6621724
邮编：744000

静宁宾馆★★★
地址：平凉市静宁县城关镇中街85号
电话：0933－2530601
邮编：743400

定西海天宾馆★★★
地址：定西市安定区交通路423号
电话：0932－8287096
邮编：743000

定西宾馆★★★
地址：定西市安定区中华路43号
电话：0932－8284166
邮编：743000

定西凤城大酒店★★★
地址：定西市安定区交通路279号
电话：0932－8232552
邮编：743000

岷县顺兴和大酒店★★★
地址：定西市岷县岷州中路
电话：0932－7733000
邮编：748400

陇西大酒店★★★
地址：定西市陇西县巩昌镇翡翠新城
电话：0932－6601111
邮编：748100

渭源县渭水源大酒店★★★
地址：定西市渭源县西一路
电话：0932－4137677
邮编：748200

临洮县电力宾馆★★★
地址：定西市临洮县北关十字路口
电话：0932－2236866
邮编：730500

甘肃祥瑞大酒店★★★
地址：定西市临洮县二甲滩
电话：0932－2236550
邮编：730500

临洮县政府宾馆★★★
地址：定西市临洮县北大街
电话：0932－2246744
邮编：730500

岷县风光大酒店★★★
地址：定西市岷县岷阳镇新南街 17 号
电话：0932－7722250
邮编：748400

双星凯悦商务大酒店★★★
地址：定西市安定区中华路 64 号
电话：0932－8283599
邮编：743000

通渭温泉宾馆★★★
地址：定西市通渭县平襄镇温泉村
电话：0932－5550666
邮编：743300

陇南市东诚大酒店★★★
地址：陇南市武都区建设路北口
电话：0939－8232238
邮编：746010

武都锦龙宾馆★★★
地址：陇南市武都区城关镇建设南路
电话：0939－8268899
邮编：746010

成县金成大厦★★★
地址：陇南市成县陇南大道
电话：0939－3202995
邮编：742500

文县白水江宾馆★★★
地址：陇南市文县城关下河南
电话：0939－5526200
邮编：746400

康县梅园会议中心★★★
地址：陇南市康县阳坝
电话：0939－5141026
邮编：746511

西和大哥大酒店★★★
地址：陇南市西和县汉源镇中山街
电话：0939－6627888
邮编：742100

徽县东方馨宾馆★★★
地址：陇南市徽县东街 25 号
电话：0939－7621158
邮编：742300

徽县建徽酒店★★★
地址：陇南市徽县建新路 8 号
电话：0939－7532999
邮编：742300

临夏饭店★★★
地址：临夏回族自治州临夏市红园路 9 号
电话：0930－6233805
邮编：731100

临夏州焕越宾馆★★★
地址：临夏回族自治州临夏市民主东路 25 号
电话：0930－6232886
邮编：731100

临夏市河海大厦★★★
地址：临夏回族自治州临夏市红园路 50 号
电话：0930－6235455
邮编：731100

康乐县憩园宾馆★★★
地址：临夏回族自治州康乐县新集街 666 号
电话：0930－4466008
邮编：731500

康乐县星海宾馆★★★
地址：临夏回族自治州康乐县新治街中街 288 号
电话：0930－4488888
邮编：731500

花溪夏宫假日酒店★★★
地址：临夏回族自治州和政县松鸣镇吊滩村
电话：0930－5580598
邮编：731200

积石山县庆盛宾馆★★★
地址：临夏回族自治州积石山县吹麻滩镇振兴街
电话：0930－7721155
邮编：731700

永靖县电力宾馆★★★
地址：临夏回族自治州永靖县川南路 369 号
电话：0930－8821334
邮编：731600

合作市香巴拉大酒店★★★
地址：甘南藏族自治州合作市人民街 53 号
电话：0941－8213222
邮编：747000

甘南饭店★★★
地址：甘南藏族自治州合作市人民街 83 号
电话：0941－8212611
邮编：747000

合作桃源大酒店★★★
地址：甘南藏族自治州合作市当周街
电话：0941－8223366
邮编：747000

临潭县野林关大酒店★★★
地址：甘南藏族自治州临潭县冶力关镇滨河南路
电话：0941－3271888
邮编：747506

临潭县洮林宾馆★★★
地址：甘南藏族自治州临潭县冶力关镇滨河南路
电话：0941－3271800
邮编：747506

卓尼宏宇柳林宾馆★★★
地址：甘南藏族自治州卓尼县柳林镇
电话：0941－3622998
邮编：747600

舟曲龙舟大酒店★★★
地址：甘南藏族自治州舟曲县统办大楼西侧
电话：0941－5128888
邮编：747000

迭部县腊子宾馆★★★
地址：甘南藏族自治州迭部县腊子口乡朱立沟
电话：0941－5731018
邮编：747400

迭部益民饭店★★★
地址：甘南藏族自治州迭部县兴迭东街 146 号
电话：0941－5623599
邮编：747400

夏河县拉卜楞宾馆★★★
地址：甘南藏族自治州夏河县九甲乡来周村
电话：0941－7121849
邮编：747100

夏河县王府饭店★★★
地址：甘南藏族自治州夏河县人民街 9 号
电话：0941－7121186
邮编：747100

碌曲秀隆大酒店★★★
地址：甘南藏族自治州碌曲县勒尔多西路
电话：0941－6666666
邮编：747200

合作市更桑大酒店★★★
地址：甘南藏族自治州合作市西路
电话：0941－8239999
邮编：747000

迭部益民宾馆★★★
地址：甘南藏族自治州迭部县北大街路口
电话：0941－5622319
邮编：747400

二星级

兰州市雅居楼饭店★★
地址：兰州市城关区静宁路 311 号
电话：0931－8469228
邮编：730030

兰州中林宾馆★★
地址：兰州市城关区酒泉路 61 号
电话：0931－8400936
邮编：730030

甘肃金安培训中心★★
地址：兰州市城关区新武都路 212 号
电话：0931－4892394
邮编：730000

兰州市铁道宾馆★★
地址：兰州市七里河区西津西路 81 号
电话：0931－2941817
邮编：750050

兰州市景华大酒店★★
地址：兰州市西固区公园 1 号
电话：0931－7582808
邮编：730060

兰州市西苑宾馆★★
地址：兰州市西固区公园路 3 号
电话：0931－7542066
邮编：730060

兰州市连海宾馆★★
地址：兰州市红古区海石路 39 号
电话：0931－6213700
邮编：730084

兰州市海星宾馆★★
地址：兰州市红古区平安路 416 号
电话：0931－6911317
邮编：730084

嘉峪关铁道宾馆★★
地址：嘉峪关市迎宾路 1 号
电话：0937－6311234
邮编：735100

嘉峪关市雄关宾馆★★
地址：嘉峪关市新华中路 31 号

电话：0937－6225355
邮编：735100

嘉峪关市鸿盛宾馆★★
地址：嘉峪关市兰新东路21号
电话：0937－6202777
邮编：735100

嘉峪关市峪宏宾馆★★
地址：嘉峪关市迎宾东路3号
电话：0937－6301089
邮编：735100

嘉峪关市欣大金叶宾馆★★
地址：嘉峪关市兰新西路2号
电话：0937－6201333
邮编：735100

嘉峪关市华天宾馆★★
地址：嘉峪关市迎宾路法院十字路口
电话：0937－6305777
邮编：735100

嘉峪关市贝特宾馆★★
地址：嘉峪关迎宾路工商大厦12号
电话：0937－6308000
邮编：735100

金昌金化宾馆★★
地址：金昌市金川区河西堡河雅路173号
电话：0935－7353833
邮编：737100

永昌大酒店★★
地址：金昌市永昌县南大街5号
电话：0935－7560438
邮编：737100

天水市友谊宾馆★★
地址：天水市秦州区光明巷1号
电话：0938－8299146
邮编：741000

天水市新旅宾馆★★
地址：天水市秦州区泰山路
电话：0938－8279646
邮编：741000

金泰宾馆★★
地址：天水市秦州区
电话：0938－8239688
邮编：741000

天水市麦积大酒店★★
地址：天水市麦积区火车站
电话：0938－4929331
邮编：741020

天水市虹桥宾馆★★
地址：天水市麦积区陇昌路东14号
电话：0938－2618222
邮编：741020

天水市陇林饭店★★
地址：天水市麦积区桥南
电话：0938－2735594
邮编：741020

天水市恒利宾馆★★
地址：天水市麦积区埠南路7号
电话：0938－2738128
邮编：741020

秦安县天辰大酒店★★
地址：天水市秦安县兴国镇青年东路
电话：0938－8396338
邮编：741600

甘谷县三和园宾馆★★
地址：天水市甘谷县康庄东路
电话：0938－5629999
邮编：741200

甘谷县大像山宾馆★★
地址：天水市甘谷县大像山西路
电话：0938－5639996
邮编：741200

武山县宁远宾馆★★
地址：天水市武山县城关镇
电话：0938－3429098
邮编：741300

武山县杜康饭店★★
地址：天水市武山县城关滨河路
电话：0938－3421758
邮编：741300

武威市电力宾馆★★
地址：武威市凉州区南关中路31号
电话：0935－6181687
邮编：733000

武威市建安宾馆★★
地址：武威市凉州区海藏路再就业大厦
电话：0935－2253328
邮编：733000

民勤宾馆★★
地址：武威市民勤南大街
电话：0935－4122450
邮编：733000

天祝宾馆★★
地址：武威市天祝县团结北路2号
电话：0935－3130039
邮编：733200

天旺宾馆★★
地址：武威市凉州区西关中路8号
电话：0935－6118899
邮编：733000

酒泉民族饭店★★
地址：酒泉市肃州区南大街6号
电话：0937－2657104
邮编：735000

酒泉市商汇宾馆★★
地址：酒泉市肃州区神州南路
电话：0937－2671333
邮编：735000

酒泉市九华大酒店★★
地址：酒泉市肃州区小西街6号
电话：0937－2615050
邮编：735000

金塔县航天宾馆★★
地址：酒泉市金塔县金塔镇西城路2号
电话：0937－4424835
邮编：735300

酒泉东风宾馆★★
地址：酒泉市卫星发射中心
电话：0937－2468500
邮编：732750

瓜州县柳园宾馆★★
地址：酒泉市瓜州县柳园镇南大街23号
电话：0937－5572340
邮编：736000

瓜州信合宾馆★★
地址：酒泉市瓜州县文化街15号
电话：0937－ 5528505
邮编：736000

玉门环宇宾馆★★
地址：酒泉市玉门市新城区清泉路
电话：0937－5935170
邮编：735211

玉门同合顺大酒店★★
地址：酒泉市玉门市新市区向阳路
电话：0937－3361800
邮编：735211

玉门华电园酒店★★
地址：酒泉市玉门市玉关南路
电话：0937－3367898
邮编：735211

敦煌市金龙大酒店★★
地址：酒泉市敦煌市阳关中路30号
电话：0937－8850334
邮编：736200

敦煌市悬泉宾馆★★
地址：酒泉市敦煌市阳关中路22号
电话：0937－8823251
邮编：736200

敦煌市昆仑大酒店★★
地址：酒泉市敦煌市金达中路
电话：0937－8933268
邮编：736202

敦煌市驼铃宾馆★★
地址：酒泉市敦煌市鸣山路5号
电话：0937－8822716
邮编：736200

敦煌市鑫龙宾馆★★
地址：酒泉市敦煌市沙洲镇环城东路9号
电话：0937－8859080
邮编：736200

敦煌市华盛宾馆★★
地址：酒泉市敦煌市滨河北路3号
电话：0937－8851900
邮编：736200

敦煌市楼兰宾馆★★
地址：酒泉市敦煌市阳关西路4号
电话：0937－5951111
邮编：736200

敦煌市假日大酒店★★
地址：酒泉市敦煌市鸣山路18号
电话：0937－8825258
邮编：736200

敦煌西域宾馆★★
地址：酒泉市敦煌市鸣山路29号
电话：0937－8823017
邮编：736200

酒泉柳园辉铜山庄★★
地址：酒泉市瓜州县柳园镇南大街18号
电话：0937－5572075
邮编：736100

庆阳宾馆★★
地址：庆阳市西峰区长庆南路62号
电话：0934－8272260
邮编：745000

环县宾馆★★
地址：庆阳市环县中街25号
电话：0934－4426154
邮编：745700

华池宾馆★★
地址：庆阳市华池县老城街 6 号
电话：0934－5126222
邮编：745600

正宁宾馆★★
地址：庆阳市正宁县西街 70 号
电话：0934－6121347
邮编：745300

宁县宾馆★★
地址：庆阳市宁县辑宁北路 6 号
电话：0934－6627660
邮编：745200

镇原宾馆★★
地址：庆阳市镇原县城茹河街 2 号
电话：0934－7121360
邮编：744500

平凉银河宾馆★★
地址：平凉市崆峒区公园路 1 号
电话：0933－8211937
邮编：744000

平凉市粮贸大厦★★
地址：平凉市崆峒区解放北路 15 号
电话：0933－4165377
邮编：744000

平凉市金融宾馆★★
地址：平凉市崆峒区石家巷 1 号
电话：0933－8253166
邮编：744000

平凉市颐都宾馆★★
地址：平凉市崆峒区法院巷红旗街 75 号
电话：0933－8253266
邮编：744000

崇信县聚源宾馆★★
地址：平凉市崇信县新窑镇
电话：0933－6131330
邮编：744200

崇信龙泉宾馆★★
地址：平凉市崇信县西南路 1 号
电话：0933－6121942
邮编：744200

华亭宾馆★★
地址：平凉市华亭县滨河北路 25 号
电话：0933－7722690
邮编：744000

华融大酒店★★
地址：平凉市华亭县华庄路
电话：0933－7738700
邮编：744000

定西金谷宾馆★★
地址：定西市安定区中华路 64 号
电话：0932－8213002
邮编：743000

通渭县政府宾馆★★
地址：定西市通渭县南街 3 号
电话：0932－5552801
邮编：743300

陇西县金波商务宾馆★★
地址：定西市陇西县巩昌镇东大街 13 号
电话：0932－6600289
邮编：748100

渭源县永安宾馆★★
地址：定西市渭源县会川镇三角路口
电话：0932－4481288
邮编：748201

陇西锦隆宾馆★★
地址：定西市陇西文峰镇交通路 50 号
电话：0932－6698999
邮编：748100

漳县人民政府招待所★★
地址：定西市漳县城关镇武阳路 56 号
电话：0932－4862517
邮编：748300

漳县富康大酒店★★
地址：定西市漳县城关镇武阳路 83 号
电话：0932－4862536
邮编：748300

漳县遮阳山天华度假村★★
地址：定西市漳县武阳镇武阳路 62 号
电话：0932－4741160
邮编：748300

岷县政府宾馆★★
地址：定西市岷县岷阳镇和平街 112 号
电话：0932－7722456
邮编：748400

岷县华兴宾馆★★
地址：定西市岷县岷阳镇启明路 1 号
电话：0932－7728884
邮编：748400

岷县水利宾馆★★
地址：定西市岷县岷阳镇北门洮河大桥头
电话：0932－7721164
邮编：748400

成县宾馆★★
地址：陇南市成县城关镇西大街 26 号
电话：0939－3220999
邮编：742500

文县白林宾馆★★
地址：陇南市文县白水江林业局
电话：0939－5524968
邮编：746400

康县宾馆★★
地址：陇南市康县城关中街 7 号
电话：0939－5121212
邮编：746500

康县红豆宾馆★★
地址：陇南市康县西街 106 号
电话：0939－5213777
邮编：746500

礼县天嘉宾馆★★
地址：陇南市礼县东大街 27 号
电话：0939－4482996
邮编：742200

徽县人民招待所★★
地址：陇南市徽县县城北街 32 号
电话：0939－7521069
邮编：742300

两当宾馆★★
地址：陇南市两当县城关镇
电话：0939－7124396
邮编：742400

两当县新世纪大酒店★★
地址：陇南市两当县城关镇显龙北路
电话：0939－7124456
邮编：742400

临夏市玉龙宾馆★★
地址：临夏回族自治州临夏市南龙广场
电话：0930－6389122
邮编：731100

临夏市恒生宾馆★★
地址：临夏回族自治州临夏市解放路 73 号
电话：0930－6321147
邮编：731100

太极宾馆★★
地址：临夏回族自治州永靖县太极镇大川村
电话：0930－8855860
邮编：731100

永靖县刘电宾馆★★
地址：临夏回族自治州永靖县刘家峡川东路 10 号
电话：0930－8843488
邮编：731600

积石宾馆★★
地址：临夏回族自治州积石山保安族东乡族撒拉族自治县大河路
电话：0930－7721053
邮编：731700

合作市交通宾馆★★
地址：甘南藏族自治州合作市西一路
电话：0941－8221300
邮编：747000

合作市万事达大酒店★★
地址：甘南藏族自治州合作市西二路
电话：0941－8218666
邮编：747000

合作市岗日尕布酒店★★
地址：甘南藏族自治州合作市东二路
电话：0941－8225658
邮编：747000

合作市玉海商务宾馆★★
地址：甘南藏族自治州合作市东一路
电话：0941－8212777
邮编：747000

甘南州总工会工人文化宫★★
地址：甘南藏族自治州合作市当周街 135 号
电话：0941－8212777
邮编：747000

临潭县黄捻子宾馆★★
地址：甘南藏族自治州临潭冶力关香子沟
电话：0941－3231005
邮编：747500

舟曲青峰宾馆★★
地址：甘南藏族自治州舟曲县广坝街
电话：0941－5122899
邮编：747000

迭部饭店★★
地址：甘南藏族自治州迭部县兴迭东街 9 号
电话：0941－5625001
邮编：747000

夏河县西羚酒店★★
地址：甘南藏族自治州夏河县拉卜楞镇人民东街
电话：0941－7125528
邮编：747100

夏河县刚坚龙珠宾馆★★
地址：甘南藏族自治州夏河县人民街 49 号
电话：0941－7123600

邮编：747100

夏河县宝马饭店★★
地址：甘南藏族自治州夏河县人民西街
电话：0941－7121078
邮编：747100

夏河县华侨饭店★★
地址：甘南藏族自治州夏河县人民街77号
电话：0941－7122642
邮编：747100

夏河县鸿雁宾馆★★
地址：甘南藏族自治州夏河县人民东街91号
电话：13993934484
邮编：747100

一星级

省体委接待站★
地址：兰州市七里河区安西路103号
电话：0931－2664949
邮编：730050

平凉东方电力宾馆★
地址：平凉市崆峒区西大街71号
电话：0933－8382415
邮编：744000

安定区怡家快捷酒店★
地址：定西市安定区交通路280号
电话：0932－5982856
邮编：743000

临潭宾馆★
地址：甘南藏族自治州临潭县城关镇西大街159号
电话：0941－3121849
邮编：747500

临潭县青崖宫宾馆★
地址：甘南藏族自治州临潭县冶力关镇
电话：0941－3271166
邮编：747500

临潭县莲花山大酒店★
地址：甘南藏族自治州临潭县冶力关镇
电话：0941－3271188
邮编：747500

卓尼香子沟宾馆★
地址：甘南藏族自治州临潭冶力关香子沟
电话：0941－3271063
邮编：747500

碌曲县达仓郎木宾馆★
地址：甘南藏族自治州碌曲县郎木寺镇
电话：0941－6671399
邮编：747205

碌曲水电宾馆★
地址：甘南藏族自治州碌曲县勒尔多东路
电话：0941－6621988
邮编：747200

夏河县白海螺宾馆★
地址：甘南藏族自治州夏河县人民西街1号
电话：0941－7181849
邮编：747100

夏河县曲登宾馆★
地址：甘南藏族自治州夏河县人民西街83号
电话：0941－7122866
邮编：747100

甘肃景悦酒店管理公司
地址：酒泉市新城区玉门东路8号飞天商务写字楼501室
电话：0937－2652186
邮编：735000

青 海

QINGHAI

五星级

银龙酒店★★★★★
地址：西宁市黄河路 38 号
电话：0971－6114016
邮编：810001

青海宾馆★★★★★
地址：西宁市黄河路 158 号
电话：0971－6148795
邮编：810001

四星级

胜利宾馆★★★★
地址：西宁市黄河路 160 号
电话：0971－6144365
邮编：810001

西宁大厦★★★★
地址：西宁市建国路 61 号
电话：0971－8164999
邮编：810006

天年阁饭店★★★★
地址：西宁市新宁路 16 号
电话：0971－6176696
邮编：810008

青海建银宾馆★★★★
地址：西宁市西大街 55 号
电话：0971－8261561
邮编：810000

中发源饭店★★★★
地址：西宁市城东区树林巷 1 号
电话：0971－8179035
邮编：810007

青海假日王朝大酒店★★★★
地址：西宁市五四西路 48 号
电话：0971－6362222
邮编：810008

青海华辰大酒店★★★★
地址：西宁市八一中路 45 号
电话：0971－8868256
邮编：810007

西宁市伊尔顿国际饭店★★★★
地址：西宁市东关大街 59 号
电话：0971－8160999
邮编：810000

海悦酒店★★★★
地址：西宁市长江路 7 号
电话：0971－8218888
邮编：810000

青海香巴林卡酒店★★★★
地址：西宁市湟中县迎宾路 A1 号
电话：0971－2233000
邮编：810016

祁连大酒店★★★★
地址：海北藏族自治州祁连县新城区广场东路 8 号
电话：0970－8683000
邮编：810400

玉树宾馆★★★★
地址：玉树藏族自治州结古镇民主路 12 号
电话：0976－8822999
邮编：815000

三江源酒店★★★★
地址：玉树藏族自治州结古镇扎曲南路 21 号
电话：0976－8829900
邮编：815000

盐湖大酒店★★★★
地址：海西蒙古族藏族自治州格尔木市黄河中路 26 号
电话：0979－8436888
邮编：816000

格尔木宾馆★★★★
地址：海西蒙古族藏族自治州格尔木市昆仑中路 43 号
电话：0979－8424178
邮编：816000

三星级

西宁宾馆★★★
地址：西宁市七一路 348 号
电话：0971－8463333
邮编：810000

豪龙宾馆★★★
地址：西宁市建国路 17 号
电话：0971－8128888
邮编：810007

穆斯林大厦★★★
地址：西宁市城东区七一路 9 号
电话：0971－8138011
邮编：810007

华德宾馆★★★
地址：西宁市祁连路 97 号
电话：0971－8128333
邮编：810006

夏都宾馆★★★
地址：西宁市黄河路 154 号
电话：0971－6125333
邮编：810001

青垦假日宾馆★★★
地址：西宁市胜利路 50 号
电话：0971－6186623
邮编：810001

泰和宾馆★★★
地址：西宁市祁连路 854 号
电话：0971－5501888
邮编：810028

三江源饭店★★★
地址：西宁市祁连路 292 号
电话：0971－8174228
邮编：810006

新时代大厦★★★
地址：西宁市黄河路 2 号
电话：0971－4395188
邮编：810001

西湖宾馆★★★
地址：西宁市经济开发区开源路 15 号
电话：0971－8817666
邮编：810007

青海小岛宾馆★★★
地址：西宁市五四西路 35 号
电话：0971－6300194
邮编：810008

西宁鑫海丰宾馆★★★
地址：西宁市柴达木路 322 号
电话：0971－5219718
邮编：810017

夏都青藏大厦★★★
地址：西宁市西川南路 43 号
电话：0971－6331397
邮编：810008

西宁远东大酒店★★★
地址：西宁市昆仑东路
电话：0971－8868621
邮编：810007

银胜天驹宾馆★★★
地址：西宁市祁连路西 407 号
电话：0971－5500555
邮编：810000

西宁青藏假日饭店★★★
地址：西宁市城东区大众街 65 号
电话：0971－7155555
邮编：810007

柴达木宾馆★★★
地址：西宁市城北区小桥大街 7 号
电话：0971－5130366
邮编：810003

青海翔羚商务宾馆★★★
地址：西宁市南川西路 48 号
电话：0971－6250892
邮编：810012

西宁乡趣宾馆★★★
地址：西宁市城北区大堡子镇陶北村口
电话：0971－5201251
邮编：810003

升源宾馆★★★
地址：西宁市共和路 57－23
电话：0971－8146133
邮编：810000

黄河源假日饭店★★★
地址：西宁市建国路 26－18 号
电话：0971－8080988
邮编：810000

湟源海源宾馆★★★
地址：西宁市湟源县青藏路 118 号
电话：0971－2431100
邮编：812100

金澜宾馆★★★
地址：西宁市南小街 2 号
电话：0971－8144558
邮编：810000

循化宾馆★★★
地址：海东地区循化撒拉族自治县迎宾路
电话：0972－8814959
邮编：811100

循化天年阁假日饭店★★★
地址：海东地区循化撒拉族自治县天池北路 52 号
电话：0972－8816555
邮编：811100

天佑德大酒店★★★
地址：海东地区互助土族自治县威远镇南街
电话：0972－7310888
邮编：810500

华西宾馆★★★
地址：海东地区乐都县碾伯镇西门路1号
电话：0972－7411666
邮编：810700

四海商务大厦★★★
地址：海东地区循化撒拉族自治县街子镇循同路
电话：0972－8898222
邮编：811100

盘龙曲玛锦绣假日宾馆★★★
地址：海东地区化隆回族自治县牙什尕镇盘龙曲玛锦绣生态园
电话：0972－8718518
邮编：810903

新世纪宾馆★★★
地址：海东地区民和回族土族自治县川口镇川垣新区东源商城70号
电话：0972－7518888
邮编：810800

鸟岛宾馆★★★
地址：海北藏族自治州刚察县泉吉乡乃索麻村
电话：0970－8655012
邮编：812305

浩云宾馆★★★
地址：海北藏族自治州门源回族自治县西大街22号
电话：0970－8618008
邮编：810300

海北宾馆★★★
地址：海北藏族自治州西海镇银滩路17号
电话：0970－8646660
邮编：810200

门源县海北饭店★★★
地址：海北藏族自治州门源县浩门镇
电话：0970－8611658
邮编：810300

祁连宾馆★★★
地址：海北藏族自治州祁连县八宝西路103号
电话：0970－8675888
邮编：810400

福兴园假日宾馆★★★
地址：海北藏族自治州海晏县西海镇
电话：0970－8645188
邮编：810200

祁铭大厦★★★
地址：海北藏族自治州祁连县
电话：0970－8683333
邮编：810400

贵德温泉宾馆★★★
地址：海南藏族自治州贵德县河阴镇迎宾西路355号
电话：0974－8553534
邮编：811700

梨花别墅★★★
地址：海南藏族自治州贵德县河西镇
电话：0974－8560801
邮编：811700

海南宾馆★★★
地址：海南藏族自治州共和县恰卜恰镇东风路9号
电话：0974－8513284
邮编：813000

青海湖宾馆★★★
地址：海南藏族自治州青海湖109国道151公里处
电话：0974－8519688
邮编：813006

贵德梨都大酒店★★★
地址：海南藏族自治州贵德县河西镇新西街
电话：0974－7550088
邮编：813000

黄河大酒店★★★
地址：海南藏族自治州恰卜恰镇青海湖南大街1号
电话：0974－8522888
邮编：813000

元年大酒店★★★
地址：海南藏族自治州共和县青海湖南大街37号
电话：0974－7518999
邮编：813000

兴海县美意商务宾馆★★★
地址：海南藏族自治州兴海县东大街
电话：0974－5916777
邮编：813300

同德县宗日大酒店★★★
地址：海南藏族自治州同德县
电话：0974－8593188
邮编：813200

同仁云龙酒店★★★
地址：黄南藏族自治州同仁县隆务镇德合隆北路
电话：0973－8726866
邮编：811300

西北牛宾馆★★★
地址：玉树藏族自治州结古镇西杭路61号
电话：0976－8824399
邮编：815000

玉树藏族自治州政府宾馆★★★
地址：玉树藏族自治州结古镇民主路28号
电话：0976－8828881
邮编：815000

格尔木天龙酒店★★★
地址：海西蒙古族藏族自治州格尔木市八一路1号
电话：0979－8462802
邮编：816000

金轮宾馆★★★
地址：海西蒙古族藏族自治州格尔木市昆仑路110号
电话：0979－8423988
邮编：816000

海西宾馆★★★
地址：海西蒙古族藏族自治州德令哈市
电话：0977－8222781
邮编：817000

青港宾馆★★★
地址：海西蒙古族藏族自治州格尔木市江源南路17号
电话：0979－8456668
邮编：816000

格尔木大厦★★★
地址：海西蒙古族藏族自治州格尔木市迎宾路33号
电话：0979－8450968
邮编：816000

水电宾馆★★★
地址：海西蒙古族藏族自治州格尔木市昆仑路146号
电话：0979－8421788
邮编：816000

翔宇宾馆★★★
地址：海西蒙古族藏族自治州格尔木市江源路24号
电话：0979－8411999
邮编：816000

金世界宾馆★★★
地址：海西蒙古族藏族自治州德令哈市格尔木西路18号
电话：0977－8216111
邮编：817000

华星饭店★★★
地址：海西蒙古族藏族自治州格尔木市黄河中路49号
电话：0979－8455555
邮编：816000

金地宾馆★★★
地址：海西蒙古族藏族自治州海西蒙古族藏族自治州格尔木市迎宾路42号
电话：0979－7226000
邮编：816000

格尔木中山宾馆★★★
地址：海西蒙古族藏族自治州格尔木市中山路46号
电话：13909799688
邮编：816000

珠峰大厦★★★
地址：海西蒙古族藏族自治州格尔木市八一中路18号
电话：0979－599000
邮编：816000

黄河宾馆★★★
地址：海西蒙古族藏族自治州格尔木市江源南路13号
电话：0979－8950222
邮编：816000

蓝天宾馆★★★
地址：海西蒙古族藏族自治州德令哈市柴达木东路18号
电话：0977－8211222
邮编：817000

龙海商务宾馆★★★
地址：海西蒙古族藏族自治州乌兰县
电话：0977－8242666
邮编：817100

兴青宾馆★★★
地址：海西蒙古族藏族自治州天峻县新源东路2号
电话：0977－8268708
邮编：817200

二星级

华侨大厦★★
地址：西宁市北大街 30 号
电话：0971－8231888
邮编：810000

民族宾馆★★
地址：西宁市东大街 2 号
电话：0971－8225951
邮编：810000

大通宾馆★★
地址：西宁市大通回族土族自治县
电话：0971－2730528
邮编：810100

青铝培训中心★★
地址：西宁市大通回族土族自治县
电话：0971－2753800
邮编：810100

永昌大厦★★
地址：西宁市城东区八一路 78 号
电话：0971－8805888
邮编：810007

穆斯林宾馆★★
地址：西宁市七一路 14 号
电话：0971－8127545
邮编：810007

西宁牧星宾馆★★
地址：西宁市城北区小桥大街 46 号
电话：0971－5131369
邮编：810003

西宁丽晶宾馆★★
地址：西宁市城南新区南京路 43 号
电话：0971－6510566
邮编：810000

西宁市黄河大厦★★
地址：西宁市祁连路 624 号
电话：0971－8165158
邮编：810000

新世纪宾馆★★
地址：西宁市东大街 16 号
电话：0971－8233588
邮编：810000

西宁鑫都宾馆★★
地址：西宁市柴达木路 142 号
电话：0971－5220388
邮编：810017

湟源乡约商务宾馆★★
地址：西宁市湟源县老电影院内
电话：0971－2439000
邮编：812100

银桥大酒店★★
地址：西宁市宁张公路 28 公里处
电话：0971－2760666
邮编：810103

湟城假日宾馆★★
地址：西宁市湟中县鲁沙尔镇金塔路 138 号
电话：0971－2234668
邮编：811600

湟源陶然宾馆★★
地址：西宁市湟源县大华工业园区
电话：0971－2434388
邮编：812100

西宁甘河宾馆★★
地址：西宁市湟中县甘河工业园区 8 号路南侧
电话：0971－2291597
邮编：811600

大通君悦宾馆★★
地址：西宁市大通回族土族自治县桥头镇园林路附 5 号
电话：0971－2834567
邮编：810100

交通宾馆★★
地址：海东地区循化撒拉族自治县东门南街 20 号
电话：0972－8812615
邮编：811100

民和穆斯林宾馆★★
地址：海东地区民和回族土族自治县大什字南 2 号
电话：0972－8526783
邮编：810800

积石宾馆★★
地址：海东地区循化撒拉族自治县积石镇文化广场
电话：0972－8813928
邮编：811100

循化秀水宾馆★★
地址：海东地区循化撒拉族自治县积石镇天池南
电话：0972－8816288
邮编：811100

建贸宾馆★★
地址：海东地区循化撒拉族自治县广场路 1 号
电话：0972－8812333
邮编：811100

金三川酒店★★
地址：海东地区民和回族土族自治县官亭镇镇政府旁
电话：0972－8595333
邮编：810801

致远宾馆★★
地址：海东地区民和回族土族自治县官亭镇官西村
电话：0972－8595236
邮编：810801

玉峰商务宾馆★★
地址：海东地区循化撒拉族自治县积石镇天池路 29 号
电话：0972－8819966
邮编：811100

银龙商务宾馆★★
地址：海东地区循化撒拉族自治县广场路
电话：0972－5942888
邮编：811100

唐述商务宾馆★★
地址：海东地区循化撒拉族自治县积石大街东门 45 号
电话：0972－8819688
邮编：811100

天虹商务宾馆★★
地址：海东地区互助土族自治县威远镇西大街
电话：0972－8322944
邮编：810500

海东宾馆★★
地址：海东地区平安县
电话：0972－8685819
邮编：810600

门源兴源宾馆★★
地址：海北藏族自治州浩门镇西关大街
电话：0970－8613415
邮编：810300

祁连民政宾馆★★
地址：海北藏族自治州祁连县八宝镇
电话：0970－8679088
邮编：810400

龙羊湖宾馆★★
地址：海南藏族自治州海南藏族自治州共和县
电话：0974－8182926
邮编：811800

帐房宾馆★★
地址：海南藏族自治州青海湖帐房宾馆
电话：0974－8519686
邮编：813006

碧水山庄★★
地址：海南藏族自治州贵德县黄河大桥南段西
电话：0974－8560588
邮编：817000

华悦宾馆★★
地址：海南藏族自治州共和县恰卜恰镇赛乾路
电话：0974－8525333
邮编：813000

黄南藏族自治州饭店★★
地址：黄南藏族自治州中山路 8 号
电话：0973－8722293
邮编：811300

莲花宾馆★★
地址：果洛藏族自治州班玛县人民路 188 号
电话：0975－8322021
邮编：814300

玛柯河宾馆★★
地址：果洛藏族自治州班玛县灯塔乡
电话：0975－8329068
邮编：814301

拉布寺宾馆★★
地址：玉树藏族自治州结古镇胜利路 115 号
电话：0976－8827666
邮编：815000

囊谦康巴酒店★★
地址：玉树藏族自治州囊谦县香达镇香达街
电话：0976－8672682
邮编：815200

国华宾馆★★
地址：海西蒙古族藏族自治州德令哈大柴旦镇人民东路
电话：0977－8282581
邮编：816200

都兰驿宾馆★★
地址：海西蒙古族藏族自治州都兰县解放街 4 号
电话：13609772717

邮编：816100

乌兰宾馆★★
地址：海西蒙古族藏族自治州乌兰县东大街10号
电话：0977－8241024
邮编：817100

红景天宾馆★★
地址：海西蒙古族藏族自治州德令哈柴达木东路
电话：0977－8221079
邮编：817500

都兰宾馆★★
地址：海西蒙古族藏族自治州都兰县察苏镇和平街10号
电话：0977－8235898
邮编：816100

物贸宾馆★★
地址：海西蒙古族藏族自治州海西蒙古族藏族自治州格尔木市昆仑中路46号
电话：0979－7238218
邮编：816000

天峻山宾馆★★
地址：海西蒙古族藏族自治州天峻县天棚路3号
电话：0977－8266988
邮编：877200

建银假日宾馆★★
地址：海西蒙古族藏族自治州格尔木市八一东路48号
电话：0979－8492966
邮编：816000

一星级

贵德宾馆★
地址：海南藏族自治州贵德县河阴东路南大街1号
电话：0974－8553378
邮编：811700

结古宾馆★
地址：玉树藏族自治州结古镇扎西大通南路52号
电话：0976－8811119
邮编：815000

民政宾馆★
地址：玉树藏族自治州结古镇民主路16号
电话：0976－8824052
邮编：815000

青盐宾馆★
地址：海西蒙古族藏族自治州乌兰县茶卡镇交通街16号
电话：0977－8240154
邮编：817100

宁　夏

NINGXIA

五星级

悦海宾馆★★★★★
地址：银川市金凤区贺兰山路甲 1 号
电话：0951－5696888
邮编：750011

四星级

虹桥大酒店★★★★
地址：银川市兴庆区解放西街 16 号
电话：0951－6918888
邮编：750001

太阳神大酒店★★★★
地址：银川市兴庆区北京东路 123 号
电话：0951－7868888
邮编：750001

民航大厦★★★★
地址：银川市兴庆区胜利南北街 87 号
电话：0951－4090888
邮编：750001

宁丰宾馆★★★★
地址：银川市兴庆区解放东街 6 号
电话：0951－6028898
邮编：750001

黄河明珠大酒店★★★★
地址：银川市兴庆区新华东街 520 号
电话：0951－6036666
邮编：750001

工会大厦★★★★
地址：银川市兴庆区解放东街 1 号
电话：0951－6016898
邮编：750001

海天大酒店★★★★
地址：银川市兴庆区解放东街 333 号
电话：0951－7866666
邮编：750001

同福大饭店★★★★
地址：银川市兴庆区新华东街 93 号
电话：0951－6032678
邮编：750001

海悦建国饭店★★★★
地址：银川市兴庆区南薰东街 3 号
电话：0951－6080777
邮编：750001

锦湖饭店★★★★
地址：银川市兴庆区民族北街 369 号
邮编：750001

盛世花园大酒店★★★★
地址：银川市兴庆区玉皇阁北街 46 号
电话：0951－6037999
邮编：750001

中银大唐酒店★★★★
地址：银川市灵武市西湖公园内
电话：0951－4598888
邮编：750004

昊王国际饭店★★★★
地址：银川市贺兰县得胜工业园新胜西路北 3 号
电话：0951－8079456
邮编：750200

贺兰国际饭店★★★★
地址：银川市贺兰县桃林北街
电话：0951－7826666
邮编：750200

石嘴山星海湖宾馆★★★★
地址：石嘴山市大武口区东方广场东侧
电话：0952－2058800
邮编：753000

海华国际饭店★★★★
地址：石嘴山市大武口区朝阳东街 19 号
邮编：753000

吴忠红宝宾馆★★★★
地址：吴忠市利通区盛元广场西侧
电话：0953－2035288
邮编：751100

吴忠宾馆★★★★
地址：吴忠市利通区裕民西街 5 号
电话：0953－6522333
邮编：751100

吴忠盛悦饭店★★★★
地址：吴忠市利通区裕民东街 1 号
电话：0953－2188888
邮编：751100

青铜峡龙海宾馆★★★★
地址：吴忠市青铜峡市小坝古峡东街 188 号
电话：0953－3686882
邮编：751600

盐池福海大酒店★★★★
地址：吴忠市盐池县盐林路
电话：0953－6024866
邮编：751500

华祺饭店★★★★
地址：固原市原州区政府街 7 号
电话：0954－2067888
邮编：756000

中卫逸兴大酒店★★★★
地址：中卫市沙坡头区鼓楼北街 2 号
电话：0955－7017666
邮编：755000

沙坡头假日酒店★★★★
地址：中卫市沙坡头区沙坡头景区旁一公里处
电话：0955－7689168
邮编：755000

中卫红宝宾馆★★★★
地址：中卫市沙坡头区鼓楼最南端
电话：0955－7069999
邮编：755000

三星级

长相忆宾馆★★★
地址：银川市兴庆区玉皇阁北街 120 号
电话：0951－6710668
邮编：750001

沙湖宾馆★★★
地址：银川市兴庆区文化西街 22 号
电话：0951－5012128
邮编：750001

世纪大厦★★★
地址：银川市兴庆区玉皇阁北街 24 号
电话：0951－6080688
邮编：750001

大自然宾馆★★★
地址：银川市兴庆区清和南街 242 号
电话：0951－6016666
邮编：750001

祥元宾馆★★★
地址：银川市兴庆区长城东路 280 号
电话：0951－4915888
邮编：750001

绿洲饭店★★★
地址：银川市兴庆区解放西街 33 号
电话：0951－5029777
邮编：750001

满春大酒店★★★
地址：银川市兴庆区丽景北街 488 号
电话：0951－3990999
邮编：750001

荣源大酒店★★★
地址：银川市兴庆区清和北街 199 号
电话：0951－6045555
邮编：750001

银泉宾馆★★★
地址：银川市兴庆区胜利北街 157 号
电话：0951－4081688
邮编：750001

昊源宾馆★★★
地址：银川市兴庆区中山南街裕民巷 1－11 号
电话：0951－6021286
邮编：750001

隆湖宾馆★★★
地址：银川市兴庆区民族北街 60 号
电话：0951－6718888
邮编：750001

长丰宾馆★★★
地址：银川市兴庆区长庆燕鸽湖石油基地
电话：0951－6935000
邮编：750001

燕莎大酒店★★★
地址：银川市兴庆区石油城
电话：0951－6934586
邮编：750001

天奇宾馆★★★
地址：银川市兴庆区丽景北街满春家园 1# 楼
电话：0951－6158788
邮编：750001

天豹大酒店★★★
地址：银川市兴庆区清河南街 1352 号
电话：0951－7899512
邮编：750001

玉皇阁酒店★★★
地址：银川市兴庆区玉皇阁北街 8 号
电话：0951－ 6090666
邮编：750001

格林豪泰银川北京路酒店★★★
地址：银川市兴庆区北京东路 792 号
电话：0951－5173888
邮编：750001

民航蓝天宾馆★★★
地址：银川市兴庆区民族北街34号
电话：0951－6042968
邮编：750001

凯悦年华大酒店★★★
地址：银川市兴庆区丽景北街在水一方A区151号
电话：0951－5173555
邮编：750001

金润恒通饭店★★★
地址：银川市兴庆区上海东路841号
电话：0951－6716666
邮编：750001

宝塔宾馆★★★
地址：银川市金凤区宁安大街88号
电话：0951－5699299
邮编：750011

铁道宾馆★★★
地址：银川市西夏区怀远东路550号
电话：0951－3962118
邮编：750021

清源大厦★★★
地址：银川市西夏区怀远西路155号
电话：0951－3871088
邮编：750021

青山宾馆★★★
地址：石嘴山市大武口区朝阳西街81号
电话：0952－2015898
邮编：753000

绿都花园大酒店★★★
地址：石嘴山市大武口区文明南路128号
电话：0952－2036655
邮编：753000

石嘴山圆梦园宾馆★★★
地址：石嘴山市惠农区河滨工业园区钢铁路
电话：0952－3612696
邮编：753600

漠翼大酒店★★★
地址：石嘴山市惠农区康乐路157号
电话：0952－3316928
邮编：753600

吴忠怡园大酒店★★★
地址：吴忠市利通区南街180号
电话：0953－2042895
邮编：751100

锦都饭店★★★
地址：吴忠市利通区黎明街南侧新汽车站对面
电话：0953－3955888
邮编：751100

青铜峡宾馆★★★
地址：吴忠市青铜峡市小坝中心广场南侧
电话：0953－3058888
邮编：751600

盐池宾馆★★★
地址：吴忠市盐池县东街1号
电话：0953－6012354
邮编：751500

固原天净电力宾馆★★★
地址：固原市原州区人民街128号
电话：0954－2902499
邮编：756000

固原古雁山荘★★★
地址：固原市原州区北新街
电话：0954－2076899
邮编：756000

固原红宝宾馆★★★
地址：固原市原州区中山北街231号
电话：0954－2066899
邮编：756000

六盘山国际饭店★★★
地址：固原市隆德县人民路口（近隆泉广场）
电话：0954－6017289
邮编：756300

卓越大酒店★★★
地址：中卫市沙坡头区东大街
电话：0955－7037399
邮编：755000

中卫宾馆★★★
地址：中卫市沙坡头区西大街33号
电话：0955－7012609
邮编：755000

中卫君悦大酒店★★★
地址：中卫市沙坡头区东大街五环市场对面
电话：0955－7025888
邮编：755000

中卫万瑞大酒店★★★
地址：中卫市沙坡头区东大街三森家具广场对面
电话：0955－7076888
邮编：755000

中卫宇丰大酒店★★★
地址：中卫市沙坡头区文昌北街与长城东街交会处东南角
电话：0955－7616666
邮编：755000

中卫喜来登大酒店★★★
地址：中卫市沙坡头区东园工业园区
电话：0955－7065555
邮编：755000

中卫天马宾馆★★★
地址：中卫市沙坡头区鼓楼东街汽车客运站南侧
电话：0955－7069666
邮编：755000

中宁恒达酒店★★★
地址：中卫市中宁县新南街
电话：0955－5035666
邮编：751200

沃尔德大酒店★★★
地址：中卫市中宁县宁安镇县城北街
电话：0955－5793883
邮编：751200

中宁宾馆★★★
地址：中卫市中宁县城中心广场东侧
电话：0955－5027662
邮编：751200

二星级

百吉大酒店★★
地址：银川市兴庆区新华东街219号
电话：0951－6970888
邮编：750001

长城宾馆★★
地址：银川市兴庆区解放西街388号
电话：0951－5022808
邮编：750001

今世缘宾馆★★
地址：银川市西夏区兴州北路35号
电话：0951－3966666
邮编：750021

恒悦宾馆★★
地址：石嘴山市大武口区长胜路19－417号
电话：0952－2650299
邮编：753000

新亮圆宾馆★★
地址：石嘴山市大武口区贺兰山南路18－5号
电话：0952－2097777
邮编：753000

惠农林桥宾馆★★
地址：石嘴山市惠农区北大街1号
电话：0952－3013700
邮编：753600

西湖宾馆★★
地址：吴忠市利通区民生南巷南端
电话：0953－2015788
邮编：751100

利通商务宾馆★★
地址：吴忠市利通区迎宾大街2A2B－214
电话：0953－2223333
邮编：751100

红桥宾馆★★
地址：吴忠市同心县红寺堡
电话：0953－5081000
邮编：751300

固原桃园宾馆★★
地址：固原市原州区南关街6号
电话：0954－2034532
邮编：756000

海原宾馆★★
地址：中卫市海原县海城镇东环路
电话：0955－4014141
邮编：751800

新　疆

XINJIANG

五星级

新疆尊茂银都酒店 ★★★★★
地址：乌鲁木齐市沙依巴克区西虹西路 179 号
电话：0991－4536688
邮编：830000

明园新时代大酒店 ★★★★
地址：乌鲁木齐市友好北路 739 号
电话：0991－4292888
邮编：830000

新疆海德酒店 ★★★★★
地址：乌鲁木齐市东风路 1 号
电话：0991－2322828
邮编：830002

新疆尊茂鸿福酒店 ★★★★★
地址：乌鲁木齐市五一路 160 号
电话：0991－5881588
邮编：830000

美丽华酒店 ★★★★★
地址：乌鲁木齐市新华北路 5 号
电话：0991－2937888
邮编：830002

银星大酒店 ★★★★★
地址：乌鲁木齐市奇台路 639 号
电话：0991－5888888
邮编：830000

塔里木大酒店 ★★★★★
地址：乌鲁木齐市北京中路 666 号
电话：0991－6996666
邮编：830013

乌鲁木齐西北石油酒店 ★★★★
地址：乌鲁木齐市新市区北京北路 8 号西北石油大厦内
电话：0991－7678801
邮编：830011

华凌大饭店 ★★★★★
地址：乌鲁木齐市西虹东路 109 号
电话：0991－5188888
邮编：830063

瑞豪国际酒店 ★★★★★
地址：乌鲁木齐市河南西路 89 号
电话：0991－7887888
传真：0991－7889666
邮编：830011

新疆南航凯宾斯基饭店 ★★★★★
地址：乌鲁木齐市友好南路 576 号
电话：0991－6388888
邮编：830000

喜来登乌鲁木齐酒店 ★★★★★
地址：乌鲁木齐市友好北路 669 号
电话：0991－6999999
邮编：830000

新疆天缘酒店 ★★★★★
地址：乌鲁木齐市新市区迎宾路 1341 号国际机场内
电话：0991－7611111
邮编：830011

玛依塔柯酒店 ★★★★★
地址：克拉玛依市独山子区大庆东路 11 号
电话：0992－3886818
邮编：834021

吐鲁番吐哈石油大厦 ★★★★★
地址：吐鲁番地区吐鲁番市文化路 230 号
电话：0995－8666666
邮编：838000

新疆康城建国国际酒店 ★★★★★
地址：巴音郭楞蒙古自治州库尔勒市交通东路 618 号
电话：0996－2088888
邮编：841000

梨城花园酒店 ★★★★★
地址：巴音郭楞蒙古自治州库尔勒市滨河路 20 号
电话：0996－2066666
邮编：841000

四星级

新疆环球大酒店 ★★★★
地址：乌鲁木齐市北京南路 76 号
电话：0991－3330999
邮编：830011

新疆火炬大厦 ★★★★
地址：乌鲁木齐市北京南路高新街 55 号
电话：0991－3836699
邮编：830011

吐哈石油大厦 ★★★★
地址：乌鲁木齐市江苏东路 9 号
电话：0991－6610066
邮编：830011

屯河华美达酒店 ★★★★
地址：乌鲁木齐市长江路 265 号
电话：0991－5876688
邮编：830000

新疆鸿鑫酒店 ★★★★
地址：乌鲁木齐市解放北路 239 号
电话：0991－2301688
邮编：830002

东方王朝酒店 ★★★★
地址：乌鲁木齐市新华南路 17 号
电话：0991－2335678
邮编：830002

边疆宾馆贵宾楼 ★★★★
地址：乌鲁木齐市延安路 32 号
电话：0991－2562981
邮编：830001

独山子大酒店 ★★★★
地址：乌鲁木齐市克拉玛依西路 700 号
电话：0991－5199999
邮编：830091

金海湾度假酒店 ★★★★
地址：乌鲁木齐市大湾北路 999 号
电话：0991－2570999
邮编：830001

世纪百盛大酒店 ★★★★
地址：乌鲁木齐市新华南路 36 号
电话：0991－2668888
邮编：830002

福兰德假日酒店 ★★★★
地址：乌鲁木齐市和田二街二号
电话：0991－5596999
邮编：830000

锦泰源商务酒店 ★★★★
地址：乌鲁木齐市经济开发区广州街 1 号
电话：0991－3701188
邮编：830026

海大酒店 ★★★★
地址：乌鲁木齐市南湖北路 89 号
电话：0991－3333333
邮编：830017

塞外江南大饭店 ★★★★
地址：乌鲁木齐市阿勒泰路 815 号
电话：0991－3610008
邮编：830054

新疆伊力特酒店 ★★★★
地址：乌鲁木齐市沙依巴克区长江路
电话：0991－5888818
邮编：830000

新疆突玛丽斯大饭店 ★★★★
地址：乌鲁木齐市新华南路 618 号
电话：0991－8525555
邮编：830001

新疆大酒店 ★★★★
地址：乌鲁木齐市新华北路 168 号
电话：0991－2818788
邮编：830002

宝石花酒店 ★★★★
地址：克拉玛依市昆仑路 36 号
电话：0990－ 6989566
邮编：834000

正天华夏大酒店 ★★★★
地址：克拉玛依市友谊路甲 30 号
电话：0990－6989999
邮编：834000

克拉玛依宾馆 ★★★★
地址：克拉玛依市友谊路 96 号
电话：0990－6883597
邮编：834000

克拉玛依市鸿福准噶尔大饭店 ★★★★
地址：克拉玛依市准噶尔路 75 号
电话：0990－6989888
邮编：834000

塔西南邦臣酒店 ★★★★
地址：喀什地区喀什市色满路 242 号
电话：0998－2586888
邮编：844000

喀什天缘国际酒店 ★★★★
地址：喀什地区喀什市人民东路 8 号
电话：0998－2801111
邮编：844000

泽普县塔里木石油酒店迎宾公寓 ★★★★
地址：喀什地区泽普县奎依巴格镇石油基地
电话：0998－7522208
邮编：844804

阿克苏鸿福金兰大饭店有限责任公司 ★★★★
地址：阿克苏地区东大街 32 号
电话：0997－2283555
邮编：842200

阿克苏国际大酒店 ★★★★
地址：阿克苏地区温州中路 1 号
电话：0997－2148666
邮编：843000

阿克苏地区宾馆贵宾馆 ★★★★
地址：阿克苏地区新华西路9号
电话：0997－2122000
邮编：843000

库车国际酒店 ★★★★
地址：阿克苏地区库车县天山路337号
电话：0997－7310999
邮编：842200

哈密宾馆 ★★★★
地址：哈密地区哈密市迎宾路4号
电话：0902－2233140
邮编：839000

哈密吐哈石油大厦 ★★★★
地址：哈密地区哈密市石油基地迎宾路
电话：0902－2769399
邮编：839009

加格达宾馆 ★★★★
地址：哈密地区哈密市爱国北路8号
电话：0902－2232140
邮编：839000

哈密禾禾商务酒店 ★★★★
地址：哈密地区哈密市天山北路2号
电话：0902－23155662323666
邮编：839000

蒲类海大酒店 ★★★★
地址：哈密地区巴里坤哈萨克自治县湖滨路
电话：0902－6820555
邮编：839200

园林宾馆 ★★★★
地址：昌吉回族自治州昌吉市宁边东路28号
电话：0994－2368062
邮编：831100

昌吉东升鸿福大饭店 ★★★★
地址：昌吉回族自治州昌吉市北京南路51号
电话：0994－2593933
邮编：831100

呼图壁五洋假日酒店 ★★★★
地址：昌吉回族自治州呼图壁县西市南路18号
电话：0994－4537777
邮编：831200

塔里木石油宾馆 ★★★★
地址：巴音郭楞蒙古自治州库尔勒市石化大道
电话：0996－2173170
邮编：841000

银星大酒店 ★★★★
地址：巴音郭楞蒙古自治州库尔勒市人民东路36号
电话：0996－2028888
邮编：841000

巴州楼兰宾馆 ★★★★
地址：巴音郭楞蒙古自治州库尔勒市广场路
电话：0996－2022999
邮编：841000

巴音郭楞宾馆 ★★★★
地址：巴音郭楞蒙古自治州库尔勒市人民东路10号
电话：0996－2230888
邮编：841000

金星大酒店 ★★★★
地址：巴音郭楞蒙古自治州库尔勒市文化路6号
电话：0996－2613888
邮编：841000

三宝大酒店 ★★★★
地址：巴音郭楞蒙古自治州轮台县博斯坦路
电话：0996－4696188
邮编：841600

轮台中亚国际大酒店 ★★★★
地址：巴音郭楞蒙古自治州轮台县波斯坦路
电话：0996－4682888
邮编：841600

伊犁将军大酒店 ★★★★
地址：伊犁哈萨克自治州伊宁市斯大林街23号
电话：0999－8026666
邮编：835000

伊犁宾馆三号楼 ★★★★
地址：伊犁哈萨克自治州伊宁市迎宾路8号
电话：0999－8022429
邮编：835000

伊犁隆鑫大酒店 ★★★★
地址：伊犁哈萨克自治州伊宁市斯大林街5巷19号
电话：0999－8096888
邮编：835000

奎屯海德酒店 ★★★★
地址：伊犁哈萨克自治州奎屯市团结南路96号
电话：0992－3211919
邮编：833200

东方国际大酒店 ★★★★
地址：伊犁哈萨克自治州奎屯市团结南街46－1号
电话：0992－3226368/3228018
邮编：833200

神湖大酒店 ★★★★
地址：阿勒泰地区布尔津县神湖西路
电话：0906－6520808
邮编：836600

喀纳斯鸿福生态酒店 ★★★★
地址：阿勒泰地区布尔津县神湖中路10号
电话：0906－6525550
邮编：836600

喀纳斯山庄 ★★★★
地址：阿勒泰地区布尔津县友谊峰路喀纳斯旅游公司
电话：0906－6326777
邮编：836600

喀纳斯山庄 ★★★★
地址：阿勒泰地区布尔津县喀纳斯景区
电话：0906－6326777
邮编：836600

神湖大酒店 ★★★★
地址：阿勒泰地区布尔津县神湖西路10号
电话：0906－6528888
邮编：836600

三星级

城市大酒店 ★★★
地址：乌鲁木齐市红旗路27号
电话：0991－2207666
邮编：830002

博格达宾馆 ★★★
地址：乌鲁木齐市光明路253号
电话：0991－8863910
邮编：830002

富丽华大酒店 ★★★
地址：乌鲁木齐市黄河路1号
电话：0991－7886888
邮编：830000

供销宾馆 ★★★
地址：乌鲁木齐市黑龙江路183号
电话：0991－5570008
邮编：830000

广电网络宾馆 ★★★
地址：乌鲁木齐市胜利路302号
电话：0991－2878875
邮编：830049

航空酒店 ★★★
地址：乌鲁木齐市地窝堡国际机场
电话：0991－3804276
邮编：830016

豪斯汀酒店 ★★★
地址：乌鲁木齐市南湖南路西三巷66号
电话：0991－4886518
邮编：830000

华瑞大厦 ★★★
地址：乌鲁木齐市五星南路198号
电话：0991－2659999
邮编：830002

汇源酒店 ★★★
地址：乌鲁木齐市新华南路140号
电话：0991－2934888
邮编：830004

开源酒店 ★★★
地址：乌鲁木齐市河滩北路233号
电话：0991－2200555
邮编：830000

西域阳光大饭店 ★★★
地址：乌鲁木齐市河北东路999号
电话：0991－7806111
邮编：830011

帕尔拉克大饭店 ★★★
地址：乌鲁木齐市团结路601号
电话：86－991－6203000
邮编：830002

新疆组工大厦 ★★★
地址：乌鲁木齐市经济技术开发区中亚南路137号
电话：0991－6182090
邮编：830026

新美酒店 ★★★
地址：乌鲁木齐市西北路1085号
电话：0991－4566888
邮编：830000

新疆新闻大厦 ★★★
地址：乌鲁木齐市东环路金银大道200号
电话：0991－8551104
邮编：830002

亚中饭店 ★★★
地址：乌鲁木齐市河滩北路38号
电话：0991－5196666
邮编：830063

益天洋中央商务酒店 ★★★
地址：乌鲁木齐市民主路 177 号
电话：0991－2936336
邮编：830002

翼龙大酒店 ★★★
地址：乌鲁木齐市克拉玛依西路 630 号
电话：0991－8777788
邮编：83000

佳怡庄园 ★★★
地址：乌鲁木齐市米东区
电话：0991－3958999
邮编：831400

诺亚方舟烟雨楼 ★★★
地址：乌鲁木齐市米东区古牧地西路
电话：0991－5307988
邮编：831400

益天洋商务酒店 ★★★
地址：乌鲁木齐市民主路 32 号
电话：0991－2823110
邮编：830001

电力宾馆 ★★★
地址：乌鲁木齐市民主路 57 号
电话：0991－2932222
邮编：830002

丝绸之路宾馆 ★★★
地址：乌鲁木齐市延安路 52－1 号
电话：0991－2558899
邮编：830001

友好大酒店 ★★★
地址：乌鲁木齐市友好北路 14 号
电话：0991－4836888
邮编：830000

翼龙大酒店 ★★★
地址：乌鲁木齐市克拉玛依西路 20 号附 1 号
电话：0991－8777780
邮编：830091

金谷大酒店 ★★★
地址：乌鲁木齐市新华北路 80 号
电话：0991－2826788
邮编：830002

国泰大饭店 ★★★
地址：乌鲁木齐市阿勒泰路 15 号
电话：0991－3831188
邮编：830054

寰通酒店 ★★★
地址：乌鲁木齐市炉院街 100 号
电话：0991－5850666
邮编：830000

大陆桥酒店 ★★★
地址：乌鲁木齐市北京路 1 号
电话：0991－7922856
邮编：830011

红楼大酒店 ★★★
地址：乌鲁木齐市新市区河南西路
电话：0991－7925385
邮编：830011

昆仑宾馆 ★★★
地址：乌鲁木齐市友好北路 38 号
电话：0991－4840411
邮编：830000

金疆大厦 ★★★
地址：乌鲁木齐市团结路 305 号
电话：0991－2569933
邮编：830001

新水大酒店 ★★★
地址：乌鲁木齐市于田街 6 号
电话：0991－5891555
邮编：830000

雪莲酒店 ★★★
地址：乌鲁木齐市钱塘江路第 17－2 号
电话：0991－5581112
邮编：830006

新融大厦 ★★★
地址：乌鲁木齐市人民路 20 号
电话：0991－2841166
邮编：830002

温州大酒店 ★★★
地址：乌鲁木齐市黑龙江路 23 号
电话：0991－5833616
邮编：830000

鑫金新宾馆 ★★★
地址：乌鲁木齐市人民路 86 号
电话：0991－2830808
邮编：830002

煤炭宾馆 ★★★
地址：乌鲁木齐市友好南路 98 号
电话：0991－4511933
邮编：830000

融都大厦 ★★★
地址：乌鲁木齐市人民路 118 号
电话：0991－7791188
邮编：830002

独山子宾馆 ★★★
地址：乌鲁木齐市北京南路 44－3 号
电话：0991－3823777
邮编：830011

方龙酒店 ★★★
地址：乌鲁木齐市西八家户路 17 号
电话：0991－4314381
邮编：830054

光源宾馆 ★★★
地址：乌鲁木齐市北京南路 1 号
电话：0991－4840052
邮编：830001

大得酒店 ★★★
地址：乌鲁木齐市阿勒泰路 41 号
电话：0991－3825533
邮编：830054

新疆华侨宾馆 ★★★
地址：乌鲁木齐市新华南路 51 号
电话：0991－8521888
邮编：830001

西星民族大酒店 ★★★
地址：乌鲁木齐市解放南路 125 号
电话：0991－7773888
邮编：830000

红湖酒店 ★★★
地址：乌鲁木齐市胜利路 14 号
电话：0991－8586699
邮编：830046

骑仕酒店 ★★★
地址：乌鲁木齐市团结路 195 号
电话：0991－2880000
邮编：830002

乌鲁木齐大厦 ★★★
地址：乌鲁木齐市人民路 131 号
电话：0991－5859999
邮编：830002

湘友宾馆 ★★★
地址：乌鲁木齐市火车南站西侧广场 4 号
电话：0991－5856699
邮编：830006

博尔塔拉大酒店 ★★★
地址：乌鲁木齐市长江路 219 号
电话：0991－5571188
邮编：830000

好西部酒店 ★★★
地址：乌鲁木齐市头屯河区八一路
电话：0991－3891406
邮编：830022

新运宾馆 ★★★
地址：乌鲁木齐市扬子江路 198 号
电话：0991－5572181
邮编：830000

西来顺宾馆 ★★★
地址：乌鲁木齐市西北路 63 号
电话：0991－4510277
邮编：830001

新农大厦 ★★★
地址：乌鲁木齐市胜利路 175 号
电话：0991－2866956
邮编：830001

阿克苏宾馆 ★★★
地址：乌鲁木齐市经一路 38 号
电话：0991－5850226
邮编：830000

机场宾馆 ★★★
地址：乌鲁木齐市迎宾路 46 号
电话：0991－3803810
邮编：830016

黄河商务宾馆 ★★★
地址：乌鲁木齐市五一路 199 号
电话：0991－5853760
邮编：830000

景馨苑政法培训中心 ★★★
地址：乌鲁木齐市天津北路 168 号
电话：0991－7811158
邮编：830011

徽商大饭店 ★★★
地址：乌鲁木齐市西环中路 1 号
电话：0991－6133333
邮编：830091

乌鲁木齐市塔西南宾馆 ★★★
地址：乌鲁木齐市哈密路 237 号
电话：0991－7725888
邮编：830091

桃李园大酒店 ★★★
地址：克拉玛依市独山子区大庆东路 28 号
电话：0992－3871617
邮编：833600

陶乐大酒店 ★★★
地址：克拉玛依市克拉玛依区光明东路 26 号
电话：0990－6885697

邮编：834000

玛依塔柯宾馆 ★★★
地址：克拉玛依市独山子区大庆路 15 号
电话：0992－3871945
邮编：833600

明珠大酒店 ★★★
地址：克拉玛依市友谊路 80 号
电话：0990－6858888
邮编：834000

海棠酒店 ★★★
地址：克拉玛依市塔河路 58 号
电话：0990－6221919
邮编：834000

天阳大酒店 ★★★
地址：克拉玛依市友谊路 135 号
电话：0990－6988999
邮编：834000

独山子鑫宏源大酒店 ★★★
地址：克拉玛依市独山子区准南路 19 号
电话：0990－3866599
邮编：833600

克拉玛依市迎宾馆 ★★★
地址：克拉玛依市西环路 39 号
电话：0990－6989900
邮编：834000

其尼瓦克宾馆（北楼） ★★★
地址：喀什地区喀什市色满路 144 号
电话：0998－2982103
邮编：844000

温州大厦 ★★★
地址：喀什地区喀什市人民西路 17 号
电话：0998－2808888
邮编：844000

色满宾馆 ★★★
地址：喀什地区喀什市色满路 337 号
电话：0998－2582150
邮编：844000

新隆大酒店 ★★★
地址：喀什地区喀什市滨河路
电话：0998－6868688
邮编：844000

蓝天海鲜大酒店 ★★★
地址：喀什地区喀什市西域大道 148 号
电话：0998－2900999
邮编：844000

新海大酒店 ★★★
地址：喀什地区喀什市团结路 278 号
电话：0998－2553555
邮编：844000

香都大酒店 ★★★
地址：喀什地区喀什市人民西路 314 号
电话：0998－2589222
邮编：844000

喀什军分区接待处 ★★★
地址：喀什地区喀什市解放南路 200 号
电话：0998－2508888
邮编：844000

莎车王后大酒店 ★★★
地址：喀什地区莎车县大十字老城路口
电话：0998－8529999
邮编：844700

叶城乔格里宾馆 ★★★
地址：喀什地区叶城县零公里
电话：0998－7487199
邮编：844900

巴楚银星大酒店 ★★★
地址：喀什地区巴楚县团结路 11 号
电话：0998－6225666
邮编：843800

阿克苏地区宾馆 ★★★
地址：阿克苏地区阿克苏市新华西路 9 号
电话：0997－2122000
邮编：843000

阿克苏迎宾馆 ★★★
地址：阿克苏地区阿克苏市小南街 1 号
电话：0997－2130666
邮编：843000

阿克苏鑫融大酒店 ★★★
地址：阿克苏地区阿克苏市迎宾路 18 号
电话：0997－2575599
邮编：843000

阿克苏银海大酒店 ★★★
地址：阿克苏地区阿克苏市东大街 1 号
电话：0997－2131822
邮编：843000

峨眉凯旋大酒店 ★★★
地址：阿克苏地区阿克苏市英阿瓦提路 10 号
电话：0997－2584133
邮编：843000

阿克苏地区天福大酒店 ★★★
地址：阿克苏地区阿克苏市解放中路
电话：0997－2525555
邮编：843000

库车饭店 ★★★
地址：阿克苏地区库车县天山路 266 号
电话：0997－7233156
邮编：832000

库车宾馆 ★★★
地址：阿克苏地区库车县解放北路 17 号
电话：0997－7122901
邮编：832000

沙雅银鹿大酒店 ★★★
地址：阿克苏地区沙雅县波斯坦东街
电话：0997－8331888
邮编：842200

沙雅银桥大酒店 ★★★
地址：阿克苏地区沙雅县人民北路 8 号
电话：0997－8332777
邮编：842200

宏瑞宾馆 ★★★
地址：和田地区和田市乌鲁木齐北路 16 号
电话：0903－2562222
邮编：848000

温州大酒店 ★★★
地址：和田地区和田市乌鲁木齐北路 49 号
电话：0903－6666666
邮编：848000

和田宾馆 ★★★
地址：和田地区和田市乌鲁木齐南路 57 号
电话：0903－2513563
邮编：848000

玉都大酒店 ★★★
地址：和田地区和田市团结广场西侧
电话：0903－2022888
邮编：848000

墓士塔格大酒店 ★★★
地址：和田地区和田市北京东路 11 号
电话：0903－2039992
邮编：848000

丰园大酒店 ★★★
地址：和田地区和田市迎宾路 236 号
电话：0903－2068222
邮编：848000

玉源大酒店 ★★★
地址：和田地区和田市乌鲁木齐北路 171 号
电话：0903－2569288
邮编：848000

墓士塔格大酒店 ★★★
地址：和田地区和田市北京东路 11 号
电话：0903－2027777
邮编：848000

皮山温州大酒店 ★★★
地址：和田地区皮山县固玛北路
电话：0903－6428888
邮编：845150

洛浦宾馆 ★★★
地址：和田地区洛浦县和田路 12 号
电话：0903－6626762
邮编：848200

建德宾馆 ★★★
地址：和田地区于田县 315 国道城门
电话：0903－6817222
邮编：848400

于田浙江大酒店 ★★★
地址：和田地区于田县玉城东路 56 号
电话：0903－6819099
邮编：848400

尼雅公寓 ★★★
地址：和田地区民丰县尼雅接待公寓
电话：0903－6751111
邮编：848500

吐鲁番宾馆 ★★★
地址：吐鲁番地区吐鲁番市青年南路 1695 号
电话：0995－8568888
邮编：838000

吐鲁番大饭店 ★★★
地址：吐鲁番地区吐鲁番市高昌路 422 号
电话：0995－8553668
邮编：838000

吐鲁番丝路绿洲宾馆 ★★★
地址：吐鲁番地区吐鲁番市青年路 815 号
电话：0995－8553388
邮编：838000

坎儿井民俗园坎儿井宾馆 ★★★
地址：吐鲁番地区吐鲁番市新城路新城西门村 888 号
电话：0995－7685918
邮编：838000

吐鲁番康泰酒店 ★★★
地址：吐鲁番地区吐鲁番市青年南路 2388 号
电话：0995－6263388
邮编：838000

交河庄园 ★★★
地址：吐鲁番地区吐鲁番市交河大道 9 号
电话：0995－7685799
邮编：838000

金新宾馆 ★★★
地址：吐鲁番地区吐鲁番市绿洲中路 390 号
电话：0991－2830808
邮编：838000

新财富商务酒店 ★★★
地址：吐鲁番地区吐鲁番市绿洲中路 289 号
电话：0995－8523888
邮编：838000

西州大酒店 ★★★
地址：吐鲁番地区吐鲁番市青年路 882 号
电话：0995－8554058
邮编：838000

火州大酒店 ★★★
地址：吐鲁番地区吐鲁番市东环路南侧水韵广场
电话：0995－8666999
邮编：838000

鸿远酒店 ★★★
地址：吐鲁番地区吐鲁番市旅游文化广场西侧
电话：0995－8578199
邮编：838000

火车站宝城大酒店 ★★★
地址：吐鲁番地区鄯善县火车站解放南路 100 号
电话：0995－8311168
邮编：838201

鄯善 E 家酒店 ★★★
地址：吐鲁番地区鄯善县团结东路 793 号
电话：0995－6287777
邮编：838201

瑞昌大酒店 ★★★
地址：吐鲁番地区鄯善县柳中路 25 号
电话：0995－8396198
邮编：838201

金田大酒店 ★★★
地址：吐鲁番地区鄯善县火车站镇北京路
电话：0995－8312998
邮编：838201

西游酒店 ★★★
地址：吐鲁番地区鄯善县新城东路 2965 号
电话：0995－8367779
邮编：838201

哈密商业宾馆 ★★★
地址：哈密地区哈密市中山北路 51 号
电话：0902－2231766
邮编：839000

哈密鸿德酒店 ★★★
地址：哈密地区哈密市建国北路 107 号
电话：0902－2263866
邮编：839000

哈铁大厦 ★★★
地址：哈密地区哈密市前进东路 3 号
电话：0902－2723510
邮编：839001

电力宾馆 ★★★
地址：哈密地区哈密市爱国北路 18 号
电话：0902－2259581
邮编：839000

伊河酒店 ★★★
地址：哈密地区伊吾县伊吾镇振兴路 339 号
电话：0902－6722625
邮编：839300

克孜勒苏自治州宾馆 ★★★
地址：克孜勒苏柯尔克孜自治州阿图什市松它克西 3 院
电话：0908－422115
邮编：845350

启动大酒店 ★★★
地址：克孜勒苏柯尔克孜自治州阿图什市帕米尔路东一院
电话：0908－4221008
邮编：845350

阿拉山口大陆桥酒店 ★★★
地址：博尔塔拉蒙古自治州阿拉山口艾比湖北路 1 号
电话：0909－6992259
邮编：833418

昌吉东方大酒店 ★★★
地址：昌吉回族自治州昌吉市北京北路 122 号
电话：0994－2369966
邮编：831100

长宁大饭店 ★★★
地址：昌吉回族自治州昌吉市长宁路 6 号
电话：0994－6586888
邮编：831100

庆源大酒店 ★★★
地址：昌吉回族自治州昌吉市长宁路 2 号
电话：0994－8329000
邮编：831100

园林宾馆 ★★★
地址：昌吉回族自治州昌吉市宁边东路 28 号
电话：0994－2368062
邮编：811000

卓越大酒店 ★★★
地址：昌吉回族自治州昌吉市南公园路 10 号
电话：0994－2343771
邮编：831100

昌吉市华业宾馆 ★★★
地址：昌吉回族自治州昌吉市长宁路 19 号
电话：0994－2888866
邮编：831100

天山天池王母大酒店 ★★★
地址：昌吉回族自治州阜康市天山景区
电话：0994－3251116
邮编：831500

奇台宾馆 ★★★
地址：昌吉回族自治州奇台县东关街 1 号
电话：0994－7211917
邮编：831800

吉木萨尔县庭州统一宾馆 ★★★
地址：昌吉回族自治州吉木萨尔县北庭路
电话：0994－6981000
邮编：831700

吉木萨尔宾馆 ★★★
地址：昌吉回族自治州吉木萨尔县北庭路 43 号
电话：0994－6912443
邮编：831700

吉姆萨尔庭州大酒店 ★★★
地址：昌吉回族自治州吉木萨尔县北庭南路 48 号
电话：0994－6923425
邮编：831700

凯德酒店 ★★★
地址：巴音郭楞蒙古自治州库尔勒市人民东路 13 号
电话：0996－2092288
邮编：841000

神州大酒店 ★★★
地址：巴音郭楞蒙古自治州库尔勒市天山西路 31 号
电话：0996－2221222
邮编：841000

新丽华大酒店 ★★★
地址：巴音郭楞蒙古自治州库尔勒市交通西路 5 号
电话：0996－2036588
邮编：841000

金丰大酒店 ★★★
地址：巴音郭楞蒙古自治州库尔勒市石化大道
电话：0996－2683333
邮编：841000

天鸿酒店 ★★★
地址：巴音郭楞蒙古自治州库尔勒市天山东路 22 号
电话：0996－2267111
邮编：841000

金粮酒店 ★★★
地址：巴音郭楞蒙古自治州库尔勒市人民东路 41 号
电话：0996－2016818
邮编：841000

金叶大酒店 ★★★
地址：巴音郭楞蒙古自治州库尔勒交通西路 6 号
电话：0996－2619888
邮编：841000

博斯腾宾馆 ★★★
地址：巴音郭楞蒙古自治州库尔勒市人民西路 92 号
电话：0996－2022007
邮编：841000

和静东归宾馆 ★★★
地址：巴音郭楞蒙古自治州和静县阿尔夏特东路 6 号院
电话：0996－5022265
邮编：841300

和静白天鹅宾馆 ★★★
地址：巴音郭楞蒙古自治州和静县巴音布鲁克区
电话：0996－5350369
邮编：841314

巴州巩乃斯林场天保宾馆 ★★★
地址：巴音郭楞蒙古自治州和静县巩乃斯林场
电话：0996－5390992
邮编：841300

和静县兴合酒店 ★★★
地址：巴音郭楞蒙古自治州和静县查汗通古路南路
电话：0996－5012188
邮编：841300

银鹭宾馆 ★★★
地址：巴音郭楞蒙古自治州和硕金县沙滩大雁南路
电话：0996－5984266
邮编：841200

新疆工商局金沙滩干部培训中心 ★★★
地址：巴音郭楞蒙古自治州和硕县金沙滩海燕中路
电话：0996－5984299
邮编：841200

鑫洋大酒店 ★★★
地址：巴音郭楞蒙古自治州和硕金沙滩
电话：0996－5984082
邮编：841200

焉耆回族自治县宾馆 ★★★
地址：巴音郭楞蒙古自治州焉耆回族自治县解放路14号
电话：0996－6010000
邮编：841100

伊犁宾馆 ★★★
地址：伊犁哈萨克自治州伊宁市迎宾路8号
电话：0999－8022429
邮编：835000

金物源酒店 ★★★
地址：伊犁哈萨克自治州伊宁市飞机场街3号
电话：0999－8236868
邮编：835000

鸿福伊烟大饭店 ★★★
地址：伊犁哈萨克自治州伊宁市解放路116号
电话：0999－8234888
邮编：835000

伊宁市安平大酒店 ★★★
地址：伊犁哈萨克自治州伊宁市解放西路229－1号
电话：0999－8138138
邮编：835000

塞外江南度假村 ★★★
地址：伊犁哈萨克自治州伊宁市环城北路7号
电话：0999－8229666
邮编：835000

伊犁邮电宾馆 ★★★
地址：伊犁哈萨克自治州伊宁市解放路162号
电话：0999－8223844
邮编：835000

伊犁温州大酒店 ★★★
地址：伊犁哈萨克自治州伊宁市解放路168号
电话：0999－8218888
邮编：835000

金水缘大酒店 ★★★
地址：伊犁哈萨克自治州伊宁市解放西路229号
电话：0999－8165555
邮编：835000

和谐大酒店 ★★★
地址：伊犁哈萨克自治州伊宁市斯大林街82号
电话：0999－8065180
邮编：835000

伊犁阳光桃园酒店 ★★★
地址：伊犁哈萨克自治州伊宁市伊犁河路100号
电话：0999－8325300
邮编：835000

友谊宾馆 ★★★
地址：伊犁哈萨克自治州伊宁市斯大林街3巷7号
电话：0999－8023901
邮编：835000

伊犁亚细亚酒店 ★★★
地址：伊犁哈萨克自治州伊宁市解放路119号
电话：0999－8031800
邮编：835000

伊犁九城大酒店 ★★★
地址：伊犁哈萨克自治州伊宁市边境经济合作区北京路498号
电话：0999－8136999
邮编：835000

奎屯大陆桥酒店 ★★★
地址：伊犁哈萨克自治州奎屯市团结南路13号
电话：0992－7322361
邮编：8333024

金泽大酒店 ★★★
地址：伊犁哈萨克自治州奎屯市团结南路42号
电话：0992－3291188
邮编：833200

奎屯天悦假日酒店 ★★★
地址：伊犁哈萨克自治州奎屯市团结南街72号
电话：0992－3212888
邮编：833200

奎屯宾馆 ★★★
地址：伊犁哈萨克自治州奎屯市北京西路57号
电话：0992－3210001
邮编：833200

霍尔果斯天润酒店 ★★★
地址：伊犁哈萨克自治州霍尔果斯建设路3号
电话：0999－8791999
邮编：835221

霍城龙岭旅游宾馆 ★★★
地址：伊犁哈萨克自治州霍城县果子沟
电话：0999－3291083
邮编：835208

赛里木湖酒店 ★★★
地址：伊犁哈萨克自治州霍城县新荣东路2号
电话：0999－3032768
邮编：835200

霍尔果斯兰州大酒店 ★★★
地址：伊犁哈萨克自治州霍尔果斯五欧路
电话：0999－8794000
邮编：835221

巩留县贵宾馆 ★★★
地址：伊犁哈萨克自治州巩留县团结路
电话：0999－5629990
邮编：835400

新源县鸿福源大酒店 ★★★
地址：伊犁哈萨克自治州新源县恰普河路166号
电话：0999－5256666
邮编：835800

新源县贵宾馆 ★★★
地址：伊犁哈萨克自治州新源县恰普河路82号
电话：0999－5024630
邮编：835800

昭苏同乐大酒店 ★★★
地址：伊犁哈萨克自治州昭苏县解放街
电话：0999－6030888
邮编：835600

昭苏县宾馆 ★★★
地址：伊犁哈萨克自治州昭苏县解放街71号
电话：0999－6027505
邮编：835600

尼勒克唐布拉大酒店 ★★★
地址：伊犁哈萨克自治州尼勒克县幸福路文化广场西侧
电话：0999－4622492
邮编：835700

察布查尔宾馆 ★★★
地址：伊犁哈萨克自治州察布查尔锡伯自治县庙拜街乌兰巷
电话：0999－3629888
邮编：835300

绿茵亭园 ★★★
地址：伊犁哈萨克自治州察布查尔锡伯自治县平原林场119消防训练基地
电话：0999－3857555
邮编：835300

西部大厦 ★★★
地址：塔城地区塔城市文化路
电话：0901－6230288
邮编：834700

鸿福宾馆 ★★★
地址：塔城地区乌苏市北京东路10号
电话：0992－8511333
邮编：833000

乌苏宾馆 ★★★
地址：塔城地区乌苏市乌鲁木齐北路48号
电话：0992－8511070
邮编：833000

塔城额敏宾馆 ★★★
地址：塔城地区额敏县上户路99号
电话：0901－3352188
邮编：834600

德荣酒店 ★★★
地址：塔城地区沙湾县乌鲁木齐东路166号
电话：0993－6058888
邮编：832100

裕民宾馆 ★★★
地址：塔城地区裕民县巴尔鲁克路
电话：0901－6522001
邮编：834800

金桥大酒店 ★★★
地址：阿勒泰地区阿勒泰市文化路 2 号
电话：0906－2127566
邮编：836500

地区旅游宾馆迎宾楼 ★★★
地址：阿勒泰地区阿勒泰市公园路 205 号
电话：0906－2123804
邮编：836500

银路大酒店 ★★★
地址：阿勒泰地区阿勒泰市团结路 140 号
电话：0906－2135555
邮编：836500

九华大酒店 ★★★
地址：阿勒泰地区布尔津县幸福西路 8 号
电话：0906－6528088
邮编：836600

布尔津华鑫大酒店 ★★★
地址：阿勒泰地区布尔津县神湖西南路
电话：0906－6526918
邮编：836600

布尔津县阳光大酒店 ★★★
地址：阿勒泰地区布尔津县喀纳斯路
电话：0906－6520118
邮编：836600

布尔津商贸大酒店 ★★★
地址：阿勒泰地区布尔津县神湖西路
电话：0906－6510288
邮编：836600

布尔津神仙湾大酒店 ★★★
地址：阿勒泰地区布尔津县神湖中路 5 号
电话：0906－6528588
邮编：836600

银泰大酒店 ★★★
地址：阿勒泰地区布尔津县喀纳斯路
电话：0906－6528011
邮编：836600

布尔津友谊峰大酒店 ★★★
地址：阿勒泰地区布尔津县友谊峰路
电话：0906－6526111
邮编：836600

布尔津县旅游宾馆 ★★★
地址：阿勒泰地区布尔津县卧龙湾路 4 号
电话：0906－6520088
邮编：836600

布尔津县昆仑大酒店 ★★★
地址：阿勒泰地区布尔津县友谊峰北路 131 号
电话：0906－6520885
邮编：836600

布尔津县华瑞酒店 ★★★
地址：阿勒泰地区布尔津县城卧龙湾西路
电话：0906－6529678
邮编：836600

富蕴额河源旅游宾馆 ★★★
地址：阿勒泰地区富蕴县迎宾路 103 号
电话：0906－8722274
邮编：836100

富蕴县山河酒店 ★★★
地址：阿勒泰地区富蕴县赛尔江东路 173 号
电话：0906－8723123
邮编：836100

哈巴河旅游宾馆 ★★★
地址：阿勒泰地区哈巴河县文化路 2 号
电话：0906－6622611
邮编：836700

吉木乃县冰川酒店 ★★★
地址：阿勒泰地区吉木乃县光明路 1 号
电话：0906－6186618
邮编：836800

二星级

建国饭店★★
地址：乌鲁木齐市建国路 26 号
电话：0991－2627913
邮编：830000

建设大厦★★
地址：乌鲁木齐市红山西路 106 号
电话：0991－8868018
邮编：830092

旺福德酒店★★
地址：乌鲁木齐市中山路 433 号
电话：0991－2207222
邮编：830002

质量苑宾馆★★
地址：乌鲁木齐市北京南路 40 号附 9 号
电话：0991－3859988
邮编：830011

银花宾馆★★
地址：阿克苏地区阿克苏市东大街 30 号
电话：0997－2281022
邮编：843000

良友大酒店★★
地址：阿克苏地区阿克苏市西大街 10 号
电话：0997－2126668
邮编：843000

昌通宾馆★★
地址：阿克苏地区阿克苏市西大街 10 号
电话：0997－2120993
邮编：843000

拜城华特大酒店★★
地址：阿克苏地区拜城县交通路 9 号（原县宾馆）
电话：0997－8623101
邮编：832400

渝江大酒店★★
地址：阿克苏地区新和县友谊路 1 号
电话：0997－8124388
邮编：842100

金桥大酒店★★
地址：阿克苏地区库车县友谊路北 1 号
电话：0997－7125888
邮编：832000

海马大酒店★★
地址：阿克苏地区库车县天山东路 504 号
电话：0997－7320866
邮编：832000

新和饭店★★
地址：阿克苏地区新和县新沙路 46 号
电话：0997－8127788
邮编：842100

棉城大酒店★★
地址：阿克苏地区阿瓦提县光明路 11 号
电话：0997－5121088
邮编：843200

燕山大酒店★★
地址：阿克苏地区乌什县燕山北路 4 号
电话：0997－5326565
邮编：843400

沙雅宾馆★★
地址：阿克苏地区沙雅县人民北路 11 号
电话：0997－8331188
邮编：842200

交通宾馆★★
地址：吐鲁番地区吐鲁番市老城西路 230 号
电话：0995－8531320
邮编：838000

葡萄山庄★★
地址：吐鲁番地区吐鲁番市葡萄沟
电话：0995－8565690
邮编：838000

龙宫宾馆★★
地址：吐鲁番地区鄯善县新城西路 68 号
电话：0995－8395362
邮编：838000

天马宾馆★★
地址：吐鲁番地区鄯善县新城东路 1956 号
电话：0995－8398998
邮编：838000

银座大酒店★★
地址：博尔塔拉蒙古自治州博乐市青得里大街 3 号
电话：0909－7666999
邮编：833400

精河宾馆★★
地址：博尔塔拉蒙古自治州精河县伊犁路 6 号
电话：0909－5332162
邮编：833300

精河和丽宾馆★★
地址：博尔塔拉蒙古自治州精河县伊犁路 13 号
电话：0909－5333267
邮编：833300

光通大酒店★★
地址：巴音郭楞蒙古自治州库尔勒市萨依巴格路 24 号
电话：0996－2039168
邮编：841000

麒麟宾馆★★
地址：巴音郭楞蒙古自治州库尔勒市天山西路
电话：0996－2221888
邮编：841000

开元大酒店★★
地址：巴音郭楞蒙古自治州库尔勒市人民东路 7 号
电话：0996－2090558
邮编：841000

阿尔金宾馆★★
地址：巴音郭楞蒙古自治州库尔勒市石化大道 5 号
电话：0996－2022886
邮编：841000

轮台都护府迎宾馆★★
地址：巴音郭楞蒙古自治州轮台县城团结中路
电话：0996－4696500
邮编：841600

且末木孜塔格宾馆★★
地址：巴音郭楞蒙古自治州且末县城迎宾路2号
电话：0996－7625150
邮编：841900

邮缘大酒店★★
地址：巴音郭楞蒙古自治州库尔勒市萨依巴格路
电话：0996－2028600
邮编：841000

罗布淖尔宾馆★★
地址：巴音郭楞蒙古自治州尉犁县解放路13号
电话：0996－4022119
邮编：841500

若羌楼兰宾馆★★
地址：巴音郭楞蒙古自治州若羌县文化路19号
电话：0996－7102542
邮编：841800

库尔勒大陆桥酒店★★
地址：巴音郭楞蒙古自治州库尔勒市火车东站
电话：0996－2151521
邮编：841000

教园宾馆★★
地址：巴音郭楞蒙古自治州库尔勒市天山东路
电话：0996－2297766
邮编：841000

霍尔果斯宾馆★★
地址：伊犁哈萨克自治州霍尔果斯口岸亚欧路中心区
电话：0999－8791042
邮编：835221

金凤凰大酒店★★
地址：阿勒泰地区阿勒泰市北屯镇阿福路268号
电话：0906－3372481
邮编：836500

哈巴河县旅游宾馆★★
地址：阿勒泰地区哈巴河县文化路5号
电话：0906－6622944
邮编：836700

青河县旅游宾馆★★
地址：阿勒泰地区青河县团结东路7号
电话：0906－8821127
邮编：836200

富蕴县旅游宾馆★★
地址：阿勒泰地区富蕴县迎宾路103号
电话：0906－8722274
邮编：836100

华鑫大酒店★★
地址：阿勒泰地区布尔津县神湖西路（加油站旁）
电话：0906－6526918
邮编：836600

吉木乃县宾馆★★
地址：阿勒泰地区吉木乃县团结路
电话：0906－6181640
邮编：836800

广场酒店★★
地址：阿勒泰地区阿勒泰市解放路396号地税局
电话：0906－2133366
邮编：836500

世纪星酒店★★
地址：阿勒泰地区富蕴县文化路165号
电话：0906－8723594
邮编：836100

一星级

交通宾馆★
地址：喀什地区塔什库尔干镇天山东路87号
电话：0998－7122682
邮编：842000

交通宾馆★
地址：和田地区台北路151号
电话：0903－2022622
邮编：848000

金鑫酒店★
地址：阿勒泰地区阿勒泰市解放南路41号
电话：0906－2313686
邮编：836500

后记

《中国旅游饭店资讯通览 2013～2014》是在我社出版的《中国星级饭店指南》和《中国饭店年鉴》基础上创新出版的一部大型资讯工具书。本书反映了我国旅游饭店业年度发展情况，详实收录了我国各星级旅游饭店的基本信息，包括饭店名称、星级、地址、电话、邮政编码等，具有资料准确、信息量大、覆盖面广、便于查询的特点。本书的出版既满足了广大旅游者对旅游饭店信息的需要，又为入刊宣传版的旅游饭店带来了良好的经济效益和社会效益。

《中国旅游饭店资讯通览 2013～2014》一书根据国务院颁布的行政区划，按各省、自治区、直辖市排序，然后再按饭店星级从高星级到低星级依次编排，方便读者检索与查找。为了使读者全面了解我国旅游业的重大信息，本书设立"特载"栏目，收录《中华人民共和国旅游法》《国民休闲纲要》等文献；同时为了更全面反映我国旅游饭店的发展情况，本书在"旅游饭店发展概况"栏目中登载了 6 篇综述文章，以提供更多的参考。由于我们所收集资料的局限性及在信息核实中存在的客观困难，本期《中国旅游饭店资讯通览 2013～2014》版未能收录我国香港、澳门、台湾地区的旅游饭店资料，综述中也未涉及上述相关资料，特此说明。

我国旅游业的迅速发展，促进了旅游饭店的不断开发与建设，为能及时反映旅游饭店的不断变化与发展，今后本书每年更新一次。我们衷心希望广大旅游饭店积极与我们联系，以便我们及时对本书信息进行补充和修订。

本书在编写过程中，得到了各省、自治区、直辖市旅游局以及各旅游饭店的大力支持，在此一并表示感谢！

联系方式：
中国旅游出版社旅游资讯编辑部
地址：北京建国门内大街甲 9 号国家旅游局 2 号楼 713 室
电话：010－85166731
联系人：张旭
传真：010－85166711
邮编：100005

中国旅游出版社
旅游资讯编辑部
2013 年 8 月

责任编辑： 张　旭
责任印制： 冯冬青

图书在版编目（CIP）数据

中国旅游饭店资讯通览：2013～2014 / 中国旅游出版社编. -- 北京：中国旅游出版社，2013.9

ISBN 978-7-5032-4801-6

Ⅰ. ①中… Ⅱ. ①中… Ⅲ. ①旅游饭店－介绍－中国－2013～2014 Ⅳ. ①F719.3

中国版本图书馆 CIP 数据核字（2013）第 231853 号

书　　名： 中国旅游饭店资讯通览 2013～2014

作　　者： 中国旅游出版社
出版发行： 中国旅游出版社
（北京建国门内大街甲 9 号　邮编：100005）
http：//www.cttp.net.cn　E-mail：cttp@cnta.gov.cn
发行部电话：010-85166503
排　　版： 北京纺印图文设计制作有限公司
经　　销： 全国各地新华书店
印　　刷： 三河市灵山红旗印刷厂
版　　次： 2013 年 9 月第 1 版　2013 年 9 月第 1 次印刷
开　　本： 889 毫米×1194 毫米　1/16
印　　张： 31
字　　数： 1500 千
定　　价： 180.00 元
I S B N 978-7-5032-4801-6